GUSTAV ROSKOFF

—

GESCHICHTE

DES

TEUFELS

—

Eine
kulturhistorische Satanologie
von den Anfängen
bis ins 18. Jahrhundert.

GRENO 10 20

Verlegt bei Franz Greno,
Nördlingen 1987.

2. Auflage, November 1987.
Copyright © 1987 Greno Verlagsgesellschaft m. b. H.,
D-8860 Nördlingen.
Druck und Bindung   Ebner Ulm.
Printed in Germany. Alle Rechte vorbehalten.
ISBN 3-89190-805-9.

Vorwort.

Alle Dinge, die in ihrer Gesammtheit das All ausmachen, bedingen sich gegenseitig, wirken in ihrem Nebeneinandersein aufeinander und bringen eine Vielheit und Mannichfaltigkeit des Inhalts und der Form hervor. Der denkenden Betrachtung, die nach dem Zusammenhange der Erscheinungen forscht, „was die Welt im Innersten zusammenhält", ist die in der Vielheit sich äussernde Einheit nicht entgangen. Sie fasst die zerstreuten Naturdinge und Naturkräfte zu einem einheitlichen Ganzen zusammen und sieht in ihm einen lebensvollen Organismus, innerhalb dessen eine Menge besonderer Systeme sich thätig erweisen, die, obschon selbständig, in steter Wechselwirkung aufeinander bezogen und durch allgemeine Gesetze im Zusammenhang erhalten, in Ein Grundgesetz, das der Harmonie, zusammenlaufen. In dieser Erkenntniss feiert die Naturwissenschaft ihren Sieg, nachdem sie den eroberten Schatz von Wahrnehmungen der Herrschaft des Denkens unterworfen hat. Es ist ein auf Erfahrung gegründeter Satz, den ein Gewährsmann ausspricht: „Je tiefer man eindringt in das Wesen der Naturkräfte, desto mehr erkennt man den Zusammenhang der Phänomene, die, lange vereinzelt und oberflächlich betrachtet, jeglicher Anreihung zu widerstreben scheinen."[1] Die Betrachtung der eigenen Beschränktheit erfüllt zwar das Einzelwesen mit Wehmuth; diese verliert aber an Herbheit im Hinblick auf die unendliche Reihe der unablässig forschenden und stets mehr erforschenden Menschheit. Denn „Wissen und Erkennen sind die Freude und Berechtigung der Menschheit".

In dieser berechtigten Freude am Erkennen mag das Auge des Beobachters geschichtlicher Erscheinungen wol auch, auf Culturzustände hingelenkt, deren Zusammenhang mit jenen aufzufinden versuchen. Denn nicht nur in der physischen Welt gibt es nichts Unnatürliches, sondern alles ist Ordnung, Gesetz;

---

[1] A. v. Humboldt, Kosmos, I, 30.

auch die geschichtlichen Erscheinungen und ebenso die Gebilde
des geistigen Lebens sind durch gewisse Factoren bedingt.
Wenn im Verlaufe der Geschichte bestimmte Vorstellungen so
mächtig heranwachsen, dass sie die Oberherrschaft in den Gemüthern erlangen, muss sich wol jedem, der nach dem Grunde
der Erscheinungen zu suchen gewohnt ist, die Frage aufdrängen:
warum diese Vorstellungen gerade um diese Zeit eine so gewaltige Macht gewinnen, die sie ein andermal wieder verlieren?
Warum sie in dieser bestimmten Form zur Herrschaft kommen,
zu einer andern Zeit eine andere Gestalt annehmen? Die Lösung
solcher Fragen vom culturgeschichtlichen Gesichtspunkte darf
wol versucht werden, und die Neigung, herrschende Vorstellungen
nach ihrem Zusammenhange zu begreifen, wird sich nicht ab-
schwächen, wenn diese auch als Wahngebilde bezeichnet werden.
Denn auch eine Geschichte der Wahngebilde eines Volks oder
der Völker kann nicht ohne Bedeutung sein, da jene, wenngleich
als Kehrseite der Bildung oder als Verbildungen betrachtet,
mit der Individualität eines Volks aufs innigste verwachsen
sind und aus dessen Bildungsprocesse hervorgehen. Mögen
derlei Erscheinungen immerhin mit einem kritischen Ausschlage
verglichen werden: sie erregen mit dem pathologischen Interesse
zugleich das culturhistorische, weil sie, wie die Bildung selbst, durch
eine Menge Factoren bedingt sind, weil auch an ihnen das Gesetz
menschlicher Entwickelung zu Tage tritt, weil sie mit dieser
Hand in Hand gehen, die Eigenthümlichkeit eines Volks abspiegeln,
die Wandlungen des menschlichen Bewusstseins mitmachen.

Einer aufmerksamen Beobachtung wird es nicht entgehen,
dass gewisse Factoren die Anregung zur Erzeugung und Gestaltung bestimmter Vorstellungen geben, und dass im allgemeinen zwei Hauptfactoren in die Entwickelung der Menschheit
eingreifen: Natur und Geschichte. Diese bedingen den Bildungsprocess überhaupt und bieten die massgebende Anregung
zur Gestaltung bestimmter Anschauungsweisen. Bei Naturvölkern, die der allgemeinen geschichtlichen Bewegung abseits,
gleichsam ausserhalb der Strömung am festen Ufer stehen, ist
das vornehmliche Anregungsmittel die sie umgebende Natur;
bei den Culturvölkern des Alterthums, die laut ihrer cultur-
historischen Mission ihren Arbeitsantheil an die Weltgeschichte
abgegeben haben, hat ausser der Natur auch die Geschichte
ihren Einfluss geltend gemacht; die später auftretenden Völker

haben die Anregung vornehmlich aus den geschichtlichen Verhältnissen empfangen, obschon das Naturmoment auch bei diesen nicht ausser Kraft ist. „Der Mensch ist ein geschichtliches Wesen", bemerkt Lazarus, „alles in uns, an uns ist Erfolg der Geschichte, wir sprechen kein Wort, wir denken keine Idee, ja uns belebt kein Gefühl und keine Empfindung, ohne dass sie von unendlich mannichfaltig abgeleiteten historischen Bedingungen abhängig ist."[1] Gleiches gilt wol auch von ganzen Völkern. Kein Volk schafft eine Cultur ganz aus sich selbst, jede ist die Summe der seitherigen Ergebnisse der Weltentwickelung, die es aufnimmt und, mit dem eigenen Geiste verarbeitet, der Nachwelt als Erbe hinterlässt. Das ist die Tradition der Cultur.

Bei einer Studie über die Vorstellung vom christlichen Teufel, der im Mittelalter den kirchlichen Glaubenskreis ausfüllt, wird der unbefangene Forscher zunächst in die ersten christlichen Jahrhunderte zurückblicken müssen und, indem er dem Ursprunge dieser Vorstellung nachspürt, führt ihn der Weg durch das Neue Testament zu den Hebräern und denjenigen Völkern, mit welchen jene in Berührung gekommen sind. Der Dualismus von guten und bösen Wesen, der bei den Parsen, deren Verwandten, bei den Aegyptern in die Augen fällt, die dualistische Anschauung, die in den Mythologien aller Culturvölker mehr oder weniger entschieden auftritt, muss die Aufmerksamkeit auf sich ziehen und zum weitern Rückschreiten auf der Stufenleiter der verschiedenen Religionen nöthigen. Bei den Naturvölkern angelangt, wird sich die Thatsache herausstellen, dass auch in allen Naturreligionen der Dualismus zum Ausdruck kommt, und an diese Wahrnehmung knüpft sich die Aufforderung, den Grund dieser Erscheinung auf dem Gebiete der Anthropologie zu suchen, das menschliche Bewusstsein, das zur Bildung einer solchen Vorstellung angeregt wird, zu betrachten.

„In allen Zeiten", sagt der Naturforscher, „hat der denkende Mensch versucht, sich Rechenschaft zu geben über den Ursprung der Dinge, um sich Aufschluss zu verschaffen über den Grund ihrer Eigenthümlichkeiten."[2] Sollte denn dieses Streben nur auf die Dinge ausserhalb des Menschen beschränkt bleiben, hat nicht der zum Denken erwachte Mensch seine eigene

---

[1] Zeitschrift für Völkerpsychologie, II, 437.
[2] Liebig, Chemische Briefe, S. 79.

geistige Thätigkeit und deren Producte zum Gegenstande seiner Denkoperation gemacht? Ein Versuch, die Vorstellung von einem bösen Wesen, vom Teufel, im Zusammenhang mit der Natur, den geschichtlichen Erscheinungen und deren Conjucturen darzustellen, ist vorliegende Schrift. Sie will versuchen, die Geschichte des Teufels nach seinem Ursprunge und seiner weitern Entwickelung unter culturgeschichtlichem Gesichtspunkte darzustellen, will auf die Momente hinweisen, die überhaupt zur Vorstellung von einem bösen Wesen anregen, will den religiösen Dualismus bei den Naturvölkern und den Culturvölkern des Alterthums nachweisen, sie will zeigen, wie innerhalb der christlichen Welt die Vorstellung vom Teufel Raum gewonnen und im Verlaufe der Geschichte eine alle Gemüther beherrschende Macht erlangt hat. Die Geschichte des Teufels will gewisse Hauptfragen zu lösen versuchen, als: wie gelangt der Mensch überhaupt zur Vorstellung von der Existenz eines übermenschlichen bösen Wesens, oder wie bildet sich der religiöse Dualismus? wobei der Ausgangspunkt vom menschlichen Bewusstsein angegeben ist. Bei der christlich-kirchlichen Vorstellung vom Teufel handelt es sich um Factoren, welche die allgemeine Verbreitung dieser Vorstellung gefördert haben. Daran knüpft sich die Frage: warum diese Vorstellung gerade zu einer bestimmten Zeit so mächtig geworden, welche Wandlungen sie erlebt, warum sie wieder abnimmt, welches die Ursachen der Abnahme sein mögen? u. dgl. m. Manche, und vielleicht wichtige Momente, die in die Geschichte des Teufels eingreifen, mögen dem Verfasser entgangen sein, daher seine Schrift auch nur auf die Bedeutung eines Versuchs Anspruch machen darf. Denn es ist gewiss: „im geschichtlichen Zusammenhange der Dinge schlägt ein Tritt tausend Fäden, und wir können nur einen gleichzeitig verfolgen. Ja wir können selbst dies nicht immer, weil der gröbere sichtbare Faden sich in zahllose Fädchen verzweigt, die sich stellenweise unserm Blicke entziehen." [1]

Wien, im März 1869.

Dr. G. Roskoff,
ordentl. Professor an der k. k. evangel. theolog. Facultät in Wien.

---

[1] Fr. Alb. Lange, Geschichte des Materialismus (1866), S. 282.

Inhalt des ersten Bandes.

Erster Abschnitt.

Der religiöse Dualismus.

Seite

1. Mensch und Religion gegenüber der Natur 1
2. Die Gegensätzlichkeit in der religiösen Anschauung der Natur-
   völker. 15
3. Dualismus in den Religionen der Culturvölker 24
4. Dualismus in den Religionen der Culturvölker des Alterthums . 62
   Aegypten 65
   Die Araber 82
   Babylonier. Chaldäer 90
   Syrische Stämme. Phönizier 97
   Kleinasien 101
   Assyrien. 103
   Arier: Inder-Perser 105
   Die Arier am Indus und Ganges. 108
   Der Buddhismus 114
   Die Arier in Iran. Baktrer. Perser 116
   Griechen 124
   Römer 141
   Germanen 148
   Slawen 166
   Hebräer 175
5. Der Satan im Alten Testament 186
6. Der Teufel im Neuen Testament. 199
7. Der Teufel bei den Kirchenlehrern der drei ersten christlichen
   Jahrhunderte 212
8. Der Teufel im Talmud und in der Kabbala. 244
9. Der Teufel vom 4. bis 6. Jahrhundert 257

Seite

10. Vom 7. bis zum 13. Jahrhundert. Völlige Ausbildung des
    Teufels 289

11. Vom 13. Jahrhundert bis zur Bulle „Summis desiderantes“ von
    Innocenz VIII. 317
    Eigentliche Teufelsperiode 317
    Der Satansprocess 349

12. Der Teufel auf der Bühne 359
    Der dumme Teufel 394
    Der Teufel als Lustigmacher 399

Inhalt des zweiten Bandes.

~~~~~~

Zweiter Abschnitt.

Factoren bei der Ausbildung und Verbreitung der Vorstellung vom Teufel.

Seite

1. Die Herabdrückungsmethode der Kirchenlehrer 1
2. Amalgamirungsprocess 8
3. Geschichtliche Verhältnisse 18
   Entwickelung der Kirche als Macht gegenüber dem Staate . 19
4. Mittel zur Vergrösserung des geistlichen Ansehens 33
   Kreuzzüge 38
   Kanonische Lebensweise 39
   Beichte 39
   Ablass 40
   Bettelmönche 40
   Excommunication und Interdict 41
   Kirchensprache 45
5. Bereicherung der Kirche an materiellen Gütern 46
   Regalien 48
   Stiftungen 49
   Senden 52
   Reliquien 53
6. Sittliche Zustände 58
   Busswesen 82
7. Zustand der Gemüther. Das kirchlich-theologistische Gepräge . 93
   Theologie 96
   Philosophie 96
   Rechtswissenschaft 97
   Strafrecht 99
   Arzneikunst 100
   Astrologie 105
8. Mancherlei Erscheinungen und Ereignisse als Factoren in der
   Geschichte des Teufels 110

                                                                    Seite
    Elementarereignisse   113
    Mongoleneinfall (1242)   118
    Das Interregnum   122
9. Sekten im Mittelalter   124
    Die Inquisition   129
    Kreuzzüge   138
    Kinderpilgerfahrt   139
    Flagellanten   140
    Wunderglaube   144
10. Heiligendienst und Mariencultus als sollicitirende Factoren . .   148
    Wohnstätte   154
    Aussehen   155
    Gegensatz im Streben   156
    Physische Uebel   166
    Krankheiten   168
    Mariencultus   198

Dritter Abschnitt.

Periode der gerichtlichen Hexenverfolgung.

1. Zauberglaube   206
2. Vorläufer der Hexenprocesse   213
3. Malleus maleficarum. Der Hexenhammer   226
4. Weiterer Verlauf und Abnahme der Hexenprocesse   293
5. Erklärung der Hexenperiode   314
    Intellectuelle Culturstufe   319
6. Allmähliche Abnahme der Hexenprocesse   359

Vierter Abschnitt.

Fortsetzung der Geschichte des Teufels. Abnahme des Glaubens an den Teufel.

1. Luther's Glaube an den Teufel   365
2. Der Teufel im 16. und 17. Jahrhundert   437
    Der Teufel im Gebete   472
    Der Teufel im Gesangbuch   473
3. Der Teufel im 18. Jahrhundert   479
4. Ursachen der Abnahme des Teufelsglaubens   526
    Anschauung der Gegenwart.

Geschichte des Teufels.

Erster Band.

Erster Abschnitt.

Der religiöse Dualismus.

---

1. Mensch und Religion gegenüber der Natur.

Der Mensch wird in die Natur hineingeboren, bildet einen Theil des Weltganzen, ist vermittels der Sinne den Eindrücken der ihn umgebenden Aussenwelt unterzogen. Er selbst als ein organisches Ganzes, das als Leben auf einer immerwährenden Selbstthätigkeit beruht, ist der Natur gegenübergestellt, die ihm einen zu überwindenden Gegensatz bietet. Mit der Geburt, für das Kind mit Leiden verbunden, beginnt der Kampf mit der Aussenwelt, und hat man in diesem Sinne auch die Worte Shakspeare's deuten wollen, die er den König Lear sagen lässt: „Wenn wir geboren werden, weinen wir."

Den nächsten Gegensatz unmittelbar nach der Geburt stellt die atmosphärische Luft. Dem Embryo im Mutterleibe genügte zu seiner pflanzenartigen Existenz das durch das Athmen der Mutter roth gewordene Blut; das Neugeborene hingegen muss nun die Luft schon unmittelbar einathmen, es ist mit dem Luftkreise in unmittelbaren Verkehr gesetzt und vollzieht mit dem Athmen den ersten Act der Selbstthätigkeit. Durch das unmittelbare Einathmen der Luft verschafft es dem Blute eine seinem selbständigen Leben angemessene Entwickelung und wird zugleich angeregt, seine Empfindung frei zu äussern. Auf das Niesen, das sich infolge des Luftreizes in der Nasenhöhle gewöhnlich einstellt, möchten wir dem kleinen Erdenbewohner ein ermuthigendes „Prosit" zurufen, zur glücklichen Ueberwindung all der Gegensätze, durch die er zur freien Selbständigkeit gelangen soll, die ja seine Bestimmung ist.

Den nächsten Gegensatz, den das Kind zu überwinden hat, findet es in der Nahrung. Solange es diese an der Muttermilch hat, übernimmt die Mutterliebe das Geschäft der Vermittelung, deren der Säugling bedarf; mit dem Hervorbrechen der Zähne gibt aber die Natur den Wink, dass der kleine, werdende Mensch zur Selbständigkeit sich zu entwickeln bestimmt ist. Nach der Entwöhnung gewöhnt sich das Kind, selbstthätig seine Nahrung unmittelbar zu sich zu nehmen und in sein Fleisch und Blut zu verwandeln, d. h. den Gegensatz zu überwinden, um das Leben selbstthätig zu erhalten.

Wie das Kind im Kauen den Stoff überwindet, so kommt es dahin, im Gehen den Raum zu beherrschen und später im Sprechen die Vorstellung aus sich herauszubringen, wodurch es seine Innerlichkeit freimacht, wie es im Kauen und Gehen von der Aussenwelt sich befreit, indem es dieselbe beherrscht. „Alles Leben kämpft gegen die Schranken von Raum und Zeit." [1] So greift der Mensch in die Natur ein, indem er sich seine Nahrung daraus holt; indem er sie vernichtend seiner Leiblichkeit assimilirt, übt aber auch die Natur eine Wirkung auf ihn aus. Im weitern Verlaufe greift er in die Natur ein durch die Arbeit, indem er den Boden cultivirt, das in der Natur Vorgefundene umbildet, wodurch er selbst wieder gebildet wird.

Es ist eine ununterbrochene Reihe von Wechselwirkungen im grossen und kleinen und beider aufeinander.

Desgleichen findet auch im leiblichen Organismus des Menschen statt. Das Blut, welches man „die Mutter des ganzen Lebens" genannt hat, ist Ursache, dass der Magensaft sich bildet, und dieser ist die Ursache der Blutbildung, und wie jedes Organ Blut enthält, so ist dieses die Substanz aller Organe. Das Blut dient zur Erhaltung und Belebung der Organe, und diese erfüllen ihren Zweck in der Erhaltung des Bluts in seiner lebendigen Form. Ohne die Thätigkeit der Lunge kann das Gehirn nicht thätig sein und ohne dessen Einfluss wäre die Bewegung der Lunge unmöglich.

Indem der Mensch lebt, überwindet er den Gegensatz,

---

[1] Burdach, Der Mensch nach den verschiedenen Seiten seiner Natur, neue Aufl. von 1854, S. 631.

den er an sich trägt, denn wo Leben ist, da ist Gegensätzlichkeit, die ausgeglichen werden muss. Das Leben bethätigt
sich in der Ausgleichung des Gegensatzes. Der Lebensprocess
kann daher füglich mit dem Ausgleichungsprocesse zweier
chemisch gegeneinander gespannter Substanzen verglichen
werden [1], denn vom ersten Augenblick des Lebens sucht das
Individuum die Zweiheit seines Wesens, die Innerlichkeit, die
Psyche, mit der Aeusserlichkeit oder Leiblichkeit auszugleichen.
In der Ausgleichung dieses Unterschieds von Leib und Seele
bethätigt sich das individuelle Leben. Es ist Naturgesetz, dass
alles, was den Leib afficirt, in die Seele hineinversetzt wird und
umgekehrt, dass die innerlichen Zustände verleiblicht, d. h.
äusserlich zur Erscheinung gebracht werden. Das menschliche
Individuum lebt sonach im steten wechselwirkenden Verkehr
zwischen Innerm und Aeusserm und umgekehrt, und sein
Leben ist nur so lange ein gesundes, als sich diese Gegensätzlichkeit zur Einheit zusammenfasst.

Durch die Sinne, vermittelt durch die organische Thätigkeit des Nervensystems, tritt der Mensch in Verkehr mit der
Aussenwelt. Von den verschiedenen Sinnesorganen, in welchen
die Nerven ihre peripherischen Enden haben, leiten diese die
Eindrücke, die sie an jenen empfangen haben, im Central-
organ zusammen und gelangen zu gegenseitiger Durchdrin-
gung. Die Mannichfaltigkeit der Lebensthätigkeiten zur Gemeinsamkeit zusammensummirt regt sich als Innerlichkeit und
Einheit, als Gemeingefühl, worin das Leben sich selbst
inne wird, sich selbst findet. Dieses dunkle Gefühl des Daseins wird zur Empfindung, wo der eigentliche Leibeszu-
stand percipirt wird. Die Entwickelung zur Klarheit wird
angeregt durch den Gegensatz, wodurch das Leben sich irgendwie gehemmt oder gefördert fühlt, sodass der besondere
Lebenszustand durch äussere Verhältnisse bestimmt empfunden
wird. Ist der Gegensatz derart, dass die organische Thätigkeit des Lebens zur Kraftäusserung aufgefordert und jener
dadurch überwunden wird, so ist die Empfindung eine angenehme, welche bei wachsender Regung zur Lust sich
steigert; oder das Gemeingefühl bleibt wegen Mangels an
Reiz oder durch übermässige Reizung, welche die Thätigkeit

---

[1] Erdmann, Psychologische Briefe, S. 198.

der Organe zu stören droht, unbefriedigt, und die Empfindung ist unangenehm, die bei grösserer Stärke zum
Schmerz wird.

Nach dem Naturgesetze bringt jede Einwirkung eine
Gegenwirkung hervor, weil jede angeregte Kraft sich zu äussern strebt. Die Empfindung, durch einen äussern Reiz angeregt, erweckt den Trieb, der sich der willkürlichen Muskeln bedient, um das Leben zu äussern. Die innere Thätigkeit
im Gehirnleben tritt durch den Trieb mit den Muskeln in
Berührung, die innere Bewegung wird zur äussern, die Gegensätzlichkeit des Aeussern und Innern wird ausgeglichen. Die
willkürlichen Muskelbewegungen entsprechen den Sinnes-
empfindungen, indem ein Gehirnreiz, auf die peripherischen
Theile des Nervensystems fortgeleitet, durch die Muskelthätig-
keit eine Veränderung am Leibe hervorbringt. In den unwillkürlichen Bewegungen kommen Modificationen des Gemein-
gefühls zum Ausdruck.

Das Innewerden der Aussenwelt durch die Sinne ist bedingt durch das Innewerden der eigenen Leiblichkeit, denn
ohne Gemeingefühl des eigenen Daseins ist die Empfindung
des fremden Daseins nicht denkbar. Die äussern Gegenstände
wirken auf die Sinnesorgane und durch die Nerven auf das
Gehirn, welches dadurch in entsprechender Weise bestimmt
wird.

In der anorganischen Natur zeigt sich die Wechselbezie-
hung zu einem fremden Körper zunächst in der Ausgleichung
der Wärmeverhältnisse; im Pflanzenleben bethätigt sich der
Ausgleichungsprocess in Modificationen der Zellenernährung;
im animalischen Leben wird der Gegensatz zur Aussenwelt
durch das Nervensystem vermittelt und das Leben durch die
willkürliche Bewegung als höhere Form offenbar. Im Menschen
findet die zusammenfliessende Fülle von Empfindungen und
Sinneseindrücken ausser der Compensation durch die Muskelbewegung den noch höhern Ausgleichungspunkt im Bewusstsein und Selbstbewusstsein. Das menschliche Individuum
hat mit dem animalischen Leben das gemeinschaftlich, dass
die durch Sinneseindrücke afficirten Nerven zum Gehirn oder
Rückenmark verlaufend von da zu den willkürlichen Muskeln
gelangen und, sich bis zu jeder Fleischfiber vertheilend,
diese als Bewegungsorgane in Anspruch nehmen. Der kenn-

zeichnende Unterschied zwischen Mensch und Thier ist also das **Bewusstsein** und **Selbstbewusstsein**, womit die Grenz- und Scheidelinie gezogen ist, von der aus die specifisch unterschiedene Bedeutung beginnt. Auch das Thier wird zwar die Eindrücke der Aussenwelt durch die Sinnesorgane inne, es hat Empfindung und äussert sein Empfundenes durch die Muskelbewegung, es nährt sich vom Stoffe, den ihm die Natur bietet, und assimilirt denselben seiner Leiblichkeit; aber während das Thier im Frasse und überhaupt in der Aeusserlichkeit aufgeht, kommt der Mensch dahin, sich bewusst zu werden: dass die Aussenwelt, von der er seine Nahrung und Sinneseindrücke erhält, ein von ihm Verschiedenes ist; er kommt zum **Bewusstsein**: dass sein eigenes Dasein und seine Umgebung als eine ihm fremde Aussenwelt im Gegensatz stehen. Ja er wird seiner eigenen physischen Thätigkeiten inne, unterscheidet sie vom leiblichen Dasein des Organismus und stellt im Bewusstsein seine eigene Empfindung sich selbst gegenüber, d. h. er kommt zum **Selbstbewusstsein**. Dadurch wird er erst eigentlich **Mensch**, dass er zum selbstbewussten **Ich** gelangt, hiermit beginnt er ein vom materiellen Leben unterschiedenes **geistiges Leben**; insofern aber das Material, das der menschliche Geist umbildet, Leiblichkeit ist und das geistige Leben wol selbstthätig, aber nicht eigenmächtig ist: so muss die **Einheit** von **Sinnlichem** und **Geistigem** die eigentliche Sphäre des Menschen ausmachen.

In der Periode, die dem Selbstbewusstsein vorhergeht, spricht das Kind von sich in der dritten Person, es lebt noch im Dämmerlichte, bis ihm die Sonne des Bewusst- und Selbstbewusstseins aufgeht, von wo an es sich mit Ich bezeichnet. Wenn Fichte den Tag, wo er sein Kind das erste Ich sagen hörte, feierlich begangen haben soll, so beweist dies eben die Bedeutsamkeit des Moments, den der grosse Philosoph zu würdigen wusste.

Das Thier, welches keine höhere Aufgabe hat als zu leben, sein inneres Empfindungsleben durch Bewegung zu äussern, seine Gattung durch Fortpflanzung zu erhalten, erfüllt seine Bestimmung mit dem natürlichen Ende, dem Tode. Der Mensch fängt sein specifisch-menschliches Leben erst an, wo er sich seiner selbst bewusst wird. Aber schon als Säugling,

dessen nächste Aufgabe zwar auch im Lebendigsein gelöst
wird, steht er mit dem Thiere doch nicht auf gleicher Linie,
weil er die Anlage zur Weiterentwickelung in sich trägt, die
dem Thiere versagt ist. Den schlagenden Beweis hiervon
liefert das Kind, wenn es zu sprechen anfängt, womit der
selbstbewusst werdende Geist sich zum Ausdruck bringt und
der Gegensatz von Innerlichkeit und Aeusserlichkeit die aus-
gleichende Mitte findet.

Das Höchste, wozu es das animalische Leben zu bringen
vermag, ist der Gattungsprocess; der Mensch hingegen bringt
es zum Bewusst- und Selbstbewusstsein und infolge dieses
zur Sprache, Arbeit, Geschichte, Religion, zum begrifflichen Denken, zur Wissenschaft.

Es ist eine unzulängliche Definition, welche den Menschen
nur als entwickeltes Thier hinstellt, da er vom Thiere specifisch verschieden, daher auch eine andere Bestimmung hat.
Der Keim, aus dem der Mensch hervorgeht, ist wesentlich
verschieden von dem eines Naturproducts. Vergleichungs-
punkte sind nur dadurch gegeben, dass im Systeme des organischen Menschenlebens alle andern Systeme enthalten und
ineinandergesetzt zur Erreichung der menschlichen Bestimmung
dienen und der Physiolog daher ein vegetabiles und animales
Leben im Menschen vertreten findet, wie im menschlichen
Organismus auch Substanzen der anorganischen Natur nothwendig vorhanden sein müssen.

Durch die Aufmerksamkeit, in welcher die Seelen-
thätigkeit nach den durch die Aussenwelt hervorgebrachten
Eindrücken sich richtet, macht der Mensch Wahrnehmungen, deren Einzelheiten er zu einem Ganzen vereinend zur
Vorstellung bildet, indem er vermittels des Sinnen- und
Hirnlebens das von aussen gewonnene Material in eine geistige Thatsache umsetzt, das Aeussere im Innern abdrückt.
Alles, was er inne geworden, wird durch das Gedächtniss
innerlich fortwirkend aufbewahrt, und so fasst er eine Reihe
von Wahrnehmungen, die er an verschiedenen Orten und zu
verschiedenen Zeiten gewonnen hat, einheitlich zusammen in
der Erfahrung.

Dasselbe Gesetz, wonach das animalische, unbewusste
Leben, die Empfindung in der Muskelbewegung zum Ausdruck
kommt, drängt den bewussten Geist, sich zu äussern durch

die Sprache. Nach den Beobachtungen der Physiologen wird infolge innerer Bewegungen der Kehlkopf leicht afficirt, womit eine specielle Beziehung zwischen beiden, gleich der zwischen dem Vagus und den Herzbewegungen, der Sphäre des kleinen Gehirns und den Bewegungsmuskeln der obern Extremitäten, angedeutet wäre. Dies kann aber erst die lautliche Aeusserung der aufgenommenen Eindrücke erklären, allerdings als Vorbereitung zum ausgesprochenen Wort. Das Thier hat eine Stimme, durch die es sein empfindendes Leben offenbart; es bleibt aber nur beim Laute, wodurch es das unbewusste Leben äussert, und bringt es nimmermehr zum Worte, dem Ausdruck selbstbewussten Geistes, weil ihm eben das Selbstbewusstsein nicht aufgeht. Es ist daher treffend, wenn Lotze irgendwo den Gesang der Vögel ein „willenloses und absichtsloses Springen mit den Stimmbändern" nennt, denn es ist eben nur eine Muskelbewegung, durch die der Laut hervorgebracht wird. Die Sprache ist Ausdruck des selbstbewussten Geistes, der Mensch spricht im Worte nicht nur seine Empfindung, sein Gefühl aus, sondern auch seine Wahrnehmungen, Vorstellungen und Gedanken. Eben weil er Wahrnehmungen macht, Vorstellungen bildet und Gedanken erzeugt, spricht der Mensch. Er erfindet die Sprache nicht, so wenig als er sein Dasein erfunden hat, sie ist ein Erzeugniss seines Geistes, dessen Wesen in der Sprache laut wird, wobei die Sprachwerkzeuge entgegenkommend in Bewegung gesetzt werden. Ohne Zunge, Zähne, Gaumen, Stimmritze könnte der Mensch allerdings keine Vorstellung und keinen Gedanken sprachlich darstellen; er spricht aber nicht, weil er diese hat, sonst würde der Hund und das Schwein auch eine Sprache haben. Das Grunzen, Bellen, Miauen u. dgl. ist nur der elementare, unartikulirte Ausdruck von Empfindungen, aber von keinem Gedanken, zu welchem nur der Mensch die Empfindung zu verarbeiten vermag. „Die Sprache befreit den Menschen von der Unbestimmtheit des Fühlens und Anschauens und macht ihm den Inhalt seiner Intelligenz zum Eigenthum." [1] In der Sprache zeigt sich der bildende Trieb und eine Art Herrschaft über den Gegenstand, der, von aussen nach innen angeregt, zur Vorstellung

---

[1] Rosenkranz, Psychologie, 2. Aufl., S. 389.

verarbeitet, als Wort wieder ausgesprochen wird. „Durch
Benennung wird das Aeussere wie eine Insel erobert und
vorher dazu gemacht, wie durch Namengeben Thiere bezähmt
werden" [1], und man erinnert sich hierbei der trefflichen Darstellung in der Genesis, wonach die Herrschaft des Menschen
über die Thiere, ausser deren Genusse, damit bezeichnet
wird, dass er sie benennen soll. Beim Kinde zeigt sich die
Herrschaft des Geistes in den „kühnen" und „doch richtigen"
Wortbildungen, deren Jean Paul [2] mehrere anführt, die er von
drei- und vierjährigen Kindern gehört hat, als: „der Bierfässer,
Saiter, Fläscher" (der Verfertiger von Fässern, Saiten, Flaschen),
„die Luftmaus" für Fledermaus, „die Musik geigt, das
Licht ausscheren (von der Lichtschere), dreschflegeln, dre-
scheln; ich bin der Durchsehmann (hinter dem Fernrohr
stehend), ich wollte, ich wäre als Pfeffernüsschenesser angestellt, oder als Pfeffernüssler; am Ende werde ich gar zu
klüger; er hat mich vom Stuhle heruntergepasst; sieh
wie Eins (auf der Uhr) es schon ist" u. s. f. Aehnlich nennen
die nordamerikanischen Indianer ihnen fremde Gegenstände
mit selbstgebildeten Namen, wie „Lochmacher" statt Bohrer
u. dgl. [3]

Wie das Bewusst- und Selbstbewusstsein von minderer
Klarheit zur festern Bestimmtheit fortschreitet, so lässt sich
bei Kindern auch die allmähliche Entwickelung der Sprache
beobachten. Aus den unbestimmten Vocallauten entstehen erst
reine Vocale, zu denen wieder zunächst stumpfe Consonanten
hinzutreten und undeutliche Silben bilden, bis endlich die
Vocale zur Klarheit kommen, die Mitlauter ihre Schärfe erhalten und die Silben das deutliche Gepräge bekommen. Ein
ähnliches Fortschreiten zeigt sich auch im Gebrauche der
Wortformen, indem das Kind aus dem Infinitiv und der dritten
Person allmählich zur ersten Person, zur Conjugation und
Declination übergeht und endlich die Syntax in die Sprache
aufnimmt.

Von gleichgrossem Interesse ist in dieser Beziehung die
Verfahrungsweise der Naturvölker, die in der Kindheit der

---

[1] Jean Paul, Levana, Ausgabe von 1814, S. 420.
[2] a. a. O., S. 423.
[3] Bastian, Der Mensch in der Geschichte, I, 431.

menschlichen Entwickelungsgeschichte stehen geblieben sind.
Wie die Kinder sprechen die brasilianischen Indianer immer
im Infinitiv, meist ohne Fürwort oder Substantiv. Der Unzulänglichkeit solcher Sprache müssen dann gewisse Zeichen
mit der Hand, dem Munde oder andere Geberden zum ver-
ständlichen Ausdruck verhelfen. „Will der Indianer z. B.
sagen: ich will in den Wald gehen, so spricht er «Wald-
gehen» und zeigt dabei mit rüsselartig vorgeschobenem Munde
auf die Gegend, die er vermeint." [1] „Die Grönländer, besonders die Weiber, begleiten manche Worte nicht nur mit
einem besondern Accent, sondern auch mit Mienen und Augen-
winken, sodass, wer dieselben nicht gut wahrnimmt, des Sinnes
leicht verfehlt. Wenn sie z. B. etwas mit Wohlgefallen bejahen,
schlürfen sie die Luft durch die Kehle hinunter mit einem gewissen Laut. Wenn sie etwas mit Verachtung und Abscheu verneinen, rümpfen sie die Nase und geben einen feinen Laut
durch dieselbe von sich, wie sie es auch durch Geberden errathen lassen, wenn sie nicht aufgeräumt sind." [2]

Wie die selbstbewusste Thätigkeit, das Denken im weitern Sinne, den ersten Ausgangspunkt von sinnlichen Eindrücken erhält, so wählt auch die Sprache zunächst solche
Laute, die auf das Ohr einen entsprechenden Eindruck hervorbringen. [3] Es sind dies die sogenannten Onomatopoëtica,
wie sie jede Sprache hat, so etwa in unserm „starr" der Eindruck des Widerstandskräftigen, in „Wind" das Bewegende,
in „Wirr" das Durcheinandergehende kaum unbemerkt bleiben
kann, u. dgl. m.

Solange das Denken nur in sinnlichen Vorstellungen geschieht und die Ideen Gestalten annehmen, kann auch nur
das Sinnlichwahrnehmbare seinen Ausdruck finden, wogegen
das Begriffliche durch Umschreibung aufgenommen und ausgedrückt wird. Dadurch erhalten diese Sprechweisen einen
überfliessenden Pomp und malerischen Glanz, wovon Bastian [4]
aus der Sprache der Indianer treffende Beispiele anführt.
In dem aller abstracten Begriffe entbehrenden Materia-

---

[1] Spix und Martius bei Bastian, I, 427.
[2] Ebendas., S. 430.
[3] Vgl. W. v. Humboldt, Ueber die Kawisprache, S. 94 fg.
[4] I, 426.

lismus der amerikanischen Indianer wird „Glück" bezeichnet
durch „Sonnenglanz", „Friede" durch „Waldbaumpflege"
oder „eine Streitaxt begraben", „Leidtragende trösten"
durch „das Grab der Verstorbenen bedecken". Selbst fremde
Wörter kann er nur durch Umschreibungen aufnehmen: Kerze
wird übersetzt als Wassa kon-a-cm jegun von wassan (heller
Gegenstand), kon-a (Brand), jegun (Werkzeug); Lichtputze
durch Kischke-kud-jegun von kischk (abschneiden), ked oder
skut (Feuer) und jegun (Werkzeug).

Wie in der Sprache die höhere Lebenspotenz des Selbstbewusstseins offenbar wird, jene aber wieder auf die Entwickelung des Menschen zurückwirkt, so zeigt sich die Herrschaft des selbstbewussten Wesens besonders merklich in der
Arbeit. Die Bedeutsamkeit der Arbeit liegt in der umbildenden Einwirkung auf den Gegenstand, zunächst auf die
Natur, ferner in der bildenden Rückwirkung auf den Arbei-
tenden. Der Mensch arbeitet, indem er wirkt und selbst dadurch eine Rückwirkung empfängt, indem er geistig umbildet
und dadurch selbst geistig gebildet wird. Arbeiten kann daher
nur der Mensch als geistiges, selbstbewusstes Wesen. Wenn
er den Gegensatz, in welchem er der Natur gegenüber sich
befindet, dadurch überwunden und ausgeglichen hat, dass er
ihre Producte vernichtend verzehrt und seiner Leiblichkeit
assimilirt, bietet er hiermit ein Analogon zum Thiere, welches
auch sein Futter in Fleisch und Blut verwandelt; indem aber
der Mensch das Feld bearbeitet, die Thierhaut zur Kleidung
verarbeitet, bildet er die Natur um, und die Folge ist eine
rückwirkende, sodass mit der Bearbeitung der Natur die Bildung des Menschen Hand in Hand geht. Das Thier arbeitet
in diesem Sinne nie, weil es nie zum Selbstbewusstsein kommt,
und wenn der Vogel sein Nest baut, die Biene Honig und
Wachs sammelt, so ist dies eine emsige Geschäftigkeit, in
welcher das rückwirkende Moment der Bildung, das die Arbeit
kennzeichnet, mangelt.[1] Ist es doch zum Axiom erhoben,

---

[1] „Die Thiere bauen sich bisweilen recht künstliche Wohnungen",
sagt treffend Lange (Geschichte des Materialismus, S. 416), „aber wir
haben noch nicht gesehen, dass sie sich zur Herstellung derselben künst-
licher Werkzeuge bedienen" — „eben die Ausdauer, welche auf die Fer-
tigung eines Instruments verwandt wird, das sich nur mässig über die

dass mit dem Ackerbau, also mit der Bearbeitung der Natur, die Cultur der Menschheit ihren Anfang nimmt. „Nicht das mythische Paradies oder goldene Zeitalter, sondern die Arbeit ist der Anfang der Culturgeschichte."[1] In der Arbeit selbst liegt daher ein Fortschreiten, denn wenn der rohe Mensch arbeitet, weil ihn die Noth zwingt, weil er muss, so arbeitet der Gebildete aus eigener freier Bestimmung, weil er will. Durch die Arbeit drückt der Mensch dem Gegenstande, den er bearbeitet, das Gepräge seines eigenen geistigen Wesens auf, er stempelt ihn mit seinem Willen und erklärt ihn hiermit für sein Eigenthum. Jäger- und Nomadenstämme bilden sich nicht, weil sie nicht zur Umbildung der Natur, zur Arbeit kommen, und obschon sie nicht gänzlich im reinen Naturzustande leben gleich dem Thiere, da es überhaupt gar keinen Menschenstamm gibt, bei dem nicht z. B. der Gebrauch des Feuers sich vorfände[2], oder der Brauch sich zu schmücken, wenn auch in roher Weise, angetroffen würde, so bringen sie es doch nicht zur ständigen Arbeit, zu keinen festen Sitzen und daher auch nicht zur Totalität eines Volks und Staats.

Da mit der Arbeit die Gesittung und Bildung ihren Anfang nimmt, ist jene die Bedingung der Geschichte. Sprache und Arbeit als Aeusserungen des selbstbewussten Geistes sind nothwendige Voraussetzungen der Geschichte. Es gibt keinen wilden Stamm, der keine Sprache hätte, der seine innern Zustände blos durch unartikulirte Laute oder durch blosse Muskelbewegung als Geberden zu erkennen gäbe; aber ebenso hat kein Volksstamm eine Geschichte, in dessen Leben die Arbeit mit der erforderlichen Sesshaftigkeit fehlte. Der Beduinenaraber steht deshalb auf derselben Stufe, die er zu Abraham's Zeit eingenommen, er hat keine Geschichte, weil sein Leben der bildenden Arbeit ermangelt. Man kann sagen: die Arbeit ist das Bildungsmittel des Menschen und die Sprache

---

Leistungen eines natürlichen Steins oder Steinsplitters erhebt, zeigt eine Fähigkeit, von den unmittelbaren Bedürfnissen und Genüssen des Lebens zu abstrahiren und die Aufmerksamkeit um des Zweckes willen ganz auf das Mittel zu wenden, welche wir bei Thieren nicht leicht finden werden."

[1] Wachsmuth, Allgemeine Culturgeschichte, I, 7.

[2] Wie Linck, Urwelt, I, 341, die widersprechenden Angaben vollständig widerlegt hat.

das Fortpflanzungsmittel der Bildung. Beide Factoren sind
unentbehrlich in der Geschichte der Menschheit, und diese ist
undenkbar ohne jene. Was die mündliche Tradition in der
Vorhalle der Geschichte durch die Fortpflanzung der Mythen-
und Sagenkreise bewerkstelligt, das vollzieht mit dem Beginn
der wirklichen Geschichte die durch die Schrift oder andere
Denkmäler fixirte Sprache. Der einzelne bringt durch das
Wort sein inneres Leben zum Ausdruck und zur Mittheilung
für den andern, und die Schätze der Bildung eines Volks
kommen dem andern mittels der Sprache zugute; die Cultur
längstvergangener Reiche, durch die Sprache aufgespeichert,
wird von der Gegenwart aufgenommen und die Sprache dient
der Zukunft als Hebel, der sie auf die Schultern der Vergangenheit und Gegenwart heben wird. Die Sprache ist
das Gebinde, worin die mittels Arbeit erzielten Früchte der
Cultur von einem Geschlechte dem andern, von einem Volke
dem andern, von einer geschichtlichen Periode der andern
überreicht werden. Sprache und Arbeit haben aber ihren
Grund im Menschen als bewusstem und selbstbewusstem
Wesen, d. h. im menschlichen Geiste, und hierin ist also auch
der Grund, dass das Menschengeschlecht eine Geschichte
hat. Die Natur und ihre Producte haben diese nicht in dem
Sinne, dass ein und dasselbe Geschöpf, wie der Mensch,
durch Entwickelung seiner Anlage sich ändert. Der Flieder-
strauch treibt dieselben Blüten und bringt dieselben schwarzen
Beeren wie vor 3000 Jahren, und die Ameise ist heute noch
ebenso geschäftig wie ehedem, der Orang-Utang sieht dem
Menschen zwar ähnlich, ist ihm aber noch immer nicht gleich
geworden, weil er seiner ursprünglichen Anlage nach verschieden ist; aber der sprechende und arbeitende Mensch von
heute fühlt und weiss sich anders, hat andere Bedürfnisse
und andere Anschauungen als die vor 3000 Jahren, und obschon das Gesetz, nach dem er sich entwickelt, ein unwan-
delbares ist, so sind ihm die Culturen längstvergangener Zeiten
zugefallen, die er kraft dieses unwandelbaren Gesetzes sich
eigen gemacht und in sich verarbeitet hat.

Im Selbstbewusstsein des Menschen liegt aber der Grund
nicht nur, dass der Mensch eine Sprache hat, dass er durch
Arbeit seiner Bestimmung sich nähert, was schon in der
biblischen Schöpfungsgeschichte tiefsinnig angedeutet wird,

dass er ferner eine Geschichte hat, in der er sein Wesen
als ein sich entwickelndes darlegt; im selbstbewussten Geiste
liegt auch der Grund, dass der Mensch Religion hat. Der
Consensus populorum hat zwar als Beweis für das Dasein
Gottes nicht mit Unrecht seine Kraft verloren und ist bei den
meisten Theologen und Philosophen ausser Geltung gesetzt;
er birgt aber dennoch in gewisser Beziehung ein Körnchen
Wahrheit in sich: dass es keinen noch so rohen Völkerstamm
gibt, bei dem nicht Spuren von religiösen Vorstellungen anzutreffen wären. „An Götter im Sinne civilisirter Völker, an
höhere Wesen, die, mit übermenschlicher Macht und Einsicht
begabt, die Dinge dieser Welt nach ihrem Willen lenken,
glauben allerdings durchaus nicht alle Völker; versteht man
aber unter religiösem Glauben nur die Ueberzeugung von
dem Dasein meist unsichtbarer geheimnissvoller Mächte, deren
Wille überall und auf die mannichfachste Weise in den Lauf
der Natur einzugreifen vermag, sodass der Mensch und sein
Schicksal von ihrer Gunst äusserst abhängig ist, so dürfen
wir behaupten, dass jedes Volk eine gewisse Religion besitze.
Es ist nicht zu leugnen, dass bei den Völkern der niedrigsten
Bildungsstufe diese Religion im Grunde nichts ist als ein
meist sehr ausgedehnter Gespensterglaube, aber man wird sich
hüten müssen, das religiöse Element, welches unzweifelhaft
darin enthalten ist, zu verkennen." [1] „Der Mensch sieht in
den natürlichen sinnlichen Dingen durchgängig mehr und etwas
anderes als blos sinnliche Eigenschaften und materielle Kräfte,
er sieht in ihnen übernatürliche Mächte und einen übernatürlichen Zusammenhang, er vergeistert die Natur." [2] Diese Erscheinung findet ihre Erklärung darin, dass der Mensch selbst
auf der niedersten Culturstufe zum Bewusst- und Selbstbewusstsein gelangt, dass er es zu Vorstellungen bringt, dass
er Schlüsse zieht, dass er überhaupt als geistiges Wesen eine
ideale Seite, religiösen Sinn und Trieb hat, die im religiösen Glauben zum Ausdruck kommen. Man mag Religion als schlechthiniges Abhängigkeitsgefühl von einem höchsten Wesen bezeichnen, als Beziehung des Endlichen zum
Unendlichen, als Glaube des Menschen an Gott ansprechen,

---

[1] Waitz, Anthropologie, I, 324.
[2] Ders., a. a. O., S. 328.

oder nach der anthropologischen Anschauung den Satz der
Theologen: „Gott schuf den Menschen nach seinem Bilde",
umkehren und sagen: „Der Mensch schuf Gott nach seinem
Bilde"; das Wesentliche an der Sache bleibt, dass Religion
auf einem Zuge im Menschen nach einem höhern vollkomm-
nern Wesen und in der Anerkennung einer höhern Macht, als
die des Menschen ist, beruht.

Der Anthropologe hat hierin recht, dass jede Vorstellung
von Gott Spuren des menschlichen Bewusstseins an sich trägt,
wie schon Luther bemerkt, wenn er sagt: „Wie das Herz, so
der Gott", was wol so viel sagen will als: nach der mehr
oder minder entwickelten Bildungsstufe wird auch die menschliche Vorstellung vom höchsten Wesen eine mehr oder weniger
sinnliche oder geläuterte sein. Die schlagendsten Beweise
bieten die religiösen Vorstellungen der Naturvölker, welche
eigentlich in der Personificirung derjenigen Dinge in der Natur
bestehen, von denen der Mensch seine Existenz und sein
Schicksal abhängig glaubt, und dessen günstige oder ungün-
stige Wendung der Wirkung selbständiger Geister zugeschrieben
wird. Auf diesem Standpunkte fällt die Naturansicht mit der
religiösen Ansicht der Dinge zusammen, und diese Geister
sind ganz nach der Analogie der menschlichen Individualität
gedacht.

Aber auch die Vertreter des absoluten Abhängigkeitsge-
fühls von Gott haben die Wahrheit für sich, dass das Gefühl
ein Wesensbestandtheil des religiösen Glaubens ist, ohne welches Religion weder unter dem Gesichtspunkte des Glaubens
noch des Handelns lebendig oder wirksam sein kann. Ausserhalb des Zusammenhangs der geschichtlichen sowol als der
begrifflichen Entwickelung steht nur diejenige Ansicht, welche
eine Religion ungeahnt und historisch unvorbereitet urplötzlich
einem Meteorsteine gleich über die Menschen herabfallen lässt.
Dem Denker ist die Entstehung dieser Ansicht wol erklärlich,
obschon diejenigen selbst, die sie hegen, dieselbe für unbegreiflich halten.

Bei erweiterter Fassung des Begriffs Religion wird deren
Element überall erkannt werden, wo ein Streben nach Idealem
sich kundgibt, ob dieses in einer Naturkraft besteht oder im
Schönheitsideal, ob im Patriotismus oder in der Wissenschaft,
es bleibt immer eine Beziehung zu etwas, das über dem End-

lichen und Alltäglichen liegt und deshalb stets in irgendeiner Hinsicht etwas Erhebendes in sich trägt. Weil jeder Religionsform der Zug nach Idealem zu Grunde liegt, hat auch jede ein bildendes Moment in sich, und weil es keinen Menschenstamm gibt, bei dem nicht Spuren von Religion vorhanden wären, lebt auch keiner ein reines Thierleben, sowie kein Stamm der Sprache entbehrt, weil jeder zum vorstellenden Bewusstsein sich erhebt.

---

2. Die Gegensätzlichkeit in der religiösen Anschauung der Naturvölker.

Das alte Sprichwort: „Noth lehrt beten" enthält zwar, wie alle Sprichwörter, nicht die ganze Wahrheit, ist aber auch nicht aller Wahrheit bar. Ob der Satz dahin erklärt wird: die Noth sei als Mutter der Religiosität zu betrachten [1] oder ob man dabei an die Worte des Goethe'schen Harfners erinnert: „Wer nie sein Brot in Thränen ass, der kennt euch nicht, ihr himmlischen Mächte"; soviel ist gewiss, das religiös-gläubige Gemüth fühlt in Augenblicken der Bedrängniss am meisten das Bedürfniss, seinem Gott sich zu nahen und ihm sich zuzuwenden. In der Noth überkommt den Menschen das Gefühl seiner Schwäche, hervorgerufen durch einen Gegensatz, der unüberwindlich zu sein droht und daher mit Furcht erfüllt.

Allerdings wird die Religiosität, durch Noth und Bedrängniss veranlasst, eine unfreie sein und die daraus entspringenden Handlungen auch das Merkmal der Unfreiheit an sich tragen, indem sie als Opfer zur Sühnung oder zur freundlichen Stimmung des göttlich verehrten Wesens dargebracht werden; ungeachtet dessen muss doch das religiöse Moment dabei anerkannt werden und die unfreie Religionsform wird dem geistig entwickeltern Religionsbegriffe gegenüber eben als niedrigere Stufe erscheinen.

---

[1] Kraft, Die Religionsgeschichte in philosophischer Darstellung, S. 19.

Im dunkeln Gefühle, ein einheitliches Ganze zu sein, betrachtet der Mensch zunächst alles, was er in der Aussenwelt
wahrnimmt, in Beziehung auf sich, inwiefern es seinem Wohle
zuträglich ist oder entgegensteht, und unterscheidet das Angenehme, als mit seinem Gemeingefühl übereinstimmende, von
dem Widersprechenden, dem Unangenehmen. Weil Harmonie
das Grundgesetz sowol des grossen Ganzen, des Makrokos-
mos, als auch der menschlichen Natur, des Mikrokosmos, ist,
sucht der Mensch unbewusst nach angenehmen Empfindungen
und alles mit sich in Uebereinstimmung zu bringen. Der
Naturmensch nimmt seine mikrokosmische Auffassungsweise
auch zum Masstabe seiner Handlungsweise und erhebt das
eigene Wohl, das ihm Angenehme zum Hauptgrundsatz der
Moral und erachtet nur das für recht und gut, was seiner
Selbsterhaltung dienlich, seinem Zustande angenehm ist. Ein
treffendes Beispiel gibt jener Buschmann, der, über den Unterschied von gut und böse befragt, für böse erklärt, wenn
ihm ein anderer seine Frauen raube, für gut hingegen, wenn
er die Frauen eines andern raube. [1] Der Naturmensch wird
alles, was in sein einheitliches Sein störend eingreift, für böse
und übelthätig ansehen, während er das mit ihm Uebereinge-
stimmte wohlthätig und gut nennt. Mit dem Naturleben im
innigsten Zusammenhange, in die Sinnlichkeit versenkt, ist auch
seine geistige Thätigkeit von dieser abhängig. Der Sinnesein-
druck bringt eine gewisse Stimmung hervor, und diese vertritt
beim Naturmenschen die Stelle des Urtheils. Solange dem
Menschen der Zusammenhang zwischen Ursache und Wirkung,
Grund und Folge ein unaufgelöstes Räthsel ist, erfüllt ihn die
staunende Furcht vor jeder Erscheinung, die ihm fremd ent-
gegenkommt. Der Naturmensch und das Kind sind daher am
meisten von der Furcht heimgesucht, daher auch für „grosse"
Furcht das Epitheton „kindisch" als synonym gebraucht zu
werden pflegt. Das Kindesalter weist auf den Urzustand des
Menschen hin und „noch immer ist die Menschheit im
kleinen das fortlebende Bild der Menschheit im grossen" —
„ein jeder von uns war also einmal auch Naturmensch, hat
da angefangen, wo der erste Mensch seine Entstehung anfing" [2]

---

[1] Bastian, Der Mensch in der Geschichte, II, 83.
[2] Fr. Aug. Carus, Ideen zur Geschichte der Menschheit, S. 195.

Der Satz: „Die Kindheit der Natur bleibt immer das Symbol aller ersten Entwickelung", dürfte freilich nur auf die erste Zeit des Kindesalters zu beschränken sein, denn ein Kind, das in einem civilisirten Lande, in einem gebildeten Familienkreise sechs Jahre alt geworden, wird mit einem sechsjährigen Indianerkinde im Urwalde kaum mehr auf gleicher Linie stehen. Die Eindrücke, die auf das Kind civilisirter Aeltern von Geburt an eingewirkt haben, sind ganz verschieden von denen, welche der kleine Urwaldbewohner in sich aufgenommen hat, demnach wird auch das Geistesleben beider verschieden sein, ja schon die Dämmerung des werdenden Bewusstseins in dem einen wird nicht ganz gleich sein dem Traumleben des andern. Vor dem Erwachen des Bewusstseins verschwimmen beide Kinder mit der Aussenwelt, die sie umgibt; aber eben diese ist bei beiden eine verschiedene und bringt eine verschiedene Wirkung hervor. Beide Kinder entwickeln sich allerdings nach demselben Gesetze des menschlichen Geistes, und in dieser Beziehung ist die Beobachtung des Kindeslebens sowie des Lebens des Naturmenschen von wesentlichem Werthe für den Psychologen; betrachtet man aber die Summe, d. h. das zum Bewusstsein entwickelte Kind, so wird niemand in Abrede stellen können, dass es im Bewusstsein des kleinen Europäers anders aussieht als in dem des kleinen Waldindianers. Da in der Natur nichts sprungweise vor sich geht, jede Erscheinung viel mehr das Resultat von unabsehbaren nothwendigen Vorbereitungsstufen ist, da dasselbe Gesetz auch bezüglich der menschlichen Natur in Kraft steht, wonach jede Form des geistigen Lebens eine ganze Reihenfolge von Factoren voraussetzt, deren Product sie ist: so muss die Verschiedenheit der Factoren auch ein verschiedenes Facit hervorbringen.

Dem Menschen, der in den Jahren der Kindheit oder im Kindesalter der Geschichte steht, erscheint die Natur zunächst furchtbar. Denn das Fremde an sich erregt Schrecken, und alles Unbekannte, Unerklärte jagt Furcht ein. Man erzählt von Thomas Platter, der, bei Beginn seiner Laufbahn als fahrender Schüler am Berge Grimsel zuerst ihn aneifernde Gänse erblickend, dieselben für den Teufel haltend die Flucht ergriff. Weil jede unbekannte Erscheinung feindlich zu wirken droht, betrachten die Wilden jeden Fremden als Feind.

Bevor der Mensch zum allgemeinen Denken emporwächst, fasst er nur die Einzelheiten, und sein Verständniss reicht so weit, als eben seine Sinne reichen. Der Algonkiner in Amerika, der auf dieser Stufe steht, hat keinen Ausdruck für den allgemeinen Begriff Eiche, weil er nicht verallgemeinern kann, und benennt daher jede der verschiedenen Eichen, die in seinen Wäldern wachsen, mit besondern Namen [1]. Es ist ein Gesetz der menschlichen Natur, das Empfundene gegenständlich zu machen, das Innerliche nach aussen zu werfen. Da nun dem Naturmenschen so vieles unbekannt, fremd, unerklärlich ist, demnach so vieles furchtbar erscheint, bildet seine Phantasie, durch mächtige Erscheinungen oder gewaltige Ereignisse angeregt, furchtbare Gestalten, die er hinter jenen als Urheber erblickt. Die sinnliche Anschauung hat keinen Blick für den Zusammenhang zwischen Ursache und Wirkung, der sich dem denkenden Geiste erschliesst; jene ahnt nur eine besondere Ursache und kleidet sie, ihrer Eigenartigkeit gemäss, in eine besondere sinnliche Form. Eigentlich spiegelt sich die ganze Summe der Empfindungen, die Totalität des Lebens in den Vorstellungen des Menschen. Ein treffendes Beispiel liefert die Ansicht des Grönländers von dem seligen Zustande nach dem Tode. „Weil die Grönländer ihre meiste Nahrung aus der Tiefe des Meeres bekommen, so suchen sie den glückseligen Ort unter dem Meere oder unter dem Erdboden und denken, dass die tiefen Löcher in den Felsen die Eingänge dafür seien. Daselbst wohnen Torngansuk und seine Mutter, da ist beständiger Sommer, schöner Sonnenschein und keine Nacht, da ist gutes Wasser und ein Ueberfluss an Fischen, Vögeln, Seehunden und Rennthieren, die man ohne Mühe fangen kann oder gar in einem grossen Kessel lebendig kochend findet" [2]. Klemm macht hierzu die Bemerkung, dass der Grönländer ebenso wenig über seinen Horizont hinausgehe wie jene beiden Schweinehirten, die einander frugen, was sie thun würden, wenn sie Napoleon geworden wären? Der eine meinte: er würde von da an braune Butter aus Bierkrügen trinken; der andere versicherte, er möchte dann seine Schweine zu Pferde hüten. Wir sehen, dass

---

[1] Bastian, II, 35.
[2] Klemm, Allgemeine Culturgeschichte, II, 310.

beide, im Schweinehirtenthum befangen, auch als Napoleone dasselbe nicht losgeworden wären.

Das Gefühl der Furcht wird gegenständlich, indem es mittels der Phantasie die Gestalt des Furchtbaren erhält. Der Indianer schreibt darum jede ihm unerklärliche Naturerscheinung einem Manitou zu und versetzt in die Prärien den grossen Geist des Feuers, der mit glühenden Bogen dahinrast; der Australier findet den schwarzen Wandvag in den Gummiwäldern hausen; der Kamtschadale sieht überall die tollen Streiche Kuka's; auf Tonga treiben die Holuah Pou's ihren Schabernack; im brasilianischen Walde übt Gurupira seine Neckereien; bei Wassergefahr sieht der Dajak den Nesi-panjang mit seinen Beinen über dem Flusse stehen; am Ufer des Marañon steht der Unhold Ypupiara und erdrosselt den Wanderer; in Senegambien brüllt Horey nach Opfern im Walde; auf Ceylon erfüllen die bösen Fafardets die Luft, und die Kalmücken hören den Drachen Dun Chan durch dieselbe fahren; in den canadischen Wäldern haust der Gigri; auf den Philippinen leben die Tibalangas auf den Baumgipfeln. „In Patna sitzt die Cholera mit Schädelknochen behangen an den Ufern der Sone" [1]). An der Sklavenküste unterlässt es der Dahomeer, des Nachts zu reisen, aus Furcht vor dem bösen Leiba, der in Schlangengestalt die Luft durchfliegt [2]).

Furcht ist wesentlich das Gefühl, womit der Naturmensch erfüllt wird. Der indianische Führer des Reisenden Martius glaubte sich dem Gurupira verfallen, als im Walde zufällig eine Eidechse herabgefallen, und nachdem er sich hierauf in einem Sumpfe verirrte, verzweifelte er vollends, je wieder aus dessen Macht zu kommen. „Noch scheuer war ein Indianer vom Stamme Catanaxis. Jeder krumme Ast oder abgestorbene Baumstumpf, jede seltsame Verschlingung von Sipos erschreckte ihn. Die Wanika fürchten sich vor ihrem eigenen Schatten" [3]).

In der Furcht liegt das Gefühl der eigenen Machtlosigkeit gegenüber einer Macht, die über den Menschen waltet,

---

[1] Bastian, II, 38.
[2] Ebendas., II, 145.
[3] Bastian, II, 45.

und mit der Abhängigkeit geht Hand in Hand die anerkennende
Verehrung des mächtigen furchtbaren Wesens.

Furcht ist nicht nur die Mutter der Weisheit, sondern
auch der Religion, insofern sie den grossen Anstoss gibt zur
Elementarregung des religiösen Sinnes und vermittels der
Phantasie religiöse Vorstellungen erzeugt. Es gibt dieser Anfang allerdings nur erst ein religiöses Dämmerlicht, das im
Bewusstsein aufsteigt, daher auch die Gestalten dunkel ge-
färbt sind und das Gemüth in Bangigkeit gefesselt liegt. Es
fehlt dieser Religionsform das Moment der Freiheit, ist aber
doch schon eine religiöse Ahnung von dem Walten übermenschlicher Mächte, vor denen der Naturmensch als vor
einer Gottheit sich beugt. Wir müssen daher auch dieser
niedern Form den Titel „Religion" zuerkennen, wie der Bo-
taniker nicht nur in der Palme, sondern auch in den Algen
vegetabilische Gebilde erkennt.

Es ist erklärlich, dass Erscheinungen, welche Unheil und
Verderben drohen und das Dasein des Naturmenschen zu gefährden scheinen, zu allernächst dessen Aufmerksamkeit auf
sich ziehen, weil sie durch den merklichen Gegensatz auch
merklich reizen, während die wohlthätigen Wirkungen der
Natur, durch die der Mensch sein Dasein fristet, als selbstverständlich hingenommen werden. Man mag diesen Umstand
„Undankbarkeit" nennen [1], es genügt uns, darin den Grund
zu sehen, warum wir bei den Bojesmanen (Buschmännern) in
Südafrika, den Indios da matto in den südamerikanischen
Wäldern, bei den Pescheräh, den Bewohnern des Feuerlandes
und den Ureinwohnern Australiens, Californiens, soweit sie von
europäischen Einflüssen unberührt geblieben, mehr das Böse als
das Gute als Gegenstand der Verehrung antreffen. Schon
Herodot [2] erwähnt ein rohes Volk in der Wüste Sahara, die
Ataranten, die sogar in der Sonne eine böse Macht sehen und
dieselbe beim Aufgange unter heftigen Lästerungen verwün-
schen, weil sie dieselbe zu Grunde richte. Es wird von manchen Stämmen, wie z. B. von den Indianern von Caracas,
behauptet, dass sie nur an ein böses Urwesen glauben [3] oder

---

[1] Waitz, Anthropologie, I, 362.
[2] IV, 181.
[3] Depons, im Magazin für merkwürdige Reisebeschreibungen, XXIX, 143.

dass die bösen Wesen ein so grosses Uebergewicht haben,
dass die guten fast ganz unbemerkt bleiben und keine weitere
Berücksichtigung finden, da sie, als dem Menschen freundlich
gesinnt, ihm keinen Anlass bieten, ihnen zu dienen. Wie
diese Stämme erst in den Windeln des menschlichen Daseins
liegen, in den Anfängen der menschlichen Gesellschaft begriffen
sind, so besteht auch ihre Religion auf der untersten Stufe
des Schamanenthums in einem dumpfen Gefühle der Furcht
vor ungewöhnlichen Ereignissen, die das menschliche Dasein
bedrohen, deren Ursachen aber nicht gesehen werden können.
Diese Ursachen, die der sinnlichen Wahrnehmung des Naturmenschen entzogen sind, die aber sein Schlussvermögen voraus-
setzen muss, commentirt seine Phantasie, indem sie ihnen eine
sinnliche Form verleiht, d. h. sie personificirt. Allenthalben,
wo der Naturmensch Bewegung und Thätigkeit bemerkt, vermuthet er als Ursache ein Wesen seiner Art, die ihm unerklärlichen Veränderungen in der Natur, die ihm verderblich
erscheinen, erhalten daher persönliche Wesen zu Urhebern,
die er fürchtet, von denen er sich abhängig fühlt, die er deshalb für sich zu gewinnen sucht durch Opfer u. dgl. Da es
zumeist nur unangenehme, störende, also feindliche Einwirkungen sind, die den Menschen im Naturzustande auf seine
Umgebung aufmerksam machen, so wird seine Phantasie die
Ursachen auch in schreckliche Formen fassen. Solche sind die
Fetische der Neger, die Ana der Brasilianer, die Balichu der
Chacostämme, die Dämonen bei allen Völkern.

Nach diesem „der Phantasie eigenen Pragmatismus", wie
Gervinus sich irgendwo ausdrückt, wonach der Mensch die
Ursachen der Erscheinungen zu erklären meint, wenn er sie
personificirt, kann es nicht befremden, wenn in Cassange der
Mann nach der Entbindung seines Weibes sich in das Bett
legt, damit der Krankheitsdämon getäuscht werde; oder wenn
der Bowakke nach der Geburt seines Kindes alles vermeidet,
z. B. Thiere zu tödten, Bäume zu fällen u. dgl., wodurch er
vielleicht unbewussterweise irgendein dämonisches Wesen beleidigen könnte, das sich dann an dem Säugling rächen
würde. Darum zündet auf den Philippinen der Hausherr,
sobald die Hausfrau Geburtswehen bekommt, vor seiner Hütte
ein grosses Feuer an, hinter welchem er, mit einer Waffe
in der Luft fechtend, sich aufstellt, um den Pontianac,

das böse Wesen, das dem Gebären hinderlich ist, zu verscheuchen. [1]

So dumpf der Zustand des Naturmenschen auch sein mag,
und so blind seine Furcht, wenn der Donner kracht, der
Vulkan seine feurigen Rauchwolken emportreibt oder die Erde
erbebt, so unterscheidet sich diese Furcht doch immer von
dem Schrecken, von welchem das Thier bei ähnlichen Gelegenheiten ergriffen wird. [2] Denn wenn der Naturmensch
kraft seiner Phantasie an die Stelle der wirklichen Ursache
auch blos ein Surrogat setzt, nämlich ein personificirtes Wesen,
so beweist er damit doch, dass er eine Ursache ahnt, und in
dieser dunkeln Ahnung liegt ein unmittelbar gegebenes Urtheil, obschon noch unentwickelt, gleichsam im Schlafe begriffen. In religiöser Beziehung ahnt die Seele des Naturmenschen ein Unbeschränktes, Unendliches, in welchem ihr
eigenes Sein wurzelt.

Nach der Wirkung der umgebenden Natur, welche der
Naturmensch als angenehm oder unangenehm unterscheidet,
indem er sich dadurch wohl oder unwohl befindet, bewegt
sich auch sein religiöses Gefühl im Kreise der Gegensätzlichkeit von Furcht und Scheu und dankbarer Anerkennung.
Nach demselben Gesetze, wonach die sinnliche Anschauung
hinter den Erscheinungen, welche dem Naturmenschen Furcht
einflössen, persönliche Wesen vermuthet, werden auch wohlthätige Naturmächte personificirt, sodass das religiöse Bewusstsein inmitten des Gegensatzes guter, wohlthätiger und
böser oder übelthätiger göttlicher Wesen sich bewegt. Obgleich, wie schon bemerkt, bei den auf der untersten Culturstufe stehenden Jäger- und Fischerstämmen die Verehrung
übelthätiger Wesen mehr betont ist, indem das Widerwärtige
und Feindliche mehr gefürchtet, als der Dank für das Wohlthuende gefühlt wird, weil Dankgefühl, wo es vorherrscht,
schon einen höhern Grad der Civilisation voraussetzt, daher
meist erst bei ackerbautreibenden Stämmen zu finden ist, so
lässt sich doch behaupten: Der Dualismus ist in allen
Religionen der Naturvölker vorhanden.

------

[1] Bastian, I, 128.
[2] Dagegen vgl. Renand, Christianisme et paganisme, S. 12.

Diese Ansicht findet schon an Plutarch ihren Vertreter[1]: „Deswegen ist auch von Theologen und Gesetzgebern auf Dichter und Philosophen diese uralte Ansicht übergegangen, deren Urheber sich zwar nicht angeben lässt, die aber doch durchaus zuverlässig und wahr ist, da sie nicht blos in Erzählungen und Sagen, sondern auch in den Mysterien und bei den Opfern allerwärts bei Griechen und Barbaren sich findet, ich meine die Ansicht, dass das Weltall keineswegs vernunft- und verstandlos ohne Leitung dem Ungefähr überlassen herumschwebe, noch von einem einzigen vernünftigen Wesen beherrscht und gelenkt werde, gleichsam wie mit einem Steuer oder Zügel, sondern von vielen Wesen, und zwar von solchen, die aus Bösem und Gutem gemischt sind; oder, um es gerade herauszusagen, dass die Natur nichts Lauteres enthält, daher auch nicht ein einzelner Verwalter wie ein Schenkwirth aus zwei Fässern die Elemente gleich Getränken uns mischen und austheilen kann, sondern dass aus zwei entgegengesetzten Principien und zwei einander feindseligen Kräften, von welchen die eine rechts in gerader Richtung führt, die andere nach der entgegengesetzten Seite sich wendet und umbeugt, das Leben und die Welt, wenn auch nicht die ganze, so doch diese irdische und lunarische, gemischt und dadurch ungleich, mannichfaltig und allen Veränderungen unterworfen ist. Denn da nichts ohne Ursache entstehen kann, so muss das Böse wie das Gute einen besondern Ursprung und eine besondere Entstehung haben.

Dies ist die Ansicht der meisten und besten Philosophen. Einige von ihnen nehmen zwei einander gleichsam entgegenwirkende göttliche Wesen an, wovon das eine das Gute, das andere das Böse schaffe, andere nennen das Gute Gott, das andere Dämon."

Obschon Plutarch in demselben Buche von einer „Harmonie dieser Welt" spricht, scheitert er doch an der Schwierigkeit, das Gute und das Ueble in der Natur zu erklären. Diese Frage, die seit jeher den Menschengeist beschäftigt hat, bleibt auch ungelöst, solange der Mensch Licht und Finsterniss, Frost und Hitze und ähnliche Erscheinungen nicht auf

---

[1] De Iside et Osiride, c. 45.

den letzten Grund zurückführt, aus dem Gesetze herzuleiten
nicht vermag, so lange er bei der Erklärung der Erscheinungen ihre Beziehung auf sein eigenes Dasein hineinmengt
und die Relativität des Uebels nicht zu klarem Bewusstsein
erhebt.

3. Dualismus in den Religionen der Naturvölker.

Zur Erhärtung der früher angeführten, auch von Plutarch
vertretenen Behauptung eines durchgängigen Dualismus im
religiösen Bewusstsein der Naturvölker dienen die Beobachtungen reisender Forscher und deren Berichte über die religiösen Anschauungen der Menschenstämme unter allen Himmelsstrichen der Erde.

In den Urwäldern von Südamerika, von Borneo, von
Timor, deren Boden nie von der Sonne berührt wird, wo
sich an den riesenhaften Baumstämmen kolossale Schlingpflanzen, die selbst von der Dicke eines Baumes werden,
hinaufranken und die Farrnkräuter, Nesseln baumartig sich
erheben, Gebüsche und Gräser mit riesenhaften Dimensionen
ineinanderwachsen, sodass das vegetabile Leben hier gleichsam
seinen Triumph feiert, mit welchem die Farbenpracht der
Thierwelt einen Wettstreit eingegangen zu sein scheint, in
diesen Urwäldern streift der Naturmensch herum und findet
bei dem milden feuchtwarmen Klima alles, was er zu seinem
Lebensunterhalt braucht. Bei dem Jägerleben, das er führt, das
Schweigen und Geduld erheischt, zeigt er anderwärts eine Un-
behülflichkeit und Unempfindlichkeit, aus der er bei der Abgeschiedenheit der einzelnen Familien nicht herausgerückt werden
kann. Sein ganzes Dasein erfüllt sich durch Sättigung und
Ruhe und ist, abgesehen von dem, was auf das Jägerleben
Bezug hat, in dem sich seine ganze Thätigkeit concentrirt,
im übrigen ein unerzogenes Kind. In seinem Gemüth wechseln stumpfe Gleichgültigkeit mit den rohesten Ausbrüchen
ungezügelten Affects. Er lebt nur für den Augenblick, für
ihn gibt es kein Nacheinander der Zeit, sowie auch die ihn
umgebende Natur in ihrem Klima immer gleichbleibt, Tag
und Nacht fast immer von derselben Länge und auch

die atmosphärischen Erscheinungen regelmässig sind. So
dunkel wie der Urwald, in dem er haust, ist auch der religiöse Gemüthszustand des Waldbewohners; er ist erfüllt von
grauenhafter Furcht, die man mit der unserer Kinder an einsamen, düstern Orten verglichen hat.[1] Die Furcht wird
hervorgerufen durch gewaltige Erscheinungen, die er nicht
wie die feindlichen Thiere erjagen kann, als: heftige Stürme,
Gewitter, vulkanische Erscheinungen, deren Entstehen zu erklären er nicht vermag und daher auf ein höheres Wesen
zurückleitet. Dieses Wesen ist Tupan (Tapan), dem besonders der Donner zugeschrieben wird. Ausser diesem hausen im Innern der Urwälder noch andere zu fürchtende Wesen, mit welchen die Paje verkehren, eine Art Zauberer, die
in ausserordentlichen, wichtigen Fällen zu Rathe gezogen werden.[2] In den Wäldern von Peru fand Pöppig[3] bei den Indianern den Glauben, dass im dichten Dunkel des Waldes das übelthätige Wesen Uchuclluchaqui sich aufhalte, das den Jäger in die
Waldeseinöde immer tiefer hineinlocke, um ihn zu verderben.
Auch im alten Peru findet sich der Dämonencultus und Fetischismus, der neben dem Sonnendienst, der Staatsreligion
des Inkareichs, einherging, und so hatte sich aus der vor-
inkaschen Periode die Vorstellung von einem bösen Dämon
auch in späterer Zeit erhalten, den die Peruaner Cupay (Supay) nannten, als Herrn des blassen Todes fürchteten und
ihm überhaupt viel Einfluss auf die menschlichen Angelegenheiten zuschrieben.[4] Wie es um den angeblichen Monotheismus der Inkas stand, den Garcilasso, ihr Lobredner, ihnen
und den Inkaperuanern zueignen möchte, hat Waitz[5] genügend
gezeigt, indem er den Polytheismus auch in der ältern Zeit
nachweist. Derselbe bestätigt auch, dass sich der Glaube an
den bösen Supay oder Sopay bis in die neuere Zeit erhalten
habe und diesem in manchen Gegenden kleine Kinder geopfert
worden seien.

---

[1] Klemm, I, 278.
[2] Spix und Martius, Reise nach Brasilien, I, 379.
[3] Reise in Chile, Peru etc., II, 358.
[4] Prescott, Geschichte der Eroberung von Peru, I, 66; Garcilasso,
Geschichte der Inkas, II, 2.
[5] Anthropologie der Naturvölker, IV, 447 fg.

Es ist bestätigt, dass die Spanier in Peru und Mexico
den Glauben an gute und böse Wesen vorfanden. [1] In
der untergegangenen Cultur von Anahuac, dem alten Mexico,
zeigt sich in den religiösen Vorstellungen der Azteken ein
seltsames Gemisch von der Wildheit ihres Charakters und
toltekischer Milde. Es findet sich die Vergötterung des Cul-
turheros Quetzalkoatl neben der Verehrung blutdürstiger
Dämonen. Man hat in der Verehrung des aztekischen Sonnengottes Teotl einen ausgesprochenen Monotheismus erkennen
wollen [2]; näher betrachtet, zeigt sich die Religion des alten
Mexico als Gestirndienst, als Verehrung elementarer Mächte
und Dämonencult, obschon auch uralter Thierdienst bemerklich
ist, dessen Hauptgegenstand in früherer Zeit die Schlange
war, und da alles seine Gottheit erhielt, so kann es nicht
befremden, dass die Azteken über 300 Gottheiten zählten.
Da aber in jedem Naturdienst die Naturmächte personificirt
werden, so glaubten auch die Azteken an gute und böse
Wesen. Zu den ältesten Gottheiten, die schon von den Ur-
bewohnern verehrt wurden, gehörte der schon erwähnte
Teotl, „durch den wir leben, welcher alles in sich selbst ist".
Ihm gegenüber steht der böse Geist, der Feind der Menschen,
Tlakatekolotl, der ihnen oft erscheint und sie erschreckt,
in dem Klemm [3] ein Ueberbleibsel aus dem Wald- und Ge-
birgsleben der alten Jägerstämme erkennen will. Es wird
zwar bestritten, dass Tlakatekolotl als Widerpart des Teotl,
also als Teufel der mexicanischen Religion zu betrachten
sei, da die sittliche Bedeutung fehle [4]; allein gesetzt auch, dass
dem so wäre, so ist der Dualismus doch vorhanden, und zwar
nicht nur auf Grund dieser beiden Gottheiten, sondern auf
Grund der mexicanischen Religion überhaupt, in welcher die
aztekische Schicksalsidee scharf ausgeprägt auftritt, daher auch
Sterndeuterei und Traumzeichen eine grosse Rolle spielen.
Wenn Waitz meint, der Gegensatz zwischen dem guten und
bösen Princip scheine in der mexicanischen Religion keine
hervorragende Stelle eingenommen zu haben, so wollen wir

---

[1] Home, Versuch über die Geschichte der Menschen, II, 232 fg.
[2] Prescott, Geschichte der Eroberung ven Mexico, I, 46.
[3] V, 114.
[4] Müller, Geschichte der amerikanischen Urreligionen, 573.

dies auf sich beruhen lassen, da es sich nur um das Vorhandensein eines bösen Wesen handelt, von dem Waitz den besondern Namen anführt und überdies die naive Bemerkung
von B. Diaz, einem der Conquistadoren: „die Mexicaner,
welche die Spanier als Teuces (Götter) bezeichneten, hätten
unter diesen vorzugsweise böse Geister verstanden". [1]

Die dualistische Anschauung der Mexicaner tritt auch in
der Verehrung der zwei Gottheiten Tetzkatlipoka und seines Bruders Huitzilopotchli hervor. Der erstere (auch
Tetzkatlpopoka oder Tetzkalipulla genannt) heisst der „glänzende Spiegel", „Seele der Welt", ist Schöpfer des Himmels und der Erde, überhaupt Urheber und Erhalter der
Welt. Der andere, im europäischen Volksmunde zu Vitzli-
putzli corrumpirt, ist die negative Seite des aztekischen Gottesbegriffs und steht erstem gegenüber, wie dem indischen Varuna oder dem Vishnu, dem Beleber und Erhalter der Welt,
der Agni oder Siva als Zerstörer entgegengesetzt wird, der
aber ungeachtet seiner schrecklichen Eigenschaften in der Vorstellung der Sivadiener ein seinen Gläubigen wohlthuender
Gott ist. So war auch Huitzilopotchli von den Azteken weit
über seinen Bruder gestellt und verehrt. Als der „Schreckliche" war er der Kriegsgott, furchtbar im Bilde und in der
Bedeutung; aber als Schutzgott sein Volk segnend, war sein
Tempel im Mittelpunkt der Stadt zugleich der Mittelpunkt
des mexicanischen Reichs und die Stätte grauenhafter Menschenopfer. Sein Cult war sehr alt, denn die einwandernden
Stämme brachten ihn schon mit. Als verneinendes Princip
repräsentirt er die Gottesmacht, die sich dem andern Dasein
gegenüber als Macht erweist, indem sie es verneint, sonach
mit dem Baal (dem Verzehrenden) der Semiten zu vergleichen [2], insofern er auch das Moment der Besonderheit und
Ausschliesslichkeit darstellt. Als Kriegsgott eines erobernden
Volks und dessen Schutzgott wurde er zum eigentlichen Na-
tionalgott der Azteken, er war ihr göttlicher Führer auf der
langen Wanderung nach Mexico. Die Mexicaner hatten noch
eine Menge geringerer Gottheiten: des Wassers, Feuers, der

---

[1] Waitz, Anthropologie, IV, 147.
[2] Wuttke, Geschichte des Heidenthums, I, 256.

Berge, der Freude u. a. m., ausser diesen aber auch eine
Menge böser Dämonen. [1]

Die brasilianischen Indianer nennen den bösen Geist
Agurjan. Der brasilianische Bauer, namentlich in den nördlichen und mittlern Provinzen des Reichs, der, stolz und faul,
keinen Wohlstand kennt, ist ganz beherrscht vom Glauben
an gute und böse Waldgeister und andere Gespenster und
hegt religiöse Vorstellungen, die ebenso abgeschmackt als die
der Botokuden befunden worden sind. [2]

Die Einwohner von Terrafirma betrachten die Sonne
als die wohlthätige Gottheit, fürchten aber auch ein böses
Wesen als Urheber aller Uebel, dem sie, um es günstig zu
stimmen, Blumen, Früchte u. dgl. zum Opfer darbringen.

Die Guarani, die zwar Opfer und Cultus, aber keine
Idole besessen haben sollen [3], pflegten zur Versöhnung der
bösen Geister, an die sie glaubten, Gaben darzubringen. Zum
Schutze vor dem bösen Agnan (Agnian, Aenjang) oder Kaas-
herre unterhielten sie des Nachts einen Feuerbrand.

Die Araucaner opfern ihren bösen Geistern bisweilen
einen Kriegsgefangenen, dem sie das Herz herausreissen. Sie
rauchen den bösen Wesen zu, nennen deren Oberhaupt Pillan [4],
auch Guenupiglian, womit sie auch Vulkane bezeichnen. Die
Berichte über den Namen ihres guten und bösen Wesens treffen nicht ganz zusammen; das Wesentlichste ist jedoch, dass
die Vorstellung von einem guten und bösen Wesen herrscht. [5]

Die Pehuenche nennen ihren höchsten Gott Pillam
und den Urheber alles Uebels Gueculbu. [6]

Die Antisaner, deren ursprünglicher religiöser Glaube
Monddienst sein soll, fürchten besonders den bösen Geist
Choquigua, der als Hauptgegenstand ihrer Verehrung gilt. [7]

Die Bewohner von Louisiana anerkennen ein Wesen

---

[1] Clavigero, Geschichte von Mexico, VI, c. 5, 33, 34, 35, 39.

[2] Prinz Max, Reise nach Brasilien 1820, II, 39.

[3] Waitz, III, 418.

[4] Ovaglie, Hist. de relat. del regno di Cile, 263.

[5] Bardel, 775.

[6] De la Cruz, Viage etc., S. 30.

[7] Casio, Kurze Beschreibung der Provinz Mojos, in Lüdde's Zeitschrift
für Erdkunde, III, 50.

als Urheber des Guten und eins als Stifter des Uebels, welches letztere seine Herrschaft über die ganze Welt ausübt.
Die von Florida verehren Sonne, Mond und Sterne, haben
aber auch ein böses Wesen, Namens Toia, dessen Gunst sie
durch Feste, ihm zu Ehren veranstaltet, zu gewinnen suchen.
Die Canadier und die in der Nähe der Hudsonsbai wohnenden Indianer, welche Sonne, Mond und Blitz verehren,
fürchten besonders ein böses Wesen, das im Hervorbringen
des Bösen allmächtig vorgestellt wird. Die Indianer an der
Davisstrasse nehmen ebenfalls gewisse wohlthätige und übelthätige Wesen an. Die Warrau-Indianer in Guiana verehren ein erhabenes Wesen als Schöpfer der Welt, das sich
aber um deren Regierung wenig kümmern soll; wogegen böse
Wesen die Uebel in der Welt geschaffen haben. [1]

Bei den Karaiben finden sich zwei Arten von Wesen,
wohlthätige, die ihren Sitz im Himmel haben, wovon jeder
Mensch das seinige als Führer auf Erden hat; boshafte, die
durch die Luft ziehen und ihre Lust daran finden, den Menschen Schaden zuzufügen. Wie die Indianer Nordamerikas
glaubten sie an einen höchsten guten Gott und Schöpfer, den
sie ihren „grossen Vater" nannten [2]; neben diesem aber an eine
Menge guter Icheiri und böser Mapoya. [3] Bei den jetzigen Karaiben gilt (wie bei den Macusi, Akawai und Aarawak) „der, welcher in der Nacht arbeitet", als der Schöpfer der Welt, auf den
sie alles Gute zurückführen. Er setzte sich auf einen Baum,
hieb Zweige ab und verwandelte sie in Thiere, zuletzt schuf
er den Mann, der in einen tiefen Schlaf verfiel und beim
Erwachen ein Weib an seiner Seite fand. Als später Epel,
das böse Wesen, die Oberhand auf der Erde erhielt, schickte
jener grosse Fluten, denen nur ein Mann in einem Kahne
entrann. Die Ratte brachte ihm mit einem Maiskolben die
Botschaft, dass sich die Wasser verlaufen hätten, und er
selbst bevölkerte die Erde aufs neue, indem er Steine hinter
sich warf. [4]

---

[1] Froriep, Fortschritte in den Naturwissenschaften, 1847, Nr. 35.

[2] Gumilla, Hist. nat. civ. et géograph. de l'Orénoque, 26.

[3] Du Tertre, Hist. génér. des Antilles, II, 365.

[4] Schomburgk in dem Monatsbericht der Gesellschaft für Erdkunde,
Neue Folge, II, 122 fg., 319.

Auch bei den Laparos, Yaos-Chaymas, herrscht der dualistische Glaube an gute und böse Wesen, die durch die
Macht der Zauberer dem Menschen dienstbar gemacht werden. [1]
Die Mandans oder Mönnitaris haben den Ohmahauk-Chika, den
Bösen der Erde, dem sie viel Gewalt über die Menschen zuschreiben, gegenüber dem Rokanka-Tauihanka, der die Menschen auf der Erde beschützt.

Die wesentliche Grundlage des nordamerikanischen Cultus
wie der Naturreligion der Indianer ist der Feuercultus, der
sich bis zum Rauchen des Tabacks als Cultushandlung und
dem Herumgeben der Pfeife in feierlichen Versammlungen
nachweisen lässt. [2] Der bekannteste Zug in der Religion der
Indianer ist allerdings der Glaube an den „grossen Geist",
den „Herrn des Lebens" oder „Geber des Lebens"; es ist
aber zu weit getrieben, diesen überall in den Mittelpunkt
zu stellen, wie es von manchen geschehen ist. Der grosse
Geist, der an der Spitze der Religion des Indianers steht, wird
dargestellt als Riesenvogel, der, mit seinen Flügeln das Meer
berührend, die Erde hervorbrachte, seine Augen waren Feuer,
seine Blicke Blitze, sein Flügelschlag Donner. Diese Auffassung findet sich bei den Chippeway, am Mackenzie, den
Sioux [3], den Irokesen, den Pari u. a. Die Sage weiss
von einem Kampfe dieses Vogels mit der Schlange, dem
bösen Princip, welche die Eier des Vogels fressen will. Der
grosse Geist ist dem Indianer vor allem der Donnerer, daher
jener beim Gewitter von Todesfurcht ergriffen wird. [4] Zuweilen wird dem grossen Geiste auch Menschengestalt beigelegt. Da nach der Vorstellung des Indianers das Böse
nicht vom Guten, noch dieses von jenem kommen kann,
so herrscht neben dem gütigen Himmelsgott, dem belebenden
Princip der Natur, der wohlthätigen Macht der Sonne und
des Feuers, in der Welt noch der böse Geist, der im Gegensatz zum überirdischen Gott als unterirdisches Wesen, als
Wassergott, im Gegensatz zum fliegenden Vogel als kriechende

---

[1] Bancroft, Naturgeschichte von Guiana, 191 fg.
[2] Vgl. Erman's Archiv, VIII, 213.
[3] Prescott bei Schoolcraft, III, 233.
[4] Loskiel, Geschichte der Mission der evangelischen Brüder unter
den Nordamerik, 49.

Schlange dargestellt wird. [1] Dies ist die gewöhnliche Form,
unter welcher Hobbamock, auch Abamocho, Chepian [2] erscheint, obschon er auch andere Thiergestalten annimmt und
an unheimlichen Orten gegenwärtig gedacht wird. Weil der
Mensch von Uebel und Unglück in mannichfaltiger Weise und
empfindlicher getroffen wird, die mit seinem Wesen harmo-
nische Erscheinung hingegen viel gleichgültiger hinnimmt, so
erklärt es sich, dass man sich dem Dienste des bösen Wesens
eifriger als dem des grossen Geistes hingibt, da von diesem
nichts zu fürchten ist, jenes aber die Existenz bedroht, daher
versöhnt und günstig gestimmt werden muss. Der allgemeinste
und bestimmt ausgeprägte Zug in den religiösen Vorstellungen
der Indianer ist jener Dualismus, die Annahme guter und böser
Wesen, der allerdings mit Modificationen der Schärfe auftritt,
aber gewiss nicht erst durch die christlichen Missionäre eingeführt worden ist. Der gute und böse Geist, Hawneyn
und Hanegoasegeh [3], treten bei den Irokesen als Zwillings-
brüder auf und zwar mit gleichem Antheile an der Schöpfung.
Wenn von den nördlichen Algonkinern berichtet wird, dass
sie das gute und böse Princip Sonne und Mond nennen [4], so
sind nach der gewöhnlichen Ausdrucksweise der Indianer damit
zwei Erscheinungen bezeichnet, die einander begleiten oder
folgen. Wem daher die böse Gottheit im Traume erscheint,
erzählt ein Sauk, der ziehe Weiberkleider an und diene als
Weib. [5] Nach der Ueberlieferung der Huronen hatte der
Weltschöpfer Yoscaha eine Grossmutter, Ataensig, welche das
böse Princip vertritt, jener aber das gute. [6] Am verbreitetsten
ist bei ihnen der Glaube an die Oki, womit auch die Algonkiner die höhern Wesen bezeichnen. [7] In früherer Zeit wurde
auch in Virginien der böse Geist Okee oder Okeus genannt.
Auch die Potowatomi glauben an böse Wesen als Urheber innerer Krankheiten, die als Besessenheit gelten. Die

[1] Copway, The tradit. hist. of the Ojibway nation, 184.
[2] Hutchinson, Hist. of Massachusetts, 421.
[3] Schoolcraft V, 155.
[4] De la Potherie, Hist. de l'Amérique septent., I, 121.
[5] Keating, Narr. of an exped. to the source of St. Peter's River,
I, 216.
[6] Sagard, Grand voy. du pays des Hurons, 288.
[7] Champlain, Voy. de la nouvelle France occid., I, 296.

Geisterbeschwörer führen in ihrem Zauberbeutel die Mittel,
welche den Einfluss der bösen Geister abwehren. Sie verfahren bei der Heilung aber auch auf andere Weise, sie
saugen an der kranken Stelle, um dann den bösen Dämon
auszuspeien, oder machen ein kleines Thierbild, das sie er-
schiessen oder erstechen, wenn das böse Wesen sich in
Thiergestalt in den Kranken eingeschlichen hat, u. dgl. m. [1]
Die Dahkotahs, die in vieler Beziehung als typisch angenommen werden können, haben, neben dem grossen Geiste,
den Glauben an Havkah, ein riesenhaftes Wesen von übermenschlichen Kräften, das so mächtig ist, um den Donner
in seine Hand zu nehmen und auf die Erde werfen zu können,
ist zweifarbig an Gesicht und Augen, führt stets Bogen
und Pfeile mit sich, obwol es ihrer nicht bedarf, da es mit
dem Blicke Thiere tödten kann. Es heisst der widernatür-
liche Gott, weil es im Sommer friert und im Winter von der
Kälte leidet, heisses Wasser kalt findet und umgekehrt
u. dgl. m. Sie ziehen bei ungewöhnlichen Himmelserscheinungen aus, um durch Schreien, Pfeifen und Lärmen die
bösen Wesen, in deren Gewalt sich der Himmel befindet, zu
verscheuchen. Sie glauben an einen Gott des Winters, den
Mann des Nordens, dessen Sohn von dem Manne des Südens,
dem Gotte des Sommers, getödtet wurde. [2] Die Bewohner der
Insel Nutka an der nordwestlichen Küste Amerikas glauben an
das Dasein eines guten und eines bösen Wesens, Quautz und
Matlox, die einander bekämpfen. [3] Die Chinook, an derselben Küste, stellen den grossen Geist meist als grossen Vogel
vor, der in der Sonne wohnt. Eine andere Gottheit, die nur
Böses hervorbringt, lebt im Feuer. [4] Die Selisch im Innern
des Oregongebietes reden zwar vom grossen Geiste, sollen
ihm aber keine Verehrung erweisen; dagegen ist aber auch
hier der Dualismus von guten und bösen Wesen verbreitet. [5]
    Die religiösen Vorstellungen der Ureinwohner Californiens,

---

[1] Waitz, III, 213.

[2] Waitz, Die Indianer Nordamerikas. Eine Studie, S. 133.

[3] Humboldt, Neu-Spanien II, 257.

[4] W. Irving, Astoria, 259 fg.

[5] Cox, The Columbia river, I, 230; Parker, Journal of an explor. tour
beyond the Rocky mountains, 240.

in deren Sprache, nach dem Berichte Bägert's [1], die Worte
„Gott" und „Seele" gar nicht vorkommen, werden allerdings
dumpf gewesen sein; indem aber derselbe Berichterstatter
Schamanenthum findet, obschon in sehr roher Form, und von
Männern und Weibern spricht [2], die mit den Geistern verkehren
als den Urhebern von Hungersnoth, Krankheiten und andern
Uebeln: so wird hiermit eine dualistische Anschauung von
guten und bösen Wesen vorausgesetzt. Denn das Schamanenthum beruht in der Anerkennung einer Macht, die der Mensch
unmittelbar zu bewältigen nicht im Stande ist, daher zu verschiedenen Beschwichtigungsmitteln seine Zuflucht nimmt.
Wenn Reiseberichte über Mangel an Zusammenhang in den
religiösen Vorstellungen der Jäger- und Fischerstämme klagen,
so ist zu bemerken, dass auf dieser Stufe der Cultur überhaupt kein Zusammenhang erwartet werden sollte. „Der
Mensch verhält sich der Natur gegenüber als Raubthier, er
offenbart seine Herrschaft über sie durch ihre Verneinung,
er bezwingt ihr Leben, indem er es tödtet." [3] Er treibt
noch keine Arbeit, durch die er die Natur umbildete
und dadurch sich selbst bildete, er lebt in kleinen Familien zersplittert, bringt es kaum zu einem Volksstamm, geschweige dass er sich zu einem Volke erweiterte, hat keinen
festen Sitz, daher auch kein Besitzthum, darum auch keine
Geschichte. Bei den Reiter- und Jägerstämmen, welche die
grossen Ebenen von Süd- und Nordamerika bewohnen, findet
sich schon der Anfang von Feldbau, Viehzucht und, damit
Hand in Hand gehend, manche Fertigkeit in Bereitung der
Nahrung, Kleidung, des Schmucks; die Wohnungen sind
fester, die Familien schliessen sich zu ganzen Stämmen aneinander. Demgemäss sind auch die religiösen Vorstellungen
mehr zusammenhängend und gipfeln in einem höchsten Wesen
als Urheber alles Lebens. So ist der nordamerikanische Roth-
häuter dem Indianer Südamerikas an entwickeltern Lebens-
formen weit überlegen. Der merkliche Wechsel der Jahreszeiten bringt ihm das Nacheinander der Zeit mehr zum Be-

---

[1] Nachrichten von der amerikanischen Halbinsel Californien. Von
einem Priester der Gesellschaft Jesu, 1772.

[2] S. 165.

[3] Wuttke, I, 47.

wusstsein, der Winter heisst ihn im Sommer Vorräthe sammeln, sich mit Bekleidung zu versehen, die scharfen Winde,
Schnee, Nebel in den Prairien Nordamerikas erheischen festere
Wohnungen, die aneinandergereiht zu Dörfern werden, in
denen die Familien zu Stämmen sich zusammenfassen. Im
südlichen Amerika, wo der Wechsel der Jahreszeit keine
wesentliche oder langdauernde Veränderung zeigt, bedarf es
nur eines leichten Schirmdachs, und dieselbe Bekleidung genügt das ganze Jahr hindurch. Die Dauer des Aufenthalts
ist von der Menge des Wildes abhängig, die der Wald bietet,
oder von der Reife der Frucht eines flüchtig bebauten Boden-
stücks, wonach die elende, von Baumzweigen zusammenge-
bundene Hütte verlassen wird und der Zug weiter geht.

Während der amerikanische Südländer von wenig Ab-
wechselung umgeben, auch wenig angeregt wird, führt der
Nordländer ein stets wechselndes Leben zwischen träger Be-
schaulichkeit und angestrengter Thätigkeit.   Unter allen Stämmen der nordamerikanischen Rothhäute findet sich die Verehrung des grossen Geistes [1], von verschiedenen Stämmen
verschieden genannt [2]; aber schon der Umstand, dass der
grosse Geist doch fast bei jedem Stamme einen andern Namen hat, dadurch von andern Geistern ausdrücklich unterschieden wird, weist darauf hin, dass von einem Monotheismus keine Rede sein könne, und Wuttke [3] dürfte im
Rechte sein, wenn er in jenem nur „den mächtigern
Dämon“, den „Häuptlingsgeist“ eines je einzelnen Stammes erkennt.   Die Bewohner des Feuerlandes an der
Südspitze von Amerika, denen das rauhe, felsige, an Producten arme Land wenig bietet, entnehmen ihre Nahrung
meistens der See und führen als Fischer kein sesshaftes Leben,
sondern streifen umher und schlagen ihre Hütten da auf, wo
sie für die nächste Zukunft Unterhalt finden, ziehen wieder
weiter, wenn dieser erschöpft ist. . Von den spärlichen Nachrichten über ihre religiösen Vorstellungen ist hervorzuheben
der Glaube an übelthätige Wesen, welche sie dadurch zu verscheuchen suchen, dass sie gen Himmel blickend in die

---

[1] Müller, Geschichte der amerikanischen Urreligion, 99 fg.
[2] Vgl. Scherr, Geschichte der Religion, I, 21.
[3] I, 92.

Luft- blasen. [1] Um die Aehnlichkeit der religiösen Vorstellungen der Eingeborenen von Südamerika mit denen der nordamerikanischen Stämme im allgemeinen zu zeigen, führt Waitz [2]
die Hauptzüge der Schilderung Falkner's von den Pata-
goniern an: sie glauben an eine Vielheit von Göttern,
deren einige gut, andere böse sind. An der Spitze der erstern
steht Guayarakunny oder der Herr der Todten; der oberste
böse Geist heisst Attskannakanath oder Valichu, welcher Name
allen bösen Geistern zukommt, auf die sich die Verehrung zu
beschränken pflegt.

Die dunkle Ahnung vón Wesen, die höher und mächtiger
sind als der Mensch, findet sich auch bei den Australiern.
Wie sie sprachliche Ausdrücke für gut und böse haben, so
auch die Vorstellung von einem guten Wesen Koyan Gujot,
gegenüber dem bösen Koppa, der in dunkler Nacht in düsterer
Höhle haust, im Windesrauschen sich vernehmen lässt. Der
böse Warwi, der die Kinder raubt, lebt im Wasser; anderwärts herrscht die Furcht vor Man, Kupir, Bucki, Manjus.
Ebenso sind die ungeheuerlichen Gestalten, unter welchen das
böse Wesen vorgestellt wird, verschieden. Nach der Vorstellung der Neuholländer hausen ihre bösen Wesen in der
Finsterniss und erscheinen in der Gestalt von wilden Thieren
oder von Menschen als Gespenster, um den Tod zu bringen [3]. Alle Krankheiten werden in Australien durch die
übelthätigen Bayl-yas verursacht, die sich unsichtbar durch
die Luft transportiren und ihre Opfer befallen, aus deren
Körper sie die Priesterärzte in der Form von Quarzstück-
chen auszuziehen verstehen. [4] Auch die Bewohner der Insel Rook in Neuguinea glauben, dass Krankheiten von bösen Geistern, Marcabes, herrühren, die in Wäldern wohnen,
wilde Schweine essen, des Nachts in die Wohnungen schleichen, aus denen sie die Seele des Lebendigen entführen. Es
wird auf derselben Insel vornehmlich ein böses Wesen, Marsaba, anerkannt, das aber keine Opfer, sondern Schläge erhalten soll. Nach irgendeinem Unglücksfalle laufen die Leute,

---

[1] Meriais bei Bastian, II, 113.
[2] Die Indianer Nordamerikas, S. 136.
[3] Wuttke, I, 90.
[4] Bastian, II, 125.

schreien, schimpfen, heulen, schlagen die Luft mit Stöcken,
um Marsaba zu vertreiben. Von der Stelle ausgehend, wo
Marsaba den Schaden angerichtet hat, jagen sie ihn in das
Meer, am Strande angelangt, verdoppeln sie den Lärm, um
den Bösen von der Insel zu verscheuchen, der sich dann gewöhnlich ins Meer oder nach der Insel Lottin zurückziehen
soll. [1]

Unter den Buschmännern, die das innere Afrika nördlich
vom Cap durchstreifen, wo die Unfruchtbarkeit des Bodens
keine Anhaltspunkte zu einem sesshaften Leben bietet, findet
sich nur eine unklare Vorstellung vom Einflusse übermenschlicher Wesen. Nach den Mittheilungen Campbells [2] sollen sie eine
männliche Gottheit über, und eine weibliche unter der Erde annehmen. Nach Abousset et D. (S. 501) [3], glauben sie an einen unsichtbaren Mann im Himmel. Die im Damaralande bieten dem
Wassergotte Trosip, einem grossen rothen Mann mit weissem
Kopfe, einen Pfeil, Stücke Haut oder Fleisch dar, wenn sie
nach Wasser graben wollen, auch bitten sie ihn um Nahrung
und glückliche Jagd. Die rohen Anfänge der Religion, die
als unzusammenhängender Aberglaube erscheinen, gestalten
sich nothwendig als dualistisch, indem Donner, Sturm, Erdbeben, Krankheiten und ähnliche das Dasein des Menschen
bedrohende Vorfälle bösen Wesen als Urhebern zugeschrieben
werden.

In den Polarländern, wo der an sich sterile Boden die
grössere Hälfte des Jahres mit Schnee und Eis bedeckt ist,
muss der Mensch durch mühevolle Arbeit sein Leben fristen,
wodurch aber sein Geist auch frisch erhalten wird, wie die
Luft, welche seine Zone bedeckt, die er einathmet und
ihn nicht jenem dumpfen Hinbrüten verfallen lässt, in welchem der Südländer sein höchstes Glück findet. Der reiche
Schatz von Sagen unter den Polarmenschen deutet auch auf
ein gewecktereres geistiges Leben, welches in der Jagd und den
damit verbundenen gefahrvollen Fahrten auf leichten Kähnen
zwischen kolossalen Eismassen unterhalten wird. Die Spär-
lichkeit der Natur nöthigt den Polarbewohner zu sinnreicher

---

[1] Bastian, II, 93.
[2] Zweite Reise, S. 169.
[3] Bei Waitz, II, 346.

Benutzung der wenigen dargebotenen Mittel und schärft seinen
Witz, den er vor dem Tropenbewohner voraus hat. Der
amerikanische Waldindianer, vom Hunger zur Jagd getrieben,
hat, wenn er gesättigt ist, kein höheres Verlangen als nach
träger Ruhe; der Kamtschadale strengt zwar seine Kraft auch
nur so weit an, als seine und der Seinigen Ernährung erheischt, sein Streben geht aber bei genügendem Vorrath
danach, durch Gastereien, Besuche, Tänze, Gesang, Erzählungen in Gesellschaft sich zu belustigen.¹ Im allgemeinen finden die Reisenden bei den Polarbewohnern Leb-
haftigkeit, Munterkeit, Gastfreundschaft, daneben aber be-
trügerisches Wesen, Hinterlist, Furchtsamkeit neben Kühnheit, Gutmüthigkeit neben rücksichtsloser Grausamkeit, grosse
Vorsicht neben kindischer Leichtgläubigkeit, Verständigkeit
neben dickem Aberglauben.² Diese gegensätzlichen Elemente,
die mehr oder weniger im Polarmenschen liegen, erklären
sich wol auf Grund der klimatischen Verhältnisse aus der
grössern Reizbarkeit der Nerven, die selbstredend bei dem
weiblichen Geschlechte einen noch höhern Grad erreicht.³

Aus der Abgeschlossenheit der Familiengruppen oder
kleinen Stämme erklärt sich auch die grosse Mannichfaltigkeit
im religiösen Glaubenswesen der Polarbewohner. Im Allgemeinen herrscht aber durchaus der Dualismus von mächtigen
wohlthätigen und übelthätigen Wesen, hervorgerufen durch
die Unregelmässigkeiten im Verlaufe der Jahreszeiten, der
Witterung, wovon der Fischer und Jäger sich und auch die
Erwerbung seiner Nahrung und Kleidung abhängig sieht. Die
dualistische Anschauung beruht auf der precären Existenz des
Menschen, seine Abgeschiedenheit und die lange Winternacht
geben seinem Geiste Muse, den Dualismus zu fixiren.

Bei den Grönländern besorgen zwei oberste Gottheiten,
eine gute und eine böse, die Erschaffung der Welt, deren
Erhaltung und die Leitung der Menschen. Das gütige Wesen,
Torngarsuk, ist männlich, das misgünstige weibliche ist ohne
Namen. Von ersterm heisst es bald, dass es ohne Gestalt
sei, während andere es als grossen Bären oder grossen Mann

---

¹ Steller, 286.
² Ellis, 132; Steller, 285.
³ Georgi, Beschreibung der Nationen des russischen Reichs, S. 278.

mit einem Arm, bald als Däumling vorgestellt wissen wollen.
Obwol unsterblich, könne: es doch getödtet werden, wenn
jemand in einem Hause, wo gezaubert wird, einen Wind
liesse. [1] Waitz hält [2] zwar Torngarsuk für das höchste Wesen der Grönländer und den Vater der Angekok oder Zauberer, indessen zweifelt er, ob jener als gute Gottheit zu bezeichnen sei, und stellt entschieden in Abrede, dass er für
den Weltschöpfer gehalten werde. Den Gegensatz zu Torngarsuk's Grossmutter, dem bösen Weibe, das im Innern der
Erde wohnt, hält indessen auch Waitz fest, und daran ist
uns im gegenwärtigen Falle nur gelegen.

Die Grönländer sowie andere Polarländer fürchten noch
manche andere verderbliche Wesen. So sagen die Grönländer:
in der Luft wohne ein Innua, d. h. Besitzer, den sie Inner-
terrirsok, d. h. Verbieter, nennen, weil er durch die Angekoks
(die Zauberer) den Leuten sagen lässt, was sie nicht thun
sollen. Der Elversortok wohnt auch in der Luft und passt
den aufwärtsfahrenden Seelen auf, um ihnen das Eingeweide
herauszunehmen und zu verzehren. Er ist mager, finster und
grausam. Kongeusetokit sind Meergeister, welche die Füchse
wegschnappen und fressen, wenn sie am Seestrande fischen
wollen. Die Feuergeister Ingnersoit hausen in Klippen an
der Meeresküste und raffen den Menschen hinweg. Auch die
hundsköpfigen Erkiglit sind als Kriegsgeister grausame Men-
schenfeinde, die aber nur auf der Ostseite des Landes wohnen.
Die Vermuthung, dass in diesem Zuge die Erinnerung an die
alten Norweger aufbewahrt sei, hat viele Wahrscheinlichkeit. [3]

Die Kodjaken, obschon dem Namen nach Christen,
halten doch ihren alten dualistischen Glauben an gute und
böse Wesen fest, und letztern soll vorzüglich Verehrung erwiesen werden. [4]

Die Kamtschadalen sagen bei der Frage nach dem
Weltschöpfer: Kutka habe Himmel und Erde gemacht, aber
eben kein Meisterstück geliefert, da er, wenn er klug gewesen, die Welt viel besser, nicht mit so vielen Bergen und

---

[1] Klemm, II, 316.
[2] III, 310.
[3] Crantz, I, 266 fg.
[4] Langendorff, II, 56; Lisiansky, 196.

Klippen ausgestattet hätte, nicht reissende oder seichte Gewässer, keine Stürme noch Regen eingesetzt haben würde.
Jede Beschwerde wird auf Kutka zurückgeführt und dieser
darob getadelt. Alles Unverständige wird ihm zugeschrieben,
und nur seiner klügern Frau sei es zu danken, wenn er nicht
mehr Thorheiten begehe. Er zeugte mit ihr Kinder, von
denen auch die Kamtschadalen abstammen. Neben Kutka
glauben sie an viele übelthätige Wesen, vor denen sie sich
fürchten. Uschachtschu, der wie ein Mensch aussehen soll,
und sein Weib, mit einem auf dem Rücken angewachsenen,
beständig weinenden Kinde, machen die Leute toll und verführen sie. Billukai oder Billutschet, der mit seinen Kamuli
in den Wolken wohnt, blitzt und donnert und lässt bei Sturm-
winden durch seine Kamuli die Kinder der Menschen rauben,
um sie zu Lampenhältern in seiner Jurte zu verwenden. [1] Die
Kamtschadalen sollen einen förmlichen Teufel annehmen, Namens Kanna, der als sehr schlau und betrügerisch gedacht
wird und in einem sehr alten und grossen Erlenbaum bei
Nischna wohnen soll, daher jährlich viele Pfeile, von denen
dieser ganz gespickt sein soll, abgeschossen werden. Der
Urheber des Erdbebens ist Tuil, der mit seinem Hunde auf
dem Schlitten unter der Erde fährt, und wenn dieser die
Flöhe oder den Schnee abschüttelt, die Erde dadurch in Bewegung setzt.

 Die Hirtenvölker. Obgleich die Anfänge des Hirtenlebens dürftiger erscheinen als die höhern Stufen des Jäger-
und Fischerlebens, ist das Nomadenleben doch entwicklungs-
fähiger, daher es Nomaden gibt, die einen weit höhern Cultur-
grad erreichen, als Jäger- und Fischerstämme je im Stande
sind. Ein wesentliches Moment beim Nomaden ist „die
Freude am Besitz". [1] Während der Jäger und Fischer
nur den unmittelbaren Genuss am Thiere sucht, wirkt auf
den Nomaden civilisatorisch der Umstand, dass er nicht
bloss vernichtend in die Natur eingreift, um zu geniessen,
dieselbe vielmehr schont und zu erhalten sucht, sie pflegt,
um sie besitzen zu können. Daran knüpft sich, dass das
Hirtenleben auf den Frieden gegründet ist, und der Krieg

---

[1] Steller, Kamtschatka, 265.
[2] Klemm, III, 5.

nur als Ausnahme, als Nothwehr gilt. Der Hirte führt ein
regelmässigeres Leben, seine Arbeiten, die sich täglich wiederholen, erheischen keinen übermässigen Kraftaufwand, dessen
der Jäger oft bedarf, um satt zu werden. Das Hirtenleben
steht in der Mitte zwischen dem ungeordneten, wilden Jägerleben und dem regelmässigen Culturleben des Ackerbauers.
Wir finden daher in der Wirklichkeit, dass das Jägerthum
in das Nomadenthum hineinragt, und zwar ist dies vornehmlich der Fall bei den Polarnomaden, welche ausser der
Milch der Hausthiere und deren Fleisch auch von Jägerei und
in der Nähe des Wassers von Fischerei sich nähren. Ein
Zeichen der höhern Cultur ist darin zu bemerken, dass fast
bei allen nur durch Feuer zubereitetes Fleisch genossen wird.

Die Lappländer leben in geringer Gemeinschaft, woher in Bezug auf ihren religiösen Glauben eine grosse Mannichfaltigkeit herrscht. Die Nachrichten über ihre religiösen Vorstellungen, obschon weit dürftiger als die über Kamtschadalen
und Grönländer, stimmen darin überein, dass oberste Gottheiten im Himmel, unter dem Himmel, also in der Luft und
unterirdische anerkannt werden. Da es unter den Grönländern
Zauberer gibt, so setzt dies ein vorhandenes Zauberwesen in
ihrer religiösen Anschauung voraus, wofür auch die Zaubertrommeln sprechen, durch welche der Wille der Götter erforscht und erkannt wird, welchem derselben ein Opfer darzubringen ist. Man hat die Religion der schwedischen Lappen
und der norwegischen im wesentlichen übereinstimmend gefunden, bis auf die Namen der Gottheiten, die verschieden
sind. [1] Die norwegischen Lappen nennen den obersten aller
Götter Radien-Atzie, dessen einziger Sohn Radien-Kidde
ist. Bei den schwedischen Lappen heisst der erste der drei
grossen Götter Tjermes der Donnergott, auch Aijeke, Gross-
vater, von dem der Menschen Leben, Gesundheit, Krankheit,
Tod abhängt; er führt auch die Herrschaft über die schädlichen Geister, die in Höhlen, Gebäuden, Seen hausen, und
die er zuweilen straft und mit seinen Blitzen tödtet. Dazu
dient ihm ein Bogen, womit er die Geister schiesst, und der
wird im Regenbogen erkannt. Er hat ferner, wie der ger-

---

[1] Scheffer, Lappland, S. 106 fg.

manische Thor, einen Hammer, mit dem er die Geister zermalmt. Storjunkare gilt als Statthalter des Aijeke, gewährt
den Menschen viel Gutes und gestattet deshalb auch, dass die
Thiere, über die er die Herrschaft führt, von jenen gefangen
werden. Baiwe oder Sonne wird als Urheberin aller Erzeugnisse und Geburten betrachtet. Die Lappen glauben aber
noch an mehrere kleinere Geister, namentlich der Verstorbenen, und das Juulheer schweift, gleich dem deutschen
wilden Jäger, in Wäldern und Bergen einher. Nach der
dualistischen Anschauung, die auch in der religiösen Anschauung der Lappen vertreten ist, haust inmitten der Erde
Peskal als oberster der bösen Geister, und Rota waltet über
Sünder und Gottlose. Unter der Erde wohnt die Mutter des
Todes, Jabme Akko, die Grabesgöttin, bei der die Seelen
der Abgeschiedenen bleiben, bis ihr Schicksal entschieden ist.[1]
Bei Klemm[2] findet sich eine Abbildung einer der vollstän-
digsten Zaubertrommeln der Lappländer, die er aus der Abhandlung des Erich Joh. Jessens[3] im verkleinerten Massstabe
mittheilt. Da sind, ausser verschiedenen Gottheiten, auch der
böse Geist „Rutu" und „Rumpi", der Wolf oder Hund
desselben, dann die zum Schaden stets bereiten Geister
„Mubben-Olmak". Bei allen finnischen Völkern ist die Welt
voll Geister in verschiedenen Gestalten. Durch das gebirgige
Land getrennt und vereinzelt haben sie weder ein gemeinsames Oberhaupt noch einen Volksgottesdienst oder Priesterschaft. Die vielen Seen, Flüsse und Wasserfälle, die als
„heilig" bezeichnet werden, geben sich als Stätten einstiger
religiöser Culte zu erkennen.[4] Bekanntlich bedeutete im
Mittelalter „Finne" so viel als „Zauberei", was von der allgemein bekannten Zauberei der Finnen herrührt, deren Vorhandensein wieder auf die Anerkennung böser Wesen, also des
Dualismus zurückleitet. Ein besonders gefürchteter böser
Gott war Hüsi oder Hyse, stark und wild, als Bezähmer der
wilden Thiere und Bären verehrt, an einem furchtbaren Orte

---

[1] Mone, Geschichte des Heidenthums, I, 57.
[2] III, 93.
[3] „De Finnorum Lapporumque norwegiorum religione pagana" in
Kund Leem's Comment. de Lapponibus Finnmarchiae (Kopenhagen 1767).
[4] Rühs, Finnland und seine Bewohner, S. 22.

hausend, woher der Ausdruck: „Mene Hüten", geh zu Hüsi,
als grösste Verwünschung gilt. Für mit diesem verwandt
wird gehalten [1] der Höllengott Perkel, Peiko, den Georgi für
den finnischen Teufel hält. Die Geisterlehre war sehr ausgebildet, und Mone [2] unterscheidet Erd-, Wasser- und Luftgeister, welche, gleich den Hauptgeistern, sich in wohlthätige
und übelthätige theilten. Die Luftgeister, allgemein Capeel
(Kobolde) genannt, neckten die Menschen, griffen den Mond
an, wodurch er verfinstert wurde, u. dgl. Sie konnten durch
Zauberei bezwungen werden. Der Alp Peinajainen (der
Drücker) drückt die Schlafenden, verursacht das Schielen
und schädigt die Kinder. Nach der Behauptung des Schweden Rühs sollen die meisten höhern Wesen böser Natur, daher Gegenstand der Furcht und nicht der Verehrung sein.

Die Eskimo haben einen gütigen Gott Ukuma, daneben
einen übelthätigen Uikan, der als Urheber aller Uebel auch
die Stürme erregt, die Fahrzeuge umwirft, die Arbeit vergeblich macht. Hinter allem, was dem Menschen widerfährt,
ahnen sie ein gutes oder böses Wesen.

Die Religion der Tungusen hat im wesentlichen dieselben
Grundzüge wie die der Lappen. [3] Dem grossen unsichtbaren
Gott Boa unterstehen alle übrigen Gottheiten. Die Unter-
gottheiten sind theils guter, theils schlimmer Art. Die vornehmste Untergottheit ist Delatsche oder Tirgani, die Sonne;
Bega, der Mond, hat zur Begleiterin Doloin, die Nacht, Ositka,
die Sterne, deren jeder Mensch einen als Schutzgeist hat.
Ungja, die Wolken, Niolka, Regen, Bonaran, Hagel, Tamnascha,
Nebel, Okschaden, Sturm und Wind, sind neben dem Gewitter
und Regenbogen Gottheiten, deren Wirkungen sowol dankbar
anerkannt als auch gefürchtet werden. Ebenso wird das
Wasser der Fische wegen verehrt, übrigens aber als schrecklich gefürchtet, denn in ihm, wie im Bauche der Erde wohnen
die bösen Geister, deren Zahl ungeheuer gross ist. Die bösen
Geister Buni, welche den Auftrag haben, das Böse zu bestrafen, empfinden Wollust am Strafen und gehen daher gerne
in diesem zu weit, daher man sie besänftigen oder sich an

---

[1] Mone, Geschichte des Heidenthums, I, 56 fg.
[2] A. a. O.
[3] Georgi, Bemerkungen auf einer Reise im russischen Reiche, I, 275 fg.

gute Geister wenden muss. Der vornehmste Wasser-Buni, der dasselbe aufregt, Kähne umstösst, die Fische vertreibt, ist Garan; der erste Buni der Erde ist Kongdarokdi, Darokdi; Menschen und Thieren wird Atschintitei durch die Mücken und sonstiges Ungeziefer beschwerlich.

Die Buräten, deren alte heidnische Religion mit jener der Tungusen und Lappen zusammenfällt, haben manches von ihren Lamaischen Nachbarn angenommen, wie jene ihre ursprüngliche religiöse Anschauung durch christliche Vorstellungen vermehrt haben. Neben ihrem obersten Gott Oktorgon-Burchan oder Tigiri-Burchan werden Sonne, Mond und Erde als nächste Gottheiten verehrt. An der Spitze der übelthätigen Gottheiten, die sehr gefürchtet und bei allen Ceremonien feierlich verflucht werden, steht Okodil, dessen Macht sowie die seiner untergebenen Wesen in Beziehung auf die Menschenseelen durch Oktorgon-Burchan beschränkt wird.

Auch bei den Ostiaken, die das höchste Wesen Tornim nennen, überdies aber noch viele andere Gottheiten haben, finden wir den Dualismus, sowie bei den Wogulen und allen übrigen Polarnomaden. Sie nennen die übelthätige Gottheit Kul, die Samojeden ihr böses Wesen Sjoudibé; die Motonen: Huala; die Karpassen: Sedkir u. a. m. Die Tschuwaschen von Katschinzi, die ihre Gebete an eine wohlthätige Gottheit richten, wobei sie sich gegen Osten wenden, fürchten noch mehr ihre bösartige Gottheit Tous, zu der sie beten, um Schaden abzuwenden.

Die dualistischen religiösen Vorstellungen der Polarnomaden fassen sich darin zusammen: dass ein grosser, guter Schöpfer aller Dinge angenommen wird, der bei der Leitung der irdischen Dinge sich eines Statthalters bedient. Die Sonne wird fast durchaus als göttliches Wesen betrachtet nebst einer Anzahl guter Geister. Diesen gegenüber stehen ihre Widersacher mit einer Menge untergeordneter übelthätiger Geister, die im Innern der Erde, in Gewässern, Bergen, Klüften, Wäldern, Insekten hausen und die Urheber des menschlichen Elends sind.

Der Dualismus herrscht auch bei den Nomaden der gemässigten Zone, welche das mittlere Asien vom Schwarzen und Kaspischen Meere bis zur östlichen Seeküste zwischen den sibirischen Grenzen des russischen Reichs und Chinas be-

wohnen. Gegenwärtig ist die Religion der mongolischen
Stämme der aus Asien stammende Buddhismus; die älteste,
aus dem Volke hervorgegangene war jedoch Schamanenthum,
wobei zahllosen guten und bösen Geistern gedient wurde vermittels der Zauberer. Die bösen Geister, die sich in dem
Kreise der Gottheiten sämmtlicher mongolischen und finnischen Geisterverehrer befinden, hausen in heissen Quellen,
feuerspeienden Bergen, Höhlen, Wüsten u. dgl. Sie haben
scheussliche Gestalten und erscheinen als Schlangen, alte Weiber, Spinnen, und machen überhaupt dem Menschen das Leben
sauer. [1] Die Dämonenverehrung, die im ganzen mittlern und
nördlichen Asien herrscht, hat man nicht unrichtig die eigentliche Steppenreligion genannt. [2] In den Stürmen von
Gobi hausen nach der Sage die bösen Geister, die den Reisenden durch Nachahmung von Menschenstimmen, Waffen-
geklirre und seltsames Blendwerk irreleiten und ins Verderben stürzen. [3] Wie anderwärts wurden auch bei den Mongolen die bösen Geister durch Opfer besänftigt oder durch
Zauberer abgewehrt. [4] Bei den Jakuten werden alle Mis-
geburten als von Natur böse Geister betrachtet und daher sofort aufgehängt. [5]

Die Beduinen, welche die Wüsten Syriens, Arabiens
und Nordafrikas bewohnen und, obschon in zahllose kleine
Stämme zersplittert, doch in Sitte, Lebensart, Sprache und
Körperbildung auf die einheitliche Abstammung zurückweisen,
bekennen sich zwar gegenwärtig zum Islam, dessen Vorschriften aber nicht strenge eingehalten werden. Die ursprünglichen Formen des religiösen Glaubens der Beduinen sind
zwar durch Sabäismus, Judenthum, Christenthum und Islam
verdrängt oder alterirt worden, es wird aber angenommen,
dass schon früh Gestirncultus geherrscht habe, wo die Gestirne nicht blos als Zeitmesser, sondern als die Sitze höherer

[1] Georgi, Reise, S. 275. 396; dessen Beschreibung, 380 fg.; Pallas,
Reisen, I, 340; derselbe, Mongolische Völkerschaften, I, 165; Steller,
Kamtschatka, S. 47; Crantz, Grönland, 250.
[2] Schmidt, Ssan. Ssetzen, 352; Stuhr, Religionssysteme, 244.
[3] Marco Polo, I, 35; Ritter, III, 379.
[4] D'Osson, I, 17.
[5] J. G. Gmelin, Reise durch Sibirien, II, 456.

Wesen betrachtet worden seien, daher die Personification der
Gestirne.[1] Bei dem Naturdienst wurden Quellen und Brunnen, besondersgestaltete Felsen gefeiert, und die Verehrung
ausgezeichneter Helden erzeugte den Cultus der Vorfahren.
Wie aber der Religion erster Anfang vom Gefühle der Abhängigkeit des Menschen von der Natur ausgeht, so wurden
sicher auch die alten Beduinen zur Verehrung wohl- und
übelthätiger Naturmächte geführt, welche als überirdische gefürchtet, daher abzuwehren oder zu versöhnen waren. Dafür
spricht die noch heute gehandhabte abwehrende Zauberei,
durch Anwendung von Amuleten, allerlei Anhängseln und
verschiedenen Praktiken, die schon in frühesten Zeiten üblich
war, und es lässt sich denken, wie jeder Stamm seinen eigenen
Stammesgott, so auch seinen eigenen Stammesfetisch gehabt habe.

Nomaden der heissen Zone. Der Glaube an einen
Gott als Schöpfer und Regierer der Welt wird den Kaffern
von einigen ursprünglich abgesprochen[2], von andern zuerkannt.[3]
Es kann also darüber gestritten werden, ob sie mit dem höchsten Wesen den Begriff des Schöpfers verbinden; dass sie aber
eine höhere Macht anerkennen, ebenso dass sie die dualistische
Anschauung aller übrigen Stämme theilen, geht schon daraus
hervor, dass nach den übereinstimmenden Berichten der Reisenden die Zauberei eine hervorragende Rolle spielt. Im Begriffe der Zauberei liegt immer das Wirken, und zwar zunächst das abwehrende, auf eine Macht vermittels einer andern,
es liegt also stets die Annahme einer doppelten, sich entgegengesetzten Macht zu Grunde. Bei den Kaffern sind die Zauberer, Inyanga, von grosser Wichtigkeit und werden dieselben
nach mehrern Graden abgestuft. Sie verstehen mancherlei
Uebel durch ihre Kunst abzuwehren, machen z. B. die Krieger
durch ein schwarzes Kreuz auf der Stirn und schwarze Striche
auf den Backen im Kampfe unverwundbar oder gar unsichtbar für den Feind, diesen aber blind oder von Furcht und
Schrecken ergriffen u. dgl.[4] Im Vordergrunde des religiösen

---

[1] Hartmann, Aufklärung über Asien, II, 274.
[2] Alberti, 93; Le Vaillant, Reise, 365.
[3] Dähne, Kaffernland, 55; Collenso, 57.
[4] Dähne, 303.

Bewusstseins steht bei dem Kaffer die bange Scheu vor der
Macht, welcher gewisse unglückliche Zufälle zugeschrieben
werden, und die man daher zu besänftigen trachten muss.
So wird bisweilen eine Krankheit für die Folge der einem
Flusse zugefügten Beleidigung gehalten, aus dem die Horde
das Wasser holt, und man glaubt den Fluss dadurch zu versöhnen, dass man die Eingeweide von einem geschlachteten
Vieh oder eine Menge Hirse in denselben wirft. Einst starb
ein Kaffer kurz darauf, nachdem derselbe von dem Anker
eines gestrandeten Schiffes ein Stück abgeschlagen hatte. Dies
ward für eine Beleidigung gehalten, und seit der Zeit ging
kein Kaffer an dem beleidigten Anker vorbei, ohne denselben
zu grüssen, um dadurch den Zorn abzuwenden. Ist ein Elefant mit vieler Mühe erlegt, so entschuldigt man sich bei
demselben und versichert ihm, dass die Tödtung nicht mit
Absicht, sondern nur zufällig geschehen sei. Der Rüssel des
getödteten Elefanten wird sorgfältig begraben, denn der Elefant ist ein grosser Herr und der Rüssel seine Hand, womit
er schaden kann. So erblickt der Kaffer in dem Flusse, dem
Anker und dem Elefanten ein Wesen, das gleich ihm einen
Willen und eine Macht hat, das auch gleich ihm gereizt und
versöhnt werden kann. [1]

In unendlich vielen Variationen tritt die Vorstellung von
einem höchsten Wesen bei der schwarzen Menschenrasse
hervor [2], welches aber von der bangen Furcht vor einem
höchsten bösen Wesen beinahe gänzlich in den Hintergrund
gedrängt wird. Denn Furcht ist das vorwiegende Moment im
religiösen Bewusstsein des afrikanischen Negers, der gleich
dem Kinde das Schlimme mehr fürchtet als für das Gute
dankbar ist. Inmitten einer Natur, welche ihm die äussersten
Gegensätze von Schönem, Wohlthätigem und Schrecklichem,
Gefährlichem in der ausschreitendsten Weise aufdrängt, wo
kein Uebergang stattfindet von der Regenzeit, welche einen
riesenhaften Pflanzenwuchs hervortreibt, zur öden Dürre und
schrecklichen Wüste mit dem Glutwind und tobenden Or-
kanen, wo paradiesische Gegenden an den Strömen zur Zeit
der Dürre plötzlich verschwinden, wo die überfliessende Natur-

---

[1] Klemm, III, 354.
[2] Vgl. Wilson, Western Africa, 269 fg.

kraft der Erschlaffung in der Thier- und Menschenwelt schroff
gegenübersteht: da wird auch das Gemüth des Negers zwischen
diesen schrillen Contrasten ohne Vermittelung hin- und herge-
worfen, und es wechseln in ihm ebenso schnell, wie die Gewitter seines Himmels, kindische Lust mit dumpfer Verzweiflung, unbändige Wuth und Grausamkeit mit schlaffer Passi-
vität, sich selbst verzehrende Lebensglut mit Lebensüberdruss.
Ebenso schroff verhalten sich die unbeschränkteste Despotie
gegenüber der entselbsteten Sklaverei in der socialen Welt
des Negers, und die Berührung mit der weissen Rasse hat
infolge des Sklavenhandels das vorwiegende Moment seines
religiösen Gefühls, die bange Furcht, nicht gemildert, sondern
seinem Bewusstsein von dem Verhältniss der schwarzen Rasse
der Gottheit gegenüber nur eine eigenthümliche Anschauung
verliehen. Der schwarze Mensch klagt nämlich in seinen
Mythen über stiefväterliche Behandlung von seiten der Gottheit. Diese habe zwar die Welt erschaffen, da sie aber um
ihre Schöpfung sich nicht weiter bekümmere, erkläre sich,
dass die Welt ein Tummelplatz böser Wesen geworden, denen
die guten zwar gegenüberstehen, aber mit ihrer Macht nicht
ausreichen. Die bösen Wesen stehen allenthalben unter einem
obersten Bösen, der in verschiedenen Gegenden unter ver-
schiedenem Namen auftritt. In Loango heisst er Zambianchi,
das oberste gute Wesen Zambi. [1] Auf Madagaskar nennt
man den guten Gott Zamhor und seinen Gegner Niang. Wie
letzterer auf Madagaskar ausdrücklich im religiösen Cultus hervorgehoben wird, zeigt sich in den religiösen Liedern, wie im
folgenden:

> Zamhor und Niang erschufen die Welt;
> O Zamhor, wir richten an dich kein Gebet!
> Der gütige Gott, der braucht kein Gebet.
> Aber zu Niang müssen wir beten,
> Müssen Niang besänftigen.
> Niang, böser und mächtiger Geist,
> Lass nicht die Donner ferner uns drohn,
> Sage dem Meer in der Tiefe zu bleiben,
> Schone, Niang, die werdenden Früchte,
> Trockne nicht aus den Reis in der Blüte,
> Lass nicht die Frauen gebären an Tagen,
> Die Verderben und Unglück bereiten.

---

[1] Baseler Missionsmagazin von 1816, S. 365.

Zwinge die Mutter nicht mehr, die Hoffnung
Ihres Alters im Flusse zu tödten. [1]
O, verschone die Gaben des Zamhor,
Lass nicht alle, alle vernichten.
Siehe, du herrschest schon über die Bösen,
Gross ist, Niang, die Anzahl der Bösen,
Darum quäle nicht mehr die Guten. [2]

Manche Reisende wollen bei mehrern Stämmen, wie z. B.
bei den Negern von Wassulo, gar keine Religion gefunden
haben, berichten aber über das Vorhandensein von Zauberei,
Amuleten u. dgl.[3], als ob nicht daran die religiöse Vorstellung,
wenn auch als niedere Form, deutlich zu erkennen wäre! Die
Versicherung: es sei kein Dorf, kein Geschlecht anzutreffen,
das nicht in einem Stücke der religiösen Anschauung unterschieden wäre [4], sowie dass seit Jahrhunderten der Islam und
das Christenthum auf verschiedene Art wesentlichen Einfluss
auf die religiösen Vorstellungen der Neger geübt haben, berührt wol zunächst die Thatsache der Unzahl und Vermengung religiöser Anschauungen, die durch eine Reihe von
Beobachtern bestätigt wird. [5] Dieser Thatsache der grossen
Menge und Ineinandersetzung religiöser Vorstellungen liegt
aber eine andere als Bedingung zu Grunde: dass ursprünglich
irgendeine religiöse Vorstellung vorhanden gewesen sein muss,
die im Verlaufe der Zeit verschiedenartig gestaltet und mit
fremden Elementen versetzt werden konnte. Dass die Vorstellung Eines grossen Gottes von den Besuchern der Küste
den Guineanegern zugeführt worden sei, wie versichert wird [6],
kann immerhin gelten, thatsächlich ist aber der bei denselben
schon früher vorhandene Glaube: dass die Welt von guten
und bösen Wesen voll sei.

In Aquapim, wo mit dem Namen Jankkupong der höchste
Gott und die Witterung bezeichnet wird, steht im Gegensatz
zu ersterm das böse Princip Abunsom. [7]

---

[1] Nämlich als Kinderopfer für Niang.
[2] Talvj, Versuch einer geschichtl. Charakteristik der Volkslieder, 78.
[3] Caillié, II, 82.
[4] Bosmann, S. 176.
[5] Des Marchais, Voy. en Guinée, I, 336; Isert Guin., 323; Douville, I,
283; Römer, S. 40, u. a.
[6] Bosmann, 177; Isert, 223.
[7] Halleur, Monatsber. der Gesellschaft für Erdkunde, neue Folge, IV, 87.

Die Odschis (Aschanti) anerkennen zwar ein höchstes
Wesen, halten aber dafür, dass nur die untergeordneten Geister
die Welt regieren, von denen wieder nur die übelthätigen
Verehrung erhalten sollen. [1]

Ebenso findet sich der Glaube an ein böses Wesen neben
dem guten bei den Banjuns an der Casamanza, in Benin am
Zaire und bei andern Negerstämmen. [2]

Der Neger, der die Beseelung der Aussenwelt aufs
äusserste treibt, dabei aber nicht im Stande ist, das Allgemeine wahrzunehmen und zu fassen, verliert sich, von seiner
Phantasie geleitet, ins einzelne und vermuthet daher hinter
jeder besondern Erscheinung einen Geist, den er wol zuweilen
von dem sinnlichen Dinge trennt, nicht selten beide einander
gegenüberstellt, gewöhnlich aber als Eins zusammenfasst, wo
wir es dann Fetisch nennen. Daher erklärt sich, dass er die
ganze ihn umgebende Welt von Geistern bewohnt weiss, dass
jeder Neger seinen Pomull oder Grissi hat, von dem er sich
beschützt glaubt, dass hohe Berggipfel, Felsen, Bäume, Haine
der Sitz mächtiger Geister sind, dass die Thiere eine eigenthümliche Stellung in der Verehrung der Neger einnehmen,
wovon Waitz [3] eine Reihe von Beispielen aufführt, dass die
Neger das Feuergewehr, bevor sie damit vertraut sind, beim
Abschiessen wegwerfen aus Furcht vor dem bösen Geiste, der
darin steckt. Die Negerphantasie gibt den bösen Geistern
verschiedene Gestalten, sie erscheinen ihr als schwarze Hunde,
als geschwänzte, mit Hörnern versehene, weisse Gestalten mit
europäischen Nasen. [4] Die Neger von Ante stellen sich den
Bösen als einen Riesen vor, dessen eine Seite frisch und
kräftig ist, die andere aber verfaultes Fleisch enthält. [5] Die
Neger der Goldküste lassen den guten Geist schwarz, den
bösen hingegen weiss sein, dessen Gunst sie vornehmlich zu
erwerben suchen. Wie in der Sage der Abiponischen, so
spricht sich auch in der bei den Guinea-Negern das Verhält-

[1] Rüs, Baseler Missionsmagazin 1847, IV, 244. 248.
[2] Hecquard, 78; Palisot-Beauvais bei Labarthe, 137; Landolphe,
II, 70; Tuckey, 214.
[3] II, 177 fg.
[4] Römer, Guinea, 43; Bosmann, 193; Des Marchais, I, 300.
[5] Bosmann, S. 194.

niss der schwarzen Rasse zur weissen darin aus, dass der böse
Sissa, der mit seinen Geistern das Böse hervorbringt, weiss
ist, welche Färbung wol erst von der Bekanntschaft mit den
Europäern herrührt, sowie die früher erwähnten europäischen Nasen. Hierher gehört auch was Horst [1] von Burck-
hardt, während seiner Reise in Nubien, am Nil und weiter
hinauf (in den Jahren 1813 u. 1814) erzählen lässt, dass dieser
um seiner weissen Farbe willen überall als Auswurf der Natur betrachtet wurde. An Markttagen setzte er die Leute
oft in Schrecken, wenn er plötzlich zu ihnen trat, wo ihr
Ausruf gewöhnlich war: Ach, der Teufel! Gott bewahre uns
vor dem Teufel! u. s. w.

Der Dualismus der religiösen Anschauung geht alle Neger-
stämme hindurch. So haben auch die Mandingo-Neger gute
und böse Wesen. [2] So sollen die Neger am Casamanza zwar
an einen Gott glauben, doch aber für nöthig halten in allen
wichtigen Fällen den Bösen an den Xianas, den heiligen
Plätzen, zu beschwören.

Zu den Nomaden der heissen Zone gehören auch die
Hottentotten, von denen häufig behauptet wurde, dass sie
aller religiösen Vorstellung bar seien, was aber bereits als
unrichtig anerkannt ist. Auch hier begegnen wir dem Dualismus, und von einem der ältesten herrnhuter Missionäre,
G. Schmidt (1737), erfahren wir schon die Namen Tuiqua
und Ganna, womit sie „den Oberherrn über alles" und den
Bösen bezeichnen. [3] Sie sollen erstern auch den „Kapitän
von oben" und letztern den „Kapitän von unten" oder
Tukoa, der klein, verkrümmt, von böser Gemüthsart und den
Hottentotten feindlich gedacht wird, nennen, von dem Krankheit, Tod, Unglück abgeleitet werden, denen man durch Amulete, Austreibung, Beschwörung zu begegnen hat.

Auch bei andern afrikanischen Stämmen herrscht Dualismus, wie allenthalben der Glaube an Zauberei vorkommt.
Die Wakamba theilen mit den Kaffern den Glauben an die
Zauberei und halten besonders die Weissen für Regen-
macher. Die Wanika bringen aus Furcht vor Zauberei die

---

[1] Zauber-Bibliothek, IV, 371.
[2] Home, Versuch über die Geschichte des Menschen, II, 233.
[3] De Jong, I, 278.

misgestalteten Kinder um, als der Zauberkünste verdächtig. [1]
Bei den Va-Ngindo im Süden des Luvuma ist Mulungu der
Schöpfer aller Dinge, der in allem lebt, was auf Erden gut
und schön ist, im Himmel unter den guten Geistern wohnt;
wogegen Mahoka das Schädliche und Böse schafft. [2]

Die Eingeborenen von Madagaskar haben neben dem
guten Wesen, das sie Jadhar oder den grossen Gott, oder,
wie alles Gute, Wunderbare und Unbegreifliche überhaupt,
Zannaar, Zannahar nennen, auch ein böses Princip: Angath,
Angatch, dem sie die Attribute der Schlange geben, mit jenem
gleich mächtig halten, dem aber allein mit Opfern gedient
werden soll. [3]

Die religiöse Anschauung der Abyssinier zeigt im Vergleiche mit einigen negerartigen Stämmen manches Ueber-
eingestimmte, als: dass sie, wie jene, das böse Wesen weiss
darstellen, bei ungewöhnlichen Ereignissen, wie z. B. bei einer
Mondfinsterniss, von grossem Schrecken ergriffen werden, Krankheit für Bezauberung oder Besessenheit halten, die sie mit
Opfern oder durch Amulete abzuwenden oder durch Lärm
auszutreiben suchen. Namentlich wird den Eisenarbeitern zugemuthet, dass sie sich des Nachts in reissende Thiere verwandeln können. [4]

Auch bei den Stämmen von Goa sowie den Galla herrschen gute und böse Geister, und die Schlange spielt ihre
bekannte Rolle.

Bei den Bewohnern der Südseeinseln, wo der Gegensatz schon in den Eries und den Papuas sich darstellt, wahrscheinlich eine Spur urältester Einwanderung von Menschen
weisser Rasse, findet sich die Gegensätzlichkeit auch in den
religiösen Anschauungen, die gemäss der Zerstreutheit der
Inseln auch zerrissen und zusammenhanglos auftreten. In
der dualistischen religiösen Vorstellung aber treffen sie zusammen, indem sie neben den wohlwollenden Wesen, die sie
verehren, böswillige fürchten. In der Vorstellung der Sand-
wichs-Insulaner ist der schrecklichste dieser Dämonen das

[1] Waitz, II, 424.
[2] Waitz, a. a. O.
[3] Leguével, I, 96; Rochen, 19.
[4] Salt, 426; Harris, II, 295; Pearce, I, 287.

weibliche Schreckensgespenst Pele, das jenen, obwol sie zum
Christenthum bekehrt sind, doch viel bange macht und im
Lavastrom des Kilau-Ea auf Hawaji wohnend gedacht wird.[1]

Auch die religiösen Vorstellungen der Tonga-Insulaner
bestehen in Dämonenverehrung und damit unzertrennlich verbundener Zauberei. Ausser den guten Göttern gibt es eine
Menge böser Geister, Hothua-Pow, deren sich mehrere häufiger auf Tonga als dem Göttersitz Belotuh aufhalten, um die
Menschen recht zu peinigen. Alles Ungemach und alle kleinen Plagen sind boshafte Streiche der Hothua-Pows, aus
Schadenfreude begangen.[2] Turbane zu tragen soll den gemeinen Leuten auf Tonga, ausser bei der Arbeit, verboten
gewesen sein, auch wenn kein Häuptling (Matabul) gegenwärtig war, weil doch irgendein göttliches Wesen in der
Nähe sein könnte.[3]

Die religiöse Anschauung der Bewohner von Nukahiwa
nennt Klemm[4] „die roheste Art von Religion". Es ist hier
zwar von keinem personificirten Wesen die Rede, wol aber
wird eine übelthätige Macht anerkannt, welche gesühnt werden soll. Die Seele eines Priesters, Königs und deren Verwandten wird für ein höheres Wesen gehalten (Etua), das
übrige Volk erfreut sich keiner göttlichen Abkunft. Der
Glaube an Zauberei ist allgemein, und die Priester sind im
Besitz der Zaubermittel. „Die Zauberei (Kaha) besteht darin,
dass man jemand, auf den man einen Groll hat, auf langsame Art tödten kann. Man sucht den Speichel, Urin oder
Exkremente seines Feindes auf irgendeine Art zu erlangen,
legt diese vermischt mit einem Pulver in einen besonders ge-
flochtenen Beutel und vergräbt diesen; worauf der Feind erkrankt und in 20 Tagen sicher todt ist. Sucht er die Rache
seines Feindes mit irgendeinem wichtigen Geschenke abzu-
kaufen, so kann er noch am 19. Tage gerettet werden."[5]

Bei den Neuseeländern ist die oberste Gottheit Mow-

---

[1] Heen Bille, Bericht über die Reise der Corvette Galathea um die
Welt, in den Jahren 1845—47, II, 313.
[2] Klemm, IV, 358.
[3] Bastian, II, 113.
[4] IV, 351.
[5] Klemm, IV, 352, nach Krusenstern, Reise, I, 190.

heerangaranga, sie fürchten aber besonders einen Gott des
Zorns nebst vielen andern bösen Wesen, welche die Menschen im Leben quälen, Krankheiten verursachen, als Eidechsen erscheinen und so den Schlafenden in den Mund schlüpfen
u. dgl. Dem Gott des Zorns, Teepockho, der auch das Leben
nimmt, wird angelegentlichst gedient. [1] Die Todten kommen
nach Reinga, einem Ort der Marter, dessen Eingang eine
steile Klippe und weite Höhle am Nordcap ist. Hier wohnt
der böse Geist und Zerstörer der Menschen. Bei Krankheiten
werden Beschwörungen angewendet, den Göttern wird mit
Todtschlagen und Auffressen gedroht. [2]

Von den Gesellschaftsinseln hat jede ihr besonderes höchstes Wesen nebst andern Gottheiten, unter denen auch Un-
heilstifter, welche gerne die Menschen im Schlafe tödten. [3]
Es herrscht die Meinung, dass die menschenleere Insel Man-
nua von Geistern bewohnt werde, welche, von grosser, starker
Mannesgestalt mit schrecklich funkelnden Augen, jeden verschlingen, der sich ihrer Küste naht. [4]

Die dualistische Anschauung findet sich auch anderwärts
überall, wo die Spuren der ursprünglichen Religion im Volke
noch bemerklich sind. Die Cingalesen auf Ceylon sind zwar
Bekenner des Buddhismus, unter welchem sie aber immer
noch Ueberreste ihres frühern Geisterdienstes forthegen. Man
kann vermuthen, dass die Vorstellung von einem höchsten
Wesen, dem Schöpfer des Himmels und der Erde, Ossa polla
maupt Dio, aus einer Vorzeit, wo weder Buddhismus noch
Brahmaismus auf Ceylon eingedrungen war, herrühre [5] und
es ist wahrscheinlich, dass die Verehrung der Sonne und des
Mondes, der vier Pattinies, der furchtbaren Schutzgeister der
Welt, schon frühe stattgefunden habe. Von besonderm Interesse für uns ist der Dienst der Geister der Todten, Dayautas
genannt, welcher als Rest vorbuddhistischer Zeit von den Gebildetern misbilligt und innerhalb des Buddhadienstes sogar
verboten, vom Volke aber noch auf eigene Faust gepflegt

---

[1] Nicholas, Voyage, I, 55 fg.
[2] Yate, Account of New-Zealand, S. 141 fg.
[3] Forster, Reise, II, 119 fg.
[4] Forster, a. a. O., S. 121.
[5] Stuhr, Religionssysteme, I, 275.

wird. Dieser Cultus gründet sich auf die Furcht vor der
schädlichen Macht, welche diesen Geistern zuerkannt, aus der
Krankheiten abgeleitet und die daher abgewendet werden soll.
Der Synkretismus, der im Fortgange der geschichtlichen Entwickelung des geistigen Lebens der ostasiatischen Völker platzgegriffen, hat sich auch auf Ceylon geltend gemacht. Sonach
ist dieser Dienst, auf Heilung von Krankheiten, die von bösen
Geistern herrühren, bezogen, mit dem brahmanischen Heil-
gotte Kumaras in Verbindung gesetzt worden. Dem alten
Berggotte, der auf dem Gipfel des Felsen Mahameru Parkwete
thront, ist der Name Kumaras beigelegt und zu Kattragam
ein berühmter Tempel erbaut worden. Dieser Gott von Kattragam, unter vielerlei Namen, besonders aber als Kumaras
verehrt, unter mancherlei furchtbaren Gestalten dargestellt,
ist der am allgemeinsten gefürchtete, obschon es noch viele
in schrecklichen Gestalten vorgestellte, gefürchtete Geister
gibt, deren jeder einem Uebel vorsteht. [1]

Im Birmanischen Reiche waren die Stämme, bevor sie
dem Buddhismus unterworfen wurden, dem Geisterdienste ergeben, und noch heutigen Tags findet sich bei den unbekehr-
ten, in Wäldern lebenden Stämmen die Verehrung von Wald-
und Berggeistern, deren manche als übelthätige in Furcht
durch Opfer verehrt werden, womit dann selbstverständlich
Zauberei verbunden ist. [2]

Bei den Siamesen herrscht auch, nebst der Anerkennung
wohlthätiger Gottheiten, der Glaube an die Wirksamkeit böser
Wesen, als Urheber von Uebeln, die sie von jenen nicht herleiten wollen. Sie opfern diesen, um das Böse abzuwehren,
und wenden sich besonders zur Zeit der Trübsal zu ihnen.
Wie überall, wo der Buddhismus eingedrungen ist, wird daneben auch brahmanischen Gottheiten gedient.

Auch die Küstenstämme von Pegu zeigen noch Spuren
des religiösen Volksglaubens, bevor sie durch den Buddhis-

---

[1] Bei Stuhr, a. a. O.; Knox, Hist. relat. of the island of Ceylon, S. 123 fg.;
Upham, Hist. of Buddhism, S. 41. 50. 120; Derselbe, The sacred and
hist. books of Ceylon, I, 84; Davy, An account of the interior of Ceylon,
S. 127.

[2] De la Bissachère, Gegenwärtiger Zustand von Tunkin und Cochin-
china; aus dem Französischen, S. 258 fg.

mus in die Cultur hineingezogen worden, und neben dem
Urheber des Guten suchen sie vornehmlich den Stifter des
Uebels zu besänftigen. Letztern erklärten die Christen natür-
lich für den Teufel. [1]

Die ursprüngliche Bevölkerung auf den Inseln des
Ostmeeres (Inseln der indisch-chinesischen Meere) war eine
schwarze, deren Ueberreste in Wäldern und Gebirgen der
Inseln leben und als Verwandte der Stämme von Neuguinea
und Neuholland erkannt werden. Wie jene Inseln zerstreut
sind, ist auch das Geistesleben der Bewohner gesondert und
kommen sie im allgemeinen in der Verehrung der Naturmächte
und in der Furcht vor den Gräbern der Todten und Erscheinungen übelthätiger Geister überein.

Gleich den Cingalesen auf Ceylon glauben auch die
Battas auf Sumatra an die Macht der vier gefürchteten Geister,
die auf den Gipfeln vier verschiedener Berge hausen und von
da aus alle Art von Unglück über die Menschen schicken. [2]
Nach andern Berichten sollen die Battas den Gott der Gerechtigkeit Batara Guru, den der Gnade Sori Pada nennen,
denen gegenüber Mangalan Bulan als der Stifter aller Uebel
bezeichnet und in menschlichen Angelegenheiten als besonders wichtig gehalten wird, weil er die guten Absichten seiner Brüder zu durchkreuzen die Macht haben soll, darum
den Battas an seiner Gunst am meisten gelegen sein muss. [3]
Daher der Anschein, als hätten die Battas auf Sumatra nur
böswillige Wesen, denen sie dienen, indem ihnen Krankheiten
und Verbrechen zugeschrieben und sie unter schrecklichen
Gestalten vorgestellt werden. [4] Denn nach dem Glauben der
Battas ist jede Krankheit durch einen Begu (böses Wesen)
veranlasst: der Krampf durch den Begu Lumpun, die Bräune
durch den Begu Antis, das Fieber durch den Begu Namarung,
die Kolik durch den Begu Barang Munji, u. s. w. Einer der
furchtbarsten ist der Begu Nalalain, der Geist der Zwietracht,
des Mordes, der das Land entvölkert und die Dörfer verwüstet. Während die andern Begus ohne festen Sitz, unstet

---

[1] Bei Bekker, Bezauberte Welt, I, 22.
[2] Marsden, Hist. of Sumatra, S. 385.
[3] Transact. of the roy. Asiatic Society vol., I, 499.
[4] Junghuhn, Battaländer, II, 248.

in der Luft umherschweifen, nur zeitweise in die Menschen
sich einsenken, um zu schaden, schleicht der Begu Nalalain
mit feurigen Augen, langer rother Zunge und scharfen Krallen an den Händen im Dämmerlichte zwischen den Dörfern
lauschend umher. Epidemische Krankheiten werden dem Erscheinen neuer Begus zugeschrieben. [1]

Wie die Maldivier, so bringen auch die Biajas auf Borneo
dem Gotte des Uebels ihr Opfer jährlich dar, wobei sie eine
kleine Barke mit den Sünden und Unglücksfällen der Bewohner vom Stapel lassen, welche dann auf das Schiffsvolk,
das dieser Opferbarke begegnet, fallen sollen. In einer Beziehung erinnert diese Ceremonie an den Vorgang mit dem
hebräischen Azazel.

Auch auf Java, wie auf Bali und andern östlichen Inseln,
war vor dem Eindringen indischer Cultur Natur- und Geister-
dienst herrschend, und Luft, Wälder, Gewässer hielten die
alten Javaner mit Geistern erfüllt, welche als wohlthätige geliebt oder als übelthätige gefürchtet, erstere in Menschengestalt, diese in Büffelgestalt, als Riesenweiber u. dgl. vorgestellt wurden. Jäger, Fischer hatten ihre Schutzgeister; es
fand aber auch, wie auf Celebes und in andern östlichen
Gegenden, der Cultus der Geister der Vorfahren statt. [2] Als
Localgottheiten von Java werden genannt die Banaspatie oder
die bösen Geister der Bäume, die Daminsil, die guten Genien
in menschlicher Form, die Bankashan, die bösen Geister der
Luft, die Brayagan, die weiblichen Genien der Flüsse, die
Kabo Hamale, die bösen Geister der Buffaloes, welche Frauen
in Gestalt ihrer Männer täuschen, die Wewe, boshafte Geister
in Form weiblicher Riesen, Dadonjavru, die Beschützer der
Jäger, u. dgl. m. [3]

An der Küste von Koromandel herrschen auch gute und
böse Geister, jene Dewata, diese Raatsjasja genannt, welche
letztere theils böse Menschen gewesen, die dazu verdammt
sind, in der Welt herumzuschwärmen, theils von Natur boshafte Wesen sind, die den Menschen Uebles zufügen, abscheu-

[1] Bastian, II, 125.
[2] Crawfurt, Hist. of the Indian Archipelago, II, 230 fg.
[3] Bastian, II, 109.

liche grosse Leiber haben, Gestank verbreiten und Kinder erzeugen. [1]

Die Vorstellung der Nikobaren von dem, was nicht unmittelbar im Bereiche derselben liegt, soll sich nach der Mittheilung eines Missionars [2] nur auf die Furcht vor Wesen beschränken, deren Einflüssen sie solche unglückliche Ereignisse zuschreiben, die aus gewöhnlichen Ursachen nicht zu erklären sind, als: gewisse Krankheiten, Mislingen der Früchte u. s. w. Diese Wesen, „Ivi", die beschworen, vertrieben werden können, halten sich im Dickicht der Wälder auf.

Die Bewohner der Molukken und die Wilden auf den Philippinen anerkennen auch den Dualismus, richten ihre Opfer aber vornehmlich an das böse Wesen, damit es ihnen kein Uebel zufüge. Die Heiden auf den Philippinen haben gewisse Wahrsagerinnen, Holawi genannt, welche täglich mit den Dämonen verkehren. [3]

Auf der Insel Formosa heisst der gute Gott Isby, das böse Wesen, dem mehr als jenem geopfert wird, führt den Namen Shuy.

Die Eingebornen auf Teneriffa verehrten einen höchsten Erhalter der Dinge, Achguaya-xerax (Achuhuanax), dem sie bei Dürre oder andern Unglücksfällen Opfer darbrachten; dem gegenüber aber auch einen übelthätigen Geist, den sie Guayotta nannten.

———————

Diese, aus allen Himmelsstrichen und von allen Menschenrassen angeführten Thatsachen, die leicht noch bedeutend vermehrt werden könnten, sollen nur bestätigen: dass in den religiösen Anschauungen der Naturvölker der Dualismus waltet, wonach den guten übermenschlichen Wesen übelthätige gegenübergestellt werden und der Grundton in der religiösen Beziehung zu diesen die religiöse Furcht ist. Den Anknüpfungspunkt zu dieser dualistischen An-

———————

[1] Bei Bekker, I, 56.
[2] Bei Bastian, II, 113.
[3] Bei Bekker, I, 66.

schauung bietet zunächst der Gegensatz in der Natur, mit
welcher der Mensch auf jener Bildungsstufe mehr im Zusammenhange lebt. Hitze und Kälte, Licht und Finsterniss,
Nässe und Dürre berühren seine Existenz, indem ihm dadurch
Ueberfluss oder Mangel, überhaupt Wohl oder Weh erwächst.
Er betrachtet eben alles, was ihn umgibt, in Beziehung auf sich,
inwiefern es zu seinem Wohle beiträgt oder demselben entgegensteht. Jeder Reiz auf den Organismus ruft nicht nur
eine natürliche Reaction hervor, bei leiblichen Empfindungen
die Bewegung der entsprechenden Muskeln, sondern regt
auch die geistige Thätigkeit an. Denn der Mensch ist nicht
blos empfindendes, sondern auch denkendes, seiner selbst
bewusstes Wesen, und seine geistige Natur wird nicht befriedigt durch die Erfüllung rein äusserlicher Bedürfnisse. So
wahr es ist, dass Naturerscheinungen, überhaupt die Aussenwelt die geistige Entwickelung anfachen, ebenso wahr ist es,
dass ohne Selbstthätigkeit des Geistes keine Entwickelung
möglich wäre. „Ueberall reagirt die geistige Anlage gegen
die blos natürliche Befriedigung." [1] Jede Erfahrung des
Menschen ist nicht blos eine äussere, sondern zugleich eine
innere seiner eigenen Lust oder Unlust, von der er sich durchdrungen fühlt. Das Gefühl, obschon dem Gemeingefühle verwandt und gleich diesem im Kreise des Angenehmen und
Unangenehmen sich bewegend, wird nicht nur durch blose
organische Zustände, sondern auch durch Vorstellungen von
Verhältnissen bestimmt. An sich dunkel, erhält das Gefühl
Klarheit durch den Zutritt des Verstandes, der sich nie abwehren lässt oder abseits unthätig bleibt, sondern alsobald
heranrückt mit der Frage: woher rührt das Angenehme oder
Unangenehme? Das Gemüth, als Complex von Gefühl und
Verstand, wird zunächst durch dunkle Vorstellungen erfüllt,
in welchen aber ein unmittelbar gegebenes, unentwickeltes
Urtheil liegt. Dieses Urtheil, noch vom Gefühle durchdrungen und mit ihm verwachsen, regt sich als Ahnung. Der
Mensch ahnt zunächst die Macht, durch die ihm vermittels
seiner Umgebung Wohl oder Weh zutheil wird und findet
sich befriedigt in der Vorstellung dieser Macht. Diese

---

[1] Schaller, Leib und Seele, S. 116.

Vorstellung ist aber nur die Projection seines eigenen Gemüths. „Was sich im geistigen Gefühle als der Seele selbst
angehörig darstellt, das offenbart sich im Glauben als Gegenstand." [1] Der Naturmensch ahnt in den Erscheinungen der
ihn umgebenden Aussenwelt eine übermenschliche Macht und
stellt sich diese vor, angethan mit den Attributen seiner eigenen
Persönlichkeit. Die Anthropomorphismen und Anthropopa-
thismen in den religiösen Vorstellungen der Völker und Menschen sind daher der Spiegel ihrer Culturstufen, und es läuft
darauf hinaus, was schon der Reformator sagt: Die Heiden
glaubten an solche Götter, wie sie selbst waren. — Wie der
Mensch, so sein Gott.

Die religiöse Anschauung ist aber deshalb ebenso wenig
Product der Natur wie der menschliche Geist, so wenig als
sittliche Ideen aus der Beobachtung der Natur entnommen
werden; die Natur bietet jedoch die Anregung, dass sich der
Geist „so oder anders gestaltet" [2] und unterstützt somit die
Entwickelung religiöser und sittlicher Vorstellungen.

Je näher ein Volk dem Naturzustande steht, um so
grösser ist der Einfluss, den die Natur auf seine Entwickelung
nimmt, und dieser schwächt sich ab, im Verhältniss als die
Bewältigung der Natur durch menschliche Kunst und Wissenschaft zunimmt, und der Verkehr mit Schnelligkeit über weite
Räume sich ausbreitet. Im heissen Klima, wo leibliche und
geistige Bewegung erschwert ist, wird Faulheit zum Genuss,
die reichlichen Gaben, welche die Natur spendet, machen die
Arbeit überflüssig, und der Geist verharrt in Stumpfheit.
Diese erfolgt aber auch im kalten Klima, wo die Gewinnung
der leiblichen Bedürfnisse den ganzen Verbrauch aller Kräfte
erheischt. „Oft hört man in den spanischen Colonien die
Behauptung, dass sich die Bewohner der Tierra-Caliente so
lange nicht aus dem Zustande der Apathie, in welchem sie
seit Jahrhunderten versunken sind, erheben können, als kein
königlicher Befehl die Zerstörung der Bananenpflanzungen
verordnete." [3] Die anhaltende Einwirkung der Hitze schwächt

---

[1] Burdach, S. 334.
[2] Zeitschrift für Völkerpsychologie, I, 39.
[3] Humboldt und Bonpland, II, 12; Humboldt, Neuspanien, III, 12.
142.

die gegenseitige Bindung der Stoffe und Kräfte, das animalische Leben und die Selbstthätigkeit, wogegen die Sinnlichkeit, Trägheit das Uebergewicht erlangt. Die fortdauernde
strenge Kälte macht das peripherische Leben sinken, stumpft
die Sinne und beschränkt die bildende Thätigkeit. Selbstverständlich übt auch die Atmosphäre und deren Beschaffenheit ihren Einfluss auf den Menschen, sowie das Sonnenlicht,
das Wasser u. s. w. Die Einwirkung der umgebenden Natur
ist allerdings am auffallendsten bei den Pflanzen, die, nachdem sie in eine ursprünglich fremdartige Naturumgebung versetzt sind, von dieser mehr oder weniger umgeändert werden,
wie z. B. behaarte Gewächse, die, auf sonnigem, trockenem Boden
gewachsen, an schattigen, feuchten Standorten glatt werden,
oder durch die Beschaffenheit des Bodens und des Wassers
die Zahl der Blumenblätter, die Farbe der Blüten, der Geschmack der Früchte verändert werden kann. Weniger ist
die Alterirung beim Thiere durchschlagend, obgleich auch
hier merkwürdige Beispiele erwähnt werden. So sollen die
grossen Zitzen der europäischen Kühe und Ziegen mit jeder
Generation in Amerika abnehmen, die dicken Schwänze der
kirgisischen Schafe durch die trockenen und bittern Kräuter
der sibirischen Steppen verschwinden.[1] Allerdings bringen
die materiellen Einwirkungen, die Verschiedenheit der Nah-
rungsmittel und des Klimas noch weniger Veränderung beim
Menschen hervor als beim Thiere, er ist danach angethan,
über die Verhältnisse und Umstände zu siegen, aber ganz
unempfindlich ist er doch in dieser Beziehung nicht. Noch
mehr wirkt die Aussenwelt auf die Stimmung seines Gemüths,
auf die Belebung seiner Phantasie und die Erregung von
Vorstellungen, sodass der psychische Charakter inmitten einer
grossartigen Natur sich anders gestaltet als in einer einfachen,
kleinlichen Umgebung. Die Civilisation aber, die das Denken
des Menschen erzeugt und erhält, ist die Summe von inein-
andergreifenden Thätigkeiten von einer Menge zusammen-
lebender Individuen, sich gegenseitig tragend und hebend, gefördert durch die Umgebung und fortgezogen durch die geschichtlichen Ereignisse, in welche sie ihrerseits wieder eingreifen.

---

[1] Prichard bei Bastian, I, 328.

Wo die Bedingungen der Civilisation fehlen, wo nicht durch Ackerbau und geregelte Arbeit der Bildungsprocess begonnen, durch Verkehr mit andern fortgesetzt, wo der Mensch äuf die plumpsten Bedürfnisse beschränkt ist, da bleibt die Intelligenz auch unentwickelt und ihr gemäss werden seine religiösen Vorstellungen eine rohe Form an sich tragen. In der naturwüchsigen Gestalt des Polytheismus sieht sich der Mensch von Gefahren umgeben, die Natur wird ihm zur Gespensterwelt, Himmelserscheinungen, Elemente, Thiere und Pflanzen, selbst ihm unbegreifliche Kunstproducte wie Uhren, Feuergewehre u. dgl. sind ihm von Geistern besessen. Infolge einer unwillkürlichen Uebertragung sinnlicher Vorstellungen auf das geistige Gebiet, versetzt er seine Götter vornehmlich in die Höhe oder Ferne, lässt sie auf hohen Bergen, im Luftkreis, in den Wolken, der Sonne u. s. w. wohnen, wo das Unerreichbare das über ihn Erhabene vertritt.

Je weniger der Mensch die ihn umgebende Natur erkennt, desto mehr lebt er im Gefühle der Abhängigkeit von derselben, und seine an der Sinnlichkeit haftende Anschauung, innerhalb der Gegensätzlichkeit von Angenehmem und Unangenehmem sich bewegend, wird sich auch im Dualismus der religiösen Vorstellungen zu erkennen geben. Der sinnliche Eindruck bringt beim Naturmenschen wie beim Kinde eine gewisse Stimmung hervor, bedingt durch das Gefühl des Angenehmen oder Unangenehmen, und in der Abhängigkeit davon vertritt sie die Stelle des Urtheils. Hiernach wird die unerkannte Ursache eines angenehmen Eindrucks vermittels der Phantasie zum guten Wesen gestaltet und umgekehrt zum Gegentheil. Diese Wesen, die er liebt oder fürchtet, tragen natürlich die Merkmale seiner eigenen Zuständlichkeit an sich, nur dass er sie an Macht sich überlegen vorstellt und deshalb als höhere Wesen staunend oder fürchtend verehrt. Hinter jeder Thätigkeit, die er ausser sich wahrnimmt, vermuthet er ein Wesen seiner Art und schaut in der Natur das Product seines eigenen Geistes an, und so umgibt er sich äusserlich mit seiner eigenen Geisterwelt.

4. Dualismus in den Religionen der Culturvölker des Alterthums.

In der Vorhalle zur eigentlichen Geschichte bewegt sich
das Leben der Culturvölker innerhalb der Mythen- und Sagenkreise. Es ist eine immer wiederkehrende Erscheinung, dass
das Alterthum mit Göttern anhebt und mit historischen Personen schliesst, wobei von erstern durch die Brücke der Genea-
logie ein Uebergang zu letztern geschlagen wird. Wie Wodan
in allen altgermanischen Königshäusern das Stammglied in
der genealogischen Kette bildet, so Bel bei den Semiten, den
Assyrern, Babyloniern, Phöniziern, Karthagern, Lydiern. An
irgendeinem Punkte der Reihe aufwärts werden Wesen der
Geschichte mit Wesen der Religion verwechselt, es ist aber
kaum zu bestimmen, wo diese Verwechslung eingetreten ist.

Alles, was in das Leben eines Volks eingreift und auf
dessen Schicksale Einfluss hat, fällt bei seinem vorgeschichtlichen Dasein innerhalb der Mythen und Sagenkreise, die keinen Inhalt ausschliessen, obschon Religion der vorzüglichste
ist. Die durchlebte Zeit, in welcher das Volk um seine Selbstständigkeit kämpfte, wird in den Mythen und Sagen ver-
herrlicht, sie schildern dessen Anfang und die Ursprünge seiner Einrichtungen, erzählen die Erlebnisse der Urahnen und
deren Verdienste um die folgenden Geschlechter, berichten
die Verwandtschaft der Stammväter und somit der von ihnen
abstammenden Völker; kurz, alles dessen, was überhaupt die
Thätigkeit eines Volks anregen kann, bemächtigt sich der
Mythus und die Sage, welche als Geburt des Volksgeistes
dessen Eigenartigkeit an sich tragen und von den Bestrebungen und Neigungen des Volks ein Zeugniss ablegen. Denn
was ein Volk denkt und fühlt, worin es sein Heil oder Unheil erblickt, das lagert sich in seinen Mythen und Sagen ab
und bildet deren Inhalt. Insofern enthalten die Mythologien
der Völker Wahrheit, aber poetische, sie enthalten historische
Facta, aber im Kleide der Poesie, mit dem sie infolge der
mündlichen Tradition, durch die sie sich von Geschlecht zu
Geschlecht fortpflanzen, angethan werden. Jedes historische
Volk, dessen Ursprung ins Alterthum zurückgreift, hat seinen
Sagen- und Mythenkreis, wie der Geschichte die Vorgeschichte

vorangeht, obschon strenggenommen auch die vorgeschichtlichen Zustände und Schicksale eines Volks in dem Sinne
historisch zu nennen sind, als sie auf Dasein und Bildung
des Volks eingewirkt haben. Der Ausdruck „vorhistorisch"
hat daher eine relative Bedeutung, inwiefern wir den Mythen
und Sagen zu Grunde liegende Thatsachen in poetischer Hülle
vor uns haben, die historische Wahrheit aber von der Dichtung zu sondern nicht immer im Stande sind.

Die natürliche Umgebung, die äussere Natur und deren
Beschaffenheit ist von wesentlichem Einfluss auf ein Volk,
aber kein Geist, also auch nicht der Volksgeist, ist ein
Erzeugniss der Natur, obschon die geographische Lage des
Landes die Veranlassung geben kann, dass sich nicht nur gewisse Fertigkeiten des Volkes, sondern auch gewisse Vorstellungen und Anschauungen ausbilden. Es ist irrig, die
ganze Volksentwickelung von der Naturbestimmtheit des Landes ableiten zu wollen, die Natur gibt aber die allernächste
Handhabe durch die in ihr auftretenden Gegensätze von Tag
und Nacht, Hitze und Kälte, Nässe und Trockenheit, überhaupt durch Erscheinungen, welche, auf das menschliche Dasein bezogen, wohlthätig oder verderblich erscheinen, und vermittels des religiösen Sinnes und Triebes die religiöse Anschauung eines Volks dualistisch gestalten. Noch wichtiger
aber für die Bildung der religiösen Vorstellungen sind die
vorgeschichtlichen Schicksale eines Volks, die in den meisten
Fällen auf der Berührung mit andern Völkern beruhen und
gegensätzlich erscheinen. Nicht nur die Erscheinungen der
Natur, welche Staunen oder Furcht einflössen, auch Ereignisse,
die das Leben des Volks betreffen und meistens durch den
Conflict mit andern Völkern hervorgebracht werden, indem
sie das ursprüngliche Dasein des Volks zu gefährden drohen,
werden durch Mythen und Sagen personificirt, zu persönlichen
bösen Wesen erhoben, die übermenschlich erscheinen, weil sie
eben übermächtig eingreifen. So nehmen die Ursprünge der
Völker gewöhnlich ihren Ausgangspunkt von göttlichen Wesen, indem sich Mythen und Sagen an die freundlichen oder
feindlichen Gegensätze hängen und durch die Phantasie zu
persönlichen Wesen gestalten. Der gefährliche Feind wird
entweder selbst zum mythischen bösen Wesen und als solches
im Mythus durch die mündliche Ueberlieferung von Genera-

tion zu Generation fortgepflanzt und in der Erinnerung aufbewahrt, oder die Gottheit, die dem feindlichen Volke als
Schutzgottheit gilt und von ihm verehrt wird, erscheint dem
bedrohten Volke als feindliche, übelthätige, gegenüber der
eigenen Stammgottheit, unter deren Schirm es sein bisheriges
Dasein gefristet hat. Die Schutzgottheit des Feindes wird
als übelthätige der eigenen Stammgottheit antagonistisch entgegengestellt.

So bildet sich ein Dualismus der religiösen Anschauung
auf Grund der theils von der Natur, theils durch die Geschichte gebotenen Gegensätze, und wie die Natur die Anregung gibt zu religiösen Vorstellungen der Völker, so sind
auch deren Schicksale in jene verwoben und, da die Geschichte eines Volks auch mit der Naturbeschaffenheit seines
Landes vornehmlich in den Anfängen in Beziehung steht, so
findet ein Ineinandergreifen und eine Gegenseitigkeit statt,
wie in jedem Organismus. Natur und Geschichte üben ihren
Einfluss auf die Gestaltung des religiösen Bewusstseins eines
Volks, und das religiöse Bewusstsein, von dem das Volk durchdrungen ist, wirkt auf jene zurück. Denn in der religiösen
Anschauung haften die Springfedern der Handlungen und
Thaten, mit denen das Volk seine Geschichte erfüllt, und die
Gemeinsamkeit der religiösen Anschauung bildet im Alterthum ein Moment der Zusammengehörigkeit, wie die Gleich-
heit der Abstammung, der Sprache, der Beschäftigung, der
Freuden, die es geniesst, der Gefahren, die es durch Kampf
abwehrt oder aus Unmacht ertragen muss.

Die Schöpfungen des Volksgeistes, durch Natur und Geschichte angeregt und durch Selbstthätigkeit des Volks in
seiner Ursprache und Urreligion niedergelegt, sind von solcher
Zähigkeit, dass sie durch eine lange Reihe von Geschlechtern
fortgepflanzt und lebendig erhalten werden. Sie begleiten
das Volk auf seiner Auswanderung aus dem Ursitz, und wenn
sie im Verlaufe der Zeit auch Wandlungen erleiden, so schil-
lern sie doch aus den neuen Formen hervor, wie auf einem
Palimpsest die ursprünglichen Züge zum Vorschein zu kommen pflegen, verschlungen mit den jüngern Zügen.

Die Behauptung Plutarch's, dass der Dualismus der religiösen Anschauung allgemein verbreitet sei, bestätigt sich auch

in der Ausdehnung über alle historischen Culturvölker des Alterthums.

Es wird sich zeigen, dass die Annahme von guten und bösen göttlichen Wesen als Urheber wohlthätiger oder schädlicher Erscheinungen bei allen Völkern des Alterthums Raum gefunden, obschon die dualistische Ansicht nicht bei jedem Volke in gleicher Schroffheit auftritt, nicht gerade zu einem sich bekämpfenden Gegensatz gespannt ist.

Es wird sich zeigen, dass der Dualismus die Hauptbasis der religiösen Anschauung der Aegypter und Perser ist, zweier Völker, denen ein grosser Einfluss auf die religiösen Vorstellungen anderer Völker, besonders der Hebräer, zuerkannt werden muss. Der Dualismus wird bei den Babyloniern, Phönikern, Assyrern und Syrern entgegentreten, er findet sich in gewissem Masse bei den arischen Stämmen, bei den Germanen und Skandinavern, den alten Slaven mehr oder weniger durchgeführt; er ist bei Griechen und Römern nachzuweisen und hat selbst im Christenthum, besonders im Mittelalter, ein sehr scharfes Gepräge erhalten.

Aegypten.

In das untere Nilthal setzt man die Wiege der ersten Cultur der Erde und lässt hier auch die älteste Speculation ihren Ursprung nehmen. In den religiösen Vorstellungen der Aegypter hat der Dualismus ein sehr scharfes Gepräge erhalten. In Creuzer's „Symbolik", Schelling's „Einleitung in die Philosophie", Grimm's „Deutsche Mythologie", den neuern Arbeiten von Welcker, Max Müller, Bunsen, E. Renan wird zwar für die Hauptzweige des Heidenthums die Gotteseinheitslehre in Anspruch genommen; dagegen hat aber Diestel [1] ganz richtig bemerkt: „Monotheismus ist nicht überall da, wo man ein höchstes Wesen annimmt oder sich vorstellt"; „die Einheit kann die Einzigkeit einschliessen, aber auch als das zusammenhaltende Band für eine Vielheit gesetzt werden — eine Vielheit untergeordneter, aber dem Menschen gegenüber mäch-

---

[1] Der Monotheismus des ältesten Heidenthums, in den Jahrbüchern für deutsche Theologie, 1860, V, 743.

tiger Wesen." Auch die Behauptung Uhlemann's [1], dass die
Religion der Aegypter ursprünglich Monotheismus gewesen
sei, beruht auf der Ansicht: der ursprüngliche Monotheismus
habe sich erst im Verlaufe der Zeit in Polytheismus zersplittert, wobei jedoch die Verwechslung der Speculation mit Religion nicht zu verkennen ist, da alle ältern Speculationen
mit der Lehre von der Entstehung des Weltganzen beginnen
und gewöhnlich auf Ein Grundwesen zurückkommen. Die
Speculation ist Resultat des Lebens und der Geschichte, und
obschon sie während des Verlaufs der letztern nicht ruht,
also nicht nach dem Ableben eines Volks ihre Thätigkeit erst
beginnt; so lässt sich ebenso wenig behaupten, dass die speculativen Begriffe ihrer abstracten Form nach im Bewusstsein
des Volks vorhanden seien, da sie vielmehr Producte der
Denkoperation des Philosophen sind. Allerdings ruht jede
Religion auf der Ahnung einer einheitlichen (monotheistischen)
Grundlage, woraus sich das Streben, alles irdische Dasein mit
einer höhern Macht in Verbindung zu setzen, erklärt; allein
die Zerstreutheit der sinnlichen Anschauung lässt den monotheistischen Gedanken nicht in jedem Volke zur Einzigkeit
sich zuspitzen, sondern stellt ihn gleich einem gothischen
Bauwerke in einer Menge von Giebeln, Zacken und Spitzen
dar, ohne es aber zu einem Hauptthurme zu bringen. Der
Götterglaube und die Götterverehrung waren früher vorhanden als die religiöse Speculation, wie die begriffliche Einheit
in der Vielheit und Mannichfaltigkeit erst durch Abstraction
gewonnen wird.

Wie jede Religion aller Völker des Alterthums ursprünglich Naturreligion ist, so geht auch die religiöse Anschauung
der Aegypter von dem Gegensatze der wohlthätigen und
verderblichen Naturkräfte aus, die sie in ihren Göttern verehrt. Wir kennen zwar nicht die ägyptische Religion in
ihrer ursprünglichen Form, allein aus dem Charakter der einzelnen Momente, die sich mit den Göttervorstellungen verschmolzen haben, lässt sich mit Gewissheit schliessen, dass
die älteste Form der ägyptischen Religion dem ältesten Natur-
cultus der Semiten oder der vedischen Arier entsprechend ge-

---

[1] Thot, S. 17—39. Dessen Handbuch der ägyptischen Alterthums-
kunde, II, 154.

wesen sei. Das wohlthätige Licht und Feuer der Sonne, den
hellen, blauen Himmel personificirten die Aegypter zu heilbringenden Gottheiten und verehrten sie als Leben schaffende
und erhaltende Wesen. Da die Natur dem Menschen nicht
immer wohlthätige Kräfte und Erscheinungen zeigt, wenngleich diese immer wieder das Uebergewicht erlangen, wie
auf die Nacht stets der Tag folgt und aus dem Winter immer
neues Leben aufersteht; so personificirte die ägyptische Phantasie diesen Wechsel der wohlthätigen und schädlichen Erscheinungen als Kampf heilbringender und übelthätiger Gottheiten miteinander um neues Leben und die alte Ordnung.
Die regelmässige Wiederkehr im Thierleben blieb der ägyptischen Beobachtung nicht fremd, und diese feste, gleichblei-
bende Ständigkeit rang dem ägyptischen Geiste, der selbst
durch die Eindrücke der steten Regelmässigkeit und gleich-
bleibenden Wiederkehr der Naturerscheinungen seines Landes
zu einem stetigen Charakter herangebildet ward, Ehrfurcht ab.
Hierin findet der merkwürdige ägyptische Thierdienst seine
Erklärung, dessen Ursprung schon die Alten beschäftigte und
bis auf die Gegenwart verschieden gedeutet wurde. [1]

Obschon die Aegypter ihren Gottheiten menschliche Gestalt verleihen, stellen sie dieselben doch häufig mit Thierköpfen oder in der Form geheiligter Thiere dar, in denen sie
ein jenen entsprechendes Wesen zu erkennen glaubten.

Im untern Flussthale zu Memphis verehrte man als höchsten Gott den Ptah, dessen Symbol das Feuer. Die Griechen
erkannten in ihm den Hephästos. Er ist der Sonnengott des
Lichts und der Helle, und die Verehrung bezog sich mehr
auf das Sonnenlicht, den Glanz, als auf das Gestirn. [2] Er
ist wol als der älteste Gott zu betrachten, wird von den
Griechen als „Vater des Sonnengottes" bezeichnet, heisst auf
den Inschriften „der Vater der Väter der Götter", „Herrscher

---

[1] Vgl. Diodor, I, 21; Herodot, II, 46. 63. 65; Plut. Is., 43. 72;
Lukian, Ueber Astrologie, 6—7; Jean Paul, Levana, II, 297; Creuzer,
Symbolik, I, 30; Hegel, Philosophie der Religion, I, 235 fg.; O. Müller,
Arch. der Kunst, 2. Ausg., S. 17; Röth, Geschichte der abendländischen
Philosophie, I, Kap. 3; Duncker, Geschichte des Alterthums, 3. Aufl., I,
53; Scherz, Geschichte der Religion, II, 36 fg.

[2] Diestel, Set-Typhon u. s. w., Zeitschrift für historische Theologie,
1860, S. 160.

des Himmels", "König der beiden Welten, der die Sonne gebar". Er ist auch "Herr der Wahrheit", "Gott des Anfangs",
und als Schöpfer der Welt heisst er "der Bildner".

In dem benachbarten Anu (On, griech. Heliopolis) findet
sich Ra als Gott der Sonnenscheibe, daher sein Symbol die
rothe Sonnenscheibe mit zwei Flügeln. Er ist der "Vater
der Götter", Vater der Welt und des Lebens, Vater, Ur- und
Vorbild der Könige, die über Aegypten herrschen, wie Ra
über die Welt herrscht. [1] Man wird hierbei an die mythologischen Anklänge bei manchen Naturvölkern erinnert, die
ihren Ursprung auf ein höheres Wesen zurückführen.

Nach der Vorstellung der Aegypter ist der Sonnengott,
der zugleich der Gott des Lebens und der Reinheit ist, im
Kampfe mit der Dunkelheit, der Nacht, der Unreinheit,
welche durch die böse Schlange Apep repräsentirt wird, indem diese die Sonne verschlingen will. [2]

Dem Ptah wie dem Ra ist der Stier geheiligt als Sinnbild des Lebens, da Licht und Sonne Leben und Frucht
schafft. Neben beiden werden auch weibliche Gottheiten als
Personificationen des empfangenden, gebärenden, mütterlichen
Princips verehrt. Zu Sais die Göttin Neith, zu Bubastis
die Geburtsgöttin Pacht mit dem Katzenkopf, dem Thiere
der starken Fortpflanzung, das gehenkelte Kreuz als Zeichen
des Lebens in der Hand.

In Oberägypten war Amun der Gott von Theben, den
die Inschriften als "Herrn des Himmels" bezeichnen. Nachdem Theben die Hauptstadt des neuen Reichs geworden war
und die siegreichen Pharaonen des 15. und 14. Jahrhunderts
in dem Gott von Theben ihren besondern Schutzgott erkannt
hatten, verschmolz Amun mit dem Sonnengott Ra und erscheint auf den Denkmälern als Amun-Ra. In Oberägypten
wurde auch der widderköpfige Kneph (Chnubis) verehrt, dem
der Widder als Symbol kräftiger Zeugung geheiligt war.
Die Inschriften bezeichnen ihn als "Herr der Wasserspenden",
"der Ueberschwemmungen" [3], wodurch er zum Land befruchtenden Gott wird. Auch Kneph wird mit Amun verbunden,

---

[1] Lepsius, Ueber den ersten Götterkreis, S. 34 fg.
[2] Champollion, Lettres, S. 230 fg.
[3] Bunsen, Aegyptens Stelle u. s. w., I, 442.

daher dieser ebenfalls widderköpfig oder mit Widderhörnern
auftreten kann. Die Sonnengottheit theilt sich in Oberägypten in Mentu, die aufgehende, und Atmu, die untergehende
Sonne, die Sonne des Tags und die der Nacht, die oberwelt-
liche und unterweltliche. Ueber ihnen steht Amun, der herrschende Gott in der Höhe, als „der Verborgene", als „non
apertus, κεκρυμμένος".[1]

Dass den in Oberägypten verehrten Göttern, so wie in
Unterägypten, weibliche Göttinnen als Ergänzung zur Seite
standen, ist selbstverständlich, kann aber im Hinblick auf den
vorliegenden Zweck unerörtert bleiben sowie viele andere
in dem Gewirre der ägyptischen Göttergestalten. Hervorzuheben ist hier der Dualismus, der in der ägyptischen Vorstellung bis zum feindlichen Gegensatz gespannt wird und
im Hesiri-(Osiris-)Mythus als Götterkampf auftritt. Die
Natur erschien dem Aegypter nicht immer von der wohlthätigen Seite, er bemerkte in ihr auch wirkende Kräfte, die ihm
zum Uebel ausschlugen, er sah auf den lichten Tag die finstere Nacht folgen, nach dem Leben den Tod eintreten, neben
dem schwarzen fruchtbaren Boden seines Landes die unabsehbare gelbe Wüste sich ausbreiten, von wo der Sturm den ver-
sengenden Hauch herüberbrachte und das Grün mit Sand be-
deckte; er sah, wie der Sonnenstrahl in der heissen Zeit die
Vegetation verdorren machte und im Winter die Natur im
Tode zu liegen schien. Dem ägyptischen Menschen erschien
dieser Wechsel als ein Ringen der ihm wohlthätigen Naturkräfte mit den übelthätigen, er bemerkte aber zugleich, dass
erstere schliesslich die Oberhand gewinnen, da auf die Nacht
der helle Tag wieder aufgeht, das Absterben der Natur
eigentlich nur scheinbar ist, da sie in der folgenden Jahreszeit immer wieder zu neuem Leben erwacht und neue Früchte
bringt. Die ägyptische Phantasie personificirte diese Vorgänge in der Natur und stellte sie dar als Kampf wohlthätiger Geister mit verderblichen und als Sieg jener über diese
in dem Hesiri-Mythus, der erst spät und mit Parallelen zur
griechischen Mythologie von den Griechen überliefert wurde.
Seb, der Gott des Sternenhimmels, der Zeit (Kronos), und
Nut (Rhea), die Göttin des Himmelsraums, erzeugten den

---

[1] Röth, I, Note 80.

Hesiri (Osiris), die Hesi (Isis), den Set (Typhon) und
die Nebti (Nephtys). Hesiri, dem sein Vater die Herrschaft
über das Nilthal übergeben hatte, waltete mit seiner Schwester
und Gemahlin Hesi segensreich, lehrte die Aegypter Acker-
und Weinbau, gab ihnen Gesetze und Gottesdienst. Er durchzog die übrigen Länder, überall Segen verbreitend, wurde aber
nach seiner Rückkehr von Set, dessen 72 Genossen (und der
äthiopischen Königin) in einen Sargkasten geschlossen und
durch die tanitische Mündung ins Meer entsandt. Dies geschah am 17. des Monats Athyr, wo die Sonne den Skorpion
durchläuft, von welchem Tage die Aegypter den Beginn der
grossen Hitze rechneten. Hesi, in der Stadt Koptos davon
benachrichtigt, hüllt sich in ein Trauergewand und irrt weh-
klagend, den Hesiri suchend, umher. Nach langem Suchen
findet sie ihn zu Byblus an der phönikischen Küste, wo die
Wellen den Leichenkasten ans Land gespült hatten und eine
schöne Tamariske über ihm entsprosste. Hesi brachte den
Leichnam nach Aegypten zurück, wo sie ihn bestattete. Inzwischen war Har (Horos), der Sohn des Hesiri und der
Hesi, herangewachsen, und um seinen Vater zu rächen, kämpfte
er viele Tage mit Set, bis er ihn ganz besiegte; Hesiri aber,
der nicht gestorben war, lebte in der Unterwelt als deren
Beherrscher. [1]

In diesem Mythus ist nebst der untersten allgemeinen
Grundlage des ägyptischen Glaubens, der ursprünglich Licht
und Sonnendienst ist, auch der Entwickelungsgang sammt den
verschiedenen Momenten darin angedeutet. Mit der solari-
schen Bedeutung des Hesiri verschmolz die physische, welche
die landschaftliche Eigenartigkeit Aegyptens darbot, wozu
überdies das politische Moment und das ethische hinzukam.

Bevor in Aegypten der Nil das Thal überschwemmt, nachdem die fruchtbare Zeit vorbei ist, herrscht Dürre und Unfruchtbarkeit, die von den Aegyptern auf 72 Tage angeschlagen wurde. Diese Periode wird im Mythus durch den
Sieg des Set und seiner 72 Genossen über Hesiri, den sie
erschlagen, angedeutet. Während der Zeit, wo die Naturkraft in Aegypten unthätig zu sein scheint, ist Hesiri in dem

---

[1] Diodor, I, 10. 13 fg.; Plut. Is., c. 12—20.

Leichenkasten eingesargt. Hesi, welche die Erde bedeutet, sucht trauernd den Hesiri, in dieser Beziehung den Nil repräsentirend [1], der die Fruchtbarkeit Aegyptens bedingt [2], der im Mythus ins Meer getrieben wird. Die ägyptische Erde ist während dieser Periode ihrer Fruchtbarkeit beraubt und ihre Kraft nach Norden gezogen, daher findet Hesi den Leichnam an der Meeresküste. Die Erwähnung der phönikischen Küste im Mythus kann mit Recht als nichtägyptischer Zug, als griechische Combination betrachtet werden [3], da in Phönikien Astarte verehrt und gleich der Isis mit Rinderhörnern dargestellt wurde, Byblus wegen seiner Adonisklage bekannt war. Nach den 72 Tagen drückender Dürre, nachdem mit der Sonnenwende die Nilschwellung das Land unter Wasser gesetzt hat, beginnt nach der Ueberschwemmung der neue Segen des Jahrs. Dieser Vorgang wird im Mythus durch Har, das Kind der Hesi und des Hesiri, angedeutet, das herangewachsen zum rächenden Sohn des Vaters wird. Hesiri, der aber nur scheintodt gewesen, lebt mit seinem Sohne in der Unterwelt fort. In den Hieroglyphen wird Har „Rächer seines Vaters Hesiri" genannt [4] und häufig die Schlange Apep, Apophis [5] mit einem Speere durchbohrend dargestellt. Aegyptische Denkmäler bezeichnen ihn durch den ihm geheiligten Sperber mit der Geisel. [6]

In Hesiri, ursprünglich die Sonne mit ihren heilsamen Wirkungen [7], dachten die Aegypter alle wohlthätigen Eigenschaften der Natur vereinigt, er wurde zum Gott des Lebens, das unzerstörbar aus dem Tode wieder aufersteht. Er heisst „König des Lebens", „Herr von unzähligen Tagen", „König der Götter". Die immergrüne Tamariske, der Reiher sind ihm geheiligt. Auf den Denkmälern erscheint er mit dem Scepter, der Krone Oberägyptens und dem Nilmesser, dem Zeichen des Lebens. Er führt die Herrschaft in der Unter-

---

[1] Herodot, II, 59; Plut. Is., c. 38.
[2] Daher Ὄσιρις ἀγαθοποιός (Plut. Is., c. 42).
[3] Duncker, I, 46.
[4] Vgl. Plutarch, Is., c. 12.
[5] So viel als Set, vgl. Plutarch, c. 36.
[6] Wilkinson, Manners and customs, VI, 37.
[7] Diodor, I, c. 10; Macrobius, Saturn., I, c. 21; Porphyrius und Manetho bei Euseb. praepar. evangel., I, c. 10; III, c. 2.

welt, lebt aber auch in seinem Sohne Har fort, der über
Aegypten waltet.

Den Gegensatz zu Hesiri bildet Set, von den Griechen
Typhon genannt, der, ursprünglich das zerstörende Sonnen-
feuer bedeutend, zum Repräsentanten aller schädlichen Wirkungen der Natur überhaupt wird. Im Gegensatz zum Licht
ist er die Dunkelheit, dargestellt als Schlange Apep, welche
die Sonne zu verschlingen droht. Er ist die versengende
Sonnenhitze, die Dürre, und da diese durch die Glutwinde
vermehrt wird, der Glutwind und Sandsturm. Gegenüber
dem befruchtenden Nil ist Set das salzige, öde Meer [1], in
welchem der Nil bei seinem Ausflusse verschwindet. Ihm
eignen das gefrässige Krokodil, das wüste Nilpferd, der stützige
Esel. Set selbst wird auf Denkmälern mit Eselsohren abgebildet [2], wie ihm überhaupt alle Thiere, Pflanzen schädlicher
Art und die schlimmen Ereignisse zugeschrieben werden. [3]
Sein Geburtstag galt für einen Unglückstag, an dem man
keine Geschäfte unternahm. [4] Alles Unregelmässige, Ordnungs-
lose, Unbeständige leiteten die Aegypter von ihm ab, und er
gilt in ethischer Hinsicht als Urheber des Bösen, der Lüge
und Verleumdung. [5] Ein Papyrus bezeichnet ihn als „den
allmächtigen Zerstörer und Veröder" [6]; er zerstört die heilige
Lehre der Hesi und wirkt der Cultur Aegyptens feindlich
entgegen. [7] Seiner Farbe nach ist er πυῤῥὸς τῇ χρόᾳ, was
Plutarch [8] durch πάρωχρος, also farblos, gelblich, erläutert.
Diestel [9] bemerkt, man habe dies „sehr falsch mit roth oder
gar rothbraun übersetzt", und es wäre „sonderbar", gerade
die rothe Farbe dem Typhon beizulegen, da, wie die Denkmäler ausweisen, roth und rothbraun recht eigentlich die
Hautfarbe der Aegypter ist. „Vielmehr sind mit den farb-
losen, gelblichen Menschen auf den Monumenten immer die

---

[1] Plutarch, Is., c. 33.
[2] Salvolini, Campagne de Ramsês le Grand, pl. I, 38.
[3] Plut., Is., c. 50.
[4] Plut., ibid., c. 12.
[5] Plut., Is., c. 19. 54.
[6] Lepsius, Götterkreis, S. 53.
[7] Plut., Is., c. 2.
[8] C. 33.
[9] Set-Typhon, in der Zeitschrift für histor. Theologie, 1860, S. 170.

nördlichen Ausländer gemeint, die sich durch Tracht, Haltung und Physiognomie als solche zu erkennen geben." Diese gewiss schätzenswerthe Bemerkung scheint doch das politische Moment zu einseitig zu betonen, da kaum erweislich sein dürfte, dass bei der Farbe des Set nicht auch die physische Bedeutung mitspiele. Immerhin mögen unter den typhonischen (setischen) Menschen zwar πυρροί [1], obschon nicht rothhaarige, sondern „gelbhäutige", also Nichtägypter, Ausländer zu verstehen sein, so schliesst dies nicht aus, dass bei der Farbe des Set auch der Gegensatz des Landes Aegypten zur Wüste mit inbegriffen werde, da die Aegypter selbst ihr Land als „khemi", schwarz, dunkel bezeichnen gegenüber dem unfruchtbaren gelblichen Sande der Wüste, die unter der brennenden Sonne im röthlichen Lichte erscheint. Da Hesiri als Schutzgott Aegyptens dessen dunkle Farbe trägt, da Set als πυρρός bezeichnet in derselben Färbung erscheint wie die unter dem Sonnenbrande liegende Wüste mit ihren vom Sturme aufgewirbelten Sandwolken, so ist die Annahme berechtigt, auch von dieser Seite die physische Bedeutung des Set festzuhalten, ohne sie indess einseitig allein betonen zu wollen, und denselben als das in der Wüste hausende Wesen zu betrachten, gegenüber dem im fruchtbaren Aegypten waltenden Hesiri.

In Set, dem schlechthinnigen Gegensatz zu Hesiri, vereinigen sich physische und politische Beziehungen, und in letzter weist er auf das Nichtägyptische, Ausländische hin. Bemerkenswerth ist deshalb, dass die dem Set geheiligten Städte und Gebiete an den Grenzen des eigentlichen Nillandes gelegen waren, wie Nubt (Ombos), wovon Set den Beinamen Nubi führt [2]; so auch der sirbonische See, in welchem laut der gräcisirten Sage Set gefesselt liegt [3]; Ha-uar, das in der Geschichte der Hyksos bekannte Αὔαρις [4], in der heiligen Sprache auch Sethroe genannt, der setroitische Nomos, Thor des Set [5], nach Brugsch [6] die Stadt Set des Wächters.

---

[1] Diodor, I, 88.
[2] Lepsius, Denkmäler, III, 34. 35.
[3] Herodot, III, 5.
[4] Vgl. Joseph. c. Ap., I, 14.
[5] Lepsius, Chronologie, I, 344.
[6] Zeitschrift der Deutschen morgenländischen Gesellschaft, IX, 209.

Set galt auch als Gott der Nachbarvölker, des südlichen und
nördlichen Auslandes. Daher gibt es einen Set-nehes, einen
Set der Neger, der durch einen schwarzen Raben mit abge-
stutzten Setohren dargestellt wird, darum ist die äthiopische
Königin im Hesiri-Mythus dem Set verbündet.

Alles Nichtägyptische, Fremdartige ist eine Offenbarung
des Set, ebenso alles Schädliche, Rohe, alles verwüstende
Wesen. In der Bedeutung des Set vereinigt sich mit der
Beziehung auf das Ausländische die tobende Gewaltthätigkeit,
das Vernichtende, Rohe im Kriege, das die Griechen dem
Ares zueignen. Er ist Kriegsgott und als solcher begünstigt
er das Kriegsglück, repräsentirt aber vornehmlich die wilde
Seite, das Ungestüme, Vernichtende des Krieges. Als Kriegsgott findet sich Set auch in Hieroglyphenbildern und stand
in dieser Bedeutung dem Kriegerstamme der Aegypter vor.
Auf einer Tempelwand zu Karnak unterrichtet er neben Hor
den König Thutmosis im Bogenschiessen. [1] Als Kriegsgott
hatte Omble-Set seinen Tempel. [2]

Mit der Bedeutung des Set als Kriegsgott und Repräsentant des Auslandes, über welches er die Macht führt und
insofern von ihm abhängt, ob Aegypten vom Auslande unterjocht wird oder über dieses die Oberhand gewinnt, steht in
Verbindung: dass Set vornehmlich in jenen Gebieten cultivirt
wird, wo vielfache Berührungen mit dem Auslande stattfinden, dass sich die feindliche Seite des Set besonders gesteigert in jenen Zeiten herauskehrt, wo Aegypten von den
Ausländern bedrückt wird. Dies zeigt die Zeit der Hyksos
in Aegypten.

Manetho erzählt [3]: „ Es regierte ein König Amyntimäos [4]
über Aegypten, unter welchem die Gottheit ungünstig war.
Unerwartet zogen aus den östlichen Gegenden von Geschlecht
unangesehene Menschen voll Selbstvertrauen gegen das Land
und nahmen es mit Gewalt ohne grosse Mühe ein, und nachdem sie die Herrschenden im Lande sich unterworfen, verbrannten sie grausam die Städte und zerstörten die Tempel

---

[1] Wilkinson, VI, pl. 39.
[2] Herod., II, 83.
[3] Jos. c. Ap., I, 14.
[4] Amenemhat; Lepsius, Königsbuch, S. 24.

der Götter; gegen die Einheimischen aber handelten sie auf
das feindseligste, indem sie die einen niedermachten und die
Weiber und Kinder der andern in Knechtschaft brachten.
Am Ende machten sie auch einen aus ihrer Mitte zum König,
dessen Name Salatis war. Dieser residirte in Memphis, erhob Tribut aus dem obern und untern Lande und hielt Be-
satzungen in den gelegensten Orten, besonders den östlichen
Gegenden. Im sethroitischen Bezirke fand er eine sehr geeignete, am Nilarme von Bubastis gelegene Stadt, welche in
alter Zeit den Namen Abaris erhalten hatte; diese bevölkerte
er, umgab sie mit festen Mauern und legte 240000 Mann
seiner Bewaffneten als Besatzung hinein. Diesem folgten andere Könige, die stets Krieg führten und die Wurzel Aegyptens immer mehr auszurotten suchten. Ihr Geschlecht wurde
Hyksos genannt. Denn «Hyk» bedeutet in der heiligen Sprache
einen König, «Sos» aber Hirte im gemeinen Dialekte, und so
zusammengesetzt entsteht Hyksos."

Manetho bezeichnet die Fremden an verschiedenen Stellen
seines Werks als Phöniker oder als deren Verwandte [1], und
wenn sie nach dessen Angabe von einigen Araber genannt
werden, so ist bekannt, dass der Landestheil, der an die nord-
östliche Grenze Aegyptens stiess, woher die Eindringlinge
gekommen waren, von den Alten bald zu Phönikien, bald
zum peträischen Arabien gerechnet wird. Afrikanos nennt
sie Phöniker. [2]

Dass mit dem Einbruche der Phöniker nicht ganz Aegypten unterjocht worden sei, sondern die einheimische Königs-
dynastie sich nur nach Oberägypten zurückgezogen habe, geht
aus der Bemerkung hervor, die Josephus der Manethonischen
Stelle hinzufügt, wonach, nach 511 jähriger Herrschaft der
Könige der Hirten, in dem Gebiete von Theben und dem
übrigen Aegypten Könige aufgestanden seien, woraus sich
ein langer Kampf entwickelt habe, infolge dessen die Hirten
geschlagen und auf Avaris zurückgedrängt wurden. [3]

---

[1] Georg. Syncell., S. 61; Eusebius, Chron., S. 99.

[2] Afric. ap. Syncell., S. 61.

[3] Fragmenta Manethon., lib. II, in Idleri Hermap. Append., S. 37;
Jos. c. Apion., I, 14. 15, in Idleri Hermap. Append., S. 53.

Nach dem Berichte Manetho's versuchte Tuthmosis Abaris
mit Gewalt einzunehmen, da ihm dies aber nicht gelungen,
habe er sich mit den Hirten abgefunden, dass sie Aegypten
verlassen konnten, worauf sie in die Wüste gezogen seien.

So viel lässt sich dem Berichte entnehmen, dass die Herrschaft der Fremden in Niederägypten neben den einheimischen Königen in Oberägypten eine geraume Zeit hindurch
bestanden habe, dass diesen nur nach langem Kampfe gelungen sei, das Uebergewicht zu erlangen und die Phöniker
auf das Nildelta hinabzudrängen und endlich aus Aegypten
zu vertreiben.

Von der Zeit wo König Raskenen in Theben regierte,
nachdem seit der ersten Erhebung der einheimischen Fürsten
gegen die Fremden über hundert Jahre vergangen waren,
berichtet ein Papyrus des Britischen Museum: „Es ereignete
sich, dass das Land Aegypten Eigenthum war der Bösen
und nicht war damals ein Herr mit Leben, Heil und Kraft
König. Und siehe, es war Raskenen mit Leben, Heil und
Kraft nur Vorsteher des südlichen Landes. Die Bösen waren
in der Burg der Sonne (Heliopolis), und ihr Haupt Apepi
(Apophis) war in Hauar (Avaris), und das ganze Land leistete
Dienste die Fülle und Tribut, alles Gute was Unterägypten
hervorbringt. Und Apepi wählte den Gott Sutech (Set)[1] zum
Herrn und baute ihm einen Altar in guter, langdauernder Arbeit und diente keinem andern Gotte, welcher in Aegyp-
ten war."[2]

Die Verdrängung der ägyptischen Götter durch Set in jener Zeit findet sich auch in Priestersagen bei griechischen
Schriftstellern aufbewahrt und bestätigt, wonach es heisst:
dass die ägyptischen Götter ihre Kronen abgelegt, als sie die
Herrschaft des Typhon (Set) sahen[3]; oder: dass die Götter
(die ägyptischen), als Typhon, der Feind der Götter, nach
Aegypten gekommen, aus Furcht vor ihm sich in Thiere verwandelt hätten[4], und zwar, wie Diodorus erklärt, um sich

---

[1] Lepsius, Ueber den ersten Götterkrieg, S. 48 fg.
[2] Brugsch, Aegyptische Studien, in der Zeitschrift der Deutschen
morgenländischen Gesellschaft, IX, 200 fg.
[3] Hellanic. ap. Athen., XV, 680.
[4] Hygin., II, 28.

der Gottlosigkeit und Grausamkeit der erdgeborenen Menschen
(nämlich der Hyksos) zu entziehen.

Es darf immerhin angenommen werden, dass das Verhalten der Fremden, die Manetho bei ihrem Einbruche als
wilde Eroberer auftreten lässt, im Verlaufe der Zeit milder
geworden sei [1]; allein ebenso ergibt sich aus dem Papyrus-
berichte: dass der Setcult in Niederägypten vornehmlich gepflegt worden, dass Set im Volksglauben zum Träger des
Bösen und Uebeln sich herausgebildet habe.

Als die phönikischen Eindringlinge im Lande der Aegypter sich festgesetzt hatten, erkannten sie im ägyptischen Set,
Sutech, dem Gott des zerstörenden Kriegs, dem Localgott
von Ombos, Ombte-Set, Nub, Nubi-Set, ihren eigenen Feuergott, der zugleich ihr Kriegs- und National- oder Stammgott
war, daher sie dem Set ihre Verehrung zollten, ihn zur Hauptgottheit erhoben und demselben ihr festes Lager heiligten.
Der ägyptische Hass gegen die phönikischen Eindringlinge
und Unterdrücker liess dieselben in den Augen der Aegypter
als Repräsentanten schwerer Vergewaltigung erscheinen, und
dieser Hass wurde in der Erinnerung aufbewahrt. Auf Set,
den die verhassten Fremdlinge als ihre Hauptgottheit verehrt
hatten, übertrug sich das Gewaltthätige; alles dem Lande
Aegypten und seinen wohlthätigen Göttern Feindselige und
alles, was dem Aegypter schädlich erschien, wie der Druck
der Phöniker, häufte er auf Set, den diese verehrt hatten.
Obschon das Princip aller Rohheit, „das die Harmonie im
Weltall wie im Menschen stört, der stark griechisch gefärbten
Religionsphilosophie" angehören mag [2], ist doch nicht zu verkennen, dass durch das Auftreten der Hyksos in Aegypten
die Vorstellung von Set als einer furchtbaren übelthätigen
Gottheit im ägyptischen Volksglauben ihre weitere Ausbildung
erlangte. Diese Annahme wird kaum abgeschwächt durch
die Hinweisung auf „die grosse Verschiedenheit der religiösen
Observanz in den zahlreichen Localculten", noch dadurch,
dass Set als eine der Besänftigung fähige Gottesmacht noch
in späten Zeiten nachzuweisen ist. Es liegt in der Natur der

---

[1] Duncker, I, 97.

[2] Diestel, Set-Typhon u. s. w., Zeitschrift für historische Theologie, 1860,
S. 187.

Sache, dass der Setcult nicht in allen Gebieten auf gleicher
Linie im Vordergrund gestanden, dass man nach Umständen
entweder, um den wohlthätigen Göttern Aegyptens zu gefallen, die als von Set angefeindet galten, diesem in seinen
ihm geeigneten Thieren den Abscheu an den Tag legte, wie
die Einwohner von Koptos einen Esel vom Felsen herabstürz-
ten [1]; oder den Set, der als gefährlich zu fürchten war, wenn
er eine Landplage, z. B. den Glutwind, angerichtet hatte,
durch Opfer zu besänftigen suchte.

Die Gegensätzlichkeit von guten und bösen Wesen inner-
halb des ägyptischen Götterglaubens steht fest, und das
Vorhandensein eines übelthätigen höhern Wesens ist ausser
Zweifel.

Der gegensätzliche Dualismus in der ägyptischen Religionsanschauung findet einen fernern Beleg in der religiösen
Speculation der Aegypter. Es bleibt wahr, „der Götterglaube
und die Götterverehrung waren früher vorhanden als die religiöse Speculation [2], aber ebenso richtig ist, dass speculative
Constructionen, Kosmogonien und Theogonien, dogmatische
Systeme auf die Art und den Charakter eines Volks und seines religiösen Seins hindeuten, weil sie der untersten Grundlage nach doch im Volke wurzeln, obschon sie in der Form
der Speculation nicht im Volksbewusstsein vorhanden und
der Masse nicht zugänglich sind. Es soll daher die ägyptisch
religiöse Speculation eben nur als Unterstützung für unsere
Annahme beigebracht werden, insofern auch in ihr jene Zweiheit zum Ausdruck kommt.

Nach den Erörterungen Röth's [3] stand an der Spitze der
ägyptischen Speculation eine Urgottheit, das „ungetheilte
Eine" [4], zusammengesetzt aus Stoff, woraus alle Theile in
der Welt gebildet sind, Geist, der das Ganze durchweht und
belebt in seiner unendlichen Ausdehnung, und Zeit, das regelmässige Nacheinander von Tagen und Nächten, Jahreszeiten
und Jahren. Diese vier Grundbestandtheile der Welt waren
von Ewigkeit zu einer Einheit verbunden gedacht in der Ur-

---

[1] Plutarch, Is., c. 30.
[2] Röth, I, 50.
[3] I, 132 fg.
[4] Jambl., de myster. Aegyptior., VIII, 2.

gottheit, die man an die Spitze alles Vorhandenen stellte, in
der in Einheit verbunden war, was in der Welt getrennt und
in die einzelnen Gottheiten gesondert auseinandertreten sollte.
Diese Urgottheit nennen die Aegypter Amun, „unentstanden,
verborgen", d. h. durch die Sinne nicht unmittelbar wahrnehmbar, von den Aegyptern so heilig gehalten, dass sie den
Namen auszusprechen sich scheuten. [1]

Da die vier Urwesen, aus welchen die Gottheit bestand,
verschiedenen Geschlechts gedacht wurden, so entstanden zwei
Paare: der männliche Kneph als Urgeist mit der weiblichen
Neith als Urstoff bildet das eine Paar; der männliche Sevech
als Urzeit mit der weiblichen Pascht, Urraum, das andere.

Kneph, d. h. Geist, der in der Hieroglyphenschrift auch
Neb, Noub, Noum heisst, nach der griechischen Schreibart
κνέφ, κνοῦφις, χνοῦβις, χνοῦμις [2], ist aber nicht unser abstracter
Begriff Geist, der dem ganzen Alterthum fremd war, sondern
als feines Wehen, als aetherischer Hauch, als luftartiges Wesen gedacht, von den Aegyptern zugleich als das „Urgute"
betrachtet, als „der gute Gott". Die Urmaterie Neith wurde
als mit Erdtheilen vermischtes Wasser, als schlammige Materie, aber mit selbstschöpferischer Kraft versehen, gefasst, sie
heisst „die grosse Mutter", auch „Göttermutter", denn die
Götter sind Kinder der Neith, ihr Attribut ist das Symbol
der Zeugungskraft.

Die Bemerkung Diestel's [3], dass diese „alte, von Röth er-
neute Meinung von einem schöpferischen Urwesen Kneph
zerstiebt angesichts aller Urkunden", so schätzbar sie ist,
kann hier unabgewogen bleiben, da sie nach einer andern
Richtung, nämlich der Zeit, gestellt ist [4], während wir, das
Deductive ausser Acht lassend, den Blick auf den gegensätzlichen Dualismus richten, der sich auch in der ägyptischen
Speculation herausstellt.

Sevech, der männliche Gott der Urzeit, ist wesentlich
ein übelthätiger Gott, da die Zeit nicht nur hervorbringt,

---

[1] Jambl., de myster. Aegyptior., VIII, 3.

[2] Vgl. bei Röth, I, Note 83.

[3] Monotheismus des ältesten Heidenthums; Jahrbuch für deutsche
Theologie, V, 1860.

[4] „Name wie Begriff lässt sich für die ganze vorchristliche Zeit
nicht nachweisen." Diestel, a. a. O.

sondern auch alles zerstört, mithin Urgrund der Zerstörung
und Vernichtung ist. Sonach ist Sevech der Urheber alles
Uebels und alles Bösen.

Das vierte Urwesen, Pascht, die Herrin des Raumes, „die
ausgegossene, ausgebreitete", vereint in sich die Vorstellung
der Finsterniss, wurde aber trotz ihrer Verbindung mit
Sevech als gute Gottheit gedacht, und weil sie die Urmaterie
Neith in sich aufnahm, heisst sie auch die „Geburtshelferin".

Aus der Urgottheit, in der sich Materie, Geist oder Kraft,
Raum und Zeit vereinigt befand, ging die Welt durch innere
Entwickelung hervor, indem die Materie unter Einwirkung
des bewegenden Hauches sich kugelartig gestaltete, daher
Kneph, auch Schöpfer und König des Weltalls genannt, auf
Hieroglyphenbildern als eine die Weltkugel umfassende Schlange
dargestellt wird. Als Himmelslenker und Weltbeherrscher ist
Kneph der gute Geist.

Aus der im Schose der Urgottheit entstandenen Weltkugel gingen auch die acht grossen Götter hervor, die personificirten kosmischen Götterbegriffe, da sie als Theile der
Urgottheit in die Welt übergingen und diese unter ihrem
Einflusse die jetzige Gestalt erhielt.

Nachdem der „innenweltliche Schöpfergeist" auf die Erde
niedergestiegen war, schmückte er sie mit ihrer jetzigen Gestalt, d. h. er bildete Aegypten, denn, wie für jedes ältere
Volk, war dem Aegypter sein Land der Haupttheil der Erde,
und die vier Urgottheiten wurden zu irdischen Gottheiten.

Da vom Nil die Existenz und Cultur Aegyptens abhängt,
nach seiner Ueberschwemmung die drei Hauptzeiten: die Zeit
der Ueberschwemmung, die darauffolgende Saatzeit und die
Zeit der Dürre, sowie die ganze Lebensordnung, die häuslichen und bürgerlichen Einrichtungen geregelt werden; so
knüpft sich auch die ägyptische Kosmogonie und Theogonie
an diesen Fluss. Kneph, der gute Urgeist, wird zum Nil-
Okeamos (Okeamos soll der ägyptische Name des Nil sein),
und heisst daher der gute Gott mit all den wohlthätigen
Eigenschaften des Flusses; die Gemahlin des Kneph, das
himmlische Urgewässer Neith, die Netpe des Himmels, kommt
auf die Erde und wird zur Flussgöttin Okeame, die als Er-
nährerin der Welt, d. h. Aegyptens, gilt; Sevech findet
im Wechsel der von den Nilüberschwemmungen abhängigen

Jahreszeiten seine Verkörperung und wird als Seb zur irdischen Zeit: Pascht findet auf Erden ihr Amt als Hüterin der bestehenden Weltordnung und wird zur Reto.

Nachdem die vier Urgottheiten verkörpert waren, trat Erzeugung und Geburt auf Erden ein, auch die göttlichen Wesen pflanzten sich fort, und es entstand ein Göttergeschlecht ungeheuer an Kraft und Grösse, die Giganten Apophi.

Reich an Naehkommenschaft waren die vier grossen irdisch gewordenen Götter, und besonders war Netpe als Gebärerin thätig, sie hatte Kinder von verschiedenen Vätern: Hesiri und Arueris von Re, dem Sonnengott; Hesi von Thoot; Set und Nephthys von Seb. Die Erde ward mit zahllosen Gottheiten und Dämonen gefüllt, die vier Gottheiten herrschten auf der Erde, auf welcher es aber noch keine Menschen gab.

Die Zeit der unmittelbaren Herrschaft des Okeamos, des guten Geistes über Aegypten, bildet das goldene Zeitalter, wo es kein Uebel und nichts Böses gab. Aber Seb, der irdisch gewordene Sevek, entfaltete seine zerstörerische Eigenschaft und machte der goldenen Zeit ein Ende. Mit dem zunehmenden Alter der Welt machte sich die übelthätige Natur der Zeit geltend, sie riss die Herrschaft an sich, und die Zerstörung trat ein. Seb empört sich, unterstützt von den Giganten Apophi gegen Okeamos, den guten Geist, den Nilgott, dem die guten Götter und Geister treu blieben. Dieser Krieg endete damit, dass die Seb-Partei in den Nil gestürzt und in die Unterwelt verbannt, und dadurch der Einfluss des Bösen wenigstens beschränkt wurde. Um die Erde von der Verunreinigung der Herrschaft des Seb zu sühnen, ward die grosse Flut herbeigeführt, durch welche die Erde in ihre jetzige Gestalt gebracht, den Menschen zum Aufenthalt dienen sollte. Die durch Seb zum Abfall verleiteten Geister sollten, zur Sühne in irdische Leiber eingeschlossen, durch ihren Aufenthalt auf der Erde sich reinigen. So entstand das Menschengeschlecht, welches den zwölf Göttern und ihren Nachkommen zur Obhut und Erziehung übergeben wurde.

Die Gegensätzlichkeit, die in dem Götterkampfe zwischen Okeamos und Seb stattfindet und im Streite Set's mit Hesiri unter Modificationen sich wieder abspiegelt, liefert den schlagenden Beweis für die dualistische Anschauung der ägyptischen

Religion. Die Vermuthung, dass die Mythen auch geschichtliche Elemente enthalten, hiermit also ein Stück wirklicher Geschichte Aegyptens geliefert werde [1], hat ihre Berechtigung;
obschon dies nicht ausschliesst, dass „die umbildenden Einflüsse" wieder von der Naturbeschaffenheit Aegyptens, namentlich dem massgebenden Nil, herzuleiten seien, um den
sich das Wohl und Weh Aegyptens drehte und der das Haupt-
interesse seiner Bewohner ausmachte. Die Annahme Röth's [2],
„dass diese sterblichen, aus der Sagengeschichte hervorgegan-
genen Gottheiten (Osiris, Isis u. s. w.), wesentlich keine physikalischen Begriffe, keine Theile und Kräfte des Weltganzen,
wie die grossen kosmischen Gottheiten, sondern persönliche, men-
schenähnliche Götter sind", liesse sich wol dahin modificiren: dass
die Sage von Hesiri (Osiris) und Hesi (Isis) in die Ursprünge der
ägyptischen Geschichte hineinragt und darin ihren Anknüpfungspunkt findet, an den geschichtlichen Kern aber sich mythische
Bestandtheile angesetzt haben, die aus dem Leben der Aegypter sowie von der Natur des Landes, insbesondere dem Nil,
dieser Puls und Herzensader des ägyptischen Lebens, auf die
geschichtlichen Momente übertragen und mit diesen verschmolzen im Osiris-Mythus aufbewahrt sind. So steht Set in
Beziehung zur natürlichen Beschaffenheit des Landes, zugleich
aber auch zu dessen Geschichte, und einen Schritt weiter erhält Set-Typhon eine Bedeutung rein geschichtlicher Art, aus
den Schicksalen des ägyptischen Volks abgeleitet. So wurde
der ursprüngliche Begriff, den das religiöse Bewusstsein der
Aegypter an Set geknüpft hatte, durch die Berührung mit
einem phönikischen Stamme und nach dem Verhältnisse der
Aegypter zu jenem umgewandelt und vielbedeutend, er wurde
Zeit-, Kriegsgott, Repräsentant und Urheber alles Widrigen,
Schädlichen, Verabscheuungswürdigen.

Die Araber.

Die Araber, welche im Mittelalter eine neue semitische
Cultur und Herrschaft gründeten, nachdem die grossen Reiche
ihrer Stammverwandten längst vom Schauplatze der Geschichte

---

[1] Röth, I, 159.
[2] I, 164.

abgetreten waren, werden schon im höchsten Alterthum bemerklich. Die Tradition der Hebräer lässt sie von Abraham's
ältestem Sohne abstammen, und die Araber lehnen sich im
wesentlichen an jene Ueberlieferung. Die Wanderstämme der
Araber im Norden und Innern des Landes verehrten die
Naturmächte, sie erkannten die Macht der Gottheit des Himmels im Sturme, in der Wetterwolke, im Donner und Blitz,
im heissen Sonnenstrahl, namentlich auch in schönen Bäumen
und besonders gestalteten Steinen. [1] Die fruchtbare Kraft der
Erde verehrten sie in einer weiblichen Gottheit, ebenso waren
die Sterne, welche dem Araber auf seinen Wanderungen den
Weg zeigten, Gegenstand seiner Verehrung, wovon ihm einige
Freude und Wohlsein verkündeten, andere dagegen Leid und
Unglück. Herodot [2] berichtet über zwei Gottheiten und er-
kennt in der einen den Dionysos, den die Araber Urotal
nennen, in der andern die Urania (Aphrodite), Alilat oder
Alitta geheissen. Von dieser letztern bemerkt Herodot, dass
sie von der Mylitta nur dem Namen nach verschieden sei.
Der ihr gegenüberstehende Urotal (Urotalt) wird für den
Sonnengott, auch Feuergott, erklärt [3], wie auch Sabit zu
Sabatha für eine Modification des Sonnengottes gilt. [4]

So viel geht aus den spärlichen Nachrichten hervor, dass
sich bei den alten Arabern eine Zweiheit des göttlichen Wesens vorfindet. Die verschiedenen Schutzgottheiten der verschiedenen Stämme, und der eigene Stern, den jeder Stamm
verehrte, sind nur als verschiedene Modificationen ein und
derselben religiösen Grundanschauung zu betrachten, die auf
Sabäismus zurückgeführt werden muss. [5]

Besonders hat sich die Verehrung der Wandelsterne entwickelt. Der Stern der Venus soll als Beschützer der Liebe
verehrt worden sein, mit Beilegung einer mehr sinnlichen
Wirkung. [6] Die Planeten Saturn und Mars wurden als übelthätig gefürchtet. Letzterm opferte man mit blutbesprengten
Kleidern einen Krieger, während dem Planeten Jupiter die

[1] Genes., 28, 12—22.
[2] I, 131.
[3] Movers, Phönizier, I, 414.
[4] Plinius, 12, 14. 32.
[5] Gesenius, Jesaja, II, 380; Pocock, Specim. hist. Arab., S. 129.
[6] Gesenius, Jesaja, II, 341.

Verehrung durch die Opferung eines Säuglings dargebracht ward. [1]

Obschon von der Religion der alten Araber zu wenig bekannt ist, um eine genaue Gesammtvorstellung zu bieten, so
ist die Annahme des Dualismus guter und böser Wesen in
derselben sichergestellt durch den alten Glauben an die
Dschinnen, d. h. Dämonen, den Mohammed bei seinem Volke
vorfand, in den Islam aufnahm und durch den Koran be-
kräftigte.

Wenn die Lehre der Moslems von den Dschinnen und
dem Satan hier schon erwähnt wird, bevor das Judenthum
erörtert, geschweige denn die christliche Periode erreicht worden ist, so möge diese Vorwegnahme darin ihre Entschuldigung finden, dass eine spätere Einschiebung der islamiti-
schen Vorstellungen während des chronologischen Verlaufs der
Geschichte des christlichen Teufels weit störender sein dürfte.

Mohammed soll als junger Mann und in seiner frühern
Jugend nach Syrien gekommen sein und bei diesen Gelegenheiten Rabbinen und christliche Mönche kennen gelernt haben,
was aber geschichtlich unverbürgt ist. Sicher ist dagegen,
dass schon vor Mohammed das Christenthum von mehrern
Seiten in Arabien eingedrungen war und arabische Klöster
und Bisthümer gestiftet hatte. Auch Juden hatten, nach der
Zerstörung ihres Staats durch die Römer, sich nach dem
nördlichen Arabien geflüchtet und daselbst angesiedelt. Den
Arabern fehlte es also nicht an Gelegenheit, mit monotheistischen Glaubenslehren bekannt zu werden, und von einzelnen,
unter denen selbst Mekkaner gewesen sein sollen, berichtet
die Ueberlieferung der Moslems die Lossagung vom alten
arabischen Götzendienste. Wir wissen zwar nicht, wie viel
Mohammed vor dem Antritte seiner Prophetenlaufbahn vom
Judenthum oder Christenthum bekannt war; so viel ist aber
gewiss, dass seine Annahme des monotheistischen Glaubens
aus dem Bedürfniss hervorgegangen ist, dem die alte Religionsform nicht mehr entsprochen hat. Allerdings finden sich sowol christliche als auch jüdische Elemente in der Religion
Mohammed's, er war aber „nicht der Mann der kühlen und

---

[1] Gesenius, a. a. O., 337. 344 fg.

scharfen Ueberlegung", wie Nöldecke sehr richtig bemerkt [1];
seine Religion ist ihrem Ursprunge nach das Werk tiefer Begeisterung und gewaltiger religiöser Bewegung, die sich in
den Satz zusammenfasste: „es ist nur Ein Gott", womit der
bisherige Götzendienst gestürzt war, und das Gefühl, dass
Mohammed berufen, diese Wahrheit zu verkünden, kam im
zweiten Hauptsatze des Islam zum Ausdruck.

Es ist nicht unsere Aufgabe, den ganzen Glaubensinhalt
der Lehre Mohammed's darzustellen, vielmehr ist hier nur
auf das dualistische Moment darin hinzuweisen. Dieses liegt
in den schon erwähnten Dschinnen angedeutet. Dass der
Glaube an sie und die Verehrung ihrer schon vor Mohammed
unter den Arabern geherrscht, bestätigt der Koran, wo es
Sure XXXIV, 49 heisst: „Sie (die Araber) beteten die
Dschinnen an, die meisten derselben glaubten an sie." [2] Vor
Mohammed galten die Dschinnen für Söhne und Töchter
Gottes. Sure VI, 101: „Sie (die Götzendiener) setzten Gott
(dem Herrn) die Dschinnen als seinesgleichen, die er er-
schaffen; sie schrieben ihm aus Unwissenheit Söhne und Töch-
ter zu, er sei gepriesen u. s. w." Als Mohammed wenige
Monate nach dem Tode seiner ersten Gemahlin Chadidscha
und seines Oheims Abu Thalif sich nach Thaif begab, um den
Islam zu verkündigen, von den Einwohnern aber mit Spott
und Steinwürfen behandelt wurde, ging er in das zwischen
Mekka und Thaif gelegene Thal, „Palmenbauch" oder auch
„Dattelbauch" genannt, und übernachtete in einer Höhle, den
Koran lesend. Da zogen, nach dem Berichte der Ueberlieferung, sieben Dschinnen vorüber, die, als sie die Lesung
des Koran hörten, stillstanden und darauf sich zum Islam
bekehrten. Diese Bekehrung von Dschinnen bestätigt der
Prophet im Koran durch Sure LXXII, die den Titel „Dschinnen" führt, und weil sie die Lehre von ihnen enthält, merkwürdig ist. Sie lautet im Anfange: „1) Mir ist geoffenbaret
worden, dass mir Dschinnen zugehört und dass sie gesagt:
Wir haben gehört den wundervollen Koran. 2) Er leitet

---

[1] Herzog, Realencyklopädie, Art. Muhammed am Ende des 18. Bandes.
[2] Wir folgen der Uebersetzung des Freiherrn Hammer-Purgstall in
seiner Geisterlehre der Moslems. Denkschrift der philosophisch-historischen
Klasse der Wiener Akademie der Wissenschaften, 1852, III.

zum Rechten, und wir glauben daran, und wir setzen unserm
Herrn keinen andern zur Seite. 3) Erhöht sei unser Herr!
Er nahm keinen Genossen und keinen Erzeugten an. 4) Thoren von uns sagen: der Herr habe dergleichen Unmässigkeit
gethan; 5) wir meinten, weder Mensch noch Dschinne werde
eine Lüge sagen von Gott fortan. 6) Es gab Männer der
Menschen, die sich zu den Männern der Dschinnen flüchteten,
aber diese bestärkten jene in ihrem thörichten Wahn. 7) Sie
wähnten, wie ihr gewähnt, Gott werde keinen (Propheten)
senden fortan. 8) Wir wollten (sprachen die Dschinnen) zum
Himmel uns schwingen, aber wir trafen nur Wachen und
Flammen dort an. 9) Wir sassen dort auf Sitzen, um zu
horchen, nun horcht aber keiner, ohne dass ihn wachhabende
Flammen umfachen. 10) Wir wissen nicht, ob dieses der
Herr zum Bösen derer, die auf Erden, oder zu ihrem Besten
gethan. 11) Wir sind von den Guten unter uns und andere
sind anders daran, denn es gibt mehr als Eine Bahn. 12) Wir
wähnten, dass wir Gott nicht entgehen auf irdischer und nicht
auf himmlischer Bahn. 13) Wir haben die Leitung gehört
und geglaubt an den Koran, und wer an den Herrn glaubt,
fürchtet nicht, dass ihm Verminderung seines Gutes und Unrecht werde gethan. 14) Einige von uns sind Moslems, und
andere weichen von der wahren Bahn, die Moslems suchen
das Recht fortan. 15) Die Abweichenden sind dem Feuer
(der Hölle) als Zunder zugethan."

Die Sendung Mohammed's betraf also nicht nur die Menschen, sondern auch die Dschinnen, deren einige, wie jene,
gläubige, andere ungläubige, also gut und böse sein können,
daher auch der Koran Menschen und Dschinnen häufig miteinander zu erwähnen pflegt. [1] Mit den Teufeln werden sie [2]
als Feinde der Propheten aufgeführt. Die guten Dschinnen
sind nach dem Islam die gläubigen, die den Koran anhören [3],
die bösen sind die ungläubigen, welche die Menschen verführen. [4] Gleich den Menschen werden auch die Dschinnen
selig oder verdammt. Die boshaftesten und listigsten aller

---

[1] Vgl. Sure VII, 39. 89; XXVII, 18; LV, 33. 56. 130 u. a. m.
[2] Sure VI, 12.
[3] Vgl. Sure XLVI, 29.
[4] Vgl. Sure LXXII, 6. 7.

Dschinnen sind die Ifris (Afaris, Afer, Aferij, Afarijes).[1]
Eine Art Dschinnen sind die Gull, zwar nicht aus dem
Koran, wol aber aus der Ueberlieferung bekannt als die
eigentlichen Wüstendämonen, männliche und weibliche, deren
letztere insgemein Soilat genannt werden, womit aber der
Begriff einer Zauberin oder Hexe verbunden ist. Weibliche
Gull oder Wüstenteufel sind auch die Ssaidanes u. a. m.[2]

Ganz scharf und klar tritt der Dualismus in der Lehre
von Engeln und Teufeln auf, die Mohammed in den Islam
aufgenommen hat. Der Glaube an die Engel macht einen
wesentlichen Bestandtheil des islamischen Bekenntnisses aus,
daher er im Koran wiederholt auftritt.[3] Ist ja bekanntlich
dem Propheten selbst das Wort Gottes durch Gabriel, den
Boten der Offenbarung, den obersten aller Engel, übersendet
worden, den der Koran auch wiederholt mit Namen anführt.[4]
Seine Füsse stehen auf der Erde, während sein Kopf im
Himmel, seine Flügel dehnen sich vom Aufgang bis zum
Untergang der Sonne, seine Zähne schimmern wie der Morgen, seine Haare sind korallenfarbig, seine Füsse morgenroth,
seine Flügel grün, als er seine Stimme ertönen liess, erstarr-
ten die Beni Themud vor Schrecken als Todte.[5] Den zweiten Erzengel Michael, dessen Flügel nur Gott kennt, der
die Nahrung der Menschen auf Erden besorgt und nach dem
Tode die Gerichtswage überwacht, auf welcher die Werke
der Menschen gewogen werden, erwähnt der Koran nicht,
sowenig als den dritten Israfil mit vier Flügeln, wovon der
eine nach Osten, der andere nach Westen, der dritte gegen
die Erde gerichtet ist und der vierte ihm das Gesicht bedeckt,
damit ihn der Anblick der Majestät Gottes nicht blende. Von
diesen weiss nur die Ueberlieferung sowie von Israil, der
von der Tafel des Schicksals die Namen der Menschen liest,
deren Seelen er in Empfang zu nehmen hat. Ausser diesen
haben die Moslems noch vier Träger des Himmels, deren

---

[1] Sure XXVII, 40.
[2] Vgl. Hammer, Von den Dschinnen der Ueberlieferung, S. 201 fg.
u. 216.
[3] Z. B. gleich Sure II, 286.
[4] Sure II, 97; LXV, 4.
[5] Hammer, Adschaibol-nachlukat, 1. u. 7. Hauptstück, S. 193.

Gestalt aus der eines Stiers, Löwen, Vogels und Menschen
besteht; vier Schutzengel, deren zwei des Tags und zwei des
Nachts die bösen und guten Handlungen der Menschen auf-
zeichnen, wobei ihm der eine zur Rechten, der andere zur
Linken steht. Der Koran nennt sie die beiden Schreiber,
die beiden Hüter. [1] Die Moslems kennen auch die Namen
der beiden Folterengel, Nekir und Monkir, welche den
Menschen im Grabe um seinen Glauben und seine Handlungen ausfragen; Harut und Marut, die Wächter des Himmels, welche, nachdem sie Erlaubniss erhalten, in menschlicher
Gestalt auf Erden zu wandeln, das Passwort, das sie, gegen
das göttliche Verbot, der schönen Lautenspielerin Anahia mitgetheilt und hierauf selbst vergessen hatten, zur Strafe in dem
Brunnen von Babel bis an den Jüngsten Tag an den Füssen
aufgehängt sind und dort die Menschen Zauberei lehren.

Wir übergehen die Menge anderer namhafter Engel, von
denen die Ueberlieferung der Araber zu erzählen weiss, und
wenden uns zu den Teufeln, Scheijathin. Die einfache
Zahl, Scheithan, erinnert sogleich an den hebräischen Satan,
als der er auch dem Wesen nach erkannt worden ist. Scheith
erhält gewöhnlich das Prädikat „der zu Steinigende“. [2] Er
ist der Empörer wider Gott [3] und Feind der Menschen, unter
die er Zwietracht bringt. [4] Die Scheijathin lehrten die Menschen Zauberei, die Kunst der gefallenen Engel Harut und
Marut [5], von ihren Verführungen der Menschen geschieht
öfter Erwähnung [6], daher letztere gewarnt werden. [7] Ver-
schwender und Undankbare werden für Brüder der Satane
erklärt. [8] Mit ihnen werden aber nicht nur die Bösewichter
und Ungläubigen, sondern auch die Poeten in Verbindung
gebracht. [9] Dem Salomo wird die Herrschaft über die Satane

---

[1] Sure LXXXII, 10. 11.
[2] Sure III, XV, 16; XVI, 98; XXXVII, 7; LXVII, 5, u. a.
[3] Sure XIX, 42.
[4] Sure XVII, 53.
[5] Sure II, 102.
[6] Sure VI, 71. 112; XXIII, 99.
[7] Sure VII, 28.
[8] Sure XVII, 27.
[9] Sure II, 14; XXVI, 220.

zugeschrieben [1], als dessen Handlanger bei seinen Bauten und der Perlenfischerei sie erscheinen. [2]

Wie sich im islamischen Scheithan der jüdische Satan zu erkennen gibt, so hat man in dem Iblis den Diabolus gefunden. Dieser Iblis der Moslems ist, wie es scheint, ursprünglich kein Engel, wie der Lucifer der Christen, sondern der Sohn eines Dschinn, der von Engeln in den Himmel aufgenommen, um eine bessere Erziehung zu erhalten, aber misrathen war. Hammer [3] macht auf diese Abkunft des Iblis aufmerksam, unter Berufung auf den Koran und Kaswini's „Wunder der Geschöpfe". Als Gott den Engeln befohlen hatte, sich vor Adam in Verehrung niederzuwerfen, stellte sich Iblis an die Spitze der Devotionsverweigerung und ward zum Anführer der empörten Engel. Zur Strafe seines Hochmuths und Ungehorsams wurde er sammt seiner aufrührerischen Rotte in die Hölle gestürzt, wo er noch als Fürst und Beherrscher gedacht wird. Im Koran wird Iblis ein Dschinne genannt, Sure XVIII, 51: „Und als wir den Engeln sagten: werft euch vor dem Adam nieder! warfen sie sich vor ihm nieder, nur nicht Iblis der Dschinne, der widerspenstig wider den Befehl seines Herrn." Besonders häufig wird das empörerische, hochmüthige Wesen Iblis' hervorgehoben. Sure II, 34: „Als wir den Engeln sagten: werft euch vor Adam nieder! warfen sie sich nieder, nur Iblis weigerte sich und war hochmüthig und war von den Ungläubigen." Vgl. Sure VII, 11; XV, 30. 31 u. 32: „Da sagte Gott zu Iblis: was ist dir, dass du dich nicht niederwirfst? 33) Da sagte Iblis: was soll ich mich niederwerfen vor dem Menschen, den du erschaffen aus trockenem Thon und schwarzem Koth. 34) Da sagte Gott: geh hinaus aus dem Paradiese, du bist der zu Steinigende. 35) Und über dich sei Fluch bis an dem Tage des Gerichts. Da sagte Iblis: 36) Herr, warte nur auf mich bis an den Tag der Auferstehung. 37) Gott sprach: du wirst von den Erwarteten sein bis zum Tage der bestimmten Zeit. 38) Iblis sprach: Herr, weil du mich verführet hast, werde ich die Menschen auf Erden verführen alle. 39) Bis auf deine Diener, die auf-

---

[1] Sure II, 102.
[2] Sure XXXVIII, 38. 39.
[3] A. a. O., S. 191.

richtigen. 40) Gott sprach: dies ist der wahre Pfad. 41) Denn
über meine Diener wirst du keine Macht haben, sondern über
die, welche dir folgen von den Verführten." Sure XVII,
62. 63. 64: „Da sprach Gott: gehe von hinnen! wer dir folgt,
dess Lohn wird die Hölle sein als ausgiebiger Lohn. 65) Ver-
führe nur, wen du kannst, mit deiner Stimme und überziehe
sie mit deinen Heeren zu Pferde und zu Fuss, und gib ihnen
Reichthum und Kinder, und mache ihnen Versprechen, aber
die Versprechen des Satans sind eitler Dunst." [1] Die weitere
Ausführung der Vorstellung von den Teufeln durch die Sage
und Dichter lassen wir abseits liegen.

Babylonier. Chaldäer.

Die weite Ebene am untern Laufe des Euphrat und
Tigris, etwa hundert Meilen vor deren Mündung, umfasst das
von den Hebräern „Sinear" genannte Land [2], das nach dem
Vorgange der Griechen von der Hauptstadt Babel als Babylonien bekannt ist.

Der an sich treffliche Boden, durch jährliche Ueberschwemmung der beiden Flüsse bewässert, die den geschmol-
zenen Schnee von den armenischen Bergen herabführen, der
regelmässige Anbau durch die Bevölkerung, künstliche Ka-
nalisirung, ungeheuere Bassins [3] machten das Niederland seiner Fruchtbarkeit und seines Reichthums wegen frühzeitig
berühmt. Die alten Schriftsteller sind voll bewundernden
Lobes [4], und das Perserreich soll den dritten Theil seines
Einkommens aus Babylon allein bezogen haben. [5]

Da in den ältesten Quellen die Priester des Landes Sinear
stets Chaldäer (Chasdim) genannt werden und die Herrscher-
dynastie als eine chaldäische bezeichnet ist, so wird der Schluss
wol richtig sein: dass die Chaldäer der herrschende Stamm
in diesem Reiche gewesen, von dem es seine Könige und

---

[1] Sure XXVI, 94 kommt Iblis abermals vor; XXXVIII enthält die
obige Anrede mit wenig Abweichung.

[2] Genes. 10, 10; 11, 2; 14, 1.

[3] Herodot, I, 179. 185; Diodor, 2, 9.

[4] Berosus ap. Syncell., S. 28; Herodot, I, 193; Xenoph. Anab., II, 3.

[5] Herodot, I, 192.

Priester erhalten habe.[1] Daher konnte Babylonien wol auch „Land der Chaldäer" genannt werden[2], obschon dort zu Zeiten arabische und kuschitische Stämme vorkamen und die Chaldäer im südwestlichen Theile des Landes am untern Euphrat eine besondere Landschaft innehatten.

Diese Chaldäer hatten nicht nur durch Waffengewalt ein blühendes Reich gegründet, sie machten es auch berühmt durch Kunstfleiss, ausgedehnten Handel, waren die Urheber höherer Cultur, erfanden ein in der ganzen alten Welt gangbares Münz- und Gewichtsystem. Ihre astronomischen Beobachtungen werden bis ins zweite vorchristliche Jahrtausend zurückgeführt, und ebenso alt ist der Ruf ihrer künstlichen Keilschrift, die den Scharfsinn unserer Gelehrten auf die Probe stellt.

Ein Mitglied der chaldäischen Priesterschaft, Berosus (schrieb um 280—270 v. Chr. unter Antiochus Soter), theilt in seiner babylonisch-chaldäischen Chronik, die mit Erschaffung der Welt beginnt, die kosmogonischen und Cultur-Mythen der Babylonier mit. Im Anfange habe das All aus Finsterniss und Wasser bestanden, voll von ungeheuerlichen Geschöpfen, welches ein weibliches Urwesen: Homoroka, d. h. Weltmutter, Allmutter, beherrschte. Die männliche Urkraft gestaltete dann den chaotischen Urstoff; Bel, der Sonnengott, zertheilte die Homoroka in Himmel und Erde, Tag und Nacht, Sonne, Mond und Sterne. Als die urweltlichen Ungeheuer, die das Licht nicht ertragen konnten, zu Grunde gegangen waren, und die Erde keine Bewohner hatte, habe sich Bel den Kopf abgerissen und den Göttern befohlen: sein Blut mit Erde zu vermischen, woraus sie Menschen und Thiere formten, die das Licht zu ertragen vermochten.[3] Da aber die in Babylonien lebenden Menschen in thierischer Wildheit lebten, sei ein göttliches Wesen, Oannes, halb Fisch, halb Mensch, jeden Morgen aus dem Meere gestiegen, um die Menschen Ackerbau, Religion, staatliche Einrichtungen, Künste und Wissenschaften, Städte und Tempelbau zu lehren, worauf es abends wieder ins Meer tauchte.

---

[1] Duncker, I, 109 fg.
[2] Jerem. 24, 5; 25, 12; Ezechiel 19, 13.
[3] Berosus ap. Syncell. ed. Richter, S. 29.

Wie die Mythen allenthalben in die Geschichte münden, so auch bei den Babyloniern.

Berosus berichtet von mehrern Oannes, die gemeinschaftlich mit den sieben ersten Herrschern des Reichs an den Babyloniern weiter bildeten. Diese sieben mit den drei darauf folgenden hätten 432000 Jahre regiert, und unter dem letzten, Namens Xisuthros, sei die grosse Flut gekommen, welche die Menschen vertilgte. Nur Xisuthros, der auf Anordnung Bel's sich und seine Familie nebst verschiedenen Thierpaaren in einen von ihm erbauten Kasten begeben, nachdem er die von Oannes erhaltenen Offenbarungen verzeichnet und diese heiligen Schriften vergraben hatte, ward gerettet und nach der Flut in den Himmel erhoben, von wo er die Seinigen ermahnte, von den chaldäischen Bergen, auf denen der Kasten sitzen geblieben, wieder nach Babylon hinab zu wandern, die Offenbarungsschriften auszugraben, ihnen gemäss zu leben, das Land zu bevölkern und die Stadt Babel wieder aufzubauen.

Es ist längst anerkannt, dass diesen Mythen der Sonnendienst zu Grunde liege. Bel als männliche Urkraft, als das scheidende und gestaltende Princip, ist ein Sonnengott. Auch Oannes, der mit dem Morgen erscheint und am Abend verschwindet, lässt in seiner Beziehung zum Sonnengott keinem Zweifel Raum, und im Culturmythus knüpft sich das bildende, wohlthätige, civilisatorische Moment hier wie bei andern Völkern des Alterthums an die Sonne.

Neben Bel, dem höchsten Gott, der in Babylonien als Herr des Himmels, des Lichts verehrt wurde, dem Schöpfer des Menschen, auf den höchsten Bergen über den Wolken thronend [1], steht Mylitta [2] oder Beltis [3] als weibliche, in der Erde und im Wasser empfangende und gebärende Gottheit. Sie war die Göttin der Fruchtbarkeit, der Geburt, daher ihr die Thiere von starker Fortpflanzung (Fische, Tauben) heilig waren. [4] Ihr dienten die babylonischen Jungfrauen durch sinnliche Lust in dem Darbringen ihrer Jungfrauschaft, in-

---

[1] Diodor, II, 30.
[2] Herodot, I, 199.
[3] Berosus, Fragmente von Richter, S. 90.
[4] Münter, Religion der Babylonier, S. 28.

dem jede einmal, Mylitta zu Ehren, sich preisgab und den
Geldlohn dafür in den Tempelschatz lieferte.

Man kann dem Berichte Herodot's (an oben angeführter
Stelle) glauben, wenn er meldet, dass die Schönen von den
Frauen, welche der Mylitta zu dienen kamen, bald ihren
Mann gefunden, die hässlichen aber dem Gesetze schwer nach-
kommen konnten und daher drei und vier Jahre an den
Festen der Göttin, in deren Haine, sitzen geblieben seien. [1]

Die spätere priesterliche Lehre fasste Mylitta als das
materielle Princip oder als Materie überhaupt [2], und Bel als
Lichtäther und Urheber der intellectuellen Welt. [3]

Wie überhaupt im Alterthum (ja auch im Mittelalter und
noch später) war die Astronomie auch bei den Babyloniern
mit Astrologie versetzt. Das Leben des Menschen und sein
Schicksal dachte man abhängig von den Gestirnen des Himmels, Sonnenlauf, Planeten, der Stand gewisser Fixsterne bedingte die Jahreszeiten, die Fruchtbarkeit oder Unfruchtbarkeit der Erde; in den Sternen sah der Babylonier die Ueberschwemmung der Flüsse angedeutet. Die Veränderung in
der Natur wie im Menschenleben, jeder Zustand, jede Unternehmung, alles hing vom Stande der Sonne ab, vom Wechsel
des Mondes, dem Auf- und Niedergang der Sterne.

Im Sternendienst, dieser uralten Religionsform, wird dem
Menschen der Gedanke der Naturnothwendigkeit gegenständlich, indem er in dem ewig Wandelnden ein ewig Bleibendes,
d. h. das Gesetz ahnt, auf dem die unabänderliche Ordnung
des Daseienden beruht. Im Sternendienst wird das Gesetz,
die Constellation, das Verhältniss der Sterne zueinander, göttlich verehrt. Die Sterne verkünden das Ungeheuere, Geheimnissvolle, Ewige, an welches der Mensch sein vergängliches
Leben und sein Geschick geknüpft glaubt und zu knüpfen
sucht.

Aus der einfachen Anschauung entwickelte sich bei den
Chaldäern ein complicirtes System des Sabäismus. Im Bel
erkannten sie die überallhin wohlthätig wirkende Kraft der
Sonne; das Licht der Nacht, der Mond, ward der Mylitta

---

[1] Vgl. Baruch, 6, 42. 43; Genes. 38, 14 fg.
[2] Berosus ap. Syncell., S. 29.
[3] Movers, Religion der Phönizier, S. 262 fg., 287.

zuerkannt [1], der auch der Planet Venus geheiligt war. Der
Planet Mars gehörte dem Kriegsgotte Nergal [2]; der Mercur
dem Schreiber des Himmels Nebo. [3]

Von den Planeten, welche von den Chaldäern auch die
„Geburtsgötter“ genannt wurden, unter deren Einfluss das
Schicksal der Menschen stand, waren zwei wohlthätiger Natur,
denen zwei übelthätige gegenüberstanden, die übrigen galten
für unentschieden oder mittlere. [4] Jupiter und Venus hielt
man für heilbringende Sterne (auch in der Bibel kommt dieser als מְנִי und mit ihm Jupiter als גַּד Glück vor), jenem
wurde die wohlthätige Wärme der Luft, diesem der fruchtbar
machende Thau zugeschrieben. Dagegen war der rothschei-
nende Mars unheilbringend, der Urheber zerstörender Dürre.

Da nicht nur die guten und übeln Erscheinungen in der
Natur, sondern auch im Menschenleben von den Sternen abgeleitet wurden, so sahen die Chaldäer in ihnen die Verkünder
des Willens der Götter. [5]

Den Lauf der Sonne theilten die Chaldäer in zwölf Stationen, „Häuser“, die Zeichen des Thierkreises, woraus zwölf
Constellationen entstanden (nach den von der Sonne berührten Sternbildern) entsprechend den zwölf Monaten des Jahrs.
Im Zeichen des Löwen, dem höchsten Standpunkte der Sonne,
war deren Haus. Auch die Planetenbahnen wurden in Häuser
eingetheilt, und diese Planetenhäuser ebenfalls zu göttlichen

---

[1] Die Frage, ob dem Bel der Planet Jupiter oder Saturn entspreche,
ist streitig. Nach Gesenius (a. a. O.) wird Jupiter, nach andern (wie
Duncker, gestützt auf Tacit., Histor., V, 4) der Saturn angenommen. Nork
(Die Götter Syriens, S. 12) meint, obschon der ursprüngliche Name des
Apollo (A-bellio) an den jugendlichen Sonnengott denken lasse, sei doch
der Planet Jupiter zu vermuthen. Servius (in Aeneide, I, 612. 729) glaubt,
Belus müsse wol Saturnus sein, da dieser bei den Assyrern gewöhnlich
mit dem Sonnengott verwechselt werde. Hiernach könnte Saturn auch
auf die Babylonier bezogen werden.

Für den vorliegenden Zweck erscheint die Entscheidung der Frage
unmassgebend, das Wesentliche ist der Dualismus, der sich auch bei den
Chaldäern herausstellt.

[2] 2 Könige 17, 30, der wahrscheinlich auch unter dem Namen Mero-
dach, Jer. 50, 2, gemeint ist.

[3] Josua 46, 1.

[4] Plut., Is., c. 48.

[5] Diodor, II, 30.

Mächten erhoben und „Herren der Götter" genannt. [1] Mehrere Fixsterne, als weniger einflussreich, hiessen „rathgebende
Götter"; zwölf am nördlichen und ebenso viel am südlichen Himmel waren die „Richter", von welchen die sichtbaren über
das Schicksal der Lebenden, die unsichtbaren über das der
Todten entschieden. [2]

Die sieben Tage der Woche gehörten den Sternen. Der
erste Tag war dem Bel geweiht. Dem Planeten, dem die
erste Stunde nach Mitternacht geweiht war, kam auch der
Tag zu, dem in der folgenden Stunde der Sonne zunächst-
stehenden ward die Herrschaft über jene zuerkannt und so
war die Reihenfolge solarisch und lunarisch festgesetzt.

Die Chaldäer verehrten also Sonne, Mond, Sterne und
den Thierkreis, opferten den „Planetenhäusern und dem ganzen
Heere des Himmels". [3] Die Priester erkannten in den Constellationen den Willen der Götter, verkündeten aus der
Stunde der Geburt das Schicksal vorher, bestimmten die Zeit
für jede Unternehmung, und von der Stellung der Gestirne
wurde das Glück oder Unglück des ganzen Reichs abhängig
gedacht, sowie des Jahrs, des Tags, der Stunde, wobei die
Himmelsgegend des Auf- und Niedergangs der Sterne, die
Farbe, in der sie erschienen, für bedeutsam galt.

Der erhabenen Auffassung des Bel als reinen, heiligen
Himmelsherrn gegenüber machte sich der sinnliche Charakterzug des Volks in dem wollüstigen Dienste der Mylitta geltend, der mit dem wachsenden Reichthum zunahm. Die babylonische Ueppigkeit ist durch die Propheten des Alten
Testaments sprichwörtlich geworden sowie die Pracht und
der Reichthum der Hauptstadt Babel, der „Wohnung des
Bel", die sich einst in der Gegend des heutigen Dorfes Hillah
in einem Umfange von anderthalb Meilen ausgebreitet hat. An
Babel knüpft die hebräische Tradition die Scheidung der Völker, um diese und die Verschiedenheit der Mundarten zu erklären im Zusammenhang mit dem frevelhaften Thurmbau der
Stadt, worin ein jüdischer Schriftsteller eine übermüthige
Auflehnung gegen Gott durch Nimrod personificirt erblickt. [4]

[1] Diodor, II, 30.
[2] Diodor, II, 31.
[3] 2 Kön. 23, 5—7.
[4] Jos. Antiqu., I, 4.

Das Wesen der religiösen Anschauung des Chaldäers besteht in einer verständigen Berechnung aller Erscheinungen
und deren Beziehung auf sich. Er stellt die Sternenmächte
als geistig beseelte Wesen vor, von welchen Natur und
Menschenleben abhängt, und schaut in den Bahnen der Himmelskörper das Gesetz alles Lebens also auch des eigenen an,
somit hat das religiöse Bewusstsein des Chaldäers eine Ahnung
von der Einheit, die im Leben waltet und es beherrscht.
Hieraus dürfte sich vornehmlich der geschichtliche Einfluss
erklären, den das chaldäische Religionssystem auf Völker der
alten und neuen Zeit gewonnen hat.

Der sinnliche Chaldäer übertrug diese waltenden Mächte
auf die Naturelemente und setzte das Bereich der Erde, des
Wassers und Feuers mit ihnen in Beziehung. Wie mit den
Sternengeistern stand daher der Chaldäer auch mit den
Geistern der Erde, der Luft, des Wassers und Feuers im
Verkehr durch Beschwörung, Vogelschau, Traumdeutung,
Opferschau, Sterndeuterei. [1]

Aus der Ahnung des Zusammenhangs des gesammten
Lebens in allen Dingen entspringt die Vorstellung: dass sich
in den einzelnen Kreisen des Naturlebens die Sternenmächte
abspiegeln, in denen aller Kräfte Ursprung zu suchen ist.

Indem der Chaldäer auf selbstische Weise alle Erscheinungen auf sein eigenes irdisches Dasein bezieht, sucht er
dieselben sich dienstbar zu machen. Seinem Zwecke sollten
selbst die Todten dienen, die er aus dem Scheol herauf-
bannte [2], und die Erscheinungen des Naturlebens sollten ihm
wenigstens zur Enträthselung seines Schicksals behülflich sein,
daher er auch die Erscheinungen am Sternenhimmel verständig
berechnete.

Dieser selbstischen Thätigkeit steht die passive Hingebung im sinnlichen Dienste der Mylitta schroff entgegen,
von der man glaubte, dass durch sie die Menschen zu sinnlichen Begierden, Tanz und Gesang angeregt würden.

Wie in den Religionen Vorderasiens überhaupt, so tritt
auch in der chaldäischen ein geschlechtlicher Dualismus in
der religiösen Anschauung nach dem Vorbilde der Natur-

---

[1] Berthold, Daniel, S. 837 fg.; Gesen., Jes., 2. Beil., 352.
[2] Vgl. Jes., 8, 19.

erzeugung auf. Es ist der Sonnengott, das männliche, active
Princip als himmlischer Herrscher, als starker Befruchter, und
die Mondgöttin als weibliches, empfangendes Princip. Als
Urgegensatz gelten die männliche Wärme und die weibliche
Feuchte, und Bel und Mylitta, Jupiter und Venus sind die
glücklichste Constellation, unter welche nur die Geburt von
beglückten Völkerherrschern fallen konnte.

Der Dualismus ergibt sich ferner aus dem glücklichen
oder unglücklichen Zustande des Menschen, und indem das
Wohl und Weh von jenen göttlichen Mächten abgeleitet wird,
gestalten sich diese zu wohlthätigen oder unheilbringenden
Sterngeistern. Von diesen verkündet und bringt Saturn, in
seiner Kälte gefürchtet, der auch den Namen Elos trägt,
grosses Misgeschick, wie Mars (Nergal, Nerig) kleines Misgeschick in seiner Glut. Nebo, der Stern Mercur, zwischen
den guten und bösen Sterngeistern in der Mitte stehend, hat
als Schreiber die himmlischen und irdischen Begebenheiten zu
verzeichnen. [1]

Syrische Stämme. Phönizier.

Die syrischen Volksstämme theilen mit den Babyloniern
dieselbe religiöse Grundanschauung, nur dass bei jenen die
sinnliche Seite des Cultus das Uebergewicht über den Gestirndienst gewinnt, der bei diesen mehr im Vordergrunde steht.
Dem orgiastischen Cultus gegenüber, der namentlich in den
phönizischen Städten weit getrieben wurde und den zeugenden
Mächten galt, herrschte die grausamste Ascetik, womit man
den Gottheiten, die dem natürlichen Leben als feindlich betrachtet wurden, zu dienen glaubte. Im Cultus war daher
die ausschweifendste Wollust neben der blutigsten Grausamkeit herrschend. Solche dem Anscheine nach grell sich
widersprechende Richtungen, die im Menschen überhaupt
Raum gewinnen, treten besonders bei den Semiten auf. Demgemäss finden sich bei den Syrern und Phöniziern Culte, wo
in lasciver Wollust den befruchtenden und gebärenden Naturmächten gedient wird, und wieder andere, wo die lebens-
feindlichen Gottheiten mit Fasten, Kasteiung, Selbstentmannung, Kinderopfern verehrt werden.

---

[1] Gesen., Jes., 2. Beil., Nr. 342.

Solche Gottheiten des Lebens, der Zeugung und Geburt, des Lichts und der Fruchtbarkeit waren Baal und Aschera. Ersterer trägt bei verschiedenen Stämmen verschiedene Namen, als Baal-Peor, Baal-Etan, Baal-Berith, Baal-Sebub u. a. m. Bei den Moabitern wird er als Milkom und Kamos verehrt, obschon mehr als zerstörende Gottheit; bei den Philistäern erscheint er als Dagon und Aschera, die auch Baaltis (Herrin) heisst, und in der fischweibgestaltigen Derketo zu Askalon erkenntlich ist.

Wie Baal als Herr des Himmels auf Bergeshöhen angerufen und ihm Altäre errichtet wurden, so waren der grossen Lebensmutter Aschera die Gewässer, von Bäumen die Cypresse, Terebinthe, besonders der Granatapfelbaum als Symbol der Fruchtbarkeit, von Thieren die Tauben, Fische, Widder, Ziegen geheiligt und Hügel und Haine als Lieblingsstätten der Göttin betrachtet. In ihrem Dienste wurde auch, wie bei den Babyloniern der Mylitta, die weibliche Keuschheit zum Opfer gebracht.

Das religiöse Bewusstsein der Semiten erkannte aber auch in den lebenzerstörenden Naturmächten das Walten von Gottheiten, und diese wurden dem Gott und der Göttin des Lebens entgegengesetzt. Moloch und Astarte sind die dem Leben der Natur und der Fortpflanzung der Menschen feindlichen Gottheiten. Moloch, der König, repräsentirt das verzehrende, vertilgende Feuer. Er ist der Herr des Feuers, der Sommerdürre, des vernichtenden Kriegs. Der wilde, ungebändigte Stier ist ihm geheiligt, daher er als Stier oder mit einem Stierkopf dargestellt wird. Ihm eignet das Schwein, das die Sonnenhitze wüthend macht. Den finstern Grimm des Moloch zu sänftigen und diesen gnädig zu stimmen, musste Menschenblut vergossen werden. Bei jeglicher Gefahr, ob durch Elementarereignisse oder durch Krieg herbeigeführt, bei wichtigen Unternehmungen fielen daher zahlreiche Menschen als Sühnopfer. Das Alte Testament gedenkt dieses grausamen Cultus an vielen Stellen, und viele Schriftsteller des Alterthums bestätigen ihn.[1] Diese Menschenopfer mussten aus der Mitte der Bürger genommen, durchaus rein, nämlich

---

[1] Herodot, I, 199; Plut. de superstit., 13, 171; Plin., Hist. nat., 36; Curtius, IV, 15; Silius Italicus, IV, 819; Justin., XVIII, 5, u. a.

noch nicht durch Zeugung befleckt, also Jünglinge und Knaben
sein, die sich noch nicht geschlechtlich vermischt hatten. Das
Opfer galt für um so wirksamer, wenn man das einzige Kind,
den erstgeborenen Knaben den glühenden Armen der Molochs-
Statue übergab, somit das Liebste und Theuerste dem grimmigen Gotte darbrachte.[1]   Sollten diese Opfer dem Moloch
angenehm sein, so mussten sie ohne Klagen gebracht werden,
daher die Mütter, die gegenwärtig sein mussten bei der
Schlachtung ihrer Lieblinge, den Schmerz unterdrücken sollten,
und das Wehklagen der unglücklichen Opfer von dem Geräusch der Pauken und Pfeifen übertönt wurde.

Das weibliche Seitenstück zu dem starken, zornigen Moloch ist „die grosse Astarte", besonders in Sidon verehrt, die
„Königin des Himmels".   Ihre Verwandtschaft mit Moloch
zeigt sie in dem Stierkopfe oder den Stierhörnern, oder dass
sie auf dem Stiere reitend dargestellt wird.[2]   Sie ist Göttin
des vernichtenden Kriegs, daher sie mit dem Speere in der
Hand erscheint.[3]   In diesem Sinne hängten die Philistäer die
erbeuteten Waffen des von ihnen überwundenen Saul im Tempel der Astarte auf.   Als zeugungsfeindlich ist der keusche
Mond ihr Gestirn[4], und mit den Mondhörnern wird sie zur
gehörnten Astarte, Astaroth karnaim.   Sie ist die „himmlische
Jungfrau", ihre Priesterinnen sollten der Göttin, der sie sich
geweiht, durch Ertödtung aller Sinnenlust gleich werden,
demnach zur strengsten Keuschheit verpflichtet sein. Das ihr
wohlgefälligste Opfer war die Selbstentmannung, sonst wurden
ihr Jungfrauen zum Opfer gebracht. Die Menschenopfer beim
Astarte-Cultus waren zwar nicht so zahlreich wie beim Moloch-
dienste, dafür fanden aber bei dem grossen Feuerfeste der
Astarte im Frühling Verstümmelungen statt, welche Jünglinge,
durch Pfeifen- und Paukenschall in Ekstase versetzt, mit dem
Schwerte, das am Altar der Göttin stand, an sich vollzogen.[5]
Ueberdies gab es zur Feier der Astarte verschiedene Selbst-
quälereien, indem ihre Diener sich bis aufs Blut geiselten,

---

[1] Euseb. praep. evang., IV, 16.
[2] Lucian, De dea Syr., 4; Höck, Creta, 1, 98.
[3] Pausan., 3, 23.
[4] Lucian, a. a. O.
[5] Lucian, 15. 27. 49—51.

sich die Arme zerbissen oder zerschnitten und unter solchen
Selbstpeinigungen Processionen veranstalteten.[1]

Der Syrer und Phönizier stellt die natürlichen und übernatürlichen Mächte als freundliche, lebenerzeugende den
feindlichen, lebenzerstörenden Gottheiten schroff gegenüber,
und zwar nicht in Beziehung aufeinander, wie dies im Kampfe
in den ägyptischen Mythen oder im Parsismus geschieht, wo
es im Verlaufe eines epischen Processes durch Ueberwindung
des verderblichen Princips zu einem positiven Resultate kommt.
Ungeachtet dessen ist auch bei den Phöniziern das Streben
nach Einheit nicht zu verkennen, obschon die Ausgleichung lediglich vermittels der Phantasie geschieht, welche die gegensätzlichen Momente ineinandersetzt und das übelthätige sowol
als das wohlthätige, das zeugende mit dem vernichtenden
Principe auf ein und dieselbe Gestalt überträgt.

Dies ist der Fall bei Melkarth (Stadtkönig), dem Schutz-
gotte von Tyrus, in welchem der Baal mit dem Moloch verschmolzen ist. Seinen Tempel mit aller Pracht darin hat der
weitreisende Herodot[2] bewundert. Dem Melkarth wurde die
grosse Dürre des Landes zugeschrieben und daher ein Stier
als Sühnopfer zugemuthet, das er mit seinem Strahle verbrennen sollte, worüber der Spott des Propheten Elias laut
ward, als es unterblieben war.[3] Derselbe Melkarth umwan-
derte aber auch die Erde wie die Sonne, stiftete die alten
phönizischen Colonien, bezwang die feindlichen Volksstämme
und lenkte das Schicksal der Könige und Völker.[4]

Aehnlich fasst sich die gegensätzliche Bedeutung der
Aschera und Astarte in der phönizischen Dido-Astarte zusammen, die Spenderin des Segens und Stifterin des Unheils
zugleich ist. Wie Melkarth mit der Sonne die Erde umkreist,
Städte gründet, so ist jene eine wandernde Göttin, die mit
dem Wechsel des Mondes, ihres Gestirns, verschwindet und
kommt. Melkarth als Baal sucht sie während ihrer Wanderung,
und indem die zeugungsspröde Dido sich ihm ergibt, wird
sie Anna (Anmuth), der Zeugung günstige Göttin, und verwandelt sich zur Anna-Aschera. Aus dieser Vereinigung des

[1] Movers, Relig. d. Phön., 681.
[2] II, 44.
[3] 1 Kön. 18, 26—29.
[4] Lucian, De dea Syr., c. 6—8.

Sonnengottes mit der Mondgöttin geht Leben, Ordnung und Cultur hervor.

Der Wechsel der Jahreszeiten, der freundlichen und feindlichen Naturmächte tritt besonders deutlich im Adonis-Cultus zu Byblus entgegen, wo in der Linusklage die hinwelkende Natur betrauert, die Auferstehung des Adonis im Frühling hingegen mit unbändigem Jubel und wilden Orgien von den Syrern gefeiert wurde.

Kleinasien.

Auf der Halbinsel Kleinasien, wo eine Vielzahl von Völkerschaften zusammengedrängt war, von welchen die Homerischen Gesänge die erste Kunde geben [1] und mehrere Jahrhunderte später Genaueres berichtet wird, erinnern nicht nur die Lebensbedingungen, wie Klima, Beschaffenheit des Bodens, an die westasiatischen Länder, auch die Bewohner werden in der hebräischen Stammtafel mit den Syrern, Babyloniern, Phöniziern in ein verwandtschaftliches Verhältniss gesetzt, und zwar durch Lud (Lydier), den Sohn Sems. Die Lydier sind aber eben in religionsgeschichtlicher Beziehung der wichtigste Stamm Kleinasiens, und so lässt sich die religiöse Anschauung der Kleinasiaten überhaupt auf die Grundlage zurückführen, auf welcher die der Westasiaten beruht.

Es findet sich bei den Kleinasiaten ebenfalls die Vorstellung und Verehrung einer zeugenden und gebärenden Naturmacht, die, wie bei den Westasiaten, locale Ausbildung erhalten hat. Es zeigt sich ferner hier wie dort derselbe gegensätzliche Dualismus eines schaffenden und zerstörenden Princips, sowie die Zusammenfassung des Männlichen und Weiblichen in eine mannweibliche Gestalt und der orgiastische Cult, in dem die Extreme von Lust und Pein sich berühren.

Die phantasiereichen Phrygier, unter denen die Midas-Sage entstand sowie die von dem unglücklichen Flötenspieler Marsyas, verehrten Ma-Kybele als die „grosse Mutter", „die Königin", die „Alles-Gebärerin".[2] Sie führt auch von einer der Hauptstätten ihres Dienstes am Berge Ida den Namen

---

[1] Ilias, II, III, IV, V u. s. w.
[2] Diod., III, 58.

„die idäische Mutter". In Pessinus heisst sie auch Agdistis,
auf den Höhendienst der Göttin hindeutend.[1] Die Griechen
fanden in der idäischen Mutter die Aphrodite, die Beschützerin
Ilions in der Nähe des Berges Ida. Gleich der syrischen
Aschera waren auch der phrygischen Kybele Widder, Böcke,
Tauben heilig und zu Opfern bestimmt, sowie der Granatapfelbaum als Sinnbild der Fruchtbarkeit geweiht. Ihr be-
deutendstes Opfer war das der jungfräulichen Keuschheit,
und die lydischen und phrygischen Mädchen gaben sich ihrer
Göttin zu Ehren preis, wie die Babylonierinnen und Syrerinnen,
nur dass erstere den Gewinn zu ihrer Aussteuer verwendet
haben sollen.[2] Beim orgiastischen Cultus treffen wir, wie bei
den Westasiaten, die Steigerung bis zur Verzückung und
Raserei und ebenso Selbstverwundungen und Selbstentmannung
zu Ehren der Göttin.[3] Die Priester der Göttin waren Ver-
schnittene (Gallen) unter einem Archigallus, und alles übrige
Beiwerk des Cultus erinnert an den Dienst der Astarte. Auch
der Mythus von der Dido-Astarte wiederholt sich hier zwischen
Kybele und Hyperion, wobei dieser die Rolle des Baal über-
nommen hat.[4] Das männliche Princip Men ist weniger
betont, wie auch in Babylon der Dienst der Mylitta und in
Syrien der Aschera den Vordergrund einnimmt. Indess heisst
Men doch Papas, Vater, wie Ma mit Amma bezeichnet wird.
Auch hier findet sich die Verschmelzung des Männlichen und
Weiblichen, indem die grosse Mutter eine mannweibliche
Gestalt bekommt.

Die syrischen Stämme, inmitten des Landes von den
Griechen Kappadoker genannt, hatten zur Hauptgottheit Ma[5],
deren berühmtester Tempel zu Komana stand. Unweit davon
hatte der männliche Men den seinigen. Wenn es von den
Bewohnern von Komana heisst, dass sie weichlich, die
meisten von ihnen Begeisterte und Verzückte seien, dass eine
Menge Mädchen, welche Strabo nach Tausenden zählt[6], dem
Tempel mit dem Leibe dienten; so finden wir hierin nur die

---

[1] Herodot, I, 80; Pausan., I, 4. 11.
[2] Herodot, I, 93.
[3] Dio Cassius, LXVIII, 27.
[4] Diod., III, 56 fg.
[5] Strabo, 535.
[6] 536 fg.

Bestätigung des verwandtschaftlichen Zusammenhangs mit Syrien. Dasselbe gilt auch von der Beschreibung der heiligen Gebräuche, sich im Taumel der Verzückung mit Schwertern zu zerfleischen oder den sinnlichen Ausschweifungen bei den Festen sich hinzugeben.

In Lydien tritt derselbe Cultus wie in Phrygien auf, dieselbe Landesgöttin Kybele auch unter dem Namen Ma[1]; ihr steht Sandon (Sardan) zur Seite, der dem Baal-Men entspricht. Auch hier der orgiastische Dienst in ausschreitendster Weise neben dem grausamsten Cultus der Astarte, der Artemis der Lydier[2], durch Entmannung. [3]

Die Cilicier, welche schon der Vater der Geschichtschreibung von den Phöniziern ableitet[4], haben Baal als Hauptgottheit, was die Münzen bestätigen, auf denen auch die Naturgöttin dargestellt wird.

Selbstverständlich lassen sich, ungeachtet der Verwandtschaft der Götterdienste, die von den Grenzen Syriens nordwärts bis zum Pontus und westwärts bis an die Küste des Aegäischen Meeres herrschend waren, doch Modificationen und locale Gestaltungen der religiösen Vorstellungen erwarten; alle schlossen sich aber nach ihrer Grundanschauung an den geschlechtlichen Dualismus, Ma und Men, wobei die Naturkraft bald als gebärende, bald als der Zeugung feindliche gedacht wird. Allen diesen Ländern ist somit der Dualismus von wohlthätigen und übelthätigen Wesen gemeinsam.

Assyrien.

Von dem Sitze der Assyrer, Assur, zwischem dem Zad und dem Tigris, hatte sich das Reich durch Eroberungen über Mesopotamien und Syrien bis nach Aegypten erweitert und schon im frühen Alterthum eine bedeutende Höhe der Cultur erreicht. Die Assyrer, nachdem sie das Reich von Babylonien aufgehoben, hatten nach etwa 600 Jahren das Los, unter Nabopolassar den Babyloniern zu unterliegen und annectirt zu werden, unter dessen Sohne Nebucadnezar aber wieder

---

[1] Diod., III, 58.
[2] Athen., XIV, 633 A.
[3] Herodot, III, 48; VIII, 105.
[4] Herodot, VII, 91; vgl. Movers, Phön., II, 1. 129 fg.

als grosse assyrisch-babylonische Macht auf dem Schauplatze
der Geschichte thätig aufzutreten.

Aus den vereinzelten Nachrichten der Bibel und den in
der Neuzeit ausgegrabenen Ueberresten ist ersichtlich, dass
die assyrische Religion mit der babylonischen dieselbe Grundlage theilt.

Bel und Beltis als zeugende und empfangende Macht
finden sich bei den Assyrern als Hauptgottheiten. [1] An den
ausgegrabenen Palastruinen von Nimrud und Khorsabad stehen
die Namen, wie auch die ihnen von andern Stämmen beige-
legten. In den Inschriften kommen für den „grossen König
der Götter" noch andere Benennungen vor, daher sich die
Annahme empfiehlt, dass die einzelnen Landschaften ihre
besonderen Localgötterdienste gehabt haben. In einer Procession wird ein bärtiger Gott mit vier Stierhörnern am
Haupte, ein Beil in der Rechten, schreitend vorgestellt,
worunter Bel gemeint ist. [2] Auf den ausgegrabenen Bruchstücken wiederholen sich weibliche Gestalten mit einem Sterne
auf dem Kopf, auf einem Löwen stehend, einen Ring in der
Hand, die auf die Astarte gedeutet werden. [3] Eine besonders
häufig in den Sculpturen vorkommende menschliche Figur mit
einem Adlerkopf, den assyrischen Nisroch darstellend, findet
ihre Erklärung darin, dass dem tyrischen Melkarth auch der
Adler heilig war.[4]

Nach schriftlichen Berichten [5] hatten die Assyrer einen
Gott Sandon, Sardon, den wir auch bei den Lydiern ange-
troffen haben, den die Griechen, wie auch den Melkarth, als
Herakles bezeichnen.

Bei den Assyrern findet sich auch die Vereinigung des
Männlichen und Weiblichen zu einer mannweiblichen Gottheit,
welche Verschmelzung im Cultus, wie bei andern semitischen
Stämmen, durch die Vertauschung der männlichen und weib-

---

[1] Servius ad Aeneid., I, 729.

[2] Layard, Niniveh, 417, Fig. 81; übers. von Meixner. Diodor., II, 9,
erwähnt in seiner Beschreibung des Tempels zu Babel, die Statue des Bel
sei in schreitender Stellung dargestellt gewesen. Vgl. Baruch, 6, 14.

[3] Layard, a. a. O., 300.

[4] Nonnus Dionys., 40. 495. 528.

[5] Pausan., X, 17. 5; Joannes Lydus, De magistr., 3, 64.

lichen Tracht und in geschlechtlichen Ausschweifungen ihren
Ausdruck fand. Wollust und Grausamkeit, die in den semitischen Götterdiensten Hand in Hand gehen, finden sich besonders in dem assyrischen Mythus von der vergötterten
Semiramis, und die Erdaufwürfe, die sogenannten Semiramis-
hügel in jener Gegend, erklärt die Sage für Grabhügel der
vielen Liebhaber der Semiramis [1], die nach gepflogener Sinnenlust von ihr getödtet worden seien. Die der Aschera geheiligten Vögel, die Tauben, spielen in der Sage von der
Semiramis eine grosse Rolle. Sie war die Tochter der höchsten
weiblichen Gottheit, der gebärenden Naturkraft, der Mylitta-
Derketo. Die Göttin Derketo findet sich demnach wirklich
bei den Assyrern, denn die Nachkommen der Semiramis auf
dem assyrischen Throne werden als Derkeiaden bezeichnet [2],
sowie auch das Vorhandensein des Dagon auf den Ueberresten
zu Nimrud beglaubigt ist. [3] In der Semiramis vereinigt der
Assyrer die Attribute der Derketo und Astarte in Einer Gestalt: Krieg und Liebeslust, Leben und Tod, die wohlthätige
und verderbliche Macht, wie sie in der Aschera-Astarte der
Phönizier und Syrer, in der Dido-Anna bei den Karthagern
erscheinen. Auf diese Ineinandersetzung deuten die Züge in
der Semiramis von ihrem unwiderstehlichen Liebreiz, von dem
Untergange ihrer Buhlen, von ihren übermächtigen Kriegs-
thaten. Man braucht nicht die wirkliche Existenz einer Semiramis aus der Geschichte ganz hinwegzustreichen, muss aber
dabei im Auge behalten, dass diese Persönlichkeit durch die
Sage zur Trägerin religiöser Elemente und zur göttlichen
Gestalt erhoben ist.

Arier: Inder-Perser.

Nach dem heutigen Stande der Wissenschaft ist es ausser
Zweifel, dass die Arja am Indus und Ganges mit den Arja
auf dem Hochlande von Iran ein und demselben Stamme angehören, dem sie als Zweige entwachsen, zu Völkern geworden
sind. Wo aber ihr gemeinschaftlicher Ursitz vor ihrer Tren-

---

[1] Diod., II, 14.
[2] Vgl. Duncker, I, 270, Note 3.
[3] Rawlinson, Journ. of the roy. soc., vol. 12, p. 2, 1850.

nung gewesen, hat sich bisher noch nicht feststellen lassen,
und selbst gewiegteste Indienforscher machen nur Anspruch
auf Wahrscheinlichkeit, wenn 'sie bei ihrer Hindeutung auf
den ältesten Ursitz der Iraner und Inder das Quellengebiet
des Oxus-Jaxartes, das Hochland auf dem Westgehänge des
Belurtag oder Mustag, das östliche hohe Iran angeben.[1]
Ebenso wenig bestimmt ist die Zeit der Trennung, denn diese,
wie die Anfänge ihres Culturlebens, verliert sich im dunkeln
Hintergrunde der Mythen und Sagengeschichte.   Sicher dagegen ist, dass der Urstamm der Arja zwei Sprösslinge entliess, wovon der eine südwestwärts bis in die Thalebenen des
Euphrat und Tigris sich erstreckte, der andere südostwärts
über die Stromgebiete des Indus und Ganges sich ausbreitete.
Die Westarier bewohnten das nachmalige Baktrien und Persien, die Ostarier erhielten vom Indus den Namen Inder und
ihr Land Indien.

Der Beweis für ihre ursprüngliche Zusammengehörigkeit
liegt in dem gemeinschaftlichen Namen, mit dem sich beide
bezeichnen.   Die Stämme, die im Alterthume das iranische
Hochland bewohnten: Baktrer, Margianer, Sattagyden oder
Sogdianer, Parther u. a.; im Westen: Meder, Perser, die
alle nach den Berichten der Griechen in Sprache, Tracht und
Sitte sich ähnlichten, nannten sich selbst Arier und ihr Land
Ariana (Airja, Airjana, Iran)[2]; die Inder nannten nach ihrer
ältesten und gangbarsten Bezeichnung Arja ihr Land Arjavarta.[3]
„Airja und Arja bedeuten die Tüchtigen, die Würdigen".[4]
Lassen[5] übersetzt den Namen Arja durch „ehrwürdige Män-
ner, Leute aus gutem Geschlecht".

Die vergleichende Sprachwissenschaft hat zwischen dem
Sanskrit, der ältesten Sprache der Inder, namentlich in den
ältesten Veda, und der altiranischen Sprache enge Beziehungen
entdeckt.   Die Berührungen des Zendvolks und der Inder
zeigen sich in dem Namen Jazata, Ized, Götter der zweiten
Ordnung im Zend, entsprechend der Sanskritform Jag'ata in

---

[1] Vgl. Lassen, Ind. Alterth., I, 421 fg.
[2] Herod., VII, 62; Strabo, 721, 724.
[3] Rigveda v. Rosen, I, 51, 8; Samaveda v. Benfey, I, 1, 5; Manu,
X, 45, u. a.
[4] Duncker, II, 13.
[5] Ind. Alterth., I, 5.

den Veda, mit der ursprünglichen Bedeutung „verehrungs-
würdig". In der Bibel der Iranier, dem Zendavesta, heissen
die Priester: Aharvan; die Inder eignen das vierte der Veda
dem Atharvan, einem geheiligten Charakter, in dem sich die
Erinnerung bei den Indern aufbewahrt hat, dass auch bei
ihnen wie bei den Iraniern der Priester ursprünglich Atharvan
geheissen habe. Die alte Sprache der Inder und die, in
welcher die religiösen Urkunden der Iranier abgefasst sind,
finden die Sprachforscher nur dialektisch verschieden, und die
Inschriften des Cyrus, Darius und Xerxes erhärten diese
Annahme.

Die Religionswissenschaft bestätigt die nahe Verwandtschaft der Ostarier oder Inder mit den Westariern oder
Iraniern durch den Nachweis der gemeinschaftlichen Grundlage ihrer religiösen Anschauung, obschon sich dieselbe später
verschieden gestaltet hat. Beiden gemein ist die Verehrung
der Sonne als göttliches Wesen, das beide unter dem Namen
Mitra anrufen; gemein ist dem Zendavesta mit den Veda die
Verehrung des Mondes, des Feuers, der Erde, des Wassers.
Der höchste Gott der Inder führt in alter Zeit gewöhnlich
den Beinamen Vritraghna, Tödter des Vritra; die Iranier
kennen einen Geist des Sieges, den sie unter dem Namen
Verethragna verehren. Nach den ältesten Mythen beider
Völker steht das Opfer in höchsten Ehren, welches die Inder
Soma, die Iranier Haoma nennen. Die Iranier nennen den
ersten Opferer Vivanghvas, der zuerst den Saft des Haoma
ausgedrückt und den Göttern dargebracht habe, wofür ihm
zum Lohne Jima geboren worden, der Stifter des Ackerbaues
und des geordneten Lebens, der erste Vereiniger der Menschen und erster König. Nach den indischen Mythen wird
den höchsten Göttern, namentlich dem Indra, der Saft einer
Bergpflanze Soma geopfert, der jene nicht nur erfreut und
ihre Stärke vermehrt, sondern sie auch nöthigt, den Menschen
hülfreich zu sein. Jama, bei den Indern der Name des
Todtenrichters und Beherrschers des Reichs der Verstorbenen,
erscheint zwar nicht selbst als König, dafür aber sein Bruder
Manu als erster Gesetzgeber, Begründer des geregelten
Lebens und Stammvater der indischen Königsgeschlechter.
Die Inder verehrten die ersten Lichtstrahlen des Morgens als
das schöne Zwillingsbrüderpaar, die Açvinen; bei den Iraniern

finden wir die Aspinen. Die Sage der Inder erzählt von
einem Heros Traitana oder Trita, Aptja's Sohne, der den
dreiköpfigen Drachen erlegt; bei den Iraniern ist es Chraetavna,
der Sohn Athwja's, der die verderbliche Schlange Dahaka
mit drei Köpfen, drei Rachen, sechs Augen und tausend
Kräften tödtet. Beiden Völkern gemeinschaftlich ist auch der
Glaube, dass Todtes, Haare, Nägel verunreinigen, und beide
gebrauchen dasselbe Reinigungsmittel. [1]

Diese gemeinschaftliche Grundanschauung wurde nur von
den Ariern am Indus und den Ariern am Ganges je eigenartig
zu zwei sich unterscheidenden Systemen ausgebildet.

Die Arier am Indus und Ganges.

Wie das Leben der Arier, die sich am Indus nieder-
gelassen, beschaffen war, ist aus den religiösen Liedern des
Veda ersichtlich, die uns den Einblick in die religiösen Vorstellungen den Umrissen nach gewähren. Das Volk theilt
sich in kleine Stämme, die von Viehzucht und Ackerbau
leben, es herrschen Fehden, meist um Heerden und Weideplätze. In religiöser Beziehung werden die Geister der klaren
Luft, des Lichts, des blauen Himmels, der Winde als Hülfs-
mächte angerufen. Die Götter heissen Deva [2]; an der Spitze
steht der „grossarmige Indra" als der höchste Gott des hohen
Himmels, des Donners, Blitzes, der Herrscher über das
Flüssige und Feste, des gehörnten Viehs, der Speerträger, Herr
der Männer.

Diesem gewaltigen, aber wohlthätigen Wesen gegenüber
stehen übelthätige Geister: Vritra, der Einhüller des Himmels-
wassers in die schwarze Wolke; Ahi, der die strömenden·
Wasser im Sommer in Berghöhlen versteckt. Indra kämpft
gegen die bösen Dämonen, er muss die Wolke mit dem
Speere spalten, damit der Regen herabfliessen könne, er
befreit auch die gefangenen Ströme. In diesem Kampfe stehen
dem Indra als Gehülfen bei: der Gott Vaju, der Wehende,
sammt der Schar der schnellen Winde, die den Himmel

---

[1] Vgl. Duncker, II, 13 fg.
[2] Von div, hellleuchtend; Lassen, a. a. O., I, 756: θεός, deus, im
Littauisch-Slav. diewas, althochd. zio, goth. tius, eddisch tivar, franz.
dieu, ital. dio, span. dios.

reinigen, und unter ihnen ist Rudra (die tropische Windsbraut) besonders bemerklich, der zwar im Zorne verderblich und selbst den Tod für Mensch und Thier bringen kann, aber auch ein wohlthätiger Gott ist, dem erquickende Regen folgen. Mit Rudra's Beistand besiegt Indra die „schwarzleibigen" Dämonen und ist demnach auch Gott des Siegs, um den er im Kampfe angerufen wird.

Neben den Geistern des Lichts, die in den Veda angerufen werden, ist besonders Surja, die Sonne, unter verschiedenen Namen gepriesen, als Erzeuger (Savitri), Nährer der Menschen (Pushan), als allwissender Gott. Viele dieser alten Veda haben Agni (das Feuer) zum Gegenstande ihrer Anrufungen. Er bringt das Licht, ist Gast der Menschen, reinigt, tilgt das Böse, ist der Bote zwischen Menschen und Göttern. Ihm selbst, wie den übrigen Göttern, wird reine Butter, ins Feuer geworfen, als Opfer dargebracht, das Agni, wenn die Flamme emporprasselt, hinaufträgt. Agni ist auch Bekämpfer der riesigen Asuren und Rackschas, Personificationen der feindlichen Naturmächte; dem Erzeuger Indra und dem Erhalter Varuna gegenüber erscheint aber Agni selbst als Zerstörer. Dem Indra und den Geistern der Luft wird der Saft einer Bergpflanze, Soma, in einer Schale dargeboten, und durch Opfer sollen die Götter nicht nur erfreut, sondern auch genöthigt werden, sich den Menschen hülfreich zu erweisen. Die Priester, als Vorsteher des indischen Opferwesens, bekommen dadurch in der Vorstellung des Inders zauberische Gewalt über die Götter.

In diesen Vorstellungen ungefähr bewegt sich das religiöse Bewusstsein der Arier am Indus nach den Hymnen der Veda, den ältesten Producten der religiösen Lyrik der Inder, deren Entstehung aber nach der Verschiedenheit ihres Inhalts auf einen Zeitraum von mehrern Jahrhunderten ausgedehnt wird.[1] Die im Rigveda geschilderten Zustände setzt Duncker[2] zwischen die Jahre 1800 und 1500 vor Christus, somit müsste die Einwanderung der Arja in das Indusland einige Jahrhunderte früher geschehen sein, da in den Hymnen der Veda

---

[1] Duncker, II, 26.
[2] A. a. O., 26.

keine Spur der Erinnerung an eine frühere Heimat zu
finden ist.

Als ein Theil der Arja sich aus dem Lande der sieben
Ströme (dem Indus, Fünfstrom und Sarasvati) aufmachte,
um den Vorbergen des Himalaja entlang in das Thal der
Jamuna bis an die Ganga vorzudringen, war diese Wanderung
mit vielen Kämpfen verbunden, und erst nach langen Kriegen
erlangten die Ausgewanderten feste Wohnsitze in den eroberten Gebieten. Aus dieser Heldenzeit entsprang die
kriegerische Poesie der Inder, und die Erinnerung daran liegt
in den riesenhaft grossen indischen Epen aufbewahrt.

Um das Jahr 1300 v. Chr. mögen die Stämme der Inder
im Gangeslande zu festen Staatsbildungen gelangt sein.[1] Der
alten Bevölkerung, die den herrschenden Arja sich gefügt
hatte, standen die Arja als Leute von besserm Geschlechte
gegenüber, aus welchen sich wieder der kriegerische
Adel hervorhob und zum besonderen Stand der Krieger
(Kshatrija) entwickelte, von dem sich Bauern, Handwerker
und Handelsleute ausschieden und als Kaste der Vaiçja fixirten.
Bei dem frommen Sinne der Inder und ihrer Vorstellung,
dass der Sieg in der Schlacht vom Opfer abhängig sei, ja
durch dasselbe die göttliche Gunst abgenöthigt werde und
den Priestern die Kunst dieser Abnöthigung zuerkannt ward,
da ihre Gebete und Bräuche diese Zauberkraft besitzen sollten,
konnte es den unentbehrlichen Priestern nicht schwer werden,
ihrem Stande einen überwiegenden Einfluss zu sichern, ihre
Kaste den andern gegenüber abzuschliessen. Dies gelang ihnen
um so leichter, als sie nicht nur die Kenntniss des im Laufe
der Zeit sehr complicirt gewordenen liturgischen Codex allein
besassen, sondern auch an Bildung überhaupt voraus waren.
Als die Periode der Kämpfe vorüber und das Heldenthum
zurückgetreten war, gewann das religiöse Interesse, das Opferwesen das Uebergewicht und damit zugleich der Priesterstand
die Macht.

Aus dem Glauben, der sich in den ältesten Veda (von
Priestern verfasst) ausspricht, dass die göttliche Hülfe durch
Opfer und Gebete abgenöthigt werden könne, entwickelte die
Priesterschaft den „Brahmanaspati", den Herrn des Gebets,

---

[1] Duncker, II, 50.

in welchem sie die Zaubermacht ihres Gebets und ihrer heiligen
Handlungen auf die Götter personificirt darstellte. Dieses
Wesen ist in den Priestern selbst vorhanden, macht die Wirksamkeit ihrer Gebete aus, ist mächtiger als die Götter selbst,
da es sie zwingen kann. Es ist das Brahma, d. h. das Heilige
selbst, die specielle Gottheit der Priester und Beter (Brahmana),
es ist die höchste Gottheit. Brahma übt auf die Götter Kraft
aus, hat ihnen Kraft gegeben, ist selbst die Kraft der Götter,
ist vor allen Göttern gezeugt. In diesem Abstractum, dem
Brahma, fasst sich die ganze Heiligkeit und Göttlichkeit
zusammen. Dieser zauberhafte, unsichtbare Geist war nicht
nur die wirkende Kraft, die hinter und über den heiligen
Handlungen und Gebeten sich bethätigte, hinter und über
den Göttern sich mächtig erwies, er war es auch, der hinter
den grossen und mannichfaltigen Erscheinungen des Naturlebens waltete, er war die Weltseele, die alle Dinge der
Natur durchzieht, belebt und erhält. Brahma war der geistige
Urgrund der geistigen und natürlichen Welt, er war in und
ausser der Natur, alle Wesen verdankten dem Brahma ihren
Ursprung.

Wie überall so auch bei den Indern bedingt der Gottesbegriff die sittliche Aufgabe des Menschen. Ist Brahma ein
reines, heiliges, körperloses Wesen, so setzt der Inder seine
Bestimmung darein, jenem ähnlich zu werden durch ein stilles,
heiliges Leben, durch Fügung in die Weltordnung, die von
Brahma herrührt, mit der Hoffnung auf Rückkehr der reinen
Seele zu Brahma, aus dem sie hervorgegangen. Die Seele
allein ist aber die Seite, welche dem Brahma zugekehrt ist,
da dieses selbst ein unkörperliches Wesen ist. Die Seele ist
somit die bessere Seite am Menschen; die unreine, schlechte
Seite ist seine Leiblichkeit. Die höchste Bestimmung des
Menschen kann also nur sein: die wahre Reinheit darein zu
legen, dass die Seele nicht durch den Körper verunreinigt,
der Geist vom Sinnenleben frei werde. Der Leib erhält hiermit die Bedeutung eines Kerkers für die Seele, und da nur
die reine Seele wieder zu Brahma gelangen kann, ist es die
Aufgabe des Menschen, seine Leiblichkeit ganz abzuthun.
„Diese Wohnung des Menschen, deren Zimmerwerk die
Knochen, deren Bänder die Muskeln sind, dies Gefäss mit
Fleisch und Blut gefüllt, mit Haut bedeckt, diese unreine

Wohnung, welche die Excremente und den Urin enthält,
welche dem Alter, der Krankheit und dem Kummer unterworfen ist, dem Leiden jeder Art und den Leidenschaften,
diese Wohnung, dem Untergange bestimmt, muss mit Freuden
von dem verlassen werden, welcher sie einnimmt." [1]

Wohl war auch die sinnliche Welt aus Brahma hervorgegangen, denn er war ja auch der Quell, aus dem die
materielle Welt entsprungen; allein von den Brahmanen wurde
diese stets als Brahma fern stehend betrachtet, von der
geistigen, unsinnlichen auseinandergehalten und nur diese mit
Nachdruck hervorgehoben und jener entgegengesetzt.

Der gegensätzliche Dualismus im indischen Brahmanen-
thum besteht also in Seele und Leib, intellectuellem und
materiellem Sein, Seelenleben und Sinnenleben, dieses als
das Unreine, von Brahma Trennende, als Urquell des Uebels,
des Bösen; jenes als das Reine, der Gottheit Angehörige, das
Gute betrachtet.

Die ethische Aufgabe bestand hiernach darin: die sinnliche
Existenz möglichst zu vernichten, also in Ascese, die Seele
vom Leben loszulösen und zu reinigen, reines, immaterielles
Leben zu sein, wie Brahma unsinnlich ist, nichts als Brahma
zu denken, d. h. die absolute Abstraction von jeder Einzelheit und Vertiefung in die leere Allgemeinheit, was gleichbedeutend ist mit Aufhebung sowol des physischen als auch
des geistigen Lebens.

Die Grausamkeiten der indischen Ascese sind bekannt.
Ein Beispiel der Selbstquälerei, das nicht als Product der
dichterischen Phantasie zu betrachten ist, da Augenzeugen
ähnliche Unternehmungen der Fakire schildern, ist im 7. Act
der Sakuntala. Matali zeigt dem König eine Einsiedelei:
„Wo dort der Weise unbeweglich wie ein Baumstamm gegen
die Sonnenscheibe gewendet steht, mit dem in die Spitze
eines Termitenhaufens versunkenen Körper, mit einer Brust,
um die eine Schlangenhaut gebunden ist, am Halse über die
massen gequält von sich ausdehnenden Schlingpflanzen, die
ihn umringen, ein um den Scheitel gewundenes Haargeflecht
tragend, das sich bis zu den Schultern erstreckt und mit
Vogelnestern angefüllt ist." [2]

---

[1] Manu, 6, 76. 77.
[2] Boethlingk's Uebersetzung, 103.

Es liegt in der Natur der Sache, dass dieses System, welches sich über dem Brahmabegriff aufgebaut hatte, erst lange Zeit, nachdem das Leben im Gangeslande fest geordnet und thätig geworden, die Priesterschaft zu einer abgeschlossenen Körperschaft herausgebildet war, in das Leben der indischen Gangesbewohner eingreifen konnte. [1] Die neue Umgebung am Ganges, die neuen Verhältnisse, die zusammen ein anderes Leben gestalteten als das in der frühern Heimat am Indus, drängten auch die Erinnerung an die frühern religiösen Vorstellungen zurück. Der priesterlichen brahmanischen Abstractionstheorie kam besonders das heisse Klima am Ganges zu Hülfe, das die Nerven schwächte und die Muskeln schlaff machte. Unter der heissen Sonne am Ganges, welche auf die Reisfelder niederbrennt und das Zuckerrohr kocht, musste die ursprüngliche Thatkraft, welche der Arier aus seiner Heimat mitgebracht hatte, im Verlaufe der Zeit verschwinden. Wo sich die höchsten Gipfel des Himalaja zusammendrängen, bricht der Ganges aus den Schneefeldern hervor und wird durch Zuflüsse vom Norden verstärkt, im Süden von dem dichtbewachsenen Gürtel des Vindhja herab geschwellt, sodass er die niedrigen Ufer jährlich überschreitet und die Ebenen, die er durchströmt, ohne menschliches Hinzuthun zu fettem Fruchtboden macht. Die tropische Vegetation wuchert ins Masslose, Reis, Baumwolle, Zuckerrohr gedeiht auf das üppigste. Hier ist das Land der blauen Lotosblume, in der indischen Poesie so häufig erwähnt, hier wachsen die nahrhaften Bananen, die riesigen indischen Feigenbäume. Weiter hinab wird das Klima noch heisser, die Luft mit Feuchtigkeit imprägnirt, und in dem üppigen Tiefland mit seinen Kokos und Arekapalmen, Zimmtstauden, überwuchern endlose Schlingpflanzen die höchsten Baumstämme. Uebermächtig wird der Baumwuchs gegen die Mündung des Ganges und in der durchhitzten sumpfigen Waldgegend haust nur mehr der Tiger, Elefant und das Rhinoceros.

Der Inder, schon an sich zum beschaulichen Leben angethan, wurde durch das heisse Klima am Ganges vielfach zur körperlichen Unthätigkeit genöthigt und bei seiner klimatisch

[1] Nach Duncker, II, 88, frühestens um das Jahr 1000 v. Chr.

bedingten Einfachheit der Ernährung konnte er sich sorglos
der Ruhe überlassen. Sein reflectirender Geist vertiefte sich
in die bunte Vielheit der ihn umgebenden Natur und suchte
in dem immer wiederkehrenden Wechsel der Dinge das
Bleibende, die ewige Dauer, er suchte in dem vielgestaltigen
wirren Leben um ihn her den Urgrund dieses Durcheinander,
die Einheit, wie in allen pantheistischen Anschauungen mehr
oder weniger der Zug nach einheitlicher Auffassung, der in
der menschlichen Natur begründet ist, sich wahrnehmen lässt.
Diese Einheit glaubte er durch Abstraction von der Vielheit,
in der abstracten Allgemeinheit und darin das Urwesen zu
finden, das in der Natur walte, das den Gebeten der Priester
die Kraft verleihe und die Götter den Menschen beizustehen
zwinge, das also über den Göttern walte, wie in den heiligen
Handlungen und allen Erscheinungen der Natur herrsche.
Dieses Urwesen, Brahma, hat sich in Maja, d. h. Täuschung
gespiegelt, heisst es in einer indischen Kosmogonie, und die
einzelnen Erscheinungen sind daher nur wechselnde Modificationen, ein Werk der Täuschung. Jedes Daseiende ist nur
gewissermassen ein Durchgangspunkt, welchen das Urwesen
hindurchzieht.

Der Buddhismus.

In der spätern Zeit, nachdem der Buddhismus die abstracte Brahmanenreligion an der Wurzel angefasst, die
starren Schranken des Kastenwesens zu durchbrechen gesucht
und den traditionellen Dogmatismus der Brahmanen aufzuheben, sonach auch eine Umwandlung der socialen Verhältnisse anzubahnen gestrebt hatte, was auch nicht ohne
Resultat geblieben, wie die weite Verbreitung der Buddha-
lehre bestätigt, bildete sich im indischen Volke, dem der rein-
spiritualistische Gottesbegriff des Brahma nie ganz zugänglich
geworden, eine concrete Form religiöser Anschauung aus.
Der alte thatkräftige Sinn der Arier am Indus, die Kriegslust
und Kampfbereitwilligkeit, die in dem alten Dämonentödter
Indra das eigene Wesen angeschaut hatte, wurde nach längerm Aufenthalte unter geordneten Verhältnissen, bei einem
stillen duldsamen Leben, umgeben von einer üppig wuchernden
Natur, gänzlich verwischt und mithin auch die religiöse An-

schauung modificirt, welche, gegenüber dem abstracten Spiritualismus der Brahmapriester und der sceptischen Lehre des Buddhismus, in der realistischen Anschauung des Volks neue Formen hervorbrachte.

In den Anrufungen des Rigveda, im Gesetzbuche Manu's und im Epos wird Vishnu einigemal als ein den Menschen wohlthätiger Licht- und Luftgeist erwähnt. Diesen Vishnu ergriff das Volksbewusstsein und eignete ihm jegliche Wohlthaten, die der Mensch von der Natur empfängt. Die helle Luft, der blaue Himmel, das Wachsthum der Pflanzen, der erquickende Thau, das befruchtende Wasser, kurz alles Gute geht von Vishnu aus als der Macht, die Leben gibt und Leben erhält. In Vishnu sieht das Volk seinen grössten Wohlthäter, seinen besten Helfer, und er wird vornehmlich von den Bewohnern des friedlichen Gangesthales verehrt. Hingegen in den Thälern des Himalaja und an den Küsten des Dekhan, wo der vernichtende tropische Sturmwind jedem Widerstande trotzt, wo das Naturleben gewaltig und unbändig erscheint, da tritt der Cultus des Çiva auf. Çiva ist zwar auch Gott der Befruchtung, wie Vishnu, aber gemäss den Gegenden, wo der Gewittersturm unter Donner und Blitz den befruchtenden Regen herbeiführt und neues Leben aus der Zerstörung hervorbringt, da wird Çiva als Gott des Wachsthums, aber zugleich als der Zerstörung gefasst. Wo die stürmischen Naturerscheinungen überwiegen, stellt sich die verderbliche Seite des Çiva heraus und er wird zum Gott des Schreckens, der Verwüstung, des Todes, dessen Hals eine Kette von Todtenschädeln umgibt, der Schmerz und Thränen bringt. [1] Er ist der Vater des Kriegs. [2] Als Repräsentant der verderblichen, unbändigen, stürmischen Macht, bietet Çiva den Gegensatz zum friedlichen Vishnu. Çiva der Vernichter heisst auch Devadeva, Gott der Götter, Mahadeva, grosser Gott, Içvara, Herr, als lebensfeindliche Macht. Als Tödter des Selbst ist er der Patron der vernichtenden Ascese, selbst Ascet. So ist er der Ausdruck des Grundgedankens der indischen Weltanschauung, wonach das Dasein auf Erden für

---

[1] Bohlen, Ind., 206 fg.
[2] Lassen, Ind. Alterth., I, 782.

ein Unglück gilt und die Selbstvernichtung als die höchste
Bestimmung erachtet wird.

Indem die Brahmanen der spätern Zeit neben ihren
Brahma den Vishnu der Gangesbewohner hinstellten, wobei
jenem die Schöpfung der Welt, diesem deren Erhaltung zufiel, während Çiva vorzugsweise das zerstörende Princip
repräsentirte, ward eine Dreiheit der Götter erzielt, die im
Epos zwar schon berührt, aber erst später ausgebildet erscheint. [1]

Die Arier in Iran.

Baktrer. Perser.

In der Gegend, wo heute Perser, Beludschen, Afghanen
und andere Volksstämme hausen, zwischen dem Industhale
und dem Stromgebiete des Euphrat und Tigris, nach deren
Vermischung als Scha-tel-Arab in den persischen Golf mün-
dend, im Süden vom Persischen (Arabischen) Meer begrenzt,
gegen Norden vom Kaspischen Meere und den Steppen am
Oxus umgeben, ist das Hochland von Iran. Die heftigen
Stürme, die im Frühjahre toben, schweigen vom Mai bis
September, und während dieser Pause ist die Luft äusserst
trocken und klar, dass die Berge sich scharf abheben und die
Landschaft in eigenthümlicher Helligkeit erscheint. Der rasche
Temperaturwechsel entspricht dem gegensätzlichen Charakter
des Landes, aus den glühend heissen Ebenen erheben sich
schneebedeckte Terrassen. Während der Norden im Winter
unter eisigen Winden erstarrt, die über das Kaspische Meer
einherstürmen, durch die endlosen Steppen hinbrausen und
Weideplätze und Felder auf mehrere Wochen mit Schnee
bedecken, thürmen die Glutwinde im Süden den ausgebrannten
Wüstensand zu Hügeln auf, die in wechselnder Gestalt die
Bodenfläche den Meereswogen ähnlich machen und den Flugsand auf Aecker und in Brunnen treiben, wodurch diese
unbrauchbar werden.

Der Mensch hatte in Iran zu kämpfen mit der Kälte des
Winters, „welcher herbeischleicht, die Heerden zu tödten und
voller Schnee ist, — am Wasser, an den Bäumen und am

---

[1] Lassen, I, 783 fg.

Acker", wie das Gesetzbuch der Iranier sagt. [1] Anderwärts
umschwärmten stechende Wespen die Rinderheerden und
mussten „fressende Raubthiere" abgewehrt werden. [2] An den
niedrigen Ufergegenden hausten Schlangen, Eidechsen, Ungeziefer aller Art, und die sumpfige Luft erzeugte Fieber und
andere Krankheiten; an den Hochebenen beeiste die strenge
Kälte den Gebirgsweg, an dessen Rande dem Reisenden tiefe
Abgründe heraufgähnten. Dabei bot aber die Gegend auch
lachende Oasen mit dem üppigsten Wiesengrün, schattigen
Baumgruppen, prachtvollen Wäldern.

Den Gegensätzen des Landes entsprechend war die
Lebensweise seiner Bewohner. Während ein Theil der Bevölkerung im Schweisse des Angesichts schwer arbeitete, den
dürren Boden mühsam bewässerte, den Flugsand vom Acker
abwehren musste; zog ein anderer frei mit den Heerden umher, und zur Muse des Hirtenlebens gesellte sich häufig
Kampflust und Wegelagerung.

Am schneidendsten tritt die Gegensätzlichkeit hervor in
den Thälern des Nordrandes, die gegen die Steppen des
Kaspischen Meeres hin offen liegen, in den einstigen Gebieten
von Margiana (Merv), Baktrien (Bakhdhi) und Sogdiana
(Sugdha). Fruchtbare Thäler, die, dank dem herabfliessenden
Gebirgswasser, der üppigsten Vegetation sich erfreuen, stossen
hart an die öde, unfruchtbare Wüste. Während auf den
Hochflächen die Sterne in der reinen Atmosphäre blinkend
die Nacht erleuchten, lagern über den Steppen dicke Nebel
und Sandwolken. Im Winter bringen die Winde vom Kaspischen Meere schneidende Kälte, im Sommer treiben sie den
heissen Wüstensand auf die Fruchtfelder. Während die Aecker
in den Niederungen nur mit grösster Anstrengung vor dem
Sonnenbrande durch Bewässerung geschützt werden müssen,
herrscht auf den Höhen des Belurtag und Hindukuh ewiger
Winter.

Ausser diesem Kampfe, den die iranischen Arier mit den
Gegensätzen der Landesbeschaffenheit zu bestehen hatten,
mussten sie überdies die Einfälle wilder turanischer Räuber-
scharen abwehren, die vom Norden her das Gebiet von

---

[1] Vendidad VII, 69, 1, 9—12.
[2] Vendidad I, 24.

Baktrien und Sogdiana heimzusuchen pflegten. Der Fleiss
der Arier konnte nur gedeihen, wenn nicht vom Norden
Kälte, Schneefälle, Wüstenwinde oder Einbrüche der tura-
nischen Horden die fruchtbaren Thäler verwüsteten, wenn
nicht das Kaspische Meer vom Westen her die starken Winde
schickte, wodurch die Gefilde in Baktrien und Sogdiana mit
dem verheerenden Triebsand verschüttet wurden. Hieraus
erklärt sich, warum der Bewohner der Thäler des iranischen
Landes im Norden und Westen den Sitz der bösen Geister
erblickte. Vom Norden kam Frost, Schnee, Wüstenwind,
die Schar der Räuber; im Westen ging die Sonne unter,
da war der Sitz der Finsterniss, des Todes; wo aus den
vulkanischen Gipfeln des Elburs die Rauchsäulen emporstiegen,
wo verwüstende Wolkenbrüche niedergingen, wo Fieber und
Krankheit herrschte. Im Osten dagegen, wo die Sonne aufgeht, da wohnten die guten Geister, hier war der Ort des
Lichts, auf der hohen Kette des Belurtag der „Berg der
Höhe", d. h. der heilige Berg, auf welchen sich der Sonnengott Mithra zuerst mit siegreichem Glanze setzte. [1]

Die Verehrung der Gottheiten des Lichts und der heitern
Luft, des Sonnengottes Mithra, Anrufung des Feuers als
Verscheuchers der bösen Dämonen, Darbringung des
Haomaopfers, die Mythen von Verethragna, dem Kämpfer
gegen die bösen Geister, von Vivanghvat, von Jima, von dem
Drachentödter Thraetaona, bilden die religiöse Grundlage, die
den Iraniern mit den Indern vor ihrer Entzweiung gemein-
schaftlich war.

Im Lande der grellen Gegensätze musste sich auch bei
seinen Bewohnern die Vorstellung von dem Kampfe des Himmels gegen die Dämonen der Dürre und Unfruchtbarkeit
scharf entwickeln und in die Vorderlinie treten.

Zarathustra (Zoroaster), der in diesem Lande der Gegensätze auftrat, fand den dualistischen Glauben an ein Lichtreich
und Dunkelreich, an gute und böse Geister und deren Einfluss
auf Land und Mensch, an ein lichtes Iran und ein böses Turan
gewiss vor, als er sein Reformationswerk begann. Er fand die
den Iraniern und Indern gemeinschaftliche religiöse Grundlage,
nämlich eine Naturanschauung, welche die freundlichen Er-

---

[1] Vendidad XIX, 92, XXI, 20.

scheinungen der Aussenwelt auf die wohlthätige Wirkung
höherer Mächte zurückführte, besonders die Erscheinungen
des Lichts als unmittelbare Manifestationen des Göttlichen
verehrte, wogegen sie in der Finsterniss eine feindliche Macht
wirksam glaubte. Die Bedeutsamkeit der Zarathustra'schen
Reformation beruht darauf, dass sie den Gegensatz wohlthätiger
und verderblicher Kräfte in der Natur zu sittlicher Bedeutung entwickelt, indem sie den Gegensatz nicht nur in der
Aussenwelt, durch den Kampf der göttlichen Wesen veranlasst, beibehält, sondern die Gegensätzlichkeit mit dem Menschen in engste Beziehung setzt, denselben nicht nur in die
Mitte des Kampfplatzes stellt, sondern ihn selbst zum Kampf-
objecte macht. [1]

Die guten und bösen Geister zusammenfassend, nannte
Zarathustra das Oberhaupt der guten Geister Ahuramasda,
Herr (Ormuzd), den Vieleswissenden, Grossesgewährenden,
(nach Roth: „ewige Weise"), häufig auch Çpentamainju den
Heiliggesinnten, im Gegensatz zum Oberhaupt der bösen Geister
Angramainju (Ahriman), dem Uebelgesinnten. Ormuzd ist
der Schöpfer und Herrscher der Welt. „Niemand hätte diese
Erde schaffen können, wenn ich sie nicht geschaffen hätte." [2]
Er hat die Welt mit Lieblichkeit ausgestattet und seine Rein-
heit in die Geschöpfe gelegt, darum ruht in der Erde, in
Bäumen, Gewässern eine heilige Kraft, welche der Mensch
zu seiner Hülfe rufen kann. (So heisst es oft in den Jescht.)
Ueberall, wo Ormuzd Gutes gepflanzt hat, säet Ahriman das
Arge, er ist der Urheber alles Uebels. [3] Dieser kommt mit
seinen Geisterscharen, welche die „Verletzer, Reinheitsver-
wirrer, Quäler" heissen, aus den nördlichen Gegenden; die
Scharen des Lichts hingegen sollen aus Osten kommen, um
ihn und sein Reich zu vernichten.

Wie der Bewohner des iranischen Landes auf Thätigkeit
und Kampf angewiesen war, wenn er sich seiner Existenz
erfreuen wollte, so waren auch die iranischen Götter und
Geister sowol vor als nach Zoroaster als thätige gefasst. Die
guten förderten die Arbeit der Menschen und lohnten deren

---

[1] Roth, Zur Gesch. d. Relig., in Theolog. Jahrb., VIII, 1849.
[2] Heisst es: Vendid., Farg., 1.
[3] Fargard, 1, 22 u. a.

Fleiss, die bösen waren stets beflissen, ihnen zu schaden. Die
vor Zoroaster verehrten Dämonenkämpfer Çraosha und Verethraghna waren nach der Reformation auf directen Kampf
gestellt; nach Zarathustra's Lehre ist der Kampf ein indirecter
um den Menschen, um Leben und Tod, um Wohlsein oder
Schaden des Menschen, und nach seinem Tode kämpfen die
guten und bösen Mächte um seine Seele. [1]

Ein sicherer Fingerzeig, dass zwischen den Indern und
Iraniern religiöse Feindschaft stattgefunden und wahrscheinlich nebst andern Ursachen zur Trennung der Stämme mitgewirkt habe, liegt darin: dass ausser dass einige Götter der
alten gemeinschaftlichen arischen Religion zu den Dämonen
herabgedrückt wurden, z. B. Indra, die Açvinen [2], auch der
Gattungsname Daeva, der ursprünglich die „Götter" bezeichnet hatte, bei den Iraniern die Bedeutung böser Geister
erhielt.

Diese Erscheinung zeigt sich auf dem Gebiete religiöser
Anschauungen überall da, wo zwischen den betreffenden
Völkern ein feindseliger Gegensatz platzgegriffen hat.

Im Zendavesta, dem heiligen Urkundenbuche der Iranier
(Perser), das allmählig und innerhalb eines weiten Zeitraums
von Jahrhunderten entstanden und erst nach Zarathustra zum
Abschluss gekommen ist, findet sich der Opferdienst schon
mehr in den Hintergrund gedrängt. Haoma ist zum göttlichen
Wesen erhoben, und das Gebet wird zur wesentlichsten Pflicht
gemacht. Neben Ahuramasda wird auch der Sonnengott
Mithra angerufen, Haoma als Gott, der das Leben erhält,
Verethraghna, bei den alten Ariern ein Dämonenkämpfer wie
Indra Vritraghna, wird im Zendavesta als Gott gepriesen, der
den Sieg verleiht und den Glanz der Könige erhöht [3]; ebenso
wird das Feuer als der beste Schutz gegen die Daeva gefeiert.
Auch die kleinern Lichter des Himmels werden als wohl-
thätige Mächte gepriesen, wie auch das Wasser, das nach dem
Gesetzbuch stets heilig zu halten und nicht zu verunreinigen
ist, ebenso die Erde.

Das Zendavesta stellt überdies noch ein Heer von Geistern

---

[1] Vendidad VII, 132—136; XIX, 90—100; Jescht Sade, 15, 18.
[2] Farg., 10, 19.
[3] Jescht Behram, 12.

als Jazada, „Verehrungswürdige", auf, die sich theils als
Personificationen von Tugenden und moralischen Eigenschaften,
theils als allegorische Figuren zu erkennen geben, z. B.
Geister der Zeit, der Jahreszeiten, der Monate u. s. w.

Diese Schar von guten Geistern ist um Ahuramasda versammelt, das Heer der bösen Daeva um Angramainju. Die
guten Geister walten im Lichte des Sonnenaufgangs, im
Osten, im hellen Glanze des reinen Himmels, überall wo
Leben, Fruchtbarkeit, Wohlsein herrscht; die bösen herrschen
im kalten Norden, im Westen, wo die Sonne untergeht, wo
Stürme brausen, wo Finsterniss, Tod und Verderben ist.
Besonders merkbar macht sich im Zendavesta der Geist des
kalten Winters Zemana[1], Azis, der den Menschen das Leben
und das Feuer zu rauben sucht[2], der Daeva Bushjankta, der
zur Trägheit verführt[3], Buiti, der Daeva der Lüge.[4] Unter
andern bösen Geistern lässt das Zendavesta auch den Indra
erscheinen[5], der von den Indern und Iraniern unter dem
Namen Verethragna verehrt ward.

Ausser den Daeva gibt es noch Drudscha und andere
untergeordnete Arten von Unholden.

Ahuramasda ist der Schöpfer des Guten, und seinen
guten Geistern eignet das Licht, Leben, die reine That, die
fruchtbare Erde, das erquickende Wasser, die glänzenden
Metalle, die Bäume, die Weiden. Angramainju hingegen
schafft das Böse, dessen Keim er in die guten Schöpfungen
legt, er bringt den Winter, die Hitze, die Stürme, Krankheiten, ist Urheber der Sünden, Ausschweifungen, wodurch
das Leben Abbruch leidet, der Lüge, der Trägheit. Auch
die Thiere theilen sich zwischen die guten und bösen Geister.
Ahuramasda bringt die dem Menschen nützlichen Thiere hervor; Angramainju dagegen ist der Schöpfer der schädlichen,
der giftigen Schlangen, der Raubthiere, aller, die in dunkeln
Höhlen und Löchern wohnen, die dem Acker schaden, alles
Ungeziefers.[6] Angramainju hat somit theil an der Schöpfer-

---

[1] Vendidad IV, 139.
[2] Vendidad XVIII, 45.
[3] Vendidad XVIII, 38.
[4] Vendidad XIX, 6, 146.
[5] Vendidad X, 17.
[6] Vendidad XVIII.

kraft, ist nicht durch Selbstbestimmung böse geworden, sondern war von Anbeginn böse. „Aber", fragt Döllinger, „ist
er von Anbeginn böse? Die parsische Lehre kennt keinen
abstracten Dualismus; nach einer Stelle wäre sogar: „der gute
wie der schlechte Geist von Ormuzd erschaffen" und immer
wird Ahuramaṣda tief unter Ormuzd gesetzt; während jenem
Allwissenheit zukommt, hat Ahuramasda nur ein Nachwissen,
d. h. er sieht die Wirkungen seiner Thaten nicht vorher". Wir sehen in dieser Ueberlegenheit Ormuzd's denselben Trieb nach Einheit, wie er sich in allen polytheistischen
Religionen mehr oder weniger an den Tag legt. Damit stimmt
überein, was Döllinger aus einer Pehlvi-Handschrift eines parsischen Lehrbüchleins anführt: „Es war eine Zeit, da er
nicht war (nämlich Ahuramasda); es wird eine Zeit sein, da
er nicht sein wird in den Geschöpfen Ormuzd's, und am Ende
wird er verschwinden." [1] Soll man diese Stelle nicht eine
prophetische nennen, zu vergleichen jenem Ausspruch der
hebräischen Propheten vom messianischen Reiche? [2] — Was
Zervan-Akarana, die ungeschaffene Zeit, das Eine Urwesen
betrifft, von welchem Ormuzd und Ahriman erst hervorgebracht worden ist, wird dies als eine durch Anquetil's
Misverständniss in die Zendschriften hineingetragene Meinung [3]
erklärt. Könnte man es nicht für eine spätere speculative
Zurückleitung auf die Einheit betrachten, die allerdings dem
Volksbewusstsein fern gelegen? Damit stimmt überein, dass
in den ältern Theilen des Zend Zervan nirgends über Ormuzd
gesetzt wird, dass, wie auch Döllinger behauptet, Zervan ein
der altiranischen Lehre ursprünglich fremdes Wesen ist.

Gemäss dieser Anschauung von thätigen Gottheiten und
Geistern bestimmt sich die sittliche Aufgabe des Menschen
dahin, im Guten thätig zu sein durch Abwehr der Macht des
Angramainju und seiner Geister, die nur da eingreifen, wo
der Mensch die heiligen Gesetze aus dem Auge lässt. Das
Gesetz Ahuramasda's bietet die Mittel gegen die Gewalt Angramainju's. Die Daeva walten, wo der Tod herrscht, also muss
der Mensch sein und anderer Leben zu fördern trachten da-

---

[1] J. Müller in den Münchener Gel. Anzeigen, XX, 541.
[2] Vgl. Döllinger, Heidenth. und Judenth., 357 fg.
[3] Vgl. Joh. Müller, Spiegel, Roth, Brockhaus, Haug.

durch, dass er den Acker bebaut, den Boden urbar macht, Viehzucht treibt, schädliche Thiere vertilgt.[1] Da schlechte Thaten auf der Wirksamkeit Angramainju's beruhen, so wird dessen Macht vermindert durch gute Handlungen. Ahura- masda und seine Geister werden als die Reinen gepriesen, jener ist die Reinheit selbst[2]; demnach ist Reinerhaltung eine der vornehmsten Pflichten. Unrein ist aber alles, was dem Leben des Leibes und der Seele hinderlich ist, als: Unrath, Todtes, das den Däva angehört; auch Unzucht, Faulheit, Lüge, Verleumdung gelten für Verunreinigung der reinge- schaffenen Menschenseele. Die Reinhaltung wird durch eine Menge von Vorschriften geboten und die Reinigungen sind bis zur Aengstlichkeit detaillirt.

Beim Vergleich des gegensätzlichen Dualismus zwischen der indischen Religionsanschauung und der Zendreligion springt der Unterschied in die Augen. Während in jener der Gegensatz von Leib und Seele, Geist und Materie auf- gestellt wird, der Leib als das Unreine gilt, demnach die Zerarbeitung und Vernichtung desselben angestrebt werden soll, hat sich der Zendmensch gegen die schlimme Seite der Natur als von bösen Geistern herrührend zu wehren, die gute Seite hingegen soll von ihm gefördert werden, um eines ge- sunden Lebens sich zu erfreuen. Der Brahmaanbeter stellt sich die Aufgabe, sich selbst zu vernichten, der Ormuzddiener hingegen sich zu behaupten. [3]

---

[1] Vendidad XIV, 9—18; XII, 65—71 u. a.

[2] Vendidad X, 35—37.

[3] Da Iran, auch nach dem Schachnameh zu urtheilen, lange Jahre unter assyrischer Oberhoheit stand, so findet es Kruger natürlich, dass auch sein Glaube kein anderer war als die assyrische Reichsreligion, in der Darstellung des Firdusi trete ferner noch das sabäische Element mächtig hervor. (Jak. Kruger, Gesch. d. Assyrer und Iranier vom 13. bis 5. Jahrh. v. Chr., 51.) Auch Spiegel macht auf etliche semitische Ele- mente im zoroastrischen Glauben aufmerksam, hält sie aber für später eingedrungen. (Zend-Avesta, Leipzig 1852, S. 269. Erster Exkurs: Ueber die Einwirkung semit. Religionen auf die altpersische Religion.) Spiegel führt eine Stelle eines persischen Autors an: „Nachdem Zerduscht die sabäische Religion abgeschafft und den Feuerdienst eingeführt hatte, ver- fasste er das Buch Avesta." Spiegel erklärt diese Stelle für ein Zeugniss fremder Einmischung in die Religion Zoroasters; Kruger dagegen für ein Zeugniss der Entstehung der letztern aus dem Sabäismus und weist

Griechen.

Die griechische Halbinsel, von den Gebirgszügen des
Hämus herab bis zum Mittelmeere sich erstreckend, ist ganz
geeignet, die Cultur Asiens mit Europa zu vermitteln. Die
hellespontische Meerenge, der Archipelag, die Inselreihe gegen
Westen bilden eine Brücke zur Weiterförderung des Ueber-
kommenen. Die überallhin verzweigten Berge, die das Land
bedecken, waren zwar einer Vereinigung der Bewohner zu
einem festgeschlossenen Ganzen hinderlich; dagegen musste
die individuelle Ausbildung in den abgegrenzten Gebirgs-
auen um so ungestörter gedeihen. Die Nähe des Meeres half
dem zu Lande gehemmten Verkehre, reizte zu Schiffahrt und
Handel, schützte vor Erstarrung, und von den Höhen erhielt
der Hellene die kräftigende Bergluft. Die grösste Mannig-
faltigkeit herrscht sowol in der Formirung der Oberfläche des
Landes als in der Uferbildung. Dort der verschiedene Anblick von Alpenlandschaften mit schneebedeckten Gipfeln, abwechselnd mit Mittelgebirgen, Laubwälder mit Wiesengründen,
hohe Felsenrücken sich erhebend aus Niederungen, die mit
Oliven und Lorberen bedeckt sind, und wieder kahle, wasser-
arme Landschaften, zahllose Buchten, fruchtbare Thäler, schat-
tige Wälder. Ebenso mannigfaltig ist das Klima des Landes.

---

auf eine schriftliche Quelle vorzoroastrischer oder assyrischer Religion
hin, die bisher beiseite geblieben. Est ist der Dabistan des Scheikh
Mohammed-Jani oder Mohsan-Jani, aus dem 17. Jahrhundert stammend, im Anfang unsers Jahrhunderts nach Europa gebracht. Der Verfasser, ein Mohammedaner aus Kaschmir, beschäftigte sich mit dem Studium aller bekannten Glaubensbekenntnisse und legte das Resultat in
seinem Werke nieder. Das erste Buch handelt von der ältesten ihm bekannten Sekte, den Jezdianen oder Huschianen, die den Zoroaster
nicht als Propheten, sondern nur als Reformator anerkennen, bis auf die
Zeiten der Araber mitten unter den Dienern der Feuerreligion ihr vor-
zoroastrisches Gesetz bewahrten, von Persern und Mohammedanern verfolgt nach Indien auswanderten, sich dort in der Stille erhielten und eine
eigene Literatur erzeugten, aus der Mohsan das Wesentliche mittheilt.
Kruger gebraucht diese Schrift zur Unterstützung seiner obenerwähnten
Ansicht; uns hingegen liefert sie einen Beweis mehr für die Annahme
eines durchgängigen Dualismus, der auch bei den Jezdianen stattfindet.
Diese erweisen dem bösen Wesen oder Scheitan sogar eine so hohe Achtung,
dass sie die blose Nennung seines Namens für die verwegenste Handlung halten.

Die Rauheit auf den Höhen mildert sich nach der Senkung und Richtung der Berge bis zu jener Wärme, in welcher die Olive, Feige, Traube zur Reife gelangt, und die Hitze an der Ostküste wird wieder vom Seewinde gekühlt. Den im Sommer fehlenden Regen ersetzt der Herbst und der Frühling in reichlichem Masse. Der Boden, obschon fruchtbar, erheischte doch einen fleissigen Anbau, und die nöthige Arbeit schützte den Hellenen unter dem milden Himmel vor Erschlaffung und üppiger Sinnlichkeit. In einem Lande ohne die schroffe Gegensätzlichkeit von nordischer und tropischer Zone, konnte sich in den Bewohnern Phantasie, Gefühl und Verstand wol harmonisch entwickeln. Daher wird es erklärlich, dass die schneidenden Gegensätze in der religiösen Anschauung der Arier, welche die Hellenen aus ihrer arischen Heimat mitbrachten, in der Erinnerung allmählich verwischt wurden, und der griechische Genius, seiner künstlerischen Natur gemäss, auch fremde Vorstellungen, die durch Ansiedelungen von Aegyptern und Phöniziern in seinen Kreis kamen, um- und durchbildete, indem er aus speculativen Begriffen religiöse Kunstgebilde schuf und die Ideen zu schönen, lebensvollen Individualitäten verkörperte. So wurde die griechische Götterwelt zu einem Kunstwerke des künstlerischen Genius von Hellas, die ungeheuerlichen Personificationen des Orients erscheinen vermenschlicht, der Mensch wird idealisirt zum Göttlichen, der Himmel ist verirdischt und die Erde verhimmelt, die physische und menschliche Natur wird durchgöttert und der Hellene stellt in seiner Gottheit die idealisirt schöne menschliche Individualität dar.

Die Sprachwissenschaft hat schon längst den Beweis geliefert, dass die Griechen Verwandte der Arier sind, und die Religionswissenschaft gelangt zu derselben Ansicht. Von der Trennung des hellenischen Zweiges vom arischen Urstamme haben die Griechen selbst keine Erinnerung aufbewahrt, sie erzählen nur von einem goldenen und silbernen Zeitalter, auf welches ein drittes Geschlecht folgte, das sich in beständigem Kampfe aufgerieben, worauf das Zeitalter der Helden, der Kämpfer vor Theben, vor Ilion, gefolgt sei. Die historische Tradition der Griechen beginnt mit Pelasgos, welchen Homer [1]

---

[1] Ilias 16, 324.

mit dem Heiligthume zu Dodona in Verbindung stellt, und
dies erscheint als der älteste Mittelpunkt der Religion.[1] Hier
wird der Gott des Himmels verehrt, dessen Willen man im
Rauschen des Windes in den Zweigen der heiligen Eiche
vernahm. Er sammelt die Wetterwolken und führt den Beinamen Naïos, der Regner. Ausserdem wird zu Dodona die
fruchtbringende Erde verehrt. Dodona weist auf die ersten
Anfänge hellenischen Lebens in der pelasgischen, d. h. jener
ältesten Zeit auf der Halbinsel, hin, und die Religion gibt
sich als Naturreligion zu erkennen. Die älteste Form religiöser Anschauung der Griechen beruht also auf der mit den
Ariern am Indus gemeinsamen Grundlage. Der helle Himmel,
das Licht, die Winde, Wolken werden verschiedenartig personificirt, und als freundliche Mächte angeschaut. Die empfundene Wirkung setzt der Grieche in göttliche Wirksamkeit
um und schaut in der Natur Götter und Gestalten.

Obschon in Griechenland in klimatischer und geographi-
scher Beziehung wie auch in der religiösen Anschauung keine
schroffe Gegensätzlichkeit auftritt, daher auch der Dualismus
von guten und bösen Wesen weniger scharf ausgeprägt erscheint, so ist dieser doch nicht gänzlich verwischt, und Zeus
schleudert Donner und Blitz, kämpft mit Dämonen des Dunkels, der Nacht. Aber der Kampf ist nach den Homerischen
Gesängen ein längst vergangener, die Dämonen Japetos, Kronos sind überwunden und an die äussersten Grenzen der Erde
oder in den Tartaros gebannt.[2] Auch die Giganten, die Riesen
der dunkeln Region, wo die Sonne untergeht, sind bei Homer
schon besiegt.[3] Die Göttin des blauen Himmels, die „hell-
äugige Pallas", besteht ihre Kämpfe mit den finstern Dämonen, sie überwindet die Unholdin des Dunkels, Gorgo, lässt
hierauf den Gewitterregen herabfallen und den Himmel wieder in klarer Bläue leuchten. So ist Pallas eine befruchtende
Göttin und zugleich Göttin des Siegs. In Athen streitet
diese Göttin des himmlischen Wassers mit Poseidon, dem
Gott des irdischen Wassers, und behauptet den Vorrang, da
Attika mehr auf die Bewässerung durch Regen und Thau
als auf Fluss- und Quellenbewässerung angewiesen war.

---

[1] Vgl. 1 Mos. 10, 4.
[2] Ilias 14, 274. 278; 8, 478; 15, 224; vgl. Hesiod., Theog., 625.
[3] Odyss. 7, 58; 10, 113. 129.

Apollon, mit dem ältesten Beinamen Lykeios, gibt sich
als Lichtgott zu erkennen, dass er als Kämpfer gegen die Dämonen der Finsterniss, der Nacht auftritt. In der Perseus-
sage hat Hesiod eine alte Auffassung solcher Kämpfe des
Lichtgottes aufbewahrt, wo aber Perseus, der Vernichter der
Unholde, den Apollon vertritt. Der Lichtgott haut nicht nur
der Gorgo Medusa den Kopf ab, woraus das geflügelte Wolken-
pferd Pegasus entspringt, er tödtet auch den finstern Drachen
am Parnassus, die dunkeln Dämpfe, die aus der Schlucht des
Gebirges aufsteigen. Der Lichtgott überwältigt das stür-
mische Meer und verjagt die dunkeln Geister, wo die Lichtstrahlen auf dasselbe fallen. Die Lichtstrahlen sind die Pfeile,
die der siegreiche Apollon von seinem Bogen gegen die Ungethüme der Finsterniss abschiesst.

Da von dem Lichtgotte das Reifen der Saaten abhängt,
so wird Appollon in den ackerbautreibenden Gegenden als
Erntegott gefeiert.

In der Anschauung der Griechen von der Entstehung
der Dinge und dem Ursprunge der Götter findet sich der
Dualismus von guten und bösen Wesen erhalten; jedoch
treten die dunkeln Mächte und übelthätigen Gottheiten, welche
bei den Ariern im fortdauernden Kampfe miteinander begriffen
waren, in der Kosmogonie und Theogonie der Griechen nur
in der Erinnerung auf und es bildete sich die Vorstellung,
dass die übelthätigen Wesen vor den wohlthätigen die Herrschaft in der Welt gehabt hätten, sodass die bösen als Väter
der guten Götter erschienen. Diese Auffassung liegt in der
Kosmogonie der Homerischen Gedichte vor. Okeanos, der
grosse Strom, der die Welt umgibt, erzeugt die Götter und
ist der Urquell aller Dinge überhaupt. Seine weibliche Seite
ist Thetys.[1] Aus dem dunkeln Schos der Gäa (Erde) gehen
die finstern Mächte Japetos, Kronos, Rheia und die übrigen
Titanen hervor. Der finstere Kronos, als schädliche Macht
betrachtet, daher ihn die Griechen im Moloch der Phönizier
erkannten[2], und die Rheia erzeugen den lichten Zeus, den
Poseidon, den Gott des Wassers, und Hera, die Göttin des
Sternenhimmels. Zeus, der lichte Gott, stösst seinen finstern

---

[1] Ilias 14, 200 fg.; 21, 193 fg.
[2] Duncker, III, 300, Anm. 3.

Vater Kronos, sammt den übrigen Wesen der Dunkelheit, vom Himmel in das Reich der Finsterniss hinab und bannt sie weit unter den Hades in den Tartaros. [1] Auch Okeanos muss sich vor dem Blitzstrahl des Zeus fürchten [2], und die dunkeln Geister des Westens, wo die Sonne untergeht, die Giganten, werden vertilgt. Die riesigen Söhne der Erde, die den Pelion auf den Ossa gehoben, um den lichten Himmel zu erreichen und ihn zu verdunkeln, werden von den Pfeilen des Lichtgottes Apollon getroffen. [3]

In diesem Kampfe der lichten Götter mit den Titanen und Giganten wird man an die Kämpfe des indischen Vritraghna und des iranischen Veretraghna mit den bösen Geistern der Finsterniss erinnert. Wie hier Naturmächte personificirt auftreten, so auch dort in den kämpfenden Gestalten der griechischen Anschauung, nur dass die Kämpfe als längstgekämpfte dargestellt sind und die Göttergestalten zu Trägern ethischer Mächte erhoben werden, von denen sich die Griechen zu jener Zeit bewegt fühlten. Die Naturbedeutung erscheint sonach mit der ethischen ineinandergesetzt. Eben darum, weil die unterste und älteste Grundlage der religiösen Vorstellungen der Griechen auf Naturanschauung gestellt ist und die Gestalt der Götter mit dem sinnlichen Eindruck in Beziehung steht, kann es nicht befremden, dass manche Gottheiten den Dualismus an sich tragen, und von der einen Seite als wohlthätige erscheinen, andererseits als Urheber des Uebels sich zeigen, oder durch ihre Abstammung damit in Zusammenhang gebracht sind. So erscheinen die Titanen als weltbildende Mächte und zugleich als Urheber des Hasses und der Zwietracht in der Welt, indem sie zuerst gegen ihren eigenen Vater und dann gegen Zeus sich empören. In den ältesten Dichtungen wird die Bedeutung des Wiederspruchs und des Kampfes gegen die bestehende Ordnung der Dinge besonders hervorgehoben. [4]

In dem vielfach verschlungenen Artemis-Mythus wird die Göttin bald mit der keuschen Selene verschmolzen, bald erscheint sie mit der furchtbaren Hekate identificirt.

---

[1] Ilias 8, 13. 479.
[2] Ilias 21, 199.
[3] Odyss. 11, 315.
[4] Ilias 8, 13 fg., 478 fg.; 14, 200 fg.; 15, 224.

Kronos, dessen Cult im Sinne der heissen Jahreszeit und
der Ernte in Griechenland weit verbreitet war, ist als Erntegott zugleich Herrscher des goldenen Zeitalters, wo nichts
als Reife und Ernte war.[1] Als Gott der Reife ist er aber
auch der Gott der reifenden Zeit selbst, der schleichenden
und plötzlich abschneidenden, und von dieser Seite ist er als
zerstörende, böse Macht gefasst.

Der Tartaros, in der ältern Mythologie als ausserwelt-
liches, tief unter der Erde und dem Meere befindliches Ti-
tanengefängniss, wohin die abgesetzten und überwundenen
Götter einer vergangenen Weltordnung verstossen sind, steht
im Gegensatz zum Himmel und dem Olympos, wo die herrschenden Götter heiter leben. Die Titanen werden aber häufig
mit sinnverwandten Unholden, den Repräsentanten ungeregel-
ter Naturkräfte, in eins verschmolzen, z. B. mit Typhon, und
so können die Titanen als böse Mächte erscheinen.

Im Zusammenhang damit steht die Ansicht des Alterthums über die Ursachen von vulkanischen Naturumwälzungen,
wonach die gasartigen Dämpfe, die das Innere der Erde erfüllen, nach auswärts drängen und, wo sie keinen Ausgang
finden, diesen mit Gewalt erzwingen. Der allgemeine mythologische Ausdruck für solche Dämpfe und ihre zerstörenden
Wirkungen ist Typhon, daher er späterhin überall hausend
gedacht wurde, wo der Boden vulkanische Wirkungen nach-
wies. Sein Name wird von τύφω, hauchen, blasen, abgeleitet[2],
besonders vom warmen Hauche, die jüngste Form ist Τυφών,
die ältere, die bei Homer und Hesiod ausschliesslich vorkommt, ist Τυφωεύς. Er ist ein Sohn der Gäa oder auch der
Hera, und zwar aus Hass und Grimm erzeugt. Gäa gebar
ihn, um den Sturz ihrer Söhne, der Titanen, durch Zeus, die
im Tartaros gefesselt lagen, zu rächen[3]; Hera aus Rache an
ihrem Gemahl, der die Athena allein erzeugt hatte.[4] Preller[5]
sucht beide Versionen dahin zu vereinen, dass Typhon einmal

---

[1] Bergk, Comment. de relig. Com. Antq., S. 188 fg., bei Preller S. 43.
[2] Hermann, Opusc., II, 88.
[3] Hesiod, Theog., 820 fg.; vgl. Schömann, De Typhoeo Hesiodeo,
Opusc. I, 367.
[4] Homer, Hymn. in Apoll. Pyth., S. 366.
[5] I, 109.

als Sturmwind gedacht die Göttin des Wolkendunkels ebenso
gut zur Mutter haben könne wie die Erde. Nach Diestel [1],
der Welcker folgt [2], hat vielmehr Hera die Bedeutung der
Erde als olympische Reproduction der Gäa, und zum Tartaros
stehe Typhon nur darum in Beziehung, weil er unter der
Erde sein Wesen treibt. Seine Natur sei durch und durch
vulkanisch, worauf sich die Schilderungen bei Hesiod [3], Pindar, Aeschylos und den Spätern beziehen. „Er liegt unter
grossen Bergen, welche Feuer speien, überall in solchen Gegenden, die durch Erdbeben zu leiden haben. Das mannichfache Getöse, das bald wie Löwengebrüll, wie Hundegeheul,
wie ein schrilles Pfeifen klingt und vulkanische Eruptionen
begleitet, kennzeichnet ihn. Die Eruption selbst ist ein Kampf
des Himmels (Zeus) mit diesen irdischen Mächten, von beiden
Seiten wird mit Donner und Blitz (daher die Schlangen-
häupter) gekämpft; aus seinem ganzen Körper scheint das
Feuer auszugehen. Die Berge schmelzen wie Zinn-Geschmol-
zenes, so schildert Hesiod die Lavaströme. Daher konnte
Typhoeus auch den Namen πορφυρίων erhalten. Erst viel später
ist diese Naturbasis mehr zurückgetreten und die Vorstellung
einer ungebändigten Opposition gegen den Weltenlenker als
geistiger Niederschlag." Von Typhon stammen die den See-
fahrern verderblichen Winde ab, die ihre Schiffe zerschellen. [4]
Endlich vermengte sich die Vorstellung von Typhon mit der
schädlichen Seite der Titanen und wurde Repräsentant des
Wilden, Unbändigen, der rohen Naturkräfte. Mit der schrecklichen Echidna, einem Ungeheuer, halb Jungfrau mit schwarzen Augen, grässlich und blutgierig, in einer Höhle hausend,
zeugt er den mehrköpfigen Orthus, den Cerberus, die Lernäische Hydra, die Chimäre, die Sphinx, den nemeischen
Löwen. [5]

Als Vater von allen mythischen Ungethümen, welche auf
und unter der Erde das menschliche Geschlecht bedrohen,
bis ihnen Herakles ein Ende macht, steht er im feindlichen

---

[1] Abhandlung über Typhon, S. 191.
[2] Mythologie, I, 362 fg.
[3] Theog., 820—868.
[4] Hesiod, Theog., 869.
[5] Hesiod, Theog., 295 fg.; Apollodor, II, 5. 11; III, 5. 8.

Gegensatz zur obersten ordnenden, die Menschen segnenden Gottheit, Zeus, der ihn am Ende mit seinem Blitzstrahle aufs Haupt trifft und in den Tartaros wirft, von wo er nunmehr nur noch zeitweise verderbliche Wirkungen auf die Oberwelt sendet, während, wenn er als Sieger aus dem die Welt bis in den tiefsten Grund erschütternden Kampfe hervorgegangen wäre, er sich der Herrschaft über Götter und Menschen bemächtigt haben würde.

Der Schluss dieses Kampfs, wie der Titanomachie und Gigantomachie, erklärt sich der natürlichen Bedeutung nach dahin: dass aus der ordnungslosen Wirksamkeit der Naturmächte in ihrer Unbändigkeit das schöngeordnete Leben hervorgeht; nach der ethischen Seite: der vergebliche Aufwand der rohen Gewalt gegenüber dem göttlichen Regiment des Olympiers.

Der Dualismus, der in diesen Kämpfen zur Feindseligkeit gesteigert ist, tritt auch an den einzelnen Gottheiten auf, deren Grundlage auf Naturbedeutung zurückweist. Die Götter der Griechen haben eine doppelte Seite, eine milde und eine furchtbare, obschon letztere in der Anschauung des Volks mehr zurücktritt und die ethische Bedeutung sich vorschiebt. Die dualistische Seite lässt sich an den Hauptgottheiten deutlich wahrnehmen.

Zeus, der Gott schlechthin, ist der Gott des Himmels, auf den höchsten Bergen verehrt, wo er im Lichtglanze thront. Er sammelt Wolken, schleudert aber auch Blitze, er ist der segnende, aber auch der schreckliche Himmelsgott. Leicht erkenntlich ist die Naturbedeutung, wonach der Witterungsprocess dargestellt ist. Da die Erscheinung und Macht des Blitzes das Gemüth eines Volks ergreifen muss, ist diese Seite in den Mythen gewöhnlich mehr hervorgehoben. Die schreckliche Seite kehrt Zeus besonders als Zeus μαιμάκτης, als zürnender Zeus heraus. Dieser Seite entsprechen auch die Menschenopfer, die dem lykäischen Zeus in Arkadien fielen. [1] Der entwickeltere humane Sinn war aber darauf bedacht, solche Barbareien zu beseitigen, und brachte daher Gebräuche auf, die nur mehr die Erinnerung daran aufbewahrten, abgesehen davon, dass solche Greuel ursprünglich

---

[1] Hermann, Gottesdienstliche Alterthümer, 827.

aus der Fremde eingeschlichen waren, die durch das erstarkte
hellenische Gefühl ausgetilgt wurden.

Hera, als älteste Schwester und Gemahlin des Zeus und
Himmelskönigin, stellt die weibliche Seite des Himmels dar,
die Luft, das weibliche Fruchtbare der Elementarkraft. Sie
ist lieblich, die Erde befruchtend, stiftet und behütet unter
den Menschen die Ehe; allein sie ist auch in den ehelichen
Zerwürfnissen mit Zeus als finstere, furchtbare, verderbliche
Göttin dargestellt. Obschon ihre vornehmliche Bedeutung
die himmlische Herrschaft neben Zeus und das weibliche eheliche Leben bleibt, so verhilft doch die Naturbedeutung beider
Gottheiten zur Erklärung der ehelichen Zänkereien zwischen
ihnen, von welchen die Mythen viel zu erzählen haben. In
dem Lande der Griechen, wo die Gebirge meistens enge Thäler bilden, bei der Nähe des Meeres und der feinen Atmosphäre, entstehen Regen, Sturm und andere Lufterscheinungen
gewöhnlich plötzlich mit gewaltsamem Auftreten. Das Bild
des ehelichen Verhältnisses ist vom griechischen Himmel hergenommen, und in dieser Beziehung erklären sich die bekannten ehelichen Scenen, wie sie die Ilias erzählt und in der
Heraklessage der Streit der beiden Himmelsmächte allegorisch
dargestellt wird. In diesem Sinne fährt Zeus μαιμάκτης
im Sturme und in Wetterwolken einher, geiselt die Luft und
wirft mit Feuerstrahlen um sich; Hera verbindet sich mit den
finstern Mächten der Tiefe, um weltverderbliche Wesen zu
erzeugen [1], sodass sie sogar den Typhon von den Titanen
empfangen und gebären kann. [2] Hera erscheint demnach als
verderbliche Sturmgöttin, und als Mutter des Ares nimmt sie
eifrig theil am wilden Kriege, wo sie mit solcher Wuth gegen
die Trojaner erfüllt ist, dass sie, nach der Aussage ihres Ge-
mahls, dieselben am liebsten mit Haut und Haar auffrässe. [3]

Hephästos, der Gott des Feuers, dieses sowol als Ele-
mentarmacht in der Natur wirkend als auch formbildend,
also das Princip der Kunst, ist der Sohn des Zeus und der
Hera, obschon aus dem Streite zwischen beiden hervorgegangen. [4] Die civilisatorische Bedeutung in Hephästos ist zwar

---

[1] Ilias, 8, 478 fg.; 14, 270 fg.
[2] Apollodor, 127 fg.
[3] Ilias 4, 35; 5, 711 fg.; 8, 350 fg.
[4] Hesiod, Theog., 927.

die überwiegende, er erscheint aber doch auch als zerstörende
Macht der Vulkane [1] und streitet mit Dionysos um Naxos,
und mit Demeter um Sicilien. Nach dieser Seite hat Hephästos einen dämonischen Anstrich, daher verbindet sich auch
mit seinen Kunstwerken eine gewisse Art List und Tücke [2],
wie sich an die Metallurgie in den Sagen gewöhnlich etwas
Dämonisches anknüpft, weswegen die Berg- und Schmiede-
geister, die Korybanten, die idäischen Daktylen, die rhodischen
Telchinen, obschon grosse Künstler, doch auch als schlimme
Kobolde gedacht werden.

In Athena verschmilzt Zeus und Hera gewissermassen
in Eins, in ihr verehrt der Grieche den reinen, klaren Himmel, den Aether, als höchste Naturmacht und charakterisirt
diese Naturbedeutung durch Athena's Jungfräulichkeit. Sie
ist lieblich, bodenbefruchtend, Menschengeschlechter erziehend,
und in ihrer ätherischen Reinheit wird sie die Göttin des
Sinnens, des künstlerischen Erfindens. In den auf ihren Ursprung bezüglichen Mythen, in welchen kosmogonische Ideen
niedergelegt sind, erscheint sie aber als gewaltige Himmels-
macht, über Wolken, Blitz, Sonne und Mond gebietend, in
furchtbarer Majestät einherfahrend. Der unfreundlichen Seite
ihrer Naturbedeutung entsprechend, erscheint sie als Kriegs-
göttin, und in diesem Sinne, der besonders in der ältern
Zeit mehr hervorgehoben worden, kommt bei den Palladien
die Lanze öfter vor als der Spinnrocken.

Auch Apollon vereinigt einen gegensätzlichen Dualismus in sich, wie schon sein Doppelname Φοῖβος ᾿Απόλλων andeutet. Während Φοῖβος das strahlende Licht, Sonnenlicht,
dann die ethische Reinheit seines Wesens bezeichnet, ist er
als ᾿Απόλλων der Verderber, der furchtbare Gott mit Pfeil
und Bogen, welcher rächt, straft, aber auch verheerende
Krankheiten und plötzlichen Tod sendet. Der furchtbaren
Natur des Sonnengottes entspricht dessen Symbol, der Wolf,
daher sein Name λύκειος. Der griechische Mythus lässt Apollon aber bald nach seiner Geburt den Kampf mit den Mächten der Finsterniss beginnen (dem Riesen, dem Drachen Py-
thon) und als Sieger hervorgehen.

---

[1] Ilias, 21, 330 fg.
[2] Vgl. Der goldene Sessel der Hera.

Artemis, als allgemeiner Name für die verschieden
gestaltete Mondgöttin, weist in ihrem Cultus einen Dualismus
auf, hergenommen von dem theils nützlich, theils schädlich
gedachten Einfluss des Mondes auf die gesammte Natur, also
auch auf den Menschen. Sie ist die Göttin des schnellen
Todes und tödtet mit Apollon die Niobiden. Ueberall, besonders wo es das weibliche Geschlecht betrifft, ist sie die Ursache des schnellen Todes. [1] Ihr werden Acte des Blutdurstes
und der Rache zugeschrieben, daher der blutige Charakter
ihres frühern Cultus, wo selbst Kinderopfer stattfanden, die
nachher durch Geiselung vertreten wurden, und noch in späterer Zeit war ihr Dienst zu Paträ ein für Griechenland grau-
samer. [2] Der blosse Anblick ihres Bildes erfüllte alles mit
Schrecken, machte Bäume verdorren, Früchte vernichten. [3]

Obschon gewöhnlich von ihr getrennt, erscheint doch
auch in ihrem Zusammenhange Hekate als früh nach Griechenland eingewanderte Mondgöttin in grossem Ansehen und
mit weitverbreitetem Dienste. Sie erscheint als wohlthätig
dem menschlichen Leben, der Geburtshülfe, der Kinderzucht,
der Jagd, der Viehzucht, ist heimisch auf den Strassen, auf
denen sie wandert, wurde vor den Häusern der Vornehmen [4],
an Pfaden und Scheidewegen aufgestellt, ihr waren die Drei-
wege geheiligt, daher Prothyräa, Enodia, Trioditis genannt.
Ihr eignete man aber auch allen geisterhaften Spuk und die
gespensterhaften Erscheinungen auf den mondbeleuchteten
Strassen und Kreuzwegen, gemäss dem unheimlichen Ein-
drucke der huschenden Gestalten bei Mondlicht. Sie ist daher
die Göttin der Gespenster und der magischen Beschwörungen
geworden. Als solche ist sie die grauenvolle Mutter des
Scheusals Scylla, Tochter des Tartaros und der Nacht, Ob-
walterin des Schattenreichs. Sie schwärmt als Geisterkönigin
schwarz verhüllt und begleitet von den Seelen der Verstorbenen um die Gräber. [5] In ihrer grässlichen Gestalt, Fackel

---

[1] Ilias, 6, 205. 428; Odyss., 11, 172. 324; 15, 478; 18, 402.
[2] Pausan., 7, 18. 7.
[3] Plut., Arat., 32.
[4] Aeschyl., Sept. Theb., 455.
[5] Apoll. Rhod., III, 862; Orph. Hymn. in Hecat. und Hymn. in Tych.,
Vers 5.

und Schwert in Händen, von schwarzen grossen Hunden gefolgt, schreckt sie die Reisenden und bezweckt dasselbe durch das Gespenst Empusa. [1] Sie ist die Helferin, die bei Bereitung von Zaubermitteln angerufen wurde [2], und überhaupt Vorsteherin der Zauberei.

Ares ist Repräsentant des stürmischen Himmels, hat seine Heimat in Thrazien, dem Lande des Nordens und des Winters, wo die Stürme zu Hause sind. In dieser Beziehung steht er im Gegensatz zu Apollon, dem Gotte des Lichts und des Frühlings, wie auch Athena, als Göttin der hellen, reinen Luft, seine Gegnerin ist. [3] Die ursprüngliche Naturbedeutung des Ares, als Hervorbringers schädlich wirkender Naturereignisse, auch der Seuchen, wird aber überwogen durch die des blutigen Kriegs, und so repräsentirt Ares den Kriegssturm, den wilden Krieg des Todes und der Wunden [4], die im Kampfe sich entzündende Mordlust, das Blutvergiessen, weshalb auch der Areopag zu Athen als Blutgericht dem Ares geheiligt war. Obschon Sohn des Zeus und der Hera, ist er doch, nach der Aussage des Homerischen Zeus, dem eigenen Vater unter allen Olympiern der Verhassteste, und auch bei Sophokles heisst er der Misachtete unter den Göttern. [5] Als Gott des tödtenden, wilden Krieges ist er unterschieden von Athena, der Repräsentantin des besonnenen Muthes. [6]

Wie Zeus und Hera sammt ihrem Gefolge oben in den himmlischen lichten Höhen herrschen, so ist Hades (Pluton) und Persephone das Herrscherpaar über die Mächte der dunkeln Unterwelt. Pluton's Wohnung ist deshalb δόμος Ἄϊδος, er selbst Ἀϊδωνεύς. Nach der Anschauung des Epos ist dieses Herrscherpaar allem frischen Leben feindlich gesinnt, dem es unaufhörlich Tod und Verderben zusendet, daher Göttern und Menschen verhasst. Dem düstern Charakter dieser Gottheiten entspricht auch ihr Aufenthalt, der finster, in seinen weiten, unheimlichen Räumen voll dämonischer Schrecken

---

[1] Schol. Apoll., III, 862; Lobeck Aglaoph., 223. 121.
[2] Theocr., II, 15.
[3] Ilias, 5, 853 fg.; 21, 400 fg.
[4] Ilias, 17, 529; 13, 569.
[5] Oed. Tyr., 214.
[6] Ilias, 5, 31 fg.; 15, 123.

ist. [1] Der finstere, traurige, schweigsame Fürst der Unterwelt ist, von dieser Seite betrachtet, der gerade Gegensatz zu
dem heitern, lichten, gesangreichen Apollon:

> „Des Gesanges Freud' und die Spiele liebt vor allem Apollon;
> Sorgen und Seufzergetön ist des Aïdes Theil." [2]

Pluton, als welcher er erst bei den Tragikern erscheint, ist als
Aidoneus der gewaltsame Todesgott, bei dem kein Opfer, kein
Gebet gilt. Er ist der König der Schattenwelt, der finstere,
unerbittlich strenge Herrscher. Die ihm zur Seite hausende
ernste und furchtbare Persephone, nach ihrer ursprünglichen
Bedeutung „die Würgerin", ist die alles Lebendige verschlin-
gende Todesgöttin, die Führerin der schrecklichen Erinyen [3],
steht ebenso feindlich dem Leben gegenüber. Die Erinyen,
die das unterirdische Herrscherpaar umgeben, sind unerbitt-
liche Straf- und Rachegeister, eigentlich „zürnende Hader-
göttinnen", die Fluch und schrecklichen Tod bringen. Sie
haben aber auch eine freundliche Seite, wonach sie als Gottheiten des ländlichen Segens erscheinen, wie auch im gewöhnlichen Cultus die mildere Naturbedeutung von Pluton und
Persephone mehr im Auge behalten wurde, die in dem Mythus vom Raube der Persephone und ihrem Beilager mit
Pluton sich herauskehrt.

　Es war die lebensvolle, plastische Phantasie des Hellenen,
durch die jeder Eindruck, jede Empfindung eine lebensvolle
Gestalt erhielt, die selbst die verführerische Glätte des Meeres, unter welcher Klippen und Sandbänke Schiffbruch und
Tod verursachen, durch die Sirenen vorstellte, die als dämonische Wesen der See erscheinen [4], mit ihrem Gesange bezaubern und den Schiffer auf ihre Insel locken, deren Ufer
voll sind von Leichen und Todtenknochen. Der lebensfrische
Sinn des Hellenen schob auch von der doppelten Seite der
Gottheiten die düstere, furchtbare mehr in den Hintergrund,
wobei die ethische Bedeutung das Uebergewicht gewann und
die Göttergestalten eine licht- und lebensvolle Färbung erhielten.

　In Uebereinstimmung damit steht auch die ethische

---

[1] Odyss., 11, 634.
[2] Stesichorus bei Plutarch de Eῒ ap. Delph., 20.
[3] Ilias, 9, 569 fg.
[4] Odyss., 12, 39 fg.; Apollon. Rh., 4, 893.

Aufgabe, in deren Lösung der Grieche seine Bestimmung
setzt. Er ist weit entfernt, Geist und Natur, Leib und Seele
in ihrer Getrenntheit einander gegenüberzustellen, daher es
ihm weder um abstracte Ascese, noch um sinnlichen Orgias-
mus zu thun sein kann. Vielmehr strebt er nach dem Gleich-
gewichte beider Momente, nach Mässigung und Veredlung
seiner natürlichen Seite, Herrschaft über die wilde Leidenschaft. Er sieht seine Bestimmung in der Harmonie des
Geistigen und Leiblichen und sucht daher die edle Gesinnung auch leiblich zum schönen Ausdruck zu bringen. Er
stellt sich die Aufgabe, nicht nur die Heftigkeit seines Gemüthes zu bezwingen, sondern auch die Herrschaft über die
Glieder seines Leibes im vollen Masse zu erlangen. Indem
er den Leib als die sichtbar gewordene Seele betrachtet, wird
sich der veredelte Geist auch in edeln Formen auszuprägen
suchen, und in dieser Harmonie der geistigen und leiblichen
Seite erscheinen auch die hellenischen Göttergestalten in pla-
stischer Schönheit. Denn in seiner Götterwelt hat der Grieche
die ethisch verklärte Menschenwelt angeschaut.

Die Dämonen, die den eigentlichen Göttern zunächst
standen, kennt Homer nicht als Mittelwesen, ihm ist Dämon
noch das göttlich Waltende. Hesiod aber spricht vom Dasein unsterblicher Dämonengeschlechter, die zwischen Göttern
und Menschen die Mitte einnehmen, den Menschen als Schutzgeister und zur Vertheilung guter Gaben beigesellt sind. [1]

Der Glaube an Personaldämonen ist bei den Griechen
sehr alt, schon Phokylides, Pindar, Menander sprechen von
Schutzdämonen, dass jedem Menschen ein Schutzdämon als
wohlthätiger Mystagog des Lebens zur Seite stehe. [2] Diese
Vorstellung wurde mehr in den philosophischen Schulen ausgebildet, im Volksglauben hingegen trat mehr die Scheu vor
bösen Dämonen hervor. Gewöhnlich gilt Empedokles als der
erste, welcher den Dualismus von guten und bösen Dämonen
gelehrt haben soll [3]; allein schon Hippokrates spricht von
abergläubischen Leuten, die sich Tag und Nacht von übel-
wollenden Dämonen umgeben glauben. Dass bei den Schrift-

---

[1] Hesiod, Op. et dies, V, 109—150. 250 fg.
[2] Plut., Qu. gr., 6.
[3] Clem. Alex., Strom., 5, 726.

stellern bis auf Plutarch (1. Jahrhundert n. Chr.) meist nur
gute Dämonen erwähnt werden, suchte man daraus zu erklären: dass die Scheu, um keine üble Vorbedeutung zu geben,
die Erwähnung der bösen Dämonen vermieden habe. [1] Die
Ansicht von guten und bösen Dämonen wurde allgemeiner,
und mit ihr trat die Vorstellung von der Schicksalsmacht
(Ananke, Aïsa, Moira), die sich nicht zu einer abgeschlossenen Persönlichkeit ausgebildet hatte, in Verbindung, und es
gibt ein Schwanken zwischen unabänderlicher gesetzmässiger
Ordnung, wie sie die Natur aufweist, und einer nach persönlicher Neigung oder Willkür verfahrenden Macht. Bei den
Tragikern Aeschylos und Sophokles gewinnt das Fatum eine
sittliche Bedeutung, es ist die vorausbestimmte Weltordnung,
der gegenüber die übermüthige Auflehnung zu Grunde richtet.
Nach Theognis ist der Mensch ohne Dämon weder gut noch
böse, die Gottheit ist es, welche ihm die Hybris als erstes
Unheil mitgegeben hat. [2] In dem Werke „Die Gesetze", das
Platon als letztes schriftstellerisches Product, obschon nicht mit
völliger Gewissheit, zuerkannt wird, ist eine Art Dualismus
von einer wohlthätigen Weltseele und einer, die das Entgegengesetzte bewirkt, angedeutet [3]. Von Platon's Nachfolgern
wurde mit der pythagoräisirenden Zahlenspeculation eine halb
mythische, halb populäre Theologie verbunden, wobei der
Dämonenlehre eine bedeutende Rolle zukam, die besonders Xenokrates ausbildete. Ihm sind die Dämonen Mittelwesen zwischen den olympischen Göttern und Menschen,
wohnen in der Region unter dem Monde [4], vermitteln den
Verkehr zwischen Göttern und Menschen, sind theils wohl-,
theils übelthätig. Die guten Dämonen sind die Urheber alles
Guten und Nützlichen, die bösen alles Widerwärtigen und
Unheilvollen für den Menschen. [5] Letztere erfreuen sich an
den Festen, wo Schläge, Geiselungen, schmuzige Reden vorkommen, besonders an Unglückstagen. Er scheint auch die
Menschenseele für dämonisch betrachtet zu haben. „Eu-
dämonie" sagt er, „kommt dem zu, der eine gute Seele hat,

---

[1] Petersen, Hausgottesdienst der alten Griechen, S. 55.
[2] V. 65. 151. 540.
[3] Legg., 10.
[4] Stob., 1, 1; Plut. de Is. et Os., c. 25 fg.
[5] Plut. de Is., 1, 1, adv. Stoic., c. 22.

Kakodämon ist derjenige, welcher eine bösartige als Dämon in sich hat." [1]

Schon Platon hatte mythisch-mystische Elemente in die Philosophie aufgenommen, um durch deren Symbolisirung eine Philosophie der Mythologie darzustellen. Den Neuplatonikern dienten Mythus und Mysterium als Ergänzung ihrer Philosophie, um die hellenische Weltanschauung aus den sinnlichen Vorstellungen zum Begriffe zu erheben, wobei aber das Mystische das Uebergewicht gewann. Nach dem Vorgange des platonischen Dualismus von Gott und Hyle, betrachteten alle Neuplatoniker das leibliche, sinnliche Wesen als das Nichtige, Böse; die Materie, das absolut Willenlose, war der Grund aller sittlichen Verkehrtheit, obschon keine positive Macht, wie kein Neuplatoniker ein eigentliches böses Urprincip aufstellt. Bei allen findet sich neben der Vielgötterei die Dämonlehre. Philo, der für den ältesten und bedeutendsten Vorläufer der Neuplatoniker gilt, ist an einer andern Stelle berücksichtigt. Plotinus (geb. 205 n. Chr., gest. 270) spricht zwar viel von Göttern und Dämonen, fasst sie aber viel geistiger auf als die spätern Platoniker, die ihn misverstanden haben. Die Seelen von Dämonen hält er für höher und stärker als die Menschenseelen, sie sind mit grosser Macht begabt und verwalten gleichsam im Auftrage der Allseele die einzelnen Theile des All. [2] Wenn sie zuweilen unsere Gebete hören, so ist diese Erhörung nicht Folge unsers Einflusses, sondern der grossen Weltsympathie, denn nichts geschieht gegen die Natur. [3] Die Menschenseele, ein Bild des Weltganzen, ist nicht ganz in den Körper eingegangen, sie hängt noch an der Allseele. [4] Auch die Dämonen, die gleichen Wesens mit den Menschen sind, hangen mit ihrem Wesen an Gott. [5] Porphyrius, der seinen phönizischen Namen Malchus mit dem griechischen vertauscht hatte (233—304), vermochte nicht überall die speculativen Gedanken seines Lehrers Plotinus festzuhalten und verlor sich in das Gebiet der Magie und der orientalischen Theologie. Er spricht von Engeln und

---

[1] Aristot., Top., 2, 6; Clem. Alex., Strom., II; Stob., Serm., 104, 24.
[2] V, 3, 6.
[3] IV, 4, 42; 7, 26.
[4] IV, 8, 8; 9, 4.
[5] Vgl. Steinhart, Art. Plotinus in Pauly, Realencyklopädie.

Erzengeln, weist erstern den Wohnsitz im Empyreum an, er
weiss von Dämonen, die in der Luft wohnen [1], theilt sie in
irdische und feurige, und redet von bösen und strafenden
Dämonen. Er anerkannte Zauberei und Beschwörung von
Dämonen, sowie schädliche magische Einwirkungen der Menschen durch theurgische Künste. [2] Jamblichus (gest. um 330
—333) betonte ganz entschieden das orientalische und theur-
gisch-mystische Element in seiner Lehre, die er für Platonis-
mus ausgab und durch Aneignung chaldäischer und ägyptischer
Mythen und Philosopheme im Orient herrschend zu machen
und zugleich dem Christenthum entgegenzuarbeiten suchte. In
einer Schrift, deren Abfassung ihm zuerkannt, aber in neuerer
Zeit angezweifelt wurde: „Ueber die ägyptischen Geheimnisse“, stellt er die ägyptische Geheimlehre als den Gipfelpunkt aller Weisheit dar. Hier kennt er eine lange Reihe
von Dämonen, Engeln, Erzengeln, er setzt die Merkmale aus-
einander, an welchen die Erscheinungen der Götter, Engel
und Dämonen unterschieden werden [3], er kennt die besondern
Wirkungen der guten und bösen Dämonen, deren bestimmte
Eigenschaften. [4] Die meisten der Verehrer und Schüler des
Jamblichus scheinen weniger seine wissenschaftliche Bedeutung
als den damals herrschenden Glauben an magische Wirkungen
und die Dämonologie, der er eine philosophische Grundlage geben wollte, ergriffen und verbreitet zu haben. Die
Lehre von den Dämonen erhielt sonach eine grosse Ausbildung, man suchte das Geisterreich wie das Naturreich ein-
zutheilen, mehrere Klassen nach dem Element, worin sie lebten, nach ihrer Natur und ihrem Wirkungskreise festzustellen.
Das Mystische gewann um so mehr Werth, als es geeignet
war, den Berührungspunkt abzugeben für orientalische Vorstellungen und griechische Ideen. Obschon die Haupttendenz
der spätern Platoniker auf das Uebersinnliche, Begriffliche
gerichtet war, war sie doch von dem Hang begleitet, Vorstellungen zu hypostasiren und die Natur zu personificiren.
Die Neigung sowol als die Empfänglichkeit dafür lag in der

---

[1] Augustin, De civit. D., X, 9.
[2] Augustin, I, 1.
[3] De myster. Aegyp., II, c. 3, 4.
[4] C. 6, 9.

Zeit, in welcher sich die morgenländische Denkart mit der abendländischen zu vereinigen suchte.

Römer.

Die Grundlage des römischen Götterglaubens war, wie die des griechischen, ursprünglich Naturreligion; es muss sich aber jener Stamm durch eine eigenthümliche Gemüthsrichtung besondert haben, sowie auch die Factoren bei seiner Entwickelung andere gewesen sein müssen, weil sich der wesentliche Inhalt der römischen religiösen Vorstellungen von dem der griechischen als verschieden kennzeichnet. Während die frische Sinnlichkeit und plastische Phantasie der Griechen eine Götterwelt voll schöner Individualitäten anschaut, besteht das Wesen des religiösen Bewusstseins der Römer in Abstraction und Personificirung der Abstracta. Ein Beispiel des Abstractions- und Personificationstriebs der Römer liefert Mommsen [1], wo der infolge der Einführung des Silbercourants im Jahre 485 neuentstandene Gott „Silberich" (Argentinus) als Sohn des ältern Gottes „Kupferich" (Aesculanus) gedacht wird. Ein anderes Beispiel haben wir an den Dieben, d. h. den im Dunkel Schleichenden (Fures, auch Caverniones genannt), die in Rom eine eigene Schutzgottheit abstrahirten, die Laverna, nach welcher ein Thor den Namen Porta Lavernalis führte, wobei Laverna augenscheinlich mit Laren und Larven zusammenhängt und ihr die Bedeutung: Göttin des Schweigens und der Verborgenheit zutheil wird. Alle wichtigen Begriffe aus dem physischen, ethischen und socialen Leben wurden von den römischen Theologen zu Göttern ausgeprägt und in die Klassen der Götter eingereiht, um ihre richtige Anrufung der Menge zu weisen (indigitare). Vorstellungen, als: Blüte (Flora), Krieg (Bellona), Grenze (Terminus), Jugend (Juventus), Wohlfahrt (Salus), Rechtschaffenheit (Fides), Eintracht (Concordia) u. dgl. m., rechnete man zu den heiligsten Gottheiten, die Intelligenz ward als Mens verehrt, eine ganze Reihe von Affecten, Eigenschaften, Zuständen wurden vergöttert, wie Spes die Hoffnung, Pudicitia die Schamhaftigkeit, Pietas die kindliche Ehrfurcht, Virtus

---

[1] Röm. Geschichte, I, 408.

die Tapferkeit, Libertas die Freiheit, Honor die Ehre, Pax
der Friede, u. s. f. Die mythologische Abstractionsfertigkeit
der Römer machte Robigo oder Robigus zu einer Gottheit,
die, als Urheberin des Sonnenbrandes, der die Fruchtfelder
verheerte, bei landwirthschaftlicher Calamität um Hülfe angerufen wurde. [1] Das Fieber, Febris, in dem feuchten Tiber-
thale von jeher hausend, hatte als personificirte Gottheit dieser
Krankheit drei Heiligthümer, wovon das bedeutendste auf
dem Palatinus stand. [2]

Der Römer betrachtet Natur und Leben nur von der
Seite des Nützlichen, Zweckmässigen, alles wird zum Besten
des Gemeinwesens ausgebeutet und in Beziehung darauf als
Anlass zu Opfern, Weissagungen und Anrufungen genommen.
Die Griechen waren künstlerisch angelegt, sie gestalteten ihr
Leben auch so, ihr Gebiet war die Kunst; bei den Römern
war alles auf Nützlichkeit und Zweckmässigkeit gestellt, ihre
Religion hatte nur das Praktische im Auge, ihr Lebensgebiet
war das Reich und das Recht. Schon die Etrusker waren
auf die Entwickelung der Römer von Einfluss, was mit der
Verpflanzung des etruskischen Gottesdienstes nach Rom durch
die Tarquinier angedeutet ist; von weit grösserm Einfluss war
aber die griechische Bildung, deren fruchtbares Reis auch von
den Tarquiniern durch Einführung der Sibyllinischen Sprüche
aus dem griechischen Kumä in den römischen Boden einge-
senkt wurde. Die Römer waren die Erben der griechischen
Cultur, und nachdem, seit dem zweiten Punischen Kriege, neben
den griechischen Göttern auch syrische, ägyptische, kleinasia-
tische Elemente nach Rom gekommen, ward die römische
Religion zu einem Pandämonismus.

Die Seele des Römerthums war Weltherrschaft, die
Idee der ewigen Roma, die Religion war Religion des
Staats, mit dessen Ausbreitung alles, bis auf den Kalender
herab, das Gepräge der Staatsreligion erhielt. Die ursprüngliche Grundlage als Naturreligion bleibt zwar stets kenntlich,
obschon sie der nüchterne Sinn der Römer, der die Töchter
des Hauses numerirte, durch die praktischen Beziehungen
des bürgerlichen Lebens mehr verdeckte.

---

[1] Gell. N. A., V, 12; Plin. hist. nat., XVIII, 29. 69.
[2] Cic. de nat. deor., III, 25. 63; Val. Max., II, 5. 6; Plin. h. n., II,
7. 5.

Wie in allen Naturreligionen ein Dualismus auftritt, sei es im feindlichen Gegeneinander, im ergänzenden Nebeneinander, oder im Ineinander beider Momente in ein und demselben göttlichen Individuum; so findet sich auch bei den alten italischen Gottheiten eine geschlechtliche Zweiheit, die in den ältern römischen Gebeten paarweise und ehelich verbunden erscheint, wie: Lua Saturni, Satalia Neptuni, Hora Quirini, Maia Volcani, Nerio Martis. [1] Da diese Ehen meist kinderlos dargestellt werden, so sind die italischen Götter der patriarchalischen Vorstellung gemäss gewöhnlich als Vater und Mutter gedacht. Daher Pater in der Zusammensetzung wie in Jupiter, Marspiter, Diespiter, oder meist als Zusatz, wie: Saturnus pater, Neptunus pater, Diva mater vorkommt.

Die italische Mythologie hat zwar vorzugsweise wohlthuende, ihrer Erscheinung nach lichte und freundliche Wesen; sie kennt aber doch, nach dem verschiedenen Eindruck der Natur auf das Gemüth, auch finstere und unholde Götter von schrecklicher Gestalt, Götter der Tiefe, des Todes, Dii aquili, fusci, atri, deren Cultus grausam und trübselig war. [2] Auch die Genien unterscheiden sich in lichte, freundliche, gute, und dunkle, feindliche, böse. Der Glaube an zwei Genien für jeden Menschen, der zuerst von dem Megariker Euklides ausgesprochen wird, fand bei einigen römischen Schriftstellern Aufnahme. [3]

Die Naturbeziehung auf den Himmel und seine Erscheinungen ist den himmlischen Göttern eigen. Jupiter weist durch die erste Sylbe Ju oder Jov, die in der ältern Sprache als Diovis, Jovis hervortritt und in dem indischen djaus, d. h. Himmel, im Griechischen Ζεύς, wo ζ aus dj entstanden, sich erkennen lässt, auf ein Erbtheil des indogermanischen Sprachstammes und mythologischen Systems hin. Er bedeutet den lichten Himmel, die Tageshelle. In Jupiter erkannten die alten Völker Italiens einen guten Vater des Himmels, des Lichts, den höchsten Gott aller himmlischen und irdischen Natur. Er ist der Gott der lichten Erscheinungen am Him-

---

[1] Gellius, N. A., XIII, 23.
[2] Augustin, De civ. D., II, 11.
[3] Serv., V. A., VI, 743.

mel, auch des Wetterstrahls und des Gewitters, Jupiter ful-
gurator, fulminator. Bekannt ist die Blitztheorie, die aus den
Beobachtungen der etrurischen Priester herausgebildet, durch
die Haruspices in Rom ausgeübt wurde, da die Blitze als
Offenbarungen des göttlichen Willens galten. Jupiter war
auch Regengott, Jupiter pluvius, als solcher vornehmlich auf
dem Lande verehrt. Von Jupiter hing die Entscheidung der
Schlacht ab, J. Stator und Feretrius, und war Gott des Sieges.
Nach seiner ethischen Bedeutung personificirt sich in ihm die
Idee des Rechts und der Treue, J. Fidius, sowie die
höchste Reinheit und Heiligkeit. Im Verlaufe der Zeit,
wo das politische Moment das Uebergewicht erlangt, wird
Jupiter optimus maximus auf dem Capitole als Rex, als ideales
Oberhaupt des Staats verehrt.

Vejovis (Vediovis, Vedius), in dem schon durch das
aufhebende Präfixum etwas Schädliches angedeutet wird, ist
ursprünglich ein Gott von schlimmer, schädlicher Wirksamkeit und insofern das Gegentheil von Jovis, als ve contradictorisch negirt. Das Verderbliche seiner Blitze empfanden
diejenigen, die sie treffen sollten, vorher an der Taubheit.[1]
In seinem Tempel, zwischen der Tarpejischen Burg und dem
Capitol, stand sein jugendliches Bild mit Pfeilen bewaffnet,
wobei römische Alterthümler an den verderbenden Apollon
erinnerten. Dass dieser altitalische Gott ursprünglich böser
Bedeutung gewesen, bestätigt sich dadurch, dass er auch den
unterirdischen Gottheiten beigezählt, ja in den spätern Zeiten
mit dem Todesgotte sogar identificirt erscheint[2], weil er eben
für übelthätig gehalten wurde. Auf der Tiberinsel kommt
im Cultus des Vejovis der Name abwechselnd vor, daher die
Vermuthung naheliegt, es seien in diesem Cultus beide Götter
nebeneinander verehrt worden.[3] Auf die ursprünglich schädliche Bedeutung kann auch die Ziege bezogen werden, sein
gewöhnliches Opfer, more humano, als stellvertretendes Sühnopfer dargebracht[4], das ursprünglich in einem Menschenopfer bestanden haben mochte. Für die verderbliche Bedeu-

---

[1] Ammian. Marc., XVII, 10.
[2] Martian. C., I, 58; II, 142. 166.
[3] Preller, Röm. Mythologie, 237.
[4] Gell., V, 12.

tung dieser Gottheit spricht ferner, dass man tödtende Blitze insbesondere dem Vejovis zuschrieb [1], sowie die herrschende Meinung, dass ihm, gleich den Göttern der Unterwelt, die Abendseite eigne. [2] Eine Spur seiner negativen Wirksamkeit liegt auch darin, dass Vejovis als Gott der Sühne zugleich ein Gott der Zuflucht ausgestossener Verbrecher war, obschon er in dieser Hinsicht auch die positive Seite an sich trägt, demnach beide Bedeutungen verschmelzen, ja die letztere sogar überhandnimmt. An dem jugendlichen Jupiter, der zugleich Sonnengott war und als solcher besonders im Frühling, wo Epidemien herrschten, verehrt wurde, ist aber doch die schädliche Seite der Berührungspunkt, und somit bleibt Vejovis seiner ersten Geltung nach eine schädlich wirkende Gottheit, und erst, als bei weiterer Entwickelung diese Bedeutung mehr zurückgetreten war, konnte Vejovis als Gott der Sühne und der Heilung angeschaut werden.

Das Seitenstück zu Jupiter ist Juno, Jovino, das Weibliche von Jovis, die weibliche Macht des Himmels, des himmlischen Lichts, des neuerscheinenden Mondes, neben Jupiter Rex als Regina verehrt. In Italien ist sie wesentlich die weibliche Natur überhaupt. Als Sospita ist sie, nach römischen Münzen, eine wehrhafte Göttin und schleudert wie Jupiter Blitze. [3] Sie ist aber auch Mater, Muttergöttin der weiblichen Natur, der Ehe, Entbindung, der Kinderzucht, nicht zu erwähnen der übrigen verschiedenen Beziehungen, die sie darstellt.

Einer der ältesten, volksthümlichsten Götter Italiens ist Faunus, wie schon sein echt italischer Name zeigt: der Gute, Holde, von faveo. Er ist ein guter Geist der Triften, Berge, Fluren, Befruchter von Acker, Vieh und Menschen, Stifter frommer Sitte, Urheber vieler alter Geschlechter. Faunus wird oft in der Mehrzahl gedacht, und der Glaube an diese guten Geister, die auf dem Felde und im Walde hausen, war im Volke so tief eingewurzelt, dass es sie oft im Freien zu sehen wähnte. Faunus als Collectivbegriff gilt für das Geschlecht der Faune, die man umherschleichend dachte, in

---

[1] Ammian. Marc., XVII, 10.
[2] Vgl. O. Müller, Etrusk., 2. Abtheil., 140.
[3] Virg. Aen., I, 42; Liv., XXXII, 1.

Begleitung von Hunden, den feinen Witterern, oft einen Ruf
erschallen lassend, wodurch die Heerden erschreckt in wilde
Flucht gejagt werden. Dies deutet schon auf das dämonische
Wesen der Faune, denen überdies noch verschiedene Neckereien
im Schlafe zugeschrieben werden, sodass sie zu förmlichen
Plagegeistern sich umwandeln. Die Lüsternheit der Faune
hat es vornehmlich auf das weibliche Geschlecht abgesehen,
das sie gern im Bette beschleichen, wo sie dann im Volksmunde Incubi heissen.

Nicht nur der geschlechtliche Dualismus findet sich bei
den römischen Gottheiten, wonach sie als männliche und weibliche auftreten, sodass einer Tellus ein Tellumo, dem Saturnus die Ops u. s. f. entspricht, wie der Erde eine zeugende
und empfangende Kraft zuerkannt wird; auch die Zweiheit,
im Sinne des Gegensatzes von wohl- und übelthätig, erscheint
sowol in getrennten Gestalten als auch in ein und demselben
Wesen, das bald die eine, bald die andere Seite herauskehrt,
wie bereits früher berührt wurde. Schon in der ältesten Periode findet sich der römische Glaube an eine Menge dämonischer Mächte, und der praktische Sinn der Römer schuf
für die günstigen oder ungünstigen Fügungen ein ganzes Register von Wesen, die unter der Rubrik Fortuna, Fors u. s. w.
die ins Leben eingreifenden Beziehungen repräsentirten. Plutarch
in seiner bekannten Schrift: „Vom Glauben der Römer‟, führt
eine Sammlung von Beinamen auf, mit welchen die Göttin
Fortuna von Rom, die Fortuna publica oder Fortuna populi
Romani, erwähnt wird, gegenüber der Fortuna privata, der
Glücksgöttin des Familienlebens, abgesehen von den Fortunen,
die als individuelle Schutzgöttinnen oder als die von Körperschaften, von Gebäuden u. s. w. ins Endlose sich zersplittern.
Indem sich Fortuna erhörend oder versagend erweist, erhält
sie die Bedeutung einer guten oder schlimmen Gottheit.

Dass der Dualismus von guten und bösen Wesen bei
den Römern vorhanden war, würde schon dadurch zur Gewissheit erhoben, dass sie an letztere glaubten und daher eine
Mehrzahl davon annahmen. Bekannt sind die Strigen, vor
denen sich nicht nur die Italer, sondern auch die Griechen
fürchteten. Unter garstiger Gestalt, mit grossem Kopf, star-
renden Augen, mit dem Schnabel eines Raubvogels und scharfen Krallen kommen sie des Nachts, um den Kindern das

Blut zu entsaugen, das Mark zu verzehren, die Eingeweide
zu fressen und dann durch die Luft zu rauschen. Zur Abwehr dieser verderblichen Scheusale war Carna oder Cardia,
die Schutzgöttin aller Thürangeln, alles Ein- und Ausgangs.
Durch einen Weissdorn, dem auch Asien und Griechenland
eine wohlthätige Wirkung gegen dämonische Einflüsse zuschrieb, daher er bei Geburten oder Leichenbegängnissen an
die Thüre geheftet oder vor dem Eingange verbrannt wurde,
sollte diese Schutzgöttin das Haus sicherstellen.

Bei den Etruskern erscheint der furchtbare Todesgott
Mantus, entsprechend dem römischen Orcus, der aber bei
jenen gewöhnlich mit dem griechischen Namen Charun bezeichnet wurde, nachdem ersterer zur Schreckengestalt des Todes
überhaupt geworden war. Er ist der Gott des gewaltsamen
Todes, der alle Bande der Liebe zerreisst, weder Jugend noch
Schönheit verschont, unter grauenhafter Gestalt mit seinem
wuchtigen Hammer oder Schwerte alles gewaltsam nieder-
schlägt. Er erscheint auch als einer der höllischen Dämonen
der Unterwelt, und die etruskischen Sculpturen der Todten-
kasten und Grabgemälde zeigen noch verschiedene andere,
sowol männliche als weibliche Genien des Todes, bald in
freundlicher, lichter, bald in finsterer, greulicher Gestalt. Mit
Mantus verwandt und gleich schrecklich an Gestalt erscheint
den alten Italern Mania[1] als furchtbare Göttin, der man
unter Tarquinius dem Stolzen in Rom die Compitalien feierte
und dabei auch Knaben geopfert haben soll, um durch ihre
Sühnung das Wohl der Hausgenossen zu wahren.[2] Das
Fest der Compitalien, der Mania mit den Gottheiten der
Kreuzwege (ubi viae competunt) gemeinsam geweiht, soll nach
der Vertreibung des Tarquinius durch einen Orakelspruch
Apollon's dahin abgeändert worden sein, dass man Knoblauch
und Mohnköpfe opferte und die Bilder der Mania an den
Thüren aufhängte, wo sie als Dea avertens die Familie vor
Gefahren beschützen sollte. Später ward Mania zum Schreck-
gespenst, womit man schlimme Kinder bedrohte. Mania heisst
auch die Mutter oder Grossmutter der Laren, zu welchen,
nach dem spätern Volksglauben, gute Menschen wurden, wo-

---

[1] Vgl. O. Müller, Etrusk., III, 4, 11, S. 101.
[2] Macrob. Sat., I, 7.

gegen böse zu Larven und Manien[1], in der Luft umher-
schweifende Gespenster, sich verwandelten, als deren Mutter
auch die Mania genannt wird.　Die Vorstellung von den
Larven bildete der Volksglaube immer mehr aus, sie galten
als absonderlich scheussliche Plagegeister, die als abgezehrte
Gestalten oder Gerippe die Lebenden in Wahnsinn versetzten
und die Verstorbenen auch in der Unterwelt ängstigten. [2]
Der Mania verwandte finstere Göttinnen waren die Furinae
oder Furrinae, die früher angesehene Cultusgöttinnen gewesen,
später aber verschollen sein sollen.　Cicero vergleicht sie mit den
Furien, deren Name allerdings mit demselben Stamme „fus"
zusammenhängt, wonach sie „die dunkeln, finstern" bedeuten
würden. [3]　Den Larven und Manien verwandte Spukgeister
sind auch die Lemuren, die von einigen[4] für Geister der
Verstorbenen gehalten werden, während Augustinus sie den
Larven gleichsetzt, wofür sie auch im gewöhnlichen Sprachgebrauche galten.　Auch die Lemures schweifen nächtlich
umher, um die Menschen zu necken und zu quälen. [5]　Sie zu
sühnen und das Haus zu reinigen, wurden in den Nächten des
neunten, elften und dreizehnten Mai gewisse Ceremonien vollführt, die Ovid ausführlich beschreibt. [6]

Germanen.

Dank der Wissenschaft ist sowol die nahe Verwandtschaft
der Sprache als auch die Gemeinschaftlichkeit der religiösen
Anschauungen der Deutschen und Skandinavier nachgewiesen,
es ist klar dargethan, dass die Religionen beider in ein und
demselben Grundgedanken wurzeln und selbst bei späterer
Entwickelung, ungeachtet mancher Abweichungen, im wesentlichen übereingestimmt bleiben.　Die Sprache, der idealistische
Zug in der Weltanschauung, die Religion leiten auf die arische
Urheimat zurück, und dies genügt, die physikalische Grund-

---

[1] Augustin. de civ. D. IX, 11.
[2] Senec., Ep., 24; Ammian. Marc., XXXI, 1, 3.
[3] Cic. de nat. deor., III, 18, 46.
[4] Nach Appul. de deo Socrat., p. 237 ed. Bip.; vgl. Serv. zu Virg.
Aen., III, 63, a. a. O.
[5] Horat. Ep., II, 2, 209.
[6] Fast., V, 419 fg.

lage der religiösen Anschauung aller germanischen Stämme, den Lichtbegriff anzunehmen. Es liegt im Wesen der Naturreligion überhaupt, sich dualistisch auszudrücken, und so muss der Begriff des Lichts nothwendig sein Correlat, den der Dunkelheit, hervorrufen, daher auch die ursprüngliche religiöse Anschauung der Germanen vom Dualismus nicht frei geblieben ist, wenn auch keine durchgreifende Zertheilung der Göttergestalten in zwei feindliche Lager, wie im Parsismus, sich herausgebildet hat. [1] Treffend ist daher die Bemerkung Rückert's [2], dass Cäsar's Reihe der deutschen Götter sich schon dadurch als unvollständig erweise, „dass der Begriff des belebenden Lichts und der segnenden Wärme mit unabweisbarer Nothwendigkeit den der ertödtenden Finsterniss und zerstörenden, feindseligen Kälte voraussetzt". Es zeigen sich die Gegensätze von Licht und Dunkel, Hitze und Kälte, die sich in der Naturreligion wie Sonne und Mond personificirt darstellen. Die Nacht als feindliche, böse Gewalt ist mit dem gütigen Wesen des Tags im Streite und erlangt erst die Oberhand, wenn der Tag seinen Kampf aufgegeben hat. Sommer und Winter stehen in persönlicher Feindschaft, Reif und Schnee, als personificirtes Gefolge des letztern, künden dem erstern den Krieg an, ihr Kampf wird jährlich erneut und ist in weitverbreiteten Volksfesten dramatisch dargestellt, ja bis auf den heutigen Tag in Liedern und Gebräuchen als Erinnerung aufbewahrt, wie z. B. im Todaustragen, wo der Tod an die Stelle des Winters tritt. [3] Weil es im Entwickelungsprocesse des menschlichen Geistes liegt, dass er die wahrgenommene Vielheit der Eindrücke, durch die er von aussen angeregt worden, zur Einheit erhebe: darum muss in den Religionen der Culturvölker das Streben nach einem einheitlichen Gottesbegriff sich kundgeben, zunächst dadurch, dass die Vielheit der Gottheiten in Einem göttlichen Wesen gipfelt und jene als Ausfluss aus diesem erscheint. Es ist gemüthvolle Pietät gegen die Urahnen, welche die religiösen Vorstellungen der Germanen aus Einem geistigen Urwesen ableiten und die Einheit des Gottesbegriffs zur Voraussetzung

---

[1] Vgl. Grimm, D. M., 3. Ausg., 414, 936, 942 u. a.
[2] Culturgeschichte des deutschen Volks, I, 62.
[3] Vgl. Grimm, 713 fg.

einer spätern polytheistischen Zersplitterung machen will;
allein der geschichtliche Vorgang zeigt der unbefangenen
Beobachtung, dass der sinnliche Mensch durch geistige
Operation von der sinnlichen Vielheit zur geistigen Einheit
gelangt, es wird durch die erfahrungsmässige Wahrnehmung
bestätigt, dass nicht nur der abstracte Monotheismus der
Hebräer in seiner Reinheit erst das Resultat der ganzen Geschichte dieses Volks gewesen, dass der reine, einheitliche
Gottesbegriff überhaupt erst das Ergebniss eines vorher-
gegangenen Entwickelungsprocesses sein kann.

Allerdings waren die alten Germanen so angelegt, dass
sie leichter als mancher andere Volksstamm der polytheistischen
Anschauung, die von Naturreligion unzertrennlich ist, sich
entwinden konnten, um sich den Einheitsbegriffen von Einem
göttlichen Urwesen zu nähern. Der sinnige Ernst, welcher
deutsche Art kennzeichnet, verband mit sich zugleich ein reges
Einheitsstreben auch in religiöser Beziehung, das in anderer
Hinsicht, besonders in der germanischen Vorstellung vom
Königthum zu Tage tritt, das mit dem, der germanischen
Natur tiefeingeprägten Fidelitätsverhältniss des Dienstgefolgs
gegen den Dienstherrn, mit der Kampfeslust und Kampfes-
treue für und mit dem angestammten und erwählten Herrn [1],
im engsten Zusammenhang steht und, auf das Christenthum
übertragen, die so oft besprochene „natürliche Prädisposition"
der germanischen Völker für jenes im wesentlichen ausmacht.
Darin liegt der positive Grund, aus dem sich im allgemeinen
die Neigung der germanischen Völker zum Christenthum
erklären lässt, obschon auch negative Momente bei der
schnellen Bekehrung der Germanen mitgewirkt haben, so
namentlich das haltlos gewordene germanische Heidenthum
selbst, dem bei seiner Uebersetzung auf fremden Boden,
unter dem unsteten Völkergedränge der damaligen Zeit,
die nöthige Ruhe versagt blieb, um neue Wurzel zu
schlagen. Sollte nicht vielleicht in der grauenhaften
Ahnung von der Endlichkeit dieser Weltordnung, die
den germanischen Glaubenskreis hindurchzieht, ein sollicitirendes Moment für die Gemüthsvertiefung und den idea-
listischen Sinn der Germanen, als Tendenz nach einheitlichem

---

[1] Kurtz, Handb. d. allgem. Kirchengesch., II, 1. Abtheil., S. 15.

geistigem Gottesbegriff sich offenbarend, zu suchen sein? Nicht zu vergessen ist ferner die glimpfliche Weise, in der die Gebräuche des Heidenvolks von den Kirchenlehrern oft geschont wurden, sodass die heilige Scheu und die Vorstellungen aus dem heidnischen Glaubenskreise leicht in das Christenthum übertragen werden konnten. Grimm [1] erwähnt ein Beispiel aus dem Beginne des 7. Jahrhunderts, wonach in der „schon christlichen Kirche" die alten heidnischen Götterbilder in der Wand eingemauert waren, um dem Volk, das an ihnen hing, sich gefällig zu bezeigen.

Die Einheitstendenz innerhalb der religiösen Anschauung der Germanen zeigt sich in der Vorstellung von einem „Allvater" (Allfadur), einem göttlichen Urwesen, das alle deutschen Mundarten mit „Gott" bezeichnen. Diese Erscheinung findet ihre Analogie auch in andern Naturreligionen, wo an der Spitze der Vielheit von Gottheiten Eine zu stehen kommt, in der sich die zersplitterte Bedeutung mehr oder weniger merkbar zusammenfasst. Aus diesem starken Drange nach geistiger Einheit, der in der germanischen Natur ursprünglich begründet ist, erklärt es sich, dass der Dualismus innerhalb des nordischen und germanischen Glaubenskreises nicht bis in die feinsten Adern des Organismus sich durchgebildet hat und das wohlthätige, gute Princip in dem Göttlichen vorwaltet. Allein der Dualismus schweigt doch nicht, wie selbst Meister Grimm zugesteht, und ausser dem berührten Gegensatze in den Mythen von Tag und Nacht, Sommer und Winter, macht er sich in der Vorstellung von Licht- und Schwarzelben geltend. Es ist ein Dualismus, wie ihn auch andere mythologische Systeme zwischen freundlichen und feindlichen, wohl- und übelthätigen Engeln des Lichts und der Finsterniss, himmlischen und höllischen Geistern aufstellen. Obgleich alle Elben klein und neckhaft gedacht werden, so erscheinen doch die lichten wohlgebildet, von zierlicher Schönheit, in leuchtendem Gewande gegenüber den misgestalteten, hässlichen schwarzen, die auch mit den Zwergen vermengt werden. [2]

Es handelt sich hier um keine Darstellung der nordisch-germanischen Mythologie, vielmehr nur um die Andeutung

---

[1] S. 97.
[2] Grimm, 414 fg.

derjenigen Züge, die den Dualismus bezeigen, und solcher,
die sich an die Vorstellung des mittelalterlichen Teufels angesetzt und damit verwachsen haben, an dessen späterer Gestalt und seiner Umgebung noch kenntlich sind.

Das Streben nach Anerkennung einer höchsten Macht,
die von Einem Wesen getragen wird, findet seinen Ausdruck
in dem höchsten Gott unserer Vorfahren, in Wodan (Wuodan,
Woden, Guodan, nord. Odhin), dem Alldurchdringenden,
unter dem die Welt steht, in den ältesten Liedern Allvater genannt, insofern die Macht und die Eigenschaften, die auf
verschiedene Götter vertheilt sind, in ihm zusammengefasst gedacht werden. Nach Vergleichung der Göttertrilogien [1] liegt
der ältesten gemäss dem Wodan die Luft zu Grunde, und
zwar vom leisesten Wehen bis zum tobenden Sturm. Nach
der unmittelbaren Anschauung des Alterthums, welche Geist
und Natur nicht scheidet, waltet Wodan wie im Geiste so
in der Natur, er erregt die zarte Empfindung der Dichter und
Liebenden, aber auch die wilde Kampfeswuth. Wie die Luft
alles durchdringt, so ist Wodan der alldurchdringende Geist
der Natur. Nach seiner physikalischen Bedeutung ist Wodan
Sonnengott, welche Eigenschaft dann auf Freyr überging.[2]
Als Sonnengott wird Wodan einäugig vorgestellt, die Sonne
ist sein Auge, von der die Erde beleuchtet und befruchtet
wird; er ist auch der Himmel, der die Erde umfängt; er ist
die schaffende und bildende Kraft, die Menschen und Dingen
Gestalt und Schönheit verleiht, von der auch die Dichtkunst
ausgeht. Denn von Wodan geht alles aus und hängt alles ab,
ihm kommt nach der ethischen Bedeutung die Allwissenheit zu,
wonach er von seinem hohen Sitze alles überschaut, er ist der
weltlenkende, weise, kunsterfahrene Gott, der auch Kriege
und Schlachten ordnet, den Sieg lenkt, also zugleich Kriegsgott ist. Sonach konnte er mit dem eigentlichen Kriegsgott
Ziu, Tyr verwechselt und neben Mars und Mercurius gestellt werden. [3] Da von Wodan alles Heil ausgeht, ist er
auch Gott des Glücks, des Spiels und in dieser Beziehung
Erfinder des Würfelspiels. Als Oski (Wunsch) gibt er

---

[1] Vgl. Simrock, Handb. d. deutsch. Mythol., 837 fg.
[2] Simrock, 225.
[3] Grimm, 96, 108, 122.

nicht nur den Schiffern günstigen Wind, sondern ist überhaupt der Spender erwünschter Gaben und kann im Sinne des Wunsches Gott der Sehnsucht und Liebe sein.[1] Als Gangleri und Gangradr ist er der unermüdliche Wanderer, der in unscheinbarer Gestalt die Menschenwohnungen besucht und die Gastfreundschaft auf die Probe stellt; Yggr bezeichnet ihn als den schrecklichen Gott, Glapwidr als den in Listen Erfahrenen, Bölwerke und Bölwisi gar als den Verfeinder der Fürsten und Zankerreger unter Verwandten. Als kriegliebender Gott konnte er schon die Bedeutung des Stifters von Zwist und Feindschaft erhalten, da Wuotans Name von selbst in den Begriff von Wuth und Zorn umschlägt und aus dem Sinne, den das Alterthum mit Wuotan verband, sich die Abstractionen von Wout (furor), Wunsch, (Ideal) und voma (impetus, fragor) ergaben, sodass der anmuthverleihende Gott zum schrecklichen Stürmer werden konnte.[2]

Als Odhin trägt er auf dem Haupte den Goldhelm, in der Hand den Spiess Gungnir, reitet auf dem achtbeinigen Wunderross Sleipnir, dem Symbole der Allgegenwart. Zuweilen erscheint er als schlichter Wanderer mit tief herabgedrücktem breitem Hute. Gewöhnlich trägt er einen weiten blauen Mantel (das Symbol des Wolkenhimmels), und so zieht er als Hakulberand vor dem wilden Heere einher. In der Haddingssage[3] kommt er als einäugiger Greis dem fliehenden Hadding zu Hülfe, stärkt diesen durch einen Trunk, fasst ihn dann in den Mantel und führt ihn durch die Luft nach der Heimat.

Wenn Odhin seinen Hochsitz einnimmt, hat er auf jeder Schulter einen Raben, die ihm zuflüstern, was in der Zeit vorgeht. Er selbst bedarf keiner Nahrung, reicht aber das für ihn bestimmte Fleisch des Ebers den Wölfen zu seinen Füssen, die zuweilen auch Hunde heissen, wie noch Hans Sachs die Wölfe „unsers Herrgotts Jagdhunde" nennt. Der Wolf gebührt ihm als Kriegsgott. Odhin ähnlicht dem Apollon darin, dass von ihm Seuchen, aber auch deren Hei-

---

[1] Grimm, XLII.
[2] Grimm, 131 fg.
[3] Bei Saxo, I, 12.

lung ausgehen, „jede schwere Krankheit ist Gottes Schlag,
und Apollons Pfeile senden die Pest". [1]

Kraft seiner kriegerischen Eigenschaften kommen die gefallenen Helden, die er durch seine Todtenwählerinnen
(Walküren) erhält, zu ihm. An ihn, als Luft- und Kriegsgott,
knüpft sich auch die Sage vom wüthenden Heer und der
wilden Jagd, wobei wol an den Gewittersturm, zunächst zur
Zeit der Aequinoctien, zu denken ist. Er ist der Erfinder der
Runenlieder, der Poesie, überhaupt aller Bildung, und da man
sich der Runen zum Losen, Weissagen und Zaubern bediente,
deren Gebrauch mit allen priesterlichen Weihen zusammenhing, sowie Opfer, Poesie, Weissagung und Zauber untereinander verwandt sind, steht er mit diesen in Beziehung.

Aus seiner Umarmung der Erde geht sein gewaltigster
Sohn Donar (Thunar, nord. Thôrr) hervor, der seine Mutter
Erde und deren Bebauer beschützt, die Feinde der Götter
und Menschen bekämpft. Als Gott des Donners, der den
Blitz schleudert, sollte Thôrr als oberster der Götter erscheinen, seine Mutter Jördh, die grosse Lebensmutter, wird
auch die Mutter der Götter genannt. In Norwegen heisst er
auch schlechthin der As, und in der ersten Christenzeit galt
an Thôrr glauben für gleichbedeutend mit Heide sein. War
er also einstens der oberste Gott, so hat er diesen Rang dem
Odhin räumen müssen.

Thôrr schleudert seine Blitze nur gegen die Riesen als
Feinde der Götter und Menschen, er spaltet ihnen mit seinem
Hammer das Haupt, d. h. er erschliesst das unfruchtbare
Land dem Anbau. Weil die kalten Winde von Osten her
kommen, darum ist Thôrr immer im Kampfe mit den Bergriesen, stets auf der Ostfahrt. Wenn Thôrr nicht wäre, sagt
ein nordisches Sprichwort, würden die Riesen überhand-
nehmen. [2] Als Freund der Menschen schützt er diese gegen
alle dem Landbau schädlichen Naturkräfte, vor Frost und
Sturm, schickt seine Blitze gegen die Dämonen der Gluthitze
und wehrt die verderblichen Gewitter ab. Er ist auch der
Gott der Brücken, die den Verkehr der Menschen fördern,
überhaupt Gott der Cultur.

---

[1] Grimm, 136.
[2] Grimm, 497.

Als Herr des Gewitters führt Thôrr den zermalmenden Hammer, der aber auch eine heiligende Kraft hat, das Brautpaar weiht, Leichen einsegnet, dessen Wurf die Grenzen des Eigenthumes bestimmt, wonach Thôrr als Gott der Ehe, des Eigenthums erscheint. Von der Farbe des Blitzes ist er rothbärtig. Mit Hindeutung auf die sprunghafte Bewegung des Blitzes, hat Thôrr ein Gespann von zwei Böcken vor seinem Wagen, auf dem er zu fahren pflegt. Der eine von den Böcken hinkt, was auf die Naturanschauung bezogen wird. Der Bock war ein dem Donar geheiligtes Thier.[1] Uhland sieht in den Ziegen das Sprunghafte über das Gebirge versinnlicht, andere beziehen sie auf das Sternbild der Ziege, das zur Zeit der ersten Gewitter aufzugehen pflegt.

Von seiner Gemahlin Sif hat Thôrr eine Tochter Thrudh, d. h. Kraft, sein Gebiet Thrudhwang bezieht daher Uhland auf das fruchtbare Land und Thrudh auf das Saatkorn.[2]

Ein anderer Sohn Wodan's ist Zio (Ziu, sächs. Sahsnot, Saxnot, nord. Tyr), der als specifischer Kriegsgott alles, was auf Krieg und Schlacht in Beziehung steht, ausführt; er ist der eigentliche Schwertgott, den die jüngere Edda als kühn und muthig schildert, der über den Sieg im Kriege wacht.

Der Name Tyr, dessen Grundbedeutung auf „leuchten" zurückgeführt worden ist[3], weist auf einen leuchtenden Himmelsgott hin, als der er aber in der Edda nicht mehr vorkommt. Als Kriegsgott wird er unter dem Symbole des Schwertes verehrt, von dem der Glanz kriegerischer Völker ausgeht. Tyr war Himmelsgott und Kriegsgott zugleich, und in letzter Bedeutung ist sein Andenken im Namen des dritten Wochentags (dies Martis) Ertag, Irtag, der in Baiern und einigen Gegenden Oesterreichs gebräuchlich ist, aufbewahrt, indem Tyr durch Er, der mit jenem zusammenfällt, vertreten ist.

Nach Leo[4] haben die Sachsen von ihrer Steinwaffe Sahs ihren Namen, und Saxnot, der von dem ostsächsischen Volk

---

[1] Grimm, 947.
[2] Uhland, Mythol. vom Thôrr, S. 2.
[3] Grimm, 176.
[4] Vorlesung., 220.

in Britannien an die Spitze gestellt wird, ist ein und derselbe
Gott, den die „Abrenuntiatio" als Saxnot anführt.

Ein dritter Sohn Wodan's ist Fro (Froho, nord. Freyr),
der frohmachende Gott, Beschirmer der Ehe und des Friedens, der auch die Liebe erzeugt und Gott des Ehesegens
ist. Wenn Freyr, um in Gerda's, der Tochter des Frostriesen Gymir, Besitz zu gelangen, sein Schwert hingibt, so
ist er[1] als Sonnengott zu fassen: er gibt es her um Gerda's
Besitz, d. h. die Sonnenglut senkt sich in die Erde, um
Gerda's Erlösung aus der Haft der Frostriesen zu bewirken,
die sie unter Eis und Schnee zurückhalten. „Freyr gibt sein
Schwert alljährlich her, er erschlägt alljährlich den Beli, den
Riesen der Frühlingsstürme, alljährlich feiert er seine Vermählung mit Gerda im grünenden Haine." Als Sonnengott
besitzt er den goldborstigen Eber Gullinbursti, waltet über
Regen, Sonnenschein und Wachsthum der Erde, wird daher
um Fruchtbarkeit angerufen.

Freyr erscheint in einigen Erzählungen bei Saxo als
Drachenkämpfer[2], und wie unter dem Drachen das die Ernte
vernichtende Austreten der Flüsse und Bäche verstanden
wird, so steht dies mit der Bedeutung des Gottes in Uebereinstimmung.

Der weise und gerechte Paltar (nord. Baldur, Baldr)
ist auch ein Sohn Wodan's, er gibt Recht und Gesetz, wird
der weiseste und beste aller nordischen Asen genannt, darum
von allen geliebt. Ihm zur Seite ist sein Sohn Forasizzo
(nord. Forsetti), der Vorsitzer der Gerichte und Schlichter
der Händel, in welchem nur eine Eigenschaft Baldur's personificirt zu sein scheint.[3] Baldur's Urtheile kann niemand
schelten, was Simrock daraus erklärt, dass er das Licht bedeutet. Er ist unverletzbar durch Wurf und Schlag, die
Mistel ist die einzige Waffe gegen ihn, sie ist Symbol des
Winters, da sie bei ihrem Wachsen des Lichts nicht bedarf.[4]
Baldur's Tod bedeutet die Neige des Lichts, des Sommers in
der Sommersonnenwende.

Wol (Phol, nord. Uller) ist die winterliche Seite

---

[1] Nach Simrock, 73.
[2] W. Müller, Zeitschrift, III, 43.
[3] Simrock, 343.
[4] Uhland, Mythol. d. Thôrr, 146.

Odhin's, ist Gott der Jagd. Als Wintergott ist Uller Sohn
der Sif, der Erdgöttin. Indem das Jahr aus Sommer und
Winter besteht, steht Baldur als Sommergott mit Uller im
Zusammenhang.

Den männlichen Gottheiten parallel stehen weibliche,
als: Nerthus (Nirdu, nord. Jördh) die fruchtbare Erde, welche,
wie fast in allen Sprachen weiblich, im Gegensatz zu dem sie
umfangenden Himmel, als gebärende, fruchtbare Mutter aufgefasst wird. Sie hält Umzüge unter den Völkern, wird von
zwei Kühen gezogen und bringt Frieden und Fruchtbarkeit.[1]
Auf einer Insel des Weltmeers lag ihr heiliger Hain, wo ihr
Wagen aufbewahrt ward, woraus geschlossen wird, dass ihr
Wagen zugleich ein Schiff gewesen sei, da Nerthus sonst
nicht von ihrer Insel im Ocean zu den Völkern hätte gelangen
können.[2] Den Wagen der Nerthus schirrt der Priester und
begleitet sie auf ihren Umzügen, die hinsichtlich der Götter
überhaupt zunächst als deren Handlungen erscheinen. Das
Volk schmückt sich und Haus und Hof zum festlichen Empfang
der Göttin, es sind frohe Tage, wo Krieg und Arbeit ruhen.

Holda, der die nordische Freya entspricht, schützt die
Liebenden, segnet die Ehebündnisse, ist die herrlichste der
Asinnen, hat vor ihren Wagen zwei Katzen gespannt, die
Symbole starken Geschlechtstriebs. Sie liebt den Minne-
gesang, ist daher in Liebesangelegenheiten anzurufen. Sie
entspricht auch der deutschen Frouwa, der Anmuth und
Liebreiz verleihenden Schwester des holdseligen Fro, von
welcher der Ehrenname Frau seinen Ursprung hat.

Dem Namen Holda ist der Begriff der milden, gnädigen
Göttin eingedrückt und soll der gütigen Frika Beiname sein.[3]
Sie berührt sich aber auch vielfach mit Hilda[4], selbst mit
Hel, der „Verborgenen", als Todtesgöttin. Holda ist im Nor-
den tief herabgewürdigt, wenn sie langnasig, hässlich, gross-
zahnig, mit struppigem, verworrenem Haar vorgestellt wird.
Denn obschon der jährliche Umzug Holda's mit ihrem Gefolge
von Elben, die nach ihr die „guten Holden" heissen, dem
Lande Fruchtbarkeit bringt, so fährt sie doch auch, gleich

---

[1] Tacit., Germ., 40.
[2] Simrock, 399.
[3] Grimm, 244.
[4] Simrock, 413.

Wuotan, schreckenerregend durch die Lüfte und gehört, wie
dieser, zum wüthenden Heer. Hieran knüpft sich der mittelalterliche Glaube von den Fahrten der Hexen in Gesellschaft
der Holda. Der christliche Volksglaube liess die Seelen der
ungetauft verstorbenen Kinder, da sie heidnisch geblieben,
dem Wuotan oder der Holda verfallen.

Berchta, dem Namen nach „die leuchtende, glänzende
Göttin", und Holda (aus dem altdeutschen: hulda, Dunkelheit), den Gegensatz bildend, findet Simrock in der Hel verbunden, indem diese eine lichte und eine dunkle Seite hat,
und je nachdem sie dem Menschen die eine oder die andere
zukehrte, als lichte (Berchta) oder als dunkle Göttin (Hulda)
erscheinen konnte. [1] Letztere Seite ist durch christlichen Einfluss besonders hervorgehoben worden, wo sie als kinder-
schreckendes Scheusal auftritt. Nach Grimm ist Berchta
durch die christliche Volksansicht noch tiefer als Holda herabgedrückt. [2] Holda wird, wie Berchta, auch als spinnende
Frau dargestellt, sie steht dem Flachsbau vor sowie dem
Feldbau, beaufsichtigt die strenge Ordnung im Haushalt, beschützt den weiblichen Fleiss, ist demnach, gleich Nerthus,
eine bemutternde Gottheit. Ihr und Bertha's Erscheinen ist
daher dem Neidischen und Faulen ungünstig. Der Holda
waren die Grenzen heilig, und es scheinen auch die Gerichte
unter der Obhut dieser hehren Göttin gestanden zu haben. [3]
Daran knüpft sich wol der Zusammenhang, in dem, nach dem
Volksglauben, die Hexen mit den Richtstätten stehen.

Holda, welche nach Simrock [4] zwischen Hel und
Ran in der Mitte steht, empfängt die Ertrinkenden auf dem
Grunde ihres Sees oder Brunnens auf freundlichen Wiesen.
Ran, die im Wasser wohnende Todesgöttin und Gattin des
Wasserriesen Oegir, raubt die Ertrinkenden, die sie im Netz
an sich zieht. Sie ist eine Nebenbildung der Hel, und die
Unterwelt scheint in dem Schose der Erde wie in der Tiefe
des Meeres gedacht zu sein.

Freyja und ihr Bruder Freyr, der über Regen und
Sonnenschein und das Wachsthum der Erde waltet, Kinder

[1] Simrock, 414.
[2] Grimm, 250.
[3] Simrock, 419.
[4] S. 475.

des Asen Niordr, repräsentiren die zur Frühlingszeit sich
regende Zeugungskraft in der Natur. Freyja erscheint als
Göttin der schönen Jahreszeit, der Liebe, sie ist aber auch
Walküre, der die Hälfte in der Schlacht Gefallener angehört,
in welcher Beziehung sie Odhin's Gemahlin ist. Als solche reicht
sie den in Odhin's Halle eingedrungenen Riesen den Trunk. Im
eddischen Glaubenskreise erscheint sie aber als Göttin der
schönen Jahreszeit, der Liebe, der Ehe. Neben ihr steht
Frigg, die aber dem Begriffe wie dem Namen nach nur aus
Freyja hervorgegangen, als selbständige Göttin neben jene
hingestellt erscheint, hat von ihrer Mutter Nerthus die gleiche
Würde der Freyja angeerbt, ist Wodan's Gemahlin und theilt
mit diesem die Allwissenheit, steht der Ehe vor, wird von
Kinderlosen angefleht. In Niedersachsen hat Frigg den Namen
Fru Freke und spielt häufig Rollen der Frau Holle. [1] Nach
Simrock [2] schied sich Odhin von der Mutter Thôrr's,
Njördh, als er sich der Frigg verband, und wenn diese jetzt
wol auch Tochter Fiörgyn's heisst, so soll sie dies mit der ersten
Gemahlin des Gottes identificiren, sie konnte auch nicht mehr
Njördh's Tochter heissen, seit sie von der Freyja unterschieden
ward. Frigg, als Verjüngung der Erdmutter, personificirt den
Zeugungstrieb der Natur, worauf sich ihre Buhlschaften bei
Saxo und in der älteren Edda beziehen. Freyja fährt auf
einem mit zwei Katzen bespannten Wagen, den Symbolen
des starken Zeugungstriebs. Grimm [3] anerkennt die Identität
der Freyja und Frigg mit Hera und Aphrodite und sieht
ausser verschiedenen andern Zügen auch darin eine Vermengung der Frigg und Freya, dass eine Göttin Jolla als
Schwester der letztern, die altnordische Julla als Dienerin der
erstern erscheint, indem Jolla und Julla dem Namen wie dem
Amte nach zusammenfallen.

Die der Freya geheiligte Katze macht das Mittelalter zum
Thiere der Hexen und Nachtfrauen.

Da die ursprüngliche Form der germanischen Religionsanschauung Naturreligion war [4], schaute die gläubige Phan-

---

[1] Vgl. Grimm, 245, 280.
[2] S. 379.
[3] S. 285.
[4] Ueber den Sonnendienst der Germanen, vgl. J. Caesar, B. G., VI, 21;
Grimm, D. Myth. a. versch. O.; dessen R.-Alt., 278.

tasie in den waltenden Naturkräften noch eine Menge götter-
hafter Wesen an, bei welchen sich der Dualismus von wohl-
und übelthätig mehr oder weniger herausstellt. Jener Nord-
mann dürfte daher nicht unrecht haben, wenn er behauptet:
dass seine Vorfahren die ganze Welt mit Geistern verschiedener Art erfüllt glaubten, wovon einige den Menschen zugethan waren, daher Licht-Asen, gute Asen genannt wurden;
andere, die nach ihrem Aufenthalte in Wäldern, Höhlen, auf
Bergen und Felsen, in der Luft oder im Wasser benannt
waren, als böse Dämonen betrachtet wurden. [1] Es wurde
schon erwähnt, dass den Lichtelben die schwarzen Elben
gegenüberstehen, und obschon das Elbenvolk im allgemeinen
als gutmüthig angenommen wird, und die Gegensätzlichkeit
im religiösen Bewusstsein der Germanen überhaupt nicht im
vollen Geichgewicht steht, indem die gute Seite überwiegt, so
suchen doch die Elbinnen gerne schöne Jünglinge, die Zwerge
schöne Jungfrauen in ihre gefährliche Umarmung zu locken.

Die Gegensätzlichkeit zeigt sich an den im deutsch-
nordischen Glaubenskreise häufig vorkommenden Riesen, deren
einige zwar mit den guten Asen im friedlichen Verhältniss
stehen, meist aber doch einen feindlichen Dualismus bilden,
wie ihre Kämpfe mit ihnen klar beweisen. Die Eintheilung
n Fr ostriesen, Bergriesen, Wasserriesen, Feuerriesen gibt
eine deutliche Erklärung ihrer urelementaren Bedeutung. Die
ältern Urkunden erkennen sie als die Urgeborenen, die älter
als die Asen erscheinen, zu denen sie das gegensätzliche Verhältniss des Unorganischen zum Organischen bilden, wozu die
griechische Mythologie eine Analogie bietet. Die Riesen sind als
die älteste Götterdynastie zu betrachten, an deren Stelle, nach
dem Volksglauben, die spätern Götter getreten sind, also
eine entwickeltere Stufe bilden, und mit jenen, die in der Erinnerung aufbewahrt worden, in Gegensatz zu stehen kommen.
Die Riesen werden zu Feinden der Götter, und da es im
Begriffe der letztern liegt, gut zu sein, so können erstere
nicht anders als böse dargestellt werden. Es ist ein Ver-
nichtungskrieg, in dem sie begriffen sind, wobei die Welt
untergehen soll.

Der Urriese Ymir verdankt sein Leben dem Zusammen-

---

[1] Thorlacius im Skandinav. Museum v. 1803, II, 33.

wirken von Licht und Wärme auf das Wasser, den Grundstoff alles Seins. Die Riesen sind hiernach Repräsentanten
der vom Geiste noch ungeformten Materie. Den Riesen eignet
daher Plumpheit, Ungeschicklichkeit, Ungeschlachtheit; in den
deutschen Sagen wird ihnen meistens Dummheit zugeschrieben,
die bald mit Gutmüthigkeit, bald mit Bosheit vereint ist. Im
Norden hat sich der ursprüngliche Gegensatz mehr zum
ethischen von gut und böse entwickelt. Die Asen erscheinen
als Träger des Guten, der schaffenden und erhaltenden Cultur;
die Riesen hingegen als ein Geschlecht, das auf Zerstörung sinnt
und das uranfängliche Chaos herbeiführen will. Wie die Urwälder und die ungeheuern Thiere der Vorzeit ausgerottet werden, so erliegen die Riesen den gegen sie kämpfenden Helden.

Andern Ursprungs sind die Götter, sie werden durch die
Kuh Audhumbla aus den salzigen Eisblöcken geleckt; es ist
hiemit ein bildender Process angedeutet, wobei das Salz die
Bedeutung des geistigen Princips hat. Aus der Vermählung
Böt's, des Sohnes Buri's, mit der Tochter des Riesen Bölthorn
gehen die Söhne Odhin, Wili und We hervor. Durch die
Abstammung mütterlicherseits hängen also die Götter mit dem
Riesengeschlechte verwandtschaftlich zusammen, d. h. sie sind
ihrer ursprünglichen Bedeutung nach elementarische Natur-
götter, aber zu sittlichen Mächten entwickelt, bilden sie ein
edleres, vergeistigtes Geschlecht. So stehen die Riesen nicht
nur neben den Göttern, sie stellen sich ihnen gegenüber, und
wenn es zum Streite kommt, so ist dies eben ein Streit
zwischen geistig waltenden Wesen und rohen Naturkräften,
der Geistigkeit mit der Natürlichkeit. Es ist im Grunde
dasselbe dualistische Princip, auf welchem der Dualismus in
den Naturreligionen beruht, der Gegensatz von Geist und
Materie, der bei verschiedenen Völkern einen mannichfaltigen
mythischen Ausdruck gefunden hat.

Ausser diesem Gegensatze tritt ein feindlicher Dualismus
innerhalb der religiösen Anschauung der Germanen besonders
in dem männlichen Lokho, (nordisch) Loki, und der weiblichen
Hel hervor.

Loki (Lodhur, Lodhr) hat im Verlaufe der Zeit manche
Wandlung erlebt. [1] Seine Grundbedeutung ist das Feuer

---

[1] Vgl. Rückert, Culturgesch. des deutschen Volks, I, 108—173.

nach dem doppeltem Sinne als wohlthätige und zerstörende
Macht. Die ältere Edda zählt ihn zwar zu den Asen, lässt
ihn aber zugleich vom Riesen Farbauti und der Mutter Laufey
oder Nal abstammen. Sein Name, wie Logi, wird von liuhan,
lucere hergeleitet, womit lux, Licht, Lynceus, λευκός urverwandt
ist. Logi ist nach Grimm[1] der im Laut vorgeschobene Loki,
zugleich eine Fortschiebung des Begriffs, wonach aus dem
plumpen Riesen ein schlauer verführerischer Bösewicht geworden ist. Nach seiner ursprünglichen Bedeutung als elementare Macht des Feuers kann er füglich unter die Asen
gestellt werden, und so erscheint er auch in den ältesten
Trilogien neben seinem Bruder Odhin, der Luft.[2] Die Doppel-
sinnigkeit seines Wesens entfaltet sich in den Mythen dahin,
dass seine List und Tücke immer mehr betont wird, bis im
Mythus von Baldur's Tod die verderbliche Seite von Loki's
Wesen ganz in den Vordergrund tritt; von hier auf das Gebiet des Ethischen versetzt, erscheint er, wie Uhland sagt,
als „das leise Verderben", das ohne Rast unter den Göttern
einherschleicht; sein verderbliches Wesen wird poetisch als
List und Trug dargestellt, wodurch er den Göttern Schaden
bereitet. Er wird nachgerade zum Urheber alles Uebels in
der Welt, seit die Götter sündig geworden sind, nachdem
Loki den Brudermord, nach germanischer Anschauung das
grösste Verderben, unter die Götter gebracht hat. Er ist
nunmehr Odhin's Feind und erscheint nicht mehr als dessen
Bruder. Neben Loki besteht aber Logi, das Elementarfeuer,
noch fort, mit welchem ersterer einmal sogar einen Wettkampf
eingeht. Bei derselben Gelegenheit zeigt sich neben Loki
noch Utgardhloki, ein unterweltlicher Loki, dessen Verhältniss zu jenem wie das Pluto's zu Hephästos befunden wird.[3]

Von der wohlthätigen Seite Loki's wissen die Mythen
wenig zu berichten, vielmehr schieben sie seine Zweideutigkeit
immer mehr in den Vordergrund. Wenn er auch die Kleinode
der Götter durch die ihm verwandten Zwerge schmieden
lässt, um sie jenen als Geschenke darzubringen, so wird als
Motiv Diebstahl angegeben, indem er der Sif hinterlistiger-

---

[1] S. 220.
[2] Simrock, 837.
[3] Simrock, 114.

weise das Goldhaar abschert. Der Hammer, den er dem
Thôrr schenkt, hat einen zu kurzen Stil, da Loki in Fliegen-
gestalt den Blasebalg tretenden Zwerg Brock während der
Arbeit gestochen hat. Die Zweideutigkeit zeigte Loki schon
bei der Schöpfung des Menschen, indem er diesem Blut und
blühende Farbe als Lebenswärme, zugleich aber auch als
Sinnlichkeit gab. Ebenso zweideutig erscheint er im Mythus
vom Baumeister, indem er den Göttern den übeln Rath gibt,
die Freyja nebst Sonne und Mond dem Baumeister als Lohn
zu überlassen, um welchen aber jener wieder durch Loki gebracht wird, indem er als Stute dem beim Baue nöthigen
Rosse Swadilfari erscheint und es dadurch von der Arbeit ab-
hält, wodurch er freilich in der Bedeutung des warmen Süd-
windes das Wintereis schmelzen macht und die Welt vom
Erstarren befreit hat.

Da Loki die Götter wider sich aufgebracht sah, flüchtete
er sich auf einen Berg, verwandelte sich am Tage in einen
Lachs, um sich in dem Wasserfall Franangr zu bergen. Als
die Asen ihn mit einem Netze fangen wollen, springt er über
dasselbe, wird aber dabei von Thôrr ergriffen und am Schwanze
festgehalten. Der Gefangene wird hierauf mit den Därmen
seines Sohnes, die zu Eisen wurden, über drei Felsen gebunden, ein über ihm befestigter Giftwurm träufelt ihm Gift
ins Gesicht, wogegen er sich sträubt und dabei die Erde
erschütternd Erdbeben verursacht, und so muss er bis zur
Götterdämmerung gefesselt liegen.

Die Deutung der Erzählung, wie der mit dem Zorn der
Götter beladene Loki der hereinbrechenden Strafe zu entfliehen
sucht, auf das „böse Gewissen" ist durch Simrock[1] bekanntlich in sinniger Weise entwickelt worden. Bei Oegir's Gastmahl, wo Loki die Götter verhöhnt, erscheint er noch als das
böse Gewissen der Götter; er repräsentirt aber das böse
Gewissen selbst, wo er die Rache der Götter herausgefordert hat, als Verbrecher umherschweift, aus seinem Hause
mit vier Oeffnungen die nahende Strafe zu erspähen sucht,
von dem Gedanken gequält, wie er von den Asen gefangen
werden könnte, sich selber das Netz knüpft, womit er gefangen und durch seine eigenen Bande gebunden wird. Loki,

---

[1] S. 125 fg.

der zuerst als Verführer der Götter aufgetreten, erscheint als
die Schuld, das Böse selbst, das durch die sittlichen
Mächte in Bande geschlagen wird; würde es die Oberhand
gewinnen, träte die Götterdämmerung ein, eine Verwirrung
aller Begriffe, dann wäre allem Erdenleben der Menschen ein
Ende gesetzt. Die Götter sind aber die Gewähr für die
sittliche Weltordnung. In Loki ist das in Fessel gelegte
Böse dargestellt, während Fenrir den durch die Götter hin-
gehaltenen Weltuntergang darstellt.

Loki ist auch, nach dem Vorgange Uhland's, als Endiger
der Dinge aufgefasst, im Gegensatz zu Heimdall als dem Anfang, von dem die Geschlechter der Menschen ausgehen.
Loki ist auch der Endiger, weil er das Feuer ist, worin die
Welt untergehen soll; als Endiger hat er auch den letzten
Wochentag zu dem seinigen erhalten. [1] Simrock[2] meint,
das teuflische Ansehen, das Saturnus im Mittelalter erlangt,
sei daraus zu erklären, weil er sich als Wochentagsgott mit
Loki berührte.

Grimm[3] bringt mit Loki den im Beovulf auftretenden
sumpfbewohnenden Riesen Grendel, einen feindseligen, teuflischen Geist, in Beziehung, und seine Mutter[4] erkennt er
als wahre Teufelsmutter und Riesenmutter, mit Herbeiführung
des angs. grindel, ahd. krintil, mhd. grintel, repagulum,
possulus, wonach der Name Grendel mit Grindel, obex, verwandt ist, wie Loki mit loka; das ahd. grind bedeutet ein
Gitter, das gleich dem Riegel einschliesst. Hierzu wird noch
ein englischer Feuerdämon, Namens Grant, nachgewiesen, sowie noch ein dritter synonymer Ausdruck zur Bezeichnung
eines teuflischen Wesens in der Zusammensetzung mit Hölle,
nämlich Höllriegel, wobei die Vorstellung von der mit Riegeln
versperrten Hölle zu Grunde liegt: „als Christus mit Löwen-
kraft zur Unterwelt fuhr, mussten die Grintel brechen". [5]
Loki als Utgardhloki, als Vater der Hel und Narvi's (der
auch als Riese erscheint und die Nacht zur Tochter hat)
wurde zum Todtengott, vermöge der zerstörenden Kraft des

---

[1] Grimm, 114 fg.
[2] S. 346.
[3] S. 222.
[4] Grendeles môdor Beov., 4332, 4274.
[5] Fundgrub., I, 178, bei Grimm.

Feuers, und als Todtengott konnte er auch mit Sumpf- und Wassergeistern in Beziehung treten. [1]

Ausser dem Narvi hat Loki noch andere Kinder: mit der Riesin Angurboda zeugt er den Wolf Fenris, die Midgardschlange Jörmungardr und die Hel, an die sich die Vorstellungen von der Unterwelt knüpfen. Schon als Vater dieser drei Kinder ist Loki als Urheber alles Verderblichen gekennzeichnet: die heisshungrige Hel verschlingt alle Lebenden; Fenriwolf soll im letzten Weltenkampfe den Weltenvater selbst verschlingen; die Midgardschlange, das Symbol des Weltmeers, soll um diese Zeit die ganze Erde bedecken, also alles Menschendasein zernichten.

Nachdem die Asen erkannt, dass ihnen durch diese drei Kinder Loki's Unheil drohe, liess Allvater sie holen, warf die Schlange in das Meer, wo sie so gross wächst, dass sie alle Länder umliegend sich in den Schwanz beisst. Hel wurde nach Niflheim hinabgestürzt, wo sie die Herrschaft über die neunte Welt erhält, die an Alter oder Krankheit Verstorbenen zu beherbergen. Ihre grosse Wohnung ist mit einem mächtigen Gitter umgeben, ihr Saal heisst Elend, ihre Schüssel Hunger, ihre Magd Langsam, ihre Schwelle Einsturz, ihr Bett Kümmerniss, ihr Vorhang drohendes Unheil. [2] Sie ist halb schwarz, halb menschenfarbig, also von furchtbarem Aussehen. Es wurde schon von Grimm bemerkt, dass der Vorstellung von Hel und den Thüren der Hölle biblische Stellen zunächst zu Grunde liegen [3], welche aber das mascul. ἅδης oder infernus haben. Die deutsche Sprache musste daher ein weibliches Wort gebrauchen. Die Vorstellung von der Thüre zum Abgrund, vom gähnenden Schlund, wurde durch die Vorstellung von einer Unterwelt hervorgerufen, und aus der persönlichen Vorstellung von der Göttin wurde allmählich eine räumliche Vorstellung von einem Aufenthalt der ·Todten, so dass das Wohnen der Verstorbenen, das anfänglich bei ihr vorgestellt worden war, nun in ihr stattfand. Schon die heidnische Hellia ward tief unten nach Norden hin liegend gedacht, denn als Hermodhr zu Baldr gesandt wird, muss er

---

[1] Vgl. Sim., 346.
[2] Jüng. Edda, 33—34.
[3] Proverb. 27, 20; 30, 16; Hiob 26, 6; Jes. 5, 14.

neun Nächte lang durch dunkle, tiefe Thäler, den Durchgangs-
ort zur Göttin, wo die Dunkelelben wohnen, reiten. [1]   Nun
war von der Unterweltgöttin zur Todesgöttin „nur noch ein
Schritt", wie Simrock bemerkt, womit die lebenspendende
Seite der Göttin, die sie nach ihrer ursprünglichen Bedeutung
hatte, da von der Unterwelt alles Sein ausströmt und wieder
dahin zurückfliesst [2], verdunkelt wurde. Die heidnische Scheu
vor dem Tode hielt nur das vernichtende Moment fest, und es
erklärt sich, dass dem Dichter des Hyndlalieds Hel als das
abscheulichste Scheusal erscheinen konnte. Der Unterweltgöttin, die im tiefsten Schos der Erde wohnt, eignet als solcher die schwarze Farbe, und auch diese bietet einen Anknüpfungspunkt, sie als böse zu denken, wie es bei Wolfram
der Fall ist. Der spätere Volksglaube lässt sie zur Zeit der
Pest als dreibeiniges Pferd umhergehen. [3]

Slawen.

Obschon es den anerkennenswerthen Bemühungen slawischer und deutscher Gelehrten bisher nicht gelungen ist,
das Dunkel des slawischen Alterthums bis ins einzelne aufzu-
hellen und das altslawische Religionssystem wissenschaftlich
wieder aufzubauen, hat sich aus den sprachlichen Forschungen
doch die Gewissheit ergeben, dass die Wiegen der germanischen und slawischen Stämme nahe beieinander gestanden,
woraus schon die Vermuthung sich aufstellen liesse, dass in
religiöser Beziehung die dualistische Anschauung bei diesen
wie bei jenen anzutreffen sein dürfte. Es ist erwiesen, dass
die Mythologie aller slawischen Stämme eine gemeinsame ist [4];
gewiss ist, dass die altslawische Religion Naturreligion war,
von welcher der Dualismus unzertrennlich ist; endlich weisen
die Trümmer, die als Götternamen auf uns gekommen sind,
auf die Grundform der slawischen Religion als Lichtdienst
hin. Es kann dahingestellt bleiben, ob selbst der Name
Slawe, auf die ursprüngliche Bedeutung „Licht" zurückge-

---

[1] Grimm, 762.
[2] Simr., 14. 41. 226. 349.
[3] Grimm, 290. 1135.
[4] Schafarik, Slaw. Alterth., I, 57.

führt, einen „Licht- und Feuerverehrer" bezeichne [1]; aber die
Annahme, dass der Lichtbegriff sein Correlat, die Dunkelheit,
hervorrufen muss, findet in der slawischen Vorstellung von
einem weissen, lichten Gott, Bjelbog, und einem schwarzen
oder finstern Gott, Zschernibog, ihre feste Begründung, und
der Gegensatz des Lichtprincips zu dem Principe der Finsterniss findet im allgemeinen in dem Gegensatz des Bjelbog
(Bêlboh, Bilybuh) und Czernybog (Czerny-Buh) den treffend-
sten Ausdruck. Die alten Slawen waren also ursprünglich
Licht- oder Feuer- oder Sonnendiener, und der Dualismus,
der sich mit „weiss" und „schwarz" bezeichnet, zieht sich
durch alle slawischen Religionen, und hat man darin [2] ein be-
stimmtes Kennzeichen slawischer Religionen erblicken wollen.
Dieser Anschauung gemäss erscheinen die Ausdrücke Bjelbog
und Zschernibog oft nur als Eigenschaftswörter, wodurch jede
wohlthätige Gottheit als Bjelbog und jede übelthätige als
Czernybog bezeichnet werden kann.

Wenn Mickiewicz [3] behauptet: die Slawen hätten den
Begriff vom alleinigen Gott gehabt, und hinzufügt, sie liessen
aber auch die Existenz eines bösen oder schwarzen Gottes
zu, welcher mit dem weissen Gotte kämpfte, so hat es den
Anschein, als ob die Thesis durch die Antithesis aufgehoben
würde, und der Satz dürfte dahin zu verstehen sein: dass
auch innerhalb der dualistischen Anschauung der Slawen die
Tendenz nach Einheit bemerkbar ist, wie sie auch bei andern
polytheistischen Religionen aus psychologischem Grunde auftritt. Dieser Drang nach Einheit zeigt sich bei den Slawen
darin, dass sie den Bjelbog als obersten Lichtgott an die
Spitze ihrer Glaubenslehre stellen, dem gegenüber freilich der
oberste Finstergott als Czernibog vorzugsweise genannt erscheint, indem beide oft selbständig vorkommen, und zwar
als Spitzen der übrigen, ihnen untergeordneten Gottheiten.

Der Gegensatz von Weiss- und Schwarzgöttern be-
zeichnete ursprünglich allerdings nur die beiden Seiten des
Naturlebens, nämlich Licht und Finsterniss, Tag und Nacht,
Sommer und Winter, wie dies im Sinne der unmittelbaren

---

[1] Hanusch, Die Wissenschaft des slaw. Mythus, 39.
[2] Mone, Gesch. des Heidenth. im nördl. Europa, I, 133.
[3] Vorl. über slaw. Lit. u. Zust., I, 49.

Anschauung liegt; allein auch innerhalb der Naturreligion
entwickelt sich der physische Dualismus zu einem moralischen
von gut und böse, und wenn auch in Beziehung auf den
Glaubenskreis der Slawen der directe Beweis auf historischem
Wege nicht herbeigeschafft werden könnte, so liegt es in der
Natur des menschlichen Geistes, vom rein Natürlichen zum
Ethischen fortzuschreiten, und die Iranier oder andere Völker
als Beweise anzuführen, ist kaum ein Bedürfniss. Der Fortgang von kosmischen Begriffen zu socialen und sittlichen
findet in den Mythen der Slawen wie anderer Völker statt,
wie auch die Einheitstendenz auf dieselbe Weise sich kundgibt, dass die untergeordneten Gottheiten als Emanationen
von Einem Gotte betrachtet werden und jene dadurch in ver-
wandtschaftliche Verhältnisse zu stehen kommen müssen. So
finden wir bei den Russen eine Lado (Ledo) als Göttin
der Schönheit, der Huld, von welcher die Lel (Liebe), Did
(Zweifel, Eifersucht), Polel (Poleïja) abstammt.

Obschon alle slawischen Stämme eine gemeinschaftliche
Mythologie haben, kann es, doch nicht befremden, dass der
oberste Weissgott, der Himmelskönig, bei den verschiedenen
Stämmen unter verschiedenen Namen verehrt wird, indem die
verschiedenen Namen die mannichfaltigen Seiten seines Wesens
hervorheben.

Bjelbog, sowie der Dualismus von weissen und schwarzen,
ober- und unterweltlichen Gottheiten findet sich bei den
Russen, wird aber in Kiew als Blitz- und Donnergott Perun
genannt, zugleich als Segengeber und Fruchtbringer verehrt, der eigentlich das Leben gibt. Als Personification des
Lebensprocesses, der mit der Zeugung beginnt und im Tode
sich abschliesst, zertheilt sich sein Wesen in zwei Seiten, und
Perun kann sonach als wohlthätiger Gott, als Bjelbog, wie
auch als übelthätige Gottheit, als Czernybog erscheinen, wie
er schon als Donnergott furchtbar erscheinen konnte. Es
dürfte aber zu gewagt sein, die heute noch üblichen Redensarten der Slowaken: „kde tam ideš do Paroma", wo gehst du
zum Teufel hin! „kde si bol u Paroma", wo warst du zum
Teufel! dafür anführen zu wollen [1], da der christliche Einfluss
kaum zu verkennen ist, wonach der heidnische Perun zum

---

[1] Kollar, Spicwanky, 407.

christlichen Teufel umgewandelt ist. Der Grund davon, dass
ein einzelner Gott bald weiss, bald schwarz gefasst werden
konnte, ist darin zu suchen, dass in der Vorstellung des
Slawen die Natur als von einem Geiste belebt erschien, den
er personificirte und als Gottheit anschaute, nach den verschiedenen Natur- und Lebensäusserungen in eine Vielheit
von Göttern zerlegte, von denen einer wohl- oder übelthätig
erschien, je nachdem er dem Menschen oder einem ganzen
Stamme die wohl- oder übelthätige Seite zuwendete. Daher
kann öfter dasselbe Wesen bei einem Stamme als Bjelbog
gelten, während es bei dem andern als Czernybog auftritt.

Die Russen verehrten ausser den erwähnten Weissgöttern
noch Led und Koleda als Gott und Göttin des Kriegs und
des Friedens; Pogoda, den hellen Frühlingshimmel, und seine
Geliebte, die mit Blumen bekränzte Simzerla, die als Früh-
lingslicht den Winter verscheucht; Kupalo, die fruchtreifende
Sommerzeit; Korscha (Kors), die Fülle des Herbstes, als
slawischen Bacchus, dickleibig, nackt, lachen dauf einem Fasse
reitend, nach Mone[1] die Sinnenlust bedeutend; den Adler-
gott Tschurs, als Hüter der Feldarbeiten, des Masses, Beschützer der Ordnung der Dinge; Wolosz als Patron des
Grossviehs; Wokosch als Beschirmer des Kleinviehs; Zosim
als Vorsteher der Bienenzucht. Feld, Wald, Wasser sind
von männlichen und weiblichen Geistern bevölkert, die bald
als Licht-, bald als Dunkelwesen sich geltend machen.
Morskoi Czar steht als Herrscher des Meers an der Spitze
der Rusalki, der Wassergeister, die als liebliche, grün-
haarige Mädchen an den Wassern ihren Muthwillen treiben.
Dagegen hat Miklosich[2] nach genauer Prüfung sämmtlicher
Nachrichten über die unsern Nixen verglichenen Rusalky
behauptet: dass der Ausdruck durch das griechische ρουσάλια
mit dem lateinischen rosa im Zusammenhang nur den Slowenen,
Serben, Weiss- und Kleinrussen und Slowaken bekannt, in
älterer Zeit stets ein Fest bezeichne, und zwar ursprünglich
wol ein christlich-kirchliches bedeute, das im Laufe der Zeit
wahrscheinlich mit einem in dieselbe Zeit fallenden heid-

---

[1] I, 156.
[2] Beitrag zur slaw. Mythologie. Aus d. Sitzungsbericht. der k. Akad.
der Wissenschaften, 1864.

nischen Feste verschmolz; von einer Personificirung der Rusalky
sei in den älteren Quellen keine Spur zu finden.

Im Hause war der Russe von schützenden Wesen, Dumovie-duki, umgeben, denen er Gebete und Opfergaben darbrachte; die Seelen seiner Verstorbenen glaubte er als
schützende Genien, Uboże, thätig, die, als Zwerge vorgestellt,
wie jene ihre Speise- und Trankopfer erhielten.

Den Weissgöttern, in welchen der Russe die schaffende,
lebensfreundliche Naturkraft verehrte, standen die Schwarzgötter als die zerstörende, lebensfeindliche Macht gegenüber.
Das Entstehen hat zum Correlat das Vergehen. Auch
Czernybog mit seinem düstern Cult theilt sich in eine Mehrheit von Nacht-, Sturm- und Frostwesen. Die Wind- und
Sturmgötter Stribog und Pohvist bilden den Gegensatz zu
den Frühlingsgottheiten Pogoda und Simzerla, die Winter-
göttin Zemargla zur Gottheit des Sommers, den Dumovie-
duki stehen die Koltki gegenüber. Mone[1] findet den Gegensatz zu den Dumovie-duki in den Waldgeistern Leschie
(Lesnie), meist böser Natur und zwiegestaltet, von oben
menschlich, aber mit Hörnern, hohen Ohren und Ziegenbart,
abwärts den Böcken gleich, konnten aber ihre Grösse verändern, sodass sie im Grase nicht höher als dieses waren,
im Walde aber die Bäume überragten; man durfte sie nicht
beleidigen, denn sie jagten entweder durch schreckliches Lärm
Schrecken ein oder brachten den Wanderer auf Irrwege,
lockten ihn in eine Höhle, wenn die Nacht kam, wo sie ihn
zu Tode kitzelten.

Die preussisch-litauischen Stämme verehrten als höchstes
Wesen den Donnergott Perkuna, dessen feuerrothes Gesicht
in Beziehung zu dem von ihm beherrschten Blitz steht.
Seine Mutter ist die altslawische Erdmutter Perkuna-tete, die
den von seiner Tagesfahrt ermüdeten Sonnengott abends mit
einem Bade im Meere erfrischt. Es scheint diese Erdmutter
unter dem Namen Perkuna-tete und Lada als Geberin und
Amme alles Lebens verehrt worden zu sein, daher sie auch
Zlota-Baba, goldene Hebamme, genannt wurde[2], zugleich aber
als Bewahrerin der Todten und Beherrscherin der Unterwelt

---

[1] I, 145.
[2] Vgl. Schwenk, Slaw. Mythologie, 214.

galt. In dieser letztern Bedeutung hat die Erdmutter die
Gewalt über das Lebensende des Menschen und über sein
Schicksal. Als eigentliche Todesgöttin ist sie die Wila, von
der die Wilen als Todes- und Schicksalsgöttinnen hervorgehen, jungfräuliche Wesen, die auf Bergen und in Wäldern
wohnen, mit schwarzen Augen, flatterndem Haar, in weissem,
langwallendem Gewande, mit blitzschneller Bewegung. Ihr
Walten in der Natur und über dem menschlichen Schicksale
ist unheimlich, sie sammeln Wolken, erregen Wind und
Wetter, in der Luft schwebend schiessen sie tödliche Pfeile
auf die Menschen und holen diese in die Unterwelt. Bald
stehen sie den Menschen hülfreich bei, besonders ausgezeichneten Helden, bald zeigen sie sich äusserst bösartig und
stiften Mord und Todtschlag unter Brüdern.

Die nördlichen und östlichen Slawen nennen die Todesgöttin auch Jaga-Baba, die in Volksmärchen als scheussliches
Weib erscheint.

Wie der Tod, so wurden auch Krankheiten personificirt.
Der russische Volksglaube kennt neun Schwestern, welche die
Menschen mit Fiebern plagen. Die Litauer glauben an die
Pestjungfrau (Morawa dziewicza).

Die Wila hat namentlich die Phantasie der Serben in
Anspruch genommen; ihr verfällt das Kind, das die Mutter
mit unbesonnener Rede dem Teufel übergab. [1] Sie reitet auf
einem mit Schlangen aufgezäumten Hirsch.

Neben den Wilen haben die Südslawen noch eine Menge
gespenstischer Wesen: das Bergmännlein Skratelj, den Wald-
geist Divjimos, den Wassermann Povodni mos, die Dämonen
V r a g, Slodev, Studir, nach heutigem Sprachgebrauch alle
auf den Teufel übertragen. [2]

Neben Perkun verehrten die preussisch-litauischen Stämme
noch Potrimpos als Gott des Erntesegens, den unterweltlichen
Pikulos, der bei Tage als oberweltlicher Sonnengott erscheint.

Die W e n d e n verehrten den grossen S w a n t o w i t (Swiatowit), der sich [3] blos um das Himmlische kümmern und allen
übrigen Gottheiten an Macht überlegen sein soll. Saxo

---

[1] Vuk, Nr. 394.
[2] Vgl. Grün, Volksl. aus Krain, 155.
[3] Nach Helmold, Chron. Slav., I, 53.

Grammaticus[1], der den vom Dänenkönig Waldemar zerstörten Tempel zu Arkona beschreibt, schildert die riesenhafte Bildsäule des Swantowit als vierköpfig, den linken Arm in die Seite gestemmt, in der Rechten ein metallenes Horn, das der Priester beim grossen Erntefest jährlich mit Wein füllte. In diesem Tempel wurde auch das weisse Ross gefüttert, auf welchem der Gott in den Krieg zog. Von den vielerlei Erklärungen[2] nennt Mone[3] die richtigste die durch Sonnengott mit dem Nebenbegriff der Heiligkeit, wonach die vier Häupter, nach den vier Weltgegenden gerichtet, dem Begriffe des Allvaters entsprechen, und das Füllhorn, das nie versiegt, ein Zeichen des Segens wäre. Nach der Ableitung des Namens Swiatowit von swjat, Licht, Welt, adjectivisch swjaty, heilig[4], liegt die physische und ethische Bedeutung in dem Ausdrucke.

Neben Swantowit bestand auf der Insel Rügen der Cultus des Rugiewit, wahrscheinlich eines Kriegsgottes; des Porewit und Porenut, in welchem letztern Zeuss[5] den Perun der Slawen, Schafarik[6] aber den Czernobog erkennt.

Zu Rethra wurde als Hauptgottheit Radegast verehrt, der mit seiner Doppelaxt an der Linken auf einen Kriegsgott hindeutet, von Schafarik[7] als Czernobog ausgelegt wird. Mone[8] sieht in der Doppelbildung des Angesichts vom Menschen und Löwen die doppelte Natur des Gottes, als Bjelbog und Czernobog, ausgedrückt.

In Stettin hatte der dreiköpfige Triglaw seinen Hauptcultusort. Bekannt ist die Bocksheiligung unter den Slawen; Triglaw wird deshalb mit drei Ziegenköpfen dargestellt.[9]

In Jüterbogk war der Morgensonnengott Jutribog (jutro, jitro, der Morgen) heimisch.

Die Czechen verehrten nach Palacky[10] einen höchsten

---

[1] Hist. Dan., lib. XIV.
[2] Frentzel de diis sor., 101—105.
[3] I, 198.
[4] Zeuss, Die Deutschen und ihre Nachbarstämme, 35.
[5] A. a. O., 41.
[6] Alterth., II, 614.
[7] II, 615.
[8] I, 200.
[9] Hanka zbjrka, 23.
[10] Gesch. v. Böhmen, I, 57.

Gott Boh (Belbog) als Schöpfer der Welt, Urgrund des
Blitzes und des Lichts, der hiernach mit Perun, Perkuna,
Swantowit zusammenfällt. Als Gegensatz tritt der Czernobog
der Czechen auf, der, obschon erst später in der Bedeutung
eines Höllengeistes im christlichen Sinne gefasst, unter dem
Beinamen Czart (der Schwarze) doch schon früher den Dualismus beurkundet. Nach Hanusch[1] bedeutet Czernybog
nicht nur etymologisch den schwarzen Gott, sondern auch im
mythischen Sprachgebrauch den bösen Gott, ja im slawischen
Mythus sind Czernyboh und Zlyboh nur Synonyma. Czernyboh ist der ursprüngliche und Zlyboh der daraus gefolgerte,
nicht nur das moralisch Böse, sondern vorzugsweise physische
Uebel; Sturm, Wind, Erdbeben sowie Finsterniss und Kälte
sind seine Aeusserungen. Das Andenken Czernoboh's in
dieser Beziehung ist bis auf den heutigen Tag erhalten.
„Wenn der Sturmwind im Kreise wirbelt und trockenen Sand
in die Höhe treibt, hält der böse Geist Zlyduch seinen
Tanz."[2]

Dem Czernybog als Gegensatz zum Belbog wurden blu-
tige Opfer dargebracht, und die Schwarzgötter wurden unter
der Erde wohnend vorgestellt. So wie Swantowit an der
Spitze der slawischen Lichtgötter stand, so stellt der slawische
Mythus auch einen höchsten Gott der Finsterniss und des
Bösen voran, bei verschiedenen Stämmen unter verschiedenen
Namen. Bei den krainischen Slawen heisst er Vrag, Verwüster, Tödter; bei den Wenden: Chaudak oder Chundak.
Obschon der Name Vrag nur bei einzelnen Stämmen in der
eigentlichen Beziehung auf Czernobog erhalten ist, so ist doch
der Ausdruck Wrog (Wrag, Vrah) ein allgemein slawischer,
mit dessen „Bedeutung sich die Bedeutungen des Ausdrucks
Kakodämon, Czart, Diabel stets verknüpfen".[3]

Bei allen westlichen Slawen wurde, nach der Behauptung
Mone's[4], Pya, auch schlechtweg Czernobog, als oberster
Schwarzgott erkannt, dessen Bild ein stehender Löwe war;
ihm zur Seite steht der Todesgott Flins, als Gerippe oder
als magerer Mann abgebildet, einen Löwen auf der Schulter,

[1] S. 184.
[2] Klechdy, I, 89.
[3] Hanusch, 184.
[4] I, 209.

eine brennende Fackel in der Hand. Pya und Flins deutet
Mone auf gewaltsamen Tod in der Schlacht, auf den allein
die Auferstehung folge, mit Beziehung auf die Sachsenchronik [1],
wo der Löwe mit seinem Gebrülle die Todten erweckt. Sie
wären also Schwarzgötter, „weil sie das Leben gewaltsam
zerbrachen, aber auch gute Götter, Todtenerwecker, und
so war selbst im Czernobog das gute Princip nicht zerstört".

Was die Thiergestalt Czernobog's betrifft, der aber auch
menschlich abgebildet wurde mit charakteristischem Drachen-
oder Schlangenschwanze, pflegt ihm gewöhnlich die Löwen-
form zugeeignet zu werden; man hat aber in den Abbildungen
eher die Wolfs- oder Hundsgestalt erkannt. Grimm [2] findet
zwar in den slawischen Benennungen des Teufels, polnisch wrog,
böhmisch wrah, serbisch-slowenisch vrag, die Bedeutung Uebelthäter, Bösewicht, latro, ausgedrückt, führt sie aber auf das alt-
hochdeutsche warg (lupus) zurück. Unter den obotritischen Alter-
thümern liegt Czernobog in Hundegestalt auf einer schlangen-
umwundenen Stange, den Mone als Mita anführt und mit dem
deutschen Höllenhund vergleicht, der im Dienste der Hela
die Schwelle ihrer Todeswohnung bewacht.

Hanusch spricht die Vermuthung aus, Czernobog sei bei
den alten Slawen auch in Bocksgestalt dargestellt worden,
weil heutzutage das Heimschicken zum Bocke (gdi ke kozlu)
im slawischen Sprachgebrauch die Bedeutung einer Verwünschung hat. [3]

Im altpreussischen Mythus führt der oberste Czernobog
den besondern Namen Puszczecz, Verwüster; im Littaui-
schen: Puskaitis, der im Finstern unter der Erde wohnt und
ein unterirdisches Reich von Dämonen beherrscht, welche in
Zwerggestalt vorgestellt und Parstuki (von prst, Daumen)
Däumlinge, aber auch Koltky heissen, im Dunkeln die Menschen mit Neckereien quälen und besonders unter Holunder-
sträuchen ihr Unwesen treiben.

Der Gegensatz zwischen dem frühlinghaften Weben und
der winterlichen Erstarrung wird durch die Göttinnen Ziewona

---

[1] Bogen, S. 5 a.
[2] D. Mythologie, 3. Ausg., 948.
[3] Han., 186.

und Marzana dargestellt, wie Wesna und Morana den Gegensatz von Leben und Tod ausdrücken.

Hebräer. [1]

Gegenüber der Ansicht, welche für die bedeutenden
Zweige des Heidenthums einen, im Verlaufe der Zeit in polytheistische Vielheit sich zersplitternden Monotheismus in Anspruch nimmt, sucht eine andere sich geltend zu machen, welche
die Bedeutsamkeit des Hebräervolks darin erblickt, dass dieses
den Monotheismus zuerst zum Ausdruck gebracht und ihm
in der Geschichte Raum verschafft habe. Es ist schon erwähnt und gezeigt worden, dass erstere Behauptung theologische Sätze mit dem Glaubensinhalt verwechselt, dass alle
ältern Speculationen die Frage über die Entstehung der Welt
zum Gegenstande haben und bei ihrer Lösung auf ein Grund-
princip zurückkommen; in Bezug auf die andere Annahme ist
zu bemerken: dass sie die numerische Einheit als das primi-
tive und allein wesentliche Moment betont, das doch nur
die nothwendige Folge des im Gottesbegriffe der Hebräer
gelegenen Grundes ist. Die hohe Bedeutsamkeit des hebräischen Glaubensinhalts liegt in dem kennzeichnenden Wesen
des hebräischen religiösen Bewusstseins, welches die Gottheit
als rein geistiges, sittliches Wesen fasst und ihm allein berechtigte Macht zuerkennt. Ist Gott die allein berechtigte
geistige Macht, so folgt nothwendig, dass neben diesem Ewigen, Heiligen, der darum „der Einzige" ist, kein anderes
Wesen auf Berechtigung Anspruch machen kann, und so hat
die numerische Einheit, der hebräische Monotheismus den
Grund in dem Gottesbegriffe selbst, durch den sich die Religion
der Hebräer von allen andern vorchristlichen Religionen licht-
voll abhebt und ihren specifischen Charakter erhält. Wenn
auch gesagt werden mag: der reine Monotheismus der Hebräer sei das Resultat ihrer Geschichte, so liegt doch darin
ausgesprochen, dass sich dieses Volk habe sauer werden lassen
die vergeistigte religiöse Anschauung aus sich heraus zu ge-

---

[1] Wegen des engen Zusammenhangs zwischen dem Alten und dem
darauffolgenden Neuen Testamente werden die Hebräer erst hier erwähnt.

bären, um hiermit seine weltgeschichtliche Sendung zu erfüllen. Die vorzüglichen Organe bei dieser historischen Arbeit waren die hebräischen Propheten, die mit keinen Sehern anderer Völker des Alterthums, mit deren Mantik und Orakeln zu vergleichen sind, weil sie weder an eine äussere Stellung gebunden, noch durch äussere Bevorrechtung ihr Amt verwalten, sondern mit tiefster Erregung und innerlicher Gewissheit das Höchste und Heilige, was sie empfinden, mit sittlicher Reinheit in Jahve concentriren und zum höchsten göttlichen Princip erheben. Von diesem übernatürlichen, sittlichen Inhalte erfüllt, geht ihr Mund über und sie verkünden die ewigen Wahrheiten im Namen des ewigen, heiligen Einen Gottes, als dessen Dolmetscher sie auftreten. Diesem supranaturalen Gesichtspunkte gegenüber musste die sinnliche Anschauung der syrischen Culte zermalmt werden, und die Prophetie konnte den Kern der sittlichen Elemente, die im hebräischen Volke lagen, herausentwickeln und zur sittlichen Norm zusammenfassen, wonach dem heiligen Gotte ein gerechtes heiliges Leben zu weihen ist, und der Gottesdienst nicht durch blose äussere Darbringung von Opfern erfüllt wird. Dies ist der Endpunkt, in welchen das Jahvethum ausläuft. Mit dem vorgeschichtlichen Anfangspunkte wurzelt dasselbe allerdings in dem Boden der Naturreligion, aber die ganze Geschichte des hebräischen Volks weist deutlich auf die geistige, sittliche Fassung des Gottesbegriffs hin, denn überall, wo die Menge durch die Berührung mit andern nichtjahvistischen Völkern verleitet wird, ist dies als Abfall von Jahve, als theokratisches Verbrechen bezeichnet.

In der vormosaischen Zeit verehrten die Söhne Jakob's ihren Schutz- und Stammgott, wie die übrigen semitischen Stämme, deren jeder den seinen für den stärksten erachtete. Es wird berichtet, dass die Söhne Jakob's den Herrn ihres Stammes anriefen, der im Himmel wohnt, der sich im Donner und Blitz verkündet, der in der Feuerflamme erscheint, ja selbst wie fressendes Feuer ist. [1] Es ist ein starker Gott, und die ältesten Urkunden bezeichnen ihn mit El „die Macht". [2]

---

[1] 2 Mos. 3, 2; 19, 16—18; 24, 17; 4 Mos. 16, 35; 3 Mos. 10, 2.

[2] Vgl. Ewald, Ueber den Gott der Erzväter, in Jahrbücher der bibl. Wissenschaft, IX, 102; X, 11, Note 1.

Darin, dass jeder der semitischen Stämme seinen Schutzgott
für den mächtigsten hielt, wie der Hebräer den seinigen [1],
liegt schon angedeutet, dass der Monismus nur in relativer
Weise hinsichtlich der Kraft existirte, daher noch nicht von
einem monotheistischen Gottesbegriffe die Rede sein kann.
Damit in Verbindung steht die Anerkennung anderer göttlicher Wesen neben dem Gott in der Höhe, wie unter anderm
aus dem Gebrauche der Teraphim, aus den übriggebliebenen
Namen der Cherubim, Seraphim hervorgeht, und selbst Ezechiel [2]
versichert, dass die Hebräer in der Wüste den Götzen ihrer
Väter gedient haben. So gehört der Name Elohim, der von
überirdischen Wesen, von heidnischen Göttern, von guten
Engeln, selbst von Menschen, die als Fürsten über andere
die Macht haben, gebraucht wird, einer Zeit an, wo die
Stammväter noch Göttern dienten. [3] Obschon die Götter
des Heidenthums auch Elilim, nichtige Wesen, genannt werden, denen kein wahres göttliches Sein zukommt, so ist ihnen
anderwärts doch wieder Realität zuerkannt, und Jahve wird
in dieser Beziehung zum „Gott aller Götter". [4] Es ist unzweifelhaft, dass die ältesten Vorfahren der Hebräer eine
Mehrheit göttlicher Wesen anerkannt und verehrt haben, deren
verblasste Spuren wir in der spätern Religionsanschauung
Israels als Erinnerungszeichen an die Urzeit antreffen. Für
den vorliegenden Zweck ist der aus vormosaischer Zeit herstammende Azazel zu erwähnen, der besonders dadurch
merkwürdig erscheint, dass er trotz dem ernsten, die Geschichte der Hebräer hindurchziehenden Streben den supranaturalen Monotheismus zur Geltung zu bringen, auf einen
Dualismus hinweist, der freilich ebenso leise und undeutlich
hindurchklingt, als die Conturen des Azazel selbst unklar und
verwischt erscheinen.

Bevor das Hebräervolk der allgemeinen Freude am Laub-
hüttenfeste sich hingab, sollten nach dem Gesetze, am grossen
Sühntage, dem Versöhnungsfeste, am zehnten Tage des siebenten Monats, alle Missethaten, wodurch die Gemeinde Jahve's

---

[1] Vgl. 2 Mos. 18, 11; 15, 11; 4 Mos. 14, 15; Richt. 11, 24.
[2] 20, 8. 13. 24.
[3] Jos. 24, 2. 14 fg.
[4] 5 Mos. 10, 17; Ps. 136, 2. 3.

das Jahr hindurch verunreinigt worden, getilgt werden. Das
Gesetz macht diesen Tag nicht nur zu einem vollkommenen
Sabbat, wo alle gewöhnlichen Geschäfte abseits liegen bleiben mussten, es fordert auch ein gänzliches Fasten vom Abend
des neunten bis zu dem des zehnten, das einzige vom Jahvethum vorgeschriebene Fasten. Das Gesetz fordert hiermit
vom Jahvediener ein möglichst vollkommenes Fallenlassen der
Sinnlichkeit und des irdischen Getriebes, rein geistiges Verhalten seiner Gottheit gegenüber, ein gänzliches Abstrahiren
von aller Weltlichkeit, wie es nur einem rein geistigen, überweltlichen göttlichen Wesen gegenüber zur Pflicht gemacht
werden kann, wo dies den Gottesbegriff ausmacht, da die
Summe der religiösen Pflichten stets das Correlat ist zum
religiösen Bewusstsein und zu dessen Gottesbegriff. Am Sühntage, diesem potenzirten Sabbat, war auch ein aussergewöhn-
liches Sühnopfer darzubringen. Da auch die Priester und
selbst das Heiligthum der Sühne bedürftig erschienen, so
sollte der Hohepriester, die übrigen Priester und auch der
Tempel an diesem Tage gereinigt werden. Der Hohepriester
musste über zwei vor das Heiligthum gestellte Ziegenböcke
das Los werfen, von denen der eine dem Jahve, der andere
dem Azazel bestimmt war. Hierauf ward vom Hohenpriester
für sich und sein Haus ein Opfer gebracht, er trat mit dem
Opferblute in das innere Heiligthum des Tempels, sprengte
es gegen die Bundeslade und opferte hierauf nach seinem
Austritte den Ziegenbock, den das Los „für Jahve" getroffen
hatte, mit dessen Blute er abermals die Besprengung des
Heiligthums vollführte. Nach dieser Entsühnung des Priester-
thums und Heiligthums legte er seine Hände auf den Kopf
des „für Azazel" bestimmten Bocks, unter dem Bekenntniss
aller Vergehungen und Uebertretungen des Volkes Israel,
die er hiermit auf diesen Bock übertrug, der durch einen
bereit stehenden Mann in die Wüste gebracht wurde.[1] Mit
Uebergehung des übrigen, dem Mosethum entsprechenden Bei-
werks, sowie der Bedeutung der Einzelheiten des Festes,
das von den meisten als echt mosaische Einrichtung gehalten
wird, soll hier nur der Brauch mit dem durch das Los für
Azazel bestimmten Bocke herausgehoben werden.

---

[1] 3 Mos. 16.

Die Annahme, dass unter Azazel, dessen Name nur 3 Mos. 16, 3—10. 27 erwähnt wird, ein persönliches Wesen zu verstehen sei, hat heutigentags so ziemlich die Oberhand gewonnen, sowie dass als dessen Aufenthalt die Wüste gedacht sei und der Bock die Bestimmung habe, dahin gebracht zu werden. Ersteres geht aus der Stellung hervor, in welche Azazel dem Jahve gegenüber gebracht wird, welche ein diesem gegensätzliches, also böses Wesen nothwendig macht. Die Bedenklichkeiten gegen diese, als dem monotheistischen Jahvismus widerstreitende Erklärung sind von einem Dogmatismus ausgegangen, der kein Auge für geschichtliche Entwickelung zu haben pflegt und das Ergebniss der Geschichte gewöhnlich schon am Anfange derselben als fertig und abgeschlossen zu erblicken wähnt. Aus dogmatischer Scheu deuteten die Aeltern das Wort Azazel auf eine Oertlichkeit in der Wüste, ein rauhes Gebirge oder Einöde überhaupt, was aber wegen des erheischten Gegensatzes zu Jahve, der ein persönliches Wesen verlangt, mit Recht als antiquirt betrachtet wird, abgesehen davon, dass die Wüste a. a. O. und V. 22 mit andern Wörtern ausdrückliche Erwähnung findet. Der nothwendige Gegensatz gefährdet auch die Deutung des dunkeln Wortes Azazel durch „zu gänzlicher Wegschaffung", welche an der Hand der Philologie, nach dem Vorgange Ewald's [1], Eingang gefunden hat, wo das Wort als eine Steigerungsform von אזל, weggehen, betrachtet, gleichbedeutend mit ἀποπομπαῖος (wie die LXX übersetzen) einen Unhold bezeichnen würde, den man von sich weist. [2] Nach dieser Fassung wäre unter Azazel der Bock selbst gemeint und so genannt, wogegen dieser doch durch das Los bestimmt wird, mit der Sündenlast nach der Wüste zu gehen zu Azazel. [3] Abgesehen von dieser Verwechselung des Bocks mit dem Kakodämon in der Wüste, der bei dem Gebrauche doch vorschwebt, wäre diese Erklärung mit dem Zwecke des Festes allerdings im Einklange, wo es sich um gänzliche Wegschaffung aller Unreinheit aus

---

[1] Krit. Grammatik, S. 243; Ausführliches Lehrbuch der hebräischen Sprache, 6. Aufl., §. 158 c.

[2] Vgl. Ewald, Alterthümer, 1. Aufl., 370, Note 1; E. Meier, Wurzelwörterbuch: עזל = אזל abwenden, wobei aber die Endsylbe אל kaum die Erledigung findet wie durch die Ewald'sche Etymologie.

[3] V. 22.

der Gemeinde handelt. Es stünde die Annahme zur Hand, Azazel habe sich aus infinitiver Steigerungsform im Verlaufe der Zeit zu einem Nomen proprium herangebildet oder vielleicht umgekehrt, wofür das Schwankende der alexandrinischen Uebersetzung angeführt werden könnte, die das Wort bald als Concretum[1], bald als Abstractum[2] überträgt. Hierbei müsste aber auch eine Uebertragung des Wortes auf den Dämon in der Wüste angenommen werden. Indess der Hinweis auf analoge Wortbildungen, welche Concreta bezeichnen[3], wonach auch unser Wort Azazel als Concretum aufzufassen ist, nimmt der Hypothese von einem Umwandlungsprocesse den Haltpunkt, und so bleibt nur zu bekennen übrig, dass das dunkle Wort Azazel von sprachlicher Seite kaum eine genügende Beleuchtung zu erwarten hat.

Sprachliche Schwierigkeit macht auch das לְכַפֵּר עָלָיו, V. 10, wobei die Exegese die Bedeutung des Piel mit der Präposition עַל nach dem üblichen Gebrauche „sühnen" urgiren zu müssen glaubt, wonach im vorliegenden Falle der Bock, und nicht mit oder durch ihn gesühnt werden soll. Liesse es sich sprachlich rechtfertigen, den Steigerungsstamm in der Bedeutung von Kal zu fassen[4] und mit עַל construirt die Stelle zu übersetzen: „und zudecken über ihn", d. h. ihn zu bedecken, nämlich mit den Sünden des Volks, dann wäre die Schwierigkeit gehoben und der Ritus der Bestimmung des Bocks, mit den Sünden bedeckt nach der Wüste zu gehen, ganz angemessen. Denn der Sinn des Vorgangs mit dem Bocke kann doch kein anderer sein, als dass dieser, mit der Sündenlast des Volks bedeckt oder belastet, diese davontrage, nämlich aus der Mitte der Gemeinde Jahve's nach der Wüste.[5] Darin liegt die Wirkung der Sendung des Bocks, dass er die Gesammtsünde des Volks hinwegschafft aus der Gemeinde, die am Versöhnungstage alles Unreine aus ihrer Mitte ent-

---

[1] V. 8. 10.

[2] V. 26.

[3] Gesenius, Lehrgeb., S. 497. 24. 535 fg.; Gramm. §. 83, 23; Ewald, Ausführl. Lehrb., a. a. O.

[4] Vgl. 1 Mos. 6, 14, wo es in der Bedeutung „bestreichen, überziehen" steht.

[5] So auch Diestel in seiner Abhandlung, Set-Typhon etc., S. 195, Note 127.

fernen will. In diesem Sinne kann Winer [1] und Vaihinger [2] allerdings auf das Analogon des Reinigungsopfers [3] hinweisen, wo der Sperling losgelassen wird, um die Unreinheit des Aussätzigen symbolisch wegzunehmen. Der Bock ist also kein Opfer, welches dem in der Wüste hausenden Azazel gebracht werden soll, sonst müsste er geschlachtet werden, er bleibt lebendig und muss es bleiben, um das Botengeschäft verrichten zu können, er wird nur in dem Sinne geopfert, d. h. dahingegeben, um diese Bestimmung zu erfüllen. Nur der durch das Los für Jahve bestimmte Bock fällt als wirkliches Opfer, er wird geschlachtet und mit seinem Blute die Sühnungsceremonie unternommen. Welcher der beiden Böcke hinweggeschafft werden soll, um mit ihm und durch ihn die Sündenlast zu beseitigen, kann immerhin durch das Los bestimmt werden, ohne dessen heilige Bedeutung dadurch zu beeinträchtigen. So entscheidet Jahve, welchen Bock er sich zum Opfer geschlachtet und welchen er aus der Gemeinde mit der Gesammtsünde entfernt wissen will. [4]

Die Vorstellung vom Azazel erscheint in der biblischen Stelle „als eine sehr verblasste, wie eine Ruine" [5], und sie ist auch eine solche, wie sie auch Ewald [6] für einen „Rest vormosaischer Religion" betrachtet. Die Frage aber: woher dieser Ueberrest stamme? wird verschieden beantwortet. Movers [7] sieht einen Rest phönizischen Molochdienstes in Aegypten, der sich im Hebraismus erhalten habe, wo Movers den phönizischen Moloch mit dem ägyptischen Set in Zusammenhang setzt auf Grund der Sühnungsweise [8], wonach dem Typhon zu Ehren jährlich ein Opfer dargebracht, wie der Bock dem Azazel in die Wüste zugeschickt wurde, um den Moloch zu sühnen. Es braucht nicht wiederholt zu werden, dass in der

---

[1] Biblisches Realwörterbuch, Art. Versöhnungsfest, 660.

[2] Herzog, Realencyklopäd., Azazel.

[3] 3 Mos. 14, 6. 7, bei Herzog durch einen Druckfehler 4 Mos. angegeben.

[4] Hiermit verliert Hengstenberg's Einwand jede Stütze, vgl. die Bücher Mose's und Aegypten, 169, Nr. 1. 2. 3.

[5] Diestel a. a. O., 195.

[6] Alterth. 370.

[7] Phönizien, I, 367.

[8] Plut. de Is., c. 73; Macrob., Sat., III, 7.

biblischen Schilderung des Sühntags vom Opfern des Sünden-
bocks im theokratischen Sinne keine Rede ist, daher auch
die von Movers angestrebte Vereinbarung mit dem Sühnopfer
dem Set oder Moloch dargebracht, als ein Misgriff zu betrachten sein dürfte. Hengstenberg, der in Azazel den fertigen Teufel erkennen will, aber weder die specifischen Merkmale des Satans bei Hiob, noch die des spätern jüdischen oder
des neutestamentlichen διάβολος mit dem des Azazel nachweist,
was mit Diestel gefordert werden muss, bezieht denselben
ebenfalls auf den ägyptischen Set-Typhon, mit dem er ebenso
weit zu reichen meint als mit dem persischen Ahriman. [1]
„Der Bock wird lebendig in die Wüste entsandt", sagt Hengstenberg. „Nach alttestamentlichen Begriffen aber kann kein
animalisches Opfer ohne Blutvergiessen stattfinden." [2] Dies
ist ganz richtig; unklar ist aber die von Hengstenberg angenommene „polemische" Beziehung. „Im Gegensatze
gegen die ägyptische Ansicht, welche das Eingehen eines Verhältnisses auch zu den bösen Mächten durchaus für nöthig
hielt, wenn man sich gegen sie sichern wollte, sollte Israel
durch diesen Ritus zum tiefsten Bewusstsein gebracht werden,
dass alles Leid Strafe des gerechten und heiligen Gottes sei,
den es durch seine Sünden erzürnt habe, dass es nur mit ihm
sich abfinden müsse u. s. f." — „Der ganze Ritus steht doch
deutlich in Beziehung auf eine bestimmte Praxis, sich mit der
bösen Macht abzufinden, setzt förmliche Opfer voraus, die ihr
dargebracht wurden, dergleichen aus israelitischem Boden nie
erwachsen ist." [3] Das Widersprechende in dieser Erörterung
liegt auf der Hand: der Bock soll kein Opfer sein, und doch
soll sich Israel durch ihn mit dem Satan abfinden, d. h. doch
nichts anderes als: er soll dem Satan als Opfer zur Sühnung
zugesendet werden. Auch Diestel findet Widerspruch und
Dunkelheit in Hengstenberg's Raisonnement, und so wird es
wol jedem ergehen. Man kann nur vermuthungsweise den
Sinn darin finden: dass im israelitischen Bewusstsein die Erinnerung aus Aegypten an Set und das ihm darzubringende
Sühnopfer aufbewahrt und in dem Ritus dargestellt worden

---

[1] Hengstenberg a. a. O., S. 175.
[2] S. 172.
[3] S. 179 fg.

sei, worin aber durchaus nichts Polemisches liegt. Polemisch könnte man höchstens finden, dass die ägyptische Gottheit Set im israelitischen Azazel zu einem bösen Dämon herabgedrückt ist, welche polemische Wirkung in allen religiösen Anschauungen, die mit andern in Conflict gerathen, stattzufinden pflegt. — Mit Uebergehung der übrigen Vertreter der Ableitung des israelitischen Azazel aus Aegypten, sowie derjenigen, welche die unhaltbare Ansicht vom Satan hegen, soll auf die in neuerer Zeit von Fürst [1] und Diestel [2] hervorgehobene Ansicht hingewiesen werden, wonach Azazel als „Rest früherer Bildungsepochen" des Semitismus aufgefasst wird. Hiernach ist Azazel zusammengesetzt aus עֵז, der Starke, und אֵל, der Bezeichnung für höhere Wesen, nach Fürst „die Kraft" oder „Macht Gottes", im spätern Sinne „Trotz gegen Gott". Es wird hingewiesen: auf den phönizischen Gott עזיז, dem die gewaltsamen Einwirkungen der Sonne zugeschrieben wurden; den Eigennamen Belesys, der als בל־עזיז, d. h. Bel der Starke, zu deuten sei; auf das Promontorium Martis, Rusaziz, d. h. ראשׁ־עזיז, das Haupt des Starken, an der punischen Küste; auf den Mars zu Edessa, der Ἄζιζος, der Starke, Gewaltige, genannt wurde; auf eine Gottheit der Harranier, Azur, worunter eine männliche Gottheit zu verstehen sei, deren Cult als ein sehr alter erscheint. Das Stammwort עזז, das auch zur Bildung der Namen weiblicher Gottheiten diente, erscheine in der Gottheit Uzzah im Hedjaz, deren Cult sich bis auf die sinaitische Halbinsel ausdehnte. Azazel hiesse demnach „der Starke Gottes" und müsse früher ein engelartiges Wesen bezeichnet haben und „nur eine Vermittelung gewesen sein zwischen dem höchsten Gott und seiner Wirksamkeit auf die Welt". [3] Diese Erklärung, die sich sowol in sprachlicher als religionsgeschichtlicher Hinsicht empfiehlt, übersieht ein charakteristisches Merkmal, das in der trümmerhaften biblischen Schilderung erhalten und als wesentlich zu betrachten ist. Es ist die Wüste als Aufenthalt des Azazel, als Stätte der Unreinheit gedacht. Diese gehört zu den

---

[1] Hebr.-chald. Handwörterbuch s. v. Azazel.
[2] In der öfter angeführten Abhandlung: „Set-Typhon, Asahel und Satan" in der Zeitschrift für historische Theologie, 1860.
[3] Diestel, S. 20.

wesentlichen Zügen in der Zeichnung des Sühnacts und hängt
mit der Bedeutung des ganzen Versöhnungsfestes zusammen.
An diesem soll ganz Israel sich gründlich reinigen, die Ge-
sammtunreinheit wird dem Bocke aufgeladen, damit er sie an
die Stätte trage, wo die Unreinheit herrscht, nämlich die
Wüste. Eben die Wüste leitet auf die Spur, woher die Darstellung vom Azazel als eine verblasste Erinnerung abzuleiten
sein dürfte. Diese Spur leitet nach Aegypten zu Set, der in
der Wüste haust, dort den Glutwind hervorbringt, überhaupt
alles Uebel im Natur- und Menschenleben verursacht. In
dem hebräischen Azazel ist dieses Attribut ganz abgestreift,
nirgends eine Erwähnung, dass er natürliches oder ethisches
Uebel bewirke; die Kraft des jahvistischen Princips, das gerade am Sühntage, diesem erhöhten Sabbat, zum Ausdruck
kommt, hat die naturalistische Bedeutung des ägyptischen
Set ganz abgethan und den Azazel als schemenhafte Erinnerung stehen gelassen. Bei der Vorstellung von der Wüste
als Aufenthalt oder Stätte der Unreinheit bildet nun Azazel
nur die Staffage in der Landschaft. In dieser Schemenhaftig-
keit liegt auch der Grund, warum dem Azazel nirgends die
Fähigkeit, gewisse Uebel oder Plagen hervorzubringen, zugeschrieben werden kann, warum er in den Reinheitsgesetzen
nicht erwähnt wird, da er nicht als Hervorbringer der Unreinheit auftritt. Er ist keine Macht, sondern nur eine in
der Erinnerung stehen gebliebene skizzenhafte Gestalt, er kann
höchstens die personificirte Unreinheit genannt werden, und
nur als solche steht er Jahve gegenüber. Da Azazel keine
Macht ist, welche zu versöhnen wäre, wird ihm auch kein
Opfer dargebracht. Nur unter dieser Voraussetzung konnte
der Brauch in die Feier des Festes gesetzlich aufgenommen
werden, welches letztere, ausser von George und Valke, doch
als ein mosaisches betrachtet wird. [1] Nach Azazel's Aufent-

---

[1] R. Dozy (Die Israeliten in Mekka von David's Zeit bis in das 5. Jahrh.,
aus dem Holländischen, 1864) sieht in Azazel eine Umsetzung der Buchstaben ז und א, die nichts anders ist als eine Aenderung der spätern Juden, die es anstössig fanden, dass אל im Namen eines Kakodämon vorkommen sollte. (S. 8, Note 2.) Der Name bedeutet also: Gott ist mächtig, oder mächtiger Gott. — Dozy, der in Azazel einen bösen Geist der
Wüste sieht, sucht die Schwierigkeit, dass dieses „gewiss nicht unbedeu-
tende Wesen" nur hier vorkommt, sonst nirgends erwähnt wird, auf bequeme Weise dadurch zu beseitigen, in Erwägung, dass die jüdische

halt, der Wüste, wird die angesammelte Sündenlast hinge-
schafft, da Unreinheit und Sünde verwandte Begriffe sind.
Selbst in der hebräischen Vorstellung von der Wüste, als
Aufenthalt Azazel's, die in Aegypten ihren natürlichen Anknüpfungspunkt hat, ist die natürliche Bedeutung abgestreift.
Sie bekommt die Bedeutung der Gegensätzlichkeit zur Gemeinde Jahve's und dessen Heiligthum. Wie bei dem hebräischen Centralisirungsstreben die Gottheit im Heiligthum, besonders in der Bundeslade gegenwärtig gedacht wird, im
weitern Sinne innerhalb des Landes Palästina, in der vor-
palästinischen Zeit innerhalb des Lagers der Kinder Israel,
des reinen Volks par excellence: so ist die Wüste die Stätte,
wo die Gegenwart Jahve's vermisst wird, wo also nicht Reinheit, sondern Unreinheit herrscht. Daher konnte später die
Wüste mit mancherlei Unholden bevölkert und im Neuen
Testament als der Tummelplatz der Dämonen betrachtet werden. Wird Azazel als blose Personification der Unreinheit
gefasst, der daher auch in der Wüste, der Stätte der Unreinheit, haust, nicht aber als böses Princip, als Veranlasser der
Sünde: so fällt auch die Schwierigkeit, auf welche Diestel [1]
aufmerksam macht, wonach „die Fassung Typhon's als böses
Princip in voller Ausschliesslichkeit" viel später zu setzen
wäre als Mose. Wie derselbe Gelehrte annimmt, mag „der
überwiegend allgemeine Hass gegen Set in Aegypten" immerhin „erst nach der Ramessidenzeit" platzgegriffen haben, so
liegt es in der Natur der Sache, dass die natürliche Bedeutung des Set, als Veranlasser des verderblichen Wüstenwindes,
der ethischen Bedeutung vorausgeht und älter sein muss als
diese, demnach zur Zeit des Aufenthalts der Hebräer in
Aegypten schon gangbar war und ihnen, die gerade in der
Nachbarschaft der Gegend siedelten, wo Set hauste, bekannt
werden musste. Diese Vorstellung von Set und der Wüste,
die zur Zeit des Auszugs aus Aegypten (der nach Diestel
wahrscheinlich schon 1493, also längere Zeit vor den Rames-
siden, stattgefunden hat) noch nicht zum ausschliesslichen

Dämonologie aus Babylon heranstamme, dass man mit George (Aeltere
jüdische Feste, 291) und Vatke (Bibl. Theologie, I, 548) den grossen Ver-
söhnungstag als in- oder nachexilisch anerkennen müsse und somit auch
die betreffenden Gesetze in- oder nachexilisch geschrieben worden seien.
    [1] S. 197.

bösen Princip ausgebildet war, konnte in der Erinnerung der
Hebräer unter dem mosaischen Rigorismus um so eher er-
blassen, sodass nur eine schemenhafte Persönlichkeit in dem
Azazel der Wüste übrigblieb, ohne bestimmte Farbe und
Umrisse. Die Vorstellung vom Azazel bringt es in der That
auch nicht „zu einem entschiedenen Dualismus", denn er ist
weder Ursache der Uebel noch Urheber der menschlichen
Sünde, weil er beim Versöhnungsfeste überhaupt nicht als
eine Macht dargestellt ist, deshalb ihm auch der Bock nicht
als Sühnopfer wird, wie Diestel richtig bemerkt: „dass der
Israelit bei jenem Ritus unmöglich an eine Opferhandlung
denken konnte, sondern nur an Ausstossung und Verbannung.
Denn keines der Merkmale, welche ein israelitisches Opfer
bildeten, findet sich bei dem Wüstenbocke, nur der Jehova-
bock ist ein rechtes und eigentliches Opfer". [1]

Nach unserm Erklärungsversuche erscheint Azazel am
Versöhnungsfeste lediglich als personificirte Unreinheit und
steht mit der Sünde Israels in demselben verwandtschaftlichen
Verhältniss, in welchem diese zu jener steht. Azazel ist keine
Macht, zu deren Sühne ein Opfer dargebracht würde, und der
Dualismus, der durch ihn sich herausstellt, ist eben nur ein
schattenhafter. Er ist nur die Personification der abstracten
Unreinheit gegenüber der absoluten Reinheit Jahve's, er ist
nur ein Schattenbild ohne Realität gegenüber der allein rea-
len Macht Jahve's.

5. Der Satan im Alten Testament.

In deutlichern Umrissen steht der Satan im Buche Hiob,
das nicht nur in dieser Beziehung, sondern auch darum merkwürdig ist, weil es in der hebräischen Anschauung einen bedeutsamen Wendepunkt aufweist. Die Wahrnehmung des
letztern macht es allein schon unmöglich, diese Schrift für
eine der ältesten der hebräischen Literatur zu halten. Der
althebräische Glaube setzt alle Macht nur in Jahve und alles
in schlechthinige Abhängigkeit von ihm, also auch die äussern
Umstände des Menschen, welche dem Verhalten desselben
der Gottheit gegenüber entsprechend gedacht werden. Erfreut

---

[1] S. 204.

sich der Israelit der Gnade Jahve's, so bringt diese auch
äusseres Wohlergehen mit sich; hat er den göttlichen Zorn
durch Sünde erregt, so muss er diesen in Leiden und Uebeln
büssen. Wie Glück und Heil nur Ausfluss der göttlichen
Gnade ist, so fühlt der Unglückliche in seinen Leiden die
strafende Hand Jahve's, den göttlichen Grimm, den er durch
Schuld auf sich geladen hat. Wie sehr sich die Vorstellungen
von Leiden und Strafe durchdringen, zeigt sich nicht nur in
mehrern hebräischen Ausdrücken, welche beide Bedeutungen
begreifen [1], auch die Anschauung der drei Freunde Hiob's,
welche dessen unglückliche Lage nach seinem moralischen
Werthe bemessen, vertreten die herrschende Meinung. Die
weitere Entwickelung bringt einen Riss in diese Vorstellung,
die Erfahrung weist auf Beispiele hin, wo der Schuldige
günstiger äusserer Umstände sich erfreut, während der fromme
Jahvediener von Unglück betroffen wird. Das moralische Bewusstsein geräth in Conflict mit der bisherigen Anschauung,
welche das Uebel als Strafe auffasste, und aus diesem Conflicte entstand das Buch Hiob, wobei der Dichter einen sagenhaften Stoff zur Durchführung seiner Idee benutzte. Das
Ergebniss des Buches ist, dass das äussere Uebel seine Bedeutung ändert, nicht mehr nur als Strafe, sondern als Läu-
terungsmittel zu fassen ist, wodurch der Mensch angeregt, zur
Geistigkeit emporgehoben, durch beharrliche Ausdauer in der
Gewissheit seines geistigen Inhalts den Sieg davontragen soll.

Obschon der Satan im Buche Hiob noch nicht in so
scharfgezeichneter Gestalt auftritt, als wir ihn in späterer Zeit
finden werden, ist doch hervorzuheben, dass er hier schon
eine bestimmte Function zu verrichten hat. Er erscheint in
der Mitte der בְּנֵי אֱלֹהִים, der Gottessöhne, nicht als Widersacher des göttlichen Willens, denn sonst dürfte er nicht mit
den übrigen Engeln vor Gott erscheinen, er ist an sich ohnmächtiges Werkzeug des göttlichen Rathschlusses, da es ausser
Jahve keine wirkliche Macht geben kann. Er zeigt nicht geradezu Freude am Bösen, sondern er stellt die Reinheit der
Frömmigkeit Hiob's in Zweifel, indem er das Motiv zu derselben in den Eigennutz setzt. Die Lauterkeit Hiob's muss
demnach auf die Probe gestellt werden und wird Gott dazu

---

[1] Vgl. Ewald, Die poet. Bb. des alten Bundes, III, 1. 6.

durch den Satan veranlasst, und die Prüfung geschieht durch
herbeigeführte Leiden und Uebel. Der Satan erscheint also
im Buche Hiob nicht als Versucher zum Bösen, sondern als
Veranlasser des Versuchs: ob Hiob's Gottesfurcht über die
zu erduldenden Uebel den Sieg davontragen werde. Wenn
im Buche Hiob auch nicht ausdrücklich gesagt wird, dass
alle Uebel unmittelbar durch den Satan herbeigeführt werden,
so ist es doch ganz klar, dass dieser die Veranlassung dazu
gibt. Zunächst wird dem Satan die Erlaubniss ertheilt, den
Versuch mit Hiob anzustellen, wobei aber dessen Leben geschont bleiben müsse [1], hierauf verliert Hiob seinen Viehbesitz
durch einen räuberischen Einfall der Schabäer [2]; es fällt „Feuer
Gottes" vom Himmel, allerdings eine Machtäusserung des
Höchsten, die aber durch den Zweifel Satans hervorgerufen
ist, und darin liegt auch die Ursache, dass Jahve dem Hiob
nimmt, was er ihm früher gegeben hatte. [3] Wenn hingegen
Hiob unmittelbar vom Satan mit dem Aussatz geschlagen
wird [4], so ist hiermit ein Berührungspunkt angedeutet, der
auf Satan als den Repräsentanten der Unreinheit und später
der Sündhaftigkeit hinweist, da der Aussätzige im Alterthum
bekanntlich für unrein galt. Im Buche Hiob erscheint der
Satan als Werkzeug, die Lauterkeit des Mannes zu prüfen,
und gibt zugleich den Anstoss zu diesem Versuche, wogegen
der ältere hebräische Glaube in ähnlichen Fällen die Macht
Jahve's unmittelbar auftreten lässt, der selbst einen Abraham
auf die Probe stellt [5], der in seinem Zorne einen David zur
sündhaften Volkszählung reizt. [6] In der Parallele, 1 Chron. 21,
hat die Exegese die spätere Vorstellung richtig erkannt [7], wo
die zerstörende Eigenschaft Jahve's schon von diesem getrennt erscheint, während sie in den frühern Stellen noch mit
ihm identificirt auftritt. [8] Die verderbende, rächende Macht
Jahve's, die alle Uebertretungen ahnt, erscheint auch in

---

[1] Hiob, 1, 12.
[2] V. 15.
[3] V. 21.
[4] Kap. 2, 7.
[5] 1 Mos. 22, 1.
[6] 1 Sam. 26, 19; 2 Sam. 24, 1.
[7] Vgl. Bertheau, B. der Chronik.
[8] Vgl. 1 Kön. 22, 23. 24.

מַלְאֲךֵ הַמַּשְׁחִית, der die Erstgeburt Aegyptens würgt [1], Feuer und Schwefel über Sodom regnen lässt [2], die Pest über David verhängt. [3] "Auch der רוּחַ־רָעָה, von dem Saul geplagt wird [4] oder der zwischen Abimelech und die Sichemiten kommt [5], sind als keine bösen Dämonen zu fassen, sowenig als „der Geist des Schwindels", der über die Aegypter kommt [6], oder „der Geist der Eifersucht" [7], „der Schlafsucht" [8], „der Wollust" [9], der Lügengeist, der die Propheten Ahab's bethört. [10] Es sind hiermit gewisse Seelenzustände, Gemüthslagen und Geistesrichtungen gemeint, die der Herr eintreten lassen will, um zu strafen oder um seinen Namen zu verherrlichen, überhaupt um seinen Rathschluss auszuführen, es sind Manifestationen Jahve's, die, obschon von ihm ausgehend, doch als Mittel seiner verderblichen Strafgerechtigkeit von ihm getrennt gedacht sind.

Verschieden, obgleich verwandt, ist der Satan im Buche Hiob, dieser erscheint als Individuum, als Bote, um den göttlichen Rathschluss ausführen zu helfen, wie sich die Gottheit auch sonst der Boten bedient, daher der Satan füglich unter den Gottessöhnen erscheinen kann. Sein charakteristischer Zug ist lediglich der Zweifel an der sittlichen Lauterkeit Hiob's, die er daher verdächtigt; von einem Zusammenhange mit der Sünde oder von einer Freude am Bösen ist keine Spur vorhanden, sowenig überhaupt erwähnt wird, wie der Satan das geworden, was er ist.

Weiter entwickelt ist die Vorstellung bei Zacharia, wo der Satan als bestimmter Ankläger auftritt. Die Bedeutung des Satan wird nicht geändert, ob eine Verleumdung am persischen Hofe durchschimmert, die in der Anklage vor Jahve sich abspiegeln soll [11], oder ob diese Unterlage nicht angenom-

---

[1] 2 Mos. 12, 23.
[2] 1 Mos. 19, 24.
[3] 2 Sam. 24, 16.
[4] 1 Sam. 16, 14; 18, 10; 19, 9.
[5] Richt. 9, 23.
[6] Jes. 19, 14.
[7] 4 Mos. 5, 14.
[8] Jes. 29, 10.
[9] Hos. 4, 12.
[10] 1 Kön. 22, 21 fg.; 2 Chron. 18, 20 fg.
[11] Ewald, Propheten des Alten Bundes, II, 528.

men wird. [1] In jedem Falle erscheint Satan als Widersacher
der Menschen, dem es daran gelegen ist, Strafe und Unglück
herbeizuführen. Indem Josua als Repräsentant seines Volks
vor dem Gerichte erscheint, bezieht sich die Anklage auf
jenes, und der Satan erscheint sonach als Widersacher des
Volkes Israel. Der Ankläger wird abgewiesen und Josua für
frei erklärt, da Jahve das aus dem Exil erlöste Volk wieder
in Gnaden aufgenommen hat [2] und diesem die Ankunft des
Messias verkündigt wird.

Nach der geläufigen Annahme, dass die Hebräer durch
das Exil mit den Ostasiaten in Berührung gekommen und
deren religiöse Anschauung kennen gelernt, hat man im
Satan bei Zacharja den persischen Ahriman oder doch eine
Nachbildung [3] desselben erblickt, und letztere wird kaum zu
verkennen sein, obschon zugleich die Wirkung des jahvistischen
Princips dabei in die Augen springen muss. Infolge der
überwältigenden Kraft dieses Princips bringt es der Zacharia-
sche Satan zu keinem directen Gegensatz zu Jahve, dessen
Macht allein eine wirkliche ist, sondern er tritt nur als Ankläger des Bundesvolks auf, dem sich Jahve's Gnade zugewendet hat, welcher Satan hindernd in den Weg treten möchte. [4]
Es handelt sich aber hier um keinen Kampf wie zwischen
Ormuzd und Ahriman um den Menschen, und Satan ist auch
bei Zacharia noch kein Feind des Guten an sich, es ist ihm
vielmehr um die Strafe zu thun, um Beifügung von Leiden,
und nur insoweit steht er in Beziehung mit dem Uebel,
als dessen Verwirklichung zu seinem Wesen gehört. Er ist
also wesentlich Strafengel, Vollstrecker des göttlichen Zorns,
der aber bei eingetretener Gnade weichen und dieser gegenüber ganz ohnmächtig erscheinen muss. Er ist ein durchaus
von Jahve abhängiges, ihm untergebenes Wesen und seine
Wirksamkeit durch die göttliche Zulassung bedingt. [5]

Weiter entfaltet sich die Satansidee in den apokryphischen
Büchern, wo er ausser Sirach 21, 27, welche Stelle aber nicht

---

[1] Hitzig, Kleine Propheten, 301.
[2] Vgl. Zach. 1, 17; 2, 16.
[3] Hitzig a. a. O.
[4] Vgl. Schenkel, Dogm., II, 267.
[5] V. Cölln, Biblische Theologie, I, 420.

massgebend ist, im Buche der Weisheit [1] auftritt. Hier findet
sich schon die Vorstellung, dass der Tod φϑόνῳ διαβόλου in
die Welt gekommen sei, und es ist bemerkenswerth, dass der
Satan hier zuerst unter dem Namen διάβολος vorkommt. Bedeutsam ist ferner, dass als Motiv seiner Wirksamkeit der
Neid angegeben ist und überhaupt der Gegensatz eine stren-
gere Spannung erhält, indem der Verfasser des Buchs der
Weisheit, V. 23, ausdrücklich hervorhebt: Gott habe den
Menschen zur Unvergänglichkeit und zum Bilde seines eigenen Wesens geschaffen. Dem Satan wird hier schon Einfluss
auf die Sünde des Menschen zugeschrieben, deren Folge der
Tod ist. Es kann nicht überraschen, hierbei an den mosaischen Sündenfall zu erinnern [2] mit Beziehung auf die eigenthümliche Auslegung, welche unter der Schlange den Satan
versteht.

Die oberasiatische Färbung der biblischen Darstellung
des Sündenfalls ist längst erkannt. [3] Nach Zendavesta [4] springt
der todesschwangere Angramainju in Schlangengestalt vom
Himmel, in der er gewöhnlich oder doch häufig zu erscheinen
pflegt. [5] Er selbst heisst „der Todreiche, sein Gebiet ist
neben der Finsterniss der Tod". [6] Die Stammeltern des
Menschengeschlechts werden im Zend wie in der Genesis zur
Glückseligkeit bestimmt solange sie mit ihrem Schöpfer in
Einheit sind, hier wie dort essen sie von einer Frucht. Nach
der Zoroastrischen Speculation ist die Finsterniss aus Neid
über das Licht erst böse geworden, Meschia und Meschiane,
die von Ahuramazdao rein geschaffen waren, werden aus
Neid verführt und auf Angramainju's Seite gezogen.

Die gleiche Grundlage beider Mythen und ihre culturhistorische Bedeutung ist anzuerkennen, zugleich aber auch
der kennzeichnende Unterschied, der durch die Entwickelung

---

[1] 2, 24.

[2] V. Cölln, I, 42; Stendel, Theologie des Alten Testaments, 235, u. a.

[3] Bauer, Mythol., S. 100; Rosenmüller, Altes und neues Morgenland,
S. 12 fg.; Hartmann, Aufklärung über Asien, I, 133; Hengstenberg,
Christologie, I, 29; von Bohlen, Genesis; Tuch, Genes., 51, u. a.

[4] Bei Kleuker, III, 62.

[5] Z. A. II, 217. 299. 333; III, 384.

[6] Roth, Zur Geschichte der Religion, Theologische Jahrbücher, 1849,
VIII.

des religiösen Sinns beider Völker bedingt ist, nicht zu verkennen. Im parsischen Mythus setzt sich Angramainju dem
Ahuramazdao als selbständige Macht entgegen, und so kann
sich, nachdem das Uebel und nach weiterer Entwickelung
das Böse wirklich vorhanden ist, ein Kampf entspinnen. Der
Mensch, als Geschöpf Ahuramazdao's, wird selbst Gegenstand
des Streites und hat die Pflicht, dem Angramainju zu wehren.
In der hebräischen Anschauung dagegen findet die Vorstellung
von einem solchen Kampfe keinen Raum, und in dem Uebel,
das über den Jahvediener hereinbricht, erblickt dieser eine
von der Gottheit über ihn verhängte Strafe oder, nach der
spätern im Buche Hiob entwickelten Vorstellung, eine Prüfung, während der Parse durch die Sünde Ahriman's Werke,
als: Krankheit, Tod u. dgl., auf sich ladet. Im hebräischen
Sündenfalle ist das punctum saliens der Sünde darein gesetzt,
dass der Mensch seinem eigenen Willen folgt und dadurch
gegen den göttlichen handelt, indem er, die ihm gesetzten
Schranken durchbrechend, höher strebt, als ihm zugestanden
wird. Nach der Genesis ist der Ursprung des Bösen in den
Menschen selbst gelegt, der vom Baume der Erkenntniss
nicht essen soll, dessen Neigung darnach durch die Schlange
angeregt wird und der sich durch diese verführen lässt. Die
physischen Uebel, die über die Protoplasten verhängt werden,
stellen sich hiermit als Folge der Sünde dar. Nach der Zend-
sage ist die Schlange das böse Princip selbst und das Motiv
zur Verführung des Menschen der Neid. Davon weiss die
Genesis noch nichts, erst im Buche der Weisheit [1] ist diese
Theorie aufgenommen, was aus der Bekanntschaft der Israeliten im Exil mit der Religion der Parsen erklärt wird. Das
alexandrinische Judenthum, aus dem das Buch der Weisheit
hervorgegangen, hatte sich das Theoretisiren der Griechen
angeeignet und auch die parsische Theorie über den Ursprung
der Sünde aufgenommen, und so wurde die ursprünglich natürliche Schlange der Genesis zum Repräsentanten oder wenigstens zum Werkzeug des Bösen umgemodelt, der Neid als
Beweggrund zur Verführung zum Bösen hingestellt und der
Tod von der Sünde abgeleitet. [2] Diese Auffassung war zu

---

[1] 2, 23. 24.
[2] Für Josephus (Antiqu., I, 1. 4) ist zwar die Schlange beim Sünden-

Jesu Zeit die allgemein gangbare, wie aus den neutestamentlichen Schriftstellern hervorgeht; sie wurde von den ältern
jüdischen Lehrern festgehalten und durch die christlichen
Kirchenväter, namentlich durch Augustinus den Reformatoren
übermittelt.

Die Frage nach der Ursprünglichkeit der Vorstellung,
ob die Hebräer sie von den Persern herübergenommen haben,
wie von den meisten behauptet wird, oder ob hebräischer
Einfluss auf den parsischen Mythus sich geltend gemacht
habe, wie schon Tychsen [1], von Cölln [2] und neuerer Zeit
Spiegel [3] auf die semitischen Elemente im Zoroastrischen Glauben aufmerksam gemacht hat und nach Kruger [4] der jüdische
Einfluss „unverkennbar" wahrgenommen wird, diese Frage
könnte hier offen bleiben mit der Hindeutung auf ein „ge-
schwisterliches Verhältniss, hervorgegangen aus einer Ursage,
die sich in verschiedenen Anklängen über den alten Orient
verbreitet hat". [5] Handelt es sich aber um die Wahrscheinlichkeit des Zeitpunkts, so spricht allerdings dafür, dass
die Hebräer erst seit dem Exil durch die Berührung mit
den parsischen Vorstellungen zur weitern Entwickelung der
Satansidee angeregt wurden, indem sie einen ausgebildeten,
streng gespannten Dualismus kennen lernten, der aber im
hebräischen Bewusstsein unter dem monotheistischen Principe
einer Modification unterliegen musste. Den Beweis gibt die
hebräische Literatur, wo der Satan in seiner Aehnlichkeit mit
dem parsischen bösen Principe erst in den nachexilischen
Schriften auftritt.

Beim Suchen nach der Ursage verliert sich die Spur in
die nebelgraue Ferne der Vorgeschichte. Welche Richtung
soll die Forschung einschlagen, da sie auf ihrem Wege Elementen begegnet, die im parsischen, im hebräischen Mythus
sowie in dem vieler anderer Völker verflochten sind? Die
Schlange, deren Gestalt der parsische Angramainju annimmt,

---

falle nur eine gewöhnliche Schlange, aber das Motiv ihrer Handlung ist
doch auch der Neid.

[1] Comment. Götting. XI, 113 fg.
[2] A. a. O.
[3] Zendavesta, Leipzig, 1852, S. 269.
[4] Geschichte der Iranier und Assyrer, 1856, S. 425.
[5] Tuch, Genesis, S. 54.

die im hebräischen Sündenfalle später die Bedeutung des bösen Princips gewinnt, ist auch in Iran zu finden, wo der
„Böses Sinnende" die Schlange Dahaka, die Verderbliche, geschaffen hat, um die Reinheit in der bestehenden Welt zu
vernichten [1], „die Schlange, welche voll Tod ist". [2] In Aegypten droht die böse Schlange Apep als Dunkelheit die Sonne
zu verschlingen; in Indien kämpft der Sonnengott Krishna
mit dem Drachen, überwindet ihn und zertritt ihm den Kopf.
Auf ähnliche Vorstellungen unter den rohesten Völkern des
nordöstlichen Asien, den Schlangenkampf des Odin in der
Voluspa, hat schon von Bohlen [3] hingewiessen. Im nordischen
Mythus nagen auch Schlangen an der Lebenswurzel unter der
Esche Ygdrasil [4]; in der deutschen Mythologie erzeugt Loki
„der böse von Sinnesart" [5], voll von Schlauheit, List und
Schadenfreude, der Urheber alles Verderblichen in der Welt,
die Midgarschlange, das „Symbol des Weltmeers, das am
Jüngsten Tage aus seinen Ufern treten und die ganze Erde
überfluten, die letzten Spuren menschlichen Daseins vertilgen
wird". [6] Bei den Griechen tödtet Apollon den Drachen Py-
thon, Herakles die Lernäische Hydra, nicht zu gedenken der
vielen andern Mythen, in welchen die Schlange als Trägerin
des Verderbens mitspielt.

Das Motiv zur Feindschaft des Bösen gegen die Gottheit, der Ursprung des Bösen in der Welt, ist sowol nach
der hebräischen Vorstellung vom nachexilischen Satan als auch
in den Mythen anderer Völker, namentlich der Parsen auf
den Neid zurückgeführt, der in der Ich- und Selbstsucht
wurzelt. Der Hellene steigert letztere auf menschlicher Seite
zur ὕβρις, welche, die Götter nicht achtend, zur Sünde wird;
er verlegt aber den Neid auf die Seite der Götter, welche
infolge der Ueberhebung des Menschen Neid empfinden und
dafür strafen. Unter verschiedenen Modificationen wird im

---

[1] Vendid. I, 60; Roth, Zeitschrift der Deutsch-morgenländischen
Gesellschaft, II, 218 fg.
[2] Vendid. XXII, 6; XIX, 7.
[3] Indien, I, 248.
[4] Mone, Geschichte des Heidenthums, I, 339.
[5] Grimm, D. Mythologie, 3. Aufl., I, 225.
[6] Simrock, D. Mythologie, I, 117.

ganzen Alterthum das Uebel und die Sünde aus der endlichen
Grundlage des Einzelwesens abgeleitet, indem dieses seine
ihm gesetzte Schranke zu überschreiten sucht, und alle Mythen
setzen die endliche Seite der menschlichen Natur mit dem
Uebel und der Sünde in gewisse Beziehung. Dies gilt von
dem bösen Principe, das im parsischen Angramainju zur
selbständigen Persönlichkeit hypostasirt ist, vom ägyptischen
Set, dem bösgesinnten Loki der Germanen, dem nachexilischen
Satan der Hebräer, bei den Hellenen von der Personification
der ἄτη, welche doppeldeutig in den Homerischen Gesängen
als böser Dämon der Menschen erscheint, bei den griechischen
Tragikern als Unglück der unrechten Handlung auf dem
Fusse folgt oder als Unverstand auftritt, der in den Augen
des Griechen und nahezu des Menschen des Alterthums
überhaupt mit dem Unrechte für nahe verwandt gilt.

Nach dem Vorgange Philo's machte die allegorische Interpretation die Schlange im hebräischen Sündenfalle zum Bilde
der bösen Lust und das Weib zur Trägerin der Sinnlichkeit. Diese Auslegung ward von den Kirchenvätern Clemens
Alexandrinus, Origenes, Ambrosius und den jüdischen Lehrern angenommen, obschon sie anerkanntermassen dem biblischen Referenten fremd ist, sowie die Deutung, welche unter der
Schlange den parsischen Ahriman versteht. Selbst im Buche
der Weisheit unterscheidet sich der διάβολος von jenem ausser
andern auch dadurch, dass er nicht an der Spitze böser Dämonen steht. Diese amtliche Stellung Satans findet sich
überhaupt noch nicht im Alten Testament, obwol die Bücher
Tobi und Baruch die Vorstellung von δαιμόνια reichlich enthalten. Im Pentateuch und allen ältern Schriften des alttestamentlichen Kanons ist vom Satan überhaupt keine Spur
zu finden.

Die Vorstellung von gespenstischen Wesen, wie sie auch
bei andern Völkern vorhanden ist, findet sich schon vor dem
Exile im hebräischen Volksglauben. Die in den kanonischen
Büchern erwähnten שְׂעִירִים, die zu verehren den Israeliten
verboten ist [1], deren Aufenthalt in Wüsteneien gedacht wird [2],

----

[1] 3 Mos. 17, 7; 2 Chron. 11, 15; vgl. 5 Mos. 32, 17; Ps. 106, 37.
[2] Jes. 13, 21; 34, 14; Jer. 15, 39.

weisen auf abgöttische Naturreligion hin, wo der Bock als
Symbol der Zeugungskraft gilt. Die Vermuthung, dass diese
Seirim aus Aegypten herstammen, erscheint annehmbar, weil
da der Widder und Widderkopf bei der Darstellung mytho-
logischer Figuren häufig angewendet ist. Was dort als göttliches Wesen erscheint [1], wird vom monotheistischen Princip
des Hebräismus zum unsaubern dämonischen Wesen herabgedrückt und in der Erinnerung des Volks aufbewahrt. Der
Volksglaube macht sie zu feindseligen Wesen, die durch Verehrung besänftigt werden können, daher die LXX δαιμόνια
übersetzen. Erwähnt werden auch שְׂעִירִים [2], aber als Gegenstand heidnischen Cultus im Zusammenhange mit Zauberei
und Wahrsagerei sind sie ausserhalb des religiösen Glaubenskreises der Hebräer gelegen. Bei Jesaja [3] wird לִילִית, „die
Nächtliche", erwähnt, ein weibliches Nachtgespenst, das in
Einöden umherirrt, dem die Talmudisten die Gestalt eines
geputzten Weibes mit langen Haaren geben, das besonders
den Kindern nachstellt. Schon Gesenius [4] hat das hohe Alter
des Glaubens an ein Nachtgespenst im Hinblick auf sein Vorhandensein bei fast allen übrigen Völkern nachgewiesen. Der
Volksglaube an dämonische Wesen findet sich in den Büchern
Tobi und Baruch ausgebildet. Es sind böse Wesen, aber be-
schränkter Natur, die in Wüsteneien wohnen [5], den Menschen
nachstellen und die tödten, welche in ihre Gewalt gerathen,
aber durch Gebet und Zaubermittel vertrieben werden können. [6] In der Geschichte Tobi's spielt Asmodi, Ἀσμοδαῖος [7],
eine bedeutende Rolle, der die Ehe Sara's verhindern will,
weil er selbst in sie verliebt ist [8]. Im Talmud erscheint er
als wollüstiger Dämon. Obwol die durch das Exil angeregte
Entwickelung der hebräischen Dämonologie, wie sie in dem
apokryphischen Buche Tobi enthalten ist, anerkannt werden
muss, ist es doch ein von Eisenmenger [9] und noch von andern

---

[1] Vgl. Baruch 4, 7.
[2] 5 Mos. 32, 17; Ps. 106, 37.
[3] 34, 14.
[4] Comment. zu Jes. 34, 14.
[5] Tob. 8, 3; Bar. 4, 35.
[6] Tob. 3, 8; 6, 8.
[7] Tob. 3, 8.
[8] 6, 15.
[9] Entdecktes Judenthum, II, 440.

gethaner Misgriff, den Asmodi nicht als Plagegeist, sondern
als den obersten der Dämonen, als den Satan selbst fassen zu
wollen, wogegen schon der Gegensatz zu Asmodi, sein Ueber-
wältiger Rafael, einer der guten Engel, spricht. Bemerkenswerth ist übrigens der Zug: dass Asmodi durch widrigen
Geruch vertrieben, in den obersten Theil Aegyptens, also wol
in die Wüste flieht, wo er von Rafael gefesselt wird. [1] Sollte
hier nicht ein Ueberrest der Erinnerung an die Wüste als
Stätte der Unreinheit, wie sie uns bei Azazel, dem Repräsentanten derselben begegnet ist, zu erblicken sein? An Asmodi
und seinem Gegner und Bändiger Rafael ist der Einfluss des
parsischen, feindlich gespannten Dualismus kaum zu verkennen,
der sammt dem Ueberbleibsel der Erinnerung an die Wüste
von der Tradition aufbewahrt worden ist.

Bei einem Ueberblicke des Entwickelungsganges von der
Bedeutung des Azazel bis zu der des διάβολος im Buche der
Weisheit ergibt sich: dass eine Weiterbildung der Vorstellung
von einem bösen Wesen und hiermit zugleich eine Entwickelung des Dualismus im Alten Testament zwar vor sich geht,
dieser aber unter der Herrschaft des monotheistischen Princips
zu keinem directen Gegensatz gedeihen kann, wie der alttestamentliche Satan nirgends dem Jahve feindlich entgegentritt. Darin zeigt sich die Paralysirung des parsischen Einflusses und die Suprematie des Jahvismus. Ein Fortgang
aber findet statt. Während Azazel nur die Personificirung
der abstracten Unreinheit ist, in der Wüste haust, der Stätte
der Unreinheit, dem passenden Orte für die Sündenlast Israels, erscheint der Satan im Buche Hiob in concreterer Form
als Verdächtiger, der hinter der Frömmigkeit Eigennutz
wittert und Anlass gibt, die Lauterkeit durch schwere Leiden
zu prüfen. Bei Zacharia tritt Satan unter Voraussetzung der
Schuld schon als Ankläger auf, um die Strafgerechtigkeit
Jahve's herauszufordern. In der Tendenz, die von Jahve
etwa verhängte Strafe auszuführen, zeigt sich in diesem Satan auch noch die Idee des Strafengels, welche in andern
angeführten Stellen des Alten Testaments zwar auftritt, wo
aber die strafende Macht noch nicht zu einem Satan verdichtet ist, daher auch keine Spur von einem Verdächtiger,

---

[1] 1 Tob. 8, 3.

wie im Buche Hiob, noch von einem Ankläger oder An-
feinder, wie bei Zacharia. Das Verlangen Satans geht noch
immer nur dahin, Uebel zuzufügen infolge angeblich voran-
gegangener Schuld; sein Element ist nicht das moralisch
Böse, sondern die Bewirkung des äussern Uebels. Am con-
cretesten ist die Vorstellung von Satan im Buche der Weisheit, wo das Motiv seines Auftretens der Neid und als
Folge seiner Wirksamkeit der Tod angeführt wird. Der
Neid gehört also zum Wesen dieses Satans, und sein Ziel-
punkt ist der Tod. Beide Momente finden sich im parsischen
Angramainju. Das Object des Neides ist der Mensch, als
Träger des göttlichen Ebenbildes zur Unvergänglichkeit geschaffen. [1] Auch im Parsismus ist der Mensch Gegenstand
des Streites zwischen Ormuzd und Ahriman; allein der wesentliche Unterschied ist eben: dass der alttestamentliche Satan
nicht, wie der parsische Ahriman, dem göttlichen Wesen feindselig gegenübersteht, sondern vielmehr den Menschen beneidet
und ihm daher das Uebel zuzuziehen bestrebt ist. Im vorzoroastrischen Parsismus steht das böse Princip dem guten
kämpfend gegenüber und sucht seine Macht durch Verbreitung des Uebels zu bethätigen, das auch über den Menschen
sich ausdehnt. Der alttestamentliche Satan sucht das Uebel
herbeizuführen, aber im Sinne der Strafe; er beneidet den
Menschen, aber nicht das göttliche Wesen um dessen Macht,
wie Ahriman den Ormuzd. Im Parsismus nach Zoroaster erweitert und vertieft sich der Begriff Ahriman's nach der
Innerlichkeit des Menschen, sein Bereich wird das moralische,
und Ahriman trachtet den Menschen auf seine Seite zu ziehen
durch Eingebung böser Gedanken, durch moralische Verderbtheit. Der Kampfplatz Ormuzd's und Ahriman's wird
durch Zoroaster in die menschliche Brust verlegt, wo das
böse Princip die Wahlstatt zu behaupten sucht. Von einem
solchen Kampfe des moralisch Guten mit dem moralisch Bösen im Innern des Menschen ist im Alten Testamente keine
Spur und kann keine sein, weil Satan als Träger des Bösen
auf dem Boden des Jahvismus keine Realität erlangen kann,
weil ein directer Gegensatz zu Jahve nicht möglich ist, da in
diesem allein die berechtigte, geistige Macht beruht. Dieser

---

[1] Buch der Weisheit 2, 23.

oberste Hauptgrundsatz des Jahvismus bestätigt sich auch
durch den Sprachgebrauch, wo die Ausdrücke für „gottlos,
sündig" von der Bedeutung des „Abweichens, Abfallens",
nämlich von Jahve, ausgehen (פָּשַׁע נָלוֹז־לוּז, חָנַף, רָשָׁע, חָטָא אָשֵׁם),
die Begriffe: Gottlosigkeit, Frevel, mit dem Nichtigen, Eiteln
sich durchdringen, (שָׁוְא אָוֶן u. a. m.), so dass Gottloser zugleich
den Thoren bedeuten kann (כְּסִיל). Allerdings gewinnt im
Parsismus das gute Princip schliesslich die Oberhand, allein
erst nach vorangegangenem Kampfe, während im Jahvismus
die Suprematie des göttlichen Wesens als Axiom dasteht und
alle Erscheinung nur dazu dient, dieses zu bestätigen. Demnach kann auch der Satan nur die Bedeutung erlangen, als
Mittel zu dienen. Dem alttestamentlichen Satan kann es
nicht daran gelegen sein, Neid oder böse Eigenschaften überhaupt anzuregen, ihn moralisch zu verderben, wie im zoroastrischen Parsismus; er veranlasst nur das äussere Uebel und
nähert sich hierin dem vorzoroastrischen Angramainju, nur
dass dieser als Urheber des Unheils dasteht, während im
Hebräismus die Urheberschaft des Todes auch in Jahve fällt.

6. Der Teufel im Neuen Testament.

Innerhalb der alttestamentlichen Anschauung hat sich
eine Entwickelung der Vorstellung vom Satan gezeigt, obschon
die Stellen, wo er auftritt, nur sporadisch erscheinen; im Neuen
Testamente hingegen hat die Satansidee das religiöse Bewusstsein schon ganz durchdrungen und tritt als entwickelter
Teufelsglaube beinahe auf jedem Blatte entgegen. Besonders
häufig findet sich der Teufel bei den Synoptikern erwähnt,
unter den Aposteln oft bei Paulus, weniger in der Apostelgeschichte, desto öfter in der Apokalypse. Er tritt unter
verschiedenen Benennungen auf: einmal unter dem Namen
σατᾶν [1], häufig heisst er ὁ σατανᾶς [2] oder ὁ διάβολος [3], ὁ ἐχθρός [4];
an einigen Stellen führt er den Titel: Βεελζεβούλ oder Βεελζε-

---

[1] 2 Kor. 12, 7.
[2] Matth. 12, 26; Luc. 10, 18.
[3] Matth. 13, 19. 38.
[4] Matth. 13, 25; Luc. 10, 19.

βούβ[1], einmal heisst er Βελιάλ[2]; oder sein Wesen wird um-
schrieben durch: ὁ τοῦ κόσμου ἄρχων und ὁ ἄρχων τοῦ κόσμου
τούτου[3], ἄρχων τῶν δαιμονίων[4], ὁ δράκων ὁ μέγας, ὁ ὄφις ὁ ἀρ-
χαῖος[5], ἄρχων τῆς ἐξουσίας τοῦ ἀέρος[6], oder auch mit einem
einfachen Worte bezeichnet: ὁ πειράζων[7], ὁ κατήγωρ[8]. Aus
der Mannichfaltigkeit dieser Bezeichnungen dürfte ersichtlich
sein: dass die Vorstellung vom Satan in jener Zeit sehr geläufig, ja vorherrschend war, dass sie einestheils an die
alttestamentliche Satansidee sich anlehnt, anderntheils aber
auch schon weiter entwickelt ist.   Vorweg ist zu bemerken,
dass trotz der häufigen Erwähnung des Satans im Neuen
Testamente doch nie von seinem Aussehen, seiner äussern
Gestalt die Rede ist. In der Darstellung beim Apokalyptiker[9]
ist das hergebrachte Symbol des Drachens oder der Schlange
festgehalten und kann daher nicht in Betracht kommen, abgesehen davon, dass das entworfene Bild als visionäre Erscheinung nicht aus dem Volksbewusstsein hervorgegangen ist.

Im Anschlusse an den alttestamentlichen Satan erscheint
der neutestamentliche zunächst als Feind und Versucher
der Frommen, daher er in dieser Beziehung auch den hergebrachten Namen führt[10], oder als Ankläger der Menschen.[11]   Er wird ferner, wie im Alten Testamente, mit dem
Tode in Zusammenhang gebracht[12], zugleich aber auch mit
der Sünde.[13]   Die weitere Entwicklung zeigt sich aber darin,
dass die Feindschaft des neutestamentlichen Teufels in ihrer
Beziehung zu der vom Messias gestifteten Gemeinschaft specifisch wird.   Er wird der speciell erbitterte Feind Christi
und besonderer Widersacher und Verderber der Christus-

---

[1] Matth. 10, 25; 12, 27; Marc. 3, 22; Luc. 11, 15.
[2] 2 Kor. 6, 15.
[3] Joh. 12, 31; 14, 30; 16, 11.
[4] Matth. 9, 34; 12, 24.
[5] Offenb. 12, 9; 20, 2.
[6] Ephes. 2, 2.
[7] Matth. 4, 3; 1 Thess. 3, 5.
[8] Offenb. 12, 10.
[9] Offenb. 12 und 16.
[10] Luc. 22, 31; 1 Petr. 5, 8.
[11] Offenb. 12, 10.
[12] Hebr. 2, 14; vgl. Buch der Weisheit, 2, 24.
[13] Röm. 5, 12.

gläubigen, die er zum Abfall zu verleiten sucht, auf deren
Untergang er sinnt. Sonach zerfällt die Welt in ein doppeltes Reich: das Reich Gottes, durch Christus gestiftet, und
das Reich des Teufels. Dem Reiche Christi, das als Reich
Gottes eine Macht und Herrschaft des Lichts ist, steht das Reich
des Teufels als eine Macht und Herrschaft der Finsterniss feindlich gegenüber. Dieser fällt anheim und verfällt der Gewalt des
Teufels, wer aus der Gemeinschaft Christi ausgestossen wird[1],
der Teufel verfinstert den Verstand und verkehrt den Willen
der Menschen.[2] Als von Christus Abgefallene werden nicht
nur grobe Sünder[3], sondern auch Irrlehrer betrachtet.[4] Wer
hingegen an Christus glaubt, entrinnt der Gewalt des Teufels
und wird in das göttliche Reich versetzt.[5] Der Teufel sucht
der Stiftung und Ausbreitung des Reiches Christi zerstörend
entgegenzuwirken[6]; Christus dagegen ist erschienen, das Reich
des Satans zu vernichten.[7] Die Glieder des messianischen
Reichs sind, wie einst dessen Stifter selbst[8], des Teufels Versuchungen ausgesetzt.[9] Der Teufel bedient sich dabei der
List, gibt sich den Anschein des Guten, verstellt sich zu
einem Engel des Lichts[10], sucht die Schwachen durch Zeichen
zu überwältigen[11] und selbst den Aposteln in ihrer Wirksam-

---

[1] 1 Kor. 5, 5.
[2] 2 Kor. 4, 4; Ephes. 2, 1 fg.; 2 Tim. 2, 26.
[3] 1 Kor. 5, 5.
[4] 1 Tim. 1, 20.
[5] Apostelg. 26, 18; Kol. 1, 13.
[6] Luc. 8, 12; 2 Kor. 4, 4.
[7] Matth. 12, 19; Joh. 12, 31; 1 Joh. 3, 8.
[8] Matth. 4, 1 fg.; Marc. 12, 13; Luc. 4, 1—13.
[9] In der Versuchungsgeschichte Jesu liegt die Vorstellung von einem
Bündnisse mit dem Teufel, die im Mittelalter eine grosse Rolle spielt,
im Grunde angedeutet, was Soldan (Gesch. der Hexenproc., 138) richtig
erkannt hat. Es sind beide Momente des Vertrags darin enthalten:
einerseits die Anerkennung der Hoheit des Teufels, das Homagium, andererseits das vom Teufel Versprochene. Am nächsten ist wol die Erklärung in der alttestamentlichen Vorstellung von einem Bunde Gottes
mit seinem Volke zu suchen, wo auch die beiderseitige Leistung der
Paciscenten das Pactum vollständig macht. Diese Vorstellung ist, wie so
manche andere, in das Neue Testament übertragen und auf den Teufel,
zunächst nur andeutungsweise, angewendet; später aber weiter ausgebildet,
tritt sie in der Legende von Theophilus fest geformt hervor.
[10] 2 Kor. 2, 11. 14; 2 Tim. 2, 26.
[11] 2 Thess. 2, 9. 10.

keit hinderlich zu sein. [1] Dieser finstern Macht können aber
die Gläubigen mit dem Worte Gottes und dem Glauben an
Christus Widerstand leisten, daher sie, Kriegern gleich, mit
der Waffe des Evangeliums ausgerüstet sein sollen. [2] Denn
der Teufel ist ein starker Geist [3] und als Beherrscher eines
widergöttlichen Reichs der Gegner Gottes und der Wahrheit,
und die Menschen, welche Gott und der Wahrheit widerstreben oder diese in Lüge verkehren, gehören dem Teufel
an als seine Kinder. [4] Als Feind Gottes ist er auch der
Feind alles Guten, sucht ohne Unterlass den Samen des
Bösen zu streuen [5] und das Wort Gottes aus dem Herzen
zu reissen. [6] Seine erste That war die Verführung der Eva
zur Sünde [7], seine zweite die Verleitung Kain's zum Bruder-
morde; er ist daher ἀνθρωποκτόνος ἀπ' ἀρχῆς [8], der Urmörder,
der nach dem Blute der Heiligen dürstet und blutige Verfolgungen ihrer veranlasst [9], darum ist die Farbe des Drachen,
unter dem er vom Apokalyptiker dargestellt wird [10], die rothe,
die Farbe des Zornes und Blutes. [11] Er ist der Urheber der
Sünde und des Todes geworden. [12] Seine besondern Attribute
sind Lüge, Mord, Hass; er ist der Urlügner, der nie in der
Wahrheit steht, der von Beginn gesündigt hat und stets
sündigt.

Die Macht und Wirksamkeit des Teufels zeigt sich im
allgemeinen in dem Abfall der Welt von Gott [13], im besondern
im Götzendienst [14], im heidnischen Orakel und Wahrsager-
wesen [15], wie auch im abtrünnigen oder widerspenstigen und

---

[1] 1 Thess. 2, 18.
[2] Matth. 4, 4 fg.; Ephes. 6, 11—20; Jac. 4, 7; 1 Joh. 5, 18; vgl.
Tim. 2, 26; 2 Kor. 2, 11.
[3] Matth. 12, 29.
[4] Joh. 8, 44; 1 Joh. 3, 10; Apostelg. 13, 10.
[5] Matth. 13, 25. 39.
[6] Matth. 13, 19.
[7] Offenb. 12, 9; 20, 10; vgl. 2 Kor. 11, 3; 12, 7.
[8] Joh. 8, 44.
[9] Vgl. Joh. 3, 22.
[10] Offenb. 12, 3.
[11] Joh. 6, 4.
[12] 1 Kor. 15, 26; Hebr. 2, 14.
[13] Offenb. 12, 9; 20, 10; 1 Joh. 5, 19.
[14] 1 Kor. 10, 20.
[15] Apostelg. 16, 16.

christusfeindlichen Judenthum[1], welches die συναγωγή τοῦ
σατανᾶ genannt wird[2]; in der Verblendung gegen die Wahrheit des Evangeliums[3], der Feindschaft gegen Christi Lehre,
in der Sittenverderbniss in der Welt. [4] Der Teufel, der seine
Macht selbst an einem Jünger des Herrn bethätigt hat[5], weiss
auch Eingang zu finden in die Gemeinde Christi, wo er Unkraut unter den Weizen säet, Verfälschung der Wahrheit und
Verbreitung falscher und widerchristlicher Lehren[6], oder des
gleisnerischen Afterchristenthums anstrebt. [7] Paulus und besonders Johannes modificiren die Vorstellung vom Teufel,
indem sie ihn als Fürsten und Gott dieser Welt hinstellen[8],
als das böse Princip, das die Welt beherrscht und der Wahrheit widerstrebt. [9] Die Welt, als Inbegriff alles Unvollkommenen, wird im Gegensatz zum Göttlichen gedacht, und
wie die Guten Kinder Gottes sind, so erscheinen die Bösen
als die Kinder des Teufels. Das Wesen dieser Welt setzen
Johannes und Paulus in die sinnliche, vergängliche Lust. [10]
In der Sinnlichkeit (σάρξ) beruht auch das Wesen der Sünde
und in dieser die Vergänglichkeit, das Nichtige, daher sie der
Treiberstachel des Todes,(τὸ κέντρον τοῦ θανάτου) genannt wird.[11]
Wenn schon der Kampf zwischen dem Reiche Christi und
dem des Satans, der im Alten Testamente kein Analogon hat,
an den Parsismus erinnert, so noch mehr, wenn nach neutestamentlicher Anschauung der Teufel als Oberhaupt
von bösen Geistern auftritt, die ihm als seine ἄγγελοι[12]
dienstbar sind, welche Vorstellung dem Alten Testamente
auch ganz fremd ist. Es scheint bei Paulus sogar eine gewisse Rangordnung unter den bösen Geistern angenommen zu

---

[1] Joh. 8, 44 fg.
[2] Offenb. 2, 9.
[3] 2 Kor. 4, 4; Matth. 13, 19.
[4] Eph. 2, 3.
[5] Joh. 6, 70; 13, 2. 26.
[6] 2 Kor. 11, 3; vgl. 13—15; 1 Tim. 4, 1; 1 Joh. 4, 1. 3; 2, 18;
Offenb. 2, 24.
[7] 2 Thess. 2, 3 fg.; Matth. 24, 24; Marc. 13, 22.
[8] Ὁ θεὸς τοῦ αἰῶνος τούτου, 2 Kor. 4, 4.
[9] Ephes. 2, 2.
[10] Joh. 2, 16; Ephes. 2, 31. — ἐπιθυμία τῆς σαρκός.
[11] 1 Kor. 15, 56.
[12] Matth. 25, 41; Offenb. 12, 7. 9; 2 Kor. 12, 7.

sein, wie sie unter den guten Engeln gedacht wird [1] und auch
im Alten Testament, namentlich bei Daniel vorkommt, von
dem aber der Satan unerwähnt bleibt.   Die bösen Geister,
deren Beherrscher der Teufel ist, sind nicht nur Plagegeister,
sondern auch ethisch versuchende Mächte, und ihr Wirken
zielt daher auch auf das Verderben der Christusgläubigen. [2]
Mit ihrem Oberhaupte an der Spitze kämpfen sie gegen die
himmlischen Mächte.   Die Untergebenen des Teufels bilden
den Gegensatz zu den Engeln Gottes [3], und wie diese Mächte
sind, durch die sich Gott offenbart, und die Auserwählten
heissen, so sind jene verworfene Organe der satanischen
Macht.   Die Dämonologie ist zwar weder im Alten, noch im
Neuen Testament so ins einzelne ausgebildet zu finden wie
die Angelologie; da aber die bösen Geister mit ihrem Herrscher dem Satan ausdrücklich zum Gottesreiche, also zu Gott
und seinen Engeln in Gegensatz gestellt werden, so ergibt
sich wol von selbst, dass jene ihrem Wesen nach als die
Kehrseite, als die umgekehrte Analogie gedacht wurden.   Da
die Engel Gottes als dessen Organe, durch die er seinen
Rathschluss ausführt, (mehr oder weniger) die besondern
Wirksamkeiten der Weltregierung repräsentiren, so werden
die Untergebenen des Teufels keine andere Bedeutung haben
können, als dessen Handlanger zu sein, die der satanischen
Tendenz entsprechen.   Wie die Engel nur auf das Geheiss
Gottes erscheinen und Engelwirkungen eigentlich Gottes-
wirkungen sind, so können die Untergebenen des Teufels auch
nur auf Grund der satanischen Macht werkthätig sein.   Die
Engel erscheinen in bestimmten Gestalten, als schöne Jünglinge [4], selbst von ihren lichten, glänzenden Gewändern ist
die Rede. [5]   Ueber die Gestalt des Satans sowol als seiner
Untergebenen schweigen die biblischen Schriftsteller, denn
das visionäre Bild in der Offenbarung erlaubt keine Vermuthung, in welcher Form das Volksbewusstsein jener Zeit
den Satan und seine Helfershelfer gefasst habe.

---

[1] Ephes. 6, 12; vgl. Ephes. 1, 21; Kol. 1, 16.
[2] Ephes. 6, 12.
[3] Matth. 28, 41; Offenb. 12, 7. 9; Kor. 12, 7.
[4] 1 Mos. 19, 5 fg.; Matth. 16, 5; 28, 2 fg.
[5] Offenb. 4, 4; Joh. 40, 12; Matth. 28, 3.

Der Fürst der bösen Geister ist der Urheber alles Uebels und aller Sünde. Die Bedeutung der Dämonen als Plagegeister wird besonders bei den Synoptikern und in der Apostelgeschichte hervorgehoben. Als solche nehmen sie Besitz von den Menschen und machen sie zu Dämonischen. Die Synoptiker erzählen von Besessenen, die an Epilepsie[1], an paralytischer Verkrümmung[2], an Taubstummheit[3] mit Blindheit verbunden[4] litten. Solche Zustände, die für das Alterthum etwas Geheimnissvolles an sich trugen, von den Hellenen auf die Einwirkung des Göttlichen, auf das Dämonion[5], später wol auch auf Dämonen zurückgeführt wurden, brachten die Juden mit der Sünde in Zusammenhang und hernach mit den bösen Geistern. Im Hintergrunde steckt aber der Satan als Veranlasser solcher Uebel, da ihm selbst zugeschrieben wird, was einer seiner bösen Geister thut. [6] Gemäss der Vorstellung von einem Kampfe des Reiches Christi mit dem Reiche des Teufels gehört es zum Zwecke der Sendung Christi, die Werke des Teufels zu zerstören, zu welchen auch die Besitznahme der Menschen durch böse Dämone gezählt wird. Ein Theil der Werkthätigkeit des Heilands besteht demnach (besonders nach den Synoptikern) in der Heilung der Besessenen. Die Heilung vollzieht Jesus ἐν πνεύματι Θεοῦ[7], gemäss dem Gegensatze, in welchem das Reich des Teufels zu dem Gottes gefasst wird. Die Frage: ob Jesus die Vorstellung seiner Zeit vom Teufel und den bösen Geistern getheilt, oder sich derselben blos accommodirt habe, deren Beantwortung Theologen und Nichttheologen so viel zu schaffen gemacht und noch macht, kann uns hier nicht belästigen, da in beiden Fällen der Glaube an den Teufel und seine böse Schar als im Volksbewusstsein jener Zeit vorhanden unzweifelhaft feststeht, welche Thatsache wir allein vom culturgeschichtlichen Gesichtspunkte festzuhalten haben.

[1] Luc. 9, 39; Matth. 17, 15.
[2] Luc. 13, 11.
[3] Matth. 12, 22.
[4] Matth. 8, 28.
[5] Eigentlich das Waltende, daher die Fallsucht νοῦσος ἱρή heissen konnte, Herodot, III, 33.
[6] Luc. 13, 16.
[7] Matth. 12, 28.

Indem der Teufel der Urheber alles Bösen, alles Uebels[1] und
der König des Todes ist[2], so erstreckt sich die Heilsthätig-
keit Jesu auf die Hebung des Uebels überhaupt, und er heilt
auch gewöhnliche Krankheiten und erweckt Todte. Seine
Erscheinung bezweckt auch die Werke des Teufels in ethischer
Beziehung zu zerstören, da durch ihn die Menschen zu Kindern Gottes gemacht werden sollen.[3] Wo der Teufel als Fürst
dieser Welt gefasst wird, das Wesen dieser Welt auf vergängliche eitle Lust gestellt ist, da gilt es einen Kampf
mit dieser, und wer als Sieger daraus hervorgeht, hat auch
den Teufel überwunden.[4] Im Gegensatz zum Evangelium
sind die Dämonen Götter der Heiden, durch Götzendienst
tritt man in Verbindung mit ihnen[5], und das heidnische
Orakelwesen und Wahrsagerthum wird daher auf dämonische
Wirksamkeit zurückgeführt.[6] So gross indess die Macht des
Teufels und der bösen Geister auch sein mag, ist das satanische Reich doch nur auf Schein und Täuschung gestellt;
an dem Reiche Christi hat es seine Grenze, und seine Macht
findet an Christus ihren Meister. Ueber den Zeitpunkt der
Bewältigung sind die Andeutungen verschieden. Nach einigen
Stellen ist Christus als der Stärkere erschienen und hat über
den Starken den Sieg davongetragen[7]; nach Johannes ist der
Fürst dieser Welt schon gerichtet[8], ist ausgestossen[9]; damit
übereinstimmend heisst es: er ist wie ein Blitz vom Himmel
gestürzt[10]; der Apokalyptiker hingegen erwartet diesen Sturz
erst in der Zukunft.[11] Der Satan und seine Geister liegen
in der Unterwelt gebunden und harren auf das Gericht[12];
nach einer andern Stelle[13] geht der Teufel wie ein brüllender

---

[1] Luc. 10, 19; 13, 16; 22, 31; Apostelg. 5, 3; 2 Kor. 11, 3;
Ephes. 2, 2.
[2] 1 Kor. 15, 26; Hebr. 2, 14.
[3] 1 Joh. 3, 8—10; Joh. 12, 31; 14, 30; 16, 11; 8, 44.
[4] 1 Joh. 2, 13. 15.
[5] 1 Kor. 10, 20.
[6] Apostelg. 16, 16.
[7] Matth. 12, 29; vgl. d. Parallel.
[8] Joh. 16, 11.
[9] Joh. 12, 31.
[10] Luc. 10, 18.
[11] Offenb. 12, 9.
[12] 2 Petr. 2, 4.
[13] 1 Petr. 5, 8.

Löwe frei umher; bald ist durch Christi Tod seine Macht besiegt[1], und dann wieder dauert der Kampf fort bis zur Wiederkunft Christi. [2] Die Aussprüche über die Machtstellung des Teufels sind ebenso schwankend wie über seinen und der bösen Geister Aufenthalt. Letztere werden in den Luftkreis versetzt[3], daher ihr Oberhaupt ἄρχων τῆς ἐξουσίας τοῦ ἀέρος heisst; anderwärts zittern sie in der Unterwelt dem Gerichte entgegen, wie schon erwähnt wurde. Das Wesentliche ist: dass sie Gott schlechthin unterworfen und dem Messias gegenüber machtlos sind.

Ueber den Ursprung der bösen Geister gibt das Neue Testament Andeutungen: es wird ihnen der Glaube an Gott und die Furcht vor seiner Macht zugesprochen[4], sie sind Engel, die aber gesündigt haben[5] und aus ihrer ursprünglichen Stellung herausgetreten sind. [6] Hiernach wären sie allerdings als ursprünglich gut geschaffen, aber als abgefallen gedacht. Es ist hierbei an den mythischen Zug in der Genesis[7] zu erinnern, wo die בְּנֵי אֱלֹהִים als höhere Geisterwesen gedacht werden, wie sie im Alten Testament öfter vorkommen, als Jahve lobpreisend[8], oder um seinen Thron stehend der Befehle harrend[9], im Dienste Gottes als מַלְכִים auf Erden erscheinend. In der Genesis vermischen sich die Gottessöhne mit den Menschentöchtern und thun damit etwas der Gottheit Misfälliges. Die Fassung der Kirchenväter und Rabbinen, welche in dieser Erzählung der Genesis den Fall der Engel erblickt, wird gewöhnlich als richtige Tradition angenommen. Der Fall des Teufels, der in der Bibel nirgends erörtert wird, reducirt sich also nur auf die Vermuthung einer Analogie zu dem der Engel. Die Stellen Jes. 4, 12; Ezech. 28, 13 fg. stehen in gar keiner Beziehung auf den Gegenstand. Die Berufung auf die Tradition dürfte auch kaum einen sichern Halt gewähren, da nach einer andern

---

[1] Hebr. 2, 14.
[2] 1 Kor. 15, 24—26; Ephes. 6, 12.
[3] Ephes. 3, 10; 6, 12.
[4] Jac. 2, 19.
[5] 2 Petr. 2, 4.
[6] Jud. 6.
[7] 1 Mos. 6.
[8] Ps. 69, 7; 29, 1.
[9] Hiob 1, 6; 2, 1.

rabbinischen Behauptung der Satan mit dem Weibe zugleich
erschaffen worden sein soll. Hingegen liesse sich ein Zug
von den Gottessöhnen der Genesis ableiten und als Charakterzug der bösen Geister herausheben, nämlich die Sinnlichkeit,
Wollust, die in der alttestamentlichen Dämonologie durch
Asmodi besonders vertreten ist. Am neutestamentlichen Teufel
ist dieser Zug zwar noch nicht deutlich ausgeprägt, zunächst
nur angedeutet, durch seine Eigenthümlichkeit die Sinnenlust
bei den Menschen anzuregen[1]; ganz deutlich tritt dagegen
das Moment der Wollust im Wesen des Dämonischen und
des Teufels in der spätern Zeit, im Mittelalter hervor.

Obschon die Gegensätzlichkeit zwischen dem Reiche Christi
und dem Satansreiche, wie sie das Neue Testament aufstellt,
an den parsischen Antagonismus zwischen Ormuzd und
Ahriman erinnern muss, wäre es doch ein Irrthum, in ersterer
nur einen Abklatsch des letztern sehen zu wollen. Bei solcher
Annahme müsste es auffallen, dass die Satansidee in den
nachexilischen Büchern des Alten Testaments so wenig, im
Neuen Testament so überwiegend im Vordergrund steht, wo
doch zu erwarten wäre, dass nach der Rückkehr aus der
Verbannung diese Vorstellung, noch im frischen Andenken
stehend, auch innerhalb der hebräischen Literatur sich mehr
vorgedrängt haben sollte. Der neutestamentliche Satan ist als
specifisches (wenigstens specifisch modificirtes) Product der neutestamentlichen Anschauung zu betrachten und steht im engsten
Zusammenhang mit der Messiasidee und der Vorstellung vom messianischen Reiche. Die messianischen Erwartungen, schon im Alten
Testament ausgesprochen, gründen sich auf den festen Glauben,
dass der religiös-sittliche Inhalt des Jahvethums nicht nur nicht
zerstört werden könne, sondern schliesslich zur Verwirklichung
gelangen müsse. Daher tritt der Messiasglaube in Form der
Weissagung auf, da es im Wesen des alttestamentlichen Pro-
phetenthums liegt, Träger des geistigen Inhalts der Jahve-
religion zu sein. Verheissungen, unter der vorausgesetzten
Bedingung des festen Glaubens, erhalten schon die Erzväter
Israels, und alte Verheissungen geben den Stoff zu messianischen Weissagungen. Die Zeit, wo die messianische Erwartung lebendig rege wird, ist die Zeit der Noth, aus welcher

---

[1] 1 Kor. 7, 5.

das Volk auf Erlösung hofft. Noth und Verlangen nach
Erlösung gehen Hand in Hand, und an sie rankt sich die
messianische Hoffnung, die zur Zeit der Bedrängniss aus dem
Munde der Propheten dem Volke zum Trost gereichte, in
ihm feste Wurzel schlug. Am sichersten wurde der
Messias stets erwartet, wenn fremde Herrschaft auf dem
Volke lastete. In der römischen Zeit, wo die Juden unter
dem Drucke der tiefsten politischen Erniedrigung lagen,
mussten die messianischen Erwartungen am höchsten gespannt
werden [1], daher der Name Messias zu Jesu Zeit im gewöhnlichen Gebrauch war. Unter den Verrichtungen, die man
vom Messias erwartete, stand obenan: die Befreiung vom
Joche fremder Herrschaft, Wiederherstellung des reinen Mose-
thums, überhaupt eine gänzliche Umbildung der Dinge und
Uebernahme der Weltherrschaft. Der Ruf von einem grossen
König, den die Juden erwarteten, um die Weltherrschaft zu
erlangen, drang bis an die Ohren der Römer. [2] Diese Vorstellung vom Messias trägt noch entschieden die alte theokratische Farbe. Nach dem entwickeltern, ethisirten Begriffe
vom Messias sollte seine Aufgabe sein: als Heiland (σωτήρ)
überhaupt aufzutreten [3], sein Volk von den Sünden zu befreien,
es mit Gott zu versöhnen, die Sündenstrafen aufzuheben. [4]
Dass vom Messias auch die Heilung der Kranken erwartet
wurde, geht daraus hervor, dass die von Jesus geheilt werden
wollten oder geheilt worden waren, ihn deshalb für den
Messias erklärten [5], und Kranke überhaupt Hülfe bei ihm
suchten. [6] Die Zeitgenossen Jesu erwarteten vom Messias die
Beglaubigung seiner Messianität durch Wunder. [7] Da der
Glaube an den Satan als den Inbegriff böser Kräfte im Volke
gang und gebe war, und man kein Bedenken trug, selbst
Wunderhandlungen auf diesen zurückzuführen [8], so suchten

---

[1] Luc. 2, 25. 26.
[2] Sueton., Vespas., c. 4; Tacit., Hist. lib. V, c. 13. In Bezug auf
die damals gehegte Erwartung vgl. Joseph. de bello jud., lib. VI, c. 3,
II, 13, 13; Antiqu., XX, 5, 1.
[3] Apostelgesch. 1, 6.
[4] Luc. 1, 77; Joh. 1, 29.
[5] Luc. 4, 41; Marc. 3, 11; Matth. 8, 29.
[6] Matth. 9, 27; 15, 22.
[7] Joh. 7, 31.
[8] Matth. 12, 24. 27.

die Gegner Jesu seine Heilungen unter diesen Gesichtspunkt zu stellen. Nach ihrer Ansicht wären die Uebel durch die bösen Mächte verursacht und verhängt worden und Jesus heile die Krankheiten durch satanischen Beistand. Diesen gegenüber weist Jesus auf die Ungereimtheit hin, dass die satanischen Mächte auf diese Weise ihr eigenes Werk zerstören würden, und behauptet, dass seine Wunderthaten ἐν πνεύματι θεοῦ[1] vollbracht werden, weil sie den Zweck haben, die Macht des Bösen unter den Menschen aufzuheben. Wie sehr der Glaube eingewurzelt war, dass die Macht des Messias im directen Gegensatz zur Macht des Satans stehe und jener berufen sei, diese zu brechen, geht daraus hervor, dass dem Exorcisten, der nicht zur Begleitung Jesu gehörte und einen Dämonischen im Namen des Messias, also mit Berufung auf die im Messias wirkende Kraft heilte, die Wundercur nicht streitig gemacht wurde, weil sie auf Grund der πίστις an den Messias vollzogen ward.[2] Während Jesus im Matthäus-Evangelium noch als jüdischer Messias gefasst wird, ist er im Lucas-Evangelium schon als Erlöser und Heiland der Menschen gedacht; als Gottes Sohn ist er mit übermenschlicher Macht ausgerüstet und bethätigt dieselbe namentlich in der Heilung der Dämonischen. Nach der synoptischen Christologie ist Christus alle Gewalt gegeben im Himmel und auf Erden[3]; zu seiner messianischen Würde gehört ferner: dass in ihm die Macht des Todes aufgehoben wird, da er der Fürst des Lebens ist.[4] Gott hat ihn vom Tode auferweckt, weil er durch den Tod nicht überwältigt werden kann[5], und ist durch die Auferstehung über das Menschliche erhöht. Wie durch Adam, den Einen Menschen, die Sünde und der Tod in die Welt gekommen, so ist, nach der paulinischen Fassung, durch Jesus Christus die Gnade Gottes den vielen Menschen zu Theil geworden.[6] Der geistigen Natur Gottes angemessen ist es, sich in seiner Lichtnatur zu spiegeln, und so wird auch Christus wesentlich als Geist und Licht gefasst; Christus

---

[1] Matth. 12, 28.
[2] Matth. 17, 19. 20.
[3] Matth. 28, 18.
[4] Apostelg. 3, 15.
[5] Apostelg. 2, 23.
[6] Röm. 5, 25.

ist, nach der paulinischen Christologie, dem physischen Menschen Adam gegenüber, der geistige, himmlische Mensch; er ist unsündhaft, in ihm ist die sündige menschliche Natur aufgehoben. Nach dem Ausgangspunkte ist Christus David's Sohn[1], als solcher trägt er die sterbliche Hülle, durch die Auferstehung ist er aber geistig geworden, durch sie ist seine Messianität realisirt, das πνεῦμα ἁγιοσύνης erweist sich in ihm als das πνεῦμα ζωοποιοῦν.[2] Der Auferstandene ist zum Sieger über den Tod geworden, wird in unmittelbarer Nähe Gottes gedacht, ist zum κύριος erhoben und steht an der Spitze des Reiches Gottes, wodurch auch seine unmittelbare Theilnahme an der göttlichen Macht und Weltregierung zum Ausdrucke kommt.

Dem messianischen oder göttlichen Reiche gegenüber ist, wie schon erwähnt, des Satans Reich und Thätigkeit der gerade Gegensatz. Alle Hemmnisse, die der Messias bei der Stiftung und Ausbreitung seines Reichs zu überwinden hat, machen den Inbegriff des satanischen Reiches aus. Dieses ist die hervorgerufene verkehrte Spiegelung des messianischen Reichs, in düstern Farben auf dunkelm Grunde. Den verschiedenen Seiten des Messias entsprechen auch die verschiedenen Seiten des Satans, aber in umgekehrter Bedeutung. Ist Wahrheit und Licht auf der Seite des Messias, so ist Falschheit, Lüge, Täuschung und Finsterniss auf der Seite des Satans; dort ist Leben, hier Tod, dort Geist und ewiges Leben, hier Fleisch und Vergänglichkeit; dort Sündlosigkeit, hier Sünde, dort Heil, hier Unheil.

Wie die messianische Idee specifisch biblisch und die Vorstellung vom messianischen Reiche, von den an die alttestamentliche Anschauung sich anlehnenden neutestamentlichen Schriftstellern bis zur paulinischen weiter entwickelt, specifisch neutestamentlich genannt werden muss: so ist auch der neutestamentliche Satan nach seiner physischen und ethischen Bedeutung eine specifisch neutestamentliche Vorstellung, weil der neutestamentliche Satan und sein Reich das Correlat zum Messias und seinem Reiche bildet. Daraus erklärt es sich auch, warum im Neuen Testamente des Satans

---

[1] Vgl. Röm. 1, 3 fg.
[2] 1 Kor. 15, 45.

und seines Reiches so häufig Erwähnung geschieht, weil das
Messiasreich der Hauptgegenstand des Neuen Testamentes ist.

7. Der Teufel bei den Kirchenlehrern der drei ersten christlichen Jahrhunderte.

Durch Alexander d. Gr. war der Orient mit dem Occident
in Verbindung gebracht worden, der Völkerverkehr war eröffnet, griechische Sprache und Bildung hatte angefangen über
alle Theile der damaligen Welt sich zu verbreiten. Die er-
obernde Macht der Römer, die verschiedene Völker unter
Ein Oberhaupt gebracht und dadurch die Scheidungslinie verwischt hatte, war zur Weltmacht geworden, in welcher die
nach Universalismus strebende Zeit ihren Ausdruck fand.
Dieser politische Universalismus war die geeignete Vorbe-
reitungsstufe zum geistigen Universalismus des Christenthums,
und nachdem die römische Herrschaft durch römische Civilisation und Gesetzgebung die Völker zur politischen Einheit
erhoben hatte, fand das Christenthum bei seinem Erscheinen
für seine universalistische Tendenz den Boden gelockert, um
zum weltbeherrschenden Principe zu erwachsen und die Völker
zur geistigen Einheit zu erheben.

Das polytheistische Heidenthum hatte sich ausgelebt.
Der Götterglaube ward von den Gebildeten zur Fabelwelt
herabgedrückt oder nur zur Einkleidung philosophischer Ideen
benutzt, als religiöser Glaube vegetirte es nur noch im Volke
fort, und als Staatsreligion behauptete es sich nur, insofern es
mit den staatlichen Einrichtungen unzertrennlich verflochten
war. Nachdem seit Livius Andronicus (240 v. Chr.) in Rom
die griechische Literatur bekannt geworden war, verbreitete
sich der Unglaube, die Staatsmänner suchten die vaterländische
Religion nur als Stütze des Staats aufrecht zu erhalten, und
unter den Kaisern herrschte neben dem Unglauben der dickste
Aberglaube. Der Verfall der Wissenschaft ging mit dem
sittlichen Verderben Hand in Hand, und die Mathematici,
Traumdeuter u. dgl. zogen ihren Vortheil durch ihre „geheime
Wissenschaft des Orients", die schon früher bei den Römern
Eingang gefunden hatte. Das Judenthum, in eine Vielheit
von Sekten und Parteien zerklüftet, war in der Auflösung

begriffen, konnte keinen Haltpunkt geben, sowenig als die griechische Religion, „die Religion für Glückliche", im Unglück Trost zu gewähren vermochte.

Zwischen Unglaube und Aberglaube, die beide keine dauernde Befriedigung schaffen, erwuchs das Bedürfniss nach Ausgleichung des Zwiespalts, die Sehnsucht nach Versöhnung und Gemeinschaft mit dem höchsten Wesen, und inmitten des Verfalls der vorchristlichen Religionen war für das Christenthum Platz gemacht. Durch das Judenthum war die einheitliche Fassung des Gottesbegriffs zur Geltung gebracht worden, die griechische Bildung hatte das menschliche Bewusstsein dahin entwickelt, um empfänglich zu sein für den sittlichen Gehalt des Christenthums, dass der Mensch seiner als sittliches Subject sich bewusst werde. In dieser Beziehung ist Sokrates unter den grossen Philosophen epochemachend gewesen, indem er den Weg weist, den das menschliche Subject einzuschlagen hat, nämlich in sich einzukehren, den Schwerpunkt und Masstab des Handelns in seinem sittlichen Bewusstsein zu finden, wobei die Selbsterkenntniss zur nothwendigen Bedingung wird. Auf Grund dieser Forderung haben die spätern ethischen Systeme der griechischen Philosophen, Stoiker, Epikuräer, Skeptiker und Eklektiker die sittliche Natur des Menschen zum Hauptgegenstand der denkenden Betrachtung gemacht. Daher kann es nicht befremden, wenn in der eklektischen Popularphilosophie, die zur Zeit der Erscheinung Christi landläufig war, Ansichten und Lehren auftreten, die den Ergebnissen der christlichen Religions- und Sittenlehre ähnlichen. Das Zeitbewusstsein war von den praktischen Resultaten der griechischen Philosophie durchdrungen und der Mensch dahin gelangt, seiner Bestimmung als einer sittlichen Lebensaufgabe sich bewusst zu werden.

Das Christenthum, in welchem die verschiedenen Richtungen der griechischen Philosophie zusammentreffen und ihren Ausdruck finden, steht aber in engster Beziehung mit dem Judenthume, aus dessen alttestamentlichem Boden das Neue Testament herauswächst. Der alttestamentliche Gottesbegriff erscheint geläutert, trifft aber durch die monotheistische Fassung zusammen, im Widerspruch steht nur der particularistische Charakter jenes mit der universalistischen Tendenz des Christenthums. Das Anthropomorphistische und Anthropo-

pathische der alttestamentlichen Anschauung wurde schon
durch den Einfluss der alexandrinischen Philosophie abgestreift, nachdem die Juden durch die Berührung mit andern
Völkern Elemente in sich aufgenommen hatten, die bei ihrer
Entwickelung von Wichtigkeit wurden. Das alexandrinische
Judenthum hatte vermittels der allegorischen Interpretation
neue Ideen in seinen Glauben bereits aufgenommen, die alttestamentlichen Lehren erhielten eine freiere Gestalt, der alttestamentliche Gottesbegriff wurde erweitert und somit der
Particularismus durchbrochen. Die hohe Bedeutung der
alexandrinischen Philosophie, die in den Schriften Philo's
niedergelegt ist, wird seit lange in ihrer Tragweite bis in die
christliche Theologie anerkannt. Besonders hatte unter den
Ptolemäern in Alexandrien bei den Juden infolge ihres Studiums der griechischen Philosophie eine philosophische Behandlung ihrer Religion Eingang gefunden, deren Spuren im
Buche der Weisheit zu Tage liegen und auf Philo, den vornehmsten Repräsentanten der alexandrinischen Bildung, zurückweisen. [1]

Nach dem ursprünglichen Wesen des christlichen Princips
gibt die Gesinnung allein den sittlichen Massstab für das
Handeln, für das Leben. Indem die Gesinnung das Gesetz
in sich aufgenommen haben soll, berührt sich das christliche
Princip eben durch das Gesetz mit dem Mosaismus; während
aber dem Mosaismus die That als Erfüllung des Gesetzes gilt,
setzt sich das Christenthum in Gegensatz zum Gesetz, indem
es die Gesinnung als Innerlichkeit der Handlung als reiner
Aeusserlichkeit gegenüberstellt. Das neue Princip unterscheidet sich daher wesentlich vom alten dadurch, dass es auf
die Innerlichkeit, die Gesinnung zurückweist, von dieser
Lauterkeit und Freiheit verlangt und nur in diese den sittlichen Werth des Menschen setzt. Die sittliche Reinheit der
Gesinnung, die allein Werth verleiht, bringt den Menschen
auch in das adäquate Verhältniss zu Gott, das Subject setzt
seine Bestimmung darein, vollkommen zu werden wie Gott,
die absolute Vollkommenheit. Die gemeinsame Aufgabe, an
deren Erfüllung der Beitrag von jedem einzelnen gefordert
wird, ist: den Willen Gottes zu verwirklichen, und dies ist

---

[1] Vgl. Gfrörer, Philo, II; Dähne, Jüd. alex. Religionsphilosophie, II.

auch das Wesentliche bei dem Reiche Gottes. Das Reich Gottes nach der Lehre Jesu ist die vergeistigte Theokratie des Alten Testaments und fusst lediglich auf sittlichen Bedingungen, von deren Erfüllung die Aufnahme in das Reich Gottes abhängig ist. Dem üppigen Heidenthume gegenüber gestaltete sich das christliche Leben zum schroffen Gegensatz, es verabscheute nicht nur dessen sinnliche, sondern auch geistige Genüsse[1], in denen es nur Selbstsucht erblickte, es erhob Selbstdemüthigung, die aufopfernde Bruderliebe, den freudigen Todesmuth zum Kennzeichen eines echten Anhängers Christi.[2] Das Zeitalter nahm die Richtung der frommen Ascese. Die Erde ward zum Jammerthal, und die Sehnsucht nach einer andern Welt erfüllte die edeln Gemüther.

Das Christenthum blieb aber nicht blosse Religions- und Sittenlehre, sondern erhielt eine concrete Form dadurch, dass es in der Person seines Stifters einen festen Mittelpunkt nahm, der zugleich den historischen Berührungspunkt abgab zwischen der Religion des Alten und Neuen Testaments, oder zwischen Judenthum und Christenthum, und zwar dadurch, dass die jüdisch-nationale Idee des Messias in der Person Jesu angeschaut, Jesus zum Träger derselben ward.

In Bezug auf das messianische Reich unterschieden sich die Christen von den Juden, dass jene die Zukunft des Messias mit der Erscheinung Christi als vollzogen betrachteten, diese hingegen das zu errichtende Messiasreich noch erwarteten; beide aber trafen zusammen in der Hoffnung einer zweiten herrlichen Zukunft desselben.[3] Dieses bevorstehende Reich des Messias, von den meisten Christen gehofft und mit sinnlichen Vorstellungen ausgestattet, bildete den Glaubenssatz des Chiliasmus. Der chiliastische Glaube, der dem Boden der apokryphischen Weissagungen entsprossen, der schon unter den Juden herrschend gewesen ist, findet seine Erklärung darin, dass mit dem Tode Jesu die Hoffnung auf die Wiederherstellung des jüdischen Staats und auf ein glänzendes irdisches Reich des Messias vernichtet war, ferner in dem

---

[1] Tertull. de spectaculis, c. 23; de cultu femin., II, 2.
[2] Minuc. Felix, c. 8; Euseb. H. eccl., VII, 22.
[3] Justin. M., Dial. c. Tryphone, §. 31: ἡ τοῦ πάθους οἰκονομία — ἡ ἔνδοξος παρουσία. C. 1, § 110: δύο παρουσίαι.

Drucke, dem Hasse und der Verachtung[1], welchen die ersten
Christen ausgesetzt waren. In der traurigen Lage, welcher
gegenüber die Feinde des Christenthums nicht nur an Macht,
sondern auch an Zahl bei weitem überwogen, sollten seine
Anhänger durch den Hinblick auf die geistige Seligkeit des
Himmels getröstet werden, welche Hoffnung aber erst die
Bedeutung eines Gegengewichts zu den irdischen Leiden der
Christen dadurch erhielt, dass diese das Moment der Sinnlichkeit mit hineinzogen. Sonach sollte das Eintreten des
Reiches der Herrlichkeit, wo die Feinde des Christenthums
gedemüthigt, auf den Trümmern des übermüthigen Rom
Jesus seinen Einzug halten würde, obschon erst in der Zukunft, doch hier auf Erden noch stattfinden. Dieser Glaube
vom Chiliasmus erfreute sich in den ersten Jahrhunderten
des Christenthums einer so allgemeinen Ausbreitung, dass
nicht nur fast alle christlichen Lehrer darin übereinstimmten,
sondern selbst einige Häretiker denselben theilten. Die Gnostiker waren zwar Gegner des Chiliasmus, den sie für jüdischen Aberglauben erklärten; desto eifriger hingen ihm dagegen die Montanisten an, deren Prophetinnen die zu
erwartenden grossen Weltveränderungen mit glühender Phantasie als theils schauerliche, theils freudige ausmalten, wobei
sie ihren Pinsel stark in Sinnlichkeit tauchten und die
grellsten Farben dick auftrugen. Namentlich ist Tertullian
durch seine ausführliche Darstellung des chiliastischen Glaubens berühmt, wonach ein neues Reich auf Erden verheissen
wird, „ehe wir in den Himmel kommen, in einem neuen Zustand, nämlich tausend Jahre hindurch nach der Auferstehung
in der von Gott geschaffenen Stadt Jerusalem, welche sich
vom Himmel herabsenken wird, welche der Apostel die Mutter
aus der Höhe[2] und unsere himmlische Bürgerschaft[3] nennt.
Diese schaute Ezechiel, diese sah Johannes und der neue
Geist der Weissagung, welcher in unsern Gläubigen wohnt,
bezeugt sie und malt ein Bild von ihr, wie es sich einst
unsern Blicken darstellen wird“.[4] Der Chiliasmus herrschte

---

[1] Man erinnere sich nur an die Aeusserungen eines Tacitus über
die Christen Ann. 15, 44.
[2] Gal. 4, 26.
[3] Phil. 3, 20.
[4] Tertull. contra Marc., III, c. 24.

bis auf Origenes, der ihn eifrig bekämpfte, wonach die chiliastische Glut gegen die Mitte des 4. Jahrhunderts erkaltete.

Eine Nebenbildung des Glaubens an ein zukünftiges herrliches Messiasreich ist der Glaube an ein unübersehbares mächtiges Geisterreich und an dessen unaufhörliche Einwirkung auf die Erde und deren menschliche Bewohner. Es ist eine Vorstellung, durch welche die Christenheit mit dem Heidenthum und Judenthum sich auf gemeinschaftlichen Boden stellte. Man glaubte allgemein an Engel, deren Ursprung von Gott abgeleitet ward, obschon man die Art und Zeit ihrer Entstehung verschieden bestimmte. Origenes führt die Lehre von den Engeln besonders häufig an, obgleich er versichert, dass die erste Kirche kein förmliches Dogma darüber festgestellt habe. [1]

Der Glaube an das Dasein der Engel und ihrer Wirksamkeit war nicht nur allgemein angenommen, sondern die Lehre davon sogar ein Lieblingsgegenstand der ältern Kirchenlehrer. [2] Diese Lehre ist aber darum von culturhistorischer Wichtigkeit, weil durch sie die christliche Anschauung mit dem Heidenthum sowol als dem Judenthum durch sehr viele Fäden zusammenhängend sich darstellt. Die jüdische Religion hatte in ihre Engellehre altorientalische Religionsvorstellungen aufgenommen, und die christlich-kirchliche Lehre von den Engeln (guten und bösen) ist sonach die Brücke, über welche die heidnische Anschauungsweise in die christlich-kirchliche den Uebergang fand und dadurch einen Einfluss auf die christliche Kirchenlehre erlangte.

Ihrer Stellung nach nehmen die Engel die Mitte zwischen Gott und den Menschen ein, demgemäss ist auch ihre Natur gedacht und theils nach dem Muster des hierarchischen Systems (Diakonat, Presbyteriat, Episkopat) und nach Massgabe der biblischen Stellen [3], theils nach der Vorstellung der heidnischen Götterwelt, in welcher die verschiedenen Gottheiten einer höchsten untergeordnet erscheinen, sprechen schon die ersten Kirchenlehrer von verschiedenen Rangordnungen

---

[1] Orig., de princ. prooem., 10.
[2] Münscher, Dogmengesch., II, 57; Semisch, Just. M., II, 339; vgl. Athenag. leg., 27.
[3] Koloss. 1, 16; Ephes. 1, 21.

der Engel.[1] Ihre Natur ist über die menschliche erhaben, da aber reine Immaterialität ein Vorzug des Schöpfers bleibt, so sind die Engel, obschon unkörperlich, doch mit ätherischem Leibe versehen, der feiner ist als der menschliche.[2] Da nichts Feineres als Luft und Licht bekannt war, so wurde den Engeln ein luft- und lichtartiger oder aus Luft und Licht gewebter Körper beigelegt, indem die Clementinischen Homilien[3] selbst Gott einen feinen Lichtkörper von höchster Schönheit zuerkennen. Sie erfreuen sich vollkommener Freiheit und können Gutes und Böses thun.[4]

Gegenüber der Emanationslehre, wonach die Engel als göttliche Kräfte gefasst wurden, wie schon bei Philo und selbst noch bei Lactantius[5] wahrzunehmen ist, gewann diese Ansicht die Oberhand.[6]

Ueber die Thätigkeit der Engel stimmen die Kirchenlehrer überein, dass Gott als Regent denselben die Besorgung der einzelnen Geschäfte überwiesen habe. Schon die ersten Kirchenlehrer Hermas[7], Papias[8] haben den Gedanken von der Aufsicht der Engel über die Welt, und er findet sich auch bei Justinus[9], Athenagoras[10], Clemens Alexandrinus[11], Methodius[12], Origenes, unter Berufung auf 5 Mos. 32, 8. 9, wo die LXX die בְּנֵי יִשְׂרָאֵל durch ἄγγελοι Ͽεοῦ übersetzt haben, dieser spricht aber die Ansicht aus, dass die Aufsicht über Israel Gott selbst geführt habe.[13] Die Weissagungen

---

[1] Clem. Alex., Strom., VI, 13; Ignat., Ep. ad Trall., c. 5.

[2] Orig. de trin., c. 1; de princ., c. 6; Damascen. de orthod. fide, II, c. 3; Fulgentius Ruspens. de trin., c. 8; Aug. de divers. quaestion., 83, qu. 47; Just. dial. c. Tryph., c. 57.

[3] XVII, § 7—11.

[4] Iren., IV, c. 37; Athenag., legat. pro Christian., 27; Origen. de princ. prooem., I, c. 5, c. 8, alibi.

[5] Institut. div. l., IV, c. 8.

[6] Justin. dial. c. Tryph., c. 128.

[7] Visio III in partit. Op. ed. Cotel. I, 79.

[8] Grabii spicileg. Patrum sect. 2, p. 331.

[9] Apolog. min., 44.

[10] Legat. pro Christian., 11, 27.

[11] Strom., V, 650; VI, 822.

[12] Photii biblioth. cod. 235, p. 907.

[13] Adv. Cels. V. Opp., Tom. I, p. 598 sequ.; Homil. VIII in Num., Tom. II, p. 157.

Daniel's, in welchen von einem Engel der Perser und Meder die Rede ist, festigten die Meinung, dass jedes Volk seinen besondern Engel zum Aufseher habe.[1] Bei einigen Kirchenlehrern findet sich eine nähere Angabe der besondern Geschäfte der Engel. Nach Origenes hat Raphael die Aufsicht über die Kranken, Gabriel über die Kriege, Michael über das Gebet, wie auch christliche Gemeinden unter der Aufsicht besonderer Engel stehen.[2] Schon Hermas[3] spricht von einem Bussengel, und Tertullian[4] erwähnt eines besondern Betengels. Selbst über leblose Dinge, über die Erde, das Wasser, die Thierklassen sind besondere Engel als Aufseher bestellt.[5] Die Vorstellung von den Schutzengeln der Menschen, die sich an die mythische Vorstellung von den Genien anschloss, musste ganz nahe liegen, und sie findet sich daher schon bei Hermas.[6] Selbstredend bezweckt die Thätigkeit der Engel nur das Wohl der Menschen: sie verschaffen diesen das Gute, das ihnen Gott bestimmt hat, bringen zu diesem ihre Gebete[7], sind die Urheber guter Gedanken, verschaffen die Kraft, gegen Verführungen anzukämpfen[8], erweisen überhaupt den Menschen vielfache Wohlthaten[9], wie Gott durch die niedern Engel auch den Griechen ihre Philosophie hat zukommen lassen[10], sie bewachen die Frommen[11] und fördern auf Gottes Anlass die Tugend.[12] Es hat also jeder Mensch seinen besondern Schutzengel, der das Böse von ihm abwehrt, das Gute hingegen in ihm anregt. Da aber das Uebel trotzdem auf den Menschen einwirken und gelegentlich auch Uebles von ihm ausgehen kann, so wird es nicht befremden, wenn schon bei Hermas die Vorstellung von zwei dem Menschen zugetheilten

---

[1] Orig., Homil. XXXV in Luc., Tom. III, p. 974.
[2] De princ., I, c. 8.
[3] Pastor, Mand., 1 et 4.
[4] De oratione, c. 12.
[5] Orig., Hom. X in Jerem., Hom. XIV in Num.; adv. Cels., VIII.
[6] Pastor, lib. II, mand. VI, 2.
[7] Orig. adv. Cels., V.
[8] In Cant. canticor.; de princ., III, c. 2.
[9] Strom., VI, c. 17.
[10] Strom., VII.
[11] Paed., II, c. 9.
[12] Strom., VI.

Genien, einem guten und einem bösen, auftaucht.[1] Tertullian
stellt schon die Behauptung auf: dass fast kein Mensch ohne
unreinen, bösen Dämon sei[2], und Lactantius: dass die unreinen Dämonen sich einzelnen Menschen anhängen, ihren Sitz
in ihnen aufschlagen und sich für gute Genien ausgeben.[3]
    Nach der biblischen Vorstellung steht das Dasein böser
Dämonen und ihres Oberhauptes, des Teufels, fest und diesen
Glauben finden wir daher bei allen Christen dieser Periode.
Obschon im Neuen Testament der Satan bisweilen der Feind
Gottes genannt wird, so wird doch kein ursprünglicher Gegensatz in den ersten christlichen Jahrhunderten aufgestellt, und
der Dualismus erscheint unter dem Gesichtspunkte des Monotheismus, wonach der Teufel als von Gott geschaffen, aber
als freiwillig abtrünnig geworden gedacht wird. Die Kirchenväter schlossen sich im allgemeinen der biblischen Vorstellung
an. Einige Gnostiker ausgenommen, die einige Geister nicht
von Gott erschaffen und ihrer Natur nach böse sein liessen[4],
deren Ansichten auf die Entwickelung der Vorstellung vom
Teufel besonders sollicitirend wirkten, galt der Teufel bei den
übrigen Christen gewöhnlich als ein von Gott ursprünglich
gut geschaffenes, aber durch eigene Schuld böse gewordenes
Wesen, das seine Freiheit misbraucht habe und dadurch gefallen sei.[5] Die Polemik der christlichen Kirchenlehrer gegen
die Gnostiker betraf ausser dem Doketismus, wonach die Erscheinung Christi (vornehmlich nach Marcion's System) blosser
Schein war, die sittliche Freiheit des Willens und das darauf
beruhende Verhältniss des Menschen zu Gott, und endlich
den Demiurg oder Weltschöpfer, den die Gnostiker vom absoluten Gott trennten. Die Kirchenlehrer sahen in diesem
Dualismus einen grellen Widerspruch mit dem Monotheismus,
daher sie der gnostischen Ansicht von der Bedingtheit der
Einzelnen durch den allgemeinen Naturzusammenhang die
Idee der sittlichen Freiheit entgegensetzten.[6] Der Gnosticis-

---

[1] Pastor, Mand. VI in Past. App. ex ed. Cotel. I, 93. 94.
[2] De anima, c. 57.
[3] Institut. div., II, 14.
[4] Marcionita in Dial. de recta in Deum fide in Orig. opp., I, 835;
vgl. Tertull., adv. Marcion., II, c. 10.
[5] Orig. de princ. prooem., §. 6.
[6] Auch in den Recognitionen, die, obschon nicht von Clemens, doch

mus, der nicht nur im nahen Verwandtschaftsverhältniss zur alexandrinischen Philosophie steht, sondern wesentlich eine Fortbildung derselben, also Religionsphilosophie ist, nahm ausser den Erörterungen, die das apostolische Zeitalter bewegt hatten, auch andere auf. „Der Wissensdurst, der innerhalb des Christenthums erwacht ist, das Bedürfniss nach tiefern Erkenntnissen über das Verhältniss des endlichen und unendlichen Geistes, der unsichtbaren und der sichtbaren Welt, nach welchen alles menschliche Denken von jeher gerungen hat" [1], bestimmt das Wesen des Gnosticismus. Es werden philosophische Fragen innerhalb des Christenthums aufgeworfen und dieses unter den Gesichtspunkt des Denkens gestellt, wodurch dieses über die bisherige Schranke des Heilsprincips zum Weltprincip erweitert wird. [2] So hoch die gnostischen Systeme die Idee Gottes stellten, so kommen sie doch nicht über den Gegensatz von Geist und Materie hinaus, daher ihnen allen dieser Dualismus eigen ist. Die Religionsphilosophie der Gnostiker glaubte die Weltschöpfung von der höchsten Idee der Gottheit trennen zu müssen, um das unvollkommene Gute in der Welt von einem weniger vollkommenen Wesen, dem Weltschöpfer, abzuleiten. Denn es handelte sich hierbei um die uralte Frage: πόθεν τὸ κακόν. [3] Durch diesen Dualismus suchten die Gnostiker das Böse in der Welt zu rechtfertigen, wogegen die Kirchenlehrer mit

---

aus dem 2. Jahrh. herstammen, wird auf die Freiheit der Nachdruck gelegt: „Praescius omnium Deus ante constitutionem mundi, sciens, quod futuri homines, alii quidem ad bona, alii vero ad contraria declinaturi essent, eos, qui bona elegerint, suo principatui et suae curae sociavit: atque haereditatem sibi eos propriam nominavit; eos qui ad mala declinarent, Angelis regendis permisit: his, qui non per substantiam sed per propositum cum Deo permanere noluerunt, superbiae et invidiae vitio corrupti, dignos ergo dignorum principes fecit. Ita tamen eos tradidit, ut non habeant potestatem in eos faciendi quod volunt: nisi statutum sibi ab initio terminum transeant. Hic est autem statutus terminus, ut nisi quis prius fecerit daemonum voluntatem: daemones in eo non habeant potestatem." (Recognit. Divin. Clementis ad Jacobum fratrem Domini, lib. IX; Bibl. Patr. max., II, 1 fg., 466. C.)

[1] Lipsius, Der Gnosticismus, bei Ersch und Grub., Sect. 1, Bd. 71, Separatabdr., S. 18 fg.

[2] Vgl. Baur, Das Christenthum der drei ersten Jahrhunderte, 159.

[3] Tertull., de praescript. haeret., c. 7.

dem Unterschiede von mala culpae und mala poenae antworteten [1], und der Verfasser der Homilien findet auch in dem
Bösen nur das Gute, indem jenes theils zur Bewährung des
Guten, theils zur Bestrafung des Bösen dienen soll. [2] Dem
Weltschöpfer, dem Demiurg, wird von den Gnostikern eine
dem höchsten Gotte untergeordnete Stelle gegeben und mit
dem Gott des Alten Testaments, der vorzugsweise als Schöpfer
und Regent der Welt namhaft gemacht ist, identificirt, womit
der alttestamentlichen Religion innerhalb des religiösen Entwickelungsprocesses zugleich ihre Stufe angewiesen ist. Der
Demiurg erscheint den Gnostikern als beschränktes, menschlichen Leidenschaften unterworfenes Wesen, das keine vollkommenen Geschöpfe hervorzubringen vermag. Er unterscheidet sich vom höchsten Gott dadurch, dass er nur Träger
der Gerechtigkeit sein kann, auf das Amt eines Gesetzgebers
beschränkt ist, während jener die vollkommene höchste Güte
in sich begreift. Entsprechend der Stufenfolge von Heidenthum, Judenthum und Christenthum, hatte sich im Heidenthum die ὕλη, die Materie, als Princip offenbart, die jüdische
Religion wurde durch den Demiurg dargestellt, der, wie seine
endliche Schöpfung, ein Ende nehmen muss, während der
ganze Weltverlauf in Christus seinen Abschluss findet. Die
heidnische Religion steht sonach auf der untersten Stufe, da
die Materie als äusserster Gegensatz zum höchsten Gott betrachtet wird und die heidnischen Gottheiten nur für Personificationen der Naturkräfte oder der sinnlichen Triebe des
Menschen gelten. Das Judenthum steht zwischen dem Heidenthum und Christenthum, wie der Demiurg, der als Judengott
gilt, als Weltschöpfer und Weltregent die adäquate Stelle
einnimmt. So konnten die Gnostiker Valentin und Marcion
die Juden für das Reich des Demiurg erklären, die Christen
als das Volk des höchsten Gottes betrachten, die Heiden für
das Reich der ὕλη, mit welcher die Idee des Satans, als Beherrscher der Materie und Fürsten der Finsterniss, enge zusammenhängt. Nach der Ansicht der Gnostiker geht der
Entwickelungsprocess von der Materie als dem Reiche der
Finsterniss aus, muss durch das Psychische, welches das Ge-

---

[1] Tertull. adv. Marcion., II, 14.
[2] Hom. II, 36; III, 4.

biet des Demiurgos ist, hindurchgehen, um zum Pneumati-
schen aufgelöst zu werden. Dies wird durch Christus vermittelt,
in dem sich die höchste Gottheit offenbart hat, und durch den
die ganze Weltordnung wiederhergestellt werden soll.

Der dualistische Charakter, obschon allen gnostischen
Systemen eigen, findet bei Saturnin den entschiedensten Ausdruck, wonach von dem höchsten Gott Engel, Erzengel und
Mächte hervorgebracht sind. Unter die Sieben, welche, unter
dem höchsten Gott stehend, die Welt gemacht haben, und
unter sich die Herrschaft darüber theilen, gehört auch der
Judengott. Gegenüber steht aber der Satan, und dieser Gegensatz stellt sich auch in einem Dualismus des Menschengeschlechts dar, das in ein gutes und böses zerfällt.

Der gnostische Dualismus ist ein principieller, und indem
er ein principiell Böses aufstellt, nimmt er eine Zweiheit von
Grundprincipien an, ein gutes und ein böses, wogegen die
Kirchenlehre das Böse aus dem Willen ableitete. Eine ver-
mittelnde Theorie ist in den Homilien aufgestellt [1], wonach
der Teufel zwar schon mit seiner Entstehung, aber doch durch
seine eigene That böse ist. Er ist aus der Mischung der aus
Gott hervorgetretenen Grundstoffe entstanden mit dem Triebe,
die Bösen zu vernichten, wodurch er aber gerade die Zwecke
Gottes fördert. Als Bestrafer des Bösen und Vollstrecker
des Gesetzes herrscht er in der gegenwärtigen Welt, wie
Christus in der künftigen.

Bei dem engen Anschlusse dieser Ansicht an den gnostischen Dualismus konnte sich auch die Weltanschauung der
Kirchenlehrer auf dem Grunde ihrer Dämonenlehre füglich
nicht anders als echt dualistisch gestalten. Dem Heidenthum noch nicht so fern gerückt, um dessen Gottheiten als
mythische Wesen begreifen zu können, sprach man diesen
die Existenz nicht ab, aber sie sollten nur täuschende, falsche,
keine wahren Götter sein, wie die heidnische Religion nur
als eine falsche, als Betrug und Blendwerk der Dämonen betrachtet wurde. Auf Täuschung beruht die Macht der heidnischen Götter, welche sich nur in die Form des Göttlichen
hüllen, um von den Menschen göttliche Verehrung zu erlangen. Wie Falschheit und Betrug der Wahrheit entgegen-

---

[1] Homil. XIX, 12 fg.; vgl. III, 5; XV, 7.

gesetzt ist, so sind die heidnischen Götter als Repräsentanten
jener auch gegen die Wahrheit des Christenthums feindlich
gerichtet und somit Anstifter aller die Wahrheit verfälschen-
den Häresien, die Urheber der Christenverfolgungen, wo die
christlichen Märtyrer und Dämonen sich feindlich bekämpfen.
Ihre Wirksamkeit erstreckt sich auch auf das Leben des Einzelnen, indem sie denselben leiblich und geistig quälen, aber
nichts gegen die Freiheit des Menschen vermögen, der in
sich und in dem Namen Jesu die Kraft zum Widerstand
findet. [1]   Der Teufel ist bemüht, dem Göttlichen ein Gegenstück aufzustellen, er carikirt jenes, äfft es nach und erscheint
daher als Affe Gottes. [2]   Nach Tertullian [3] ahmt der Teufel
in seinem Dienste den Dienst des wahren Gottes nach: vom
Bade verspricht er die Tilgung der Sünden, die an ihn glauben und ihm anhängen, weiht er ein und bezeichnet seine
Streiter an der Stirne, er feiert die Darbringung des Opfer-
todes und führt das Bild einer Auferstehung auf, ja er spielt
bei Ehegelöbnissen den Hohenpriester. [4]

Wie im allgemeinen das christliche Dogma zum grössten
Theile seine Ausbildung in dem Kampfe mit den häretischen
Richtungen gewonnen, die Satansidee durch die Gegensätze
der in dieser Periode von der katholischen Kirche abweichenden Ansichten sich weiter entwickelt und in dem christlich kirchlichen Glaubenskreis festgestellt hat, so ist insbesondere der sollicitirende Einfluss des Gnosticismus auf die Lehre
von der Versöhnung durch den Tod Jesu von Baur nachgewiesen worden. [5]

Im Neuen Testament ist der Tod Jesu als ein Sieg über
den Teufel dargestellt. [6]   Nach der Vorstellung der Gnostiker
betrachtete der Demiurg die Wirksamkeit Jesu als einen
Eingriff in seine Herrschaft, daher er ihm hinderlich zu sein
trachtete. Der Demiurg und seine Dämonen veranlassten
daher den Tod Jesu; allein dieser Sieg war nur ein schein-

---

[1] Orig. c. Cels., III, 29; IV, 92; VII, 3. 69; VIII, 36. 44; de princ.,
III, 2, 2.

[2] Justin. Mart. dial. c. Tryphone.

[3] Lib. de praescript. haeret.

[4] Tertull., de exhortat. cast., 13: „Dei Sacramenta Satanas affectat.“

[5] Siehe dessen Lehre von der Versöhnung.

[6] Koloss. 2, 15.

barer, denn durch Jesu Tod ward gerade der göttliche Plan realisirt, und der weltschöpferische Demiurg erlitt somit eine Täuschung. Im Systeme der Ophiten und Marcioniten besteht der Erlöser einen Kampf mit dem ihm feindlichen Demiurg, in welchem jener siegt, dieser aber seine Absicht vereitelt sieht.

Indem der Demiurg von den Gnostikern zugleich als das Gesetz der äusserlich gefassten Gerechtigkeit, also von dem Gott der Liebe getrennt dargestellt wird, muss jener es selbst gerecht finden, dass er, nachdem er Jesum getödtet, nun selbst von diesem vernichtet und der Herrschaft beraubt werden müsse. Durch den Tod Jesu ist also dem Gesetze der Gerechtigkeit, das der Demiurg repräsentirt, Genüge gethan, was nicht der Fall gewesen wäre, wenn Gott ohne Tod Jesu die Sündenvergebung hätte erfolgen lassen. Der Tod Jesu war also bedingt durch die Rücksicht auf den Demiurg, den Repräsentanten des Gesetzes der Gerechtigkeit. Die Gerechtigkeit ist das Princip, nach welchem dieser erste Versuch einer Versöhnungslehre von der ältesten Häresie gemacht wurde. Um der Gerechtigkeit willen musste der Tod Jesu erfolgen, und um derselben willen war der Demiurg unterlegen.

Irenäus, einer der eifrigsten Bekämpfer des Gnosticismus, war es, der zuerst an die Stelle des Demiurg den Teufel setzte und den von den Häretikern überkommenen Begriff von der Versöhnung nach dem Principe des Rechts auf den Boden der christlichen Dogmatik verpflanzte. Hiermit war ein Wendepunkt eingetreten, infolge dessen das Verhältniss zwischen Gott und dem Erlöser gegenüber dem Teufel aus dem Gesichtspunkte des Rechtsverhältnisses betrachtet wurde. Nach der Ansicht des Irenäus [1] war der Mensch durch Uebertretung des göttlichen Gebotes in die Gewalt des Teufels gekommen, in der er sich von Adam an bis Christus befand. Dieser befreite die Menschen daraus durch den vollkommenen Gehorsam, den er am Kreuze geleistet und durch sein Blut ein Lösegeld gezahlt hatte. Wie nach dem Gnostiker Marcion der Demiurg als Schöpfer der Menschen und Beherrscher der Welt ein ursprüngliches Recht auf dieselben hatte, so erkannte

---

[1] Adv. haeres., V, 1, 1.

Irenäus dem Teufel einen Rechtsanspruch auf die Menschen
zu infolge der von ihnen begangenen Sünde. Allerdings
müsse die Verführung der Menschen zur Sünde als das grösste
Unrecht und gewaltsamster Eingriff in Gottes Gebiet betrachtet
werden, da ja Gott der Schöpfer der Menschen sei; allein
da sich einmal die Menschen vom Teufel hatten überreden
lassen, also durch eigene Einwilligung zum Ungehorsam gegen
Gott verleitet waren, so hatte der Teufel die Menschen von
Rechts wegen in seiner Gewalt.[1] Obschon Gott die Macht
gehabt hätte, den ursprünglich unrechtmässig vom Teufel begangenen Raub demselben zu entreissen; so liess doch Gottes
Liebe zur Gerechtigkeit nicht zu, gewaltsam zu verfahren,
vielmehr sollte der Weg des Rechts selbst dem Teufel gegenüber eingehalten werden, da dessen Rechtsanspruch auf den
Menschen einmal anerkannt werden musste. Es kam nun
darauf an, dass es einen Menschen gebe, der das vom Menschen dem Teufel einst freiwillig eingeräumte Recht wieder
aufhebe, dadurch, dass er ebenso freiwillig dem Teufel ent-
gegentrat und dessen Macht sich entzog, sodass dieser sein
Recht erlöschen sehen musste. So würde das ursprüngliche
Rechtsverhältniss wiederhergestellt und somit die Besiegung
des Teufels erzielt werden, indem dieser den bisher in seiner
Macht befindlichen Menschen nicht mehr von Rechts wegen
festhalten könnte. Auf rechtlichem Wege konnte der Mensch
nur dann aus der Gewalt des Teufels befreit werden, wenn
jener Mensch mit freiem Willen von diesem sich lossagte.
Hier tritt nun der Erlöser ein, der Mensch gewesen sein
musste, wenn die Befreiung des Menschen auf dem Wege
des Rechts vor sich gehen sollte[2]; er musste aber wieder
auch mehr als Mensch sein, wenn er für die Menschen das
leisten sollte, was diese als solche für sich selbst nicht im
Stande waren. Das rechtliche Mittel zur Befreiung der Menschen aus der Gewalt des Teufels konnte nur der vollkommene Gehorsam Jesu sein, mit dem er dem Teufel ent-
gegentrat. Durch die Sünde des Einen Menschen waren alle
Menschen Sünder geworden, durch den vollkommenen Gehorsam Eines Menschen sind alle Menschen wieder gerecht

---

[1] Adv. haeres., V, 21, 3.
[2] Adv. haeres., III, 18, 7.

worden. Indem Jesus für die Menschen sein Blut vergoss, wurden sie durch seinen Tod aus der Gewalt des Teufels befreit und dieser dafür gefangen gesetzt. [1] Das Unrecht war dadurch auf der Seite des Teufels, dass er Jesum, der ohne Sünde war, wie einen sündhaften Menschen behandeln wollte. Da Jesus selbst als Lösegeld für die aus der Gewalt des Teufels zu befreienden Menschen sich hingegeben hatte, erhielt er diese mit vollem Rechte zurück, und da der Teufel ursprünglich kein Recht auf sie gehabt, so nahm der göttliche Logos eigentlich nur zurück, was ihm vom Anfange an eigen gewesen war. Die Ueberwindung des Teufels war aber zugleich eine Vernichtung des Todes. Diese Theorie erhielt eine weitere Ausbildung durch Origenes, der den Teufel ausdrücklich getäuscht werden lässt. Nach seiner Ansicht sind die Dämonen in stetem Kampfe mit dem Christenthum als dem Reiche Gottes. Alles was diesem nachtheilig ist, ist ein Sieg der Dämonen, was es fördert, eine Niederlage derselben. Märtyrer, die aus Frömmigkeit für das Christenthum sterben, schmälern die Gewalt der Dämonen, indem sie deren Angriffe auf die Menschen schwächen, und was der Märtyrertod im kleinen, ist Jesu Tod im grossen. [2] Zur Bestätigung seiner Ansicht weist Origenes auf den Glauben unter den Heiden, wonach Völker oder Städte durch freiwilligen Opfertod Unschuldiger von Unglück und Gefahren befreit worden seien. Jesus habe sich aber allein für die ganze Welt aufgeopfert, die ganze Last der Sünden auf sich genommen und seine ganze Kraft als Gegengewicht entgegengesetzt. [3] Denn das Recht, das der Teufel durch die Sünde auf die Menschen erlangt hatte, erforderte auch ein rechtliches Verfahren gegen ihn, was ihm eigen geworden war, durfte ihm füglich nicht mit Gewalt entrissen werden, er musste also für das Verlorene ein Aequivalent erhalten, denn nur unter dieser Voraussetzung konnte er den Tausch eingehen. Der Lösepreis war das Blut Christi, das von so grossem Werthe war, dass es zur Loskaufung aller hinreichte. [4] Auf Veranlassung der

---

[1] Adv. haeres. V, 21, 3.
[2] Contra Cels., VIII, 44.
[3] In Johann. 28, 14.
[4] In Epist. ad Roman. 2, 13.

Stelle Matth. 17, 22 erörtert Origenes die Frage: von wem
Christus den Händen der Menschen übergeben worden sei?
und antwortet: zuerst sei der Sohn von Gott dem Fürsten
dieser Welt und seinen Dämonen, und von diesen den Menschen ausgeliefert worden, die ihn tödteten. Die Menschen
seien nur das Werkzeug der Dämonen, die ihn in die Gewalt
des Todes bringen wollten, aus Besorgniss, dass er ihnen durch
seine Lehre die Herrschaft über die Menschen entreissen
werde. Der Teufel herrschte aber über die Menschen bis
ihm zum Lösegeld die Seele Jesu gegeben ward, unterlag
aber der Täuschung, indem er meinte, er könne sie in seiner
Gewalt behalten, während er die Qual bei seinem Streben
sie festzuhalten, nicht ertragen konnte. Origenes schreibt die
Täuschung des Teufels der Absicht Gottes selbst zu. [1] Indem
der Kreuzestod Jesu durch den Teufel bewerkstelligt ward,
den Gott zuliess, wurde der Teufel selbst als Werkzeug zur
Zerstörung seiner Macht gebraucht, und so wurde der Tod
zum Mittel die Macht des Todes aufzuheben. Nach Origenes
hat der Tod Jesu die Bedeutung eines Versöhnungsopfers
Gott dargebracht, zugleich aber auch die eines Lösegeldes,
das dem Teufel bezahlt werden sollte, und zwar auf Grund
der Selbständigkeit des Teufels, die ihm Gott gegenüber eingeräumt wird. [2]

Bis zum Anfange des Mittelalters wurde im wesentlichen
diese Theorie festgehalten. Dass der Teufel durch die Sünde,
zu der er die Menschen verführt hatte, ein Recht auf diese
erlangt habe, wurde von den bedeutendsten Kirchenlehrern
hervorgehoben, obschon nicht mit gleicher Entschiedenheit.
Während Augustinus [3] dem Teufel das volle Recht auf den
Menschen zuerkennt, nennt es Leo der Grosse [4] ein tyranni-
sches Recht, und Gregor der Grosse spricht einmal von einem
Scheinrecht [5], erklärt sich aber das anderemal für die Realität des Rechts. [6]

----

[1] In Matth. 13, 9.
[2] Ep. ad Roman. 4, 11.
[3] De lib. arb., III, 10.
[4] Sermon., XXII, 3.
[5] In Evang. Luc. II; Hom. XXV, 8.
[6] Moral., XVII, 18.

Nach der Ansicht der Kirchenlehrer bestand die Herrschaft des Teufels so lange, bis er einen Gerechten tödtete, in dem er selbst nichts Todeswürdiges finden konnte. Da nun Christus sowol von der Sünde als auch von der Erbsünde (nach Augustin) frei war, so beging der Teufel an ihm ein Unrecht und wurde hiermit seines Rechtes verlustig.

Die Veranstaltung Gottes, den Menschen aus der Gewalt der Sünde zu befreien, nannten die spätern Kirchenlehrer in naiver Offenheit einen Betrug, der dem Teufel gespielt wurde [1], und sie gingen so weit, zu dessen Ausführung die Menschwerdung als unentbehrliches Mittel darzustellen, worin Gregor von Nyssa voranging. [2] Nach ihm war die Menschheit die Lockspeise für den Satan, indem sich das Göttliche unter der Hülle des Menschlichen verborgen habe, und da, wie von lüsternen Fischen der Köder, vom Teufel mit dem Fleische zugleich die Angel Gottes verschlungen worden sei, wurde jener durch die ihm vorgehaltene Hülle betrogen, ebenso wie er einst den Menschen durch die Lockspeise der Lust zuerst bethört hatte.

Gregor der Grosse vergleicht den Teufel mit dem Leviathan, der mit dem Hamen vom Erlöser gefangen worden und indem er nach dem Sterblichen gegriffen, um ihn zu tödten, die Sterblichen, die er in seiner Gewalt gehabt, verloren habe. [3]

Joh. Damascenus lässt den Teufel daran zu Grunde gehen, dass er alles, was er verschlungen hatte, wieder von sich geben musste, als er den unsündlichen, lebendigmachenden Leib schmeckte, den er, durch den Köder verlockt, von der Angel Gottes erschnappt hatte. [4] Dieses Bild wird unter verschiedenen Formen bis auf Peter Lombard fortgeführt, der den Leviathan bald als einen in der Schlinge gefangenen Vogel darstellt [5], bald mit einer Maus vergleicht, wobei der Erlöser mit seinem Kreuze die Mausfalle abgibt. [6]

Die Vorstellung vom Teufel als einem selbständigen Herr-

---

[1] Gregor von Nyssa, Orat. catech., c. 23; Ambros., Expos. in Evang. Luc., lib. IV; Leo d. Gr., Serm., XXII, 4.

[2] Orat. catech., c. 22—26.

[3] Gregor d. Gr., Moral., XXXIII, c. 7; über Hiob, c. 40.

[4] Joh. Damascenus, De orthod. fide, III, 1, 27.

[5] Sent. I, 14.

[6] Sent. III, diss. 19.

scher mit seinem Reiche gegenüber dem göttlichen Reiche
hatte sich bereits so sehr in den Vordergrund gedrängt, dass
der Begriff der Erlösung im dogmatischen Bewusstsein nur
mehr als Befreiung aus der Gewalt des Teufels fixirt war.
Wie sehr jene Zeit mit dieser Lieblingsvorstellung verwachsen
war, beweist, dass der von den Marcioniten dialogisirte Rechtsstreit zwischen Christus und dem Teufel[1] in einer im 15. Jahrhundert erschienenen Schrift behandelt wurde: „Reverendi patris domini Jacobi de Theramo Compendium perbreve conso-
latium peccatorum nuncupatum et apud nonnullos Belial
vocitatum ad Papam Urbanum sextum conscriptum. Impres-
sum est fol., anno Mccccclxxxiiij." Die deutsche Uebersetzung führt den Titel: „Belial, zu deutsch, Ein gerichtz-
handel zwischen Belial hellischem Verweser, als kleger einem
tail vund Jesu Christo, hymmelischen got, antwurter, anderem
teile, Also obe Jhesus dem hellischen Fürsten rechtlichen die
Helle zerstöret, beraubet, vnn die teufel darin gebunden habe etc.
Alles mit clag, antwurt, widerred, appellierung, rechtsagung etc.
Strasburg MDjij."

Ein Rückblick auf die Anfänge der Erlösungslehre, die
im Streite zwischen den Kirchenlehrern und den Gnostikern
zum Dogma sich herausbildete, zeigt, dass es vornehmlich
Irenäus ist, der mit dieser Theorie zugleich den Teufel in
die kirchliche Dogmatik eingeführt hat. Nach dem Vorgange
des Athenagoras[2] hatte den Gnostikern gegenüber auch die
Ansicht Festigkeit gewonnen: dass der Teufel gleich den
übrigen Engeln geschaffen und zwar als gut, ihm wie jenen
der freie Wille, Gutes oder Böses zu thun, verliehen, dass er
aber durch eigene Schuld böse geworden sei.[3] Dem gnostischen Dualismus gegenüber, wonach der Mensch von Natur
eine materielle Befleckung an sich trägt, betonten die Kirchenlehrer das Sittliche als Sache der eigensten Selbstbestimmung
des Menschen und legten auf alles, was sich auf die subjec-

---

[1] Vgl. Baur, Chr. Gnosis, S. 275.
[2] Legat. 27.
[3] Iren., Adv. haeres., IV, c. 41, §. 1, 2; Tertull., Adv. Marcion., II,
c. 10; Orig., Comm. in Joh. — Die Dämonen sind nicht von Natur böse,
sondern erst durch den Fall der Engel so geworden. (Dionys. Areopagita, De div. nominib., c. IV; in Bibl. patr. max. II, 1 f. 268, A. B.)

tive Aneignung des Heils bezog, das grösste Gewicht. Wie
die Sünde Adam's als eine ihm selbst zuzurechnende Schuld
betrachtet wurde, so ward die Sünde überhaupt auf die Freiheit gegründet, durch welche die Wahl des Guten oder Bösen
bedingt gedacht wurde. Demgemäss war auch der Teufel
durch Misbrauch seiner Freiheit gefallen, worin die Kirchenlehrer übereinstimmen, aber die nähere Veranlassung des
Falls verschieden erklären. Wenn Athenagoras [1] die erste
Sünde des Teufels in die Untreue und Vernachlässigung seines
Amtes, „die Materie und deren Formen zu überwachen", setzt,
so scheint er dabei die Stelle 2 Petri 2, 4 vor Augen zu
haben. Nach Dionysius Areopagita masst sich der Teufel an,
Gott gleich zu sein, weiss aber nicht diese Gleichheit, die er
affectirt, zu erlangen. [2]

Auch Origenes findet die Hauptsünde des Teufels im
Hochmuth und in der Anmassung, derentwegen er aus
dem Himmel gestossen worden ist. [3] Andere, wie Irenäus [4],
Tertullian [5], Cyprian [6], sehen den Grund im Neide; während
Methodius [7] zwar alle diese Angaben zu verbinden sucht,
sich aber am meisten an Athenagoras anschliesst. Bei Lactantius sündigt der Teufel aus Verdruss über den Vorrang des ersten Geistes, also aus Neid um das Ebenbild
Gottes im Menschen. [8] Nach Theophilus [9] ist der Neid
des Teufels dadurch angeregt, dass er Adam und Eva am
Leben und Kinder bekommen sieht, daher er den Kain zum
Morde seines Bruders, der Gott angenehm war, antrieb. Dadurch ward der Teufel zugleich der Urheber des Todes, der
sich bis auf unsere Zeit unter dem Menschengeschlechte verbreitet hat.

---

[1] A. a. O.

[2] Dion. Areopagita, De divinis nominib., c. VII; in Bibl. p. max. II,
p. 2, fol. 312, B.

[3] Homil. IX, 2, in Ezech.: Inflatio, superbia, arrogantia peccatum diaboli est et ob haec delicta ad terras migravit de coelo.

[4] Adv. haeres., IV, c. 40.

[5] Adv. Marcion., II, c. 10.

[6] De dono patientiae.

[7] Bei Photius in biblioth. cod., 824, lib. 13.

[8] Instit. div., II, c. 8.

[9] Ad Autolycum, Lib. II in Bibl. p. max. II, p. 2, fol. 185, B.

Die Summe dieser Erklärungen lässt sich also doch auf
Egoismus als letzten Grund zurückführen.

Auf den Fall der übrigen bösen Engel wurde schon von
jüdischen Schriftstellern [1] die Stelle 1 Mos. 6, 2 nach der
Lesart οἱ ἄγγελοι τοῦ ϑεοῦ statt υἱοὶ τοῦ ϑεοῦ bezüglich der
Vermischung derselben mit den Töchtern der Menschen angewendet, und die meisten Kirchenlehrer, Justinus Martyr [2],
Tatian [3], Athenagoras [4], Irenäus [5], Tertullian [6], Minucius Felix [7],
theilen die Ansicht, dass die Engel durch den Umgang mit
Weibern schuldig und deshalb aus dem Himmel gestossen
worden seien. Nach der hergebrachten Deutung dieser Stelle
war also die Ursache des Falls der Engel in die selbst höhere
Geister nach unten ziehende Fleischeslust gesetzt, oder tiefer
gefasst, in den unerklärlichen Zug des Geistes zur Materie.
Clemens Alexandrinus sieht daher den Grund des Engelfalls in der
Lüsternheit, die sie nicht überwinden konnten [8], oder weil
sie nicht nach Vollkommenheit strebten und demzufolge aus
dem Himmel geworfen wurden. [9] Aus der Vermischung der
Engel mit den Weibern auf der Erde sind jene, des Himmels
unwürdig, zu Genossen des Teufels geworden und bilden in
dessen Reich die Klasse der Unzucht- oder Buhlteufel, die
in der Welt herumschwärmen und die Menschen ins Unglück
zu bringen suchen, die Seelen mit List angreifen, aber auch
in den menschlichen Leib schleichen und da verderblich wirken. [10] Im Zusammenhange mit der Vorstellung von der Vermischung der Dämonen mit den Weibern steht die Ansicht
vom heidnischen Cultus und der Verführung zur Wollust.

---

[1] Joseph. Antiqu., I, 8, 1, vgl. mit dem Targ. des Jonathan; Philo,
De gigantib., p. 286 (Francof.); Buch Henoch bei Fabricius cod. pseud-
epigr., V. T., p. 179 fg.; Testament der zwölf Patriarchen, Ruben §. 5;
Naphtali §. 3.

[2] Apolog., II, c. 5.

[3] Orat. ad Graec., c. 12.

[4] Legat.

[5] Adv. haeres., lib. 4, c. 16, 21.

[6] De virg. veland., c. 7; de hab. mul., c. 2 et 4; de cultu femin., c. 10;
de idol., c. 8 u. 9, und a. a. O.

[7] Octavius, c. 26.

[8] Strom., III, 7.

[9] Strom., VII, 859.

[10] Lactant., Just. div., II, 14.

Die gefallenen Geister sollten die göttliche Offenbarung entstellt, an die Menschentöchter verrathen und von diesen wieder die Heiden ihre Philosophie erhalten haben. [1] Da man den Abfall des Teufels selbst aber aus Neid und Hochmuth ableiten zu müssen glaubte, tritt jener schon bei Tertullian und Origenes, nach der allegorischen Deutung der Stellen Jes. 10, 12 fg., 14, 12, u. a., als der infolge seiner Ueberhebung gefallene Lucifer auf.

Ueber die Zeit, wann der Fall stattgefunden, sind die Meinungen verschieden. Nach der Annahme, dass der Teufel die Urältern verführt habe, sollte man erwarten, dass sein Fall früher als der der Menschen geschehen sei; allein nach Tatian [2] ist der Fall des Teufels als Strafe für die Verführung der Menschen zu betrachten, und nach Irenäus [3] und Cyprian [4] scheint sein Fall zwischen der Schöpfung des Menschen und dessen Verführung vor sich gegangen zu sein.

Da schon die guten Engel körperlich vorgestellt werden, so haben die bösen einen noch gröbern Leib als jene, wie auch der Teufel nach seinem Falle mit einem Leibe versehen worden ist [5], obschon die Leiber der bösen Engel doch noch feiner sein sollen als die menschlichen. [6] Nach Tatian sind die Dämonenleiber von der Art der Luft oder des Feuers. [7] Ohne Körper, heisst es in den Auszügen des Theodoret, wären die Dämonen für keine Strafe empfänglich, sie heissen aber unkörperlich im Vergleich mit den geistigen Leibern der Seligen, wogegen sie nur wie Schatten sind. [8] Aus der Vorstellung von der Leiblichkeit der Dämonen folgt, dass sie auch Nahrung bedürfen. Origenes lässt sie den Dampf der Weihrauchopfer gierig einsaugen [9], und ähnlicher Meinung sind die andern Kirchenlehrer. [10]

---

[1] Strom., VI, 1.
[2] Orat., c. 11.
[3] Adv. haeres., IV, 40, 3.
[4] De dono pat., 218.
[5] Orig., Coment. in Joh.
[6] Adv. Cels., IV.
[7] Orat. ad Graecos, 154.
[8] In Opp. Clem., 971.
[9] Exhort. ad Martyr. Opp. Tom. 1, p. 304.
[10] Tertull., Apolog., c. 22. 23; Athenag. Legat., 30; Cyprian, De idolol. vanit., 13; Minucius Felix, Octav., c. 27.

Ignatius behauptet wiederholt, dass dem Teufel vieles von
der Geburt Christi unbekannt geblieben sei [1]; im allgemeinen
wurden aber die bösen Dämonen, sowol an Macht als an
Kenntnissen, den Menschen überlegen gedacht, woraus Tatian
beweist, dass sie nicht für Seelen verstorbener Menschen zu
halten seien. [2] Besonders findet Origenes ihr Voraussehen
künftiger Dinge weit über den menschlichen Scharfsinn reichend [3], indem sie das Zukünftige aus der Bewegung der
Gestirne absehen. [4] Sie sind auch im Besitze geheimer Kenntnisse, die sie gern Weibern entdecken. [5] Die Recognitionen
sehen den Grund davon, dass den Dämonen zugestanden ist
bisweilen Wahres vorauszusagen, darin: dass sie, wenn sie
dies nicht thäten, nicht als Dämonen erkannt zu werden ver-
möchten. [6] Ihr Aufenthalt ist nach Origenes [7] in der dicken
Luft.

Die ihnen zuerkannte Macht verwenden sie, in Gemeinschaft mit ihrem Oberhaupte, um überhaupt Uebles zu stiften
und zu verbreiten, da der Teufel selbst niemals Ruhe hat und
auch die Menschen nicht in Ruhe lassen kann. [8] Athenagoras
leitet alle Unordnung in der Welt vom Teufel und den Dämonen ab [9], denn nach Cyprian's Angabe wünschen sie Gefährten ihres Elends und der Sünde zu gewinnen. [10] Sie
suchen den Menschen allerlei physische Uebel zuzufügen, indem sie Landplagen aller Art, Miswachs, Dürre, Pest, Vieh-
seuchen [11], Krankheiten und sonstige Leibesübel hervorbringen [12], selbstverständlich aber nicht ohne Zulassung Gottes,
dessen Scharfrichter sie sind. Sie nehmen auch Besitz von

---

[1] Ignat. Episc. et Martyris ad Philadelphiens. epist. VIII; Ad
Ephesiens. epist. XIV in Bibl. patr. max., II, p. 1, f. 81, F., f. 91, G.

[2] Orat. ad Graec., 154.

[3] Adv. Cels., IV.

[4] Comment. in Genes.

[5] Clem. Alex., Strom., V, 650.

[6] Lib. IV in Bibl. patr. max., II, p. 1, f. 422, F.

[7] Exhort. ad martyr. Opp., Tom. I, 303.

[8] Iren., Adv. haeres., lib. V, c. 24.

[9] Legat., c. 24.

[10] De vanit. idol., 13.

[11] Orig. contra Cels., VIII, §. 31. 32.

[12] Tertull., Apol., c. 22.

den Leibern, wovon alle Kirchenlehrer überzeugt sind, obschon Origenes die Bemerkung macht, dass manche Aerzte
solche Zufälle für natürliche Krankheiten erklärten. [1] Auch
moralische Uebel rühren von den Dämonen und ihrem Meister
her. Sie sind die Stifter der Abgötterei und lassen sich von
den Heiden als Götter verehren; von ihnen kommen die
Wunderzeichen, die zur Bestätigung der Abgötterei dienen
sollen, sie sind die Urheber der Orakel, womit sie die Menschen täuschen [2], wie des ganzen Heidenthums überhaupt,
dessen Mythologie und Cultus. [3] Sie haben sich in die heidnischen Götzenbilder geflüchtet, aus denen sie im Namen Jesu
vertrieben werden können. [4] Mit Hülfe der Dämonen werden
die magischen Künste ausgeübt [5], auch Astrologie wird von
dämonischem Einfluss abgeleitet. [6] Als Feinde aller wahren
Gottesverehrung und Gotteserkenntniss sind die Dämonen die
heftigsten Widersacher der christlichen Lehre, von deren Bekennern ihnen natürlich keine Anerkennung und Verehrung,
vielmehr Vertreibung kraft des Namens Jesu zu erwarten

---

[1] Comment. in Matth. 17, 5; De princ., II, 2.

[2] Athenag., Legat., 29; Tertull., Apol., c. 22.

[3] Ep. Barnab. 16, 18; Justin., Apol., I, 12; II et al.; Tatian, c. 12,
20 et al.; Athenag., Legat., c. 26; Tertull., De praescript. c. 40; Minuc.
Felix, Oct., c. 27, 1; Clem. Al., Cohort., 7; Orig. contra Cels., III, 28.
37. 69; IV, 36. 92; VII, 64; VIII, 30.

[4] S. Martialis Episc. ad Tholosanos epist. II, c. VI, VIII, in Bibl.
patr. max. p. l. f. 100, G. H. — Als die heilige Jungfrau Martina, die
unter Kaiser Alexander gelebt haben soll, einer Statue der Artemisia, in
welcher ein Dämon hauste, sich näherte, merkte dieser, dass es auf seinen
Sturz abgesehen sei und schrie: „Weh mir! wohin soll ich fliehen vor
deinem Geist; das Feuer des Himmels verfolgt mich." Die Heilige bekreuzt sich, blickt das vom Dämon bewohnte Idol an, und sofort folgt
Donner und Blitz, und das Feuer vom Himmel verzehrt alles. (Acta SS.
Boll. 1. Jan.)

[5] Clem. Al., Cohort. ad gent., 52; Tertull., Apol., c. 23, 28; Orig.,
Hom. XVI in Ezech.

[6] Clem. Al., Strom., I, 17. — Dieser Glaube wurde durch den Umstand unterstützt, dass um die Zeit Hadrian's und der Antonine unter
Christen, Juden und Heiden in Asien wie in Rom die alten ägyptischen
Priesterkünste, verschiedene Zweige der Magie und sogenannte geheime
Wissenschaften, die den Menschen mit der Dämonenwelt in Verbindung
setzen und durch Amulete, Talismane, gewisse Sprüche u. dgl. zum Ge-
walthaber über die Natur machen sollten, mit grösster Theilnahme wieder
in Aufschwung gekommen waren.

steht. [1] Sie sind daher nicht nur die Urheber der Christenverfolgungen [2], sondern auch bemüht, die Menschen zum Unglauben, zur Ketzerei und zur Sünde zu verführen [3], und
Cyprian erklärt den Teufel geradezu für den Erfinder der
Ketzerei und der Schismen. [4]

Wie in der christlichen Kirche die Rede von einem Alten
und Neuen Bunde und dessen Mysterien geläufig war, so
wurde diese Vorstellung auch auf das Verhältniss der Ketzer
zu dem Teufel übertragen. Tertullian weiss schon [5], dass der
Teufel beim Götzendienste die Sakramente nachahme, seine
Gläubigen und Getreuen taufe und seine Krieger auf der
Stirne zeichne. Die Ketzer, von den Kirchenvätern als Kinder,
Diener und Krieger des Satans betrachtet, wurden mit den
Götzendienern auf gleiche Linie gestellt. Man fand den Grund
der Ketzerei und des Heidenthums im gegnerischen Willen
und erklärte beide als Eingebung des Teufels, der darüber
ergrimmt sei, dass seinem Reiche durch die christliche Religion Abbruch geschehe und daher sich zu rächen suche. Aus
demselben Grunde müssen diejenigen, die sich einer ascetischen
Lebensweise gewidmet, um eine gottgefällige Heiligkeit, somit eine höhere Stufe christlicher Vollkommenheit zu erlangen,
dem Teufel ein ganz besonderer Greuel sein. Schon in den
ersten christlichen Jahrhunderten hatte der Glaube, durch
Enthaltsamkeit, überhaupt durch Unterdrückung sinnlicher
Triebe mit Gott in nähere Verbindung treten zu können,
grosse Verbreitung gewonnen, und Athenagoras [6] spricht von
einer Menge von Männern und Frauen, welche diesem Glauben gemäss lebten. Es ist begreiflich, dass der Teufel auf
solche Personen seine besondere Aufmerksamkeit wirft und
sie zum Gegenstand seiner Versuchungen und Neckereien besonders gern wählt. Ein Beispiel, unter vielen andern, liefert
das Leben des heiligen Macarius des Alexandriners (von der
Legende ins 2. Jahrhundert versetzt), der, hungrig und durstig,

---

[1] Justin., Apol. maj., 55 fg., Min. 46 et al.

[2] Justin., Apol., c. 5, 12. 14; Minuc. Fel. 1; Orig., Exhort. ad Martyr.,
§. 18. 32. 42.

[3] Justin. dial. c. Tryph., 332; Clem. Alex., Strom., II, 489.

[4] De unit. eccles., 105; vgl. Justin., Apol., I, 56. 58.

[5] De praescript. haer., c. 40.

[6] Apolog., c. 18.

in der Wüste vom Teufel verfolgt wird, zunächst mit der Frage: warum er nicht Gott um Speise bitte? dann aber dadurch, dass der Teufel ein Kamel, mit allem Nöthigen, woran der Heilige Mangel leidet, beladen, vor ihm erscheinen lässt. Macarius, der die teuflische Vorspiegelung als solche erkennt, fängt zu beten an, worauf sie verschwindet. Der Heilige hatte sich auf seiner Wanderung durch die Wüste, um den Rückweg wieder zu finden, Zeichen von Rohr aufgestellt. Der Teufel, als steter Gegner der Streiter Christi, zieht diese Wegezeichen, während der Heilige schläft, heraus, woraus sich dieser die Lehre nimmt: dass auf Rohr kein Verlass ist. Es erscheinen ihm gegen siebzig Dämonen in verschiedener Gestalt, die tanzend, schreiend, zähnefletschend ihn zu necken suchen. Als Macarius zum Monument der Magier kommt, das er besehen will, erscheint der Teufel, mit einem zweischneidigen Schwerte drohend, aber der Heilige lässt sich nicht abschrecken, geht in das Monumentum Magorum und besieht sich alles. [1]

Nach der allgemeinen Ansicht der Kirchenväter dieser Periode standen die Excommunicirten unter der Herrschaft des Teufels, indem man das παραδοῦναι τῷ Σατανᾷ, 1 Kor. 5, 5; 1 Timoth. 1, 20, auf die Excommunication deutete [2]; ebenso auch die Ungetauften, bei deren Taufe daher am Ende des 2. Jahrhunderts der Exorcismus in Anwendung kam. [3] Auch einzelne besondere Laster sah man für specifische Wirkungen einzelner böser Geister an. [4] Clemens Alexandrinus hält den leckermauligen Bauchteufel für den bösartigsten der Dämonen, der mit dem in den Bauchrednern wirksamen Dämon verwandt sein sollte. [5] Schon Hermas, nach ihm Clemens von Alexandrien und Origenes, ordnen die Dämonen nach den verschiedenen Lastern, die jene bewirken. [6] Jedes Laster erhält seinen besondern Dämon, und jeder Lasterhafte ist von einem besondern Dämon besessen, der im Dienste des Obersten der

---

[1] Acta SS. Boll. 2 Jan.
[2] Orig. in libr. Judic. Hom. II, §. 5; in Jerem. Hom. XVIII, §. 14.
[3] Vgl. Kurtz, Handbuch der allgemeinen Kirchengeschichte, I, 1. Abth. S. 198.
[4] Herm., II, 6. 2.
[5] Paed., II, 1, 174.
[6] Vgl. Hom. XV in Jes. Nave.

Dämonen steht. Ausser sittlichen Gebrechen wurden von
einigen sogar natürliche Triebe, wie der Geschlechtstrieb, vom
Teufel abgeleitet, wogegen aber Origenes Einwand erhebt. [1]
Nach den Recognitionen [2] erregen die Dämonen durch Unmässigkeit in Speise und Trank die Wollust und reizen zur
Sünde, aber nur solche, die den Vorsatz (propositum) zu sündigen haben und, indem sie unmässig sind, den Dämonen einen
Platz einräumen. Die Dämonen haben also, dank ihrer feinen
Natur, die Macht sowol die Seele als auch den Leib der
Menschen anzugreifen, und einige Kirchenlehrer behaupteten,
dass dem Menschen schon bei seiner Geburt ein oder mehrere Dämonen sich zugesellen, welche durch die Taufe ausgetrieben werden müssten, was nicht nur der Gnostiker
Valentin [3] gelehrt haben soll, sondern auch Tertullian [4], Lactantius [5], Origenes [6] aufstellt; wogegen aber Clemens von
Alexandrien [7] nach dem Vorgange des Barnabas die Bemerkung macht: dass die Dämonen selbst nicht im Menschen
wohnen, den aber eine ihnen gemässe Handlung schuldig
mache.

Gegen die von allen Seiten einwirkende Macht der bösen
Wesen geben die Kirchenväter auch Schutzmittel an. Schon
Hermas findet in der Gottesfurcht Sicherheit vor der Wirksamkeit des Teufels [8]; auch in den Recognitionen heisst es:
„Daemones fides fugat" und die Dämonen fürchten sich vor
den wahrhaft Gläubigen. [9] Der Teufel ergreift die Flucht,
wenn er auf starken Widerstand stösst [10], indem der Gottes-
fürchtige Gewalt über ihn hat, vor der seine Macht zu nichte
wird [11], daher nur die Ungläubigen den Teufel zu fürchten
haben. [12] Dieser flieht auch vor dem Gebete der Christen [13]

---

[1] De princ., III, 2. 2.

[2] Lib. IV, Bibl. patr. max. II, p. 1, f. 421, F.

[3] Clem., Strom., II, 489.

[4] De anima, c. 39, 57.

[5] Instit. div., II, c. 14.

[6] Homil. XIII in Exod.

[7] Strom., II, 490.

[8] Mandat., VII, 95.

[9] Lib. IV, Bibl. patr. max. II, p. 1, f. 421, H; 423, H.

[10] Mandat., VII, §. 5.

[11] Herm. pastor. lib. II, Bibl. patr. max. II., p. 1, fol. 31, C. et 33, F.

[12] Pastor, II., Mandat. XII.

[13] Iren., II, c. 32. 41.

oder dem ausgesprochenen Namen Christi.[1] Auch des Kreuzeszeichens soll man sich gegen die Gewalt des Teufels bedienen.[2]

Wenn Gott teuflische Versuchungen zulässt, so thut er
es, um dem Menschen Gelegenheit zu geben, durch eigene
Wahl die Seligkeit zu erlangen und den Versucher zu Schanden zu machen, den christlichen Bekenner aber in seinem
Glauben zu befestigen und das Gewissen anderer zu erwecken[3],
daher sich niemand mit der teuflischen Verführung entschuldigen dürfe.[4] Denn die Dämonen können, nach der allgemeinen Kirchenlehre, wol zur Sünde reizen, aber nicht zwingen.[5] Origenes bestreitet die Meinung mancher Einfältigen,
die jede Neigung zum Bösen vom Teufel ableiten möchten
und glauben, dass es ohne Teufel gar keine Sünde gebe; er
behauptet vielmehr, es seien die eigenen Begierden, die zum
Bösen reizen und von den Dämonen nur gefördert werden.
Wer im Kampfe mit den Dämonen unterliegt, trage die
eigene Schuld, da Gott bei niemand eine solche Versuchung
zulasse, die über seine Kräfte ginge und der einzelne nicht
gegen alle bösen Geister zu kämpfen habe, überdies auf den
göttlichen Beistand rechnen dürfe.[6] Origenes, der sich gern
mit diesem Gegenstand beschäftigt, hat seine eigene Meinung
und behauptet: jeder der im Kampfe mit den Dämonen siegt,
erlange damit die Stelle, die sie selbst eingenommen haben.[7]
Ein von Christen überwundener böser Geist werde in den
Abgrund gestossen und verliere das Recht, andere zu verführen. Von den verschiedenen Arten derselben suchen einige

---

[1] Tertull., Apolog., c. 23.
[2] Tertull. ad Marcion., III, 18; De cor. mil. c. 3, 11; De idol., c. 2.
— S. Ignatii Episc. et Martyr. ad Philadelphienses Epist. VIII: „Princeps enim mundi hujus gaudet, cum quis crucem negarit, cognoscit enim
crucis confessionem suum esse ipsius exitium. Id enim trophaeum est
contra ipsius potentiam; quod ubi viderit, horret, et audiens timet, et
antequam fabricaretur crux, studebat ut fabricaretur, et operabatur in
filiis inobedientiae, operabatur in Juda et Pharisaeis etc.“, in Bibl. patr.
max. II, p. 1, fol. 81, B.
[3] Clem. Alex., Strom., IV, 601; Recognit., lib. II, Bibl. p. m. II, p. 1,
fol. 401, D, et sequ.
[4] Strom. VI, 789.
[5] Orig. de princ., §. 5.
[6] De princ. III, c. 2.
[7] Homil. in Jes. Nave I, Opp. T. II, 399.

zum Geiz, andere zur Unkeuschheit, zum Stolz und zu verschiedenen andern Lastern zu verführen. Jede Art habe ihr
Oberhaupt. Je mehr die Siege der Christen über die Dämonen zunehmen, desto geringer wird die Zahl der verschiedenen
bösen Geister und desto leichter wird es den Heiden, dem
Unglauben zu entsagen. [1]

Die meisten Kirchenväter dieser Periode haben die Ansicht, dass Gott das Böse nicht wolle, sondern nur zulasse,
dass es, obschon nicht durch Gottes Willen, doch nicht ohne
diesen geschehe. Sie erklären es theils aus der Freiheit des
Menschen, theils aus der Wirksamkeit des Teufels und seiner
bösen Geister, letzteres besonders Tertullian. [2] Gott lasse das
Böse zu, das nicht verhindert werden konnte, ohne eine grössere
Vollkommenheit zu verhindern; seine Strafgerechtigkeit schränke
es aber ein oder lenke es zum Guten. [3] Das physische Uebel,
das auch mehrere Kirchenväter vom Teufel herleiten, dem
Gott zulasse, die Menschen durch Leiden zu prüfen, wird
aber auch auf die Nachlässigkeit der Engel, denen Gott
die Aufsicht über die einzelnen anvertraut, zurückgeführt,
auch auf die Sünde, da die Thiere und alles übrige nach
dem Falle der Menschen schlechter geworden. [4] Auch die
Fassung der Dämonen als Strafvollzieher findet sich in dieser
Periode. Indem Gott die Schuld der Geschöpfe voraussah
und die Gerechtigkeit wie auch die Besserung Strafe erheischt,
sei es nothwendig, dass es Strafdiener (ministri poenarum)
gebe, und dies wären die Dämonen. [5]

Ueber das Schicksal des Teufels und seiner Dämonen
erklären sich die kirchlichen Lehrer dieser Periode ziemlich
übereinstimmend dahin, dass die über sie verhängte Strafe
einst beim Weltgerichte vollstreckt werden soll. [6] Wenn
Origenes, aus Matth. 8, 29 und Luc. 8, 32 folgernd, die Bestrafung der Dämonen noch nicht eingetreten sieht, so meint

---

[1] Homil. in Jes. Nave XV.
[2] Adv. Marcion. II, c. 14; de testim. animae, c. 3.
[3] Orig. contra Cels., IV; de princ., II, c. 9; Clem. Alex., Strom., 602.
[4] Justin., Apol. Maj., 46. 47; Min., 94; Athenag. Legat., 31 squ.;
Theophilus ad Autolyc., II, §. 17.
[5] Recognit., lib. IV; Bibl. patr. max. II, p. 1, fol. 422, H.
[6] Tertull., Orat. ad Graec., 157.

er: Gott lasse denselben noch ihre Macht, um den Christen
zum Kämpfen und Ringen Gelegenheit zu geben, er lasse aber
die Dämonen doch auch jetzt schon grosse Pein leiden, indem
sie wahrnehmen müssen, dass die Menschen sich bessern. [1]
Nach Irenäus und Justinus soll der Teufel seine Verdammung
vor der Erscheinung Christi nicht gewusst, sondern sie erst
aus den Reden Jesu erfahren haben.[2] Die Frage: ob beim
Teufel und den Dämonen auf Besserung zu hoffen sei, wird
von den Kirchenvätern verschieden beantwortet. Tatian [3]
gönnt den Dämonen keinen Raum zur Busse; auch Irenäus,
Tertullian und Cyprian verdammen den Teufel und seine Genossen zu ewigen Strafen; wogegen andere den bösen Geistern
Aussicht auf einen bessern Zustand gewähren, indem sie die
Besserung des Teufels für möglich halten [4], da er Freiheit
besitze. [5] Nach Origenes ist auch dem Teufel die Hoffnung
auf Besserung nicht abgeschnitten, was er indess bald als Vermuthung aufstellt [6], bald aber bestimmt erklärt, dass der
Teufel, obschon nicht seiner Substanz nach, doch seinem bösen Willen nach vernichtet werden soll. [7]

Ein flüchtiger Ueberblick dieser Periode lenkt auf die
Wichtigkeit der Lehre von den Engeln, den Dämonen und
dem Teufel hin, indem erstere, nach der herrschenden Ansicht,
als Werkzeuge der Vorsehung erscheinen, letztere mit der
Lehre vom physischen und moralischen Uebel, von der Sünde
und der Erlösung und dadurch mit der vom Tode Jesu in
die engste Beziehung gesetzt werden. Die Satansidee, die
schon im Neuen Testamente mit der Person Jesu und seinem
Reiche parallel geht, daher der Teufel und sein Anhang von
den neutestamentlichen Schriftstellern so häufig erwähnt wird,
findet in dieser Periode ihre weitere Entwickelung, vornehmlich veranlasst durch die Gegensätze, in welche das Christenthum zum Judenthum und Heidenthum zu stehen kam. Die
alexandrinische Bildung, dies Ferment im Entwickelungs-

---

[1] Hom. XXVIII in Num.
[2] Adv. haeres., V, c. 26.
[3] Orat. ad Graec., 154.
[4] Justin. dial. c. Tryph., 370.
[5] Clem. Alex., Strom., I, 367 fg.; Orig. de princ., III, c. 6, §§. 5. 6.
[6] De princ., I, c. 6, §. 3.
[7] De princ., III, c. 6, §. 5.

processe der kirchlich-christlichen Lehre, das seinen Einfluss
schon auf einige neutestamentliche Schriftsteller, namentlich
die Logoslehre betreffend, ausgeübt hatte, wirkte in gewisser
Beziehung vermittels des Gnosticismus, der sich der Kirchenlehre entgegenstellte, auch auf die Weitergestaltung der Vorstellung vom Teufel mit. Ganz besonders wurde. aber der
Glaube an den Teufel und seine Helfershelfer im Bewusstsein
der Christen gefestigt und verbreitet durch den Gegensatz
des christlichen Lebens zu dem der Heidenwelt. Hier hatte
die Ueppigkeit, der Verfall der Wissenschaften und grösstes
sittliches Verderben platzgegriffen, worüber die Satiriker
Persius, Juvenal und der Philosoph Seneca [1] Zeugniss ablegen. Unglaube und Aberglaube gingen Hand in Hand; die
Sucht nach dem Geheimnissvollen, angeregt durch Genusssucht, die übernatürliche Kräfte sich dienstbar zu machen
strebte, fand ihren Unterhalt durch die fremden Culte, die
immer mehr aufgenommen und ineinandergesetzt worden waren; geheime Culte oder Mysterien, als der Dea Syra, der
Isis, des Mithras, hatten sich im 2. Jahrhundert immer mehr
ausgebreitet. Das Leben innerhalb des Heidenthums war
ganz von Sinnlichkeit durchdrungen und schien wie von centri-
fugalen Kräften getragen zu werden. Die Schilderung des
christlichen Lebens, durch die Apologeten entworfen, zeigt
den geraden Gegensatz, und sie hätten, wie von Baur ganz
richtig bemerkt worden ist, nicht mit solchen Reden zur Vertheidigung und Charakteristik des Christenthums auftreten
können, wenn die Wirklichkeit widersprochen hätte, wenn
jene lautere Frömmigkeit, jene Scheu vor allem Unsittlichen,
jene Rechtschaffenheit im geselligen Leben, jene von aller
sinnlichen Lust abgekehrte Sittenreinheit, jene aufopfernde
Menschenliebe nicht wirklich die Eigenschaften gewesen wären, wodurch sich die christliche Gemeinschaft von der heidnischen Welt unterschied. [2] Die nackte Sinnlichkeit des heidnischen Lebens steigerte die gegensätzliche christliche Anschauung zu jener Schroffheit, die sich in der Verachtung
auch der geistigen Freuden des Heidenthums kennzeichnete,
der die Erde als ein Jammerthal erschien und nur in from-

---

[1] De ira, II, 8.
[2] Vgl. Justin., Apol., I, c. 12 fg.; Athenag., Leg., c. 31; Tertull., Apol.,
c. 39.

mer Ascese ihr Genüge suchte. Während innerhalb des Heidenthums ein charakteristischer Zug nach aussen sich kundgab, die herrschende Richtung auf das Aeussere, das öffentliche politische Leben ging, war im geselligen Leben der Christen der Zug nach innen, sich in sich selbst zu vertiefen, wodurch alles eine innerliche Bedeutung gewann. Die Christen fühlten sich nicht nur fremd gegenüber dem öffentlichen Leben der Heiden, sie hatten auch Scheu vor vielem, an dem sie aus sittlichen Gründen nicht theilnehmen konnten. Diese Scheu musste noch vergrössert werden durch den Glauben, dass ihnen in der heidnischen Welt lauter Dämonen entgegentreten, dass wo der Christ mit Heidnischem in Berührung kommt, er von Dämonen umgeben und umlauert sei. Da er vor deren Nachstellungen und feindlichen Angriffen nicht genug vorsichtig sein zu können glaubte, griff er in seiner Aengstlichkeit zur Vertreibung der Dämonen selbst zu Mitteln, die keine sittliche, sondern nur magische Bedeutung hatten, wie z. B. der Name Christi u. dgl. Im täglichen Verkehr begegnete dem Christen das Dämonische in Gestalt des Heidenthums, jede Berührung damit musste als Verunreinigung gelten, und da sein Leben mit dem heidnischen in naher Beziehung stand, war der Christ in seiner Bewegung so beschränkt wie in seiner Anschauung. In welche Collisionen musste er gerathen, da Tertullian [1] jeden für einen Götzendiener erklärt, der Geschäfte treibt, die zur Aufstellung und Ausschmückung der Idole beitragen; wenn nach seiner Ansicht das Amt der Ludi magistri und Professores literarum mit dem Christenthume unvereinbar sein sollte, weil sie die heidnischen Götter beschreiben, deren Namen, Genealogien u. dgl. erläutern. Die im Judenthum tief haftende Abneigung von bildenden Künsten erfasste das Gemüth des Christen und fand in seiner durch Verfolgungen verdüsterten Weltanschauung einen gedeihlichen Boden. Nach dieser beruhte ja die ganze Verfassung des heidnischen Staats auf Verehrung der Dämonen; das Staatsoberhaupt, das den heidnischen Cultus unterhielt und förderte, konnte in den Augen des Christen kaum eine andere Bedeutung haben, als Stellvertreter des Teufels zu sein.

---

[1] De idol., c. 11 fg.

Die religiös-sittliche Lebensaufgabe des Christen ward vom Anfang an dahin bestimmt[1], mit dem Fleische sowol als mit den Mächten der Finsterniss zu kämpfen, und die Christen betrachteten sich als eine militia Christi zum Streite gegen die Welt und den Teufel. Der Dualismus von Geist und Fleisch war in der Vorstellung des Christen von grosser Wichtigkeit, er glaubte sich bestimmt, das Fleisch zu tödten. Schon vor und neben den Anfängen des Christenthums hatten sich ascetische Bestrebungen durch die äusserste Beschränkung der sinnlichen Bedürfnisse geltend gemacht infolge der dualistischen Anschauung, die in der Materie das Princip des Bösen, in der Sinnlichkeit den Grund der Sünde erkannte: innerhalb des Heidenthums im Pythagoräismus und Stoicismus, innerhalb des Judenthums im Essenismus und Therapeutismus. Gegenüber der vorherrschenden Sinnlichkeit im heidnischen Leben, das den Christen umgab und vor dem er Scheu trug, als vor dämonischer Unreinheit, dessen öffentliche Lustbarkeiten er als pompa diaboli, als Schaugepränge des Teufels, sorgfältigst vermeiden musste: identificirte sich in seiner Vorstellung das Heidnische mit dem Fleischlichen, und der Dualismus von Geist und Fleisch wurde ihm gleichbedeutend mit Christlichem und Heidnischem oder Teuflischem. Es dürfte daher kaum eine waghalsige Behauptung sein: der Gegensatz des kirchlichen Christenthums zum Heidenthum sei einer der Hauptfactoren, wodurch die christliche Sittlichkeit schon in dieser Periode ein wesentlich ascetisches Gepräge erhielt und zugleich die Vorstellung vom Teufel zu fördern und zu verbreiten half. Dieser galt ja als Träger und Repräsentant des sinnlichen Moments, stand im nächsten Zusammenhang mit der Sünde, aber eben so mit dem Heidenthum, als dessen Stifter und Oberhaupt er betrachtet wurde.

---

8. Der Teufel im Talmud und in der Kabbala.

Vor dem Eintritte in das Mittelalter wird ein Blick auf den Talmud und die Kabbala zu werfen sein, um zu er-

---

[1] Vgl. Ephes. 6, 12.

innern, dass der ins Judenthum eingedrungene Dualismus sich weiter ausbildete, und weil besonders die Kabbala im Mittelalter und weiter hinaus ihre Anhänger zählte und auf die Zeitanschauung nicht ohne Einfluss war.

Nach der Rückkehr aus dem babylonischen Exil musste dem Hebräervolke das mosaische Gesetz, auf Grund dessen der neue Staat und das Leben eingerichtet werden sollte, wieder zum Bewusstsein gebracht werden. Der hebräische Text musste dem Volke, das seine Muttersprache verlernt hatte, in die gangbare Sprache, die es sich angeeignet, übersetzt und erklärt werden, wobei in die Erläuterungen des Inhalts mancherlei Erzählungen von Beispielen, sittliche Ermahnungen, naturhistorische Bemerkungen, Erörterungen bürgerlicher Einrichtungen und anderer für wichtig erachteter Angelegenheiten u. dgl. mit hinein verflochten wurden. Die Rabbinen oder Schriftgelehrten, deren Geschäft es war im Gesetze zu unterrichten, thaten es auf Grund eigener Forschung; es pflanzten sich aber die mitgetheilten exegetischen, legislativen, durch allerlei Allegorien und Anspielungen erweiterten Bemerkungen auch mündlich von einem Rabbi auf den andern fort, und der spätere berief sich gern auf das Wort seines angesehenen Vorgängers. Die Scheu, durch schriftliche Fixirung der Erklärung die heiligen Schriften herabzusetzen, hatte den Grundsatz aufgestellt, nichts davon niederzuschreiben. Bei dem während einiger Jahrhunderte sich stets mehrenden Traditionsgute erwachte endlich das Bedürfniss, es zu sammeln und aufzuzeichnen, und Rabbi Jehuda, genannt Hakadosch, der Heilige, unterzog sich zu Tiberias in Palästina dieser Arbeit im 3. Jahrhundert. Diese Sammlung der bisher mündlich fortgeerbten Gesetzesauslegung erhielt den Namen Mischna, als Wiederholung des Gesetzes oder als zweites Gesetz. Von nun ab drehte sich die ganze Thätigkeit der Rabbinen um die Mischna, die zum höchsten Ansehen gelangt war, auf sie concentrirte sich ihr Studium, das sie Gemara nannten, denn in ihr meinten sie das wahre Mosethum zu besitzen. Die Gemara, als weitere Entwickelung der Mischna, brachte wieder Erläuterungen, Begründungen des Gesetzes und neue Zusätze. In der zweiten Hälfte des 4. Jahrhunderts fasste ein Unbekannter alles, was seit Jehuda dem Heiligen vorgetragen worden war, zusammen und fügte

es der Mischna als Commentar bei, und daraus besteht der
Talmud. Später wurde dieses Werk Talmud jeruschalmi,
jerusalemischer Talmud, genannt, zum Unterschied von dem
babylonischen, dessen Abfassung um das Jahr 500 fällt und
dem Rabbi Asche nebst seinem Gehülfen und Freunde Abina
zu Sura zuerkannt wird.

Die Tradition stand im hebräischen Alterthume im höchsten
Ansehen, weil man auf sie den Bestand der göttlichen Wahrheit begründet glaubte, sodass neben der im Gesetze, den
Propheten und dem Talmud schriftlich fixirten Lehre der
nebenhergehende mündliche Unterricht grosse Autorität behielt
und die freudigste Aufnahme fand, ob er sich auf die Ge-
setzeserklärung beschränken oder auch darüber hinausgehen
mochte. Das Wort Kabbala bezeichnet zunächst Ueberlieferung im Sinne des Empfangs, daran knüpfte sich aber
später die besondere Bedeutung der Geheimlehre, weil die
metaphysischen und theosophischen Anschauungen, die sich
in den rabbinischen Schulen gebildet hatten, nur einigen mitgetheilt wurden und das Eigenthum von wenigen Eingeweihten
blieben. Alte, aus Aegypten herstammende Elemente, zoro-
astrische Weisheit, aus dem Exile mitgebracht, griechische
Ideen, namentlich aus der alexandrinischen Philosophie, die
sich die Rabbinen angeeignet hatten, übten ihren Einfluss sowol auf den Stoff als die Methode des Unterrichts, den die
Lehrer nur ihren fähigsten Schülern mittheilten. Die allegorische und typisch-mystische Interpretationsweise, die, aus
dem Widerspruche der Zeitbildung mit dem Buchstaben der
Urkunden hervorgegangen, sehr alt, daher auch im Talmud
vertreten ist, wird bekanntlich von Philo mit genialer Meister-
haftigkeit gehandhabt, und da sie auch in der kabbalistischen
Exegese, Kosmologie und Theosophie in die Augen springt,
hat man in den Schriften Philo's die Hauptquelle der Kabbalisten zu finden geglaubt. Wenigstens als einflussreicher
Vorläufer der Kabbalisten kann Philo gewiss darin betrachtet
werden, dass er sich gern in der platonisch-pythagoräischen
Zahlensymbolik bewegt, dass er in den alten Geschichten bedeutsame Vorbilder der Sittlichkeit nach ihren verschiedenen
Formen und Stufen erblickt, den Buchstaben als das Todte
betrachtet, im verborgenen Sinne den Geist, das Leben erkennt, alles zum Symbol der höchsten Wahrheit macht. Seine

Unterscheidung eines verborgenen Gottes von einem geoffenbarten erinnert an die später mit orientalisch- und
griechisch-polytheistischen Elementen versetzte Unterscheidung
der Kabbalisten; die bei Philo häufig wiederkehrenden Bilder
von einem allmählichen Ueberströmen des Göttlichen in die
Welt, von einer successiven Gliederung der Offenbarungen
aus dem dunkeln, unverkennbaren Urgrunde des Seins erinnern an die absteigende successiv abgeschwächte Emanation
der Gotteskräfte, an die Sephiroth der Kabbala. Seine Anschauung, wonach Gott alles durch das Wort wirkt, seine
Logi als Thaten Gottes, die er auch Engel nennt, die im
Lufttraume unter dem Monde, dem Himmel zunächst, weilen
als Diener und Werkzeuge Gottes, als Mittler und Richter
der Menschen, finden in der Kabbala ihre Analogien.[1]

Manche Kabbalisten leiten den Ursprung ihrer Lehre bis
auf den Anfang der Welt zurück, indem Gott selbst das Geheimniss, wie er diese durch die Thora erschaffen, sie erhalte und regiere, dem Adam gleich bei der Schöpfung mitgetheilt habe, das dann auf Abraham, Mose und andere
Lieblinge Gottes bis auf Esra in ununterbrochener Reihe
fortgepflanzt worden sei. Vorstellungen und Redensarten bei
Daniel und Ezechiel mit persischem Gepräge, die in den
Schriften vorkommende Symbolik reizten die Sucht nach dem
geheimen Sinne, den man in jedem Satze, jedem Worte und
Zeichen zu finden hoffte, und der allegorisch-mystischen Auslegung eröffnete sich ein unabsehbarer Ocean. In Aegypten,
dem Lande der Mysterien und des beschaulichen Lebens, wohin nach der Zerstörung des ersten Tempels viele Juden
wiederholt eingewandert waren und hernach theils hingeführt,
theils hingelockt wurden, fand der jüdische Mysticismus einen
gedeihlichen Boden, und die lebhafte Phantasie des Semiten
brachte das Conglomerat von ägyptischen, persischen und griechischen Elementen mit den heiligen Schriften in Verbindung.
Der stete Verkehr zwischen ägyptischen und palästinischen
Juden pflanzte die Geheimlehre auf diese fort, und bildete
sich im Verlaufe der Zeit eine Art Lehrgebäude.

Die Annahme, dass der blosse Wortsinn der heiligen

---

[1] Vgl. den lichtvollen Art. „Philo" von Steinhart in Pauly Real-
Encyklop.

Schriften nur eine Hülle sei, unter welcher der wahre Sinn
für den Profanen verborgen liege, den nur der Eingeweihte
zu entdecken vermöge, wurde von den Kabbalisten zum Grundsatz erhoben. Die Kabbala soll eben den in den Schriften
niedergelegten geheimen Sinn entziffern lehren, den Gott bei
der Uebergabe der Thora auf dem Sinai in Bezug auf jeden
Buchstaben und jeden Punkt mitgetheilt habe. Die Ent-
zifferung des geheimen Sinnes geschieht nach den Kabbalisten
mittels Gematria (Geometria), welche aus Buchstaben,
Zeilen u. a. m. verschiedene Zahlenverhältnisse herausbringt,
die in der Kabbala überhaupt eine grosse Rolle spielen; oder
durch Notarikon, durch Bildung bedeutsamer Wörter aus
Anfangs- und Endbuchstaben; oder durch Themurah, welche
die mannichfaltigsten Buchstabenversetzungen lehrt. Die Buchstaben, Punkte und andere sichtbare Zeichen, aus denen die
heiligen Schriften zusammengesetzt sind, stehen mit den himmlischen Emanationen der Gottheit, deren Wirkungen sie vorstellen, in engster Verbindung, und schon durch das blosse
Aussprechen der sinnlichen Zeichen, in welchen eine verborgene Kraft liegt, werden jene geistigen Wesen in Bewegung
gesetzt, und ihre Thätigkeit wird noch mehr angeregt, wenn
der Kabbalist die Zeichen in seinen Gedanken zu verbinden
versteht. Dadurch kann er auf die mit den Buchstabenbildern
correspondirende Geisterwelt seinem zu erfüllenden Wunsche
gemäss einwirken. Auch fromme Handlungen, nach Angabe
der heiligen Schriften geübt, wirken nicht nur auf die materielle
Welt, sondern auch auf die höhern spirituellen Welten bis in
die höchsten Regionen der Geister und bringen die Harmonie
heterogener Wesen hervor, worauf der eigentliche Bestand
des Weltganzen beruht. Der Mensch, die Welt im kleinen,
ist selbst mit allen seinen Theilen, den in ihm vorgehenden
Processen, seiner Ausdünstung, die eine Atmosphäre um ihn
bildet, der Prototyp der obern Welten. Die gesammten
Aeusserungen sowol seines leiblichen als geistigen Lebens in
der untern Welt stehen in Beziehung zu den obern Welten
bis zur Gottheit hinauf, der sie untergeordnet sind. Dieses
Geheimniss finden die Kabbalisten durch Hiob angedeutet [1],
es wurde dem Erzvater Jakob durch die von der Erde bis in

---

[1] 19, 26.

den Himmel reichende Leiter gezeigt.[1] Darin bestehen die Geheimnisse der Thora, dem Zweck der ganzen Schöpfung; darum ist in den heiligen Schriften nichts unwesentlich oder ohne Bedeutung, wie es dem Uneingeweihten scheinen mag; unter allem liegt ein tiefes Geheimniss, und die Kabbala bietet den Schlüssel zu dessen Lösung.

Nach der kosmologischen Ansicht der Kabbalisten gibt es keine Substanz, die aus Nichts hervorgegangen wäre, daher auch keine Materie an und für sich existiren kann. Alles ist geistiger Natur, und diese ist ewig lebend, aus sich selbst vorhanden, sich selbst bewegend. Aus diesem Unendlichen, Schrankenlosen, von den Kabbalisten En soph genannt, emaniren alle Dinge und bestehen nur in ihm. Die Welt ist die immanente Wirkung dieses absoluten Wesens, das in jener seine Eigenschaften nach mannichfaltigen Stufen dargestellt hat. Je näher das Emanirte seinem unendlichen Urquell ist, um so mehr trägt es die Heiligkeit und Vollkommenheit an sich, je entfernter von ihm, um so mehr mangelt ihm die Göttlichkeit. Die Welt ist demnach die Offenbarung der Gottheit, aber nicht ihres innern verborgenen Wesens, das die Kabbalisten das Verborgenste aller Verborgenheiten nennen, sondern nach ihrer sichtbaren Herrlichkeit. Die Welt ist nur ein Schleier, sagen sie, der die Abbildung der allerhöchsten göttlichen Kraft und Weisheit, die über alles erhabenen Eigenschaften durchblicken lässt. Sie selbst ist die absolute Einheit über der Welt, das Urerste vor der Schöpfung, die Urquelle alles Lichts, Geistes, Lebens. Die erste Bewegung der sich offenbarenden Gottheit nennen die Kabbalisten Memra, das Wort (Logos), auch Chochma, Weisheit, essentiell genommen, auch Kraft, Jah. Durch Jah ist Gott Schöpfer der Welten. Den ersten Ausfluss der Gottheit nennen sie auch Adam Kadmon, den Urmenschen, dessen göttliche Kraft in alle Grade des Lichts, alle Stufen der Geister, alle Arten der Geister, alle Arten des Lebens reicht. Nach dem geschaffenen Worte, dem Logos, seinem erstgeborenen Sohne, dem Adam Kadmon, entschloss sich das unendliche Wesen Welten ins Dasein zu setzen, auf die jener Einfluss haben sollte. Es geschah durch eine Zurückziehung und Con-

---

[1] 1 Mos. 28, 12.

centration (Zimzum) seines eigenen Wesens, wodurch Raum
für die Schöpfung ward. Diese Zurückziehung, sagen die
Kabbalisten, liess Spuren der Emanation hinter sich, gleich
den kreisförmigen Bewegungen nach einem ins Wasser ge-
worfenen Steine. Diese Spuren nennen sie Sephiroth, deren
Zahl sie auf zehn bestimmen. [1] Mit den zehn Sephiroth wurden die Eigenschaften Gottes, zehn göttliche Namen aus den
heiligen Schriften, zehn Engelordnungen, drei Himmel mit
sieben Planeten, zehn Hauptglieder des menschlichen Leibes,
die zehn Gebote in Verbindung gebracht. Die Sephiroth
bilden vier Welten, die in verschiedenen Abstufungen als
allmählich absteigende Emanationen mit immer gröbern Ver-
körperungen gedacht werden. Die der Gottheit nächste Welt,
Azilah, als die vollkommenste Offenbarung, enthält die unmittelbaren, daher vollkommensten Ausflüsse (Sephiroth). Die
nächste Emanation ist Beriah, die erschaffene Welt, deren
Sephiroth zwar keiner so hohen Potenz mehr theilhaftig, aber
immer noch rein geistiger Art sind. Hierauf folgt Jezirah,
deren Substanzen zwar schon individualisirt, aber doch im-
materiell gedacht werden. Dies ist die Welt der Engel, ver-
ständiger, aber unkörperlicher Wesen mit leuchtender Hülle
umgeben, die nur, wenn sie den Menschen erscheinen, eine
gröbere Materie annehmen. Die vierte Welt Assiah, die gemachte, besteht aus den gröbsten Substanzen, die materiell,
räumlich beschränkt, unter mancherlei Formen wahrnehmbar,
in immerwährendem Entstehen und Vergehen begriffen, einem
steten Wechsel unterzogen sind. Jede dieser Welten hat also
ihr eigenes Sephiroth-System, das aus Adam Kadmon emanirte,
der die Monas von diesen Dekaden ist. [2]

So unzulänglich diese Skizze kabbalistischer Anschauung

---

[1] „Sephiroth" wird verschieden abgeleitet. Einige finden in dem Ausdrucke am wahrscheinlichsten das griechische Sphaera (so auch Beer,
Geschichte, Lehren und Meinungen, II, 63). Andere bleiben bei der
hebräischen Etymologie und denken an Zahlen im Hinblick auf die damit vorgenommenen arithmetischen Combinationen, so Reuss (in Herzog,
Real-Encyklop., Art. Kabbalah), anderer Ableitungen von Kabbalisten, die
auf Wortspielerei hinauslaufen, nicht zu erwähnen.

[2] Ueber eine Mehrheit von Welten bei den frühern Griechen vgl.
Plato de republ., lib. VI. Ueber die Idee der Emanation aus der Gottheit bei den spätern Griechen und Kabbalisten vgl. Buhle, Geschichte
der Philos., IV, 169 fg.

erscheinen mag, wobei vornehmlich solche Momente herausgehoben sind, die wir bei den christlichen Kabbalisten verwerthet, manche in der mittelalterlichen Anschauung überhaupt wiederfinden; dürfte vielleicht doch bemerklich sein, dass in der Kabbala auch speculative Ideen, meist in Form von Vorstellungen dargestellt, enthalten seien, dass also der kabbalistischen Geheimlehre eine philosophische Tendenz zu Grunde liege und sie nicht in Bausch und Bogen für baren Unsinn gehalten werden sollte. Die Kabbala hat mit der Scholastik ein gleiches Schicksal, beide sind um der Ausschreitungen und Kleinlichkeitskrämerei wegen, in die sie sich verloren, in Verruf gekommen, beide haben aber trotzdem ihrer Tendenz wegen ihre Bedeutung. [1]

Abgesehen von den ägyptischen, persischen und alexandrinisch-griechischen Elementen, die in die Kabbala verwoben sind und einen Dualismus mit sich führen, der natürlich auch im Talmud vertreten ist, könnte auch die aufgenommene Emanationslehre eine kabbalistische Dämonologie erwarten lassen. Die Kabbalisten blieben bei philosophischen Erörterungen nicht stehen, sie personificirten die ganze Natur, die Ursachen der physischen Erscheinungen, die Seelenzustände und brachten dadurch eine ungeheure Menge guter und böser Dämonen hervor, die sie in der ausgedehntesten Vereinzelung thätig dachten und bei jeder noch so unbedeutenden Verrichtung beachten zu müssen glaubten, um die übelthätigen zu bannen, die wohlthätigen anzuziehen. Dieses lehrt die kabbalistische Theurgie, jenes die Goetie. Die Beschwörung guter oder böser Geister geschieht durch Aussprechen gewisser Verse oder einzelner Wörter aus der Schrift, welche die mannichfaltigen Gottes- und Engelnamen bedeuten, oder durch verschiedene Versetzungen des hebräischen Alphabets hervorgebracht werden, oder durch Amulete, worauf Verse, einzelne Wörter in Zusammensetzungen angeblicher Gottes- und Geisternamen geschrieben und mit verschiedenen Figuren bezeichnet sind. Die Wirksamkeit der kabbalistischen Geisterbeschwörungen bezeugt der Talmud [2], indem Rabba nach

---

[1] In Beziehung auf die Kabbala, hinsichtlich ihres ideellen Inhalts, ist der schätzbare Artikel von Reuss, a. a. O., zu vergleichen.

[2] Tract. Sanhedrin.

den Regeln des kabbalistischen Buches Jezirah sich einen
Diener, Rabbi Chaninah und Rabbi Hoscheah (Oschaja) Freitags sich Kälber geschaffen haben sollen, die sie zur Ehre
des Sabbats verzehrten. Neuere Kabbalisten, selbst R. Luria,
bestätigen die Kraft der Beschwörungen, warnen aber davor,
und die spätern wollen sie gar verbieten, da ein verfehlter
Buchstabe grosse Verwirrung in den obern Regionen hervorbringen, und den Beschwörer unten in die grösste Gefahr
stürzen könne, wofür auch der Talmud Beispiele anzuführen weiss. [1]

Die Kabbalisten erfüllen alle Räume der Schöpfung mit
guten und bösen Geistern, theilen sie in bestimmte Ordnungen, setzen ihnen Oberhäupter vor, unterscheiden diese
wie jene durch besondere Namen und weisen ihnen gewisse
Aemter zu. In Azilah, dem reinsten Ausfluss des Urwesens,
gibt es keine Unterscheidung, also auch keinen Raum für
Subjecte oder Individuen. In der nächst reinen Beriah sind
die der Gottheit zunächst stehenden reinsten Geister, die immer
Lebenden (Chajoth). In die Jezirah versetzen die Kabbalisten
schon Geister, die verschieden an Gestalt und Rang sind,
welche die Elemente regieren. Die vom Urwesen am weitesten
abstehende Assiah ist ausser mit thierischen und menschlichen
Geschöpfen zugleich mit mehr materiellen Geistern bevölkert,
die stets zu den höhern Geistern hinaufstreben oder diese zu
sich herabzuziehen suchen. Die untere Welt ist daher besonders stark mit Dämonen besetzt, da jedem materiellen, intellectuellen und moralischen Gegenstande in dieser Welt ein
solcher vorsteht, der seinen Namen hat.

Die vornehmsten und einflussreichsten guten Dämonen
sind: Metatron, der Engel des Angesichts, Vorsteher der
Stärke, Weisheit, Herrlichkeit, überhaupt alles Grossen und
Erhabenen im Himmel und auf Erden. In ihm erkennen die
Kabbalisten den Henoch, der nach seiner Himmelfahrt diese
Würde erlangt haben soll. Von diesem Metatron erfuhr
R. Ismael [2] die arithmetische Berechnung der Grösse Gottes:
„Ich betheure es vor יהוה dem Gotte Israels, dem lebendigen
und beständigen Gott, diesem Herrn und Beherrscher: dass

---

[1] Tract. Berachoth.
[2] Im Buche Rasiel, Fol. 16, bei Beer, II, 101.

von dem Orte des Sitzes seiner Herrlichkeit aufwärts 1,180000 Meilen, und von diesem Sitze abwärts ebenso viele Meilen sind. Seine Höhe beträgt 2,360000 Meilen, und von seinem rechten Arm bis zum linken ist eine Entfernung von 77000 Meilen. Die Entfernung von seinem rechten bis zum linken Augapfel beträgt 30000 und der Umfang seines Schädels 3000 Meilen. Auf seinem Haupte hat er 60000 Kronen, und daher wird er auch mit Recht der grosse, starke und furchtbare Gott genannt." Ein andermal beschrieb Metatron dem R. Ismael die Grösse Gottes folgendermassen: „Seine Fusssohlen erfüllen die ganze Erde, die Höhe der Fusssohlen beträgt 30000 Meilen. Von den Fusssohlen bis zum Knöchel ist die Entfernung hundert Millionen, von den Knöcheln bis zu den Hüften 10000 Millionen, von den Hüften bis zum Halse aber 240000 Millionen Meilen. Sein Hals ist 38,000800 und sein Bart 11500 Meilen lang. Jeder Augapfel hat einen Umfang von 11500 Meilen, und jede Hand hat die Länge von 240002 Meilen. Zwischen seinen Schultern misst er 16 Millionen, zwischen den Armen 12 Millionen Meilen und jeder Finger ist 1,200000 Meilen lang."[1] — Dem Metatron zunächst steht Sandalphon, der einst der Prophet Elias gewesen sein soll, der ursprünglich ein Engel, von Gott auf die Erde gesandt, nach Beendigung seines Prophetenamts in den Himmel wieder aufgenommen wurde. Metatron und Sandalphon, mit Zuziehung eines dritten, Akathriel, haben die Gebete der Menschen in Empfang zu nehmen, daraus Kronen zu flechten, um sie auf das Haupt Gottes zu setzen. Wir müssen uns wol auf das bisher über die guten Geister Angeführte beschränken, da R. Nathan Spira in seinem Buche „Megalleh Amukboth" versichert, dass Gott von nicht weniger als 9,000000 umgeben sei, deren Zahl aber ins Endlose steigt, da jeder, der ein Gebot der Thora ausübt, einen guten Engel schaffe, wie im Uebertretungsfalle einen bösen. Die bösen Dämonen haben im allgemeinen verschiedene Namen: Satanim, Schedim, Seirim, auch Malache Chabbalah (Engel des Verderbens) u. a. m. Ueber ihre Entstehung theilen sich die Ansichten der Kabbalisten. Einige glauben, Gott habe sie am Freitag Abend im letzten Augenblicke der Schöpfungswoche geschaffen, wegen

---

[1] Fol. 38 ebendas.

des eintretenden Sabbats aber nicht ganz fertig bringen
können, daher sie weder zu der Vollkommenheit ganz reiner
Geister gediehen, noch mit einem Leibe wie die menschliche
Seele bekleidet worden seien.   Nach Andern soll Gott eine
weibliche Teufelin Lilith erschaffen und Adam mit dieser
die übrigen unzähligen bösen Geister erzeugt haben.   Mit
Uebergehung übriger Ansichten der Kabbalisten ist zu bemerken, dass ausser den nach der Schöpfung entstandenen
bösen Wesen mehrere männliche und weibliche mit jener zugleich erschaffen worden sind.   Die am meisten genannten männlichen sind: Samael, der die Eva zum Sündenfalle gereizt
hat, die Menschen noch immer zu Uebelthaten verführt, ist
zugleich der Satan, der als Referent über die Missethaten
der Menschen dem himmlischen Rathe Bericht erstattet, auch
der Melach hammaveth, der die von oben verhängte
Todesstrafe vollzieht.   Manche Kabbalisten nennen ihn auch
Azazel, dem am Versöhnungstage ein Opfer zugeführt wird;
auch Adam Beliaal, im Gegensatz zu Adam Kadmon. —
Aschmedai oder Aschmidai, auch im Buche Tobi[1] erwähnt,
soll sehr verliebter Natur gewesen sein.   Bedargon, nur
eine Spanne lang, dafür aber mit 50 Köpfen, 65 Augen versehen, trägt auf seinem Leibe die Buchstaben des hebräischen
Alphabets verzeichnet, ausser מ und ת, weil diese den Tod
bedeuten.   Nach kabbalistischer Annahme hat Gott vier weibliche Teufelinnen erschaffen: Lilith, als erste Eva mit Adam
zugleich entstanden, der sich aber wegen ihrer Unverträglich-
keit von ihr schied und hierauf die aus seiner Rippe gebildete
Eva heirathete.   In Lilith soll sich Samael verliebt und sie
zum Weibe genommen haben, dem ihr düsteres mürrisches
Wesen wol auch viel Verdruss machen durfte.   Naamah,
die Gattin eines Teufels Schemeron, mit dem sie den Aschmedai gezeugt hat.   Eben Maschkith, nach andern Machlath, ist sehr muntern Temperaments, im Gegensatze zu Lilith,
daher es zwischen beiden Teufelinnen oft zu Reibungen und
Thätlichkeiten kommt.   Lilith soll über 480, Machlath über
478 Rotten böser Geister zu befehlen haben.   Iggereth wird
weniger häufig hervorgehoben.   Nach R. Salomon Luria (in
seinem Buche „Menorath Sahab") soll sie alle Mittwoch und

---

[1] 3, 8.

Freitag des Nachts mit 18000 bösen Dämonen herumschwärmen, die Menschen schädigen, daher ein Ausgang um diese Zeit gefährlich ist. Die Zahl der bösen Geister ist unaussprechlich; sie sind um den Menschen angehäuft, gleich der aufgeworfenen Erde um einen Wall, denn jeder hat ihrer 1000 zur Rechten und 10000 zur Linken. Ihr gewöhnlicher Aufenthalt ist ein düsterer Raum unter dem Monde. Ihr Leib wurde in der untersten Erde aus Wasser, Feuer und Luft zusammengesetzt. Sie theilen sich in Ordnungen mit je einem Oberhaupt, dessen Befehlen die untergebenen gehorchen müssen.[1] Nach dem kabbalistischen Buche Sohar setzen sich die unreinen Geister auf die Hände des Menschen, wenn er schläft[2], auch wenn er sich auf das heimliche Gemach begibt, daher er sich in beiden Fällen waschen muss. Die bösen Geister können sich in einem Augenblick von einem Ende der Welt zum andern begeben und wissen, wie die Engel, im voraus, was in der Zukunft geschehen soll.[3] Sie geniessen Speise und Trank und pflanzen sich auch nach menschlicher Art fort.

Der Talmud erwähnt zwar der Kabbala nur sporadisch, es sind aber manche talmudische Theile ganz im kabbalistischen Geiste abgefasst, und die talmudische Dämonologie läuft mit der kabbalistischen so ziemlich auf eins hinaus[4], daher wir sie nicht besonders darzustellen brauchen. Es genügt zu erinnern, dass der Talmud sowol als die Kabbala die dualistische Vorstellung von guten und bösen Dämonen aufrecht gehalten und weiter ausgesponnen hat.

Die Geheimlehre, anfänglich nur mündlich und nur den fähigsten Schülern mitgetheilt, wurde im Verlaufe der Zeit auch schriftlich abgefasst, und das Streben zu systemisiren, durch die gangbare Aristotelische Philosophie angeregt, zeigten auch die Anhänger der Kabbala, um ihre Lehren mindestens in eine Art von Form zu bringen. Die Entstehung der ersten kabbalistisch-literarischen Producte liegt bislang im Dunkel. Die Sage setzt wol die Zeitpunkte der Abfassung der be-

---

[1] Jalkut Chadasch.
[2] Abschnitt Bereschith.
[3] Abschnitt Therumah.
[4] Vgl. Tract. Baba Bathra; Tr. Gittin; Tr. Berachoth u. a.

rühmtesten kabbalistischen Bücher, z. B. des Buches Jezirah,
mit Abraham in Verbindung, des Buches Sohar wenigstens
in das hohe Alterthum zurück; allein die Kritik rückt sie
uns bedeutend näher, obschon ihre Ergebnisse bisher nur als
Vermuthungen gelten können. Bei aller Ungewissheit lässt
sich indess doch annehmen, dass manche kabbalistische Schriften
sehr alt sein mögen, da schon der Talmud ein Buch Jezirah
erwähnt, das mit wunderbaren Kräften ausgestattet gewesen,
wie er auch hin und wieder von einer Geheimlehre spricht,
in die nur wenige eingeweiht worden seien. [1] Wenn schon
das Alterthum überhaupt einer kritiklosen Zeit, wie das
Mittelalter war, eine scheue Ehrfurcht einzuflössen vermochte,
um so mehr das hebräische Alterthum, von dessen Offenbarungen die Kirchenväter alle Weisheit der Völker ableiteten
und diesen Glauben der Nachwelt als Erbe hinterliessen.
Das Interesse an der Kabbala musste aber noch mehr gesteigert werden dadurch, dass sie eben Geheimlehre war, und
deren Glaubwürdigkeit fand starke Stützen an mancherlei
Andeutungen von Kirchenlehrern, z. B. einem Hilarius, der
überzeugt war, dass Mose den Inhalt des alten Bundes zwar
schriftlich verzeichnet, aber noch ausserdem wichtige Geheimnisse aus den verborgenen Tiefen des Gesetzes den Aeltesten
seines Volks mitgetheilt und sie als Lehrer für die Zukunft
eingesetzt habe. Der Durst nach geheimer Weisheit trieb
nach der kabbalistischen Quelle und diese bot, nachdem sich
der Aristotelismus ausgelebt hatte und man sich dem Alexandri-
nismus hinzuneigen anfing, in den Platonisch-Pythagoräischen,
mit orientalischen Vorstellungen versetzten Ideen der Kabbalisten verwandte und leicht assimilirbare Elemente. Aber
nicht nur in theosophischer Hinsicht fühlte sich das Mittelalter von den Kabbalisten angezogen, auch die erwachende
Neigung zum Studium der Natur, das in den Windeln der
Astrologie und Alchemie gebunden lag, suchte in der Kabbala
Befriedigung und fand eine dem Kindesalter angemessene
Nahrung. Die Kabbala gewann daher im Verlaufe der Zeit
auf die verschiedenen Wissenszweige Einfluss, und wir erinnern nur an Gelehrte, wie Joh. Bonaventura, Thom.
von Aquino, Raymund Lullus, Pico della Mirandola, Johann

---

[1] Vgl. Tract. Chagiga passim.

Reuchlin u. a. m. Da Geheimlehre und Zauberei gewöhnlich miteinandergehen, die Kabbala ausdrücklich den engsten Zusammenhang zwischen der irdischen Welt und den obern Regionen als Axiom aufstellte, die schaffende Macht des Wortes lehrte und ihre Eingeweihten in der Handhabung dieser Macht unterwies und ihnen zuerkannte, so erhielt der sachkundige Kabbalist die Bedeutung eines Zauberers und Hexenmeisters. Mittels der Kabbala war also nicht nur der Schatz der Weisheit zu heben, es war auch materielles Gut zu erlangen und diese Anwendbarkeit überirdischer Kräfte zur Verbesserung des irdischen Lebens, die durch die Kabbala zu erlernen war, verschaffte ihr auch bei dem ungelehrten Volke Eingang und weite Verbreitung.

Weil Vorstellungen vom Satan, von Hexen, deren Verkehr mit Dämonen, Teufelsbeschwörungen, Wettermacherei, zauberische Hass- und Freundschaftstiftung, Bewirkung von Ungeziefer in kabbalistischen Schriften vorkommen, hat man den ganzen Teufels- und Hexenglauben des Mittelalters aus jenen ableiten wollen; allein diese Ansicht trifft gewiss nicht die ganze Wahrheit, da vielmehr ein wechselseitiger Einfluss anzunehmen ist, und wenn auch die fördernde Wirkung der Kabbalisten auf die Verbreitung des Teufels- und Hexenglaubens kaum bezweifelt werden kann, so ist ebenso gewiss, dass der unheimliche Zug, der durch das Mittelalter geht, in den zeitgenössischen Producten der kabbalistischen Literatur sich abspiegelt.

----

9. Der Teufel vom 4. bis 6. Jahrhundert.

Konstantin hatte mit seiner Annahme des Christenthums dasselbe auf den weltlichen Thron erhoben und dadurch der Welt ein anderes Ansehen gegeben. War bisher das Christenthum dem Heidenthum gegenüber als das unterdrückte erschienen, so hatte es nunmehr der römischen Weltherrschaft sich bemächtigt, und der christliche Lehrbegriff sowie die kirchliche Anordnung der Christen erhielten die Sanction der Regierung. Konstantin hatte zwar noch viel Heidnisches stehen gelassen; Konstantius hingegen dictirte schon die

Todesstrafe auf die Darbringung heidnischer Opfer[1] und
gebot zugleich die Schliessung die Tempel, wenngleich das
Gesetz nicht zur Ausführung gekommen sein soll.[2]   Die
kurze Periode des christenfeindlichen Julian abgerechnet, ist
das Christenthum in seiner Stellung als Staatsreligion gefestigt.   Der Sieg des Christenthums über das Heidenthum
war hiermit zwar ausgesprochen, aber er war doch noch keine
vollendete Thatsache, da dieses noch immer so viel Lebenskraft hatte, um als Feind gelten zu können der bekämpft
werden müsse, und als Träger der damaligen Cultur seine
Elemente auch in das Christenthum hineinzutragen vermochte.
Dem Heidenthum gegenüber wurde zwar der grösste Kraftaufwand bei der Entwickelung des Dogmas hervorgerufen,
aber diese Kraft in den dogmatischen Kämpfen, an welchen
oft selbst die Kaiser Partei nahmen und denselben dadurch
eine staatliche Bedeutung aufdrückten, die im 4. und bis zur
Mitte des 5. Jahrhunderts eine grosse Productivität an den
Tag legte, nahm im weitern Verlaufe der Zeit immer mehr
ab, um in den monophysitischen und semipelagianischen
Streitigkeiten zu erlahmen und schliesslich in geistloser Mono-
tonie zu ersterben.   Mit der in fester Gliederung ausgebildeten Rechtgläubigkeit war die Freiheit der Dogmenbildung
aufgehoben.

Die christliche Kirche hatte nun ein neues Streben.   Sie
war mit der Erhebung des Christenthums zur Staatsreligion
selbst eine Macht geworden und sollte eine über aller weltlichen Macht stehende Kirche, der Lehrstand der nunmehrigen
Staatsreligion mit Vorrechten ausgestattet, sollte mit diesen
zugleich vermehrt und erweitert werden.   Ein in dieser Beziehung günstiger Umstand war die Verlegung der kaiserlichen
Residenz von Rom nach Konstantinopel, wodurch das Papstthum in Rom Platz gewann, während Kaiserthum und
Hierarchie im Orient sich immer mehr beschränkten, sodass
es keiner dieser Mächte zu einer vollen Selbständigkeit zu
bringen gelang.

Der Einbruch fremder Völker innerhalb dieser Periode
brachte allgemeine Verwirrung, die alten Verhältnisse lösten

---

[1] Vgl. Cod. Theodos., I, 16, tit. 10, 2, a. 341.
[2] Vgl. Gieseler, Kirchengesch., I, 2, S. 8.

sich, die wissenschaftliche Bildung erlosch, sodass gegen Ende
dieses Zeitabschnitts die weltliche Wissenschaft mit mönchischer
Verachtung aus der Kirche geworfen wurde. So bedauerte
Basilius die Zeit seiner Jugend, die er auf weltliche Studien
verwendet hatte, unter Lobpreisung des Mönchslebens [1], Hieronymus wurde im Traume wegen seines Lesens heidnischer
Bücher verurtheilt und nur unter der Bedingung begnadigt,
dergleichen nie wieder zu thun. [2] Gregor der Grosse konnte
sich seiner Unwissenheit rühmen und die Beschäftigung mit
Grammatik schon für einen Laien als unschicklich, für einen
Bischof nachgerade als verwerflich erklären. [3] Der ermat-
tenden geistigen Kraft gegenüber gewann der Autoritäts-
glaube um so festern Boden, die Tradition hatte eine so
hohe Autorität erlangt, dass sie neben der Bibel als zweite
Erkenntnissquelle betrachtet und, an deren Seite gesetzt, die
Bedeutung des Beweismittels für die Glaubenslehre gewann,
eine Regel für die Bibelerklärung wurde und nur was auf
Tradition gegründet galt, zum Glaubensartikel gestempelt wer-
den konnte. Die kirchliche Macht wuchs überdies durch die
Bekehrung der heidnischen, namentlich der germanischen
Völker.

Je fester die kirchliche Rechtgläubigkeit sich gestaltete,
wozu die Autorität der Aussprüche der ökumenischen Synoden, die sie in diesem Zeitabschnitte erlangt hatten, bedeutend beitrug, nachdem sie schon früher unter besonderer
Leitung des Heiligen Geistes zu stehen glaubten [4], um so
grösser wurde die Gefahr, häretisch zu werden, und alle theologische Untersuchung, wenn sie nicht von vornherein verdächtig erscheinen wollte, musste von der Kirchenlehre ausgehen. Diese Periode liefert daher schon ein Beispiel blutiger
Ketzerverfolgung an den Priscillianisten, nachdem Konstantin
der Grosse zuerst mit Gewaltsamkeit vorangegangen war, indem er die Donatisten in Afrika hatte verfolgen lassen, den
zu Nicäa verurtheilten Arius mit Landesverweisung bestrafte
und seine Schriften dem Feuer übergab. Schon an den
Gnostikern, welche die Häretiker schlechthin waren, ent-

---

[1] Ep. 223.
[2] Ep. 22 ad Eustach.
[3] Ep. IX, ep. 48.
[4] Nach Actor. 15, 28; Concil. Carthag. v. J. 252.

wickelte sich der Begriff der Häresie, unter welcher man
alles, was vom einzelnen für wahr gehalten ward, verstand
gegenüber der in der Tradition enthaltenen Wahrheit.   Der
vornehmliche ernste Gegensatz, der sich in dieser Periode der
allgemeinen kirchlichen Lehre entgegenstellte, und den die
Kirche vom Ende des 3. Jahrhunderts eigentlich bis zum
Ende des Mittelalters zu bekämpfen hatte, war der manichäische Dualismus.

Wie Irenäus und Tertullian dem Gnosticismus gegenüber
gekämpft hatten, so war Augustinus der Hauptgegner des
Manichäismus, dieser wichtigen Erscheinung auf dem Gebiete
der ältesten christlichen Religionssysteme, gegen welche dieser
Kirchenlehrer kaum weniger als zehn polemische Schriften
verfasste. Schon von dieser Seite ist der Manichäismus wichtig, weil die von Augustinus demselben gegenüber befestigte
Ansicht die Grundlage für die ganze abendländische Dogmatik
geworden ist.

Durch den aufs höchste gespannten Dualismus schliesst
sich der Manichäismus an den Parsismus, in welchem
Manes als Perser erzogen worden war. Wie im Parsismus
der Gegensatz von Licht und Dunkel sich hindurchzieht, und
die Welt in die Bereiche des guten Ahuramasda und des
bösen Angramainju sich theilt; so stellt auch Manes diese
Zweiheit der Principien an die Spitze seines Systems.[1] Dem
guten Gott, dem Vater des Lichts, dessen Wesen lauterer
Lichtglanz, Wahrheit, Heiligkeit, Grösse, Herrlichkeit, Ueberfluss, Seligkeit ist[2], wobei das Licht als das Hauptsymbol
des göttlichen Wesens gefasst ist, aber auch unter der Gestalt
eines durch die ganze Natur ausgedehnten menschlichen
Leibes, dessen Glieder sich überall darstellen, wo sich eine
besondere Manifestation des göttlichen Lichtwesens zu erkennen gibt; diesem Lichtreiche gegenüber steht das Reich
der Finsterniss mit seinem Fürsten. Wie jener von seinen
Aeonen, die im Lichtreiche die erste Stelle einnehmen; so
lebt dieser inmitten des Volks der Finsterniss. Diesem Dämon, wie die Manichäer den Herrscher der Finsterniss gern
nennen, wird auch der Name ὕλη gegeben[3], und diese ist

---

[1] Epiphan. adv. haeres. LXVI, 14; Augustin. contra Faustum, XI, 1.

[2] Augustin. contra Epist. Manich., c. 7.

[3] August. contra Faustum, XXI, 1.

keine platonisirende Modification, wie·Baur[1] bemerkt hat;
sondern die Materie wird durchaus als etwas Positives, Lebendiges gedacht. Von diesen beiden Reichen, wo das eine im
Guten völlig dasselbe ist, was das andere im Bösen, ist das
eine so absolut selbständig als das andere. In dem Reiche
der Finsterniss hat alles materielle Leben seinen Sitz, Alles,
was durch Entwickelung aus einem Keime entsteht, was durch
Zeugung und Fortpflanzung sein Dasein hat, gehört in seine
Regionen, in die es abgetheilt ist.[2]

Das Charakteristische des Manichäismus liegt darin, dass
die Materie als selbständiges Princip des Bösen auftritt, sodass die Begriffe Materie und Böses sich vollständig decken.
Dadurch unterscheidet er sich zugleich vom Parsismus, wo
jedes nützliche Thier, jede brauchbare Pflanze als Werke
Ahuramasdao's einen Gegensatz hat in den Werken Angramainju's. Nach der manichäischen Lehre hingegen sind nicht
einzelne Thierarten, sondern alle Thierleiber eine dämonische
Schöpfung, da das ganze materielle Substrat dem bösen Princip angehört.

Wie das Lichtreich, in welchem dessen Beherrscher
wohnt, nicht von diesem geschaffen, sondern absolut ist, so
ist auch das Reich der Finsterniss ewig. Dem Fürsten der
Finsterniss, dem zweifüssigen Dämon[3], wird eine riesenhafte
menschliche Gestalt zugeschrieben. Da nämlich der materielle
Leib das Werk des Fürsten der Finsterniss ist, da Erzeugung,
wodurch das materielle Leben fortgepflanzt wird, ein dämonisches Werk ist und der Erzeuger dem Erzeugten sowol das
eigene Wesen als die eigene Gestalt mittheilt, so musste folgerichtig der Fürst der Finsterniss die menschliche Gestalt
tragen, da das Erzeugte das Ebenbild des Erzeugers ist. Indem Manes die Stelle Genes. 1, 26. 27 auf den Dämon oder
Archon anwandte, war die menschliche Gestalt demselben so
eigenthümlich wie dem Urmenschen. In dem manichäischen
Systeme gibt es keinen Begriff der Schöpfung, sondern die
bestehende Welt geht aus der Mischung und Ineinandersetzung

---

[1] Das manich. Religionssystem, S. 20.
[2] August., de haeres., c. 46; contra Epist. Manich., c. 10; contra
Faustum, XXI, 14; contra Epist. fund., c. 31.
[3] August. contra Faust., XX, 14.

beider Principien hervor. In der endlichen Erscheinung ist
daher das absolut Gute und absolut Böse gemischt, und jene
ist nur eine Modification der Einen absoluten Substanz, des
unendlichen Seins. Der Anfang zur Mischung der beiden
Principien (zur Weltschöpfung) geht von der Hyle und deren
Beherrscher aus, indem diese eine Begierde nach dem Lichtreiche bekommt[1], daher die Mächte der Finsterniss auf das
Lichtreich einen Angriff machen, wogegen die angegriffene
Lichtgottheit zur Thätigkeit angeregt wird. Diese sendet eine
Kraft aus, welche die Grenze des Lichtreichs nicht sowol be-
wachen, als die Hyle vielmehr täuschen soll, aber von der
Begier derselben verschlungen und diese dadurch gewisser-
massen gebunden wird.

Auf diese Weise ward das böse Princip vom guten überlistet und dieses dadurch Weltschöpfer, konnte aber das eingedrungene Böse nicht mehr aus der Welt entfernen, das sich
nun in der Menschenwelt durch Ungleichheit unter den Menschen als reich, arm u. dgl. zu erkennen gibt.

Die beiden Principien verhalten sich wie Leib und Seele,
aus denen auch der Urmensch besteht, der seiner Seele nach
aus dem Lichtreiche stammt, durch die Materie jedoch als
dem Elemente des Reichs der Finsterniss verunreinigt und
dessen Einfluss unterzogen ist.[2] Seele und Materie werden
sonach als gute und böse Grundkräfte gedacht, die, in ent-
gegengesetzter Wirksamkeit begriffen, in der Mitte des Gegensatzes sich begegnen. Der Urmensch, als Repräsentant der
als Weltseele mit der Materie sich mischenden göttlichen
Kraft, ist also im Kampfe begriffen mit dem Fürsten der
Finsterniss.

Wie nach Manes die Weltschöpfung dadurch zu Stande
kommt, dass die von Gott ausgehende allgemeine Seele mit
der Materie vermischt wird, aus welcher Ineinandersetzung
das Weltganze hervorgeht, so verhält es sich auch mit dem
menschlichen Individuum. Denn was von der allgemeinen
Weltseele gilt, gilt auch von den menschlichen Seelen insbesondere.[3] Der Gegensatz, den der Mensch an sich trägt,

---

[1] August., de nat. boni, c. 42.
[2] Vgl. Epiph. adv. haeres., LXVI, 44.
[3] August., de nat. boni, c. 42.

ist der vom Guten und Bösen, Geist und Materie, Seele und Leib. Wie der Urmensch als Inbegriff der Seelen den finstern Mächten kämpfend entgegengestellt wird, so steht auch der Mensch inmitten des Gegensatzes von Geist und Materie, Gutem und Bösem. Alle Lichtwesen haben aber den natürlichen Drang aus dem Finstern ans Licht emporzustreben, somit auch der Mensch, dessen physisches Element, das seinem materiellen entgegensteht, ein Ausfluss des Lichtreichs, aus dem ursprünglich· vollkommenen Zustande in das Zeitliche herabgekommen ist. Seine sittliche Aufgabe ist daher: aus den Banden der Materie sich zu befreien. Denn obschon der Fürst der Finsterniss alles Böse seiner Natur dem Menschen eingepflanzt hat, sagt Manes, hat die göttliche Lichtnatur in seiner Seele doch das Uebergewicht. [1]

Der Mensch zeichnet sich zwar vor den übrigen Geschöpfen dadurch aus, dass ihm die mit der Materie vermischte göttliche Kraft in höherm Masse mitgetheilt und er sich seiner Lichtnatur bewusst ist; da aber sein Leib doch ein Werk des Fürsten der Finsterniss bleibt, so betrachtet die manichäische Lehre die Erzeugung, die geschlechtliche Vermischung, wodurch das materielle Leben des Menschen fortgepflanzt wird, als etwas Dämonisches.[2] Ungeachtet ihrer Lichtnatur kann daher die Seele der Verführung zur Sünde (der concupiscentia) unterliegen, und zwar auf materiellen Anlass der Sinnlichkeit. [3]

Die Punkte, wo sich der Manichäismus mit dem Parsismus, Gnosticismus und andern Systemen berührt und wodurch er abweicht, sind bereits von Baur[4] tiefsinnigerweise hervorgehoben worden, und soll hier nur noch auf die Gegensätzlichkeit des Manichäismus zu der allgemeinen kirchlichen Anschauung und die Wirkung davon auf die Teufelsvorstellung hingedeutet werden.

Es handelt sich beim Manichäismus wie beim Gnosticismus um den Ursprung des Uebels und des Bösen. Schon in der frühern Periode ward die Sünde als Thatsache aner-

---

[1] August. in Op. imperf. contra Jul., III, 172.
[2] August. contra Faustum, XIX, 29; vgl. ebendas., VI, 3.
[3] August. Op. imperf., III, 186.
[4] Das manich. Religionssystem, S. 149 fg.; vornehml. 334 fg.

kannt, über ihr Wesen schwankten aber die Anschauungen.
Die Häretiker verlegten den Sitz derselben in die Materie
oder leiteten sie vom Demiurg her, es schrieben auch orthodoxe Lehrer das Böse der Sinnlichkeit zu[1]; im allgemeinen
drang aber die Lehre der Kirchenväter durch, dass die Sünde
durch den menschlichen Willen bedingt, daher Gott von aller
Schuld frei sei. Aus diesem Gesichtspunkte konnte Origenes
das Böse als eine blose Negation auffassen. [2] Die Antwort
auf die Frage: welches der Anlass und worin die Sünde der
ersten Menschen bestanden habe, schattirt sich verschieden.
Justinus[3] leitet den Fall der Menschen von der schlauen
Bosheit des Satans ab; nach Clemens Alexandrinus[4] ist es die
Wollust gewesen, die den Menschen verführte, indem der an
sich zwar nicht sündliche Coitus zu früh stattgefunden habe[5];
darin traf man aber zusammen: dass die Verführung durch
die Schlange in der That eine Verführung zum Bösen gewesen sei und dadurch der Mensch Schaden genommen habe.
In dieser Periode (vom 4. bis Ende des 6. Jahrhunderts) wird
nach der allgemeinen Lehre das Wesen der Sünde in den
Willen des Menschen verlegt, und Augustinus stimmt in
seinen frühern Aeusserungen mit der allgemeinen Kirchenlehre überein, wonach die Sünde mit der sittlichen Freiheit
zusammenhängt[6], wogegen Lactantius den Körper als Sitz und
Organ der Sünde bezeichnet. [7] Im allgemeinen wird die
Sünde als Widerstreben gegen Gottes Gesetz, als Auflehnung
gegen seinen Willen dargestellt, analog der Sünde Adam's,
die jetzt durchaus, gegen die allegorische Erklärung des Origenes, als historisches Factum angenommen wird. Gregor
der Grosse, der die Geschichte auch buchstäblich fasst, macht
schon eine dreifache Weise namhaft, in welcher der Teufel
den ersten Menschen versuchte: gula, vana gloria und
avaritia. [8]

---

[1] Justin., Apol., I, 40.
[2] De princ., II, 2.
[3] Dial. c. Tryph., c. 119, p. 205.
[4] Coh. p. 86.
[5] Strom. II, 19.
[6] De duab. anim. contra Manich., §. 12; de lib. arbitr., III, 49.
[7] Instit. div., II, 12; VI, 13; de ira Dei, 15.
[8] Moral. XXXI.

Augustinus, der später das Hauptgewicht auf die Erbsünde legt[1], macht den Manichäern den Vorwurf, dass sie,
gleich den Pelagianern, keine solche annehmen, sondern die
Natur des Menschen als vom Anfang an böse, nicht aber als
eine erst böse gewordene betrachten, da der Manichäismus
das Böse nicht blos als negatives, sondern als selbstthätiges
Princip auffasst. Augustinus, dem überall der Gegensatz von
Sünde und Gnade vor Augen schwebte, berührte sich zwar
in seiner Lehre von der Erbsünde mit den Manichäern, indem
er bei den Kindern das Verdammliche ihrer Sünde in die vor
der thatsächlichen oder vollzogenen Sünde vorhandene concupiscentia carnis setzte, mithin auch ein malum naturale annahm, wie die Manichäer ein derartiges Princip des Bösen
aufstellen; der Hauptunterschied der Lehre Augustin's von
der Erbsünde und der manichäischen Anschauung besteht aber
darin: dass jener eine die menschliche Natur durchdringende
Verdorbenheit annahm, wodurch der Mensch aller Kraft zum
Guten und aller Freiheit ermangelt, was die Manichäer nicht
lehrten, nach deren Ansicht in dem durch die Materie ver-
dunkelten Bewusstsein des Menschen stets so viel Licht
zurückblieb, dass es sich zur ursprünglichen Reinheit wieder
erheben konnte. Dagegen dehnten die Manichäer den Begriff
des Bösen weiter aus als die allgemeine Kirchenlehre, und
betrachteten das Böse als etwas Selbständiges, das ausserhalb der Menschennatur seinen Grund hat, als eine selbst-
thätige Substanz, von welcher der spiritus concupiscentiae
ausgeht.[2]

Die Polemik Augustin's sowie des Titus von Bostra
gegen die Manichäer dreht sich daher vorzüglich um den
Beweis, dass das Böse keine Substanz, nichts für sich Bestehendes sei, sondern nur im Gegensatz zum Guten zum
Vorschein komme, dass die ganze Welt in der Idee der göttlichen Weisheit begründet, das physische Uebel vom ethischen
Bösen zu unterscheiden sei, letzteres in der Freiheit des Menschen beruhe, ohne welche der Mensch aufhören würde zu-
rechnungsfähig zu sein, und der Unterschied von Tugend und
Laster aufgehoben wäre.

---

[1] Contra duas ep. Pelag., IV, 4.
[2] Disput. II contra Faustum.

Den Manichäern nahe verwandt waren die Priscillianisten, die Hieronymus[1], Augustinus[2] und Kaiser Maximinius[3] geradezu Manichäer nennen. Es waren die ersten Sektirer, die von Bischöfen verfolgt, von der Obrigkeit verurtheilt, mit ihrem Stifter Priscillian (gest. 385) ihre Häresie mit dem Leben bezahlen mussten. Auch die Priscillianisten setzten, gleich den Manichäern, dem guten Principe, Gott, ein selbständiges böses Princip entgegen, das nicht erst böse geworden, sondern durch sich selbst aus dem Chaos entstanden gedacht wurde. Auch sie leiteten die Seelen aus dem einen, die Leiber aus dem andern ab, daher sie in der Doppelnatur des Menschen, wie im Naturleben, das gute und böse, das lichte und dunkle Princip miteinander verwebt erblickten und in dieser Gebundenheit und Beschränkung die Bedingung des Daseins fanden. Den Menschen sahen sie nach der einen Seite unter das Chirographum der materiellen Natur, daher auch unter siderischen Einfluss gestellt, nach der andern Seite sahen sie ihm das Chirographum der geistigen Natur aufgedrückt, das, von den Engeln und sämmtlichen Lichtseelen entworfen, aus der höhern Lichtregion stammt. Die Aufgabe des Menschen sei daher, beide Chirographa auseinanderzuhalten und zu bestimmen, was dem einen und dem andern zugehört. Wie die Manichäer betrachteten auch die Priscillianisten die ganze Weltentwickelung als einen allmählich sich entwickelnden Process.

Der Manichäismus wurde als Todfeind der christlichen Kirche betrachtet und zu diesem Hasse trug die strenge Lebensweise der Manichäer, die zu der lax werdenden klerikalen Disciplin im schrillen Gegensatz stand, nicht wenig bei. Bemerkenswerth und hervorzuheben ist die Erscheinung: dass, obschon die Manichäer vornehmlich zu dem kirchlichen Dogma von der Sünde, die im allgemeinen als ein Widerstreben gegen das göttliche Gebot gefasst wurde, im schroffen Gegensatz gestanden hatten, die kirchliche ascetische Praxis sich doch stillschweigend zu der von Lactantius[4] angebahnten, zum

---

[1] Ep. 43 ad Ctesiphonem.
[2] Ep. 36 ad Casul.
[3] Ep. ad Siricium bei Baronius 387, Nr. 66.
[4] Instit. div., II, 12; VI, 13; de ira Dei, 15.

Manichäismus sich hinneigenden Ansicht bekannte, und den Gegensatz von Geist und Materie, Seele und Leib offen hielt, wenngleich der Gegensatz nicht auf manichäische Weise als absoluter hingestellt ward.

Die Polemik gegen die Manichäer rief seitens der Kirchenlehre eine genauere Bestimmung des Bösen in der Welt hervor sowie die Scheidung des physischen Uebels vom sittlich Bösen, und es festigte sich die Ansicht: dass die Uebel in der Welt als Strafe oder als unbegreifliche Besserungsmittel zum heilsamen Fortschreiten in der Erkenntniss', zur Uebung in der Geduld im Hinblick auf eine bessere Zukunft zu betrachten seien. [1]

Auch die Ansicht, dass die Engel Geschöpfe und keine aus dem Wesen Gottes emanirte Aeonen seien', wurde immer fester, wie es auch allgemeine Annahme war, dass dieselben gleich den Menschen mit freiem Willen begabt, sonach der Sünde fähig seien. Den Manichäern und Priscillianisten gegenüber erklärten die Kirchenlehrer nach dem Vorgange der frühern Periode selbst den Teufel für ein Geschöpf Gottes, der aus eigenem Willen von Gott abgefallen, böse geworden sei und viele andere Engel zum Abfall verleitet habe. [2] Athanasius [3] will den Fall des Teufels aus Jesaia 14, 12 beweisen, indem er die betreffenden Worte: „Wie bist du vom Himmel gefallen u. s. w." auf den Teufel bezieht; dieser Kirchenvater ist aber nicht, wie Bekker [4] gemeint hat, der erste Urheber dieser Auslegung, wonach der Teufel auch Lucifer genannt ward, da schon Eusebius [5] darin vorangegangen war. Die Ursache des Abfalls wurde von der herrschenden Meinung in dem Hochmuthe gefunden [6] oder im Neide [7],

---

[1] Greg. Nyss. orat. catech., c. 6; Gregor. Naz. orat., XIV, 30; August. de civ. D. I, 8—10; XI, 9; de vera relig., c. 12; de mor. eccl. cath., c. 11.

[2] Theodoret, Haeres. fab. epit., V, c. 8.

[3] Contra Arian. I u. II.

[4] Γezaub. Welt, I, 146.

[5] Demonstr. Evang., IV, 9.

[6] Euseb. demonstr. evang., IV, 9; August. de vera relig., I, 13; de catechis. rudib., §. 30; de civ. D., XII, c. 6; Greg. d. Gr. Mor., XXI, c. 2; XXXIV, c. 21.

[7] Greg. Naz. orat., XXXVI, 5; Gregor. Nyss. orat. catech., c. 6; Lactant., Instit. d., II, 8.

oder in beiden zugleich. [1]   Dagegen tritt in dieser Periode
die Vorstellung von der sinnlichen Lüsternheit, welche von
frühern Lehrern auf Grund der Auslegung von Genes. 6, 2 als
Anlass zum Falle angenommen worden, in den Hintergrund
zurück, und obschon sie von einigen [2] noch vorgebracht wird,
ist sie von der Mehrzahl doch verworfen. [3]   Cyrill von
Alexandrien [4], Augustinus [5] und Philastrius setzen diese Ansicht geradezu unter die Ketzereien. [6]

Die Meinung, dass die Dämonen Körper haben, ist auch
in dieser Periode aufrecht erhalten, und nannte man sie auch
Geister, so geschah dies, weil ihre Leiblichkeit keine grobe
sei. [7]   Diese soll vor ihrem Abfall noch feiner gewesen sein
und erst danach sich verdichtet haben. [8]

In dieser Zeit wird auch schon der Glaube an Incuben
erwähnt, und zwar ausser bei Augustinus und Chrysostomus [9],
der ihn aber darum verwirft, weil sich geistige Naturen mit
körperlichen nicht vermischen können, auch bei Philastrius [10],
wo er den Fabeln der Heiden und Dichter von ihren Göttern
und Göttinnen überwiesen wird.   Bemerkenswerth ist, dass
diese Vorstellung von Incuben, die beim christlichen Volke
allgemeine Aufnahme gefunden, auf der Südseeinsel Hamao
ihre Analogie findet, wo der Glaube herrscht, dass die bösen
Geister des Nachts den Frauen Besuche machen, die nicht
ohne Folgen bleiben sollen. [11]

Mehre Kirchenlehrer dieser Periode behaupten, dass die
Dämonen den Dampf der ihnen dargebrachten Opfer gierig

---

[1] Cassian. Collat. VIII, 10.

[2] Euseb. praep. evang., V, c. 4; Ambros., de Noë et arca, c. 4;
Sulpicius Severus, Histor. sacr., I, c. 3.

[3] Chrysostom., Homil. in Genes., XXII; Theodoret. in Genes. quaest.
47; Haeret. fab. epit., V, c. 7.

[4] Contra Anthropomorphitas, c. 17; contra Julianum, IX.

[5] De civ. Dei, XV, c. 23; Quaest. in Genesin.

[6] Phil. Haer., LIX.

[7] Cyrill. Hieros. Cat. XVI, 251 fg.

[8] Augustin., De genes. ad lib. III, c. 10.

[9] Homil. XXII in Genes.

[10] De haeres., c. CVII.

[11] Klemm, Culturgesch., IV, 350.

einsaugen[1], dagegen bemerkt Augustinus: dass sie sich an den Vergehungen der Menschen ergötzen.[2]

Münscher[3] nennt es eine Wiederholung der in der vorigen Periode herrschenden Vorstellung; allein der Fortschritt in der weitern Ausbildung ist nicht zu verkennen, der darin besteht, dass die Kirchenlehrer in diesem Zeitabschnitte schon von Dämonenopfern sprechen, während im vorigen nur noch von heidnischen Opfern die Rede war.

Daneben werden die bösen Geister wie ehedem noch immer als die Urheber des heidnischen Cultus betrachtet, der einer Anbetung der Dämonen gleichgestellt wird, die auch falsche Orakel und betrügerische Wunderzeichen veranstalten.[4] Die Magie, die mit Hülfe des Teufels geschieht, also eine dämonische Kunst ist, fällt sonach mit dem Heidenthum zusammen, das mit dem Ketzerwesen sich deckt, da beide auf Abfall vom oder Gegensatz zum Christenthum beruhen. Die Kirche wirft daher alle zusammen und fasst auch ihre Beschlüsse dagegen. So das Concil von Illiberi in Spanien im Jahre 305; die Synode in Laodicea in Phrygien im Jahre 343.[5]

Die Heiden gelten also für Unterthanen des Teufels, von dessen Herrschaft Christus die Menschen zwar erlöst habe, aber doch bei der Taufe durch Exorcismus ausgetrieben werden müsse. Selbst die Tugenden der Heiden sind nur glänzende Laster, behauptete Augustinus, was schon vor ihm Lactantius gelehrt hatte.[6] Der Teufel blieb auch in dieser Periode der Anstifter zu Christenverfolgungen[7], der Ketzereien und deren Verbreitung zur Schädigung der christlichen Kirche und zum Verderben derjenigen, die des Teufels Verführungen folgen. Denn darüber war nur Eine Stimme, dass der Teufel und seine Helfershelfer ihr Absehen darauf haben: den Men-

---

[1] Firmic. Matern. de errore profan. religionum, p. 456; Euseb. praepar. evangel., V, c. 2; Basil. M. Comment. in Jes. Opp., I, 398. 658; Chrysost. de S. Babyla orat. Opp. I, 672 fg.; Cyrill. Alex. contra Jul., IV, 124.

[2] Contra Faust. Man., XX, c. 22.

[3] Dogmengesch., II, 345.

[4] Euseb. praep. evang., III, c. 16; August., de civ. D., II, c. 24 et al.

[5] Burchard, lib. VI; Decret., c. 26; Gratian. can. 4, O. XXVI. qu. 5.

[6] Instit. div., VI, c. 9; V, c. 10.

[7] Augustin., de civ. D., X, c. 21.

schen mannichfach zu schaden, theils durch Krankheiten, theils durch deren Besitznahme, und die einzelnen Stimmen, die letztere Erscheinung medicinisch zu erklären suchten[1], fanden kein Gehör.

Von den besondern Arten teuflischer Verführungen wird die **Eingebung böser Begierden** hervorgehoben.[2] Solcher Versuchung war der heilige Victorinus in seiner Höhle ausgesetzt, indem ihm der Teufel in Gestalt eines Mädchens erschienen war unter dem Vorwande, sich im Walde verirrt zu haben und mit der Bitte um Herberge nur für eine Nacht. „Denn", sagte dieses, „die Wölfe heulen draussen, ich bin ein schwaches Geschöpf, und wenn ich von den wilden Thieren zerrissen werde, kommt die Schuld auf dich." Der Heilige fühlt Erbarmen mit der Verirrten, räumt ihr einen Winkel seiner Höhle ein, während er den andern einnimmt. Allein der Heilige lässt sich von der in ihm rege gewordenen Begierde hinreissen und fällt. Darauf tritt nun der Böse, nachdem er dem Heiligen die Scham geraubt hat, als Ankläger auf und macht dem Gefallenen Vorwürfe über seine That, worauf der Heilige sich einer qualvollen Busse unterzieht.[3] Im Anhange zu der Legende wird der heilige Victorinus durch das schöne Frauenzimmer zwar gereizt, aber als er im Begriffe zu fallen ist, verhöhnt ihn der Teufel wegen seiner Schwäche, worauf der Heilige sich mit Nesseln und dergleichen zu bearbeiten anfängt.[4]

Diese Wendung, dass der Teufel, nachdem ihm die Verführung gelungen ist, die Rolle des Anklägers übernimmt, wiederholt sich in den Legenden sehr häufig. Die Bedeutung des Anklägers hat schon der Satan im Alten Testament, namentlich im Buche Hiob; der christliche Teufel erhält nun auch die des Versuchers, da die Verzweiflung des Gefallenen das Element des Teufels ausmacht.

Der Gewalt der Dämonen verleiht diese Periode eine um so grössere Tragweite, da sie ihnen die Macht zuschreibt, in jedem Augenblicke an jedem Ort der Welt sein zu können.[5]

---

[1] Der Arzt Posidonius bei Philostorgius hist. eccles., VIII, c. 10.
[2] Cyrill., Hierosolym. Cat., II, 24.
[3] Acta SS. Boll. 8 Jan.
[4] A. SS. Tom. I, 1105; 10. Addenda. Vita S. Severini et Victorini.
[5] Hilar. Pictav. Tract. in Psalm. LXVII, p. 205. 247.

Der berühmte Canon episcopi, der bald von der im 4. Jahrhundert zu Ancyra in Galatien abgehaltenen Synode, bald vom Papste Damasus abgeleitet wird, liefert schon eine Skizze vom Hexenwesen, dessen Erfindung dem Teufel zuerkannt wird. Es heisst: „Die Bischöfe und ihre Beigeordneten sollen mit allem Fleisse dahin arbeiten, die verderblichste, vom Teufel erfundene Magie und Zauberkunst in ihren Sprengeln gänzlich auszutilgen, und wenn sie ein Weib oder einen Mann darin finden, die diesem Laster ergeben sind, sie austreiben." „Auch das darf nicht ausser Acht bleiben, dass einige lasterhafte Weiber sich rückwärts zum Satan wendend und durch seine Täuschungen und Vorspiegelungen verführt glauben und bekennen, wie sie des Nachts mit der Diana, der Göttin der Heiden, oder der Herodias, im Gefolge einer unzähligen Menge anderer Frauen, auf gewissen Thieren reiten und in der Stille der Mitternacht weitausgedehnte Landstriche durchziehen; dem Befehle derselben als ihrer Herrin dabei in allem gehorchend und in bestimmten Nächten zu ihrem Dienste aufgerufen werden." Der Kanon fügt noch hinzu: Viel Volks habe sich durch die falsche Meinung berücken lassen, als gebe es neben dem Einen Gott noch andere Götter, da es doch der Satan sei, der, wenn er des Gemüths einer Frau sich bemächtigt, in einen Engel des Lichts sich umwandelnd, die Gestalten verschiedener Personen annehme und den Sinn, in dem er herrscht, im Schlafe berückend und ihm bald Freudiges, bald wieder Trauriges vorführend, ihn glauben mache, alles das begebe sich nicht in der Seele, sondern am Leibe. [1]

Dieser Kanon, der die Nachtfahrten zwar für heidnischen Unsinn erklärt, wogegen die Inquisitoren des spätern Mittelalters die Realität der Hexenfahrten behaupten, ist für unsern Zweck insofern schätzbar, als er uns den schon um das 5. Jahrhundert herrschenden Volksglauben kundgibt, den die Kirche zwar als Aberglauben bezeichnet, diesen aber doch auf den Teufel zurückleitet.

Schon regte sich auch die Vorstellung, dass überhaupt alles Böse, das der Mensch begeht, vom Teufel eingegeben sei [2],

---

[1] Decret. Gratian. P. II, Caus. XXVI, Qu. V, c. 12.
[2] Hilar. Pictav. in Psalm. CXLI, p. 542.

obgleich sie noch auf Widerspruch stiess[1]; dass der Teufel nach seinem Belieben zwischen Menschen unerlaubte Liebe, unbändige Begierde anregen oder Familienliebe zerstören, den Muth zu Dingen einflössen könne, die nur durch seine Macht zu vollführen seien, Versperrtes ohne Schlüssel zu öffnen, den Mund mit Stillschweigen zu schliessen u. dgl.[2]

Die grosse Gewalt, die dem Teufel von der Kirchenlehre zugestanden wurde, die nach Gregor dem Grossen auch in seinem verdammten Zustande als potentia sublimitatis fortwirke, da er an der Verbreitung des Bösen noch immer seine Freude habe[3], erhielt aber wieder eine Beschränkung durch die kirchliche Annahme: dass die Gedanken des Menschen dem Teufel nicht bekannt seien und er sie nur den körperlichen Bewegungen oder andern äussern Zeichen absehen könne[4], da er und seine Genossen den guten Engeln an Kenntniss bei weitem nachstehen.[5] Auch über die Zukunft eigne ihm blosse Vermuthung, daher er der Täuschung ausgesetzt sei.[6] Es sei aber kein Zweifel, dass die Dämonen auf unsere Gedanken und deren Beschaffenheit einwirken können, da sie aus unsern Aeusserungen, Worten oder Handlungen unsere Neigungen abmerken, die sie einflössen, und die Weise, wie dieselben erweckt werden, erkennen sie wieder aus unsern Geberden, Bewegungen und andern Aeusserungen.[7] Dieselbe Ansicht, dass der Teufel unser Inneres nicht aus praescientia, sondern aus unsern Aeusserungen, Bewegungen kenne, hat auch Isidorus Pelusiota.[8]

Die Macht des Teufels über den Menschen findet ausserdem an dessen Willen eine Schranke, da es von diesem abhänge, jenem zu folgen oder ihn durch Widerstand zu besiegen. Besondere Mittel dazu sind das Zeichen des heiligen

---

[1] Gennad. Massil. de eccles. dogmat. c. 48; Chrysost. de provid. ad Stagirium, c. 5; August. de advers. leg. II, 12 et al.

[2] Arnobius adv. gentes lib. I, eine Schrift aus dem 4. Jahrh.

[3] Moral. XXIV, c. 20; XXXII, c. 12. 15.

[4] Gennad., I, c. 48.

[5] August. de civ. D., IX, c. 22.

[6] August. de divinit. daem., c. 3 fg.

[7] Abbatis Sereni de mobil. animae et spirit. nequit. Collat. VII, c. XV; in Biblioth. patr. max. Tom. VII, f. 143. B.

[8] Epistol. lib. III.

Kreuzes, die Anrufung des Namens Christi, die eine magische Kraft auf den Teufel ausüben.[1]

Als der Presbyter Pannichius mit seinen Freunden beim Mahle sass und eine Fliege seinen Becher verunreinigen wollte und, obschon er sie wiederholt mit der Hand abwehrte, doch immer wiederkehrte, merkte er, dass dies eine Nachstellung des bösen Feindes sei. Sofort machte er mit der Rechten ein Kreuz über den Becher, dessen Inhalt hierauf wie eine Welle aufstieg, dass der Becher überging und die Flüssigkeit sich auf den Boden ergoss. Nun war es klar, dass der Teufel sein Spiel getrieben hatte.[2] Ein Presbyter hört, über eine Brücke gehend, Stimmen: „Merge, merge, ne moreris!" Eine andere antwortet: „Ich würde es auch ohne deine Mahnung thun, wenn nicht etwas Heiliges hinderte; denn wisse: er ist mit dem heiligen Segen versehen, und kann ich ihm darum nichts anhaben". Der Presbyter merkt nun, dass von ihm die Rede sei; er schlägt ein Kreuz und die Gefahr ist vorüber.[3] Einem gewissen Landolphus erscheint der Teufel als heiliger Martinus. Als jener verlangt, er solle über ihn das Kreuz machen, verschwindet dieser wie Rauch.[4] Der Sohn eines gewissen Aquilinus wird vom Teufel besessen, Zaubertränke, Ligamina u. dgl. wollen nicht verfangen; als er aber zur Basilika des heiligen Martinus gebracht wird, erfolgt die Heilung sogleich.[5]

Hagenbach[6] führt ein Gedicht des Severus Sanctus Endelechius de mortibus boum[7] an, das die magischen Wirkungen des Kreuzes gegen die dämonischen Einflüsse auf die Thierwelt anschaulich macht:

> Signum quod perhibent esse crucis Dei,
> Magnis qui colitur solus in urbibus
> Christus, perpetui gloria numinis,
> Cujus filius unicus.

---

[1] Athanas. contra gentes, p. 2; de incarnat. verbi D., c. 48; Cyrill., Hieros. Catech. IV, XIII, 36.

[2] Gregor. Turon. Mir. in glor. Martyr., I, 107.

[3] Greg. Tur. de glor. confess., 31.

[4] Greg. Tur. Mirac. Martini, II, c. 18.

[5] A. a. O., c. 27.

[6] Lehrb. der Dogmengesch., S. 287, 4. Aufl.

[7] Ed. Piper (Gött. 1835), p. 105.

Hoc signum mediis frontibus additum
Cunctorum pecudum certa salus fuit.
Sic vero Deus hoc nomine praepotens
Salvator vocitatus est.

Fugit continuo saeva lues greges,
Morbis nil licuit. Si tamen hunc Deum
Exorare velis, credere sufficit:
Votum sola fides juvat.

Nebst ,den aus der vorigen Periode bekannten Schutzmitteln gegen den Teufel wird besonders das Taufwasser,
der Heilige Geist[1] und die Wachsamkeit empfohlen.[2]
In dieser Periode wird auch den Reliquien von Heiligen
grosse Kraft, den Teufel, seine Dämonen und deren Wirksamkeit abzuwehren, zuerkannt, und die Legende weiss davon
Gebrauch zu machen. Gregor von Tours erzählt in dieser
Beziehung von einem Stückchen Wachs vom Grabe des heiligen Martinus. Als durch den Neid des Teufels ein Haus
in Brand gerathen, warf der Besitzer der Reliquie das Stückchen Wachs in die Flammen, welche sofort erloschen.[3] Dass
der Exorcismus in dieser Zeit in Gebrauch war, ist bekannt, dass er aber auch schriftlich geübt und der Teufel
selbst brieflich ausgetrieben werden konnte, will die Legende
vom heiligen Eugendus aus dem 6. Jahrhundert bestätigen.
Einer Besessenen wurden, bemerkt die Legende, „wie es der
Brauch war, exorcismorum scripta" zur Heilung um den
Nacken gehängt. Allein der Teufel will nicht weichen, sondern verräth vielmehr die geheimen Sünden derjenigen, von
welchen die Schriften herrühren. Er gibt aber selbst an, dass
er sich nur durch einen Brief des heiligen Eugendus vertreiben
lasse. Dieser wird davon benachrichtigt und schreibt wie
folgt: „Eugendus servus Christi, in nomine Dei nostri Jesu
Christi, patris et spiritus sancti, praecipio per scripturam istam,
spiritus gulae et irae et fornicationis et amoris et Lunatice
et Dianatice, et meridiane et diurne et nocturne et omnis spiritus immunde, exi ab homine, qui istam scripturam secum
habet. Per ipsum te adjuro verum filium Dei vivi, exi velo-

---

[1] Greg. Naz. Orat. XI, 10; XXIV, 10.
[2] Antiochi Homil. CIV, in Bibl. patr. max. Tom. XII, 275, C: „Opti-
mum contra daemones scutum vigilia".
[3] Gregor. Turon. Mirac. Martini, II, c. 26.

citer et cave ne amplius introeas eam, Amen et Alleluja."
Der Ueberbringer des Briefes hatte kaum den halben Weg
der Reise zurückgelegt, als der Teufel zähneknirschend und
heulend ausfuhr, bevor man das Haus betreten hatte.[1]

Die Existenz des Uebels und des Bösen, das unablässig
fortwirkende Getriebe des Teufels und seiner Dämonen, suchte
die katholische Kirchenlehre mittels der göttlichen Zulassung zu erklären, was schon in der frühern Periode
Clemens von Alexandrien[2] und Origenes[3] gethan hatten, auf
Grund der gänzlichen Unterworfenheit des Teufels und seiner
Dämonen unter die göttliche Macht, wogegen kein Zweifel
zu erheben sei.[4] Diese Erklärung steht in Verbindung mit
der Lehre von Gott, wonach dieser der Urheber des Bösen
nicht sein könne, indem das moralisch Böse als das οὐκ ὄν
nicht von Gott, dem Seienden, abgeleitet werden dürfe.[5] Es
sei, wenn es unter Gottes Zulassung geschieht, durch den
freien Willen des Menschen bedingt, und das physische Uebel
werde zum Besten desselben verhängt, wo es allerdings nach
der vorgänglichen Auffassung des Origenes[6] die Bedeutung
eines Strafübels haben könne. Die Frage: woher das Böse
in der Welt und wie es mit der Weisheit und Güte Gottes
zu vereinigen sei, war auch innerhalb dieser Periode ein
Hauptgegenstand der Untersuchung der Kirchenlehrer. Sie
stimmten mit Philosophen der Griechen und Römer darin
überein, dass der Grund des Bösen nicht in der Gottheit gelegen sein könne, wie auch die Manichäer und einige Gnostiker die unvollkommene Welt nicht von dem vollkommenen
Gott ableiten wollten; die Kirchenlehrer bestritten aber die
Ansicht, das Böse von einem selbständigen bösen Wesen her-

---

[1] Acta SS. Boll. 2 Jan.

[2] Strom., IV.

[3] De princ., III, c. 2. 7.

[4] Chrysost. in 2 Timoth. Homil. VIII; Augustin., Enchirid., c. 95:
„Nec dubitandum est Deum facere bene etiam sinendo fieri quaecun-
que fiunt male"; Cyrill., Hierosolym. Catech., VIII, 4; S. P. N. Maximini
Cap. Oeconomicorum, de virt. et vitio, Centuria I, c. LXXXIII: „Sine
permissu Dei ne ipsi quidem daemones ulla in re possunt inservire diabolo"; in Bibl. patr. max., Tom. XII, 445.

[5] Orig. in Joann., Tom. II, 7; Athanasius contra gentil.; Basil. M. in
Hexaëm. Hom. II, 4; Greg. Nyss. Orat. Catech., c. 6.

[6] De princ., II, c. 5.

rühren zu lassen, wollten es jedoch auch nicht aus der Materie
hervorgegangen wissen. Sie fanden daher den Ausweg, auf
dem sie sich den Stoikern näherten: das Böse für scheinbar
zu erklären, für blosse Abwesenheit des Guten. Nach dieser
Fassung erschien das Böse in der besten Welteinrichtung
nothwendig, damit das Gute wirklich werden könne, und zu
diesem Zwecke konnte es auch die Weisheit Gottes zulassen.
Die Kirchenväter fixirten daher den Unterschied zwischen
physischem Uebel und moralisch Bösem, und mehrere erklärten,
gleich den Stoikern, nur die der Tugend widersprechende
Gemüthsbeschaffenheit für das wirklich Böse, alles übrige,
wie Armuth, Krankheit, Tod u. dgl. nur für scheinbar böse.[1]
Auch die irdischen Güter: Reichthum, Ehre u. dgl., seien
keine wahren Güter zu nennen, daher auch deren Mangel
nicht böse genannt werden solle. Wie es zur Vollkommenheit
des Weltganzen gehört, dass Geschöpfe mancherlei Art, höhere
und niedere, vorhanden seien[2], so sei auch das Böse in der
Welt nothwendig, da sie aus entgegengesetzten Dingen, aus
Licht und Finsterniss, Leben und Tod zusammengesetzt ist.
Dies gelte von der physischen wie von der moralischen Welt.
Die Tugend könnte nicht erkannt werden, wenn es keine
Laster gäbe, sie könnte nicht vollkommen sein, wenn sie nicht
durch das Entgegengesetzte geübt würde. Wir können die
Beschaffenheit des Guten nur aus dem des Bösen und umgekehrt erkennen. Gott hat darum das Böse nicht ausgeschlossen, damit die Tugend möglich werde. Denn wenn die
Tugend darin besteht, mit dem Bösen und dem Laster zu
kämpfen, so leuchtet ein, dass es keine Tugend gäbe, wenn
nicht das Böse und das Laster vorhanden wären. Eben damit die Tugend kämpfen und vollkommen werden könne,
lässt Gott ihren Gegensatz stehen: Wie wäre die Geduld
ihrem Wesen und Namen nach möglich, wenn es nicht zu
dulden gäbe? Wie würde die Gott allein sich weihende
Frömmigkeit Lob verdienen, wenn kein Wesen existirte, das
von Gott abtrünnig zu machen suchte? Daher gestattete Gott,
dass es mehrere mächtigere Ungerechte gebe, damit sie zum

---

[1] Basilius Homil. Quod Deus non sit auctor peccati.   Nemesius de
natura hominis, c. 44, p. 352.
[2] August. de lib. arb., III, c. 9.

Bösen nöthigen könnten und die Tugend durch ihre Seltenheit einen desto grössern Werth erhalte.[1] Das moralisch
Böse hat also seinen Grund in der Freiheit des Menschen,
und wenn dieser böse ist, so fällt die Schuld auf ihn. Auch
der Teufel ist aus freiem Willen abgefallen. Dies war die
allgemeine Ansicht.[2] Ueber den Willen hinaus darf man
keine Ursache der Sünde suchen.[3] Die Verführungen und
Gelegenheiten zur Sünde sind aber da, um unsern Gehorsam
gegen Gott zu üben und uns durch Besiegung solcher Reizun-
gen vollkommener zu machen.

Dieser Punkt wird von den Kirchenvätern besonders auf
die Verführungen des Teufels bezogen: Gott habe den
Teufel deswegen nicht vertilgt, damit wir mit ihm kämpfen,
in beständiger Wachsamkeit erhalten werden, um nicht in
Trägheit zu versinken.[4] Dem Teufel Widerstand leisten hat
gleiche Bedeutung mit: aller Art Sünden widerstehen, die als
seine Werke zu betrachten sind. Zur Pompa Diaboli gehören: „in theatris spectacula, in hypodromo cursus equorum,
et venationes, et reliqua ejus modi vanitas".[5] Die Kraft zu
widerstehen ist aber der Beschaffenheit des Herzens angemessen, die von Gott verliehen ist. Denn Gott weiss, was einer
leisten kann, und danach muss die feindliche Macht gespannt
oder nachgelassen werden.[6]

Merkwürdig sind die Kämpfe des heiligen Antonius, weil
sich die Vorstellungen vom Teufel, die bereits im 3. und
4. Jahrhundert gangbar waren, darin abspiegeln. Athanasius
hat seine Nachrichten über den Heiligen, dessen Leben er
ausführlich beschreibt, von Mönchen, die ihn persönlich gekannt haben.[7] Der Heilige schildert zuerst den lieblichen
Anblick der heiligen Engel, die sanft und still einherkommen

---

[1] Lactant. div. instit., II, c. 8. 12; V, c. 7.
[2] Tit. Bostrens. contra Manich. II, in Canisii lectionib. antiqu. Basil. II;
Augustin. de lib. arb., III.
[3] August. de lib. arb., III, c. 17.
[4] Cyrill. Hierosolym. Catech. VIII; vgl. Chrysost. de provid. ad Stagirium, I, c. 4.
[5] Cyrill. Hierosolym. Catech. mystagogica, I.
[6] Macarii Senioris Aegyptii Homilia XXVI; Bibl. max., Tom. IV,
f. 137, B.
[7] Athanas., Vita S. Antonii M., c. VI—XI.

und dem Herzen ein freudiges Vertrauen einflössen. Dagegen ist das Angesicht der bösen Geister grauenhaft, ihre Stimme schrecklich, ihre Bewegungen gleichen denen von verbrecherischen Menschen und jagen der Seele Furcht, den Sinnen aber Verdruss und Trägheit ein. Den Einsamen überkommt der Hass des Christenthums, die Erinnerung an die Welt, böse Begierde, Erschlaffung in aller Tugend und Stumpfheit des Herzens. Folgt auf den Schrecken Freudigkeit und Vertrauen zu Gott und unaussprechliche Liebe: so ist dies ein Zeichen, dass Hülfe von oben gekommen, da die Sicherheit der Seele ein Beweis der gegenwärtigen Majestät Gottes ist; bleibt aber die Furcht unwandelbar, so ist der Feind zur Stelle, der nicht ablässt, den Menschen ins Verderben zu bringen. Der heilige Antonius erörtert weiter das Wesen und die Art der bösen Geister, wie sie sich nach ihrer Bosheit vielfach abstufen, besonders allen Christen feindselig sind, alle Fallstricke legen, nach jeder Niederlage um so grimmiger wiederkehren, bald mit Drohungen, bald mit Versprechungen, bisweilen in Engel des Lichts verkleidet mit lieblichem Gesange nahen, bald zu übertriebenen Tugendübungen aneifern, bald auf mannichfache Art stören, zuweilen Künftiges weissagen, um sich Zugang zu verschaffen, aber stets betrügen und nie Wahrheit reden. Zuletzt erzählt der heilige Antonius: in welchen Gestalten und Weisen der Teufel ihn selbst versucht habe. Zuerst wollte er den Heiligen von der Ascese abhalten, indem er ihn an seinen frühern Besitz, an die Sorge für seine Schwester, an seinen vornehmen Stand, an den Genuss erinnerte. Denn der Heilige war aus edelm Geschlechte und reich, hatte aber seine Güter freiwillig verschenkt. Dann suchte ihn der Teufel in Gestalt eines schönen Weibes zur Wollust zu verführen. Ein andermal warf ihm der Teufel eine ungeheure Menge Gold auf den Weg, worüber jedoch der Heilige mit Abscheu hinwegsprang. In einer Nacht umringte ihn eine ganze Schaar von Höllengeistern, die ihm eine Menge Wunden beibrachte, sodass er ganz erschöpft auf dem Boden liegen blieb. Dann hörte er ein furchtbares Getöse, die Mauern thaten sich auf und eine Schaar von Teufeln unter der Gestalt von Löwen, Bären, Leoparden, Schlangen u. dgl. stürmte auf ihn ein und packte ihn an. Der Heilige erwiderte aber nur: „Das Vertrauen auf Gott ist

unser Siegel und Schutzwehr." Da drang durch das geöff-
nete Dach ein Lichtstrahl auf ihn herab als Offenbarung
Gottes, welche den Teufel verscheuchte. Er richtete an die
Erscheinung die Frage: „Warum erschienst du nicht gleich
anfangs und lindertest meine Schmerzen?" Eine Stimme
antwortete: „Ich war zugegen, Antonius, zögerte aber, um
deinen Kampf anzuschauen, und da du nicht unterlegen bist,
so werde ich stets dein Helfer sein und deinen Namen an
allen Orten berühmt machen." — Auch dem heiligen Martinus
erschien der Teufel oft und in verschiedener Gestalt, der dem
Heiligen zwar nichts anhaben konnte, ihn aber doch neckte.
Er sah ihn zuweilen in der Gestalt des Jupiter, meistens als
Mercur, sehr oft als Venus oder Minerva. Der Heilige schützt
sich immer mit dem Zeichen des Kreuzes. Einmal kommt
der Teufel mit einem blutigen Ochsenhorn in der Hand mit
ungeheuerm Getöse, zeigt die blutige Rechte schadenfroh
rufend: „Wo ist, Martin, deine Tugend; einen von den Deini-
gen habe ich eben getödtet." Es stellt sich heraus, dass von
den Mönchen einer fehlt, ein gedungener Bauer, der mit
seinem Wagen Holz herbeiführen sollte aus dem Walde, wird
halbtodt gefunden; er kann nur noch aussagen, dass einer
der vorgespannten Ochsen ihn gespiesst habe, worauf er stirbt.
„Videtis quod judicio Domini diabolo data fuerit potestas."[1]
Bemerkenswerth ist das Hineinragen des römischen Heidenthums in die christliche Legende.

Nach der in dieser Periode herrschenden Ansicht kann
zwar Gott nicht Urheber des Bösen sein, es kann aber auch
nicht ohne Gottes Zulassung geschehen.[2] Die Kirchenväter
bedienen sich daher der Unterscheidung zwischen Wirkung
und Zulassung (ἐνέργεια und συγχώρησις), wonach Gott alles
ordnet und zwar einiges wirkend, anderes zulassend, sodass
alles Böse aus unserm Willen, das Gute aus seinem und unserm Willen geschehe, dass Gott nicht alles wirke, obschon
er alles wisse.[3] Leiden werden von den Kirchenvätern als
Uebungsmittel zur Tugend vorgestellt, und die Zulassung des

---

[1] Sulp. Sev. V. Mart.
[2] August. de divers. quaestion. qu. 3.
[3] Chrysost. Hom. VIII in 2 cap. ad Timoth.; Augustin. Enchir. ad
Laur., c. 94.

Bösen ist daher heilsam, theils zur Entwickelung der Tugend,
theils um durch den Abstand des Guten vom Bösen den
Werth des erstern deutlicher in die Augen springen zu
lassen. [1]

In dieser Periode finden wir auch schon den Glauben:
dass den verschiedenen Ordnungen der höllischen Geister gemäss eine entsprechende Kraft zu deren Austreibung angewendet werden müsse. Die bösen Geister niedern Rangs
können von den Starken im Glauben verscheucht werden,
die der obersten Stufe weichen aber nur den Demüthigen.
Es hängt diese Anschauung mit dem bereits herrschenden
Mönchsgeiste des Zeitalters zusammen. Hieronymus erzählt [2]
einen Fall, wo der heilige Paulus einen Teufel austrieb, der
selbst vor dem heiligen Antonius nicht hatte fliehen wollen.
Als dieser den Besessenen angesehen, sagte er zu denen,
die den Patienten führten: dies ist nicht meine Sache, gegen
diese Klasse von Dämonen habe ich keine Gewalt, das ist
Sache der Gnade Paul's des Einfältigen. Er führte hierauf
die Leute zu diesem hin, Paulus verrichtete ein wirksames
Gebet und befahl im Namen des heiligen Antonius dem unreinen Geiste auszufahren. Dieser aber rief: „Mitnichten,
Trunkenbold, Lügner, Wackelkopf, werde ich ausfahren!“
Paulus wiederholte die Aufforderung, erhielt aber nur Schimpf-
worte gegen sich und den heiligen Antonius. Da sagte der
Alte zum dritten mal: „Entweder du gehst, oder ich sage es
Christo, und der wird machen, dass dir weh geschieht.“ Da
der Dämon hartnäckig blieb, ging Paulus aus seiner Zelle in
die brennende Mittagshitze des ägyptischen Himmels und
gleich einer Säule stehend betete er zum Herrn, ihm be-
theuernd: „Wahrlich ich werde nicht von der Stelle gehen
noch Speise oder Trank nehmen und sollte ich darüber des
Todes werden, bis du den bösen Geist ausgeworfen hast.“
Die Folge war, dass der Böse wich, mit dem Rufe: „Ich gehe,
ich gehe, ich leide Gewalt; ich eile und werde nimmer wiederkehren.“

Von der grossen Menge heidnischer Elemente, die im

---

[1] August. Enchir., c. 27; vgl. De lib. arb. III, c. 5—9.
[2] Vita S. Pauli simplic. VII, Mart. II.

Volke herrschten, wo Amulette zur Heilung von Krankheiten, Abwehr von Unglücksfällen üblich waren, wurden viele ins Christliche übersetzt. So entstand der Brauch, bei einer wichtigen Unternehmung, deren Ausgang man vorherwissen wollte, die Bibel aufzuschlagen und die erste sich darbietende Stelle oder die Worte der Heiligen Schrift, die beim Eintritte in die Kirche eben gesungen oder vorgelesen wurden als Orakel zu deuten. Als Chlodwig (466—511) die Westgothen in Gallien bekriegen wollte, bat er Gott, ihm, wenn er die Martinkirche betreten werde, den glücklichen Ausgang des Kriegs zu offenbaren, und da eben die Worte Ps. 18, 40. 41 gesungen wurden, so betrachtete dies der König als ein sicheres Orakel, wodurch ihm der Sieg verheissen werde, und der Sieg, den er errang, bestärkte ihn in seinem Glauben. [1] Auf den Gräbern der Heiligen pflegte man auch Bücher der Heiligen Schrift niederzulegen, nach vorhergegangenem Beten und Fasten aufzuschlagen und die zuerst wahrgenommene Stelle als ein durch den Heiligen gegebenes Orakel zu betrachten. Dies waren die sogenannten Sortes sanctorum. Der Glaube muss tief im Volke gewurzelt haben, da die Synoden wiederholt Beschlüsse dagegen fassten [2], und gibt den Beweis, dass man den heiligen, sowie den biblischen Schriften eine magische Kraft, und zwar eine der teuflischen Gewalt entgegengesetzte, zuschrieb. Daher der ätzende Antagonismus des Teufels gegen die Heiligen und die sollicitirende Wechselwirkung auf die Ausbildung des Glaubens an beide.

Der einst von Origenes geäusserten Meinung: dass der Teufel schliesslich noch sich bessern könne und hiermit diesem die Aussicht auf einen glücklichen Zustand eröffnet ward, welcher Ansicht auch Gregor von Nyssa [3], Didymus von Alexandrien u. a. beigestimmt hatten, stellte sich nun die Behauptung der ewigen Bestrafung des Teufels schroff entgegen und wurde in dieser Periode zur herrschenden Kirchenlehre erhoben. So konnte Orosius klagen: dass einige den Origenianischen Irrthum wieder aufwärmen wollten [4] und

---

[1] Gregor. Turonens. hist., II, c. 37.
[2] Das erste Concil zu Orleans 511, das zu Auxerre 578, und andere späterer Zeit.
[3] Orat. Catech., c. 26.
[4] Opp. Aug., Tom. VIII, 609.

Cyrill hält den Teufel für unbeugsamen Herzens und unver-
besserlichen Willens [1], womit alle andern Kirchenlehrer über-
einkommen. Schon Theophilus führt in seinem Sendschreiben
unter den verschiedenen Irrthümern die Befreiung des Teufels
an [2], Hieronymus [3] und Augustinus [4] bekämpften die Orige-
nianische Irrlehre, und im 6. Jahrhundert wurde sie durch den
Kaiser Justinian und die von ihm veranstaltete Synode nachgerade verdammt. [5]

Bei einer vergleichenden Uebersicht dieses Zeitraums mit
dem vorhergehenden wird die Weiterentwickelung des Glaubens an den Teufel nicht entgehen. Die katholische Kirchenlehre, die in der vorigen Periode blos Schulen gegenüber,
als welche die gnostischen Systeme zu betrachten sind, zu
kämpfen hatte, musste in diesem Zeitabschnitte sich gegen
den Manichäismus zu behaupten suchen, der ihr als wirkliches Religionssystem, ja nahezu als eine Gegenkirche gegenüberstand. Aus der Polemik der Kirchenlehre mit dem
Manichäismus ging die begriffliche Bestimmung der Existenz
des physischen Uebels und dessen Unterscheidung vom moralisch Bösen hervor. Im Zusammenhange damit steht die Vorstellung vom Teufel, und die Lehre über ihn war in dieser
Periode besonders in soteriologischer Beziehung von Wichtigkeit. Die Ansicht der frühern Periode von einem betrügerischen Tausche, den Gott mit dem Teufel getroffen habe, die
zwar auch noch in diesem Zeitraume Vertreter fand, namentlich an Gregor von Nyssa [6] und besonders durch Augustin
modificirt wurde [7], ward doch allmählich in den Hintergrund
gedrängt durch die Vorstellung: dass durch den Tod Jesu
die Schuld der Menschen an Gott abgetragen und zwar noch
mehr als das Schuldige gebüsst worden sei, welche Ansicht
nach dem Vorgange des Athanasius in dieser Zeit sich festsetzte. [8]

---

[1] Cyrill. Hieros. Catech., IV, 51.

[2] Mansi Coll. Conc., III, 982.

[3] Ep. ad. Avitum, Opp., Tom. II, 102; ad Pammach., p. 112.

[4] Ad Orosium contra Priscill. et Orig., c. 5 sequ.; de civ. Dei, XXI,
c. 17.

[5] Mansi ampliss. coll. conc., Tom. IX, 399. 518.

[6] Orat. Catech., c. 22—26.

[7] Augustin. de trinit., XIII.

[8] Athanas., De incarnat., c. 6 sequ.

Ein anderes Moment in der Entwickelung der Vorstellung vom Teufel, das sich in dieser Periode bemerklich macht, ist: dass die in der Bibel noch unbestimmten und schwankenden Vorstellungen sich fester zusammenfassen und bestimmte Gestalt gewinnen. Die Kirchenlehrer der vorigen Periode hatten den Teufel zwar schon mit einem Leibe ausgestattet, der dem Stoffe nach zwischen der Feinheit der Engelsleiber und dem groben menschlichen Körper in der Mitte stehen sollte; die gegenwärtige Periode hingegen verleiht ihm schon ausdrücklich die menschliche Gestalt, in welche auch die Manichäer ihren Dämon, den Repräsentanten der Materie, des Bösen, kleideten. Es soll nicht behauptet werden, dass die christlich-kirchliche Anschauung die menschliche Gestalt, in der sie den Teufel existiren liess, einfach dem manichäischen Dämon abgeborgt habe, da die menschliche Vorstellung stets Elemente vom Menschen an sich tragen muss, und ein Wesen, das ursprünglich mit Freiheit begabt, durch den Abfall von Gott böse geworden, wie der Mensch, als Träger des vom Menschen ausgehenden Bösen oder des den Menschen betreffenden Bösen, unmöglich in eine andere als die menschliche Gestalt gefasst werden konnte. Die Ansicht wird aber stehen können: dass der Kampf mit dem Manichäismus in dem Sinne sollicitirend auf die Gestaltung des christlichen Teufels gewirkt habe, als sich gerade von dieser Zeit ab die Vorstellung von dessen menschlicher Gestalt festsetzte.

Nach Sulpicius Severus [1] erscheint der Teufel dem Heiligen Martinus als Christus in pomphaftem Gewande, und da dieser Heilige seines Scharfsinns wegen, mit dem er den Teufel „qualibet imagine" zu erkennen vermochte, besonders gerühmt wird, so muss zu der Zeit [2] die Vorstellung von der Vielgestaltigkeit des Teufels schon sehr verbreitet gewesen sein. Er nimmt auch oft die Gestalt eines Engels des Lichts an, um Unschuldige zu hintergehen. [3] Dem Diakonus Secundellus erscheint der Teufel ebenfalls in der Gestalt des Herrn, und sagt: „Ego sum Christus quem quotidie deprecaris, jam enim sanctus effectus es et nomen tuum libro vitae cum re-

---

[1] Dial. I, 24.
[2] Sulpicius, 363 bis Anfang des 5. Jahrhunderts.
[3] Gregor. Turon. vitae patr., c. IV; de S. Patroclo.

liquis sanctis meis adscripsi." Worauf der Diakonus von
eitelm Hochmuth erfüllt wird. [1] Ein sehr, altes Datum über
das Aussehen des Teufels findet sich bei Theodoret [2], wonach
der Bischof Marcellus von Apamea in Syrien (4. Jahrhundert)
mit Hülfe des Präfecten einen Tempel Jupiters verbrennen will,
ein schwarzer Teufel aber das angezündete Feuer immer
wieder auslöscht. Da setzt Marcellus ein Gefäss mit Wasser
auf den Altar und nach einem Gebete und dem Zeichen
des Kreuzes brennt das Wasser wie Oel und es gelingt nun,
das Götzenhaus zu verbrennen. Die schwarze Farbe des
Teufels findet sich auch in einer Notiz bei Movers [3] angegeben,
wo Corippus in seinem dichterischen Werke über die Mauren-
kriege im 6. Jahrhundert die Hautfarbe der Mauren mit der
Satans vergleicht: „Maura videbatur facies nigroque colore
malignus angelus ille fuit." — Von dieser Zeit an wird der
Teufel immer sinnlich wahrnehmbarer vorgestellt und erscheint
im Verlaufe der Zeit sehr körperlich.

Hervorzuheben ist ferner, dass auser den von Dämonen
unfreiwillig Besessenen, deren das Neue Testament so oft erwähnt, von dieser Periode ab die Vorstellung von einem freiwilligen Bündniss mit dem Teufel auftritt. Diese Vorstellung, wonach der Mensch freiwillig mit dem Teufel ein
Bündniss schliesst, ist als eine weitere Entwickelung im Verhältniss zur unfreiwilligen Besessenheit zu betrachten und
musste sich im Zusammenhange mit dem Dogma, wonach
das moralisch Böse vom freien Willen des Menschen abhängig
ist, herausstellen. Auf diese Vorstellung von einem freiwilligen Bündniss mit dem Teufel, die immer festere Gestalt und
weitere Verbreitung erlangte, gründet sich der mittelalterliche
Begriff von Hexerei, als dem Inbegriff solcher Künste, die
unter Mitwirkung des Teufels geübt werden, zum Unterschiede
von den Zauberkünsten der Griechen und Römer, mit Hülfe
von verehrten Göttern und Göttinnen vollzogen. Schwager [4]
führt aus den Dialogen von Basilius dem Grossen (4. Jahrhundert) ein förmliches Bündniss mit dem Teufel an, das Pro-

---

[1] Ibid. c. X; de S. Friardo recluso.
[2] Hist. eccles., Lib. V, c. 21; Fabric. bibl. gr., vol. VII, 450 sequ.
[3] Phöniz., II, 372.
[4] Versuch einer Geschichte der Hexenproc., S. 20.

terius, der Diener des Kirchenvaters, geschlossen. hatte, von
diesem aber wieder in integrum restituirt wurde. Das früheste
Beispiel eines Bündnisses mittels Verschreibung an den
Teufel bietet die Geschichte des Theophilus, welcher aber
infolge seines Gebetes mit Hülfe der Heiligen Jungfrau die
gefährliche Handschrift wieder zurückbekam. [1] Nach der ältesten Erzählung von Eutychianos, lebte Theophilus, der ein
überaus frommer Mann war, in Adana, einer Stadt in Cilicien
(Cilicia secunda) als Oeconomus oder Vicedominus der Kirche
„zur Zeit der Persereinfälle in das Reich". [2] Nach des Bischofs Tode wurde er zum Bischof erwählt, lehnte aber die
Wahl aus Demuth ab, die daher auf einen andern fällt. Der
neue Bischof, durch Verleumdung geblendet, entsetzt den
Vicedominus seines Amtes, der, hierdurch bitter gekränkt,
sich an einen als gewaltigen Zauberer bekannten Juden wendet, durch dessen Beistand er wieder zu seinem Amte zu
kommen hofft. Der Zauberer führt den Theophilus am nächsten Tag in den Circus der Stadt und mahnt ihn, vor keiner
Erscheinung zu erschrecken, sich mit dem Zeichen des Kreuzes
zu beschützen. Dort treffen sie eine Menge Männer mit brennenden Fackeln umherziehend, Loblieder singend; in ihrer
Mitte thront Satanas, der die Huldigungen seiner getreuen
Unterthanen gnädig entgegennimmt. Auch Theophilus fällt
auf die Knie und küsst des Teufels Füsse. Da Satanas sich
nicht erinnert den Theophilus je gesehen zu haben, verwun-
dert er sich über die Dreistigkeit des Eindringlings. Auf die
barsche Frage: was er wolle? erwidert Theophilus mit tiefer
Verneigung: den Befehlen gehorchen. Da erhebt sich Satanas
ein wenig, streichelt dem Theophilus den Bart, küsst und
begrüsst ihn freundlich als seinen lieben Unterthan. So bemächtigt sich der Teufel des Theophilus, der hierauf Jesus
und der Maria entsagt und dem Teufel die von ihm selbst-
geschriebene und mit Wachs versiegelte Urkunde überreicht.

---

[1] Acta SS. Boll. 4 Febr.
[2] Sigibertus Gemblac. setzt in seinem Chronikon das Jahr 537 an;
Albericus Trium fontium monachus das Jahr 538; ihm stimmen Bollandus
und die Spätern bei, da 540 der Perserkrieg wieder anfing. Martinus
Polonus sagt blos, Theophilus habe unter Justinian II. sein Bündniss mit
dem Teufel geschlossen.

Am folgenden Tage wird Theophilus vom Bischof auf die ehrenvollste Weise in sein Amt wieder eingesetzt und führt fortan als des Teufels Lehnsmann ein übermüthiges Leben. So geht es eine Zeit lang; später wird aber Theophilus von Reue ergriffen. Da fleht er 40 Tage und Nächte in einer Kirche der Panhagia diese um ihren Beistand an. Sie lässt sich erweichen, bewegt auch ihren Sohn dem Sünder zu verzeihen, schafft dann die von Theophilus ausgestellte Urkunde wieder herbei und legt sie ihm auf die Brust, während er in der Kirche eingeschlafen war. Nachdem er erwacht, die Schrift findet, bekennt er öffentlich seine Sünde, rühmt die Gnade der ihm dreimal erschienenen Gottesmutter, verbrennt die ihm zurückgestellte Schrift und stirbt drei Tage darauf eines seligen Todes. Die spätere Zeit versetzte ihn unter die Heiligen.

Das Bündniss mit dem Teufel, das auch mündlich abgeschlossen wurde, bezweckte, die Glieder des Reiches Christi für das satanische zu gewinnen, um sie ganz satanisch zu machen, das Böse in ihnen zur Natur werden zu lassen. Im Verlaufe der Zeit tritt Christus mehr zurück, der von den Kirchenlehrern gewöhnlich dem Satan gegenübergestellt ward, und dieser steht Gott selbst feindlich entgegen und sonach auch die mit ihm Verbündeten. Der Mensch, der sich dem Teufel ergeben, mit dem Versprechen, ihn als seinen Herrn anzuerkennen und zu verehren, erlangt dafür die Erfüllung seines Wunsches, also Geld und mancherlei andere Gaben, die sich freilich nachträglich oft in Mist, in eine Kröte u. dgl. verwandeln, da der Teufel als Lügner vom Anbeginn, auch beim Vertrage seine Tücke nicht verleugnet, die contractmässig stipulirten Zahlen herabmindert, auskratzt u. dgl. m. Der Teufelsbündler hatte aber als Unterthan des Teufels die Pflicht übernommen, im Sinne seines Herrn so viel Unheil als möglich zu stiften, wobei er von diesem mit gewissen magischen Künsten ausgerüstet wurde. Die christliche oder weisse Magie, die besonders im 17. Jahrhundert in grosser Verbreitung stand, unterschied man von der teuflischen Hexerei dadurch, dass jene im Namen des dreieinigen Gottes, diese aber, die sogenannte schwarze, kraft Bündnisses mit dem Teufel geübt wurde. Von dem allgemein herrschenden Glauben an solche magische Künste und den Umgang mit dem

Teufel schon in dieser Periode geben die gleichzeitigen staatlichen und kirchlichen Satzungen den klaren Beweis. Denn es soll nicht geleugnet werden, dass „wie die Kirche durch alle Zeiten dem Zauberwesen unausgesetzte Aufmerksamkeit zugewendet, so nicht minder auch die Gesetzgebung" [1], und Soldan [2] führt die Concilien an, nach welchen die Weiber, die mit den Dämonen auf gewissen Thieren zu reiten behaupteten, mit dem Banne belegt [3], oder Zauberei, Wahrsagerei u. dgl. verboten werden [4]; auch muss zugestanden werden, dass die Mittel, deren sich die Kirche bediente, um die zauberischen Künste zu unterdrücken, bis ins 13. Jahrhundert nächst der Belehrung meist nur in Disciplinarstrafen, in Pönitenzen bestanden; allein ebenso gewiss ist: dass die Kirche durch ihre ausgesprochene Anerkennung des Zusammenhangs dieser Zauberei mit dem Teufel die Entwickelung der Vorstellung von letzterm und deren Verbreitung förderte und dem Glauben an seine Macht Vorschub leistete. Indem die Kirche die teuflischen Zauberer und Zauberinnen verstiess, wurde der Glaube an den Teufel ihr Pflegekind, welches grosszuziehen sie sich angelegen sein liess.

In der staatlichen Gesetzgebung hatte schon Konstantin im Jahre 321 den Anfang gemacht, die Ausübung aller magischen Künste unter Androhung der härtesten Strafen zu untersagen, die Anwendung magischer Mittel nur zur Heilung von Krankheiten, gegen Hagelschlag und verderblichen Regen in der Ernte gestattend. [5] Konstantius verhängte die Todesstrafe (im Jahre 357) über den, der Astrologen, Zeichendeuter, Auguren, Chaldäer oder Magier um die Zukunft befragen würde. Theodosius ist auf diesem Wege fortgeschritten und hat, nachdem im Jahre 389 Valentinianus und Arcadius jede Selbsthülfe bei Maleficien untersagten, im Jahre 392 als Verbrechen erklärt: „Wenn jemand sich über die Gesetze der Natur zu erheben, Unerlaubtes zu erforschen, Verborgenes

---

[1] Görres, Die christl. Mystik, III, 58.

[2] Geschichte der Hexenproc., S. 84.

[3] Conc. zu Agde, 506.

[4] Orleans 511; Auxerre 570; Braga 572; Narbonne 579; Rheims 630; Toledo 630, u. a.

[5] Cod. Theod., Lib. III; Cod. Just. de maleficis, Lib. IV.

zu erkunden, Verbotenes zu versuchen, einem andern Verderben zu bereiten oder die Schädigung desselben einem Dritten
zu versprechen sich unterfange." [1] Dies sind Thatsachen.
Dadurch wird aber eben bestätigt, dass bei der angenommenen
Voraussetzung, Zauberei, Wahrsagerei u. dgl. geschehe nur
mit dem Beistande des Teufels, durch die Massregeln der
staatlichen Gesetzgebung, wie durch die der Kirche, der
Teufelsglaube im Volke immer mehr befestigt und verbreitet
werden musste. Merkwürdig ist, dass in der Konstantinischen
Verordnung vom Jahre 321 die Ausübung der magischen
Künste nach Massgabe der Intention unterschieden ist, sodass
die Magie bei böser Absicht verurtheilt, bei wohlthätiger hingegen erlaubt wird. Hierauf bestimmte sich der schon erwähnte Unterschied zwischen der „weissen" und „schwarzen"
Magie, erstere unter göttlichem Beistand, letztere mit Hülfe
des Teufels geübt.

Am Anfange des 5. Jahrhunderts wird von Honorius
allen Magiern, schlechthin Mathematici genannt, das Handwerk gelegt, indem er sie aus allen Städten zu vertreiben
und ihre Bücher zu verbrennen befiehlt. [2] Gegen Ende des
5. Jahrhunderts wird das Schatzgraben unter Opfern und
magischen Gebräuchen verboten.

Es ist erklärlich, dass die Gesetzgebungen der germanischen Völker von da ab, wo diese zum Christenthum gelangt
waren, das gleiche Bestreben mit der Kirche theilen, die
Zauberei zu unterdrücken, da diese zunächst als heidnisch,
dann als teuflisch galt und im Sinne der Kirche ausgerottet
werden musste. Das Gesetz der Westgothen in Spanien droht
denen mit 200 Stockschlägen, Haarabscheren und schimpf-
lichem Herumführen, „die Maleficia üben, Bindemittel oder
Geschriebenes brauchen zum Nachtheil eines andern, um Menschen, Thiere, bewegliche Habe, Aecker, Weinberge zu beschädigen; allen, die als Wettermacher durch ihren Sang
Hagel herbeiziehen; allen, die durch Anrufung böser Geister
den Sinn der Menschen verwirren und diesen Geistern nächtlich Opfer feiern, sie durch Lieder bannen." [3] Das Gesetz

---

[1] Cod. Theodos., Lib. XII, de pagan. sacrificiis.
[2] Cod. Theodos., lib. XII, de malefic., lib. X; Cod. Justin. de episc. auct.
[3] Lex Visigoth., Lib. VI, Tom. I, § 4; Tom. II, §. 1—5.

des Ostgothen Theoderich verhängt die Todesstrafe über alle,
die böse Künste treiben, Zeichen deuten, aus dem Schatten
weissagen. [1] Dagegen erklärt das Longobardische Gesetz die
Anschuldigung, als könnten die Masken, d. h. Hexen, Menschen bei lebendigem Leibe aufzehren, für grundlos und verbietet, die Magd unter dem Vorwande, sie sei eine Hexe, zu
tödten. [2] Es ist dies eine der Seltenheit wegen auffallende
Ausnahme für die damalige Zeit.

Im allgemeinen lässt sich bei den staatlichen Verfügungen
bemerken, dass die durch Zauberei vollbrachte Handlung
mehr vom Standpunkte des Rechts betrachtet und nach ihrer
Schädlichkeit bestraft wird, ohne den Glauben einem Urtheile
zu unterziehen.

---

10. Vom 7. bis zum 13. Jahrhundert. Völlige Ausbildung des Teufels.

Die dogmatisch fixirte Stellung des Teufels, die in den
vorhergehenden Jahrhunderten gesichert worden war, behauptete sich auch innerhalb dieses Zeitraums. Wir wollen, wie
wir es bisher gethan, die zeitgenössischen Stimmen und Zeugen
vernehmen, durch sie selbst ihre Zeitanschauung schildern
lassen und zusehen, wie der Teufel immer mehr heranwächst
und seine Macht über die Gemüther zunimmt. Nach einem dem
Isidorus Hispalensis zugeschriebenen Buche [3] harrt der Teufel
„in hac turbulenta ac nebulosa aëris mansione" mit Furcht und
Beben bis zur Ankunft des Herrn, wo er dann härter bestraft werden soll, indem er sammt seiner Genossenschaft in
die äusserste Finsterniss geworfen wird. Bis dahin muss er
Gott gehorchen, obschon er es nicht freiwillig thut, sondern
aus Rücksicht auf die Macht Gottes. Ohne Gottes Zulassung
kann er daher nichts verüben. Die aus den Besessenen aus-

---

[1] Edicta Theoderici, §. 108. 111. 154.
[2] Leges Longobard., Lib. I, Tit. 2, §. 9.
[3] Lib. de ordine creaturarum in D'Achery Spicileg., I., ed. nova,
c. VIII, 230.

getriebenen Dämonen konnten ohne Gottes Zulassung nicht
ausgetrieben werden, konnten aber auch ohne diese nicht in
die Schweine fahren. Die bösen Geister, mit luftigen Leibern
versehen, werden nie alt, sind mit den Menschen stets in
Feindschaft, blähen sich vor Hochmuth auf, sind trügerisch
und verschlagen, erregen die Sinnlichkeit in den Menschen,
trüben ihnen das Leben, fingiren Prästigien und Orakel, erwecken Begierden im Herzen, Lüste und unerlaubte Liebe,
transformiren sich in Gestalten guter Engel. Wie an Bosheit
unterscheiden sie sich auch durch Grade der Gewalt.

Die im Volke gangbaren Vorstellungen vom Teufel werden immer handgreiflicher und mehr phantastisch ausgestaltet,
entsprechend dem Charakter des Mittelalters, dessen Wesen
nicht unrichtig als „phantastisch" bezeichnet worden ist. [1]
Dass der uralte Glaube an die Wettermacherei, den schon
die Zehntafeln der Römer erwähnen [2], fortherrschte, lässt sich
erwarten. Im Heidenthum war es irgendeine Gottheit, die,
durch Opfer gewonnen, dem Wettermacher den Dienst geleistet
hatte; in der christlichen Welt war der Teufel an die Stelle
der Gottheit getreten, der durch seine verbündeten Zauberer
oder Hexen das Geschäft besorgen liess.

Gregor der Grosse soll noch bei Lebzeiten, unter vielen
andern Wundern, den Teufel mit Reliquien aus einer ariani-
schen Kirche ausgetrieben haben, als er sie zum katholischen
Gottesdienste einweihte. Man sah jenen in Gestalt eines
Schweines hinauslaufen und des Nachts darauf noch besonders
mit grossem Geräusch seinen förmlichen Abzug nehmen. [3]
In dem Buche [4], wo Gregor seinem Kirchendiener Petrus ausserordentliche Schicksale und Wunder einer Anzahl von Bischöfen und Mönchen erzählt, ist auch der Teufel sehr populär.
Ein Jude, der sich des Nachts in einem Tempel des Apollon
befand, sah daselbst eine Menge böser Geister, die ihrem
Oberhaupte berichteten, was sie alles an Frommen verübt hätten. Einer davon hatte einen Bischof so weit verführt, dass
er einer Nonne, die bei ihm wohnte, einen zärtlichen, sanften

---

[1] Leo, Lehrbuch der Geschichte des Mittelalters, I, 4.
[2] Tab. VII, lex III.
[3] Joh. Diacon., Lib. II, c. 31, bei Schroeckh, XVII, 350.
[4] Dialog. lib. IV, de vita et miraculis Patr. Italicor.

Schlag auf den Nacken gab. Ein Presbyter ruft seinem Diener: Komm, Teufel, und zieh mir den Stiefel aus! Da erscheint der wirkliche Teufel, um das Geschäft zu verrichten, der aber von jenem vertrieben wird.

(8. Jahrhundert.) Der Teufel und sein Anhang wurde im Volke auch stets in frischer Erinnerung erhalten durch die Feierlichkeiten der Taufe, mit welcher Exorcismus, die Austreibung des Teufels durch den Anhauch des Priesters, das Kreuzeszeichen und Anrufung des dreieinigen Gottes verbunden war. Nach der Beschreibung des Dionysius [1] mussten die Catechumenen den Teufel dreimal aushauchen; das griechische Euchologium setzt noch eine Anspeiung des Teufels hinzu, d. h. die Täuflinge mussten auf die Erde speien. Schon Gregor von Nazianz erwähnt einer doppelten Anhauchung, Ephraem spricht von Aushauchungen bei den Abschwörungen. [2]

Diese Abschwörungen [3] erfolgten nach der Einsegnung des Taufwassers, und die Catechumenen sollen dabei ganz entblösst gewesen sein. Binterim [4] führt ein äthiopisches Ritual an, in welchem der Täufling den Satan selbst als gegenwärtig anspricht, was übrigens bei dem Aushauchen und Anspeien auch vorausgesetzt wird. Die Formel der Abschwörung des Teufels erscheint schon im 6. Jahrhundert bei Salvianus von Marseille [5]: „Quae est in baptismo salutari Christianorum prima confessio? quae scilicet nisi est renunciare se diabolo ac pompis ejus atque spectaculis et operibus protestentur. . . . . Abrenunciatio enim, inquis, diabolo, pompis, spectaculis et operibus ejus. Et quid postea? Credo, inquis, in deum patrem omnipotentem et in Jesum Christum filium ejus etc.“

Den Beschlüssen der Synode zu Leptinae (Listinense) vom Jahre 743 wurde nebst einem Glaubensbekenntniss auch eine Formel der Entsagung des Teufels (abrenunciatio) an

---

[1] Dessen Schriften im 6. Jahrhundert aufgetaucht sind. Hierarch. eccles., P. 2, c. 2.

[2] Orat. de sec. adv.

[3] Ambros., c. II, de initial.; Hieronym., Comment. in Matth. c. 25 bedienen sich des Wortes „renunciatio“.

[4] Denkwürdigkeiten, I, 92.

[5] De gubernatione Dei, lib. VI.

gehängt, welche deutlich dem deutschen Heidenthum abschwört,
indem sie es mit der höchsten Götterdrei Wôtan (Odin), Thunar
(Thôrr) und Frô (Sasnôt) und deren Gefolge zu thun hat,
die zu dunkeln Unholden geworden waren, an deren Dasein
aber die Bekenner des Christenthums doch glaubten. Diese
„altsächsische Abschwörungsformel", die Massmann
„die altniederdeutsche" nennt [1], ist nicht nur als eines
der ältesten Denkmäler der deutschen Literatur sehr schätzbar,
sie ist auch ein Hauptbeweis für die Quellengemeinschaftlich-
keit der deutschen und nordischen Götterlehre. Der Täufling
wurde gefragt:

Forsachistu diabolae?

Antw.: ec forsacho diabolae.

Fr.: end allum diabol geldę? (Genossenschaft, Gilde.)

Antw.: end ec forsacho allum diabol geldę.

Fr.: end allum diaboles uuercum? (Werken.)

Antw.: end ec forsacho allum diaboles uuercum end uuor-
dum (Worten), thunaer (Thonar), ende uuoden (Wodan), ende
saxnote (Frô), ende allem dem unholdum the hira genotas
sint (die ihre Genossen sind).

Massmann liefert bei derselben Gelegenheit zum ersten
mal eine zweite deutsche Abschwörungsformel, die er die
„altoberdeutsche nennt, welche die frühere zur Voraussetzung hat, indem die in jener enthaltene Götterstufung unter
dem allgemeinen Verdammungsnamen „unholdum" zusammengefasst erscheint, dafür aber wesentlich gegen die ganze gefährliche Menge der verbliebenen Gebräuche und Opfer der
heidnischen Leute geeifert wird.

Forsachistu unholdun.

Forsachistu indiuuillon.

Forsachistu allen ·dem bluostrom then heidine man hym
zabluostrom in dizageldon habent, u. s. w.

In Bezug auf die erstere Abschwörung bemerkt Massmann: „Im Volke ist noch eine schöne Sage, dass wenn der
Wettersee in Schweden braust, auch der Bodensee stürme,
an dem einst dem Wuotan zu Ehren ein grosses Fass Bier

---

[1] Die deutschen Abschwörungs-, Glaubens-, Beicht- und Betformeln
vom 8. bis 12. Jahrhundert, herausgegeben von Massmann, in Biblioth.
der gesammten deutschen Nationalliteratur, 7. Bd.

angestochen und, dass die bösen Geister ausführen, auch angehaucht wurde, und gewiss waren die tres deauratae figurae[1],
welche fast gleichzeitig (im Jahre 612) und nicht fern von
derselben Stelle in einer wieder für die alten Götter zurückverwendeten Kapelle der heiligen Aurelia gefunden und im
Glaubenseifer zertrümmert in den tiefen Bodensee geworfen
wurden, die drei goldenen Upsaler Göttergestalten Thôrr,
Odhin, Freyr, oder, mit unserer Abschwörungsformel in gleicher Folge der Namen zu reden, Thunaer ende Uuôden ende
Saxnôte. Letzterer ist ohne Zweifel der Sahsnôz oder Schwertgenosse, der Seaxneat der angelsächsischen Stammbäume, der
geliebte Gott der Sachsen, der Freyr, welcher aus Liebessehnsucht einst ein gutes Schwert aus der Hand gab."

Auf demselben Concil, auf welchem Bonifacius gegenwärtig war, wurde das Gesetz gebracht: dass wer heidnische
Gebräuche beobachtete, 15 Solidi als Strafe zu bezahlen
hätte. [2] Als Anhang zu diesem Concil findet sich der Indiculus superstitionum et paganiarum: 1) De sacrilegio ad
sepulcra mortuorum. 2) De sacrilegio inter defunctos, Dadisas. 3) De spurcalibus in Februario. 4) De casulis i. e.
Fanis. 5) De sacrilegiis per ecclesias. 6) De sacril. silvarum
quae Nimidas vocant. 7) De his quae faciunt super petras.
8) De sacris Mercurii et Jovis. 9) De sacrificio quod fit
alieni sanctorum. 10) De phylacteriis et ligaturis. 11) De
fontibus sacrificiorum. 12) De incantationibus. 13) De auguriis avium vel equorum vel boum stercoribus et sternutatione.
14) De divinis vel sortilegis. 15) De igne fricato de ligno
i. e. Notfyr. 16) De cerebro animalium. 17) De observatione
pagana in foco vel in inchoatione rei alicujus. 18) De incertis
locis, quae colunt pro sanctis. 19) De petendo quod boni
vocant Sanctae Mariae. 20) De feriis quae faciunt Jovi vel
Mercurio. 21) De lunae defectione quod dicunt Vinceluna.
22) De tempestatibus et cornibus et cochleis. 23) De sulsis
circa villas. 24) De pagano concursu quem Yrias nominant,
scissis pannis et calceis. 25) De eo quod sibi sanctos fingunt
quoslibet mortuos. 26) De simulacro de conspersa farina.
27) De simulacris de pannis factis. 28) De simulacro quod

---

[1] Walafrid Strabo Vita S. Galli, c. 6.
[2] Concilium Listinense 743, c. 4; Pertz, Monum., III, 18.

per campos portant. 29) De ligneis pedibus vel manibus pagano ritu. 30) De eo quod credunt, quia foeminae lunam
commendent, quod possint corda hominum tollere, juxta pa-
ganos.

Diese Verbote ergehen gegen den Cult und die Feste der
alten Götter, wobei unter Jupiter und Mercur die germanischen Götter Donar und Wuotan gemeint sind (8. 20); ferner
gegen Opfer, irgendeinem Heiligen dargebracht (9. 25), unter
dem sich gewöhnlich ein heidnischer Gott oder Held zu verstecken pflegte, für welche die Pietät der christlichen Germanen noch nicht ausgelöscht war. Verboten wird ferner der
Cultus in heiligen Hainen (4. 6), an Steinen (7), Quellen (11),
besonders der Todtendienst (1. 2)[1], wobei das übliche Verbrennen der Leichen mit Waffen und Ross, die Todtenmahle
als widerchristlich erscheinen mussten. Verboten werden die
Festlichkeiten im Februar (spurcalia) (3). Die Alten nannten
den Februar Spörkel, woher Spurcalia, welcher Name noch
heute in einigen Gegenden Niederdeutschlands und in Belgien
auftritt. In diesem Monat beging man das alte Julfest, ein
Naturfest in Beziehung auf die Sonne, die höher zu steigen
anfing. Dies Opferfest war mit besonderer Lustbarkeit verbunden, daher das Volk sehr daran hing. „Um es davon
abzugewöhnen", sagt Fehr[2], „veränderten die Apostel Deutschlands zuerst die Zeit, indem sie diese Lustbarkeit am Feste
des heiligen Thomas anfingen und am 13. Januar beendigen
liessen. Statt dem Juel wurden der Geburt Jesu die Freuden-
tage gewidmet und so veränderte sich der abgöttische Gebrauch in einen christlichen." Verboten werden heidnische
Dienste in der Kirche (5). Binterim[3] versteht auf Grund
von verschiedenen Verordnungen des Bonifacius und der
Concilien unter diesem Verbote heidnische Gebräuche, die
sich in den christlichen Kirchen eingenistet hatten, namentlich
Tanzspiele und Gastmahle, ferner Lose, die sie aus der Heiligen Schrift oder Messbüchern zogen, die ihnen als göttliche
Entscheidungen galten, die sogenannten Sortes sanctorum,

---

[1] Dadis-as so viel als Todesessen, von As, Speise, atzena, essen;
nach Eckhard, Francia orientalis, I, fol. 408.

[2] Der Aberglaube und die katholische Kirche des Mittelalters, S. 57.

[3] Denkwürdigkeiten, II, 2. Thl.

endlich Opfer, die sie vor der Kirche den Heiligen darbrachten. Verboten werden die zu dem alten Götzendienst gehörigen verschiedenen Figuren in Menschengestalt aus Mehl-
teig, wahrscheinlich als Stellvertreter für Opferthiere. Nach
Binterim's Erklärung wären Figuren und Bilder der Götter
zu verstehen, die in den Häusern aufgestellt, angebetet und
sogar öffentlich feilgeboten, zu kaufen oder zu essen den
Christen verboten worden sei, und bringt den noch üblichen,
in mehrern niederdeutschen Gegenden bekannten Namen:
„Heidenwecke" damit in Verbindung. In jedem Falle ist ein
Stück Heidenthum darunter verstanden, sowie unter den
Götzenbildern von Zeug, die dann durch die Fluren getragen
wurden. Binterim bezieht letztere auf den Thôrr als Vor-
steher und Schützer des Ackerbaues und der Feldfrüchte,
und vermuthet, dass sein Bild gleich dem der Ceres oder Iris
bei den Römern in den Feldfluren herumgetragen worden sei.
„Statt dieses heidnischen Umzugs haben nun einige deutsche
Bischöfe einen christlichen angeordnet, der beim Aufkeimen
der Feldfrüchte stattfand, wobei der Pfarrpatron in einer
Procession durch die Feldwege unter heiligem Gesang und
Gebet herumgetragen wurde. An einigen Orten wird dieser
Umzug «Hagelfrei» genannt, damit Gott durch die Fürbitte
des heiligen Pfarrpatrons das grünende Feld vor dem Hagel
bewahren möge." Verboten wird die Ansicht von den Mond-
finsternissen, wonach man diese durch Lärmen mit dem Rufe
Vince luna! verscheuchen zu können glaubte (21). Verboten
ist die Ansicht, als könnten die Weiber mit Hülfe des Mondes die Liebe gewinnen, den Muth benehmen (30). Verboten
ist der Zauber mit Amuleten und andern Anhängseln gegen
Krankheiten (10), das Aufhängen aus Holz verfertigter Glieder
auf Kreuzwegen zur Heilung (29); Nothfeuer durch das Rei-
ben zweier Hölzer gegen Krankheiten (45); Wahrsagerei und
verschiedene Arten der Vorschau aus den Vögeln, Pferden,
dem Mist der Ochsen, aus dem Gehirn der Thiere, dem
Niesen, durch Lose (13. 14. 16), Zauberei (12); Wettermacherei (22), die Beobachtung des Rauchs und des Angangs,
d. h. der zuerst begegnenden Thiere und Menschen (17), Un-
stätten, deren Betretung Unheil bringen sollte (18); Furchen-
ziehen zu zauberischen Zwecken (23). Unklar ist das (24)
verbotene heidnische Zusammenlaufen, wobei zerrissene Klei-

der und Schuhe erwähnt werden. Binterim versteht darunter
das Faschingsfest im Januar, das, seines Ursprungs wegen
Paganus cursus genannt, von den ersten Bischöfen auf das
strengste verboten worden sei. Das unbekannte Wort „Yrias"
soll nach Eckhard „Scyrias" gelesen werden, Scy-scu, d. h.
Schuh, und Rias, Ries, reissen, mit Beziehung auf den Zusatz
scissis pannis et calceis, das Fest der zerrissenen Schuhe.
Diese Vermuthung sucht ihre Stütze in den alten Chroniken
von Hildesheim und Braunschweig, wo von einem Schodufel-
lopen, Schuhteufel-Laufen, die Rede ist, wobei man fremde
Gestalten annahm und manchen Unfug trieb. Der lateinische Text des Verbots Artikel 19 ist ganz unverständlich.
Binterim findet die Vermuthung Eckhard's nicht unbegründet,
der statt des lateinischen petendo das altdeutsche petenstro,
Bettstroh, wählt, Galium serpillum, Meierkraut, Hühnerklee
oder unserer Frauen Bettstroh genannt, wovon die Boni,
d. h. einfältigen Leute, ein Bündel aufbewahrten gegen giftige Thiere.

Wenn wir bei diesem Verzeichniss der von der Kirche
verbotenen heidnischen Gebräuche etwas länger verweilt haben,
so soll damit weniger der frommen Erbitterung Fehr's Rechnung getragen werden, dessen schon angeführtes Schriftchen
(„Der Aberglaube und die katholische Kirche im Mittelalter")
gegen die allerdings nicht immer aus tiefer Einsicht hervor-
gegangenen Beschuldigungen gerichtet ist: als habe die Kirche
des Mittelalters dem Aberglauben gegenüber sich unthätig
erwiesen. Der angeführte Indiculus würde schon genügend
dagegen zeugen, abgesehen von den in diesem Sinne schon
angeführten und noch anzuführenden Massregeln, sowol von
staatlicher als kirchlicher Seite. Dass Staat und Kirche
im Mittelalter absichtlich dem heidnischen Aberglauben entgegentraten, ist demnach actenmässig nachgewiesen, dass sie
aber den christlichen auszumerzen nicht beflissen waren, dies
zeigen die lebendigen Acten der Geschichte, ja dass sie es
gar nicht vermochten, weil sie selbst darin befangen waren.
Letztere Ansicht wird nicht umgestossen durch einzelne Beispiele über ihre Zeit hervorragender Persönlichkeiten. Den Massstab für die Höhenmessung der Bildung und Strebung einer Ge-
schichtsperiode nimmt die Geschichtsbetrachtung von der Durch-
schnittshöhe. Da selbst die hervorragenden Persönlichkeiten

mit den Sohlen auf dem Boden ihrer Zeit zu haften pflegen,
so kann es nicht befremden, dass die bestgemeinten Vorkehrungen, die im Mittelalter von Staat und Kirche getroffen
wurden, auch das Merkmal ihrer Zeit, aus der sie hervorgegangen, an sich tragen. Man wird bezweifeln müssen, dass
durch angeordnete Umänderung des Tags und Namens eines
heidnischen Festes in ein christlich-kirchliches zugleich auch
eine plötzliche Wandlung im Bewusstsein des Volks vor sich
gegangen, die geistige Bedeutung der christlichen Feier erfasst worden sei. Die von den Heidenbekehrern befolgte, von
den Concilien empfohlene sich anbequemende Gregor'sche Pä-
dagogik musste sich ihrer Milde wegen empfehlen, abgesehen
davon, dass ihnen keine andere bekannt war. Von dieser
Accommodationstheorie und deren Wirksamkeit gibt auch der
Indiculus Beweise und ist eben dadurch von Interesse. Die
unzähligen Ueberreste aus dem classischen sowol als auch
dem nationalen Heidenthum konnten ihre heidnische Bedeutung erst da verlieren, wo das Volksbewusstsein ein christliches geworden war.

Dem Joh. Damascenus, der im 8. Jahrhundert den Versuch machte, die Dogmen der rechtgläubigen Kirche in ein
System zu bringen, wurde eine Abhandlung vom fliegenden
Drachen zugeschrieben, die zwar von der Kritik für unecht
erklärt wird, uns aber doch dienen kann, um die im Volke herrschende Anschauung zu zeigen. Der Teufel fliegt da in Gestalt des Drachens durch Fenster und Schornsteine, zieht bei
seinen Verbündeten ein, bringt ihnen mancherlei Gaben, pflegt
mit ihnen verbotenen Umgang. Es ist die Rede von Hexen
(στύγχαι, auch Gelludes genannt), die in der Luft umher-
streifen, durch Schloss und Riegel nicht abgehalten werden,
in die Häuser kommen, Kinder im Mutterleibe oder bei der
Geburt tödten, ihnen die Leber im Leibe wegfressen u. dgl. [1]

Der Umfang und die Popularität des Glaubens an den
Teufel im 8. Jahrhundert erhellt auch aus dem Zurufe des
Bonifacius an seine Täuflinge: „Ihr habt jetzt dem Teufel,
seinen Werken und all seinem Pompe entsagt. Was aber

---

[1] Fabricii Bibl. gr. V. VIII Acta SS. Maji, Tom. II, 723; vgl. Joh.
Dam. Opp., I, 471.

sind des Teufels Werke? Götzendienst, Giftmischerei, Beschwörer und Loswerfer befragen, an Hexen und Werwölfe
glauben." [1]

In den Capitularien Karlmann's werden alle Phylakterien, geheime Formeln und Wahrsagungen, selbst die im Namen Gottes
und der Heiligen, verboten [2]; von Karl dem Grossen wird den
Bischöfen aufgetragen, ihre Aufmerksamkeit auf die Belehrung
des Volks zu richten, heidnische Bräuche zu verhindern. [3] Eins
der Capitularien Karl's des Grossen verfügt: „Was die Beschwörungen, Augurien und Weissagungen betrifft und die,
welche Unwetter oder andere Maleficien hervorbringen, so
hat es der heiligen Synode gefallen zu verordnen: dass wo
sie ergriffen werden, der Erzpriester der Diöcese darauf zu
sehen habe, dass sie verhaftet, verhört und belehrt werden.
Wenn sie hartnäckig bleiben, sollen sie verdammt und im
Kerker unter Verschluss bleiben, bis sie Besserung angeloben."
Es wird aber ausdrücklich eingeschärft, dass sie nicht am
Leben bestraft werden dürfen. [4]

Den Klerikern wie den Laien wird aufs strengste verboten,
Amulete, Ligaturen u. dgl. zu bereiten, welche von Unverständigen für heilkräftig in Fiebern und Seuchen gehalten werden.
Ebenso werden alle Beschwörungen untersagt, gewehrt wird
allen, die vorgeben, dass sie durch dieselben die Luft zu trüben,
Hagelschlag herbeizuführen, Früchte und Milch dem einen
wegzunehmen, dem andern herbeizuführen im Stande seien,
ohne jedoch eine bestimmte Strafe auszusprechen. „Wenn
jemand vom Teufel verblendet nach Art der Heiden glaubt,
dass ein Mann oder Weib eine Striga sei und einen Menschen
aufzehre und deshalb ihn oder sie verbrennt oder das Fleisch
derselben zum Aufessen hingibt, der soll des Todes sterben." [5]
Im 3. Capitul. Karl's des Grossen vom Jahre 798, c. 18, heisst es
in Beziehung auf die Wettermacher: „Ne chartas per perticas
appendant propter grandinem." Die Kirchenväter hatten den
Dämonen eine Einwirkung auf die Luft eingeräumt; das

---

[1] Vgl. Görres Christl. Mystik, III, 47.
[2] Capit. Karlomann. vom Jahre 742 u. 743.
[3] Carol. M. Capit. ann. 769, c. 7; Capit. ann. 789, c. 4.
[4] Capitul. eccles. von 789.
[5] Capitul. de partit. Saxon. Baluz., I, 250.

Poenitentiale Romanum [1] verdammt den Glauben an die
Wettermacher in Uebereinstimmung mit dem Synodalbeschlusse
von Bracara; später hingegen weiss wieder Thomas von
Aquino die widerstreitenden Ansichten dahin zu vereinigen:
dass der Teufel, obschon nicht „naturali cursu", doch „arti-
ficialiter" Regen und Wind hervorbringen könne. [2]

Aus diesen wenigen Anführungen erhellt, dass sowol die
staatlichen als kirchlichen Massregeln von dem Glauben ausgehen, der Teufel sei die Grundursache, wenn das Volk dem
sogenannten heidnischen Aberglauben anhängt. Daher das
Schwankende in den Bestimmungen, wonach die Macht des
Teufels bald grösser, bald minder erscheint, daher jene wie alle
halben Massregeln die das Ziel nicht klar sehen, auch keine klare
Wirkung haben konnten, vielmehr, ohne dass sie es wollten, den
Glauben an den Teufel, wie er bereits im Volke geläufig war,
zu bestärken und zu verbreiten halfen. Man suchte den heidnischen Aberglauben zu vertreiben und öffnete dem christlichen
Teufelsglauben alle Thüren; indem man erstern auszurotten
bestrebt war, wucherte letzterer als fette Parasitpflanze im
Volke und umstrickte dasselbe in allen Lebenszweigen. Ebenso
ist ersichtlich, dass in dieser Zeit Heidnisches und Teuflisches
für gleichbedeutend galt, wie schon früher Ketzerisches damit in eine Linie gestellt worden war. Im Laufe der Zeit
wird diese Anschauung immer ständiger und geläufiger, daher auch dieselbe Strafe, nämlich der Feuertod, darüber verhängt ist.

Am Anfange des 9. Jahrhunderts finden wir noch einen
Mann, der gleichsam von der Abendröthe der Karolingischen Sonne erleuchtet, gegen den Glauben an die teuflische
Wettermacherei auftrat: Agobard, Erzbischof von Lyon
(gest. 841), der mit Recht „der aufgeklärteste Kopf seines Jahrhunderts" genannt wird. [3] Er erzählt in seiner
Schrift [4] mit Bedauern, dass das Volk in Frankreich an eine

---

[1] Burchard, X, 8.
[2] Thom. Aqu. Comment. in Job., c. 1.
[3] Soldan, S. 86.
[4] Agobardi liber contra insulsam vulgi opinionem de grandine et
tonitruis, c. II.

teuflische Gesellschaft glaube, welche das Getreide in grossen
Massen fortstehle und auf Schiffen durch die Luft nach einem
fabelhaften Lande Magonia fortführe, um es zu verkaufen.
Derselbe Erzbischof erwähnt auch, dass zu seiner Zeit an
manchen Orten den Teufelskünstlern, die sich mit Wettermachen befassen, jährlich eine gewisse Abgabe zu entrichten
üblich sei. [1] Der zweite Kanon der Synode von Paris vom
Jahre 829 erklärt dagegen schon mit Entschiedenheit die
Zauberer und Hexen für Werkzeuge des Teufels. Auch
glaubt man, heisst es daselbst, sie regen die Luft auf, verursachen Hagel und Unwetter, verwüsten die Feldfrüchte,
benehmen dem einen Vieh die Milch und geben sie dem andern. Man müsse daher mit aller Strenge der Gesetze gegen
solche Leute einschreiten, da sie sich nicht scheuen, in verfluchten und verwegenen Unternehmungen dem Teufel zu
dienen. Hincmar, Erzbischof von Rheims, einer der angesehensten Männer im Klerus seiner Zeit, der ums Jahr 863
in einem Buche [2] dreissig an ihn gestellte Fragen beantwortete,
bejaht die eine [3], ob es Hexen gebe, die zwischen Ehegatten
unversöhnlichen Hass oder unaussprechliche Liebe stiften,
oder dieselben zur Vollziehung der Ehe unfähig machen können, und leitet diese Macht vom Teufel ab. Er erklärt das
Nestelknüpfen, wenn dessen Folge der geistlichen Arznei
nicht weichen will, für einen gültigen Scheidungsgrund. [4]

Es lässt sich erwarten, dass die schon früher herausgebil-
dete Vorstellung vom grässlichen Aussehen des Teufels in
diesem Jahrhundert festgehalten und noch mehr entwickelt
wird. Ein Beispiel aus diesem Zeitabschnitte liefert ein Ueberbleibsel von dem altdeutschen Liede Ratpert's, das der vierte
Eckchard ins Lateinische übertragen hat. Da des erstern
Lebenszeit in den Ausgang des 9. Jahrhunderts fällt, so können die Verse, die das Aussehen des Teufels schildern und
zum Lobe des heiligen Gallus gedichtet sind, in der lateinischen Uebersetzung hier wol angeführt werden:

---

[1] Fabricii Bibl. L. m. et inf. temp., I, 31 sequ.
[2] De divortio Lotharii Regis et Tetbergae Reg.
[3] Interrog., XV, 633.
[4] Gratian. Can. IV, c. XXIII, qu. 1.

V. 10. Panem Gallus bestię
      mirandę dat modestię
      mox ut hunc uorauit,
      in fugam festinavit.
      Jussa siluis cedere,
      hic nullam post hac lędere.
      Diacon jacebat
      soporans et uidebat,
      qua uirtute Gallus
      pollet dei famulus.

V. 11. Hinc de loco dęmones
      abegit et serpentes
      Ducis sanat filiam,
      quam satan uexat rabidam,
      Exit ore toruus
      colore tanquam coruus. [1]

In den Acten der heiligen Afra, vor der Mitte des 9. Jahrhunderts [2], wird der Teufel schon ganz in der Art aussehend geschildert, wie er im spätern Mittelalter gewöhnlich oder häufig aufzutreten pflegt. Er erscheint rabenschwarz, nackt aber mit runzeliger Haut wie von der Elephantiasis bedeckt. Da sich nach den Untersuchungen Rettberg's [3] herausstellt, dass die zwei Documente, aus welchen die Acten bestehen, aus Acta conversionis und Acta passionis um die Mitte des 9. Jahrhunderts fertig geworden und letztere sich als die ältern erweisen, sodass Afra als Localsage von Augsburg schon an das Ende des 6. Jahrhunderts fällt, ihr Cult aber noch weiter zurückweist, so lässt sich die Vorstellung vom Teufel, wie sie die Legende schildert, auch auf ein älteres Datum setzen.

Fehr [4] erzählt: Noch als Abt hatte Rhaban die Frage zur Beantwortung erhalten; was von jenen Menschen zu halten sei, welche durch magische Kräfte oder dämonische Zaubergesänge die Menschen täuschen und in einen andern Zustand versetzen? Die Beantwortung beginnt er mit Anführung der Gesetze des Alten Testaments gegen die Zauberer, welche er

---

[1] Lat. Gedichte des 10. u. 11. Jahrhunderts, herausgeg. von J. Grimm und Schmeller.

[2] Act. SS. Boll., II, 55.

[3] Kirchengeschichte Deutschlands, I, 144 fg.

[4] Der Aberglaube und die katholische Kirche im Mittelalter, S. 98.

in verschiedene Klassen eintheilt, handelt von der Magie,
Wahrsagerei; erstere treiben die eigentlichen Magier, die ihrer
bösen Werke wegen auch Malefici genannt werden, die Elemente erschüttern u. s. w., dann die Necromantici, Hydro-
mantici, Geomantici, Aeromantici u. s. f. „Die Ansicht", fügt
Fehr hinzu, „welche Rhaban von Zauberkräften, Beschwörungen,
Wahrsagerei und dergleichen Dingen hatte, scheint in jenem
Zeitalter die vorherrschende gewesen zu sein." Diese Ansicht,
dass solche Zauberkünstler ihre Werke mit Hülfe des Teufels
üben, scheint nicht blos, sondern war in der That die der
Zeit, und der im Jahre 847 zum Erzbischof von Mainz erhobene Rhaban theilte diese Ansicht. Er warnt in einer
seiner Homilien vor dem Umgang mit Heiden, um nicht deren
Gebräuche nachzumachen; in einer andern warnt er vor
Zeichendeutern, Zauberern u. dgl., überhaupt vor allem heidnischen Aberglauben, weil dieser vom Teufel herrühre. Wird
aber mit der Anerkennung des Teufels als einer Macht nicht
der heidnische Aberglaube ins Christliche übersetzt?

Im Jahre 849 erliess Papst Leo IV. eine väterliche Ermahnung an alle Bischöfe des britischen Reichs, wobei er
die Sortes als Maleficien erklärt, die bei Strafe des Bannes
ausgerottet werden sollen.

In den Annalen von Fulda zum Jahre 857 ist ein schreckliches Ungewitter verzeichnet, bei dessen Herannahen die
ganze Volksmenge auf das Geläute in die Domkirche zu Köln
sich geflüchtet hatte. Das Gewitter habe sich über der Kirche
entladen und der Blitz sei in der Gestalt eines feurigen
Drachen durch die Dachrinne gefahren, habe die Gewölbe
zerschmettert, einen Priester am Altar des heiligen Petrus,
einen Diakon am Altar des heiligen Dionysius und einen
Laien am Altar der heiligen Maria erschlagen, mehrere zu
Boden geworfen.[1] Verschiedene Unglücksfälle im Jahre 858
schreibt der Abt Trithemius dem Teufel zu, der sichtbar erschienen, Häuser in Brand gesteckt, vornehmlich gegen einen
Bürger arg gewüthet haben soll, wobei er die Priester, die
dem Bürger mit geistlicher Hülfe beistehen wollten, mit Steinwürfen bediente und verwundete.[2]

---

[1] Annal. Fuld. und Annal. Prudentii Treens. ad ann. 857.
[2] Trithem. Chronicon Hirsaug. ad ann. 858.

Fehr [1] liefert [2] ein Beispiel, wonach eine Synode zu Mainz
gegen die Umtriebe zweier unwürdiger Priester aus Sachsen
gehalten wurde, die sich für frömmer und heiliger als alle
Bischöfe ausgaben, sich göttlicher Wundergaben und himmlischer Visionen rühmten, daher ihnen die gemeinen Leute
haufenweise zuströmten, Beichte ablegten und Geschenke
brachten. Infolge entstandener Uneinigkeit unter ihnen wurden ihre Betrügereien entdeckt. Den einen entsetzte der
Erzbischof Luitbert in einer Synode seines Amts, des andern
bemächtigte sich aber der böse Feind, der ihn jämmerlich
quälte.

Dieser Fall ist darum merkwürdig, weil der Teufel hier
im Sinne der Strafgerechtigkeit fungirt, wovon öftere Beispiele vorkommen.

Der 11. Kanon der Synode von Worms vom Jahre 895
verordnet: „Gemäss den Statuten der heiligen Väter und wegen
der wunderbaren Ereignisse verbieten wir, dass fernerhin ein
Laie in der Kirche beerdigt werde." Der Kanon gibt zugleich
diese wunderbaren Ereignisse an, welche das Verbot veranlassten. In Genua war ein gewisser Valentinus gestorben,
dessen Leichnam in der Kirche des heiligen Syrus des Märtyrers beigesetzt wurde. Um Mitternacht erhob sich ein
Lärm in der Kirche, worauf die herbeigeeilten Wächter zwei
Teufel sahen, welche die Füsse des Valentinus mit einem
Stricke zusammenbanden und ihn aus der Kirche heraus-
schleppten. Die Wächter ergriffen die Flucht, und als am
Morgen die Grabstätte untersucht ward, war die Leiche verschwunden, man fand sie aber ausserhalb der Kirche mit noch
zusammengebundenen Füssen. Die Synode erklärt dies für „eine
wunderbare, schreckliche Geschichte, die für alle Zeiten zu
beobachten sei".

(10. Jahrhundert.) Görres [3] beruft sich auf ein Decret des
Bischofs Eutychianus (gegen Ende des 3. Jahrhunderts), worin
Hirten und Jäger als solche bezeichnet werden, die über Brot,
Kräuter oder über gewisse Vernestelungen (ligamina) teuflische

---

[1] In seiner angeführten Schrift, S. 109.
[2] Aus Annal. Xantens. ad ann. 869.
[3] Mystik, III, 48.

Verse sprechen und das Besprochene in Bäumen oder an
Kreuzwegen verstecken, den eigenen Herden zum Heil, den
fremden zum Schaden. Obschon die Kritik dieses Decret
dem Eutychianus abgesprochen hat, kann es dem vorliegenden
Zwecke doch dienen, insofern es die Anschauungsweise vor
der Zeit der Decretensammlung darlegt.

Die Furcht vor dem Teufel und seiner Macht hatte denselben bereits im 9. und 10. Jahrhundert so hoch erhoben,
dass die göttliche Allmacht daneben beschränkt erscheinen musste, daher Ratherius, Bischof zu Verona, um die
Mitte des 10. Jahrhunderts zum Widersprechen sich genöthigt
fühlte. [1] Selbst Päpste wurden mit dem Teufel in Verbindung gebracht; wie die Synode vom Jahre 963, 6. November
in Rom gehalten, beweist, wo der Process gegen Johann XII.
begonnen, welchem unter anderm auch der Vorwurf gemacht
ward: er habe auf die Gesundheit des Teufels getrunken,
beim Spiele die Hülfe der Juno, Venus und anderer heidnischer Götter angerufen. [2] Es schien die Welt wie auf einer
Wage schwebend, sodass aber die Schale des Bösen überwog.
Alles Aussergewöhnliche wurde dem Teufel zugeschrieben,
und der Enge des damaligen Gesichtskreises musste eben sehr
viel ausserordentlich erscheinen. Die Bemerkung ist daher
richtig: Papst Sylvester (999—1003) sei darum für einen
Schwarzkünstler gehalten worden, weil er kein Alltagsleben
geführt habe. [3]

(11. Jahrhundert.) Wie früher die Heiden, dann die Ketzer
für Teufelsdiener galten, so nunmehr auch die Juden, denen
die Schuld von mancherlei Unheil aufgebürdet und die deshalb verfolgt wurden. Als 1066 Erzbischof Eberhard von
Trier inmitten der Osterfeier plötzlich gestorben war, schrieb
man den Todesfall den Juden zu, die sein Bild aus Wachs
gefertigt, es von einem abtrünnigen Priester Paulin weihen
lassen, während der gottesdienstlichen Handlung verbrannt

---

[1] Mabillon, A. SS. S. V., p. 478; vgl. Görres, Mystik, III, 43 fg., wo
die Concilbeschlüsse angeführt werden.

[2] Vogel, Ratherius, I, 283.

[3] Horst, Daemonom., S. 85.

haben sollten. Sein später gesetzter Grabstein berichtet die
That. [1]

In diesen Jahrhunderten ist auch der Glaube an Thierverwandlungen, Werwölfe und dergleichen Metamorphosen, die
mit des Teufels Hülfe vor sich gehen, schon allgemein verbreitet.
Die Hexer sollten sich, durch ihre Teufelskunst, besonders
gern in Wölfe verwandeln und als solche in den Heerden
grossen Schaden anrichten, selbst Kinder auffressen. Ein
Beispiel liefern bekanntlich schon Ovid's Metamorphosen [2],
wo Jupiter den grausamen König der Arkadier in einen Wolf
verwandelt. Auch unter den Indianern erfreut sich der Glaube
an Verwandlung der Menschen in Thiere grosser Verbreitung. [3]
Im Mittelalter wurde besonders Bulgarien als Sitz der Werwölfe betrachtet, was mit den Katharern, den Bogumilen im
Zusammenhange steht. Das weibliche Geschlecht verwandelt
sich, nach dem gangbaren Glauben, gewöhnlich in Katzen,
Kröten, Ratten, Mäuse, Heuschrecken u. dgl. Besonders beliebt in der teuflischen Kunst ist die Katze. Auch diese
Metamorphose ist schon im heidnischen Alterthum vertreten.
Als Galinthia, nach Antonius Liberalis [4] von den Schicksalsgöttinnen, nach Pausanias (in Beoticis) von den Zauberinnen
in eine Katze verwandelt ward, erbarmte sich Hekate jener
und machte sie zu ihrer Priesterin. Als dann Typhon alle
Götter und Göttinnen gezwungen, sich in Thiere zu verwandeln, nahm Hekate selbst die Gestalt einer Katze an.

Nach der kirchlichen Anschauung der Zeit vollziehen sich
solche Verwandlungen selbstredend nur durch die Macht des
Teufels, und wenn später die Verfasser des „Hexenhammers"
diese Metamorphosen auf ein Blendwerk des Teufels zurückführen, so zweifeln sie doch nicht an ihrer wirklichen Existenz.
Dies war auch die orthodoxe Meinung, dass Gott dem Teufel
zulasse, aus Menschen wirkliche Thiere zu machen, und obschon man diesen die menschliche Seele liess, behauptete man
doch, dass das Thier keinen Gebrauch davon mache. Remigius
führt zur Bestätigung mehrere Beispiele von Hexen an, die

---

[1] Brower, Antiqu. Trevir. lib. LXXV, p. 539; bei Görres, Mystik, III, 53.
[2] Lib. I, Met. VI.
[3] Waitz, Anthropologie, III, 215 u. a.
[4] Metamorph., c. XXIX.

selbst bekannten, früher in Katzen verwandelt gewesen zu sein.
Kaspar Schott, ein berühmter Physiker seiner Zeit, verwirft
diese Behauptung, weil nach physikalischen Gesetzen kein
Körper in den andern dringen könne ohne mehr Raum ein-
zunehmen, daher in den andern physisch nicht verwandelt
werden könne. Er weiss die Erscheinung besser zu erklären:
der Teufel geht vor den Teufelskünstlerinnen einher, die zwar
Menschen bleiben, aber durch Illusion der Menschen wie
Katzen aussehen. Er öffnet ihnen geschwind und ganz leise
Thüren und Fenster, die er, sobald er jene eingelassen hat,
ebenso unmerklich wieder schliesst. [1] Nach der Ansicht des
Grillandus [2] halten sich die Hexen nur durch Betrug des
Teufels für solche Thiere, denen er die Fenster öffnet, Mauern
durchbricht u. dgl.

Nicht nur die Macht, Menschen in Thiere zu verwandeln,
wurde dem Teufel allgemein zuerkannt, sondern auch dass
mit seiner Hülfe durch Hexer und Hexen allerlei Ungeziefer,
Würmer, Engerlinge u. dgl. hervorgebracht werden können,
war herrschender Glaube. Ein treffendes Beispiel in dieser
Richtung bringt Horst aus dem mittelalterlichen Glaubenskreise. [3] „Als einmal Würmer und Engerlinge in der Gegend
von Lausanne ungeheuern Schaden an Feld- und Garten-
früchten verursachten, wurden sie auf Befehl des Bischofs
von Lausanne dreimal von der Kanzel citirt: «bei Kraft und
Gehorsamlichkeit der heiligen Kirche, den sechsten Tag darauf, nachmittags, so es zur Glocke Eins schlägt, gen Wiflis-
burg zu erscheinen, selbst oder durch Fürsprache». Hierauf
kniete die Gemeinde nieder und betete drei Paternoster und
ebenso viel Ave-Maria zu Ehren der Dreifaltigkeit um Gnade
und Hülfe wider die abscheulichen Inger zu erflehen. Da die
Würmer nach abgelaufenem Termine zu erscheinen unter-
liessen, so wurde ihnen ein Vertheidiger ihrer Sache bewilligt.
Kläger und Beklagte wurden darauf ordentlich nach gebräuch-
lichem Rechtsgang verhört und da die Engerlinge den Process
verloren, wurden sie feierlich im Namen Gottes des Vaters,
des Sohnes und des Heiligen Geistes verflucht, dass sie sofort

---

[1] Physica curiosa, c. XXIV, p. 81 sequ.
[2] De sortileg. lib. II, qu. 8.
[3] Daemonom. I, 81.

von allen Feldern weichen und zu Grunde gehen sollten. Die
Engerlinge fanden es aber, nach der Versicherung einiger
Zeitgenossen, bequem, in dem guten Boden von Lausanne
fortzuleben, dass sie ihrer Verfluchung ungeachtet auch das
Jahr darauf nicht weichen wollten." [1]

Gfrörer [2], der die Bemerkung macht, es habe damals
der Teufelsglaube eine solche Stärke erlangt, dass eine Menge
Erscheinungen, Krankheiten u. dgl., die man in andern Zeiten
aus natürlichen Ursachen ableitete, nun der Bosheit des Erb-
feindes zugeschrieben wurden, liefert auch einige Fälle. Der
Kranke, den Erzbischof Adelbert am Osterfeste 1065 zu
Worms geheilt haben soll, musste ein vom Teufel Besessener
gewesen sein. Die Zuckungen und Krämpfe, unter denen
Reginger starb, waren ein Werk des Bösen. [3] Nach dem
Berichte des augsburger Chronisten überfielen im Jahre 1075
Höllengeister auf einmal mehrere Weiber aus dem Gesinde
Herzogs Wolf von Baiern. [4] — Dass der Satan zuweilen
selbst leibhaftig erschien, bald in schreckenerregender Grösse,
bald in Zwerggestalt, versteht sich von selbst, und in
der Geschichte der Wunder des heiligen Emeran erzählt
ein Mönch Arnold, der um das Jahr 1037 geschrieben,
Selbsterlebtes. [5] Die vor dem Concil zu Orleans 1022 ab-
gelegten Zeugnisse in Beziehung auf die Manichäer sind
wahre Blocksbergsscenen, die Gfrörer voll Wahnsinn und
Unzucht findet und dabei bemerkt: „Mag, was man den
Manichäern schuld gab, wahr, halbwahr oder falsch sein,
gewiss ist: die überwiegende Mehrzahl der Menschen hielt
solche Dinge für wirklich. [6]

Das englische Concil von Anham um 1009 verordnet:
wenn Hexen, Zauberer oder Wahrsager sich irgendwo finden, so sollten sie aus dem Lande gewiesen werden, wenn
sie sich nicht bessern. [7] Das 10. Buch im „Magnum Decre-

---

[1] Vgl. Hottinger, Histor. eccles.; Semmler, Fruchtb. Auszug aus der
Kirchengeschichte, II, 76.

[2] Gregor VII. und seine Zeit, II, 107 fg.

[3] Pertz, V, 207.

[4] Pertz, II, 129.

[5] Pertz, IV, 543.

[6] Gfrörer, a. a. O., S. 108.

[7] Mansi, Tom. XIX, l. c. p. 253.

torium volumen" des Bischofs Burchard (gest. 1025) beginnt
mit der ernstlichen Ermahnung: dass die Bischöfe und Priester
mit allen Kräften dahin streben sollen, die verderbliche, vom
Teufel erfundene Kunst der Wahrsagerei und Zauberei mit
Stumpf und Stiel aus ihren Sprengeln auszurotten. Einige
Weiber, die sich dem Satan zugewendet, sind durch dessen
Vorspiegelungen irregeleitet und geben vor, dass sie mit
Holda und einer Menge von Weibern auf gewissen Thieren
ritten und nächtlicherweise einen grossen Theil der Erde
durchzögen, von andern zu ihren Diensten gerufen würden.
Und wenn nur diese allein in ihrem Aberglauben verdürben
und nicht auch andere mit in den Untergang zögen! Aber
eine unzählige Menge lässt sich durch diesen Wahn bethören
und hält ihn für Wahrheit, irrt vom rechten Wege ab und
versinkt in heidnischen Irrthum, da sie glaubt, es gebe ausser
Gott noch ein göttliches Wesen. Die Priester müssen daher
in ihren Gemeinden dem Volke eindringlichst predigen, dass
dies alles falsch und solches Blendwerk nicht von einem göttlichen Wesen, sondern von einem bösen Geist den Seelen der
Menschen eingegeben werde. Es nimmt nämlich der Teufel
die Gestalt eines Engels des Lichts an und verwandelt sich,
sobald er den Geist irgendeines Weibes befangen und sich
dieses durch seinen Aberglauben unterjocht hat, in entgegen-
gekehrte Gestalten und zeigt der von ihm befangen gehaltenen
Seele im Traume bald Freudiges, bald Trauriges, bald bekannte, bald unbekannte Personen und führt dieselbe auf alle
Abwege; der Mensch aber wähnt, alles das gehe nicht nur
geistiger-, sondern auch körperlicherweise vor. Daher ist
allen öffentlich zu verkünden, dass, wer solches und ähnliches
glaubt, den Glauben verliert, und dass wer den rechten Glauben an Gott nicht hat, nicht diesem, sondern dem angehört,
an den er glaubt, nämlich dem Teufel. — Im 28. Kapitel ist
die Rede von Zauberern, Wettermachern und solchen, welche
durch Anrufung der Dämonen die Gemüther der Menschen
verändern zu können glauben und daher aus der Kirchen-
gemeinschaft ausgeschlossen werden sollen. Weiber, die
solches thun und vorgeben, sie können die Gesinnung der
Menschen, den Hass in Liebe, Liebe in Hass umändern, und
dass sie nachts (in der schon beschriebenen Weise) auf Thieren reiten, sollen aus der Pfarrei ausgewiesen werden. Die

Priester sollen die Gläubigen belehren, dass Zauberkünste den Menschen in einer Krankheit keine Heilung verschaffen, ebenso wenig die Thiere vor Krankheit und Tod schützen können; sondern dass es Nachstellungen und Stricke des alten Feindes sind, durch welche er das Volk zu berücken strebt (Kap. 40). Im 13. Kapitel wird derjenige mit einem Jahre Busse bedroht, der auch dem kleinsten der Dämonen opfert, wer grossen, soll zehn Jahre Busse thun.

Aus diesem kleinen Auszuge ist die Beschaffenheit des damals herrschenden Volksglaubens ersichtlich, und welche Macht der Bischof von Worms dem Teufel zueignet. Das 5. Kapitel enthält einen ganzen Abschnitt „de arte magica“, worauf eine Menge Fragen an das Beichtkind gerichtet werden sollen. Für den Fall der Bejahung der Frage: ob es sich dieser oder jener teuflischen Zauberkunst schuldig gemacht, wird die entsprechende Busse angegeben. Der Aberglaube, Irrthum wird also als Sünde behandelt, insofern latent ein Abfall darunter gedacht ist, und so sehen wir den alttestamentlichen Standpunkt noch immer festgehalten, wo Zauberei und was damit zusammenhängt, als theokratisches Verbrechen, als Abfall von Jahveh bestraft wird.

Als Zeugen des allgemein verbreiteten Glaubens, dass ein Bündniss mit dem Teufel zu schliessen möglich sei, und ein solches dem daran betheiligten Menschen ausserordentliche Macht verleihe, dass diesen Glauben auch gewisse Häupter am salischen Hofe theilten und selbst beflissen wären, des Beistandes dämonischer Mächte sich zu versichern, führt Gfrörer[1] den bremischen Geschichtschreiber Adam an, der Selbsterlebtes berichtet. Dieser erzählt[2]: „Seit der Zeit, da Adalbert (der hamburger Bischof) den Staat lenkte, hat man bemerkt, dass der Charakter des Erzbischofs eine schlimme Wendung erfuhr: er konnte alle diejenigen nicht mehr ausstehen, die ihm die Wahrheit sagten, schenkte Schmeichlern ausschliesslich seine Gunst, umgab sich mit Wunderthätern, Traumdeutern, Wahrsagern. Diese Menschen behaupteten, das, was sie ihm vorlogen, sei ihnen durch Engel geoffenbart worden. Oeffentlich prophezeiten sie, der hamburger Pa-

---

[1] Gfrörer, Gregor VII., 110.
[2] Gesta Hammaburg., III., 37—38; Pertz, VII, 350.

triarch (diesen Titel hörte Adalbert am liebsten) werde in
kurzem das Papstthum erlangen, seine Widersacher vom
Hofe vertreiben, werde den Staat allein und lange regieren,
die Jahre seines Patriarchats werden die Zahl funfzig überschreiten und zuletzt werde durch ihn das goldene Zeitalter
auf Erden wiederkehren." Weiter unten berichtet Adam,
dass der Erzbischof, um den Ankauf einer Grafschaft zu be-
streiten, alle Kirchengefässe eingeschmolzen und sich gerühmt
habe, dass er in kurzem statt silbergeschmückter Kirchen
eine goldene erbauen und ·alle weggenommenen Kleinodien
zehnfach ersetzen werde. Gfrörer fügt die Bemerkung hinzu:
Adalbert müsse geglaubt haben, demnächst über einen Zauber
zu verfügen, alles in Gold zu verwandeln. Gfrörer bestätigt
auch [1], dass Adalbert die Goldmacherkunst nicht als Philosophie, sondern als Teufelswerk betrachtet habe, und sieht
den Beweis in dem tiefen Dunkel, in welches der Erzbischof
seinen Verkehr mit seinen Genossen geflissentlich hüllte, und
in der sichtbaren Aengstlichkeit, mit der Zeitgenossen, wie
Adam, von dem, was in den verborgensten Gemächern des
hamburger Bischofshofes vorging, sprechen. „Also", ruft
Gfrörer aus [2], „der Metropolit, der 1065—1066 das Steuer-
ruder des Staats führte, beschäftigte sich mit geheimen
Künsten, welche die Kirche und Mitwelt, ja er selbst, für
höllische hielt." Bei Gfrörer [3] spricht Benno [4] den Verdacht
aus: Gregor VII. habe seine grossen Thaten mit Hülfe eines
nekromantischen Buchs, also im Einverständnisse mit dem
Teufel vollbracht.

Das Concil von London im Jahre 1075 verordnet: dass
keiner Zeichendeuterei oder ähnliche Künste ausüben dürfe,
noch die Gebeine getödteter Thiere aufhängen, um dadurch
die Viehseuche abzuwehren. [5]

Nach der herrschenden Vorstellung vom Teufel, dessen
Wirksamkeit bei allem Aussergewöhnlichen wahrgenommen
wurde, hatte derselbe auch überall seine Hand angelegt, wo
es Verhältnisse gab die für abnorm galten, weil man ihren

---

[1] S. 113.
[2] S. 114.
[3] Greg. VII., II, 109.
[4] Goldasti, 6.
[5] Mansi Tom. X, c. 1, p. 454.

Grund nicht erkannte. Dies zeigt sich bei Kaiser Heinrich II.
und seiner Gemahlin Kunigunde. Die mittelalterliche Kirche
hat diesen Kaiser bekanntlich unter die Heiligen verzeichnet
und seine Gemahlin hat ihre Lobredner gefunden, die sie als
Heilige darzustellen bemüht sind. Ungeachtet dessen hat sich
die Sage gebildet, Kunigunde sei ihrem Gemahl untreu gewesen, dass ein junger Soldat öfters gesehen worden, als er
des Morgens die Königin verliess, dass Kunigunde zur Bestätigung ihrer Unschuld die Probe des glühenden Eisens
habe bestehen müssen. Nach der Versicherung eines unbekannten Mönchs, der um das Jahr 1300 eine weitläufige
Lebensbeschreibung Heinrich's verfasste[1], war die Kaiserin
unschuldig, aber der leidige Teufel nahm aus Neid über die
musterhafte Keuschheit derselben die Gestalt eines Soldaten
an, um sie zu verderben. Gfrörer[2] macht uns auf das
hohe Alter dieser Sage aufmerksam, mit Hinweisung auf
die Vita Henrici des bamberger Adalbert[3], und wir dürfen
hiernach annehmen, dass die Einmengung des Teufels von
zeitgenössischen, der Kaiserin geneigten Interpreten ins Werk
gesetzt worden ist. Aus der Geschichte von Kunigunde,
die auch Viti Arnpeckhii Chronicon Bojoariorum enthält[4],
möge nur die entscheidende Stelle aus Kap. XXIX hier
Raum finden:

> Sub modio posita fuit ardens illa lucerna.
> Hanc etenim nuptam prius omnes esse putabant,
> Denique corruptam pro adulterium reputabant.
> Sed quia virgineum florem servavit in aevum,
> Judicio teste, satis eminuit manifeste.
> Quod prius Hainricus fuerit quoque virgo pudicus,
> Est manifestatum licet haud fuerit sibi gratum.
> Pessima figmenta Sathanae sunt adnihilata,
> Femina dum fragilis Sathana tentante probatur
> Omnibus odibilis Zabulus per eam reprobatur.

Ein Bild vom Teufelsglauben aus dem 12. Jahrhundert
erhalten wir durch Fehr[5], der den Schluss der Rede anführt,

---

[1] Vitae Henrici additam., c. 3; Pertz IV, 819 squ.

[2] Allgem. Kirchengeschichte, IV, 1. Abth., 197.

[3] Cap. 21; Pertz IV, 805.

[4] Lib. IV, cap. XXVII; in Pezii Thesaur. anecdot. noviss., Tom. III,
Part. III.

[5] A. a. O., S. 135.

die der heilige Otto, Bischof von Bamberg, der Missionar
von Pommern, bei seinem Abschiede (im Jahre 1125) daselbst
gehalten: „Vorerst entsaget euern betrügerischen Götzen, den
tauben und stummen Bildern und unreinen Geistern, die darin
wohnen; bewaffnet mit dem Kreuzeszeichen zerstört die
Tempel und Bildnisse der Götzen, damit nach Verjagung
dieser euer Gott, der Lebendige, in eurer Mitte wohnen möge.
Ihr könnt nicht Gnade bei ihm finden, wenn ihr nicht alle
andern verweiset, denn er fliehet davon und hält die Gesellschaft anderer Götter für seiner unwürdig; er mag keine Gemeinschaft mit Götzen. Aber ich weiss, ihr habt noch kein
rechtes Zutrauen, ich weiss, ihr fürchtet euch vor den Teufeln, den Inwohnern eurer Götzenbilder, und deswegen wagt
ihr es nicht, sie zu vernichten; darum will ich selbst mit
meinen Brüdern, den Priestern und Klerikern, in eurer Gegenwart die Götzenbilder und Tempel angreifen, und wenn ihr
dann sehen werdet, dass wir, bezeichnet mit dem Kreuzeszeichen, unverletzt bleiben, so leget auch ihr Axt und Beil
an, zerstört Thüren und Wände, werfet sie hinaus und verbrennt sie." Ehe der heilige Otto Hand anlegte, hielt er, wie
alle seine Priester, die heilige Messe, wobei die übrigen Theilnehmer communicirten. Hierauf ergriffen sie, unter dem
Schutze des Kreuzeszeichens, Beile, Aexte, Hacken, bestiegen
die Götzentempel und rissen Dach, Balken und Obergebäude
zusammen. Als die Pommern sahen, dass der heilige Bischof
mit den Seinigen, ohne den geringsten Widerstand der Götter
zu erfahren, dies vollzog, machten sie gemeinschaftliche Sache
mit ihnen und zerstörten alle Götzenbilder und Behälter derselben. Das Holz nahmen sie mit nach Hause, um den Ofen
damit zu heizen. Nur den halbzerstörten Triglaf behielt sich
der Bischof, um ihn dem heiligen Vater als Siegeszeichen
nach Rom zu schicken. Ueberall, wo früher Götzenbilder
waren, auch selbst an öffentlichen Wegen, wurden jetzt Kreuze
mit dem Bildnisse des Erlösers errichtet, damit der Heiland
von allen erkannt werde. Man kann die Ueberzeugung Fehr's
theilen, dass es dem Bischof Otto um Ausrottung des heidnischen Aberglaubens ernstlich zu thun gewesen; dem Unbefangenen wird aber auch nicht entgehen, dass der Heidenapostel an die Existenz einer in Triglaf's Tempel hausenden
Macht fest geglaubt, daher er vor Beginn des Zerstörungs-

werks eine Messe zu halten für nöthig hält, um unter dem
Schutze des Kreuzeszeichens die Götzen-, d. h. Teufelswohnung
niederreissen zu können. Es gilt eigentlich einen Wettkampf,
um die grössere Macht des christlichen Gottes siegreich über
die des pommerschen Götzen hervorgehen zu lassen, und als
Trophäe wird der überwundene Triglaf nach Rom gesandt.
Es ist eine Art Wiederholung des Wettkampfs zwischen Mose
und den ägyptischen Zauberern, wo die Existenz der ägyptischen Götter vorausgesetzt wird, der Hebräergott aber als
der mächtigere sich erweist. Man sieht sich unter den alt-
mosaischen Gesichtspunkt versetzt, und der Bischof Otto theilt
kaum die Anschauung der grossen alttestamentlichen Propheten,
welchen die heidnischen Götter schon als Elilim, als Nichtig-
keiten erschienen. Würde wol ein Bischof unserer Tage in
einem ähnlichen Falle durch Abhaltung einer Messe und das
Zeichen des Kreuzes gegen die Macht des Götzen, dessen
Tempel er zerstören wollte, wie Otto sich früher kugelfest
zu machen suchen? Durch die Methode, die heidnischen
Götter und das ganze Heidenwesen zur Teufelei herabzudrücken', die wir später näher betrachten wollen, musste der
Glaube an den ganzen Teufelapparat bei den Bekehrten lebendig erhalten werden und an den vielen heidnischen Ueberresten inmitten der Gläubigen stets Nahrung erhalten. Diese
wurde dem Teufelsglauben von dem frommen Eifer der
Kirchenlehrer, obgleich unabsichtlich und unbewusst, in reichlichem Masse geboten.

Dieselbe Vorstellung von dem Zusammenhange des Götzen-
dienstes mit dem Teufel finden wir in der Kaiserchronik.
Massmann [1] theilt aus einem lateinischen Bruchstück der stuttgarter Pergamentschrift, die den Anfang der Kaiserchronik
enthält, einen Abschnitt mit, dem eine Beschreibung der
sieben Wochentage und Götter der Römer beigefügt ist.
Dem lateinischen Texte gegenüber steht der Text der Kaiserchronik, wonach jener gebildet ist. Wie dem früher erwähnten Bischof Heidnisches und Teuflisches gleichbedeutend
ist, so wird diesem in dem Gedichte Römisches gleichgeachtet.

---

[1] Kaiserchronik, Ged. des 12. Jahrh., S. 874.

Septima die quae sabbatum dicitur
romani confluebant ad templum
quod deo consecraverunt qui saturnus dicitur
ibidem orantes et sacrificia deportantes deo saturno
et omnibus diabolis.

an deme samezdage sâ
einiz heizit Rotunda
daz was ein hêrez betehûs
der got hiez saturnus
darnach was iz allir tiuvel êre.

Die Kaiserchronik erzählt[1] von dem „helleviure“ in Rom,
dass es weder Wasser noch Feuer zu löschen vermochte und
niemand zertreten konnte, viel Rauch, Geruch und dadurch
viel Krankheit und Sterben hervorrief. Bei der Erlangung
der Herrschaft des Gottesfeindes Julianus muss selbstverständlich der Teufel mithelfen. Zu Rom lebte eine fromme
Frau, die den Julian wie ihren Sohn erzog. Als ihr Mann
starb, vertraute sie jenem all ihr Vermögen an; als sie es
aber zur Stunde der Noth zurückforderte, schwur er, es nicht
empfangen zu haben. Da eilte die Arme zum Papste und
klagte über Julian, der aber neuerdings abschwur. Die Frau
musste nun aus Noth für andere Leute waschen, kochen und
backen. Als sie eines Tages an der Tiber waschen wollte,
fand sie im Wasser eine Bildsäule, welche die Heiden dort-
hin versteckt hatten und alle Morgen anbeteten. Die Frau
spottete über das Gebilde und schlug es um die Ohren. Da sprach
der Teufel aus dem Bilde zu ihr, aber sie spottete seiner;
das Bild (Mercurius) versprach, ihr das Vermögen wieder zu
verschaffen, und rieth ihr, morgen Julian abermals zu ver-
klagen, man werde ihn dann zum Schwur auf seinen Heiligen
nöthigen, und so solle sie verlangen, dass er auf das Mercur-
bild schwöre; er wolle sorgen, dass sie ihr Vermögen wieder
erlange. Die Frau that es, flehte zum Papste klagend über Julian,
seinen Kapellan. Dieser ward zum Eide verurtheilt; da verlangte die Frau den Schwur auf Mercurius. Julian, rasch
bereit, stiess die Hand in den Mund des Gottes, der sie aber
festhielt, dass ihm keiner davon helfen konnte. Da sagte Julian die Zurückgabe des Vermögens zu, das Bild aber liess
nicht ab bis zum Abend. Da sprach es zu ihm: ich habe

---

[1] Z. 1138 fg.

dich geschändet, schwöre zu mir, und ich mache dich zum
Herrn des römischen Reichs u. s. w. Julian thut es und gelangt so durch des Teufels Hülfe zur römischen Herrschaft.

Die althergebrachten, von den Kirchenvätern ererbten
Ansichten über den Fall, das Wissen des Teufels u. dgl. sind
auch im 12. Jahrhundert aufrecht gehalten. Es genügt, aus
Gottfried von Viterbo's (gest. 1191) Chronicon universale oder
Pantheon, das bis zum Jahre 1186 geht, einige bezügliche
Stellen herauszuheben. Ueber Lucifer's Fall und dessen
Folge: „Voluit deo aequalis imo major apparere, unde a coe-
lesti aula in carcerem inferni tanquam malefactor detrusus. —
Sicut prius pulcherrimus, ita factus est teterrimus, prius splen-
didus, postea tenebrosus, prius honore laudabilis, postea errore
exsecrabilis, mox creatus per superbiam intumuit et sese
avertit a luce veritatis. Alii qui cum eo erant, ejecti sunt,
principes et sequaces ejus cum eo projecti sunt in internum
et in hunc aërem tenebrosum. — Ad hanc altera nobis quae-
stio proponitur: quomodo diabolus inter angelos bonos ali-
quando scribitur esse? ut in libro Job, adfuit inquit, etiam
Satana ante eos, scilicet inter angelos. Qualiter cum electis
angelis esse potuit, qui damnatus per superbiam a coelis et a
fonte angelorum dudum exivit. — Sed forte dices o lector,
quare creavit deus diabolum, cum sciret eum malum esse fu-
turum? Respondeo: quia propter operis sui ornatum. Sicut
pictor nigrum colorem substernit, ut albus apparentior fiat,
sic per praevaricationem malorum justi clariores fiunt. —
Quaeritur, si daemones omnia sciant? Dicimus, quia ex sui
natura multam habeant scientiam, non tamen omnia sciant.
Sed quanto angelica natura subtilior quam humana, tanto
in omnibus artibus sunt peritiores. — Futura nesciunt, nisi
quantum de astrorum scientia colligant et quantum eis a deo
permittitur. — Porro cogitationes et voluntates nemo scit,
nisi solus deus et cui ipse voluerit revelare. — Daemones
bonum nec sciunt nec possunt. — Casus autem malorum angelorum minuit numerum eorum, verum homo creatus est, ut
impleatur numerus electorum."[1]

---

[1] Bibliothek d. gesammt. deutsch. Nationallit., 4. Bd., 3. Abth., 3. Thl.,
S. 87 fg.

Hurter[1] macht die Bemerkung: „Obwohl sie (die Kirche)
einen Einfluss des Teufels und der bösen Geister auf die
Menschen nicht in Abrede stellte, so waren ihr doch alle
geheimen Künste, womit man sich dieselben zu irgendwelchem
Zwecke dienstbar zu machen wähnte, ein Greuel. Alexander III.
(1159—89) untersagte einem Priester, welcher mit Hülfe eines
Astrolabiums einen Diebstahl entdecken wollte, die Feier der
Messe auf ein Jahr.[2] Die allgemeine Cistercienser-Versamm-
lung von 1183 verfügte schwere Strafe gegen jedes Mitglied,
welches Wahrsagerei getrieben hatte.[3] Honorius III. (1206
—27) sah selbst das Los bei geistlichen Wahlen als eine
höchst tadelnswerthe Sache an.[4] Am klarsten blickte der
ungarische König Koloman (1095—1114), denn er sagte: „von
Hexen soll niemand reden, weil es keine gibt." (De strigis
quae non sunt, nulla mentio fiat.)[5] Hiermit bestätigt uns Hurter, dass auch die Oberhäupter der Kirche den Glauben an
die Macht des Teufels theilten, und ihre Scheu vor den
geheimen Künsten findet eben darin ihre Erklärung. Dies
zeigt Hurter deutlich, indem er den König Koloman als den
klarsten Denker aufstellt.

Vom Ausgange des 11. Jahrhunderts an zeigt der Teufel
während dieses Zeitraums häufig ein lachéndes Gesicht und
spielt die Rolle der lustigen Person, zugleich eines ge-
riebenen Gesellen, der aber schliesslich doch den kürzern zieht
und als gefoppter, dummer Teufel abziehen muss, worüber er
verlacht wird. Beispiele hierzu liefern die geistlichen Schauspiele, wo der Teufel auf der Bühne nebst der Nemesis vornehmlich die Komik vertritt, was hier zunächst nur berührt
wird, da der Teufel auf der Bühne später näher betrachtet
werden soll. Als zu Schanden gewordener Teufel erscheint
er auch häufig in den Heiligen- und Marienlegenden in dieser
Periode, in welcher die schon früher der Heiligen Jungfrau
gezollte Verehrung nachgerade die Höhe ausschliesslicher
Abgötterei erlangte. Im Zusammenhange damit steht der

---

[1] Innocenz III., Bd. 4, S. 515.
[2] Decret. Greg. IX., L. V., tit. XXI.
[3] Holsten, Cod. regul., II, 402.
[4] Decret. Greg. IX., l. cap.
[5] Engel, Gesch. v. Ung., I, 209.

Glaube an die grosse Macht der Reliquien über den Teufel, der vor jenen grosse Angst hat. Dass er aber darüber seine höllische Natur nicht abgethan, zeigt er in der furchtbaren Rolle, die er während des 11., 12. und 13. Jahrhunderts in der Geschichte der Beghuinen, Lollharden und Albigenser spielt.

Zauberei, Hexerei und Ketzerei werden immer mehr ineinandergesetzt, so dass sie sich endlich ganz decken. Hexerei und Zauberei werden nur mehr vermittels teuflischer Macht gedacht, Ketzerei, schon früher ihrem Ursprunge nach vom Teufel abgeleitet, wird mit jenen im verbrecherischen Sinne ganz gleichgestellt.

---

11. Vom 13. Jahrhundert bis zur Bulle „Summis desiderantes" von Innocenz VIII.

Eigentliche Teufelsperiode.

Alle Schriftsteller, welche den Teufelsglauben des Mittelalters besprechen, stimmen in der Wahrnehmung überein: dass die Vorstellung vom Teufel und die Furcht vor seiner Macht innerhalb des 13. Jahrhunderts den Gipfelpunkt erreicht und von da ab die Gemüther beherrscht. Physisches Uebel, moralisch Böses, Beschädigungen am Besitz, geheimnissvolle Heilungen, Wettermachen, Liebeszauber u. dgl. werden vom Teufel hergeleitet, es „sammeln sich alle diese Begehungen", sagt Soldan[1], „und noch andere neu hinzutretende von nun an als Radien um einen gemeinschaftlichen Mittelpunkt, der nichts anderes ist, als ein vollendeter Teufelscultus". Der angegebene Zeitraum darf also wol als eigentliche Teufelsperiode bezeichnet werden. Da wir uns bei der Verfolgung der Geschichte des Teufels auf zeitgenössische Zeugen zu berufen pflegen, so wird unter den Gewährsmännern, welche die Anschauung ihrer Zeit vergegenwärtigen können, Cäsarius von Heisterbach willkommen sein. Als Geschichtschreiber aus der ersten Hälfte des 13. Jahrhunderts, der

---

[1] Gesch. d. Hexenpr., 99.

„die Sitten der Zeit in frommem und reinem Geiste" richtet[1],
eröffnet er uns mit deren Erkenntniss auch den Einblick in
den herrschenden Glaubenskreis mit der Vorstellung vom
Teufel darin. „Wenn sich", sagt Alexander Kaufmann[2],
„jene heitere, sinnlich verführerische Seite des mittelalterlichen
Lebens dichterisch verfeinert nirgendswo so leicht und farben-
prächtig entfaltet, wie im «Tristan» Gottfried's von Strasburg,
dieses lyrisch so duftigen und melodischen, episch so frisch
und lebendig veranschaulichenden Dichters, so tritt uns die
ernste, strenge, vielfach auch düstere Seite der mittelalterlichen Cultur nirgendswo so klar und bestimmt, so ganz als
ein den Augen des Beschauers nahe gerücktes Bild der Wirklichkeit entgegen, wie in dem Werke eines andern, mit Gottfried gleichzeitigen Rheinländers, im Dialogus des Cäsarius
von Heisterbach.... Cäsarius, der zwischen 1240—50 starb,
gehörte also noch zu der alten strengen Schule seines Ordens;
das Kloster, in welchem er lebte, wurde seiner Zucht und
Sittenreinheit wegen besonders gerühmt; Männer der strengen
Observanz bildeten seine Umgebung und seine Kritiker. Ein
Schriftsteller von solcher Richtung und in solche Lebensweise
versetzt war kein eitler, plauderhafter Fabulist; er unterhielt
nicht um zu unterhalten, sondern um zu belehren, und selbst
wo sich ihm ein Scherz aufdrängt, liegt diesem Scherz der
tiefste Ernst zu Grunde."[3] Und noch eine Bemerkung Kaufmann's in unserm Sinne und für unsern Zweck möge hier
stehen: „Man vergesse nicht, dass in der Zeit, da Cäsarius
schrieb, die Phantasie des Volks noch eine überaus lebendige,
erregte, schöpferische gewesen ist. Wie sich die Laien Sagen
und Märchen bildeten, so erwuchs in den Klöstern, deren
Mitglieder aus dem Volke hervorgegangen und ihm in gewissem
Grade immer noch angehörten, eine Fülle legendarischer
Poesie, die weit mehr einen literargeschichtlichen, mythologischen und ästhetischen als einen kirchlichen und theologischen Standpunkt der Beurtheilung erheischt."

Wir können also unsern Cäsarius als Gewährsmann in
Betreff der Vorstellungen seiner Zeit betrachten und ist zu

---

[1] Sein Eintritt ins Kloster fand gegen Ende des 12. Jahrhunderts
statt, sein Tod ungefähr 1240—50.
[2] Cäsar von Heisterbach, Ein Beitrag zur Culturgesch. (2. Aufl.), S. 100.
[3] Ders., S. 7.

erwarten, dass sein „Dialogus Miraculorum“ brauchbares Material zur Geschichte des Teufels liefern werde.

Dieser erscheint bei Cäsarius unter Windgeheul und Krachen der Bäume[1] und bricht sich Bahn durch das Dickicht.[2] Der Gestalt nach zeigt er sich bald als Pferd, Hund, Katze, Bär, Affe, Kröte, Rabe, Geier, dem Glöckner zu Köln erscheint er sogar in Ochsengestalt[3], bald in menschlicher Form als anständig gekleideter Mann[4] oder als schöner Soldat[5], wo es darauf ankommt, eine Frau zu verführen, bald als grosser, dunkelgekleideter Mann von hässlichem Ansehen[6], als vierschrötiger Bauer, bald mit weiblichem Gesicht, schwarzem Schleier, schwarzem Mantel; auch als fliegender Drache, als schattenhafter Körper, als Mohr.[7] Die Dämonen, die auf der pomphaften Schleppe der prunksüchtigen Mainzerin sitzen, sind klein wie „Glires“, schwarz wie Mohren, kichernd, in die Hände klatschend, wie Fische im Netze springend.[8] Eine Eigenthümlichkeit des Teufels ist, dass er keine Hinterseite besitzt, wie er selbst bekennt: „Licet corpora humana nobis assumamus, dorsa tamen non habemus.“[9] Es ist hierbei an die Frau Welt[10] und die nordischen Waldroen, welche hinten wie ein hohler Baum oder ein Backtrog anzusehen sind, erinnert worden.[11] Der Teufel kann das Vaterunser und den „Glauben“ nicht fehlerfrei beten, und auf die Frage: warum seine Stimme so rauh sei, antwortet er: weil er immer brenne.[12]

Mittel gegen den Teufel sind: Ausspeien, Bekreuzen, geweihtes Wachs, Weihwasser, Weihrauch, Gebet und Bekenntniss.[13] Eine Frau, welcher der Teufel als schöner Soldat er-

---

[1] Dial. V, 55.
[2] Dial. V, 51.
[3] Dial. I, 56.
[4] Dial. III, 6.
[5] Ibid. 7.
[6] Dial. V, 2.
[7] Dial. V, 5.
[8] Ibid. 7.
[9] Dial. III, 6.
[10] Konrad von Würzburg in „der Welt Lohn“, von 213—230.
[11] Al. Kaufmann, Cäs. v. H., S. 139.
[12] Ibid.
[13] Dial. III, 6. 7. 13. 14; V, 47.

schienen war und sie oft misbraucht hatte, während ihr Mann
daneben im Bette lag, ward im siebenten Jahre fruchtbar,
und als der heilige Bernhard, Abt von Clairvaux, in dieselbe Stadt kam, legte die Frau ein reuiges Bekenntniss
vor diesem ab, worauf ihr der Teufel nicht mehr nahe kommen konnte. Er verlegt sich nunmehr darauf die Frau zu
ängstigen, ihr zu drohen und wird ihr eifriger Verfolger. Die
Frau klagt es dem Heiligen, dieser kommt mit zwei Bischöfen,
anathematisirt den Bösen, und nachdem die Frau nochmal
eine Generalbeichte abgelegt hat, wird Ruhe.[1]

Die Grundnatur des Teufels ist Hochmuth und Selbst-
überhebung. Es wird erzählt: Ein Teufel sei einst zur
Beichte gegangen, und als nach der Menge seiner Verbrechen
und Sünden der Beichtvater gemeint, jener müsse mehr als
tausend Jahre dazu gebraucht haben, erklärt der Teufel, dass
er eben auch älter sei als tausend Jahre, denn er sei einer
jener Dämonen, die mit dem Lucifer gefallen. Da der Priester
die Sündenlast des Dämons für unverzeihlich erachtet, fragt
er jenen: wie er denn zur Beichte komme? Jener: Er habe
den Beichtenden zugesehen und gehört, dass sie selbst nach
schweren Sünden Ablass erhielten, in der Hoffnung, diesen
auch zu erlangen, sei er in den Beichtstuhl getreten. Auf
die Frage des Beichtvaters: ob er Busse thun wolle? antwortet er: Ja, wenn sie ihm nicht zu schwer fallen würde.
Worauf der Beichtvater: Geh! wirf dich dreimal des Tags
nieder und sprich: Herr Gott, mein Schöpfer, ich habe gegen
dich gesündigt, vergib mir! Dies allein sei deine Busse. Allein
der Teufel findet diese Aufgabe zu schwer, da er sich nicht
so tief demüthigen könne, und verlangt eine andere. Da ruft
der Beichtvater: O Teufel, wenn deines Herzens Hochmuth
so gross ist, dass du dich vor deinem Schöpfer so wenig er-
niedrigen willst noch kannst, so weiche von mir, da du
weder jetzt noch in Zukunft Gnade von ihm erlangen kannst.
Darauf verschwindet der Teufel.[2] Stolz und Hochmuth bieten dem Teufel auch Anhaltspunkte zur Verführung der
Menschen, so dass selbst Keuschheit und Jungfräulichkeit
dagegen nicht aufkommen.[3] Er weicht daher selbst nicht dem

[1] Dial. III, 7.
[2] Dial. III, 26; IV, 5.
[3] Dial. III, 6.

Geistlichen, wenn dieser Hochmuth besitzt.[1] Die Schlaf-
trunkenheit der Mönche gibt ihm Anlass zu mancherlei
Neckereien[2], sowie Gefrässigkeit und Völlerei für den Teufel
eine willkommene Handhabe ist.[3]

Wie die Gestalt des Teufels den Umständen angepasst
zu sein pflegt, so ist er auch in geschlechtlicher Beziehung
bald Incubus, wo er es mit Weibern zu thun hat, bald
Succubus, wenn es auf Männer abgesehen ist.

Eines Priesters Tochter zu Bonn wird vom Teufel verführt. Als diese den schändlichen Umgang gestanden, schickt
sie ihr Vater über den Rhein. Da erscheint der Teufel dem
Priester mit dem Vorwurfe: „Male sacerdos, quale abstulisti
mihi uxorem meam?" stösst ihn dabei auf die Brust, dass dieser nach drei Tagen stirbt.[4] Ein Scholasticus zu Prüm bestellt ein Weib zu sich, an dessen Statt aber der Teufel
kommt. Des andern Morgens frägt dieser: „Cum quo putas
te hac nocte jacuisse?" — „Cum tali femina." — „Nequaquam,
sed cum diabolo!"[5] Zu Soest will der Teufel mit einem Manne
buhlen; da dieser sich weigert, führt ihn jener in die Luft,
lässt ihn zu Boden fallen, so dass dieser nach Jahresfrist
sterben muss.[6]

Cäsarius gibt eine ganze Theorie der Zeugung der Dämonen und erklärt, woher diese ihre Leiber erhalten. „Cre-
mentum humanum, quod contra naturam funditur, daemones
colligunt et ex eo sibi corpora, in quibus tangi viderique ab
hominibus possint, assumunt; de masculino vero masculina, et
de feminino feminina. Sicque dicunt magistri in his, qui de
eis nascuntur, veritatem esse humanae naturae, easque in judicio ut vere homines resurgere."[7]

In demselben Kapitel leitet Cäsarius den Ursprung der
Hunnen von den hässlichen Weibern der Gothen, die von
ihnen, da sie keine hässlichen Kinder haben wollten, ausge-
mustert worden seien, und von Incuben ab, die sich jenen,

---

[1] Dial. III, 5. 10.
[2] Ibid., 33. 34.
[3] Ibid., 82.
[4] Dial. I, 8.
[5] Ibid., 10.
[6] Ibid., 11.
[7] Dial. V, 12.

als sie im Walde herumirrten, zugesellt hatten und das tapfere
Volk der Hunnen erzeugten. Ebenso wird Merlin, der Prophet der Briten, von einem Incubus und einer sanctimonialis
femina erzeugt.

Die Gaben, die der Teufel für das ihm zu leistende Homagium verspricht, sind nach Umständen verschieden. Einem
schwerbegreifenden pariser Studenten gibt er scientiam omnium literarum[1]; dem Glöckner von Köln, den er auf die
Zinne des Schlosses Isenburg gestellt, verspricht er für das
Homagium, ihn von der Höhe hinabzubringen[2], u. dgl.

Jedem Menschen sind zwei Engel beigegeben: ein guter
zum Schutz und ein böser zur Uebung.[3] Keiner von beiden
kann jedoch dem menschlichen Willen Gewalt anthun, wodurch er zum Bösen oder Guten genöthigt werden könnte.
Denn Gott hat dem Menschen freien Willen verliehen, wonach das Gute mit dem Beistande der göttlichen Gnade, das
Böse aus Mangel derselben gewählt wird.[4]

Hinsichtlich der guten und heiligen Engel hegt der Novicius, mit dem sich der Monachus (Cäsarius) unterhält, keinen Zweifel; was die bösen betrifft, weist er auf die biblischen Schriftsteller hin. Zunächst auf Jesaias 14, 12, wonach der Teufel propter decorem suae creationis Lucifer genannt werde, und führt ferner an Luc. 10, 18; Hiob 1, 6;
Ps. 108, 6; Hab. 3, 5. Dass er aber nicht allein gefallen sei,
erhärtet er aus Offenb. 12, 7. Durch seine Bosheit ist der
Draco Lucifer gloriosus geworden, laut Ezech. 29, 12. Cäsarius theilt die Ansicht, dass der zehnte Theil der Engel gefallen sei, woher der Apostel von „Mächten der Luft" spreche
in Bezug auf die Menge, Ephes. 2, 2. Denn im Falle erfüllten sie die Luft, worauf Ps. 73, 23 anspielen soll.

Dass der Teufel den Menschen feindselig sei, geht aus
Joh. 8, 11—14 hervor, und auch Hiob 40, 18 gibt ein Zeug-
niss, daher 1 Petri 5, 8. 9 zur Wachsamkeit ermahnt werde.
Was aber von einem gilt, das gelte von allen Dämonen.
Dass sie in Ewigkeit verdammt seien, gehe hervor aus
Matth. 25, 41.

---

[1] Dial. I, 32.
[2] Ibid., 56.
[3] Dial. V, 1.
[4] Dial. de diversis visionibus, cap. 42, Vol. II, ed. 2, von Strange.

Dass es der Teufel eine Menge gebe, kann der Monachus mit Beispielen belegen. [1] So erzählt er von einer Nonne in Frankreich, die der Teufel per stimulum carnis gewaltig quälte. Auf ihr inbrünstiges Gebet um Befreiung von der Versuchung erscheint der Betenden ein Engel des Herrn. Dieser verordnet ihr einen Vers aus einem Psalm, worauf diese Art Versuchung ablässt. Aber nach dem Hurengeist stellt sich der Spiritus blasphemiae ein und plagt die fromme Jungfrau. Der gute Engel erscheint wieder, und da er ihr eröffnet: eine dieser Versuchungen müsse sie sich schon gefallen lassen, entscheidet sie sich für die erstere. Sie erhält wieder ein Sprüchlein, der Gotteslästerliche weicht, aber der stimulus carnis kehrt dafür wieder ein. Unser Monachus erklärt den angelus für ihren eigenen, der es vorzieht, dass sie lieber fleischlich gequält, als nicht selig werde. [2]

Bei Cäsarius findet sich die vollständige Teufelsbeschwörung vermittels der Nekromantie. [3]

Ein Ritter Henricus von Falkenstein, der an keine Dämonen glauben wollte, bekommt sie per nicromanticum zu sehen. Da wird bei der Teufelsbeschwörung auf einem Scheidewege mit dem Schwerte ein Kreis gezogen; der den Teufel sehen will, stellt sich hinein, darf nicht heraustreten, nicht einmal ein Glied darüber hinausstrecken, sonst ist er verloren. Der Teufelsbeschwörer gibt dabei den Rath, nichts zu geben und nichts zu versprechen. Nach verschiedenen schrecklichen Erscheinungen, als: Wasserwogen, Sturmgeheul u. dgl., hörte man Schweine grunzen, dann einen menschlichen Schatten über die Bäume hervorragen. Dies war der Teufel, der als grosser Mann, ganz schwarz, mit dunkelm Kleid und so hässlichem Gesicht erschien, dass sein Anblick nicht zu ertragen war. Er begehrt nach mancherlei Antworten, die er auf die Fragen des Ritters gegeben, Geschenke, als: das Mäntelchen desselben, den Gürtel, ein Schaf aus dessen Heerde, einen Hahn. Auf die Frage des Ritters, der alles ablehnt, woher er dies alles wisse? antwortet der Teufel: es geschehe nichts Böses in der Welt, das

---

[1] Dial. V, 1.
[2] Strange, De div. visionib., Vol. II, cap. 42.
[3] Dial. V, 2.

ihm verborgen bliebe, und gibt sogleich den Beweis, indem er
dem Ritter eröffnet: wo, in welcher Stadt, in welchem Hause
er die virginitas eingebüsst habe.   Als der Novicius wissen
will, woher der Teufel das gewusst habe, erklärt der Monachus: „quia cum voluntate iterum peccandi miles confessus
fuit." Von dieser Teufelserscheinung an blieb der Ritter
immer blass und erhielt nie wieder seine natürliche Gesichts-
farbe.

Von der Gefahr, bei der Teufelsbeschwörung aus dem
gezogenen Kreise herauszutreten, gibt Cäsarius auch Beispiele [1], wo ein Priester vom Teufel aus dem Kreise herausgezogen, zerschmettert (confractus) ward und am dritten
Tage starb.   Ein anderer Kleriker bei Toledo, der durch die
List des Teufels aus dem Kreise gelockt und in die Hölle geführt worden war, wurde „magistri sui querimoniis" wieder
zurückgebracht. [2]

Gefährlich ist es auch den Teufel zu sehen, denn durch
den Anblick des Urhebers der Finsterniss und des ewigen
Höllenfeuers wird die menschliche Natur erschüttert, erschreckt und zerstört, sie wird zusammengezogen und stirbt
ab.   Vollkommen tugendhafte Menschen können ihn aber oft
ohne Schrecken und Schaden sehen. [3] Der Monachus erzählt
mehrere Beispiele, womit er das Gefahrvolle, den Teufel zu
schauen, beweist.   So von dem Abte Sanct Agathae, einem
Mönche und einem conversus, welche, nachdem sie den Teufel
geschaut, verschieden. [4] Zwei Jünglinge, die den Teufel in
Gestalt eines Weibes geschaut hatten, wurden siech. [5] Jede
Berührung oder Annäherung desselben kann Gefahr bringen.
So starb eine Frau, welcher der Teufel in Gestalt eines ihr
bekannten Dieners nur die Hand gedrückt hatte, nach einigen
Tagen. [6] Ebenso und aus derselben Ursache ein Conversus. [7]
Einem Soldaten, der des Nachts mit dem Teufel gespielt hatte,

---

[1] Dial. V, 3.
[2] Ibid., 4.
[3] Ibid., 28.
[4] Ibid., 29.
[5] Ibid., 30.
[6] Ibid., 31.
[7] Ibid., 32.

wurden die Eingeweide aus dem Leibe gerissen.[1] Eine Frau,
die der Teufel umarmt hatte, starb.[2]

Der Teufel gleicht einem Bären oder Löwen, der ange-
bunden ist, und obwol er an seiner Kette brüllt, ist seine
Macht durch die göttliche Einschränkung doch so gefesselt,
dass er niemand zur Sünde zwingen kann, ausser wenn er
unter Zustimmung zur Sünde Eingang erhält. Er schreckt
und belästigt daher auch heilige Männer, kann ihnen jedoch
nicht schaden.[3]

Da die Dämonen immer um uns herum und zwischen
uns sind[4], so ist Wachsamkeit nöthig, denn ihre Bosheit ist
sehr gross. Der Monachus erzählt ein Beispiel, wo ein Teufel
versichert: er wolle lieber mit einer von ihm betrogenen Seele
zur Hölle fahren, als ohne sie in den Himmel kommen.[5]

Die Dämonen verstehen durch tausend Künste Schaden
zuzufügen, und der Monachus führt einige davon an, als:
falsches Versprechen, dass sie den Glauben untergraben, den
Körper verletzen, Verleitung zum Verbrechen des Mordes.[6] Der
Teufel täuscht auf verschiedene Art, als: durch die Stimme des
Kukuks[7], durch mancherlei phantastische Mirakel[8] und durch
ähnliche Weisen, wovon Beispiele angeführt werden. [9] Aus
dem Neide des Teufels findet auch die Ketzerei der Albigenser ihre Erklärung.[10]

Wenn gesagt wird: der Teufel ist in einem Menschen,
so sei dies nicht von der Seele zu verstehen, sondern vom
Leibe, in dessen Höhlungen und Eingeweiden, wo der Unrath
sich befindet, er seinen Sitz aufschlage.[11] Der Mönch erzählt
ein Beispiel, wo der Teufel in ein fünfjähriges Kind bei Gelegenheit als es Milch ass, hineingefahren war und dasselbe bis zum reifen Alter quälte, und erst durch Kirchen-

---

[1] Dial. V, 34.
[2] Ibid., 33.
[3] Ibid., 52.
[4] Ibid., 42.
[5] Ibid., 9.
[6] Ibid., 15.
[7] Ibid., 17.
[8] Ibid., 18.
[9] Ibid., 19.
[10] Ibid., 21.
[11] Ibid., 15.

besuch kraft der Verdienste der Apostel Petri und Pauli davon
befreit ward.   Denn wenn Besessene ihre Sünden bekennen,
beten und communiciren, lässt der Teufel von denen, die er
durch göttliche Zulassung in seiner Gewalt gehabt hat.[1]   So
erkläre sich auch, dass ein menschlicher Leib anstatt von der
Seele vom Teufel belebt werden könne, wovon Cäsarius ein
schlagendes Beispiel liefert.[2]   Ein Kleriker hatte eine so
schöne süsse Stimme, dass sie zu hören die grösste Lust gewährte.   Als ein Geistlicher diese Lieblichkeit eines Tages
auch gehört hatte, sagte er: das ist nicht die Stimme eines
Menschen, sondern des Teufels.   In Gegenwart aller Bewun-
derer beschwor er den Dämon, der auch ausfuhr, worauf der
Leichnam zusammensank und stank.   Da konnte man wahrnehmen, dass der Leib von einem Dämon lange Zeit hindurch
belebt worden war.   Stirbt ein Mensch, so streiten die Teufel
mit den Engeln um die auffahrende Seele.[3]   Nach dem Tode
kommen die Seelen an den Strafort, ein tiefes, schreckliches,
schwefelduftendes Thal, wo die Teufel mit den Seelen Ball
spielen.[4]   Dahin führt ein Thor[5], inwendig ein mit einem
feurigen Deckel geschlossener Brunnen, woraus die Seelen
emporsteigen auf das Zeichen, das ein Teufel auf einer Tuba
bläst.   Die Qualen der Hölle drückt Cäsarius in folgenden
Worten aus: Pix, nix, nox, vermis, flagra, vincula, pus, pudor,
horror.[6]

Ueber die Sekte der Luciferianer lassen wir uns von dem
Mönche Alberich berichten, der um diese Zeit lebte und
schrieb und die herrschende Meinung darüber kannte, um die
es uns gerade zu thun ist, weil wir die gangbare Vorstellung
vom Teufel erfahren.[7]   Nach unserm Chronisten erzählte man
sich über die Ausbreitung dieser Sekte Folgendes: „Ein gewisser Meister von Toledo, ein Schwarzkünstler, der sich
ganz dem Teufel ergeben hatte, kam nach Mastricht.   Als

---

[1] Dial. V, 26.
[2] Dial. XII, 4.
[3] Ibid., 5.
[4] Dial. I, 32.
[5] Ibid., 34.
[6] Dial. XII, 1.
[7] Alberici Chronic. ad ann. 1223, Tom. II. access. hist. Leibnitz.;
Magn. Chron. belgic. III; Script. Germ. Pistorii, p. 255.

er dort zwischen Geistlichen zu Tische sass, machte er dass
die, so er wollte, assen, und andere, so er wollte, schliefen,
worauf sich ihm alsbald acht nichtswürdige Geistliche an-
schlossen und von ihm begehrten, dass er ihnen zur Befriedigung ihrer Lüste behülflich sei. Er antwortete, er könne
dies nicht ohne Zirkel thun, zeichnete also einen grossen
Kreis und stellte die acht darein. Auf der einen Seite des
Kreises hatte er drei Sitze bereitet, worauf, wie er sagte, die
drei Weisen des Evangeliums sitzen würden. Ausserhalb des
Kreises stellte er einen grossen Stuhl, der mit Blumen ver-
ziert und schön behängt war. Um Mitternacht fing er sein
Werk an, zog einer Katze die Haut ab und hieb zwei Tauben
mitten durch. Dann rief er drei Teufel, die er für drei
Könige ausgab, und zuletzt den Grossfürsten, Namens Epa-
namen, und sagte: er habe sie zu einem kleinen Abendmahle
geladen, damit sie den drei Geistlichen ihre Bitten erhören
möchten. Hierauf legte er den drei Teufeln die abgezogene
Katze vor, die sie sogleich auffrassen, die zwei Tauben aber
stellte er dem grossen Teufel vor, der sie auch sofort ver-
zehrte. Nun beschwor er diesen, dass er sich klein mache,
damit er in das Glas gehe. Da dies geschehen war, versiegelte er das kleine Glas mit Wachs und setzte A und Ω
darauf. Die Geistlichen sollten nun begehren, was sie wollten.
Der eine wünschte die Zuneigung einer gewissen adelichen
Frau, und es ward erfüllt; der andere die Bekanntschaft des
Herzogs von Brabant, und er erhielt sie; und so bekamen alle
andern, was sie begehrten, ausser einem, der die Zustimmung
eines gewissen adelichen Jünglings haben wollte. Der Teufel
antwortete: dies stünde nicht in seiner Macht und er dürfe
ihm auch nicht zu schändlicher Lust behülflich sein, er möge
sich daher nach etwas anderm wenden. Die Geistlichen
hörten nun, wie sich der Meister mit den Teufeln unterhielt,
vieles gegen Christus und die Christen sprach. So machte
er die Geistlichen zu sehr verkehrten Menschen, und liess sie
nicht eher, als bis der Morgen anbrach, aus dem Kreis heraustreten. Beim Austritte musste jeder sagen: Gott ist Mensch
geworden, und dieser Ehre lebe ich. — Der dies berichtet
hat, gab vor, er habe es von drei Geistlichen empfangen.
Durch diese Geistlichen ist die Abgötterei des Lucifer verbreitet worden. In Köln war eine Schule dieser Ketzer, wo

das Bild Lucifer's Antworten ertheilte, wenn aber ein katholischer Geistlicher hinzukam und zog von seiner Brust die
Büchse, worin der Leib des Herrn war, so fiel das Bild zusammen. So hat der Teufel eine gewisse Geliebte Lucifer's,
als sie zum Scheiterhaufen geführt wurde, plötzlich wegge-
rissen, dass sie nicht mehr zum Vorschein kam. Auf diese
Weise ist vieles geplaudert und ausgestreut worden. Viele
Adeliche wurden angeklagt, viele auf ungerechte Weise ver-
leumdet, viele durch das Feuer verzehrt."

Nicht unerwähnt kann die Geschichte der Stedinger
bleiben, da sie zur Kennzeichnung des Zeitalters bedeutsame
Züge liefert. Die Bewohner des Gaues Steding im Olden-
burgischen lebten seit geraumer Zeit mit ihren Bischöfen in
Streit. Sie hatten den ihnen von der Kirche in Bremen auferlegten Zehnt seit jeher sehr ungern entrichtet, und Anlässe
zur Erbitterung fehlten nicht. Als ein Priester, mit dem von
der Frau eines Hofbesitzers erhaltenen Beichtgroschen unzufrieden, diesen ihr beim Abendmahl anstatt der Hostie in
den Mund geschoben hatte, trug sie ihn im Munde nach
Hause und klagte ihrem Manne. Dieser wendet sich wegen
des seiner Frau angethanen Schimpfs an die Vorgesetzten jenes
Priesters, erhält aber auf seine Beschwerde nur Vorwürfe.[1]
Aufs höchste gereizt, erschlägt der Mann den Diener der
Kirche. Die Geistlichen bringen die Klage an den Erzbischof
Hartwig II. von Bremen, der, gegen die landesüblichen Gesetze, ausser der Auslieferung des Mörders noch eine übermässige Genugthuung unter schweren Drohungen fordert.
Die Stedinger verweigern aber beides. Einige Geistliche des
Erzbischofs, der in manchen ihrer Wälder das Jagdrecht und
auf ihren Aeckern das Zehntrecht in Anspruch nahm, kamen
im Jahre 1197 des Zehnts wegen, wurden aber von den
Stedingern mishandelt. Der Erzbischof, der das Zehntrecht
von Gott eingesetzt betrachtete, erwirkte sich in Rom die Erlaubniss, einen Kreuzzug gegen die Widerspenstigen zu unternehmen[2]; es kam aber zunächst nur zu kleinen Fehden, die
von den Stedingern entweder ertragen oder mit Geld ausgeglichen wurden. So z. B. im Jahre 1207, wo der Erzbischof

---

[1] Vgl. Wilhelmi Monachi Chron. in A. Matth. Analect., II, 501.
[2] Vgl. Albert. Stadens. Chron. ad ann. 1197; Chron. Rastad., p. 182.

Hartwig einen Einfall gemacht hatte, nach einer erhobenen Summe Geldes aber mit seinem Heere wieder umkehrte. [1] Die Widersetzlichkeit hatte den Zorn des Erzbischofs so sehr gereizt, dass er schon seit 1204 die geistlichen Strafen immer mehr schärfte. Nach dem Tode Hartwig's II. (1208) wurden die Fehden fortgesetzt, und zwar mit wechselndem Glücke. Als Erzbischof Gerhard II. seinem Oheim Gerhard I. im Jahre 1219 folgte, wurde dem Kampfe durch die Aufführung der Burg Schlutter (castrum Sluttere) mehr Nachdruck und den Unternehmungen ein Stützpunkt gegeben. Im Jahre 1230 versammelte er ein starkes Heer, das sein Bruder Graf Hermann von der Lippe anführte. Die Stedinger erfochten aber einen vollständigen Sieg, Graf Hermann fiel, das Heer gerieth in Verwirrung, 200 seiner Streitgenossen blieben auf dem Platze, der Rest ergriff die Flucht, die Burg Schlutter ward dem Boden gleich gemacht. [2] Der Erzbischof war hierdurch zu der Ueberzeugung gekommen, dass den Stedingern von dieser Seite nicht beizukommen sei; sie sollten also von einer andern angefallen und niedergeworfen werden. Der mächtigste Verbündete stand ihm hierbei zur Seite, nämlich der Geist der Zeit, insbesondere der herrschende Teufelsglaube. Die Stedinger hatten es gewagt, der Geistlichkeit sich zu widersetzen, sonach konnten sie vom Erzbischof als Feinde der Kirche betrachtet werden. Die ärgsten Beschuldigungen werden ausgestreut, geistliche und weltliche Mächte aufgefordert, die gottlose Brut auszurotten. Der Bann wird über sie ausgesprochen, alle Priester und Mönche verlassen das Land, die Stedinger sehen sich gedrungen, sich selbst ihren Gottesdienst einzurichten. [3] Mit der Beschwerde des Erzbischofs bei dem Papste Gregor IX. war zugleich eine Schilderung der Stedinger als Erzketzer verbunden. Es ist möglich, dass von den Niederlanden aus manichäische Schwärmerei unter die Stedinger eingedrungen war. Der Bericht über ihre Ketzereien an den Papst, worin die Hand des Ketzerrichters Konrad von Marburg kenntlich ist, schildert

---

[1] Alb. Stadens. ad ann. 1207; Henr. Wolteri Chron. Brem. Meibom., Tom. I, 55.

[2] Alb. Stad. ad ann. 1230, p. 306; Vogt, Monum. ined. II, 422.

[3] Alb. Stad. ad. ann. 1234.

die Stedinger nicht nur als Verächter der Hostie, sondern
beschuldigt sie auch, dass sie, gleich den Manichäern, Lucifer
als den Herrn in freventlichem Teufelsdienst verehren. Der
Papst, der die Schilderung für wahrhaftig nimmt, äussert
sein Entsetzen darüber und gibt sie nach dem Berichte des
Inquisitors wieder in seiner Bulle vom Jahre 1233. Im Eingange schreibt Papst Gregor IX.: „Ueber die Einweihung in
diese Greuel wird uns Folgendes berichtet. Wenn ein Neu-
ling aufgenommen wird und zuerst in die Schule der Verworfenen eintritt, so erscheint ihm eine Art Frosch, den
manche auch Kröte nennen. Einige geben derselben einen
schmachwürdigen Kuss auf den Hintern, andere auf das Maul
und ziehen die Zunge und den Speichel des Thieres in ihren
Mund. Dieses erscheint zuweilen in gehöriger Grösse, manchmal auch so gross als eine Gans oder Ente, meistens jedoch
nimmt es die Grösse eines Backofens an. Wenn nun der
Noviz weiter geht, so begegnet ihm ein Mann von wunderbarer
Blässe, mit ganz schwarzen Augen, abgezehrt und abgemagert,
dass alles Fleisch geschwunden und nur noch die Haut um
die Knochen zu hängen scheint. Diesen küsst der Noviz
und fühlt dass er kalt wie Eis ist, und nach dem Kusse
schwindet alle Erinnerung an den katholischen Glauben bis
auf die letzte Spur aus seinem Herzen. Hierauf setzt man
sich zum Mahle, und wenn man sich von diesem wieder erhebt, so steigt durch eine Statue, die in solchen Schulen zu
sein pflegt, ein schwarzer Kater, von der Grösse eines mittel-
mässigen Hundes rückwärts und mit zurückgebogenem
Schwanze herab. Diesen küsst zuerst der Noviz auf den
Hintern, dann der Meister und sofort alle übrigen der
Reihe nach, jedoch nur solche, die würdig und vollkommen
sind, die Unvollkommenen aber, die sich nicht für würdig
halten, empfangen von dem Meister den Frieden, und wenn
nun alle ihre Plätze eingenommen, gewisse Sprüche hergesagt
und ihr Haupt gegen den Kater hingeneigt haben, so sagt
der Meister: «Schone uns!» und spricht dies dem Zunächst-
stehenden vor, worauf der Dritte antwortet und sagt: «Wir
wissen es, Herr», und ein Vierter hinzufügt: «Wir haben zu
gehorchen». Nach diesen Verhandlungen werden die Lichter
ausgelöscht und man schreitet zur abscheulichsten Unzucht
ohne Rücksicht auf Verwandtschaft. Findet sich nun, dass

mehr Männer als Weiber zugegen sind, so befriedigen auch
Männer mit Männern ihre schändliche Lust. Ebenso verwandeln auch Weiber durch solche Begehungen miteinander
den natürlichen Geschlechtsverkehr in einen unnatürlichen.
Wenn aber diese Ruchlosigkeiten vollbracht, die Lichter wieder angezündet und alle wieder auf ihren Plätzen sind, dann
tritt aus einem dunkeln Winkel der Schule, wie ihn diese
verworfensten aller Menschen haben, ein Mann hervor, ober-
halb der Hüften glänzender und strahlender als die Sonne,
wie man sagt, unterhalb aber rauh, wie ein Kater, und sein
Glanz erleuchtet den ganzen Raum. Jetzt reisst der Meister
etwas vom Kleide des Novizen ab und sagt dem Glänzenden:
«Meister, dies ist mir gegeben und gebe dir's wieder»; worauf
der Glänzende antwortet: «Du hast mir gut gedient, du wirst
mir mehr und besser dienen; ich gebe in deine Verwahrung,
was du mir gegeben hast» — und nach diesen Worten ist er
verschwunden. Auch empfangen sie jährlich um Ostern den
Leib des Herrn aus der Hand des Priesters, tragen denselben
im Munde nach Hause und werfen ihn in den Unrath zur
Schändung des Erlösers. Ueberdies lästern diese Unglück-
seligsten aller Elenden den Regierer des Himmels mit ihren
Lippen und behaupten in ihrem Wahnwitze, dass der Herr
der Himmel gewaltthätiger, ungerechter und arglistiger Weise
den Lucifer in die Hölle hinabgestossen habe. An diesen
letztern glauben auch die Elenden und sagen, dass er der
Schöpfer der Himmelskörper sei und einst nach dem Sturze
des Herrn zu seiner Glorie zurückkehren werde; durch ihn
und mit ihm und nicht vor ihm erwarten sie auch ihre eigene
Seligkeit. Sie bekennen, dass man alles, was Gott gefällt,
nicht thun solle, vielmehr was ihm misfällt, u. s. w."[1] In der
Bremer Chronik wird Asmodi, in der rastädter aber Ammon
als Gegenstand der Verehrung der Stedinger genannt. Man
muss Soldan's Verwunderung theilen, „dass alle diese Greuel
den Gläubigen, die den Kreuzzug machen sollen, vorgepredigt
werden, den besiegten Ketzer aber nur Abgabe und Gehorsam
zur Pflicht gemacht wird, ohne ihrer Frösche, Kröten, blassen

---

[1] Vgl. Epist. Gregorii IX. bei Raynald ad ann. 1233, Nr. 42; vollständig in Thom. Ripoll. Bullarium Ord. praedicat., I, 52; Epist. Greg. IX.
ad Henricum Frid. Imp. fil. in Martene Thes. I, 950; Alb. Stad. Chron.
ad ann. 1233.

und glänzenden Männer, Küsse, ausgelöschten Lichter, Sympathien für Lucifer u. s. w. mit einem einzigen Worte zu
gedenken."[1]   Derselbe weist auch darauf hin, dass in einer
im vorhergehenden Jahre (1232) erlassenen Bulle an die
Bischöfe von Minden, Lübeck und Ratheburg mit dem Befehle, das Kreuz predigen zu lassen, den Stedingern nur
Vorwürfe gemacht werden über: Geringschätzung und Feindseligkeit gegen die Kirche, wilde Grausamkeit gegen die
Geistlichen, Herabsetzung des Abendmahls, Verfertigung von
Wachsbildern und Befragen der Dämonen und Wahrsagerinnen; in der zweiten Bulle sind sie, wie wir vernommen
haben, schon vollständige Teufelsverehrer, was aus dem von
Konrad gefertigten Berichte, auf den sich die zweite Bulle
bezieht, sich erklärt.   Im Verlaufe der Stedinger Angelegenheit sind also folgende Wandlungen bemerklich: Der Erzbischof von Bremen ist über die Stedinger erbost: pro suis
excessibus et subtractionibus decimarum[2]; der Streit beginnt
mit Zehntverweigerung und Ungehorsam, und es wird ein
Kreuzzug gegen die Widerspenstigen unternommen; als sie
aber auch diesem Widerstand leisten, werden die Zehntverweigerer zu Teufelsdienern umgemodelt, und als solche müssen
sie dem Kirchenfürsten unterliegen.   Nachdem heftige Kreuz-
prediger durch Westfalen und das ganze nördliche Deutschland gezogen und die Christenheit zur Vertilgung der Teufelsdiener aufgefordert, erhoben sich auch mehrere weltliche
Fürsten zum Beistande der Kirche und zur Rettung des Heils.
Einem über 40000 Mann starken Heere müssen die Ketzer
in der entscheidenden Schlacht bei Altenesch im Jahre 1234
unterliegen, deren grössere Hälfte auf der Walstatt blieb,
der kleinere Rest theils zu den Friesen floh, theils im Lande
blieb, die vom Papste vorgeschriebene Genugthuung leistete
und vom Interdicte losgesprochen wurde.   Das Land der
Stedinger wurde darauf zwischen dem Erzbischof von Bremen,
dem Grafen Otto II. und Christian III. von Oldenburg vertheilt, und theils fremde Anbauer, theils Familien des stif-
tischen Adels fanden ihr Gedeihen, wo die Teufelsdiener vertilgt worden waren.   Die Stedinger, die als Zehntverweigerer

---

[1] Sold., a. a. O., S. 137.
[2] Godefr. Monach. ad ann. 1232.

nicht bezwungen werden konnten, müssen als Teufelsdiener
zu Grunde gehen.

In den geschilderten Vorgängen bei den Versammlungen der Stedinger, deren diese beschuldigt werden, ist
die Travestie gottesdienstlicher Gebräuche nicht zu verkennen, wie wir sie auch im Templerprocesse erkennen. Sie
wiederholen sich im Hexensabbat und den Beschreibungen
mancher ketzerischer Sekten. Denn der Glaube, dass die
Teufelsdiener den katholischen Gottesdienst nachäffen, hatte
allgemeine Verbreitung erlangt, nachdem der Teufel schon
von Kirchenvätern der ersten christlichen Jahrhunderte für
einen Affen Gottes erklärt worden war. Ueberhaupt finden
sich am mittelalterlichen Teufel alle Züge aufbewahrt, die ihm
die dogmatischen Bestimmungen der ersten Kirchenlehrer
schon verliehen hatten. Rudolf von Hohenems (gest.
wahrscheinlich bald nach 1254), der, wie Massmann nachgewiesen hat, im Geleise des Gottfried von Viterbo einhergeht,
sagt in Bezug auf den Teufel in seinem Gedichte:

> Dô got die engel werden hiez
> und in den wunsch der schoene liez
> in himmlischen wünnen gar
> do was ob al der engel schar (710)
> der schoenest engel Lucifer,
> den truoc sin tumber wân daz er
> gote wolde sin gelich,
> mit gewalte und ebenrich.
> als des gedäht von im wart, (715)
> do warf in sin hôchvart
> von himel in der helle grunt
> mit im vervielen sâ zestunt
> sins willen volgaer alle
> zem ewiclichem valle.
> und als er ê der schoenste was
> in aller schoene ein spiegelglas
> also erger wart er do
> und sine volgaer alle also. —
>
>
> Nû wundert lihte einen man
> der es niht wol betrahten kan,
> wie müge zuo den engeln komen;
> bi dem sin vreude im ist benomen,
> der tiuvel der durch hôchvart (765)
> verstôzen von dem himel wart.

Hie naoh uns wahset vragen vil
ein man vil lihte vragen wil
und sprichet lihte, wie was got
sô wunderlich, daz sin gebot
den übeln engel werden hiez (845)
daz er in niht wesen liez
ungeschepfet, dô er in
unrechten weste und sinen sin.
daz mueste ergân durch selben rât
daz diu reine hantgetât (850)
gezierde mite naeme
sô jene wiederzaeme
wurden unde hin getân;
dâ mite er si wolde vertân
deste richere klarheit (855)
mit werndem libe sunder leit.
ein mâller de gemaelze sin
git deste verrichtern schin,
so daz ez schoene richet.
swenne er understrichet (860)
nach gelichem vlize
mit swarzer varwe daz wize,
sô hat diu wize deste mê
schoene und wirt schoener vil dan ê.

Aus dem früher erwähnten Umstande erklären sich auch
die Wiederholungen in den Schilderungen des mittelalterlichen Teufels, seiner Attribute, Beziehungen u. s. w., die
ins Endlose variirt werden. In Johann Enenkel's „Welt-
chronik" erscheint der Teufel schon zur Zeit der Noachischen
Flut. Noach hatte nämlich den Männern und Frauen das
Beisammensein in der Arche verboten; aber der Teufel führt
Noach's Sohn doch mit seinem Weibe zusammen, fährt dann
durch die Arche durch, vor deren Loch sich eine Kröte legt.

Die Frechheit des Teufels geht so weit, dass er in Gedichten des 13. Jahrhunderts selbst die geistlichen Herren
zum Gegenstand seiner Laune macht. Unter andern Beispielen nur das eine bei Ottokar, wo Lucifer zu jenen Teufeln, die den Christen kein Leid mehr zufügen wollen, sich
folgendermassen äussert:

wollt ir baz nicht schaffen
sô wil ich zuo dem pfaffen
de ze Meinze bischof ist
wenken in vil kurzer vrist

und wil in setzen ûber iuch
und wil daz tuon umbe daz (?)
wand er gote ze haz
unsern vrumen schaffet baz
dan ir alle tuot. [1]

Dieses Zeitalter kennzeichnet sich als Teufelsperiode dadurch, dass die Vorstellung vom Teufel sich überall hineinmengt, dessen Wirken und Streben bis ins Kleine und Klein-
liche ausgedehnt und allenthalben vermuthet wird. Dies beurkundet ein zuverlässiger Zeuge, der ehrliche Abt Richalmus,
mit seinem Buche der Offenbarungen über die Nachstellungen und Tücken des Teufels. [2] Nach „Dissertatio
LXXIII" blühte Richalmus um das Jahr 1270. In der Schrift
wird erörtert, wie der Teufel durch mannichfaltigste List,
Täuschung und Schrecken aller Art die Priester bei der
Messe zu plagen sucht. Der Abt Richalmus belauscht, nach
eigenem Geständniss, sehr häufig Gespräche, die von bösen
Geistern untereinander geführt werden. Diese Teufel verursachen Brechreiz, nachdem Einer communicirt hat. Lassen
wir den Abt selbst sprechen. Er sagt: „Wenn es mir begegnete, dass ich an dem Tage der Communion des Brechens
halber hinausgehen musste, so liefe ich zum Fischteich, um
hineinzuspeien und das Gespiene dann abzuwaschen; wäre
aber kein Teich in der Nähe, so würde ich es in ein Gefäss
thun, und wenn auch dieses nicht, so in mein Gewand. Ich
sage euch aber, das beste Mittel gegen das Erbrechen ist das
Zeichen des Kreuzes. Bekreuzt euch, und zwar recht häufig.
Auch mir, wenn ich verdaue, verursachen die Teufel oft Ekel
— denn es ärgert sie, dass ich den Leib stärke, sie sehen
es am liebsten, wenn ich übermässig fastete; aber durch das
Kreuzeszeichen vertreibe ich den Ekel." Richalmus klagt, dass
er heute durch die boshaften Teufel an der Abhaltung der
Messe verhindert worden, da sie ihm Schwindel zugeschickt

---

[1] Bibliothek der ges. d. Nationallit., IV, 3. Abth., 3. Thl., S. 281.
[2] Pezii Thesaurus Anecdot. novissim., Tom. I, Pars II, Columna 376
sequ.; Beati Richalmi speciosae vallis in Franconia Abbatis ord. Cister-
ciens. liber Revelationum de insidiis et versutiis Daemonum adversus
homines.

hätten. „In derselben Nacht", fährt er fort, „zur Zeit der Vi-
gilien, hörte ich einen Teufel zum andern sagen: er solle
mich heiser machen. Dieser antwortete: ihm fehle die Gelegenheit, er habe sie nur, um Blähungen hervorzubringen.
Zu allem suchen sie nämlich Gelegenheit", fügt der Abt hinzu,
„und finden sie oft bei den geringsten Dingen. Wenn sich
jemand zur Messe vorbereitet, so pflegen sie dem Priester
allerlei in Erinnerung zu bringen, wodurch er gestört, betrübt,
verwirrt und geärgert wird, und dasselbe thun sie auch bei
Empfang des Sakraments, damit er vor Gott der heiligen
Communication unwürdig erscheine.[1] Die guten Geister sind
zwar auch zu unserm Heile um uns, sie regen uns zu Heiligem
an; aber die bösen verleiten ihrerseits wieder zu weltlichen
und abscheulichen Liedern."[2] In demselben Abschnitte behauptet der Abt, dass es die Teufel von allen besonders auf
die Obern und Prälaten abgesehen haben. Daher suchen sie
ihn selbst auf dem Chore in Schlaf zu bringen und wollen
ihm durchaus die Augenlieder schliessen. Als der Novize,
mit dem der Abt plaudert, erinnert, dass dieser auf dem
Chore öfter Töne von sich gebe wie einer, der schlafe, ja
schnarche, da überzeugt ihn der Abt, dass dies die Teufel
seien. Richalmus fährt fort: „Wenn man sagt, dass nur ein
einziger Teufel dem Menschen nachstelle, so ist dies nicht
wahr, da mehrere einen jeden verfolgen. Denn wie wenn
jemand ins Meer eingetaucht ringsum unten und oben von
Wasser umgeben ist, gerade so umströmen auch die Teufel
von allen Seiten den Menschen. Denn woher sonst hat der
Frater, der gestern das Invitatorium gesungen, den Mangel
an Stimme gehabt, als von den Teufeln? Da ich dies wusste,
machte ich sogleich ein Kreuz gegen den Bruder hin, und
sofort gingen die übrigen Verse besser, wie ihr gehört habt.
Ich aber lachte über die Teufel, da sie ohnmächtig fliehen
mussten, obschon sie sehr ungehalten waren. Aber auch gute
Geister sind um uns, schlichten Feindschaften und verschaffen
uns allerlei Gutes. Wenn uns die guten Geister helfen oder
ermahnen, dann stellen uns die bösen um so mehr nach. Ein
guter Engel verlässt jedoch nie einen Menschen, der ihm an-

---

[1] Cap. I.
[2] Cap. III.

vertraut ist, sondern bleibt ihm auch bei dem abscheulichsten
Laster anhänglich und sucht ihn, soviel er vermag, davon
abzuhalten." Auf die Frage des Novizen, was mit dem „soviel er vermag" gemeint sei und ob denn die guten Engel
nicht viel, wenn nicht gar alles vermögen, antwortet Richalmus: er glaube nicht, dass ein guter Engel alles, was er will,
bei einem sündhaften Menschen im Stande sei, weil bei dem
Sünder die Gnade fehlt. Der Novize erzählt, dass er neulich in der Vigilie des Heiligen Michael das Responsorium
zur Vesper gesungen und dabei etwas gefehlt habe, er wolle
sich daher das nächste mal bekreuzen. Richalmus bestärkt
ihn, da das Kreuz viel helfe, obschon es bei der Menge der
Teufel, die den Menschen umlagern, auch nicht immer die
gehörige Wirkung habe. Wenn deren wenige sind, helfe es
aber viel. „Denn bisweilen umgeben sie den Menschen gleich
einem dichten Gewölbe, sodass gar kein Luftloch zwischen
ihnen Platz hat. Indessen was wir Gutes thun und sprechen,
gehört den guten Geistern, und alles Böse eignet den bösen,
sodass ich schliesslich kaum weiss, was mir zukommt, wenn
ich spreche. .... Die bösen Geister schädigen die Menschen
leiblich und geistig, sie verursachen Traurigkeit, Mismuth und
ähnliche Verstimmungen; wenn sich nun die Menschen zu
zerstreuen suchen, so weichen die Dämonen, und hierin, nicht
in der Zerstreuung, liegt der Grund des Besserbefindens."[1]
„Seht her", ruft Richalmus, „wie mich die Teufel während
des Sprechens durch Husten plagen, durch den Husten
sprechen die Dämonen miteinander." Im fünften Kapitel versichert der Abt abermals, dass es nicht nur einer, sondern
eine grosse Menge von Teufeln sei, die Böses gegen uns im
Schilde führen. Wenn einer weniger kräftig auf den Menschen eindringt, gleich stellen sich andere ein, die denselben
mehr reizen, seinen Willen gefangen nehmen und ihn, wohin
sie wollen, fortreissen. „Wenn ich", sagt Richalmus[2], „bei
der geistlichen Lektüre sitze, so schicken sie den Schlaf über
mich, dann pflege ich meine Hände herauszustecken, dass sie
kalt werden. Aber dann stechen sie mich unter dem Gewande
gleich einem Floh, ziehen meine Hand dahin, damit diese

---

[1] Cap. IV.
[2] Cap. VI.

unter dem Gewande sich erwärme und ich dadurch zum Lesen
faul werde. Dieselben legen mir auch zuweilen die Hand
unter die Backe, damit ich um so besser schlafe. Sehet, so
stellen uns die Teufel auch in den geringsten Kleinigkeiten
ein Bein." Die Dämonen bewirken auch die Schläfrigkeit
während der heiligen Lektüre. Richalmus behauptet, die
Teufel könnten bewirken, dass sich ein Todter mehrere Tage
hindurch bewege.[1] Sie begleiten und umgeben uns immerwährend.[2] Sie rauben den Schlaf. Die Dämonen, die innerlich sind, wissen nicht, was aussen geschieht und umgekehrt,
und dabei beruft sich der Abt auf seine eigene Erfahrung.[3]
Die Menge der Teufel, die den Menschen umlagert, ist so
gross wie die der Atome der Sonne, und, sagt Richalmus,
„ich habe sie auch in solcher Atomenform gesehen". Er
vergleicht ihre Anzahl mit dem Staube und dem Sande.[4] Sie
bewegen den Leib und die Glieder der Menschen, denen sie
nachstellen, zu allem Bösen. Sie machen die Nasen der Menschen runzelig, verzerren die Lippen. Hat jemand eine
hübsche Nase, so machen sie dieselbe oft voll Runzeln, damit
sie hässlich werde. Sehen sie, dass jemand die Lippen ehr-
bar schliessen will, so machen sie zur Verunstaltung die
untere herabhängen. „Sehet! ein Teufel hing zwanzig Jahre
hindurch an dieser Lippe, nur um sie hängend zu machen."
Die Dämonen setzen den Menschen in der Art zu, dass es
ein Wunder ist, wenn unser Einer noch lebt. Beschützte
uns nicht die göttliche Gnade, so würde niemand der Wuth
der Teufel entgehen können. „Seht! ich pflege den Hut auf-
zusetzen, weil das äussere Licht das innere bedeckt; da könnt
ihr kaum glauben, wie sehr sie mir dabei hinderlich sind, wie
sie mich am Kopfe jucken, damit ich, wenn ich mich kratze, den
Hut abnehme." Als der Novize, der dem Abt zuhört, erwähnt, dass es in seinem Bauche während des Schreitens
geknurrt habe, ruft Richalmus: „Ah, das thun sie (die
Teufel) mir täglich an. . . . . Nie darf jemand sagen, dass die
Teufel auch nur einen Augenblick uns zu plagen und zu ver-

---

[1] Cap. VII.
[2] Cap. X.
[3] Cap. XI.
[4] Cap. XLI.

suchen ablassen...... Wie einer an der Wage immer auf das
Zünglein sieht, ob es steige oder sinke, so beobachten die
Teufel den Menschen unablässig. Je mehr Christlichkeit der
Mensch hat, mit desto grösserer Heftigkeit greifen sie ihn
an, gleich einem Pferde, das im Galop zum Angriff in die
Schlacht sprengt. Ist der Mensch weniger christlich, so pau-
siren sie und lassen von der Quälerei ab." Auf die Frage:
ob denn die Teufel nicht auch müde werden von dem unab-
lässigen Quälen anderer, antwortet Richalmus: Allerdings!
und erzählt, dass er bei einem Laienbruder, welcher der Erklärung der Ordensregel zugehört, die Ohren mit einem Pflaster
verklebt gesehen und sogleich erkannt habe, dass dies einer
jener Teufel gethan habe, die das Geschäft und die Aufgabe
haben, die Menschen am Hören des Wortes Gottes zu verhindern, indem sie ihnen die Ohren zustopfen. Richalmus
stellt die Behauptung auf[1], dass es den Teufeln unangenehm
sei, wenn jemand seiner Sünde wegen getadelt oder bestraft
werde und sich bessere, und zwar aus dem Grunde, weil
derjenige, der Strafe leidet, das, um dessentwillen er gestraft
worden ist, vermeidet und nicht nur das, sondern auch andere
Uebertretungen, wodurch er stärker wird, um den Teufeln zu
widerstehen. Ausserdem sei es diesen auch darum zuwider,
weil die Bestrafung des einen auch andere von der Begehung
der Sünde abschrecke. Die Teufel stehen auch um die Betten
herum.[2] Sie foppen die Menschen[3]; Richalmus hat es selbst
erfahren; sie haben es Tag und Nacht auf uns abgesehen.
Sie machen uns alle Arbeit schwerer[4], und der Abt erzählt
ein Beispiel: „Als wir eines Tages zum Bau einer Mauer
Steine zusammenlasen, um sie auf einen Haufen zu werfen,
hörte ich die Teufel hinter den Steinen sagen: Ist das eine
schwere Arbeit! Dies sagten sie aber nur, um die Kloster-
brüder, wenn sie die Worte hörten, zum Murren und Auflehnen aufzureizen." Die Teufel sprechen durch Geräusch,
jedwedes Geräusch ist ihre Stimme. „Seht!" sagt Richalmus,
„indem ich an meinem Aermel ziehe und dadurch ein Rauschen

---

[1] Cap. XIV.
[2] Cap. XV.
[3] Cap. XX.
[4] Cap. XXI.

entsteht, sprechen die Teufel durch dieses Geräusch. Wenn
ich mich kratze, so sprechen sie durch das Gekratze. Jedes
Geräusch, das es gibt, ist ihre Stimme."[1] Eine ganz besondere Wirkung übt das Salz und das Weihwasser. „Die Kraft
des Salzes habe ich oft erfahren", sagt Richalmus.[2] „Bei
Tische, wenn die Teufel meinen Appetit geholt hatten und
ich eine Wenigkeit vom Salze kostete, so war er wieder da;
nach kurzem war er aber wieder weg, wie ich auch bezüglich des Kreuzes bemerkte, dass es nur eine kleine Weile
Kraft habe. Wenn ich dann wieder etwas Salz nahm, spürte
ich wieder Esslust. . . . . Oft wenn ich mich wieder dem Weihwasser näherte", fährt Richalmus fort, „stürmten die Teufel
auf mich ein, sobald ich mich aber besprengt hatte, wichen
sie gleich einem, der vor dem Untertauchen, der Ueberschwemmung und der Todesgefahr flieht."[3] Als Richalmus
eines Tags den Novizen frägt: warum er heute nicht wie gewöhnlich gegessen habe? und dieser antwortet: weil er voll
und satt gewesen, ruft jener: „Nehmt Euch in Acht, ich habe
gehört, wie die Teufel sich gegen Euch verschworen haben,
Euch die Speise zu entziehen, indem sie sagten: wie lange er
doch lebt, warum haben wir ihn auch so lange geschont!"
Mein Gott! ruft der Novize, wie kann ich mit vollem Bauche
essen? „Das bewirken sie", erklärt Richalmus, „auch mir
haben sie oft den Bauch gross gemacht, den Mund mit
Schleim gefüllt und auf alle Weise den Appetit geraubt, bis
ich mich vor Tische mit Weihwasser sprengte, was dann auch
half. Dasselbe thaten sie einem Frater von uns während des
ganzen Sommers, bis dass er starb. . . . . Warum zerknittert
Ihr den Halm zwischen Euren Fingern und zieht ihn un-
nöthigerweise durch dieselben? Seht, auch dies veranlassen
sie Euch zu thun![4] . . . . Wenn die Menschen husten, so ruft
damit ein Teufel den andern an, das Husten ist nur ein Gespräch der Teufel miteinander."[5] Richalmus betrachtet es als
Irrthum, zu meinen, man werde von Läusen und Flöhen gebissen, da es eigentlich die Teufel seien, die auch in dieser

[1] Cap. XXII.
[2] Cap. XXIV.
[3] Cap. XXIV.
[4] Cap. XXVI.
[5] Cap. XXVIII.

Art die Menschen quälen. Auf die Frage des Novizen, wovon denn jene leben, lehrt Richalmus, dass sie sich vom Schweisse nähren.[1] Im Kapitel XLVI bekennt Richalmus, dass er gegen die Flöhbisse das Zeichen des Kreuzes anwende, und räth dasselbe zu thun, da er aus Erfahrung spreche. Auch durch die Stimme der Vögel unterhalten sich die Teufel miteinander sprechend. Obschon die Teufel durch das Zeichen des Kreuzes sehr gepeinigt werden, halten sie doch Stand und suchen soviel als möglich zu schaden. „Nach meiner Erfahrung", fügt Richalmus hinzu, ist aber doch nichts wirksamer als das Kreuz, wenn seine Kraft auch nicht lange andauert, denn sie kehren bald wieder, gleich einem tapfern Krieger, der sich verwunden und durchbohren lässt, bevor er weicht, so machen sie es auch.[2] Zur Messe kommen sie mit der grössten Angst, wegen der Pein, die sie kraft des Sakramentes erdulden." Richalmus macht in diesem Kapitel[3] dem Novizen den Vorwurf, dass er und alle seine Genossen gewöhnlich nur ein halbes Kreuz machen. Keiner schlage ein vollständiges Kreuz, und dadurch würden die Teufel erst recht zu Plackereien aufgefordert. Ueber die Wirksamkeit des Kreuzes lässt sich Richalmus auch im siebenten Hauptstück aus. Er betheuert, dass er sicher schon ganz zu Grunde gegangen wäre, wenn ihn dieses nicht erhalten hätte. „Bevor ich die Macht des Kreuzes recht kannte", sagt er, „wurde ich aufs ärgste gepeinigt und ausgespannt." Man könne das Kreuz auch geheim machen, ohne dass es die Teufel wahrnehmen. Die Teufel sind auch die Ursache der Blähungen. „Oft", sagt Richalmus, „treiben sie mir den Bauch dermassen auf, dass ich den Gürtel ungewöhnlich auflassen muss, wenn sie dann, vielleicht vergessend, abstehen, ziehe ich den Gürtel zusammen in gewohnter Weise. Wenn sie dann wieder kommen und ihn so finden, quälen und ängstigen sie mich so, dass ich leide."[4] Die Teufel bewirken auch den Rausch.[5] „Heute haben wir guten Wein getrunken", sagt Richalmus, „und siehe! es gibt eine Menge Betrunkener im Saale über

---

[1] Cap. XXIX.
[2] Cap. XXX.
[3] Cap. XXXI.
[4] Cap. XXXVI.
[5] Cap. XXXVII.

und um uns. So war es auch am Tage Allerheiligen, wie
ich neulich erwähnte, wo wir den guten Wein tranken und
die Masse der Betrunkenen so gross war, dass ich sowol im
Kloster als im Oratorium im Gehen gehindert war, besonders
aber im Kloster um den Hörsaal und das Refectorium herum.
Am andern Morgen jedoch waren sie alle verschwunden und
das Kloster war leer." Auf die Frage des Novizen: wohin
sie gekommen seien? antwortet Richalmus: „Es waren diejenigen (Teufel), die sich in den Weinhäusern gewöhnlich
aufzuhalten pflegen, gekommen und hatten unsere Zecher zu
ihrer Verstärkung dahingelockt." „Was machen denn die
Teufel daselbst?" fragt der Novize. Worauf Richalmus sagt:
„Sie machen die Leute trunken, und zwar können sie dies
auch ohne Wein." Im folgenden Kapitel erzählt Richalmus,
wie ihn ein Teufel zur Unzucht habe verleiten wollen, er
demselben aber widerstanden habe. Die Teufel, namentlich
die hervorragenderen, muntern gegenseitig zum Bösen auf [1],
denn es gibt unter ihnen hervorragende und ausgezeichnete
Teufel, welche die untergeordneten möglichst anzueifern
suchen. Richalmus klagt [2], dass ihm die Teufel häufig Zahn-
weh verursachen, besonders wenn er sich vor der Messe den
Mund wasche. Als er etwas Wein getrunken und darauf
husten musste, behauptet er, dass dies auch von den Teufeln
herrühre, die ihm den Wein verleiden wollten, weil er ihm
schmecke und seiner Natur gemäss sei. Die Teufel nehmen
diejenige Gestalt, welche zu ihren Unternehmungen passt. [3]
Sie suchen die Geistlichen durch Zerstreuung von ihrem Berufe abzuhalten, führen z. B. einen aus dem Kloster in die
Stadt, lassen ein Pferd satteln und ihn fortreiten. [4] Die
Teufel sprechen auch Latein. [5] Die guten sowol als die bösen
Geister haben eine bestimmte Ordnung nach Rang und Amt.
So haben die bösen Dämonen in allen Klöstern ihre Beamte,
welche den einzelnen Berufspflichten der Menschen entgegen-
wirken; z. B. derjenige, welcher der Abtei entgegen ist, heisst

---

[1] Cap. XLIII.
[2] Cap. XLIV.
[3] Cap. XLIX.
[4] Cap. LIV.
[5] Cap. LXIII.

unter ihnen der Abt, der Prior u. s. w.[1]   Sie haben ihre
Freude daran, wenn sie das Gute verhindern können.[2]   In
der Luft gibt es noch feinere und geriebenere Teufel, von
denen die plumpen unter uns unterwiesen werden.[3] Richalmus
hörte zu, als ein Teufel einem andern untergeordneten die
Weisung gab: Kleinherzige und Arme solle er durch Zorn
und Traurigkeit, die Reichen oder Starken hingegen durch
Stolz und Hochmuth zu Grunde richten.[4]   Liebe und Dankbarkeit gegen Gott ist gegen den Sinn des Teufels[5], sowie
auch das Festhalten am Guten dem Teufel zuwider ist.[6] Richalmus erörtert[7], wie die Teufel bestrebt sind, die Conven-
tualen von der leiblichen Arbeit dadurch abzuhalten, dass sie
dieselben bedauern und sagen: „Ihr Armen! müsst ja arbeiten
wie die Sklaven! welche unerträgliche Arbeiten! Ist es
nicht eine Schmach, so angestrengt arbeiten zu müssen!"

Diese Revelationes, die 130 capitula umfassen, beweisen,
dass der Teufel im 13. Jahrhundert in allen Falten des gewöhnlichen Lebens steckte.   Der ehrliche Abbas, weit entfernt blenden zu wollen, spricht seine innerste Ueberzeugung
aus, die dem Wesen nach zugleich die damals allgemein gangbare Anschauung ist.   Hiernach streiten die bösen Geister mit
den guten um den Menschen wie im Parsismus, und der
Mensch erscheint durchaus selbst und haltlos.   Der Aufzeichner
dieser Offenbarungen, der sich nicht nennt, sagt im Prologus
col. 375: „Omnes (revelationes) vere et ad os mihi narravit
ita, ut ex maxima parte eas mihi in cera et transscriptas a
me relegens approbaverit.   Sed ad cautelam vanae gloriae
ante mortem suam (den der Schreiber schon im 2. cap.
meldet) alicui communicare mihi prohibuit." Der Aufzeichner
glaubte aber dieses Verbot überschreiten zu dürfen: „stimu-
latus dilectione fraterna et timens proximos defraudare aedi-
ficatione salubri."

Der Mensch dieser Periode ist also zu keiner Zeit und

---

[1] Cap. LXX.
[2] Cap. LXXII.
[3] Cap. LXXIV.
[4] Cap. LXXIV.
[5] Cap. LXXVII.
[6] Cap. LXXXVIII.
[7] Cap. CXXIII.

an keinem Orte vor den Nachstellungen des Teufels sicher;
überall, selbst in der Kirche während der gottesdienstlichen
Handlung, stellt er sich ein, mit Versuchen seine Herrschaft
in der Welt zu erweitern.   Der Jungfrau Agnes Blannbekin
in Wien erscheinen zwei Dämonen hinter dem Rücken ihres
Beichtvaters, und zwar nachdem er das Allerheiligste in der
Messe in die Höhe gehoben hat.   Jene beiden standen zu
beiden Seiten des Priesters und nickten sich hinter dessen
Rücken frohlockend zu, dass sie den Celebrirenden in Furcht
versetzt und dadurch bei der heiligen Handlung hinderlich
seien.   Denn der Frater, setzt der Berichterstatter hinzu,
„war etwas ängstlich vor den Erscheinungen böser Gedanken“.
Die erwähnten bösen Gedanken verschwanden aber, als das
Vaterunser hergesagt wurde; „heilige Engel harrten aber so
lange aus, als die Messe dauerte.“ [1] Diese Wienerin sieht die
Religiosen von Teufeln in so dichter Menge umgeben, wie
die Atome in den Sonnenstrahlen.   Sie berühren jene aber
nicht, sondern sind nur nahe herum „quasi ad unum cubi-
tum“ und beobachten, ob sie nichts sagen oder thun, was zur
Versuchung Anlass böte.   Wenn die Teufel an einem Religiosen Anzeichen von Ungeduld, Stolz oder irgendeinem
Laster wahrnehmen, dann frohlocken sie, ergreifen es und
wälzen sich, wie eine Kugel zusammengeknäult, darauf.[2] Das
Aussehen des Teufels, wenn er hinter ihrem Rücken erscheint,
ist schrecklich, ein Gesicht gleich einem wilden Stiere,
schwarz, gehörnt, mit glühenden Augen, einem langen Rüssel.
Die Jungfrau erzählt auch, dass, wenn es der Teufel auf
Personen abgesehen hat, die durch Ascese geschwächt sind,
sie leicht einer siebenfachen Versuchung verfallen, mit der er
sich an die Frommen zu machen pflegt.   Dann erscheint er:
„indutus lorica de corio duro, nigro et hispido, de lana leni
conflitura in longum dependenti, i. e. zotocht (vox germanica
zoticht) quod significat nimiam austeritatem corporalem etc.“
Der Teufel bekennt auch, dass er nie ablasse, homines spiri-
tuales zu beobachten, zu verfolgen, und da er ihnen nicht
ins Herz sehen kann, so beobachtet er um so schärfer ihre

---

[1] Agnetis Blannbekin, quae sub Rudolpho Habsburgico et Alberto I.
Austriae impp. Viennae floruit, Vita et Revelationes, ed. Pez., p. 71.
[2] A. a. O., p. 250.

äussern Bewegungen, woraus er auf die innern Regungen schliesst und zu Versuchungen Anlass nimmt. Er freut sich über die Verführung eines Heiligen zu einer leichten Sünde mehr, als wenn er einen sündigen Mensch zu einer Todsünde verleitet hat.[1] Die Jungfrau Agnes pflegte jede Quadragesima 5000 Paternoster, ebenso viele Ave-Maria von ebenso vielen Kniebeugungen begleitet zu beten, so dass sie am Tage Parasceve die Zahl der Gebete voll hatte und dann das Opfer dieser Gebete als Dank für die Leiden des Herrn darbrachte. Der Teufel, sehr ärgerlich darüber, dass sie dem Herrn darbringe, verwandelt sich in einen Engel des Lichts und sucht sie durch Worte davon abzubringen; aber sie erkennt seine Bosheit und fährt in ihren Danksagungen gegen den Erlöser fort. Der Teufel weicht zwar, aber nicht ohne Spuren seiner Bosheit zurückzulassen. Denn bald fängt das Fleisch der Jungfrau an von dem Geiste der Unzucht gequält zu werden wie nie zuvor; allein durch die Gnade Gottes lässt das Uebel bald ab.[2] Als sie eines Morgens, nachdem sie aufgestanden, noch etwas schläfrig auf einem Stuhle sass, kam der Teufel und wollte ihr leiblich Gewalt anthun, zog sie vom Sitze zur Thüre, als wollte er sie entführen. Nachdem sie angefangen, den Herrn um seiner Auferstehung willen anzurufen, hörte sie eine Stimme: „Sage, Herr Jesu Christ, um deiner Liebe willen. «Min hieze bluet» hilf mir!" Nachdem sie dies gethan, liess sie der Teufel vor der Kammer los.[3]

Die Vorstellung von einem Bunde mit dem Teufel, durch die Legende, namentlich die über Theophilus fortgepflanzt und ausgebildet, stand von dieser Zeit an im Vordergrunde und erhielt besonders viel Zuschuss durch das Ketzerwesen, das schon von den Kirchenvätern mit dem Teufel in Zusammenhang gesetzt ward. Die feierliche Lossagung der Katharer von der römischen Kirche bekam die Bedeutung der Lossagung von der christlichen Religion und von Gott überhaupt, und galt als Gegenstück zur Abrenunciatio diaboli. Die dualistische Anschauung der Katharer bot die Handhabe zur Beschuldigung, dass sie dem Teufel dienen und ihre Ver-

---

[1] Cap. CLXXXVIII.
[2] Cap. CC und CCI.
[3] Cap. CCX.

ehrung durch den skandalösen Kuss bezeigen, von dem Alanus
von Ryssel bemerkt: „Catari dicuntur a cato, quia osculantur
posteriora cati, in cujus specie, ut dicunt, apparet Lucifer.‟
Der unter den Katharern übliche Bruderkuss wurde verdreht
und bekam die Bedeutung eines Zeichens des dem Teufel ge-
leisteten Homagium, wodurch der Ketzer als dessen Vasall
sich darstellen sollte. Unzucht und Incest sind die Laster,
deren Beschuldigung schon bei den ältern Ketzern verbraucht
worden war; hei den Stedingern steigerte sich die Anklage
auf Sodomie, es erübrigte nur noch der fleischliche Umgang
mit dem Teufel selbst. Im Jahre 1275 wurde zu Toulouse
unter dem Inquisitor Hugo von Beniols ein grosses Auto da Fé
gehalten, wo unter den lebendig Verbrannten auch die Herrin
von Labarthe den Flammentod erlitt. Diese 56jährige Matrone wusste man zum Geständniss zu bringen, dass sie allnächtlich mit dem Satan fleischlich Umgang gepflogen, infolge
dessen sie ein Ungeheuer mit einem Wolfskopf und Schlan-
genschwanz geboren, zu dessen Ernährung sie allnächtlich
kleine Kinder habe stehlen müssen.[1] Diese und ähnliche Beschuldigungen werden im Mittelalter ständig und wiederholen
sich in allen Hexenacten. Schon um 1230—40 stand besonders die Gegend von Trier unter schwerem Verdacht der
Hexerei und Ketzerei. Einige Dutzend alter Frauen, welche
nicht gestehen wollten, die Kröte gesehen zu haben, erlitten
den Feuertod. Von der Zeit ab spielt die Kröte überhaupt
eine hervorragende Rolle in den gerichtlichen Anklagen auf
Zauberei und Ketzerei; es wird viel von Katern und Böcken
gesprochen, namentlich wo es Hexer betrifft, während die
Hexen häufig mit Kröten und Katzen in Verbindung gebracht werden, selbst mit Gänsen, wie auch Gregor IX. in
einem Briefe an den Prinzen Heinrich der Kröte, des Frosches,
der Gans erwähnt.[2] Die Kunst, den Teufel zu bannen oder
zu vertreiben, beschäftigte natürlich alle Köpfe[3] und diese
brachten eine Menge Zauberbücher hervor. Bekannt ist die
Aussage, die Raynald[4] nach Ludwig Param anführt: dass

---

[1] Lamothe Langon, Hist. de l'inquisition en France, II, 614; Hist. de
Languedoc, IV, 17; bei Soldan, S. 147.

[2] Vgl. Semler, Fruchtbarer Ausz., II, 583.

[3] Vgl. Chron. belgic. ad ann. 1233.

[4] Ad a. c. N. XV. XVI.

von dieser Zeit ganz besonders in Deutschland und Italien so
viele zur teuflischen Zauberei verführt worden seien, dass
sie, wenn man nicht in diesen beiden Ländern ungefähr
30000 verbrannt hätte, zuletzt die ganze Erde dem Teufel
unterworfen hätten. [1]

Bemerkenswerth ist, dass in diesem Jahrhundert das erste,
also älteste Beispiel von Schreiben mit Blut bei dem
Bündnisse mit dem Teufel vorkommt, soviel uns wenigstens
bekannt ist.   Als um das Jahr 1276 Brun von Schönbecke
sein Gedicht zur Ehre der Maria dichtete, nahm er die Theo-
philussage darin auf.   Ausser manchen Abweichungen von
den früheren Bearbeitungen dieses Gegenstandes ist ihm der
Zug eigen, dass Theophilus die Handfeste mit Blut schreiben
muss.   Ausser diesem sagt nur Rutebeuf[2] ebenfalls: „de son
san les escrist“.   Die Anwendung des Blutes bei der Verschreibung erklärt sich aus der Vorstellung vom Blute, die sich
im Alten Testamente und bei andern Völkern findet, wonach
im Blute der Sitz des Lebens, der Kraft, der Empfindung
gedacht wird.   Die Verschreibung mit Blut deutet sonach
den innigsten, unverbrüchlichsten Bund, und zugleich die
strengste Verpflichtung an.   Bei den Römern verpflichtete
Opferwein mit Blut vermischt getrunken (vinum assiratum)
selbst zu grauenvollen Handlungen, was noch bei Catilina's
Verschwörung stattgefunden haben soll. [3]   Manche wilde
Stämme haben den Brauch, bei Bündnissen sich zu ritzen
und das hervorströmende Blut zu vermischen.   Es ist die
völlige Hingebung, die Aufopferung seiner selbst durch das
Blut symbolisirt.   So hat auch die hebräische Beschneidung
die Bedeutung eines blutigen Opfers des ganzen Menschen an
Jahveh, daher sie als Zeichen des Bundes zwischen diesem und
dem Sohne Israels betrachtet wird, das dieser zur Mahnung
an seine Verpflichtung zur Treue gegen Jahveh, zugleich aber
auch als Adelsdiplom hinsichtlich seiner vor allen Völkern
ausgezeichneten Stellung an sich tragen soll.

Bei der Verwilderung der Sitten im 14. Jahrhundert
(deren wir später gedenken wollen) kann es nicht befremden,

---

[1] Vgl. Horst, Daemonomag., 94.
[2] Mystère de miracle de Théophile.
[3] Sallust. Catil., cap. 22.

wenn Rachsucht und Boshcit, um ihre Zwecke zu erreichen,
sich der teuflischen Mächte bedienen zu können glaubten.
Man gebrauchte Bilder aus Metall oder Wachs, durch deren
Zerstörung man mit Hülfe des Teufels denjenigen Personen
zu schaden beabsichtigte, die jene darstellten.   Clemens V.
(1305—14) stand im Geruch der teuflischen Zauberei, durch
die er sich Nachricht von dem Schicksale eines Anverwandten
in der andern Welt verschafft haben soll. [1]

In diesem Jahrhundert spielt auch der bekannte Templerprocess (1312), den wir einerseits als Spiegelung des Teufelsglaubens der damaligen Zeit, andererseits als Förderungsmittel
zu dessen Festigung und Verbreitung anführen müssen.   Die
Hauptbeschuldigung der Templer lautete nämlich ausser auf
Verleugnung Gottes und Christi, Verachtung des heiligen
Kreuzes, Beschimpfung der Sakramente auch auf Huldi-
gungskuss und Homagium demselben dargebracht
und Unzucht mit ihm. Das teuflische Expediens der Thierverwandlung ward in Anwendung gebracht.   Der Teufel soll
nämlich bei den Versammlungen der Templer jedesmal als
Kater erschienen sein und schliesslich einen der Versammelten mit sich durch die Luft hinweggeführt haben. Ueber-
müthige Anmasslichkeit und mancherlei Ausschreitungen, die
Folgen ihrer Machtstellung und ihres Reichthums, ihr zwei-
deutiges Verhalten im Morgenlande gaben den äussern Anlass,
dem Templerorden den Process zu machen, Neid und Schelsucht führten den Process mit Grausamkeit, Wilhelm, der
Inquisitor haereticae pravitatis, wusste die Aussagen in Betreff der Verleugnung Gottes und Christi zu erfoltern, das
Leugnen der unter den Martern Sterbenden oder in scheusslichen Gefängnissen Schmachtenden blieb unberücksichtigt.
Die Charakterschwäche des Papstes Clemens V. war nicht
vermögend, der drängenden Habsucht Königs Philipp IV.
von Frankreich Widerstand zu leisten, über welchem der
Teufel die düstere Flamme hoch emporhielt, um damit den
Scheiterhaufen Jakob von Molay's in Brand zu stecken (1214).
Unter höllischer Beleuchtung wurde der Orden geopfert; aber
die Nachwelt hat bei klarem Lichte des Urtheils unter der

---

[1] Villani VI, 58, bei Horst, Daemonom., 115.

Asche die königliche Habgier, priesterliche Eifersucht und päpstliche Schwäche herausgefunden:

Papst Johann XXII., selbst der Hexerei beschuldigt, äussert in einer Bulle seinen Schmerz darüber, dass seine Aerzte, seine Hofleute mit dem Teufel im Bunde stehen und durch Ringe, Spiegel u. dgl., in welche teuflische Macht gebannt sei, andere Menschen umzubringen suchen, dass auch seine Feinde solcher teuflischer Mittel sich bedient hätten, um ihn ums Leben zu bringen.[1] Im Jahre 1327 klagt derselbe Papst über seine Zeitgenossen, dass sie mit dem Teufel Bündnisse schliessen, ihm Opfer darbringen, ihre Verehrung erweisen, zu teuflischem Gebrauche Bilder formen, Ringe, Trinkschalen, Spiegel u. a. m.[2]

Bei aller Furchtbarkeit des Teufels erscheint er aber doch bisweilen als Spassmacher. So erhielt[3] Papst Clemens VI. ein Jahr vor seinem Tode einen eigenhändigen Brief des Teufels, worin dieser ihn seinen würdigen Statthalter auf Erden nennt und die Hoffnung ausspricht, bald mit ihm im Reiche der Finsterniss zusammenzutreffen. Der Papst hatte Laune genug, zu erwidern: er müsse dem Teufel danken, dass er ihn einmal lachen gemacht, wozu ihm seine Amtsgeschäfte ohnedies keine Zeit liessen. In der volksthümlichen Poesie hatte die drastische Figur des Teufels schon früher Aufnahme gefunden. Anknüpfend an die dogmatischen Vorstellungen der Kirchenväter von der Versöhnung, wonach das Menschengeschlecht dem Teufel auf dem Wege des Rechtens abgerungen und die Herrschaft des Teufels bald als eine rechtlich begründete, bald als eine durch Ueberlistung gewonnene betrachtet wird, wird in dem Vorspiele zu den Passionsspielen die Sache der sündigen Menschheit vor dem Throne Gottes in Form eines Processes verhandelt.[4]

Der Satansprocess.

In ähnlicher Weise, wie man die Versöhnungslehre dramatisch darzustellen suchte, entstand ein förmlicher Process des

---

[1] Raynald ad ann. 1317, Nr. 53.

[2] Raynald ad ann. 1327, Nr. 44.

[3] Nach Raynald ad ann. 1357, Nr. 7.

[4] Hase, D. geistl. Schausp., 43 fg.; Devrient, Geschichte der Schauspielkunst, I, 21 fg.

Satans, welcher zur Norm der beliebtesten processualischen Lehrbücher wurde. Die Form processualischer Verhandlung ward auf Angelegenheiten rein geistigen Inhalts übertragen, eine populär-dogmatische Vorstellung juristisch behandelt, was sich aus der engen Verbindung der Theologie und Jurisprudenz im Mittelalter erklärt.

Schon seit Papst Alexander III. (1159—82) finden wir ausser andern die Kanonisation vorbereitenden Ceremonien einen förmlichen Process, worin der Teufel durch einen bestimmten Anwalt (advocatus diaboli) als Partei auftritt, und ähnlich ist der Gedanke einer processualischen Verhandlung zwischen dem Feinde der Menschheit, dem Tode, und dem Menschen in einer alten deutschen Schrift dargestellt, gewöhnlich als „Rechtsstreit zwischen Tod und Menschen" bezeichnet. [1]

In der ältesten Form, in welcher der Satansprocess erhalten ist, findet der Rechtsgelehrte die Anschauung, von welcher dabei ausgegangen ist, durchaus unjuristisch; da aber ein gewisser Hergang, in dem sich das Dogma von der Ueberwindung des Teufels darstellte, traditionell festgestellt, und von vornherein ein gewisses juristisches Moment in die Lehre von der Versöhnung hineingerathen war, so lag es nahe, dieses weiter auszubilden. Das Dogma bot Anknüpfungspunkte zu Rechtsdeductionen, um den Erfolg desto fester zu begründen; der Hergang erhielt die Gestalt eines förmlichen Processes, aus der überlieferten dogmatischen Tradition entstand durch juristische Ausstattung eine Schrift, welche den Processgang an einem pikanten Beispiele zum Muster hinstellte, und indem der dogmatische Inhalt zurücktrat, erhielten die Satansprocesse die Bedeutung processualischer Lehrbücher. „Keinesfalls", sagt Stintzing [2], „haben wir dabei an eine Satire zu denken. Denn selbst da, wo die Vertheidigung des Menschengeschlechts an Rabulisterei streift, findet die Gestaltung der Fabel noch ihre Stütze an jener dogmatischen Ueberlieferung, welche sogar eine Ueberlistung des Teufels in sich aufgenommen hatte."

---

[1] Dr. R. Stintzing, Geschichte der populären Literatur des römisch-kanonischen Rechts in Deutschland (Leipzig 1867), S. 259 fg.

[2] A. a. O., S. 261.

Der Processus Sathanae hat mehrere Bearbeitungen erlebt. Die Fabel, die dieser kleinen Schrift zu Grunde liegt, ist nach der Angabe Stintzing's folgende:

„Vor Christo erscheint der «procurator nequitiae infernalis», Satan oder Mascaron und verlangt rechtliches Gehör gegen das Menschengeschlecht in kürzester Frist; Christus jedoch beraumt den Termin erst auf den folgenden Freitag an. Satan wendet ein, der Freitag ist ein Festtag, daher die Ladung ungültig. Aber Christus weist ihn zurück mit der Erklärung: «nos jura condidimus et auctoritatem damus juribus, non jura nobis». Satan findet sich im Termine ein und muss bis zum Abend auf Gehör warten. Als endlich die Ladung verlesen wird, meldet sich für das Menschengeschlecht niemand, und Satan verlangt nun eine Bescheinigung darüber, dass er rechtzeitig erschienen, die Menschen dagegen ungehorsam ausgeblieben sind. Aber Christus erklärt, dass er kraft richterlicher Gewalt und Billigkeit den Termin bis zum folgenden Tage erstrecke. Als Satan sich polternd über Ungerechtigkeit beschwert, wird er zum Himmel hinausgeworfen.

„Am andern Tage tritt Maria als «advocata generis humani» auf, aber der Satan bestreitet, dass sie Procurator sein könne, denn sie sei als Weib von der Procuratur ausgeschlossen und überdies dem Richter zu nahe verwandt. Demungeachtet entscheidet Christus für ihre Zulassung. Satan erhebt darauf eine Spolienklage, welche er auf die Behauptung gründet, dass ihm der Besitz des Menschengeschlechts durch die Erlösung gewaltsam entrissen sei. Maria deducirt dagegen, dass die Hölle nur Detentor gewesen sei, indem sie das Menschengeschlecht nur für Gott in Gewährsam gehabt habe; ihrem Besitze würde titulus und bona fides gefehlt haben. Hierauf wird die Spolienklage abgewiesen. Satan klagt nun petitorisch, indem er die Verurtheilung des Menschengeschlechts fordert, unter Berufung auf den Sündenfall und die Worte der Genesis: «welchen Tag du von diesem Baume issest, sollst du des Todes sterben». Maria wendet ein: die Hölle sei selber Ursache des Sündenfalls und könne aus ihrem eigenen dolus kein Recht herleiten. Satan replicirt: selbst wenn das richtig wäre, so müsse die Verurtheilung dennoch und zwar «officio judicis» erfolgen, weil die Gerechtigkeit

kein Verbrechen ungestraft lassen dürfe. Dagegen protestirt
Maria als gegen einen unzulässigen Wechsel des Klagegrundes
und der Klage, bricht dann aber in ihrer Sorge um das
Menschengeschlecht in Thränen und Klagen aus, sodass Satan,
der das Herz Christi bewegt sieht, sich beschwert: er habe
von Anfang an gesagt, wie nachtheilig es ihm sei, dass die
Mutter des Richters als Anwalt seiner Gegner fungire." Indess geht die Verhandlung weiter; jedoch weichen die verschiedenen Bearbeitungen von nun an in Einzelnheiten ab.

Stintzing deutet auf die zwei Momente hin, die
überall hervortreten. „Satan sagt: die Gerechtigkeit ver-
lange, dass das Menschengeschlecht verurtheilt werde, weil
auch die abgefallenen Engel verurtheilt seien; wogegen Maria
erwidert: dass die Engel aus Bosheit, die Menschen dagegen
wegen der Schwäche ihrer Natur gesündigt hätten. Ausserdem macht Maria geltend: dass Christus die Strafe für die
Menschen erlitten habe, also die Gerechtigkeit gesühnt und
die Schuld bereits rechtskräftig abgeurtheilt sei. Schliesslich
wird Satan zur Freude der himmlischen Heerscharen abgewiesen."

Stintzing [1] macht die richtige Bemerkung: „Betrachtet
man diese Fabel genauer, so erkennt man leicht, dass ebenso
wenig ihre Gestaltung wie ihr Kern juristischer Natur ist.
Der Satan tritt mit Klagen gegen das Menschengeschlecht
auf, aber die Menschheit ist offenbar weder in petitorio noch
in possessorio der rechte Beklagte, denn sie ist nicht selbst
der Erlöser, der Befreier, sondern das Object der Erlösung.
Sowol die Spolienklage wie die Vindication musste daher
gegen Christus angestellt werden, die Menschheit nur als
Streitgegenstand erscheinen; Christus selbst konnte in diesem
Streite nicht Richter sein. . . . . Ein Jurist würde wol das
Menschengeschlecht gleich zu Anfang contumacirt, dann Maria
als Procurator nicht zugelassen, den Richter nicht durch
Thränen der Maria zum Zorn und Mitleid bewegt gezeigt
haben."

Die juristische Ungehörigkeit erklärt sich wol daraus,
dass der ganze Hergang eigentlich gar kein juristischer Fall
ist, sondern vielmehr einen dogmatischen Gedanken veran-

---

[1] S. 263.

schaulichen will, und die juristischen Bearbeiter juristische
Momente verwenden, um dem Dogma eine rechtliche Basis
zu geben, aber die Begründung ist „wie eine Ironie auf jenen
Glaubenssatz".

In den erhaltenen Bearbeitungen lassen sich nach Stintzing
die Spuren der Umgestaltung verfolgen; eine der ältesten
Bearbeitungen ist diejenige, welche sich in dem kölner Sammelwerk als 5. Stück und zwar mit dem Tractatus judiciorum
Bartoli und dem Tractatus renunciationum durch einen Separat-
titel verbunden findet.

Da Bartolus [1] (geb. 1313, gest. 1355) nicht der Erfinder
des Processus Satanae, sondern nur ein Bearbeiter desselben
ist, wofür Stintzing als Beweis anführt, dass in der Folio-
ausgabe der Definitivsentenz die Jahreszahl 1311 beigefügt
ist, vermuthlich aus dem ältern Manuscripte, aus dem Bartolus seine Bearbeitung verfasste, herübergenommen, so muss
die Entstehung des Processus Satanae nothwendig in eine
frühere Zeit fallen (vielleicht schon in das 13. Jahrhundert).
Ein Zeugniss für den Beifall, den der Processus Satanae als
Processlehrbuch gefunden, muss man mit Stintzing darin
sehen, dass U. Tenngler eine deutsche Uebersetzung oder
richtiger Bearbeitung, und zwar mit Abweichungen vom lateinischen Original, veranstaltet und seinem Laienspiegel ein-
verleibt hat unter dem Titel: „Ein kurtz gedichter process
verdeutscht". In der Einleitung bemerkt er, dass dieser Process „durch einen hochgelahrten zu underricht seinen jüngern
im latein geformiret" sei, und zwar nach der Randglosse von
Bartolus. Naiv ist des Uebersetzers Bemerkung, dass niemand glauben solle, dieser Process sei wirklich vorgefallen.

Eine zweite Schrift, welche Stintzing [2] anführt, ist der
sogenannte „Belial" von Jacobus de Theramo [3] verfasst, der
am Schlusse seines Werkes sagt: „Actum aversae prope Nea-
polim die penultima mensis Octobris, anno Domini 1382." Der
Verfasser bezeichnet sein Werk als „consolatio peccatorum",

---

[1] Bartolus de Saxoferrato, geboren in der Mark Ancona, lehrte die
Rechtswissenschaft und starb zu Bologna 1355.

[2] S. 271.

[3] Welcher auch den Namen de Ancharano geführt haben soll. Er
ist 1350 oder 1351 geboren und scheint 1417 gestorben zu sein.

23

womit der theologistische Charakter aufgeprägt ist. Seine
Tendenz ist „eine scholastische Beweisführung für die Thatsache, dass Christus die Macht des Teufels wirklich überwunden
und die Sünder seiner Gewalt für alle Zeiten entrissen hat".

Nach einer rein theologischen Darstellung der Heils-
geschichte, die mit der Erlösung schliesst, berichtet der Verfasser den Beschluss der höllischen Mächte, eine Klage gegen
Christus zu erheben, weil er ihnen die Menschheit widerrecht-
lich entrissen habe. Der „juris peritus Belial", der, in förmlicher Weise zum Procurator aufgestellt, vor Gott erscheint,
verlangt rechtliches Gehör gegen Christus. Gott ernennt den
König Salomon in einem förmlichen Rescripte zum Richter,
welcher ein ebenso förmliches Ladungsdecret erlässt. Christus
wählt Mosen zu seinem Procurator, der aber infolge eines
Misverständnisses im Termin ausbleibt. Belial stellt einen
Contumacialantrag, wird aber abgewiesen und der Termin
verlegt. Hierauf übergibt Belial ein fömliches Klagelibell
worin es heisst: „Quidam dictus Jesus, filius Joseph et Mariae, quodam ausu temerario ductus, praedictam universitatem
infernalem de possessione praedictarum violenter dejecit ac
etiam spoliavit." Im Verlaufe der Verhandlung droht dieses
Possessorium einen schlimmen Ausgang zu nehmen, und so
lässt es die Hölle fallen und beschliesst geradezu petitorisch
das Eigenthum der Welt in Anspruch zu nehmen, Belial
zeigt es dem Richter an, übergibt seine Klageschrift, worin
es heisst: „Dictus Jesus temeritate potius, quam juris auctori-
tate, sibi appropriavit, imo potius usurpavit" u. s. w., nämlich
die Hölle, Erde und das Meer nebst allem was darin und
darauf wohnt. Positionen und Responsionen in aller Form
werden darin aufgestellt, der Inhalt der Verhandlung bleibt
aber doch mehr theologisch als juristisch. Salomon entscheidet
in förmlicher Sentenz gegen Belial, der aber Berufung ein-
legt und um Apostel bittet. Hierauf wird zum Richter in
Appellatorio von Gott „Joseph natus Jacob regis Aegypti
vicarius" delegirt. In der Vorverhandlung treten die Gerechtigkeit und Wahrheit einerseits, die Barmherzigkeit und
der Friede andererseits auf, da sich aber diese verständigen,
wird der Rechtsstreit zwischen Belial und Mose weiter geführt. Die Parteien schliessen aber ein Compromiss, wonach
die Sache durch Schiedsrichter ausgetragen werden soll, und

wählen dazu: „Illustrissum virum Octavianum Romanorum Imperatorem; Sanctissum virum Jeremiam; naturalissum virum Aristotelem et spiritu plenum Jesajam." Unter der Leitung des Joseph als Obmann sollen diese den Streit „de plano et sine strepitu et figura judicii" entscheiden. Der Schiedsspruch geht nach langer Verhandlung auf Abweisung der Klage Belial's, aber zugleich auf Ausscheidung der Gerechten von den Ungerechten am Tage des Gerichts, mit Verstossung der letztern in die Hölle, worüber ein öffentliches Instrument abgefasst wird.

Der theologische Zweck ist, wie Stintzing bemerkt, nicht zu verkennen. Der Verfasser wählte die traditionell gewordene Form des Processes, wobei ihm, als er im Jahre 1382 schrieb, die Bartolus'sche Bearbeitung des Processes Satanae als Vorlage diente. Dem Juristen entgeht auch nicht die juristische Verbesserung des Theramoschen Werks, worin die Person des Beklagten richtiger gewählt ist als im Processus Satanae, wo die Klage gegen das Menschengeschlecht, hier aber gegen Christus erhoben wird und nicht dieser, wie in jenem, sondern Gott Vater als Richter fungirt. Durch diese Verbesserungen hat sich der Satansprocess, ungeachtet des theologischen Zwecks und der theologischen Ausführungen, zu einem ausführlichen processualischen Lehrbuch herausgebildet.

Der Gegenstand muss unsere Aufmerksamkeit auf sich ziehen, theils weil er uns zeigt, wie in diesem Zeitalter Theologie und Rechtsgelehrtheit ineinandergesetzt waren, wodurch letztere eine theologistische Färbung hatte, theils weil er bestätigt, dass die Teufelei auch in die Fächer des Wissens wie in die Gebiete des Lebens hineinragte. Sie erfüllte dermassen die Welt, dass die Sorbonne, auf Veranlassung des Kanzlers Gerson, der selbst einen Aufsatz: „De erroribus circa artem magicam" schrieb [1], im Jahre 1398 zur Belehrung und Beruhigung des geängstigten Volks siebenundzwanzig gegen die teuflische Zauberei gerichtete Artikel veröffentlichte, worin der Glaube: böse Geister in Ringe und dergleichen bannen zu können, unter anderm als Irrthum bezeichnet wird.

---

[1] Vgl. Meiners, Historische Vergleichung der Sitten u. Verfassung, der Ges., III, 253.

(15. Jahrhundert.) Es war allgemeiner Glaube: der Teufel beherrsche nicht nur die Gedanken der erwachsenen Menschen, sondern bemächtige sich auch des Kindes, sobald
es geboren ist, ihm gehöre es zu bis zur Taufe; grosse Gewalt übte er über es aus in der Stunde der Geburt, da er
von vornherein weiss, was aus demselben werden würde. Nach
Paracelsus stellt der Teufel dem Kinde nach, sobald die
Zeichen günstig scheinen, um es zu verführen; denn er sieht
es dem Menschen auswendig an, was ihm im Herzen liegt,
theils erfährt er's durch Chiromantie, Physiognomie, theils an
des Himmels Lauf. „Des Fleisches Natur lässt der Teufel
zunehmen, er reizt zu Neid, Hass, Untreue, Lüsten und Rache,
und hat er endlich die Sucht erzeugt, den Nebenmenschen
zu schaden, so bringt er dem Menschen die Mittel dazu im
Schlafe bei, und der Traum ist so deutlich, dass einer darnach Doctor der Zauberei werden könnte. So nun aber der
Mensch diesem nachtrachtet, so ist der Teufel bei der Hand
und führt alles, was der Mensch für Zauberkunst hält, zum
Ziele, und der Mensch ist sein, ehe er noch daran denkt."[1]

Auch in der Natur erblickt der Mensch den Teufel
überall da, wo die Massenhaftigkeit überwältigend auftritt und
in ihrer Riesenhaftigkeit erscheint, oder wo die zerstörende
Kraft das menschliche Mass übersteigt. Da hat der Teufel
gehaust, und die Sage überträgt Thaten der alten heidnischen
Riesen und Titanen auf den christlichen Teufel. Die Gra-
nite auf der Höhe des Nonnenbergs sind Ueberbleibsel einer
Mühle, die der Teufel dem Müller im Thal erbaute, der ihm
seine Seele verschrieben hatte; die Basalte auf der Rhön sind
vom Teufel dahin geschafft worden, als man unten eine Kirche
daraus bauen wollte; „das Teufelswehr in Wehran vergisst der
Teufel wegzureissen, als er die von ihm gebaute Mühle zerstört, da der Müller, der sich ihm verschrieben, ihn dadurch
überlistet, dass er ins Kloster geht." Im Riesengebirge baut
sich der Teufel eine Lehrkanzel, im Harz hat er einen Tanz-
platz. Teufelsmauern hat er in vielen Gegenden aufgeführt,
ebenso gibt es eine Menge Teufelsbrücken. Den Markgrafen-
stein bei Fürstenwalde, den Teufelsstein bei Wehran hat er

---

[1] Bei Schindler, S. 23.

im Zorne hingeworfen, ebenso den Riesenstein bei Stolzen-
heim in der Mark, wobei er plattdeutsch gesprochen:

> Hebb ik mü stooten an mäne grote Teh
> Wel ik dü ok smeeten ever da Wentelitzische See.

Als Feind der Kirche macht er sich gern bei Kirchen-
bauten geschäftig, und zwar meistens um dieselben zu hintertreiben und zu zerstören. Beim Bau der ersten Kirche in
Camenz verführt er den Baumeister, einen Stein zu verwenden,
den er seiner Grösse wegen selbst herbeizuschaffen versprochen,
den er aber, da er ihm zu schwer wurde, fallen liess, daher
der Stein heute noch schief liegt. Den Stein bei Sennewitz
unweit Halle hat der Teufel vom Petersberge herab nach
der ersten lutherischen Kirche in der Gegend geworfen.
„Bei Limburg in der Pfalz liegt ein Stein, den der Teufel
herantrug, um ihn nach der Kirche zu schleudern; es war
aber noch ein junger Teufel, der Stein ihm zu schwer, er er-
müdete, legte sich nieder und schlief darauf ein, und seine
Gestalt drückte sich in dem Felsen ab. Im durlacher Thale
liegen auf einem Hügel des Stellenwaldes elf grosse Steine,
den zwölften grössten trug der Teufel fort, um damit die
Wendelskirche zu zerschmettern. Er war damit schon durch
das Rappenloch bis auf die Mitte des Schiebold gefahren, wo
er die Last ablegte und ausruhen wollte, wie er aber den
Stein wieder aufheben wollte, war er ihm zu schwer. Man
sieht noch das runde Loch daran, was des Teufels Schulter-
knochen hineingedrückt." Mit dem Steine, der in Angeln
mitten im Felde liegt, und der 60 Fuss im Umfange hat,
wollte der Teufel die Kirche in Quernen zerschmettern.
„Meister Gerhard wettet mit dem Teufel, den Dom in Köln
eher zu vollenden, ehe dieser die grosse Wasserleitung von
Trier nach der Rheinstadt erbaut; der Teufel gewinnt, und
der Meister stürzt sich vom Thurme. In Regensburg dreht
sich die Wette um den Münster und die Brücke." In Prag
wettet der Priester, die Messe eher zu beenden, als der Teufel
eine Säule aus einer Kirche zu Rom nach Prag holen würde.
Als der Teufel die Säule bringt, hat der Priester eben die
Worte: „Et verbum caro factum est" beendet, und der Teufel
wirft darüber in seiner Wuth die Säule zur Erde, dass sie in
drei Stücke zerbricht. Die Dominicaner zeigen den Stein,

womit der Teufel nach dem heiligen Dominicus geworfen, und
im Dome zu Köln wird der Stein aufbewahrt, mit welchem
der Teufel nach den heiligen drei Königen gezielt hat.

Im Jahre 1404 wird zu Langres, grösstentheils der teuflischen Zauberei wegen, eine Synode gehalten, um jener zu
steuern. [1] Nach der allgemeinen Zeitvorstellung galten die
Sarazenen für Teufelsdiener, wie sie in mehrern päpstlichen
Bullen, auch im Templerprocess, ausdrücklich genannt werden, da sie nicht an den dreieinigen Gott glauben und der,
zu dem sie sich bekennen, für die scharfausgeprägte dualistische Ansicht nur der Teufel sein konnte, um so mehr,
da die Sarazenen im Geruche standen, die Tiefen der Zauberei erschöpft zu haben. In Spanien, wo es von jeher Manichäer gegeben, war auch von jeher der Tummelplatz für
teuflische Zauberei. Es ist daher erklärlich, dass das angrenzende Frankreich, von der manichäischen und sarazenischen
Nachbarschaft angesteckt, zum Sitz der Teufelskünste und der
Teufelsdienerei werden musste. Erinnern wir ferner, dass die
Katharer, diese manichäischen Teufelsdiener, im südlichen
Frankreich ihren Mittelpunkt und schon in der Mitte des
13. Jahrhunderts Languedoc, die Provence, Guyenne, die
Gascogne mit ihrer Lehre beherrscht hatten, so kann es nicht
befremden, wenn die wahrscheinlich ältesten Beispiele vom
Hexensabbat in diesem Lande vorkommen. Berüchtigt ist der
vom Jahre 1459 verzeichnete „Hexensabbat von Arras", an
dem das Küssen des Hintern des Teufels hervorgehoben wird,
der bald als Kater, bald als Bock, nach andern Berichten
in menschlicher Gestalt auftritt. Hauber [2] gibt eine Beschreibung aus Enguerrand de Monstrelet's Chronik: „dass es gewisse Leute wären, Männer und Weiber, welche bei Nacht
durch Hülfe des Teufels weggeführt werden von der Stelle,
wo sie wären, und plötzlich an gewisse abgelegene Oerter,
in Gehölze oder Wüsteneien kämen, wo die Versammlung
stattfinde. Und träfen daselbst einen Teufel in Gestalt eines
Mannes, dessen Gesicht sie niemals zu sehen bekämen. Dieser
Teufel lese oder sage ihnen seine Gebote und Verordnungen
vor und auf was für Weise sie ihn anbeten und ihm als

---

[1] Bochelli decreta eccles. gallic., Tit. XIV, c. 13.
[2] Bibl. mag., 1. Stück, S. 65.

Herrn dienen müssten. Hierauf lasse er sich von einem jeden
den Hintern küssen, zuletzt theile er Wein und Essen aus,
auch Geld; darauf käme die unzüchtige Unterhaltung, nachdem die Lichter ausgelöscht worden u. s. w."

Auch in der Schilderung von Jakob Meyer [1] wird bei
der Gelegenheit der Teufel in menschlicher Gestalt aufgeführt,
mit der Bemerkung: dass sein Gesicht von den Versammelten
niemals gesehen werde. Horst [2] lässt den Verfasser des „Fortalitium fidei", Alphons de Spina, einen Inquisitor haereticae
pravitatis, sprechen, in dessen Erzählung aber der Teufel als
Bock erscheint: „tales perversae mulieres in Delphinatu et
in Vasconta, ubi se asserunt concurrere de nocte in quadam
planitie deserta, ubi est caper quidam in rupe, et quod ibi
conveniunt cum candelis accensis et adorant illum caprum,
osculantes eum in ano suo. Idque captae plures earum ab
Inquisitoribus fidei et convictae ignibus comburuntur."

Obschon es charakteristisch ist, dass vornehmlich das
weibliche Geschlecht der Hexerei bezichtigt wird, liefert diese
Zeit doch auch Beispiele von Hinrichtungen männlicher Zauberer infolge der Anklage auf teuflische Hexerei. Der plötzliche Tod Königs Philipp des Schönen im Jahre 1314 ward
schon allgemein teuflischen Zaubermitteln zugeschrieben, und
sein Minister Enguerrand de Marigny, des Verbrechens angeklagt, wurde aus Gnade nur gehängt. Im Jahre 1440 wurde
ein Marschall von Frankreich, Aegid von Rez, als Hexenmeister hingerichtet. Ueberwiegend war aber das weibliche
Geschlecht Gegenstand der Anklagen und Verfolgungen, auf
dem schon früher der Verdacht geruht hatte. Schon bei der
Krönung Richard's I. von England im Jahre 1189 sollten sich
keine Frauen sehen lassen, weil sie der Zauberei wegen gefürchtet wurden. [3]

12. Der Teufel auf der Bühne.

Solange das Heidenthum die drückende Oberhand über
das Christenthum hatte, erschien das sinnberauschende Theater

---

[1] In seinen Annal. Flandriac, lib. XVI, ad ann. 1459.

[2] Daemonomag., I, 105.

[3] Hume, Geschichte von England, II, c. 10.

der Heiden, wo gedungene, vor dem römischen Gesetze für
ehrlos geltende Histrionen ihr Spiel trieben, in der übermüthigen Kaiserzeit die Lüsternheit der alten Götter lächerlich machten, der christlichen Märtyrerkirche als Stätte des
Teufelsdienstes, wie sie ja alles Heidnische überhaupt mit dem
Teufel in Verbindung sah. Es ist daher begreiflich, dass
Kirchenväter jener Zeit, wie Tertullian [1], Lactantius [2] und
Chrysostomus [3] gegen das heidnische Schauspiel eifern, dass
die Kirche die Theaterbesucher aus ihrer Mitte auszustossen
droht und dem Schauspieler die Aufnahme in ihren Schos
verweigert. Muss es nicht wie eine Ironie des Schicksals erscheinen, wenn trotzdem die Schauspieler an einem christlichen Heiligen einen Schutzpatron erhalten? Gervasius, der
nach der Legende in einer Parodie, worin die Christentaufe
lächerlich gemacht werden sollte, auf der Bühne in possen-
hafter Weise getauft wurde, setzte die Travestie in Ernst um,
betrachtete sich von da ab als wirklich getauft und soll in der
Diocletianischen Christenverfolgung den Märtyrertod erlitten
haben. [4] Dafür wurde Gervasius zum Schutzheiligen der
Schauspieler erhoben.

Nachdem das Christenthum über das Heidenthum gesiegt
hatte, änderte sich mit der Stellung auch der Gesichtskreis.
Gemäss der sinnlichen Anschauung des christlichen Gedanken-
inhalts erhielt der christliche Gottesdienst ein symbolisches
Gepräge. Man nennt zwar gewöhnlich den Orient die Heimat des Symbols, dies findet aber überall eine Bildungsstätte,
wo der geistige Inhalt im Leben eines Volks vom sinnlichen
Elemente durchdrungen wird. Was auf das Volksgemüth
Eindruck machen soll, muss sich ihm in sinnlicher Form
nähern, und jede Aeusserung seines religiösen Lebens schafft
sich eine plastische Gestalt. So erhielt der christliche Gottesdienst die Form einer sinnbildlichen Handlung, er wurde
zum symbolisch-liturgischen Drama, worin das Erlösungswerk
zur Darstellung kam. Auch die dogmatischen Vorstellungen
der Kirche drängten nach einer sinnlichen Gestaltung, der
Sündenfall und seine Folge, das Lehramt Christi, seine Leiden

---

[1] „De spectaculis."
[2] Institut. VI, 20.
[3] Namentlich in seiner Homilie über Matthäus.
[4] A. SS. Aug., Tom. V, 119 sequ.

und seine Aufopferung wurden auf dramatische Weise dargestellt. Daran reihten sich später Erzählungen aus den
Evangelien, und die Legenden verschiedener Heiligen lieferten
ihren Stoff.

Wie das Drama der Alten aus dem Gottesdienste des
Dionysos hervorgegangen ist, so blickt unser Schauspiel auf
die christliche Kirche als seine Mutter zurück, aus deren
liturgischem Schose es sich entwunden hat. Fast jede öffentliche Erscheinung im Mittelalter ging von der Kirche aus
und trug deren Gepräge, also auch das Schauspiel. Es ent-
keimte dem Boden des christlich-kirchlichen Bekenntnisses
und trug den Stempel der ascetischen Moral jener Zeit; Verfasser und Darsteller waren anfänglich geistliche Glieder der
Kirche. Es erscheint daher ursprünglich als geistliches Schauspiel, der Gegenstand ist ein religiöser, der Schauplatz die
Kirche, sein Zweck ein erbaulicher. Dass die geistlichen
Schauspiele „als lebendige Biblia pauperum" wirkten, wie
Grüneisen sagt[1], oder wirken sollten, geht daraus hervor, dass
die Kirche mit dem Besuche der geistlichen Schauspiele Ab-
lässe, und zwar in England bis zu 1000 Tagen verband.
Eine alte Ueberlieferung zuerkennt schon dem Kirchenvater
Gregor von Nazianz eine geistliche Tragödie, „Der leidende
Christus"; Augustinus hat sich als dramatischer Dichter ver-
sucht[2]; zur Zeit Karl's des Grossen soll der Abt Angilbert
Dramen in friesischer Sprache geschrieben haben; aus dem
9. und den folgenden Jahrhunderten finden sich Bruchstücke
lateinischer Dramen über die Geburt Christi in der Münchner
Bibliothek.[3]

Die Neigung zu dramatischer Darstellung zeigte sich auch
bei den Processionen, die von alten Zeiten her zur Feier gewisser Tage, z. B. des Sterbetags eines Schutzheiligen oder
denkwürdiger Ereignisse, als: der Rettung aus grosser Gefahr u. dgl., üblich waren, wo man in der Maske Adam's und
Eva's, Johannes des Täufers mit der Christusfahne, des Judas
mit der Geldbörse in Gesellschaft des Teufels mit der Galgen-
leiter u. s. f. den feierlichen Umzügen beiwohnte.

---

[1] Herzog, Encyklopädie, IV, 744.
[2] Confess. II, 2; III, 3.
[3] Hase, Das geistliche Schauspiel.

Die Kirche beherrschte alle Geister nicht nur durch
ihren Alleinbesitz der geistigen Bildung, sondern auch dass
sie den geistigen Inhalt des Christenthums in sinnlichen Formen
dem vorstellenden Bewusstsein der Menge nahebrachte,
dass nicht nur die Andacht, sondern auch die Schaulust in
ihr und durch sie Befriedigung fand. Ihre Aufführungen
sind daher treffend „erbauliche Volksfeste" genannt worden,
„auf die jung und alt sich lange vorher freute und ihrer noch
lange mit Freuden gedachte. Man hatte den Vortheil, wie
einst bei der griechischen Tragödie, dass der Stoff im allgemeinen
dem christlichen Volke wohlbekannt war, daher wenige
derbe Züge genügten, um jede Person wie einen alten Bekannten
einzuführen, und gern mochte das Volk diese Personen,
deren Reden es oft in der Kirche verlesen gehört und
deren Gestalten es vielleicht auch in seinen Kirchenbildern
von Kind auf andächtig angeschaut hatte, wie aus dem Rahmen
heraus in seinen eigenen Kindern sich lebendig gegenüber
treten sehn". [1] So entstanden die sogenannten Mysterien,
denen die Heilige Schrift den Stoff bot, und die ihren
Namen entweder von den Geheimnissen des Gottesreichs der
göttlichen Menschwerdung und Erlösung, die veranschaulicht
werden sollten, herleiten, oder, nach Wackernagel, von der
Darstellung der ministri ecclesiae bekommen haben. [2] In
Deutschland hiessen sie „ludi", in England „plays of miracles",
in Spanien „autos". Da die Aufführungen der Kirche
zur Zeit der hohen Feste, besonders zu Weihnachten und
Ostern, stattfanden, waren es Weihnacht- und Osterspiele.
In den sogenannten „Moralitäten" erschienen ursprünglich
Tugenden und Laster personificirt auf der Bühne, dann aber
auch sittliche Zustände und Eigenschaften, selbst abstracte
Begriffe mit wirklichen Personen aus der heiligen Geschichte
durcheinander gemengt, um durch eine Art von Streit, theils
kirchlich-dogmatische Lehrsätze, theils die biblische Moral in
Beziehung auf das Leben darzustellen.

Ursprünglich wurden die geistlichen Schauspiele in der
Kirche und von Geistlichen aufgeführt, und erst nachdem im
12. Jahrhundert die Künste sich aufzuschwingen angefangen

---

[1] Hase, a. a. O., S. 85.
[2] Geschichte der Literatur, S. 300.

hatten, auch das Schauspiel eine grössere Ausdehnung erhielt, die Zahl der geistlichen Schauspieler nicht mehr genügte, wurden auch Laien zu Hülfe genommen, da die Zahl der Darsteller der Passionsspiele oft auf mehrere Hunderte stieg. Schauspielern sowol als Zuschauern ward der Raum der Kirche zu eng, um aber den geweihten Boden nicht zu verlassen, verlegte man die Aufführung in die Kirchhöfe oder doch wenigstens in die Nähe der Gotteshäuser und Klöster.

Im Jahre 1119 hat Gottfried von Sanct-Alban in England das Mysterium der heiligen Katharina aufführen lassen [1]; die Aufführung eines Passionsspiels zu Padua im Jahre 1243 führt Wachsmuth an. [2]

Die Nachklänge des römischen Possenspiels hatten in Italien, Spanien und Frankreich die Neigung, die Mysterien durch komische Elemente zu würzen, am ersten erweckt. Namentlich Frankreich, „dies Land der geborenen Schauspieler", wie es Devrient nennt [3], „das in der Entwickelung der theatralischen Zustände am raschesten vorschritt und, wenn nicht das erste in der Erfindung, doch immer das gewandteste in deren Ausbildung war, zeigte sich schon im 12. Jahrhundert tonangebend." Von der herrschenden Sucht, alles ins Possenhafte zu verkehren, liefern uns die französischen Esels- und Narrenfeste den schlagendsten Beweis. Im jetzigen Jahrhundert, dem man den Vorwurf der Unkirchlichkeit zu machen pflegt, würden Vorgänge, die bei diesen Lustbarkeiten stattfanden, in allen Kreisen allgemeine Empörung hervorrufen. Die Kirche der damaligen Zeit war nachgiebig, aber nicht, wie man gemeint hat, weil sie „sich ihrer Würde und Autorität zu sehr bewusst war, als dass sie durch dergleichen beeinträchtigt werden könnte" [4], sondern weil die Geistlichen selbst von dieser Lust am Possenhaften ergriffen waren, daher an diesen Festen selbst theilnahmen, selbst auf den Kirchenaltären tafelten, Zotenlieder sangen, den Dampf von verbranntem Schuhleder aus ihren Rauchfässern sich unter die Nase schwenkten. Bei der sonst glücklichen Erörterung Alt's über

[1] Eichhorn, Geschichte der Literatur und Cultur, II, 9.
[2] Culturgeschichte, II, 358.
[3] Geschichte der Schauspielkunst, I, 27.
[4] Alt, Theater und Kirche, S. 19.

den Ursprung des Narrenfestes stellt sich die Zulassung der
Ausgelassenheit als feine Berechnung von seiten der Geistlichen heraus. Gesetzt aber, dass die Kirche in diesem Sinne
verfahren wäre, da ihre Verordnungen gegen die herrschende
Neigung nicht verfangen hätten; wie erklärt sich diese Form
der Lustigkeit, dass die Kirche selbst zur eigenen Verspottung sich hergab, dass die Geistlichkeit selbst persönlich
theilnahm? Wäre der Schade grösser gewesen, wenn die
Kirche in ihrer Connivenz dem Volke zu gewissen Zeiten
des Jahrs die Zügel der Lach- und Spottlust freigelassen
hätte? Diese Ausbrüche der vorhandenen Roheit und sinnlichen Vergnügunglust waren vielmehr hervorgerufen und gesteigert worden durch die gewaltsame Abstraction der Ascese,
in welche damals der ethische Inhalt der christlichen Kirche
gefasst ward, wie jede gewaltthätige Unterdrückung eine
Explosion nach sich zieht. Wie hätten sich die Geistlichen
zur Verspottung ihres eigenen Berufes hergegeben, wenn sie
nicht selbst die derbe Sinnlichkeit des Volks und dessen Ausgelassenheit getheilt hätten?

Obschon man im ernstern Deutschland Scheu trug, das
Heilige in dieser Weise zu verletzen, wurden die geistlichen
Schauspiele doch durch Einmengung des Burlesken viel bun-
ter, der Gegensatz zum Heiligen wurde oft pöbelhaft, und
unser Geschmack kann daher die Vorstellungen oft nicht anders als roh und kindisch finden. In den Passionsspielen
fehlt fast nie die volksthümliche Figur des Quacksalbers, der
damals auf den Märkten sein Wesen zu treiben pflegte; er
verkauft den Marien die Specereien zur Einbalsamirung des
Leichnams Christi, und neben Gott Vater mit seinen Engeln,
Jesus, Maria und den Heiligen tummelt sich der plumpe
Spass jener Zeit auf der Bühne herum.

Es wäre ganz unbegreiflich, wenn in einer Zeit, wo die
ganze Welt von der Vorstellung vom Teufel erfüllt war, nicht
auch dessen drastische Figur auf den Bretern, welche die
Welt bedeuten, aufgetreten wäre. In Frankreich war eine
eigene Art von Drama beliebt, Diablerie genannt, wobei
wenigstens vier Teufel zu spielen hatten, woher man auch
den Ausdruck „le diable en quatre" ableitet. [1] Die Teufel

---

[1] Devrient, a. a. O., S. 31.

erschienen in möglichst abschreckenden Masken von Wolfs-, Hundefellen u. a. mit Thierköpfen, grossen Rachen, fletschenden Zähnen, Hörnern und langen Schwänzen. Wie gross der Unfug in Frankreich und Italien sein musste, der mit teuflischen Maskeraden, obscönen Roheiten, womit man die heiligen Spiele pikant zu machen suchte, getrieben wurde, ist daraus ersichtlich, dass Papst Innocenz III. im Jahre 1210 sich genöthigt sah, den Gebrauch der Kirchen und Messgewänder und die Betheiligung der Geistlichen an den Mysterien in Italien zu verbieten.

Aus Frankreich kam der Teufel nach Deutschland auf die Bühne, und der volksthümliche Humor gab ihm ausser der Rolle des bösen Princips noch die der grotesk-lächerlichen Figur, die er bei seiner Höllenfahrt spielen musste. Denn bis zur Höllenfahrt wurde das Osterspiel, das als das wahrscheinlich erste, jedenfalls als das am reichsten ausgebildete geistliche Schauspiel betrachtet wird [1], fortgeführt, und so war dem Teufel seine Rolle gewiss. Da man den ganzen Verlauf des Erlösungswerks vor die Augen bringen wollte, zog man auch das Alte Testament herbei, griff hinter die Schöpfungsgeschichte zurück und begann die Vorstellung mit dem Falle Lucifers und seiner Engel. Hierdurch ward dem Teufel ein weiter Spielraum für seine dramatische Thätigkeit eröffnet, sodass er am Anfang und zum Schlusse des Erlösungswerks auf der Bühne beschäftigt sein musste.

Bisher entdeckte Spuren der Entwickelung des geistlichen Schauspiels in Frankreich reichen in das 11. Jahrhundert. Die bislang älteste Urkunde deutschen Ursprungs ist das grössere Drama, ein Osterspiel des 12. Jahrhunderts aus dem Kloster Tegernsee „Vom Aufgange und Untergange des Antichrist" [2], welches nach den bisherigen Untersuchungen dem Mönch und Diakon in Tegernsee, Wernher, als Verfasser zuerkannt, in die Zeit Friedrich's I. verlegt wird, und, wie Hase vermuthet, „vielleicht vor unserm Heldenkaiser Friedrich Barbarossa aufgeführt worden" ist. [3] Nach Angabe der Scene,

---

[1] Hase, a. a. O., S. 16.

[2] Ludus paschalis de adventu et interitu antichristi, erutus e cod. manuscript. Tegernseensi a P. Bern. Pez. Thesaur. anecdot. noviss., Tom. II, P. III, p. 186 sequ.

[3] Hase, a. a. O., S. 26.

steht im Hintergrunde gegen Morgen der Tempel des Herrn,
die Throne der Hauptpersonen mit ihren Scharen sind davor
nach bestimmten Weltgegenden postirt, die Verhandlung
zwischen den Throninhabern wird durch Boten vollzogen,
das Heidenthum und die Synagoge erscheinen als Frauen
personificirt, die Kirche tritt mit Harnisch und Krone auf,
an der einen Seite die Barmherzigkeit mit dem Oelzweige, an
der andern die Gerechtigkeit mit dem Schwerte und der Wage;
sie spricht die Verdammung über alle Andersglaubenden aus.
Hierauf folgt der Papst mit dem Klerus zur Linken, der
Kaiser mit seinem Heere, dann die Könige. Nachdem in der
ersten Abtheilung dem Könige von Frankreich gegenüber
dem Kaiser von den übrigen Königen die höchste Obergewalt
zuerkannt worden, und von dem Vertheidiger der Kirche der
König von Babylon überwunden ist, erscheint in der zweiten
Abtheilung der Antichrist, der Repräsentant aller dem Christenthum feindlichen Mächte, mit einem Panzer unter den Flügeln,
umgeben von der Scheinheiligkeit und der Ketzerei, „comi-
tantibus eum Hypocrysia dextris et Haeresia sinistris, ad
quas ipse cantat:

> Mei regni venit hora
> Per vos ergo sine mora
> Fiat, ut confundam regni solium:
> Me mundus adoret et non alium.
> Vos adaptas cognovi,
> Vos ad hoc hucusque fovi.
> Ecce labor vester, et industria
> Ad hoc mihi sunt necessaria.
> En Christum reges honorant
> Venerantur et adorant
> Ejus ergo delete memoriam
> In me summam transferentes gloriam.

> (Ad Hypocrysim)
> In te pono fundamentum.

> (Ad Haeresim)
> Per te fiet incrementum.

> (Ad Hypocrysim)
> Tu favorem laicorum exstrue.

> (Ad Haeresim)
> Tu doctrinam clericorum destrue.

(Tunc ille)
Per nos mundus tibi credet
Nomen Christi tibi cedet.

Hypocrysis:
Nam per me favorem dabunt Laici.

Haeresis:
Et per me Christum negabunt Clerici."

Nachdem Antichrist von den Heuchlern begrüsst, sein
Thron im Tempel errichtet worden ist, woraus die Kirche
vertrieben, sich zum Sitze des Papstes zurückzieht, will er
(der Antichrist) nach Abschaffung des alten ein neues Recht
einführen, sendet Boten an die Könige, dass ihm die ganze
Welt als Herrn und Gott huldige. Die Könige thun es,
ausser dem rex Teutonicorum, den der Antichrist aus Furcht
vor dem furor teutonicus durch Geschenke zu gewinnen hofft,
mit dem es aber zum Kampfe kommt, wobei das antichristische
Heer unterliegt. Nun bringt aber Antichrist die Deutschen
durch Wunderthaten auf seine Seite und besiegt mit ihrer
Hülfe den König von Babylon; die Synagoge, der er sich als
Messias vorstellt, gewinnt er durch Schmeicheleien; als sie
aber durch die Erscheinung des Henoch und Elias wieder
von ihm abzufallen im Begriffe ist, lässt er sie hinrichten.
Nachdem alle Könige gekommen ihn anzubeten und der Welt-
friede verheissen ist, erhebt sich ein Getöse „statim fit sonitus
super caput Antichristi et eo corruente et omnibus suis fugien-
tibus ecclesia cantat: Ecce homo etc. Tunc omnibus redeun-
tibus ad fidem, Ecclesia ipsos suscipiens incipit: laudem dicite
Deo nostro".

In dem in neuerer Zeit in Tours aufgefundenen Drama
aus dem 12. Jahrhundert in nordfranzösischer Sprache, worin
Hase ein Bruchstück eines Weihnachtsspiels vermuthet [1], spielt
der Teufel auch seine Rolle. Nach Hase's Angabe, der wir
hier folgen, enthält das Stück gleichfalls drei Acte: den
Sündenfall, den zweiten blutigen Sündenfall und die Weissagung der Propheten auf den Erlöser „in ernster liturgisch

---

[1] Hase, a. a. O., S. 22; Adam, drame anglo-normand du XII. siècle, publié
pour la première fois d'après un manuscrit etc. par Victor Luzarche.

gehaltener Sprache und doch manches seelenkundig motivirt,
womit sich sonst die Verfasser solcher Stücke nicht angegriffen
haben, so die Versicherung: der Teufel versucht erst an Adam,
ihn unzufrieden, neugierig, ehrgeizig zu machen und wird
mit einem «hebe dich weg von mir» abgewiesen. Aber mit
schlauer Schmeichelei weiss er Eva's Eitelkeit aufzureizen.
Er führt sich ein mit der Empfehlung, dass er alle Heimlichkeiten des Paradieses erforscht habe und einen Theil derselben
sie lehren wolle. Sie wünscht das .sogleich zu hören. Er
verlangt erst das Versprechen, dass sie niemand etwas davon
entdecken wolle. Das verheisst sie. Nun tadelt er Adam,
er sei zu thöricht (fols). Sie stimmt ein, er sei ein wenig
hart (durs). Der Teufel meint, er werde schon weich werden.
Eva: Il est mult francs (er sei sehr frei). Der Teufel: Ainz
est mult serf (vielmehr sehr unterthänig). Du bist schwächlich
und ein zartes Wesen, frischer bist du als die Rose, weisser
als Schnee. Es war unrecht vom Schöpfer, dich so zart,
Adam so hart zu machen, aber trotzdem bist du klüger und
hast deinen Sinn auf Hohes gerichtet." — Kain, Abel, die
Menschenältern und die Propheten werden, sobald sie ihren
Spruch gethan, von den Teufeln mit eisernen Banden zur
Hölle geführt; bei Abel heisst es aber in der Bühnenanweisung
„mitius". Hase erklärt die befremdende Erscheinung aus der
Zusammenwerfung vom Hades und der kirchlichen Vorstellung
von der Hölle, wonach auch die Frommen des Alten Testaments in der Unterwelt, deren Herrscher der Teufel ist, gefangen waren, bis Christus sie befreite.

In dem Passionsspiele, dessen Handschrift der Fürsten-
berg'schen Bibliothek zu Donaueschingen angehört, daher gewöhnlich „Donaueschinger Osterspiel" genannt [1], aus der
zweiten Hälfte des 15. Jahrhunderts, sind einige Angaben der
Theatermaschinerie enthalten. Um darzustellen, dass der
Teufel in den Judas eingefahren sei, musste dieser einen
lebendigen schwarzen Vogel an den Mund halten und flattern
lassen. Der Selbstmord des Judas erscheint als eine förmliche Hinrichtung durch den Teufel, der den Henker dabei
macht, indem er auf der Leiter voransteigt und den Judas
am Stricke nachzieht. „Der Teufel soll ihn wol am Hacken

---

[1] Hase, S. 40; vgl. Mone, Schauspiele des Mittelalters, II.

versorgen und sich hinter ihn auf den Schwengel setzen." Judas soll vorn im Kleide einen schwarzen Vogel und Gedärme von einem Thiere haben, sodass der Vogel fortfliegt und die Gedärme herausfallen, wenn ihm der Teufel das Kleid aufreisst, worauf beide auf einem schräg gespannten Seile zur Hölle rutschen.

Bei der Gelegenheit kann an die Bühneneinrichtung in den Mysterien erinnert werden, wie sie zuerst in Frankreich üblich war und dann den ersten Theatern, später an Höfen von Klöstern, Hospitälern und Wirthshäusern in den übrigen Ländern zum Muster diente. Man suchte das Nebeneinander der Scenen durch ein Uebereinander zu ersetzen, wodurch eine dreitheilige Bühne entstand, indem das Reich der Hölle, als die Wohnstätte der gefallenen Engel, den untersten Raum einnahm, darüber die mittlere Region, der menschlichen Unvollkommenheit angemessen, und zu oberst das Reich der ewigen Vollkommenheit veranschaulicht wurde. Es entsprach diese Einrichtung, wie Devrient richtig bemerkt[1], dem wir die nähere Angabe verdanken, den Erfordernissen jenes Hauptgegenstandes der Mysterienspiele, nämlich dem ganzen Inhalte der Urliturgie von der Weltschöpfung bis zur Himmelfahrt Christi. Die Hölle war oft durch einen künstlich gemachten Höllenrachen geschlossen, der sich öffnete, um die Teufel aus- und einzulassen, die Vorderbühne war neutrales Gebiet, auf dem sich auch die Teufel aus ihrer Hölle hervorbewegen durften. Devrient führt die Scenirung der grossen Osterspiele, diesen eigentlichen Kern der Mysterienaufführungen, in ihren wesentlichen Momenten vor, wodurch man eine lebendige Anschauung der Darstellung gewinnt. Die Mysterien beginnen mit der Weltschöpfung. Gott Vater im obern Himmelsraum mit weiten Gewändern und langem weissem Barte, spricht: „Ego sum alpha et omega" u. s. w. Die Aussprüche desselben sind gewöhnlich kürzer. Darauf werden die Vorhänge im obern und mittlern Raume weggezogen, man erblickt die grünende Erde, im Himmel die Engelscharen, welche „Gloria in excelsis" anstimmen. Hierauf zeigt das Gedicht, wie der Fall der Menschen durch den der Engel veranlasst wird. Lucifer in seinem Hochmuth will seinen Thron

---

[1] Geschichte der Schauspielkunst, I, 56 fg.

im Himmel neben dem Gott Vaters aufschlagen, wird aber
sammt seinem Anhange in die Hölle verstossen, wo man ihn
niederfahren und unten mit seinen Genossen Rache brütend
kauern sieht. Jetzt erscheinen die Menschenältern auf der
Mittelbühne, Lucifer schleicht über die Treppe zu ihnen hinauf, verführt sie, was deren Vertreibung aus dem Paradiese
zur Folge hat. Nun schliesst entweder ein Herold das Tage-
werk, auf die Verheissungen der Erscheinung Christi hindeutend, oder es folgt ein Nachspiel, das über die ganze vorchristliche Geschichte hinwegführt. Gott Vater sendet die
Barmherzigkeit und Wahrheit auf die Erde, welche durch
Anführung jüdischer und heidnischer Weissagungen das Erlösungswerk vorbereiten. In einer nächsten grossen Abtheilung wird dann die Geburt Christi, die Anbetung der Könige,
der bethlehemitische Kindermord und die Flucht nach Aegypten vorgestellt. Darauf folgt Johannes in der Wüste und
Christi Taufe, womit kürzere Osterspiele auch wol beginnen.
Das Auferstehungsspiel, das auch in besondern Gedichten
vorkommt, beginnt gewöhnlich damit, dass die Juden sich
Wachen von Pilatus holen, die, vor dem Grabe aufgestellt,
einschlafen. Die Engel kommen zum Grabe und singen:
„Exsurge, Herr, obdormis domine" u. s. f. Jesus erhebt sich
aus dem Grabe, singt „resurrexi" u. s. w. und wird von den
Engeln die Treppe hinabgeführt. Indess weckt Pilatus die
Wächter unter Schimpfen und Schelten auf, die, einander be-
schuldigend, sich schliesslich fortprügeln. Mittlerweile ist
Jesus mit den Engeln unten vor die Höllenpforte gelangt
und pocht an:

> Tollite portas principes vestras,
> Ihr hollefürsten thut auf das thor
> Der könig der ehren ist davor!

> Lucifer (ruft von innen):

> Wer ist der könig lobelich
> Der da steht so gewaltiglich
> Mir an myne höllenthor?
> Er mochte wol bleiben davor.

Lucifer, der durch ein Fenster neben der Höllenthür gesehen
wer vor ihr ist, ruft mit grimmiger Stimme dem Satan zu,
den Riegel vor das Thor zu schieben; aber der Heiland stösst

die Höllenpforte unter dem Geheule der Teufel ein, ruft
seine Lieben, Adam, Eva, Mose, Jesaias u. a. treten hervor,
sie erkennen den Erlöser, der dem Engel Michael befiehlt den
Höllenhund festzubinden, den Lucifer bedroht, in die Vorhalle tritt die Seelen zu erlösen. Die erlösten Seelen werden
von Jesus mit Triumph hinausgeführt, die verdammten abgewiesen, welche „Miserere" singen; jene, „Jesus redemptor
noster" anstimmend, ziehen nach dem Himmel hinauf, während die Teufel ihre Hölle schliessen.

Vorgang hat der Volkshumor mancherlei
Teufelsspuk angeknüpft, der mit der Qual der Verdammniss
sein Spiel treibt. Devrient [1] führt aus dem Alsfelder Manuscripte die Scene an, wo eine der verdammten Seelen über
die Thüre der Hölle hinausguckt und dem Heilande nachruft:

> Aue die Tüfel thun vns allzu weh
> Lieber herre lass vns mit dir geh.

Es gelingt ihr, die Thüre zu öffnen und zu entwischen.
Adam warnt die arme Seele: „Wart, dass dich niemand wieder
hole", und richtig ist der Teufel Leisegang ihr auf der Ferse
und erwischt sie. Devrient [2] führt auch eine Variante dieser
Scene nach einer innsbrucker Handschrift an:

> Lucifer:
> Neyn, neyn du buszer wicht
> Du kumest von hynnen nicht!
>
> Anima dicit:
> Awe, awe, awe!
> Mir thun dy tufel allzo we.
> Jesus lyber here
> Schal ich nicht mit dir von hynen kere!
> Gnade here Lucifer!
> Ich waz eyn armer becker
> Wen der teyg was zu grosz
> Vnd warf en in dy kligen
> Dez musz ich enn dy helle gedygen.

Lucifer aber hat kein Erbarmen, er ruft sogar alle seine Gesellen und befiehlt ihnen, zum Ersatz für Adam und Eva

---

[1] S. 67.
[2] S. 70.

eine Menge anderer Seelen zu holen, wovon er ein langes Register vom Papst bis zum niedrigsten Stande herabliest.
Während nun der Heiland im Himmelsraum oben mit Adam
und Eva vor Gottes Thron erscheint und sein Mittleramt an
der sündigen Menschheit vollendet, beginnt unten vor der
Hölle ein possenhaftes Examen der Seelen, welche Satan dem
Lucifer bringt. Da bekennt ein Schuster: schlechte Sohlen
gemacht, ein Kaplan: es mit hübschen Weibern gehalten,
ein Schneider: Flicken gestohlen zu haben u. s. f., bis Lucifer
sie alle in die Hölle sperrt und, seine eigene Hoffahrt, die
ihn und die Seinen gestürzt hat, beklagend, die Pforte
schliesst.

Aus einem Auferstehungsspiel, das Mone herausgegeben:
„Christi Auferstehung" [1], wollen wir die Teufelsscene ihrer
Behandlung wegen hersetzen.

Jhesus dicit:

Nu^e kumt myne vil lyben
in mynes vater rich,
daz uch bereit ist ewiclich.

Et cantat: venite benedicti patris mei. Tunc anima infelix
volens recedere cum deo, tunc diabolus capit eam et dicit:

Neyn neyn, du^e buszer wicht
du^e kumest mir von hynnen nicht.

Anima dicit:

Awe, awe, awe,
Mir thon dy^e tufel alzo we,
Jhesus lyber here,
schal ich nicht mit dir von hynnen kere?

Item Anima dicit:

Gnade herre (hirre) Lucifer,
ich waz eyn armer becker,
wen der teyk waz czu^e gru^ez,
ich brach da von eynen cloz
und warf en in dy kligen,
dez muz ich in dy^e helle gedyge.

---

[1] Altdeutsche Schauspiele. Bibl. der gesammten deutschen Nationalliteratur, Bd. 21.

Tunc Lucifer currit ad palatium clamans alta voce:

Gesellen, liben gesellen alle
kumt mit eyme gruszen schalle
und merket myne clage,
dy^e ich will sage,
wir waren gewaldig lange,
ez hat uns ubel ergangen,
wir haben dy^e hell verloren,
daz (l. des) last uch allen wesen czoren.
nu^e wart, waz ir müget begriffen,
daz last uch nicht entwichen,
daz muz mit uns ewiclichen wesen
und kan nicht genesen;
Jhesus der gruszer here
gehindert uns nummermere.

Sathanas dicit:

Lucifer, lyber here,
din Schade riuvet mich sere,
ez werde den din wille vorbracht,
so geröge wir weder tag noch nacht,
ouch wil ich dar noch ymmir ringen
ich wulle dir vil sele brengen.

Lucifer dicit:

Sathan, Sathan
min vil lyber kumpan
lauf hen keyn Pullen (Apulien)
daz wir dy^e sele gefullen.

Sathanas dicit:

Lucifer lyber here myn,
waz du^e gebutest, daz sal sin.

Lucifer dicit:

Sathan, Sathan
min vil lyber kumpan,
lauf hen keyn Anian (Avignon)
brenge mir den babest und (den) kardenal,
patriarchen und legat,
dy^e den luten geben bosen rat,
konig und keyser,
dy^e brenge mir allczu^e male her,
grafen und fursten
dy^e darf nicht her gelusten,
rittere und knechte,
dy^e sint mir alczu^{e}mal rechte,

brenge mir den vogt und (den) raczman,
dye den luten vil unrechtes haben getan,
brenge mir ouch dye wucherere,
dye sint gote gar ummere
dye schepphin mit dem orteyl
dye brenge mir her an dinem seyl,
den phaffen mit der blatten,
den monch mit der kappen,
brenge mir den byerschenken,
den will ich in dye helle vorsencken,
brenge mir den becken mit dem wecke,
dem will ich machen eyn grusz gelecke,
den fleyshewer mit der kwe
und den webir dar czue,
brenge mir ouch den czymmerman,
min vil lyber kumpan,
brenge mir den schuester mit der ole,
den altboszer mit der sole,
brenge mir ouch den byerschrotener
und dar czue den botener,
esser, eyler, spörer, veyler,
dretsnyder, deler,
trencker, töppher, spiler,
dye brenge mir al czue her,
brenge mir ouch den truenckenbolt
got der wert em nymmer holt,
brenge mir den muller mit der meczen,
den wil ich czue hinderst in dye helle seczen,
brenge mir ouch den beder mit der questen (Quaste),
den salezman mit der mesten (Mass),
den smet mit der czangen,
dez hatte ich vergessen lange,
den fischer mit den hamen,
brenge den phifer und den rosther,
den pucker und den fedeler
und aller leye spilman,
der ich dir nicht genennen kann,
brenge mir ouch dye spinnerin,
mit der wil ich ouch vrouden begin,
brenge mir den kemmer
dar czue den burstenbinder,
brenge mir ouch dye klappermynne (Klatschweib)
dye da siczen an den czynnen
und duncken sich alzo heilig sye
alzo dez phaffen mast swin,
noch weiz ich eyn geschlechte,
der schalt due nicht brenge her,
so tust due wol noch myner ger (Wunsch, Begehren).

Satanas dicit:

Lucifer lyber here myn,
waz du^e gebutest daz sal sin,
is taug nicht lenger gespart,
ich wil mich heben uff dy^e fart.

Angeli cantant: silete.

Tunc Sathanas veniens portans multas animas dicit:

Here ich han ez wol bedacht
ich han dir vil selen bracht.

Lucifer dicit:

Danck schaltu ymmir han
min vil lyber kumpan.

Prima anima dicit:

Gnade lyber Lucifer,
ich waz eyn armer schüster
ich saeze den lüten büsze solen an,
daran hab ich nicht recht getan,
und sw^e sy^e wern czwer alzo gut
dez muz ich in der helle glüt.

Secunda anima dicit:

Ich waz eyn armer kapellan
da waz nicht wol angethan,
wen ich hürte der glocken klang,
so hatte ich wunderlich gedang,
mit czwen schonen wiben
müst ich dy^e czit vortriben,
wen mir dy^e eyne entrann
so^e greif ich dy^e andern an.

Tertia anima dicit:

Gnade here Lucifer,
ich waz eyn armer by^{e}rschencker,
ich gab eyn maz daz waz czu cleyne,
dar umm müz ich ymmir weyne.

Quarta anima dicit:

Gnade here Lucifer,
ich waz eyn armer fleyschewer,
ich wandirte an dy^e lant
da ich eyne vynnechte sw^e vant,
ich nam sy^e uff minen rücke,
ich trug sy^e in dy^e fleyszer hütte,
ich sw^{e}r uff dy^e trwe myn
ez wer eyn reynes burgelin (Ferkel).

Quinta anima dicit:

Gnade here Lucifer,
ich waz eyn armer schroter (Schneider)
ich stal dy^e schroten,
dy^e grünen und dy^e roten,
dy^e . . . . . und dy^e wiszen
dez muz ich dye helle beschiszen.

Sexta anima dicit:

Gnade here Lucifer,
ich waz eyn armer helser (Lüstling)
ich helste dy^e mayt umm eyn lot
dy^e frawen umm eyn brot.

Lucifer dicit:

Sathan lyber Geselle
den brenge nicht in dy^e helle,
komt her in dy^e helle myn
wir musten alle kebes kinder sin.

Tunc Sathan ducat animas ad infernum, Lucifer dicit:

Awe, awe hoffart
daz din ye erdacht wart,
ich waz eyn engel klar
und lüchte ubir aller engel schar,
ich hatte mich dez vormessen
daz ich welde hochir han geseszen
wen der ware got
der da ist der hoste rat;
dar czu^e brachte mich myn hoffart,
daz ich ernyder gestossen wart
vil tyff in dy^e helle
ich und alle myn gesellen,
wy^e dem, der (da) tribet hoffart,
iz wert em alles czu^e de sele gespart,
ouch muszen sy^e liden grusze not,
we dem, der da hoffart tu^{e}t.

Der Teufel spielt seine Rolle auch in den sogenannten
Moralitäten, z. B. in der auch von Hase [1] angeführten: vom Cavalier, der seine Frau, die er liebt, dem Teufel
übergibt. [2] Der Inhalt ist folgender: Einem heruntergekom-
menen Edelmann verspricht der Teufel wieder Reichthümer,

---

[1] S. 45.
[2] Le mystère du Chevalier qui donna sa femme au diable; mis en
ryme française et par personnaiges, ohne Jahr; vgl. Flögel IV, 240.

wenn er ihm nach sieben Jahren seine Frau abtreten wolle. Von Noth gedrängt, unterschreibt der Edelmann, obschon mit Widerwillen, den Vertrag und willfahrt auch dem Verlangen des Teufels, Gott zu verleugnen. Als aber dieser auch die Verleugnung der Heiligen Jungfrau zur Bedingung setzt, weigert sich der Edelmann standhaft, sodass der Teufel davon abstehen muss. Nach den sieben Jahren dringt der Teufel auf die Erfüllung des Vertrags, und als der Edelmann mit bekümmertem Herzen jenem seine Frau zuführt, kommen sie an einer Marienkapelle vorüber. Die Frau verlangt hineinzugehen, und während sie vor dem Altare betet, nimmt die Heilige Jungfrau ihre Gestalt an, tritt hinaus und wird dem Teufel überliefert. Diesem bleibt aber der Tausch nicht unbemerkt, und da er weiss, dass es ausser seiner Macht liegt die Gottesmutter festzuhalten, macht er dem Edelmanne Vorwürfe über Treubruch. Da dieser die Verwandelte nicht erkennt, erklärt die Heilige Jungfrau das Räthsel, der Teufel wird genöthigt den Contract herauszugeben, und unter mütterlichen Ermahnungen Maria's werden die Eheleute wieder vereinigt.

Die Macht der Maria hervorzuheben und dadurch ihre Verehrung zu fördern, ist die Tendenz der Sage vom Theophilus und seinem Bündnisse mit dem Teufel, der wir schon früher begegneten. Aus der Zeitgemässheit der Tendenz erklärt sich die Beliebtheit der Sage und daher deren wiederholte Bearbeitung. Nach der gründlichen Forschung Sommer's[1] ist die älteste Erzählung in griechischer Sprache, deren Verfasser sich Eutychianos nennt. Paulus Diaconus verfertigte im 8. Jahrhundert eine lateinische Uebersetzung, wodurch die Sage im Abendland bekannt und durch die bekannte gandersheimer Nonne Hroswitha im 10. Jahrhundert poetisch bearbeitet wurde. Mit Uebergehung der von Sommer angeführten übrigen Bearbeitungen dieser anatolischen Sage, soll hier nur der dramatischen Darstellung gedacht werden, wovon die eine von Rutebeuf, einem Trouvère des 13. Jahrhunderts, herrührt, welche Hase[2] anführt, und deren Inhalt kurz zusammengefasst folgender ist: Vicomte Theophilus tritt auf

---

[1] De Theophili cum diabolo foedere (Berol. 1844).
[2] Geistliches Schauspiel, S. 61.

mit der Klage, dass er ungeachtet seiner Verdienste vom Bischof dem Hunger preisgegeben sei. Da er zu dem unnah-
baren Gott nicht gelangen könne, wendet er sich an einen
Zauberer, dass er sein verlorenes Amt wieder erhalte. Dieser
verspricht es, aber unter der Bedingung, dass er die Heiligen
verleugne und sich dem Teufel als Lehnsmann verschreibe.
Unter Gewissensbissen stellt Theophilus eine mit seinem Blut
geschriebene Handfeste aus, da es der Teufel nicht anders
thut, indem er schon oft betrogen worden sei. Theophilus
soll reich werden, hat aber die Armen immer abzuweisen und
nicht zu fasten. Theophilus, zur Herrlichkeit erhoben, ist anfänglich übermüthig, wird aber nach sieben Jahren reuig und
besucht eine Marienkapelle. „Ich wage nicht, mich an Gott
zu wenden, noch an seine Heiligen, noch an seine sehr süsse
Dame, doch weil an ihr nichts Bitteres, schrei' ich zu ihr um
Barmherzigkeit, Reine sainte et belle"! Diese weist ihn anfänglich zurück, lässt sich aber doch erweichen und fordert
den Satan auf, das Papier zu suchen. Dieser antwortet: „Dass
ich's Euch zurückgebe! Ich will lieber gehangen sein!" Schliesslich muss er Marien doch Folge leisten, welche die Schrift
dem Theophilus zurückstellt unter der Bedingung: alles dem
Bischof zu melden, dass dieser es dem Volke verkünde, was
der Bischof mit der Versicherung thut: die Sache sei so wahr
als das Evangelium. Das Mirakel endet mit der Aufforderung, das „Tedeum laudamus" anzustimmen.

Eine andere dramatische Bearbeitung der Sage hat Ettmüller herausgegeben: „Theophilus, der Faust des Mittelalters", Schauspiel aus dem 14. Jahrhundert [1], dessen nieder-
deutscher Dichter unbekannt ist, vor dem französischen durch
Einfachheit sich auszeichnet, für keine Uebertragung des vorigen betrachtet werden darf, wol aber eine lateinische Grundlage zu haben scheint. Der Franzose lässt den Theophilus
durch den Teufel Seneschall werden, veranstaltet im Circus
eine ganze Teufelei, wovon der Niederdeutsche nichts weiss.
Die Scenen reihen sich im niederdeutschen Schauspiel folgendermassen aneinander: Theophilus ist allein, er sagt, dass
er ein kluger Mann genannt worden sei, der sich in die
Welt zu schicken wisse und sich auf sein Amt wie auch auf

---

[1] Bibliothek der gesammten deutschen Nationalliteratur, Bd. 27.

lustige Dinge verstanden habe. Da ihm seine Präbende genommen worden, beschwört er den Satanas, dass er ihm zu
Gold und Silber verhelfe. Dieser tritt auf, verlangt einen
Brief und eine Handfeste: dass Theophilus seinen Leib und
seine Seele ihm übergebe und des Teufels sein wolle. Theophilus verlangt Tinte, Feder und Pergament, der Satan reicht
ihm das Verlangte unter Aufforderung: Gott und dessen
Mutter sowie allem, was man in der Kirche singt und spricht,
zu entsagen. Theophilus sträubt sich vornehmlich die Mutter
Gottes abzuschwören, er thut es aber, obschon mit schwerem
Herzen, schreibt die Urkunde, hängt das Siegel daran. Satan
geht ab, kommt aber gleich wieder mit Gold, Silber und
kostbaren Kleidern, welche Theophilus anzieht. In der folgenden Scene ist Theophilus allein in der Kirche kniend vor
einem Altare, auf dem Maria mit dem Kinde sichtbar ist.
Theophilus äussert alle Zeichen der Unruhe, wirft sich auf
sein Angesicht und bleibt so liegen. Inzwischen erschallen
die Glocken, die Kirche füllt sich mit Leuten, der Gesang
wird angestimmt, der Geistliche betritt die Kanzel, predigt,
und erst nachdem der Gottesdienst beendigt ist und die An-
dächtigen die Kirche verlassen haben, erhebt Theophilus sein
Haupt und fleht, kniend zu Maria gewendet, um Gnade. Diese
tritt aus ihrer Umgebung von dem Altare herab und sagt,
nachdem sie ihr Kind vor Theophilus abgesetzt hat, zu diesem:
sie habe ihn vernommen, müsse aber zunächst ihr Kind um
Gnade für Theophilus anflehen. Sie wendet sich zu dem auf
dem Altare sitzenden Jesuskinde und bringt ihre Fürbitte
vor. Anfangs schweigt das Jesuskind, und nachdem Maria
dringender wird, sagt es:

> Môder, wes biddest dû sô sêre
> for dat stinkende âs
> dar nie rênichêt inne was?

Als aber die Mutter vor dem Kinde niederkniet, wird
dieses erweicht, Maria kehrt zu Theophilus zurück und verkündet ihm, dass er seiner Sünden entbunden sei und sie ihm
sein Pfand wieder verschaffen wolle. Dieser neigt sein Haupt
auf die Stufen des Altars, Maria berührt ihn und er ent-
schläft. Sie spricht dann befehlend den Satan an, dass er
komme und den Brief hole. Als dieser sich dagegen sperrt,
wird er von jener hart angefahren:

Du lugnêre far hin snelle
in den afgrund der helle.
far de lenge al up un neder
sôke mi den brêf weder.

Satan geht ab, kehrt aber bald wieder mit der Entschul-
digung, er könne den Brief nicht finden, auch Lucifer, sein
Herr, habe ihn seit Jahren nicht mehr gesehen. Da droht
Maria mit ihrer Macht und Züchtigung, befiehlt bei ihrem
Namen und dem ihr schuldigen Gehorsam, dass er in dieser
Stunde nach der schwarzen Hölle Grund abfahre und den
Brief bringe, der hinter Lucifer's Rücken liegt. Satan, ge-
horchend, geht in die Hölle und sagt zu dem da angefesselten
Lucifer: er möge Rath schaffen, die Gottesmutter, die ihnen
den Theophilus weggenommen, wolle den Brief durchaus
haben:

Si is frouwe und wî sin knechte
wi ne mogen nicht weder se fechten
jo wi êre fan u komen
jo beter is unse frome
(je eher wir von ihr kommen, desto besser ist es für uns).

Satan kommt zurück, und den Brief überreichend spricht er:
sie möge den Brief in Gewahrsam nehmen; und zu den Zuschauern: dass ihm nun niemand mehr kommen dürfe. Maria
legt hierauf den Brief dem Theophilus, der noch immer schläft,
auf die Brust, wendet sich gegen den Altar, nimmt ihr Kind,
tritt in ihre frühere Umgebung zurück und erscheint wieder
als Statue. Als Theophilus erwacht und den Brief findet, singt
er freudig: „Alma mater deipara" u. s. w., mit dem Gelöbniss,
nimmermehr von der hülfreichen Maria ablassen zu wollen.

Im Eisenacher Spiel: „Von den klugen und thörichten
Jungfrauen", das im Jahre 1322 vor dem Landgrafen Friedrich
mit der gebissenen Wange aufgeführt und in dem neuerer
Zeit in Mühlhausen aufgefundenen geistlichen Spiele „Von
den 10 Jungfrauen" erkannt worden ist [1], klagt Lucifer gegen
den Herrgott den viel Lieben: dass er und sein Herr wegen
dieser Sünderinnen (nämlich der thörichten Jungfrauen), die
sein Rath verführt hat, mehr Pein leide, als Tropfen im Meere

---

[1] Vgl. Hase, S. 53. Vom mühlhäuser Rathsmann Friedrich Stephan:
Neue Stofflieferungen für die deutsche Geschichte.

sind. In der Schlussscene werden die am Boden liegenden Frauen vom Satan mit einer Kette umschlungen und über die Bühne, dann mitten durch die Zuschauer zur Hölle geschleift, während sie Wehe und Zeter schreien.

Mone[1] bringt aus einer Papierhandschrift des Klosters Rheinau bei Schaffhausen ein Drama vom Jahre 1467: „Der Jüngste Tag", wobei er auf die Uebereinstimmung mit alten Bildern des Jüngsten Tags im allgemeinen wie in besondern Zügen aufmerksam macht, wie der Teufel die Verdammten an einem Seile in den aufgesperrten Drachenschlund der Hölle hinabzieht. Auch dies Stück spielt darauf an, und es heisst dabei ausdrücklich: dass die Verdammten an ein Seil gelegt werden. Dieses Teufelsseil kommt auch in einigen andern Stücken vor, und von dieser Vorstellung rührt die Redensart her: „Der Teufel hat ihn am Seile", die auch den Franzosen geläufig ist.[2]

Das Allegorisiren, das namentlich in den Moralitäten platzgegriffen hatte, brachte es mit sich, dass die Teufel unter verschiedenen Namen auftraten. In einem Gespräch, durch Mone[3] bekannt gemacht, das aus dem 15. Jahrhundert herrührt, kommen ausser Asmodeus, Beelzebub, Sathanas noch vor: Krentzeleyn (Rosenkranz), vermuthlich als böse Geister der Eitelkeit, Spiegelglanz, vom Begaffen im Spiegel; Federwisch, von den Schmuckfedern des Kopfputzes; Schorbrenth, vom Zwietrachtstiften; Hellekrugk, von der Trinksucht, u. a. Der französische Einfluss auch in dieser Beziehung ist längst anerkannt. Die Franzosen gingen voran Namen zu erfinden, welche den Charakter bestimmter Personen bezeichnen sollten, und zwar nicht nur in den Diablerien, sondern auch in andern Stücken in Beziehung auf andere Personen, z. B. für Räuber der Name Tout-li-faut, Soul-d'ouvrer u. s. w.[4]; ähnlich sind dann auch deutsche Teufelsnamen gebildet worden. Die erwähnten und noch andere Teufelsnamen kommen im Alsfelder Osterspiele vor, wo die Bekehrungsgeschichte

---

[1] Schauspiele des Mittelalters, I, 265.

[2] Mystères par Jubinal II, 17.

[3] A. a. O., S. 196.

[4] Ebend. II, 11.

der Magdalena von besonderer dramatischer Wirkung ist,
und folgendermassen beginnt:

Lucifer besteigt das Fass, als herkömmliche Erhöhung
auf der Vorderbühne, und ruft seine Teufel zusammen:

> Woil her, woil her us der Hellen
> Sathanas und all dyne Gesellen u. s. w.

(Sie kommen, umtanzen das Fass und singen:)

> Lucifer in dem Throne
> Der war ein Engel schone.

Als dieser von seinem Sturze und seiner Verdammniss um
seines Hochmuths willen spricht, schelten ihn die Teufel und
schlagen ihn sogar, weil er den Prediger machen wolle. Da
erscheint Maria Magdalena mit ihrer Magd, hoffärtig geschmückt, leichtfertig scherzend und singend. Der Teufel, der
sein Wohlgefallen daran hat, tanzt mit ihr. Ein Soldat vom
Gefolge des Herodes tritt auf, begrüsst Magdalena, die sich
sehr willfährig zeigt, ihn umarmt und nach wenigen Wechselreden sagt:

> Nu nemt hyn das krenzelein
> Dazu will ich uwer eygen sein.

Sie tanzt mit ihm und ihre Magd zugleich mit dem Teufel
Notyr. Nachdem der Soldat abgetreten, erscheint Martha,
ermahnt die Sünderin zur Umkehr; dagegen reizt sie Lucifer
zur Weltlust an, und Magdalena entscheidet sich für letztern.
Da ertönt der Chor der Engel, Christus erscheint mit seinen
Jüngern und predigt, wovon die Magd Magdalena's zuerst
ergriffen wird. Als Jesus abermals predigt: Selig sind die
Gottes Wort hören, da wird auch Magdalena reumüthig. In
der nächsten Scene erscheint Magdalena dem Heiland die
Füsse salbend. Als er ihr die Sünden vergeben hat, stimmt
Lucifer die Klage an:

> O Maria Magdalene
> Wie warst du in myn auge so schöne
> Nun hastu mich so gar verlassen!

Auch wo das Drama über die heilige Geschichte hinaus-
griff, fehlte der Teufel auf der Bühne nicht. Dies zeigt das
Stück, das Tilesius im Jahre 1565 zu Eisleben herausgab, das
aber schon 1480 von einem Priester Theodorich Schernbeck

(oder Schernberk) hochdeutsch verfasst worden sein soll und lange als das erste deutsche Originaltrauerspiel gegolten hat. Gottsched [1] stellt es den französischen Mystères gegenüber. Es führt den Titel: „Ein schon Spil von Fraw Jutten, welche Papst zu Rom gewesen und aus ihrem päpstlichen scrinio pectoris auff dem Stuel zu Rom ein Kindlein zeuget". Es ist eine ganz ernsthafte Auffassung der bekannten Fabel von der Päpstin Johanna, deren Aufsteigen und Fall als ein Werk teuflischer Versuchung dargestellt und die zuletzt als bussfertige Sünderin durch Maria's Fürbitte von dem ewigen Verderben errettet wird. Die Handlung beginnt in der Hölle, wo Lucifer all sein liebes Höllengesindel zusammenruft, mit allerlei Namen, theils schon erwähnten, theils in Hexenacten vorkommenden, als: Unversün, Spiegelglantz, Fledderwisch, Astrot, Krentzlein; auch des Teufels Grossmutter Lillis ist darunter. Sie beginnen vor der Hölle einen Reigentanz und Gesang:

> Luciper in deinem throne
> Rimo, Rimo, Rimo
> Warstu ein engel schone
> Rimo, Rimo, Rimo
> Nu bistu ein Teufel grewlich
> Rimo, Rimo, Rimo. [2]

Mitten in den wüsten Reigen springt Lillis, des Teufels Grossmutter, hinein und äussert ihr besonderes Wohlgefallen daran, während oben im Himmelsraume der Heiland neben seiner Mutter umgeben von Heiligen und Engeln still thront. Hierauf sendet Lucifer zwei Teufel auf die Erde zu der gelehrten und schönen Frau Jutta, die im Begriffe ist, mit einem Schreiber auf die hohe Schule zu Paris zu ziehen, um sie in ihrem ehrgeizigen Plane zu bestärken, als Mann verkleidet die höchsten Ehrenstellen zu erstreben und sie dem höllischen Reiche zu gewinnen. Die Teufel erscheinen auf der Mittelbühne, in einigen Wechselreden verscheuchen sie Jutta's Bedenken und kehren zur Hölle zurück, wo ihnen Lucifer verheisst:

---

[1] Nöthiger Vorrath u. s. w., II, 80 fg.

[2] Dieselbe Version hat auch das Alsfelder Spiel, und solche Wiederholungen sind sehr häufig.

Zum Lohne
eine fevrige Krone
die ist gar wol geflochten und behangen
mit Ratten und mit Schlangen.

Jutta kommt auf den päpstlichen Thron, sie ist eben gekrönt
worden und soll aus einem besessenen Sohn eines Senators
den bösen Geist austreiben. Jutta fürchtet sich „für dem
Teufel", denn es ist derselbe Unversün, der sie zu ihrem
Unternehmen angeeifert hat, sie fordert daher die Cardinäle
auf, den Geist zu bannen, aber er widersteht ihnen, endlich
muss der Teufel dem ausgesprochenen päpstlichen Banne
weichen, weil Gott es so haben will, wie er bemerkt, ruft
aber, bevor er von dannen fährt, das betrügerische Unternehmen vor allem Volke aus. Die Päpstin Jutta stirbt an
der Geburt, wie auch die Sage berichtet, das Volk läuft herbei und hebt das Kind auf. „Mit dieser irdisch-sittlichen
Rettung hat das Drama eigentlich seinen Abschluss", wie
Hase [1] richtig bemerkt, „allein das ist wie vergessen." Der
Teufel führt Jutta's Seele triumphirend zur Hölle hinab, und
während auf der Mittelbühne das Volk, der Klerus mit Kerzen
und Fahnen feierlichen Umzug hält, um den göttlichen Zorn
zu beschwichtigen, der sich durch Blutregen und Erdbeben
zu erkennen gegeben hat, spielt das Drama in der Hölle fort,
wobei es sich um Jutta's Seele handelt. Den Anlass hierzu
gab offenbar die Fortbildung der Sage. Die Päpstin wird
von den Teufeln verhöhnt, sie wollen sie als gelehrten Mann
zum Singmeister der Hölle machen. Aufgefordert, Gott zu
verleugnen und mit allerlei Martern gepeinigt wegen ihrer
Versündigung an Gott und seiner Kirche, ruft sie unablässig
zum grössten Aerger der Teufel Maria an, „ihres Kindes Hulde
ihr zu erwerben", und den heiligen Bischof Sanct Nicolaus,
und lässt sich durch keine Drohungen zum Schweigen bringen. Maria erhebt oben im Himmel ihre Fürbitte beim Erlöser, wobei sie von Sanct Nicolaus unterstützt wird. Jesus
schweigt anfangs still, gibt aber endlich so werthen Bitten
nach und sendet den Erzengel Michael aus, um Jutta aus der
Hölle zu erlösen. Die Teufel wollen sich zwar ihrer Befreiung
widersetzen, aber Michael schlägt mit seinem Schwerte den

---

[1] A. a. O., S. 68.

Widerstand zurück und führt die Sünderin zu den Seligen hinauf, und die Teufel müssen es, obschon murrend, geschehen lassen.

Der Teufel spielt seine Rolle oft in Stücken, in denen man ihn kaum vermuthen sollte. So wird in dem „Mystère" von Sanct-Peter und Paul der Kaiser Nero nach Eintritt seines Todes von Teufeln geholt. [1] Hase's Scharfblick ist es nicht entgangen, dass nach der ausschliesslich kirchlichen Auffassung politischer Ereignisse, die in der Weltanschauung des Mittelalters lag, die Empörung gegen Nero unmittelbar als Folge der Hinrichtung der Apostel angesehen worden, und wir fügen hinzu: dass aus eben diesem Grunde der christliche Teufel in die rein politische Angelegenheit hineingemengt wurde.

Aus den bisher angeführten dramatischen Beispielen dürfte schon ersichtlich sein, dass die Figur des Teufels nicht immer als Organ der göttlichen Strafgerechtigkeit oder als Repräsentant des bösen Princips auftritt. Es vereinigt sich in dem Wesen des Teufels ein Complex verschiedener Elemente, aus denen er erwachsen ist. Es ist zunächst das Possenhafte, das sich an ihm herausgestellt, selbst bei Gelegenheiten, wo er, im bittern Ernste der Nemesis handelnd, dem Zuschauer doch Anlass zum Lachen gibt, namentlich durch seine Kurzsichtigkeit, infolge deren er als dummer Teufel abziehen muss und Gegenstand des Hohnes wird. Als herzlich dumm erscheint der Teufel auch in Legenden und Sagen. „Der Zauberer Virgilius kommt in eine Berghöhle; ein Teufel, der drinnen in ein enges Loch gebannt ist, ruft und bittet ihn zu befreien, wogegen er ihn in den geheimen Wissenschaften zu unterrichten verspricht. Virgil lüftet das Siegel, erfährt was er sucht, äussert dann sein Bedenken, dass der Teufel in einem so engen Raume Platz gehabt habe; der Teufel kriecht, um ihn von der Wahrheit zu überzeugen, wieder hinein und Virgilius verschliesst das Loch aufs neue. Ein Gleiches erzählt eine appenzeller Volkssage von Paracelsus." [2] Eine Pfarrwirthin schwört Jesum ab, behält aber von der Maria noch das „M", und der Teufel, mit dem sie

---

[1] Jubinal I, 93 fg.
[2] Schindler, Aberglaube, S. 33.

in der Welt herumzieht, kann ihrer nicht Meister werden.[1]
Diese Tölpelhaftigkeit, mit der er erscheint, ist das Element,
das der Teufel von den Riesen überkommen hat und dem
Volkshumor zum Anhaltspunkte dient, den Teufel zum Träger
des Possenhaften zu machen. Von der Zwergennatur hat
er die Verschlagenheit, womit er die Menschen zu über-
listen droht, er hat von daher den Witz, wodurch er zur
lustigen Person wird. Merkwürdig ist in dieser Beziehung
„Die Kindheit Jesu“, ein Schauspiel aus dem 14. Jahrhundert,
das Mone[2] aus einer Sanct-Galler Papierhandschrift mitgetheilt
hat. Es kommt darin eine der ersten Spuren der lustigen
Person vor, die aber hier teufelhaft ist. In der siebenten
Scene meldet der Schalk dem Herodes die Ankunft der Drei
Könige mit aufreizenden Seitenbemerkungen, womit er ihn
über sein schwaches Königthum verhöhnt, das ihm ein neu-
geborenes Kind entreissen könne, worüber Herodes den Boten
verwünscht und todtschlagen will, daher sich dieser zurückzieht. Als er wieder auftritt, begleitet er seine Meldung: dass
die Drei Könige nicht mehr zurückkommen werden, abermals
mit höhnischen Glossen und spottet selbst der Drohung mit
dem Galgen. Das Teufelhafte dieser Figur liegt in der Tendenz, das Erlösungswerk durch den Kindermord, wozu der
Schalk den Herodes anreizen will, zu hintertreiben. In der
Figur des Schalks ist das Teuflische und das Possenhafte
noch in Einheit verbunden, das sich später v neinander los-
löst und letzteres als selbständige Figur, vom 15. Jahrhundert
an als Narr auf der Bühne ständig wird. Aus der Figur
des Teufels als Lustigmacher entwickelte sich der Narr,
aus dem der deutsche Hanswurst hervorging, der die Bühne
so lange beherrschte. Die Wandlung des Teufels in den Narren oder die lustige Person erfolgte von da ab, wo das Schauspiel von der Kirchlichkeit sich zu trennen angefangen, der
Schauplatz nicht mehr die Kirche war, die Darstellung nicht
mehr in den Händen der Geistlichkeit lag, sondern in die
des Volks gekommen war. Mit der Loslösung des dramatischen Gegenstandes vom kirchlichen kamen volksthümliche
Elemente auf der Bühne zur Darstellung, was namentlich vom

---

[1] Schindler a. a. O. S. 97.
[2] Schauspiele des Mittelalters, I.

16. Jahrhundert an stattfand. Zwar sehen wir noch in den Dramen von H. Sachs den Teufel mitspielen, aber es ist ihm das kirchliche Gepräge mehr oder weniger abgestreift, und er hat nur mehr die Bedeutung, das Komische zum Ausdruck zu bringen.

Es wäre eine unzulängliche Auffassung, die Figur des dummen Teufels lediglich aus dem Element des Riesenhaften, das sich ihm angehängt hat, erklären zu wollen. Es ist vielmehr zu bemerken, dass er schon seinem Wesen nach angethan ist, das Riesenhafte, Tölpische anzunehmen, wodurch er zum dummen Teufel wird, der den Spott und die Lachlust herausfordert. Der Teufel trägt nämlich in seinem innersten Wesen den Widerspruch, er tritt als ledige Negation auf und muss ebendarum an der Negation zu Grunde gehen. Er wirkt als sollicitirende Macht auf das Positive, das Gute, dessen Verwirklichung er fördert und gegen seinen Willen fördern muss. Er ist mit Goethe's Wort treffend bezeichnet als „die Macht, die stets verneint und doch das Gute schafft". Diesen Widerspruch im Wesen des Teufels fanden wir schon bei den Kirchenvätern angedeutet, die seine Existenz mit der des Guten in nothwendige Verbindung brachten, als Correlat betrachteten. Diesen Widerspruch stellen eine Menge von Legenden dar, in welchen der Teufel auf Befehl oder durch die Macht der Heiligen genöthigt ist, in ihrem Sinne, also gegen sich selbst zu handeln. In dem früher erwähnten Stücke von der Frau Jutta tritt der Widerspruch zu Tage, wo diese für ihr sündhaftes Unternehmen mit Höllenpein durch den Teufel bestraft wird. Eigentlich ist dies überall da der Fall, wo der Teufel als Werkzeug der göttlichen Strafgerechtigkeit handelt. Indem er den Sünder, der die Existenz des Guten verletzt hat, straft, negirt er die Negation des Guten, d. h. die Sünde. Denn darin beruht der Begriff der Strafe und des Strafamts, dass die Negation negirt wird, wodurch das Positive zu seiner Berechtigung gelangt.

Indem der Teufel die Tragweite seiner Handlungen nicht überblickt, wie auch Ahriman die Wirkungen seiner Thaten nicht vorhersieht, weil beide das Moment des Endlichen an sich tragen, nur negirende Wesen sind; indem damit im Zusammenhange steht, dass er die Gedanken des Menschen nicht weiss, sondern nur aus Aeusserungen errathen

kann: liegt es in seiner Natur, überlistet zu werden, und die
Rolle des dummen, geprellten, daher verhöhnten Teufels spielen
zu müssen. Dieser Zug, wonach der Teufel das Innere, also
den geistigen Inhalt des Menschen nicht wissen kann, den
wir ebenfalls schon bei den Kirchenvätern verzeichnet finden,
deutet wol auf die Ueberlegenheit des menschlichen Geistes
hin, und damit im Zusammenhange steht das principielle Festhalten der Freiheit des menschlichen Willens, das bei der
dogmatischen Ausbildung der Vorstellung in den ersten christlichen Jahrhunderten so viel Anstrengung gekostet hat.

Im vollen Sinne als recht dummer Teufel spielt er in
dem Schauspiele „Christi Auferstehung"[1], das nach seiner
Endanzeige 1464 geschrieben ist.

Da Lucifer fühlt, dass er die Seelen der Altväter nicht
halten könne, und dadurch offenbar werden müsse, dass der
Tod, den er durch die Sünde in die Welt gebracht, die gött-
liche Schöpfung nicht zu zerstören vermöge, beruft er sein
Höllengesindel in die Vorhölle, um diese gegen den bevorstehenden Angriff durch Jesum zu vertheidigen. Dabei erfährt
Lucifer von Satan die Kreuzigung Christi. Satan zeigt sich
hierbei sogleich als dummer Teufel, denn er rühmt sich, Jesu
Tödtung darum veranlasst zu haben, weil er sich für den
Sohn Gottes ausgab. Er freut sich, dass die Seele des Judas
gewonnen, dass Christus bereits todt sei, kann aber der Frage
Lucifer's: wo er die Seele Christi habe, nur ausweichend begegnen. Satan muss ferner eingestehen, dass Christus derselbe
sei, der den Lazarus erweckt hat, wodurch dem Lucifer die
Göttlichkeit Christi klar wird. Der dumme Satan will Johannes den Täufer in der Hölle zurückhalten, und begeht
diesen Misgriff, da er nicht glaubt, dass ein Mann in so
rauhem Kleide ein Heiliger sein könne. Puck macht daher
mit teuflischem Hohne dem Lucifer seine Ohnmacht zum Vorwurfe, und dieser muss seine Blamage eingestehen, dass ihm
die Erlösung ein Geheimniss gewesen, dass er die Geburt
Jesu von einer Jungfrau ausser Acht gelassen, und die Folge
davon ist: dass die Seelen der Altväter für das Teufelsreich
verloren gehen.

---

[1] Mone, Schauspiele des Mittelalters, Nr. 12.

Der zweite Theil des Schauspiels ist eigentlich das Teu-
felsspiel, womit den Teufeln bewiesen wird, dass sie gegen
Gott nichts vermögen, die Weltordnung nicht zerstören können. Das Erlösungswerk ist vollbracht, Christus ist siegreich
aus dem Grabe hervorgegangen, und hat die längst verstorbenen Altväter in das Himmelreich geführt. Lucifer sitzt mit
Ketten gebunden in einem Fasse, denn durch die Erlösung
ist seine Gewalt beschränkt. Hierbei ist der satirische Zug
schon von Mone[1] bemerkt worden, dass dem Fass der Boden
ausgeschlagen, also der Wein ausgelaufen, d. h. die Seelen
aus der Vorhölle entronnen sind. Lucifer zeigt in einem Monologe die grösste Verzweiflung, dass er die Göttlichkeit
Christi anerkennen müsse, dass durch diesen die Vorhölle zerstört werde, was die Wegführung der Seelen der Altväter
beweist. Die Vorstellung, dass nun durch die Erlösung alle
Menschen zur Seligkeit berufen, aus welcher die gefallenen
Engel herausgestossen sind, macht Lucifer rasend; er jam-
mert um die verlorene Seligkeit und leidet von dem Hasse
und Neide gegen die Menschen, von dem er erfüllt ist. Denn
der Mensch, den der Teufel vernichten wollte, kann nun durch
die göttliche Barmherzigkeit zur Seligkeit eingehen, von welcher der Teufel ausgeschlossen bleibt, der schwache Mensch
ist erlöst und der Teufel auf ewig verloren. Satan, der die
rechte Hand Lucifer's ist, spielt auch in dieser Abtheilung
den dummen Teufel, der schon bei dem Auftrage von seinem
Herrn die Bemerkung macht, dem Lucifer müsse jede Seele
recht sein, welche die Teufel zur Hölle brächten, wodurch er
diesen ärgert, von ihm ausgescholten wird. Nach einer Ermahnung Satans zur Klugheit zerstreuen sich die Teufel, um
Seelen als Beute zu bringen; allein kaum sind sie fort, ruft
sie Lucifer wieder zurück, sie hören aber nicht, so dass er
über Kopfweh von lauter Rufen klagt. Endlich kommt Satan
zurück, um zu fragen, was Lucifer wolle; dieser weiss es
selbst nicht mehr, und jener macht ihm Vorwürfe, dass er
nun um seine Beute gekommen sei. Auch die andern Teufel
sind durch den Rückruf gehindert worden einen Fang zu
machen. Der Teufel Funckeldune, der später ohne Beute
zurückkommt, entschuldigt sich, dass er vor Zorn darüber,

---

[1] S. 19.

niemand erhaschen zu können, eingeschlafen sei, worüber er
von Lucifer derb ausgescholten wird. Satan, der inzwischen
wieder abgegangen war und am längsten ausbleibt, erregt Lucifer's Besorgniss, da Satan doch immer der schlaueste sei.
Sollte er von der Gicht überfallen worden sein oder von der
Sucht? Lucifer wünscht, dass er ihn das Wasser besehen
lassen könnte. Sollte er vielleicht gar todtgeschlagen worden
sein? Endlich kommt Satan und bringt einen Geistlichen,
den er während des Brevierlesens am Seile weggeführt
(Andeutung: weltliche Gedanken bei der Andacht, das ist
das Seil). Der Geistliche, der anfangs den Verführer nicht
erkannt, will nun, nachdem er den Teufel erkennt, sich
retten, aber er wird von Satan vor Lucifer gezogen, wo ihm
Satan seine Sünden vorwirft und Lucifer ihn verhöhnt: dass
die Pfaffen nun selbst in die Hölle kämen, die doch andere
Menschen zur Seligkeit führen sollten. Aber die Nähe des
Geistlichen ist dem Lucifer doch unheimlich, was jener ab-
merkt und Muth bekommt, den Kampf mit dem Teufel zu
wagen, dem schon von den schlichten Worten des Geistlichen
die Haare versengt werden, und der fürchtet, er müsste mit
all seinen Teufeln die Hölle verlassen, wenn der Pfaffe darin
wäre. Der Geistliche pocht nun auf seine Schulweisheit, und
Lucifer befiehlt dem Satan, ihn gehen zu lassen, denn er
mache ihm heiss. Voll Verdruss lässt Satan den Geistlichen
gehen, der ihn verflucht und ihm andeutet: man müsse mehr
Macht haben, um einen Geistlichen in die Hölle zu bringen.
Satan empfindet die Macht des Exorcismus und klagt, dass
ihn derselbe Geistliche auch aus einer Besessenen vertrieben
habe. Das geschehe ihm aber recht, meint Lucifer, denn er
hätte den Geistlichen in Ruhe lassen sollen. Damit bleibt
Satan dem Bannfluche des Geistlichen überlassen, und so ist
Satans gerühmte Klugheit zu Schanden geworden. Zum
Schlusse besteigt der Redner das von Lucifer verlassene
Fass, ermahnt die Zuschauer zu einem frommen Leben und
stimmt das Osterlied an: „Christus ist erstanden!"

  „Das Spil fan der Upstandinge"[1] behandelt denselben Gegenstand. In diesem Drama kommen folgende zwölf Teufel

---

[1] Ged. 1464, herausgeg. v. Ludw. Ettmüller, Bibl. d. ges. deutschen
Nationalliteratur, 31. Bd.

vor: Lucifer als der oberste, ihm zunächst stehend Satanas, ferner Noytor, Puk, Astarot, Lepel, Tuleville, Beelsebuk, Krummnase, Belial, Likketappe, Funkeldune.

Es lohnt vielleicht, den Inhalt vorzuführen, da, ausser der Zeitanschauung, die sich darin abspiegelt, die Freiheit der Behandlung bemerkenswerth ist.

Jesus ist aus dem Grabe auferstanden, und nachdem er Resurrexi gesungen, kündet er seinen Entschluss an, in die Hölle zu fahren, um Adam und Eva und alle seine Lieben aus Lucifer's Gewalt zu befreien. Hierauf wird die Vorhölle dargestellt, wo Adam, Abel, Jesaias und Simeon sich über ihre Befreiung besprechen. Johannes der Täufer kommt mit der Ankündigung der nahen Gegenwart Jesu, worüber grosse Freude. Lucifer tritt auf und ruft seine höllischen Gesellen zu sich, worauf Satan, Noytor und Puk erscheinen. Satan, gefragt, wo er gewesen sei, erzählt, dass er einen Mann zum Tode gebracht, der sich für Gott und Gottes Sohn erklärt habe. Lucifer, der Zeichen wahrgenommen, die ihn ängstlich machen, tadelt ihn wegen seiner Voreiligkeit, da Gott nicht sterben könne, ihm aber nun seine Hölle zerbrechen werde. Satan bezeugt: er habe den Mann am Kreuze gesehen sowie seinen Todeskampf wahrgenommen. Die Seele, nach welcher Lucifer fragt, habe er freilich nicht, und als er bejaht, es sei derselbe, der den Lazarus erweckt, geräth Lucifer in grossen Schrecken und verbietet die Seele nach der Hölle zu bringen, aus Furcht vor unverbesserlichem Schaden. Lucifer wird noch ängstlicher, als er durch Noytor hört, die Seelen in der Vorhalle seien über ihre nahe Befreiung in grosser Freude, und Puk verkündet, Johannes der Täufer habe die Verkündigung der Erlösung überbracht. Der Beschluss, die Hölle fest zu verschliessen, wird gefasst und ausgeführt. Jesus naht sich den Thoren der Hölle, Gabriel verlangt Einlass für den Heiland, Lucifer sucht Ausflüchte, um nicht öffnen zu müssen; Jesus aber zerbricht die Pforten, und nachdem er eingetreten, bindet er den Lucifer mit einer Kette, und heisst Adam, Eva und die andern Seelen ihm aus der Hölle zu folgen. Beim Abzuge ergreifen die Teufel Satan und Tuleville Johannes den Täufer und wollen ihn, weil er ein so rauhes Kleid trägt, nicht mit abziehen lassen. Sie können ihn aber nicht halten, worüber Lucifer von Puk geschimpft wird. Dieser klagt über die ihm

angethane Gewalt, tröstet sich und seine Gesellen damit, dass
sie künftig besser zusehen wollen.

Im zweiten Theile, dem eigentlichen Teufelsspiele, bringen
die Teufel den gefesselten Lucifer aus der Hölle heraus und
setzen ihn in ein Fass. Dieser fordert seine Genossen in
einer langen Rede auf, dass sie die ausgeleerte Hölle wieder
zu füllen trachten; sie sollen sich auf die Erde begeben, um
die Menschen zum Bösen zu verführen. Satan, als der klügste,
soll die andern belehren, wie man einen Höllenbraten bekomme.
Satan will genauer wissen, was für Leute sie bringen sollen,
worüber Lucifer in Zorn geräth, da er eine Zögerung darin
sieht, gibt indess doch eine genauere Anweisung, worauf sie
sich forttrollen müssen. Lucifer, allein zurückgeblieben, bekommt Langeweile, er schreit daher gewaltig nach seinen
Getreuen und ruft sie herbei. Er muss lange warten; endlich
kommt Satan, den er mit grosser Zärtlichkeit empfängt; dieser
erzählt nun, dass er die Seele eines Wucherers beinahe erwischt, wenn ihn Lucifer nicht zur Unzeit zurückgerufen
hätte. Er wird von Lucifer belobt, die andern aber gescholten-
ten, weil sie nicht zurückgekommen seien. Satan sucht sie
zu entschuldigen, und als Lucifer erklärt, nicht mehr zu zürnen, geht Satan fort, es ihnen zu melden. Lucifer ruft wieder
und sofort erscheinen alle; sie werden mild getadelt und ermahnt, sich künftig besser zu halten. Hierauf werden sie
nach Lübeck gesandt, wo die Pest herrscht, daher manche
Seele zu erbeuten sei. Sie entfernen sich und Lucifer bleibt
wieder allein zurück. In der nächsten Scene ruft Lucifer nach
seinen Dienern; Puk erscheint mit der Anzeige, dass sogleich
alle mit Beute erscheinen werden, worüber Lucifer erfreut ist
und befiehlt, dass ihm die Seelen einzeln vorgeführt werden,
um jeder die Strafe zu dictiren. Es werden nun die Seelen
der Reihe nach vorgeführt, die eines Bäckers, Schuhmachers,
Schneiders, Bierwirths, Webers, Bratwursters, Krämers und
Räubers, alle bekennen sich schuldig und erhalten die angemessene Strafe. Nur der Teufel Funkeldune erscheint mit
leeren Händen und wird seiner Trägheit wegen fortgejagt.
Da fällt es dem Lucifer ein, dass sein kluger Liebling Satanas
fehle. Er besorgt anfänglich, er könne erkrankt sein und
wünscht, dass doch einer danach lesen möchte (nämlich in
Zauberbüchern oder in den Sternen), ob er daniederliege; er

frägt, ob nicht jemand da sei, der ihm das Glas besehen könnte. Lucifer äussert die Befürchtung, Satan könne auf der Seelenjagd todtgeschlagen worden sein, er wolle daher laut nach ihm rufen. Kaum hat Lucifer seine Stimme erschallen lassen, so hört man, wie Satan hinter der Scene mit der Seele eines Geistlichen herumstreitet, die ihm nicht folgen will, sondern ganz ruhig in ihrem Psalter fortliest und den drängenden Satan sogar bedroht. Lucifer ist ganz obenaus vor Freude, die Stimme seines geliebten Satan wieder zu hören. Nun tritt Satan mit dem von ihm herbeigezogenen Geistlichen auf, rühmt sich seiner Beute gegen Lucifer, und dieser ruft dem Geistlichen, nachdem ihm Satan alle seine Sünden vorgeworfen hat, höhnisch zu: ob sich Pfaffen auch in die Hölle ziehen lassen? er hoffe, dass er nicht entwischen werde, und wenn er auch noch so viel Weihwasser gesoffen haben sollte. Indess Lucifer kann den Weihrauchduft, den der Geistliche an sich hat, nicht vertragen, und befiehlt diesem, ein wenig beiseite zu treten, da er Geistliche in der Nähe nicht leiden könne. Da ruft dieser: „Was sagst du da? Du stehst hier sammt deinem Knechte, und ich allein euch gegenüber, dennoch graut mir nicht allzu sehr, und wenn du mich in der Hölle haben willst, so muss ich dir noch näher gehen.“ Lucifer bedrängt, lässt den Satan hart an, dass er einen Pfaffen gebracht habe, der ihm schon mit schlichten Worten das Haar versenge, und dem sie, wenn er in ihren Orden käme, die Hölle räumen müssten. Der Geistliche rückt ihm aber noch näher, indem er ihm erklärt: er müsste seine Schule schlecht benutzt haben, wenn er nicht verstünde, vor der Hölle sich zu bewahren, er habe mit dieser nichts zu schaffen, es seien genug Laien da, die für ihn zur Hölle fahren. Lucifer befiehlt dem Satan, den Geistlichen sofort gehen zu lassen, oder er würde wie sein College Funkeldune fortgejagt werden. Satan händigt sonach dem Geistlichen sein Psalterium wieder ein und sagt ihm zu gehen wohin er wolle. Aber dieser spricht seinen Fluch über Satan aus und befiehlt ihm, in einen wilden Sumpf zu fahren. Satan klagt, dass ihm alle Knochen beben, dass er die Zeit, die er auf den Pfaffen verwendet, lieber hätte verschlafen sollen, er sei von ihm schon einmal aus einem alten Weibe vertrieben worden, da habe ihn jener doch wenigstens im Lande gelassen, aber jetzt solle

er in einen wilden Sumpf fahren. Ob er da Vogelnester bewahren werde? Lucifer schilt ihn auch noch dazu, da er ihn,
seinen Herrn, nicht habe hören wollen; er könne ihn daher
auch nicht beklagen, wenn er in den Sumpf fahren müsse.
Mit höhnischen Reden überlässt er ihn der Gewalt des Geistlichen und sagt, dass er· sich um einen andern Höllenvogt
umsehen müsse, da Satan ein armer Stümper sei. Den Uebermuth Lucifer's züchtigt aber der Geistliche mit der Drohung:
wenn Jesus noch einmal kommt, so werde er ihm seine ganze
Hölle zerstören. Lucifer meint aber voll Zuversicht: er hoffe,
Jesus sei viel weiser, als dass er alle Tage herlaufen solle,
und er wolle immerhin trachten, seine Hölle mit Pfaffen und
Laien anzufüllen. Aber plötzlich bricht er in Klage aus über
seinen Hochmuth, der an seinem Unglück schuld sei, er würde
gern Busse leiden. Wenn ein Baum von der Hölle in den
Himmel hinaufreichte und wäre um und um mit Scheer-
messern bekleidet, den wollte er bis zum Jüngsten Tage auf-
und abreiten. Da nun dies nicht möglich ist, wolle er bleiben
was er ist, und alle Menschen zu verführen trachten. Jetzt
aber wolle er mit den Seinigen zur Hölle fahren, um sie zu
befestigen gegen eine zweite Ankunft Jesu. Schliesslich klagt
er noch, dass er vor Kummer krank sei, und bittet seine
Knechte, ihn sanft nach der Hölle zu tragen und ihm ja nicht
wehe zu thun. Die Teufel tragen ihn hierauf unter einem
Spottliede hinweg, und der Nachredner (Epilogus) des Stückes
besteigt das Fass, in dem Lucifer zuvor gesessen, und nimmt
von den Zuschauern in geziemender Weise Abschied.

Der dumme Teufel.

Die Erscheinung des Teufels, wo er auf der Bühne wie
auch in Legenden und Sagen als dummer Teufel auftritt,
der bei seinen höllischen Kniffen schliesslich doch zu kurz
kommt und verlacht wird, erklärt sich aus dem Umstande,
dass inmitten der düstern, grauenvollen Nacht voll Furcht
vor der Gestalt des Teufels, wo Verzagtheit das menschliche
Gemüth eingenommen hatte, der Schimmer des Bewusstseins:
dass der Mensch aller physischen und geistigen Macht des
Teufels überlegen sei, nicht gänzlich erlöschen konnte. Der

Mensch fühlte, dass er über dem Teufel stehe, er erkannte
aber den Grund noch nicht in der eigenen Kraft, daher er
wiederholt von Schrecken ergriffen werden konnte; ihn leitete
sein Gefühl auf die Gnade Gottes zurück, auf die er sich
stützte, und als deren Ausfluss er diesen Strahl des Bewusstseins betrachtete. Wie hätte auch der Mensch das Centrum
einer Schwere in sich suchen und finden sollen in einer Zeit,
wo seine ganze Innerlichkeit die Form der Aeusserlichkeit
angenommen, wo alle Regungen der Innerlichkeit eine cen-
trifugale Bewegung eingeschlagen hatten? Das Gefühl der
menschlichen Ueberlegenheit sog aus äussern Umständen
seine Nahrung und erstarkte erst allmählich zum Selbstgefühl; das menschliche Gemüth gewann mehr Federkräftig-
keit, und der Volkshumor machte sich Luft und schnellte
empor über die Person des Teufels, und indem er diesen als
dummen, gefoppten Teufel darstellte, zeigte er seine eigene
Ueberlegenheit. Das Selbstgefühl erwachte, als inmitten des
mittelalterlichen Durcheinanders feste Krystalle anzuschiessen
begannen, aus denen der Strahl eines menschenwürdigern
Daseins hervorglänzte. Es ist nicht zufällig, dass der Mensch
von der Zeit an über den dummen Teufel zu lachen begann,
und dieser mehr zur Belustigung spielen musste, wo die geschichtliche Weltlage eine Wendung zum Bessern zu nehmen
angefangen hatte. Diese Wendung ist ungefähr am Ende des
11. Jahrhunderts bemerklich.

Der Same der Cultur, den zuerst christliche Mönche,
namentlich in Deutschland, ausgestreut hatten, indem sie
Wälder ausrodeten, Klöster gründeten, und damit die An-
fänge in der Landwirthschaft und in Handwerken unter den
Bewohnern verbreiteten, hatte trotz den Unbilden der Zeit
Wurzel geschlagen. Im 8. und 9. Jahrhundert gab es im
Kloster zu Constanz Köche, Walker, Gärtner, Schneider,
Müller, Degenschmiede, Schildmacher, Bierbrauer und Glas-
brenner.[1] Bischöfe und Fürsten wurden auf ihren Landsitzen
und Plätzen von demselben Bedürfniss getrieben. Auf den
Meierhöfen Karl's des Grossen, deren er gegen 70 im ganzen
Lande zerstreut hatte, finden wir Handwerker der verschie-
densten Art, die freilich in jener Zeit noch als Leibeigene

---

[1] Rehlen, Geschichte der Handwerke und Gewerbe (2. Ausg.), S. 10.

und Hörige unter der strengen Aufsicht des Kaisers ihr Gewerbe trieben. Zur Zeit, wo die deutsche Krone von sächsischen Kaisern getragen wurde (919—1024), war mit der Zunahme der Volksmenge zugleich das Bedürfniss nach neuen Ernährungswegen erwachsen. Es entstanden Städte, darin wurden die Handwerker rühriger, der Handel fing an die ersten Blüten zu treiben. Unter den Kaisern aus dem jüngern fränkischen Hause (1024—1125) wurde der Mittelstand befestigt, der seinen bürgerlichen Fleiss entfaltete und damit zugleich die Verbreitung der Cultur beförderte. Den Frieden, der zur Gesittung und Cultur unbedingt nothwendig ist, durch das misbrauchte Recht der Selbsthülfe, die endlosen Fehden immer gestört wurde, herzustellen, ward zuerst in Frankreich durch das Ansehen der Kirche versucht, die Treuga Dei, wonach von Mittwoch Sonnenuntergang bis zum Montag Sonnenaufgang alle Fehden ruhen sollten (seit 1034), wurde festgesetzt. Der Gottesfriede nahm aber namentlich in Deutschland durch die Anstrengungen Heinrich's III., womit dieser, wie auch sein Vater, denselben aufrecht zu erhalten suchten, die Bedeutung eines Land- und Reichsfriedens. Heinrich III. (1039—1056), fromm, aber tapfer und gerecht, hob das Königthum noch einmal empor; es schien, als sollte seine Macht im Innern Deutschlands eine feste Grundlage gewinnen; die Fürsten und Grossen des Reichs mussten sich vor dem starken Sinne des Kaisers beugen. Die Nachwelt hat das Hauptverdienst der beiden Salier in die Festigung des Gottes- oder Reichsfriedens anerkennend gesetzt, denn dieser war die Grundbedingung einer freiern Entwickelung. Die Städte konnten sich heben, die Strassen gewannen mehr Sicherheit, dadurch der Handel mehr Aufschwung, der besonders in den wohlgelegenen Städten am Rhein und an der Donau am Ausgang des 11. Jahrhunderts schon recht ansehnlich war; der Bürger entwickelte eine grössere Betriebsamkeit, denn er vermochte den Lohn seines Fleisses in Behaglichkeit zu geniessen. Damit ging Hand in Hand die Regelung der rechtlichen Verhältnisse innerhalb des Gewerbelebens. Die Marktordnungen von Mainz, Köln, Dortmund dienten schon im 11. Jahrhundert andern Marktplätzen zum Muster. Auch die rechtliche Ordnung zwischen Herren und Dienstleuten wurde in diesem Zeitabschnitte gefestigt, und Burchard von Worms hat sie

1025 zusammengestellt. Mit den Kreuzzügen (1095) wurde
der Handel mit entlegenen Landen erschlossen, es eröffneten
sich die Wasserstrassen der Donau hinab nach Konstantinopel und die Engpässe der Alpen nach Italien zum Mittelmeere; auf fernen Seeplätzen wurden kaufmännische Nieder-
lassungen gegründet. Es ist kaum zu leugnen, dass die
Kreuzzüge, die 5 Millionen Menschen gekostet, am Ende
nichts von dem erreichten, was sie beabsichtigten, es ist aber
auch anerkannt, dass durch sie auf allen Gebieten neue Anschauungen platzgriffen, neue Bedürfnisse erweckt, und damit
zugleich neue Kräfte in Bewegung gesetzt wurden. Es war
von da ab ein neuer Geist im socialen Leben erwacht, und
eine wesentliche Veränderung bestand darin, dass der Grund-
besitz seine bisherige Alleinherrschaft verlor, und neben ihm
das bewegliche Vermögen zur Macht gelangte. Solange der
Besitz auf Grund und Boden beschränkt war, waren die
Dienstleute an die Herrschaft gebunden, glebae adstricti; ihr
Lohn bestand in der Nutzniessung eines überlassenen Grund-
stücks. Mit dem zunehmenden Städtewesen entstand die Entschädigung durch Geldlohn; es kam hiermit Beweglichkeit in
das Volksleben, die Thätigkeit durchbrach die Schranken und
errang sich mehr Freiheit, welche der Persönlichkeit zugute
kamen, und die Leibeigenschaft musste abnehmen. Es erwachte das Selbstgefühl des Mittelstandes, und dieses steigerte sich, wo die aus dem Bedürfniss des Selbstschutzes
entstandene Genossenschaft ihre ursprünglich rein gewerbliche
Bedeutung zu einer kriegerischen und staatsbürgerlichen erweiterte, wenn die Bürgerschaft durch die Noth zu einem
Schutz- und Trutzbündniss zusammengedrängt ward gegen
die Willkür von Machthabern, wie zu Cambray 1076; oder
wenn den Bürgern die Waffen in die Hände gegeben wurden,
wie von Ludwig IV.; oder wenn dem Vorstande der Gemeinde
die Strafgerichtsbarkeit bei Verbrechen gegen ein Mitglied
der Gemeinde zugesichert wurde, wie von Ludwig VII. im
Jahre 1144.[1] Zwar waren die Handwerker noch nicht überall
Herr ihres Vermögens, der Vogt oder Leibherr handhabte
oft das Recht, das Beste aus ihrer Verlassenschaft heraus-

---

[1] Hüllmann, Städtewesen, III, 15.

zugreifen; es lasteten auch noch harte Fronen auf den Städte-
bewohnern; aber die Dienste derselben, die sie den Kaisern
in den Kämpfen mit den Grossen des Landes erwiesen,
brachten den Städten manchen Gnadenbrief ein. So wurden
im Jahre 1111 durch Heinrich V. vermittels eines Gnaden-
briefes alle Bewohner der Stadt Worms von der Hörigkeit
befreit. Im allgemeinen gewannen die Städte an Bedeutung,
dass sie immer mehr Freiheit erlangten, und zwar die italienischen im Bunde mit der Kirche, die deutschen, dass sie
für das Kaiserthum gegen das Bischofthum Partei ergriffen.
Viele Städte hatten von ihren Grafen das Gemeinheitsrecht
käuflich erworben, und erlangten dann die lehnsherrliche Bestätigung vom Regenten.

Das erwachende Selbstgefühl beruhte auch auf der materiellen Basis des äusseren Wohlstandes, der, wie der Geld-
umlauf, vom 11. Jahrhundert an im Zunehmen begriffen war.
Seit dem 11. Jahrhundert wird Goslar durch seinen Gewürz-
handel als reicher Platz genannt; Zürich steht durch lebhafte
Märkte in grossem Rufe; Regensburg ist schon mit Anfang
des 11. Jahrhunderts als grosse und reiche Marktstadt berühmt; in Wien finden lebhafte Märkte statt, namentlich
wird der Verkehr zwischen den nördlichen und südlichen
Ländern vermittelt; in Venedig werden seit dem 12. Jahrhundert besonders grosse Märkte gehalten; Augsburg, Nürnberg sind nicht nur ihres Kunstfleisses wegen, sondern auch
des einträglichen Handels wegen berühmt; in Strasburg und
Ulm legt die Industrie die Grundlage zum Handel; Köln ist
als grosser Vermittelungsplatz und reiche Handelsstadt, die
auf eigene Rechnung und mit eigenen Schiffen Grosshandel
treibt, berühmt. Als grössere Handelsplätze sind ausser mehrern andern Mainz, Magdeburg, Quedlinburg bekannt, die
schon unter den salischen Kaisern mit Vorrechten ausgestattet
wurden.

Es bedarf wol kaum der Vermehrung der Beispiele, da
ja allgemein bekannt ist, dass vom 11. Jahrhundert an das
Städtewesen, Handel, Gewerbe sowie auch Kunst einen Aufschwung nahmen, dass dadurch Wohlstand in den Mittelstand
kam; es ist ebenso bekannt, dass mit diesem auch kostspieliger
Verbrauch im häuslichen wie im öffentlichen Leben einriss,
dass die Prunksucht sogar Gesetze gegen den Aufwand her-

vorrief, die schon im 13. und 14. Jahrhundert gegeben wurden.

Wir haben hier nur daran erinnern wollen, dass gegen Ausgang des 11. Jahrhunderts ein grosser Theil des Volks von Europa in Wohlstand lebte, dass das Selbstgefühl rege war, und infolge dessen die Ueberlegenheit über den Teufel sich dadurch äusserte, dass dieser zur Belustigung auf der Bühne als armer, geprellter, dummer Teufel erscheinen musste.

Der Teufel als Lustigmacher.

Der Teufel dient zur Belustigung durch seine negative Natur, die sich in seiner Neigung zum Travestiren äussert. Beispiele davon haben Scenen in den bisher angeführten Schauspielen geliefert; sie zeigt sich in den Bräuchen am Hexensabbat, der ja selbst im ganzen als Travestie theils der alten Volksversammlungen, theils des christlichen Gottesdienstes sich zu erkennen gibt, im besonderen alles verkehrt wird, als: das Tanzen mit umgewendetem Gesicht, dass alles links geschieht, was gewöhnlich rechts zu sein pflegt u. dgl. Stellt sich doch eigentlich die ganze Teufelei als eine Travestie heraus, zunächst des Reichs Christi, weiter der göttlichen Weltordnung. Das Travestiren hängt mit dem Grundwesen des Teufels zusammen, was schon die Kirchenväter der ersten Jahrhunderte, Justinus Martyr und Tertullian andeuteten, denen das Streben des Teufels als Nachäffen des Göttlichen und er selbst als Affe Gottes erscheint.

Aus der negativen Natur des Teufels erklärt sich auch, dass er als witziger Thor auf der Bühne erscheint, welche Rolle er später der ständigen Figur des Narren überliess. Das Wesen des Witzes beruht doch wol auf Gegensätzlichkeit, die hervorgerufen oder in der Auffindung eines Vergleichungspunktes aufgehoben wird. Von dem damaligen Zustande, der derben Sinnlichkeit, der ausgelassenen Lustigkeit lässt sich erwarten, dass die Spässe und Witze, die auf der Bühne vorfielen, oft das Mass bei weitem überschritten und mit dem Schauplatze in der Kirche nicht übereinstimmten. Innocenz III. erliess daher schon im Jahre 1210 ein Verbot

gegen die Schauspiele in der Kirche und die Theilnahme der
Geistlichen daran. Eine Synode von Trier vom Jahre 1225
bestätigte das Verbot. In Spanien untersagte Alfons X.
(zwischen 1252 und 1257) den Geistlichen die Spottspiele in
den Kirchen.

Nachdem die Kirche ihre Thore dem Schauspiele ver-
sperrt hatte, stieg das Volk auf die Bühne, es rührte sich
der Lebenskeim unter dem Schutte der Bildung des Alterthums und trieb neue Sprossen hervor; die weltliche Bildung
begann ihrer Berechtigung sich bewusst zu werden. Damit
ward zugleich mit der Trennung des Schauspiels von der
Kirche Ernst gemacht. Hiermit war aber die Figur des Teufels von den Bretern keineswegs verbannt, er behauptete seine
Existenz das Reformationszeitalter hindurch und noch weit
darüber hinaus; bemerklich wird aber eine Wandlung in seiner Bedeutung und Stellung.

Der derbe Volkshumor tummelte sich durch und um die
Figur des Teufels auf der Bühne mit keckem Freimuth herum;
der Teufel ist häufig allegorischer Bedeutung, die lustige
Person erscheint schon in mannichfachen Charakteren, wie bei
Hans Sachs, wird aber später zur conventionellen ständigen
Maske. In „Eine Tragödi mit 13 Personen zu recitiren, die
unglückliche Königin Jocaste, vnnd hat fünff actus" ist „Sathanas der Hofschmeichler" unter den Personen angeführt.[1]
Dass der Teufel bei dem nürnberger Poeten nicht fehlt, zeigen
die Titel mancher seiner Stücke, als: „Der Teufel nahm ein
alt Weib zur Ehe" u. a. m. Jakob Ayrer, bei dem Devrient
einigen Fortschritt in regelmässigerer Gruppirung wahrnimmt,
aber die natürliche Einfalt und Ehrbarkeit des Hans Sachs
vermisst, nährt die Schaulust durch Greuel- und Blutscenen,
Erscheinungen von Riesen, Zwergen, feuerspeienden Drachen
und Teufeln. Der Teufel hat bei Ayrer vornehmlich die Rolle
des Possenreissers. In der „Comoedia vom getreuen Ramo
des Soldans von Babylon Sohn" treten drei Teufel als Prologus auf, und Lucifer ermahnt das Publikum folgendermassen
zur Ruhe:

> Ich mein zwar nicht dass in der höll
> Wer ein solches gethös vnd geschöll

---

[1] Gottsched, Nöthiger Vorrath z. Gesch. d. dram. Dichtkunst, S. 93.

> Als diese leut anfangen;
> Bin schier mit schrecken herein gangen
> Sollen das wohlgezogene Christen sein?

Man muss wol der Bemerkung Devrient's [1]: bei Ayrer sei der derbe Volkshumor in gemeine Unverschämtheit ausgeartet, beistimmen, wenn man erfährt, dass in einem der Fastnacht-spiele der Teufel den Leuten mit einem Blasebalg hinterrücks die Schelmenstücke einbläst, oder „dem Bavr mit seinem Ge-fatter Todt" hinten Raketen anzündet, weil er ihn nicht zu Gevatter nehmen will, u. dgl.

Nachdem infolge des wiederauflebenden Studiums die Schulkomödie, die in der Nachbildung lateinischer Muster bestand, von der Volkskomödie sich getrennt hatte, nahm jene unter dem Einflusse der Zeitinteressen einen polemischen Charakter an, theils gegen die katholische Kirche, theils lutherischerseits gegen die Calvinisten und Anabaptisten. In Beza's „Opfer Abraham's" tritt der Satan in der Mönchskutte auf, und freut sich über das Böse, das diese in der Welt veranlasst hat. [2] Erwiderungen von der Gegenpartei stehen zu vermuthen. Selbst an den Kämpfen der protestantischen Theologen untereinander wurde dem Teufel thätiger Antheil zugemuthet. In dem Drama zur Feier des Sieges des witten-berger Lutherthums, durch die Studenten im Jahre 1676 auf-geführt, musste der Teufel als Drache mit Hörnern, Klauen und feuerspeiend dem Calixtus auf der Bühne erscheinen.

Aus Gottsched's „Nöthiger Vorrath u. s. w." mögen nur einige Stücke noch hervorgehoben werden: vom Jahre 1542 „Ein lustig Gespräch der Teuffel und etlicher Kriegsleute, von der Flucht des grossen Scharrhansen Herrn Heinrich von Braun-schweig"; vom Jahre 1606 „Eine christliche Comoedia von dem jämmerlichen Fall vnd fröhlichen Wiederbringung des menschlichen Geschlechts. Aus dem h. Bernhardo genommen vnd in deutsche Verse gebracht. Durch M. Georg Mauricium den Eltern". In diesem Stücke spielen allegorische Personen, Teufel, Engel, Menschen, Thiere, ja Gott und Jesus Christus selbst ihre Rolle. Vom Jahre 1608 „Tragödia von einem vn-

---

[1] A. a. O., I, 156.
[2] Hase, a. a. O., S. 103.

gerechten Ritter. Wie derselbe durch Anstiftunge der Teuffel
in ein vnordentlichs wüstes Wesen verfürt, darnach aus einem
Laster in das andere gestürzt und endlich ewig verdammt
worden: den Frommen zum Trost vnd der Ruchlosen wilden
Welt zum schrecken vnd zur Verwarnung gestellt, vnd itzo
in Truck geben zu Magdeburg u. s. w." Dieses Stück hat
nicht weniger als 119 Personen, die meistens aus Tugenden
und Lastern, zehn Teufeln, einem Prädicanten, vier Narren
u. s. w. bestehen. Vom Jahre 1613 „Bona nova seu deliciae
Christi natalitiae. D. i. Weynachtfreud vnd gute newe mehre,
von dem ländlich grossen vnd göttlichen Geheimniss des
geoffenbarten Sohnes Gottes im Fleische etc. Aus waren
Evangelischen Grunde vnd Englischem Munde in fünff actus
comicos, darinnen allerley theologische, philosophische vnd
historische vnd astronomische Sachen vnterschiedlich getractiret
vnd gehandelt werden, sampt etlichen lateinischen Genethliacis
vnd meditationibus, mit Fleisse colligiret, durch Joann. Se-
gerum, Gryph. Pom., d. h. Schrift und freyen Künste Studiosum
vnd gekr. keyserl. Poeten". Bemerkenswerth ist das Kauder-
welsch von Latein und Französisch, das Lucifer und Beelzebub darin reden, sowie die Vermengung des Heidnisch-
Mythologischen mit der christlichen Hölle, z. B.:

Lucifer pergit.

Nun wolan bistu keck kom an
Hie soltu findn deinen Gegenszman
Ich schwer dirs durch Proserpinam
Durch mein hellisch geschlecht vnd Stam.
Durch mein Cocyt vnd Phlegetont
Durch mein Stygem vnd Acheront
Durch meins vertrawten Beelzebubs bundt
Durch mein dreykehlenden hellhundt
Den Cerberum, durch die Meger,
Tisiphon, Alecto vnd andre mehr
Durch mein Pech, schweff'l vnd hellisch fewr
Und andre monstra vnd vngehewr,
So du mich gedenkest auszugeten
Vnterstehst dich mir den Kopf zu tretten
Inmassen Moses der alte Narr
Verzeichnet vor etzlich tausend Jahr u. s. w.

Vom Jahre 1645 „Johann Klai, gekrönten Poetens Engel- und
Drachenstreit." Gottsched vermuthet aus dem Inhalt, dass
es ein Freudenspiel sei. - Unter den Personen sind Lucifer,

Michael, der Drache, Satans Schildwache, Lucifer's Soldaten, englische Trompeter u. s. w. bemerklich. Vom Jahre 1652 „Kampf und Sieg oder ganzer Lebenslauf eines recht christlichen Kreuzträgers, in diss Theatral-Poetisch-Musikalische Werk gesetzt durch George Webern. Hamburg." Nur eine kleine Probe daraus. In der 7. Scene, wo die Gottesfurcht betet, singt sie zuerst:

> Ich danke dir mein Gott, dass du aus lauter Gnaden
> Mich armen diesen Tag behütet hast für Schaden
> Durch deinen Geist und Wort erhalten und ernährt,
> Auch Nothdurft auf den Leib mir bis hieher bescheert, u. s. w.

Nun kommen die Teufel und machen ein Geschrei:

> Ho holla Bruder hieher!
> Denselben Weg geh nicht, den andern in die Qver.

Hierauf gibt ihnen zwar die Gottesfurcht einiges Gehör, geht aber gleich wieder in sich und spricht:

> Ach was für böse Phantasey will mich jetzund verstören
> Von meiner Andacht mein Gebeth mir endlich gar verwehren.

Die Teufel schreien noch ärger, und der eine zupft sie sogar, worüber sie ganz verwirrt wird und spricht:

> Ich weiss gewiss nicht wie mir wird,
> Die Zunge redet ungefähr
> Ohn Andacht, aber weit umher
> Schweif ich in dieser Welt verwirrt, u. s. w.

Vom Jahre 1679 „Der Ertz-Verleumder und Ehe-Teuffel von Schottland, in ein Trauerspiel abgefasst von Joh. Riemern".

Es ist eine merkwürdige Erscheinung, dass auch die Oper, die im 17. Jahrhundert selbständig zu werden anfing, zu den alten Mysterien zurückgriff, wobei denn auch der Teufel als singende Person seine Rolle spielte. Devrient[1] berichtet über die Eröffnung des Opernhauses in Hamburg im Jahre 1678, wo die Oper auf die bedeutendste Höhe gelangte, dass bei der Gelegenheit eine Originaloper gegeben wurde, die der kaiserl. gekrönte Poet Richter gedichtet und Kapellmeister Theil componirt hatte; sie hiess: „Der erschaffene, gefallene und aufgerichtete Mensch." Die Bühne stellt im Vorspiel das Chaos dar, die vier Elemente erscheinen und zertheilen es. In der ersten Handlung stösst ein in der Luft schwebender Engel den Lucifer und seine Mitteufel in den

---

[1] I, 273.

Abgrund, Gott Vater schwebt mit der grossen „machina" im
Chor der Engel nieder und beginnt den Adam zu schaffen.
„Leider", bemerkt hierbei Devrient, „hat der Dichter nicht
angegeben, wie der Darsteller dies anzufangen habe." Adam
tritt auf und singt, darauf Gott der Herr. Lucifer ruft in
der nächsten Scene seine Teufel zusammen, die sich mit mo-
derner Artigkeit „Monsieur" tituliren. Er sendet Sodin, den
Teufel der Heimlichkeiten, in Schlangengestalt auf die Erde, um
die Eva zu verführen; diese empfiehlt dem zaghaften Adam
die verbotene Frucht in folgendem Duett:

Eva.

Iss nur mein Herzchen, sie schadet dir nicht,
Iss nur, sie stärket das blöde Gesicht,
Glaube, sie wird uns noch geben
Ein himmlisches Leben.

Adam (nachdem er gekostet).

Der Schmack ist gut, und mein, wer brachte
Mein Kind dazu, dass sie sich machte
An diesen edlen Baum?

Eva.

Die Schlange.

Adam.

Ach ach, mir wird so bange! u. s. f.

Ungeachtet es schon eine heilige, geschichtliche, mythologische, heroische und komische Oper gab, blieb die Behandlung der heiligen Geschichte noch immer eine äusserst un-
gelenke und unbeholfene, und erinnert an die ersten Mysterienaufführungen. Als Beispiel genügt die Oper des am sächsischen Hofe sehr beliebten Dedekind: „Der sterbende Jesus",
wo die Kreuzigung darin mit der alten bekannten Umständ-
lichkeit vorgenommen wird. Als Judas sich erhenkt, singt
Satan das Echo seiner letzten Worte, und als er endlich, am
Stricke hängend, gar zerplatzt ist, rafft Satan seine Eingeweide in einen Korb zusammen und singt eine Arie dazu. [1]

---

[1] Devrient, I, 277.

Druck von F. A. Brockhaus in Leipzig.

Berichtigungen.

Seite 4, Zeile 4 v. u., statt: oder, lies: und
»   16, »   1 v. o., st.: Ganze, l.: Ganzes
»   27, »   2 v. o., st.: Wesen, l.: Wesens
»   41, »   6 v. u., st.: Zauberei, l.: Zauberer
»   67, Note 1, st.: Scherz, l.: Scherr
»   74, Zeile 18 v. u., st.: Omble, l.: Ombte
» 118, »   12 v. o., st.: des Todes, l.: Todes,
» 120, »   11 v. o., st.: dass einige Götter, l.: einigen Göttern
» 120, »`   12 v. o., st.: zu den Dämonen, l.: die zu Dämonen
» 129, Note 1, st.: Antq., l.: Antiqu.
» 160, Zeile 16 v. u., st.: n, l.: in
» 164, »   17 v. o., st.: weil, l.: dass
» 184, »   2 v. u., st.: Valke, l.: Vatke
» 191, Note 2, st.: Stendel, l.: Steudel
» 297, Seite 11 v. u., st.: Drachens, l.: Drachen
» 355, »   2 v. o., st.: naturalissum, l.: naturalissimum
» 378, »   3 v. o., st.: könne, l.: kann
» 388, »   16 v. u., st.: weil, l.: dass

———

Geschichte des Teufels.

Zweiter Band.

Zweiter Abschnitt.

Factoren bei der Ausbildung und Verbreitung der Vorstellung vom Teufel.

---

1. Die Herabdrückungsmethode der Kirchenlehrer.

Indem der vorige Abschnitt zu zeigen suchte, wie die Vorstellung von der Existenz des Teufels durch die Ueberlieferung der positiven Kirchenlehre erhalten und gepflegt wurde, liess sich zugleich die Wahrnehmung machen: dass die Figur des Teufels bald nach Beginn des Mittelalters immer concreter sich gestaltet, sinnlich wahrnehmbarer, zum wirklichen Individuum wird. Der Grund dieser Erscheinung liegt zunächst in der Herabdrückungsmethode der Kirchenlehrer, wonach die heidnischen Gottheiten und mythologischen Wesen zu teuflischen Wesen herabsinken. Schon in der ersten christlichen Periode finden wir, dass die christlichen Kirchenväter die Götter der Griechen und Römer zu Dämonen herabdrücken, und den Teufel als Urheber oder Vorstand und Schutzherrn des götzendienerischen Heidenthums darstellen. Es kann nicht befremden, wenn in spätern Zeiten, wo die christliche Kirche mit den germanischen und andern heidnischen Völkerstämmen in Berührung trat, dieselbe Herabdrückungsmethode von jener befolgt wurde. Sie hielt den Satz aufrecht, den jede Partei auf ihrem Banner trägt: „Wer nicht mit mir ist, ist gegen mich." Die Kirche stellte sich unter den Gesichtspunkt der Partei gegenüber dem Heidenthum, und später den innerhalb der christlichen Kirche entstandenen Sekten. Gemäss der

weltgeschichtlichen Bewegung in Gegensätzen, die sich durch
Parteien darstellen, wo jede Action eine Reaction hervorruft,
und der Rückschlag den Schlag an Wuchtigkeit gewöhnlich
überwiegt, was nicht nur in der politischen Bewegung, sondern auch in der Religionsgeschichte wahrzunehmen ist, gründet
sich diese Herabdrückungsmethode auf denselben psychologischen Process, der zwischen Parteien den Gegensatz zur Feindseligkeit spannt und letzteren zum Gesichtspunkt erhebt, von
dem aus alles, was ausserhalb des eigenen Kreises liegt, im
Dunkel erscheint. So erklärt es sich, dass wo Völker in
feindliche Berührung kommen, das unterdrückte nicht nur
den Unterdrücker selbst, sondern auch dessen Gottheit als
Feind betrachtet und als übelthätiges Wesen fürchtet. Dieser
Umwandlungsprocess geht aber auch vor sich, wenn von
einem Volke ein Zweig sich abgesondert, zu einem Volksstamme
herangewachsen seine religiöse Anschauung eigenartig ausgebildet hat, und dadurch mit dem Urstamme in eine gegensätzliche Stellung geräth. Der letzte Grund dieser Erscheinung
liegt wol in dem unmittelbaren Streben der Selbsterhaltung
der Individualität. Das vorstellende Bewusstsein, das nicht
wie das begreifende Denken die verschiedenen Vorstellungen
nach ihrem inneren Zusammenhange zusammenfasst, kennzeichnet sich dadurch, dass es die bestimmte Anschauung
fixirt, sie von jeder andern abschliessend zur Parteianschauung
macht. Als solche umgibt sich diese mit den Schranken der
Individualität, ausserhalb deren sie ihr Ende hat. Indem sie
sich als allein berechtigt glaubt und als solche zur Geltung
zu kommen sucht, negirt sie die ihr fremden Vorstellungen,
welche ihr als verderblich erscheinen, und um sie als
solche darzustellen, sie herabdrücken muss. Beispiele dieser
Herabdrückungsmethode bietet die Religionsgeschichte des
Alterthums wie die christliche Periode. In Aegypten wird
Seth nach dem Einfalle des phönizischen Stammes, der in ihm
den eigenen Feuergott erkannt und anerkannt hatte, zum
Träger alles Nichtägyptischen, dem Aegypterlande Verderblichen herabgedrückt. Bei den Ariern verlieren die Daevas
ihre ursprüngliche Bedeutung als gute göttliche Wesen, und
werden nach der Trennung des Volks als böse Geister von
den Iraniern verabscheut. Im Alten Testament werden heidnische Götter mit bösen Dämonen auf eine Linie gestellt,

daher die Alexandriner (LXX) statt der Elilim[1] füglich „Daemonia" setzen, und durch diese auch die Schedim[2] vertreten lassen. Beelzebub, den das Alte Testament noch als heidnisches Idol kennt, wird im Neuen Testament schon der oberste der bösen Geister genannt. Was Cäcilius bei Minucius Felix über die christliche Urgemeinde sagt, ist eigentlich der Ausdruck der damals unter den Römern herrschenden Volksmeinung, wonach die Christen als lichtscheue, aufrührerische Partei erscheinen, und die Beschuldigungen, von den Römern den Christen aufgebürdet, bezeugen auch die gehandhabte Herabdrückungsmethode. Die Verehrung des einzigen unsichtbaren Gottes erschien den Römern als Atheismus, die Vermeidung der heidnischen Tempel als Sacrilegium, die Glaubenstreue und Erkennung durch das Symbol als Anzeichen der Verschwörung, die Gedächtnissfeier des Gekreuzigten als Menschenopfer, die Kniebeugung wurde zur unanständigen Verehrung herabgedrückt. Die einzelnen Züge gaben ein Bild vom christlichen Cultus als purer Ruchlosigkeit, wonach die Christen bei ihren nächtlichen Zusammenkünften unmenschliche Speise geniessen, die Götter anspeien, die heiligen Gebräuche verhöhnen, sich untereinander Brüder und Schwestern nennen und miteinander Unzucht treiben. Besonders grauenhaft wird von heidnischer Seite die Aufnahme in den christlichen Verband vorgestellt: da sollte ein mit Mehl überdecktes Kind dem Aufzunehmenden vorgesetzt werden, auf welches dieser losstechen müsse bis er es getödtet, wonach das Blut des Kindes von den Versammelten gierig aufgeleckt, die Glieder zerrissen und verzehrt werden, welches Menschenopfer zugleich als Gewähr der Verschwiegenheit gelte. Wenn sich die Christen an Festtagen zu gemeinschaftlichem Mahle versammeln, sollen sie, nachdem sie geschlemmt haben, einem an das Lampengestell angebundenen Hund einen Brocken hinwerfen, wo bei dem Schnappen des gierigen Thiers die Lampe umgeworfen, und nach ausgelöschtem Lichte die abscheulichste Unzucht beginne. Der Vorwurf, den Apion gegen die Juden erhoben, dass sie einen Eselskopf anbeten, daher Antiochus Epiphanes einen solchen aus Gold bei der Plünderung des Tempels

---

[1] Ps. 96, 5.
[2] Ps. 106, 37; 5 Mos. 32, 17.

gefunden haben soll[1], wird von den Römern auch den Christen
gemacht; das alljährliche Schlachten eines Kindes, dessen die
Juden beschuldigt wurden, welche bis über das Mittelalter hinaus darunter leiden mussten, ward auch den Christen vorgeworfen. Celsus stellt den christlichen Cultus dem ägyptischen
Götzendienst an die Seite, wo Katze, Krokodil, Bock und
Hund als Götter verehrt werden[2].

Im der christlichen Anschauung verwandeln sich die Götter
des classischen Heidenthums nicht nur zu blossen Götzen,
sondern sie werden zu Teufeln und teuflischen Wesen herabgedrückt. Den alten Göttern wird die Existenz von den
christlichen Kirchenlehrern nicht abgesprochen, wol aber deren
Berechtigung geleugnet. Ihre einst lichtvollen Gestalten werden durch die neue „Himmelsglorie" in dunkeln Schatten
gedrängt, sie sind entthront und zu bösen Geistern gestempelt, deren Macht zwar durch Christi Erscheinung als gebrochen gedacht, aber doch noch immer gefürchtet wird.

Unter denselben Gesichtspunkt wird das germanische wie
jedes andere Heidenthum gestellt, und liefert zum Theil teuflische Gestalten, zum Theil das Material zur sinnlichen Ausstattung der Vorstellung vom Teufel, einzelne Züge oder
Attribute bei dessen Erscheinung, oder wird mit seinem Getriebe und Wirken in Verbindung gebracht. Die vom Heidenthum als wohlthätig anerkannte göttliche Macht wird zu einer
übelthätigen, teuflischen verkehrt und verabscheut, die Göttergestalten, als Träger dieser Macht, werden im feindlichen
Gegensatze zu dem wahren Gott dargestellt. J. Grimm zeigt
in seiner„ Deutschen Mythologie", wie Wuotan (Wodan, Guodan, Othin), „die höchste und oberste Gottheit", die von allen
deutschen Stämmen verehrt ward, als das allmächtige, alldurchdringende Wesen, „als weiser Gott", durch die christlich-
kirchliche Anschauung zum Teufel herabgedrückt wurde, was
hier um so leichter war, da schon unter den Heiden neben
der Bedeutung des mächtigen weisen Gottes die des wilden,
ungestümen und heftigen gewaltet haben muss, die von den
Kirchenlehrern nur hervorgehoben und festgehalten zu werden
brauchte. Die Umwandlung des gütigen Wesens in ein böses

---

[1] Jos. c. Ap. lib. II.
[2] Orig. c. Cels. III, 17.

zeigt schon die unter den Christen gangbar gewordene Verwünschung: Fahre zu Othin, d. h. zum Teufel. Mit breitkrämpigem Hute und weitem Mantel fährt Othin an der Spitze des wilden Heeres als Hackelberend durch die Lüfte. Den breitkrämpigen Hut hat der Teufel in vielen Legenden und Sagen, in denen er erscheint, aufgesetzt; der weite Mantel, in welchen Othin, nach einer von Grimm [1] angeführten Sage bei Saxo, einen Schützling fasst und durch die Lüfte führt, dient in der Faustsage demselben Zwecke. Die Wölfe und Raben, dem Othin als Siegesgott beigelegt, treten häufig in Teufelssagen auf, ja dieser erscheint selbst häufig in Rabengestalt. Wenn aber Grimm den Othin mit Mercurius als Erfinder des Würfelspiels zusammenstellt und dabei an unsere Volkssagen erinnert, die den Teufel Karten spielen und andere dazu verführen lassen; so dürfte dieser Zug wol auch ohne Anlehnung an das Heidenthum daraus zu erklären sein: dass Karten- und Würfelspiel, wie das Spiel überhaupt, von der Kirche als etwas Verderbliches betrachtet, und alles Schädliche und Böse auf den Teufel, als dessen Stifter, zurückgeführt wurde. Der Teufel kommt, gleich Othin, oft reitend vor, und das Pferd, namentlich das schwarze, spielt in Teufelsgeschichten seine Rolle. Den Bock, dessen Gestalt der Teufel schon in alten Zeiten gern annimmt, lieferte Donar, der über Wolken und Regen gebietende Gott; der Eber, auch zum teuflischen Apparat gehörig, und vornehmlich den zum Sabbat sich versammelnden Hexen als Reitthier dienend, erinnert an Fro, dem der Eber geheiligt war. Die göttliche Gestalt der Holda, der freundlichen, milden, gnädigen Göttin, wird in der christlichen Uebersetzung zur hässlichen, langnasigen, grosszahnigen, struppigen Kinderscheuche; die Elben, ursprünglich gute, dienstfertige Wesen, werden zu teuflischen Unholden herabgedrückt; Bilwitz, früher ein guter Hausgeist, wird in ein hexenhaftes, teuflisches Schreckgespenst verwandelt. Die Weissagung der nordischen Priester wird nach dem Auftreten des Christenthums von dessen Lehrern für teuflische Zauberei betrachtet. Die friesischen Götterbilder, zum Orakelgeben eingerichtet, erklären die Christen für vom Teufel besessen. Die angelsächsischen Weissager werden vom

---

[1] I, 133.

christlichen Gesetze streng bestraft. Die Capitularien Karl's
des Grossen verhängen über denjenigen, der einer heidnischen
Gottheit, d. h. dem Teufel opfert, die Todesstrafe. Den zur
Verachtung herabgedrückten heidnischen Göttern wird die Zauberei zugeschrieben, und diese muss, nachdem das Christenthum zur allein legitimen Religion erhoben worden, als ille-
gitimes Wunder verabscheut werden, während ein auf christlicher Seite vollbrachtes Wunder den Stempel der Legitimität
erhält. Dieselbe Ausschliesslichkeit der Anschauung, die sich
als allein berechtigt weiss, und als solche anerkannt wissen
will, finden wir im Alten Testamente, wo die mit Mose's
ausserordentlichen Thaten wetteifernden Aegypter als Zauberer hingestellt werden, wogegen jener Wunder verrichtet.,

Nachdem der Glaube an den Teufel als den Urheber
und Stifter alles Bösen und jedes Uebels unter den Christen
zur Herrschaft gelangt war, wurde natürlich jede Verderben
drohende Erscheinung in der Geschichte vom Teufel abgeleitet.
Es erklärt sich daher, warum die Hunnen von Dämonen abstammen müssen: sie sind nämlich Abkömmlinge von den
magischen oder germanischen Weibern, die der gothische
König Filimer aus dem Lande jagen liess, die in ihrer Erbitterung Dämonen zu sich beschworen und sich mit ihnen
begatteten. So Jornandes, der gothische Bischof.[1] Attila
muss natürlich für einen Sohn des Teufels gelten, und Merlin, der im Sagenkreise Arthur's von der Tafelrunde erscheint, wird für den Sohn eines Dämons und einer Nonne
erklärt.

Aus demselben Grunde bietet sich dieselbe Erscheinung,
wo sich innerhalb der christlichen Kirche Parteien, Sekten
bilden. Die von der allgemeinen Kirchenlehre Abweichenden
werden vom Eifer der Polemik nicht blos in moralischer Hinsicht herabgedrückt, sondern mit dem Teufel selbst in Zusammenhang gebracht. Da sich im kirchlichen Bewusstsein die
Vorstellung gefestigt hatte: die Kirche sei die Anstalt, die
das Reich Gottes auf Erden vertrete, und ihre Glieder seien
berufen, jene zu fördern, so musste jede von ihr abweichende
Meinung in dem Feinde der Kirche, nämlich dem Teufel als
Widersacher des göttlichen Reichs, ihren Grund haben, und

---

[1] De gothic. reb. c. XXIV, 67.

mit ihm in Verbindung gedacht werden. So konnte Hetero-
doxie und Ketzerei als Teufelsdienst, und beide mit der davon für unzertrennlich gehaltenen Zauberei für gleichbedeutend und mit gleich schweren Strafen zu belegende Verbrechen
ausgegeben werden. Der Glaube macht allerdings selig, insofern er sich aber an bestimmte Vorstellungen bindet, die ihm
als die allein wahren gelten, macht er ausschliesslich und
feindselig. Die Gnostiker, deren sittlicher Rigorismus selbst
bei mehreren christlichen Schriftstellern Anerkennung fand,
wurden im allgemeinen doch als die lasterhaftesten Menschen
auf Erden verschrien. Irenäus, durch seinen Eifer gegen die
Ketzer bekannt, verdammt selbstredend die Lehre der Karpo-
kratianer; obschon er ihren Lebenswandel unangetastet lässt,
berichtet er doch, dass sie ihre Proselyten mit einem Zeichen
versehen, wie in späterer Zeit der Hexenprocesse der Teufel
seinen Bundesgenossen das Stigma aufdrückt. Marcus, Stifter
der Marcosier, gilt bei Irenäus nicht nur für einen argen
Wollüstling, sondern auch für einen teuflischen Zauberer. [1]
Von den Ophiten, deren moralische Conduiteliste im allgemeinen nicht ausgestellt wird, glaubt Origenes doch, dass sie
unter der Schlange eigentlich den Teufel verehren. [2] Diese
Satansverehrung unter der Gestalt der Schlange wird auch
den Marcioniten zur Last gelegt, wenngleich ihre Sittenstrenge
unbescholten bleibt. [3] Die strengen Moralgrundsätze der Montanisten schützen diese nicht vor der Beschuldigung, dass sie
Spieler, Wollüstlinge, Wucherer seien, die, vom Teufel besessen, mit Exorcismus behandelt werden müssten. [4] Dass die
Moral der Manichäer sehr streng gewesen, bezeugt Hieronymus, der mit diesem Namen einen moralischen Rigoristen
bezeichnen will; trotzdem werden sie des Teufelsdienstes
geziehen. [5] Die Geschichte der Stedinger, die schon früher
erwähnt worden, entspringt aus Zehntverweigerung, und
mündet in deren Beschuldigung der Verehrung des Teufels.

Ein ähnliches Verfahren, sich gegenseitig herabzudrücken

---

[1] I, 8. 9. Epiph. Haer. XXXIV, 1.
[2] C. Cels. VI, 28; vgl. 43.
[3] Theodoret adv. Marcion.
[4] Epiph. Haer. XLVIII, 14.
[5] Epiph. Haer. LXX.

und mit dem Teufel in Beziehung zu setzen, zeigt sich nach
der Parteiung durch die Reformation. Die Polemik des
16. Jahrhunderts machte die merkwürdige Entdeckung, dass
Luther ein Sohn des Teufels sei; Luther erblickte im römisch-
kirchlichen Rituale eine Schlinge des Satans, womit dieser
vom reinen Christenthum abzieht.[1] Den Katholiken galt der
Teufel für das Haupt der gesammten protestantischen Ketzereien, und Delrio konnte mit andern behaupten, der Protestantismus erfülle die Länder mit teuflischen Hexen; die
Protestanten stellten den Teufel einen grossen Blasebalg hinter
dem Papste handhabend dar u. dgl. m.

Diese Herabdrückungsmethode, in psychologischer Beziehung merkwürdig, erlangt in der Geschichte des Teufels
culturhistorisches Interesse dadurch, dass sie innerhalb der
christlichen Zeit von der herrschenden Vorstellung vom Teufel
Zeugniss ablegt; sie zieht die Aufmerksamkeit um so mehr
auf sich, als sie die Bedeutung eines Factors zur Ausbildung
des Teufels gewinnt. Durch die Herabdrückung der heidnischen Götterwelt zur christlichen Teufelei wurde jene in
ihrem Bestande nicht vernichtet, sondern die sinnlichen Züge
der Göttergestalten dienten zur Versinnlichung und Individuali-
sirung des Teufels, dessen schemenhafte Gestalt dadurch Fleisch
und Blut erhielt; die lichtvollen Farben des heidnischen Götter-
himmels wurden ins Dunkle übersetzt, um das höllische Reich
des Teufels damit auszumalen. Durch die Herabdrückungsmethode entlud sich die heidnische Mythologie ihres Inhalts
und bereicherte die christliche Vorstellung vom Teufel.

2. Amalgamirungsprocess.

Ein Amalgamirungsprocess heidnischer Elemente mit dem
christlichen Teufel und seinem Anhange ging um so leichter vor sich, wenn es auch innerhalb des Heidenthums
für böse gehaltene Wesen betraf, wo eine herabdrückende
Umwandlung von gut in böse gar nicht nothwendig war, und

[1] Tischreden, Kap. 24.

man die schon vorhandenen Züge des heidnischen bösen Wesens
dem christlichen Teufel nur anzuheften brauchte, wodurch
die vorläufige Skizze der teuflischen Gestalt die Einzelausfüh-
rung erhielt. J. Grimm hat nicht nur diese Bemerkung gemacht, sondern in seiner altmeisterhaften Weise in Betreff
des Teufels nachgewiesen, dass dieser jüdisch, heidnisch und
christlich zugleich sei. Dieser wächst gleich der Lavine, die
während der Strecke, über die sie hinrollt, immer mehr Stoff
aufnimmt, um eine erschreckliche Grösse zu erreichen.

Eine Ineinandersetzung heidnischer Bräuche mit christ-
lichen Ideen, oder heidnischer Vorstellungen mit christlichen
Einrichtungen, liegt in der Natur des Entwickelungsganges.
Es kann nicht erwartet werden, dass die Neubekehrten in den
Wesenskern der christlichen Wahrheit sofort eindrangen, noch
von den Bekehrern, dass sie mit dem äusseren Bekenntniss, der
Taufe, Verehrung des Kreuzes sich nicht begnügen sollten;
ja es ist zu bezweifeln, dass die Mehrzahl der Heidenapostel
ihre Neophyten geistig zu erleuchten im Stande gewesen sei.
Aus der Anweisung Gregor's I. für seinen Missionar Augustinus ist es klar, dass die ersten Kirchenlehrer eine Accommodationstheorie grundsätzlich befolgten, die einen Amalgamirungsprocess heidnischer Elemente mit christlichen überhaupt, also auch in Bezug auf die Vorstellung vom Teufel
zur Folge haben musste. In dem Erlasse von 601 ermahnt
Gregor der Grosse den Augustin: die heidnischen Tempel
nicht zu zerstören, sondern in christliche umzuwandeln, den
Heiden ihre gewohnten Festmahle zu lassen, sie aber zur
Feier von Kirchweihen und Märtyrerfesten zu verwenden.[1]
„Weil sie (die neubekehrten Angelsachsen) an den Festen der
Teufel (d. h. der alten heidnischen Götter) viele Rinder und
Pferde zu schlachten pflegen, so ist es durchaus nothwendig,
dass man diese Feier bestehen lässt und ihr einen andern
Grund unterschiebt. So soll man auch auf den Kirchweih-
tagen und an Gedächtnisstagen der heiligen Märtyrer, deren
Reliquien in denjenigen Kirchen aufbewahrt werden, die an
der Stätte heidnischer Opferhaine erbaut sind, dort eine ähnliche Feier begehen, soll einen Festplatz mit grünen Maien
umstecken und ein kirchliches Gastmahl veranstalten. Doch

---

[1] Ep. XI, 76.

soll man nicht fürder zu Ehren des Satans Thieropfer bringen,
sondern zum Lobe Gottes und um der Sättigung willen die
Thiere schlachten, und dem Geber alles Guten für die Gabe
danken."[1]

Die alten Väter, die sich bei der Bekehrung grundsätzlich
der Schonung beflissen, betrachteten die heidnischen Bräuche
nur als falschen Weg, von dem sie ihre Neubekehrten abzu-
lenken hätten. Ihnen erschien es, in Bezug auf das tief unter
den Heiden eingewurzelte Orakelwesen, als ein Uebergang ins
christliche Gleise, wenn die Christen das Alte und Neue Testament zu Rathe zogen (sortes sanctorum) und eine aufgeschlagene
Bibelstelle als Orakelspruch auf ihre Angelegenheiten deuteten.
Aus Augustinus wird es ganz klar, warum die älteren Väter
diesen heidnischen Gebrauch der heiligen Bücher duldeten,
wenn er in seinem Briefe an Januarius schreibt: „Hi vero
qui de paginis evangelicis sortes legunt, et si optandum est
ut hoc potius faciant quam ad Daemonia consecranda concur-
rant, tamen etiam ista mihi displicet consuetudo ad negotia
saecularia et ad vitae hujus vanitatem propter aliam vitam
loquentia oracula divina velle convertere." Gregor von Tours
erlaubte diese Art Weissagung, die er selbst nicht verabscheute,
den Christen seines Sprengels; sie war auch beim Klerus in
vollem Gange[2], und wie beliebt sie überhaupt war, geht daraus
hervor, dass sie, trotz dem Proteste der Concilien, deren einige[3]
den Kirchenbann darüber verhängten, und trotzdem die Karolinger Gesetze dagegen erliessen[4], bis ins 9. Jahrhundert und
im Geheimen unter dem Volke noch weit länger fortbestand.

Tiefer eingreifend ist die Anweisung zur Predigt beim
ersten Zusammentreffen mit den Heiden, die ein Brief des
Bischofs Daniel an Bonifaz enthält.[5] Sie ist auch umsichtig
und wohlwollend, empfiehlt Sanftmuth, Mässigung, verbietet
aufreizende Schmähung, um die Heiden nicht zu erbittern,
sondern allmählich in den Schos der christlichen Kirche zu
führen. Der Bekehrer soll nicht gleich anfangs den heid-

---

[1] Beda Venerab. hist. eccles. Britorum lib. 1, cap. 30.
[2] Greg. Tur. II, 37; V, 14.
[3] Wie das von Agde im 6. Jahrh.
[4] Capitul. 789, c. 4.
[5] Ep. 14, 99.

nischen Göttergenealogien widersprechen, sondern zu beweisen
suchen, dass die Götter aus geschlechtlicher Zeugung hervorgegangen, daher eher Menschen in ihnen zu erblicken seien.
Ueber den Ursprung der Welt solle er fragen: wer sie geschaffen habe, bevor die Götter da waren? wer sie regiert?
woher der erste Gott seinen Ursprung habe? ob die Götter
noch fortzeugen? wenn nicht, wann sie damit aufgehört haben, und wenn ja, ob dann ihre Zahl ins Endlose fortgesetzt
werde? Wenn die Götter so mächtig seien, warum dulden
sie, dass ihnen die Christen solchen Abbruch thun, welche
die schönsten Länder bewohnen? wenn die Göttergewalt eine
legitime ist, wie kann daneben das Christenthum solche siegreiche Fortschritte machen?[1] — Rettberg[2] stellt hierbei die
Frage: ob diese Vorschriften, obschon wohlgemeint, auch
praktisch gewesen seien? Man sollte meinen, es hätte kaum
andere zu jener Zeit geben können. Abgesehen von dem Erfolge,
der dafür spricht, zielen sie auf das sinnliche Moment des
Heidenthums, das sie ad absurdum zu führen beabsichtigen,
und hat das ganze Vorgehen seine psychologische Richtigkeit.

Durch diese oder vielleicht ungeachtet dieser milden Methode der älteren Väter wiederholte sich im christlichen Rom,
was einst im heidnischen geschehen war. Wie dieses einst
ein Pantheon aller Götterculte der überwundenen Völker dargestellt hatte, so verchristlichte jenes die ererbten heidnischen
Elemente. Heidnische Tempel wurden zu christlichen Kirchen
umgewandelt, wie das römische Pantheon erst im 7. Jahrhundert; der Apollotempel auf Monte-Casino durch den heiligen Benedictus in eine christliche Kapelle des heiligen Martinus; heidnische Naturfeste wurden in christliche umgesetzt,
so das Julfest zum Weihnachtsfest; hatte man im Heidenthum
auf das Gedächtniss oder Minne (Memoria) des Wuotan oder
der Freya getrunken, so trank man nach der Verchristlichung
auf Christi, der Maria, des Johannes, Gertrud's Minne. Das
immerwährende Feuer des griechischen Prytaneion und des
römischen Vestaheerdes wurde zum ewigen Lichte auf dem
Kirchenchore; Papst Leo der Grosse liess aus der Bildsäule

---

[1] Joh. Ad. Bambach brevis illustrat. ep. Danielis Vin. ad Bonifac.
[2] Kirchengesch. I, 408.

des Jupiter eine des heiligen Petrus machen, die Anna Perenna
wurde zur heiligen Anna Petronella, die heute noch in der
Campagna verehrt wird u. s. f.[1] Gleichwie man viele christliche Kirchen in Rom aus dem Material heidnischer Tempel
erbaute, so wurden ähnlicherweise Momente aus einem Gebiete des Glaubens auf dem andern verwendet. Die Wachs-
bilder im höllischen Apparate, die von den Dienern des christlichen Teufels verfertigt, durchstochen, verbrannt oder geschmolzen wurden, um ihre Originale zu schädigen, sind aus
dem heidnischen Opferwesen herübergenommen, wo sich der
Brauch eingestellt hatte, Thiere von Teig oder Wachs zu
formen und zum Opfer darzubringen.[2]

Das Heidnische wurde also und konnte nicht ausgerottet
werden trotz dem Eifer, der sich nachher gegen heidnische
Bräuche in Predigten und Concilienbeschlüssen erhob, trotz
Indiculus paganiarum und Abschwörungsformeln, kirchlichen
Massregeln und staatlichen Verordnungen. Trotz alledem
wurden die heidnischen Vorstellungen aus dem Glaubenskreise
der Bekehrten nicht ausgemerzt, sie verbargen sich unter
christlichen Formen, amalgamirten sich mit christlichen Anschauungen, und dieses Amalgama erfüllte den gläubigen Gesichtskreis. Ein schlagendes Beispiel von Vermengung des
Heidnischen mit Christlichem ist das von dem Dänenkönig
Suen Tueskiag[3], der bei einer Seefahrt nach England ein dreifaches Gelübde that, dem heidnischen Bragafull, dem Christus
und dem Michael zugleich; und das andere von einem Irländer
Ketil, der für gewöhnlich Christum anrief, in wichtigen Dingen
sich aber an Thôr wandte. Bei den Bretonen war noch lange
nach Einführung des Christenthums die Verehrung heiliger
Bäume und Druidencult üblich.[4] Bei den Böhmen waren
noch im 12. Jahrhundert Spuren vom altceltischen Baumcultus
vorhanden, wie bei den Wenden im Lüneburgischen. Es ist

---

[1] Vgl. die vielen Beispiele bei Grimm, Deutsche Mythologie (3. Aufl.),
XV, XXXI, XXXV, S. 57, 64, 157, 166, 173, 180, 194, 231, 242, 256, 267,
275, 279, 313, 337, 482, 581, 772, 899, 956 u. a. m.; Rettberg I, 326 u. a.;
Soldan, 244 u. a.; Gfrörer, IV, 1, S. 205 fg.; Schindler, 257; Beugnot, Hist.
de la destruction du paganisme en Occid., II, 266.

[2] Dio Cass. 68; Aen. 2, 116.

[3] Dahlmann, Gesch. v. Dänemark, bei Wachsmuth, Culturgesch., II, 92.

[4] Wachsmuth, Sittengesch., II, 466; III, 2, 126.

nicht zu verwundern, wenn die deutsche Wissenschaft bei
jedem Schritte im heutigen Volksleben in einer Menge von
Gebräuchen, Sprichwörtern, Kinderspielen, Liedern u. dgl. m.
Spuren heidnischer Vorzeit nachzuweisen im Stande ist, wenn
sie aus dem heiligen Florian und dem heiligen Ruprecht die
grossen germanischen Götter Donar und Wodan herausschälen
kann. Diese Erscheinung wird denjenigen nicht befremden,
der ihren Grund im psychischen Organismus sucht und findet.
Von diesem Gesichtspunkte dürfte auch die connivente Päda-
gogik Gregor's für zweckmässiger erachtet werden, als die
Strafdrohungen der kirchlichen Concilien und die strengen
Massregeln der staatlichen Behörden, wodurch Reactionen
hervorgerufen werden mussten, die dem Heidenthum inmitten
des Volkslebens nur mehr Zähigkeit verliehen.

Die Amalgamirung des heidnisch Nationalen mit dem
Christlichen ist auch in Bezug auf den sittlichen Inhalt des
Christenthums ersichtlich, der nach der Auffassung der Völker
in echt nationaler Färbung erscheint. Als Beispiel dienen die
Deutschen, deren grosse Empfänglichkeit für das Christenthum
zugleich den Grund dieser Erscheinung aufdeckt. J. Grimm
hat nachgewiesen, dass die Religion des deutschen Volks in
einem geordneten Götterglauben bestand, in dem sich die sittlichen Mächte, die es bewegte, persönlich ausprägten. Einen
bequemen Anhaltspunkt bot dem Christenthum die Treue,
womit das deutsche Volk der Gottheit sich verbunden wusste,
die Sitte, die überall auf Ordnung und Recht abzielte im
öffentlichen Leben, wie Keuschheit und eheliche Treue innerhalb der Familie; die sichere Hoffnung auf eine Fortdauer
nach dem Tode, und die damit verbundene Verzichtleistung
in Bezug auf das Irdische. In Muspilli[1] hat man auf die
nationalen Züge aufmerksam gemacht, die der christlichen
Predigt Verwandtes enthalten; man hat selbst die Zeichnung
einzelner Gottheiten als in die neue christliche Fassung leicht
hinübergehend gefunden; die Todesgöttin Helia als geeignet
für die christliche Unterwelt, Donar mit dem Hammer leicht
auf das Kreuzeszeichen zu beziehen. Die Dreiheit von Götter-

---

[1] Bruchstück einer althochdeutschen alliterirenden Dichtung vom
Ende der Welt, herausgeg. v. Schmeller.

personen, die Columban von den Alemannen verehrt fand[1],
ist von Grimm[2] als Wuotan, Donar und Zio erkannt worden,
die in der Abschwörungsformel als Thunar, Wodên und Saxnot
wiederkehren, und manche andere Züge boten für die Trini-
tätslehre Handhaben.[3] Viel bedeutsamer ist der Grundton
des germanischen Geistes, der mit dem christlichen Wesen
übereinstimmte, den christlichen Vorstellungen aber ein natio-
nales Gepräge aufdrückte. Den tiefsten Einblick in die germanische Auffassung des Christenthums unter echt nationalem
Gesichtspunkte, von dem aus das tief eingewurzelte Fidelitätsverhältniss der Vasallen zum Gefolgsherrn in seiner ganzen
Innigkeit auf die Beziehung des Gläubigen zu Christo übertragen ist, gewährt der „Hêliand" oder die altsächsische Evan-
gelienharmonie[4], womit die deutsche Sprache schon zu Anfang
des 9. Jahrhunderts ihre Messiade in altsächsischer Mundart
besass. Die evangelische Geschichte wird ohne Entstellung
durch die Legende in Stabreimen erzählt, der Inhalt aber,
vom Dichter durch die Individualität seines Volks hindurch-
gezogen, erhält das eigenthümliche Colorit desselben und
seiner Zeit. „Es ist das Christenthum im deutschen Gewande", wie Vilmar treffend bemerkt, „eingekleidet in die
Poesie und Sitte eines edeln deutschen Stammes — es ist
ein deutscher Christus."[5] Die ganze Geschichte Christi, seine
Thaten, sein Amt, selbst die Verhältnisse des jüdischen Volks,
der Apostel und aller übrigen Personen in der evangelischen
Erzählung werden mit deutschen Augen gefasst, deutsch empfunden und ebenso dargestellt. Aus dem Hintergrunde tönen
noch einzelne Nachklänge des entschwundenen Heidenthums
in die christliche Welt herüber, das Schicksal mit seiner unheimlichen, todbringenden Gewalt erscheint geradezu als Todesgöttin Norne. Bei der Beschreibung der Auferstehung Christi
fährt der Engel daher im Federgewande, in welchem Freya,
die Nornen, Wieland in den Mythen erscheinen, und zwar

---

[1] Vita St. Galli bei Pertz II, 7.
[2] Myth. I, 99.
[3] Hefele, Einführung des Christenthums im südwestl. Deutschland, I,
S. 124. Vgl. Rettberg, Kirchengeschichte, I, 246.
[4] Herausgegeben von Schmeller 1830.
[5] Deutsche Alterthümer im Hêliand von Dr. A. J. C. Vilmar.

naht er mit lautem Getöne, ein Zug, von den Walkyren entlehnt, wozu, wie Vilmar bemerkt, „der Text gar keine Veranlassung bot".[1] Der Teufel in der Versuchungsgeschichte
heisst der finstere „mirki", womit die Grauen des Waldes
bezeichnet werden; er ist der finstere, greuliche Schädiger,
„mirki menscado."[2] Sonst heisst der Teufel vorzugsweise „the
fiund"[3], der Feind auf Leben und Tod, oder „the letho", der
leidige, d. h. abgewiesene, untreu gewordene[4], „the gramo"
u. a. m.[5] Bei diesen Bezeichnungen, welche dem Teufel und seinem
Heere vom Dichter gegeben werden, die der alten Sagenpoesie
entlehnt sind, hebt Vilmar[6] den Ausdruck „the dernio",[7] „dernen
wihti"[8] hervor, der nach dessen gründlicher Forschung auf die
Bedeutung zurückgeführt wird: „verborgen, heimlich in der
Weise, dass es sich nicht an das Licht wagen darf, mit Tücke
versteckt; das verbum dernean, bidernean verbergen mit der
Absicht, Schaden zu thun." Vilmar[9] macht aufmerksam, wie
alle eigenthümlichen Verhältnisse ihre eigenthümlichen Bezeichnungen haben, so sei auch für das Brechen der Treue
gegen den Herrn und König, für das Abtrünnigwerden vom
Gefolge das Wort „suikan" vorhanden, dessen sich der Dichter
oft bedient; „bisuikan" als causativum heisst: zur Untreue verleiten. Dieses Wort, der Anschauungsweise des Dichters gemäss, ist das allein treffende für die vom Teufel an Adam
und Eva geübte Verführung, er verleitete sie zur Untreue
gegen Gott: „Untreue ist dem deutschen Herzen die Grund-
und Ursünde." Die ganze Geschichte ist auf deutschen Boden
verpflanzt, und überall schimmert die nationale Anschauung
durch. Die Darstellung setzt voraus, dass die ganze evangelische Geschichte bei den Deutschen ihren Verlauf gehabt
habe. Die Apostel erscheinen als deutsche Seefahrer, die
Hirten auf dem Felde, welchen die Geburt Christi verkündet

----

[1] S. 14.
[2] Hêliand S. 31, V. 24.
[3] 31. 20. 32.
[4] 33, 9.
[5] Vilm., S. 69.
[6] S. 6.
[7] S. 164, V. 19.
[8] S. 31, V. 20; S. 29, V. 3.
[9] S. 58.

wird, als Pferdeknechte, die bei Nacht die Rosse auf dem
Felde hüten. Maria heisst „die minnigliche Maid" (nach Simrock's Uebersetzung); die Weisen aus dem Morgenlande erscheinen als „Degen und Recken", auch Joseph als „Degen",
Maria und Martha aber als Edelfrauen und Pilatus als
Herzog. Bei der Beschreibung einzelner Scenen herrscht
deutsche Sitte. So erscheint die Hochzeit zu Kana [1] als echt
deutsches Trinkgelage. Bei der Gefangennehmung Jesu haut
Petrus mit dem deutschen Beile ein.[2] Da der an Schlachten
und Wunden gewöhnte Germane an letztern nichts Schreck-
haftes findet, so wird bei der Stelle Matth. 5, 27, die vom
Abhauen des Fusses und Ausreissen des Auges spricht, die
Forderung zur härtesten gespannt, die dem Germanen zugemuthet werden kann: lieber von seinem Freunde und Stammesgenossen zu lassen, also seine Sippe aufzugeben, als mit ihm
der Sünde zu folgen. [3] Dem Germanen war jedes andere
Verhältniss des Niedern zum Höhern ausser dem der Fidelität
unverständlich, demnach konnte er seine Beziehung zu Christus
auch nur als die des treuen Vasallen zum mächtigen Volks-
herrn denken. Als letzterer erscheint Christus, der auf seinem
Heereszuge gegen Teufel und Welt begriffen ist und die
Scharen seiner getreuen Dienstmannen um sich versammelt.
Der Zug geht von „Hierichoburg" aus, von allen Burgen
kommen die Vasallen ihrem lieben Herrn zum Dienste, von
dem sie dafür Lohn erwarten. Es ist nicht von Rom und
Bethlehem die Rede, sondern von „rumuburg" und „bethlehema-
burg". „Die ganze evangelische Geschichte erscheint als der
glorreiche Zug eines herrlichen Volkskönigs durch sein Land,
um zu rathen und zu richten."[4] Die Berufung der Apostel
ist folgendermassen geschildert: Der Herr nennt die zwölf,
die ihm als die treuesten Mannen näher gehen sollen, bei
Namen, und nachdem er seinen abgesonderten Königssitz eingenommen, gehen sie mit ihm zu „rûne", zur geheimen Be-
sprechung, um den Kriegszug gemeinschaftlich zu berathen,
der für das ganze Menschengeschlecht mit dem bösen Feind

---

[1] S. 60, V. 20.
[2] S. 148, V. 22.
[3] Hêliand, S. 44, V. 22.
[4] Vilmar, a. a. O., S. 37.

unternommen werden soll. Wie die Berufung der Apostel die Form einer Berathung erhält, so ist die Bergpredigt ein grosser Volkstag, eine Berathung vor dem ganzen Volke, wo der Volkskönig an die Seinen eine Anrede richtet. Das Heer lagert sich, die zwölf Apostel als seine treubewährten Helden in seiner nächsten Umgebung, die übrigen Mannen in weitern Kreisen.[1] Christus ist der Heilende (Hêliand), der Rettende (Neriand), Gottes eigen Kind, er verleiht seinen Mannen den Sieg und einst auf den Auen (Wangen) des Himmels den Lohn für ihre treue Dienstleistung. Der deutsche Dienstmann sieht seinen höchsten Ruhm, treu zu seinem Herrn zu halten, ihm zu Ehren zu sterben.[2] Wie es keinen grössern Fehler gibt als zu zagen und zu zweifeln, so erwächst alle Kraft allein aus dem Glauben.[3] Der innerste Kern der evangelischen Predigt, dass der Mensch vor Gott gerecht wird durch die Hingabe seines ganzen Sinnes an den Heiland, trifft mit der hingebenden Treue, die das altsächsische Epos auf sein Gefolge überträgt, zusammen, und in dem sittlichen Verhältniss der gegenseitigen Treue zwischen Vasallen und Gefolgsherrn, auf dem die germanische Welt fusste, liegt der Gleichheitspunkt, von dem aus die christliche Heilslehre dem Germanen verständlich wurde.

Es ist hier nicht die Aufgabe, den Teufel einer Analyse zu unterziehen und die Abstammung der einzelnen Züge an seiner Figur aus dem Heidenthum nachzuweisen. Abgesehen davon, dass dies von andern, namentlich den Germanisten in Bezug auf den deutschen Teufel geschehen ist, dass ferner bei den im ersten Abschnitt angeführten dualistischen religiösen Anschauungen der Griechen, Römer und der eingewanderten germanischen und slawischen Volksstämme die übelthätigen, bösen Wesen im Hinblick auf den Teufel hervorgehoben worden sind; sollte hier nur darauf hingedeutet werden: wie durch die Herabdrückungsmethode der Kirchenlehrer des heidnischen Götterglaubens eine Menge Materials der Ausstattung des christlichen Teufels zugute kam, wie bei der Accommodationstheorie der Heidenbekehrer der an sich

---

[1] S. 38, V. 11.
[2] S. 122, V. 5; Vilm., S. 57.
[3] S. 28, V. 21; S. 90, V. 22; Vilm., S. 58.

natürliche Amalgamirungsprocess gefördert wurde, wobei die
mythologischen Elemente der vorhandenen und eingewanderten
Völker nach deren Bekehrung zum Christenthum mit der
Vorstellung vom Teufel verschmolzen. Von diesem Gesichtspunkte ist die Herabdrückungsmethode der Kirchenlehrer
als einer der Factoren zu betrachten, welche den Amalgamirungsprocess verschiedener Elemente mit sich bringen
musste und dadurch der Ausbildung des Teufelsglaubens unmittelbar förderlich war. Hiermit erklärt sich zugleich die
Erscheinung, dass der Teufel nach der Bekehrung der eingewanderten Völker sinnlich wahrnehmbarer, handgreiflicher
auftritt als in der neutestamentlichen Zeit.

---

3. Geschichtliche Verhältnisse.

Zeitgenössische Zeugen aus dreizehn Jahrhunderten, die
grossentheils selbst gesprochen, bestätigten uns die Thatsache: dass die Vorstellung vom Teufel immer mehr ausgebildet, verbreitet, in den Gemüthern befestigt ward und im
13. und 14. Jahrhundert den obersten Höhepunkt erreichte.
Bei der Voraussetzung eines jeder Erscheinung unterliegenden
Grundes wird sich dem Betrachter einer so merkwürdigen
geschichtlichen Erscheinung die Frage aufdrängen: welchen
Mächten der Teufelsglaube seine Entwickelung, Verbreitung
und Steigerung verdankte, welche Factoren es waren, wodurch
die Teufelsperiode vorbereitet und um jene Zeit zu Stande
gebracht ward? Der Versuch, eine geschichtliche Thatsache
zu erklären, ist durch die Natur einer solchen Erscheinung
bedingt und hat diese, als etwas Gewordenes, in ihrem Werden zu beobachten, um die Hebel kennen zu lernen und von
verschiedenen Seiten und zu verschiedenen Zeiten eingreifen
zu sehen. Wie die Vorstellung von einem bösen Wesen dem
religiösen Glaubenskreise überhaupt angehört, der christlich-
kirchliche Teufel seine dogmatische Ausbildung und Fest-
stellung den christlichen Kirchenlehrern der ersten Jahrhunderte verdankt, so muss der mittelalterliche, specifische Teufel,
nach dem wir seine Periode bezeichnen, zu allernächst nach

der mittelalterlichen Kirche hinlenken. Sein Dasein und die
Zunahme seiner Herrschaft in den Gemüthern geht mit der
Entwickelung der Kirche als Macht parallel und ist sowol
unmittelbar als auch, und zwar vornehmlich mittelbar durch
diese bedingt. Auf welche Weise die Existenz des Teufels
unmittelbar durch die Ueberlieferung der kirchlichen, positiven
Lehre erhalten und gepflegt wurde, hat der vorhergehende
Abschnitt gezeigt. Wie die Kirche des Mittelalters den Glauben an den Teufel mittelbar förderte dadurch, dass sie jeden
seinem Gedeihen hinderlichen oder sein Dasein gefährdenden
Einfluss durch ihre grosse Macht fern hielt, dies zu vergegenwärtigen ist die Aufgabe dieses Abschnitts, und es bedarf zunächst eines Blicks auf die Entwickelung der Kirche
als Macht.

Entwickelung der Kirche als Macht gegenüber dem Staate.

Zur Zeit der Völkerwanderung war in Europa ein wüstes
Durcheinander, gleich der furchtbaren Masslosigkeit in den
Königshäusern von damals, die ihre Periode durch Härte und
Grausamkeit kennzeichnet. Es war ein wirres Chaos, aus
dem sich erst nach langen Wehen eine neue Welt heraus-
gebären sollte. Die classische Bildung, die römische Civilisation, welche in den Städten ihre Zuflucht gesucht und hier und
da gefunden hatte, ward von den hochgehenden Wogen der
damaligen Kampfzeit weit überflutet, und es bedurfte einer
Reihe von Jahrhunderten, bis sie wieder Wurzel fasste und
ihre Früchte den Erobererstämmen zugute kommen konnten.
In den Ländern, die früher ein Theil des Römischen Reichs,
nun den Barbaren unterworfen, begann die Gestaltung neuer
Staaten, wobei die christliche Kirche wesentlich mithalf. Man
sagt gewöhnlich: die christliche Kirche habe als Bewahrerin
der religiösen, sittlichen Lehren und der Wissenschaften die
Barbaren zu bändigen vermocht; es ist aber Thatsache, die
leicht zu erklären, dass das Christenthum von den Heiden
zunächst meistens seiner äussern Erscheinung nach erfasst
wurde und wol kaum anders erfasst werden konnte. Aeusserliches Bekenntniss, Taufe, Verehrung des Kreuzes, Sonntags-
feier wurden gewöhnlich nur auf das Heidenthum gepfropft,

2 *

das die Gemüther der Bekehrten noch erfüllte. Viele Volksstämme wurden der christlichen Kirche gewaltsam zugeführt,
entweder durch Eroberungen, als die durch Karl den Grossen,
Otto I., Bernhard von Sachsen, Heinrich den Löwen, Waldemar von Dänemark; oder selbst durch Dragonaden, wovon
Miesko von Polen, Boleslaw I. als Beispiele dienen. Aber
trotzdem bleibt es wahr, dass die eigentliche Geschichte der
neuen Staaten erst mit der Einführung des Christenthums
beginnt. Hierbei ist es jedoch wieder einseitig, nur das po-
sitiv bildende Moment des Christenthums im Auge zu haben,
als: Erhebung der neuen Reiche zur idealen Einheit, Förderung des Ackerbaues und gewerblichen Fleisses, Unterricht
in den Sprachen des Alterthums und dadurch die Eröffnung
der Bahn, auf welcher Cultur und Wissenschaft fortschreiten
konnten, u. dgl. m. Von nicht geringerer Bedeutung ist das
negative Moment, wodurch die Kirche des Mittelalters auf
die europäische Staatenbildung sollicitirend einwirkte, nämlich
durch ihr eigenes Streben, ein grossartiges System äusserer
Macht zu verwirklichen, das von Gregor I. vorgezeichnet,
von den Päpsten Gregor VII. und Innocenz III. ausgeführt
wurde. Indem die Kirche als äussere Anstalt nach äusserer
Macht strebt und diese auch erlangt, geräth sie in Gegensatz
zur staatlichen, weltlichen Macht. In diesem Gegensatze entfaltet sich zwar das angeblich vom Papstthum selbst auf das
Abendland übertragene Kaiserthum, aber dieses dient auch
wieder der Kirche ihre Machtstellung zu entwickeln. Hier-
mit wird zugleich die Wesensbedeutung der Kirche verändert.
Denn während sie, ihrer eigentlichen Bestimmung nach, das
Geistige, Heilige verwalten und vertreten sollte, versenkt sie
sich in die weltlichen Interessen und verliert im Verlaufe des
Mittelalters ihren ursprünglichen, ihr allein angemessenen
Boden. Erst nachdem die Kirche unter Innocenz III. den
Gipfel ihrer Machtstellung erreicht hat, wird das staatliche
Princip im Bewusstsein der Völker allmählich wach, um
durch lange Kämpfe zu erstarken.

Der Entwickelungsgang der kirchlichen Macht gegenüber
der staatlichen ist der Hauptgegenstand der mittelalterlichen
Geschichte und kennzeichnet sich dadurch: dass die Kirche
verweltlicht, die weltlichen Dinge dagegen ein kirchlich-theologistisches Gepräge erhalten.

Die römische Kirche gewann ihr weitläufiges Gebiet durch die Heidenbekehrungen, die grösstentheils von ihr ausgingen. Schon im 4. und 5. Jahrhundert hatte sie die Germanen an sich gezogen, im 6. Jahrhundert verbreitete sie das Christenthum in England, im 7. und 8. in Deutschland, im 10. in Polen und Ungarn, die skandinavischen Germanen brachte sie um das Jahr 1000 unter das Kreuz.

Die griechische Kirche, die zwar weniger theil an der Heidenbekehrung zu nehmen schien, war doch nicht ohne Eifer in Bezug auf die Slawen, die zur Zeit des Kaisers Heraclius in Serbien ihren Sitz genommen hatten, und die seit dem 7. Jahrhundert in den Peloponnes eingewandert waren, bei welchen auch die griechische Sprache Eingang fand. Die Bulgaren traten 860 in die griechische Kirche, die zwei Slawenapostel Cyrill und Method verkündeten 860 in Mähren das griechische Christenthum; dasselbe ward aber dann durch das römische von Salzburg aus verdrängt, wie auch das Cyrill'sche Alphabet der glagolitischen Schrift hatte weichen müssen. Die Magyaren hatten einige Zeit zwischen griechischer und römischer Kirche geschwankt, bis sie letzterer den Vorrang gaben. Die bedeutendste Eroberung machte die griechische Kirche an den Russen um 988.

Günstige Zeitverhältnisse, die jede sich gestaltende Daseinsform bedingen, kamen der sich bildenden päpstlichen Machtstellung zu Hülfe.

Die Streitigkeiten des 7. und 8. Jahrhunderts zwischen der orientalischen und occidentalischen Kirche boten den römischen Bischöfen die beste Gelegenheit, sich immer mehr Selbstständigkeit zu verschaffen, und die politischen Verhältnisse Italiens waren behülflich, das Abhängigkeitsverhältniss zwischen Rom und Konstantinopel, also zwischen dem römischen Papstthum und dem Kaiserthum, immer mehr zu lösen.

Das fränkische Reich, selbst erst im Gestalten begriffen, suchte und fand an der römischen Hierarchie eine gewünschte Stütze, und es gingen politische Macht und hierarchische Macht, sich gegenseitig tragend, zur Erreichung ihrer Zwecke eine Strecke lang Arm in Arm. Die Franken wurden zu Gunsten der Karolinger vom Papste des Gehorsams und der Unterthanstreue entbunden und dem neuen Königsgeschlecht ward die

geistliche Weihe ertheilt, der Papst erhielt dafür nach den
Feldzügen Pipin's (754, 755) gegen die Longobarden einen
grossen Theil des eroberten Landes, die Romagna. Pipin
empfing vom Papste den Titel eines Patricius von Rom, den
Karl der Grosse nach der Aufhebung des Longobardenreichs
übernahm. Hadrian I. begrüsst Karl den Grossen (777) als
einen neuen Konstantin, und Karl lässt sich (800) vom Papste
Leo III. die weströmische Kaiserkrone aufsetzen, empfängt
hiermit die höchste weltliche Macht aus päpstlicher Hand.
Der vom römischen Klerus, Adel und Volk auf den heiligen
Stuhl erhobene Papst erhält nach Angelobung der Treue die
kaiserliche Bestätigung. Papst und Kaiser wirken in dieser
Weise wechselseitig aufeinander, und eine Macht wird durch
die andere gehoben. Indem aber eine der andern als Hebel
dient, um eigentlich nur den eigenen Zweck zu erreichen,
kommen die mit- und ineinander wirkenden Mächte in Conflict, um gegeneinander thätig zu sein.

Nicolaus I. (855—58) wird von dem Abte Regino in
dessen Chronik [1] schon gerühmt, dass er Könige und Tyrannen bezähmt und wie ein oberster Gebieter beherrscht habe,
da er den König Lothar und zwei Erzbischöfe von Köln
unter seine päpstliche Macht gebeugt. Weniger glücklich ist
Hadrian II. (867—72), und wenn Johann VIII. (872—82)
noch die kaiserliche Gunst geniesst infolge der verliehenen
Kaiserkrone an Karl den Kahlen, so bricht doch nach dem
Absterben des Karolingischen Kaiserhauses eine schwere Zeit
für das Papstthum herein. Adeliche Familien, seit dem Anfange des 10. Jahrhunderts in Rom herrschend, handhaben
auch den Stuhl Petri, auf dem während dieses von den Geschichtschreibern mit unsauberm Namen belegten Zeitraums
ein schneller Wechsel aufeinanderfolgt. Dabei müssen die
meisten Päpste mit ihrem Sitze auch das Leben auf gewaltsame Weise verlassen, um irgendeinem Günstling Platz zu
machen. Johann XII. (956—63), mit 18 Jahren Papst geworden, vor seiner Besteigung Octavianus genannt, ruft gegen
die immer weitergreifende Macht der Adelsfamilie der Tus-
culer den deutschen König zu Hülfe, den er salbt und krönt
(962); wird aber das Jahr darauf entsetzt und an seiner

---

[1] Pertz, Mon., I, 578.

Statt Leo VIII. mit der Tiara geschmückt. Dem herrschen-
den Streite der Parteien fällt noch eine ganze Reihe von
Päpsten zum Opfer, bis die kaiserliche Macht dem Papste
Gregor V. (977—99) zu Hülfe kommt, um das päpstliche
Regiment wiederherzustellen. Nach Gregor V. hilft Kaiser
Otto III. seinem Lehrer Gerbert auf den heiligen Stuhl, den
er als Sylvester II. (999—1003) einnimmt. Aber nicht
lange leben Papstthum und Kaiserthum in Einheit, denn nach
dem frühen Tode Otto's III. (1002), dem ein Jahr darauf der
Sylvesters folgt, haben die Grafen von Tusculum mit der Herrschaft über Rom auch das Papstthum wieder in Händen.
Unter den von den Tusculern eingesetzten Päpsten wird Benedict VIII. (1012—24) als einer der ersten Reformatoren hervorgehoben, weil er gegen die Priesterehe und den Kauf
geistlicher Würden auftrat. [1] Sein Bestreben, die Kirche zu
reformiren, geschah in Gemeinschaft mit dem von ihm gekrönten Kaiser Heinrich II., den die mittelalterliche Kirche
unter die Heiligen verzeichnete. Unter Benedict IX. (1033
—46), der als kaum 12jähriger Knabe von den Tusculern auf
den päpstlichen Stuhl gehoben ward, sank das Papstthum in
den tiefsten Sumpf, aus dem das Unkraut der Zucht- und
Sittenlosigkeit üppig hervorwucherte. Victor bezeugt, dass Benedict den päpstlichen Stuhl gegen eine grosse Summe Geldes
an Gregor VI. überliess. [2] Und wieder war es die weltliche
Macht des Kaiserthums, die dem Papstthum aus der Versunkenheit emporhalf, es auf die Beine brachte, damit es seinen Weg fortsetze. Das Verhältniss zwischen Papst und
Kaiser, wie es unter den Ottonen und noch unter Heinrich III.
(1039—56) stattfand, machte es möglich, dass letzterer bei
der allgemein für nothwendig erachteten Reform der Kirche
mithelfen mochte. Denn der Kaiser, dem der Papst den Eid
der Treue zu leisten hatte, war als Patricius von Rom dessen
Schirmvogt, hatte die höchste Gerichtsbarkeit, leitete die
Papstwahl und bestätigte die Besitzungen der Kirche. [3] Von
der Synode zu Sutri (1046), auf welcher Heinrich III. drei

---

[1] Auf dem Concil zu Pavia 1018 oder 1022. Mansi XIX, 343; Mon.
serm. leg., II, 561.
[2] Bibl. patr. max., XVIII, 853.
[3] Damiani lib. Gratissimus, c. 46.

nebeneinander sitzende Päpste (Benedict IX., Sylvester III.,
Gregor VI.) absetzte und hiermit das Schisma beilegte, beginnen die Reformbestrebungen, wodurch die folgende Geschichte ein reformatorisches Gepräge erhält. Simonie und
Sittenlosigkeit des Klerus sind die Grundübel, die geheilt
werden sollen. Der Mönch Hildebrand, welcher den Papst
Leo IX. nach Rom begleitet hatte, leitete von da ab das
Papstthum, bis er selbst den Heiligen Stuhl einnahm. Ausser
dem mönchischen Geiste, den er zu fördern suchte, war sein
Hauptziel: absolute Unabhängigkeit der Kirche von
der weltlichen Macht. Dieser strebte er nach, und zu
ihrer Erreichung hatte er ein folgerichtiges System entworfen.
In diesem Sinne handelte Nicolaus II. (1058—61) durch sein
Decret (1059), die Papstwahl betreffend, wonach das Wahlrecht ausschliesslich der Kirche, d. h. dem Klerus zugesprochen, das Papstthum also sowol von den aristokratischen
Parteien als auch vom Kaiser für unabhängig erklärt ward.
Bei der nächsten Papstwahl, die auf Alexander II. (1061
—73) fiel, wird der Grundsatz schon angewandt, indem das
Recht des Kaisers dabei ganz unberücksichtigt bleibt. Hildebrand, als Leiter der Wahl, erfreut sich seines ersten Siegs
über die weltliche Macht, da der von kaiserlicher Seite aufgestellte Gegenpapst (Honorius II.) sich zu halten nicht
vermag.

Der zweite bedeutsame Regierungsact des Papstes Nico-
laus II. betrifft das Lehnsverhältniss der Normannen, wodurch
diese die lehnseidliche Verpflichtung zur Unterstützung des
Papstthums übernehmen. Das Papstthum hatte dadurch eine
Macht für sich gewonnen, der es sich bei voraussichtlichen
Conflicten mit der weltlichen Macht bedienen konnte.

Die Besteigung des päpstlichen Stuhls durch den Cardinal Hildebrand (1073) ist epochemachend; nach ihr datirt
die Geschichte der Päpste eine ganze Periode, in der er
gleich einem gegossenen Standbilde dasteht, während er ringsum die gewaltigste Erschütterung hervorbringt. Mit klarem
Bewusstsein über die Aufgabe, die er sich gestellt, arbeitet
er unermüdlich an ihrer Lösung: die Kirche frei zu machen
von den „fleischlichen und weltlichen Banden", in welche sie
durch das „crimen fornicationis", und die „haeresis simoniaca"
gerathen war. Auf der römischen Fastensynode (1074) wird

daher die als „fornicatio" bezeichnete Priesterehe aufgehoben, im Jahre 1075 auf der Fastensynode die Excommunication über die Simonia ausgesprochen. Unter dieser ist aber nicht sowol der alte Misbrauch gemeint, als vielmehr: dass überhaupt kein Geistlicher von einem Laien etwas Geistliches annehmen dürfe, d. h. Abschaffung der Laieninvestitur. Hiermit hatte Gregor VII. der weltlichen Macht, die ihr altes Recht nicht aufgeben konnte, in kühner Weise den Handschuh hingeworfen, und der Kampf wurde zwischen Gregor und Heinrich IV. um so erbitterter geführt, als der strafende Ton des Papstes auf einen schroffen Charakter stiess, der die päpstliche Excommunication mit einem kaiserlichen Absetzungsurtheil erwiderte. Zu der kläglichen Rolle, die Heinrich IV. nicht ohne eigene Schuld zu Canossa spielen musste, lieferte zwar der traurige Abzug Gregor's VII. aus dem verwüsteten Rom ins Exil nach Salerno ein entsprechendes Seitenstück, und wenn dieser unter Flüchen gegen Heinrich IV. sein Leben schloss mit dem Troste: dass er in der Verbannung sterbe (1085), weil er Gerechtigkeit geliebt und Ungerechtigkeit gehasst habe, so war das dramatische Gleichgewicht einigermassen hergestellt; allein der dramatische Knoten wurde zu einer Pandorabüchse, aus welcher der Zwist, der sich zum Parteikampf erweiterte, seine Greuel über Deutschland und Italien ausstreute und alle politischen, kirchlichen und socialen Verhältnisse überwucherte und erstickte.

Kein Leser der Geschichte Gregor's wird der Festigkeit seines Willens die Bewunderung versagen; aber nicht jeder wird beim Hinblick auf sein Streben und Wirken sich begeistert fühlen, denn man vermisst darin den weltversöhnenden, menschlichen Zug, welcher geschichtlichen Personen den Eingang in die Menschenherzen verschafft. Die Bedeutsamkeit Gregor's bringt es mit sich, dass voneinander abweichende Urtheile über ihn laut geworden sind. Anhänger der römischen und protestantischen Schriftsteller [1] haben die gutgemeinte Absicht desselben, die Menschen zu bessern, gegen die Angriffe seiner Gegner zu vertheidigen gesucht. Das Urtheil ist bedingt durch den Masstab, der angelegt wird. Gregor,

---

[1] Vgl. Gieseler, II, 2, L. 8 fg.; Neander, 5, 1. 8; Floto, Kais. Heinrich IV., II, 134 u. a.

in dem sich der Zug seiner Zeit verkörpert, der seinen Ausgangspunkt in der Kirche hat, muss mit dem Masstabe seiner Zeit gemessen werden. Die Kirche und ihre Herrschaft war für Gregor der absolute Zweck, wie Baur [1] treffend bemerkt, „der Zweck, die Menschen zu bessern, hatte für ihn keinen Sinn, wenn es nicht durch die Kirche und im Interesse der Kirche geschah. Was liegt daran, wenn über solchen Planen Länder und Völker zu Grunde gehen, wofern nur die Kirche siegt und die Idee ihrer Herrschaft realisirt". Alle Handlungen Gregor's finden unter diesem Gesichtspunkte ihre Erklärung. Da Gregor in der Kirche die absolute, allein berechtigte Macht auf Erden und im Papste den Inhaber dieser Macht erblickte, so dachte er jede andere Macht und Würde im Lehnsverhältnisse zum Heiligen Stuhle. Der Kaiser sollte der Vasall des heiligen Petrus sein, und die Metropoliten mussten dem Papste einen eigentlichen Vasalleneid leisten.

Trotz der mislichen Lage, in der sich das Papstthum nach Gregor's Tode befand, war der von ihm angefachte ascetische Geist nicht erloschen. In einer auf der Kirchenversammlung zu Clermont (1095) von Urban II. gehaltenen Rede für den Kreuzzug fand die allgemeine Begeisterung für diese Unternehmung ihren Ausdruck. Der Gegenpapst in Rom, Clemens III., wurde von den Kreuzfahrern verjagt, und das öffentliche Interesse zog nach dem gelobten Lande.

Heinrich V. erbte den Investiturstreit von dem Vierten seines Namens. Urban II. (1088—99) hatte zu Melfi (1090) und zu Clermont den traditionellen Grundsatz seiner Vorgänger aufrecht gehalten. Heinrich V. leistete bei seiner Kaiserkrönung (1111) dem Papste Paschalis II. (1099—1118) den Vasalleneid. Derselbe Heinrich V., dessen treulose Empörung gegen seinen Vater Heinrich IV. die Kirche einst freudig unterstützt hatte, führte nun einen kühnen Streich gegen Paschalis, den er mit bewaffneter Hand gefangen nahm und so der Kirche eine Schmach anthat, wie sie einst sein Vater von Gregor VII. zu Canossa erlitten hatte. „Das Unmass von Canossa fand sein Widerspiel in Rom." [2]

---

[1] Geschichte der Kirche im Mittelalter, S. 204, Note.
[2] Gregorovius, Geschichte der Stadt Rom im Mittelalter, IV, 329.

Nachdem der Streit funfzig Jahre hindurch mit grosser Erbitterung geführt worden war, verlief er sich scheinbar im Sande, und beide Mächte schienen am Ende auf demselben Punkte zu stehen, von dem sie ausgegangen waren. Im Grunde hatten sie aber doch etwas Wesentliches gewonnen, nämlich: dass beide Mächte zu mehr Klarheit über ihre Stellung gelangt waren. Die kirchliche Macht gewann die Ueberzeugung, dass sie weltlichen Besitz brauche und von dieser Seite von der weltlichen Macht abhänge; die weltliche Macht kam zu der Einsicht, dass sie der Kirche nur Weltliches verleihe, wenn sie dieselbe mit weltlichen Gütern belehne. In Frankreich und England war die Ansicht, dass die weltlichen Fürsten nichts Geistliches verleihen, sondern nur mit weltlichen Gütern belehnen, schon früher zur Geltung gelangt: in Frankreich durch den Bischof Ivo von Chartres 1099 ausgesprochen, in England seit 1106; in Deutschland aber erst durch das Wormser Concordat (1122). Darin ward zwischen Heinrich V. und Calixt II. festgesetzt: dass der erwählte Geistliche vom Kaiser die Regalien erhalte und dafür von Rechts wegen das Schuldige zu leisten habe.

Mit diesem Documente war also der Principienstreit, der ein halbes Jahrhundert lang gewüthet hatte, abgeschlossen; es ist aber unzulänglich, im wormser Concordate das alleinige Resultat des Investiturstreits erkennen zu wollen. Denn während dieses ward der menschliche Geist aufgerüttelt, hiermit auch die Liebe zum classischen Alterthum erweckt, die Gemeindefreiheit hatte angefangen flügge zu werden, und es bereitete sich eine menschlichere Form für die bürgerliche Gesellschaft, aus welcher sich später eine dritte Macht, die des Bürgerthums, entwickeln sollte. Wie stets in geschichtlichen Kämpfen traf auch hier ein, dass der ursprüngliche Gegenstand des Streites ausgenutzt und zur Unterlage wurde für ein neues und zwar höheres Gebilde.

Es gab noch immer einen Gegensatz, in dem Papstthum und Kaiserthum zueinander standen und aneinander sich entwickelten. Die Bedeutung des Gegensatzes änderte sich aber im Kampfe des Papstthums mit den Hohenstaufen, wo der Streit nicht mehr, wie in der Investiturangelegenheit, um die grössere Berechtigung geführt wurde, sondern wo das Papstthum als geistliche Macht dem Kaiserthum als weltlicher Macht sich gegenüberstellte. Es ist nunmehr ein Sichmessen **zweier Mächte**, daher der Kampf auch einen ganz weltlichen Charakter hat, obschon die eine der beiden Mächte von geistlichen Waffen dabei Gebrauch macht.

Der Zankapfel war das Reich der Normannen in Unteritalien und Sicilien, welches die Päpste längst als sichern Hinterhalt gegen die herandrängende Macht der Deutschen betrachtet hatten, daher auch bemüht waren, die normannischen Herrscher lehnseidlich dem päpstlichen Stuhle zu verbinden. Sie vermochten aber nicht, den Ehebund zwischen Heinrich, dem Sohne Friedrich's I., mit der Erbin des Normannenreichs, Constantia, zu verhindern; trotz aller Vorsicht kam er im Jahre 1186 zu Stande, und Heinrich VI. trat in Besitz des angeerbten Reichs. Das Jahr darauf starb aber schon der kaum 32jährige Kaiser.

Um dieselbe Zeit hatte Innocenz III. den päpstlichen Stuhl bestiegen (1198—1216), und dieser Mann war berufen, die päpstliche Macht auf den höchsten Gipfel zu erheben und das von Gregor VII. entworfene System auszuführen. Ihm gelang es, die päpstliche Macht über ganz Mittelitalien auszudehnen, die deutschen Machthaber zu verdrängen und die weltliche Macht unter die geistliche zu bringen. Es war keine Phrase, sondern die volle Wirklichkeit, wenn Innocenz III. in einem seiner Briefe sagte: „Aber es ist die Hand des Herrn, welche Uns aus dem Staube auf jenen Thron erhoben hat, auf welchem Wir nicht nur mit den Fürsten, sondern über die Fürsten zu Gericht sitzen." [1] Diesem Grundsatz von der päpstlichen Amtsverwaltung gemäss hatte er das Ziel erreicht und sein Ideal zur vollen Wirklichkeit gebracht.

Unter der Regierung dieses Papstes entfaltet sich das grossartigste Bild der päpstlichen Hoheit im glanzvollsten Schimmer. Am vierten lateranischen Concil (1215) hatte der Papst zwei Wünsche geäussert, die ihm besonders am Herzen lagen: die Eroberung des Gelobten Landes und die Reformation der allgemeinen Kirche. Beide sah er nicht in Erfüllung gehen. Wol hatte Friedrich II. bei seiner Krönung in Aachen (1215) dem Papste Innocenz, im Interesse der

[1] Hurter, Innocenz III., I, 114.

Kirche, das dieser zu bewahren wusste, nebst dem Gelübde
eines Kreuzzugs auch das Versprechen leisten müssen: seinem
Sohne Heinrich das Königreich Sicilien als Lehn der römischen Kirche zu vermachen; dieses Versprechen würde aber
vom Kaiser nicht erfüllt, und ungeachtet des über Friedrich
ausgesprochenen Banns unternahm dieser den Kreuzzug erst
nach dem Tode des Papstes Innocenz III. (1216). Im Jahre
1228 eroberte zwar Friedrich Jerusalem, ward aber doch des
Bannes nicht ledig. Nun findet 1230 eine Versöhnung der
beiden Mächte statt, und der Papst Gregor IX. und Friedrich II.
schliessen Frieden; allein schon 1239 wird letzterer wieder in
den Bann gelegt, und sein Gegner steht mit dem alten unversöhnlichen Hasse ihm gegenüber. Bei der Gelegenheit eröffnen beide angesichts ihrer Mitwelt ein Kreuzfeuer, wobei
die gehässigsten Schimpfnamen wechselseitig abgedrückt werden. 1250 stirbt Friedrich II. zwar nicht im vollen Siege,
aber doch unbesiegt.

Im Kampfe der Päpste mit den Hohenstaufen hatten es
jene mit den Ersten ihrer Zeit sowol an äusserer Macht, als
auch an geistiger Kraft und Festigkeit des Charakters zu
thun. Die Hohenstaufen wurden von der öffentlichen Meinung getragen, und diese hatte angefangen, sich auf die Seite
der Staatsmacht zu neigen, gegenüber der Herrschaft des
Papstthums. In diesem Kampfe auf Leben und Tod, der,
von rein weltlichen Motiven ausgegangen, zu einem rein weltlichen Kriege geworden war, hatte das Papstthum von Neapel
her empfindliche Schläge erhalten, und es fing bereits an,
wenn auch zunächst unmerklich, von der Höhe seiner äussern
Machtstellung herabzusinken.

Nach dem Untergange der Hohenstaufen nimmt Frankreich die Führerstelle ein. Auf die Bulle „Clericis laicos"
vom Jahre 1296, womit Bonifacius VIII. den alten Streit
über die unbedingte Unterordnung der staatlichen Gewalt
unter die kirchliche im päpstlichen Sinne entschieden zu haben glaubte, antwortete Philipp IV. der Schöne (1285—1314),
König von Frankreich, damit: dass die Kirche nicht blos aus
Klerikern, sondern auch aus Laien bestehe, unter gleichem
Antheile an dem Heile, das Christus erworben. Diese Anschauung wurde 1302 durch die Nationalversammlung, wozu
die drei Stände von Philipp berufen wurden, zur Geltung ge-

bracht. Hiermit war das Bewusstsein über die Bedeutung des Staats deutlich ausgesprochen, und dieser trat von nun an als selbständige Macht in die Geschichte ein. Philipp gebrauchte überdies noch ein Mittel gegen die Gewalt des Papstthums: die Appellation an eine allgemeine Kirchenversammlung. Die Gefangennehmung des Papstes zu Anagni mag immerhin ein Act persönlicher Rache gewesen sein, für das Papstthum ist sie jedenfalls als eine Niederlage zu betrachten. Dieselbe Macht, welche vom Papstthum gegen die Hohenstaufen herbeigerufen, deren Träger Karl von Anjou es mit Sicilien und Neapel belehnt hatte, war in Rom eingedrungen, bemächtigte sich nach Benedict's XI. Tode (1305) der kirchlichen Gewalt, um diese während des Exils der Päpste in Avignon zu eigenen Zwecken auszunutzen. So diente das Papstthum bis 1370 stets fremden Interessen.

In diesem Zustande der Abhängigkeit von Frankreich erhob das Papstthum wieder sein Haupt und seine Ansprüche bei dem Streite zwischen Ludwig von Baiern und Friedrich von Oesterreich um die Königswahl. Ludwig wird von Johann XXII. excommunicirt, weil er die päpstliche Bestätigung neben der Wahl für unnöthig erachtet, und stirbt 1347 als der letzte mit dem päpstlichen Bannfluche belastete deutsche Kaiser, nachdem er wiederholt vor der päpstlichen Macht sich gedemüthigt hat. Seine päpstlichen Gegner Johann XXII., Benedict XII. und Clemens VI. blieben unversöhnlich, und der König von Frankreich suchte die Verwirrung in dem unter dem Interdicte daniederliegenden Deutschland für seine Zwecke auszubeuten. Urban V. nahm zuerst (1367) seinen Sitz wieder in Rom, und als Gregor XI. im Jahre 1378 starb, entspann sich ein Streit über die Papstwahl, infolge dessen dem Schosse der Kirche zwei Häupter entwuchsen. Die Kirche erlitt dadurch einen Riss und ward zwischen zwei Päpste gestellt, wovon der eine in Rom, der andere in Avignon sich gegenseitig mit dem Bannfluche belegten.

Das Verlangen nach einem allgemeinen Concil bemächtigte sich des Zeitbewusstseins, und die Sehnsucht nach einer Reformation der Kirche an Haupt und Gliedern erfüllte die Gemüther. Auf den grossen Reformationssynoden zu Konstanz und Basel bildete sich eine neue kirchenrechtliche Anschauung, deren Hauptvertreter, der Kanzler Gerson und der Cardinal von Cusa, das Concilsystem begründeten, wonach eine allgemeine Kirchenversammlung über dem Papste stehen sollte. Gegenüber dem alten Papalsystem lief also das ganze Reformationswerk auf die Restaurirung der bisherigen Stellung des Papstes zur Kirche hinaus.

Im weitern Verlaufe der Geschichte zeigt es sich, dass die Bestrebungen der Gregore und Innocenze schliesslich auf den ersten Ausgangspunkt zurückkamen, nur dass durch die Kirchenversammlungen der päpstlichen Macht eine Schranke gezeigt war.

Der grosse Reformationseifer der hervorragenden Persönlichkeiten auf dem päpstlichen Stuhle hatte sich in sich verzehrt, und die Masslosigkeiten, in welchen die päpstliche Gewalt misbraucht wurde, waren nicht geeignet, die Kirche aus der Verweltlichung, in die sie verrannt war, herauszuziehen, um sie auf ihre ursprüngliche apostolische Bedeutung zurückzuführen, in der sie der Christenheit Befriedigung gewähren sollte.

Dieser Versuch, die Entwickelung der Kirche als Macht zu skizziren, betraf zunächst deren Stellung dem Staate gegenüber. Eine Hindeutung auf die Mittel, welche die Kirche besass, vermehrte, und deren sie sich bediente zur Erlangung und Erweiterung ihrer Macht, mag die mangelhafte Skizze vielleicht ergänzen, sie wird um so nöthiger im Hinblicke auf das Verhältniss der kirchlichen Macht zum Volke und die Wirkung auf es. Die Einzelerwähnung und Betrachtung der besonders wirksamen Mittel der Kirche dürfte behülflich sein, den geistigen Zustand der Menschen im Mittelalter zu erklären und zugleich den Glaubenskreis zu beleuchten, innerhalb dessen der Teufel den geeigneten Raum finden musste, sein Spiel zu treiben.

———————

Der Zustand der Welt, durch den langen Streit zwischen Kirche und Staat herbeigeführt, wird von Gregorovius [1] kurz aber treffend geschildert: „Die langen Kriege zwischen der Tiara und der Krone hatten das Reich in unbeschreibliches Elend gestürzt, die Wuth der Parteien hatte alle Kreise der

———————

[1] Geschichte der Stadt Rom im Mittelalter, IV, 267.

Gesellschaft mit unnatürlichem Hass, Zwist und Schuld erfüllt. Denn es stand in der Welt Vater gegen Sohn, Bruder
gegen Bruder, Fürst gegen Fürst, Bischof wider den Bischof,
Papst wider den Papst. Eine Spaltung des Lebens so tief-
gehender Natur, wie sie nie zuvor in der Geschichte gesehen
war, schien das Christenthum selbst zu zerreissen." Derselbe
Schriftsteller vergleicht die europäische Welt einem Schlacht-
felde, worauf sich tiefe Nacht gesenkt hatte. Nun inmitten
dieser Nacht stand das Volk, das jeden festen Halt verloren
hatte, und in den schroffsten Gegensätzen der Gefühle, Stimmungen und Ansichten herumgeschleudert ward. Das staatliche Bewusstsein war noch nicht zum Durchbruch gelangt, um
die Triebfeder des Lebens abzugeben, es herrschte Widerwille
gegen die Satzungen der Kirche, Verachtung des geistlichen
Standes, gröbste Sinnlichkeit, die in der verweltlichten Kirche
ihre Deckung zu finden suchte, das Gefühl der Unhaltbarkeit
dieser verzweifelten Zustände und dabei das der schlechthinigen
Abhängigkeit von der Kirche, die während des Verlaufs von
vielen Jahrhunderten die Mittel benutzt hatte, um eine ungeheuere Macht zu erlangen und zu vergrössern, unter der das
Volk in selbstloser Unmündigkeit erhalten wurde.

Das hohe Ansehen der Kirche und ihre Machtstellung,
die sie erlangen sollte, ist schon durch die Grundbestimmung
ihres Begriffs durch die Kirchenväter angebahnt. Nach
Ignatius (1. Jahrhundert), Bischof von Antiochien, der zuerst den Namen ἐκκλησία καϑολική gebraucht [1], ist es vornehmlich Irenäus (gest. 262), der den Grundriss des Begriffs
der Kirche entwarf durch seinen Ausspruch: „Ubi ecclesia
ibi spiritus Dei et ubi spiritus Dei ibi ecclesia." [2] Cyprian
(gest. 259) spannt die vorhandene Anschauung höher und bezeichnet schon die fünf Prädicate des Wesens der Kirche,
nämlich: Einheit, Heiligkeit, Allgemeinheit, Ausschliesslichkeit
und Apostolicität. [3] Die Einheit des Apostolats, die sich in
Petrus zusammengefasst, wurde durch ihn auf die Bischöfe
übertragen, durch deren Zusammenwirken die Einheit der

---

[1] Ep. ad. Smyrn., c. 8.

[2] Adv. haeres. 3, 21. 1.

[3] Cyprian. de unitate ecclesiae, c. 4: Episcopatus unus est cujus
a singulis in solidum pars tenetur. Ecclesia quoque una est, quae in

Christenheit vergegenwärtigend gedacht und in dem Papste sich zuspitzend in der Kirche angeschaut. Christliches und Kirchliches ward so ineinandergesetzt, dass letzteres nicht als zeitlicher, sondern als absoluter Ausdruck des erstern, ja als dieses selbst galt. So lag es im Bewusstsein des Mittelalters, dass der weltliche Fürst nur durch den Kirchenfürsten in Rom die höchste Würde empfangen könne, dass überhaupt alles, was Ansehen erlangen sollte, von der Kirche ausgehen, durch kirchliche Hände gegangen sein musste. Unter diesem mittelalterlichen Gesichtspunkte mussten die Mittel, welche die Diener der Kirche handhabten, zur Vergrösserung des Ansehens und der Macht der letztern einschlagen, dagegen die bürgerliche Gesellschaft im ganzen wie den einzelnen in unbedingter Abhängigkeit und Unmündigkeit erhalten. Es bedarf kaum der Erwähnung des Misbrauchs der Machtmittel, noch der ängstlichen Aufzählung aller Einzelheiten, da die Hervorhebung der vornehmsten die Ueberzeugung geben dürfte: dass durch ihre Anwendung die geistliche Macht die Oberhand behaupten, das Volk in Unterthänigkeit erhalten werden musste.

------

4. Mittel zur Vergrösserung des geistlichen Ansehens.

Im allgemeinen war die Ueberlegenheit der Geistlichkeit an Bildung zunächst einer der Hauptpfeiler, auf den sich

------

multitudinem latius in cremento foecundidatis extenditur. — Avelle radium solis a corpore, divisionem lucis unitas non capit, ab arbore frange ramum, fructus germinare non poterit; a fonte praecide rivum, praecisus arescit. Sic et ecclesia Domini luce perfusa per orbem totum radios suos porrigit; unum tamen lumen est, quod ubique diffunditur, nec unitas corporis separatur. Ramos suos in universam terram copia ubertatis extendit, profluentes largiter vivos latius expandit, unum tamen caput est et origo una et una mater foecunditatis successibus copiosa. Illius foetu nascimur, illius lacte nutrimur, spiritu ejus animamur. — C. 6: Adulterari non potest sponsa Christi — quisquis ab ecclesia separatus adulterae adjungitur, a promissis ecclesiae separatur; nec pervenit ad Christi proemia, qui relinquit ecclesiam Christi. Alienus est, profanus est, hostis est. Habere non potest Deum patrem, qui ecclesiam non habet matrem. — C. 14: Tales etiam si occisi in confessione nominis fuerint, macula ista nec sanguine obluitur. Esse martyr non potest qui in ecclesia non est. Occidi talis potest, non coronari, etc.

die Herrschaft derselben stützte, der Besitz einiger Kenntnisse, den sie in den frühern Jahrhunderten des Mittelalters voraus hatte, und wodurch sie auch im bürgerlichen Leben eine Ueberlegenheit erlangte. Man muss es anerkennen: christliche Priester waren die ersten Träger und Verbreiter der Civilisation, und Hüllmann kann mit Recht sagen: „Durch den Staat sind die bessern Völker des Alterthums erzogen worden, durch die Kirche die des Mittelalters." [1] Die vor ihren Zeitgenossen gewöhnlich hervorragende Bildung machte namentlich die Bischöfe vor andern fähig, einflussreiche Aemter zu verwalten, daher schon unter Karl's des Grossen Hofgeistlichkeit der Erzkaplan als Erzkanzler amtirte. Der überwiegende Einfluss der Bischöfe war sonach vornehmlich in dieser Beziehung durch ihr intellectuelles Uebergewicht bedingt. Bei der allgemein herrschenden Unwissenheit, dem Mangel an Kenntnissen nach dem Verfalle der Wissenschaften, der schon vor der Zerstörung des römischen Reichs seinen Anfang genommen hatte und durch die Ansiedelung barbarischer Nationen in Gallien, Spanien, Italien vollendet ward, blieb, nach dem Aufhören des Lateinischen als lebende Sprache, der Schatz von Kenntnissen und Bildung dem Volke verschlossen, und der Schlüssel war in den Händen der Geistlichen. Das Lateinische, dessen Kenntniss diese besassen, war aber auch in allen gerichtlichen Urkunden und dem öffentlichen Schriftwechsel beibehalten worden, und wo das Volk das Schreiben und Lesen vergessen oder noch nicht gelernt hatte, da war der Klerus im Besitz dieser Kenntnisse, die von dem geheimnissvollen Berufe der Geistlichkeit, welche mit den Mysterien des Gottesdienstes zu thun hatte, in den Augen des Volks auch einen geheimnissvollen Anstrich erhielten. Mehrere Jahrhunderte hindurch war selten ein Laie zu finden, der seinen Namen schreiben konnte, wie dies auch von Theodorich, dem berühmtesten Ostgothenkönige, verlautet, selbst Kaiser Friedrich Barbarossa war des Lesens unkundig [2], was noch in der Mitte des 14. Jahrhunderts von dem König Johann von Böhmen [3] und dem Sohne des heiligen Ludwig,

---

[1] Städtewesen, IV, 292.
[2] Struv. Corp. Hist. Germ. I, 377.
[3] Sismondi, Histoire des Français, V, 426.

Philipp dem Kühnen, behauptet wird. [1] Der niedere Klerus stand in dieser Beziehung auf keiner höhern Stufe, denn fast auf jedem Concil ist die Unwissenheit desselben Gegenstand des Vorwurfs. So wurde auf dem Concil vom Jahre 992 geäussert: dass selbst in Rom fast keiner zu finden sei, der die ersten Elemente der Wissenschaft innehabe. Auch in Spanien soll zur Zeit Karl's des Grossen unter 1000 Priestern kaum einer einen Begrüssungsbrief haben schreiben können. [2] In solchen Zeiten mussten wol die Bischöfe, welche der lateinischen Schriftsprache und des Schreibens mächtig waren, die zu den bedeutendsten Aemtern geeigneten Persönlichkeiten sein. Bei Staatshandlungen waren die Fürsten darum auf die höhern Geistlichen angewiesen, diese waren deshalb fast ausschliesslich zu Gesandtschaften verwendbar. Bei den häufigen Streitigkeiten der Fürsten wurden, besonders im Zeitalter Karl's des Grossen, die hohen Geistlichen gewöhnlich als Schiedsrichter benutzt.

Der Einfluss der Geistlichkeit auf das Gerichtswesen war schon ursprünglich angebahnt, dass Kirchen häufig zur Verdrängung des Heidenthums an den alten Opfer- und Gerichtsstätten errichtet wurden und das Asylrecht von den heidnischen Tempeln ererbten. Er war gesichert durch die Betheiligung der Geistlichen bei den Gottesgerichten in den Kirchen: beim Zweikampf wurden die Waffen vom Priester geweiht, das Eisen ward während der Messe vor dem Altar geglüht, den Angeklagten ward die Communion gereicht, geweihtes Wasser zu trinken gegeben, bei der Wasserprobe wurde der Verurtheilte in ein Priestergewand gekleidet u. dgl. Karl der Grosse gestattete den Eid nur in der Kirche und über Reliquien. Dies und manches andere bot die Fäden, aus denen sich eine Art amtlicher Aufsicht der Geistlichkeit über die Rechtspflege zusammenwob. Ein gewisses Strafrecht gegen Frevler stand der Kirche immer zu, anfangs durch das Gesellschaftsrecht, später durch das Busswesen, indem der Grundsatz galt: dass Verbrechen nicht nur das bürgerliche, sondern auch das göttliche Recht verletzen, also das theokratische Verbrechen des Alten Testaments festgehalten wurde.

---

[1] Velly, Histoire de France, VI, 426.
[2] Mabillon, De re diplomat., S. 55.

3 *

Die Kirche erschien neben dem Könige als selbständige Rechtsquelle, und diese Anschauung dehnte sich auf alle Verbrechen
aus, die man zur Religion in einige Beziehung setzen konnte,
als: Meineid, Fleisches-Vergehen und -Verbrechen, Kindermord,
Entweihung der Gräber, wofür die Kirche ein besonderes
Strafrecht handhabte. Schon ein Gesetz Konstantin's hatte
den bürgerlichen Obrigkeiten befohlen, die Aussprüche des
bischöflichen Gerichts zu vollstrecken. Auf mehrern Concilien
des 4. und 5. Jahrhunderts werden durch kirchliche Entscheidung Priester und Bischöfe mit Absetzung bedroht, wenn
sie eine bürgerliche oder peinliche Rechtssache bei einer weltlichen Obrigkeit anhängig machen. Ein dem Theodosianischen
Codex angehängtes Edict, das dem Kaiser Konstantin zugeschrieben wird, dehnt die bischöfliche Gerichtsbarkeit auf alle
Rechtssachen aus, wenn eine der streitenden Parteien an sie
appelliren will, wogegen von den Entscheidungen der Bischöfe keine weitere Berufung mehr gestattet sein soll. Karl
der Grosse nahm diese Verordnungen aus dem Theodosianischen Codex in seine Capitularien auf. [1] Dadurch, dass der
Staat der Kirche die Theilnahme an seinem Strafamte ein-
räumte, musste diese an Ansehen und Macht gewinnen. Man
sah die Sühne erst dann für voll an, wenn der Verbrecher
ausser der weltlichen auch eine kirchliche Busse geleistet
hatte.

Der Staat förderte die Abhängigkeit der Laienwelt von
der Kirche in Gerichtssachen durch die bischöflichen Senden,
die unter Karl dem Grossen völlig ausgebildet wurden. [2]

Eine Erweiterung der kirchlichen Macht bewirkte Papst
Alexander III. (1179) namentlich dadurch, dass er alle nicht
durch Lehnspflichten bedingten Beiträge zur Deckung der
Staatsbedürfnisse von der Bewilligung der Bischöfe und des
Klerus abhängig machte. [3] Nach der Verordnung des Papstes
Innocenz III. (1215) müssen aber die Bischöfe und der Klerus
die päpstliche Erlaubniss dazu einholen. [4]

Die Geistlichkeit nahm die Immunität von allen welt-

---

[1] Baluz. Capitul., I, 985.
[2] Capit. a. 769, c. 7. 813, c. 1.
[3] Concil. lateran. III. can. 19; Mansi XXII, 226.
[4] Concil. lat. IV. can. 46; Mansi XXII, 1030.

lichen Gerichten in Anspruch, besonders in Personalsachen, so unter Urban II. [1], Alexander III. [2] und Innocenz III. [3]

Von Kirchenfürsten waren allerdings manche wohlthätige Gesetze in Bezug auf bürgerliche Ordnung ergangen, als: zur Aufrechterhaltung der Treuga Dei auf dem Concil zu Clermont 1095 und auf andern Kirchenversammlungen; gegen Seeräuberei auf dem dritten lateranischen Concil; gegen Raub u. dgl. m.; die Kirche zog aber auch die bürgerliche Justiz immer mehr an sich, durch die Vermehrung der Rechtssachen, die ausschliesslich dem geistlichen Gerichte unterliegen sollten. Schon nach Justinianischen Bestimmungen werden Kleriker zu bürgerlichen Richtern über Mönche und Nonnen gesetzt, zu Aufsehern über die Sitten und die Versorgung der Unmündigen, Findlinge, Wahnsinnigen, geraubten Kinder und Weiber bestellt. Nun wurden aber alle Ehe-, Testaments- und Eidessachen, Wucherprocesse, alle Klagen und Verbrechen der Crucesignati als ausschliesslich unter das kirchliche Forum gehörig betrachtet. Von Lucius III. wurde es den personis ecclesiasticis freigestellt: malefactores suos sub quo maluerint judice convenire. [4] Dies Privilegium wurde von Geistlichen vortheilhaft ausgenutzt, indem sie Processe an sich kauften, um sie vor das geistliche Gericht zu bringen. Dieser Misbrauch muss arg gewesen sein, da Gregor sich genöthigt sah, ein Verbot darauf zu legen. [5] Durch den Recurs, der in allen Fällen an das geistliche Gericht offen stand, hatte die Kirche eigentlich die Oberaufsicht über die gesammte Justiz. [6]

Ausser den Appellationen an den Papst, die durch den angenommenen Grundsatz: dass sie nicht nur post sententiam, sondern auch ante sententiam stattfinden können, auf die ordentlichen Gerichte lähmend wirkten, das Ansehen der päpstlichen Curie dagegen zu heben halfen, waren in letzter Beziehung auch die päpstlichen Legaten thätig, die der

---

[1] Epist. 14 ad Rudolphum comitem; Mansi XX, 659; vgl. ibid. XX, 936.
[2] Concil. later. ann. 1179, can. 14.
[3] Decret. Gregor. lib. II, tit. 2, c. 12.
[4] Ibid., c. 8.
[5] Ibid. lib. I, tit. 42, c. 2.
[6] Vgl. die Belegstellen bei Gieseler, Kirchengeschichte, II, 2, S. 273.

päpstlichen Gewalt eine grosse Tragweite bahnten und neben-
bei auch die Schleusen zu öffnen verstanden, durch die viel
Geld nach Rom floss. Dass diese Legaten ihr Amt mis-
brauchten und sich Gelderpressungen erlaubten, beweist die
Klage des heiligen Bernhard über die Thätigkeit eines Car-
dinallegaten in den Kirchen Deutschlands und Frankreichs:
„Replevit non evangelio sed sacrilegio."

Gegen Ende des 8. Jahrhunderts wurde eine Sammlung
kirchenrechtlicher Lehrsätze unter dem Namen Isidori De-
cretales bekannt, die auch zur Hebung des päpstlichen Ansehens beitrug, zwar zunächst den Bischöfen gegenüber, dann
aber die kirchliche Macht überhaupt begründen half. Nachdem mehrere kleinere Sammlungen erschienen waren, trat im
Jahre 1140 ein italienischer Mönch Gratian mit seinem „Decret" hervor, einer allgemeinen Sammlung Canones, päpstlicher Sendschreiben und Urtheilen der Kirchenväter, nach
Art der Pandekten in Titel und Kapitel eingetheilt. Dieses
Werk legt den Isidorischen Decretalen die höchste Autorität
bei. Gregor IX. liess die fünf Bücher der Decretalen durch
Raimund von Pennaforte 1234 herausgeben, welche den wesentlichen Theil des kanonischen Rechts' liefern und ein vollständiges Rechtssystem bilden. Bonifacius VIII. (1294—1303)
fügte einen sechsten Theil hinzu, und das Studium dieses Codex
wurde für jeden Geistlichen unerlässlich und brachte eine
neue Klasse von Rechtsgelehrten, die Kanonisten, hervor.
Dieses kanonische Recht gründet sich auf die gesetzgebende
Gewalt des Papstes, erhebt die Kirche über die weltliche
Macht, sodass Unterthanen einem excommunicirten Fürsten
keinen Gehorsam schuldig wären. Durch die Handhabung des
kanonischen Rechts musste das kirchliche Ansehen steigen und
die Kanonisten, als eifrige Vertheidiger desselben in allen Ländern, trugen ihr Theil bei.

Kreuzzüge.

Auch die Kreuzzüge sind in diesem Sinne zu erwähnen, diese Erscheinung einer tiefsterregten Zeit. In ihnen
manifestirt sich der Zug nach dem sinnlichen Besitz der
Stätte, von wo das Heil ausgegangen, wonach die Menschheit in ihrer heillosen Lage von heisser Sehnsucht sich ge-

trieben fühlte. Abgesehen von dem äussern Anlass, war der
Grund dieser Erscheinung ein idealer. In den Kreuzzügen
wird die Herrschaft des Christenthums, das in Rom seinen
Brennpunkt hat, angestrebt über die nicht christliche Welt.
In der öffentlichen Meinung, welche die lenkende Macht vom
päpstlichen Stuhle ausgehen, von da aus über die Kräfte des
Abendlandes verfügt sah, musste auch durch diese Unternehmung das päpstliche Ansehen, die kirchliche Machtstellung
gewinnen.

Kanonische Lebensweise.

Durch die vom Bischof Chrodegang von Metz (742—66)
eingeführte vita canonica, kanonische Lebensweise, sollte
ein christliches Musterleben dargestellt werden; bewirkt wurde
aber ein Zusammenschliessen der Bischöfe mit ihren Klerikern
zu festen Körperschaften und ein Abschliessen gegen die
Laienwelt. Der Standesunterschied zwischen Laien und Klerikern und zugleich der Vorzug der letztern vor jenen wurde
besonders scharf hervorgehoben durch den Cölibat. Es
ist bekannt, wie schwer diese Massregel, welche schon der
Bischof Siricius von Rom ums Jahr 385 zum Kirchengesetze
erhoben hatte, durchzuführen war, daher noch im 11. Jahrhundert viele Priester im ordentlichen Ehestande lebten[1], und
neuestens wird ausser Zweifel gesetzt, dass es noch im
13. Jahrhundert viele verheirathete, oder wie die Kirche sich
damals ausdrückte: im Concubinate lebende Priester gab.[2]
Ebenso bekannt ist, dass die Reformationsbestrebungen der
Päpste auf die Beseitigung der Priesterehe abzielten, im richtigen
Gefühle, dadurch ein Hauptmittel zur Erstarkung der geistlichen Macht zu erlangen.

Beichte.

Ein besonders wirksames Mittel, die Laienwelt von der
Priesterschaft in unbedingter Abhängigkeit zu erhalten, war
die Beichte. Im Karolingischen Zeitalter hatte sie noch die
Bedeutung eines sittlichen Acts und war noch fern von der

---

[1] Vgl. die Belege bei Gfrörer, Allgemeine Kirchengeschichte, IV,
1. Abthl., S. 155 fg.
[2] Lorenz, Deutsche Geschichte des 13. und 14. Jahrhunderts, I, 399.

Sacramentsidee; seit der Verordnung des Papstes Innocenz III.
auf dem 4. lateranischen Concil 1215 wurde sie zur Bedingung des Zutritts zur Kirche im Leben und eines christlichen
Begräbnisses im Tode. „Diligenter inquirere in peccatoris
circumstantias" wird dem Priester eingeschärft, und hiermit ist
der nächste Schritt zur Inquisition, von Innocenz III. auf
derselben Synode zur Unterdrückung der Ketzerei eingeführt,
geschehen. Die Toulouser Synode 1229 sanctionirt schon in
jeder Parochie zwei bis drei Ketzerriecher, Gregor IX. bestellt
1233 die Dominicaner zu päpstlichen Inquisitoren „der
ketzerischen Bosheit", und die Inquisitionsgerichte verbreiten
allenthalben Angst und Schrecken. Die von Leo IX. und
besonders Gregor VII. angestrebte „reformatio universalis
ecclesiae" wurde hiermit unversehens in eine Reformation
der Laienwelt umgewandelt.

Ablass.

Nebst der Beichte war der Ablass ein mächtiger Hebel,
das Ansehen und die Herrschaft des päpstlichen Stuhls zu
fördern. Die geistliche Schlüsselgewalt (zu lösen und zu
binden) war somit in voller Wirksamkeit. Es wurde das
Gericht über die Sünden der Gläubigen und die Befugniss,
jene zu erlassen, ausgeübt. Die Theilnahme an den Kreuzzügen gab dem Ablass einen bedeutenden Aufschwung, und
seine Theorie wurde besonders durch die Scholastiker ausgebildet.

Bettelmönche.

Auch die Bettelmönche arbeiteten in diesem Sinne.
Sie sind zwar, unter ethischem Gesichtspunkte betrachtet, zu-
nächst als Reaction gegen die sittliche Verkommenheit der
Kirche aufgetreten, denn so oft die kirchliche Disciplin ver-
darb, erhuben sich heilige Männer, um dem Verfalle der
Kirche aufzuhelfen; allein im Verlaufe der Zeit wurden die
Mönche ein wirksames Mittel zur Durchführung der geist-
lichen Oberherrschaft.

Excommunication und Interdict.

Die furchtbarsten Mittel, die geistliche Oberherrschaft zu
bethätigen, waren: die Excommunication, der Kirchenbann über einzelne verhängt, und das Interdict, wodurch
eine ganze Gemeinde oder Landeskirche durch Einstellung
aller gottesdienstlichen Handlungen gleichsam „geistlich aus-
gehungert" wurde. Die Handhabung der Excommunication
war abhängig von der Grösse der Vergehungen und der
kirchlichen Würde, sodass dieses Mittel bei geringern Uebertretungen dem Pfarrer zustand, über die grössten Vergehungen
der Papst excommunicirte, und zwar Personen weltlichen oder
geistlichen Standes. Fürsten wurden excommunicirt, wenn
sie den erhobenen Verdacht gegen ihre Rechtgläubigkeit
nicht abwälzen konnten, überhaupt dem apostolischen Stuhle
als Gegner erschienen, und zwar in Bezug auf kirchliche
Personen, Güter oder Freiheiten und geistliche Wahlen. Kein
Christ durfte mit einem Excommunicirten Gemeinschaft pflegen; war dieser ein Geistlicher, so wurden ihm seine Einkünfte entzogen, bisweilen wurde der Altar, an dem er Messe
las, niedergerissen, sein Messgewand verbrannt, der Kelch
eingeschmolzen. War er Bischof, so war seine Ertheilung
der Weihe und Pfründe ungültig. War er Fürst, so hatten
seine Gesetze und Verfügungen keine Geltung; war er ein
Laie niedern Rangs, so hatte er weder Wahlrecht noch
Wahlfähigkeit, als Richter hatte sein Urtheil keine Kraft.
Widerstrebte der Excommunicirte dem Strafmittel der Kirche,
so wurde ihm die Züchtigung durch die weltliche Hand
zutheil, wozu die Könige im allgemeinen bereit waren. Schon
Childerich I. um 554 hatte den Ungehorsam gegen die Kirche
an Unfreien mit 100 Stockprügeln, bei Freien mit standes-
mässiger Strafe belegt.[1] Childebert II.[2] verbannte jeden Excommunicirten vom Hofe und nahm ihm das Recht des
Güterbesitzes. Pipin[3] verbot dem mit dem Bann Belegten
die Kirche zu besuchen, jedem Christen, ihn zu grüssen,
überhaupt in irgendeiner Gemeinschaft mit ihm zu stehen.

[1] Pertz, III, 1.
[2] A. 790, c. 2.
[3] A. 755, c. 9.

— Das Interdict erstreckte sich zuweilen über ein ganzes
Land, oder auch nur über die Gegend, in welcher das zu
strafende Vergehen verübt worden war, oder wo der Betroffene,
der sich widerspenstig erwies, verweilte. Die Kirche betrachtete in beiden Fällen das übrige Volk als schuldig, weil
es ihr durch sein Schweigen als Theilnehmer erschien. Das
erste Interdict verhängte Gregor V. (998) gegen Robert
von Frankreich; ein anderes Innocenz III. über England
wegen Verweigerung des Peterpfennigs, wo ganz England
infolge des Interdicts durch sechs Jahre, drei Monate und
vierzehn Tage keinen Gottesdienst hatte.[1] Im 14. Jahrhundert
lag Deutschland unter dem Interdict, das Benedict XII. in
dem Streite über die Kaiserswahl ausgesprochen hatte.

Um eine Vorstellung von der peinlichen Lage während
des verhängten Interdicts zu haben, bedarf es nur einiger
Züge aus der Schilderung, welche Hurter[2] von dem Zustande
in Frankreich (im 12. Jahrhundert) entwirft. „Vorenthalten
war dem Gläubigen, was der Seele in den Wechselfällen des
Lebens die sichere Richtung verleihen, in den Kämpfen des
irdischen Daseins das Gemüth emporheben soll. Wohl ragte
aus den niedrigen Wohnungen der Sterblichen das Haus hervor, in dessen Räumen so manches sichtbare Sinnbild die
Herrlichkeit des unsichtbaren Gottes und seines ewigen
Reichs darstellte; aber es glich einem gewaltigen Leichnam,
aus welchem jede Lebensregung entflohen war. Nimmer
weihte der Priester das Sakrament des Leibes und Blutes
unsers Herrn zur Erquickung verlangender Seelen. Ver-
stummt war der Feiergesang der Diener Gottes; kaum dass
einigen Klöstern gestattet war, ohne alles Beisein von Laien,
in leiser Stimme, bei uneröffneter Thüre, auch wol nur in
mitternächtlicher Einsamkeit zum Herrn zu flehen, ob seine
Gnade die Gemüther zur Busse erwecken möchte. Zum
letzten mal hatte die Orgel durch die Wölbungen gerauscht,
Grabesstille herrschte, wo sonst in Preis und Verherrlichung
des Ewigen die Gemüther aufgejubelt. Unter Trauerge-
bräuchen wurden die Lichter gelöscht, als wäre in Nacht und

---

[1] Rymer, Act. et foed., I, 61.
[2] Geschichte Papst Innocenz' III. und seiner Zeitgenossen, I, 385
(3. Aufl.)

Dunkelheit fortan das Leben gehüllt; ein Schleier entzog den
Anblick des Gekreuzigten den Augen der Unwürdigen; an
der Erde lagen die Bilder seiner glorreichsten Bekenner, die
Ueberreste frommer Glaubenshelden in ihren Schrein verschlossen, als entflöhen sie das entartete Geschlecht. Die
Verkündigung der Heilswahrheiten, welche dem Leben Lust
und Muth verleihen soll, dem freundlichen Stern zu folgen,
dessen Strahlen in so manchen Gebräuchen das Gemüth erleuchten, hörte auf, und Steine in der letzten Stunde, da das
Heiligthum noch offen stand, von der Kanzel geworfen,
sollten die lebende Menge erinnern, so habe der Höchste sie
von seinem Angesichte verworfen, habe er die Thore der
ewigen Gottesstadt verschlossen, wie der Hüter die Pforten
seines Hauses auf Erden schliesse. Trauernd wandelte der
Christ seines Weges vorüber an dem Tempel, nicht einmal
ein flüchtiger Blick in das Innere, wo so oft sein Herz die
segnende Nähe des Herrn empfunden, konnte auch nur für
den Augenblick seine Sehnsucht stillen, die Pforten blieben
unbeweglich. Selbst von aussen war ihm alles verborgen,
wodurch er sonst zu gottgefälligem Eintritt sollte gestimmt
werden. Nimmer quoll Trost, Vertrauen und Muth aus so
manchem Ermuthigenden, was durch den äussern Sinn zu
dem innern spricht. Nimmer schauten sie seine Erzväter und
Propheten, jene Evangelisten und Kirchenlehrer, jene Glau-
bensboten und Gottesstreiter, jene Blutzeugen und Bekenner,
deren hehrer Chor unter den Hallen des Gotteshauses diese
gleichsam zur Thüre des Himmels weihte; auch diese Bilder waren verhüllt. Nur jene Misgestalten, in welchen
der Mensch den entehrenden Ausdruck seiner verdammlichen
Sünden beherzigen soll, grinsten von den Gesimsen und
Dachrinnen auf ein Volk herab, dessen unwürdiges Dasein
von dem Heiligthum abgewendet, in scheussliche Entartung
versunken schien. Kein Glockengang, als etwa einmal die
dumpfen Schläge einer Klosterglocke beim Hinscheiden eines
Bruders erinnerte an das Voraneilen auf der Laufbahn, an
das geheimnissvolle Ziel, an die höhern Bedürfnisse. Das
Leben, in allen seinen bedeutungsvollern Wendungen sonst
geheiligt durch die Kirche, erschien jetzt abgetrennt von ihr.
Der Sonnenglanz höherer Weihe war erbleicht, und das irdische Dasein blieb ohne Vermittelung mit dem himmlischen.

Wol fand das Kind noch Aufnahme in den göttlichen Gnadenbund, aber gleichsam nur als hinweg eilend: und den Tag, welcher sonst durch alle Stände die Aeltern zu frohem Jubel geweckt hätte, umgab jetzt ein düsteres Schweigen. Auf Gräbern anstatt am Altar wurde zwischen den Todeswürdigen das Band der Ehe angeknüpft. Dem beladenen Gewissen ward oft keine Milderung durch Beichte und Lossprechung, dem Bekümmerten kein Trost durch des Priesters Wort; dem Hungrigen nicht gereicht die Speise des Lebens; niemandem das Weihwasser gespendet. Einzig im Vorhofe und des Sonntags allein durfte der Priester das Volk zur Busse mahnen; dieses blos im Trauergewande, aus der Ferne gegen das verschlossene Heiligthum gerichtet, zum Herrn seufzen. In der öden Vorhalle nur mochte die genesene Wöchnerin dem Höchsten für den erhaltenen Beistand danken; dort nur der Pilger den Segen zu seiner Wallfahrt empfahen. Insgeheim, ob ihm Gott noch genaden möge, wurde dem Sterbenden die letzte Wegzehrung, von dem Priester einsam in der Morgenfrühe des Freitags geweiht, dargereicht, die letzte Oelung aber, als grösseres Sakrament, war ihm geweigert, gleich wie den Todten (ausser Priestern, Bettlern, fremden Pilgern und solchen, die mit dem Kreuz bezeichnet waren) die geweihte Erde, oft sogar jedes Begräbniss. Selbst der Freund durfte den Freund nicht bestatten; Kindern blieb es versagt, hingeschiedene Aeltern mit einer Hand voll Erde zu bedecken."

Die grauenerregende Wirkung, die unser Schilderer hervorzubringen beflissen ist, hat das Interdict in jenen Zeiten sicher ausgeübt, und da es sich hier nur um die Macht der Kirche und deren Tragweite handelt, müssen wir von allen andern Gesichtspunkten absehen. Von dem wüsten Zustande führt der Schilderer die bekannte Thatsache an, dass an vielen Orten der Normandie im Jahre 1197 infolge eines Interdicts, das der Erzbischof von Rouen ausgesprochen hatte, die Leichen auf der Strasse lagen. Beispiele der kirchlichen Strenge an Hohen liefern Herzog Leopold von Oesterreich, der unbegraben blieb, weil nicht vollzogen wurde, was er, um des Bannes ledig zu werden, auf dem Sterbebette verheissen hatte. Graf Raymund V. von Toulouse, der 1222 im Banne gestorben war, lag noch im Jahre 1271 unbegraben und trotz den Bemühungen seiner Tochter, durch Zeugen seinen reue-

vollen Tod zu beweisen, blieb ihm das Begräbniss versagt, sodass ihn zuletzt die Raben frassen. Erwähnt mag noch werden, dass auch dem geselligen Verkehr durch das Interdict
jeder Frohsinn genommen wurde, allgemeines Fasten sollte
statthaben, selbst die Pflege des Leibes hintangehalten werden:
„nemo tondeatur neque radatur". Da jede Gemeinschaft mit
dem gebannten Landestheile untersagt war, litt der allgemeine
Erwerb und dadurch das Einkommen des Landesherrn, um
dessentwillen gewöhnlich das Interdict verhängt ward. Wem
ein solches Strafmass, das sich wegen des Einen, der für
schuldig gehalten wird, auch über eine grosse Zahl Unschuldiger erstreckt, bedenklich erscheinen sollte, den verweisen
wir auf die rechtfertigende Erklärung Hurter's [1]: „Nun aber
hielt jene Zeit Fürst und Volk für ein unzertrennliches Ganzes
und die Tugenden des einen für die Tugenden des andern, die
Sünden des einen für die Sünden des andern und ungetheilt
empfänden so Haupt als Glieder Segnungen wie Strafen."

Kirchensprache.

Durch die mittelalterliche Handhabung der kirchlichen
Schlüsselgewalt wurde die Laienwelt in gänzliche Abhängigkeit von der Geistlichkeit geschlagen, und durch das Auftreten
der Kirche gegen die Volkssprachen und deren bewirkte Beseitigung bei gottesdienstlichen Handlungen wurde das Laien-
volk gleichsam entselbstet. Nach Einführung des Lateinischen
als heilige Kirchensprache vernahm der Laie beim Gottesdienste nicht mehr den unmittelbaren Ausdruck seines religiösen Bewusstseins, er konnte das Heilige nur in der
Aeusserlichkeit des priesterlichen Cultus anschauen, durch
den die innersten menschlichen Interessen vermittelt werden
sollten. Unter Karl dem Grossen wurde auf der Synode zu
Tours (813) das Predigen in der Volkssprache noch empfohlen,
ward aber im Laufe der Zeit immer mehr verdrängt; die
Massregeln des Papstthums gegen die Volkssprache wurden
durch Regenten gefördert. [2] Durch die Unterdrückung der
Muttersprache war der Laie auf rein passive Theilnahme an
der gottesdienstlichen Handlung herabgesetzt, bei welcher das

---

[1] A. a. O., S. 389.
[2] Vgl. Gfrörer, Allgemeine Kirchengeschichte, IV, 1, S. 346.

ihm unverständliche Latein im Gebrauch war, das ihm allerdings mysteriös erschien, wodurch aber dem religiösen Gemüthe keine Nahrung, dem sittlichen Willen keine Anregung
geboten, das religiöse Bewusstsein also ausgehöhlt wurde.
Wenn Gregor VII. ganz entschieden für die Ausmerzung der
Landessprachen eiferte, so hatte er das richtige Mittel erkannt, um die Laienwelt zu entselbsten, das kirchliche Ansehen aber zu erhöhen.

5. Bereicherung der Kirche an materiellen Gütern.

Die Machtstellung der päpstlichen Kirche beruhte nicht
blos auf psychologischer Grundlage, sie stützte sich vorzüglich auch auf den Besitz materieller Güter, wodurch sie
auf die Laienwelt einen bedeutenden Druck ausübte. Die zum
Christenthum bekehrten germanischen Stämme hatten gegen
die Kirche eine grosse Freigebigkeit bewiesen, insbesondere
war sie in Gallien schon unter römischer Herrschaft zu
reichem Güterbesitz gelangt, der durch Schenkungen der
Merovingischen Könige von Chlodwig an noch vergrössert wurde.
Als Muster der Freigebigkeit gegen die Kirche gilt ihr der
erste christliche Kaiser mit Berufung auf das Konstantinische
Edict, welches dahin geht, den Stuhl Petri über den irdischen
Thron zu erhöhen, ihm Macht und Würde zu verleihen, daher dem Papste als Papa universalis ausser dem lateranischen
Palast und den kaiserlichen Insignien auch die Stadt Rom
und alle Provinzen, Oerter und Städte Italiens und der westlichen Gegenden als Eigenthum zugeschrieben werden. Mögen
die Historiker, welche dieses Schriftstück in Zweifel ziehen,
auch Recht behalten; es bleibt für uns bedeutsam durch die
ausgesprochene Tendenz. Schon unter den Merovingischen
Königen pflegte Chilperich zu klagen: Unser Fiscus ist ver-
armt, unsere Reichthümer sind an die Kirchen gekommen;
nur die Bischöfe herrschen, unsere Ehre ist verloren und auf
die Bischöfe der Städte übergegangen. [1] Loebell [2] sagt, diese
Aeusserung sei berühmt als Beweis für die Anmassung der

---

[1] Gregor Turon., VI, 46.
[2] Gregor von Tours und seine Zeit, S. 350.

Bischöfe, es sei aber nicht ausser Acht zu lassen, dass, wenn
die Kirche an sich riss, was dem Staate gehörte, ein König
wie Chilperich ihr auch misgönnte, was ihr gebührte, und
nicht durch Gewalt, sondern durch die Entwickelung der
Dinge in ihre Hände gekommen war. Wir halten uns eben
an diese Entwickelung der Dinge, und können füglich davon
absehen, dass Gregor von Tours den König Chilperich, mit
dem er selbst in Conflict gerathen, den grössten Feind der
Kirche nennt, „nullum plus odio habens quam ecclesias“.
Wir halten nur die Thatsache im Auge, dass die Kirche um
diese Zeit (6. Jahrhundert) schon mächtig und reich war und
es immer mehr zu werden strebte. Zu Ende des 7. Jahrhunderts, so wird behauptet, war gewiss ein volles Dritttheil
in Gallien Kirchen- und Klostergut. Durch Karl Martell's
und seiner Söhne gewaltsame Säcularisation der Kirchengüter
ging zwar ein grosser Theil davon verloren, aber Karl der
Grosse und Ludwig der Fromme ersetzten das Verlorene
wieder. Das Königsgeschlecht der Karolinger glaubte sich
den Päpsten zu Dank verpflichtet für die von ihnen ertheilte
königliche Weihe und die Entbindung der Franken von ihrer
Pflicht der Treue gegen die Merovinger, wodurch sie jenen
den fränkischen Thron verschafft hatten. Die Karolingische
Erkenntlichkeit erwies sich nach den Feldzügen Pipin's gegen
das Reich der Longobarden (754 und 755), wonach ein
grosser Theil des eroberten Gebietes, nämlich der Küstenstrich
von Rimini bis Ancona, dem päpstlichen Stuhle als Karolingische Schenkung zufiel, wofür Pipin den Titel eines Patricius annahm. Karl der Grosse bestätigte die Schenkung
und soll sie noch bedeutend vermehrt haben. Obschon die
völlige Einverleibung der Sachsen ins Frankenreich erst im
Jahre 805 vollendet ward, hatte Karl der Grosse doch schon
im Jahre 776 ihr Gebiet in Bisthümer getheilt und 781 den
südlichen Theil des Landes, 786 auch den nördlichen unter
die unmittelbare Herrschaft des Papstes gestellt. Im Jahre
780 ward das Bisthum Osnabrück errichtet, hierauf die Bisthümer Minden, Paderborn, Münster, Halberstadt, Verden,
Bremen. Mit der Aufnahme in die christliche Kirche waren
die Sachsen derselben zugleich zehntpflichtig gemacht, sie
sollten nach der Aussage Karl's des Grossen dem Herrn und
Heiland Jesus Christus und dessen Priestern einen allgemeinen

Zehnt entrichten.[1] Zunächst hatte der Zehnt an den Klerus
die Bedeutung von Almosen, dabei gingen die Fürsten mit
dem Beispiele voran, indem sie ihre grundherrlichen Zehnten
den Kirchen überliessen, wie Siegbert III. (603—56) an die
Kirche von Speier; ähnlich verfuhren Pipin, Karlmann, Karl
der Grosse, wodurch die übrigen Grundbesitzer zu Gleichem
bestimmt wurden, bis letzterer den allgemeinen Zehnt gebot,
der, nach levitischem Gesetze von den grundherrlichen unterschieden, anfänglich empfohlen, später zur Pflicht erhoben
ward. Die Predigten des 8. Jahrhunderts schärfen den Zehnt
gewöhnlich als eine Obliegenheit ein, durch deren Erfüllung
der höchste Grad christlicher Vollkommenheit erreicht werde[2];
vom 9. Jahrhundert an erscheinen sie schon als Zwangspflicht[3],
und Karl der Grosse hat die kirchliche Anforderung durch
eine bürgerliche Verordnung bestätigt.[4]

Regalien.

Nach den vorhandenen zahlreichen Urkunden waren die
Kaiser aus dem sächsischen Hause, die Könige von England
und Leon nicht weniger freigebig als die ersten Karolinger
und ihr Oberhaupt. Oft besass eine Kirche nicht weniger als
8000 Mansi (Bauernhöfe), und die nur 2000 eigen hatte, galt
nicht für reich. Viele dieser Schenkungen bestanden aus
unangebauten, herrenlosen Ländern, durch deren fleissigen
Anbau und kluge Verwaltung die Einkünfte der Klöster und
Kirchen sich mehrten. Dies setzte sie wieder in Stand, die
besonders zur Zeit der Kreuzzüge häufig feilgebotenen Güter
an sich zu bringen. Die Bisthümer wurden durch die deutschen Könige nicht nur mit reichem Güterbesitz ausgestattet,
selbst mit Grafschaften und Herzogthümern belehnt, sondern
auch mit verschiedenen Vorrechten, den sogenannten Regalien versehen, wodurch die Bischöfe und Aebte im Lehnsverhältniss standen, daher seit dem 9. Jahrhundert an den
Kriegen mit ihrer Dienstmannschaft theilzunehmen pflegten.
Die der Kirche geschenkten Krondomänen waren mit Im-

---

[1] Urk. vom Juli 788. Mon. Germ. VII, 288.
[2] Paul, über die Beneficien, Kap. 11.
[3] Selden, Geschichte des Zehnten, III, 1108.
[4] Baluz. Capitul., I, 253.

munität ausgestattet, die bald auf die übrigen Kirchen-
ländereien überging. Nicht selten waren die Kirchengüter,
die ohnehin steuerfrei waren, unter der Benennung „frankal-
moign" auch aller Kriegsdienstleistung enthoben, daher dann
Laien ihr Grundeigenthum zum Scheine der Kirche übertrugen und von dieser wieder angeblich als Lehn oder Pach-
tung übernahmen, wodurch das Grundstück von öffentlichen
Lasten befreit blieb und dafür der Kirche auf Kosten des
Staats ein jährliches Einkommen zufloss.[1] Die Bischöfe genossen zwiefache Vortheile und Auszeichnungen: als Gross-
grundbesitzer hatten sie wieder ihre Lehnsleute und bildeten
gleich den Königen einen Hofstaat; als erste Lehnsträger der
Krone waren sie ständige Mitglieder der Reichsversammlungen,
nahmen theil an allen Staatsangelegenheiten, hatten Sitz und
Stimme und daher in dieser Beziehung grossen Einfluss.
Bekanntlich waren noch, als die Verfassung zum Wahlreich
sich ausgebildet hatte, von den sieben Kurfürsten drei geistliche, und der Erzbischof von Mainz fungirte stets als Kanzler
des Reichs. Darin liegt wol ein wesentlicher Grund, dass
die Geschichte der deutschen Kirche und die deutsche Reichs-
geschichte eine geraume Zeit hindurch ineinander aufgehen.

Stiftungen.

Bei dem herrschenden Glauben, Religiosität könne durch
nichts besser an den Tag gelegt werden, als indem man die
Kirche bereichere, fühlten sich auch viele Privatpersonen bewogen, Stiftungen zum Besten der Kirche zu machen.
Nicht nur die in ein Kloster traten, vermachten diesem gewöhnlich ihr ganzes Vermögen, auch die Anverwandten der
Eintretenden machten häufig Schenkungen, die sogar erwartet
wurden. Viele verschenkten ihr Vermögen an Kirchen oder
Klöster, bevor sie in den Krieg zogen oder wenigstens für
den Todesfall; andere wurden durch die Schrecken des Todes-
kampfs dazu getrieben, ja es ward beinahe dem Verbrechen
des Selbstmords gleichgeachtet, zu sterben, ohne die Kirche
wenigstens mit einem Theile seiner irdischen Güter bedacht
zu haben, sowie ohne Testament zu sterben als eine Ueber-

[1] Muratori, Antiqu. Ital., V, Dissert. 65, 68.

vortheilung der Kirche betrachtet wurde. In England bestrafte die Kirche solche Vorgänge in dem Zwischenraume
der Regierungen von Heinrich III. und Eduard III. dadurch,
dass sie die Verwaltung der Güter des Verstorbenen selbst
übernahm.[1] Von den reichlichen Schenkungen der Fürsten,
die sich auch in der Folge fortsetzten, können wir uns eine
Vorstellung machen, wenn wir allein bei Pez[2] in einem Bande
von Seite 1—285 lauter Schenkungsurkunden und Bestä-
tigungsacte an Klöster, namentlich an Emeran gesammelt
finden. Der Codex diplomaticus[3] enthält ausser der Charta
donationis ab Opilione Patricio Romanorum factae Ecclesiae
S. Justinae de Padua, welche laut Randnote circa a. C. 453
erlassen ist, von Nr. VII (p. 10) an: Vetustissimae traditiones
monasterii Monsensis seu lunaelacensis, olim in Boivaria, nunc
in Austria — vom Jahre 748—854 allein gegen hundertund-
drei Schenkungsurkunden an dieses Kloster ad S. Michaelem,
und zwar fast sämmtliche: „pro peccatis meis minuendis, vel
pro aeterna retributione", oder: „pro anima mea seu pro aeterna
retributione", oder: „cogitans vel pertractans molem peccaminum
meorum vel pro relaxandis facinoribus meis in die judicii,
idcirco dono" etc., oder: „pro animae meae remedium". So
lauten die wiederkehrenden Formeln, womit die Schenkungs-
briefe eingeleitet werden. In demselben Bande befinden sich
noch ein Dutzend Schenkungsurkunden aus dem 11. und
12. Jahrhundert an Klöster, betreffend Weinberge, „quasdam
villas", oder: „plurium bonorum". Ferner enthält Codex
diplomaticus, tom. V, pars II, viele Schenkungsurkunden an
Carthusia Satzensis, Klosterneuburg, Schotten in Wien, Hei-
lige-Kreuz in Oesterreich, das Frauenkloster in Erlach; Verleihung verschiedener Privilegien an geistliche Stifte, z. B.
das Weinschenken. Auch solche Vorrechte wurden zur Erlangung des Seelenheils ertheilt, wie folgendes Beispiel aus
dem Jahre 1397 zeigt: „Wir Wilhelm von Gottes Gnaden,
Hertzog ze Oesterreich, ze Steyr und Kärnten und ze Crain,
Graff ze Tyroll etc. bekennen, das Wir durch Unsere Vor-

---

[1] Pryne, Constitutions, III, 18; Blackstone, II, c. 32.
[2] Pezii thes. anecdot. noviss., tom. I, part. III.
[3] VI, bei B. Pezii thes. anecd. noviss., VI, pars I.

vordern löblicher Gedechtnus, Unser und Unser Nachkommen
Seel-Hail, dem Erbarn Geistlichen den Closterfrauen ze Ybbs,
die Gnad getan haben, und tuen. es auch wissentlich mit diesem Brieff, das Sy Iren Weinn daselbst zu Ybbs mögen
lassen schenkhen, und davon kein Ungelt geben schollen, doch
Uns auff Uns oder Unser Erben Widerrunffen etc. Geben
ze Wienn am Sontag nach dem Heiligen Auffarts Tag, nach
Christi Gepurt 1397te Jare."[1]

Vermächtnisse zu wohlthätigem Zwecke, deren Verwaltung gewöhnlich der Geistlichkeit anvertraut ward, verwandte diese auch oft zu eigenem Nutzen. Die Appellationen, Absolutionen und Ablässe brachten dem
Haupte der Kirche schweres Geld ein. Die Redemptionen,
wonach die strengen kanonischen Büssungen, den reuigen
Sündern auferlegt, durch Geld oder Immobiliarschenkungen
abgelöst werden konnten und den Kirchen und Klöstern eine
Quelle des Reichthums waren, wurden in der Folge durch
die Einrichtung der Dispensationen und Indulgenzen
in die Schatzkammer nach Rom geleitet.[2] Die seit dem
13. Jahrhundert aufgekommenen Annatae, wodurch der Be-
trag der jährlichen Einkünfte eines zu Rom consecrirten
Bischofs dahin abgeliefert werden musste, waren eine ergiebige Quelle. Besonders einträglich für die römische Curie
waren die Streitigkeiten bei Bischofswahlen. Wenn
auch nicht anzunehmen ist, dass jeder Streitfall so ausgiebig
war als der von Fünfkirchen in Ungarn, den Lorenz[3] anführt, wo die Processkosten in Rom nicht weniger als
15000 Mark Gold betrugen[4], so ist zu erinnern, dass die
Bischofswahlprocesse dagegen sehr häufig waren, daher eine
bedeutende Einnahme abgaben. Manche Päpste suchten dem
Misbrauche mit dem Kirchenbanne zu steuern, der von
Bischöfen oft zu eigennützigen Zwecken verhängt wurde. So
hatte z. B. der Bischof von Clermont seinen Sprengel mit
dem Interdicte belegt, weil die Bewohner bei seinem Einzuge

---

[1] Cod. dipl., V, pars II, p. 118; über Stiftungen von Klöstern und
Schenkungen an dieselben vgl. Hurter, Innocenz III., Buch 28, bes. S. 473
—507; über den grossen Besitz der Klöster ebendaselbst S. 599 fg.

[2] Muratori, Diss., 68.

[3] I, 101.

[4] Nach Fejer, Cod. diplom., IV, 2, 187.

keine Freudensteuer entrichten wollten.[1]   Andere Beispiele
von Bischöfen, die vom Banne nicht auf reumüthige Bitte,
sondern für Geld oder Bürgschaft lossprachen, werden von
Hurter[2] u. a. angeführt.   Innocenz IV. sah sich genöthigt,
strenge Verbote gegen Erpressungen beim Aussprechen und
Lösen des Bannes zu erlassen[3]; allein die Päpste fingen selbst
an, diese Kirchenstrafe als Bereicherungsmittel zu gebrauchen
und für die Aufhebung derselben Geld anzunehmen.   So
musste Pisa, das seit 1214 gegen dreissig Jahre lang unter dem
Interdicte gelegen, dem Papste für die Lösung 30000 Pfund
erlegen.[4]   Bei der Versunkenheit des Klerus kann es überhaupt nicht befremden, wenn er aus Habgier oder um dem
luxuriösen Leben zu fröhnen, bei jeder Gelegenheit sich zu
bereichern suchte, wenn z. B. „Bischöfe für ihre Verrichtungen: Einweihungen von Kirchen und Altären, oder für das
Chrisma und das heilige Oel einen hohen Preis, oder für
Einsetzung von Aebten kostbare Geschenke, Pferde, seidene
Kleider, für die Bestätigung Geld forderten"[5], und gerechtfertigt erscheint demnach wol, wenn ein englischer Geschichtschreiber sagt: „den Bischöfen unserer Zeit ist die Welt nicht
ans Kreuz, sie sind an jene geheftet.   Sie seufzen nicht mit
den Propheten: ach warum verlängerst du die Tage meines
Erdenwallens? vielmehr scheint ihnen dessen Dauer zu kurz.
Müssen sie hinweg von ihren Reichthümern oder Annehm-
lichkeiten, so fühlen sie sich von Schmerz zerrissen."[6]

Senden.

Die Senden, deren Ursprung mit den jährlichen bischöflichen Visitationen parallel geht und die Aufgabe hatten, das
kirchliche Leben in den Gemeinden zu erforschen und zu
überwachen, besonders diejenigen Verbrechen zu bestrafen,
die vom weltlichen Arm nicht getroffen wurden, arteten auch
zu Gelderpressungsmitteln aus, nachdem die Sendgerichte

---

[1] Planck, IV, 2, 291.
[2] Innocenz III., III, 362.
[3] Ep. I, 181; Archives de Reims, II, 1, 659, bei Raumer, VI, 162.
[4] Raumer, a. a. O.
[5] Hurter, III, 362.
[6] Guil. Neubr., V, 8; bei Hurter, a. a. O.

Geldstrafen aufzulegen angefangen hatten, welche Alexander III. im Jahre 1180 noch verwarf[1], Innocenz III. aber
schon billigte. Die Senden hatten sich nämlich mit der Zeit
in bischöfliche, archidiakonale und erzpriesterliche abgestuft, und der erzbischöfliche gestaltete sich zu einem ständigen Gericht, so z. B. im Mainzischen im 13. Jahrhundert.[2]
Die Geldstrafe, die z. B. ursprünglich für Arbeit an Sonn-
und Festtagen manche Gewerbe betroffen hatte, wurde zu
einer regelmässigen jährlich an die Sendherrn zu entrichtenden
Abgabe, die den Handwerkern sehr beschwerlich wurde. Der
Misbrauch der Senden muss arg gewesen sein, da die Send-
richter von den Bischöfen selbst zu Anfang des 16. Jahrhunderts zur Mässigung aufgefordert wurden. Unter den von
dem Convent zu Nürnberg 1522 und 1523 an den Papst ein-
gereichten Beschwerden der deutschen Nation waren die
Bedrückungen, die sich die Geistlichen bei den Senden
erlaubten, angeführt. Die Gelderpressungen waren besonders
unerträglich geworden, seit man statt unbescholtener Send-
zeugen bestochene Angeber hielt. Ein Bild gibt die Klage
im „Vnterricht der Visitatoren an die Pfarhern ym Kur-
fürstenthum zu Sachsen“.[3]

Reliquien.

Eine sehr ergiebige Einnahmsquelle für Kirchen und
Klöster boten die Reliquien der Heiligen, theils durch deren
Verkauf theils durch deren heilkräftige Wunder, wodurch das
opfernde Volk herbeigelockt wurde. Eine besonders reiche
Beute an Reliquien machten die Kreuzfahrer nach der Eroberung Konstantinopels, wo die heiligen Ueberreste aus allen
Pflanzörtern des Christenthums von den christlichen Kaisern
angehäuft worden waren. Byzanz rühmte sich, ein Stück von
dem Steine zu besitzen, auf welchem Jakob geschlafen, von
dem Stabe, den Mose in eine Schlange verwandelt hatte, hier
gab es Kleider der Heiligen Jungfrau, ihr Spinnrocken, von
ihrer Milch wurde hier aufbewahrt, das Kreuz, an welchem

---

[1] Decret. Gregor. lib. V, tit. V, 37, c. 3.
[2] Bodmann, Rheingausche Alterthümer, S. 851 fg.
[3] Vgl. bei Herzog, Art. Sende.

der Heiland gelitten, von dem Blute, das er für die Sünden
der Menschen vergossen, die Windeln, in welchen er gelegen,
ein Zahn aus seiner Kindheit, einige Haare aus seiner Knaben-
zeit, ein Stück von dem Brote, das er beim letzten Abendmahl unter seine Jünger gebrochen, ein Stück von dem
Purpurmantel, den er vor Pilatus umgehabt, die Dornenkrone,
die er getragen, u. dgl. Solche Kostbarkeiten wogen den
Werth von Gold und Edelsteinen weit auf und wurden daher
von den Kreuzfahrern, besonders den Geistlichen unter ihnen,
mit heisser Gier gesucht und nach Italien, Frankreich,
Deutschland und dem übrigen Europa gebracht, wo sie in
Kirchen, Stiftern und Klöstern aufbewahrt wurden. Wo eine
Reliquie ankam, verbreitete sich der Ruhm ihrer Wunder-
kräftigkeit durch das ganze Land. Jede Kirche suchte eifrigst
in den Besitz einer heiligen Reliquie zu gelangen, nicht nur
wegen des Kapitalwerthes, der darauf lag, sondern vornehmlich wegen der reichlichen Zinsen, die der Kirche oder dem
Kloster durch ihren Besitz zuflossen, indem für die heil-
kräftigen Wunder, welche die Reliquie bewirkte, von den
herbeiströmenden Heilsbedürftigen bedeutende Geldopfer dargebracht wurden. Schon im 9. Jahrhundert war die Translation von Reliquien ein förmliches Geschäft: man liess die
Gebeine oder andere Ueberreste von einem Heiligen kommen,
baute eine neue Kirche, deren Glück durch die Translation
gewöhnlich gemacht war. Als der Körper des heiligen
Sebastian in Rom anlangte und der des heiligen Gregorius dazu
gestohlen worden war[1], um im Kloster St.-Medard von
Soissons aufbewahrt zu werden, kamen so viele Menschen zu
den neuen Heiligen, dass die Gegend wie mit Heuschrecken
besäet war und jene scharenweise geheilt wurden. Das Geld
dafür massen die Mönche, 85 Scheffel, und das Gold betrug
800 Pfund.[2] Kirchen, die sich des Besitzes von bedeutendern Reliquien rühmen konnten, erhielten zu Rom den Vorzug, dass dem sie Besuchenden an der Zeit auferlegter Busse
eine Anzahl von Tagen nachgesehen wurde.[3] Die An-
ziehungskraft der heiligen Reliquien ist begreiflich, wenn wir

---

[1] A. SS. Boll., 20. Jan.
[2] Roth, Geschichte des Beneficienwesens, I, 255.
[3] Hurter, IV, Beil. 32, Reliquien.

hören, dass sie nicht nur alle Krankheiten und Gebrechen
heilten, sondern auch gegen Wassers- und Hungersnoth,
Seuchen, Krieg und Tod schützten, dass den hergestellten
Frieden im Lande ihre Ankunft bewirkte. „Bei Verträgen,
Schenkungen, Richtungen vertrat ihre Berührung die Stelle
des Eides."[1] „Die Kirchen und Klöster, welche im Besitze
solcher Reliquien waren, sammelten Beiträge, um die heiligen
Ueberbleibsel in kostbaren Gefässen aufbewahren zu können.
Besonders gross war der Aufwand an edeln Metallen und
Edelsteinen für die Särge der Schutzheiligen von Klöstern.
Im Jahre 1207 wurde der Leib des heiligen Benedictus zu
Fleuri an der Loire aus einem unscheinlichen Kasten in
einen kostbaren gelegt, welcher 23000 Solidi kostete."[2] Infolge
der herrschenden Sucht nach Reliquien nahm die Menge derselben auch zu, und „gleich wie manche Heilige verehrt
wurden, deren Leben und Wirken völlig unbekannt war, die
vielleicht nie gelebt hatten, welchen man Handlungen ange-
dichtet, die sie nie konnten verrichtet haben"[3], ebenso stand
es mit der Echtheit der Reliquien. „Von manchem Heiligen
wurden mehr Köpfe vorgezeigt, als das Ungeheuer Lernäon
gehabt hatte, oder so viele Theilchen, dass derjenige, dem sie
hätten angehören sollen, an Grösse den Riesen Anteus müsste
übertroffen haben."[4] Vom heiligen Johannes wollte jede be-
deutendere Kirche etwas haben, den heiligen Dionysius versicherte Paris zu besitzen, ebenso gut wie die Abtei zu
St.-Denis, wie auch St.-Emeran in Regensburg das Gleiche
behauptete. Das Haupt Johannes des Täufers zeigte man
sowol in Konstantinopel als im Kloster St.-Jean d'Angeli.
Selbstverständlich gab es Streitigkeiten sowol über die Echtheit als auch über die Wunderkraft der Reliquien, da von
letzterer die Grösse der Einnahme abhing. Bei der stets sich
mehrenden Zahl der Reliquien gab es deren von der sonder-
barsten Art: das Kloster von Gladston in England rühmte
sich des Besitzes eines Stückes der Krippe, worin Jesus gelegen, der Geisel, womit er geschlagen worden, des Schwam-

---

[1] Hurter, a. a. O.
[2] Ebendas.
[3] Hurter, IV, 487.
[4] Ebendas.

mes, den man ihm am Kreuze gereicht hatte, eines Theils
von dem Golde, das die Magier ihm dargebracht, von den
fünf Gerstenbroten, die einst das Volk speiste, es wies selbst
einen Stein vor von denen, die ihm der Teufel angeboten,
sie in Brote zu verwandeln, und das merkwürdigste war wol
ein Theil des Lochs, in welches auf Golgatha das Kreuz gesteckt worden war.[1]   Der Bischof von Lüttich schenkte dem
Abt von St.-Laurenz zu Lüttich eine Thräne Christi, die er
von Innocenz III. erhalten hatte; daselbst zeigte man auch
das Präputium Christi; Graf Arnold von Andres trug an
seinem Halse ein Barthaar Christi in einem Gefässe; Erzbischof Hartwich von Bremen beglückte seine Kirche mit dem
Schwerte, womit Petrus dem Malchus das Ohr abgehauen
hatte; in Laon wurde Milch der Heiligen Jungfrau in einer
krystallenen Taube aufbewahrt; Bischof Konrad von Halberstadt besass Fleisch von dem Körper· des Apostels Paulus;
die Kirche zu Aegeri rühmte sich, etwas von dem Busche zu
besitzen, den Mose brennen gesehen, und von der Erde,
woraus Gott die ersten Menschen gebildet.[2]   Da man Reliquien ihrer Wunderkraft wegen gern als Amulete bei sich
trug, um durch sie vor Gefahren und Unfällen geschützt zu
sein, so waren sie auch ein von Privatpersonen vielgesuchter
Artikel, mit dem namentlich Klöster und Kirchen Handel
trieben.   Das vierte lateranische Concil 1215 fand sich genöthigt, den Verkauf der Reliquien zu beschränken, insofern
dieselben durch den Papst approbirt sein mussten.   Dadurch
wurde aber dem Handel noch nicht abgeholfen und jede
Kirche, jedes Kloster konnte sich für die Wunder, welche
ihre Reliquien an Kranken oder anderwärts bewirkten, bezahlen lassen.

Ausser den Reliquien waren noch eine Menge wunder-
kräftiger Sachen in Gebrauch, die von der Kirche angefertigt
und von den Laien gekauft wurden, um als Amulete zu dienen, als: Gotteslämmer, Agnus Dei, durch deren Gebrauch
man der Sünden ledig und gegen Feuers- und Wassersnoth,
Sturm, Ungewitter, Hagel, Krankheit und Zauberei geschützt
ward; geweihte Bilder, Marienmedaillen, Schweiss-

---

[1] Hurter, IV, 493.
[2] Hurter, IV, Buch 32, Reliquien.

tüchlein, Conceptionszettel u. dgl. Erst im 15. Jahrhundert wurde das Recht, Gotteslämmer zu verfertigen und auszugeben, als ein päpstliches Monopol in Anspruch genommen durch die Bulle Sixtus IV. vom 22. März 1471, wodurch diese Geldquelle nach Rom geleitet ward; allein die niedere Geistlichkeit liess sich nicht abhalten, auch fernerhin daraus Nutzen zu schöpfen, und trieb den Verkauf von gewissen Dingen immer fort, da der Gebrauch der Amulete immer mehr zunahm. Ein Beispiel von der wunderbaren Kraft der päpstlichen Conceptionszettel wird, bei vorausgesetztem Glauben daran, das Verlangen, derlei zu besitzen, erklären: P. P. „Wer einen solchen Zettel brauchen will, muss ihn vorher benetzen mit heiligem Dreikönigswasser und hernach nur einmal beten zu Ehren der Geburt Christi und der unbefleckten Empfängniss Mariä: drei Vaterunser, drei Ave-Maria, dreimal das Gloria patris u. s. w. sammt einem Glauben, nach diesen spricht er diese zwei Wörter: Ave, Amen." — Gebrauch der Zettel. „Erstlich, wer einen solchen Zettel bei sich trägt, ist sicher vor aller erdenklicher Zauberei, sollte aber einer verzaubert sein, der muss einen solchen Zettel verschlingen, also wird er davon befreit, und kann auch dem verzauberten Vieh ein solcher Zettel eingegeben werden, der Mensch muss aber anstatt des Viehs das Gebet verrichten, also auch wenn ein solcher Zettel in einer Wiege liegt oder dem Kinde angehängt wird, damit es nicht verzaubert werde, so muss die Mutter anstatt des Kindes das Gebet verrichten." 2. „Wenn solche Zettel in einen Blechel verlöthet gelegt werden in die vier Ecken eines Gartens oder Ackers, so können nicht schaden die bezauberten Ungewitter und Ungeziefer." 3. „Kann ein solcher Zettel eingespündet werden in das Butterfass, damit die Zauberei verhütet werde." 4. „Können solche Zettel eingespündet werden unter die Thürschwellen sowol in menschlichen Wohnungen als auch in den Viehställen. Item in die Krippen und Leitern, daraus die Schaaf, Pferd und anderes Vieh zu fressen pflegt, kann im geringsten nicht verzaubert werden." 5. „Sind die Zettel sehr dienlich den gebährenden Frauen; wenn sie kurz vor der Geburt einen solchen Zettel verschlingen, so bringt das Kind öfters den Zettel auf die Welt, entweder an der Stirn, oder zwischen den Lefzen, oder aber in einem Händel." 6. „Ver-

hüten sie im Brauhaus unter dem Zapfen, wo man das Bier
abzulassen pflegt, alle Zauberei, auch in einer Mühle in dem
Mühlrad, wenn ein dergleichen Zettel eingespündet wird, auch
in die Radel-Stuben seitenhalben, so kann weder das Brauhaus noch die Mühl keineswegs verzaubert werden." 7. „Verhüten diese Zettel die Zauberei, wenn sie geleget werden in
die Büchsen, Röhren und anderes Geschoss." 8. „Diese
Zettel können auch geleget werden in die Agnus Dei, denjenigen aber, welchen man solche Agnus Dei gibt, muss ihnen
gesagt werden, damit sie das Gebet verrichten. Letzlichen
ist auch zu bemerken, dass eine jede kranke Person einen
solchen Zettel könne verschlingen, es mag sein eine gezauberte
oder natürliche Krankheit."[1]

Nebst den bisher erwähnten Einkünften der Geistlichkeit
gab es noch verschiedene andere, als: Salzgefälle, Jagd,
Fischerei, Biberfang u. s. w., sowie ihr ausser den angeführten Erwerbsmitteln noch mancherlei andere Wege offen
standen, sich zu bereichern. Berücksichtigt man blos, was
von Raumer[2], Lorenz[3], Hurter[4] und von andern Historikern
angeführt wird, so ist es klar, dass die Geldströmung nach
Rom während des Mittelalters eine unermessliche war, dass
Kirchen und Klöster ungeheure Gütercomplexe besassen, und
die oft wiederholte Behauptung: dass schon zu Ende des
7. Jahrhunderts ein Drittheil alles Grundeigenthums, besonders in Gallien, Kirchengut gewesen[5], ganz annehmbar erscheint, die Kirche im Verlaufe des Mittelalters in Besitz der
grossartigsten äussern Mittel gelangt war.

6. Sittliche Zustände.

Der Umstand, dass die Kirche als Anstalt sich aufthun
musste, bietet den ersten Anknüpfungspunkt für das Streben
nach Aeusserlichkeit, namentlich nach äusserer Macht, wo-

---

[1] Aus der „Fortgesetzten Sammlung von alten und neuen theologischen
Sachen auf das Jahr 1721, dritter Beitrag, Neues" Nr. IX, S. 440—444.

[2] Hohenst., VI.

[3] Deutsche Geschichte, I, 21. 101.

[4] III, Buch 28, bes. 473—507; 599 fg.; III, 150, Anhang über die
päpstliche Heberolle.

[5] Roth, Beneficienwesen, 249.

durch sie ihre Bedeutsamkeit an den Tag zu legen suchte. Die Folge der immer mehr anwachsenden Strebungen, wobei sie ihre Machtstellung durch äussern Güterbesitz unterstützte, war, dass sie im Verlaufe der Zeit selbst immer mehr in weltlichen Zwecken aufging. Indem sie nach allen Seiten hin die rührigen Hände ausbreitete, um allen menschlichen Beziehungen ihr Gepräge aufzudrücken, versenkte sie sich selbst in die Weltlichkeit und erhielt den Charakter der Aeusserlichkeit. Mit der Erhebung des Christenthums zu allein berechtigtem Staatscultus wurde vornehmlich der Grund zur Veräusserlichung der Kirche gelegt, indem das belebende ethische Moment, in den Hintergrund geschoben, durch das dogmatische Gerüste beinahe erstickt ward.

Mit dem Aufhören der Verfolgungen der Christen seit dem 4. Jahrhundert nahm auch der Ernst und die Innigkeit ab, die Uebertritte zum Christenthum geschahen häufig irdischer Vortheile wegen, die Bekehrung war also oft eine ganz äusserliche und die Verweltlichung der Kirche zog den Verfall der Sittlichkeit nach sich. Eine Reaction gegen die Verweltlichung der Kirche, die seit dem 4. Jahrhundert auf abschüssigem Wege mit zunehmender Schnelligkeit fortschritt, sollte das Mönchthum hervorbringen, dieses war aber selbst auf falsche Fährte gerathen.

Unter den Bischöfen waren Zerwürfnisse eingetreten, im Volke herrschte Parteisucht, am römischen Hofe Entsittlichung. Von den sittlichen Zuständen in den liederlichen Zeiten der römischen Kaiser gibt Seneca (gest. 65 nach Christo) eine entsetzliche, aber nicht übertriebene Schilderung: „Omnia sceleribus ac vitiis plena sunt, plus committitur quam quod possit coërcitione sanari. Certatur ingenti nequitiae quodam certamine major quotidie peccandi cupiditas, minor verecundia est. Expulso melioris aequiorisque respectu quocunque visum est, libido se impingit. Nec furtiva jam scelera sunt, praeter oculos eunt, adeoque in publicum missa nequitia est et omnium pectoribus evaluit ut innocentia non rara, sed nulla sit. Num quid enim singuli aut pauci rupere legem? undique, velut signo dato ad fas nefasque miscendum coorti sunt"[1] u. s. w. Diese Schilderung erhält ihre vollkommene Bestätigung durch

---

[1] De ira, II, 8.

Suetonius, Tacitus und die Satiriker Persius und Juvenalis.
Ueber die Entartung des Hofes zu Julian's Zeit (361—63)
legt Ammianus Marcellinus ein kaum löblicheres Zeugniss ab.[1]
Die um sich greifende Verweltlichung des religiösen Lebens
und Lauheit zur Zeit des Chrysostomus (344 — 407) bezeigen dessen Predigten.[2]

Mit den Bestrebungen der Kirche, ihre Macht durch
äussern Güterbesitz und Reichthum zu fördern, wurde bei
der Geistlichkeit die Habgier vornehmlich rege, die schon
von mehrern Kirchenvätern getadelt wurde.   Gegen Erbschleicherei der Geistlichen mussten Valentinian I. (364
—75)[3] und Theodosius II. (408—50) scharfe Gesetze erlassen, und das Edict Valentinian's I. vom Jahre 370 fand es
für nöthig, der Geistlichkeit überhaupt zu verbieten von
Frauenzimmern Vermächtnisse anzunehmen.

Salvian von Marseille (gest. 485), der über die sittliche
Verwilderung seiner Zeit im Abendlande ein schreckliches,
aber getreues Bild entwirft, behauptet: dass Gott den deutschen Eroberern das Reich hingegeben, weil sie frömmer als
die Römer seien:[4] „Nec illos naturale robur corporum fecit
vincere, nec nos naturae infirmitas vinci. Nemo sibi aliud
persuadeat, nemo aliud arbitretur, sola nos morum nostrorum
vitia vicerunt."[5] Das Zeugniss, das hier den bekehrten Deutschen ausgestellt wird, verdienten aber mehr nur die ersten
Generationen, die überall besser waren als die folgenden.
Kurtz[6] macht auf den grellen Contrast aufmerksam zwischen
der germanischen Sitte und Zucht nach der Schilderung bei
Tacitus und der bei Gregor von Tours in dessen Geschichte
der Franken.   Dort rohe, aber edle Einfalt, Geradheit der
Sitten, Zucht und Keuschheit des Lebens, Heilighaltung der
Ehe, Treue, Ehrenhaftigkeit; hier kolossale Entartung der
Merovingischen Zeit, brutale Zuchtlosigkeit, treulose Ver-
rätherei, Meineidigkeit, Heimtücke, Mordplane, Giftmischereien,

---

[1] 22, 4.
[2] Aug. in Psalm. 90, Sermo 184; Psalm. 48, Sermo 284.
[3] Cod. Theod., XVI, 2, 20.
[4] Salv. de gubernat. Dei, VI, 23.
[5] Der Arianer Alarich, westgothischer Heerführer, hatte im Jahre 410
Rom erobert.
[6] Handbuch der allgem. Kirchengeschichte, S. 376.

Unersättlichkeit nach Schätzen, Ausschweifungen im geschlechtlichen Leben und, obschon die schwärzesten Farben
des Gregor'schen Gemäldes den Kreisen des Hoflebens angehören, so behauptet Kurtz ganz richtig, dass Entartung auch
ins Volk eingerissen war. Gibt doch Gregor von Tours selbst
von den Ungebührlichkeiten innerhalb des geistlichen Standes
eine Menge von Beispielen. Der Bischof Eonius von Vannes, dem
Trunke ergeben, fiel einst, während er Messe las, mit thieri-
schem Geschrei zu Boden, so dass ihm Blut aus Mund und
Nase stürzte.[1] An der Tafel des Königs Guntram kamen die
Bischöfe Palladius und Bertramnus in heftigen Streit, wobei
sie einander Ehebrüche, Hurereien und Meineide vorwarfen.[2]
Das Urtheil unseres Gewährsmannes Gregor selbst wird uns
nichts weniger als scrupulös vorkommen, wenn er berichtet,
wie der Abt Dagulf, der mit einer verheiratheten Frau Unzucht getrieben, eines Tags trunken liegen geblieben, von dem
heimkehrenden Manne, der das Lager in Brand steckte, mit
einer Axt erschlagen worden sei, und Gregor daran die
Moral knüpft: Geistliche mögen sich des Umgangs mit fremden Frauen enthalten und sich mit solchen begnügen, wo es
ihnen nicht zum Verbrechen angerechnet werden kann.[3] Die
Greuelthaten von Chlodwig (481—511) erzählt Gregor mit
bewundernswürdiger Aufrichtigkeit: wie Chlodwig den Sohn
des ripuarischen Königs Sigibert zur Ermordung seines Vaters
bringt, ihn dann selbst durch die Gesandten erschlagen lässt.
Wir erfahren überhaupt durch Gregor das schreckliche Gewebe von Tücke, Verrath und Ruchlosigkeit. Gregor fügt
seinem Berichte die Bemerkung bei: „Denn täglich streckte
Gott seine Feinde vor ihm nieder und vergrösserte seine
Herrschaft darum, weil er rechten Herzens vor ihm wandelte
und that, was in seinen Augen wohlgefällig war."[4] Bekanntlich hat diese Schlussbemerkung Gregor's verschiedene Urtheile hervorgerufen; einige haben diese Aeusserung eine
Gotteslästerung tückischen Pfaffengeistes genannt; Schlosser[5]

[1] IV, 41.
[2] VIII, 7; andere Beispiele vgl. IV, 43; von Habgier, IV, 12; V, 5;
VI, 36 u. a. O.
[3] VIII, 19.
[4] II, 40.
[5] Weltgeschichte, 2. Thl., I, 102.

sieht in der nackten Aufzählung der Grausamkeiten eben eine
Misbilligung; Loebell[1] interpretirt: „Trotz dieser Verbrechen,
wollte Gregor sagen, streckte Gott seine Feinde vor ihm nieder, denn das Grösste, was er gethan, war ein wohlthätiges
Werk." Loebell meint aber, Gregor habe die Sätze nur un-
geschickt aneinandergeknüpft. Es liegt uns ausserhalb des
Weges, die Ansicht Gregor's zu kritisiren, uns interessirt er
nur als Schilderer des sittlichen Zustandes seiner Zeit, und
wir begnügen uns, die Thatsache mit Loebell[2] zu constatiren:
dass auf die Sittlichkeit Chlodwig's das Christenthum wenig
oder keinen Einfluss geübt habe, da das Schlimmste, was die
Geschichtschreiber von ihm erzählen, nach seiner Bekehrung
von ihm verübt ward.

Die Erscheinung aber, dass die Germanen nach ihrer
Bekehrung schrittweise sittlich herabsanken, hat seinen Grund
in der Umgestaltung der Lebensverhältnisse, die durch die
Völkerwanderung herbeigeführt worden, indem die Germanen
aus ihren einfachen Naturzuständen herausgerissen, auf denen
ihre Sittlichkeit beruhte, auf einen Boden versetzt wurden,
auf dem sie den Verführungen preisgegeben waren, die aus
der neuen Umgebung auf sie eindrangen. Sie waren in üppigen Ländern unter einem sittlich entarteten Volke von
luxuriösem Leben umgeben, wo sie als Eroberer schrankenlose
Gewalt übten und dabei die entfesselten Leidenschaften alle
Zucht durchbrachen. Ihre Bekehrung war eine massenhafte,
und schon dadurch eine mehr äusserliche, die daher auch
keine sittliche Erneuerung hervorbringen konnte. Die den
Germanen eingepflanzte Hochschätzung des Weibes, im engen
Zusammenhang mit deren gepriesenen Keuschheit und ehelichen Treue, wurde herabgedrückt, das Weib herabgewürdigt
bei der innerhalb der Kirche aufgekommenen Hochschätzung
des ehelosen Lebens, wonach das Weib als Versuchungsmittel
des Satans galt. Auf der Synode zu Maon im Jahre 585
konnte ein gallischer Bischof behaupten: „mulierem hominem
non posse vocitari".[3] Die ethisirende Kraft des Christenthums
konnte sich noch nicht wirksam erweisen, und die ursprüng-

---

[1] S. 265.
[2] S. 263.
[3] Greg. Tur., VIII, 20.

liche Sittlichkeit war verkommen, das einfache Leben der
Deutschen wurde durch den Verkehr mit römischer Civilisation zunächst nicht civilisirt, sondern es schlug um und fiel
auf die Kehrseite der Civilisation: Genusssucht und Habsucht,
in denen das deutsche ritterliche Wesen unterging. Kampf
wurde nicht mehr des Kampfes, sondern des Besitzes wegen
gesucht. Es ist die Erscheinung, die bei jedem Uebergange
stattfindet, wo die alte Form zerbrochen, die neue noch nicht
gestaltet ist, Verwilderung und Zügellosigkeit platzgreift.

Mit dem anwachsenden Reichthum der Kirche wuchs
auch der Geiz und die Habsucht der Geistlichen und verleitete sie zu der schon erwähnten Erbschleicherei, Urkunden-
fälschung, Simonie, Pfründenjagd. Eine Belegstelle für die
Habgier des Klerus und die Sucht, seinen Besitz mit ver-
werflichen Mitteln zu vermehren, liefert das Capitulare Karl's
des Grossen vom Jahre 811[1], das den Vorwurf enthält: dass
die Kleriker nicht müde werden, täglich und auf jegliche Art
sich zu bereichern, und zwar sowol durch Verheissungen
himmlischer Seligkeiten als durch Drohungen mit höllischen
Qualen, wodurch sie die Leute berücken, ihre Güter abzu-
treten und ihre Erben um Hab und Gut zu bringen. Be-
zeichnend sind die Fragen, die Karl der Grosse bei seiner
Unzufriedenheit mit dem Erfolge seiner Arbeiten an die geistlichen und die weltlichen Stände richtet: warum sie so wenig
für den allgemeinen Zweck zusammenwirken; woher der häufige Streit unter ihnen; warum sich Geistliche in weltliche
Dinge mischen und umgekehrt? Bei seinen Ermahnungen der
Geistlichen, als Hirten der Gemeinden ein musterhaftes Leben
zu führen, fragt er: wie dazu die Habgier passe, womit sie
durch Vorspiegelungen, durch Erbauen von Kirchen, Aufstellen von Heiligenleichen den einfältigen Laien Erbe und
Habe ablocken; wie passe die Prunksucht, die sich mit Bewaffneten umgibt? In dieser Weise fortfahrend, macht er seinem Unmuthe darüber Luft, dass er bei der Gründung seines
christlichen Staats sich am Klerus sehr getäuscht habe.[2] Er
hatte auch vernommen, dass Priester das Beichtgeheimniss

---

[1] Pertz, Mon., III, leg. 1, p. 167.
[2] Cap. 811; Pertz, III, 166.

für Geld brechen und sich als Denuncianten gebrauchen
lassen. [1]

Bei dem Eintritte des fremden Adels in bischöfliche
Stellen finden wir namentlich zur Zeit Karl Martell's den
hohen Klerus in Rohheit und Unwissenheit versunken, und zu
seinen adelichen Sitten gehörten Lust am Kriegshandwerk, an
Jagd und Trinkgelagen. Die Geistlichkeit am Hofe war in
dessen Intriguen vermengt, und die grauenvollen Tage einer
Brunhilde und Fredegunde, wo Verrath und Giftmischerei
gäng und gebe waren, liefern die bedauerlichsten Beispiele.
Pipin verbot im Jahre 742 den Bischöfen, selbst in den Krieg
zu ziehen, und die Verbote wiederholten sich unter Karl dem
Grossen und Ludwig dem Frommen. Concilien und Capitularien eiferten gegen die Jagdlust der hohen Geistlichkeit,
aber ohne Erfolg. Gegen die Trunksucht der Geistlichen
hatten schon die Synoden zu Tours 460, c. 2, zu Agde 506,
c. 42, zu wirken gesucht und auch die Verbote, Wirthshäuser
zu besuchen, erlassen. [2] Der niedere Klerus, gewöhnlich aus
dem Stande der Leibeigenen, war natürlich nicht besser, und
es gab in dieser Zeit zahllose Clerici vagi, die als geistliche
Landstreicher herumzogen. Charakteristisch ist die Stelle
bei Gfrörer [3]: „Seit die adelichen Herrn (namentlich die Grafen
von Tusculum) sich der Herrschaft über Rom bemächtigt
hatten", sagt Bonizo [4], „gerieth die Kirche in schmählichen
Verfall. Denn diese Menschen verkauften nicht nur die
Cardinalswürden, Abteien, Bisthümer mit schamloser Frechheit, sondern sie erhoben auch Leute ihres Gelichters auf Petri
Stuhl; vom Haupte aus verbreitete sich dann das Verderben
in die Glieder." Aehnliches berichtet Victor [5]: „ Alle Zucht
war dahin, das Volk verkaufte die Wahl, der Priester erstand
die Weihen um schnödes Geld, und kaum gab es einige Aus-
erwählte, die sich von dem allgemeinen Laster der Simonie
rein zu erhalten wussten. Da niemand den Wandel der niedern Kleriker überwachte, fingen die Diakonen und Presbyter
an, nach Laienart Weiber zu nehmen und ihre in solcher

---

[1] Capit. 813, c. 26, 6, p. 99.
[2] Besonders zu Agde 506, c. 40; zu Auxerre 578, c. 39.
[3] Allgem. Kirchengeschichte, IV, 1, S. 392.
[4] Oefele II, 799.
[5] Bibl. patr. max. XVIII, 853 sequ.

Ehe gezeugten Kinder durch förmliche Testamente zu Erben
(der von ihnen besessenen Pfründen) einzusetzen. Selbst einzelne Bischöfe trieben die Schamlosigkeit so weit, mit Weibern
in einem Hause zu wohnen. Dieser verruchte Misbrauch
herrschte am meisten in der Stadt Rom." Derselbe Victor
bestätigt [1]: dass Benedict das Papstthum selbst wie eine Waare
gegen eine schwere Summe Geldes an Gregor VI. verkaufte.
Benno [2] gibt als Kaufsumme 1500, der Codex vaticanus 1340
aber 2000 Pfd. an.

Die Sittenlosigkeit der Geistlichkeit im 10. Jahrhundert
spiegelt das Buch Gomorrhianus, das dem Papst Leo IX. gewidmet ist, und worin der strenge Mönch Damianus seinen
heiligen Aerger ausdrückt.[3] Wie arg es in Bezug auf Fleisches-
sünden und unnatürliche Wollust gewesen, geht daraus hervor, dass es römische Sitte wurde, bei der Ordination den
Bischof vor seiner Weihe zu befragen, ob er von vier Verbrechen rein sei: pro arsenochita, qu. e. cum masculo; pro
ancilla Deo sacrata quae a Francis Nonnata dicitur; pro qua-
tuor pedes; et pro muliere viro alio conjuncta, aut si conju-
gem habuit ex alio viro, quod Graecis dicitur deuterogamia.[4]
In derselben Richtung gibt schon die Vision des Wettin,
eines Mönchs in Reichenau am Anfang des 9. Jahrhunderts,
einen Spiegel der sittlichen Zustände, indem er unter den
Bestraften im Fegfeuer viele unzüchtige Mönche erblickt.
Eine damals herrschende Seuche wird als Strafe für die
verbreitete unnatürliche Wollust erklärt.[5]

Bischof Ratherius, eine der hervorragendsten Persönlichkeiten des geistlichen Standes im 10. Jahrhundert, klagt
über seine traurigen Erfahrungen in Bezug auf die Sittlichkeit der Geistlichen seiner Zeit: „Welche Qual", hebt Rather
an, „erwartet diejenigen, welche, wenn sie überhaupt dazu
passend scheinen sollten, es nicht nur versäumen, die ihnen
anvertraute Heerde zu weiden, sondern auch zur Schande des

---

[1] Bibl. patr. max., a. a. O.

[2] Vita Hildebrandi, p. 83.

[3] Liber Gomorrhianus de diversitate peccantium contra naturam etc.,
Op. tom. I.

[4] Ordo Roman. VIII; Mabillon Mus. Ital. t. II, p. 86; Baluz. capit. II,
append. p. 1372.

[5] Mabill. a. SS. IV, p. 266, §. 4.

Namens, den sie tragen, nicht aufhören, sich selbst durch die
Abgründe der Laster zu schleppen. Sie beschäftigen sich beständig mit weltlichen Spielen, mit Jagen und mit Vogelstellen.
Sie pflegen nach deutscher Sitte Wurfspiesse zu schwingen
und entwöhnen sich der heiligen Schriften. Sie haben sich
Gottes entkleidet, haben die Welt angezogen und scheuen
sich nicht, Laienkleider zu tragen. Aber was klage ich über
die Laienkleidung, da ich oft sah, dass man sich mit fremd-
modischen und gleichsam barbarischen Kopfbinden zur Schande
des Priesterstandes schmückte, oder, was wahrer ist, verun-
ehrte, sodass man die quirinische Trabea und die gabinische
Gürtung höher achtete als die Zierde des kirchlichen Ge-
wandes. Sie wollen lieber Jäger als Lehrer, lieber kühn als
milde, lieber verschlagen als herzenseinfältig, lieber Makkabäer
heissen als Bischöfe. Und wenn sie sich doch so, wie sie
sich nennen, auch zeigten in jenem Streite, in welchem
Christus sie zu den Siegern über die Welt und ihren Fürsten
gesetzt hat! Sie spielen Kreisel und meiden darum das
Würfelspiel nicht. Sie gehen fleissig mit dem Spielbrete anstatt mit der Schrift, mit der Wurfscheibe anstatt mit dem
Buche um. Sie wissen besser, was dich ein Fehlwurf kostet,
als was die Heilswahrheit fordert, verbietet oder verheisst
und was sie spricht; besser was der Glückswurf bringt, als
was sie Gott zu danken schuldig sind. Sie haben Schauspieler lieber als Priester, Lustigmacher lieber als Geistliche,
Säufer lieber als Philosophen, Schurken lieber als Wahrhaftige, Unkeusche lieber als Schamhafte, Mimen lieber als
Mönche. Sie begehren nach griechischem Schmucke, baby-
lonischer Pracht, ausländischem Putze. Sie lassen sich goldene Becher, silberne Schalen, Kannen von grosser Kostbar-
keit, ja Trinkhörner von bedeutendem Gewichte und von
einer jedem Zeitalter verhassten Grösse machen. Sie bemalen
den am Boden ruhenden Weinkrug, während die nahe Basilika von Russ erfüllt ist. Dabei gibt es Speisen in Menge.
Die Mahlzeiten sind ebenso durch ihre Häufigkeit als durch
ihre Verschiedenheit bewundernswerth, und wer darin der Gie-
rigste ist, der ist der Herrlichste, wer der Feinschmeckendste,
der der Beste, wer der Mannichfaltigste, der der Klügste,
wer der Gefrässigste, der der Gepriesenste, der ist ein Mann,
der ist berühmt, dessen Lob ist in aller Munde. Bescheiden

und genügsam zu sein, ist heutzutage so verrufen, dass man
es selbst an Mönchen tadelt. Denn es scheint ein Bischof
seinen Lebenszweck zu verfehlen, wenn er nicht Geld hat.
Zu den Scherzen kommt ein unmässiges Lachen und ein
Schelten derer, welche aus Furcht vor Gott jene Dinge mei-
den. Die Harfe ist bei den Gelagen und die Leier, wie der
Prophet sagt [1], aber das Wort des Herrn ist in niemands
Gedächtniss, noch das Wehe, das über diejenigen ausgesprochen ist, die solches thun. Da gibt's musikalische Aufführungen und alle Arten von Musikern, die verkuppelnden
Lieder der Sänger, die Pest der Tänzerinnen. Das ganze
Gespräch, welches dabei geführt wird, handelt von Menschen,
nicht von Gott, vom Geschöpfe, nicht vom Schöpfer, vom
Gegenwärtigen, nicht vom Zukünftigen, vom irdischen Fürsten,
nicht vom himmlischen Herrn. Da wird jener gefeiert, dieses
erinnert sich niemand; auf jenes Namen schwört man, an diesen denkt man nicht, auf das Wohlsein jenes wird getrunken,
dieser, wenn ihn auch dürstet, wird nicht getränkt, aus Liebe
zu jenem wird der Leib durch Schwelgerei aufgetrieben, dieser
aber, arm und vielleicht im Gefängniss der Brosamen ent-
behrend, wird nicht erquickt; jener wird vorgezogen, dieser
wird nachgesetzt; jenes Andenken steht in der ersten Reihe,
dieses nicht in der zweiten. Ausserdem laufen die Hunde
auf dem Tische herum. Die Pferde fliegen mehr als sie laufen an leicht beweglichen Wagen. Der Falke schwingt sich
im raschen Fluge empor, der Sperber fängt den rauhkehligen
Kranich.

„Triefend vom häufigen Weingenusse (um denen ganz zu
gleichen, von denen gesagt ist: das Volk setzte sich zu essen
und zu trinken und sie standen auf zu spielen)[2], verlassen sie
ihren erhabenen Sitz und besteigen Wagen und Kutschen,
setzen sich auf schäumende Rosse, aufgeputzt mit goldenen
Zügeln, silbernen Kettengehängen, deutschen Zäumen, sächsischen Sätteln und eilen zu allerhand Zeitvertreiben, die ihnen
der Rausch eingegeben hat. Da kommt keinem derjenige in
den Sinn, der auf dem Esel sass, stark und mächtig im Streit.
Man bestrebt sich vielmehr, selbst den Königen der Welt an

---

[1] Jes. 5, 11. 12.
[2] Exod. 32, 6.

5*

Glanz vorzugehen, als die Armuth der Apostel nachzuahmen,
vielmehr die Lust der Reichen zu übertreffen, als den Fischern
in der Heiligkeit nachzufolgen.

„Danach wird das mit goldenen Bildwerken wundersam
besetzte Bett gerüstet, die Bettpfosten werden aufgerichtet
und mit seidenen Stickereien geziert, das Kissen selbst wird
mit dem besten Stoffe überzogen, die Fussbank mit gothi-
schem Teppich bedeckt. Sie wälzen sich in der Lust des
Beilagers und können nicht zur Ruhe kommen; und wenn
ihnen nun Gewissensbisse allen Schlaf verscheucht haben, so
bringen sie statt der Morgenhymnen ein Gemurmel hervor,
vielmehr des Fluchs als der Erhörung werth.

„Ist es aber zum Ankleiden gekommen, so legen sie, wie
ich schon gesagt habe, lieber ausländischen als vaterländischen
Schmuck an. Den runden Beinen scheinen die Kleider vielmehr angedrechselt als mit der Hand angezogen zu sein, sodass jedes von ihnen richtiger eine Säule genannt werden
kann, als ein Schienbein. Der Leib aber wird mit grösster
Sorgfalt geputzt. Selbst der Ueberrock, den man nur gegen
die Kälte tragen sollte, je dichter, desto besser, hat, obgleich
er schon vom besten Tuche gemacht ist, einen Streifen von
anderm Tuche, was, wenn es möglich wäre, besser als das
beste ist. Die Weite des Ueberrocks übertrifft die der andern
Röcke gewöhnlich um eine Elle. Wenn noch ein Kleidungs-
stück darüber getragen wird, so ist es mit so prahlerischer
Kunstfertigkeit dem Ueberrocke angepasst, dass es entweder
durch seine Feinheit, oder durch irgendeine, selbst Schaden
bringende Zerschlitzung das Wunderwerk, das es bedecken
sollte, selbst verräth. Sogar das Unterkleid (wol noch von
den Beinkleidern zu unterscheiden), das beim Sitzen bis auf
die Füsse reicht, wird mit einer goldenen Schnalle zusammen-
gehalten und zeigt ganz oben noch eine goldene Kette. Man
kann aber auch solche sehen, welche statt einer Kutte einen
Pelz, eine ungarische Mütze statt des priesterlichen Hutes,
einen Scepter statt eines Stabes tragen. Darauf wird die
Messe mehr durchgejagt als gesungen und, was noch schlimmer ist, oftmals ganz versäumt. Nachdem sie nun gegessen
und getrunken haben, was wahrlich zu einem königlichen Frühstück hinreichen würde, besteigen sie wieder · faliskische Rosse,
aber nicht dieselben, welche sie am Tage vorher geritten hat-

ten, damit ihr Anblick denen, welche auf sie sehen, nicht
etwa gewöhnlich und gemein werde. Die Pferde sind mit
goldenen Ketten geschmückt und mit silbernen Zügeln, die
aber so schwer an Gewicht sind, dass nur die allerstärksten
Pferde sie tragen können. So eilen sie zum Ringkampfe oder
zum Wettrennen und Fahren oder zum Bogenschiessen, oder
sie lassen doch wenigstens das Himmlische dahinter und treiben und besorgen nur Irdisches. Die, welche kirchliche Dinge
richten und entscheiden sollten, bestimmen, wie der Staat beschaffen sein sollte."[1]

Den Grund der allgemeinen Verachtung der Kirchengesetze findet Rather, nach seiner Schrift „De contemtu canonum", in dem falschen Uebermuth und der Schwelgerei
der Bischöfe und ihrer grössern Furcht vor irdischer als jenseitiger Strafe. Die Italiener sind die allerschlechtesten Be-
folger der Canones wegen ihrer Wollust, wegen ihres Gebrauchs sinnenreizender Genüsse, wegen des unaufhörlichen
Weintrinkens und der Nachlässigkeit in der Zucht. Nun ist
es dahin gekommen, dass die Bischöfe nur durch die Schur
des Kinnes und des Scheitels, geringen Kleiderunterschied
und den Kirchendienst von Laien unterschieden sind. Der
Klerus wird, wie ihm gebührt, von den Laien deshalb verachtet.[2]

So zeichnet Rather die sittlichen Zustände der Geistlichkeit seiner Zeit nach dem Leben. Er sah sich genöthigt, den
Geistlichen seines Sprengels zu verbieten, die Schenken zu
besuchen, berauscht am Altar zu erscheinen, Hunde und Falken zur Jagd zu halten, mit Sporn und Schwert an der Seite
die heilige Messe zu lesen.

Aehnliche Verbote mussten die Bischöfe auch anderwärts
ertheilen. Bischof Wibola von Cambrai wusste kein besseres
Mittel gegen die Spielsucht seiner Geistlichen, als dass er
ein geistliches Würfelspiel erfand, mit christlichen Tugenden
auf den Seiten des Würfels bezeichnet.[3]

Rather's Schilderung[4] eines völlig sittenlosen Menschen,

---

[1] Vogel, Ratherius und sein Zeitalter, I, 43 fg.
[2] Ibid., I, 283.
[3] Vgl. Hagenbach, Vorlesungen über die Kirchengeschichte des Mittelalters, III, 189.
[4] In dem früher angeführten Buche.

der gegen die Gesetze der Kirche und, wie manches, durch
die langmüthige Zulassung Gottes den päpstlichen Stuhl als
Johann XII. einnahm, hat Berühmtheit erlangt: „Pone tamen
quemlibet eorum forte bigamum ante clericatum, forte in cleri-
catu lascivum; inde post sacerdotium multinubum, bellicosum,
perjurum, venatibus, aucupiis, aleae, vel ebriositati obnoxium,
expeti qualibet occasione ad Apostolicatum Romanae illius
sedis etc." [1]

Ein abschreckendes Beispiel des unwürdigsten Betragens,
wodurch der päpstliche Stuhl im 11. Jahrhundert geschändet
wurde, bietet Papst Benedict IX. Gfrörer [2] nennt ihn „das
Geschöpf des Grafenhauses von Tusculum, das vom Anfang
an den Stuhl Petri durch das unwürdigste Betragen schän-
dete. . . . . Seitdem er 1038 aus Rom vertrieben und durch
Kaiser Konrad II. wieder eingesetzt worden war, scheint er,
um sich an seinen Feinden zu rächen, zu den Ausschweifungen, die ihn bisher verachtet machten, auch noch Grausamkeiten gefügt zu haben". Nach dem Zeugnisse Bonizo's [3]
liess er viele Menschen umbringen, und übereinstimmend sagt
Victor III.: „Geraume Zeit verübte Benedict IX. ohne Aufhören Raub, Mord und Greuel an dem römischen Volke." [4]
Lambert von Hersfeld, selbst Mönch um 1071, sagt: „Die
Verachtung, welche unsern Stand trifft, ist nicht unverdient.
Die Schlechtigkeit einzelner Mönche, welche ohne Achtung
vor Gott und seinem Wort, nur Gelderwerb treiben, hat der
Ehre des Klosters tiefe Wunden geschlagen. Diese Menschen
liegen täglich den Mächtigen der Erde in den Ohren, um
Abteien und Bisthümer zu erhaschen, aber nicht auf dem
rauhen Pfade der Tugend streben sie nach solchen Ehren,
sondern mittels schmuziger Bestechung für geringe Dienste
versprechen sie goldene Berge, und ist irgend ein niedriges
Amt erledigt, so kann kein Laie dasselbe erlangen, weil unfehlbar Mönche da sind, welche mehr dafür bieten. Kaum
wagt der Verkäufer so viel zu fordern als sie zu zahlen sich
bereit erklären. Die Welt fragt staunend, wo der Geldstrom

---

[1] De contemtu canonum, p. 35.
[2] Allgem. Kirchengeschichte, IV, 1. Abth., S. 384.
[3] Oefele, II, 801.
[4] Bibl. patr. max., XVIII, 853. B.

quelle, der nach den Klöstern fliesst, wie und in welcher
Weise die Schätze des Tantalus und Krösus in die Hände
der Menschen gelangen, welche sich Jünger Christi, Träger
seines Kreuzes, Nachahmer seines armen Lebens nennen und
den Laien vorlügen, dass sie nichts besitzen als die Kutte
auf dem Leibe und das tägliche Brot. Jedes Unkraut, das
den Acker des Herrn überwucherte, hat den ganzen Stand
angesteckt und geschehen ist, was der Apostel schreibt: ein
wenig Sauerteig verdarb die ganze Masse. Man hält uns
alle für gleich schlecht, und setzt voraus, dass auch nicht
ein einziger Gerechter unter uns zu finden sei."[1] Und schon
früher äussert sich derselbe fromme Mönch: „So weit ist es
in jetziger Zeit und in unsern Gegenden gekommen, dass
man an den Mönchen nicht mehr Reinheit der Sitten schätzt,
sondern nur fragt: ob sie Geld haben. Nicht die Würdigsten
werden zu Aebten gewählt, sondern die, welche das meiste
bezahlen können. Oeffentlich versteigert man die Abteien,
und mag der Preis auch noch so hoch sein, fast nie fehlt es
an Käufern, weil die Mönche, völlig gleichgültig gegen Regel
und geistliche Zucht, nur darauf erpicht sind, durch Gelderwerb es einander zuvorzuthun."[2]

Gfrörer[3] hebt eine Stelle der Biographie des osnabrücker
Bischofs Benno heraus zum Beweis, dass im 11. Jahrhundert der Unterricht in gewissen Klöstern darauf gerichtet war,
nicht Kleriker, sondern Rentbeamte und Geldleute heranzu-
bilden. Der Lebensbeschreiber gibt über Benno's Kenntnisse
folgenden Bericht[4]: „Vollkommen verstand sich Benno auf
alle Fächer der Landwirthschaft, d. h. auf Errichtung länd-
licher Gebäude, auf Zucht des Zug- und Stallviehs, auf Be-
stellung der Aecker und andere Dinge derart; und zwar
hatte er alles dies nicht blos durch Erfahrung gelernt, sondern kunstmässig inne. Dabei war er Meister im Rech-
nungswesen, aber auch sehr strenge in Betreibung der Abgaben; meist hielt er die Bauern mit Stockschlägen zum
pünktlichen Zahlen an, u. s. w." Gfrörer fügt die Bemerkung

---

[1] Pertz, V, 189.
[2] Ibid., V, 184.
[3] Papst Gregor VII. und sein Zeitalter, II, 320.
[4] Vita Bennon., cap. 10, p. 64; Pertz, XII, 62.

bei: „Der Mönch soll das heilige Feuer klerikaler Begeisterung nähren, er vertritt die ideale Seite des Christenthums, wie der Pfarrer die reale. Beide Stände verhalten
sich wie Pfeiler und Gegenpfeiler im mittelalterlichen Dome.
Wenn aber die Mönche, statt ihres hohen Berufes zu warten,
sich in einen Haufen Schreiber, Rentbeamte, Bauernschinder
verwandeln, dann tritt der Fall ein, den der Erlöser mit den
Worten bezeichnet: das Salz der Erde ist verdorben". Dass
dieses Salz der Erde verdorben war, davon gibt auch das
Register der Frevelthaten des Bischofs Hugo von Langres
ein glaubwürdiges Zeugniss. [1]

Henricus Archidiaconus von Salzburg schreibt an seinen
Erzbischof Adelbert über die Nothwendigkeit, der Lasterhaftigkeit zu steuern, in seiner „Historia calamitatum ecclesiae Salzburgensis": „Alioquin nisi Jezabel illa maledicta, quae tam
petulanter quam licenter circuit nunc domos sacerdotum stibio
(Spiessglanz) depicta habens oculos, et caput ornatum, vestra
industria zelum Dei habente praecipitetur deorsum, in brevi
vires suas extendet, ut virgam et baculum vestrum contemnat,
gaudensque de impunitate sua eousque progrediatur, ut
inter laicum et sacerdotem praeter missam tantum parva sit
distantia, faciatque licenter Parochianus, quod ne praesumere
vel attentare audeat laicus. Clericus enim sive per occasionem
sive per veritatem Christum annuntians, a fornicationibus et
adulteriis laicum publica poenitentia — compescit: Clericus
nullo timore fraenatur. Quia et si turpissimae vitae fuerit,
argui a laico non vult, Decanum contemnit et Archidiaconum,
nisi accusatus fuerit, nullusque accusator sit omnibus id ipsum
facientibus et crimina propria in aliis foventibus. Isti sunt
certe squamae Leviathan, quae ita sibi cohaerent, ut ad
laesionem pestiferi corporis nullum pertranseat. Nimirum eo
usque ista causa perveniet, ut sacerdos unam tantum habens
uxorem sicut laicus, religiosus et sanctus praedicetur ab uxoribus aliorum se continens, fidemque alieni chori non violans.
Nam quid aliud speratur, cum apud nos tales esse noverimus,
qui turpem vitam ducentes, profanam quoque Nicolaitarum [2]

---

[1] Conc. Rhen. a. 1049; Mansi XIX, 739.
[2] Nikolaitische Ketzerei ist jede Abweichung vom geistlichen Cölibats-
gesetze durch Ehe, Concubinat oder sonst wie.

doctrinam tenentes, quam se odisse in Apocalypsi Dominus perhibet, auditoribus suis sacros legunt Canones, et qualiter defendere debeant crimina fornicationum suarum ostendunt? Cujus autoritate fretus conjugio copulavit, numerosam prolem ipse habens de muliere, quam sexies coram antecessore meo abjurasse perhibetur. — Quid dicam, quod me perhibente secundum consuetudinem hujus ecclesiae filii Presbyterorum cum uxoribus, quas maritis virentibus abstulerant, manentes litteris Praelatorum quorundam muniti ad consecrationem veniunt et conservantur, meque contempto in archidiaconatu meo missam cantant et ad parochias adspirant?“ [1]

Hören wir die Stimme eines andern Geistlichen aus dem 12. Jahrhundert [2]: „Mönche verlassen das alte Gewand und schweifen in neuersonnener Kleiderpracht umher, essen Fleisch, wie es sie gelüstet. Bei Wahlen zeigen sich arge Zerwürfnisse, sodass ich ein Kloster kenne, welches vier lebende Aebte hat. Die Cistercienser geben allerdings reichliche Almosen, singen schön im Chor, thun viel Gutes; aber sie ziehen auch Güter und Einkünfte anderer Orden mit List oder Gewalt an sich, und tragen kein Bedenken, die Namen von Heiligen, selbst in dem Sprengel, worin dieselben begraben liegen, zu streichen. Die Bischöfe verlangen von den Pfarreien ungewohnte Leistungen und lassen sich die Verpflegung mit Geld abkaufen. Die Kirchen geben sie den Klerikern nicht umsonst, sondern gegen Geschenke, die dann als Lohnknechte die Schafe scheren. Noch schlimmer ist's, wenn diese durch ungeordnetes Leben denjenigen, die sie zurechtweisen sollten, selbst das Beispiel des Bösen geben. Fürsten und Ritter zerstören sich die Kirchen, die ihre Väter gebaut haben. Wucherer wurden einst für schädlich gehalten; jetzt sind sie so häufig geworden, dass sie den Wucher einen Zins nennen, gleich als wäre er Ertrag des Bodens. Alles Fleisch ist voll Laster“ u. s. w.

---

[1] R. P. Pezii thes. anecdot. noviss., tom. II, pars III. Henrici Archidiaconi Salzburgensis et Praepositi Berchtolgadensis Historia calamitatum ecclesiae Salzburg., p. 215, cap. IX: Ostenditur quam necessaria sit medela, tot absente Adelberto irrumpentibus vitiis et criminibus, quibus nixa Clerici concubinarii ac impudentes obnoxii sunt.

[2] Chronica Gaufredi, Prioris Vosiensis ums Jahr 1184; in Labbe Biblioth. manuscript., t. 1, bei Hurter, IV, 456.

Infolge der Verwilderung des Klerus im 12. Jahrhundert sprach Bernhard, Abt von Clairvaux, im Jahre 1140 den Wunsch aus: die Kirche Gottes zu sehen, wie sie in jenen Tagen war, wo die Apostel ihre Netze nach Seelen, nicht nach Gold und Silber auswarfen. [1]

Von den Geschichtschreibern wird ausser andern Leidenschaften der hohen Geistlichkeit vornehmlich die übermässige Jagdliebhaberei rügend hervorgehoben, welche den Hang zum Müssiggang nährte, Verachtung jeder nützlichen Beschäftigung mit sich führte und eine schwere Unbill für den Landmann war, dessen Grundstücke den Verheerungen der Jäger preisgegeben waren. Papst Alexander III. (1159—81) sah sich genöthigt, zum Schutze der niedern Geistlichkeit ein Schreiben zu erlassen, worin er diese der Verbindlichkeit enthob, den Archidiakonen auf ihren Visitationsreisen mit Hunden und Falken zu Dienste zu stehen. [2] Das dritte lateranische Concil 1180 verbietet die Jagdbelustigung auf amtlichen Reisen und beschränkt das Gefolge eines Bischofs auf 40—50 Pferde. [3]

Johannes von Salisbury, einer der hervorragendsten Schriftsteller und Kirchenmänner des 12. Jahrhunderts, der treueste Freund des Primas von England, Becket, wurde in der irländischen Angelegenheit an den Papst Hadrian IV. gesendet, und als er bei der Gelegenheit von diesem gefragt ward, was die Welt vom Papste und der römischen Kirche halte, sprach er die bedeutsamen Worte: „Weil Ihr mich fragt, so will ich Euch offenherzig sagen, was ich in vielen Ländern gehört habe. Man sagt, die römische Kirche beweise sich nicht als Mutter der übrigen Kirchen, sondern sie scheine vielmehr ihre Stiefmutter zu sein. Schriftgelehrte und Pharisäer seien dort zu Hause, diese legten schwere Lasten auf die Schultern anderer Leute, ohne selbst auch nur einen Finger auszustrecken, um sie zu heben. Sie regierten despotisch über den Klerus, ohne ihrer Heerde ein gutes Beispiel zu geben, sie hätten in ihren Häusern den köstlichsten Hausrath, ihre Tische seien mit goldenem und silbernem Geschirr schwer

---

[1] Ep. ad. Eugen. III.
[2] Rymer acta et foedera, I, 61.
[3] Velly, Hist. de France, III, 236.

belastet, ihr Geiz halte ihre Hände festgeschlossen. Sie
schenkten niemand etwas, und die Armen dürften ihnen selten
nahe kommen, ausser wenn ihre Eitelkeit ihnen eingebe, sie
auftreten zu lassen. Sie erhöhten Contributionen von den
Kirchen, veranlassten Rechtsstreitigkeiten, stifteten Zwist zwischen dem geistlichen Hirten und seiner Heerde und hielten
dafür, der beste Vortheil, den man aus der Religion ziehen
könne, sei, dass sie Reichthümer verschaffe. Ihnen sei alles
feil, und man könne sagen, sie machten es wie die abgefallenen Engel, die, wenn sie einmal nichts Böses thun, mit ihrer
Vortrefflichkeit prahlen. Nur eine ganz kleine Zahl derselben
treffe vielleicht dieser Vorwurf nicht. Der Papst selbst wäre
für die Christenheit eine fast unerträgliche Last. Es werde
allgemein darüber geklagt, dass während die Kirchen, welche
die Frömmigkeit unserer Vorältern erbaut hat, im Verfall und ihre Altäre verlassen seien, die Päpste Paläste bauten und sich nicht blos in purpurne Gewänder hüllten, sondern auch über und über vom Golde glänzten. Ueber diese
und mehrere Dinge murre das Volk laut." Auf die Frage
des Papstes: „Und was ist denn Eure Meinung?" fährt
Salisbury fort: „Eure Frage setzt mich in Verlegenheit; denn
wollte ich meine einzelne Meinung der allgemeinen Stimme
entgegensetzen, so würde ich ein Lügner und Schmeichler
sein, und auf der andern Seite fürchte ich Anstoss zu geben."
Salisbury führt hierauf an, was ein Cardinal gesagt habe: die
Quelle aller Uebel der römischen Kirche sei die in ihr herrschende Falschheit und Habsucht, das habe der Cardinal in
einer öffentlichen Versammlung gesagt, wo Papst Eugen III.
den Vorsitz gehabt. „Doch ich für meinen Theil", fährt Salisbury fort, „fand doch auch in dieser Kirche Geistliche von
ausgezeichneter Tugend und ganz frei von jeglicher Habsucht;
ich kann lebende Beispiele von Männern anführen, welche die
Mässigkeit und die strengen Sitten eines Fabricius mit den
Eigenschaften eines wahren Christen verbinden. Da Ihr nun
durchaus meine Meinung wissen wollt, so will ich Euch
sagen, dass man ganz wohlthut, immer Euern Lehren zu folgen, wenn man gleich Eure Handlungen nicht nachahmen
darf. Die Welt jauchzt Euch zu, sie nennt Euch Herr und
Vater; wenn Ihr aber wirklich Vater seid, warum fordert Ihr
Gaben von Euern Kindern? Seid Ihr aber Herr, warum ge-

horchen Euch gerade Eure Römer am wenigsten? Aber es
scheint, Ihr wollt diese Stadt durch Gaben gewinnen; hat sie
Sylvester durch solche Mittel erworben? Heiliger Vater, Ihr
seid im Irrthum. Theilt andern frei mit, was Ihr selbst umsonst empfangen habt; wenn Ihr andere unterdrückt, setzt Ihr
Euch selbst der Unterdrückung aus." [1]

In welchem Rufe der Habsucht und Bestechlichkeit die
römische Curie namentlich im 12. und 13. Jahrhundert stand,
bezeugen die Klagen oder der Spott, in Prosa und Versen von
Klerikern verfasst. [2] Nur einige Beispiele aus den Gedichten
Bernhard's, Mönchs von Clugny um die Mitte des 12. Jahrhunderts, „De contemptu mundi ad Petrum Abb. suum", S. 226 fg.:

> Roma dat omnibus omnia dantibus; omnia Romae
> Cum pretio: quia juris ibi via, jus perit omne;
> Ut rota labitur, ergo vocabitur hinc rota Romana.
> Roma nocens nocet, atque viam docet ipsa nocendi,
> Jura relinquere, lucra requirere, patria vendi.

In einem Gedichte Walther's bei Mapes [3] heisst es:

> In hoc consistorio si quis causam regat
> Suam vel alterius, hic in primis legat:
> Nisi dat pecuniam, Roma totum negat,
> Qui plus dat pecuniae, melius allegat.

Oder [4]:

> Papa quaerit, chartula quaerit, bulla quaerit.
> Porta quaerit, Cardinalis quaerit, cursor quaerit.

Flögel [5] bringt eine Stelle von Bernhardus Morlanensis,
Mönch zu Clugny, den er mit dem Bernh. Clunicensis für
einerlei hält:

> O mala saecula, venditur infula Pontificalis,
> Infula venditur, haud reprehenditur emtio talis.
> Venditur annulus, hinc lucri Romulus auget et urget.
> Est modo mortua, Roma superflua, quando resurget?

---

[1] Joh. Salisbury, Polycraticus lib. II, c. 23.

[2] Vgl. die Stellen aus Hildeberti Archiep. Turon. (gest. 1134) Curiae
Romanae descript., bei Gieseler II, 2, S. 248, Note 20.

[3] Bei Hurter, Innocenz III., II, 775.

[4] Bei Hurter a. a. O., S. 776; Catal. test. ver., II, 492.

[5] Geschichte der kom. Literatur, II, 407.

Roma superfluit, arida corruit, afflua plena
Clamitat et tacet, erigit et jacet, et dat egena:
Roma dat omnibus omnia, dantibus omnia Romae
Cum precio: quia juris ibi via, jus perit omne.

Die Habsucht der Geistlichen im 13. Jahrhundert musste
wol gross und allgemein bekannt sein, da Innocenz III. in
einer Predigt, wo er die Uneigennützigkeit des heiligen Laurentius zum Muster aufgestellt hatte, öffentlich sagen konnte:
„Beherzigt dies, ihr, die ihr das Gut des Gekreuzigten zu
euerer eigenen Ueppigkeit oder zur Bereicherung euerer Anverwandten masslos verwendet, die Armen aber vernachlässigt,
der Dürftigen keine Acht habt."[1] Auch Caesarius von Heisterbach[2] zeugt dafür, wenn er den Novicius sagen lässt: „Audivi,
quidam confessores pro uno gallinaceo et vini sextario multorum poenam peccatorum vel relaxant vel dissimulant." Der
Mönch bestreitet nicht, dass die Beichte auch als Erwerbsquelle ausgeschöpft werde; bekräftigt es vielmehr durch das
Citat eines prophetischen Spruchs, wonach Gott nicht blos
die Habsucht, sondern auch die Schwelgerei der Geistlichen
bestrafen werde.

Ein Beweis der Entsittlichung der Geistlichkeit ist auch der
Misbrauch, der mit der kirchlichen Disciplinargewalt, nämlich
mit dem Banne und dem Interdicte, geübt wurde, was
zugleich ein Förderungsmittel der Sitten- und Zuchtlosigkeit
unter den Laien abgab. Hören wir einen katholischen Schriftsteller, der uns in dieser Beziehung sichere Gewähr leistet.
Hurter[3] sagt: „Nichts aber ist in diesen Zeiten so sehr misbraucht worden, als die Ausschliessung aus der Kirche oder
die Entziehung des Gottesdienstes; und bei nichts war die
Oberaufsicht eines freier Gestellten, die unabhängige Einwirkung eines Unparteiischen nothwendiger als bei Bann und
Interdict.[4] .... Häufig ging hieraus Zwiespalt der Gewissen
hervor mit dem, was anderweitige Pflicht, was vielleicht die
Nothwendigkeit gebot. Um jenem Genüge zu thun, mussten
oft manche, je höher sie standen, desto grösserer Trübsal ent

---

[1] Sermo in festum S. Laurentii.
[2] Dial. mirac. Strange, I, c. XLI de confess.
[3] Innocenz III. und seine Zeitgenossen, III, 48.
[4] S. 50 fg.

gegengehen; denn es war allgemeiner Glaube, dass die Seelen
der im Banne Gestorbenen der Hölle zuführen. Häufiger hatte
dieses Mittel, seiner leichtfertigen Anwendung wegen, die entgegengesetzte Wirkung. Die Gemüther wurden verhärteter,
die Widersetzlichkeit heftiger, das Beharren in dem, was den
Bann veranlasst hatte, hartnäckiger. Die längere Dauer eines
Interdicts, der grössere Umfang, über den es sich erstreckte,
war besonders gefährlich, wenn Irrlehre in einer Landschaft
tiefere Wurzeln geschlagen hatte. Wenn aber selbst Klöster,
ganze Kapitel und einzelne Geistliche, wie strenge Ahndung
sie auch dadurch sich zugezogen, ja wenn selbst Bischöfe an
solche Aussprüche sich nicht kehrten, wie sollte grössere
Scheu davor bei den Laien bewahrt werden?

„Bann und Inderdict in der Hand der Erzbischöfe
und Bischöfe wurden allmählich eine abgestumpfte, weil allzu oft gebrauchte Waffe, aus Veranlassungen geführt, die
mit dem Sinne und dem Zweck dieser Zurechtweisungsmittel
nicht in dem geringsten Zusammenhang standen, häufig nicht
das eigentliche innere Leben der Kirche, sondern nur die
äussern Zufälligkeiten ihrer Personen berührten. Hierdurch
verloren diese Waffen beides, ihre Schärfe und ihre Wirksamkeit. Die Jahrbücher dieser Zeit enthalten eine Menge solcher
Vorkehrungen oft der geringfügigsten Ursachen wegen. So
entbehrte einst die Stadt Köln des Gottesdienstes, nur weil
ein Frevel innerhalb ihrer Mauern begangen worden. Das
Kapitel von Chartres sprach gegen die Gräfin von Blois den
Bann, weil es über die Beurtheilung eines Strassenräubers in
Zwist mit ihr stand. Die ganze Normandie kam im Jahre
1196 durch den Erzbischof von Rouen unter das Interdict,
weil der König dessen Schloss Roche-Andeli für sich be-
festigte. Im Jahre 1207 unterlagen ihm alle Kirchen jener
Hauptstadt, weil der Stadtvogt einen Domherrn eines Ver-
gehens wegen festgenommen hatte. Dann interdicirte wieder
das Domkapitel die Domkirche, weil ihm der Erzbischof den
Zehnten von Dieppe vorenthielt. Die Bürger von Sanct-
Omer hatten wegen eines Streites mit dem Kloster Sanct-
Bertin um einige Bäche und Sümpfe den Bann zu tragen.
Als Erzbischof Adelbert von Salzburg 14 Tage von seinen
Dienstmannen gefangen gehalten wurde, unterblieb der uner-
hörten That wegen in allen umliegenden Bisthümern der

Gottesdienst. Der Bischof von Toul sprach schon im allgemeinen das Interdict über alle Ortschaften, in welchen ent-
fremdetes geistliches Gut durchgeführt, übernachtet, verkauft
werden sollte, über alle Fürsten und Edle, die an solchem
sich vergreifen würden, über alle Gehülfen, Mitwisser und
Fehler des Frevels; und dieses, bis es zurückerstattet sei.
Nur denjenigen, welche gar nichts darum wussten, möge im
Todeskampfe ein Geistlicher mit den letzten Gnadenmitteln
beistehen, nicht aber ihnen ein christliches Begräbniss gewähren. Sollte jemand einen solchen mit Gewalt begraben,
so dürfe ihm selbst das Gleiche nie zutheil, müsse der Leichnam ausgeworfen und bis dies geschehen sei, der Ort noch
besonders interdicirt werden.[1] .... Bann und Interdict dienten den Bischöfen nur allzu oft als Mittel der Selbsthülfe und
nicht selten ohne Unterschied gegen Schuldige wie gegen
Unschuldige. Sie sprachen Trennung von der Kirche oder
Einstellung des Gottesdienstes aus, weil ungemessene Forderungen nicht wollten zugestanden werden, der leichtesten
Dinge wegen, aus Laune, voreilig in allzu grosser Strenge,
aus Rachsucht, um Zwang zu üben."

In diesen Jahrhunderten des Mittelalters fehlte es allerdings nicht an Erscheinungen der Reaction gegen die völlige
Auflösung der sittlichen Bande im Leben der Geistlichkeit;
wir brauchen in dieser Beziehung nur an Odo von Clugny,
Sanct-Nil, die Camaldulenser, die Orden des heiligen Franciscus und Dominicus zu erinnern. Als charakteristische Erscheinungen in sittlicher Beziehung sind auch die häretischen
Sekten dieser Periode, insbesondere die Katharer und Waldenser zu betrachten, die auch zunächst von dem Motive getrieben worden, die ursprüngliche Form des Christenthums
wiederherzustellen. Bekannt ist ferner, das mehrere Päpste
das ausgelassene Leben des Klerus einzudämmen suchten und
dessen Reform in Angriff nahmen. Auch in Volksdichtern[2]
und Volkspredigern wurde das religiös-sittliche Bewusstsein
laut, wobei nur der Franciscaner Bruder Berthold erwähnt
zu werden braucht, der um die Mitte des 13. Jahrhunderts die „Pfennigprediger", worunter er die Ablassprediger

---

[1] S. 52.
[2] Siehe Gieseler, II, 2, S. 509.

meint, „die liebsten Knechte des Teufels" nennt. Allein diese
Reactionserscheinungen verloren sich theils selbst in Extreme,
sodass sie, obschon ursprünglich von einerlei oder ähnlichem
Motive ausgehend, im weitern Verlaufe miteinander in Widerspruch geriethen und einander feindlich gegenüberzustehen
kamen, wie die Dominicaner und Häretiker; oder die Refor-
mationsversuche waren durch die Persönlichkeit bedingt und
nur von dieser getragen, daher mit deren Abtreten die Tragweite abgeschnitten war; oder die Reformbestrebungen waren
überhaupt zu schwach, um die allgemeine Strömung zu hemmen; oder sie änderten mit der Zeit ihre Bedeutung und
wurden zu Organen der Kirchenmacht, gegen deren Aeusserlichkeit sie ursprünglich aufgetreten waren, wie die Mönche.
Die guten Beispiele von wahrhaft frommen Geistlichen blieben
in der Minderzahl gegenüber den verderbten, die auch an
Einfluss weit überwogen. Die übermässigen Einkünfte und
Besitzungen hatte ihre Habsucht immer mehr gesteigert, ihre
berufswidrige Einmischung in weltliche Angelegenheiten hatte
Anmassung, Herrschsucht, Gewaltthätigkeit in Begleitung, der
ehelose Stand, Müssiggang, die Abgesondertheit in Klöstern
brachten Trunksucht, Geilheit, Heuchelei mit sich. Ueber
unnatürliche Abscheulichkeiten hatten nicht nur Italien und
Frankreich, sondern auch Deutschland, wenn vielleicht auch
nicht in dem Masse zu klagen. Jakob von Vitry, selbst
Geistlicher, erzählt, wie im 13. Jahrhundert die Sodomie unter den Klerikern in Paris geherrscht habe, dass wenn einer
die verworfenen Strassendirnen, die ihn anfielen, zurückwies,
sie ihm nachgerüfen: „Sodomit". Er fügt noch hinzu, dass
solche, die der Lockung folgten oder sich Beischläferinnen
hielten, für tugendhafte Männer betrachtet worden seien. [1]
In Köln, der heiligen Stadt, war es nöthig geworden, strenge
Gesetze gegen Kuplerinnen zu erlassen, welche Mädchen zur
Unzucht verleiteten, sie den Geistlichen zuführten, den Nonnen Gelegenheit verschafften, den Ehemännern andere Frauen
zubrachten. [2]

Die Sittenlosigkeit dauerte wachsend fort und die Geschichte bestätigt es, dass Clemangis, ein französischer Theo-

---

[1] Jacobi de Vitriaco Hist. occident., cap. VII, 278.
[2] Statuta et Concordata bei Hüllmann, IV, 258.

loge des 15. Jahrhunderts, richtig schildert, wenn er von den
Nonnenklöstern sagt: „Quidquid aliud sunt hoc tempore puel-
larum monasteria, nisi quaedam, non dicam Dei sanctuaria,
sed Veneris exercenda prostibula, sed lascivorum et impudi-
corum juvenum ad libidines explendas receptacula?"[1]

Es versteht sich von selbst, dass die aus lauter Aussagen
von Geistlichen zusammengelesene Schilderung der sittlichen
Verkommenheit in dieser Periode auch auf die Laienwelt ein
Streiflicht werfen muss. Bekanntlich war derbe Sinnlichkeit
die Basis der mittelalterlichen Welt und der Sinnengenuss
auch unter den Laien allgemein verbreitet. Es wird aber angenommen werden dürfen, dass dieser durch das Beispiel des
Klerus im allgemeinen bis zur Ausschreitung gefördert wurde,
dass er im Gegensatz zur gepredigten Kasteiung mehr hervortrat, wo ihm die Umstände günstig waren. Dies war der Fall
seitdem unter den sächsischen Kaisern die bürgerlichen Gewerbe und der Handel rühriger und ergiebiger geworden waren, sich bedeutende Marktplätze erhoben hatten. Mit dem zunehmenden Aufschwunge der gewerblichen Thätigkeit nahm auch
Besitz und Wohlstand zu, damit auch die Sucht, die gewonnenen
Güter zu geniessen, wogegen die Einfachheit und Reinheit der
Sitten abnahm und die Unsittlichkeit immer mehr um sich
griff. Die Vorrede zu einem Concil vom Jahr 909 gibt eine
lebendige Anschauung: „Unsere Frevel sind bis über den
Kopf angehäuft, unsere Verbrechen bis zum Himmel angewachsen. Hurerei und Ehebruch, Gottlosigkeit und Mord
sind übergeströmt, und Blut hat Blut getödtet. — Indem die
Ehrfurcht vor göttlichen und menschlichen Gesetzen danieder
ist, die bischöflichen Edicte verachtet werden, thut jeder, was
er will. Der Stärkere unterdrückt den Schwächern, und die
Menschen gleichen den Fischen des Meers, die voneinander
aufgefressen werden. Daher sieht man in der ganzen Welt
Beraubung der Armen, der kirchlichen Güter; daher die
steten Thränen, der Jammer der Waisen. Auch uns dürfen
wir nicht schonen, die wir die Fehler anderer bessern sollen,
Bischöfe heissen, aber das bischöfliche Amt nicht ausführen.
Wir sehen wie die uns Anvertrauten Gott verlassen und

---

[1] Vgl. William Prynne, Records, II, 229.

schweigen. [1] Ueber die gewöhnlich gerühmte Sittsamkeit im
Mittelalter geben uns die häufig erlassenen, überaus strengen
städtischen Strafgesetze gegen „Notnumpft" gehörige Aus-
kunft sowie die Verordnungen in Bezug auf die „Frauen-
häuser", die „Jungfrauenhöfe" und deren Bewohnerinnen, die
„offenen Weiber" und „fahrenden Frauen". Beweise von der
überhandgenommenen Prunksucht und Verschwendung sind
die bekannten Kleiderordnungen und die Massregelungen, die
entgegenwirken sollten, sowie die eifernden Predigten gegen
die Kleiderpracht, die „Pfauenschweife" der Frauen u. dgl. m.

Man hat ganz richtig bemerkt: das Bewusstsein der eigenen Verderbtheit habe sich in der im 10. Jahrhundert allgemein gehegten Erwartung des Weltuntergangs ausgedrückt.
In Verbindung damit steht, was Glaber Rudolphus erwähnt:
„Intra millesimum tertio jam fere imminente anno contigit in
universo paene terrarum orbe, praecipue tamen in Italia et
in Gallia, innovari Ecclesiarum Basilicas, licet pleraeque de-
center locatae minime indigissent." [2]   Bekanntlich stammen
aus dieser Zeit die herrlichen Münster von Strasburg, Mainz,
Trier, Speier, Worms, Basel, Dijon, Toul u. a. Diese Erscheinung erklärt sich aus dem im Mittelalter herrschenden
Busswesen, das damit innig zusammenhängt, sowie überhaupt die ethische Anschauung dieser Periode ans Licht setzt,
daher eines Blickes wol werth ist.

Busswesen.

Der sittlichen Verderbtheit, in welche der Klerus wie die
Laienwelt versunken war, stand das Busswesen gegenüber,
das dem Uebel abhelfen sollte; allein die Ascese drückte der
Sittlichkeit sowol als auch den wiederholten Reformbestrebungen den Charakter reiner Aeusserlichkeit auf und so bewegte
sich die Zeit innerhalb mönchisch-ascetischen Uebungen und
der gröbsten Sinnlichkeit und Genusssucht. Zwar fehlt es
nicht an Beispielen wirklicher innerer Vertiefung, im allge-

---

[1] Concil. Troslej. a. 909 praefat. Mansi, XVIII, 265; vgl. Gieseler, I,
1, S. 265, Note 5.
[2] III, c. 4.

meinen musste aber nach der in Uebung gekommenen Busstheorie doch nur die Veräusserlichung des religiösen Bewusstseins gefördert werden.

So wie Cultus und Religion überhaupt in die Aeusserlichkeit aufgegangen waren, wurde von damaliger Zeit Sittlichkeit und Religiosität nach dem Masstabe der Aeusserlichkeit bemessen, nämlich nach der Menge und Grösse sogenannter
verdienstlicher Werke, die in die Kirche mündeten. Wie sehr
die Gesinnung des einzelnen, die eigentliche Sittlichkeit bei
diesen Werken in den Hintergrund gedrängt oder eigentlich
gar nicht berücksichtigt ward, zeigt besonders augenfällig die
damalige Ablasspraktik, deren sich die Kirche bediente
und zwar zur Erreichung ihrer eigenen Zwecke. Der Erzbischof von Arles gab im Jahre 1016 eins der ersten Beispiele von Ablasspromulgation für eine bestimmte Zeit. Von
Benedict IX. und Alexander II. wurden aus besondern An-
lässen Indulgentiae poenitentiae erlassen. Gregor VII. hatte
denjenigen Ablass verheissen, die ihm beim Sturze Heinrich's IV.
behülflich sein würden. Durch die Kreuzzüge erweiterte sich
die Ablasspraxis ins grosse und seit Alexander III. wurde
dieses Mittel, wodurch die Kirche den sittlichen Zweck fördern sollte, rein materieller Art, pures Gelderwerbmittel für
diese. In diesem Sinne ward im Jahre 1300 das Jubeljahr
gefeiert unter Verheissung der Sündenvergebung für diejenigen, die nach Rom pilgerten und daselbst opferten. Die
Feier wurde dann vom je funfzigsten Jahr auf das dreissigste,
ja auf das fünfundzwanzigste herabgesetzt, wobei sich die
Vermuthung aufdrängt, dass hierbei weniger die Kürze des
Lebens, als vielmehr die Einträglichkeit dieser Feier massgebend gewesen sei.

Da die christliche Sittlichkeit ganz in die Form der
Aeusserlichkeit verrannt war, ihren Werth nicht nach der Gesinnung, dem innern Motive schätzte, sondern nur nach dem
äussern Thun, so gab es nach der Vorstellung der Zeit kein
höheres Verdienst, als Kirchen und Klöster zu beschenken,
um nach demselben Masse die Segnungen der Kirche dafür
zu erlangen. Hiermit war der sittliche Werth des Menschen
ganz und gar abhängig von dem Geldwerthe, den dieser besass, und das ganze Busswesen ging seines realen Inhalts verlustig. Petrus Damianus konnte daher in frommem Ernste

unter Hinweisung auf Spr. 13, 8 behaupten: um Geld und
Gut sei die Seligkeit von der Kirche zu erkaufen. Die Segnungen der Kirche wuchsen nach der Grösse der Anstrengung
und des Aufwandes bei einem verdienstlichen Werke. Je
ausserordentlicher die Unternehmung war, die zur Ehre Gottes und Christi, der Jungfrau Maria und der Heiligen, d. h.
der Kirche, vollführt wurde, um so grösser und sicherer war
die Anwartschaft auf Sündenvergebung. Darin haben die um
jene Zeit so häufigen Wallfahrten nach heiligen Orten ihren
Grund sowie die stets häufiger unternommenen Pilgerfahrten
nach dem heiligen Lande. Die Sehnsucht danach, die mit
der im 10. Jahrhundert allgemein verbreiteten Erwartung des
bevorstehenden Untergangs der Welt zusammenhängt, welche
Erwartung zum höchsten Schrecken sich gesteigert hatte,
brachte im Jahre 1033 jene grosse Bewegung hervor, infolge
deren eine ungeheuere Menschenmenge aus allen Ständen zu-
sammengeströmt war, um nach dem Grabe des Erlösers zu
ziehen. Im Gefühl der eigenen Hohlheit und Haltlosigkeit
trieb die Angst nach der unmittelbaren Nähe der Stätte, die
durch das Erlösungswerk geheiligt worden, um hier den
wiedererscheinenden Heiland zu erwarten. Das Höchste, was
der Mensch damaliger Zeit für erreichbar hielt, war die sinnliche Vereinbarung mit der Stätte, von der das Heil der Welt
ausgegangen war. Er klammerte sich an die äussere Wahrnehmung, die sinnliche Gewissheit, da ihm die innere Ueberzeugung, auf welcher der selbsteigene Halt beruht, abhanden
gekommen war.

Die Form der Aeusserlichkeit, welche in jener Zeit das
Busswesen angenommen, wobei nur die guten Werke dienen
sollten, finden wir schon bei Eligius, einem Heiligen des
7. Jahrhunderts, festgestellt, wenn er sagt: „Der nur ist ein
guter Christ, der häufig die Kirche besucht, auf den Altar
Gaben bringt, nicht eher die Früchte seines Landes kostet,
als bis er einen Theil derselben dem Höchsten geweiht hat
und das Vaterunser oder das Credo hersagen kann. Kauft
euere Seelen von ewiger Strafe los solange es noch in euerer
Macht steht, gebt den Kirchen Geschenke und Zehnten, lasst
Kerzen flammen an heiliger Stätte soviel ihr nur vermögt,
und erfleht den Schutz der Heiligen; denn wenn ihr dies
alles beobachtet, könnt ihr mit Sicherheit am Tage des Ge-

richts erscheinen und sprechen: Gib uns o Herr, denn wir
haben dir gegeben." [1]

Kurtz [2] macht die richtige Bemerkung: „Wie verflacht
und veräusserlicht der Pönitenzbegriff der Kirche schon war,
als sie den germanischen Völkern das Christenthum brachte,
zeigt sich schon darin, dass das lateinische Wort „poenitentia"
durch das germanische Wort „Busse", d. h. Ersatz, Entschädigung, wiedergegeben werden konnte, und dass in den
Bussordnungen „poenitere" durchgängig völlig identisch mit
„jejunare" ist. Ging der Begriff der poenitentia aber in
äussere Leistungen auf, so konnte die übliche Bussleistung
des Fastens mit andern geistlichen Uebungen, ja mit Geld-
bussen vertauscht werden, es kam nur darauf an, dass für die
Sünde durch entsprechende Busswerke Ersatz geleistet werde,
diese konnten auch stellvertretend von andern geleistet werden." Im Verlaufe der Zeit kam auch in der That eine
förmliche Stellvertretungstheorie in Schwang, wonach
eine Busse mit der andern vertauscht werden konnte, worüber
die Libri poenitentiales ordentliche Register führten. Diese
Verrenkung hatte schon im 8. und 9. Jahrhundert eine mächtige Reaction hervorgerufen, in England auf der Synode zu
Cloveshoe im Jahre 813, zu Paris 829, zu Mainz 847, eine
Reihe namhafter Theologen, Alcuin, Theodulf, Rhabanus Mau-
rus u. a. m., erhoben sich dagegen; allein vergeblich. Petrus
Damianus, dem diese Theorie ihre vornehmliche Förderung
verdankt, empfiehlt besonders die Geiselbusse, die auch
durch ihn in Uebung gekommen ist. Selbst ein Kaiser, wie
Heinrich III., und edle Frauen unterzogen sich der Geiselung.
Im 11. Jahrhundert hatte man eine förmliche arithmetische
Berechnung, was die Zahl und den Werth der Geiselhiebe
betrifft, eingeführt. Ausser dem Geldwerthe, womit die Busse
erkauft werden konnte, galt eine entsprechende Zahl von
Geiselhieben unter Fasten und Psalmen als Aequivalent. Ein
Jahr der Busse konnte der Reiche mit der Summe von
26 Solidi (gleich 30 Thalern) einlösen, der Arme sollte nur

---

[1] Mosheim, Cent., VII, c. 3; Robertson, Geschichte Karl's V., Note 11;
bei Hallam, Geschichtliche Darstellung des Zustandes von Europa im
Mittelalter, übertragen von Halem, II, 558.
[2] Handbuch der allgemeinen Kirchengeschichte, II, 401.

3 entrichten; das Aequivalent für einen Busstag waren
20 Schläge auf die Hand oder 50 Psalmen; 3000 Hiebe mit
dem Staupbesen, unter Gesangbegleitung von Psalmen, wogen
ein Bussjahr auf, und so konnten Jahrhunderte von Busse
abgethan werden, wozu freilich einige Geschicklichkeit erforderlich war. Damianus, obgleich selbst kein Stümper in
dieser Kunst, da er ein Busssäculum in einem Jahre abzu-
geiseln verstand, sah sich durch Dominicus loricatus, den
„gepanzerten Dominicus", weit übertroffen, der es zu einer
solchen Fertigkeit gebracht zu haben versicherte, dass er nur
sechs Tage dazu in Anspruch nahm. Dieser Geiselvirtuos
rechnete folgendermassen: 3000 Geiselhiebe machen ein Jahr,
während des Singens von 10 Psalmen lassen sich 1000 Hiebe
versetzen, der Psalter, aus 150 Psalmen bestehend, umfasst
5 Bussjahre, dieselben mit 20 multiplicirt machen 100, der
Psalm 20 mal unter Geiselhieben abgesungen, thut also
für ein Jahrhundert Busse. Damianus konnte seinen Freund
wol mit Recht in dieser Beziehung als Muster aufstellen. [1]

Diese Busstheorie allein muss die klarste Einsicht in die
gänzliche Ausgehöhltheit und Veräusserlichung aller Innerlichkeit jener Zeit gewähren. Blicken wir dabei auf die derbe
Sinnlichkeit der Periode, die Genuss- und Vergnügungssucht, die unmässige Ueppigkeit, die sowol auf dem Stuhle
Petri thronte, den Klerus erfüllte und in der Laienwelt
hauste, so muss es begreiflich erscheinen, wenn gelegentlich
jeder Genuss bis zum Extrem ausgedehnt und die Heiterkeit
und Lust des Vergnügens als frivole Ausgelassenheit erscheint.

Diese frivole Ausgelassenheit finden wir bei den öffentlichen Festen jener Zeit, dem Narren- und Eselsfest, die
als schätzbare Beiträge zur Charakteristik der sittlichen Zustände zu betrachten sind.

Das Narrenfest nennt Hase treffend „christianisirte
Saturnalien" [2]; es gehörte zu den Freuden des Weihnachts-
festes, das von der abendländischen Kirche zu derselben Zeit
begangen wurde, in welcher die Römer ihre Saturnalien zur
Erinnerung an das goldene Zeitalter der Gleichheit und Frei-

---

[1] Damian. de vita Eremitica opuscul. L. I, c. 8.
[2] Geistliche Schauspiele, S. 80.

heit unter der Herrschaft des Saturnus feierten. Nach der
Einführung des Christenthums trat an die Stelle der heidnischen Lustbarkeiten, welche die „Decemberfreiheit" gestattet
hatte, zur Erhöhung der christlichen Weihnachtsfreude die
Travestie des Heidnischen durch possenhafte Nachahmung,
wobei die mit den römischen Festen gewöhnlich verbundenen
Thierkämpfe dadurch andeutungsweise ersetzt wurden, dass
Menschen unter Thiermasken bei dem Aufzuge sich herum-
balgten. Nachdem die Erinnerung an das Heidenthum als
eine Macht erloschen, und die heidnischen Gebräuche in Vergessenheit gerathen waren, wurde der christlich-kirchliche
Gottesdienst selbst Gegenstand der Verspottung. Hatte der
dazu Erwählte vorher einen Opferpriester vorgestellt, so wurde
nun ein Narrenbischof, in Kirchen, welche unmittelbar unter
dem Papste standen, ein Narrenpapst gewählt, und zwar von
den Priestern und Weltgeistlichen, die sich dazu versammelt
hatten, den Wahlact mit vielen possenhaften Ceremonien
vollzogen und ihn hierauf mit Pomp in die Kirche führten.
Während des Zuges und in der Kirche wurden die Possen
von den als Bestien maskirten, als Frauenzimmer verkleideten
Geistlichen tanzend und einander neckend fortgesetzt. Hierauf begann die feierlich possenhafte Travestie des Gottesdienstes. Der Almosenpfleger, der wie in der Wirklichkeit
so auch in der Travestie die rechte Hand des Bischofs war,
erliess den Ruf: Silete, silete, silentium habete! den die lustige
Versammlung mit: Deo gratias! erwiderte. Hierauf hielt der
Narrenbischof in üblicher Weise die Messe, beginnend mit
dem: „Adjutorium nostrum in nomine Dei", worauf das Con-
fiteor und dann die Absolution folgte, die der Almosenpfleger
im Namen seines Herrn dem Volke mit folgenden Worten
ertheilte [1]:

> De par Mossenhor l'Evêqué
> Que Dieu vos donné mal al besclé
> Avez una plena banasta de pardos,
> Et dôs de Raschâ de fol lo mento.

„Im Namen des Herrn Bischofs, dass Gott euch ein Uebel
an der Leber gebe; möget ihr ferner einen Korb voll von

---

[1] Vgl. Alt, Theater und Kirche, S. 415 fg.

Vergebung haben und ein paar Finger voll Krätze unter
dem Kinn."

Am folgenden Tage war die Absolutionsformel folgende:

> Mossenhor, qu'es cissi présent
> Vos donna XX banastas de mal de dens,
> Et à tôs vôs aoutres aoussi
> Dona una côa de Roussi.

„Der Herr Bischof, der hier gegenwärtig ist, gibt euch
zwanzig Körbe voll Zahnschmerzen und fügt allen den Geschen-
ken, die er euch schon gemacht, einen alten Pferdeschwanz bei."

Das Hallelujah, das weiterhin folgte, wurde, wie Alt [1]
aus einem alten Manuscript in der Kirche zu Sens, wo das
ganze Ritual beschrieben ist, ersehen hat, in dieser Weise
gesungen:

> Alle:
> Resonent omnes Ecclesiae
> Cum dulci melo symphoniae
> Filium Mariae genetricis piae
> Ut nos septiformis gratiae
> Repleat donis et gloriae
> Unde Deo dicamus luja.

Hierauf stimmten mehrere hinter dem Altare verborgene Sänger folgende Verse an:

> Haec est çlara dies clararum clara dierum
> Haec est festa dies festarum festa dierum.

oder auch:

> Festum festorum de consuetudine morum
> Omnibus urbs Senonis festivas nobilis annis,
> Quo gaudet praecentor: tamen omnis honor
> Sit Christo circumciso nunc, semper et almo,
> Tartara Bacchorum non pocula sunt fatuorum,
> Tartara vincentes sic sinunt ut sapientes.

Während der Bischof die Messe las, waren die maskirten
Geistlichen mit Tanzen, Springen, Singen von Zotenliedern
auf das Chor gelangt, die Diaconi und Subdiaconi assen auf
dem Altar vor dem Messelesenden, spielten vor ihm Karten,
Würfel, räucherten ihm unter die Nase mit dem Rauchfass,
in welchem altes Schuhleder brannte. Nach der Messe lief,

---

[1] A. a. O.

sprang und tanzte jeder nach seinem Belieben in der Kirche
herum, man erlaubte sich die gröbsten Ausschweifungen,
einige zogen sich sogar nackt aus. Hierauf setzten sie sich
auf Karren, liessen sich durch die Stadt fahren und warfen
die sie begleitende Volksmenge mit Koth, machten unzüchtige
Gebehrden, die sie mit den unverschämtesten Reden begleiteten. Auch Laien mischten sich unter die Geistlichen, um in
der Kleidung der Weltpriester, Mönche, Nonnen ihre Possen
zu treiben. Von dem trunkenen, bewaffneten Schwarm, wovon ein Theil oft zu Pferd den Zug begleitete, wurden nicht
selten Menschen angefallen, mishandelt, oft todtgeschlagen,
Häuser zerstört, Viehställe erstürmt, das Vieh fortgeschleppt.[1]

Dieses Fest wurde an manchen Orten, wie zu Paris und
Sens, am Neujahrstage gefeiert, anderwärts am Tage der Erscheinung Christi und noch an andern Orten am 28. December, dem Tage der unschuldigen Kindlein, zum Andenken der
Kinder von Bethlehem als für das Christuskind gestorben,
wo alle kirchlichen Functionen von Knaben vollzogen wurden und aus dem Scherze des Kinderbischofs allmählich ein
Narrenbischof wurde.[2] In der griechischen Kirche hatte es
Theophylaktus im 10. Jahrhundert eingeführt, in der abendländischen Kirche ist es älter, da es schon auf dem Concil
zu Toledo und später auf mehrern Concilien wiederholt verboten wurde. Auch in einer Verordnung des päpstlichen
Legaten Cardinal Petrus an Odo Bischof von Paris im
Jahre 1198 wird die Zügellosigkeit bei diesem Feste in der
Kirche Notre-Dame hart gerügt.[3] Ungeachtet dessen soll
doch ein Doctor der Theologie zu Auxerre öffentlich behauptet
haben, es sei dieses Fest Gott ebenso wohlgefällig, als das
der Empfängniss Mariä.[4] Es wurde ausser in den Kirchen
der Weltgeistlichen auch in den Mönchs- und Nonnenklöstern
gefeiert und die Possen dabei ad libitum variirt. Bei den
Franciscanern zu Antibes kamen am Tage der unschuldigen
Kindlein nicht der Guardian und die Priester, sondern die
Laienbrüder in das Chor. Sie hatten zerrissene Priesterkleider

---

[1] Gemeine Chronik von Regensburg, I, 357; bei Hüllmann, IV, 134.
[2] Hase, Geistliche Schauspiele, 80.
[3] Vgl. Bibl. patr. max., XXIV, p. 1370.
[4] Flögel, Geschichte des Grotesk-Komischen, S. 65.

verkehrt an, hielten auch die Bücher verdreht, trugen Brillen
mit Orangenschalen statt der Gläser auf der Nase, bliesen
die Asche von den Räucherfässern einander ins Gesicht oder
streuten sie auf die Köpfe, murmelten unverständliche Worte
oder blökten wie Schafe anstatt Psalmen zu singen, u. dgl. m.
Das Fest war so beliebt, dass es sich ungeachtet manchen
Eiferns dagegen bis über das 16. Jahrhundert erhielt.

In Frankreich war auch der Brauch eingerissen, an verschiedenen Festtagen, z. B. bei den ersten Messen der
Priester, während des Gottesdienstes Schauspiele mit unanständigen Masken unter zotenhaften Liedern aufzuführen.
Dies bezeugt die Verfügung der Synode zu Toledo im
Jahre 1473: „Da sowol in verschiedenen erzbischöflichen,
bischöflichen als auch andern Kirchen die Sitte eingerissen
ist, dass an verschiedenen Festtagen, z. B. an Weihnachten,
am Tage Sanct-Stephani und Sanct-Johannes und der unschuldigen Kinder, sowie auch bei den ersten Messen eines
Priesters, während des Gottesdienstes Schauspiele mit Larven,
ungethümen und zuweilen höchst unanständigen Erscheinungen
in den Kirchen aufgeführt werden, wobei Lärmen, schändliche Verse und lästerliche Reden vorfallen, sodass der Gottesdienst und das Volk in seiner Andacht gestört wird, so verbieten wir dergleichen Larven, Spiele und Ungethüme, Spectakel und Gaukeleien sowie das Recitiren schändlicher Gedichte auf das ernstlichste und verfügen: dass diejenigen
Geistlichen, welche sich auf die Beimischung solcher unehr-
baren Spiele in der Kirche einlassen oder solche gestatten,
wenn sie an den gedachten Kirchen Beneficien geniessen, um
einen Monatsbetrag derselben gestraft werden." Dieses Verbot
musste im Jahre 1565 aufs neue wiederholt werden, und Alt[1] bemerkt, dass funfzig bis sechzig Jahre später Mariana nur schüchtern gegen dergleichen Lustbarkeiten zu sprechen wagte, wenn
er sagt: „Schwer ist es, diese verderbliche Gewohnheit auszurotten, die schon lange Zeit unter dem Beifall der Menge
festgewurzelt ist, und es droht sogar die Gefahr des Anscheins,
als wollten wir den Gottesdienst beeinträchtigen. Aber es
werden in den Tempeln Dinge vorgestellt, die man sich kaum
in den schlechtesten und verworfensten Orten erlauben würde.

---

[1] A. a. O., S. 420.

Man gestattet, dass schändliche Weibsbilder die Kirche betreten und daselbst Aufführungen veranstalten. Mehr als einmal hat dies in diesen Jahren stattgefunden und nach ihrem Vorgang auch in andern Kirchen des Königreichs, wobei Dinge dargestellt wurden, welche das Ohr nicht ohne Schauder vernehmen kann und welche wiederzuerzählen man Abscheu fühlt."[1]

Vom Eselsfest finden sich schon im 9. Jahrhundert Spuren in Frankreich, und es wurde mehrere Jahrhunderte hindurch gefeiert. Ueber den Tag der Feier lauten die Angaben verschieden und man kann mit Alt[2] annehmen, dass die lach- und spottlustigen Franzosen gern jede Gelegenheit benutzten, die sich zur Veranstaltung solcher Possenspiele darbot. Nach der Bemerkung Hase's[3] hatte der Esel ein dreifaches Recht, seine kirchliche Feier aufzuweisen: „Zunächst seine Unterhaltung mit dem widerwilligen Propheten Bileam, dann seine vorausgesetzten Dienste auf der Flucht der heiligen Familie nach Aegypten und endlich zum Andenken der Eselin und ihres Füllen, auf denen der Herr am Palmsonntage in Jerusalem eingezogen ist." Je nach dem Momente das bei der Feier festgehalten ward, mochte eine Verschiedenheit dabei stattfinden. Wo es die Flucht der Jungfrau Maria nach Aegypten galt, suchte man ein junges schönes Mädchen aus, das man geschmückt, mit einem Knäblein im Arme, auf einen Esel setzte. Oder man behing den Esel mit einem Chorrock und führte ihn in feierlichem Aufzuge unter Begleitung der Klerisei und des Volks durch die Strassen in die Kirche, wo der Esel neben dem Altare aufgestellt und die Messe unter possenhaftem Pomp gelesen wurde, sodass es möglichst toll herging. Auf das „Kyrie", „Gloria" und „Credo" ward mit „Hinham! Hinham! Hinham!" geantwortet. Anstatt der Segensformel, womit sonst der Priester das Volk zu entlassen pflegte, ahmte dieser das Eselsgeschrei nach und das Volk, anstatt sein „Amen" zu sagen, antwortete wieder auf Eselsmanier. Selbstverständlich wurden auch während der Travestie der Messe, wie beim Narrenfeste, Un-

---

[1] In seiner Schrift „De spectaculis".
[2] A. a. O., S. 417.
[3] A. a. O., S. 80.

flätereien getrieben. Den Beschluss machte ein halb lateini-
sches, halb französisches Lied. [1]

Ausser diesen Possen pflegten die Prediger am Osterfeste ihren Zuhörern allerlei lächerliche Schnurren von der
Kanzel herab zu erzählen, um für die traurige Fastenzeit zu
entschädigen. Diese „Ostermärlein", die das allgemeine
Gelächter zu erregen suchten, was ihnen auch gelingen mochte,
sind bekannt unter dem Namen Risus paschalis.

Flögel meint, es müsse uns „beim ersten Anblick unbegreiflich scheinen, wie die menschliche Vernunft und noch
mehr das Christenthum so tief herabsinken und Heiliges und
Profanes, geistliche Freude und weltliche Zügellosigkeit, Andacht und Possenreisserei so seltsam miteinander vermischen
können". [2] Betrachten wir die Sache näher, so zeigt sich
zunächst ein enger Zusammenhang der Ausgelassenheit der
Lust mit den früher erörterten Ausschreitungen des sinnlichen
Lebens. Damit in Verbindung steht die ethische Anschauung
des Mittelalters, wonach Geistiges und Leibliches, Uebersinn-
liches und Irdisches wie Gott und die Welt als unversöhn-
licher Gegensatz gedacht wurde, was die ascetische Abtödtungs-
theorie zur Folge hatte. Jede Unterdrückung eines berechtigten Moments zieht eine Reaction nach sich, die zunächst
stets als Verrenkung erscheint, indem die unterdrückte Seite
ins Extrem geschnellt wird. Das natürliche Moment am
Menschen, das seine Berechtigung haben muss, durch Ineinandersetzung mit dem geistigen vergeistigt, veredelt werden
soll, trat im Mittelalter in seiner unvermittelten nackten Natürlichkeit, d. h. als Roheit auf und wurde durch die gewaltsame Abstraction der ethischen Forderung eben bis zur Ausschreitung gesteigert. Stand aber das Leibliche mit seinen
Regungen nach der herrschenden kirchlichen Anschauung in
unvereinbarem Widerspruch mit Gott, so musste die Geltend-
machung des Sinnlichen als dem Sitze des Bösen mit dem
Teufel in Verbindung gedacht werden. Denjenigen, welche
ausserhalb der sinnlichen Ausschreitungen, der sittlichen Verderbniss standen, musste beim Anblick der sittlichen Verkommenheit die Wirkung des Teufels vor die Augen treten.

---

[1] Vgl. Flögel, Geschichte des Grotesk-Komischen, S. 168.
[2] A. a. O., S. 159.

Wie sich in der Befürchtung des herannahenden Weltendes, die sich seit dem 10. Jahrhundert der Gemüther bemächtigt, das Gefühl der herrschenden Entsittlichung geregt hatte, so musste deren stetiges Zunehmen, da die Katastrophe nicht eingetreten war, als Zunahme der Macht des Teufels erscheinen, und zwar nach der gangbaren Annahme, dass dieser der Stifter und Anreger davon sei, auch denjenigen, die sich selbst in Verkommenheit versunken fühlten. Inmitten der herrschenden Rand- und Bandlosigkeit der sittlichen Zustände erwachte das Gefühl, dass der Teufel das Regiment der Welt führe. Die sittliche Weltlage ist insofern als Mitfactor zur Festigung und Förderung der Vorstellung vom Teufel zu betrachten.

---

7. Zustand der Gemüther. Das kirchlich-theologistische Gepräge.

Inmitten der Zerfahrenheit der äussern Verhältnisse, umgeben von roher Gewaltthätigkeit und bodenlosem Sittenverderb, ohne Ruhepunkt in sich selbst, ergriff mancher die Flucht aus dem wüsten Getümmel solcher Gottvergessenheit und glaubte den Frieden in der Entsagung und in Bussübungen zu finden, die ihm die Kirche vorschrieb. Den grellen Gegensatz von wilder Genusssucht, Habgier und streng ascetischem Wandel erblicken wir nicht nur innerhalb des Rahmens dieser Jahrhunderte, es finden sich häufige Beispiele des plötzlichen Sprunges von einem zum ándern im Leben von einzelnen, die, mitten im Getriebe des genussreichen Daseins vom Gefühle der Nichtigkeit ergriffen, jenem entflohen, um in einem Kloster, im geistlichen Stande, in Selbstpeinigungen, von der Kirche empfohlen, den Ruhepunkt zu suchen. [1]

Der Mensch des Mittelalters war von der Kirche dazu erzogen, bei allem nach ihr zu blicken, sie hatte ihm nach-

---

[1] Vgl. Scriptor. Rer. Italic., XVI, 315.

drücklich eingeschärft, sie als die einzige Bewahrerin göttlicher Dinge zu betrachten. Die mittelalterliche Welt hatte
die Ueberzeugung, dass der Fürst seine rechtmässige Würde
nur zu Sanct-Peter in Rom erlangen könne, und die Kirche
hatte ihre Massregeln getroffen, dass nur das auf Geltung
Anspruch machen könne, was von ihr ausging. Das ist die
psychologische Grundlage der mittelalterlichen Anschauung,
auf welcher die Kirche ihre Allmacht aufbaute. Diese Vorstellung theilten alle Schichten der Gesellschaft, sie durchdrang alle Verhältnisse und Beziehungen im Mittelalter. Wie
das hebräische Alterthum Jerusalem und darin das Heiligthum mit seiner Bundeslade als den heiligen Mittelpunkt der
Welt betrachtet hatte, zu dem, nach den Weissagungen der
Propheten Jesaias und Micha, deren Anschauung die engen
Schranken des ältern Particularismus durchbrach, in Zukunft
alle Völker als Wallfahrter centripetalkräftig angezogen werden sollten, so sah die abendländische Welt des Mittelalters
auf dem Stuhle Petri die Verkörperung des ewigen Lichtes
der Religion Christi, und dieses Licht sandte seine Strahlen
auch centrifugalkräftig aus, um die Welt kirchlich-theo-
logistisch zu färben. Diese kirchlich-theologistische Färbung tragen alle Aeusserungen des mittelalterlichen Lebens.
Die Kirche ist die oberste Autorität, von der die Welt sich
abhängig fühlt.

Das Verhältniss der Kirche zum Staate betreffend, hat
man den Grund der Abhängigkeit dieses von jener als „Unklarheit" angegeben. [1] Diese „Unklarheit" findet aber in
jedem Entwickelungsprocesse und auf allen Gebieten statt,
bevor nicht gewisse Momente sich geschieden, sich geklärt
haben. Im Mittelalter wurde Kirche und Staat in unmittelbarer Einheit gedacht mit Ueberwiegen der Kirche. Bekanntlich sind im Orient die meisten Reiche Religionsstaaten und
ein nächstgelegenes Beispiel gibt uns die althebräische Welt
durch die Theokratie, wo Religion und Staat in unmittelbarer
Einheit ineinandergesetzt sind, daher das staatliche Verhältniss
zugleich ein religiöses ist und umgekehrt, ein theokratisches Verbrechen sowol gegen Staat als Religion begangen
gedacht wird. Aehnlich im Mittelalter, aber mit dem Unter-

---

[1] Lorenz, Deutsche Geschichte, I, 7.

schiede, dass die Religion durch die Kirche vertreten, der
Staat als kirchlicher Staat erscheint. Die Einheit von Kirche
und Staat ist eine unmittelbare, aber die geschichtliche Bedeutsamkeit des Mittelalters besteht eben darin, dass die Ab-
lösung des Staates von der Kirche beginnt, dass der staatliche Begriff im Bewusstsein der Menschen erwacht, dass der
Scheidungsprocess sich zu vollziehen beginnt, und zwar unter
langdauernden Kämpfen und Wehen. Jegliche Entwickelung
beruht auf dem Gesetze der Lösung und der Selbständig-
werdung der Momente, die ursprünglich in unmittelbarer
Einheit begriffen waren. Diesen Vorgang sehen wir nicht
nur im Naturleben in der Pflanzen- und Thierwelt, sondern
auch in der Menschenwelt und zwar im physischen wie im
geistigen Leben. Das Kind löst sich vom Mutterschose los,
es entwöhnt die Muttermilch, es wird mündig und erlangt
die Selbständigkeit des Willens, um eine selbständige Familie zu gründen. Im socialen Leben vollzieht sich die Lösung
durch die Theilung der Arbeit, und so fort in allen Gebieten.
Es bedarf wol nicht der Bemerkung, dass mit dem Lösen und
Selbständigwerden keine gänzliche Beziehungslosigkeit ein-
trete, da wir am Eingange unserer Geschichte das Universum
als Organismus hinstellten, wonach jedes und alles in seiner
Selbständigkeit auf das Ganze bezogen, in organischem Zusammenhange steht.

Wenn der Satz des christlichen Religionsstifters: „Mein
Reich ist nicht von dieser Welt" beziehungslos festgehalten
worden wäre, so hätte die christliche Religion auch nie die
Daseinsform der mittelalterlichen Kirche als äussere Anstalt
erlangt, und die abendländische Menschheit hätte kein Mittelalter zu durchleben gehabt; allein bekanntlich ist das „Wenn"
in der geschichtlichen Betrachtung unfruchtbar und wird nicht
zum Worte gelassen. Nachdem die Kirche sich aufgethan
und vornehmlich auf äussere Macht gestellt hatte, und um
jeden Preis ihre Obermacht zu erhalten strebte: konnte die
Sturm- und Drangperiode des Mittelalters nicht ausbleiben.

In dieser kirchlichen Obermacht der Kirche über die
abendländische Menschheit, die mit ihrer Lebensader an sie
gebunden war, liegt der Grund, dass alle Thätigkeiten, Beziehungen und Erscheinungen im mittelalterlichen Leben ein
kirchlich-theologistisches Gepräge erhielten. Alles geht

von der Kirche aus oder mündet in sie ein. Alle Schulen
hatten eine geistliche Einrichtung, alle Intelligenz ging daher
einerseits von der Geistlichkeit aus und kam andererseits
unter ihren Einfluss.

Theologie.

Von den sogenannten verschiedenen Wissenschaften stand
selbstverständlich die Theologie obenan und tauchte alle andern Zweige des Wissens in ihre Farbe. Das Verbot Gregor's des Grossen für die Bischöfe, heidnische Bücher zu
lesen [1], hatte das Geleise gezogen, in welchem die Gelehrsamkeit fortschreiten sollte. Ob Europa darum die Höhe der
Bildung und Erkenntniss erreicht habe, wie behauptet worden
ist, „weil es mit der Theologie begonnen hat und weil alle
Wissenschaften, gepropft auf diesen göttlichen Stamm, aus
dem Schatz des göttlichen Nahrungssaftes zusehens gediehen
sind" [2], möge dahingestellt bleiben, Thatsache ist: dass es
mit der Theologie den Anfang machte und ihr alles andere
Wissen als dienstbar unterordnete.

Philosophie.

Die Philosophie des Mittelalters, jene anrüchig gewordene Scholastik, stand im Dienste der Kirche und befasste
sich ausschliesslich mit der Bearbeitung des von jener ihr
übergebenen Stoffes. Es ist ein antiquirter Irrthum, den Werth
der Scholastik nur nach ihren Verrenkungen zu messen, wo
sie, in Spitzfindigkeiten verrannt, mit der Beantwortung müssi-
ger und läppischer Fragen sich abmüht; ihre wesentliche Bedeutung war vielmehr, die von der Kirche aufgestellten Dogmen in den Denkprocess hineinzuziehen. Sie versuchte die
Glaubenssätze zu Begriffen zu erheben und wollte Glauben
und Wissen vermitteln. Der Ausgangspunkt war ihrem Ursprunge, der in der Kirche liegt, angemessen; indem sie aber
zur Kirche zurückkehren musste, die ihr beim Denken als
Ziel vorgesteckt war, entbehrte sie der Freiheit, ohne welche

---

[1] Joh. Diac., Vita Gregor., lib. III, 33. 44.
[2] Windischmann, Ueber Etwas, was der Heilkunst noththut, S. 144.

eine wissenschaftliche Bewegung nicht möglich ist. Nicht der Gegenstand der Scholastik fordert das Verdammungsurtheil über sie heraus, sondern die Fesseln, die sie sich von der Kirche anlegen und dadurch zu deren dienstbaren Magd machen liess. Wie die Scholastik von der Kirche ausging, so gingen die Scholastiker auch meistens aus Klöstern hervor.

Rechtswissenschaft.

An der Spitze der Rechtswissenschaft stand das Kirchenrecht, das namentlich durch Gratian einen neuen Aufschwung erhielt. Ein tüchtiger Bischof sollte das Kirchenrecht ebenso gründlich kennen wie die Theologie. Noch grössere Wichtigkeit verlieh dem Kirchenrechte Gregor IX. durch die Sammlung der Kirchengesetze von Pennaforte, welche bei allen Gerichten als Norm angeordnet ward, deren man sich auf allen Schulen bedienen musste mit Ausschliessung jeder andern Decretensammlung. Der kirchlich-theologistische Einfluss auf diese Disciplin, der nicht nur ein principieller war, machte sich auch äusserlich bei deren Behandlung geltend, indem selbst der aus der Theologie entlehnte Titel „Summa" auf das Kirchenrecht angewendet wurde. Da das Kirchenrecht für alle Länder gelten sollte, wirkte es auch auf das weltliche Recht, wofür denn die Päpste Sorge trugen. Das römische Recht, das die Lehrer zu Bologna wiederherstellten und in Italien nie ganz ausser Gebrauch gekommen war, wurde von den Päpsten misgünstig angesehen, da es die Kirche nicht als oberste Rechtsquelle aufstellt. Indem die Kirche dadurch beeinträchtigt erschien, verbot Honorius III. der pariser Universität Vorlesungen über römisches Recht; Innocenz III. verordnete: dass Streitsachen nicht nach dem römischen, sondern nach dem Gewohnheits- und Kirchenrechte entschieden werden sollen. [1] Indess verschmähte es die Kirche nicht, die Folter aus dem römischen Rechte zur Handhabung ihrer Inquisition sich anzueignen, die im kanonischen Rechte bis zur Mitte des 13. Jahrhunderts noch nicht eingebürgert war. [2]

---

[1] Math. Paris add. 124.
[2] Biener, Beitrag zur Geschichte des Inquisitionsprocesses, S. 193.

Die Kirche suchte auch auf die Gerichtsbarkeit Einfluss zu gewinnen. Theils aus der exceptionellen Stellung des Klerus, theils aus dem geistlichen Grundbesitze gestaltete sich eine eigene geistliche Gerichtsbarkeit, die ihren Wirkungskreis immer mehr zu erweitern strebte, sodass im 12. Jahrhundert die Befreiung der Geistlichen von den weltlichen Gerichten nur in Bezug auf Lehnsverbindung und auf weltliche Verbrechen mehr bestritten wurde. Die Geistlichen suchten mit der Zeit auch alle bürgerlichen Streitigkeiten der Laien vor ihre Gerichte zu ziehen nach dem Grundsatze: die Kirche habe die Aufgabe, jede Sünde und jede Ungerechtigkeit zu verhindern, daher jeder, der über Unrecht zu klagen hat, an ein geistliches Gericht sich wenden könne. Innocenz III. hält diesen Grundsatz aufrecht unter Berufung auf Karl den Grossen, der die Kirche habe ehren wollen, und deshalb eine von Theodosius hergeleitete Vorschrift die Kirchenfreiheit betreffend, allgemein zu beobachten sei. Es solle jeder Rechtsstreit, auch der bis zum Urtheil fortgeführte, von jeder Partei an das geistliche Gericht gebracht werden können, und die Bischöfe haben das Recht, in allen Sachen das entscheidende Urtheil zu schöpfen, von dem keine weitere Berufung mehr stattfinden solle. [1] Solchen Ansprüchen setzten die weltlichen Gerichte allerdings Widerstand entgegen, indem sie die von geistlichen Gerichten gefällten Urtheile revidirten und den kirchlichen Strafen bürgerliche hinzufügten. Ludwig IX. verordnete: kein Laie soll in bürgerlichen Angelegenheiten von geistlichen Gerichten Recht nehmen [2], und schon früher hatte Philipp August die geistliche Gerichtsbarkeit zu beschränken gesucht. [3] Dass die geistliche Gerichtsbarkeit ihren Wirkungskreis zu erweitern eifrig bestrebt war und die Geistlichen dabei auch ihren äussern Vortheil im Auge hatten, bezeugt die Bestimmung Gregor's IX., der, obschon selbst eifrig in der Ausdehnung kirchlicher Rechte, doch sich genöthigt sah zu dem Verbote: dass Geistliche des Gewinnes wegen Processe von Laien übernehmen, um sie vor das geistliche Gericht zu

---

[1] Innoc. Ep. in Duchesne Script., V, 715, Nr. 10.
[2] Raynald zu 1236, §. 31.
[3] Ordonn., I, 39.

bringen, von dem sie eine günstige Entscheidung hoffen
konnten.[1]

Strafrecht.

Im Strafrechte der damaligen Zeit war Rad, Strang,
Verstümmelung an der Tagesordnung. Für eine mildere Anschauung der Kirche können immerhin Beispiele angeführt
werden, wonach „selbst zum Tode verurtheilten Verbrechern
durch kirchliche Personen das Leben erbeten wurde, um bei
dessen fernerm Lauf in Busse nach göttlicher Gnade zu ringen".[2] Es soll das Verdienst der Kirche, durch manche wohlthätige Massregel der Wuth des Zweikampfs als besonderer
Art der Ordalien entgegenzuwirken nicht geschmälert werden,
es ist anzuerkennen, dass Cölestin III. den Zweikampf in
jedem Falle unter den Gläubigen auszumerzen wünschte[3];
es ist aber ebenso wenig zu leugnen, dass die Kirche,
wo sie sich selbst verletzt glaubte, an Strenge und Unbarm-
herzigkeit der weltlichen Justiz nichts nachgab. Dies beweisen die von der Kirche über Verbrecher ausgesprochenen
Verfluchungen. In einer solchen Verfluchung vom Bischof
von Lüttich heisst es: „Der Uebelthäter sei abgesondert von
der Christenheit, verflucht im Hause, auf dem Acker, an
jedem Orte, wo er steht, sitzt oder liegt; verflucht beim
Essen und Trinken, beim Schlafen und Wachen, verflucht
sei jede seiner Bemühungen, seine Arbeit, die Frucht seines
Landes, sein Aus- und Eingang; verflucht sei er vom Scheitel
bis zur Fusssohle. Die Weiber solcher Frevler mögen kinderlos bleiben und Witwen werden; Gott schlage sie mit Armuth und Hunger, Fieber, Frost, Hitze, verdorbener Luft
und Zahnschmerzen; Gott möge sie verfolgen, bis sie von der
Erde vertilgt sind, die Erde möge sie verschlingen wie Da-
than und Abiram; sie sollen lebendig zur Hölle fahren und
mit Judas dem Verräther, Herodes, Pilatus und mit andern
Frevlern in der Hölle zusammen sein. So geschehe es, es

---

[1] Concil. XIII, 1180. 1264; Nr. 19.
[2] Hurter, Innocenz III., IV, 390.
[3] Mansi XXII, 630.

geschehe also!"[1] Wachsmuth[2] führt ein Urtheil an, das
Innocenz III. gefällt über einen Kerl, der einem Bischofe die
Zunge auszuschneiden gezwungen worden: „Er soll 14 Tage
lang barfuss, nur mit Hosen und ärmelloser Jacke bekleidet
öffentlich umherwandeln, die Zunge an einen dünnen Strick
gebunden, ein wenig herausgezogen, sodass sie über die Lippen
herausstehe, die Enden des Stricks um seinen Hals befestigt,
eine Ruthe in der Hand, so soll er sich vor jeder Kirche
niederwerfen und mit der Ruthe hauen lassen, fasten bis zum
Abend und dann nur Brot und Wasser geniessen, dann nach
dem heiligen Lande ziehen" u. dgl. Dass die Kirche bei
Verfolgung der Ketzer die christliche Milde ausser Acht gelassen, ist zu bekannt, um erhärtende Beispiele anzuführen;
sie unterstützte nicht nur den weltlichen Arm bei Errichtung
der Scheiterhaufen, ihr Eifer fachte vielmehr die Ketzerbrände
selbst an. „Sie gewöhnte den Sinn an das entsetzliche Schauspiel des Feuertodes und an grausenvolle Hinrichtungen in
Masse."[3]

Arzneikunst.

Werfen wir einen Blick auf die Arzneikunst, so sehen
wir schon nach Galen (2. Jahrhundert), „dem Sterne" wie
ihn Sprengel nennt[4], dichte Finsterniss durch Einmengung
der persischen Astrologie über die Medicin sich lagern. Durch
die Eroberungen der Römer im Oriente waren diese mit der
orientalischen Ueppigkeit vertraut und dadurch entnervt, auch
für die Arbeit der Forschung gelähmt worden. Seit dem
3. Jahrhundert waren die theurgischen Künste alleinherr-
schend, und viele Kaiser, welche Gelehrsamkeit begünstigten,
rechneten jene zu dieser, die sie demnach förderten. Von
Alexander Severus wird erzählt, er habe in seinem Larario
neben der Bildsäule des Apollonius von Tyana auch Abraham,
Christus und Orpheus verehrt[5]; der gelehrte Marc An-

---

[1] Bei Raumer VI, 98, aus Martène thes.
[2] Sittengeschichte, III, 1, S. 263, Note 13.
[3] Wachsmuth, a. a. O., S. 265.
[4] Versuch einer pragmatischen Geschichte der Arzneikunde, II, 123.
[5] Lamprid., I, c. 29.

tonin holte sich in wichtigen Angelegenheiten Rath bei den
Chaldäern.[1] Durch alexandrinische Sophisten hatte die Magie
eine disciplinartige Form erhalten, und die neuplatonische
Schule des Ammonius Saccas nahm zu den alten philosophischen Anschauungen auch die Geheimnisslehre des Morgen-
landes und christliche Vorstellungen auf. Alle Wirkungen
in der Natur, insbesondere also auch alle Krankheiten wurden
auf Dämonen zurückgeleitet[2], die miteinander im Weltganzen
durch Sympathie zusammenhängen, über die aber der wahre
Weise, durch ascetische Enthaltsamkeit vorbereitet, die Herrschaft erlangen könne. Die Pythagoräer sollen es dadurch
so weit gebracht haben, dass sie Geister bannen konnten.[3]
So wird dem Plotinus ein eigener Dämon zuerkannt, durch
dessen Vermittelung er nicht nur zukünftige Dinge vorhersagen, sondern auch Krankheiten zu heilen vermochte[4], da
er durch Zurückziehung von aller Sinnenwelt zum unmittelbaren Anschauen der Gottheit und dadurch zur Herrschaft
über die Geisterwelt gelangt war.[5] Die Magie, welche alle
Köpfe beherrschte, erhielt durch spätere Neuplatoniker die
Eintheilung in die gemeine oder Goëtie, die vermittels
böser Dämonen operirte, die höhere, als die geheime Kunst
durch höhere Geister zu wirken, und die Pharmacie, welche
durch Arzneimittel die Dämonen bändigte. Porphyr nennt
die Magie, welcher Gott selbst die Macht verleiht, die Theosophie; die vermittels guter Geister geschieht, Theurgie;
wo man böse Geister gebraucht, die Goëtie.[6] Schon Galen
berichtet, dass zu seiner Zeit bei manchen Aerzten die Namen
der Arzneimittel stets babylonisch oder ägyptisch hätten sein
müssen, welchem Wahne er sich entgegengesetzt[7]; nach Plotinus lassen sich aber die Dämonen durch Beschwörungen,
allerlei Symbole und durch gewisse Worte ausländischer Sprachen vertreiben, und Porphyrius sowie spätere Theosophen

---

[1] Jul. Capitolin. vit. M. Anton., c. 19, Hist. aug. script.
[2] Porphyr. de abstinent. ab esu animal. lib. II.
[3] Lucian Philopseud., S. 347.
[4] Porphyr. vit. Plotin., c. 10.
[5] Ibid. c. 23.
[6] De abstin. lib. II, 210; Euseb. praeparat. evang. lib. IV, c. 10.
[7] Galen de facult. simplic. medic. lib. VI, 68; bei Sprengel II, 140.

schrieben chaldäischen und hebräischen Wörtern eine besondere bändigende Kraft über die Dämonen zu. [1] Die ganze
Welt war mit Dämonen erfüllt, und jede Erscheinung als
deren Wirkung gedacht. Sprengel kann daher behaupten:
„Im 4. Jahrhundert sah man es als eine lächerliche Paradoxie
an, wenn ein Arzt behauptete, die Krankheiten entstehen nicht
von Dämonen." [2] Der Rest der Bildung, dem die wiederholten Einfälle barbarischer Stämme verderblich waren, wurde
durch den herrschenden Wunderglauben vertreten, wonach die
Heilkraft der medicinischen Mittel von den Heiligen und
deren Reliquien abhängig gedacht, ja sogar ohne diese für
sündhaft gehalten ward. Gregor von Tours, der gegen Kopfschmerz Aderlass anwendet und befürchtet dass die Heilung dadurch allein bewirkt werden könnte, berührt vorher die leidende Stelle mit dem Vorhange von dem Grabe des heiligen
Martinus und bittet diesen um Verzeihung wegen des angewandten Mittels. [3] Der Archidiakonus Leonastes vertrieb
sich durch Fasten und Beten bei St.-Martin die Blindheit,
bediente sich aber überdies der Hülfe eines jüdischen Arztes,
der ihm Schröpfköpfe setzte. Aus dem Umstande, dass die
Blindheit wiederkehrte, zieht Gregor von Tours den be-
lehrenden Schluss: wer himmlischer Arznei würdig erachtet worden, dürfe sich keiner irdischen Hülfe bedienen. [4] Den Mönchen, die seit dem 6. Jahrhundert die
Heilkunst fast ausschliesslich ausübten, ersetzte der allgemein gangbare Wunderglaube, was ihnen an medicinischen Kenntnissen abging, da die von Hippokrates oder Galen
aufgestellten Grundsätze weit über ihren Horizont gingen. [5]
In den Klöstern wurden als gewöhnliche Heilmittel Weihwasser, Reliquien der Heiligen, Chrisam, Rosenkränze u. dgl.
angewendet, und Abendmahl, Taufwasser und das Paternoster
galten als untrügliche Mittel zur Genesung. Der Bischof
Agobard im 11. Jahrhundert wird als fast einzige Ausnahme

---

[1] Jamblich., De myst. Aeg., sect. III, c. 9; sect. VII, c. 4. 5.
[2] Sprengel, Geschichte der Arzneikunde, II, 170.
[3] Greg. Tur., Miracul. S. Martin., II, 60.
[4] Greg. Tur., Hist. Francor., V, 6.
[5] Möhsen, Geschichte der Wissenschaft in der Mark Brandenburg,
S. 257.

angeführt, dessen aufgeklärter Verstand selbst die dämonischen Krankheiten verwarf. Die Mönche aber, bemerkt Sprengel[1], bedienten sich dieser Mittel zur Hebung der Krankheiten,
und derselben Ausflüchte, wenn ihre Cur fehlgeschlagen war,
wie die Priester des Aesculap. Waren die Kranken gläubige
Seelen, so war ihr Uebel eine Wohlthat Gottes, die zur Prüfung diente; waren es verstockte Sünder, so war die Krankheit eine Strafe ihrer Vergehungen und eine Mahnung zur
Busse. Das Kloster Monte-Casino, in der Nähe der Stadt
Salerno, war zwar durch die ungewöhnliche Gelehrsamkeit
seiner Mönche, die in Salerno die Arzneikunde ausübten,
schon seit dem 8. Jahrhundert ausgezeichnet, und die saler-
nitanischen Aerzte kannten den Galen und den Hippokrates;
ungeachtet dessen wurde doch noch im 12. Jahrhundert
Bernard Abt von Clairvaux nach Salerno eingeladen, um
Wundercuren an unheilbaren Kranken zu verrichten.[2] Dies
kann nicht befremden bei dem herrschenden Wunderglauben,
der auf dem Trümmerhaufen der verwüsteten Cultur üppig
gewuchert hatte. Dem kleinen Ueberbleibsel classischer Bildung, welches die Zerstörung durch die fremden Völker über-
dauert hatte, wurde durch das Verbot Gregor's des Grossen
im 6. Jahrhundert die Nahrung noch mehr entzogen, und in
der überhandnehmenden Finsterniss mochte ein Beda und solche
Mönche, die mehr als lesen und schreiben konnten, in den
Verdacht der Zauberei gerathen[3], mochten die beiden Irländer
Virgilius und Sidonius vom Papst Zacharias verketzert werden,
weil sie an Antipoden glaubten[4], und die grosse Bewegung,
in welche ein Nordlicht im 9. Jahrhundert die Gemüther
versetzte, wird uns begreiflich.[5] Augustin's Lehren, welche
die Meinungen der Menschen bis gegen das 13. Jahrhundert
beherrscht hatten, wurden durch Aristoteles verdrängt, der
besonders durch die Araber hervorgezogen worden war. Im
Anfang des 13. Jahrhunderts las man in Paris über Aristoteles, den aber die Kirche bald gefährlich fand und das

---

[1] II, 386.
[2] Fleury, Hist. eccles., vol. XIV, p. 480; bei Sprengel II, 384.
[3] Cramer, Fortsetzung des Bossuet, V, 95.
[4] Cramer, V, 443.
[5] Sprengel, Geschichte Grossbritanniens, S. 235.

Concil öffentlich verbrennen liess.[1] Sechs Jahre darauf erlaubte zwar die Kirche das Lesen der dialektischen Schriften,
aber die physikalischen und metaphysischen wurden verdammt[2],
und Gregor schränkte (im Jahre 1227) nach 16 Jahren auch
dies Verbot durch die „seltsame Clausel" ein, dass die Lehrer
allemal die der christkatholischen Religion anstössigen Grundsätze im Vortrage widerlegen müssten.[3] Bei alledem datiren die ersten Regungen zur Wiederherstellung der Wissenschaften aus dem 13. Jahrhundert. In Deutschland war Kaiser
Friedrich II. von förderndem Einfluss darauf und sein Kanzler Peter de Vineis stand ihm dabei getreulich an der Hand.
In Paris hatten sich an der Universität so viele Hörer eingefunden, dass Philipp August die Stadt erweitern lassen
musste[4]; in Italien ist unter den Päpsten namentlich Honorius III. anzuführen, der die Wissenschaften begünstigte; in
England erhielten die Erfahrungswissenschaften ein wohlthätiges Licht und Roger Baco, der würdige Vorgänger des berühmten Kanzlers, empfahl ausser dem Studium der Mathe-
matik auch das der Alten, war aber freilich „ein Prediger in
der Wüste", wie Sprengel sagt.[5] Indessen trugen die mehr-
fachen Reisen im 13. Jahrhundert eines Joh. de Plano Carpini,
Marco Polo, Wilh. Rubruquis, Ascelin das Ihrige bei, die
geistige Thätigkeit anzuregen und das Denken wachzurufen,
wie die Entdeckung der Polodixie der Magnetnadel, die Kunst
des Schleifens der Gläser zu Mikroskopen beweisen, sodass
im 14. Jahrhundert der Kampf gegenüber dem Druck, den
die Kirche auf die Geister der Menschen bisher ausgeübt,
innerlich merklich gärte, um später zum Ausbruch zu kommen. Die päpstliche Hierarchie stiess auf manchen Seiten
auf Widerspruch, wo sie sonst nur Gefügigkeit gefunden
hatte, der von Rom aus gemachte Vorschlag zu einem Kreuzzug wollte nicht verfangen[6], die päpstlichen Briefe und Bullen,

---

[1] Launoy de varia Aristotel. fortuna, c. 1, p. 174; bei Sprengel,
II, 428.
[2] Launoy, c. 4, 191.
[3] Ibid., c. 6, p. 192.
[4] Pez, Anecdot. thes. noviss., I, pars 1, p. 427.
[5] II, 440.
[6] Fleury, Hist. eccl., vol. XIX, p. 468.

wie z. B. die „Ausculta fili", die Philipp der Schöne von
Bonifaz VIII. erhielt, wirkten sollicitirend auf den Geist, und
der Same, den die einfältigen „bons hommes" oder Waldenser
ausstreuten, wurde durch einzelne gelehrte Männer gepflegt,
bis dass er in der Reformation zur Frucht gedieh. Der Engländer Duns wagte es von der orthodoxen Anschauung abzu-
weichen, indem er dem freien Willen bei den Handlungen des
Menschen mehr Raum gewährte als Augustinus und Thomas
von Aquino; Durandus de Porciano verwarf gegen Thomas
von Aquino die unmittelbare Einwirkung in die menschlichen
Handlungen, und Ockam unterfing sich, die Untrüglichkeit des
Papstes anzutasten. Franz Petrarca erwarb sich nicht nur
den Kranz des Dichters, sondern auch die Dankbarkeit der
Nachwelt durch seine Bearbeitung gelehrter Sprachen und
das Studium der Kritik. Allein die Geschichte arbeitet
zwar solid, aber langsam. Im ganzen blieb die Wissenschaft
und somit auch die Arzneikunde auf der Stufe der vorigen
Jahrhunderte, Wundercuren durch Heilige gab es noch wie
ehedem, und Männer, die durch physikalische Kenntnisse
hervorragten, wurden noch immer für Schwarzkünstler und
Hexenmeister im Bunde mit dem Teufel gehalten und selbst
mit Todesstrafe belegt, wie die Beispiele des Peter von Abano,
des Joh. Sanguinacius u. a. zeigen.[1] Zwei epidemische Erscheinungen dieses Jahrhunderts zeigen nicht nur die hohe
Spannung der Gemüther, sie sind auch von culturgeschicht-
licher Bedeutung, nämlich die Tänzerwuth oder der Sanct-
Veitstanz, durch ganz Deutschland herrschend, wo die davon Befallenen für eine besondere Sekte betrachtet wurden,
deren Anhänger vom Teufel besessen galten, den man durch
Bibelsprüche auszutreiben meinte.[2] Ausser den Tänzern sind
es die Flagellanten, die wir schon kennen gelernt haben.

Astrologie.

Im 15. Jahrhundert, wo durch die Invasion der Türken
die griechischen Gelehrten nach den Occident versprengt

---

[1] Bzovius ann. 1316, n. 15, p. 282; bei Sprengel, Geschichte, II, 482.
[2] Ibid., ann. 1374, n. 13, p. 1301; Raynald 1374, n. 13, p. 527.

wurden, gewann das Studium der Quellen der griechischen Gelehrsamkeit. Neben Aristoteles, der bisher durch
arabische Vermittelung bekannt war, der nun aber aus der
Quelle unmittelbar geschöpft wurde, ward auch die Pla-
tonische Philosophie wieder hergestellt, die besonders am
Hofe des Kosmos dei Medici gepflegt und gefördert wurde,
von wo ihre eifrigsten Vertheidiger ausgingen. Ueber dieser
Morgenröthe der Aufklärung lagerte aber der dicke theo-
sophische Nebel der Astrologie, welche den Lauf und
den Stand der Himmelskörper mit dem menschlichen Leben
in engste Beziehung setzte und dasselbe mit Hülfe astrologi-
scher Kenntnisse zu verlängern suchte, worüber das Buch
des Marsilius Ficinus [1] Vorschriften gibt. Es ist bekannt, wie sehr die Astrologie durch die meisten Fürsten
in dieser Periode gefördert wurde und der Hofastrologe
eine ständige Figur war. Wie man bis zum 16. Jahrhundert die Erde als den Mittelpunkt der Schöpfung betrachtete, so las man alles, was auf der Erde geschah und geschehen musste, in den Sternen geschrieben, und Geburt,
Thaten, Erlebnisse des einzelnen waren von dem Regiment
irgendeines Planeten abhängig gedacht, woneben die in ihrer
Erscheinung regellosen Kometen als Drohschrift der Bedrängniss für ganze Völker gedeutet wurden.

Aus der Mitte der magischen Kreise blickte der Mensch
nach dem Sternenhimmel, um mittels der Astrologie die Bedingung der irdischen Glückseligkeit, wie er ein langes Leben
erreichen könne, zu entdecken. Aus demselben Beweggrunde
suchte er mittels der Alchemie die Kräfte der Natur in den
Metallen zu erforschen. Es war der Drang nach irdischem
Glück, der ihn nach einem in der Erde verborgenen Dinge
suchen liess, um durch es in Besitz von Gold, Gesundheit,
langem Leben zu gelangen, welche drei er im „Steine der
Weisen" vereinigt zu finden hoffte. Man suchte nach der
„jungfräulichen Erde" als dem Mittel zur Darstellung der
geheimnissvollen Substanz, wodurch der Weise oder Wissende
jedes unedle Metall in Gold verwandeln, die nach der spätern
Ansicht, in ihrer höchsten Vollkommenheit als Arzneimittel

---

[1] Marsil. Ficini de vita, III, 12.

gebraucht, alle Krankheiten heilen, den Leib verjüngen, das
Leben verlängern sollte. Den arabischen Hochschulen wird
das Streben nach der Auffindung des Steines der Weisen
und dessen Ueberlieferung an das nordwestliche Europa vornehmlich zugeschrieben. [1] Man glaubte in allen Metallen
ein Princip enthalten, das ihnen die Metalleität ertheilt, welche
ausgezogen und als Quintessenz dargestellt, den Stein der
Weisen abgebe. Zur Darstellung desselben gehöre vor allem
„die erste Materie", die sogenannte „jungfräuliche" oder
„Adamserde". Vom 10. Jahrhundert an finden wir das kirchlich-theologistische Element auch in den Laboratorien der
Alchemisten und ist daran zu erkennen, dass das Gelingen
der Operation von der Wirksamkeit des Gebetes abhängig gedacht wird, das ursprünglich nur die Dauer derselben bezeichnen sollte, nach der Gewohnheit, Zeitlängen mittels Gebeten zu bestimmen. Schon im 13. Jahrhundert hatte sich die
Ansicht bei den Alchemisten festgesetzt, dass die Einweihung
in das Geheimniss ihrer Kunst auf göttlicher Berufung beruhe, und der glückliche Erfolg als Beweis der göttlichen
Gnade zu betrachten sei. Die Alchemisten trugen daher gewöhnlich eine gewisse kirchliche Frömmigkeit zur Schau,
wozu das Anrufen böser Geister, zu denen man in Verzweiflung über die mislungene alchemistische Operation seine
Zuflucht nahm, Kopp wenig passend findet [2], wir aber
bei der herrschenden dualistischen Ansicht, wonach die Welt
in zwei Lager, in das der göttlichen Macht und das des
Teufels sammt seinen Gehülfen, getheilt war, wol erklärlich
finden. „Als Kelley", erzählt Kopp [3], „zu Prag in Kaiser
Rudolf's Händen war und nun einmal den Stein der Weisen
nolens volens schaffen sollte, beschwor er mit Dr. Dee's Hülfe
die infernalischen Mächte, die ihm aber nicht halfen. Einige
Alchemisten hatten Dämonen in ihrer Gewalt und führten
sie in mancherlei Gestalt mit sich herum. So zeigte Thur-
neysser zu Berlin seinen gefangenen Teufel als eine kleine
Gestalt in einem Gläschen. Bragandius hatte über zwei Dämonen Gewalt, die ihn in Gestalt von zwei schwarzen Bullen-

---

[1] Liebig, Chemische Briefe, S. 40.
[2] Geschichte der Chemie, II, 216.
[3] A. a. O.

beissern begleiteten. Bei der Hinrichtung des erstern in
München 1590 wurden letztere nach Urtheil und Recht unter
dem Galgen erschossen."

Die Ineinandersetzung des Kirchlich-theologistischen mit
der Naturkunde wurde immer inniger, sodass noch im 17. Jahr-
hundert religiöse Begriffe und Vorstellungen mit alchemisti-
schen Ausdrücken bezeichnet werden, wie die Terminologie
J. Böhme's beweist. Gegen das 13. Jahrhundert wird die
Alchemie vornehmlich in Klöstern getrieben, die Pfleger und
Anhänger derselben sind meist Geistliche, wie Albrecht von
Bollstädt, gewöhnlich Albertus Magnus genannt, in seiner
Geschichte der Metalle und Mineralien; Thomas von Aquino,
dessen Schüler, in seiner Schrift von den Meteoren; Michael
Scotus, Roger Baco, der Franciscaner Richard von England,
der Minorit Raymund Lullus, der berühmteste Alchemist des
14. Jahrhunderts, u. a. m. [1] Obschon im Anfange des 14. Jahrhunderts eine päpstliche Bulle von Johann XXII. „Spondent
quas non exhibent" im Jahre 1317 die Alchemie verbot, König Heinrich IV. von England 1404, und der Rath von Venedig 1488 Gesetze dagegen erliessen [2], wurde die geheimnissvolle verbotene Kunst im Verborgenen fortgetrieben. Im
16. Jahrhundert finden wir an allen Höfen Alchemisten, denn
auch die Fürsten trugen Verlangen nach dem Steine der
Weisen und arbeiteten wol selbst in ihren Laboratorien, wie
Kaiser Rudolf II., Kurfürst August von Sachsen sammt seiner Gemahlin Anna von Dänemark, die Kurfürsten August
und Christian, Herzog Friedrich von Würtemberg u. a. Auch
hervorragende Geister wie: Baco von Verulam, Luther, Spinoza, Leibniz und noch die spätere Zeit glaubte an den Stein
der Weisen, wobei man nur an die Rosenkreuzer oder Semler's
Luftsalz zu erinnern braucht. Wer aber in unsern Tagen die
Alchemie als eine pure Verirrung der Köpfe abschätzig beurtheilt, der vergisst, dass die Geschichte des menschlichen
Geistes ähnlich dem Künstler verfährt, der sein Bild von der
dunkeln Grundfarbe ins Lichte herausmalt. Durch Irrthum
zur Wahrheit ist der Gang der Entwickelung, wie die alttestamentliche Schöpfungsgeschichte aus dem wüsten Chaos

---

[1] Vgl. Schmieder, Geschichte der Alchemie, S. 132 fg.
[2] Kopp II, 192.

die geordnete Welt und ihre Geschöpfe hervorgehen lässt. Wie Saul ausgegangen war, die Eselin zu suchen, und eine Königskrone fand, so verdanken wir dem Streben, den Stein der Weisen darzustellen, eine Menge gemeinnützlicher Entdeckungen. Die Alchemie kann mit Stolz auf ihre Tochter, die Chemie, blicken, und aus der mystischen Astrologie hat sich die exacte Wissenschaft der Astronomie entwickelt.

Mit unserer Erörterung sollte angedeutet werden: wie die Allgewalt der Kirche des Mittelalters in allen Richtungen der damaligen Wissenszweige bemerklich war, und überall ihr Gepräge aufdrückte. Dasselbe gilt in Beziehung auf das Leben des einzelnen Menschen. Die Kirche nahm ihn sofort nach seiner Geburt durch die Taufe unter ihre Obhut, aber zugleich unter ihre Bevormundung, unter der er auch zu Grabe gebracht wurde. In der ganzen Zwischenzeit war er nicht nur äusserlich an sie gebunden durch Zehntpflichtigkeit und andere Abgaben, er befand sich auch innerlich durch anderwärts erwähnte Bande, an denen sie sein Gewissen in Händen hielt, in ihrer Gewalt. Die Kirche bestimmte ihm die Tage zur Arbeit und die Tage zur Rast, sie theilte ihm die Stunden des Tags in Primizzeit, Terzzeit, Vesperzeit ein, sie ordnete ihm selbst die Speisen an. „Die Länder wurden nach Bisthümern gemessen; die Waffenrüstung, womit der Knappe sich künftig als Ritter schmückte, bedurfte des Segens der Kirche; derselbe wurde über die Flur ertheilt und herabgefleht, er sollte Unfall und Gefahr von dem neugewählten Hause abwenden." [1] Die Kirche sollte ihm milde Lehrerin und Erzieherin sein, er sollte Trost bei ihr suchen und finden; er hatte aber Grund, sie zu fürchten, denn sie war zur strengen Zuchtmeisterin und allgewaltigen Beherrscherin geworden. In allen Lagen und Wendungen des Lebens stand die Kirche vor den Augen des Menschen, sie überragte, gleich ihren Domen, das ganze menschliche Getriebe, sie warf auch ihre finstern Schatten darüber. „Es ist wahr", sagt Hurter [2], „auf alle Lebensthätigkeit des Menschen übte die Geistlichkeit mächtigen Einfluss", und eben darum, fügen wir hinzu, weil ihr Einfluss auf alle Thätigkeit ein bevormundender, be-

---

[1] Hurter, IV, 383.
[2] IV, 416.

herrschender war, weil sie ihre eigene Bestimmung über-
schreitend den ganzen Menschen an sich fesselte, band sie
ihm die Organe zur freien Thätigkeit, lähmte die Bewegung,
hemmte die Entwickelung. Die Behauptung: in der ganzen
Periode vom 6. bis 10. Jahrhundert habe es in Europa nicht mehr
als drei bis vier Männer gegeben, die selbständig zu denken
wagten, und auch die mussten ihre Gedanken mit einer dunkeln, mystischen Sprache verhüllen, die übrige Gesellschaft
sei während dieser Jahrhunderte in der entehrendsten Unwissenheit geblieben [1], brauchen wir ihrem ersten Theile nach
wol nicht buchstäblich zu nehmen; aber die Wahrheit ist:
dass selbst die hervorragenden Geister durch die Allgewalt
der Kirche in ihrer Entfaltung gehindert waren, die Menge
allen innern Halts entbehrte und an einer verzweifelnden innern Hohlheit krankte, wie die Kirche selbst, über ihrer Anstrengung nach äusserer Machtstellung in pure Aeusserlichkeit verrenkt, ihre innere Bedeutung und damit auch ihre
sittigende Wirkung verloren hatte. Und dies war weit über
das 10. Jahrhundert hinaus der Fall.

---

8. Mancherlei Erscheinungen und Ereignisse als Factoren in der Geschichte des Teufels.

Wie in der Natur aus der Verwesung neue Lebensgebilde
hervorgehen, so liefert auch die Geschichte aus den Perioden
der Auflösung und des drohenden Untergangs positive Producte, die freilich zunächst nur gleich einzelnen Lichtfunken
in finsterer Nacht aufflackern ohne weitströmende Erleuchtung
oder langhin merkliche Erwärmung. Obschon aber wohlthätige Erscheinungen inmitten verderbter Zustände auch keine
plötzliche oder gänzliche Verbesserung der Weltlage hervorbringen, so gewährt die Beobachtung des Verlaufs der Geschichte doch die ermuthigende Ueberzeugung: dass keine

---

[1] Buckle, Geschichte der Civilisation in England, I, 232.

Aeusserung der Vernunft unfruchtbar bleibt oder wirkungslos
aus der Geschichte hinausfällt. Lichtfunken des Geistes der
Wahrheit, die in dunkeln Zeiträumen sich entzündet, um
scheinbar wieder zu verlöschen, glimmen unbemerkt unter
der Asche fort, bis die Periode eintritt, wo der günstige Luft-
zug sie zur Flamme auflodern macht, um ganze Zeiten zu
erleuchten und die lebenden Geschlechter zu erwärmen. Auch
die schrecklichen Zeitabschnitte des Mittelalters haben wohlthätige Institutionen hervorgerufen; wir erinnern unter andern
nur an das Gesetz vom „Gottesfrieden" (Treuga Dei) im
11. Jahrhundert, wonach von Mittwochs Sonnenuntergang
bis Montags Sonnenuntergang das Schwert zu ziehen bei
Strafe des Bannes verboten war. Dass diese Bestimmung
nicht nachhaltig durchgeschlagen, schreibt ein frommer clugny-
scher Mönch [1] auf Rechnung der menschlichen Schwäche, indem nach kaum überstandenen göttlichen Strafgerichten jeder
Frevel wieder begangen wurde, wobei weltliche und geistliche
Fürsten nicht die letzten gewesen seien. Das ungestüme
Streben der päpstlichen Macht, nach der weltlichen Seite hin
sich zu erweitern, brachte auf dieser heilsame Reactionen
hervor: die Magna charta, dieser Grundpfeiler des englischen
Staatslebens, erbaute sich, während Johann von England dem
Papste Innocenz III. dienstbar war (1215); die Bullen, welche
Bonifacius VIII. von seinem Stuhle über Philipp IV. von
Frankreich herabdonnerte, erweckten in Frankreich das staatliche Bewusstsein, und der Staat fing an als berechtigte
Macht sich zu erheben; in Deutschland bereitete sich durch
den Sturz der Hohenstaufen eine veränderte Weltanschauung
vor, die am Ende des Mittelalters einen frischen Aufschwung
nahm. Die föderative Verfassung, mit dem kurfürstlichen
Directorium seit dem 13. Jahrhundert herangebildet, zog durch
die Kurvereine und das Reichsgesetz der Goldenen Bulle
die Scheidelinie, wodurch der päpstliche Einfluss auf die
staatlichen Angelegenheiten abgeschnitten ward. Wir brauchen
wol kaum die Beispiele zu mehren, etwa auf die Werke der
mittelalterlichen Kunst hinzuweisen, um anzudeuten, dass
auch das Mittelalter Früchte getragen, an denen wir bis auf
den heutigen Tag noch zehren. Blicken wir aber im allge-

---

[1] Glaber Rudolphi, Histor., IV, c. 5.

meinen auf den Zustand der Gemüther, so ging durch die
mittelalterliche Welt „das Gefühl der Nichtigkeit ihres Zustandes. In dem Zustande der Vereinzelung, wo durchaus
nur die Gewalt des Machthabers galt, haben die Menschen
zu keiner Ruhe kommen können, und gleichsam ein böses Gewissen hat die Christenheit durchschauert." [1] Vom 10. Jahrhundert, in welchem das Papstthum im Innersten zerrüttet
war, sagt Gfrörer [2]: „Kaum konnte es fehlen, dass in schwachen Gemüthern durch das, was in und ausserhalb der Metro-
pole des christlichen Abendlandes vorging, Zweifel angeregt
wurden, ob die römische Kirche, die solches ruhig dulde,
theils durch ihre Häupter verübe, die wahre Kirche Christi
sei." Die ungebändigte Wildheit des Feudaladels zeigte sich
in der herrschenden Fehdewuth, wogegen die Anwendung der
angedrohten Strafe auf Landfriedensbruch wenig half, die
1041 von Burgund aus verkündete Treuga Dei nicht lange
beobachtet ward. Rohe Kraft einerseits, die in massloser
Schwelgerei sich austobt; andererseits kleinmüthiger Bigotis-
mus, der die Seelen zusammenschnürt; hier ergeben sich
manche lebenslänglicher Busse, dort stürzen sich die meisten
in die ausschweifendste Völlerei; von den einen wird das
Besitzthum verprasst, von den andern der Kirche geschenkt;
da Verzückung und Schwärmerei, dort Raufsucht und Parteiung. Hier unverbrüchliche Treue und Festhalten am Gelöbniss, dort gewissenlosester Leichtsinn, dem nichts für
heilig gilt. Hier bieten sich Beispiele freiwillig auferlegter
Selbstquälerei, wie Margarethe von Ungarn, die aus Religiosität die niedrigsten Dienste in Lazarethen verrichtet, oder
eine heilige Wilbirgis mit einem eisernen Ring um den Leib,
über welchen das Fleisch herauswächst und fault; dort ein
englischer König, von dem sein Zeitgenosse behauptet, dass
er nie einen Schwur oder Bund gehalten, dagegen nicht abgelassen habe, ehrbare Frauen und Mädchen zu schänden.
Neben der Abtödtung natürlicher Triebe zeigt sich die roheste
Zügellosigkeit viehischer Lust; gegenüber der bis zur kindi-
schen Aengstlichkeit gesteigerten Gewissenhaftigkeit, werden
alle kirchlichen und bürgerlichen Gesetze mit Frechheit nieder-
getreten.

---

[1] Hegel, Philosophie der Geschichte, S. 453.
[2] Papst Gregorius VII. und sein Zeitalter, VII, 104.

Es ist wahr, der Gegensatz macht sich zu allen Zeiten und unter allen Völkern geltend, er ist die Bedingung der menschlichen Entwickelung; aber in jenem Zeitabschnitte des Mittelalters erscheint die Gegensätzlichkeit in acuter Form, die Zustände haben einen fieberhaften Charakter, sie deuten auf die Haltlosigkeit hin, die den Schwerpunkt verloren hat, von einem Extrem zum andern geworfen wird. Inmitten der Zerbrochenheit der Zustände mussten die Gemüther von einem innerlichen unheimlichen Grauen ergriffen sein, das schon im 10. Jahrhundert in der furchtbaren Vorstellung von dem Untergange der Welt zum Ausdruck gekommen war. Nachdem das erste Jahrtausend der christlichen Zeitrechnung abgelaufen war, bemächtigte sich der Gemüther die Angst, dass der Zeitpunkt gekommen, wo der Himmel einstürzen und der Antichrist sein Regiment beginnen soll, bis der Heiland zum zweiten mal erscheinen werde, um zu richten die Lebendigen und die Todten. Diese quälende Furcht lauert von da ab im Hintergrunde und tritt wiederholt bei verschiedenen Epochen hervor. Viele Urkunden aus dieser Zeit fangen mit den Worten an: „Da die Welt sich ihrem Ende naht" u. s. w.

Die Aufgeregtheit der Gemüther musste noch höher gesteigert werden, wenn Erscheinungen eintraten, wodurch zum innern Elend der Haltlosigkeit auch die äussere Noth hinzukam. Dies geschah durch wiederkehrende, sich aufeinander häufende Unfälle und Elementarereignisse. Vom 10. bis 14. Jahrhundert bieten die Chroniken ganze Verzeichnisse von Miswachs, Heuschrecken, Hungersnöthen, Theuerungen, und die Chronisten melden solche Nothstände meist ganz kurz, gleich den Nachrichten über Witterungsverhältnisse und den Ausfall der Ernte, ein Beweis, dass derlei Uebel häufig eintraten. Ein kleiner Ausstich aus zunächstliegenden Chronikensammlungen und einigen andern Schriften mag einen Masstab abgeben.

Elementarereignisse.

Im Jahre 988 meldet Chronicon monasterii Mellicens. eine grosse Hungersnoth. [1]

---

[1] H. Pez, Script. rer. Austr., I, 225.

Vom Jahre 1028—30 herrschte in Griechenland, Italien, Frankreich und England ein überaus grosser Regen, sodass die Ueberschwemmungen alle Ernten verdarben und die grässlichste Hungersnoth erfolgte. Man nahm seine Zuflucht zu den unnatürlichsten Nahrungsmitteln, als Gras, Wurzeln, Thonerde mit Kleie vermischt, selbst Menschenfleisch. Reisende wurden ermordet und gliedweise verzehrt, Leichen wurden ausgegraben, auf dem Markte ward gekochtes Menschenfleisch feilgeboten. [1]

„Im Jahre des Herrn 1043 war so grosse Hungersnoth in Böhmen, dass der dritte Theil des Volkes starb." [2] Derselbe Chronist berichtet, als er von Mainz nach Prag zurückkehrte: „Es war Fastenzeit und grosse Sterblichkeit in Deutschland. Die Bischöfe wollten in der ziemlich grossen Kirche vor einem Dorfe Messe feiern, aber sie konnten nicht hinein, weil am Fussboden ein Leichnam neben dem andern lag." Sie berührten eine kleine Stadt, in der kein Haus war, wo nicht drei oder vier Leichen gelegen hätten. „Wir zogen vorbei und übernachteten auf dem Felde." [3]

Vom Jahre 1095 wird von einer Theuerung berichtet, wo das Kloster Gembleux von allen seinen Aeckern und Zehnten nicht für zwei Monate Brot hatte. „Da verhungerten so viele, dass die Kirchhöfe nicht zureichten, statt der Gräber wurden grosse Gruben gemacht und die Leichen an Stricken hinuntergelassen." [4]

Besonders häufig werden die traurigen Nachrichten vom 12. Jahrhundert abwärts.

Im Jahre 1164 berichtet das Chronicon auctoris incerti eine grosse allgemeine Hungersnoth. [5]

Im Jahre 1202 ein Erdbeben „per totam terram" laut Chron. monast. Mellicens. [6]

Grosses Erdbeben in York; ein anderes in Italien [7]; eines

---

[1] Bei Stenzel, Geschichte Deutschlands unter den fränkischen Kaisern, I, 288.

[2] Kosmas von Prag, bei Floto, Kaiser Heinrich IV., I, 94.

[3] Floto, a. a. O.

[4] Ibid., I, 92.

[5] Pez, I, 560.

[6] Ibid., I, 236.

[7] Chron. Fossae novae.

in Syrien, welches bei 200000 Menschen tödtete; darauf Miswachs und Seuchen; ein anderes das ebenfalls viele Städte und
Kirchen schädigte und Menschen erschlug, wurde an vielen Orten Deutschlands verspürt; dann furchtbare Ungewitter, Donner, Blitz, Hagel, Ueberschwemmungen; allgemeiner Schrecken,
Angst vor dem nahen Jüngsten Tag; Sagen von einem vom
Himmel gefallenen Brief. [1]

Vom Jahre 1224 meldet Paltrami seu Vatzonis consulis
Viennensis Chron. austriac. eine Seuche. [2]

Im Jahre 1225 herrscht eine Viehseuche und darauf grosse
Sterblichkeit der Menschen. [3]

Im Jahre 1239 eine unerhörte Hungersnoth in Ungarn,
nach Anonymi Leobiens. Chron. lib. 1. [4]

Im Jahre 1243 meldet Paltrami Chron. Hunger und
Heuschrecken in Ungarn [5] und im Jahre 1252 Hungersnoth
in ganz Oesterreich. [6]

Im Jahre 1253 Miswachs in mehrern Ländern nach der
Klosterneuburger Chronik. [7]

Im Jahre 1259 grosse Hungersnoth nach Excerpta ex
vetustiori Chron. Weichen-Stephanensi. [8]

Im Jahre 1263 Hungersnoth in Oesterreich nach Chron.
Mellicens. [9]

Im Jahre 1270 verzeichnet der Chronist Paltram eine unerhörte Pestilenz in Oesterreich und Ungarn. [10]

Im Jahre 1282 grosse Sterblichkeit in Böhmen und Mähren, sodass die Leichname „velut foenum in agrum duce-
bantur". [11]

Im Jahre 1337 berichtet eine salzburger Chronik über
eine grosse Seuche unter den Menschen. [12]

---

[1] Rog. Hoved, bei Hurter, I, 465, Note 5.
[2] Pez, I, 710.
[3] Ibid., I, 238.
[4] Ibid., I, 816.
[5] Ibid., I, 714.
[6] Ibid.
[7] Ibid., I, 462.
[8] Ibid., II, 404.
[9] Ibid., I, 241.
[10] Ibid., I, 718.
[11] Klosterneuburger Chronik, bei Pez, I, 467.
[12] Pez, I, 411.

Im Jahre 1338 Heuschrecken zur Erntezeit nach Anonymi coenobitae Zwetlens. Chron. [1] Nach dem Berichte des
Johann Victoriensis [2] verwüstete im Jahre 1338 die Zughen-
schrecke Ungarn, Polen, Böhmen, Mähren, Oesterreich, Steiermark, Kärnten, Krain, Schwaben, Baiern, die Lombardei und
die Rheinprovinzen. Dieselbe Heuschreckenverwüstung meldet
Michael Herbipolensis [3] und im Jahre 1348 ein Erdbeben. [4]
Das Chronicon de ducibus Bavariae [5] erzählt, dass im Jahre
1348 infolge einer grossen Seuche in Baiern, Böhmen und
Oesterreich viele Wohnungen menschenleer gewesen seien. Es
ist dies wol jene furchtbare Seuche, die in Asien, Afrika und
Europa das Menschengeschlecht zu vernichten drohte und bei
den Chronisten gewöhnlich: „grosser sterb“, das grosse Sterben, „Weltsterben“, „der schwarze Tod“ heisst. Die Menschen erlagen der Krankheit meist innerhalb der ersten Tage,
nachdem sie ergriffen worden, „mortalitas hominum tanta fuit
et est, quod plerumque una in hospicio moriente persona, caeteri
cohabitantes homines et saepius quasi subito moriuntur“ sagt
ein Chronist. [6] In China sollen 13 Millionen Menschen daran
gestorben sein, in Kairo täglich 10—15000; in Aleppo täglich
500, in Gaza binnen sechs Wochen 22000; auf Cypern fast
alle Einwohner, und auf dem Mittelmeere schwammen oft
Schiffe ohne Mannschaft. In Europa sollen 25 Millionen dem
schwarzen Tode erlegen sein. Es half keine Arznei, viele
Häuser waren ganz ausgestorben. „Do worden stet und märkte
öd von dem sterben“, sagt der leobner Chronist. [7] Zu manchem
Nachlass fand sich kein Erbe und der Besitz der Verstorbenen
kam oft erst an den vierten Mann. [8]

Im Jahre 1346 grosses Sterben in Italien laut Chronicon
Bohemiae. [9] — In demselben Jahre eine grosse Hungersnoth. [10]

---

[1] Bei Pez, I, 994.
[2] Boehmer, I, 430.
[3] Ibid., I, 488.
[4] Ibid., I, 473.
[5] Ibid., I, 145.
[6] Boehm. font., I, 430.
[7] Pez script., I, 968.
[8] Vgl. Hecker, Der schwarze Tod im 14. Jahrhundert.
[9] Pez, I, 1040.
[10] Ibid.

In den Jahren 1348 und 1349 Erdbeben, Pestilenz und Theuerung. [1]

Im Jahre 1350 Erdbeben in der Schweiz. [2]

Im Jahre 1351 Heuschrecken in Oesterreich. [3]

Im Jahre 1359 meldet die salzburgische Chronik eine „crudelissima pestilentia, quae interemit forsan tertiam partem hominum", die nach und nach über die ganze Erde sich verbreitete. [4]

Im Jahre 1370 grosse Pestilenz. [5]

Im Jahre 1381 grosses Sterben im Lande, wobei in Wien allein 15000 Menschen umkamen. [6]

Im Jahre 1399 Pestilenz. [7]

Auch Caesarius von Heisterbach meldet solche allgemeine Unglücksfälle: dass nach dem Tode Heinrich's (also im 12. Jahrhundert) eine ausserordentliche Theuerung in Deutschland geherrscht habe [8]; er berichtet über ein Erdbeben auf Cypern [9] und Brescia [10], wobei 12000 Menschen ihren Untergang gefunden. Die Mailänder, erzählt er, hatten aus Furcht ihre Stadt verlassen und lebten über acht Tage lang auf freiem Felde unter Zelten. Um dieselbe Zeit wurden Bergamo, Venedig und viele andere Orte von demselben Unglück betroffen.

Der fürstenfelder Chronist [11] weiss von einer grossen Hungersnoth nach dem Tode Ottokar's von Böhmen und einer grossen Seuche, die unter dem Volke wüthete. Derselbe berichtet über eine entsetzliche Hungersnoth um die Zeit des Regierungsantritts Rudolf's, wo die Aermern mit Eicheln und Feldkräutern ihren Hunger zu stillen suchten, trotzdem aber viele erliegen mussten.

---

[1] Bei Pez, I, 728. 1080.

[2] Ibid.

[3] Ibid.

[4] Pez, I, 412.

[5] Ibid.

[6] Ibid., I, 1161.

[7] Ibid., I, 1397. 1399.

[8] Dialog. miraculor., c. 47.

[9] Cap. 48.

[10] Cap. 49.

[11] Bei Boehmer font., I, 11.

Bei dem in jenen Zeiten herrschenden Glauben, der alle schädlichen Elementarereignisse wie überhaupt alle Uebel, die den Menschen betreffen, der finstern Macht des Teufels zuschrieb, deren Walten die göttliche Vorsehung zulasse, um zu züchtigen, zu bessern oder zu prüfen, mussten die geängstigten Gemüther bei den aufeinanderfolgenden Calamitäten, die oft mehrere Reiche betrafen, wovon die Nachrichten auch weiter drangen, die Vorstellung von dem Teufel stets lebendig erhalten. Der Mensch sah in den grossen Nöthen, welche seine Zeit betrafen, nur die bestätigenden Belege zu dem Glauben, der ihm von den Kirchenlehrern gepredigt wurde. Wir sehen daher in verderblichen Erscheinungen einen der Factoren, welcher beitrug, den Teufelsglauben zu fördern und bei der allgemeinen Haltlosigkeit die Furcht vor der höllischen Macht zu steigern.

Mongoleneinfall. 1242.

Der Untergang der Welt und die Erscheinung des Antichrists war zwar noch nicht thatsächlich eingetreten, wie man vom 10. Jahrhundert an mit Angst erwartete, aber das 12. Jahrhundert war auch nicht danach angethan, diese Furcht zu zerstreuen. Denn ausser Hungersnöthen herrschte auf allen Seiten Zwietracht, Kampf und Aufstand, und die Welt schien nur mehr ein Tummelplatz für blutige Streitigkeiten zu sein. Ein solches Bild von der damaligen Weltlage entwerfen uns die Chronikenschreiber. [1]   Im 13. Jahrhundert schien nun der befürchtete Weltuntergang eintreten zu wollen, als eine Horde wilder Reiter von Asien her nach Europa, gleich einem ungeheuern Hagelwetter, sich herüberwälzte, und alles unter seinen Schlägen zu vernichten drohte. Es ist der bekannte Einfall der Mongolen oder Tartaren, wie sie nach dem Vorgange Roger's auch genannt werden. [2]   Nähere Schilderungen liegen

---

[1] Vgl. Viti Arnpeckhii Chronicon Bojoariorum lib. IV, c. 51, bei R. P. Pezii thes. anecdot. noviss., tom. III, pars III.

[2] Bei Endlicher, Monumenta Arpadiana: M. Rogerii Canonici Valadiensis Carmen miserabile super destructione regni Hungariae temporibus Belae IV regis per Tartaros facta.

bei Raumer [1] und andern vor und genügt daher mit einigen
Strichen das Grauenhafte dieses Ereignisses anzudeuten. Die
Wildheit des Dschingis (geb. 1155, gest. 1227) kennzeichnet
sich, dass er bei Eröffnung seiner Laufbahn als Sieger über
seine gegnerischen Stammesgenossen, die angesehensten Gefangenen in 70 Kesseln sieden liess. Als Dschingis-Khan
(d. h. Khan aller Khane) brach er hierauf mit seinen Horden,
deren einzelne von einem meist aus der Familie Dschingis-
Khan's stammenden Anführer geleitet wurden, während er selbst
die Oberaufsicht behielt, aus den wüsten Höhen seines Heimat-
landes auf, um nach einer unter den Mongolen gangbaren
Tradition die Welt zu erobern, zu deren Herrschaft, nach
einer durch den Schamanen Gökdschu mitgetheilten göttlichen
Offenbarung, Dschingis-Khan bestimmt sein sollte. Nach dem
Einfalle in China werden einem Prinzen des Kaiserhauses
Niutschen die Beine abgehauen, weil er nicht niederknien
wollte und der Mund bis an die Ohren aufgeschlitzt, damit
er nicht weiter reden könne. In Bochara, einem Hauptsitze
mohammedanischer Gelehrsamkeit, werden die Büchersäle als
Ställe benutzt, die Bücher zerstört, die Stadt verbrannt.
Samarkand wird nach der Anschauung der Mongolen milde
behandelt, indem sie nur 30000 Einwohner umbringen und
ebenso viele zu Sklaven machen. Bei der Eroberung von
Chowaresm werden 100000 Einwohner erschlagen. Eine Menge
blühender Städte, die von dem Mongolenzuge berührt worden,
sind gründlich zerstört. Diese Greuel sind glaublich, wenn
wir hören, dass Dschingis-Khan einem seiner Söhne zugerufen:
„Ich verbiete dir, jemals ohne meinen ausdrücklichen Befehl
milde gegen die Bewohner eines Landes zu verfahren. Mitleid findet sich nur in schwächlichen Gemüthern und Strenge
allein erhält die Menschen bei ihrer Schuldigkeit." Unter
dieser Strenge ist eben gänzliche Verwüstung verstanden und
die Regel heisst: alle Besiegten zu schlachten oder als Sklaven
zu verkaufen. Die Söhne Dschingis-Khan's folgten nach
dessen Tode seinem Beispiele. Das eingeschlossene Heer des
Fürsten von Kiew, dem Leben und Freiheit versprochen ward
im Falle der Uebergabe, wurde nach dieser doch niederge-
metzelt und die Vornehmern unter den Bretern, auf welchen

---

[1] IV, 1 fg.

die Mongolen beim Siegesfest sassen, zu Tode gequetscht.
Nach der Zerstörung der vorzüglichsten Städte Russlands,
deren im Februar 1238 allein vierzehn vernichtet wurden,
stürzte sich die durch die unterjochten Völker verstärkte Horde
nach Polen, das den vernichtenden Zug ebenso wenig aufhalten konnte. Die mongolischen Reiterscharen überfielen
gewöhnlich das nächste Volk und erdrückten es, das sich
unterwerfende musste seine berittene Mannschaft der Räuber-
schar einverleiben, um bei der Verwüstung des nächsten Landes mitzuhelfen. Die Mongolen dringen bis an die Weichsel,
erreichen Krakau, dessen Bewohner aus Furcht geflohen
waren, und verbrennen es. Im Jahre 1241 zerstören sie Breslau, wenden sich nach Liegnitz und behaupten auf der Ebene
von Wahlstatt das Schlachtfeld als Sieger. Nach Mongolen-
brauch wird dem Herzog Heinrich, der den Heldentod gefunden, der Kopf abgehauen, auf eine Lanze gesteckt, um
damit die Burg von Liegnitz zur gutwilligen Uebergabe ein-
zuladen. Als dies nicht gelingt, wenden sie sich nach grossem
Verluste, den der Sieg gekostet, nach Mähren, um es bis
Brünn zu verwüsten [1], von Sternberg schlägt sie aber in der
Nähe von Olmütz (1241) und drängt sie nach Ungarn. König
Bela IV. wird geschlagen, und sein Land sowie auch Sieben-
bürgen, Serbien, Bosnien verfallen der Zerstörung und Grausamkeit der Mongolen. Die Einwohner werden niedergehauen,
die Einwohnerinnen von den Mongolinnen erstochen, ver-
stümmelt oder zu Sklavinnen gemacht, die gefangenen Kinder
müssen sich setzen, um von mongolischen Knaben erschlagen
zu werden, von denen derjenige als Meister gilt, der mit
Einem Hiebe einen Kopf zerschmettert. Dass manche Gefangene lebendigen Leibes geschunden und anderweise gemartert werden, versteht sich von selbst. Rogerius erzählt,
was er selbst gesehen oder von andern Augenzeugen gehört
hat [2], und wir können ihm glauben, wenn er sagt: nach einer
Schlacht sei der Boden zwei Tagereisen im Umfange mit
Leichen bedeckt gewesen, dass sie Raubvögel und wilde
Thiere bis auf die Knochen verzehrten und die Reste, die
nicht vom Feuer in den Ortschaften und Kirchen ver-

---

[1] Wiener Jahrbücher, XLIII, 257.
[2] Monum. Arp., p. 255, Epistola.

brannt worden, noch lange Zeit umhergelegen haben. [1] Die durch Verwesung verdorbene Luft brachte den Halbtodten auf den Feldern, Strassen und Wäldern den Tod. Kostbare Gefässe, von Flüchtlingen weggeworfen, um auf der Flucht nicht gehindert zu sein, lagen zerstreut umher. Unser Verfasser, selbst unter die Mongolen gerathen, wird der Sklave eines Khans und hat daher Gelegenheit zum Beobachten. Er sagt: Dem Leser würde das Herz erstarren, wenn ihm die einzelnen Grausamkeiten beschrieben würden [2]; er fürchtet nicht, zu viel zu sagen, wenn er behauptet, dass bei der Verwüstung von Gran nur 15 Menschen von der ganzen Bevölkerung der Stadt übriggeblieben seien, „qui non fuissent tam intus quam extra omnes nequiter interfecti". [3] Das Elend darauf und die Hungersnoth war so entsetzlich, dass Menschenfleisch öffentlich verkauft wurde. Der Schrecken, der den Mongolen von Asien her voranzog und nachfolgte, durchdrang ganz Europa bis Sicilien. Die Angst vor einem qualvollen Tode war nicht grösser als die Furcht vor der mongolischen Sklaverei. „Denn wer in die Hände der Tartaren gerathen", sagt Rogerius [4], dem wäre besser gewesen, er wäre gar nicht geboren worden, denn es war ihm, als ob er nicht von Tartaren, sondern vom Tartarus gefangen gehalten würde, „se non a Tartaris sed a Tartaro detineri". Dies bezeugt Rogerius aus Erfahrung, der in der Zeit, die er unter ihnen zugebracht, zu sterben für einen Trost gehalten, da das Leben eine Todesstrafe war. Auf seiner Flucht von den Mongolen muss er zwei Tage lang ohne Nahrung in einer Grube unbeweglich wie ein Todter sich verhaltend zubringen. Mit Hunger und Durst kämpfend, schlägt er nach dem Abzuge der Mongolen seinen Weg nach der Heimat ein, und nach acht Tagen in Weissenburg angelangt, findet er nichts als die Gebeine und Köpfe der Erschlagenen. Er schleppt sich mühselig weiter und bemerkt in der Nähe einer Ortschaft (Ivata) auf einem Berge einige Menschen, welche daselbst eine Zuflucht ge-

---

[1] Monum., S. 277, Nr. 30.

[2] A. a. O., S. 290, Nr. 37.

[3] Ibid., S. 291ŕ Nr. 39.

[4] Ibid., S. 256.

funden, und bei denen er seinen Hunger mit etwas Brot von
Mehl und Eichenrinde stillen kann.

Das Interregnum. 1250—73.

Deutschland und Italien hatten zwar unter den Verwüstun-
gen der Mongolen nicht unmittelbar und thatsächlich gelitten, sie
waren mit dem Schrecken davon gekommen; dagegen hatten
diese Länder in demselben Jahrhundert an den verderblichsten
Zuständen des sogenannten Interregnum zu dulden. Nach
den Hohenstaufen lag die königliche Würde so sehr danieder,
dass ein König (Wilhelm von Holland) auf den Strassen von
Utrecht mit Steinen geworfen wurde. [1] In Italien lag es im
Interesse der päpstlichen Macht, nach dem Tode Friedrich's
die kaiserliche Macht einschlafen zu lassen, um selbst an
Uebergewicht zu gewinnen. In Ober- und Mittelitalien tobte
der Parteikampf der Welfen und Ghibellinen fort, bis sie sich
um den letzten Hohenstaufen gruppirten. Im Jahre 1268 fiel
aber Konradin's Kopf auf dem Blutgerüste, und hiermit war
der von den Päpsten oft geäusserte Wunsch erfüllt, obschon
die Hoffnung, die kirchliche Macht von der weltlichen ganz
unabhängig zu sehen, damit doch nicht verwirklicht ward. Das
vom Papste herbeigezogene Mittel, um das kaiserliche Haus
der Hohenstaufen zu vernichten, drohte nun dem Stuhle Petri
selbst verderblich zu werden, sodass Clemens IV. über Karl
von·Anjou klagen konnte: so arg habe es Kaiser Friedrich II.
als Feind der Kirche nie getrieben. Erst 14 Jahre nach
Konradin's Tode kam der Tag, mit welchem Gregor X. den
Usurpator Karl von Anjou gedroht hatte, wo über diesen
und seine Erben das Strafgericht hereinbrach. Es war der
zweite Ostertag im Jahre 1272, an dem die Sicilische Vesper
den Franzosen auf der Insel Sicilien zu Grabe läutete.

In Deutschland gab es während des Interregnum nur
Namenkönige, das Reich entbehrte einer festen Hand zur
Führung des Regiments und schwankte daher am Rande des
Abgrunds. Nirgends Ruhe, allenthalben Zwistigkeit, jegliche

---

[1] Magn. Chron. belg. ad annum 1254, bei Pfister, Geschichte der Deutschen, II, 597.

Existenz bedroht. In allen Provinzen Deutschlands die verzehrenden Flammen der Parteikämpfe, und niemand da, der dem umsichgreifenden Verderben Einhalt thäte. Gewalt vertritt die Stelle des Rechts, und Räuberei hat sich zur Herrschaft erhoben. „Damals", sagt der fürstenfelder Chronist[1], „war der Friede ins Exil gewandert, Zwist und Unfriede triumphirten. . . . . Die Feldereien, nachdem das Zugvieh geraubt war, lagen unbebaut und dem Verderben preisgegeben, und selten sah man den Landmann hinter einem Pferde oder Ochsen einhergehen, um zu pflügen und den Boden fruchtbar zu machen. Nachdem Haus- und Zugvieh abhanden ist, wuchern Disteln und Nesseln im ländlichen Aufenthalte."

Solche Zustände waren wol geeignet, den Glauben zu fördern, die wohlwollende Gottheit habe ihre Hand von der Menschenwelt abgezogen und deren Verwaltung dem bösen Wesen überlassen. Es soll hiermit vorläufig die damalige Weltlage als mitwirkendes Moment erwähnt sein, als geeignet, in den erregten Gemüthern die Vorstellung vom Teufel und die Furcht vor seiner Macht zu fördern.

Als bedeutendes Moment zur Hegung, Ausbreitung und Festigung der Vorstellung vom Teufel müssen auch die im Mittelalter herrschenden Sekten erwähnt werden. Sie wirkten in dieser Beziehung sowol durch ihre dualistische Anschauung, die sie insgesammt vertraten; vornehmlich wurde aber der Teufelsglaube durch die von der Kirche ausgehende und urgirte Ansicht gefördert, wonach die Ketzer als Diener des Teufels betrachtet werden müssen. Mit der Ausbreitung der Sekten gewann der Dualismus an Boden, für die kirchliche Anschauung war die Existenz der Ketzer ein lebender Beweis von der Herrschaft des Teufels.

[1] Boehmer fontes, I, 2.

9. Sekten im Mittelalter.

Nachdem das Christenthum von der gebildeten Welt aufgenommen worden, die Kirchenlehre bis auf Einzelheiten festgestellt war, trat auch das apologetische Bestreben in den
Hintergrund, und wenn sich kirchliche Streitigkeiten erhoben,
so sind diese im Grunde als Ergänzungen zu frühern zu betrachten. Die Ketzereien aber innerhalb dieses Zeitraums
sind weniger gegen die Dogmen der Kirche als vielmehr
gegen diese selbst als äussere Anstalt gerichtet, in der das
Streben, die Idee der Kirche in einem imponirenden Systeme
zu verwirklichen, sehr augenfällig hervortrat. Das ganze
Mittelalter hindurch geht mit der Kirche parallel eine Reihe
von Sekten, welche mit dieser in Opposition sind, und sich
durch eine dualistische Weltanschauung kennzeichnen, gleich
dem Manichäismus mit der katholischen Kirche im Widerspruch stehen, mit diesem daher gern in Zusammenhang gebracht werden. So die Marcioniten, die schon im 4. Jahrhundert in der Gegend von Edessa sehr häufig waren, die
zwei Principien, ein böses und ein gutes annahmen, jenes als
Urheber dieser Welt, letzteres als Schöpfer der jenseitigen,
geistigen Welt. Sie verwarfen alle Hierarchie, wiesen die
priesterliche Vermittelung zurück und hielten sich an den
Grundsatz: Jeder habe das Recht, in der Schrift selbst zu
lesen, nach dem Willen Gottes sollen alle selig werden und
zur Erkenntniss der Wahrheit kommen. Seit der zweiten
Hälfte des 7. Jahrhunderts treten die Paulicianer auf, von
Photius und Petrus Siculus schon als Manichäer bezeichnet,
die mit den Marcioniten die dualistische Anschauung theilen,
den sinnlichen Leib von Demiurg geschaffen sein und nur
die Seele von Gott abstammen lassen. Sie legen, gleich den
Manichäern, obschon sie Ehe und Fleischgenuss für erlaubt
erklären, den kirchlichen Sakramenten nur eine geistige Bedeutung bei, verwerfen alle Aeusserlichkeit des katholischen
Cultus und sind entschiedene Feinde der Hierarchie.

Um das Jahr 1111 erschienen zu Konstantinopel die
Bogomilen, die bis ins 13. Jahrhundert hineinragen und
Spuren ihrer Ketzerei zurücklassen. Ihr Haupt, Basilius,
wurde durch den Kaiser Alexius Komnenus zum Feuertode

verurtheilt. Obschon sie zum Unterschiede von den Pauli-
cianern die Ehe und den Fleischgenuss verwarfen, waren sie
doch gleich jenen Dualisten, hielten aber den bösen Dämon,
den Satan oder Satanael, ursprünglich für einen Sohn Gottes,
der sich aus Uebermuth gegen den Vater empört, und obwol
vom Himmel gestürzt, dennoch seine Schöpferkraft behalten,
einen zweiten Himmel mit seinen Engeln geschaffen habe und
zwar mit derselben Ordnung wie Gott den seinigen. Der
Dualismus der Bogomilen zeigt sich vornehmlich bei ihrer
Vorstellung von der Schöpfung des Menschen. Satan bildete
zwar den Leib Adam's aus Erde und Wasser, aber der gute
Gott sandte auf Satans Verlangen den belebenden Hauch,
doch unter der Bedingung, dass der Mensch fortan ihnen
beiden angehören sollte, die Materie dem Satanael, das Geistige
dem guten Gott. Da hierauf Satanael sein Versprechen be-
reute, fuhr er in die Schlange, beschlief die Eva, welche den
Kain und dessen Zwillingsschwester Kalomena gebar. Auch
Adam erzeugte mit Eva den Abel und dessen Mörder Kain.
Satanaels Engel empfanden Neid, dass die Wohnungen,
aus denen sie gestürzt worden waren, von den Menschen eingenommen werden sollten, sie beschliefen daher deren Töchter,
woraus Riesen entstanden, die sich gegen Satanael empörten,
der sich aber durch die Sündflut an den Menschen rächte.
Die erste Weltperiode stellen die Bogomilen unter die Herrschaft der Dämonen. Es herrschte seit der Sündflut Satanael
als κοσμοκράτωρ unter den Menschen, deren grössten Theil er
verführte, bis Gott aus Mitleid „das Wort", d. h. den zweiten
Sohn, aus seinem Herzen hervorgehen liess, der vom Himmel
herabstieg, in das rechte Ohr der Jungfrau hinein und durch
das Ohr wieder herausging. Da die Bogomilen Doketen waren,
erklärten sie den Kreuzestod für nur scheinbar, dass am dritten
Tage nach demselben Christus die Gestalt des irdischen Fleisches
abgelegt und in seiner himmlischen Gestalt dem Satan erschienen sei, den er auch seinen göttlichen Namen (El) abzulegen genöthigt habe, sodass von Satanael blos Satan geblieben sei. Indem die Bogomilen die wesentliche Bedeutung Christi nur in das
hörbare Wort legten, waren sie Verächter der katholischen
Kirche, die sie als Wohnung der Dämonen betrachteten. Nur
das Gebet und die Geistestaufe waren ihnen wesentliche
religiöse Acte. Sowol die Paulicianer als auch die Bogomilen

trieben aber die Accommodation sehr weit, machten den katholischen Cultus mit und verkehrten mit den Katholiken, wobei ihre
dualistische Anschauung natürlich auch ihre Fortpflanzung fand.

Im Abendlande wurden schon in frühern Jahrhunderten
verschiedene dualistische Sekten, als Messalianer, Satanianer
und unter andern Namen angeführt, deren Zahl besonders
seit dem 11. Jahrhundert in mehrern Ländern zunahm und
die gewöhnlich in den gemeinsamen Namen der Katharer zusammengefasst werden. Ungeachtet der Dunkelheit über die
Einzelheiten ihrer Anschauung, wodurch sie sich unterscheiden,
sind wir über ihre Wesenseinheit im Klaren, nämlich dass sie
alle den Dualismus hochhielten. Ebenso sicher ist, dass der
Hauptzug dieser Ketzereien von Osten her durch die slawischen Länder Bulgarien und Dalmatien über Oberitalien nach
dem übrigen Europa gegangen ist. Schafarik [1] betrachtet
die Slawen als Träger und Verbreiter des Katharismus, der
in Thrazien unter der Form des erwähnten Bogomilismus aufgetreten. In Macedonien soll im 12. Jahrhundert ein katha-
risches Bisthum existirt haben. Die Vermuthung Baur's [2],
dass der altpersische Dualismus auf die Messalianer oder
Eucheten, die zuerst in Mesopotamien, dann in Syrien, Pam-
phylien, Lykaonien und andern Ländern des griechischen
Reichs erschienen, eingewirkt habe, lässt sich wol auf alle
dualistischen Katharer ausdehnen. Man wird die Annahme
rechtfertigen: dass durch diese neue Strömung der dualistischen
Häresie aus dem Orient vermittels der slawischen Stämme
der ins Volksbewusstsein der europäischen Christen eingedrungenen dualistischen Anschauung frische Nahrung zugeführt wurde.

Von Italien, wo schon ums Jahr 1035 Girardus nebst andern
Ketzern verbrannt worden war, verbreiteten sich die Katharer
zunächst über das südliche Frankreich, wo sie frühe mehrere
Bisthümer organisirt hatten, worunter Toulouse und Albi,
von welchem letztern sie auch Albigenser hiessen, die bedeutendsten waren. Ihr ernster Sinn, ihre Sittenstrenge verschaffte ihnen grossen Anhang bei dem herrschenden Widerwillen gegen die sittenlose Lebensweise der Geistlichen inmitten

---

[1] Denkmäler der glagolitischen Literatur.
[2] Die christliche Kirche im Mittelalter, S. 182.

der trostlosen politischen und kirchlichen Zustände der Zeit,
sodass am Anfange des 13. Jahrhunderts in Languedoc, in
der Provence, in Guienne, Gascogne die ketzerische Lehre
herrschend war. Die vornehmsten Familien zählten zu den
Katharern und liessen ihre Kinder von ihnen erziehen. Aus
Südfrankreich verbreitete sich das Katharerthum in das nördliche Spanien, nach Deutschland, wo schon im Jahre 1052
Katharer hingerichtet wurden; in der ersten Hälfte des
13. Jahrhunderts finden sich katharische Gemeinden in Oesterreich, Baiern, Niederlanden und dem Rhein entlang. In England waren sie weniger bemerkt und scheinen nur sporadisch
gewesen zu sein. Dabei waren die katharischen Gemeinden,
besonders die in Frankreich und Italien, in organischem Zusammenhange mit den ursprünglichen in Bulgarien und Dalmatien, was aus den Berichten des Katharerbischofs Nicetas
aus Konstantinopel, auf der von den Katharern im Jahre 1167
zu Saint-Felix de Caraman abgehaltenen Synode, klar hervorgeht.

Nach der dualistischen Anschauung der Katharer ist der
böse Gott der eigentliche Schöpfer dieser sinnlichen Welt,
dem guten Gott eignen sie das Unsichtbare, Ewige, die Licht-
welt, das himmlische Jerusalem. Eifersüchtig auf das Reich
des guten Gottes, habe der böse die himmlischen Seelen verführt, welche ihm auf die Erde folgten und in Leiber eingeschlossen wurden, was der gute Gott geschehen liess, damit die
gefallenen Seelen durch diese Busse auf der Erde wieder in
den Himmel gelangen könnten. Zu ihrer Erlösung sei der
Sohn des guten Gottes erschienen, aber mit einem Schein-
körper. Auch auf Jesu Wunder wie auf Maria übertrugen die
Katharer den Doketismus.

Eine Partei der Katharer, die Concorcenser, nahm zwar
dem schroffen Dualismus seine Schärfe, indem sie Gott allein
als den Schöpfer anerkannte, wich aber von der katholischen
Kirche doch darin ab, dass sie die von Gott geschaffene
materielle Welt von Lucifer geordnet und gestaltet werden liess.

Die Kirche, die schon in den ältern Zeiten den Manichäismus für ihren schlimmsten Feind betrachtet hatte, sah
sich durch den Katharismus, in dem sie den wiedererstandenen
Manichäismus erblickte, hart bedroht, um so mehr, als sich

ihr das katharische Lehrsystem mit der grössten Schroffheit
entgegenstellte, indem es unter anderm auch den Grundsatz
enthielt: dass Busse thun und durch diese selig zu werden,
nur in der Gemeinde der Katharer möglich sei, in die man
durch das Consolamentum, d. h. die Geistestaufe Eingang
finde. Die weite Verbreitung des Katharerthums, welches
immer mehr zunahm und zwar bis in die nächste Nähe des
Papstes gelangte, musste die Reaction der Kirche hervorrufen.
Mehrere Synoden des 12. Jahrhunderts suchten ihre Beschlüsse gegen die Katharer durch blutige Mittel auszuführen,
konnten aber deren weiterm Umsichgreifen keinen Einhalt
thun, sodass Innocenz III. bekennen musste: diese teuflische
Bosheit gegen die rechtgläubige Kirche sei es, welche unter
allen Gefahren, die der katholischen Kirche drohten, sein
Gemüth am meisten betrübe. Er wusste daher in dem
Abt Arnold von Citaux den Eifer dahin anzuregen, dass
dieser sich an die Spitze eines Kreuzheeres stellte, nicht
um das heilige Land zu erobern, sondern um die Ketzer zu
vernichten. Das Kreuzheer fiel im Jahre 1220 zuerst in das
Gebiet des Vicomte von Albi ein, wandte sich dann gegen
den Grafen von Toulouse und eröffnete hiermit die bekannten
Greuel des Albigenserkriegs, der 20 Jahre hindurch seuchen-
artig wirkte, dessen Fortsetzung dann den Händen der Inquisition anvertraut ward.

Bekanntlich erstreckten sich die blutigen Massregeln gegen
die Katharer auch über die Waldenser, die zwar nicht auf
der dualistischen Grundlage der Anschauung fussten, aber
durch ihre Grundsätze von der evangelischen Armuth und der
apostolischen Predigt mit der päpstlichen Kirche in Opposition lagen. Der Katharismus ist seinem Wesen nach als
„populärer halb christlicher, halb heidnischer Versuch, das
Problem vom Ursprung des Bösen zu lösen", bezeichnet worden.[1] Diese Bezeichnung ist treffend nach der theoretischen
Seite, berührt aber nicht die praktische Tendenz des Katharismus, welche von der Kirche sehr wohl ins Auge gefasst
wurde, daher deren Erbitterung gegen den Katharismus nicht
blos in dessen dogmatischem Gegensatze zu ihr, sondern vornehmlich darin ihren Grund hatte, dass sie ihre Herrschaft

---

[1] O. Schmitt in Herzog's Encyklopädie, Art. Katharer.

über die Gemüther durch sein Ueberhandnehmen geschmälert
sah, wie ihr auch äusserlich ein grosses Gebiet entzogen ward.

Nach der uns bereits bekannten Herabdrückungsmethode,
die von der Kirche in frühern Zeiten den Heiden wie auch
den Häretikern gegenüber befolgt ward, erklärte sie diese
für Teufelsdiener und, wie schon Augustinus dem himmlischen
Staate einen teuflischen entgegengestellt hatte, so stempelte
die Kirche des Mittelalters jede von ihr abweichende oder
ihr gegensätzlich erscheinende Anschauung zum Teufelscultus.
Das Volk musste hiernach in der Ausbreitung des Katharismus ein Ueberhandnehmen der Macht des Teufels erblicken
und in seinem Glauben daran bestärkt werden. Dies musste
um so mehr der Fall sein, wenn es die Kirche Massregeln ergreifen sah, womit sie dem Teufelscult entgegenzuwirken suchte.
Solches geschah durch das eingeführte heilige Officium, das
Gericht der Kirche zur Entdeckung und Bestrafung des teuflischen Aberglaubens, der ketzerischen Bosheit.

Die Inquisition.

Während der unaufhörlichen Kämpfe der Hierarchie um
die Oberhand über die weltliche Macht, durch anderwärts
erwähnte Mittel zur Machterweiterung, wodurch die Gewissen
der Menschen ganz und gar ecclesiae adstricti werden sollten,
hatten die Heilsmittel der Kirche ihre sittliche Kraft eingebüsst, und jene glaubte sich genöthigt, ihre Zuflucht zu äussern
Zwangsmitteln nehmen zu sollen. Die alte Kirchenzucht,
welche ursprünglich von den Landesbischöfen gehandhabt
worden, hatte als grösste Strafe die Excommunication verhängt, wodurch der Betroffene zwar als dem Teufel verfallen
betrachtet wurde, zugleich die bürgerliche Strafe der Verbannung, aber nicht die Todesstrafe erlitt. Als Theodosius
(382) die Todesstrafe gegen die Manichäer gesetzlich bestimmte, fand er noch Widerspruch bei den angesehensten
Kirchenvätern, als Chrysostomus[1] und Augustinus[2]; wogegen

---

[1] Homil. 29 u. 46 in Matth.

[2] Epist. 93 ad Vincentium; contra Gaudentium lib. 1, Ep. 185 ad
Bonifacium.

Hieronymus die Todesstrafe auf Ketzerei schon rechtfertigt,
gestützt auf 5 Mos. 13, 6 fg., und Leo der Grosse die Hinrichtung in diesem Falle ganz billigt. [1] Die weltliche Obrigkeit, die im Dienste der Kirche stand, welche vom Blutvergiessen sich frei erhalten wollte, musste die Urtheile vollziehen. Den Bischöfen blieb das Recht und die Pflicht, die
Kirche von Ketzerei rein zu erhalten, und die weltliche Macht
unterstützte sie kräftig dabei. Zur Erforschung unkirchlicher
Meinungen dienten die Sendgerichte, welche seit dem
11. Jahrhundert in ein ordentliches System gebracht wurden.
Das Ueberhandnehmen des Katharismus der Albigenser und
Waldenser machte den römischen Stuhl erzittern, daher er
Legaten ohne Berücksichtigung der bischöflichen Rechte mit
dem kirchlichen Strafamt ausrüstete, das sie gegen der Ketzerei
Verdächtige auch oft mit Grausamkeit vollzogen. Die römische
Curie sah sich aber weder durch diese noch durch die strengen Verordnungen der Concilien zu Toulouse 1119 und des
dritten lateranischen Concils 1179, noch durch die Blutarbeit
der Kreuzheere befriedigt. Papst Innocenz III. wollte die Ausspürung der Ketzer ordentlich organisirt wissen und liess im
vierten lateranischen Concil das Verfahren gegen die Ketzer
als Hauptgeschäft der bischöflichen Senden aufstellen, wonach
jeder Bischof verpflichtet ward, seinen Sprengel, von welchem
ruchbar geworden, dass sich Ketzer darin aufhielten, entweder
selbst zu visitiren oder von in gutem Rufe stehenden Personen visitiren zu lassen, wobei nöthigenfalls sämmtliche Einwohner beschwören sollten, die ihnen bekannten Ketzer anzu-
zeigen. Wer den Eid verweigerte, lade den Verdacht der
häretischen Bosheit auf sich selbst, und der im Strafamte
lässige Bischof solle abgesetzt werden. [2] Das Concil von
Toulouse im Jahre 1229 erweiterte den von Innocenz III. gemachten Entwurf einer systematischen Ausspürung der Ketzerei,
und so ward die Einrichtung der Inquisition vollendet. In
den 45 Sätzen, die das Concil erliess [3], sind dies die wesentlichen Bestimmungen: Die Erzbischöfe und Bischöfe sollen in
ihren Parochien einen Priester und einige unbescholtene Laien

---

[1] Epist. 15 ad Turribium.
[2] Mansi, Conc. nova et ampliss. collect., tom. XXII, 986 sq., c. 3.
[3] Mansi, XXIII, 192.

zur Aufspürung der Ketzer eidlich verpflichten, sie sollen die
Wohnungen und geheimen Schlupfwinkel durchforschen, nicht
nur entdeckte Ketzer, sondern auch deren Beschützer, Freunde
und Vertheidiger einfangen und zur Bestrafung ausliefern.
Wer wissentlich einen Ketzer verleugnet, soll wie dieser am
Leibe und mit Verlust des Vermögens bestraft werden. Das
Haus, in dem ein Ketzer entdeckt wird, soll zerstört werden,
der Ortsrichter, der bei der Ketzerverfolgung lässig wäre,
gehe seines Amtes und seiner Güter verlustig und dürfe nie
wieder angestellt werden. Jeder Inquisitor habe das Recht,
auch im Gebiete des andern seine Nachforschungen anzustellen.
Ketzer, die sich freiwillig zum Glauben bekehren, sollen von
ihren bisherigen Wohnsitzen nach einem unverdächtigem Orte
versetzt werden, müssen aber auf jeder Seite zwei durch die
Farbe bemerkliche Kreuze tragen und können, infolge bischöflichen Zeugnisses über ihre Aussöhnung mit der Kirche und
wenn sie vom Papste oder dessen Legaten in integrum restituirt sind, zu einem öffentlichen Amte oder rechtsgültigen
Handlungen zugelassen werden. Ist die Rückkehr zur Kirche
nicht freiwillig, sondern aus irgendeinem Grunde, z. B. aus
Furcht vor dem Tode, erfolgt, dann werde der Inquisit in
ein Kloster gesperrt und von seinen eigenen Mitteln erhalten,
und wenn er ganz arm wäre, sein Unterhalt von dem Vorsteher besorgt. Jede Parochie soll ein Verzeichniss aller
Personen innerhalb derselben führen, wovon die männlichen
von ihrem vierzehnten, die weiblichen vom zwölften Jahre an
aller Ketzerei abschwören müssen, dagegen in jedem zweiten
Jahre eidlich zu verpflichten seien, den römischen Kirchenglauben zu halten, alle Ketzer nach Kräften zu verfolgen und
das ihnen bekannte Vermögen getreulich anzugeben. Abwesende Personen, die vierzehn Tage nach ihrer Rückkehr
den Eid zu leisten versäumten, sollen wie Ketzer behandelt
werden. — Um Ketzereien auf die Spur zu kommen, wird für
die Laien verordnet, dreimal des Jahrs Ohrenbeichte abzulegen, wer sie unterliesse, sei der Ketzerei verdächtig. Dagegen wird den Laien der Besitz der biblischen Schriften,
besonders deren Uebersetzungen in die Landessprache verboten, nur das Psalterium oder ein Breviarium ist gestattet;
Kranken, die der Ketzerei verdächtig sind, wird untersagt
einen Arzt zu haben... Testamentarische Verfügungen haben

nur Gültigkeit, wenn sie in Gegenwart eines Geistlichen oder
unbescholtener Männer getroffen worden.

So furchtbar diese Satzungen sind, nach denen die Inquisition in Frankreich zu Werke ging und zu deren Ausführung die Bischöfe von den Legaten angeeifert wurden,
glaubte der päpstliche Stuhl seinen Zweck doch eher zu erreichen, wenn er das Inquisitionsgeschäft den Bischöfen ab
und in die eigenen Hände nehme, die Inquisition zu einem
selbständigen päpstlichen Institute mache und die Bischöfe
selbst diesem Tribunale unterwerfe. In diesem Sinne wurden
1232 und 1333 die Dominicaner von Gregor IX. zu ständigen
päpstlichen Inquisitoren bestellt. Die weltlichen Fürsten mussten die Ausführung der kirchlichen Massregeln besorgen. So
erliess Ludwig der IX. sein Mandat „ad cives Narbonae"
(1228), wonach die weltlichen Behörden seines Landes verpflichtet werden, die von der Kirche gefällten Urtheile gegen
Ketzer genau zu vollstrecken. Niemand, bei Verlust seiner
bürgerlichen Rechte, dürfe einen Verurtheilten aufnehmen
oder vertheidigen, dagegen solle jeder Denunciant belohnt
werden. In ähnlichem Sinne musste Graf Raymund VI. von
Beziers Verordnungen geben. Wie unwiderstehlich dieser
Zug jener Zeit war, erhellt daraus, dass auch Kaiser Friedrich II., der jene durch seine Denkweise um Kopfeslänge
überragte, doch nicht verhindern konnte, dass die Bestimmungen des vierten lateranischen Concils in seine hierher bezüglichen Erlasse beinahe wörtlich aufgenommen wurden. Hierher gehört: ein allgemeines Gesetz Friedrich's II. vom 22. Nov.
1220 [1]; ein Gesetz vom März 1224 in Beziehung auf die
Ketzereien in der Lombardei [2]; ferner die Bestimmungen des
Reichstags von Ravenna 1232 [3]; endlich die Verordnung vom
26. Juni 1238. [4]

Das gerichtliche Verfahren gegen Ketzer wich von der
bürgerlichen Procedur ganz ab, und alle bisher gebrauchten
Formen wurden zersprengt durch den aufgestellten Grundsatz: die Häresie sei ein „crimen exceptum". Die Belastungs-

---

[1] Pertz, Mon. Legg., II, 244.
[2] Ibid., II, 252 fg.
[3] Ibid., II, 287—89.
[4] Ibid., II, 326—29.

zeugen blieben dem Angeklagten verschwiegen kraft der Con-
cilienbeschlüsse von Beziers und Narbonne 1235. Diese Massregel wurde von Innocenz IV. 1254 durch die Bulle „Cum
negotium" bekräftigt, und zwar mit der Grundanführung: um
Aergerniss oder Gefahr zu vermeiden. Bei dem Inquisitions-
verfahren wurden auch Verbrecher, selbst wenn sie mitschuldig waren, als Kläger oder beweiskräftige Zeugen zugelassen.
Schon der Verdacht einer ketzerischen Meinung berechtigte
die Verhaftung. Das Geständniss wurde erpresst. Innocenz IV.
verordnete in der Bulle „Ad exstirpanda" vom Jahre 1252,
dass die weltlichen Obrigkeiten nicht nur das Geständniss,
sondern auch die Anklage durch die Tortur erzwingen sollen.
Diese, bisher von der weltlichen Obrigkeit gehandhabt, übernahm kurz darauf wegen Geheimhaltung der Aussagen die
Inquisition selbst, zu deren Gerichten, wie schon erwähnt,
Geistliche, meistens Dominicaner, delegirt waren, indem das
beanspruchte und ausgeübte Recht des Priesters: in Glaubenssachen Richter zu sein, auf eigene Inquisitionsgerichte übertragen ward.

Die Inquisition, die ihre Thätigkeit zuerst in Frankreich
mit grossen Grausamkeiten eröffnete und wiederholt Volksem-
pörungen veranlasste, wobei Inquisitoren ihr Leben einbüssten,
sollte zwar durch Philipp des Schönen Befehl (vom Jahre 1291)
der Vorsicht halber in ihrer Willkür beschränkt werden, und
in dieser Beziehung wollte auch Clemens V. (1311) zu dem
Vorschreiten gegen den Angeklagten den Diöcesanbischof her-
beigezogen wissen; [1] allein die Grausamkeiten dauerten fort,
wie aus Limborch [2] bekannt ist, und noch im 15. Jahrhundert wurden viele Personen als Waldenser verbrannt.

In Deutschland hatte sich die Inquisition sofort nach ihrer
Organisirung durch das Concil von Toulouse verbreitet, und
der Dominicaner Droso oder Torso, besonders aber Konrad
von Marburg wütheten von 1231—33 mit furchtbarer Grausamkeit, wovon die Stedinger, die er zu Ketzern stempelte,
ein trauriges Beispiel liefern. Dass Konrad es arg getrieben

---

[1] Biener, Beitr. zur Geschichte des Inquisitionsprocesses, S. 72 fg.
[2] Hist. Inquis. cui subjungitur liber sententiarum Inquis. Tholosanae
ab a. Chr. 1307—1323.

habe, geht daraus hervor, dass die Erzbischöfe von Mainz,
Trier, Köln sich veranlasst sahen, Mahnungen zur Mässigung
an ihn ergehen zu lassen, wofür er aber den Spiess gegen
diese Kirchenfürsten kehrte und das Kreuz gegen sie predigte, bis er selbst bei Marburg der aufs höchste gereizten
Volkswuth erlag. Auch die Verordnungen Friedrich's II., die
er seit 1232 zur Vollziehung der Bluturtheile der Inquisition
ergehen lassen musste[1], um den Verdacht der Ketzerei von
sich zu halten, erregten den Ingrimm des Volks. Im 14. Jahrhundert gaben die Begharden der Inquisition neue Veranlassung zur Thätigkeit, und die Dominicaner wurden von Urban V. auch für Deutschland zu Inquisitoren ernannt.

In England, Schweden, Norwegen und Dänemark konnte
die Inquisition keine recht heimische Stätte finden; dagegen
fasste sie tiefe Wurzel in den Niederlanden, wo sie namentlich der Reformation gegenüber üppig wucherte und blutrothe
Früchte trug. Erst in der zweiten Hälfte des 16. Jahrhunderts wollte der Versuch, die Inquisition in Frankreich gegen
die Hugenotten spielen zu lassen, nicht mehr gelingen, obschon Papst Paul IV. durch seine Bulle vom 25. April 1557
sie neu in Scene zu setzen suchte und Heinrich II. ein entsprechendes Edict dem Parlamente aufgedrungen hatte. Die
Zeit war eine andere geworden, der Boden ward der Inquisition
in Europa immer mehr entzogen. Sie streckte ihre Fangarme
anderwärts aus, mit denen sie bis über den Ocean reichte.
Durch die Spanier ward sie bald nach der Entdeckung Amerikas dahin gebracht, um ihre Blutgerüste besonders in Mexico
und Lima aufzuschlagen. Die Portugiesen führten sie in Ostindien ein.

Obschon die Habsucht der Inquisitoren nicht als Hauptgrund anzunehmen ist, trug sie allerdings bei zur Aufrechterhaltung der Ketzergerichte, da die Ketzerrichter nicht nur
mit ausserordentlicher Macht ausgestattet waren, und an Ansehen den Bischöfen beinahe gleichkamen, sondern von ihrem
Geschäfte auch ein ausserordentliches Einkommen genossen.
Der Inquisitor wurde anfangs auf Kosten der Gemeinde erhal-

---

[1] Pertz, Mon. hist. Germ. IV, p. 287, 326.

ten, innerhalb deren er seinen Richterstuhl aufgeschlagen hatte.
Papst Innocenz IV. bestimmte (1252) ein Drittel von dem
confiscirten Vermögen des eingezogenen Inquisiten, während
ein zweites Drittel für künftige Inquisitionszwecke hinterlegt
werden sollte, das also auch den Inquisitoren zufiel; aber bald
gelang es der Inquisition, das ganze Vermögen des Inquisiten
in Beschlag zu nehmen. Das Ketzergericht ward hiernach eine
reiche Einnahmsquelle für die Inquisition, und die Inquisitoren
hatten also Grund genug, dafür zu sorgen, dass jene nie ver-
siegte, blieben daher taub für die Mahnungen des Concils zu
Narbonne 1243 zur Mässigung, und die Versuche Philipp's
des Schönen, das geistliche Tribunal zu beschränken, waren
vergeblich. Die Inquisitoren wussten die beschränkenden Bestimmungen zu umgehen oder trotzten denselben, ungeachtet
der Volksbewegungen, die sie wiederholt veranlassten, z. B. in
Albi und Narbonne 1234, in Toulouse 1245.

Von besonderer Wichtigkeit ist für uns der Umstand,
dass durch den inquisitorischen Klerus der Begriff der Ketzerei weiter ausgedehnt wurde, indem jener sich nicht mehr be-
gnügte, Häresie als eine vom kirchlichen Dogma abweichende
Meinung zu betrachten, sondern als Abfall von der Kirche
und Bündniss mit dem Teufel darstellte. Letzteres
wurde so stark betont, dass schliesslich Ketzerei und Bündniss
mit dem Teufel nicht nur gleichbedeutend, vielmehr die Hingebung an den Teufel und der Umgang mit ihm als Ursache
des Abfalls von der Kirche und jeglicher Ketzerei erklärt
ward. Hiernach begreifen wir nun auch, wie die Kirche dazu
kam, allem, was ihr missliebig oder feindlich erschien, ein
Teufelsbündniss unterzuschieben, und demnach allenthalben
angeblich die Thätigkeit des Teufels wahrzunehmen, auf Verbindung mit dem Teufel zu klagen, wo wir den Ursprung der
Erscheinung ganz fern davon liegen sehen. Ein treffendes
Beispiel liefert die Geschichte der Stedinger.

In den Briefen des Papstes Innocenz III. wird, wo er
von Ketzern spricht, ob Waldensern, Katharern, Paterenern
oder andern, sehr häufig der Teufel erwähnt, z. B. sie seien
„gleich dem schwarzen Pferde in der Offenbarung, auf welchem der Teufel sitzend die Wage hält"; die Ketzerei nennt
er gewöhnlich „teuflische Verkehrtheit"; er erklärt die bei

ihrer ketzerischen Ansicht Verharrenden „der Gewalt des Satans heimgefallen". [1]

Man hat die Einführung der Inquisition als eine nothwendige Vorkehrung gegen den teuflischen Aberglauben oder Teufelscultus dargestellt, und Görres führt als Beweis die Stedinger an [2], die er auch zu Teufelsdienern macht. Das Uebel, sagt dieser Schriftsteller, keimte fort: im Jahre 1303 wird ein Bischof von Conventry des Verbrechens angeschuldigt, er habe, nebst andern Greueln, dem Satan gehuldigt, ihn hinterwärts geküsst und oft sich mit ihm unterredet; selbst an dem Oberhaupte der Kirche versucht sich die böse Kunst; Johann XXII. bestellt daher den Bischof Frejus, auf die Vergifter zu forschen, denn, sagt der Papst: „Wir haben vernommen, wie Joannes von Limoges, und Jacobus von Crabancon, und Joannes von Amant, nebst einigen andern, sich aus Trieb eines verdammlichen Fürwitzes auf die Schwarzkunst und anderes Zauberwerk verlegen. Sie bedienen sich dazu gewisser Spiegel und Bilder, die sie nach ihrer Art weihen; sie stellen sich in einen Kreis umher, rufen die bösen Geister an, und trachten durch solch ihr Zauberwerk gewisse Personen zu tödten oder durch langsame Krankheiten hinzurichten. Zuweilen versperren sie die bösen Geister in Spiegel, in Cirkel oder Ring. Sie geben zuweilen vor, sie hätten die Kraft und Wirkung solcher Künste oft erfahren, und scheuen sich nicht zu behaupten: sie könnten nicht nur durch gewisse Speisen und Getränke, sondern auch durch blosse Worte den Leuten das Leben verkürzen, verlängern oder gar nehmen, zugleich Krankheiten heilen". — Schon früher hatte der Papst eine ähnliche Zuschrift zu gleichem Zwecke an den Bischof von Rie erlassen, worin er unter anderm sagt: „Sie haben, um uns mit Gift hinzurichten, gewisse Getränke bereitet, weil sie aber selbige uns beizubringen keine Gelegenheit gefunden, haben sie unter unserem Namen Bildnisse gestaltet und solche unter Zaubersprüchen und Anrufung böser Geister mit Nadeln durchstochen, damit sie uns dadurch ums Leben bringen möchten". — Am 20. August 1320 schreibt darauf Wilhelm, Cardinal von Godin, an den Inquisitor zu Carcassone: „Der

---

[1] Vgl. Hurter, Innocenz III., II, 257 fg.
[2] Mystik III, 50 fg.

Papst befiehlt euch, gerichtliche Untersuchung wider diejenigen vorzunehmen, welche den Dämonen opfern, selbige anbeten, sich ihnen verloben und schriftlich oder sonst durch
ausdrücklichen Bund verpflichten; um sie zu bannen, gewisse
Bildnisse oder andere Malereien taufen, das heilige Sakrament
der Taufe auch zu andern Maleficien misbrauchen. Gegen
solche Bösewichter sollt ihr mit Beihülfe der Bischöfe wie
gegen Häretiker verfahren, wozu euch der Papst hiermit
ermächtigt".

Wenn wir diese Beispiele von Görres entlehnen, so wollen wir nicht nach seinem Vorgange die Nothwendigkeit der
Inquisition damit beweisen, vielmehr die herrschende Anschauung zeigen, wie die Inquisition Ketzer und Teufelsdiener nicht nur über ein und denselben Kamm schor, sondern
ganz gleichbedeutend fasste. Auch unser Gewährsmann bestätigt dies, wenn er fortfährt: „Dinge dieser Art erfüllen
die Inquisitionsacten vom 13. Jahrhundert herein, und ausdrücklich positive Zeugnisse bestätigen jetzt den nahen Zusammenhang des Zauberwesens mit den Häretikern." Görres
führt eine Actensammlung an (im Cod. 3446 der Pariser Bibliothek, durch Döllinger ausgezogen), worin es unter anderm
heisst: „Alle Waldenser sind von Berufs wegen wesentlich wie
formal um ihrer Aufnahme in die Gesellschaft willen — Teufelsbeschwörer; obgleich nicht alle Beschwörer Waldenser
sind, aber oft treffen Beschwörer und Waldenserei (Valdesia)
zusammen." [1] Also nicht nur die Katharer mit ihrer Annahme
von zwei Urwesen, einem guten und einem bösen, womit sie
eine Handhabe boten sie als Teufelsdiener zu betrachten,
sondern auch die sittenstrengen Waldenser, deren Lehre nichts
Dämonisches enthielt, werden des Teufelscultus und der damit verbundenen Unzucht beschuldigt. [2] Die Beschuldigung
hat ihren Grund in der oppositionellen Stellung der Waldenser gegen die Kirche, indem sie das Christenthum wesentlich
auf die evangelische Armuth und apostolische Predigt zurückzuführen strebten. Zur Zeit der Albigenserkriege werden

---

[1] Görres, a. a. O., S. 54.
[2] Alani (ab insulis) insignis theologi opus advers. haereticos et Val-
denses, qui postea Albigenses dicti etc., p. 180; (vgl. Bernard Abb. Font.
Calid. adv. Waldensium Sectam. praefat. in Bibl. patr. max. Tom. XXIV).

Katharer und Albigenser nicht als gesonderte Parteien betrachtet, und auch Schriftstellern sind sie gleichbedeutend;
z. B. die Schrift des Lucas Tudensis contra Waldenses widerlegt grösstentheils Irrthümer, deren sonst die Katharer geziehen werden, wie auch sonst in polemischen Schriften die
Lehren und Ansichten untereinandergeworfen sind. [1]

Die Inquisition, welche über die Reinheit der Lehre zu
wachen hatte, übernahm das Gericht auch in Zaubersachen,
die auf den Teufel zurückgeführt werden. Für Frankreich
entschied eine Parlamentsacte vom Jahre 1282 auf Betrieb des
Erzbischofs von Paris, wonach die Erkenntniss in Zaubersachen
den Geistlichen, mit Ausschluss der Laien, überlassen werden
sollte. [2] Die „Christusmiliz gegen die Häretiker" spürte
nun vornehmlich nach den Dienern des Teufels, und da sie
erstere überall witterte, musste dieser auch allenthalben vorhanden sein. Durch die geistlichen Ketzergerichte wurde der
Glaube an den Teufel im Volke nicht nur gefördert, sondern
die Vorstellung von diesem und seiner Macht zur herrschenden erhoben.

Kreuzzüge.

Die phantastischen Erscheinungen innerhalb des Mittelalters verlieren das Befremdende bei Betrachtung der Factoren,
welche auf die Gemüther der Menschen eingewirkt, als deren
Resultate sie sich erweisen. Die bisher berührten Momente
könnten schon hinreichen, einige Einsicht in das Gemüthsleben
des mittelalterlichen Menschen zu eröffnen und manche herrschende Vorstellung genetisch zu erklären. Schon im 11. Jahrhundert hatte eine Sturmbewegung die Gemüther ergriffen,
und die Kreuzzüge hervorgebracht, und es ist zu erwarten
dass so hochgehende Wogen nicht sofort verlaufen konnten,
ohne manches Ausserordentliche als Folge herbeizutreiben.
Wir wollen absehen von der speciellen Folge der Kreuzzüge

---

[1] Vgl. Hurter, Innoc. III., II, 237, Note.
[2] Görres, Mysterien, IV, 2, S. 509.

auf die Geschichte des Teufels, die von Soldan [1] darin erkannt
wird, dass die Kreuzfahrer mit den griechischen Speculationen
über die Zeugung der Dämonen mit menschlichen Weibern,
wie mit den materiellen Geistern des Mohammedanismus, namentlich den Dschins, bekannt geworden seien, und hierin die
Ursache vermuthet, dass mit dem Anfange des 13. Jahrhunderts das Abendland mit zahllosen Buhlgeschichten von Dämonen und Feen überfluthet worden sei. Wir berücksichtigen
hier vornehmlich die Folge der Kreuzzüge auf das Empfin-
dungs- und Phantasieleben des Volks im allgemeinen. Die
Erfahrungen durch die Kreuzzüge erweiterten zwar in mancher Beziehung den Gesichtskreis, aber die Ungeheuerlich-
keiten, die von den Kreuzfahrern gesammelt und vermehrt
nach der Heimat gebracht wurden, wirkten, bei dem gebun-
denen Denkvermögen des Volks, vorzüglich auf das Empfin-
dungs- und Phantasieleben, das hierdurch ganz schrankenlos
wurde. Dieses äusserte sich in Kraftausbrüchen eines epidemischen religiösen Enthusiasmus, der sturmartig dahinbrauste
und alles mit sich fortriss. Bei innerer Haltlosigkeit fühlte
sich das Volk instinctartig getrieben, ohne das Ziel klar zu
sehen und den Weg zu finden, wo seinem Bedürfnisse Befriedigung werden könnte. Mit der massenhaften Einführung
der Reliquien durch die Kreuzfahrer wurde zugleich eine Unzahl von Legenden aus dem Oriente nach Europa verpflanzt,
unter denen die Sucht nach Wundern ins Masslose wucherte,
wobei die rothe Gluth der Phantasie bis zum Weissglühen
gesteigert ward. Die Sammlung der Legenden durch den
Dominicaner Jacobus a Voragine (gest. 1298) wurde zur Le-
genda aurea des Abendlandes, wie in demselben Jahrhundert
die des Simon Metaphrastes im Morgenlande. Im Jahre 1295
wird das Haus der Heiligen Jungfrau durch die Engel von
Nazareth nach Loretto gebracht, und es spinnt sich der Faden
der Legenden in dieser Periode ins Endlose.

Kinderpilgerfahrt.

Eine der seltsamsten Kraftäusserungen, durch den Geist
der Kreuzzüge hervorgerufen, zeigte sich in der Kinderpil-

---

[1] S. 150 fg.

gefahrt im Jahre 1211, wo eine grösstentheils aus Kindern
bestehende Menge, die auf 90000 angeschlagen wird, auszog,
um das heilige Land zu erobern, begreiflicherweise aber schon
unterwegs ihren Untergang fand.

Schon im vorhergehenden (12.) Jahrhundert waren als
merkwürdige Erscheinung die Brüder von der weissen Mütze aufgestanden, die, von sittlicher Ascese getrieben, sich verpflichteten, keine Würfel zu spielen, keine
Schenken zu besuchen, keine ausgezeichnete Kleidung zu tragen, nicht zu fluchen, die aber, obschon durch ihre freiwillige
Ausübung der Polizei der herrschenden Landstreicherei heilsam entgegenwirkend, doch bald abgeschafft wurden, nachdem
sie ihren Rigorismus so weit gespannt hatten, den Gutsherren
die Abgabenforderung zu verbieten.

Es wiederholt sich stets in der Geschichte des Menschen,
dass er bei mangelnder Erkenntniss des Causalzusammenhangs
mit aufgeregtem Gemüthe den Grund eines Unfalls nicht nur
ungehörigen Ortes sucht, sondern auch zu finden glaubt. So
machte sich die allgemeine Bestürzung, welche der schwarze Tod
hervorgerufen, zunächst Luft in der Verfolgung der Juden, die im Mittelalter, oft auch bei minder gefährlichen Umständen, als Stifter des Unheils im Dienste des Teufels den
Hass der Christen auf grausame Weise zu empfinden bekamen. Das allgemeine Unglück rief aber noch eine andere
aussergewöhnliche Erscheinung hervor, die ein Zeugniss ablegt, sowol von der krankhaften Aufregung der Gemüther
als auch von der sittlichen Haltlosigkeit und dem Suchen nach
einem Haltepunkte.

Flagellanten.

Durch die in Gang gekommene bekannte Stellvertretungstheorie im Busswesen war dieses immer mehr herabgesunken
und hatte seinen Werth so gänzlich eingebüsst, dass der
Mensch verzweifelte, die Vergebung der Sünden dadurch zu
erlangen, wenn er nur etwas rein Aeusserliches von seinem
Besitze zum Opfer brachte. Er glaubte daher eine eindring-
lichere Busse zu üben, wenn er seine eigene Leiblichkeit angreife. Nach dem Vorgange Damiani's lag es nahe, sich dessen

Bussmittels zu bedienen, das von diesem frommen Meister der Busse so dringlich empfohlen ward, nämlich der Geiselung. Wie sollte man es einer Zeit verdenken, dass sie nicht zum Innersten eindrang, und nicht den Weg fand bis zur Gesinnung, von wo die Busse ausgehen und in einem reinen, lautern Leben sich äussern soll, einer Zeit, in welcher die Kirche selbst den grössten Werth auf das Weltliche gelegt hatte, wo die sittliche Würdigkeit des Menschen für das Reich Gottes vom Geldwerthe abhängig gemacht ward, wo die Kirche die geistigen Bussmittel ausser Kraft gesetzt hatte? Schon im Jahr 1260, wo der Streit der Welfen und Ghibellinen das gesellige Leben in Italien zerrissen hatte, war daselbst die Geiselbusse, bisher nur von einzelnen geübt, in massenhafter Erscheinung aufgetreten. In den verheerenden Kämpfen dieser Parteien wurden viele Bewohner der welfischen Stadt Perugia, die von der Niederlage, durch die Ghibellinen in der Schlacht von Monte-Aperto den Welfen beigebracht, hart gelitten hatte, wie von einem mächtigen Schauder der Busse ergriffen. Mit entblösstem Oberleib zogen sie paarweise durch die Strassen, mit Bussriemen sich bis aufs Blut geiselnd. Sie zogen aus Perugia hinaus durch die Lombardei bis nach der Provence, ein Theil bis nach Rom, während des Zuges an Zahl immer mehr anwachsend. Zu derselben Zeit bewegten sich Geislerschaaren durch Krain, Kärnten, Steiermark, Oesterreich, Böhmen, Mähren bis nach Ungarn und Polen, den blossen Körper geiselnd, mit verhülltem Gesicht, Fahnen und Kreuze einhertragend, unter Absingung von Bussliedern. Solche Geislergesellschaften treffen wir auch im 14. Jahrhundert, die im Gedränge der Bürgerkriege durch die allgemeine Calamität des schwarzen Todes aufgeregt wurden. Die ganze bürgerliche Ordnung des gesellschaftlichen Lebens war durch die furchtbare Seuche aufgelöst, Deutschland lag geknebelt unter dem Interdict, der Bannfluch (von 1346), der im Kampfe Ludwig's des Baiern mit dem Papste durch diesen vom Vatican herabgeschleudert worden, lastete schwer auf dem Volke. Es war eine verzweiflungsvolle Lage, wo das fromme Gemüth die heilige Stätte verschlossen fand, an der es sich den Seelenfrieden holen sollte, oder wo die Segnungen der Kirche nur durch Geld und Geldeswerth zu erkaufen waren, das dem Aermern

mangelte, dem also auch das Mittel fehlte, sich mit Ausgelassenheit den Lüsten zu ergeben, um, gleich dem Reichern,
in halber Vergessenheit hinzutaumeln, oder wo dem Menschen
in seinem zerknirschenden Seelenhunger nach geistigen Gaben
von der Kirche, wenn sie ihm offen stand, Steine anstatt des
Brotes gereicht wurden. Einer solchen Zeit entrang sich die
Hoffnung auf die Wiederkunft Friedrich's II. um die gesunkene
Menschheit wieder aufzurichten und die zerrütteten Zustände
zu ordnen. Das Volk aber, dem weder von der Kirche noch
von staatlichen Organen geholfen ward, griff zur Selbsthülfe,
zur Geiselung, um dadurch, wie es glaubte, vor dem Untergange der Welt, der verkündet ward, die Vergebung seiner
Sünden der erzürnten Gottheit gleichsam abzunöthigen.

Der Ursprung der Geislerzüge ist durchaus nur aus dem
heissen Verlangen nach Busse in einer Zeit allgemeiner Verderbtheit zu erklären. Die gleichzeitigen Chronisten deuten
dies an durch die Bemerkung: dass Niemand gewusst habe,
woher der Eifer gekommen sei. Dass die Erscheinung epidemisch wirkte, ist nicht nur von den Psychiatern nachgewiesen;
in Hermanni Altahensis Annales [1], wo ein Bericht über die
Flagellanten aus dem Jahre 1260 steht, ist auch der epidemische Zug bei dieser krankhaften Erscheinung deutlich, obschon
unbewusst angezeigt, wenn er sagt: „Miserabilis itaque gestus
ipsorum et dira verbera multos ad lacrymas et ad suscipien-
dam eandem poenitentiam provocabant". Derselbe Chronist
fügt hinzu: [2] dass diese Geislerwallfahrten, da sie im Beginne weder vom Heiligen Stuhle noch von sonst einer Autorität gestützt, mit der Zeit zum Gespötte wurden, und so
masslos sie angefangen hatten, doch in kurzem abnahmen.
Der Umstand, dass die Geislerzüge von Laien und zwar aus
den niedern Schichten der Gesellschaft ausgingen, was in den
dazu anregenden Verhältnissen seine Erklärung findet, musste
dieser Erscheinung ein eigenthümliches Gepräge geben, da sie,
obschon religiöser Bedeutung, doch nicht in der Kirche ihren

---

[1] Bei Boehmer, fontes, II, p. 156.

[2] „Sed quia origo ejusdem poenitentiae nec a sede Romana nec ab
aliqua persona auctorabili fulciebatur, a quibusdam episcopis et domino
Henrico Bavariae cepit haberi contemptui. Unde tepescere in brevi cepit
sicut res immoderate concepta.

Ausgangspunkt hatte. Die Kirche mochte anfänglich befremdet sein, aber Papst Clemens VI. gibt in seiner an die deutschen Bischöfe erlassenen Bulle vom Jahre 1349 schon seinen Tadel über das eigenmächtige Bussverfahren kund, indem er darin, von seinem Standpunkte ganz richtig, ein Mistrauensvotum gegen die Kirche erkennt. Als die dritte grosse Geislerfahrt 1399, zu der, ausser dem allgemeinen Elende der Zustände, namentlich die traurige Lage der Kirche durch das päpstliche Schisma den Anlass gegeben hatte, ihre Richtung geradezu nach Rom einschlug, da liess Bonifaz IX. das Haupt der Weissen, wie die Flagellanten von ihrem weissen Bussgewande hiessen, hinrichten. Die kirchenfeindliche Tendenz der Geisler erkannte die Kirche [darin, dass sie die kirchliche Bussdisciplin ganz ignorirten, indem der Meister die Absolution infolge der Marterbusse ertheilte, mit der Ermahnung, künftig vor Sünden sich zu hüten:

> „Stant uf durch der reinen Martel ern
> Unn hut dich vor der Sünden mern". [1]

Hiermit war jede Vermittelung durch die Kirche und ihre Priester abgelehnt und deutlich ausgesprochen: dass die Busse unmittelbarer Ausdruck der eigenen Innerlichkeit sein solle. In dieser Tendenz liegt die Grundbedeutung dieser merkwürdigen Erscheinung, die aber eine krankhafte ist, weil sie nur als negative Reaction gegen einen kranken Zustand auftritt. Eben darum konnte sie epidemisch werden und an Wahnwitz streifen. Die Flagellanten, wie das Mönchswesen, sind bei ihrem Ursprunge als sittliche Reaction gegen ihre damaligen Zustände zu betrachten, sie sind aber, gleich dem Fieber, noch nicht die Gesundheit, obschon wie dieses eine Reaction gegen die Ungesundheit. Es braucht keiner Erörterung, dass die Geislerfahrten, sowie die mönchische Ascetik überhaupt, den Zweck nicht erreichen konnten, da sie das richtige Mittel nicht fanden, um die sittliche Gesundheit herzustellen; sie sind aber von pathologischem Interesse für jene Zeit und desshalb werth, dem Grunde ihrer Erscheinung nachzugehen. Das ganze Busswesen des Mittelalters, also auch seine Gei-

---

[1] Bei Baur, Geschichte des Mittelalters, aus Closener's Strassburger Chronik, Bibliothek des literarischen Vereins in Stuttgart, I, 85.

selbusse, als Mittel gegen Unsittlichkeit angewendet, hat ungefähr die Bedeutung einer chirurgischen Operation an dem gelben Gesichte eines Gelbsüchtigen. In beiden Fällen ist die Voraussetzung eines kranken Zustandes richtig, und das Streben, diesen zu heilen, nicht zu verkennen; es fehlt aber der Begriff des Wesens der Krankheit und daher fällt die Wahl auf das unzulängliche Mittel. Es ist die mechanische Anschauung, die das Princip des Mechanismus auf den höhern Organismus anwendet.

Aehnliche Verwechselungen der Principien und des davon entnommenen Massstabes, der dann ungehörigerweise angelegt wird, begegnen uns noch in der Gegenwart auf jedem Schritte, werden also im Mittelalter nicht befremden können, sie lagen im herrschenden System der Geistlichkeit. „Zwei bewegende Kräfte, beide mit gewaltigem Einfluss, ziehen durch das Leben des christlichen Menschengeschlechts in dieser Zeit: der Glaube an ausserordentliches Eingreifen der göttlichen Macht in die menschlichen Begegnisse; sodann die Ansicht, dass alles, was sowol der Gesammtheit, als was dem einzelnen an Ungemach widerfahre, göttliche Vergeltung für begangene Sünden sei." [1] Diese Bemerkung Hurter's ist richtig, kann aber kürzer so gefasst werden: es herrschte in jener Zeit noch immer die althebräische Anschauung. Die althebräische Vergeltungstheorie, diese natürliche Folge des Standpunktes der Legalität, erblickt in jedem Begegniss die vergeltende Hand des göttlichen Richters, und bei dem Mangel an Naturwissenschaft, da der Begriff „Natur" dem Bewusstsein noch nicht aufgegangen war, erhielt jede äussere Erscheinung die Bedeutung eines unmittelbaren schöpferischen Eingriffs.

Wunderglaube.

Das gläubige Gemüth, dem die oft lange Kette des Causalnexus verborgen ist, und den Zusammenhang zwischen Ursache und Wirkung nicht übersieht, führt alles und jedes unmittelbar auf Gott, mit dem es den Urgrund alles Seins

---

[1] Hurter, Innoc. III., VI, 505.

bezeichnet, zurück. Es erkennt nicht das organische Zusammenwirken, weder in der Natur, noch in der Menschenwelt, noch sich als Organ in dem grossen Ganzen, weil ihm der Begriff vom Organismus überhaupt fehlt. In seiner Isolirtheit erscheinen ihm die Ereignisse, die seine Aufmerksamkeit dadurch auf sich ziehen, dass sie wohlthätig oder verderblich auf ihn wirken, und für Lohn oder Strafe gelten, als Wunder. Unter diesem Gesichtspunkte des Mechanismus bezieht es jede Erscheinung mechanisch auf sich, als den Mittelpunkt der Erscheinungen, in sein speciell beschränktes Interesse versenkt, sieht es nicht den Zusammenhang der Dinge, es erhebt nicht das Auge zur Forschung nach demselben und entfaltet nicht die Kraft zur Erforschung. Bei der stetigen Beziehung zur Aussenwelt, durch die es berührt wird, kann daher das gläubige Gemüth über ein für Tausende schädliches, für es aber vortheilhaftes Ereigniss dankerfüllt seinen Schöpfer preisen, hingegen eine Erscheinung, die in der Natur der Sache gelegen, unter den gegebenen Umständen eintreten muss, wodurch es aber Schaden leidet, als eine Züchtigung von oben betrachten. Bei diesem herrschenden Mechanismus in der Anschauung des Mittelalters in Bezug auf Sünde, Busse, Strafe u. dgl., bei der sittlichen Haltlosigkeit, erklärt es sich, dass jede aussergewöhnliche Erscheinung als Strafe, oder wenigstens als Warnung oder Aufforderung zur Busse betrachtet wurde. Schriftsteller jener Zeit, die solche ausserordentlichen Erscheinungen verzeichnen und Sammlungen davon anlegen, führen jedes Ereigniss auf einen übersinnlichen Grund zurück und geben ihm eine religiöse Bedeutung für die Gegenwart oder Zukunft. Denn das Mittelalter ist voll Ahnungen des Zukünftigen, die es an äusserliche Erscheinungen knüpft, wodurch diese zu Anzeichen gestempelt werden. In jenen Zeiten war aber Religiösität gleichbedeutend mit Kirchlichkeit, und die Kirche galt für die einzige Stätte, wo das heilige Feuer der Religion unterhalten wird. Die Reduction der Erscheinungen auf Gott war daher gleichbedeutend mit der Zurückführung auf die Kirche. So konnten Ueberschwemmungen, Miswachs, Erdbeben, Pest, Donnerwetter im Winter zu Zeichen der Misbilligung einer von der Kirche verbotenen und misbilligten Verbindung fürstlicher Personen werden, wobei freilich die Deutung erst später nachgehinkt kam. Oder man betrachtete schädliche Naturereignisse als Strafen für allgemeine Uebertretung der Kirchengesetze. [1] Das gewöhnliche Bewusstsein war dahin gekommen, bei jeder nicht alltäglichen Erscheinung an eine ausserordentliche Massregel in der übersinnlichen Weltregierung zu glauben, und wurde selbst durch die Deutung post eventum in seinem Glauben bestärkt. Man glaubt, unter die Waldindianer versetzt zu sein, wenn man in den Chroniken liest, was alles für bedeutsam und der Aufzeichnung werth erachtet wurde, z. B. dass einst während der Messe ein schlichter Ordensbruder bei den Worten: „Wir bitten dich inbrünstig", ein Nebelwölkchen zwischen Kreuz und Kelch sich bilden sah, sodann bei dem Emporheben desselben darin ein Schein wie von einem Kerzenlicht gesehen wurde, dass endlich aus beiden eine Hand hervorgegangen, die auf das Altartuch ernste Mahnungen an das entartete Menschengeschlecht geschrieben, und dieses unter vier Messen sich ereignet habe, jedesmal mit einer andern Vorherverkündigung. [2]

In dieser Zeit wird das Erfreuliche auf die Gnade Gottes und seine Heiligen zurückgeführt, bei allem Verderblichen ist aber der Teufel und seine Genossen im Spiel, der als Strafwerkzeug oder als Urheber aller Uebel, diese unter Gottes Zulassung über die Menschen bringt, oder als Verkündiger von Unglück auftritt, und wenigstens allerlei Spuk oder Neckereien verursacht. So hatte bei der Scheidungsklage Philipp's von Frankreich ein alter Geistlicher den Teufel gesehen, der in rother Gestalt auf den Knien der Königin herumhüpfte und grässliche Gesichter schnitt. [3] „Wie es aber überhaupt Kirchenlehre ist, dass die Sünde durch Vorspiegelungen des gefallenen Geistes in die Welt gekommen sei, so dürfen wir nicht darüber erstaunen, dass eine Zeit, welche allen Glauben wirkend in das Leben hineinpflanzte, eine ununterbrochene Fortsetzung jenes tückischen Anlockens sich dachte, und in dem Bösen, was sie verwerfen musste, ein Zusammentreffen des menschlichen Willens mit solchem un-

---

[1] Vgl. Hurter, IV, 509.

[2] Chron. Turon. in Martène Thes. V. magn. Chron. Belg.; andere Beispiele bei Hurter, IV, 511 fg.

[3] Bei Hurter IV, 128. Capefique II, 160, aus einer alten Chronik.

mittelbaren verderblichen Einfluss gerne annahm."[1] Nun, wir
erstaunen auch nicht, finden es geradezu natürlich, da der
Mensch des Mittelalters, durch die Hebel, die in sein Leben
eingriffen, emporgeschnellt, den festen, natürlichen Boden verlieren musste und in gänzlicher Haltlosigkeit weder in noch
ausser sich den sichern Stützpunkt finden konnte. Die Erfahrung lehrt, dass selbst der ununterrichtete, denkungeübte
Mensch ein Ungemach leichter erträgt, wenn er die natürliche
Folge vorausgehender Umstände erkennt. Man darf dies für
einen praktischen Beweis ansehen, den er unbewussterweise
gibt, dass seine Natur auf das Denken, das Begreifen der
Dinge in ihrem Zusammenhange gestellt ist. Mag daher der
Brauch mancher Aerzte, den Kranken über die Ursache und
den Verlauf der Krankheit aufzuklären, auf was immer für
Motiven beruhen, gewiss ist, dass seine Erscheinung am
Krankenlager dadurch beruhigender wirkt, als wenn er sich
in den geheimnissvollen Zaubermantel einhüllt. Der Mensch
des Mittelalters war aber von lauter Wundern oder Zauberei
umgeben, wodurch er in krankhafter Spannung erhalten wurde.
Die Wunder hatten zwar nach der Kirchenlehre ihren letzten
Grund in Gott, dieser wurde aber durch den Apparat der
Kirche den Augen des Volks ganz verdeckt, welches die
Wunder durch Reliquien und Heilige, deren Legenden, lawi-
nenartig anwachsend, sich durch das Land bewegten, an allen
Kirchen und Klöstern geschehen sah. Die Zauberei rührt
vom Teufel her und seinen Bundesgenossen, welche in seinem
Dienste stehen; sie wird von der Kirche verdammt, die an Got-
tes statt die gegensätzliche Stellung zum Teufel übernimmt.
Dem Glauben an Wunder und Zauber ist die Erkenntniss des
Causalzusammenhangs ganz fremd, bei beiden trägt das Eingreifen der übermenschlichen Macht in das Leben des Menschen den Charakter der Willkür, die sich beim Wunder
durch die Vorstellung von der göttlichen Gnade, welche mittels
der Kirche vollzogen wird, maskirt, während beim Zauber
die Bosheit des Teufels hervorgrinst. Auf keiner Seite ist
Glaube an das unabänderliche Walten einer höhern Macht,
viel weniger Erkenntniss des ewigen Gesetzes, nach dem

---

[1] Hurter, IV, 515.

die Widersprüche sich auflösen müssen. Der Wunder- und
Zaubergläubige kann sich nicht vom Einzelnen zum Allgemeinen erheben, er ahnt oder vermuthet nur eine Regel mit Ausnahmen, weiss aber wieder nicht, wann die Ausnahme eintritt. Wunder und Zauber sind die Ausnahmen von der
Regel, die eintreten können oder auch nicht. Der Glaube
an Wunder und Zauber ermangelt des sichern Haltpunktes
und kann daher dem Gläubigen weder Ruhe noch Sicherheit
gewähren. Darin liegt der Grund, dass neben dem dicksten
Wunderglauben die crasseste Sittenverderbtheit Raum zu finden vermag, dass beide ihre Plätze häufig wechseln können,
da beide des festigenden Haltepunktes im Sittengesetze er-
mangeln.

10. Heiligendienst und Mariencultus als sollicitirende Factoren.

Schon im Neuen Testament werden die Genossen der
christlichen Gemeinde als Glieder am Leibe Christi, nach alttestamentlichem Vorgange, Heilige genannt, [1] und dieser
Brauch erhielt sich bis ins 3. Jahrhundert. Eine Handhabe
zur Aufrechterhaltung dieses Titels boten die Märtyrer,
welche für die christliche Wahrheit ihr Leben geopfert
oder doch Qualen ausgestanden hatten, als Menschen dem
frommen Gemüthe zu Mustern christlicher Heiligkeit dienten,
als Zeugen für Jesus aufgetreten waren, um den sie einen heiligen Kreis bildeten und mit ihm auch gleiche Verehrung
theilen sollten. Schon die Kirchenväter Hermas [2], Clemens Alexandrinus [3], Tertullian [4] preisen die Verdienstlichkeit des Märty-
rerthums, das als sündentilgende Bluttaufe betrachtet wird. Der
Fürbitte der Heiligen wird eine ausserordentliche Wirksamkeit zuerkannt [5], und Origenes [6] stellt das Märtyrerthum den

---

[1] Röm. 1, 7; 1 Kor. 1, 2; Ephes. 1, 1, u. a.
[2] Pastor III. Simil. 9, 28.
[3] Strom. IV, 596.
[4] De resurr. carn. c. 43.
[5] Cypr. ep. 12, 13.
[6] Homil. in Num. 10, 2.

Leiden Christi an die Seite. Grossen Vorschub leisteten der Heiligenverehrung Basilius der Grosse, Gregor von Nyssa und der von Nazianz, Chrysostomus und Ephrem der Syrer durch ihre überschwenglichen Lobreden auf die Märtyrer und durch ihre Ermahnungen, zu deren Fürbitte Zuflucht zu nehmen. Hieronymus ist ein eifriger Vertheidiger der Märtyrer und ihrer Reliquien; Augustinus, obschon die Verehrung der Heiligen nicht geradezu empfehlend, behauptet doch, dass die Körper der Märtyrer Wunder wirken. Aus dem Brauche, zur Feier der Jahrestage der Märtyrer an ihren Gräbern sich zu versammeln, entstand ein förmlicher Märtyrercultus, der durch die Verbote heidnischer Statthalter nicht vermindert, sondern gesteigert wurde. Im 4. Jahrhundert waren die Feste der Märtyrer (natalitia) im allgemeinen Ansehen, und das Concil zu Gangra [1] verhängt über deren Verächter schon das Anathema.

Nachdem die kirchliche Frömmigkeit jene Bahnen der Ascetik eingeschlagen hatte, wodurch sie eine höhere Stufe der christlichen Sittlichkeit zu erreichen hoffte, gelangten auch diejenigen, welche durch strenges Einsiedler- und Mönchsleben für ausgezeichnet galten, in den Ruf der Heiligkeit und wurden, gleich den Märtyrern, nach ihrem Tode in den himmlischen Hofstaat versetzt. An die Vorstellung, dass die Heiligen als Vorbilder einen höhern Grad christlicher Tugend einnehmen, knüpfte sich eine andere: dass sie dem göttlichen Wesen auch näher stehen und, gleich den Engeln, die Vermittelung zwischen Gott und den Menschen besorgen, daher in die menschlichen Schicksale unmittelbar eingreifen, was selbstverständlich nur durch Wunder geschehen kann. Mit der Zahl der Heiligen wuchs auch der Glaube an ihre Wunder, die sie nicht nur bei Lebzeit, sondern auch nach ihrem Tode noch verrichteten, daher man zu ihren Grabstätten wahlfahrtete. Der Glaube an die Wunderthätigkeit der Heiligen und deren Reliquien, und die Sucht, solche zu besitzen, wirkten wieder als Multiplicatoren auf die Zahl der Heiligen. Die Wundersucht, unterstützt von der Leichtgläubigkeit, griff in vergangene Jahrhunderte zurück, um mit geschäftiger Hand

---

[1] Can. 20.

Tausende von Heiligen ans Tageslicht zu ziehen. Die Massenhaftigkeit der sich steigernden Zunahme der Heiligen bezeugt die Synode von Frankfurt a. M. im Jahre 794 durch
den Beschluss: keine neuen Heiligen mehr anzurufen. Auch
Karl der Grosse fand Anlass, zu verordnen, 'dass ohne Genehmigung des Bischofs die vorhandene Zahl der Heiligen
nicht vergrössert werden dürfe. [1] Jede Stadt, jedes Dorf,
jede Kirche hatte im Verlaufe der Zeit einen Heiligen erhalten, kein Handwerk, kein Lebensbedürfniss konnte einen
solchen entbehren. Die heilige Barbara stand in der Schweiz
den Schiesswaffen der Männer vor; Sanct-Rochus gebot der
Pest, die heilige Anna den galanten Krankheiten; [2] Petrus
und Paulus wurden die Patrone Roms, Andreas Griechenlands,
Jacobus Spaniens, Phokas der Schutzheilige der Seefahrer,
Lucas für die Maler, Johannes Evangelist und Augustinus
für die Theologen, Ivo für die Juristen, die heilige Afra für
die fahrenden Frauen, u. s. f. Der Bischof jedes Sprengels
handhabe gewöhnlich das Recht zu bestimmen, welcher Heilige gelten sollte, bis zum Jahre 993, wo das erste Beispiel
einer Kanonisation durch den Papst Johann XI. bekannt ist;
allein die Bischöfe übten auch nachher noch das Recht, innerhalb ihrer Diöcese Heilige zu ernennen, fort. [3] Erst Papst
Alexander III. nahm das ausschliessliche Privilegium der Hei-
ligsprechung für seinen Stuhl in Anspruch und eröffnete hiermit
zugleich eine reichlich fliessende Quelle für die Einkünfte der
römischen Curie. Die Kanonisation einer fürstlichen Person
wurde auf 100000 Thaler taxirt, gewöhnlich kostete eine Hei-
ligsprechung 70000 Gulden, bei der des Johannes von Ne-
pomuk soll die von dem herbeigeströmten Volke geopferte
Summe über 200000 betragen haben. [1]

Ein geschichtlicher Umstand war der Ausbreitung des
Heiligendienstes sehr förderlich: die vom 4. bis 10. Jahrhundert
vor sich gehende Heidenbekehrung. Die in den Schos der
christlichen Kirche aufgenommenen heidnischen Völkerstämme

---

[1] Capitul. II, c. 14, p. 427 bei Baluz. Capitul. Regg. Francor. Tom. I.
[2] Vulpius, Vorzeit, I, 253.
[3] Pagi breviar. Pontific. Rom. Tom. II, 260; III, 80.
[4] Müller, Encyklopädisches Handbuch des katholischen und protestantischen Kirchenrechts, Art. Canonisation.

hatten ihr väterliches Erbe sinnlicher Anschauungen von Gottheiten, Schutzgöttern und Heroen auf das neue Gebiet mit
herübergebracht und trugen es unwillkürlich auf die christlichen Märtyrer und Heiligen über, die ihnen als verwandte
Gebilde entgegenkamen. Die Kirchenlehrer griffen in diesen
Amalgamirungsprocess nicht störend ein, und Eusebius [1] führte
aus Hesiod und Plato den Beweis: dass auch die tugendhaften
Todten, die Heroen und Halbgötter an ihren Gräbern verehrt
worden, und wenn dies im heidnischen Cultus stattgefunden,
so habe die Verehrung der Gott wohlgefälligen Märtyrer innerhalb der christlichen Kirche um so grössere Berechtigung.
Aus den Vergleichen, namentlich von griechischen Kirchenvätern angestellt, zwischen heidnischen Göttern, Heroen mit
christlichen Heiligen ergab sich: dass der christliche Cultus
alles, was der heidnische enthält, aufweisen könne, und zwar
in vollkommenerm Masse, indem an die Stelle des Falschen
das Wahre getreten sei. [2] In der occidentalischen Kirche fand
das germanische Heidenthum eine ähnliche Anwendung. Diese
Erscheinung ist erklärlich. Solange das Heidenthum dem
Christenthum feindlich gegenüberstand, musste jede Vorstellung aus dem heidnischen Glaubenskreise auch feindlich, teuflisch erscheinen; nun aber das Heidenthum besiegt war, die
feindliche Spannung aufgehört hatte, konnte die siegende Anschauung der besiegten sich nähern, und die Uebersetzung
des Heidnischen ins Christliche gewähren lassen. Es war unvermeidlich, dass mythologische Elemente aus dem Heidenthum, namentlich dem Heroencultus, in die christliche Legende
übertragen wurden. Daher verrichten die christlichen Heiligen
auch Thaten gleich den heidnischen Heroen. Der heilige Rofilus
oder Ruphilus, nachdem er vorher gebetet und gefastet, tödtet
einen grossen Drachen, der, wo er sass, alle durch seinen blossen
Hauch krank gemacht hatte. [3] Der heilige Paris überwältigt
einen Drachen, der von den Einwohnern in einer Höhle gefüttert und verehrt wurde, durch das Gebet und wirft das
kraftlos gewordene Ungethüm in das Wasser. [4] — An die

---

[1] Praeparat. evang. I, 13, c. 11.
[2] Theodoret. Graec. affect. curativ. Disput. 8.
[3] Acta SS. 18. Juli.
[4] Acta SS. Boll. Aug. Tom. II, 74, 5. Aug.

Stelle der ehedem heidnischen Schutzgötter der einzelnen Landschaften, Städte, Stände konnten leicht die christlichen Heiligen treten, die ja mit denselben Aemtern betraut waren. Die
übersinnlichen Engel hatten in den Heiligen eine menschliche
Form erhalten, und der Engelcultus, der während der ersten
vier Jahrhunderte mit dem Heiligencultus sich parallel ausgebildet hatte, ging auch in den Heiligencultus über und ver-
wuchs mit ihm. Der Charakterzug der Kampfbereitwilligkeit,
den die kirchliche Glaubenslehre den Engeln verliehen hatte,
diese im christlichen Himmel um den göttlichen Thron ge-
schart, die Flammenschwerter gegen die Engel der Finsterniss
schwingend, darstellte, war auch auf die Heiligen übergegangen. Diese Kampffreudigkeit der Heiligen war besonders mit
dem germanischen Wesen übereingestimmt, das in ihnen die
tapfern, kampflustigen Gefolgsmannen anschaute, die sich um
den christlichen Volkskönig scharten. Die Heiligen werden
in den Acten der Heiligen gewöhnlich treffend „Athletae
Christi" genannt, womit das übertragene Heroenthum festgehalten erscheint.

Die Amalgamirung des Heidnischen mit Christlichem,
wobei man heidnischen Formen eine christliche Bedeutung
unterzulegen suchte, erhielt durch Gregor den Grossen kirchliche Legitimation mittels der uns schon bekannten Anweisung (a. 601): die heidnischen Tempel nicht zu zerstören,
sondern in christliche Kirchen umzuwandeln, die gewohnten
heidnischen Feste zu belassen, sie aber bei der Feier der Kirchen und Märtyrerfeste zu veranstalten. Im Heiligendienste
sollte das Volk in Wahrheit schauen, was es in seinen heidnischen Gottheiten und Halbgöttern oder Heroen nur als Schein
oder Trug geschaut hatte.

Vom menschlichen Gesichtspunkte ist es begreiflich, dass
das Gemüth des christlichen Volks, dem die himmlischen
Heerschaaren der Engel zu übermenschlich gewesen, sich desto
inniger den kirchlichen Heiligen anschloss. Diese standen
nicht nur, wie jene, in vertrauter Nähe Gottes, und vollzogen
die Vermittelung zwischen Gott und den Menschen; die Heiligen waren selbst Menschen gewesen, sie wurden noch nach
ihrem Tode als herzliche Theilnehmer am Menschlichen gedacht, dem sie ihre Hülfe angedeihen liessen. Es kann daher
auch nicht befremden, wenn die Engel bei Wundergeschichten

im Volksglauben weit hinter den Heiligen zu stehen kamen. Diese zeigten sich immer bereit, ihren Wohnort der himmlischen Seligkeit, den sie mit den Engeln in göttlicher Nähe theilen, zu verlassen, und zwar nicht nur, wie jene, um die Befehle Gottes zu vollziehen, sondern aus eigenem Antriebe, aus persönlicher Theilnahme am Menschen.

Mit der Zunahme der Verehrung der Heiligen, an deren Spitze die Heilige Jungfrau als Gottesgebärerin gestellt und zum Haupte des himmlischen Chors erhoben ward, wuchs auch der bange Glaube an die überhandnehmende Zahl und Thätigkeit der teuflischen Plagegeister unter ihrem Obersten, dem Teufel. Wenn „die ganze Statistik des infernalen Sabbats der kirchlichen nachgebildet" ist, wie Görres sagt [1], so steht die dämonische Welt auch der Engel und Heiligenschar als dunkler, aber getreuer Schattenriss gegenüber. Die Vorstellung vom Teufel und seinen Gehülfen bildet aber nicht nur die Kehrseite zum Wesen der Engel und Heiligen; sondern die Heiligenschar und die Dämonenrotte stehen sich wechselseitig sollicitirend gegenüber. Der Heiligencultus übte eine sollicitirende Wirkung auf die Ausbildung der Vorstellung vom Teufel und seinem Wirken, auf die Verbreitung des Glaubens daran, und dieser Glaube griff wieder in die Geschichte der Heiligen förderlich ein. „Nisi enim Diabolus Christianos persecutus esset ac adversus ecclesiam bellum suscepisset, nullos haberemus Martyres, moesta ac nihil hilaris festaque (?) vita nobis ageretur", sagt naiverweise Asterius. [2] Und: „Quando nullus hostis infestat, legitimi milites et regis amici non innotescunt. Si nulla sit pugna vel lucta, nulla erit victoria, nulla erit corona, nulla merces". [3] Auch in der Entwickelung vom Abstracten zum Concreten gehen beide Seiten gleichen Schritt. Wie von den übersinnlichen abstracten Engeln zu den halbmenschlichen Heiligen durch die Aufnahme vorchristlicher Elemente diese eine ganz concrete Gestalt erhielten, so wuchs das abstracte böse Wesen durch Assimilirung heidnischer Elemente zu einem concreten persön-

---

[1] Christliche Mystik, IV, 2, S. 250.

[2] L. P. N. Asterii Encomium in S. Martyres, in Bibl. patr. max. Tom. V, fol. 832, F.

[3] Anastasii Sinaitae quaestiones, Qu. CXIX.

lichen Teufel heran. Wie drüben die Heiligen von den Heroen
die Heldennatur angezogen hatten, so nahm hüben der Teufel
von der Natur der alten Riesen an, was er durch das Riesenhafte bei der Gestaltung von Bergen, Felsen, Bauten, Brücken
u. dgl. sowie durch Plumpheit zuweilen verräth. Den Engeln,
diesen übersinnlichen Gebilden, gegenüber hatte der Teufel
auch noch etwas Schattenhaftes, Schemenartiges; nachdem die
Verehrung der Heiligen, als solcher Wesen, die eine menschliche Seite an sich tragen, in die erste Linie getreten war,
wurde die Gestalt des Teufels bestimmter und sinnlicher. Dem
ursprünglichen Gegensatz gemäss, in welchem die himmlische
Heerschar zu den gefallenen Engeln steht, bewegt sich der
Teufel mit seinen Genossen im antagonistischen Parallelismus
auch zu den Heiligen. Schon bei den Kirchenvätern findet
sich eine Rangordnung der Engel angedeutet, gemäss den
verschiedenen, ihnen anvertrauten Aemtern, denen sie als göttliche Organe vorstehen. Wo die Heiligen an die Stelle der
Engel treten, erheischt die Folgerichtigkeit, dass sie in ihrer
Beziehung zur Menschenwelt, mit der sie unmittelbar verkehren, auch über bestimmte Verhältnisse gestellt seien, denen
sie ihren besondern Schutz gewähren. Häufig findet sich
die förmliche Eintheilung der Heiligenschar in sechs Klassen
unter dem Vortritte der Muttergottes. In Betreff der höllischen Dunkelseite ist schon im Neuen Testamente von Dienern
und Genossen des Teufels die Rede, im Verlaufe der Zeit
bildet sich aber eine ordentliche Klasseneintheilung, die freilich nicht immer dieselbe ist. Ein Beispiel lieferten die Kabbalisten. Kurz, wie früher der Angelologie, so steht später
der Hagiologie die Dämonenwelt gegenüber.

Die gegensätzliche Parallele zwischen den Heiligen und dem Teufel ist in jeder Beziehung ersichtlich,
und so wirken sie sollicitirend auf einander.

Wohnstätte.

Nach der biblischen Tradition ist der Aufenthalt der
bösen Wesen vornehmlich die Einöde, die Wüste. Diese Vorstellung wird von der kirchlichen Dämonologie festgehalten,
nach welcher verödete Stätten, Wälder u. s. f. als Lieblings-
plätze der Teufelei gelten. Der heilige Peregrinus, der in

einen dunkeln Wald kommt, hört ein ungeheueres Lärmen und Heulen der Dämonen und Stimmen von Schreienden, als wären sie in der Hölle. Plötzlich sieht er sich von einer solchen Menge von Dämonen in verschiedener Gestalt umgeben, dass er von der Luft oder Erde kaum etwas sehen konnte. Einstimmig fingen sie zu schreien an: „Wozu bist du hierher gekommen, da dieser Wald doch uns eigen ist, damit wir unsere Bosheit darin ausüben, zu der wir durch die Sünden der Menschen die Macht haben." [1] — Nach der Anschauung der Zeit war eine Ruine, besonders die eines Heidentempels, als einstige Wohnstätte von Dämonen mit der Vorstellung von diesen unzertrennlich. Wenn sich ein heiliger Mann in die Einöde zurückzog, so betrat er das Revier des Teufels, abgesehen davon dass er ihm durch sein Vorhaben zuwider sein musste. Wenn jener durch das Kreuzeszeichen Gebet u. s. f. dem Grimme des Teufels auch Widerstand leistete, so hatte er doch immerwährende Kämpfe zu bestehen, zu denen der Teufel sich herausgefordert sah. Erhob sich nun gar eine Kirche oder ein Kloster, um die sich das Volk ansiedelte, wurden Wälder ausgerodet, unbebaute Landstrecken urbar gemacht; so sah der Teufel, der nur im Wüsten, Oeden, Unfruchtbaren in seinem Elemente ist, sich stark beeinträchtigt und zu höllischen Werken angeregt. Obschon die Ansiedelungen durch Kirche und Kloster in ihrer Mitte, die gewöhnlich Reliquien des Schutzheiligen aufbewahrten, gegen vernichtende Anschläge des Teufels gesichert waren, so versäumte dieser doch keine Gelegenheit, die Schmälerung seines Gebietes durch unablässige Versuchungen, durch ängstigenden Spuk aller Art zu rächen.

Aussehen.

Von Christus, dem Ideale menschlicher Schönheit, spiegelt sich diese auch an den Heiligen, an denen sie besonders nach ihrem verklärenden Tode angeschaut wird. Lucifers ursprüngliche Schönheit hat sich nach dem Falle in absolute Hässlichkeit verwandelt, gemäss seiner höchsten Bosheit.

---

[1] A. SS. Boll. Aug. Tom. 1, 7. Aug., p. 80.

Die Lieblichkeit der Heiligen gibt sich in einem himmlischen
Dufte kund, den sie und ihre Reliquien aushauchen; folgerichtig muss dem Teufel und seinen Genossen ein höllischer
Gestank zukommen, den sie gewöhnlich nach ihrem Verschwinden zurücklassen.

Gegensatz im Streben.

Die Heiligen haben stets das Wohl, sowol das physische
als moralische, der Menschen im Auge, zu dessen Förderung
sie jederzeit bereit sind; andrerseits ist aber der Mensch keinen Augenblick sicher des Teufels zu werden, der es auf seinen Untergang abgesehen hat, und während die Heiligen über
den menschlichen Unternehmungen wachen, trachtet der Teufel
sie zu gefährden.

Die Heiligen haben als Streiter Christi ihren Kampfplatz
vornehmlich auf ethischem Gebiete, sind zum Schutze und Troste
des Seelenheils des gläubigen Christenmenschen. Der Teufel
trachtet, Leidenschaften anzufachen, diese Urheberinnen der
Sünden. Er ist am meisten in solchen Zeiten thätig, wo die sittlichen Zustände ausser Rand und Band zu kommen drohen,
wo die sittliche Verkommenheit am meisten zu Tage tritt.
Wo Raub, Mord, Unzucht herrschen, da hat der Teufel sein
Spiel. So war es besonders um das 10. und 13. Jahrhundert,
um welche Zeit auch die Heiligenverehrung in steigendem
Aufschwung war.

Wie früher in den heidnischen Götzentempeln, wurden
später in den christlichen Kirchen und Kapellen Abbildungen
von Gliedern, deren Heilung man von der Fürbitte der Heiligen oder von ihnen selbst erwartete, als Weihgeschenke aufgehängt; man trug Reliquien als Amulete von heilsamer Wirksamkeit; man feierte, nach der Art und statt der heidnischen
Opfermahlzeiten zum Besten der Manes, christliche Gastmäh-
ler zu Ehren der Heiligen, die als Gäste geladen waren, flehte
um ihren Beistand zu einer beabsichtigten Reise, setzte ihnen
ihre Portion auf die Tafel der Passagiere des Schiffs, das unter
die Obhut eines Heiligen gestellt war. [1] Von Dämonenopfern

---

[1] Neander, K. G. II, 2; S. 714 fg.

sprechen schon die Kirchenväter vom 4. bis 6. Jahrhundert.
Die Hülfe des Teufels ward von dem, der sich ihm um den
Preis der Erfüllung eines Wunsches ergeben will, angerufen,
er verleiht den Seinen verschiedene Mittel, andern Böses zuzufügen, und ihre nächste Absicht zu erreichen.

Es wurde schon berührt, dass das beiderseitige Wachsen
ein gleichzeitiges war, und synchronistische Daten sprechen
dafür; z. B.: im 11. Jahrhundert sammelte Bischof Burchard
sein „Magnum decretorum volumen", wo im zehnten Buche die
Priester dringlichst aufgefordert werden, dem Teufelsglauben
durch Lehre und Strafe zu steuern; in demselben Jahrhundert schrieb Guibert von Nogent seine vier Bücher „De pig-
noribus Sanctorum" gegen die Misbräuche der Heiligenverehrung.

Wie die Engel als göttliche Werkzeuge zur Ausführung
des höchsten Willens mit göttlicher Vollmacht ausgerüstet
waren, so musste den Heiligen, welche denselben Beruf übernahmen, auch Wunderkraft zukommen, durch die sie über
das menschliche Mass hinausragen. Gott verleiht ihnen diese
Kraft nicht nur bei Lebzeit, sondern auch nach ihrem Tode,
wo sie durch das Gebet des Menschen in Anspruch genommen werden kann, das auf den Heiligen eine zwingende
Gewalt ausübt. Schon Gregor von Tours [1] behauptet: Nec
moratur effectus si petitionis tantum justa proferatur oratio.
Die Festigkeit dieser Vorstellung erklärt es, wie die Bewohner
von Tours dem heiligen Martinus drohen konnten, ihm keine
Ehre mehr zu erweisen, wenn er ihre Bitte um Hülfe nicht
gewähren würde. [2] Auch der Teufel kann citirt werden und
muss der Beschwörung folgen, was er oft mit grossem Unwillen thut. Es findet auf höllischer Seite, wie auf jener der
Heiligen, eine sinnlich wahrnehmbare Vermittelung der übermenschlichen Macht statt durch Aussprechen gewisser Worte
und Namen, durch Auflegen der Hände, Bestreichen des Leibes, Anwenden von Salben, dämonischen Zeichen, entsprechend
den Reliquien und dem andern magischen Apparate, wodurch
die Macht der Heiligen in Anspruch genommen wird. Je
nach der verschiedenen Seite, auf welche der Mensch sich

[1] Gloria Martini, I, 28.
[2] Greg. Turon. Miracula Mart.

stellt, um die gewünschte Hilfe zu erlangen, gebraucht er
Segensformeln für die Heiligen oder Beschwörungsformeln, um den Teufel herbeizurufen. Von den vielen Segens-
sprüchen, die Grimm, Mone, Haupt und Andere mitgetheilt
haben, sind manche noch heutigentags gangbar und rufen
ausser Christus vornehmlich Maria und Heilige an. Von mehrern ist nachgewiesen, dass sie bis in die Heidenzeit hinauf-
reichen, wie jener Zauberspruch über den verrenkten Fuss
des Pferdes, den Grimm aufgefunden hat.

Ein Beispiel einer Segensformel:

> Gets meine lieben Buebn!
> Holz wollme zsamme tragn.
> Jetzt springmer übers Fuie
> Denn gehmer ünse Stuie.
> Halige Veit!
> Schenk uns e Scheit;
> Halige Marks!
> Schenk uns e starks;
> Halige Sixt!
> Schenk uns e dicks;
> Halige Kolomann!
> Zünd unse Haus net an.
> Wer mer e Scheit gibt is e brave man,
> Wer mer kans gibt is e rechte gogkelhan. [1]

Analog sind die Beschwörungsformeln in Bezug auf die
bösen Wesen. Als Beispiel diene eine der kürzern:

„Ich N. N. beschwöre dich, Lucifer, Belzebub und alle
Obersten, wie ihr heissen und Namen haben mögt, bei der
allerheiligsten Dreifaltigkeit, dem Vater, Sohn und Heiligen
Geiste, Alpha und Omega, Michael, Raphael u. s. w. Ja ich
beschwöre euch alle miteinander in der Hölle, in der Luft
und auf der Erde, in den Steinklüften, unter dem Himmel, im
Feuer und allen Orten und Ländern, wo ihr nur seid und
euern Aufenthalt habt, keinen Ort ausgenommen, dass ihr diesen Geist Aziel augenblicklich bestellet und von Stund an,
so viel ich begehre, bringet" u. s. f. [2]

Nach beiden Seiten, nämlich der heiligen und teuflischen,

---

[1] Bei Schindler, Aberglaube des Mittelalters, 107.
[2] Eine ganze Sammlung solcher Formeln, besonders von „Fausts
Höllenzwang" befindet sich bei Scheible, Das Kloster, V, 20. Zelle.

gebrauchte man auch Bilder von Wachs, Thon, Metall, die man in magischer Beziehung zum Originale dachte. Mit Marienmedaillen und Heiligenbildern geschahen Wirkungen im guten Sinne; man hatte aber auch Bilder von Personen, denen man schaden wollte („Atzmann" genannt), deren Lebenskraft man an das Bild gebunden glaubte. Solche Bilder hatten ihre Wirksamkeit vom Teufel; wurden sie geschmolzen oder sonst verletzt, so schwand die Lebenskraft des Originals, hing man sie in den Rauch, so siechte jenes langsam dahin.

Da es im Wesen des Teufels liegt, Unheil zu stiften, den Menschen an Leib und Seele zu schädigen, dagegen das Streben der Heiligen auf dessen Heil gerichtet ist, so muss die teuflische Bosheit immer mehr herausgefordert und gesteigert werden, wodurch die Heiligen wieder durch zahlreichere und grössere Wunderthaten ihn zu überbieten trachten müssen. Hier wächst dadurch das Ansehen und die Verehrung der Heiligen, dort gewinnt der Glaube an den Teufel und seine Macht immer tiefere Wurzeln und weitere Verbreitung.

Obschon dem Teufel weder volle Allgegenwart noch Allwissenheit zukommt und seine Macht an der göttlichen ihre Schranke findet, so ist er dem Menschen doch weit überlegen, da er mit unbegreiflicher Schnelligkeit bald da, bald dort erscheint und alles, was in der Menschenwelt vorgeht, erspähen kann. Der Mensch wendet sich daher im Gebete an die Heiligen und fordert sie heraus, durch Wunderthaten der Wirksamkeit des Teufels den Rang abzulaufen, um vor diesem sichergestellt zu werden. Dafür wendet sich natürlich der bitterste Hass des Teufels gegen die Heiligen. Zu dem unversöhnlichen Hasse, den der Teufel an sich als Widersacher des Reiches Jesu und der christlichen Kirche gegen die Heiligen als deren getreue Anhänger und Streiter hegen muss, zu der Rachsucht, die ihn wegen seiner Verstossung zu ewiger Verdammniss martert, gesellt sich noch der verzehrende Neid über die Verehrung, die den Heiligen zutheil wird, welcher ihn nie ruhen lässt, diese von ihrer Heiligkeit abzubringen. Hieraus erklärt sich der besondere Reiz, den die Heiligen für den Teufel haben, sie unablässig durch Versuchungen zu plagen, wodurch seine Erfindungskraft immer mehr angeregt und geschärft wird. Die Heiligen, die am meisten und unaufhörlich mit dem Teufel zu kämpfen haben, gewinnen

dadurch wieder an Charakterausprägung und Gestaltung, und
so ruft jede Bewegung auf der einen Seite eine correlate Thätigkeit auf der andern hervor, es spiegeln sich die Formen im
Antagonismus mit gegensätzlichen Farben.

Eine concretere Anschauung von dem gegensätzlichen
Parallelismus gewinnen wir vielleicht durch einen Umblick in
den Legenden der Heiligen, wo diese so viel wie möglich
selbst sprechen mögen.

Dass der Teufel über die gelungene Versuchung eines
Heiligen zu einer leichten Sünde mehr Freude habe, als wenn
er einen Sünder zu einer Todsünde bringt, das weiss die
Wienerin Blannbeckin vom Teufel selbst. [1]

Die Legenden geben häufig selbst als G r u n d der Gehässigkeit des Teufels gegen die Heiligen den N e i d an. So
hatte der heilige Winiwal in Britannien, wie die Legende berichtet, durch seine Frömmigkeit den Neid des Teufels erregt,
der daher, ihm als schreckliches Ungeheuer erscheinend, ihn in
Angst versetzen wollte. Der Teufel war ganz „quasi" russig,
nahm bald die Gestalt von Vögeln, bald von Schlangen, wilden Thieren, Seeungeheuern, richtete sich auf, bald-bis an die
Wolken reichend, bald wälzte er sich im Staube. Nachdem
er aber wahrgenommen, dass der Psalmirende nicht aus der
Fassung zu bringen sei, verschwand er endlich wie ein leichter Schatten. [2]

Als Jungfrau war die h e i l i g e D o r o t h e a ein blühendes
Reis der Tugend, und der Ruf ihrer Unschuld und Schönheit
verbreitete sich allenthalben im ganzen Lande. Der Teufel
konnte dies nicht vertragen und entzündete das Herz des Fabricius (Statthalters), dass er ihrer in sündhafter Liebe begehrte. Er sandte auch alsobald Boten an sie mit freund-
lichem Grusse und liess ihr sagen: es zieme sich wol für sie,
sich bald einen Gemahl zu nehmen; er habe Geld und Gut
im Ueberfluss. Nachdem sie dies standhaft abgelehnt, wird
sie gemartert und endlich hingerichtet. [3]

Im Leben der heiligen Coleta meldet die Legende: Der

---

[1] Agn. Blannb. vita et revelat., p. 232.
[2] A. SS. Boll. 3. Mart.
[3] Diemer, Kleine Beiträge zur ältern deutschen Sprache und Literatur, II, 10.

alte Feind habe die Eigenthümlichkeit, je mehr er sehe, dass
sich jemand Gott nähere, desto mehr suche er ihn zu verfolgen, zu beunruhigen und abzuhalten, grosse Uebel über ihn
zu verhängen und sie zu vermehren.[1] Da der Teufel wahr-
nahm, dass die Magd Christi durch die vollste Liebe mit Gott
vereint sei, suchte er ihr alle möglichen Hindernisse in den
Weg zu legen. Noch in ihrer Jugend, als sie schon den Entschluss gefasst hatte, Gott von ganzem Herzen zu lieben und
ihm zu dienen, erschien ihr ein böser Geist mehrere Jahre
hindurch in jeder Nacht, wenn sie ihre Gebete anfing, und
in ihrer Nähe stehend, gab er wunderbare Laute von sich,
um sie in ihren heiligen Gebeten zu stören. So jung sie aber
auch war, stand sie doch so fest im Glauben an den Herrn,
dass sie dem Bösen gar kein Zeichen gab und kein Wort zu
ihm sprach, worauf er sich im Ueberdrusse zurückzog. Als
sie im mittlern Alter ihres religiösen Standes war, überfielen
sie oft die bösen Geister, schlugen sie grausam mit Knitteln,
dass ihre Schienbeine halben Leibes dick geschwollen waren.
Als sie einmal ein ganz besonderes Gebet dem Herrn darbringen wollte, fielen mehrere solcher Feinde über sie her,
um sie daran zu hindern, und zwar in Gestalt von Füchsen,
und schickten sich an, sie stark zu schlagen. Der Herr verlieh ihr aber Muth den Angriff abzuwehren, so dass diese
wichen und die Heilige Siegerin blieb, obschon sie vom
Kampfe sehr ermüdet war. Die Bösen, darüber erbost, dass die
Gebete der Heiligen den Geschöpfen so heilsam waren, schienen es unter sich abgemacht zu haben, der Heiligen keine
Ruhe zu lassen, suchten ihr Schrecken einzujagen und
kamen deshalb unter verschiedener Gestalt, bald als ganz
rothe Menschen, zuweilen in der Form einer furchtbaren Statue, grässlich anzusehen, so gross, dass sie in den Himmel zu
ragen schien. Einmal erschien ihr der Teufel in der Gestalt
eines bösen, fürchterlichen Drachen, der nach seiner Erscheinung in der Mauer verschwand. Da sie beim Anblicke von
Kröten, Fröschen, Schlangen, Spinnen und ähnlichen giftigen
Reptilien grossen Abscheu empfand, zeigten sich die bösen
Geister gerade unter diesen Gestalten. Als aber die Heilige

---

[1] A. SS. Boll. Mart. Tom. I, p. 572, cap. XVI.

die List durchschaute, nahm sie jedesmal ihre Zuflucht zu
Gott, worauf die Erscheinungen immer verschwanden. Mehrmals hatten die Bösen die Leichname von Erhenkten in das
Oratorium der Heiligen gebracht, nur um sie zu stören,
mussten aber jene auf ihren Befehl wieder wegschaffen. Wie
der heilige Franciscus grossen Abscheu vor Ameisen hatte,
so ging es auch unserer heiligen Magd Christi, die bei deren
Anblick im Herzen betrübt ward. Darum eben erschienen
ihr die Bösen gerne in dieser Gestalt, auch in der von
Fliegen in grosser Menge, um sie zu belästigen, oder in Gestalt von Schildkröten, Schnecken u. dgl.

Als der heilige Coluppanus sich in einer Steinhöhle ein
kleines Oratorium bereitete, fielen öfter Schlangen über ihn
her, die sich um seinen Hals wanden, worüber er sehr erschrak. Er erkannte, dass diese vom Teufel ausgingen und
dessen Nachstellungen seien. Eines Tages aber kamen zwei
Drachen, wovon der eine der oberste Verführer selbst war,
der stärker als die andern, dem Heiligen sich so nahe stellte,
als ob er ihm etwas zuflüstern wollte. Der Heilige stand vor
Schrecken wie von Erz, ohne ein Glied rühren und das Kreuz
machen zu können. Nachdem sie geraume Zeit stumm dage-
standen, fiel dem Heiligen, der nicht einmal die Lippen bewegen konnte, ein: das Gebet des Herrn „im Herzen zu
schreien". Als er dies gethan, fühlte er, dass seine erstarr-
ten Glieder sich zu lösen anfingen, und nachdem er seine
rechte Hand frei fühlte, machte er das Kreuz, kanzelte überdies den Teufel tüchtig herunter, der ganz verstört Reissaus
nahm mit Hinterlassung eines schrecklichen Gestanks. [1]

Die heilige Francisca Romana musste unzählige Verfolgungen der bösen Geister ertragen, die ihr als Löwen, Hunde,
Schlangen, Menschen, Engel erschienen, sie im Hause herum-
zerrten, in die Luft schleppten, sie mit grosser Gewalt nieder-
warfen, prügelten u. dgl. Einmal mit dem Lesen heiliger
Bücher beschäftigt, erschienen ihr die Teufel in Gestalt verschiedener wilder Thiere, zerrissen ihr die Bücher, warfen die
Heilige auf einen Aschenhaufen und zerschunden sie der Art,
dass sie niemand für ein weibliches Wesen erkannte. [2]

---

[1] A. SS. Boll. Vita S. Coluppani, 3. Mart.
[2] A. SS. Boll. Vita Franciscae Romanae, 9. Mart.

Dem heiligen Einsiedler Nikolaus erscheint der Teufel in der Einsamkeit als feiner Herr auf edelm Ross, im Seidenkleid, mit einem Saphir am Finger, einer goldenen Kette um den Hals und sucht den Heiligen für das weltliche Leben zu gewinnen, wird aber zu Schanden. Ein andermal kommt er als reicher Kaufmann und sucht den Heiligen zu überzeugen, dass er von seinen Erfahrungen und Rathschlägen unter den Menschen mehr Nutzen gewinnen könne, als in der Einsamkeit. Der Heilige bleibt aber standhaft.[1]

Als der „heilige Johannes im Brunnen" noch jung war, erschien ihm der Teufel in Gestalt seiner Mutter und suchte ihn durch Beschwörungen zu bewegen, sein Leben im Brunnen aufzugeben. Er erinnerte ihn an die mütterlichen Schmerzen bei seiner Geburt, an seine Schwester und deren Liebe zu ihm. Der Teufel nahm auch die Gestalt der Schwester des Heiligen an und suchte ihn zu erweichen, ihm vorstellend, dass sie des Vaters beraubt, seiner Stütze bedürfe. Der Heilige, der sich im Brunnen befindet, gibt keine Antwort, worauf der Teufel sehr zornig wird, sich als Drache in den Brunnen stürzt, den Heiligen ergreift und dessen Fleisch zu essen und wieder auszuspeien scheint. Der Heilige lässt sich aber in seinem Gebete nicht stören und lebt zehn Jahre in dem Brunnen.[2]

Als der heilige Franciscus das Kloster zu Paula zu bauen anfing, errichtete er einen Kalkofen, der, als er mit Steinen gefüllt in vollem Brande stand, einstürzte. Von den Mönchen zur Hülfe herbeigerufen, schickte er dieselben zum Frühstück und blieb allein zurück. Nach ihrer Rückkunft finden sie den Kalkofen ganz hergestellt, als ob ihm nie etwas gefehlt hätte.[3]

Da die heilige Juliana beflissen war, bei jeder Gelegenheit die Seelen der Macht des Bösen zu entreissen, so ist es natürlich, sagt die Legende, dass sie dadurch den Hass des Teufels besonders auf sich geladen hatte. Er wüthete daher mit seiner ganzen Bosheit gegen sie, ob sie im Schlafe war oder ob sie wachte. Er erschien ihr auch sichtbar. Je mehr

---

[1] A. SS. Boll. Vita S. Nicolai de Rupe Anachor., 22. Mart.
[2] Acta SS. Vita S. Joannis in puteo, 30. Mart.
[3] Acta SS. Vita S. Francisci de Paula, 2. April.

er sich aber gegen sie anstrengte, desto mehr suchte sie die
Seelen aus seiner Gewalt zu befreien, denn sie wusste, dass
sie dadurch um so mehr in der Liebe Christi gewinne, je mehr
der Böse in Wuth gerathe. Sie war daher unablässig auf
ihrer Hut, um nicht vielleicht irgendwie von ihm überlistet zu
werden. Unter dem Schilde des Gebets hielt sie die Angriffe
ihres Verfolgers aus, und aus dem Sakramente des Altars
schöpfte sie immer wieder frische Kraft. Da er sie lange unsichtbarerweise gequält hatte, kam er auch in sichtbarer
Gestalt in ihr Haus um von ihr gezüchtigt zu werden. Es
entstand einmal bei dem Angriffe, den Juliana auf den Bösen
machte, ein starkes Geräusch, da sie ihn mit den Händen ergriffen festhielt, aus Leibeskräften auf ihn losschlug, ihn
mit Füssen stiess unter heftigen Vorwürfen. Der sich zum
Höchsten erhoben wissen wollte, wurde von einem Weibe mit
Schmach und Schlägen überschüttet. Da er fliehen wollte,
aber nicht konnte, sprach er zur Heiligen: lasse mich los und
geh zu deinen Schwestern, die an der Schwelle deines Schlaf-
gemachs horchen, um hinterlistigerweise dessen dich anzu-
klagen, das du geheim halten willst. Hierauf entliess sie ihn
und fand in der That die Schwestern an der Thüre liegen,
was die Heilige mit Traurigkeit erfüllte. Denn in diesem
Hause gab es zweierlei Personen, solche, welche die Braut
Christi beobachteten um sie nachzuahmen, und solche, um sie
zu beneiden, was bisher (sagt die Legende) in allen Jungfrau-
klöstern der Fall ist. [1]

Der heilige Alferius, dem der Teufel wegen seiner Erfolge
aufsässig ist, wird von diesem von einem Berge an das Mee-
resufer heruntergestürzt. Die in seiner Gesellschaft waren,
kommen unter Klagen an die Küste, finden ihn aber unversehrt daselbst stehen. Dadurch wuchs natürlich der Ruhm
des Heiligen, fügt die Legende bei, den der Teufel zu mindern beabsichtigt hatte. [2]

Der Teufel, der auch auf die Zunahme der heiligen Wiborada neidisch ist, sucht ihrem Eifer im Kirchenbesuche
hinderlich zu sein, indem er sie häufig zu Kämpfen herausfordert, sie unter verschiedenen Gestalten umgaukelt, um sie

---

[1] Acta SS. Vita S. Julianae virg., 5. April.
[2] Acta SS. Vita S. Alferii, 12. April.

zu ängstigen, wogegen aber die Heilige durch das Zeichen des
Kreuzes die Oberhand behält. Als sie einmal des Nachts,
nach ihrer gewohnten Weise, nach der Kirche eilte, hörte sie
an deren Schwelle ein schreckliches Getöse, wie von einem
grunzenden Schweine, wodurch die Eintretende abgeschreckt
werden sollte. Die Heilige merkt aber die Absicht und den
Urheber, nimmt ihre Zuflucht zum Kreuzeszeichen, und Ruhe
stellt sich ein.

Dieselbe heilige Wiborada pflegte von dem, was ihr selbst
geboten ward, den Armen reichlich mitzutheilen. Unter diesen hatte sich, zur Zeit, wo sie gespeist wurden, einer regelmässig eingefunden, der nur mit Hülfe von Krücken gehen
konnte. Der Teufel, der alles Gute beneidet, übernahm eines
Tags die Rolle dieses Armen und erschien um die gewöhnliche Mahlzeit, legte sich vor das Fenster der Heiligen und
that, als ob er sofort verenden müsste, wenn er das Almosen
nicht erhielte. Die Heilige, im Gebete vertieft, gibt keine
Antwort, der Böse aber erhebt sich nach einigen eindring-
lichen Worten unter dem Fenster um hineinzusehen und zeigt
sein schreckliches Haupt. Da ruft die Heilige: „Weiche hinweg im Namen Christi, von mir erhältst du nichts!" worauf
der Teufel, wie vom Winde hinweggeblasen, verschwindet.[1]

Der heilige Gerlacus, der sich einer herrlichen Nachtruhe
erfreut, erregt dadurch den Neid des Teufels, und dieser sucht
den Heiligen zu quälen, indem er Lärm macht, bald als ob
Feinde oder Räuber einbrächen, oder dass er wie ein Dieb
um seine Zelle herumschleicht. Jedesmal vertreibt ihn aber
der Heilige mittels eines kleinen Kreuzes, das er ihm ent-
gegenhält.[2]

Die heilige Ida oder Ita, die Gott ihre Keuschheit verlobt hatte und den Schleier nehmen wollte, hatte drei Tage
und drei Nächte gefastet, wodurch sich der Teufel zu gewaltigen Anstrengungen genöthigt sah, um sie von ihrem Vorhaben abzubringen. Als diese aber an dem wackern Widerstande der heiligen Jungfrau scheiterten, da erschien ihr der
Teufel des Nachts vor ihrer Einweihung sehr niedergeschla-

---

[1] A. SS. Maj. Tom. I, 286, 2. Mai.
[2] Ibid., Tom. I, Januar, p. 402, 3.

gen und äusserte ganz offen seine Betrübniss darüber, dass er nicht nur ihrer, sondern durch sie auch vieler anderer verlustig gehen werde.[1]

Als einst der heilige Petrus auf dem Markte vor einer grossen Menge andächtiger Zuhörer predigte, worüber der Neid des Teufels rege ward und die Frucht der Predigt zu zerstören trachtete, erschien er in Gestalt eines schwarzen Pferdes im wildesten Laufe dahergerannt, um die andächtige Versammlung auseinanderzusprengen und in die Flucht zu jagen. Der Heilige schlägt aber ein Kreuz und sofort verschwindet der Böse, ohne dass jemand verletzt worden wäre. Der Teufel hatte hiermit seine Absicht nicht nur nicht erreicht, vielmehr wurden die Anwesenden als Augenzeugen des Mirakels in ihrem Glauben noch mehr befestigt. [2]

Aus diesen wenigen Beispielen ist nicht nur der Beweggrund, aus dem der Teufel die Heiligen so gerne heimzusuchen pflegt, den die Legenden auch anzugeben selten unterlassen, ersichtlich; sondern auch: dass er zu grosser Beweglichkeit und Vielgestaltigkeit genöthigt wird, um nach vorhandenen Umständen seine Versuchungen anzustellen. Um die Heiligen aus ihrem Gleis der Heiligkeit herauszulenken und auf seinen höllischen Weg zu bringen, muss er seinen Plan den Verhältnissen anpassen, sich nach dem Geschlechte, dem Alter, der Eigenthümlichkeit der heiligen Person richten. Seinem Wesen gemäss ist zwar sein gewöhnliches Aussehen furchtbar und hässlich, und er erscheint auch in schrecklicher Gestalt, wo er dadurch einen Heiligen in dessen heiligender Unternehmung zu hindern hofft; er erscheint dagegen als feiner Verführer, wo er vom ascetischen Leben abzubringen trachtet. Er muss also zur Erreichung seiner Absichten allgestaltig

Physische Uebel.

Es liegt im Wesen der Heiligen als Verbreiter des Guten und Aufrechterhalter des Regelmässigen, dass sie mit der Natur nicht nur in gutem Einvernehmen stehen, sondern über

---

[1] Jan. I, p. 1063, 6.
[2] A. SS. Vita S. Petri Mart. Ord. Praedic., 29. April.

sie auch eine Macht ausüben, indem sie zum Wohle des Menschen deren wohlthätige Wirkung hervorrufen und die üble beseitigen. Auch der Teufel hat eine Macht über die Natur, allein
er bedient sich ihrer, um schädliche Wirkungen hervorzubringen. Er ist ja vom Beginne seiner Geschichte als Stifter aller
physischen Uebel bekannt, verursacht alle Arten von Plagen,
die ganze Länder oder einzelne Personen treffen, er und seine
Gehülfen bringen Dürre hervor, wodurch der Fleiss des Feld-
bauers zunichte wird, Sturm, Hagel und Ungewitter, wodurch
der Mensch zu Schaden kommt. Solche Uebel sind häufig
die Strafe für irgendeine Verschuldung, selbst für Unterlas-
sung der Heiligenverehrung. So wurden die „Tamienser" im
Jahre 1322 wegen Vernachlässigung des Dienstes, den sie der
heiligen Amalberga zu Pfingsten leisten sollten, durch ein
Hagelwetter bestraft, wobei Hagelkörner von der Grösse eines
grossen Apfels niedergingen, auf denen Teufelsgesichter
scheusslichen Anblicks zu sehen waren, den Schlossen gleichsam aufgedrückt. Die erfahrensten Männer behaupteten, es
sei dies Unwetter zur Mahnung gewesen, in Zukunft die Heilige fleissiger zu verehren. [1]

Die Heiligen, welche sowol ganzen Ländern zum Schutze
als auch einzelnen Menschen zum Heile bestimmt sind, suchen
den verderblichen Erscheinungen in der Natur entgegenzuwirken und den Schaden wieder gut zu machen. So wird
durch die heilige Agatha das Feuer des Aetna für eine ganze
Reihe von Jahrhunderten ausgelöscht. [2] In dem feuerspeienden
Berge hausen Dämonen, die der heilige Philippus austreibt,
indem er sagt: „Zeige o Herr dein Antlitz, und es werden die
Scharen der Dämonen vertilgt!" Dabei machte der Heilige
mit dem Buche, das er in der Hand hielt, ein Zeichen, worauf
die Dämonen aus dem Gipfel des Berges wie Steine ausflogen,
und auf der Flucht mit kläglicher Stimme riefen: „Wehe
uns! . . . . wieder werden wir von Petrus durch den Presbyter Philippus verjagt!" [3] — Der heilige Donatus hilft einer
ganzen Gegend, die an Wassermangel leidet, dadurch, dass

---

[1] A. SS. Vita S. Amalbergae virginis die 10. Julii, Tom. III, 105.
[2] A. SS. 5. Febr.
[3] A. SS. 12. Mai, Tom. III, 30.

er (wie Mose) eine Wasserquelle hervorruft. [1] Der heilige
Clarus vertreibt durch sein Gebet Sturm und Hagelwetter [2];
bei einem argen Regen und Hagelwetter hilft der heilige Laurentius durch das verbum Dei [3]; auf das Gebet der heiligen
Margarita legt sich sofort ein heftiger Sturm; dieselbe bewirkt
durch ihr Gebet, dass eine grosse Ueberschwemmung der Donau aufhört [4]; der heilige Majolus legt durch sein Gebet eine
sumpfige Gegend trocken [5]; hingegen regnet es auf das Gebet
des heiligen Desideratus in einer Gegend in Spanien, nachdem sieben Jahre lang kein Regen gefallen war [6]; auch dem
heiligen Isidorus zu Liebe regnet es wiederholt bei grosser
Dürre. [7]

Das schädliche Ungeziefer, welches der Teufel schickt, suchen
die Heiligen zu vertreiben. Der heilige Simon der Stylite vertilgt durch sein Gebet die Raupen [8]; der heilige Theodorus
vertreibt die Heuschrecken; er reinigt ausserdem eine ganze
Gegend, die von Dämonen heimgesucht worden, dass nicht
nur Menschen, sondern auch Thiere zum Theil zu Grunde
gingen, oder doch unbezähmbar wild gemacht waren. [9] Der
heilige Ursmarinus verscheucht die der Saat gefährlichen
Mäuse. [10]

Krankheiten.

Da der Teufel Krankheiten, ja selbst den Tod über Menschen und Thiere bringt, so müssen die Heiligen Kranke heilen
und Todte wieder lebendig machen. Eine Unzahl von Heili-
genlegenden meldet die Heilungen aller Art innerer Krankheiten sowol als äusserer Schäden und Gebrechen. Sie stillen
Blutflüsse, heilen die Schmerzen in allen Theilen des Leibes,
beseitigen sehr häufig Brüche, Kröpfe, Stein, Krebs u. s. f.,

---

[1] A. SS. 30. April.
[2] Ibid., Jan. Tom. I, p. 55. 2. 56. 7.
[3] Ibid., 8. Jan.
[4] Ibid., 28. Jan.
[5] Ibid., 10. Mai.
[6] Ibid., 8. Mai.
[7] Ibid., 15. Mai.
[8] Ibid., 5. Jan.
[9] Ibid., Vita Thedor. Siceotae, 22. April.
[10] Ibid., 18. April.

sie erleichtern die Geburt, machen Blinde sehend, Taube hö-
rend u. s. f., und zwar auf mittelbare oder unmittelbare
Weise. Der heilige Franciscus de Paula heilt einen Besessenen, der wegen des vielen Uebels, das er angerichtet, geknebelt, von sieben Männern herbeigebracht worden, mit drei
trockenen Feigen, die er ihm zu essen gegeben, worauf der
Kranke vollkommen gesund nach Hause geht. Derselbe Heilige befreit ein Mädchen von einem ungeheuern Kropfe durch
gewisse Kräuter, nachdem viele Aerzte ihre Arzneien umsonst
angewendet hatten.[1] Der heilige Hugo treibt einer Frau eine
schreckliche Schlange aus dem Leibe mit herbeigeschafftem
Wasser, über das er Gebete gesprochen und das er geweiht
hat, davon der Frau dreimal in den Mund giesst, wodurch
das schreckliche Thier alsbald herauskommt.[2] Der heilige
Melanius macht einen vom Teufel ersäuften Knaben wieder
lebendig.[3] Dasselbe thut der heilige Eleutherus mit einem
Knaben, der vom Teufel in Gestalt eines Löwen getödtet
worden.[4] Die heilige Coleta erweckt mit dem Kreuze mehr
als hundert Kinder vom Tode.[5] Der heilige Andreas (de
Gulleranis) heilt nicht nur alle Krankheiten, er befreit auch
einen Buckeligen, der an seinem Grabe demüthig betet, von
seinem Höcker.[6] Denn die wunderbare Heilkraft der Heiligen
wirkt nicht nur bei deren Lebzeit, sondern auch nach ihrem
Tode, und an den Gräbern der Heiligen geschehen unzählige
Mirakel, und zwar nicht nur infolge von Anrufungen und
inbrünstigen Gebeten, sondern auf echt magische Weise durch
blosse Berührung oder selbst durch ihre Nähe. Am Grabe
des heiligen Vincentius verliert einer, dessen Vater ein Wachsbild und den lebenslangen Besuch der Stätte bei angezündeter
Wachskerze gelobt, einen nussgrossen Blasenstein.[7] Eine
Frau, die an heftigem Kopfschmerz litt, wurde gesund, nachdem sie der heiligen Coleta die Hand geküsst hatte.[8] Die

---

[1] A. SS. 2. April.
[2] Ibid., 29. April.
[3] Ibid., Tom. I, 331, 23.
[4] Ibid., 20. Febr.
[5] Ibid., 6. Mart.
[6] Ibid., 19. Mart.
[7] Ibid., 5. April.
[8] Ibid., 6. Mart.

magische Kraft der Heiligen gibt sich auf die mannichfaltigste
Weise kund. Als einst die Lampe am Grabe des heiligen
Severinus herabfiel und verlosch, sagte ein gegenwärtiger Abt:
„Wo ist deine Kraft, Heiliger? Einst machtest du die Lampe
von Oel überfliessen, zündetest die verlöschten Wachskerzen
an; jetzt hast du uns, die wir dir dienen, deines Lichtes beraubt. Wenn ich dich nicht liebte, würde ich diesen deinen
Hof ohne Licht lassen.“ Nach diesen Worten befahl er den
Umstehenden, die Lampentrümmer zu sammeln, und siehe!
man fand die Lampe nicht nur ganz, sondern auch bis oben
mit Oel gefüllt. [1] Mit dem Wasser, womit der heilige Sulpicius sich die Hände gewaschen, werden Krankheiten geheilt[2];
ebenso mit den Blumen, die auf das Grab des heiligen Ber-
nardus gelegt worden waren. [3] Durch die blosse Berührung
der Todtenbahre der heiligen Eusebia oder des Tuchs, womit
ihre Reliquien bedeckt sind, werden Kranke gesund. [4] Die
Haare des heiligen Bonifacius, die eine Mutter ihrer todtkran-
ken Tochter ins Gesicht hängt, heilen diese. [5] Der Staub von
dem Grabe der heiligen Coleta heilt Krankheiten und vertreibt
Schmerzen. Einige Haare von ihr, die ein Gefangener besass,
welche zum Geständniss eines Verbrechens unschuldig gefoltert
ward, machen diesen so standhaft, dass er die Folter über-
steht und frei wird. Ein Stückchen von ihrem Schleier heilt
einen Bruch; von demselben Gebrechen wird ein Mann dadurch befreit, dass ihm der Mantel, den die Heilige bei Lebzeit gebraucht, umgehängt wird. Eine Besessene wird dadurch heil, dass sie aus dem Becher trinkt, aus dem die
Heilige einst getrunken. [6] Die Reliquien dieser Heiligen helfen
auch Gebärenden, was ihr Hauch bei Lebzeit oft gethan. [7]

Wie die Bosheit des Teufels auch Thiere nicht verschont,
so erstreckt sich auch auf diese die wohlthätige Macht der
Heiligen, indem sie nicht nur Seuchen vertreiben, sondern
auch im Besondern der unvernünftigen Geschöpfe sich an-

---

[1] A. SS. Addenda ad S. Jan. Severini post translat. miracula.
[2] Ibid., Jan. Tom. II, p. 173. 38.
[3] Ibid., 23. Jan.
[4] Ibid., 24. Jan.
[5] Ibid., 19. Febr.
[6] Ibid., Mart. Tom. I, 592.
[7] Ibid., p. 626.

nehmen. In Ländern, wo die Heiligen noch verehrt werden,
haben die verschiedenen Arten von Hausthieren ihre Schutzheiligen. Bekannt ist das Lied:

> Heiliger Kilian, du grosser Viecher Patron,
> Nimm uns gnädig als deine Kinder an.

Der heilige Gerlacus heilt ein Pferd, befreit eine Kuh
von der Seuche.[1] Die Vita S. Kierani berichtet, der Heilige
habe schon als Knabe einen von einem Habicht gefangenen
Vogel durch sein Gebet befreit.[2] Der heilige Franciscus
macht ein todtes Lamm wieder lebendig.[3] Dem Esel des
heiligen Jacobus (Episc. Tarentasius) wird auf einer Reise auf
Anstiften des Teufels von einem schwarzen Vogel ein Auge
ausgehackt und davongetragen. Auf das Gebet des Heiligen
muss der Vogel das Auge wieder zurückbringen und dem
Esel einsetzen, der sofort wieder damit sehen kann.[4] Auf das
Geheiss des heiligen Gerardus bringt ein Fuchs eine von ihm
geraubte Henne sogleich wieder zurück[5]; auf das des heiligen
Lauromarus lassen Wölfe eine erjagte Hirschkuh wieder los.[6]
Der heilige Macarius, dem, als er im Hofe sitzt, eine Hyäne
ihr Junges, das blind war, zur Heilung bringt, macht dieses
dadurch sehend, dass er ihm in die Augen spuckt und betet.
Am andern Tage bringt die dankbare Thiermutter dem Heiligen ein Schaffell, der es aber nur unter der Bedingung annimmt, dass die Hyäne kein Schaf von Armen mehr zerreisse,
was diese auch verspricht, worauf der Heilige das Honorar
annimmt.[7]

Der Teufel verübt nur Stücke der Zauberei, welche dem
Quell gemäss, aus dem sie entspringen, auch nur Böses und
Unheil zum Zwecke haben, daher der davon gehoffte Vortheil
den Menschen zum Nachtheil ausschlagen muss. Die Heiligen hingegen wirken Wunder, die nach ihrem Ausgangs-
und Endpunkte nur zum Heile gereichen. Auf ihrer Seite

---

[1] A. SS. Jan. Tom. I, p. 318. 31. 33.
[2] Ibid., 5. Mart.
[3] Ibid., 2. April.
[4] Ibid., 16. Jan.
[5] Ibid., 13. Mai.
[6] Ibid., Jan. Tom. II, 230. 14.
[7] Ibid., 2. Jan.

wiederholen sich die Wunder des Alten und Neuen Testaments.
Der heilige Orontius feiert seine Wahl zum Seelsorger (Pastor)
der Stadt Auxitana damit, dass er eine Gerte, die er eben in
der Hand hält, in die Erde steckt, die sofort zu grünen und
zu keimen anfängt, ihre Zweige ausbreitet und zu einem grossen Baume wird. [1] Der heilige Gualterius, der mit mehrern
Begleitern durch eine wasserlose Gegend wandert, wobei
alle von heftigem Durst geplagt werden, betet unter Thränen
zu Gott und schlägt mit seinem Stabe auf den Boden, woraus
alsbald ein frischer Quell hervorsprudelt. [2] Der heilige An-
toninus, der als Bischof zu einem Pfarrer seiner Diöcese kommt,
welcher nichts zur Bewirthung hat, lässt diesen ein Netz nehmen, um in einem fischleeren Wasser zu fischen. Als das
Netz herausgezogen wird, ist es zur grössten Verwunderung
des Pfarrers voll von Fischen — durch die Verdienste des
Heiligen, erklärt die Legende. [3] Der heilige Comgallus
schickt einen Frater über eine Meerenge, und durch die Verdienste des Heiligen kommt dieser trockenen Fusses hinüber. [4]
Der heilige Philippus (Presbyter Agyriens.) ruft einen von
einem Dämon Getödteten dreimal bei seinem Namen, wie
Christus den Lazarus, und durch das Gebet des Heiligen wird
der Todte lebendig. [5] Der heilige Carthacus will nach einer
jenseit des Flusses gelegenen Gegend, und da kein Fahrzeug
da ist, theilt sich auf das Gebet des Heiligen das Wasser und
dieser schreitet, sammt zwei andern heiligen Männern, trockenen Fusses auf das jenseitige Land. [6] Der heilige Lugidius
verwandelt Wasser in Milch, die süss wie Honig und wie
Wein berauschend ist. [7] Die heilige Elisabeth verwandelt
Wasser in Wein. [8] Der heilige Stephanus geht auf dem Wasser wie auf trockenem Lande. [9] Die heilige Klara verviel-

---

[1] A. SS. 1. Mai.
[2] Ibid., 11. Mai.
[3] Ibid., 2. Mai.
[4] Ibid., Vita Comgalli Ab. Benchor. 10. Mai.
[5] Ibid., 12. Mai.
[6] Ibid., 14. Mai.
[7] Ibid., 4. Aug. De S. Lugidio sive Luano.
[8] Ibid., 4. Juli.
[9] Ibid., Vita S. Stephani Sabaitae Thaumaturgi Monachi, 13. Juli.

fältigt auf wunderbare Weise Brot und Oel. [1] Die heilige
Radegundis macht einen dürren Lorberzweig wieder grünen. [2]
Eine Frau, die der heiligen Coleta ein neues Kleid gelobt,
besitzt zu wenig Stoff, aber im Vertrauen auf die Macht der
Heiligen übergibt sie ihn dem Schneider, unter dessen Schere
der Stoff so anwächst, dass ein vollkommenes Kleid daraus
wird. [3]

So wohlthätig es immer ist, die Heiligen anzurufen, so
verderblich wird es, den Teufel in Anspruch zu nehmen.

Die heilige Agnes, die im Gebete angerufen ward, befreit einen Frater, der eine Fischgräte verschluckt hat, davon. [4]
Eine Frau, in Gefahr zu ertrinken, ruft den heiligen Petrus
an und wird gerettet, u. s. f. [5] Ein Ochsenhirt, der im Aerger über seine auseinanderlaufenden Ochsen den Teufel angerufen hatte, wurde von diesem durch die Luft geführt. Nach
einiger Zeit wird der Knecht im Walde zwar gefunden, aber
im Zustande der Besessenheit. Der Herr desselben stellt nun
mit dem Dämon ein Examen an, fragt ihn: wann er den Besessenen verlassen werde? Jener ist so gefällig, Ort und Zeit
anzugeben: im Hause der heiligen Margarita und zwar heute
noch, wenn der, mit dessen Zunge er jetzt redet, an der
Grabstätte der Heiligen eine Kohle ausspeien werde. Man
bringt den Besessenen dahin, der mit der Kohle zugleich den
Bewohner des Höllenfeuers von sich gibt. [6] Von den verderblichen Folgen der Anrufung des Teufels wissen die Sagen
besonders viel zu berichten. Ein toller Junker, der nach seinem
Brauche alle Teufel gerufen, wurde von einem grossen Haufen
derselben einmal überfallen, die ihn wegführen wollten. Eine
reiche Jungfrau betheuert ihrem Verlobten: wenn ich einen
andern Mann nehme, so hole mich der Teufel auf der Hochzeit. Als sie sich mit einem andern verehelicht, kommen zwei
Teufel in Gestalt von Reitern in das Brauthaus und führen
die Braut in der Luft mit sich fort. [7]

---

[1] A. SS. 12. Aug.
[2] Ibid., 13. Aug.
[3] Ibid., 6. Mart.
[4] Ibid., Jan. Tom. II, 362. 2.
[5] Ibid., 29. April.
[6] Ibid., 22. Febr. Append. zur Vita S. Marg. de Tortona.
[7] Godelmann, Von Zauberei, Hexen und Unholden.

Eine Menge Legenden erzählen von dem heilbringenden
Verkehre mit Heiligen. Von der Verderblichkeit des Umgangs
mit dem Teufel möge aus vielen andern Beispielen nur das
eine angeführt werden: „Der Richter und der Teufel" von
dem Stricker (aus dem 13. Jahrhundert: „Der richtaere und
der tiuvel").

> Diz ist von dem richter hie
> mit dem der tiuvel gie.

In einer Stadt sass ein Richter, der so reich und ein so
bekannter Sünder war, dass die Leute meinten, die Erde
müsste ihn verschlingen. Eines Markttags ritt er früh hinaus,
seinen liebsten Weingarten zu besehen, und als er zurückkehrte, trat der Teufel reichgekleidet ihm entgegen. Der
Richter grüsste ihn und fragte, wer und woher er wäre. Der
Teufel weigerte sich zu antworten, der Richter zürnte darüber
und drohte ihm an Gut und Leben; der Fremde bekannte hierauf,
er sei der Teufel. Der Richter fragte ihn um sein Gewerbe,
und der Teufel sagte: er wolle in die Stadt gehen, weil er
heute alles nehmen dürfe, was ihm ernstlich gegeben werde. Der
Richter wollte ihn während des Marktes begleiten und gebot ihm
bei Gottes Zorn, in seiner Gegenwart das ihm Verfallene zu
nehmen. Der Teufel weigerte sich, weil es dem Richter nicht
fromme; dieser aber bestand darauf und wollte trotz der
Warnung vor der Feindschaft zwischen Mensch und Teufel
das Wunder schauen. Beide gingen also in die Stadt durch
das Marktgewühl. Mancher bot dem Richter da zu trinken,
und dieser bot es auch seinem unbekannten Gesellen, der es
jedoch ablehnte. So trafen sie eine Frau, die von einem
Schweine Ungemach hatte, es vor die Thüre trieb und es zum
Teufel laufen hiess. Der Richter forderte diesen auf, es zu
nehmen, der Teufel aber wagte es nicht, da es nicht ihr Ernst
wäre. Hierauf begegneten sie einem andern Weibe, das eben
so ein Kind zum Teufel wünschte. Der Richter hiess ihn
greifen, der Teufel entschuldigte sich wie früher. Weiter
hörten sie ein Weib sein ungehorsames Kind dem Teufel
übergeben. Der Richter heisst ihn abermals zugreifen; der
Teufel entgegnet aber, jenes würde das Kind nicht für
2000 Pfund missen wollen. Sie kamen nun auf den Markt
und wurden im Gedränge aufgehalten. Da ging eine arme
alte Witwe mühselig an einem Stabe daher, die, als sie den

Richter erblickte, zu weinen anhub und rief Wehe über ihn,
dass er ihr unverschuldet ihr Kühlein genommen, von dem
sie allein sich genährt habe, und dass er ihre Bettelarmuth
verspotte. Sie bitte daher Gott um Christi Leiden willen,
dass der Teufel des Richters Leib und Seele hole. Da bemerkte der Teufel zum Richter: es sei ihr ernst, ergriff ihn
beim Haar und fuhr mit ihm, wie der Aar mit dem Huhn,
zu Berge angesichts aller Marktleute, die ihm fern nachsahen.
So ward der gewinnsüchtige Richter betrogen und bewährt
sich, dass es unweise ist, mit dem Teufel umzugehen. [1]

Ihre magische Kraft verwenden die Heiligen, sowol bei
Lebzeit als nach dem Tode, zum Wohle, und zwar auch bei
minder wichtigen Fällen; wogegen der Teufel mit seiner
Zauberkraft die Menschen neckt und beunruhigt.

Als dem heiligen Ulricus die Mäuse seine Kappe zernagt
hatten, entschlüpfte dem Manne Gottes der Fluch: „Pereat
mus"! worauf ihm sogleich eine Maus todt zu Füssen fiel.
Reuig berichtet er seinem Presbyter die unbesonnenen Fluch-
worte; jener aber: „Wenn du doch alle Mäuse dieser Gegend
durch einen Fluch vernichten wolltest", was der Heilige jedoch ablehnt. [2] Bei einem Gastmahle, wo Kaiser Heinrich ein
kostbares Glas als alexandrinisches Kunstwerk vorzeigte, wurde
dieses, wie es scheint durch Unachtsamkeit der anwesenden
Geistlichen, beim Herumreichen zerbrochen. Der heilige Odilo,
der auch zu Tische war, geht, um die Geistlichen vor dem
Unwillen des Kaisers zu schützen, in die Kirche, fleht unter
Psalmen und Gebeten die göttliche Gnade an und — das
Glas wird ganz. [3] Die heilige Genoveva lässt einen Baum,
welcher den Schiffen gefährlich war, unter Gebeten umhauen,
worauf zwei dämonische Ungeheuer aus der Stelle hervor-
kommen, durch deren stinkenden Dampf die Schiffer zwei
Stunden lang gequält werden. [4] Der heilige Consalvus verwandelt weisse Brote, die eine Frau an ihm vorüberträgt, in
ganz schwarze und nach Besprengung mit Weihwasser wieder
in weisse. [5] Der heilige Sulpicius löscht mit dem Kreuze

---

[1] Auch bei Lassberg, II, 349.
[2] A. SS., 20. Febr.
[3] Ibid., Jan., tom. I, 74, 21.
[4] Ibid., 141. 34.
[5] Ibid., tom. I, 647. 36.

wiederholt Feuersbrünste, bewirkt, dass ein gefällter Baum
nicht auf die Seite fällt, wo ein Knabe steht, der erschlagen
würde.[1] Auch der heilige Launomarus löscht das Feuer mit
dem Kreuze, zündet aber eine vom Teufel ausgelöschte Lampe
durch sein Gebet wieder an und öffnet durch dasselbe auch
eine verschlossene Thür.[2] Durch das Gebet der heiligen
Margarita zerbricht ein Wagen, wird aber ebenso wieder
ganz.[3] Die heilige Brigida verwandelt Wasser in Bier, macht
vermittels des Kreuzes von einem kleinen Stück Butter ein
grosses Gefäss voll, segnet Wasser, worauf es aus einem zer-
brochenen Gefässe nicht herausfliessen kann; ein zerbrochenes
Geschirr macht sie durch ihr Gebet ganz, macht morsches
Holz frisch, verwandelt einen Stein in Salz.[4] Auf das Gebet
des heiligen Juventius wird ein mit Geld gefülltes Gefäss,
das in den Tessin gefallen, durch das Wasser aus dem Grunde
hervorgehoben und dem am Ufer stehenden Heiligen an die
Füsse gespült.[5] Der heilige Ulricus, welchem durch Vermittelung einer göttlichen Offenbarung ein Fuchspelz zur Be-
deckung zugestellt worden, verwandelt durch seinen Segen
sehr oft Wasser in Wein, macht aus einem Brote viele, verwandelt ein von einem Knaben gestohlenes Brot in einen
Stein und stellt es ebenso wieder her.[6] Die heilige Coleta
macht ein ausgeronnenes Fass Wein wieder voll; als der
Teufel ein mannsgrosses Loch in die Mauer gemacht, stellt
die Heilige das Bild der Mutter Gottes vor, und das Loch
ist verschwunden.[7] Der heilige Franciscus de Paula befahl
einem Frater, Bohnen zu kochen, dieser stellt den Topf auf
den Herd, vergisst aber Feuer anzuzünden. Als die Bohnen
herausgenommen und gegessen werden sollen, brechen die
Anwesenden, die den Topf ohne Feuer bemerken, in lautes
Gelächter aus. Der Heilige tritt aber hinzu, nimmt den

---

[1] A. SS., Jan., tom. II, 170. 21.
[2] Ibid., Jan., tom. II, 230. 10. 11. 12.
[3] Ibid., 28. Jan.
[4] Ibid., 1. Febr.
[5] Ibid., 8. Febr.
[6] Ibid., 20. Febr.
[7] Ibid., 6. Mart.

Deckel vom Topfe und — die Bohnen sind gekocht und können gegessen werden. [1]

Der Teufel, der es auf das physische Verderben der Menschen überhaupt, vornehmlich aber auf das der Heiligen abgesehen hat, sucht diese in der Ascese, wodurch sie die Heiligkeit erlangen wollen, zur Uebertreibung zu verleiten, damit sie zu ihrem leiblichen Untergang führe.

Eines Tages kommen zwei „Zabuli" wie aus der Luft gefallen in menschlicher Gestalt zum heiligen Guthlac und suchen ihn zu überreden, dass er sich nur recht mit Fasten kasteie, denn je mehr er sich in dieser Welt herunterbringe, desto höher werde er in der andern stehen, er solle daher nur jeden siebenten Tag essen, denn wie der Herr durch sechs Tage die Schöpfung hervorbrachte und am siebenten ruhte, so solle auch der Mensch durch sechstägiges Fasten den Geist bilden und am siebenten dem Fleische durch Essen Ruhe gewähren. Guthlac merkt aber die Absicht und — psalmirt: „Es mögen meine Feinde von mir weichen!" Diese thun es und verschwinden wie Rauch in der Luft. Der Heilige ergreift hierauf ihnen zum Trotz ein Stück Roggenbrot und beginnt seine tägliche Mahlzeit, worauf die Teufel ein Geheul und Jammergeschrei erschallen lassen, da sie sich von Guthlac verachtet sehen. [2] Dem heiligen Jordanus erscheint der Teufel als frommer Mann und ermahnt ihn zu noch grösserer Enthaltsamkeit. Dem Heiligen wird aber durch Gott den Herrn offenbart, dass es der Teufel gewesen, welcher ihm den Rath gegeben. [3] Als der Heilige auf einer Reise erkrankt, von dem Bischofe aufgenommen in dessen Bett gebracht ward, erschien ihm des Nachts der Teufel in Gestalt eines Engels des Lichts und machte ihm Vorwürfe, dass er als Pater des Predigerordens in einem weichen Federbette liege, er solle aufstehen und sich auf den Boden legen. Voll Angst folgt ihm der Heilige und wird des Morgens so liegend gefunden, wird aber genöthigt, sich ins Bett zu legen. In der folgenden Nacht dieselbe Scene. Als aber in der dritten Nacht der Teufel wieder kommt, sagt ihm der Heilige, dass

---

[1] A. SS., 2. Apr.
[2] Ibid., 11. Apr.
[3] Ibid., 13. Febr.

er seine Einfalt misbraucht habe und spuckt ihm in das
schattenhafte Teufelsgesicht. Am siebenten Tage tritt die
Krisis ein und der Heilige genest von seiner Krankheit. [1]

Da es eine Lieblingsneigung des Teufels ist, die Leiber
der Menschen in Besitz zu nehmen, so ist die Thätigkeit der
Heiligen ganz besonders auf die Befreiung der Besessenen
von ihren Dämonen gerichtet. Sie verrichten den Exorcismus
gleich andern Heilungen bald unmittelbar, bald mittelbar, bei
Lebzeit und nach dem Tode.

Der heilige Godehard befand sich einmal in Angelegenheiten seines Klosters in Regensburg, da wurde eine Besessene zur Heilung zu ihm gebracht. Nachdem der Heilige
die Kranke betrachtet hatte, sagte er: „Antworte mir, unsau-
berer Geist auf das, was ich dich fragen werde. Was machst
du in diesem Geschöpfe Gottes?" Der Dämon: „Diese Seele
besitze ich mit vollem Rechte, da sie eine Zauberin ist
durch die ich viele Seelen gewonnen habe." Der Heilige:
„Warum ist sie wegen Zauberei die deinige?" Der Dämon:
„Hast du nicht gelesen, dass der Herr die Zauberer und
Wahrsager auszurotten befohlen hat? Denn was machen
solche anders, als dass sie mir und meinem Obersten dienen?
Sie sind Götzendiener und wir haben auf keine andern mehr
ein Recht als die solchen Lastern ergeben sind. Weisst du
nicht, dass unter tausend Zauberinnen kaum eine dieses Laster
eingestehen würde, da wir ihnen den Mund sperren, dass sie
derlei nicht vorbringen können." Der Heilige: „Ich weiss,
dass deine Bosheit so gross ist wie die deiner Genossen, ich
zweifle aber nicht, dass die Gnade Gottes noch grösser ist.
Also, unreiner Geist! gib Gott die Ehre und weiche von
dieser seiner Creatur, dass sie wieder zur Gnade gelange,
deren du sie beraubt hast." Dämon: „Was machst du einen
solchen Angriff auf mich, was habe ich dir gethan oder was
hast du wider mich?" Der Heilige: „Höre frecher, unreiner
Geist, in jenem ewigen Vaterlande, aus dem du dich über-
müthigerweise gestürzt hast, habe ich an dem allgemeinen
Wohle mehr Antheil als an meinem eigenen, daher muss ich
an dem Unheile eines andern mehr theilnehmen als an dem

---

[1] A. SS., S. 737.

eigenen. Denn dadurch mache ich mich um das ewige Leben verdient. Ich habe also gerechte Ursache gegen dich, da du unrechtmässig meine Schwester besitzest, dieses Geschöpf deines Schöpfers. Sein Eingeborner hat sein Blut vergossen und den bittersten Tod erlitten und dadurch den Sieg über dich errungen. Daher befehle ich dir, unreiner Geist, weiche von ihr und nicht unterfange dich ferner ein Geschöpf Gottes zu belästigen." Und so wich der böse Dämon, und das Weib fiel wie todt hin; aber der heilige Mann richtete es sofort wieder auf, und es legte öffentlich unter Thränen ein reuiges Bekenntniss ab, worauf der Heilige die Absolution ertheilte. [1] Ein Mann, der oft in einen wahnsinnigen Zustand versetzt ward, wird zum Grabe des heiligen Nicolaus gebracht und während er betet, gibt er mancherlei von sich, als: Stücke von Hufeisen, kleine Messer u. dgl., worauf er gesund wird.[2] Die heilige Apollinaris vertreibt den Dämon, der ihre Schwester belästigt, durch Auflegen der Hände und Gebet. [3] Eine Frau führt ihre Tochter, die durch des Teufels Bosheit wahnwitzig geworden, ihre eigene Mutter nicht erkannte, an die Grabstätte des heiligen Marcus, betet inbrünstig, worauf jene ganz gesund wird. [4] Eine Frau, seit fünf Jahren besessen, wird zum Grabe des heiligen Ambrosius (Sansedonius) geführt. Hier gibt der Dämon das Zeichen an, worauf er weichen werde, nämlich das Niesen der Besessenen. Nachdem es eingetreten, ergreift er sofort die Flucht.[5] Die heilige Zita heilt unter mehrern Dämonischen eine gewisse Migliora, die seit dreizehn Jahren von 24 Dämonen geplagt ward. [6]

Beispiele von Teufelaustreibungen mittels der Reliquien berichten die Legenden eine grosse Menge. Der Wein, mit dem die Reliquien des heiligen Genulphus gewaschen worden, wird einem Besessenen zu trinken gegeben, und der Dämon fährt ihm mit Blut aus dem Munde. [7] Ein Dämonischer wird geheilt, als er Reliquien des heiligen Anastasius trägt. Der Teufel er-

---

[1] A. SS., 4. Mai.
[2] Ibid., 22. Mart.
[3] Ibid., Jan., tom. I, 260. 16.
[4] Ibid., Vita St. Marci, Ep. Atin., 28. April.
[5] Ibid., 20. Mart.
[6] Ibid., 27. Apr.
[7] Ibid., 17. Jan.

scheint und frägt ganz unbefangen, ob er Reliquien trage, und
als dieser bejaht, geht er von dannen. [1] Ein Frater des Predigerordens legt einige Barthaare des heiligen Vincentius in
einem Tuche eingewickelt einer Besessenen um den Hals.
Der Teufel, die Macht der Haare spürend, fängt an den Leib
der Besessenen fürchterlich zu verdrehen. Auf die Frage:
warum er dies thue, erwidert er: wegen der Barthaare des
Heiligen, deren starke Wirkung er empfinde. Nach mancherlei, das er aus der Besessenen herausgesprochen, geht der
Teufel aus deren Leibe heraus, indem er diese fast todt
zurücklässt. [2] Die heilige Katharina wird zu einer Besessenen
geführt, und bei der Gelegenheit lässt sich der Dämon mit
der Heiligen und dem assistirenden Frater in ein langes Gespräch ein. Auf den Befehl der Heiligen, dass der böse Geist
aus der Creatur Jesu Christi ausfahre und diese nicht mehr
plage, verlässt er die übrigen Theile des Leibes und setzt
sich in die Kehle der Kranken, wo er heftige Zuckungen und
eine Geschwulst hervorbringt. Die Heilige legt ihre Hand
auf den Theil, macht das Zeichen des Kreuzes darüber und
so wird der Böse gänzlich ausgetrieben. [3]

Da der Teufel und seine Genossen bisweilen auch von
Thieren Besitz nimmt, so muss sich der Exorcismus, durch
die Heiligen geübt, auch auf jene erstrecken.

Der heilige Raynaldus, dessen Kraft im Teufelaustreiben
von der Legende besonders gerühmt wird, treibt von einer
besessenen Kuh den Teufel fort, der ihr auf dem Rücken
sitzt [4], u. a. m.

Der Teufel, als Vater der Sünde, ist der Stifter der
moralischen Uebel, der Urheber der Abgötterei als Feind
der christlichen Kirche. Die Heiligen, als Zeugen Christi,
wirken daher dem Götzendienste entgegen und zerstören als
Athletae Dei die Idole.

Ein solcher Athleta war der heilige Julianus. Als er ein
Götzenbild durch die Anrufung des Namens Jesu Christi
stürzte und dieses sich in Asche verwandelte, sprang ein un-

---

[1] A. SS., 22. Jan.
[2] Ibid., 5. Apr.
[3] Ibid., 30. April.
[4] Ibid., 17. Febr.

geheuerer Drache hervor, der sich mit schwefeldampfendem
Hauche und mit Schlägen seines schrecklichen Schwanzes
gegen die eigenen Verehrer wandte. Mit erhobenem Kreuzeszeichen befiehlt ihm der Heilige, dass er in Gegenden fliehe,
wo keine menschliche Creatur haust, worauf der Drache ge-
horsamst die Flucht antritt.[1] Auf das Gebet der heiligen
Glyceria stürzt eine Jupiterstatue zusammen.[2]

Die Heiligen, die das moralische Heil zu verbreiten haben,
suchen es in sich selbst in voller Reinheit darzustellen. Der
Teufel trachtet insbesondere, die Heiligen davon abzubringen
durch Versuchungen zur Sinnlichkeit, zur Weltlust, zum
Hochmuth u. s. f., deren Repräsentant er ist.

Aus diesem Grunde hängt sich der heilige Eusebius ein
schweres Gewicht um den Hals, damit er genöthigt sei, vor
sich hin auf den Boden zu schauen und durch seine Augen
nicht verführt werden könne.[3] Als sich einmal der heilige
Pachomius zum Mahle setzen will, erscheinen ihm einige
Dämonen als Frauen in obscöner Gestalt und mit gleichem Betragen, indem sie thun, als wollten sie mit ihm gemeinschaftlich Mahlzeit halten. Da alle ihre Versuchungen an der
Standhaftigkeit des Heiligen abprallen, ertheilen sie ihm aus
Rache solche Schläge, dass er tagelang die heftigsten Schmerzen
leidet. Als ein andermal der Heilige mit seinem geliebten
Theodorus des Nachts innerhalb des Hofraums wandelte, erschien der Teufel in Gestalt eines sehr schönen Frauen-
zimmers, worüber Theodorus in sehr grosse Aufregung kommt,
sodass Pachomius ihn zu beruhigen suchen muss. Dieser will
die Teufelin durch Gebet verscheuchen, sie will aber nicht
weichen, sondern spinnt ein langes Gespräch an, worin sie
sich für die Tochter des Teufels ausgibt, dass sie auch gegen
Heilige zu kämpfen vermöge, obschon keiner wie Pachomius
ihre Macht zu mindern verstehe. Letzterer verjagt auch
schliesslich die reizende Erscheinung.[4] Dem heiligen Pater-
nianus erscheint der Teufel in Gestalt eines Mädchens, nachdem sich in der Umgebung der Zelle ein Lärm wie von wil-

[1] A. SS., Jan., tom. II, 765. 21.
[2] Ibid., 13. Mai.
[3] Ibid., 23. Jan.
[4] Ibid., 14. Mai.

den Bestien erhoben hatte. Das Mädchen gibt vor, es sei,
von seiner Herrschaft um Wasser ausgeschickt, wobei es sich
verirrt habe, hierher geeilt, um Schutz zu suchen. Als ihm der
Heilige den Eintritt in die Zelle verweigern will, droht es
dem Heiligen, dass auf ihn die Schuld falle, wenn es von
wilden Thieren zerrissen werde. Der Heilige weist dem
Mädchen hierauf eine Stätte in einiger Entfernung von seiner
Zelle an; als sich aber, nachdem er in diese zurückgekehrt, die
Sinnlichkeit in ihm regt, erkennt er sogleich die List des Teufels
und erinnert sich dabei, dass alle, die sich durch Unzucht
besudeln, durch Feuer gerichtet werden. Er zündet sofort
Feuer an und streckt seine Hand darüber aus. Da schlägt
das Feuer, gleich dem Blitze, auf die Stelle hin wo der
Teufel war, der heulend verschwindet. Der Heilige fällt auf
sein Angesicht und bringt die ganze Nacht zum Lobe Gottes
schlaflos zu. [1] Als der heilige Jordanus einmal heftig dürstete,
erschien ihm der Teufel als Jüngling, mit einer Flasche Wein
und einem silbernen Becher ihm freundlich aufwartend. Der
Heilige merkt aber die List, bekreuzt sich, worauf der Satan
sogleich verschwindet. [2] Den heiligen Martinianus belästigt
der Teufel in Gestalt eines Drachen, der seine Zelle zu unter-
wühlen droht, wodurch sich aber der Heilige nicht schrecken
lässt. Hierauf sendet der Teufel eine Hure über ihn,
deren Versuchungen der Heilige beinahe unterlegen wäre,
aber, zu rechter Zeit sich ermannend, auf- und zwar ins Feuer
springt, sich dabei die Füsse verbrennt und nun, auf der Erde
liegend, Gottes Barmherzigkeit anfleht. Die Hure selbst wird
bekehrt und stirbt als Heilige. [3] Der heilige Conradus, der
Einsiedler, weiss den Versuchungen des Teufels zum Essen
von Schweinefleisch, fetten Hühnern und Käsekuchen nur dadurch zu entgehen, dass er diese von Freunden dargebrachten
Leckerbissen unberührt so lange liegen lässt, bis sie von
Würmern wimmeln und er Ekel davor empfindet. Den Heiss-
hunger nach frischen Feigen vertreibt er sich dadurch, dass
er sich auf Dornen herumwälzt. Als der Teufel in Gestalt
eines schönen Mädchens erscheint, unter dem Vorwande, sich

---

[1] A. SS., Jul., tom. III, 298.
[2] Ibid., Febr., tom. II, 729.
[3] Ibid., 13. Febr.

im Walde verirrt zu haben und in der Höhle des Eremiten
um eine Nachtherberge bittet, läuft jener in den Wald und
geiselt seinen Rücken blutig. [1] Dem heiligen Albertus Eremita erscheint der Teufel als schöne Frau in der Zelle, ihn
freundlich grüssend und sich für eine reiche Witwe aus-
gebend. Er widersteht zwar ihren einschmeichelnden Reden,
als er aber doch durch den Anblick der Schönheit die ganze
Nacht hindurch von einem Zittern der Glieder gequält wird,
schafft er sich erst Ruhe, nachdem er gebeichtet und seinen
Leib zu kasteien angefangen, indem er sich, gleich dem heiligen Benedictus, auf Nesseln herumwälzt, bis der stimulus
carnis aufgehört hat. [2] Der heilige Macarius wohnt in einer
Einöde, in deren Nähe viele Brüder hausen. Auf dem Wege
bemerkt der Heilige einen Dämon in Menschengestalt in
einem leinenen, durchlöcherten Rocke, mit Flaschen beladen.
Der Heilige frägt: „Wozu die vielen Flaschen?" Jener: Er
bringe den Fratribus zu trinken. — „Diese alle?" Worauf
der Teufel: „Wenn eine von den Flaschen weniger schmecken
sollte, reiche ich eine zweite und dritte, bis eine unter den
vielen besonders anlächelt", und hiernach weiter geht. Der
heilige Greis erwartet seine Rückkunft und erfährt, dass
die Flaschen keinen Absatz gefunden haben. „Also hast du
keinen Freund unter den Brüdern?" Worauf der Teufel:
„Einer ist da, der an mich glaubt und heisst Theopemptus,
aber wenn er mich sieht, wendet er sich wie der Wind."
Der Heilige sucht hierauf den Theopemptus auf und entlockt
ihm das Geständniss, dass er vom „spiritus fornicationis" geplagt werde. Nach den Ermahnungen des Heiligen kehrt
dieser nach seinem Aufenthaltsorte zurück, und als er wieder
dem Teufel begegnet, hört er diesen klagen, dass Theopemptus
nicht mehr zu ihm halte, und strenger geworden als alle
übrigen, ihm kein Gehör mehr geben wolle. [3] Der heilige
Peregrinus wandert unter grossen Mühseligkeiten nach Jerusalem, besucht die heiligen Orte, auch die Wüste, in welcher
der Herr vierzig Tage gefastet, in grösster Herzenszerknirscht-
heit. Er kasteit sich so sehr mit Fasten u. dgl., dass er

---

[1] A. SS., 19. Febr.
[2] Ibid., Jan., tom. I, 422. 22.
[3] Ibid., 15. Jan.

einem Gespenste gleicht. Als er einst einsam betete, erschien ihm der Teufel in Gestalt des Gekreuzigten, sagend: „Peregrine, Peregrine! für jede Sünde gegen Gott ist Vergebung zu erlangen, ausser wenn jemand sein Leben vor der Zeit abkürzt." Der Heilige entgegnet hierauf, und da nach längerm Discurs der Teufel einsieht, dass es nicht gelinge den Heiligen zu verführen, schlägt er ihn „horribiliter" auf die Kinnbacke. Der Heilige aber reicht, im Sinne des Gebotes, auch die zweite hin zum Schlage, und da der Feind diese Demuth nicht ertragen kann, sagt er: „Peregrine, deine Demuth hat mich besiegt, und wenn ich dir in dieser Beziehung nichts anhaben kann, so wird die Zeit doch kommen, wo ich dich herumkriege." Und plötzlich entstand eine Veränderung der Luft, die Erde erbebte, der ganze Platz drohte zu verbrennen. Nachdem aber der Heilige gebetet und das Kreuz gemacht, verschwand die „Machinatio". [1] Dem heiligen Simeon, dem Styliten, erscheint der Teufel in Gestalt des Herrn auf einem Cherubwagen und sagt: „Komm steige auf den Wagen, auf dass du deine Krone erhaltest." Der Heilige thut es, nachdem er aber die teuflische Versuchung zum Hochmuth bemerkt, zieht er den Fuss wieder zurück, wird jedoch am Schenkel lahm, sodass er nur das eine Bein mehr gebrauchen kann. [2] Den heiligen Jordanus sucht der Teufel auf verschiedene Weise zum Hochmuth und zur eiteln Ruhmsucht zu führen. Unter anderm übergoss er ihn so sehr mit Wohlgeruch, dass dieser seine Hände verbergen musste, um für keinen Heiligen gehalten zu werden, da er sich damals, wie die Legende bemerkt, noch nicht der Heiligkeit bewusst war. Wenn er den Kelch trug, ging ein so süsser Duft von ihm aus, dass ihn die ganze Versammlung bewunderte. Schliesslich wird ihm derselbe auf seine Bitte genommen, und zugleich geoffenbart, dass er dadurch vom Teufel zu eitelm Ruhm und Hochmuth verleitet werden sollte. Von da ab hörten seine Hände auf wohlriechend zu sein. [3]

Die Heiligen stehen auf verschiedenen Stufen der Heiligkeit, und nach dem Grade, den sie errungen, ist auch ihre

---

[1] A. SS., 1. Aug.

[2] Ibid., 5. Jan.

[3] Ibid., 13. Febr.

Macht, die sie lebend oder nach dem Tode über den Teufel
ausüben, mehr oder weniger eindringlich und wirksam. Dies
zeigen die Legenden an zahllosen Beispielen. Wo der Exorcismus des gewöhnlichen Priesters nicht ausreicht, weil der
Exorcist selbst nicht untadelig ist, muss ein Heiliger zu Hülfe
kommen, und steht dieser nicht hoch genug in der Heiligkeit,
wird ein höherer nothwendig. Demgemäss stuft sich auch
die Teufelei verschieden ab und muss ihre Anstrengungen
steigern, schliesslich aber dem vollwichtigen Heiligen gewöhnlich weichen.

In der Vita St. Joannis Gualberti [1] sind viele Fälle, wo
die Dämonen so hartnäckig sind, dass sie den gewöhnlichen
Exorcisten nicht weichen und erst der Macht des Heiligen
nachgeben müssen. Zuweilen hat es den Anschein, als ob die
Verdienste eines Heiligen, in deren Folge ihm die Macht
über den Teufel zukommt, nicht ausreichen und die Maria's
mitwirken müssen. Auch davon ein Beispiel in der Vita
Joannis Gualberti. Ein Dämon hat ein altes Weib im Besitz
und ist besonders hartnäckig, ja er heuchelt sogar Frömmigkeit, indem er häufig Redensarten gebraucht, als: Guter Jesus!
u. dgl., sodass ihn niemand erkennt. Das besessene Weib
betet den englischen Gruss, das Vaterunser, macht das Kreuz,
kurz gibt alle Anzeichen der Frömmigkeit, sodass es von
den Mönchen gar nicht als besessen betrachtet wird. Der
Dämon räth dem Weibe zu fliehen, sich ins Wasser zu
stürzen, wird aber durch die Verdienste der heiligen Maria
und des heiligen Johannes Gualbertus daran verhindert. Bei
den Gesängen und Gebeten kann aber der Teufel die Macht
der Heiligen nicht länger ertragen und muss ausfahren. Eine
Frau war dermassen von höllischen Geistern besessen, dass
sie sich oft getödtet hätte, wäre sie nicht gehindert worden.
Bei oft wiederholtem Exorcismus schrien die Dämonen aus
dem Leibe heraus: sie würden nicht herauskommen, ausser
die Frau besuche die Kirche der heiligen Agnes. Als man
die Frau dahin zu bringen suchte und der Kirche sich näherte,
fingen die Dämonen an, in der Voraussicht ihrer Austreibung,
ungeheuerliche Bewegungen und einen grässlichen Lärm zu

---

[1] A. SS., 12. Juli.

machen, wobei sie äusserten, unmöglich weiter gehen zu können. Die Angehörigen der Frau brachten daher diese gewaltsam in die Kirche der Heiligen und nachdem dies gelungen, war die Besessene sofort ihrer Teufel los. [1] Ein
Augenzeuge erzählt, der Teufel sei einst in eine Frau gefahren, die er sehr geplagt habe. Ihr Mann hatte sie schon
an verschiedene Orte geführt, um ihre Heilung durch die
Anrufung Auserwählter Gottes zu erzielen, jedoch vergeblich.
Da der Mann, der seine Frau sehr liebte, von der heiligen
Opportuna gehört hatte, dass sie durch Vermittelung der
glorreichen Jungfrau die Kraft der Dämonen zu brechen
wisse, suchte der fromme Gatte ihre Hülfe auf. Als er seine
Frau dahin gebracht und der Teufel ahnte, dass seine Bosheit
durch die Verdienste der heiligen Opportuna vernichtet werden soll, fing er durch den Mund der Frau zu reden an:
,,Weh mir, o Opportuna! o veraltete Opportuna, du warst
stets meine Widersacherin in Gallien und Neustrien, dein
Gebet machte oft meine Unternehmungen zunichte, du stell-
test mir nach solange du lebtest, und thust es noch nachdem du todt bist.‘‘ Der Augenzeuge, der mit andern trauernd
und betend dabei stand, will dies und Aehnliches durch den
Mund der Besessenen gehört haben, so auch, dass der Teufel
behauptete: nicht der Bischof sei es, den er fürchte, sondern
die heilige Opportuna, deren Kraft er weichen müsse, während der Bischof nur ein unnützer Knecht sei. Die Anwesenden, gekommen, den Spectakel zu sehen, liessen aber nicht
ab von ihren Gebeten. Die Besessene wird mit Weihwasser
besprengt, mit dem heiligen Kreuze bezeichnet, und als man
in dem Gebete, das über sie gesprochen ward, an die Stelle
kam, wo es heisst: ,,Ich beschwöre dich, Drache, im Namen
des Lammes, welches über die Schlange und den Basilisken
schreitet, das den Löwen zertritt und den Drachen‘‘, da pei-
nigte der Teufel die Besessene so gewaltig, dass sie mit Nä-
geln und Zähnen die eigenen Glieder zerfleischte. Und der
Teufel schrie aus ihr: ,,Wisse, du Vettel Opportuna, dass ich
jetzt zwar ausfahre, aber bald wiederkehren werde.‘‘ Nach
diesen Worten wurde die Frau ruhig, richtete Augen und

---

[1] A. SS., 20. Apr.

Hände gegen Himmel und, sich dem Altare nähernd, gelobte
sie, sich dem Dienste der heiligen Opportuna weihen zu wollen,
und nachdem sie das gesegnete Brot empfangen, ging sie in
das Hospiz. Da ihr Mann sicher hoffte, dass sie genesen sei,
und wünschte, dass sie in sein Haus zurückkehre, verliessen
sie nach einigen Tagen den Ort. Da erschien der Teufel mit
einer Menge von Dienern in Gestalt von Wölfen, Hunden,
welche die Frau anfielen. Diese aber rief: „Herrin Opportuna, befreie deine Magd!" und lief, von den Bestien bis zur
Kirchenthüre verfolgt, bis an den Altar, betete da längere
Zeit und blieb unverletzt. Als sie aber der Mann wieder nach Hause bringen wollte, fand er sie ärger als
früher vom Teufel geplagt. Endlich wird sie mit Hülfe der
heiligen Opportuna wieder befreit und weiht sich dem Dienste
der Heiligen. [1] Eine Frau, durch vierzehn Jahre von unreinen
Geistern geplagt, kam zu einem Priester, sagend: ich bin besessen, der böse Geist plagt mich. Der Priester erschreckt,
läuft in die Sakristei, nimmt ein Buch mit Beschwörungsformeln und die Stola, und zur Frau herausgekommen, beginnt
er seine Beschwörungen. Allein er bringt keine Wirkung
hervor. Hierauf geht die Frau zum heiligen Petrus, da dieser
noch lebte, und begehrt Hülfe von ihm. Dieser sagt mit
prophetischer Stimme: „Glaube, Tochter, verzweifle nicht, denn
obschon ich nicht in dem Augenblicke das, was du begehrst,
zu leisten im Stande bin, so wird doch die Zeit kommen, wo
du das Begehrte erlangst." Und dies traf auch ein. Denn
nach seinem Märtyrertode erlangte die Frau, die zum Grabe
des Heiligen gekommen war, Heilung und Befreiung vom
Dämon, wie ihr der Lebende versprochen hatte, aber erst nach
dessen Blutvergiessen. [2] — Ein Mädchen, Namens Laurentia,
wurde von seinem Vater ins Kloster gebracht. Nach einiger
Zeit wird es von einem bösen Geist besessen, welcher durch den
Mund des Mädchens lateinisch spricht, obwol es dieses nie
gelernt. Es antwortet auf die schwierigsten Fragen, entdeckt
die geheimsten Sünden und Angelegenheiten. Die Aeltern, in
ihrer Betrübniss Hülfe suchend, führen ihre Tochter zu Reliquien verschiedener Heiligen. Da sie auf die Kraft des

---

[1] A. SS., 22. Apr.
[2] Ibid., Vita St. Petri ord. Praedicat., 29. Apr.

heiligen Ambrosius besonderes Vertrauen hatten, riefen sie
dessen Hülfe an, wurden aber auch nicht erhört. Schliesslich
wird den Aeltern gerathen, der heiligen Katharina sich anzu-
vertrauen, und so wird das Mädchen endlich vom Dämon
befreit. [1]

An der vollen Kraft eines richtigen Heiligen bricht die
Macht des Teufels.

Ein besessener Frater in Bologna, der so stark war, dass
er alle Stricke zerriss, lag einst gebunden auf dem Bette und
sagte zu dem heiligen Jordanus, der in der Nähe war: „O
Blinder, wenn ich dich nur hätte, zerbräche ich dich ganz
und gar!" Der Heilige lässt ihn losbinden und sagt: „Siehe,
du bist frei, und thue, was du kannst." Dieser konnte sich
aber nicht regen. Der Heilige legte hierauf seine Nase an
jenes Mund, ohne dass dieser ihm schaden konnte, die Nase
vielmehr sanft leckte. [2] — Als einmal der heilige Ulricus un-
pässlich war, kam der Teufel, schaute ihn mit grimmigen
Augen an und versetzte ihm mit einem Stocke drei entsetzliche Hiebe. Hierauf sagte der Heilige, der bisher ruhig geblieben: „Jetzt aber weiche zurück, denn weiter reicht deine
Macht nicht, und sie ginge nicht einmal so weit, wenn sie
nicht von oben zugelassen würde." Es war nämlich früher
einmal der Teufel vom Heiligen festgehalten, geraume Zeit
tüchtig durchgepeitscht und nur unter der Bedingung losgelassen worden, dass jener mit einem Eide versprach, nie
mehr zurückzukehren. [3]

Die Macht mancher Heiligen ist bisweilen so überwältigend, dass der Teufel genöthigt wird, zur festgesetzten Frist
auszufahren oder anzugeben, wie er zu vertreiben ist, ja selbst
im Sinne der Heiligen zu handeln, und zwar als Strafwerkzeug.

Eine Frau wurde durch mehrere Jahre vom Teufel geplagt. Drei Tage vor dem Feste des heiligen Ambrosius
wurde der Teufel gefragt, wann er weichen würde, worauf
dieser drei Finger erhob. „Nach drei Jahren?" — „Nein!" —
„Nach drei Tagen?" Der Dämon nickt zustimmend. Am Sonn-

---

[1] A. SS., 30. April.
[2] Ibid., 13. Febr.
[3] Ibid., 20. Febr.

tage, der auf das Fest folgte, schreit der Dämon: „Ich kann nicht länger weilen, der heilige Ambrosius verjagt mich." Da beeilte man sich, die Besessene zum Grabe des Heiligen zu bringen, worauf der Dämon zu spucken anfängt, die Lichter auslöscht, nach kurzem aber endlich weicht. [1] Die Dämonen, welche alsobald nach Sonnenuntergang ein Gefängniss einnahmen und die Gefangenen mit nächtlichen Schrecknissen plagten, wurden durch die Coletaglocke, sobald diese das Zeichen zur Matutina gab, verscheucht. [2] Ein gewisser Fürst Ferdinandus Roderici de Castro bricht in das Kloster des heiligen Rudesindus ein und verwüstet es durch Brand und Plünderung. Die Mönche versammeln sich am Grabe des Heiligen und bitten um seinen Schutz. Da ergreift der Teufel den Fürsten und wirft ihn ungeachtet des Widerstandes der Soldaten ins Feuer. Als diese ihn aber dennoch herausziehen, fängt der Teufel durch den Mund des Fürsten zu sprechen an: sie sollten den Räuber des Heiligen verbrennen lassen, er sei zum Rächer des Heiligen bestellt, denn der Fürst habe das Gebiet desselben geplündert, u. s. f. Die Soldaten legen hierauf den Fürsten in die Gruft des Heiligen, wo jener noch halblebend die ganze Nacht lag. Des Morgens aber ergreift ihn wieder der Teufel, und auf die Frage der Anwesenden: unter welcher Bedingung er ihn loslassen würde, antwortet er: wenn der Fürst alle Beute zurückstellte und den Eid leistete, dass er und seine Söldlinge nie mehr in das Kloster einbrechen würden. Nachdem der Fürst und die Söldlinge unter Herbeiziehung des Abtes und der Mönche das verlangte Versprechen geleistet hatten, wurde der Fürst zur selbigen Stunde ganz hergestellt. [3] Einer, der durch Einflüsterung des Teufels zur Reue bewogen, die Welt verlassen hatte und ins Kloster gegangen war, plagte oft den Abt, den heiligen Gualbertus, um die Erlaubniss, es wieder verlassen zu dürfen. Als er nicht abliess, ward der Heilige zornig und rief ihm zu, er möge sich packen. Dieser hatte sich aber kaum vom Kloster entfernt, als ihn der Teufel von einem hohen Felsen, über den er ging, hinabstürzte, worauf er seinen

---

[1] A. SS., 20. Mart.
[2] Ibid., 6. Mart.
[3] Ibid., 1. Mart.

Geist aufgab.[1] In Caesarii Heisterbacensis Vita St. Engel-
berti[2] wird von einem in der Stadt Magdeburg erzählt, den ein
sehr böser Dämon besass, welcher keinen Exorcisten fürchtete,
keinem antwortete, ausser einem Priester von besonderer Heiligkeit, dem von Gott besondere Gnade verliehen war. Dieser
benutzte den Dämon als Neuigkeitsträger, forschte ihn aus
und erfuhr auf diesem Wege auch den Tod des Erzbischofs
Engelbert. „Da nur dieser Eine Priester die Macht über den
Dämon hat", sagt der Chronist, „so muss dieser auch stets
die Wahrheit sagen und zwar gegen seinen Willen."

Die Gegensätzlichkeit des Teufels zu den Heiligen äussert
sich häufig in blossen Neckereien, wo die dämonische Wirksamkeit nur auf einen Spuk hinausläuft, wodurch ein Heiliger
belästigt oder ein heiliges Unternehmen gehindert werden
soll. Andererseits fehlt es auch nicht an Beispielen, wo Heilige den Teufel dadurch peinigen, dass sie ihn festhalten, um
die Qualen, welche er durch ihre Nähe und Macht empfindet,
zu verlängern.

Der heilige Albertus, der sich kasteit, was den Teufel
ärgert, wird von diesem geneckt, dass er ihm verschiedene
Frauengestalten erscheinen lässt.[3] In der Vita St. Frodo-
berti Abbatis wirft der Teufel in der Nacht den Leuchter
mit den Wachskerzen um, dass diese verlöschen.[4] Jungen Mönchen, die des Nachts Psalmen singend beisammen sitzen, hält der Teufel seine Hand vor die Kerze,
sodass sie nichts sehen können. Der Greis, der sie beaufsichtigt, räth den Erschrockenen, sich zu bekreuzen
und David'sche Psalmen zu singen. Da löscht ihnen der
Teufel unter lautem Gelächter die Kerze ganz aus, stürzt
auf einen nahen Steinhaufen, macht mit den Steinen ein ent-
setzliches Getöse und neckt sie noch auf verschiedene Weise,
dass sie das Gefäss, das mit Wein gefüllt in ihrer Nähe stand,
leer finden, u. dgl. m.[5] Dem heiligen Abrahamus erscheint
beim Essen der Teufel als Jüngling und will ihm die Schüssel

---

[1] A. SS., 12. Juli.
[2] Boehmer font. rer. germ., II, 323.
[3] A. SS., 7. Febr.
[4] Ibid., Jan., tom. I, 509. 16.
[5] Ibid., 29. Jan., Vita St. Gildae sap. Abb.

umwerfen, die aber jener festhält und weiter isst. Hierauf
ändert der Teufel seine List und thut, als ob er einen Leuchter
aufstellte und eine Kerze daraufsteckte, indem er Psalm 118, 1
zu singen anfängt. Der Heilige aber bekreuzt sich mit den
Worten: „Du unreiner Hund, feiger Thor! wenn du weisst,
dass die Reinen selig sind, warum belästigst du sie?" Nach
längerm Gespräch, in welchem der Teufel dem Heiligen nicht
aufkommen kann, verschwindet er. [1] Dem heiligen Philippus
erscheint der Teufel beim Gebete in Ziegengestalt und löscht
ihm die Lampe aus. Der Heilige sagt aber unerschrocken:
„Spare deine läppischen Kunststücke, sie nützen dir nichts,
du kannst mich doch vom Gebete nicht abhalten." Er geht
in die Kirche, holt sich Licht; das Verlöschen wiederholt sich
einigemal, die Ziegengestalt verwandelt sich in einen stinkenden Bock; der Heilige wird ärgerlich und befiehlt ihm im
Namen Gottes, dass er abfahre; jener wird betroffen, weicht und
getraut sich nicht wieder zu kommen. [2] Ein Knecht, vom
Teufel arg geplagt, ward von seiner Herrin zum heiligen
Theodorus gebracht, wonach der Dämon in Aufruhr an dem
Kranken herumriss, als ob er nicht weichen wollte. Nachdem
er aber von der Macht des Heiligen angegriffen worden, verbot ihm dieser, die Stelle zu verlassen, damit er noch gequält
werde. Der Heilige sprach hierauf ein Gebet, ging in seine
Zelle, sagte eine bestimmte Anzahl Psalmen her. Als der
Knecht so dastand und der böse Geist in ihm gebannt Qualen litt, fing dieser mit kläglicher Stimme zu schreien an:
„Ich fahre aus, Diener Gottes, denn ich kann diese Qual
nicht ertragen, komm, erlöse mich, damit ich ausfahre, peinige
mich nicht länger." Nachdem der Heilige aus seiner Zelle
herausgetreten war, sagte er: „Ich will nicht, dass du, unreiner Geist, jetzt ausfahrest." Der Dämon aber rief: „Ach,
ich Armer, ich bitte dich, erlöse mich, ich habe schon genug
gelitten! Wann wirst du erlauben, dass ich ausfahre?" —
„Ich will", erwiderte der Heilige, „dass du um die Mitter-
nachtstunde weichest." Hierauf warf er ihn sich zu Füssen.
Um Mitternacht aber, als der heilige Mann zum Gebete aufstand, fing der Dämon zu schreien an: „Komm heraus, du

---

[1] A. SS., 15. Mart.
[2] Ibid., 4. Mai.

Eisenfresser, dass ich weichen könne." Nach einer Stunde
kam der Heilige, griff ihn im Namen Jesu Christi an mit dem
Befehle, dass er weiche, und alsobald fuhr der Dämon aus,
und der Knecht war gesund. [1]

Mancher Heilige hat die Macht, nicht nur die Zeit, sondern auch den Ort, wohin der Dämon fahren, oder den Körper-
theil zu bestimmen, durch den er heraus muss.

Ein seit vielen Jahren besessenes Mädchen, das gebunden
zum heiligen Vincentius gebracht ward, war so unbändig,
dass es acht Männer nicht bewältigen konnten. Auf die Anrede des Heiligen wird es aber ruhig, und dieser stellt ein
förmliches Verhör an. Der Dämon muss die Uebermacht des
Heiligen anerkennen, der er weichen muss, und bittet um Angabe des Körpertheils, durch den er ausfahren dürfe. Nachdem die Bitte gewährt ist, fährt der Dämon aus dem auf dem
Boden liegenden Mädchen mit grässlichem Gestank aus, indem er dasselbe wie halbtodt zurücklässt, das aber an Leib
und Seele heil aufsteht. [2] Nach dem Machtspruch des heiligen
Franciscus de Paula darf der Teufel nicht, wie er möchte,
durch die Augen einer Besessenen ins Weite ausfahren, sondern muss in eine Flasche. [3]

Den Heiligen ist ein höheres Wissen des Künftigen zuerkannt, wie auch dem Teufel, natürlich aber mit entgegen-
gesetzter Tendenz.

Als man einen, der sich mit siedendem Pech übergossen
und verbrannt, dem heiligen Franciscus de Paula brachte,
fand man diesen schon mit der Bereitung der Heilmittel für
den Beschädigten beschäftigt, ohne dass er von dem Unfall
benachrichtigt gewesen. [4] Auch in der Legende von der heiligen Coleta wird ausdrücklich hervorgehoben, dass sie Ab-
wesendes und Künftiges gewusst habe. [5]

Der Antagonismus zwischen den Heiligen und dem Teufel
nimmt, gemäss der magischen Kraft, die beiden Seiten eignet,
auch eine magische Form an, indem jene die Nähe des

---

[1] A. SS., 22. Apr.
[2] Ibid., 8. Apr.
[3] Ibid., Apr., tom. I, 113.
[4] Ibid., S. 128.
[5] Ibid., 6. Mart.

Teufels, auch wenn er verkappt ist, empfinden, und dieser die Heiligen, deren Nähe er nicht vertragen kann, wittert.

Nachdem der heilige Amator auf die Insel „quae Gallinaria nuncupatur", auf welcher Belzebub, der Fürst der Dämonen, hauste, seinen Fuss gesetzt hatte, verliess dieser mit seinem Tross das Gebiet mit Lärm und Geheul, um sich auf einem Felsen unweit der Strasse niederzulassen, wo er die Vorübergehenden belästigte. Der Heilige folgt ihnen aber auch dahin und vertreibt sie im Namen Christi. [1] Der heilige Raynaldus wird von der Legende besonders deswegen gerühmt, dass er die Dämonen in jeder Gestalt erkannte, ob sie die von Jupiter, Bacchus, der Hebe u. a. annehmen mochten. Einst erscheint ihm ein Dämon im Purpurmantel mit einem Diademe, goldenen Schuhen und heiterm Gesichte, gleich einem Könige, und gibt sich für Christus aus, den er verehre und der sich vor allen andern dem Heiligen offenbaren wolle. Dieser zweifelt, und auf die Frage warum? erwidert er: Mein Christus weissagte seine Ankunft nicht im Purpur und mit der Krone; wenn ich nicht Christum sehe, wie er gelitten hat, mit Wunden auf dem Kreuze, solange glaube ich nicht. Der Teufel fährt hierauf unter Nachlass eines schrecklichen Gestanks ab. [2] Aehnliches berichtet Sulp. Severus. [3] Als der heilige Antonius (Patriarcha) noch ganz jung war und die Davidharfe in der Kirche des heiligen Theodor des Märtyrers spielte, hörte er zwei hässliche Gestalten, die gegenwärtig waren, ärgerlich zueinander sagen: „Lass uns von hinnen gehen, die Gegenwart dieses Jünglings ist unerträglich", worauf sie verschwanden.[4] Der heilige Nicetus geht eines Morgens in die Matutina, und als der Diakonus den respondirenden Psalm zu singen beginnt, ruft der Heilige aus: „Schweige! der Feind der Gerechtigkeit wage es nicht zu singen!" Als dieser schweigt, lässt ihn der Heilige vor sich kommen und sagt: „Habe ich dir nicht verboten, die Kirche zu betreten, wie kannst du es wagen, sogar die Stimme zum Gesang zu erheben?" Alle Anwesenden, nichts Arges vom

---

[1] A. SS., 1. Mai.
[2] Ibid., 9. Febr.
[3] Dial., I, 24.
[4] A. SS., 12. Febr.

Diakonus ahnend, sind erstaunt; da schreit aber der Dämon:
dass er vom Heiligen gequält werde. Das Volk hatte den
Teufel beim Singen nicht erkannt, wol aber der Heilige, der
ihn daher auch hart anfuhr. Er legte hierauf dem Diakonus
die Hände auf und trieb den Dämon aus, worauf jener ganz
gesund war. [1] Der Sohn eines Schenkwirths hatte ein Herz-
leiden, ohne die Ursache seiner Qual zu kennen. Sein Vater
brachte ihn zum heiligen Theodorus, damit dieser bei Gott
bitte, dem Uebel ein Ende zu setzen. Der Heilige erkannte
aber sogleich den Grund der Krankheit, führte den Patienten
in die Zelle, bezeichnete dessen Gesicht mit dem Kreuze und
klopfte ihm an die Herzstelle, indem er rief: „Verbirg dich
nicht, unreiner Geist, es sollen deine Werke an den Tag kommen. Der Herr Jesus Christus, der Erforscher der Herzen,
befiehlt dir, dass du von dannen weichest." Alsogleich fing
der Dämon zu heulen an: „Ich gehe schon, du Eisenfresser,
ich leiste keinen Widerstand, kann deine Drohungen nicht
vertragen, sowenig als das Feuer, das aus deinem Munde
ausgeht und mich brennt." Dies und noch mehr ausstossend,
fuhr er mit grossem Geheul aus. [2]

Obschon die Heiligen weit über den gewöhnlichen Menschen stehen, haben sie doch eine menschliche Seite an sich,
und kann daher der Fall eintreten, dass sie den Teufel, ihren
Widersacher, nicht erkennen oder wenigstens über seine Erscheinung in Ungewissheit sind und sich täuschen lassen.

Ein ausgelassener Junge wird vom Teufel angeregt, den
heiligen Fridericus in dem Gewande einer jüngst verstorbenen
Frau zu schrecken. Als er vor dem Heiligen erscheint, hält
ihn dieser für den Teufel und schlägt das Kreuz. Da der
Junge nicht weicht, geräth der Heilige in grossen Schrecken,
wovon aber auch jener ergriffen und zur Strafe von da an
selbst vom Teufel geplagt wird. [3] Der heiligen Katharina erscheint der Teufel unter der Gestalt der Jungfrau Maria, ein
andermal als der Gekreuzigte, um sie ungehorsam zu machen.
Die Heilige lässt sich wirklich täuschen und verringert ihren

---

[1] A. SS., 2. Apr.
[2] Ibid., 22. Apr.
[3] Ibid., 3. Mart.

Gehorsam gegen die Oberin des Klosters. Nachdem sie aber bereut und der Teufel seinen Zweck eigentlich doch nicht erreicht sieht, macht er dafür im Hause nächtlich grossen Lärm. [1] Als die heilige Juliana des Christenthums wegen im Kerker lag, erschien ihr der Teufel in Gestalt eines Engels und sagte: „Meine Liebe, der Präfect bereitet dir die grössten Qualen; höre mich und du wirst gerettet. Wenn er dir aus dem Gefängnisse zu gehen befiehlt, so bringe der Diana ein Opfer." Die Heilige, welche den Teufel für einen Engel hält, frägt: woher er sei? Der Teufel: „Ich bin ein Engel des Herrn, der mich gesandt hat, damit du opferest, um nicht zu sterben." Juliana rief tief aufseufzend mit gen Himmel erhobenem Blick: „Herr des Himmels und der Erde, verlass nicht deine Magd und stärke mich in deiner Tugend, thue mir kund, wer dieser ist, der solches zu mir spricht." Da erscholl eine Stimme vom Himmel: „Glaube mir Juliana, ich bin mit dir, du aber ergreife jenen, der mit dir spricht." Juliana springt sofort vom Boden auf und, nachdem sie sich bekreuzt, fasst sie den Teufel mit den Worten: „Sag mir zuerst, wer du bist, wenn ich dich loslassen soll." — „Ich bin Belial, den einige den Schwarzen nennen, der sich an der Bosheit der Menschen erfreut, am Todtschlag sich ergötzt, ein Liebhaber der Wollust, des Streites, der den Frieden bricht; ich bin es, der Adam und Eva im Paradiese sündigen gemacht", und so fährt er fort seine teuflischen Thaten zu erzählen. Juliana: „Wer hat dich zu mir gesandt?" Er: „Satan, mein Vater" u. s. f. Nach sehr langem Gespräch, worin der Teufel bekennt, dass er sie zur Verleugnung Gottes und zum Opfern habe verführen wollen, bindet die Heilige dem Dämon die Hände auf den Rücken, wirft ihn zu Boden, ergreift eine der Fesseln, mit denen sie gebunden gewesen und schlägt wacker auf ihn los. Dieser bittet um Gnade und muss noch eine Beichte ablegen. Als Juliana aus dem Kerker geführt wird, schleppt sie den Dämon mit auf das Forum. Endlich nach langen Bitten desselben um Loslassung, schleudert sie ihn an einen mit Schmuz erfüllten Ort. [2] Der heilige Antonius

---

[1] A. SS., Mart., tom. II, 48.

[2] Ibid., 16. Febr.

ergreift beim Anblicke eines Goldhaufens die Flucht, weil
er in Ungewissheit ist, ob diesen nicht der Teufel vorge-
spiegelt. [1]

Beispiele von handgreiflichen, gröblichen Aeusserungen
des Gegensatzes, ähnlich dem obigen in der Legende von der
heiligen Juliana, kommen auch oft von seiten des Teufels vor.

Die heilige Veronika wird vom Teufel öfter wie von
einem brüllenden Löwen angefallen und so geschlagen, dass
ihr die Augen anschwellen. Einmal wird sie von ihm so
geprügelt, dass sie ganz schwarz wird, er presst sie dabei so
gewaltig, dass sie nicht im Stande ist, den Namen Jesu auszusprechen. [2] Nach einer „Vita“ von Hieronymus Eremita wurde
der heilige Romuald von dem Teufel mit solcher Gewalt an
eine Breterwand geschleudert, dass diese zollbreit ausein-
andersprang. [3] Nachdem der heilige Romanus den Versuchungen des Teufels zur Unkeuschheit Widerstand geleistet, empfängt er von diesem selbst eine ungeheuere Ohrfeige, dass
ihm der Backen schwillt und verrenkt wird. [4] Dagegen wird
der Teufel von der heiligen Margaretha streng behandelt,
die ihm den Fuss auf den Nacken setzt und er bittet demüthig: „Deu christes diern, heb auf deinen fuez von meiner
halsadern!“ mit dem Versprechen, ihr alles zu sagen, was sie
ihn fragen würde. [5]

Die Gegensätzlichkeit zwischen den Heiligen und dem
Teufel äussert sich von beiden Seiten unwillkürlich auch auf
eine für den Dritten sinnlich wahrnehmbare Weise. In den
Legenden duftet es von dem köstlichen Geruche, welchen die
Heiligen sowol bei Lebzeiten als nach dem Tode noch von
sich geben und damit sogar heilsame Wirkungen hervorbringen; der Teufel hingegen muss gewöhnlich mit Hinterlassung
eines grässlichen Gestanks abfahren.

Die Legende über den heiligen Clarus rühmt den lieb-

---

[1] A. SS., 17. Jan.

[2] Ibid., Jan., tom. I, 896. 10.

[3] Ibid., Febr., tom. II, 126.

[4] Ibid., 28. Febr.

[5] Legende von der heiligen Margaretha, bei Diemer, Kleine Beiträge
zur ältern deutschen Sprache und Literatur, I, 123 fg.

lichen Duft in seiner Zelle. [1] Der heiligen Oringa erscheint
der Teufel mit so grossem Rachen, dass er wie eine aufge-
sperrte Thüre aussieht. Da die Heilige nicht entfliehen kann,
empfiehlt sie sich dem heiligen Michael, zu dem sie um Rettung betet. Der Teufel wird verjagt, die Heilige sieht nur
Angenehmes, und ein köstlicher Duft verbreitet sich. [2] Zwei
Engel, die der heiligen Margarita erscheinen, erzählen ihr,
dass sie durch ihren Wohlgeruch, welchen sie aus der Gemeinschaft mit Gott angezogen, die Dämonen vertrieben und die
Luft rein gemacht hätten, dagegen den Gestank des Hochmuths, der vom Teufel ausströmt, nicht vertragen könnten. [3]
Von der heiligen Coleta verbreitet sich ein wunderbarer Duft,
wodurch eine Nonne, die an einer grossen Geschwulst leidet,
geheilt wird. Um das Fest derselben erfüllt stets ein würzi-
ger Duft nicht nur ihr Oratorium, sondern auch die an-
stossenden Räumlichkeiten. [4] Solcher Wohlgeruch entströmt
auch dem Leichnam der heiligen Francisca.[5] Hingegen hinterlässt der Teufel, der dem heiligen Vincentius in Gestalt eines
ehrwürdigen Greises mit bis an die Knie reichendem Barte
erschienen war, nach seiner Verscheuchung durch den Heiligen einen schrecklichen Gestank. [6] Bei der Heilung eines
dämonischen Mädchens durch den heiligen Zeno fährt der
Dämon mit ungeheuerm Gestank aus.[7] In der „Vita St. Martini" [8] verschwindet der Teufel, der dem Heiligen als Christus
erschienen und von jenem erkannt worden war, als Rauch
und erfüllt die Zelle mit Gestank, zum Zeichen, dass er der
Teufel gewesen. „Hoc ita gestum — ex ipsius Martini
ore cognovi, ne quis forte existimet fabulosum", fügt der
Biograph hinzu. Der Wohlgeruch verbreitet sich auch von
den einzelnen Reliquien der verstorbenen Heiligen. Die Barthaare des heiligen Bernard üben nach dessen Tode nicht nur

---

[1] A. SS., Jan., tom., I, 56. 12.
[2] Ibid., 10. Jan.
[3] Ibid., 22. Febr.
[4] Ibid., 6. Mart.
[5] Ibid., 9. Mart.
[6] Ibid., 5. Apr.
[7] Ibid., 12. Apr.
[8] Sulp. Sever., c. XXIV, p. 491.

heilende Kraft, sondern verbreiten auch einen wunderbaren
Duft. Letztern haben auch die „intestina putrefacta" der
heiligen Ledwina [1], u. a. m.

Mariencultus.

Wie der Heiligendienst wirkte auch der Mariencultus
als sollicitirendes Moment auf die Ausbildung und Festigung
des Teufelsglaubens. Die Verehrung der Maria hatte sich seit
dem 4. Jahrhundert vom Osten her verbreitet. Nachdem die
Versammlung der Bischöfe zu Nicäa im Jahre 325 eine gleiche
Wesenheit Christi mit der Gottes zu glauben geboten hatte,
schien die Mittlerschaft Jesu eine Schmälerung erlitten zu
haben und man fand die Mutter Jesu am meisten geeignet
und berechtigt, als Vermittlerin einzutreten. Schon um
das Jahr 380 führten getaufte Thrazierinnen und Scythin-
nen Bilder der Maria auf Wagen mit sich herum und brachten
ihr, wie einer heidnischen Göttin, kleine Kuchen zum Opfer
dar. Dagegen erhoben sich zwar Stimmen der Antidicomaria-
niten, wie die Gegner der Marienverehrung genannt wurden,
und fanden an Helvidius in Palästina und dem illyrischen
Bischof Bonosus kräftige Unterstützung; allein letztere Ansicht ward bald als ketzerisch verworfen und auf dem Concil
zu Ephesus im Jahre 431 setzte Cyrillus durch, dass Maria
nicht, wie Nestorius wollte, nur „Christgebärerin" (χριστοτόκος),
sondern „immerjungfräuliche Gottgebärerin" (ἀειπαρϑένος ϑεο-
τόκος) genannt werden sollte. Seit dem 6. Jahrhundert wurden die Feste zur Verehrung der Maria allgemein, und gegen
das 12. Jahrhundert war der Mariencultus beinahe zur ausschliesslichen Abgötterei geworden. Das parallele Fortschreiten des Mariendienstes mit dem Teufelsglauben ist nicht zu
verkennen, und hieraus erklärt es sich, dass beide vom
13. Jahrhundert ab noch immer zunehmen. Wie weit der
Mariencultus bis zum 15. Jahrhundert vorgeschritten war,
zeigen die Statuten des Rosenkranzordens und der Brüder-
schaft der heiligen Ursula, deren Glieder in diesem Sinne
jährlich 11000 Vaterunser und Ave-Maria beten sollten. Ebenso

---

[1] A. SS., 14. Apr.

ausschreitend war der Geschmack in Bezug auf die Lob-
preisungen der Maria, ihrer Gestalt, Tugenden, Leiden, Wunder. Dies zeigt uns Haltaus an Beispielen aus Muskatblüt,
dessen Name zu den bessern Dichtern der ersten Hälfte des
15. Jahrhunderts gerechnet wird, welcher von Maria sagt: sie
sei eine Lade, in der Gott selbst innewohne, eine wohldurch-
leuchtete Fackel, eine keusche Arche, ein tiefer Teich, ein
Myrrhenfass, ein keusches Monstranzenglas, eine Zelle und
Ostersonne, ein Gnadenstengel in Gottes Hand u. dgl.; oder
wenn er ihren Leib mit einem Sarge oder Schlosse vergleicht u. s. f. [1] Es sind allerdings mehrere Momente, die
zur Erhebung der Maria mitgewirkt haben [2]; im vorliegenden
Falle genügt es auf das eine hinzudeuten, welches mit der Geschichte des Teufels in besonderer Beziehung steht, nämlich
die Bedeutung Maria's als Trägerin der Weichheit, Milde,
Barmherzigkeit. Sie ist „die schützende Mutter der Sünder",
wie sie in Legenden ausdrücklich genannt wird, daher auch
das unerschütterliche Festhalten an ihr, trotz dem Bewusstsein der Sünde. In der Wesensbedeutung Maria's liegt aber
zugleich der Grund des schneidenden Gegensatzes, in welchem
der Teufel zu ihr steht, der die Härte, Herbe und Grausamkeit selbst ist. Der Antagonismus gewinnt noch mehr Schärfe
durch die hohe Stellung Maria's als „Himmelskönigin", wodurch sie die himmlische Macht stets auf ihre Seite lenkt
und für ihre Günstlinge, die von ihr bemutterten Sünder gewinnt und dem Teufel entreisst, welcher sie von seinem abstracten, dürren Rechtstandpunkte als seine ihm rechtmässig zu-
kommende Beute betrachtet. Denn die alte Vorstellung von
einem Rechtsanspruche des Teufels auf den sündigen Menschen ist im Mittelalter noch nicht erloschen. In der „Vita
St. Godehardi" lässt sich der Heilige mit dem Dämon ·in ein
langes Gespräch ein, worin letzterer die Rechtmässigkeit seines
Besitzes auf Grund biblischer Aussprüche nachzuweisen sucht. [3]

---

[1] Liederbuch der Klara Haetzlerin, S. 26; in Bibliothek der gesammten deutschen Nationalliteratur, VIII.

[2] Vgl. Georg Ed. Steitz, Maria Mutter des Herrn, in Herzog's Real-
encyklopädie, IX.

[3] A. SS., 4. Mai.

Die Thätigkeit des Teufels wird überdies vornehmlich
entwickelt und hervorgerufen durch dessen Hass gegen die
Heilige Jungfrau, der um so mehr gesteigert wird, als diese,
nach Frauenart, sich in alle Angelegenheiten hineinmengt,
und ihr, wie im gewöhnlichen Leben, in allem willfahren wird,
sodass sie ihren Willen immer durchsetzt und ihre Schütz-
linge, die nun einmal ihre Gunst durch eifrigen Mariencultus
erlangt haben, auch nie fallen lässt, wenn sie übrigens auch
die ärgsten Lumpe sein sollten. Der Teufel muss demnach
stets als verkürzt erscheinen und mit langer Nase abziehen.
Hiervon nur einige Proben.

Ein Strassenräuber von Profession pflegte, so oft er auf
Raub ausging, regelmässig sein andächtiges Gebet an die
Jungfrau Maria zu richten. Endlich ward er ergriffen und
zur Galgenstrafe verurtheilt. Als schon der Strick um seinen
Hals geschlungen war, verrichtete er sein gewöhnliches
Gebet, und dies blieb nicht unerhört. Die Mutter Gottes
stützte seine Füsse mit ihren weichen Händen und erhielt ihn
so zwei Tage am Leben, zum grossen Erstaunen des Hen-
kers, der hierauf den Versuch machte, sein Werk durch
Schwertstreiche zu vollenden. Allein dieselbe unsichtbare
Hand wandte auch die Schwertstreiche ab, und der Nachrichter sah sich genöthigt, sein Schlachtopfer fahren zu lassen.
Nach der gewöhnlichen Schablone solcher Marienlegenden
endigt auch diese damit, dass der Räuber ins Kloster geht. [1]
Dasselbe Beispiel findet sich auch in „Pothonis Presbyteri et
Monachi Prunveningensis ord. St. Benedicti, lib. de miraculis
s. Dei genitricis Mariae" [2], wo noch eine Menge ähnlicher Geschichten vorkommen, in welchen Maria Diebe und andere
Taugenichtse begünstigt und Mirakel wirkt, nur weil jene
ihrer eingedenk waren. So Kap. III, wo ein leichtsinniger,
den fleischlichen Lüsten ergebener Kleriker von seinen Feinden in der Voraussetzung getödtet ward, dass er seines bekannten gottlosen Lebenswandels wegen kein ehrliches Begräbniss auf dem Friedhofe erhalten würde. Maria aber,
deren er stets eingedenk gewesen, erscheint und verordnet
ihm ein ordentliches Begräbniss in geweihter Erde. Nachdem

---

[1] Aus Le Grand d'Aussy, Fabliaux, V.
[2] Ed. Pez, c. VI, p. 314.

er ausgegraben worden, fand man eine sehr schöne Blume
in seinem Munde und seine Zunge war ganz unversehrt geblieben, „gleichsam zum Lobe des Herrn". Ein Glöckner,
der des Nachts immer aus dem Kloster zu laufen pflegte,
dabei aber vor keinem Marienbilde vorbeiging ohne sein
Ave davor zu beten, fiel einst vom Stege ins Wasser und
ertrank, worauf Engel und Teufel um seine Seele in Streit
geriethen. Maria aber nahm sich seiner an, überliess Gott
die Entscheidung, welcher ihn ihr zu Liebe dem Leben zurück-
gab. Als die Brüder ihren ertrunkenen Glöckner im Bache
fanden, kam er wieder zu sich, erzählte was mit ihm geschehen und, nachdem er von der Sünde abgelassen, starb
er selig. [1]

Beispiele von der unwiderstehlichen Macht der Heiligen
Jungfrau oder ihrer stets erfolgreichen Vermittelung bei ihrem
göttlichen Sohne oder dem himmlischen Vater gegenüber den
Bestrebungen des Teufels, liefern die Legenden eine grosse
Menge.

Zu dem heiligen Ulricus kam in einer Nacht eine ganze
Schar von Dämonen. Diese beriethen unter sich, was sie mit
dem Heiligen, ihrem grossen Gegner, anfangen sollten, da er
ihnen stets mit voller Kraft entgegenarbeite. Nach dem ein-
stimmigen Urtheile, er sei des Todes schuldig und mit diesem
zu bestrafen, ergreifen sie ihn, schleppen ihn zuerst in die Kirche,
dann in dieser herum und mishandeln ihn erbarmungslos. Als
er eben aus der Kirche hinausgeworfen werden sollte, kommt
eine hochwürdige Jungfrau, frägt nach der Ursache der Mishandlung des Unschuldigen und schlägt hierauf mit ihrem
ausgezogenen Handschuhe sämmtliche Dämonen in die Flucht.
Der Heilige hatte nämlich an demselben Tage in der Messe
der Heiligen Jungfrau gedacht und Erwähnung gethan, und
diese war es, die ihn nun aus der Hand seiner Feinde befreite. [2]
Eine Frau wird, nachdem sie in die Kirche getreten und vor
den Altar sich hingestellt hatte, durch den unbegreiflichen
Rathschluss Gottes von einem Dämon besessen und elendiglich
geplagt. Auf den Rath des Klosterseniors bindet man sie an

---

[1] Gödeke, Dichtungen im Mittelalter, S. 134, Nr. 46. 11.
[2] A. SS., 20. Febr.

die Grabstätte des heiligen Robertus, wo sie aber dermassen
raste, dass sie jeden, der sich ihr näherte, beissen wollte.
Auf das Zureden ihres Mannes ruft sie endlich den heiligen
Robertus an, sagend: „Bitte, o heiliger Robertus, die Heilige
Jungfrau, dass sie mir von ihrem Sohne die Befreiung er-
mittele!" Hierauf ward die Frau allsogleich gesund.[1] Im
Peterskloster zu Köln lebte ein sehr ausschweifender Mönch,
der aber den heiligen Petrus aufs andächtigste verehrte. Un-
glücklicherweise ging er plötzlich ohne Beichte und Absolution mit Tode ab. Wie in solchen Fällen gewöhnlich, kommt
sogleich der Teufel, um sich der Seele zu bemächtigen. Sanct-
Peter, betrübt einen so treuen Verehrer zu verlieren, fleht zu
Gott, den Mönch ins Paradies eingehen zu lassen; aber ver-
gebens vereinigt sich der ganze Chor der Heiligen, Engel,
Apostel und Märtyrer mit der Bitte Sanct-Peter's. In dieser
äussersten Noth nimmt er seine Zuflucht zur Muttergottes:
„O du Holde", so flehte der Apostel, „mein Mönch ist verloren, wenn nicht du für ihn bittest; was uns unmöglich ist,
wird dir eine Kleinigkeit sein. Sprich nur du ein Wort, so
muss dein Sohn nachgeben, denn es steht in deiner Macht,
ihm zu befehlen." Die königliche Mutter verspricht ihre
Fürbitte, und gefolgt von allen Jungfrauen, erscheint sie vor
ihrem Sohne. Dieser, das Gebot: „Du sollst Vater und Mutter ehren", heilig haltend, sieht kaum seine Mutter nahen, als
er ihre Hand ergreift und sich nach ihren Wünschen erkun-
digt. Das Ende ist selbstverständlich zu errathen.[2]

Der Teufel weiss es auch, dass er der Maria gegenüber
sein Spiel verliere.

In einem weiten Klosterhofe, mit Gras und Blumen die
Fülle bewachsen und einem mitten hindurchfliessenden Wasser,
lustwandelten gewöhnlich die Mönche. Eines Morgens standen sie an dem Wasser und ergötzten sich an Gesprächen
und Scherzreden. Während sie viele eitle Worte wechselten,
sahen sie ein Schiff daherrudern, worüber sie sich verwunder-
ten und fragten: wer darin sei? Die im Schiffe sagten: sie
seien Teufel, führen die Seele des Probstes von Sanct-Gallen

---

[1] A. SS., 29. Apr.
[2] Le Grand d'Aussy, Fabliaux, tom. V.

mit sich, der nach ihrem Willen in Sünden gelebt habe. Da erschraken die Mönche, riefen Maria um Hülfe an und flohen hinweg von dem Bache, damit sie nicht auch ergriffen würden. Die Teufel schrien ihnen aber nach: es sei ihr Glück, dass sie Maria angerufen, sonst wären sie als unordentliche Mönche für ihre unnützen und unzeitigen Reden gewiss ertränkt worden. Damit fuhren die Teufel ihre Strasse; die Mönche aber mässigten ihre Reden und dankten der Mutter Gottes für ihre Rettung.[1]

Auch in geringfügigen Angelegenheiten beschützt Maria die ihr Zugethanen gegen den Teufel.

Ein trefflicher und fleissiger Maler hatte seinen Sinn vor allen unserer lieben Frauen mit Liebe zugewandt und zeigte dies oft in seinen Werken. Einst malte er zum Behängen der Wände einen Umhang, wo in der Reihe der Darstellungen auch Maria und der Teufel erschien. Da bildete er die Himmelskönigin so schön er irgend vermochte, den Teufel dagegen höchst ungestalt. Darob zürnte dieser, trat an den Maler heran und stellte ihn zur Rede: weshalb er sie so lieblich und ihn so hässlich male? Der Maler erschrak, ermannte sich jedoch und schalt ihn: dass er ihn gern noch scheusslicher und sie noch viel schöner gemalt hätte, wenn er es vermöchte. Hierauf hub der Teufel an mit ihm zu toben und wollte ihn vom Gerüste werfen. Der Maler aber rief Maria an: da streckte ihr Bild aus der Leinwand die rechte Hand aus und hielt ihn damit empor. Der Teufel floh hinweg und liess ihn in Frieden.[2]

Es fehlt auch nicht an Beispielen, wo der Teufel durch Maria um seinen Lohn geprellt wird.

Ein Ritter hochgemuth, kühn und milde, versäumte kein Turnei und ward von allen gepriesen, denn er gab den Spielleuten so reichlich, dass sie überall sein Lob verkündeten. So verthat er aber endlich all sein Gut, dass er in tiefe Armuth gerieth und schweres Herzeleid hatte. Da fügte es sich noch, dass ein Gastmahl an ihn kam und die bisher frei-

---

[1] Von der Hagen, Gesammtabenteuer, S. 477, LXXVII.

[2] Aus dem grossen Gedicht von „Unserm Herrn, Unser Frauen und alle Heiligen", Hagen, Gesammtabenteuer, 474, LXXVI.

gebig von ihm bewirtheten Gäste sich wie gewöhnlich ein-
fanden. Er hatte und wusste nicht, was er ihnen bieten sollte
und entfloh in einen dichten Wald. Er hatte ein schönes,
tugendreiches Weib, das seine Verschwendung ungern sah,
lieber den Gottesarmen gab und Marien herzlich diente. Der
Teufel neidete ihr deshalb, und als der Mann in der Wildniss
umherlief, erschien er ihm als Mensch, jedoch schwarz und
auf einem schwarzen Pferde. Der Ritter erschrak, aber auf
Befragen klagte er sein Leid. Der Teufel verhiess noch glän-
zendere Herstellung, wenn ihm dafür nur ein geringes Ding
geleistet würde. Der Ritter ging alles ein, und der Teufel
wies ihm, wo er einen reichen Hort Silbers und Goldes aus-
graben könne; dafür verlangte er nur: dass der Ritter ihm
zur bestimmten Zeit und Statt seine Hausfrau bringe. Der
Ritter versprach es, fand den Schatz, ging heim und lebte
wieder üppig wie zuvor. So verlief das Jahr und die gestellte Frist; da zauderte er nicht, liess zwei Pferde satteln
und gebot der Frau, mit ihm zu reiten. Als sie keine Begleitung sah und vernahm wohin es ging, erschrak sie, ge-
horchte jedoch und befahl sich in Maria's Schutz. Der Weg
führte an eine Kapelle: sie sprang ab, lief hinein und betete
inbrünstig zur Heiligen Jungfrau. Darüber entschlief sie; Maria
aber nahm ihre Gestalt und Kleidung an, trat aus der Kapelle und liess sich zu Pferde von dem Ritter zur verabrede-
ten Stelle führen. Da kam auch der Teufel freudig herbei,
entfloh aber eilig, als er die Jungfrau erkannte, und schalt den
Ritter, dass er wortbrüchig nicht sein Weib bringe, die ihm
durch ihre Tugenden so viel Leid thue; anstatt ihrer bringe
er ihm die gewaltige Himmelskönigin. Hierauf verwies diese
dem bösen Geiste, dass er die ihr treulich Dienenden so ver-
folge, und gebot ihm im Namen Jesu Christi alsbald zur
Hölle zu fahren und den sie Anrufenden nimmer Leid und
Schmach zu thun. Mit Getöse und heulend hub sich der
Teufel von hinnen. [1]

Von der Wundermacht Maria's, zu der sich der Sünder

---

[1] Gesammtabenteuer, S. 480, LXXVIII; auch bei Lassberg, III,
Nr. LXXXII; andere Beispiele vgl. Gesammtabenteuer, S. 512, LXXXII:
„Maria und die Sündenwage“; ibid., S. 519, LXXXIII: „Marienritter und
der Teufel“; Lassb. III, Nr. CCVI.

im Gebete wendet, sind die Legenden voll. [1] Schon der
blosse Name Maria's übt überhaupt eine unwiderstehliche
Zauberkraft, die in der Legende auch gehörig ausgebeutet wird.
Unter vielen Beispielen nur das eine, wo ein Staar, der
„Ave-Maria" sagen gelernt, aus den Klauen eines Habichts
sofort befreit ward, als ihm die Todesangst sein Ave-Maria
auspresste.

---

[1] Vgl. A. SS., De St. Dominico, 4. Aug., u. a. v. a. St.

Dritter Abschnitt.

Periode der gerichtlichen Hexenverfolgung.

---

1. Der Zauberglaube.

Nachdem der Teufelsglaube zur grössten Höhe angeschwollen war und eine Ausdehnung erlangt hatte, um ganz Europa zu überfluten, mündete er im 15. Jahrhundert in den Hexenprocess als gerichtliche Hexenverfolgung. Zwar gab es schon lange vorher Zauberei und Magie, denn der Glaube daran ist so alt als das Menschengeschlecht. Wo der Begriff des Causalzusammenhangs dem Menschen fehlt, sieht er in seiner Umgebung geheimnissvolle Magie, und derjenige, welcher auf magische Weise operirt, ist ihm ein Zauberer. Alle Wirkungen, die sein eigenes Mass der Kraft übersteigen, bekommen die Bedeutung des Magischen, und jede Erkenntniss ausserhalb seines Gesichtskreises wird eine zauberhafte. Was ihm jenseit der Grenze des Natürlichen liegt, erscheint ihm als Wunder oder Zauber, und beide unterscheidet er nach seiner religiösen Anschauung. So mochten die christlichen Kirchenväter die heidnischen Orakel nicht für Wunder erklären, und die Heiden konnten die christlichen Wunder für zauberisch halten. Soldan wird wol Recht haben: „Man könnte sagen, die Zauberei sei das illegitime Wunder, das Wunder die legitime Zauberei; die Legitimität aber ist so relativ, wie die Orthodoxie.“ [1] Diese „Wandelbarkeit der Gesichtspunkte“ hat zu

---

[1] Hexenproc., S. 1.

allen Zeiten unter den verschiedensten Völkern geherrscht,
und die Magie hat nicht nur ihrem Wesen nach verschiedene
Aufnahme gefunden, auch die Geltung ihres Namens ist verschieden erklärt worden. Wir übergehen das Schamanenthum,
den Fetischismus, die bei Naturstämmen und Völkern der
heutigen Welt weit verbreitet sind; wir wollen über den magischen Glauben der Culturvölker des Alterthums nicht wiederholen, was von Mythologen und Symbolikern weitläufig
erörtert und in der Geschichte der Magie von Hauber, Horst,
Ennemoser und vielen andern verwerthet worden ist; wir erinnern nur an den uns zunächst liegenden Zauberglauben der
Griechen und Römer. Aus Homer ist Circe durch ihre
Zaubertränke und ihren Zauberstab bekannt [1], und wird in
späterer Zeit zur Königin der Zauberinnen. In der Iliade erscheint Agameda so vieler Pharmaka kundig, als die weite
Erde trägt. [2] Helena mischt aus ägyptischen Kräutern einen
Zaubertrank. [3] Here erhält von Aphrodite einen Zaubergürtel,
womit sie den Gemahl fesselt. [4] Wer erinnert sich nicht an
die Verwandlungen des Proteus, den sinnbethörenden Gesang
der Sirenen, die nekromantischen Scenen der Odysee? [5]
Bei Hesiod finden wir Tagwählerei. [6] Lange vor den Perser-
kriegen findet sich bei den Griechen eine Menge von Zauber-
vorstellungen und damit zusammenhängenden Gebräuchen.
Plato [7] spricht von herumziehenden Leuten, die sich der Zauberkunst rühmen, durch Götterbeschwörungen und Flüche
einem Feinde Uebles zuzufügen. Bekanntlich gilt Thessalien
für das Land der Zauberei, und thessalische Weiber verstehen
mittels Salben den Menschen in ein Thier oder einen Stein
zu verwandeln. Hekate, bei Hesiod noch eine Göttin, verwandelt sich später in die grauenvolle Vorsteherin der Unterwelt und des Zauberwesens, die, wo sie gerufen wird, in finsterer Nacht mit Fackel und Schwert, mit Drachenfüssen und

---

[1] Odyss. X, 212 fg.
[2] Il. XI, 740.
[3] Odyss. IV, 220.
[4] Il. XIV, 214.
[5] Vgl. Apollonius Argonaut., III, 1032.
[6] Op. et dies 765 squ.
[7] De republ. II, 7.

Schlangenhaar erscheint, von bellenden Hunden umgeben, von der gespenstischen Empusa begleitet. [1] In Rom sind es vornehmlich die Chaldäer, die als Mathematici, Genethliaci und Magi schon um die Zeit der punischen Kriege auftreten, in der Kaiserzeit in den höchsten Kreisen sich bewegen, da ihnen eine tiefere Erkenntniss der Zukunft aus den Sternen und geheimnissvoller Mächte zugeschrieben wird. Obschon es nicht an Männern fehlte, die solchen Künsten auf den Grund sahen, wie Ennius, Cicero, Seneca, Tacitus; so war doch nicht nur die grosse Menge, sondern selbst hervorragende Köpfe im Glauben an Zauberei befangen. Sulla liess sich von Magiern aus gewissen Zeichen seines Leibes weissagen [2]; Varro wusste geheime Sprüche gegen das Podagra; Julius Cäsar sprach stets vor Besteigung seines Reisewagens eine bestimmte Formel dreimal aus [3]; Vespasian war den Priestern des Serapis zu Alexandrien bei der magischen Heilung eines Blinden behülflich. [4] Rom ist wiederholt als Sammelplatz aller Arten von Zauberei dargestellt worden. Ausser den Etruskern [5], Sabinern sind besonders die Marser verrufen, die wegen ihrer Schlangenbeschwörungen von Circe abstammen sollten. [6] Schon in sehr alter Zeit glaubte man an die Zauberkunst, das Getreide von fremden Aeckern an sich zu locken [7], Regengüsse durch Beschwörungen herbeizuziehen oder zu entfernen. [8] Liebeszauber, Nekromantie, Thierverwandlungen und fast alle Vorstellungen von der Macht der Zauberei erbten die Römer von den Griechen. Durch Zauber erforschte man das Verborgene, gebot dem Monde, beherrschte die Natur überhaupt, heilte, schädigte, tödtete, konnte Liebe und Hass erregen, leibliche und geistige Fähigkeiten lähmen. [9] Dem mittelalterlichen Hexenglauben nähern sich vornehmlich die Vorstellun-

---

[1] Horat. Sat. 8, 32; Lucian. Philopseud. 14.
[2] Vellej. Patercul. II, 32.
[3] Plin. hist. N. XXXVIII, 2.
[4] Tacit. hist. IV, 81; Sueton. vit. Vesp. 7.
[5] Dionys. Halic. I, 24.
[6] Gell. N. A. XVI, 11; Plin. XXVII, 2.
[7] Virgil., Eclog. VIII, 99; Tibull. El. 8. 19.
[8] Seneca Quaest. nat. IV, 7.
[9] Vgl. Ovid Metamorph. VII, 199; Lucan, Pharsal. VI, 452 sequ.

gen von den Strigen, Lamien oder Empusen. Bei Ovid[1]
erscheinen die erstern als gefrässige Wesen in Eulengestalt,
den Harpyien verwandt, die des Nachts den Kindern das Blut
aussaugen und die Eingeweide aufzehren. Auch plötzlich eintretende Kraftlosigkeit bei Erwachsenen wird der Bosheit der
Strigen zugeschrieben.[2] Dass diese Strigen nicht als blosse
gespenstische Ungethüme, sondern als boshafte Zauberinnen
zu fassen seien, hat Soldan[3] bereits dargethan. Sie saugen
die menschlichen Körper aus, entweder zum Liebeszauber für
andere, oder zur eigenen Ernährung. Den Strigen ähnliche
Wesen sind die Lamien oder Empusen. Die Empusa erscheint
bald einzeln, im Geleite der Hecate, bald als ganze Gattung.
Strigen, Lamien, Empusen theilen die Verwandlungsfähigkeit,
das Ausgehen auf Liebesabenteuer, die Gier nach dem Blute
und den Eingeweiden der Menschen. Die Abweichungen in
ihrer Schilderung kommen wol nur auf Rechnung des Zeitalters, der Oertlichkeit oder der Phantasie des einzelnen
Dichters.

Die Zaubermittel, deren man sich bediente, waren so verschieden als zahlreich, vor allen: carmen, incantatio, de-
precatio, also das Wort[4], das gesungen, gemurmelt oder
geschrieben Zauber und Gegenzauber bewirkte, und zwar
Schnee, Regen und Sonnenschein.[5] Fremdartige Wörter,
namentlich ägyptische, babylonische, hebräische, hatten bestimmte Wirkungen, Zettel und Bleche mit gewissen Buchstaben dienten als Amulete, „Arse vorse" an die Thüre geschrieben, schützte vor Feuersgefahr, „Huat hanat huat ista
pista sista domiabo damnaustra" wird von Cato gegen Verrenkungen empfohlen[6], und andere Formeln sollen andere
Uebel heilen. Aus allen drei Reichen der Natur gebrauchte
man magische Heilmittel. Die Bezauberung durch das böse
Auge ward gefürchtet, und selbst Cicero soll den Blick der
mit doppelter Pupille begabten Weiber für schädlich gehalten

---

[1] Fasti VI, 131. 170.
[2] Petron. 134.
[3] S. 45 fg.
[4] Plin. H. N. XVIII, 2.
[5] Tibull. I, 2. 45; Virgil. Eclog. VIII, 64.
[6] R. R. cap. 160.

haben.[1] Besonders häufig wird der Liebeszauber von den
Dichtern erwähnt.[2] Der Geliebten wächsernes Bild am Feuer
geschmolzen zwingt diese zur Gegenliebe; in gleicher Absicht
werden Puppen von Wolle oder Thon gebraucht; Venusknoten
werden aus farbiger Wolle geschlungen u. dgl. m. Der Tod
eines Feindes erfolgt, wenn sein Bildniss oder Name auf einer
Platte durchbohrt wird[3]; oder es wird ihm hierdurch die
männliche Kraft entzogen.[4] Die spätere römische Zeit glaubte
an die Macht eines Spiritus familiaris oder paredros[5], mittels
dessen man die Zukunft erforschen und den Gegner mannichfach schädigen könne. Aus der vorchristlichen Zeit finden
sich daher Strafbestimmungen gegen Zauberei, die als Gesetze
oder polizeiliche Massregeln jedoch nur den Schaden, der
durch Zauberei bewirkt wird, im Auge haben, und demnach
zum Schutze der Person oder des Eigenthums erlassen sind.[6]
Indess wurden die Magier und ihre Künste bald verfolgt,
bald begünstigt, je nach den persönlichen und politischen Verhältnissen, und in der spätern Zeit hatte die Magie unter
den Kaisern mehr Freunde als Feinde.

Wenn wir erinnern, dass die orientalische Dämonologie
durch das Judenthum und die Kirchenlehre in das Christenthum hineingezogen worden, dass ferner die dämonischen
Elemente, welche die zum Christenthum bekehrten Heiden-
völker von ihren heimatlichen Religionsanschauungen mitgebracht, mit der Kirchenlehre sich amalgamirt hatten, und
wenn wir das römische Zauberwesen, welches sich auf römischem Boden vorfand, hinzusummiren; so sollte man glauben:
der Stoff war überreich, von dem sich das mittelalterliche
Hexenwesen nähren konnte. Die christlichen Kirchenlehrer
stürzten Freya's Altar, deren Dienst in gewissen Nächten, besonders der Walpurgisnacht stattfand, um den Saturnalien des
Teufels und seiner Verbündeten Platz zu machen, und die

---

[1] Plin. H. N. VII, 2; Gell. N. A. IX, 4; Virg. Eclog. III, 163.
[2] Horat. Sat. I, 8; Epod. V, XVII; Virg. Eclog. VIII; Theocrit. Id.
II; Ovid Heroid. VI; Amor. I, 8; Tibull. 1, 2, 8; Propert. III, 5; Lucan. VI, 460.
[3] Tacit. Annal. II, 69.
[4] Ovid Amor. III, 7. 29.
[5] Justin. Apol. II; Tertull. Apologet. 23; Irenäus I, 24.
[6] Seneca Quaest. nat. IV, 7; Plin. H. N. XV. III. XXVIII, 2; Institut. IV, Tit. XVIII, 5.

Priesterinnen, die Bewahrerinnen magischer Kräfte, erschienen im Bunde mit dem Teufel als Hexen.

Die Controverse zwischen J. Grimm, der die Zauberweiber und ihre Nachtfahrten aus dem germanischen Alterthum ableitet[1], und Soldan, nach dessen Behauptung sie auf classischem Boden fussen[2], wird kaum zu schlichten sein, und zwar nicht nur wegen der Aehnlichkeit der Züge auf beiden Seiten, sondern auch, weil die Scheidelinie durch das Hinundherfluten der Erinnerungen aus beiden Welten, der germanischen und altclassischen, ins Schwanken gebracht und, von den Wellen überspült, kaum zu erkennen sein dürfte.

Der innige Zusammenhang des deutschen Lebens mit dem römischen Alterthum durch die Traditionen des römischen Kaiserreichs, durch das römische Recht, die lateinische Sprache, welche in die deutsche Bildung hineinragen, steht ausser Zweifel, und es bedarf zum Beweise kaum der Wiederanführung vieler Ackergeräthschaften, des Weizens, der Gerste, vieler Obstsorten, des Weins, der Gartenblumen, der Fabrikation vieler Stoffe und anderer Dinge, die Freytag in seinen „Bildern deutscher Vergangenheit" als Momente erwähnt, welche von den Deutschen aufgenommen und zu eigen gemacht worden sind. Dies sind Thatsachen ausser allem Zweifel. Handelt es sich aber um die Scheidung der altclassischen und germanischen Elemente in den Vorstellungen von den Hexen und ihrem Meister, so wird man bemerken, dass die christlichen Kirchenlehrer der ersten christlichen Jahrhunderte das Hexenwesen mehr unter dem Gesichtspunkte des classischen Alterthums betrachteten, daher auch auf dem Concil zu Ancyra bei der Verwerfung des Hexenwesens von der Diana die Rede war. Mag die Jahreszahl 314, wo das Concil gehalten worden, auch fraglich sein, so ist doch die Abfassung des darauf bezüglichen Kanons[3] auf römischem Boden gewiss. In der Volksmasse, namentlich dem germanischen Stamme, wurden die analogen heimatlichen, heidnischen Vorstellungen hervorgerufen und die germanischen Züge, die wie auf einem Palimpsest hervortraten, erscheinen nun mit den gleichartigen römischen Zügen

---

[1] D. Myth. Cap. von der Zauberei.
[2] S. 71 fg.
[3] Decret. XIX, 5.

so eng verschlungen, dass sie sich fast decken, daher die erste Schrift von der zweiten kaum zu unterscheiden sein dürfte.

Bei der massenhaften Literatur über Hexenprocesse, wo die Massregeln der Kirche und des Staats dagegen gewöhnlich ausführlich erörtert sind, können diese der Wiederholung hier entbehren. Zu bemerken ist nur, dass die Gesetze und Decrete gegen das Hexenwesen in jenen Zeiten ebenso fruchtlos blieben, wie die gegen den teuflischen Aberglauben, und zwar aus demselben Grunde, weil die kirchlichen und staatlichen Organe den Glauben an die Realität des Hexenwesens mit dem Volke theilten und die daran Betheiligten verfolgten, um mit ihnen die Hexerei selbst zu vernichten.

Da wir die Periode der Hexenprocesse vom 15. Jahrhundert datiren, ist die Streitfrage über den Anfang derselben nicht zu umgehen.

Wir haben gesehen, dass der Glaube an Hexerei nicht erst der christlichen Periode eigen, und ebenso ist es Thatsache, dass der Hexenprocess nicht erst durch die Bulle Innocenz' VIII. erfunden worden ist, da alles Material dazu schon lange vor dieser aufgehäuft vorliegt. Soldan und andere haben strafrechtliche Vorkehrungen in dieser Beziehung vor dem 13. Jahrhundert angeführt, wonach Zauberei mit körperlicher Züchtigung, mit Vermögens- und Lebensstrafe belegt worden ist. Wir erinnern an die Vorgänge in „dem Pelopidenhause der Merovinger", wo infolge des Todes der Söhne Fredegund's ein Weib, das ihn durch Zauberkünste herbeigeführt haben soll, gefoltert und lebendig verbrannt wird[1], und aus demselben Grunde der Majordomus Mummolus durch die erlittene Folter das Leben einbüsst.[2] Soldan, der noch mehrere Fälle aufzählt[3], macht die richtige Bemerkung: dass schon die Verschiedenheit in den Bestrafungen der Zauberei: Erdolchen, Verbrennen, Rädern, Enthaupten, mehr auf die Laune der Machthaber als auf gesetzliche Bestimmungen hindeute. Karl der Grosse verordnet in einem seiner Capitularien[4]: „Wenn jemand vom Teufel verblendet nach Art der Heiden glaubt,

---

[1] Greg. Tur. hist. Franc. V, 40.
[2] Ibid., VI, 35.
[3] S. 91.
[4] Capitul. de partib. Sax.

dass ein Mann oder eine Frau eine Striga sei und einen
Menschen aufzehre, und deshalb ihn oder sie verbrennt, und
das Fleisch desselben oder derselben zum Aufessen hingibt, so
soll er des Todes sterben." — Anderwärts befiehlt er: dass
die Zauberer jeder Art verhaftet, belehrt und gebessert, wenn
sie hartnäckig sind, mit Gefängniss, aber nicht am Leben bestraft werden sollen.[1] In den nächsten vier Jahrhunderten
fehlen die Hinrichtungen, wenigstens in Deutschland, fast
gänzlich, denn die einzelnen beglaubigten Beispiele sind als
keine eigentlich gerichtlichen Handlungen zu betrachten.

2. Vorläufer der Hexenprocesse.

Da keine geschichtliche Periode von der vorhergehenden
mit scharfer Linie sich plötzlich abtrennt, weil die Zukunft
in der Gegenwart vorbereitet wird, so hat auch die Periode
der Hexenprocesse ihre Vorläufer, die ihr gleich Plänklern
vorangehen. Aus den Jahren 1230—40 ist nach einer Bulle
Gregor's IX. ein grosser Process aus der Gegend von Trier
bekannt; der Process gegen die Templer von 1309—13, der
mit Verbrennen der Ordensmitglieder endete, wird gewöhnlich
hierher gerechnet, so auch der grosse Process zu Arras, wo
Peter Boussard die Leute der Waldenserei und des Manichäismus beschuldigte und eine grosse Anzahl im Jahre 1439 dem
Scheiterhaufen überlieferte. Diese Fälle sind als Vorläufer
unserer Hexenperiode und somit auch der Bulle Innocenz' des
VIII. zu betrachten; es ist aber zu bemerken, dass bei
ihnen in der Anklage die Ketzerei mehr oder weniger im
Vordergrund steht, dass sie nicht das specifische Hexenwesen
der spätern Zeit repräsentiren. Das specifische Hexenwesen der eigentlichen Periode der Hexenprocesse beruht
nicht mehr blos auf der Abweichung von Glaubens- und Lehr-
sätzen der Kirche, sondern, wie aus der Bulle Innocenz' VIII.
und dem Hexenhammer ersichtlich ist, lautet die Anklage
vornehmlich auf: Bündniss mit dem Teufel und vertrau-
testen Umgang mit demselben. Es ist nicht mehr das

---

[1] Capitul. ecclesiast. v. 709; Decret. synodale v. 799.

apologetische Interesse und die dogmatische Autorität, welche die Kirche gegenüber der Ketzerei in Polemik und Verfolgung zu wahren sucht; in der Periode der eigentlichen Hexenprocesse stellt sich die Kirche als Macht der Macht des Teufels gegenüber und sucht diejenigen zu vernichten,welche mit letzterm im Bunde stehen und kraft dieses Hexerei ausüben. In der Hexenperiode misst sich die Macht der Kirche mit der des Teufels, wie sie sich einst im Streite mit den Hohenstaufen mit der staatlichen Macht gemessen hatte. Die Kirche bewegt sich der Hexerei gegenüber in dem Widerspruche: dass sie einerseits den teuflischen Aberglauben an dessen Anhängern ausrotten will, d. h. die Anerkennung der Macht des Teufels zu vertilgen, als nichtig darzustellen sucht; sie aber andererseits doch wieder selbst als Macht anerkennt, indem sie es nöthig findet, ihre eigene Macht dagegen einzusetzen, um jene nicht wachsen zu lassen. Im Kampfe mit den Hohenstaufen hatte der Kirche eine wirkliche Macht entgegengestanden; diese Kaiser waren zwar nicht im vollen Siege untergegangen, aber auf ihren Fall folgte bekanntlich das Exil der Päpste in Avignon, die öffentliche Meinung neigte sich auf die Seite der Staatsmacht, und das Bewusstsein der Zeit ward vom Bedürfniss nach einer Reformation der Kirche an Haupt und Gliedern immer mehr erfüllt. In der Periode der gerichtlichen Hexenverfolgung entwickelt die Kirche ihre Macht gegen die vorgestellte Macht des Teufels, und bei einem Rückblick auf die Entstehung und Ausbildung dieser Vorstellung müssen wir wahrnehmen, dass die Kirche dabei dem heidnischen Kronos gleich verfährt, der seine eigenen Kinder verschlingt; dass sie den realen Boden verloren hat und den Kampf mit einem abstract spiritualistischen Gebilde führt, wobei freilich die Unglücklichen, die in Flammen aufgehen müssen, an der Materie tödlich getroffen werden.

Es muss auffallen, dass die gerichtliche Verfolgung der Hexen von einer bestimmten Zeit an, nämlich vom Ausgange des 15. Jahrhunderts, in progressiver Weise zunimmt; ja zu einer Art Wuth sich steigert, daher man füglich von einer Periode der Hexenprocesse sprechen darf. Ein kurzer chronologischer Ueberblick des Hexenwesens und Verlaufs der Hexenprocesse wird vielleicht den Beweis liefern.

Die Ineinandersetzung der Ketzerei und Hexerei im Sinne

des Teufelsdienstes ist schon mehrere Jahrhunderte vor der
eigentlichen Hexenperiode aus den Gerüchten über die Katharer bemerklich. Sie werden des Umgangs mit dem Teufel
und damit verbundener abscheulicher Handlungen beschuldigt.
Wir erwähnen nur die Schilderung der Katharerversammlung
bei Alanus Nyssel, wo die Ceremonie des Kniebeugens als
Adoration in den Untersuchungsacten oft erwähnt und dahin
entstellt ist: in den katharischen Versammlungen erscheine der
Teufel in Gestalt eines Katers, um einen ekelhaften Huldi-
gungskuss in Empfang zu nehmen, worauf schändliche Wollust
geübt werde.[1] Dieser Alanus von Nyssel ist nach Soldan der
erste, der von einem dem Teufel dargebrachten Huldigungs-
kusse spricht, den er den Katharern aufbürdet, wobei er zugleich, wie schon erwähnt, seinen etymologischen Scharfsinn
wetzt.

Papst Gregor IX. hatte durch eine Bulle dem Ketzer-
meister Konrad von Marburg schrankenlose Gewalt verliehen,
auch alle der Hexerei Verdächtigen vor sein Gericht zu ziehen,
und wenn er sie schuldig finde, zum Scheiterhaufen zu führen.
Die Verfolgungswuth Konrad's versetzte hierauf Ketzerei und
Teufelsbündniss gleichsam praktisch ineinander. „Wer ihm
in die Hände fiel", schreibt der Erzbischof von Mainz an den
Papst, „dem blieb nur die Wahl, entweder freiwillig zu bekennen und dadurch sich das Leben zu retten, oder seine Unschuld zu beschwören und unmittelbar darauf verbrannt zu
werden. Jedem falschen Zeugen ward geglaubt, rechtliche
Vertheidigung war Niemand gestattet, auch dem Vornehmsten nicht; der Angeklagte musste gestehen, dass er ein Ketzer
sei, eine Kröte berührt, einen blassen Mann oder sonst ein
Ungeheuer geküsst habe. Darum liessen sich viele Katholische lieber um ihres Leugnens willen unschuldig verbrennen,
als dass sie so schändliche Verbrechen, deren sie sich nicht
bewusst waren, auf sich genommen hätten. Die Schwächern
logen, um mit dem Leben davon zu kommen, auf sich selbst
und jeden beliebigen anderen, besonders Vornehme, deren
Namen ihnen Konrad als verdächtig suggerirte. So gab der

---

[1] Alani ab Insulis insignis theologi opus adv. haeret. et Valdens. qui
postea Albigens. dicti etc., bei Soldan, 130.

Bruder den Bruder, die Frau den Mann, der Knecht den
Herrn an; viele gaben den Geistlichen Geld, um Mittel zu
erfahren, wie man sich entziehen könne, und es entstand auf
diese Weise eine unerhörte Verwirrung".[1]

Die Vorstellung vom Teufelsbund, deren Entstehung
wir gesehen haben, wovon der Grundzug von einem Pactum
und einem Homagium, als eine dem Satan persönlich darge-
brachte Huldigung auch in der Versuchungsgeschichte enthalten ist, gewinnt nun immer mehr Breite und Vordergrund.
Die christliche Kirchenlehre sprach auch schon von einem
alten und neuen Bund des Menschen mit Gott und von Mysterien dieses Bundes, und diese Vorstellungen wurden nun
auf die Kirche übertragen. An die herrschende Anschauung
von der Gegensätzlichkeit zwischen Kirche und Teufel knüpfte
sich die Vorstellung von einem Bündnisse der von der Kirche
Abgefallenen, also der Ketzer als Verbündeter mit dem Teufel.
Diese Vorstellung fand in dem Zeitraume, wo das Corporations-
wesen auf fast alle Verhältnisse angewandt ward, einen fruchtbaren Boden. Im Sinne des Feudalwesens wurde jeder durch das
Homagium, den Kuss dem Teufel dargebracht, als dessen Vasall betrachtet. Ein Schritt weiter, und die Unzucht, Incest
u. dgl., deren die Ketzer beschuldigt worden, verwandelte
sich in fleischlichen Umgang mit dem Teufel selbst. Präli-
minarien dazu fanden sich nicht nur in dem Liebesverkehr
der himmlischen und Halbgötter mit Menschen im classischen
Alterthum, auch die Pseudepigraphen der Juden, namentlich
das Buch Henoch, sprechen vom Umgang der Geister mit
den Menschen, und die Kirchenväter Justin, Lactanz u. a.
deuten die Stelle 1 Mos. 6, 1 fg. auf eine Vermischung der
Dämonen mit den Töchtern der Menschen. Da nach der uns
bekannten Herabdrückungsmethode die heidnischen mythologischen Wesen zu Dämonen umgedeutet wurden, konnten die
in den Bibelübersetzungen gebrauchten Namen: Lamien,
Sirenen, Faune u. dgl., auch specielle Anwendung finden. So
verweist Augustin die Faune, Sylvane und gallischen Dusii,
die solchen Verkehr treiben.[2] Die Vorstellung von dem Um-

---

[1] Alberici Monachi Chron. ad a. 1233.
[2] De civ. D. XV, 22 squ.

gang der Drachen in Menschengestalt mit Weibern war aus
dem Oriente bekannt. Es kann also nicht befremden, wenn
im 13. Jahrhundert manche Buhlgeschichten mit Dämonen im
Schwange waren. Bei der bekannten Allgestaltigkeit des
Teufels musste der Glaube an dessen Verwandlung in einen
Incubus oder Succubus, je nach Gelegenheit[1], allgemein verbreitet werden, und im Zusammenhange mit der Vorstellung
vom Teufelsbündniss trat auch die von dem fleischlichen Umgang mit ihm beim Hexenwesen in den Vordergrund.

Als erstes Beispiel der Verurtheilung auf Grund solcher
Anklage gilt das schon erwähnte grosse Auto da Fé im
Jahre 1275 zu Toulouse, wo unter den lebendig Verbrannten
auch die 56jährige Angela, Herrin von Labarethe, dieses Verbrechens beschuldigt worden. Ueberhaupt kommen im 13. Jahrhundert schon einzelne eigentliche Hexenprocesse vor.[2] Im 14. Jahrhundert werden die Verurtheilungen wegen Hexerei häufiger,
und Soldan's Vermuthung[3], dass die persönliche Furcht Johann XXII. vor dem zauberischen Unwesen daran theilhaben
dürfte, erscheint nicht unmöglich. Im Jahre 1320 ertheilte
er dem Inquisitor ausdrücklich die Vollmacht zur eifrigen
Verfolgung derjenigen, welche den Dämonen opfern, den Huldigungsact abstatten, eine Verschreibung geben u. dgl.[4] In
Carcassonne wurden von 1320 — 50 schon über 400 wegen
Hexerei verurtheilt, wovon mehr als die Hälfte den Tod erlitt. In der zweiten Hälfte des 14. Jahrhundert erschien
das „Directorium Inquisitorum von Nicol. Eymericus" (von
1356 — 93 Generalinquisitor) als systematische Unterweisung
für Ketzerrichter, worin alle Zauberkünste aufgenommen sind,
die als ketzerisch gelten oder nach Ketzerei schmecken. Im
Jahre 1404 trat die Synode von Langres dem Hexenwesen
insofern entgegen, als sie bei Fällen, wo sie Betrügereien annahm, Belehrung und Disciplin vorschrieb.

Während das Uebel in Frankreich abzunehmen schien,
regte es sich in Deutschland. Um die Zeit des Basler Con-

---

[1] Thom. v. Aqu. Comment. ad Jes. 40.
[2] Vgl. Soldan, 147.
[3] S. 181.
[4] Vgl. die Bulle bei Soldan, 182.

cils suchte der Dominicaner Joannes Nider durch seinen
„Formicarius"[1] die Deutschen über die Geheimnisse des
Hexenwesens systematisch zu belehren und die der Zauberei
Beflissenen als Sekte mit schändlichem Cultus darzustellen.
Sie verleugnen die christliche Religion und die Taufe, treten
das Kreuz, schliessen ein Pactum mit dem Teufel, leisten die-
sem den Huldigungsact, halten Versammlungen, in welchen
der Teufel in Menschengestalt erscheint, machen Luftfahrten,
Hagel und Blitz, locken das Getreide an, erregen Hass und
unkeusche Liebe, hindern die Conception bei Menschen und
Thieren, verwandeln sich in Thiergestalten, wozu sie sich einer
Salbe aus den Leichen umgebrachter Kinder bedienen, tödten
die Frucht im Mutterleibe; die Existenz der Incuben und
Succuben wird aus Thomas von Aquino bewiesen, u. dgl. m.

Im Jahre 1446 werden einige Frauen wegen Hexerei in
Heidelberg verbrannt und fallen noch andere Opfer.[2]

Wilhelm von Edelin, Prior von St.-Germain, der gegen
die Wirklichkeit der Hexenfahrten gepredigt, muss am 12. September 1453 in der bischöflichen Kapelle zu Evreux vor dem
geistlichen Gerichte Abbitte thun und bekennen, dass er selbst
mit andern wirklich dem Satan seine Verehrung dargebracht,
den Glauben an das Kreuz verleugnet und im Auftrage des
Teufels zur Mehrung des satanischen Reichs gepredigt habe,
dass die Hexerei ein Ding der Einbildung sei.[3]

Im Jahre 1458 erschien: „Flagellum haereticorum fascinariorum, autore J. Nicolao Jaquerio ordin. fr. praedicatorum et olim haereticae pravitatis Inquisitore", worin
die Realität der Hexerei aus Scholastikern, Legenden der
Heiligen und Bekenntnissen bewiesen und hiermit das System
derselben nach allen ihren Zweigen abgeschlossen wird. Die
Grundzüge sind folgende. Die Handlungen und Zusammenkünfte dieser Zaubersekte (haeresis et sectae fascinariorum)
sind nicht Täuschungen der Phantasie, sondern verwerfliche,
wirkliche und leibliche Handlungen Wachender. Es ist ein

---

[1] Fr. Joan. Nider (gest. 1440) Suevi ordin. praedicat. s. theolog.
profess. et hereticae pestis inquisitoris, liber insignis de maleficiis et
eorum deceptionibus.

[2] Soldan 198.

[3] Raynald ad ann. 1451.

feiner Kunstgriff des Teufels, den Glauben zu verbreiten, als
gehörten die Hexenfahrten nur ins Reich der Träume. In
der Sekte oder Synagoge dieser Zauberer erscheinen nicht
blos Weiber, sondern auch Männer, und was noch schlimmer
ist, sogar Geistliche und Mönche, die dastehen und mit den
sinnlich wahrnehmbar in mancherlei Gestalt erscheinenden
Dämonen reden, sich von denselben mit eigenen Namen benennen lassen, unter Verleugnung Gottes, des katholischen Glaubens und seiner Mysterien. Dafür versprechen
die Dämonen Schutz und Hülfe, erscheinen auf den Ruf der
Zauberer auch ausser der Synagoge, um ihre Wünsche zu erfüllen, geben ihnen „Veneficien" und Stoffe, um Zaubereien zu
vollbringen. Dies Verhältniss beruht auf einem wirklichen
Vertrage mit den Dämonen. Diese bezwingt nur die göttliche
Kraft, wie sie dem Diener der Kirche verliehen ist. Die
Zauberer bewirken Krankheiten, Wahnsinn, Tod von Menschen und Thieren, Unglück im ehelichen Leben, Verderben
der Feldfrüchte und anderer Güter. In den Versammlungen,
die meist am Donnerstag stattfinden, wird das Kreuz bespien
und getreten, besonders zur Osterzeit, eine geweihte Hostie
geschändet und dem Teufel geopfert, fleischliche Vermischung
mit den bösen Geistern vollzogen. Keiner darf das Zeichen
des Kreuzes machen, sonst verschwindet im Augenblicke die
ganze Gesellschaft, woraus ein Beweis für die Vortrefflichkeit
des den Dämonen so verhassten katholischen Glaubens genommen wird. Jedem Zauberer wird ein unvertilgbares Zeichen, das signum diabolicum, aufgedrückt. Dem Ein-
wande, dass ein beim Hexensabbat Anwesender nicht mit
Gewissheit behaupten könne, diese oder jene Person daselbst
gesehen zu haben, da der Teufel auch ein Trugbild in Gestalt
jener Person habe erscheinen lassen können, begegnet Jaquier
durch folgende Anweisung: „Sagt der von Mitschuldigen Angeklagte, der Teufel habe nur sein Scheinbild vorgeführt, so
antworte man ihm: dass der Teufel dies nicht ohne Erlaubniss
Gottes habe thun können. Behauptet der Angeklagte weiter,
dass Gott diese Erlaubniss gegeben habe, so erwidere man
ihm, dass der Behauptende deshalb dem Richter genügende
Beweise beizubringen habe; thut er dies nicht, so ist ihm kein
Glaube beizumessen, weil er nicht dem Rathe Gottes beige-
wohnt hat. Denn so wie der Procurator des Glaubens die

Maleficien zu beweisen hat, die er dem Angeklagten zu Last legt, so liegt auch dem Angeklagten der Beweis dessen ob, was er zu seiner Vertheidigung anführt." Aus der Aussage von Zeugen, dass sie in einer Versammlung zwar die Hexen, aber nicht die Dämonen gesehen haben, wird das Dasein der letztern so gefolgert: weil der Teufel machen könne, dass er von dem einen gesehen werde, von dem andern nicht. Schliesslich behauptet Jaquier, dass die Zauberer, auch wenn sie bereuen, nicht wieder in den Schos der Kirche aufzunehmen, sondern dem weltlichen Gerichte zu überliefern seien, da bei ihnen alles aus bösem Willen, nicht aus Irrthum hervorgehe, und sowol ihre abscheuliche Ketzerei an sich als die damit verbundenen Verbrechen: Mord, Sodomie, Apostasie und Idololatrie, die strengste Strafe verlangen. Ja selbst wenn man die Realität des Hexenwesens als unerweislich betrachten wollte, machen sich die Mitglieder der Zaubersekte dennoch der Ketzerei schuldig, sofern sie im wachen Zustande thun, was ihnen der Satan im Traume befohlen hat, z. B. die göttlichen Mysterien nicht zu verehren, was ihnen begegnet ist, nicht zu beichten, u. dgl. m.

Im Jahre 1459 erschien: „Fortalitium fidei contra Judaeos, Saracenos aliosque Christianae fidei inimicos" von Alphonsus de Spina, dessen fünftes Buch von der Dämonologie und Zauberei handelt. Er variirt das Thema von den Hexen, Incuben und Succuben auf seine eigenthümliche Weise, erklärt die Hexenfahrt für eine teuflische Verblendung, bringt aber im ganzen ebenso wenig Neues als die nachfolgenden Schriftsteller.

In demselben Jahre ward auf Veranlassung des Dominicaners und Inquisitors zu Arras, Pierre le Broussard, ein Weib inquirirt, das unter der Folter gestand, auf der Waldenserei (vauderie, so nannte man die Hexerei) gewesen zu sein und verschiedene Personen gesehen zu haben, welche auch eingezogen und gefoltert wurden. Sie wurden des Verbrechens beschuldigt: dass sie auf gesalbten Stöcken zur Vauderie ritten, daselbst speisten, dem als Bock, Hund, Affe oder Mensch erscheinenden Teufel durch den bekannten obscönen Kuss und durch Opfer huldigten, ihn anbeteten, ihm ihre Seelen ergäben, das Kreuz träten, darauf spien, Gott und Christum verhöhnten, nach der Mahlzeit untereinander und mit dem Teufel, der bald die Gestalt eines Mannes, bald die eines Weibes an-

nehme, abscheulichste Unzucht trieben. Dass, wie der
Inquisitor hinzufügte, die zum Fliegen dienende Salbe aus
einer mit geweihten Hostien gefütterten Kröte, den gepulver-
ten Knochen eines Gehenkten, dem Blute kleiner Kinder und
einigen Kräutern bereitet sei. Der Teufel predige in den
Versammlungen, verbiete die Messe zu hören, zu beichten,
sich mit Weihwasser zu besprengen, u. dgl. Als nach gefälltem Urtheile die Angeklagten, die vor der versammelten
Volksmenge auf einem hohen Gerüste standen, mit Mützen
auf dem Kopfe, worauf die Teufelsanbetung gemalt war, dem
weltlichen Arme übergeben, ihre Liegenschaften confiscirt
wurden, ihr bewegliches Gut dem Bischof zugesprochen ward:
schrien zwar die Verurtheilten, dass sie betrogen worden, indem man ihnen, wenn sie bekenneten, eine Pilgerfahrt, wenn
sie leugneten, den Tod in Aussicht gestellt habe, dass sie durch
die Folter gezwungen worden seien; allein trotz den Be-
theuerungen ihrer Unschuld, dass sie weder an der Vauderie
theilgenommen hätten, noch wüssten, was das wäre, mussten
doch sechs im Jahre 1460 auf dem Scheiterhaufen sterben. [1]
Dieser Hinrichtung zu Arras folgte in demselben Jahre eine
zweite und dann noch andere infolge der Anklage auf Waldenserei.

Das Hexenwesen, das bisher vornehmlich in Frankreich
und den angrenzenden Ländern sich gezeigt hatte, sollte den
Inquisitoren bald auch in Deutschland Beschäftigung geben.
Im letzten Viertel des 15. Jahrhunderts waren Heinrich Institoris (Krämer) für Oberdeutschland und Jakob Sprenger für
die Rheingegenden zu Ketzerinquisitoren bestellt worden, die
„ihr Geschäft", wie Soldan sich ausdrückt [2], „vorerst durch
Verfolgung des Hexenwesens zu popularisiren" gedachten.
Nachdem sie aber nicht nur hinsichtlich ihrer richter-
lichen Competenz, sondern, wie sie selbst gestehen [3] und
in der Bulle darauf hingedeutet wird, auch in Bezug
auf den Gegenstand Widerstand gefunden, wandten sie
sich an den Papst Innocenz VIII., der durch seine Bulle
„Summis desiderantes" vom 5. December 1484 nicht nur

---

[1] Vgl. Sold., 206.
[2] S. 212.
[3] Mall. malef., p. 3, 225 u. a. ed. Francof. v. 1588.

dieser Verlegenheit abhalf, sondern der Lehre vom Hexenwesen überhaupt auch die endgültige päpstliche Sanction verlieh.
Dieses Actenstück ist zwar nicht als die Quelle des ganzen
Hexenwesens zu betrachten, was nach dem Vorgange Schwager's [1] öfter behauptet worden; es ist aber epochemachend
in der Geschichte der Hexenprocesse durch den gewaltigen
Vorschub, welchen es ihnen geleistet hat.

Wortlaut der Bulle: „Innocentius, Episcopus, servus ser-
vorum Dei. Ad futuram rei memoriam. Summis desiderantes
affectibus, prout pastoralis sollicitudinis cura requirit, ut fides
catholica nostris potissime temporibus ubique augeatur et flo-
reat, ac omnis haeretica pravitas de finibus fidelium procul
pellatur, ea libenter declaramus, ac etiam de novo concedimus,
per quae hujusmodi pium desiderium nostrum votivum sor-
tiatur effectum, cunctisque propter ea per nostrae opera-
tionis ministerium quasi per providi operatoris sarculum erroribus extirpatis ejusque fidei zelus et observantia in ipsorum
corda fidelium fortius imprimatur. Sane nuper ad nostrum
non sine ingenti molestia pervenit auditum, quod in nonnullis
partibus Alemaniae superioris, nec non in Moguntinen., Colonien., Treveren., Saltzburgen. et Bremen. provinciis, civitatibus,
terris, locis et dioecesibus complures utriusque Sexus personae,
propriae salutis immemores et a fide catholica deviantes, cum
daemonibus incubis et succubis abuti, ac suis incantationibus,
carminibus et conjurationibus aliisque infandis superstitiis et
sortilegiis, excessibus, criminibus et delictis mulierum partus,
animalium foetus, terrae fruges, vinearum uvas et arborum
fructus, nec non homines, mulieres, pecora, pecudes, et alia
diversorum generum animalia, vineas quoque, pomeria, prata,
pascua, blada, frumenta et alia terrae legumina, perire, suffo-
cari et extingui facere, et procurare, ipsosque homines, mulieres, jumenta, pecora, pecudes et animalia diris tam intrin-
secis quam extrinsecis doloribus et tormentis afficere et ex-
cruciare, ac eosdem homines ne gignere, et mulieres ne
concipere, virosque ne uxoribus et mulieres ne viris actus
conjugales reddere valeant, impedire. Fidem praeterea ipsam
quam in sacri susceptione baptismi susceperunt ore sacrilego
abnegare. Aliaque quam plurima nefanda excessus et crimina,

---

[1] Versuch einer Gesch. der Hexenprocesse, I, 39.

instigante humani generis inimico, committere et perpetrare
non verentur, in animarum suarum periculum, divinae maje-
statis offensam ac perniciosum exemplum ac scandalum pluri-
morum. Quodque licet dilecti filii Henricus Institoris, in praedictis partibus Alemaniae superioris, in quibus etiam provinciae, civitates, terrae, dioeces., et alia loca hujusmodi
comprehensa fore censetur, nec non Jacobus Sprenger per
certas partes lineae Rheni, ordinis praedicatorum et theologiae
professores, haereticae pravitatis inquisitores per literas Apostolicas deputati fuerunt, prout adhuc existunt, tamen nonnulli
clerici et laici illarum partium, quaerentes plura sapere, quam
oporteat, pro eo, quod in literis deputationis hujusmodi
provinciae, civitates, dioeces., terrae et alia loca praedicta,
illarumque personae ac excessus hujusmodi nominatim et
specifice expressa non fuerunt, illa sub iisdem partibus minime
contineri et propterea praefatis inquisitoribus in provinciis,
civitatibus, dioeces., terris, et locis praedictis hujusmodi inquisitionis officium exequi non licere et ad personarum earundem super excessibus et criminibus ante dictis punitionem,
incarcerationem et correctionem admitti non debere, pertinaci-
ter asserere non erubescunt. Propter quod in provinciis, civitatibus, dioeces. terris et locis praedictis excessus et crimina
hujusmodi non sine animarum evidenti jactura et aeternae salutis
dispendio remanent impunita. Nos igitur impedimenta quae-
libet quae per ipsorum inquisitorum officii executio quomodo
libet retardari posset, de medio submovere, et ne labes haereticae pravitatis aliorumque excessuum hujusmodi, in perni-
ciem aliorum innocentum sua venena diffundat, opportunis re-
mediis, prout nostro incumbit officio, providere valentes, fidei
zelo ad hoc maxime nos impellente, ne propterea contingat,
provincias, civitates, dioeces., terras et loca praedicta sub
eisdem partibus Alemaniae superioris, debito inquisitionis officio carere, eisdem inquisitoribus in illis officium inquisitionis
hujusmodi exequi licere, et ad personarum earundem super
excessibus et criminibus praedictis correctionem, incarcerationem et punitionem admitti debere, perinde in omnibus et
per omnia, ac si in literis praedictis provinciae, civitates,
dioeces., terrae et loca ac personae et excessus hujusmodi
nominatim et specifice expressa forent, autoritate Apostolica
tenore praesentium statuimus. Proque potiori cautela literas

et deputationem praedictas ad provincias, civitates, dioces., terras et loca, nec non personas et crimina hujusmodi exten- dentes, praefatis inquisitoribus, quod ipsi et alter eorum, accersito secum dilecto filio Joanne Gremper, clerico Con- stantien. magistro in artibus, eorum moderno seu quovis alio Notario publico, per ipsos et quemlibet eorum pro tempore deputando, in provinciis, civitatibus, dioces., terris et locis praedictis contra quascunque personas, cujuscunque condi- tionis et praeeminentiae fuerint, hujusmodi inquisitionis offi- cium exequi, ipsasque personas, quas in praemissis culpabiles reperierint, juxta earum demerita corrigere, incarcerare, punire et mulctare. Nec non in singulis provinciarum hujusmodi parochialibus Ecclesiis, verbum Dei fideli populo, quotiens expedierit, ac eis visum fuerit, proponere et praedicare, om- niaque alia et singula in praemissis et circa ea necessaria et opportuna facere, et similiter exequi libere et licite valeant, plenam ac liberam eadem autoritate de novo concedimus fa- cultatem. Et nihilominus venerabili fratri nostro Episcopo Argentinensi scripta mandamus, quatenus ipse per se, vel per alium seu alios, praemissa ubi, quando et quotiens expedire cognoverit, fueritque pro parte inquisitorum hujusmodi seu alterius eorum legitime requisitus, solemniter publicans, non permittat, eos quoscunque super hoc, contra praedictarum et praesentium literarum tenorem, quavis autoritate molestari, seu alius quomodo libet impediri, molestatores et impedientes et contradictores quoslibet, et rebelles, cujuscunque dignitatis status, gradus, praeeimentiae, nobilitatis et excellentiae aut conditionis fuerint, et quocunque exemtionis privilegio sint muniti, per excommunicationis, suspensionis et interdicti, ac alias etiam formidabiliores, de quibus sibi videbitur, senten- tias, censuras et poenas, omni appellatione postposita, compes- cendo et etiam legitimis super his per eum servandis pro- cessibus sententias ipsas', quotiens opus fuerit, aggravare et reaggravare autoritate nostra procuret, invocato ad hoc, si opus fuerit auxilio brachii secularis. Non obstantibus prae- missis et constitutionibus et ordinationibus Apostolicis contra- riis quibuscunque. Aut si aliquibus communiter, vel divisim ab Apostolica sit sede indultum, quod interdici, suspendi vel excommunicari non possint, per literas Apostolicas non facien- tes plenam et expressam, ac de verbo ad verbum, de indultu hujusmodi mentionem, et qualibet alia dictae sedis indulgentia generali vel speciali, cujuscunque tenoris existat, per quam praesentibus non expressam, vel totaliter non insertam effectus hujusmodi gratiae impediri valeat, quomodo libet vel differri, et de quacunque, toto tenore habenda, sit in nostris literis mentio specialis. Nulli ergo omnino hominum liceat hanc paginam nostrae declarationis, extensionis, concessionis et mandati infringere, vel ei ausu temerario contraiare. Si quis autem hoc attentare praesumpserit, indignationem omnipotentis Dei ac beatorum Petri et Pauli Apostolorum ejus se noverit incursurum. — Datum Romae apud sanctum Petrum. Anno incarnationis Dominicae Millesimo quadringentesimo octuagesimo quarto. Non. Decembris. Pontificatus nostri anno primo."

Auf Grund dieser Bulle verfassten die in derselben erwähnten Inquisitoren im Jahre 1487 den berüchtigten „Malleus maleficarum", den sogenannten „Hexenhammer", worin nicht nur das Ganze der Hexerei in ihrer Wirklichkeit erwiesen, sondern auch das gerichtliche Verfahren mit den Hexen grundsätzlich festgestellt wird. Ausser der Sanction des Papstes erhielten die Verfasser das Patent des Kaisers Maximilian vom 6. November 1486 und erwirkten überdies die Approbation der theologischen Facultät zu Köln. Dieser „Hexenhammer" hatte nach dem Zeugnisse des berühmten Criminalisten des 16. Jahrhunderts, Damhonder [1], fast Gesetzeskraft erhalten, mit der er, drei Jahrhunderte hindurch geschwungen, unerbittlich losschlug, um unter seiner schweren Wucht Millionen unglücklicher Menschen unbarmherzig zu zermalmen. Da nun hiermit der Hexenprocess auch für Deutschland durch den Papst autorisirt und eine feste Gestalt erhalten hatte, indem er in aller Form auf das Bündniss mit dem Teufel gegründet und die Aufgabe gestellt ward, Hexen zu suchen, welche denn auch gefunden wurden, so glauben wir vom Erscheinen der Bulle in Verbindung mit ihrem praktischen Commentar, dem „Hexenhammer", die Periode der gerichtlichen Hexenverfolgung datiren zu dürfen.

---

[1] Bei Soldan, S. 222.

3. Malleus maleficarum. Der Hexenhammer.

Indem dieses Buch, das mehrere Ausgaben, aber nie eine
Uebersetzung erlebt hat, für unsere Hexenperiode von so
grosser Bedeutung und auch für den Stand des Hexen- und
Teufelsglaubens der Zeit so wichtig ist, können wir kaum um-
hin, den Hauptinhalt desselben mit Hervorhebung der wesentlichen Punkte darzulegen. [1] Dem Werke ist der Wortlaut
der Bulle Innocenz' VIII. vorgedruckt und als Anhang die
Approbation der kölner Theologen am Schlusse beigefügt.
Die Stelle einer Vorrede vertritt die „Apologia auctoris in
Malleum maleficarum", ohne Zweifel auf Sprenger zu beziehen,
dessen Antheil an dem Werke überhaupt als vorwiegend anerkannt ist. Es wird die Gefahr der Kirche, in der sie durch
die Ketzerei des Hexenwesens sich befindet, als Motiv des
Unternehmens angegeben. Das Getriebe der Zauberer und
Hexen fusst auf einem Bündniss mit dem Teufel: „Ex
pacto enim cum inferno, et foedere cum morte, foetidissimae
servituti, pro earum pravis explendis spurcitiis se subjiciunt."
Mit angeblich grosser Bescheidenheit nennt sich Sprenger
und seinen werthesten Genossen, der mit ihm vom päpstlichen
Stuhle zur Ausrottung der ketzerischen Seuche ausgesandt
worden, „inter divinorum eloquiorum professores, sub prae-
dictorum ordine militantium minimi"; im frommen Eifer und
unter schwerer Betrübniss haben sie erwogen, welches Mittel
und welcher Trost den Sterblichen als heilsames Antidotum
zu bieten sei, und — so sei dieses Werk entstanden. Es sei
aus andern Quellen geschöpft und von dem Ihrigen nur We-
niges hinzugekommen, neu sei nur die Zusammenstellung. Die
Herausgeber wollen keine Dichtungen schaffen, noch sublime
Theorien erörtern, sondern nach Art der Nachtreter nur fortsetzen zur Ehre der höchsten Dreieinigkeit und untheilbaren
Einheit u. s. w.
    Das Buch zerfällt in drei Theile, worin der Gegenstand
auf Grund von einer Menge Haupt- und Nebenfragen, die

---

[1] Ich habe die frankfurter Ausgabe vom Jahre 1588 vor mir, welcher
der „Formicarius" von Joann. Nieder beigefügt ist.

bunt durcheinandergeworfen, nicht selten im Widerspruche miteinander stehen, ebenso kraus und wirr abgehandelt wird. Von einem streng logischen Nacheinander ist so wenig die Rede, dass bei Heraushebung einzelner Punkte der Vorwurf des Herausreissens aus dem Zusammenhang keinen Raum finden kann.

Im ersten Theile wird in achtzehn Quästionen die Realität des Hexenwesens aus der Heiligen Schrift, dem kanonischen und bürgerlichen Rechte nachgewiesen, wobei vornehmlich Augustinus und Thomas von Aquino die Argumente liefern. Die drei Hauptmomente, die das Hexenwesen in sich begreift: der Teufel, der Zauberer oder die Hexe, die göttliche Zulassung, werden in Betracht genommen.

1. Frage. Ob es Zauberei gebe? Ob diese Behauptung ebenso orthodox als die des Gegentheils allerdings ketzerisch sei?

Es ist ketzerisch zu glauben, dass ein Geschöpf durch Zauberer zum Bessern oder Schlechtern, oder in eine andere Art umgewandelt werden könne als von dem Schöpfer selbst.[1]

Das Werk Gottes beweist grössere Macht als das des Teufels, es ist darum auch unerlaubt zu glauben, dass die Geschöpfe, die Werke Gottes an Mensch und Vieh durch die Macht des Teufels verderbt werden können.[2] Die Teufel wirken nur durch Kunst, diese kann aber keine wahre Gestalt geben. Es ist ein ketzerischer Irrthum, zu glauben, es gebe keine Zauberei in der Welt ausser in der Meinung des Volks, ebenso, Zauberer anzunehmen, aber die zauberischen Wirkungen nur als eingebildet zu betrachten.[3] Der Teufel hat grosse Gewalt über körperliche Dinge und die Einbildung der Menschen, wenn es Gott zulässt. Dies beweisen eine Menge Stellen der Heiligen Schrift. Diejenigen, welche keine Realität der Zauberei annehmen, widerstehen dem wahren Glauben, wonach wir die aus dem Himmel gefallenen Engel für Teufel halten müssen, die kraft ihrer Natur vieles vermögen, was wir nicht können. Diejenigen, die ihnen dazu Anlass geben, heissen Zauberer (Malefici). Weil aber Unglaube bei einem Getauften Ketzerei heisst, so werden

---

[1] S. 1.　　[2] S. 2.　　[3] S. 3.

solche mit Recht der Ketzerei beschuldigt. [1] Viele werden
durch ihre Phantasie getäuscht, etwas für ein Factum zu
halten; aber deswegen die Wirkungen des Teufels als real zu
leugnen und sie nur für Phantasiestücke zu halten, ist ein
Irrthum, der nach Ketzerei schmeckt. [2] Dies wird durch
göttliche, kirchliche und bürgerliche Gesetze bewiesen. Denn
das göttliche Gesetz befiehlt, nicht nur mit Hexen nicht zu
verkehren, sondern sie zu tödten, und solche Strafe würde
Gott nicht verhängen, wenn sie nicht wahrhaftige und wirkliche Dinge mit Hülfe des Teufels vollbrächten. [3] Jeder, der
in der Erklärung von jener der Kirche abweicht, wird mit
Recht für einen Ketzer gehalten; und ebenso jeder, der in
Glaubenssachen anders denkt als die Kirche. [4] Folgt der
Beweis aus dem Kanon, aus dem bürgerlichen Rechte.

Zur Anklage auf Hexerei wird bei diesem Verbrechen
der beleidigten Majestät jeder zugelassen und als legal betrachtet. [5]

Die katholische und einzig wahre Behauptung ist: es gibt
Zauberer, die mit Hülfe des Teufels kraft eines Bundes mit
ihm unter Gottes Zulassung nicht nur eingebildete, sondern
auch wirkliche Zauberhandlungen vollbringen können, obschon es auch Hexereien gibt, die auf Einbildung beruhen. [6]

Zauberinnen sind Weiber, durch die der Teufel spricht
oder wunderbar wirkt; die erstern sind die Weissagerinnen
(species Pythonum) [7], die übrigen sind die eigentlichen Hexen.
Die Hexe hat sich durch einen Vertrag dem Teufel ganz ergeben und verpflichtet, wahrhaft und wirklich, nicht blos in
der Phantasie oder eingebildet, daher sie auch wirklich und
körperlich mit dem Teufel zusammenwirkt. [8] Prediger und
Priester haben daher ihren Gemeinden vier Stücke besonders einzuschärfen: 1) Ausser dem Einen Gott gibt es kein
göttliches Wesen; 2) Mit der Diana oder Herodias reiten ist
eigentlich mit dem Teufel (der sich so stellt und nennt);
3) Ein solcher Ritt geschieht in der Einbildung, indem der
Teufel auf die Seele, die ihm durch Unglauben unterthan geworden, so wirkt, dass sie ihn leiblich geschehen glaubt;

---

[1] S. 4. [2] S. 5. [3] S. 5. [4] S. 6. [5] S. 9. [6] S. 10.
[7] S. 10. [8] S. 11.

4) dass sie (die Hexen und Zauberer) dem Teufel in allen Stücken gehorchen müssen. [1]

Obschon die Verwandlungen lediglich durch göttliche Autorität geschehen zur Besserung oder Strafe, so doch auch oftmals mit Hülfe des Teufels unter göttlicher Zulassung, wie auch die modernen Zauberer durch den Teufel in Wölfe und andere Bestien verwandelt werden. So spricht der Kanon: „de reali transformatione et essentiale, et non de praestigiosa quae saepius fit."

2. Abtheilung der 1. Frage. Ist es Ketzerei, Zauberer anzunehmen?

Ein offenbarer Ketzer ist 1) wer auf Ketzerei betroffen oder 2) dem sie durch Zeugen bewiesen wird, oder 3) der sich selbst dazu bekennt. Die dem bisher Gesagten widersprechen und behaupten: es gebe keine Zauberer oder diese könnten den Menschen nicht schaden, werden mit Recht als Ketzer bestraft. [2] Da es aber in der Absicht der Verfasser liegt, Prediger bezüglich des Lasters der Ketzerei nach Möglichkeit lieber zu entschuldigen als zu beschuldigen (pro posse excusare quam incusare), so sollen sie nicht gleich verdammt werden, wenn der Verdacht auch ziemlich stark sein sollte. Da es einen dreifachen Verdacht gibt (suspicio levis, vehemens et violenta), ist zu untersuchen, welchem ein solcher Prediger unterliege. [3] Unkenntniss kann zwar einigermassen, aber nicht ganz entschuldigen, weil sie nicht unüberwindlich ist; geflissentlich aber eine Sache nicht wissen wollen, ist verdammlich. Bleibt einer in Unwissenheit, weil er zu viel andere Geschäfte hat, um das zu erlernen, was er wissen sollte (das Hexenwesen), so ist namentlich in der gegenwärtigen Zeit, wo den bedrohten Seelen geholfen werden muss, die Unwissenheit mit aller Anstrengung zu verscheuchen. [4]

2. Frage. Ist es katholisch, zu behaupten, dass bei einer Zauberei der Teufel immer mit dem Zauberer vereint wirke, oder dass einer ohne den andern eine solche Wirkung hervorbringe?

Der Teufel kann allerdings ohne den Hexer vieles bewirken. Alle körperlichen Beschädigungen sind nicht unsichtbar, sondern fühlbar, daher sie auch vom Teufel angerichtet

[1] S. 12.   [2] S. 14.   [3] S. 15.   [4] S. 17.

werden können. Beispiele sind: Hiob, die Jungfrau Sara,
welcher vom Teufel sieben Männer getödtet wurden. [1] Wenn
der Teufel wirkt vermittels der Hexe, so bedient er sich derselben als eines Werkzeugs. [2]

Jede körperliche Handlung geschieht durch Berührung.
Und weil dem Teufel keine Berührung der Körper eignet,
da er mit ihnen nichts gemein hat, so bedient er sich eines
Werkzeugs, dem er die Kraft durch Berührung zu schädigen
mittheilt. Dass Bezauberungen auch ohne Hülfe des Teufels
geschehen können, sagt Galat. 3, 1. Oft wirkt eine Seele in
einem fremden Körper wie im eigenen. [3] Die Einbildungskraft kann auf· verschiedene Weise auf den Körper wirken.

Auch ohne die Kraft der Seele können die Körper wunderbare Wirkungen hervorbringen. So bluten die Wunden
des Getödteten in Gegenwart des Todtschlägers; ein Lebender,
der an einem Leichnam vorübergeht, ohne ihn wahrzunehmen,
wird von Schauer ergriffen.

Natürliche Dinge haben gewisse verborgene Kräfte, deren
Grund der Mensch nicht angeben kann. So zieht der Dia-
mant (? Adamas) das Eisen. [4] Die Zauberer bedienen sich
gewisser Bilder und anderer Werkzeuge, die sie unter die
Thürschwellen der Häuser legen oder an gewisse Orte, wo
das Vieh oder auch die Menschen darüber kommen, die dadurch behext werden und bisweilen sterben. Solche Wirkungen können wol von den Bildern herrühren, insofern diese
gewisse Einflüsse von den Himmelskörpern empfangen haben.
Auch die Heiligen können Wunder wirken, bald durch das
Gebet, bald durch eigene Macht. [5] Nach Isidorus heissen die
Malefici so wegen der Grösse ihrer Missethaten, womit sie
vor allen Uebelthätern am meisten Uebel thun. Sie bringen
mit Hülfe des Teufels die Elemente durcheinander, treiben
Hagel und Gewitter zusammen, verwirren die Gemüther der
Menschen, verursachen Wahnsinn, Hass, unbändige Liebe,
sie tödten ohne Gift, blos durch die Gewalt eines Gesangs
die Seelen. [6]

Warum Hiob nicht mittels zauberischer Wirkung durch
den Teufel geschlagen worden sei? Dass Hiob durch den
Teufel allein ohne Vermittelung eines Zauberers oder einer

---

[1] S. 20.   [2] S. 21.   [3] S. 21.   [4] S. 22.   [5] S. 23.   [6] S. 24.

Hexe geschlagen worden, erklärt sich daraus, dass diese
Art Aberglaube damals noch nicht erfunden war; die göttliche Vorsicht wollte jedoch, dass die Macht des Teufels in
der Welt, um dessen Nachstellungen zur Ehre Gottes zu verhüten, bekannt werde, da jener ohne Gottes Zulassung nichts
bewirken kann. [1] — Der Leser wird aufmerksam gemacht,
dass die verschiedenen Zauberkünste im Verlaufe der Zeit
erfunden worden sind, daher es nicht befremdlich ist, dass es
zu Hiob's Zeit noch keine Hexen gab. Denn wie, nach dem
Ausspruche Gregor's in seiner Moral, die Kenntniss der Heiligen wuchs, so nahmen auch die Hexenkünste zu. Und wie
die Erde von der Erkenntniss des Herrn erfüllt ist, nach
Jesaia, so ist die Welt, die sich zum Untergange neigt, nachdem die Bosheit der Menschen gewachsen, die Liebe erkaltet
ist, von der Boshaftigkeit der Hexereien ganz überschwemmt. [2]
Es ist katholische Wahrheit: bei einer zauberischen Handlung,
wenn sie auch keine schädliche ist, muss der Zauberer stets
mit dem Teufel zusammenwirken. Es ist wahr, der Teufel
bedient sich der Zauberer zu deren eigenem Verderben; aber
wenn gesagt wird: diese seien nicht zu bestrafen, weil sie
nur als Werkzeuge dienen, die sich nach dem Willen ihres
Herrn bewegen müssen, so antworten wir: sie sind beseelte
und frei handelnde Werkzeuge, obschon sie nach eingegange-
nem Vertrage mit dem Teufel ihrer Freiheit nicht mehr Herr
sind, weil sie, wie wir aus den Bekenntnissen verbrannter
Weiber wissen, wenn sie den Schlägen des Teufels entfliehen
wollen, bei den meisten Hexereien gezwungen mitwirken
müssen, da sie durch das erste Versprechen, wodurch sie sich
freiwillig dem Teufel ergeben haben, gebunden bleiben. [3] —
In diesem Abschnitte wird von verschiedenen Arten der Behexung von dem bösen Auge, meistens an alten Weibern,
vom Einfluss der Himmelskörper gehandelt, und das Bluten
der Wunden eines Ermordeten bei Annäherung des Mörders u. a. m. erklärt.

3. Frage. Ob es katholisch sei zu behaupten: dass
durch Incuben und Succuben wirkliche Menschen erzeugt
werden?

Zunächst scheint es nicht katholisch zu sein, zu behaup-

---

[1] S. 26.   [2] S. 27.   [3] S. 28.

ten, dass der Teufel durch Incuben und Succuben wirkliche
Menschen zu Stande bringen könne, die Fortpflanzung des
Menschen stammt vor dem Sündenfalle von Gott; ausserdem ist sie ein Act eines lebendigen Leibes, der Teufel gibt
aber den Leibern, die er annimmt, kein Leben. [1] Der Teufel
kann keinen Körper localiter bewegen — ergo nec semen
poterunt (daemones) movere localiter de loco ad locum. [2]
Allein, nach Augustinus: Daemones colligunt semina quae ad-
hibent ad corporales effectus, dies kann ohne locale Bewegung
nicht stattfinden; die Giganten sind jedoch auch von Dämonen gezeugt. [3] — Da vieles, was die Macht des Teufels betrifft, übergangen werden muss und der Leser sich aus den
Schriften der Kirchenväter unterrichten kann, so wird er einsehen, dass der Teufel alle seine Werke durch seinen Verstand und seinen Willen ausführe, da seine natürlichen ursprünglichen Gaben nicht verändert worden sind. Er wird
finden, dass es auf Erden keine Macht gibt, die der seinigen
gleichkäme, dass er niemand fürchtet, nur den Verdiensten
der Heiligen unterliegt. [4]

Nach all dem Vorhergesagten lässt sich in Betreff der
Incuben und Succuben behaupten: dass durch sie bisweilen
Menschen erzeugt werden; dies anzunehmen ist in so weit katholisch, als das Gegentheil weder durch die Heiligen Schriften noch durch die Tradition abgeleitet wird. [5]

Die Giganten stammen nach der Heiligen Schrift von
Incuben her. Die Sylvani und Fauni sind Incuben. [6] Die
Frauen sollen sich der Incuben wegen verschleiern. [7] Der
Grund, warum die bösen Geister sich zu Incuben oder Suc-
cuben machen, ist, damit sie durch das Laster der Wollust
die beiderlei Natur des Menschen verderben, nämlich die des
Leibes und der Seele, damit sie dadurch zu allen übrigen
Lastern geneigter werden. [8]

Folgt die Theorie: Quomodo incubi procreent. — Incubi
fiunt succumbi, etc. [9]

4. Frage. Ist es katholisch zu behaupten, dass die
Verrichtungen der Incuben und Succuben allen unreinen
Geistern gleich zukommen?

---

[1] S. 41.   [2] S. 42.   [3] S. 43.   [4] S. 44.   [5] S. 46.   [6] S. 47.
[7] S. 48.   [8] S. 48.   [9] S. 50 sequ.

Katholisch ist die Behauptung, dass eine gewisse Ordnung in Bezug auf innere und äussere Handlungen unter den
Dämonen stattfindet; dass gewisse Abscheulichkeiten von den
niedrigsten begangen werden, von denen die vornehmern ausgeschlossen bleiben. Denn die Teufel unterscheiden sich durch
die Art, einige sind vom Hause aus vornehmer.[1] Dies stimmt
auch zur göttlichen Weisheit, wonach alles nach einer Ordnung gehen muss. Dies stimmt auch mit der Bosheit der
Dämonen überein, denn da diese das Menschengeschlecht bekämpfen, so richten sie diesem mehr Schaden an, wenn sie
es nach einer gewissen Ordnung unternehmen.[2] Wie sich
die Dämonen durch eine gewisse Rangordnung unterscheiden,
so auch in ihren Verrichtungen, daher es klar ist, dass nur
die vom niedersten Range solche Abscheulichkeiten, die auch
unter den Menschen die niedrigsten sind, vollziehen.[3]

Dass eine gewisse Ordnung unter den Dämonen herrsche,
beweisen auch ihre Namen. Von den etymologischen Sonder-
barkeiten sei nur die Ableitung des Namens Diabolus herausgehoben, nämlich von dia quod est duo et bolus, quod est
morsellus: quia duo occidit, scilicet corpus et animam.[4]

Die Eintracht unter den Dämonen besteht nicht in Freundschaft, sondern in der Bosheit, mit der sie die Menschen
hassen und der Gerechtigkeit so viel sie können wider-
streiten.[5]

5. Frage. Woher die Vermehrung der Hexereien?

Kann es für katholisch gelten, dass der Ursprung und
die Vermehrung der Zaubereien vom Einflusse der Himmelskörper oder der übermässigen Bosheit der Menschen und
nicht von den Abscheulichkeiten der Incuben und Succuben
abgeleitet werde.[6]

Es scheint, dass sie von der eigenen Bosheit der Menschen herrühren, denn nach Augustinus wird der Zauberer
durch die Sünde verderbt, also ist die Ursache nicht der
Teufel, sondern der menschliche Wille. Derselbe sagt auch,
jeder sei selbst die Ursache seiner Bosheit, die Sünde ent-
springe aus dem freien Willen. Der Teufel kann nicht den
freien Willen bewegen, das wäre gegen die Freiheit. — Was
nun die Herleitung vom Einflusse der Himmelskörper betrifft,

---

[1] S. 58.   [2] S. 59.   [3] S. 60.   [4] S. 61.   [5] S. 63.   [6] S. 64.

so ist zu bemerken, dass alles Vielgestaltige auf ein einheitliches Principium sich zurückleitet. Die menschlichen Handlungen sind vielfältig, sowol betreffs der Laster als der Tugenden, es scheint also, dass sie auf einige einheitliche Principien zurückleiten, und diese sind nur aus den Bewegungen
der Himmelskörper zu erklären, die einförmig sind, also sind
jene Körper die Ursache solcher Folgen.

Ausserdem: wenn die Himmelskörper nicht die Ursache
wären der menschlichen Handlungen in Beziehung auf Tugenden und Laster, würden die Astrologen nicht so häufig
den Ausgang der Kriege und anderer menschlicher Unternehmungen wahrsagen: sie sind also einigermassen Ursache.
Auch können sie auf die Teufel wirken, also um so mehr
auf die Menschen. Denn die Mondsüchtigen werden zu gewissen Zeiten mehr als zu andern von den Dämonen geplagt,
was nicht der Fall wäre, wenn nicht diese selbst vom Monde
belästigt würden. Die Nigromantiker beobachten gewisse
Constellationen, um die Dämonen anzurufen, was sie nicht
thäten, wenn sie nicht wüssten, dass die Dämonen den Himmelskörpern unterworfen sind. Dies erhellt auch daraus, dass
nach Augustinus die Dämonen durch gewisse untergeordnete
Körper beeinflusst werden, als Kräuter, Steine, Thiere, gewisse Laute, Wörter, Figurationen. Da nun die Himmelskörper mächtiger sind als diese niedrigen Körper, um so
mehr in Beziehung auf die Wirkungen des Teufels. Und
noch mehr sind die Zauberer dem Einflusse jener Körper
unterworfen. [1]

Hingegen: Es kann unmöglich eine Wirkung ohne Ursache geben; alles was von neuem angefangen wird, muss
eine bestimmte Ursache haben. Der Mensch beginnt zu handeln, zu wollen, indem er dazu angeregt wird und zwar von
aussen. Der Grund von allem Guten ist Gott, der nicht die
Ursache der Sünde ist; von allem Bösen, das der Mensch
zu thun und zu wollen anfängt, muss es auch eine äusserliche Ursache geben, die keine andere sein kann als der Teufel[2],
und zwar besonders bei der Hexerei. Es scheint also, dass
der böse Wille des Teufels die Ursache des bösen Willens
besonders bei den Zauberern ist. [3]

---

[1] S. 65.   [2] S. 66.   [3] S. 67.

Es sind drei Dinge im Menschen zu erwägen: die Handlung des Willens, des Verstandes, des Körpers, deren erstere unmittelbar und nur von Gott, die zweite von einem Engel und die dritte von einem Himmelskörper gelenkt wird.[1] Es kann aber geschehen, dass der Mensch die Eingebung Gottes zum Guten verachtet sowie die Erleuchtung durch den Engel, und von der Neigung des Leibes dahin geleitet wird, wohin er auch durch den Einfluss der Gestirne hinneigt, sodass sowol sein Wille als sein Verstand von der Bosheit umhüllt wird. So sagt auch Guilielmus in seinem Werke „De universo", was durch Erfahrung bestätigt ist: wenn eine Hure einen Olivenbaum pflanzt, wird dieser nicht fruchtbar, wol aber den eine Keusche gepflanzt hat.[2]

Von den Himmelskörpern werden die Zaubereien nicht verursacht.[3] Aus der menschlichen Bosheit entspringen sie auch nicht.[4] Auch nicht Worte in Uebereinstimmung mit der Macht der Sterne verursachen Zaubereien.[5]

Der Teufel wird die Ursache der Sünde genannt, aber nur unter Zulassung Gottes, der das Böse um des Guten wegen zulässt. Der Teufel disponirt den Menschen durch Eingebung, Ueberredung und äusserlich durch stärkern Reiz. Denen aber, die sich ihm ganz ergeben haben, wie die Zauberer, befiehlt er, und braucht sie nicht zu reizen.[6]

Wir übergehen die weitern Erörterungen dieses Abschnittes: über die Einwirkungen des Mondes auf das Gehirn, wie die Dämonen durch Gesänge, Musik, Kräuter beeinflusst werden, von den Ligaturen u. s. w.; nur die Bemerkung: David vertrieb den bösen Geist nicht durch die Macht seiner Zither, sondern durch das Zeichen des Kreuzes, das durch das Holz und die ausgespannten Seiten gebildet wurde. Denn schon damals flohen die Dämonen vor dem Kreuze.[7]

6. Frage. Von den Hexen, die sich dem Teufel ergeben haben.

Nach mehrern berührten Schwierigkeiten dieser Frage werden vornehmlich zwei aufgeworfen.

1) Warum bei dem schwachen Geschlechte, dem weiblichen, mehr Hexerei betroffen werde als dem männlichen?

---

[1] S. 73.   [2] S. 74.   [3] S. 77.   [4] S. 80.   [5] S. 83.   [6] S. 85.
[7] S. 90.

Einige Lehrer sagen: es gibt drei, die weder im Guten noch im Bösen Mass zu halten wissen: die Zunge, der Geistliche und das Weib.[1] — Es wird über die Vielfältigkeit der Zunge, gute und schlechte Geistliche gesprochen, von guten Weibern, dass unter dem Tadel der Weiber fleischliche Begierde zu verstehen sei.[2] Auch andere Gründe werden angeführt, warum die Weiber der Hexerei mehr ergeben sind: a) weil sie leichtgläubig sind, und da der Teufel vornehmlich den Glauben verdirbt, so greift er sie gern an. b) Weil sie wegen der Flüssigkeit (fluxibilitas) ihrer Complexion für Eingebungen (revelationes) empfänglicher sind. c) Weil sie eine schlüpfrige Zunge haben und was sie unrechtmässigerweise (mala arte) wissen, ihren Genossinnen nicht verschweigen und sich, da sie keine Kraft haben, geheim mittels Hexerei rächen.[3] Die geringere Gläubigkeit des Weibes, die in der Schöpfungsgeschichte sich zeigt, wird auch auf etymologischem Wege bewiesen: „Dicitur enim foemina a fe et minus, quia semper minorem habet et servat fidem." Das Weib zweifelt von Natur aus leichter und verleugnet früher den Glauben, und das ist die Grundursache der Hexen. Gehandelt wird ferner von der Eifersucht und Ungeduld der Weiber, dass beinahe alle Reiche durch Weiber zu Grunde gegangen, ohne die Weiber wäre die Welt ein Verkehr der Götter, u. s. w.

2) Welcherlei Weiber sind vor andern dem Aberglauben und der Hexerei ergeben?

Aus dem Vorhergehenden erhellt, dass es drei Laster sind, denen die Weiber vornehmlich ergeben sind: a) Unglaube, b) Ehrgeiz, c) Wollust, und zwar letzterer besonders. In dieser Beziehung wird in der Bulle eine siebenfache Hexerei angeführt, wodurch sie 1) die Gemüther mit ungezügelter Liebe erfüllen oder mit unbändigem Hasse, 2) die Zeugungskraft verhindern, 3) die dazu nöthigen Glieder beseitigen, 4) die Menschen durch ihre Gaukelkunst in Thiergestalten verwandeln, 5) bei den Weibern die Empfängnisskraft zerstören, 6) Frühgeburt verursachen, 7) die Kinder dem Teufel darbringen, abgesehen von den Thieren, Feldfrüchten, denen sie verschiedenen Schaden zufügen.[4]

---

[1] S. 91.   [2] S. 95.   [3] S. 96.   [4] S. 103.

7. **Frage.** Ob die Zauberer die Gemüther der Menschen zur Liebe und zum Hasse reizen und diese ineinander umwandeln können?

Der Teufel kann die innern Gedanken der Menschen nicht sehen. Nicht alle unsere bösen Gedanken werden vom Teufel angeregt, oft tauchen sie aus unserm freien Willen auf.[1] Der Teufel ist die mittelbare Ursache aller Sünden, indem er den ersten Menschen zur Sünde verführte, wodurch sich die Neigung dazu über das ganze Geschlecht verbreitete. Unmittelbar kann der Teufel durch Ueberredung wirken, und zwar theils unsichtbarerweise, theils sichtbar, indem er den Zauberern in irgendeiner Gestalt erscheint.[2] Innere Kräfte wirken auf körperliche, weil es in der Natur des Körperlichen liegt, durch Geistiges bewegt zu werden. Beweise sind: unsere eigenen Leiber, die durch Seelen in Bewegung gesetzt werden, ferner die Himmelskörper.[3] Hiernach können die Dämonen durch örtliche Bewegung den Samen sammeln, denselben verbinden und verwenden. — Erörterung über Erscheinungen, Träume, die Phantasie; diese wird eine Schatzkammer aller Gestaltungen genannt.[4] Unter Zulassung Gottes kann der Teufel verschiedene Gestalten aus dieser Schatzkammer hervorlocken und dadurch verführen, Liebe und Hass erregen. Bei der Zauberei verleiht der Teufel den Zauberern und Hexen in Folge des Vertrags dieses Vermögen: daraus erklärt sich, dass Ehebrecher oft die schönsten Gattinnen beseitigen und für ganz hässliche Weiber entbrennen. Wir kennen ein altes Weib, das hintereinander drei Aebte eines Klosters nicht nur behexte, sondern sogar tödtete und den vierten auf ähnliche Weise verrückt machte. Sie gesteht es selbst und scheut sich nicht zu sagen: ich habe es gethan und thue es, und sie können nicht von der Liebe zu mir ablassen, weil sie so viel von meinem Kothe verzehrt haben, wobei sie die Quantität mit ihrem Arme anzeigt. Ich bekenne, dass sie noch vorhanden ist (setzt Sprenger hinzu), weil wir noch nicht ermächtigt waren, die Sache zu untersuchen und Rache zu üben.[5] Der Teufel reizt auf unsichtbare Weise auch durch Disposition, er macht durch Zureden die Flüssigkeiten geeignet zur Begierde u. dgl.[6] — Folgt eine Anweisung, den

---

[1] S. 106.   [2] S. 107.   [3] S. 109.   [4] S. 111.   [5] S. 113.   [6] S. 113.

abgehandelten Gegenstand dem Volke in Predigten vorzutragen.[1] — Darstellung der Beweisgründe.[2]

    8. Frage. Ob die Zauberer das Zeugungsvermögen
und den Beischlaf, wie es in der Bulle gesagt wird, verhindern?

    Da die Menschen durch verschiedene Mittel die Zeugungs-
kraft vernichten können, so kann es der Teufel, der mächtiger
ist, als jene, um so mehr.[3] Gott räumt ihm diese Macht
ein, weil in diesem Punkte die Verderbtheit der Menschen
grösser ist, als in den übrigen Handlungen.[4] Aus Petrus
de Palude werden fünf Weisen, durch die der Teufel die
Berührung der Leiber hindern kann, angegeben: 1) indem er
sich mit seinem angenommenen Leibe dazwischenlegt; 2) indem er geheime, ihm bekannte Kräfte von Dingen anwendet,
wodurch er erhitzen oder erkalten machen kann; 3) dass er
die Einbildungskraft so einnimmt, dass das Weib verhasst erscheint; 4) dass er das membrum virile erschlaffen lässt;
5) intercludendo vias seminis ne ad vasa generationis descen-
dat, vel ne ab eis recedat etc.[5]

    An den übrigen Unflätereien, die als Zweifel vorgebracht
werden, wollen wir vorbeigehen.

    9. Frage. Ob die Hexen durch teuflische Künste im
Stande seien, die membra virilia wirklich und thatsächlich
oder nur durch gaukelhafte Vorspiegelung wegzuhexen?

    Es ist das erstere anzunehmen.[6] Bei der Erörterung
der verschiedenen Gaukeleien des Teufels, womit er die Menschen betrügt, wird auch erwähnt, dass der Teufel in angenommener Gestalt erscheinen kann und so als etwas gilt,
was er eigentlich doch nicht ist. Zur Bestätigung dient ein
Beispiel aus Gregor von Tours[7], wonach eine Nonne Salat
ass, der aber, wie der Teufel selbst bekannte, nicht wirklicher
Salat, sondern der Teufel in Form des Salates war.[8]

    Nebenfrage: Wie kann Bezauberung von natürlicher
Impotenz unterschieden werden?

    Als Merkmale werden angegeben: 1) Es sind grössten-
theils Ehebrecher und Hurer, denen die Impotenz aus Rache
über ihre Treulosigkeit angehext wird; 2) ist die angehexte

---

   [1] S. 114.   [2] S. 118.   [3] S. 123.   [4] S. 124.   [5] S. 125.
[6] S. 132.   [7] Dialog. I.   [8] S. 137.

Impotenz nicht dauerhaft, es wäre denn, dass sie durch die
Hexe nicht wieder beseitigt werden könnte.

10. Frage. Ob die Hexen durch Gaukelei die Menschen in thierische Gestalten verwandeln?

Eine eigentliche Verwandlung eines Geschöpfs in ein anderes kann im Grunde nur der Schöpfer selbst bewirken.[1]
Der Teufel kann aber die Phantasie der Menschen täuschen,
so dass sie wirkliche Thiere zu sehen glauben.[2] So verwandelte Circe die Gefährten des Ulysses nicht in wirkliche
Schweine.[3] Der Teufel kann die Sinne täuschen.[4] Wenn
eine Thierverwandlung stattzufinden scheint, so ist die Erscheinung Gaukelei, oder der Teufel steckt selbst in dem angenommenen Körper und treibt vor dem Menschen sein
Wesen.[5]

Nebenfrage. Was von den Wölfen zu halten sei,
welche Menschen angreifen oder Kinder aus der Wiege
rauben und fressen, ob dies auch durch Gaukelei von den
Hexen geschehe?

Dies geht bisweilen auf natürliche Weise zu, zuweilen ist
es Gaukelei, bisweilen geschieht es durch Hexen. Bisweilen
sind es natürliche Wölfe oder andere Bestien, die sich dem
Menschen nahen, bisweilen sind sie von Dämonen Besessene, wie die, welche die 40 Kinder frassen, die den Propheten Elisa verhöhnt hatten; zuweilen sind es Gaukeleien der
Hexen.[6]

11. Frage. Hebammen, die Hexen sind, vernichten
die Frucht im Mutterleibe auf verschiedene Weise, bewirken eine Frühgeburt, und wo sie dies nicht thun, da geloben sie die gebornen Kinder dem Teufel.

So behaupten die Kanonisten und Theologen; es ist
noch hinzuzufügen, dass die Hexen, als Hebammen, das Kind
auch fressen.[7] Es sind uns Beispiele bekannt, dass Hexen
Kinder fressen. Hexen haben uns selbst bekannt, dass die
Hebammen dem katholischen Glauben am gefährlichsten und
schädlichsten seien, denn wenn sie ein Kind nicht umbringen,
so tragen sie es aus der Stube hinaus, als wenn sie ein Ge-

---

[1] S. 141. [2] S. 143. [3] S. 145. [4] S. 147. [5] S. 148. [6] S. 151.
[7] S. 151.

schäft hätten, heben es in die Höhe und bringen es dem
Teufel dar.

12. Frage. Ob die göttliche Zulassung bei der Zauberei nothwendig sei?

Obschon Gott das Böse nicht will, lässt er es doch zu,
wegen der Vollkommenheit des Universum. [1]   Gott kann
durch einzelne Uebel Gutes hervorrufen, so durch die Hexerei
die Reinigung der Rechtgläubigen.[2]

Gott konnte der Creatur nicht Unsündhaftigkeit verleihen,
nicht aus Mangel an Macht, sondern wegen der Unvollkommenheit der Creatur.   Der freie Wille im Menschen bringt
es mit sich, dass der Mensch sündigen könne. [3]

13. Frage. Erklärung der doppelten Zulassung Gottes,
nämlich: beim Sündigen des Teufels, des Urhebers alles
Bösen, und dem Falle der ersten Aeltern, woraus die
göttliche Zulassung der Zauberei sich ergibt.[4]

14. Frage betrachtet den ungeheuern Greuel der Hexen,
welcher Gegenstand ganz gepredigt zu werden verdient.

Die Laster der Hexerei übertreffen alles Böse, was Gott
bisher zugelassen hat, sowol in Betreff der Schuld als der
Strafen [5] sowol wegen Verleugnung des Gekreuzigten, als auch
wegen der Neigung zu Abscheulichkeiten.[6]

Die Sünde ist um so grösser, je weiter sich der Mensch
von Gott entfernt, da der Unglaube den Menschen am weitesten von Gott abbringt, daher ist die Hexerei als Ketzerei
die grösste Sünde, weil das ganze Leben eine Sünde wird.

Die Hexen gehen einen Vertrag mit dem Teufel ein, wer
aber bei den Dämonen Hülfe sucht, fällt vom Glauben ab.
Denn niemand kann zwei Herrn dienen.[7]

Die Hexen verdienen grössere Strafe als alle andern
Lasterhaften. [8]   Die Strafe der Ketzer ist Kirchenbann, Ein-
ziehung des Vermögens und Lebensstrafe.   Jene sind härter
zu bestrafen als Ketzer, weil sie auch Apostaten sind, und noch
mehr, weil sie nicht aus Menschenfurcht oder Fleischeslust den
Glauben ableugnen, sondern überdies dem Teufel huldigen

---

[1] S. 157.   [2] S. 161.   [3] S. 164.   [4] S. 165.   [5] S. 172.
[6] S. 176.   [7] S. 179.   [8] S. 181.

und mit Leib und Seele sich ergeben. Daher sie nicht wie
bekehrte Ketzer mit immerwährendem Gefängniss, sondern
mit dem Tode zu bestrafen sind, und zwar schon wegen des
Schadens, den sie anrichten, sowol den Menschen als dem
Vieh. [1]

15. Frage erklärt, wie unschädliche Leute bisweilen
wegen der Sünden der Hexen, bisweilen auch um ihrer
eigenen Sünden willen behext werden.

Es möge niemand befremden, wenn sonst unschädliche
Leute wegen der Sünden der Hexen bestraft werden, ist
ja auch der Sohn David's, der im Ehebruche erzeugt worden,
frühzeitig gestorben. [2] — Ausser andern Beispielen wird auch
angeführt, wie die Pest eine Menge Volks hinwegraffte, weil
es David hatte zählen lassen. Einer muss für alle und alle
für einen leiden, zum Beweise, welch ein Greuel eine solche
Sünde sei, und zur Warnung, nicht zu sündigen, und um Abscheu davor zu erregen. [3]

16. Frage erklärt die Wahrheit der frühern Erörterung durch Vergleichung der Hexerei mit andern Arten
von Aberglauben.

Es sind 14 Arten von Aberglauben, die theils mit Hülfe
des Teufels, theils ohne ihn verübt werden. [4]

Es werden alle möglichen Arten von Mantie aufgezählt,
als: Nigromantie, Geomantie, Hydromantie, Aeromantie, Pyro-
mantie und alle Sorten von Wahrsagerei. Alle solche
Künste, die selbst mit Anrufung des Teufels geübt werden,
sind nicht zu vergleichen mit der Zauberei der Hexen, da jene
es nicht auf die Beschädigung der Menschen, des Viehs und
der Feldfrüchte abgesehen haben, sondern nur auf das Vorherwissen der Zukunft. [5]

17. Frage erklärt die 14. Frage, im Vergleich der
Schwere des Verbrechens mit den Sünden der Dämonen.

Die Grösse jenes Verbrechens der Zauberei ist so ungeheuer,
dass sie die Sünden und den Fall der bösen Engel übersteigt,
und der Grösse der Verschuldung muss auch die Grösse der
Strafe entsprechen. [6] Obschon die Sünde des Teufels unverzeihlich ist und zwar nicht wegen der Grösse des Verbrechens,

---

[1] S. 182. [2] S. 183. [3] S. 184. [4] S. 189. [5] S. 195. [6] S. 196.

da der Teufel nur im Stande der Natürlichkeit, nicht im Stande der Gnaden erschaffen ist; so sündigen die Hexen weit schwerer als der Teufel, weil sie aus der Gnade fallen, indem sie den Glauben ableugnen, den sie in der Taufe angenommen haben. [1] Die Verschuldung des Teufels ist viel kleiner als die der Hexen, weil vor jenem noch keine Bestrafung eines Vergehens, die er missachtet oder gefürchtet hätte, stattgefunden hat; die Hexen aber haben so viele Strafen, die andere Hexen vorher getragen, ja kirchliche Strafen, die sie selbst betroffen haben, die Strafe des Teufels bei Gelegenheit seines Falls, zur Warnung. Sie verachten jedoch alles dieses und begehen nicht die kleinsten Todsünden wie die übrigen Sünder aus Schwäche oder Bosheit, die aber nicht zur Gewohnheit geworden ist, sondern die Hexen sündigen aus tiefster Bosheit des Herzens und sind den schrecklichsten Lastern ergeben. [2]

Der Teufel, der einmal aus dem Stande der Unschuld gefallen, ist niemals restituirt worden. Der Sünder ist aber durch die Taufe in den Stand der Unschuld restituirt worden, aber wieder herausgefallen und tief gesunken. Insbesondere aber die Hexen, wie deren Laster beweisen. Der Teufel sündigte blos gegen den Schöpfer, wir aber, und vornehmlich die Hexen, sündigen gegen den Schöpfer und Erlöser. [3]

18. Frage. Die Art zu predigen gegen die fünf Beweise der Laien, durch die sie zeigen wollen, dass Gott dem Teufel und den Zauberern keine so grosse Macht verleihe, um solche Bezauberungen anzuthun.

Ein Prediger muss vorsichtig sein gegenüber gewissen Beweisgründen der Laien oder auch mancher Sachverständiger, die insofern das Dasein der Hexen leugnen, dass sie zwar die Bosheit und Macht des Teufels, aus eigenem Triebe derlei Uebel zuzufügen, anerkennen, aber die göttliche Zulassung, und dass sie wirklich zugefügt werden, leugnen.

Die Beweisgründe, dass Gott es nicht zulasse, dass es also auch keine Hexerei in der Welt gebe, sind fünffach: 1) Gott kann den Menschen seiner Sünden wegen strafen und straft ihn auch mit dem Schwerte, Hunger, Sterblichkeit, mit

---

[1] S. 196.　　[2] S. 197.　　[3] S. 197.

unzähligen und verschiedenen Krankheiten, daher er nicht nöthig hat, noch andere Strafen hinzuzufügen, und sie also auch nicht zulässt.[1] 2) Wenn es wahr wäre, dass der Teufel die Zeugungskraft verhindern oder bewirken könne, dass ein Weib nicht empfange und, wenn sie empfängt, abortire, oder das Geborene tödten könne, so würde er die ganze Welt vernichten, und die Wirksamkeit des Teufels wäre grösser als das Werk Gottes, das Sakrament der Ehe. 3) Gebe es Hexerei, so müssten einige Menschen um ihrer Sünden willen vor andern behext werden, sonach die grössern Sünder mehr bestraft werden; dies ist aber falsch, wie man bisweilen an rechtschaffenen Menschen und an unschuldigen Kindern sieht, die für behext ausgegeben werden. 4) Wenn jemand etwas verhindern kann, es aber nicht thut, so ist anzunehmen, dass es mit seinem Willen geschehe. Da Gott im höchsten Masse gut ist, kann er das Böse nicht wollen, kann also auch nicht zulassen, dass es geschehe, da er es verhindern kann. 5) Die Prediger, welche gegen die Hexen predigen, und die Richter, die gegen sie vorgehen, würden wegen des Zornes der Hexen niemals vor diesen sicher sein. — Die Gründe dagegen sind aus der 1. Frage dieses ersten Theils zu nehmen und ist dem Volke zu zeigen: dass Gott das Böse zwar zulasse, aber nicht wolle, und zwar lasse er es zu wegen der Vollkommenheit des Ganzen.[2] Es wäre der göttlichen Weisheit nicht angemessen, die Bosheit des Teufels ganz zu hindern, vielmehr ist es gemäss, sie zuzulassen, soweit sie zur Vollkommenheit des Ganzen nothwendig ist, obschon sie stets durch gute Engel beschränkt wird, dass nicht so grosser Schaden gestiftet werde, als der Teufel möchte. Ebenso wird der böse Mensch nicht gehindert, aus freiem Willen zu handeln, nämlich den Glauben zu verleugnen, sich dem Teufel zu ergeben. Gott selbst, durch beides am meisten beleidigt, lässt doch die Hexe thun, was sie will, den Glauben verleugnen, sich dem Teufel ergeben, den Thieren und Früchten schaden.[3] Durch das Böse, was der Teufel mittels der Hexen anrichtet, wird jener am meisten gequält, da es gegen seinen Willen zur Ehre des göttlichen Namens, zur Förderung des Glaubens, zur Läuterung der Auserwählten und zur Häufung von Verdiensten

---

[1] S. 200.   [2] S. 202.   [3] S. 203.

gereichen muss. Der Teufel und seine Wirksamkeit ist nicht grösser als die göttliche Macht, da er ohne göttliche Zulassung nichts vermag. Dass die Hexen das Zeugungsvermögen und den Beischlaf hindern können, erklärt sich aus der Erbsünde, die sich von der Schuld der ersten Aeltern herleitet und durch jenen Act fortgepflanzt wird.[1] Der Teufel versucht lieber die guten als die bösen Menschen, weil er diese ohnehin schon besitzt, jene aber erst unter seine Herrschaft zu bringen trachten muss.[2]

Zum Schlusse des ersten Theiles wird noch die Antwort gegeben auf die Fragen: 1) warum die Hexen nicht reich werden?

Weil sie dem Teufel zu Gefallen und zur Schande Gottes um den billigsten Preis zu haben sind und nicht durch Reichthum auffallen wollen.

2) Warum sie ihren Feinden nicht schaden?

Weil ein guter Engel zur Seite steht, der die Hexerei verhindert.[3]

Der zweite Theil des „Hexenhammers" enthält 2 Fragen:

1. Frage. Wem kann ein Zauberer nicht schaden? — wird in 16 Kapiteln erörtert.

2. Frage. Wie ist die Hexerei aufzuheben, und wie sind die Behexten zu heilen? — in 8 Kapiteln.

1. Frage handelt zunächst von den Präservativmitteln.

Gute Engel gewähren nicht immer Schutz gegen Hexerei, denn es ist schon gezeigt worden, dass selbst unschuldige Kinder derselben ausgesetzt sind, und dass fromme Menschen vielfach von Dämonen zu leiden haben, wie z. B. Hiob.

Drei Arten von Menschen sind vor Hexerei sicher durch Gottes Segen:

1) Die Gerichtspersonen, die wider sie das Recht pflegen.

2) Die Geistlichen, die durch den Gebrauch der kirchlichen Mittel, als: Besprengen mit Weihwasser, durch Nehmen geweihten Salzes, durch den Gebrauch zu Mariä Reinigung geweihter Kerzen und der am Palmsonntag geweihten Zweige sich verwahrt haben, womit die Kirche exorcisirt, um die Macht des Teufels zu mindern.

---

[1] S. 204.   [2] S. 205.   [3] S. 209.

3) Die durch heilige Engel auf verschiedene unzählige
Weisen ganz besonders begünstigt sind.[1]

In Bezug auf die obrigkeitlichen Personen wird durch
eine Reihe von Thatsachen der Beweis geliefert, dass sie besonders geschützt werden, da alle Obrigkeit von Gott ist. Die
Künste der Hexen versagen, wenn diese von der Obrigkeit
eingefangen sind. Dazu Beispiele[2].

Bestätigende Thatsachen aus der Praxis der Inquisitoren
von dem Schutze des Weihwassers[3], geweihter Kerzen, gewisser Kräuter, des geweihten Salzes.[4] Es wird bemerkt, dass
manche, aber nicht alle durch heilige Engel gegen Hexerei
geschützt werden, dass vornehmlich bei einigen ihre Keuschheit des besondern Schutzes sich erfreut.[5] Als Beispiele werden
angeführt der heilige Serenus[6], der heilige Equitius, der von
einem Engel castrirt wird.[7] Der heilige Helias, der 300 Nonnen um sich versammelt hatte, wurde in der Einöde, in die
er sich geflüchtet hatte, auf die angegebene Weise operirt,
worauf er zu den trauernden Frauenzimmern (ad lugentes foe-
minas rediit) zurückkehrte und noch 40 Jahre unter ihnen
fortlebte. — Der heilige Thomas des Dominicanerordens erhält
von heiligen Engeln einen Keuschheitsgürtel.[8]

Erstes Kapitel. Von den verschiedenen Weisen, wodurch die Teufel mittels der Hexen die Unschuldigen an sich
ziehen zur Förderung des Unglaubens.

Erste Weise: durch Verdruss über erlittenen zeitlichen Verlust. Der Teufel lässt ihnen durch die Hexen so viel Schaden
zufügen, bis die Beschädigten sich gleichsam genöthigt sehen,
sich bei den Hexen Raths zu erholen, denselben sich unterwerfen und schliesslich selbst die Hexerei lernen. — Mehrere
Beispiele, wo Weiber wegen Behexung der Hausthiere, der
Milch u. dgl. sich an Hexen gewendet haben.[9] Die Hexenrichter erfuhren, dass die Hexen für die Enthexung nach der
Aussage der Inquisiten oft nur Geringfügiges zu leisten gehabt, womit zugleich die Einweihung in die Hexerei zu beginnen pflegt, als: bei Erhebung des Venerabile auf die Erde
spucken, die Augen schliessen, gewisse Wörter sagen, z. B.

---

[1] S. 212. [2] S. 214. [3] S. 215. [4] S. 216. [5] S. 220. [6] S. 221.
[7] S. 222. [8] S. 223. [9] S. 229.

während der Priester das Volk segnet mit den Worten: „Dominus vobiscum", beizufügen: „vulgari sermone kehr mir die Zunge im Arss umb" u. dgl. [1]

Die zweite Weise ist durch Aufreizung zur sinnlichen Wollust. Folgen Beispiele, dass der Teufel besonders gerne fromme Jungfrauen und Mädchen zu verführen beflissen ist.

Dritte Weise durch Traurigkeit und Armuth, besonders bei verführten, von ihren Liebhabern verlassenen Mädchen, die sich aus Rache der Hexerei ergeben. Folgen Beispiele. [2]

Zweites Kapitel. Von der Weise, die Hexenprofession (Hexenhandwerk) zu betreiben.

Das Hexenhandwerk beruht auf einem Bündniss mit dem Teufel und wird auf verschiedene Weise ausgeübt. Es gibt drei Sorten von Hexen: 1) solche, die beschädigen, aber nicht wieder helfen können. 2) Helfende, die kraft eines besondern Uebereinkommens mit dem Teufel nicht schaden. 3) Schädigende, die aber wieder helfen können. Unter den Schädigenden sind vornehmlich herauszuheben diejenigen, welche Kinder zu fressen pflegen [3], die auch anderwärtigen unzähligen Schaden anrichten, Hagel, Sturmwinde und Gewitter hervorbringen, Menschen und Thiere unfruchtbar machen, und die Kinder, die sie nicht selbst fressen, dem Teufel opfern oder sonstwie umbringen. Dies bezieht sich aber nur auf die ungetauften Kinder, die getauften fressen sie nur unter Gottes Zulassung. Sie pflegen auch Kinder, die sich beim Wasser aufhalten, ungesehen in Gegenwart der Aeltern hineinzuwerfen, Pferde unter den Reitern scheu zu machen, sie fliegen von Ort zu Ort durch die Lüfte, entweder leiblich oder in der Einbildung, können die Gemüther der Richter und Vorsitzer für sich umstimmen, dass diese ihnen nicht zu schaden vermögen, können sich und andere während der Folter verschwiegen machen, wissen die Hände und Herzen der Häscher vor Furcht zittern zu machen, manches Zukünftige mittels Offenbarung des Teufels andern vorherzusagen und Verborgenes zu offenbaren. Sie sehen das Abwesende, als ob es gegenwärtig wäre, können unbändige Liebe oder eben solchen Hass in den Gemüthern hervorbringen, wenn sie wollen, Menschen oder Vieh vom

---

[1] S. 230.   [2] S. 233 fg.   [3] S. 236.

Blitze tödten lassen, die Zeugungskraft oder das Begattungs-
vermögen nehmen, Frühgeburten bewirken, die Kinder im
Mutterleibe durch blosse Berührung der Schwangern umbringen, durch blossen Anblick Menschen und Vieh behexen und
tödten, ihre eigenen Kinder dem Teufel opfern, kurz alles
Böse allein verüben, wenn Gottes Gerechtigkeit es zulässt.
Allen ist aber gemein, mit dem Teufel abscheuliche Unzucht
zu treiben. [1]

Die Art, das Bündniss mit dem Teufel zu schliessen, ist
doppelt: die eine feierlich, die andere ein Privatvertrag, der
zu jeder Stunde eingegangen werden kann. Ein feierlicher
Vertrag wird geschlossen, wenn die Hexen sich zu einer gewissen Versammlung an einem bestimmten Tage einfinden, wo
sie den Teufel in angenommener Menschengestalt sehen, der
sie zur Treue gegen ihn ermahnt und ihnen dafür zeitliches
Glück und ein langes Leben verspricht, worauf die Hexen die
aufzunehmende Novize vorschlagen. Findet der Teufel diese
willig, den christlichen Glauben zu verleugnen, der dicken
Frau, wie sie die heilige Jungfrau Maria nennen, und den
heiligen Sakramenten zu entsagen, dann reicht ihr der Teufel
die Hand, und sie geloben sich Treue. Nach dem Gelöbniss
verlangt aber der Teufel noch überdies die Huldigung (Homagium), die darin besteht, dass der oder die Neuaufgenom-
mene ihm mit Leib und Seele für ewig anzugehören sich
verpflichtet und ihm nach Möglichkeit auch andere beiderlei
Geschlechts zuzuführen verspricht. Schliesslich gebietet ihnen
der Teufel, gewisse Salben aus den Knochen und Gliedern,
vornehmlich von getauften Kindern, zu bereiten, durch welche
sie mittels seiner Hülfe alles was sie wollen bewirken können sollen. [2] — Wird durch Beispiele aus der Praxis der Inquisiten bestätigt.

Zur Erläuterung der zu leistenden Huldigung ist zu bemerken, warum und wie verschieden diese geschieht. Denn
obschon der Teufel vornehmlich fordert, die Majestät Gottes
zu beleidigen, seine ihm gehörige Creatur an sich zu reissen,
um deren künftiger Verdammung gewiss zu sein, an der
ihm besonders gelegen ist; so haben wir doch oft gefunden,

---

[1] S. 236 fg.   [2] S. 238.

dass diese Huldigung sammt dem Gelöbniss nur auf gewisse
Jahre geleistet worden ist. Das Gelöbniss bezieht sich auch
entweder auf gänzliche oder nur theilweise Ableugnung des
Glaubens. Bei letzterer sind gewisse, den Gesetzen der Kirche
zuwiderlaufende Gebräuche zu beobachten, wie: Sonntags zu
fasten, am Freitage Fleisch zu essen, gewisse Verbrechen in
der Beichte zu verschweigen u. dgl. m. Die Huldigung selbst
besteht in der Uebergabe des Leibes und der Seele. [1]

Da nur Gott, aber nicht der Teufel das Innerste des Herzens der Menschen kennt, dieser durch Vermuthungen zu der
Kenntniss gelangt, so sucht der schlaue Feind eine Novize,
die er beim Angriffe schwierig findet, durch Schmeicheleien
zu gewinnen, indem er sie zunächst zu Geringem und allmählich
zu Grösserm zu verleiten sucht. Der Teufel bestimmt eine
gewisse Anzahl von Jahren, um zu erforschen, ob sie ihm mit
Leib und Seele ergeben sei. Merkt er innerhalb dieses Zeitraums, dass die Novize ihm nur mit dem Munde, nicht auch
mit dem Herzen ergeben, dass ihr durch Vermittelung eines
guten Engels die göttliche Barmherzigkeit günstig sei, so
verwirft er sie und sucht sie zeitlichen Unglücksfällen aus-
zusetzen, dass sie aus Verzweiflung seine Beute wird. [2] Alle
Hexen, die wir verbrennen liessen, gestanden, dass sie durch
Plagen und Prügel vom Teufel zum Hexen gezwungen wurden, was ihre geschwollenen und bläulichen Gesichter bestätigten, und ebenso, dass sie nach dem abgefolterten Bekenntniss sich selbst zu entleiben suchten, und zwar auf Eingebung des bösen Feindes, damit sie nicht durch Busse und
Beichte die göttliche Gnade erlangen. Die ihm nicht willfährig
waren, sucht er schliesslich durch Sinnenverwirrung und einen
schrecklichen Tod zur Verzweiflung zu bringen. [3] Durch eine
gewisse Waltpurgis, die wegen der Hexerei der Verschwiegenheit besonders merkwürdig war, ist bekannt geworden, dass
die Hexen diese hartnäckige Verschwiegenheit während der
Tortur mittels eines erstgeborenen Knäbleins, das im Ofen
gekocht wird, sich verschaffen. [4]

Die Teufel können verborgene und zukünftige Dinge wissen. 1) Sie sind von Natur scharfsinnig in Bezug auf mensch-

---

[1] S. 243.   [2] S. 244.   [3] S. 245.   [4] S. 246.

liche Handlungen, aus denen sie ohne Rede die Gedanken abmerken. 2) Aus langer Erfahrung und durch Offenbarung höherer Geister wissen sie mehr als wir. 3) Infolge der schnellen Bewegung können sie, was im Oriente vorgeht, im Occidente vorher wissen. 4) Sie können mit Gottes Zulassung Krankheiten herbeiziehen, die Luft vergiften, Hungersnoth bewirken und dieselbe vorhersagen. 5) Sie können durch Zeichen den Tod sicherer vorhersagen als der Arzt durch den Urin und den Puls. 6) Weil sie aus äussern Zeichen auf das, was der Mensch in der Seele hat oder haben wird, besser schliessen, als der klügste Mann. 7) Weil sie die Thaten und Schriften der Propheten besser als die Menschen kennen, und da von jenen die zukünftigen Dinge abhängen, können sie viel davon vorhersagen. Daher es nicht zu wundern ist, wenn der Teufel das Lebensende des Menschen weiss, besonders wenn es durch Verbrennung herbeigeführt wird, die er selbst verursacht. [1] — Folgen Beispiele.

Drittes Kapitel. Von der Art, wie die Hexen von einem Ort zum andern fahren.

Wenn von einigen gesagt wurde, die Hexenfahrten geschehen nur in verschrobener Phantasie, so ist diese Meinung als ketzerisch zu verwerfen; sie ist gegen den Sinn der Heiligen Schrift und gereicht der heiligen Kirche zu unerträglichem Schaden, da ihr zufolge viele Jahre hindurch der weltliche Arm verhindert wurde, solche Hexenleute zu bestrafen, dass sie zu einer solchen Menge herangewachsen sind, und ihre Ausrottung nicht mehr möglich ist. Dass die Hexenfahrten leiblich geschehen, wird auf verschiedene Weise bewiesen. Wäre dies nicht möglich, so müsste es Gott entweder nicht zulassen, oder der Teufel es zu bewirken nicht im Stande sein; allein wo grössere Dinge durch Gottes Zulassung vor sich gehen, da können auch kleinere geschehen; Grösseres ist aber an Kindern und Erwachsenen oft geschehen, die durch den Teufel von einem Orte zum andern gebracht worden sind. [2] Den Beweis geben die Wechselkinder (Kielkröpfe). Mit Gottes Zulassung schafft der Teufel ein Kind anstatt des andern herbei. Solche Wechselkinder heulen beständig, nehmen nicht zu und wenn vier bis fünf sie säugten, sind aber ausserordentlich schwer. Solches

[1] S. 247. [2] S. 251.

erlaubt Gott wegen der Sünde der Aeltern. — Kommen Beispiele, wo erwachsene Leute durch den Teufel weggeführt
werden. [1] Die Magier, welche Nigromantici heissen, werden
oft vom Teufel in die weiteste Ferne geführt. Ein Schüler
wird von einem zu veranstaltenden Biergelage durch den
Teufel weggeführt. [2] Auch schlafend können Leute weggeführt werden, so die Nachtwandler. Die Teufel sind vielfach unterschieden: Einige, aus der niedrigern Ordnung der
Engel, können niemand schaden, sondern üben blos Neckereien. Andere sind Incuben und Succuben, welche die Menschen durch Unzucht verunreinigen; noch andere sind so wüthend, dass sie die menschlichen Leiber in Besitz nehmen,
durch Verzerrungen quälen, auch bisweilen umbringen. [3] Man
darf also nicht sagen, dass die Hexen nicht leiblich fortgeführt
werden. Hat nicht der Teufel unsern Erlöser fortgeführt?
Die natürliche Kraft des Teufels übersteigt alle körperlichen
Dinge, ihr ist keine irdische Kraft zu vergleichen, selbst die
der guten Engel ist nicht grösser; obschon er alles überwindet, so zieht er doch gegenüber den Verdiensten der Heiligen den kürzern. [4]

Die Vorbereitung zur Hexenfahrt ist diese: nach Anweisung des Teufels bereiten sie aus den Gliedern von Kindern,
die vor der Taufe von ihnen getödtet worden, eine Salbe, mit
der sie einen Sitz oder ein Holz bestreichen, worauf sie sofort
in die Luft geführt werden, und zwar sowol des Tags als bei
Nacht, sichtbarer- oder unsichtbarerweise, wie sie wollen. [5]
Der Teufel kann aber auch bewirken, dass die Hexen ohne die
Salbe auf Thieren, die eigentlich keine wirklichen Thiere sind,
sondern Dämonen in solcher Gestalt, ja selbst ohne alle äussere Mittel sichtbar ausfahren können. [6] Wird durch Beispiele
erhärtet zur Widerlegung derjenigen, welche diese Hexenfahrten ganz leugnen oder für blosse Einbildung und Hirn-
gespinste ausgeben. Es hätte nichts zu bedeuten, wenn diejenigen, welche alle Zauberei der Hexen, deren sich der Teufel
als Werkzeuge bedient, und die jenen mit Recht als Schuld
angerechnet wird, für eiteln Wahn erklären, ihren Irrthum für
sich behielten; indem sie· sich aber erfrechen, auch andere da-

---

[1] S. 252.   [2] S. 253.   [3] S. 254.   [4] S. 255.   [5] S. 257.   [6] S. 258.

mit anzustecken und die Hexen für unschuldig zu halten,
verursachen sie deren Vermehrung und die Verminderung des
Glaubens, daher dem Schöpfer zur Schmach Hexen öfter ungestraft bleiben.[1] Aus Hexenbekenntnissen geht allerdings
hervor, dass diese nicht nur thatsächlich, sondern auch in der
Einbildung ausfahren können. Wenn sie es nämlich nicht
leiblich thun wollen, aber doch alles erfahren möchten, was
auf der Hexenversammlung vor sich geht, so legen sie sich
im Namen aller Teufel auf die linke Seite ins Bette, wo dann
ein gelblicher Dampf ihrem Munde entsteigt.[2]

Viertes Kapitel. Von der Weise, in der sich die Hexen
den Incuben (Teufeln in Männergestalt) hingeben.

Hierbei ist sechserlei zu bemerken: 1) der Leib, den der
Teufel annimmt, besteht aus verdichteter, der Erde nahekom-
mender Luft, die aber die Eigenthümlichkeit der Luft behält.
Indem sie diese Luftverdichtung hervorbringen können mit
Hülfe dicker Dünste, die aus der Erde aufsteigen, haben sie
die bewegende Kraft und verhalten sich zu ihren geformten
Leibern wie der Schiffer zu seinem Schiffe. Die Teufel können sprechen, obschon sie keine eigentlichen Sprechwerkzeuge
haben, sehen, obschon sie keine wirklichen Augen haben,
hören u. s. w.[3]

Zwischenfrage: Auf welche Weise die Hexen in neueren Zeiten mit den Incuben Unzucht treiben und dadurch
vermehrt werden?

Incuben und Succuben sowie Hexen, die Menschen und
Vieh Schaden bringen, hat es immer gegeben, wie jedermann
weiss, der in der Geschichte bewandert ist; in alten Zeiten
wurde den Weibern gegen ihren Willen von den Incuben nach-
gestellt, wie dies von Nider in seinem „Formicarius" und in dem
Buche „De universali bono" von Thomas Brabantinus gezeigt
worden ist. Dagegen unterscheiden sich die modernen Hexen
dadurch, dass sie sich freiwillig der Unzucht mit dem Teufel
hingeben, wie alle freiwillig bekannt haben, die wir Hexenrichter dem weltlichen Arme zum Einäschern übergeben haben, deren binnen fünf Jahren 48 waren. Dasselbe bekannten
diejenigen, die unser Mitbruder, der Inquisitor Cumanus, gerichtlich untersuchte, der innerhalb eines Jahres 41 verbrennen liess.[4]

---

[1] S. 259. [2] S. 261. [3] S. 265 squ. [4] S. 269.

Die Frage: ob die Zauberer selbst aus solcher Unzucht entspringen wird [1] bejaht. Menschen, die von Hexen und Teufeln erzeugt werden, sind stärker. 2) Ist der Act immer cum
infusione seminis verbunden. 3) Wählt der Teufel gern hohe
Feste dazu. Nach den Bekenntnissen der Hexen können sie
an heiligen Orten derlei nicht ausüben. 4) Wird der Act
sichtbar begangen. Der Incubus ist zwar der Hexe, aber nicht
andern Menschen sichtbar, wenigstens nicht immer. Bei
Eheweibern sind die Incuben den Männern oft sichtbar, die
sie aber für andere Männer halten, wo bei einem Angriffe
der Teufel dann verschwunden ist, wonach sie von den Weibern ausgelacht werden. [2] Nicht nur solche Weiber, die aus
solcher Unzucht entspringen, oder die bei ihrer Geburt von
den Hebammen dem Teufel verlobt worden sind, überfällt
dieser, sondern auch andere Frauenzimmer, besonders heilige
Jungfrauen, die er sich durch Hexen verkuppeln lässt. [3]

Fünftes Kapitel. Wie die Hexen der heiligen Sakramente der Kirche zur Hexerei sich bedienen u. s. w. [4] Zum
Beispiel, wenn sie ein Wachsbild eine Zeit lang unter die Al-
tardecke stecken, oder durch das heilige Chrisma einen Faden
ziehen u. dgl. [5] Sie pflegen auch die heiligen Jahresfeste,
z. B. den Advent, zu ihren Hexereien zu misbrauchen, u. dgl. m.

Sechstes Kapitel. Wie die Hexen das Zeugungsvermögen hemmen.

Siebentes Kapitel. De modo quo membra virilia au-
ferre solent. [6]

Achtes Kapitel. Wie die Hexen die Menschen in
Thiergestalten verwandeln. [7] Der oft erwähnte Canon Episcopi 26, qu. 5, sagt: „Quisquis credit posse fieri aliquam crea-
turam aut in melius aut in deterius transmutari, aut transfor-
mari in aliam speciem vel in aliam similitudinem nisi ab ipso
Creatore, qui omnia fecit, procul dubio infidelis est". Nach
der sophistischen Erklärung des „Hexenhammers" sind hier
creaturae perfectae, wie der Mensch, der Esel u. s. w., von den
imperfectis, wie Schlangen, Frösche, Mäuse u. s. w., zu unterscheiden, welche letztere auch aus der Verwesung entspringen

---

[1] S. 275.   [2] S. 276.   [3] S. 276.   [4] S. 277.   [5] S. 280.   [6] S. 286.
[7] S. 296.

können.[1] Die Verwandlung der ersten Ordnung ist nur eine accidentalis, sie beruht auf Schein. So verhält es sich mit den verwandelten Gefährten des Ulysses, den Gefährten des Diomedes. Sie schienen nicht nur andern, sondern auch sich selbst verwandelt zu sein. So verhält es sich auch mit Prästantius, der sich erinnerte, als Pferd Getreide in die Mühle getragen zu haben. Aehnlich Nebukadnezar, der wirklich wie ein Ochse Heu frass.

Was die unvollkommenen Thiere betrifft, so kann der Teufel die Verwandlung unter göttlicher Zulassung bewirken.[2]

Neuntes Kapitel. Wie die Teufel, wenn sie solche gauklerische Verwandlungen bewirken, den Leuten in den Leibern und Köpfen, ohne sie zu verletzen, stecken. — Wo die Teufel wirken, da sind sie auch, also auch wo sie die Phantasie oder die innern Vermögen der Menschen verwirren, müssen sie gegenwärtig sein. Mit Zulassung Gottes können die Teufel in unsere Leiber kommen, und von da auch auf die inneren Vermögen wirken, die mit den leiblichen Organen verknüpft sind, indem sie Eindrücke auf dieselben hervorbringen. So können sie aus dem Gedächtniss, das im Hinterkopfe sitzt, das Gebilde eines Pferdes nach dem mittlern Kopfe bewegen, wo die Einbildungskraft ihre Zelle hat, und sonach auch in den Vorderkopf, wo der sensus communis haust, und dies so schnell, dass solche Gestalten für wirkliche gehalten werden. Dies alles verursacht keine Kopfschmerzen. — Der Unterschied solcher Begebenheiten von göttlichen Wundern.[3] — Einige Geschichten zur Erhärtung.

Zehntes Kapitel. Wie die Teufel durch Mitwirkung der Hexen bisweilen Menschen leibhaftig besitzen.

Die Seele des Menschen kann der Teufel eigentlich nicht bewohnen, wol aber den Leib, und zwar durch die Todsünde, wodurch der Mensch dem Teufel verfällt, oder auch im Stande der Gnade.[4] Beides kann unter Gottes Zulassung auf Betrieb der Hexen geschehen. Zuweilen wird der Mensch besessen nach seinem eigenen Verdienste, oder wegen eines leichten Vergehens von ihm selbst oder von einem andern,

---

[1] S. 297.   [2] S. 300 fg.   [3] S. 307.   [4] S. 314.

oder wegen einer grossen Sünde. [1] — Verschiedene Geschichten: Nach dem „Dialogus Severi" treibt ein frommer Pater mittels Briefen den Teufel aus. Derselbe, von Hochmuth besessen, wird auf seine eigene Bitte durch fünf Monate zur Demüthigung vom Teufel besessen. Nach dieser Zeit wird er vom Teufel und vom Hochmuth verlassen, u. dgl. m. [2]

Elftes Kapitel. Wie die Hexen alle Arten von Krankheiten verursachen können.

Zwölftes Kapitel. Wie sie die Leute mit allerlei Gebrechen plagen.

Folgen lauter „Res gestae".

Zum Schlusse wird behauptet, dass Hexen durch den blossen Anblick die Richter behexen können. [3]

Dreizehntes Kapitel. Wie die hexenhaften Hebammen grossen Schaden anrichten, indem sie die Kinder entweder umbringen oder dem Teufel geloben.

Vierzehntes Kapitel. Wie die Hexen dem Vieh verschiedenen Schaden beifügen. [4]

Die Hexen stossen ein Messer in die Wand, nehmen ein Gefäss zwischen die Knie, rufen dann ihren Teufel herbei, dass er ihnen Milch verschaffe, der melkt die Kuh und die Milch fliesst angeblich von dem Messer herab. [5] Auch Wein können die Hexen verschaffen. [6]

Das Vieh tödten sie wie die Menschen, und ebenso behexen sie es durch Berühren, Ansehen, oder indem sie Zaubermittel unter die Schwelle der Thüre legen. [7] Auch der Teufel kann nur mittelbar auf die Geschöpfe schädlich wirken. [8]

Funfzehntes Kapitel. Wie sie Hagel und Gewitter erregen und Blitze auf Mensch und Vieh herabzubringen pflegen. Diese Macht haben sie von Gott, und die Hexen üben sie durch göttliche Zulassung. [9]

Die körperlichen Dinge folgen zwar in Betreff der Gestaltung weder den Engeln noch den Teufeln, sondern nur Gott dem Schöpfer; was aber die örtliche Bewegung betrifft, so muss die körperliche Natur der geistigen folgen. [10] Was

---

[1] S. 315.　　[2] S. 316 squ.　　[3] S. 340.　　[4] S. 353.　　[5] S. 354.　　[6] S. 357.
[7] S. 358.　　[8] S. 359.　　[9] S. 360.　　[10] S. 360.

lediglich durch örtliche Bewegung entsteht, kann durch die
natürliche Kraft sowol guter als böser Geister bewirkt werden, wenn es Gott nicht untersagt. Winde, Regen und Aehnliches entstehen aber eben lediglich durch Dünste, die sich
aus der Erde und Wasser loslösen, daher reicht zu ihrer Bewirkung die natürliche Kraft der Dämonen hin.[1]

Sechzehntes Kapitel. Ueber drei Arten Zauberei,
denen nur Männer ergeben sind.

Zuerst von den zauberischen Bogenschützen. Diese nehmen am Charfreitage während der feierlichen Messe das allerheiligste Bild des Gekreuzigten zum Ziele ihrer Schüsse.[2] Ein
solcher schiesst drei bis vier Geschosse ab, und kann ebenso
viele Menschen täglich tödten, und den er zu morden sich
vorgenommen hat, der kann nirgends Schutz finden, der Teufel macht, dass ihn der Pfeil trifft.[3] — Beispiele. — Diejenigen, welche solche Schützen aufnehmen oder verhehlen, sind
straffällig.[4]

Zwei andere Arten von Zaubereien sind: die durch Zauberei
und Segensprechen was immer für Waffen zu beschwören
verstehen, dass sie ihnen auf keine Weise in der Welt schaden
noch sie verwunden können. Einige, ähnlich wie bei den früher
erwähnten Bogenschützen, bestehen darin, dass sie dergleichen
bei einem Bilde des Gekreuzigten erlernen und ihm gleiche
Schmach anthun. Wenn Einer z. B. seinen Kopf schuss- und
stichfest machen will, so nimmt er dem Bilde den Kopf weg, wer
den Hals schützen will, nimmt den Hals u. s. w. Daher kommt
es, dass man auf Scheidewegen oder dem Felde unter zehn
Bildern kaum ein ganzes findet. Andere gibt es, welche durch
Zauberlieder (Zauberworte) die Waffen beschwören, sodass
sie mit blossen Füssen auf ihnen herumgehen können, ohne
beschädigt zu werden.[5]

Des zweiten Theiles zweite Hauptfrage.

Die Weisen, Zauberei zu heben und zu heilen.

Zauberei wieder durch Zauberei zu vertreiben, ist nicht
erlaubt, ist Apostasie. Da sie nicht durch Menschenkunst
gelöst werden kann, so ist es nur durch die Macht Gottes
oder des Teufels möglich. Eine geringe Kraft kann keine

---

[1] S. 361. [2] S. 367. [3] S. 368. [4] S. 371. [5] S. 379.

höhere brechen. Gott wirkt aber nach eigenem Ermessen, nicht auf unser Verlangen, also wäre sie nur mit Hülfe der Dämonen zu heben, welche aber anzusprechen nicht erlaubt ist. Trotzdem zeigt die Erfahrung, dass Behexte zu Hexenweibern (mulierculas superstitiosas) laufen, von denen sie sehr oft befreit werden, und nicht durch Priester und Exorcisten. In der Praxis werden also Hexereien mit Hülfe der Dämonen vertrieben, da jedoch deren Hülfe anzurufen unerlaubt ist, so müssen jene geduldet werden. [1]

Die Exorcismen der Kirche vermögen nicht immer die Dämonen, in Bezug auf alle leiblichen Plagen, zu bändigen, sie taugen nur gegen diejenigen teuflischen Quälereien, gegen welche sie eingerichtet sind, als, gegen Besitzungen von Kindern. [2] Unerlaubt ist, wenn eine Zauberei durch einen andern Zauberer und durch eine andere Zauberei gehoben wird; ebenso durch zauberische Bräuche, nämlich durch die Macht eines Dämonen. [3] Unerlaubt ist auch, wenn ein ehrlicher Mensch den einen von der Bezauberung befreit, sodass sie durch abergläubische Mittel auf einen andern übertragen wird. Ebenso unerlaubt ist es, wenn das Uebel zwar nicht übertragen, dabei aber stillschweigend oder ausdrücklich der Teufel angerufen wird. [4] Die Mittel der Kirche sind: Exorcismen, Anrufung des Beistandes der Heiligen, aufrichtige Busse; diese können in Anwendung gebracht werden. Folgt ein Fall, wo ein Bischof von seiner Concubine behext wird, auf die eine andere Hexe die Bezauberung übertragen will. Der Bischof erbittet sich den Rath des Papstes, der die Befreiung des Bischofs von dem Tode der zauberischen Concubine abhängig macht, welcher durch die Zauberkunst der andern Hexe erfolgt. [5] Hierzu wird die Bemerkung gemacht: dass das Privilegium des einen kein allgemeines Gesetz, und die Dispensation des Papstes nicht auf alle Fälle anwendbar sei.

Eine Art, die Zauberei zu heben oder sich an der Hexe zu rächen, ist nach Nider in seinem „Formicarius", dass eine andere Hexe geschmolzenes Blei in Wasser giesst bis sich durch Bewirkung des Teufels am Blei irgendeine Gestalt

---

[1] S. 383. [2] S. 384. [3] S. 387. [4] S. 388. [5] S. 389 squ.

zeigt. Die entzaubernde Hexe bringt an der Stelle des Bildes mit einem Messer einen Schnitt oder Stich bei, wo die andere Hexe, welche das Uebel angethan hat, es haben soll, die dann auch sofort damit behaftet wird, sodass sie sich dadurch verräth.[1] Solche Mittel sind zwar als unerlaubt betrachtet, werden aber aus Liebe für das leibliche Wohl in der 'Hoffnung auf Vergebung angewendet. — Werden noch andere ähnliche Mittel der Weiber, die Hexen zu entdecken, angeführt.[2] So z. B. werden einer behexten Kuh, durch die man die Hexe auskundschaften will, die Hosen des Mannes auf den Kopf gelegt, und treibt jene, besonders gern an heiligen Festtagen, hinaus, die dann geradeswegs auf das Haus der Hexe zuläuft, mit den Hörnern unter Gebrüll an die Thüre stösst. Diese Mittel sind indess nicht zu empfehlen, weil sie doch Gott beleidigen können, daher lieber Weihwasser, geweihtes Salz u. s. w. anzuwenden ist. Was von den erwähnten Mitteln, gilt auch von der Art, durch die Eingeweide eines durch Behexung verendeten Viehs die Hexe zu entdecken. Die Eingeweide des abgedeckten Viehs werden auf der Erde bis zum Hause, aber nicht über die Thürschwelle gezerrt, auf einen Rost gelegt und Feuer darunter angezündet. Wie die Eingeweide warm werden und zu brennen anfangen, so wird die betreffende Hexe von der Glut und Schmerzen gepeinigt. Es ist aber die Thüre zu verschliessen, weil die Hexe kommt, um Feuer zu holen, und wenn sie eine Kohle erwischt, hören ihre Schmerzen auf.[3]

Geistliche Mittel gegen die Incuben und Succuben.

Erstes Kapitel. Es soll hier von den Mitteln die Rede sein gegen Zauberkünste, wo Menschen von Behexung geheilt, oder das Vieh und Feldfrüchte bewahrt werden. Ausser denen, die sich gern den Incuben unterwerfen, werden durch die Hexen auch Personen gegen ihren Willen mit Succuben oder Incuben in Berührung gebracht, vornehmlich Jungfrauen wider Willen durch Veranstaltung der Hexen von Incuben belästigt.[4] — Wird durch Beispiele erläutert.

Es gibt fünf Mittel, sich von Incuben und Succuben zu befreien: Die Beichte, das Zeichen des heiligen Kreuzes,

---

[1] S. 391.   [2] S. 392.   [3] S. 399.   [4] S. 402.

der Englische Gruss, der Exorcismus, Ortsveränderung, Excommunication durch Heilige. Obschon sie nicht in jedem
Falle helfen, sind diese Mittel doch anzuwenden.[1] Dass Incuben oft durch das Vaterunser, Weihwasser u. dgl. vertrieben
worden seien, lehrt die Geschichte.[2]— Beispiele. — Es wird die
Bemerkung gemacht, dass Frauen und Mädchen mit schönen
Haaren von Buhlteufeln (Incuben) mehr geplagt werden sollen,
weil sie eitel darauf sind und dadurch die Männer verliebt
machen.[3] Beispiel von einer Frau, die sechs Jahre hindurch
von einem Incubus geplagt wird, bis er durch den Stock des
heiligen Bernhard, den sie zu sich ins Bett gelegt, vertrieben
wird, so dass er sich nicht mehr in das Gemach wagt, aber
vor der Thüre gar sehr poltert, schliesslich von dem Heiligen
verbannt wird.[4] Hierbei ist zu bemerken, dass die Schlüsselgewalt, die dem Petrus und seinen Nachfolgern verliehen ist,
zum Heile der Kirche auf Erden, merkwürdigerweise auch
die Mächte der Luft zu überwältigen im Stande ist. Weil
die Personen, die vom Teufel geplagt werden, unter der Gerichtsbarkeit des Papstes und seiner Schlüssel stehen, so ist
es nicht zu verwundern, wenn jene Mächte auf indirecte Weise
durch die Schlüsselgewalt bezwungen werden, wie sie auf
dieselbe Art auch die Seelen von den Strafen des Fegfeuers
befreien kann.[5] Es ist zu bemerken, dass manche Weiber
nicht wirklich von Incuben geplagt werden, sondern solches
sich nur einbilden.[6] Es scheint auch, dass Weiber nie von
Incuben schwanger werden, denn obschon sie am Leibe anschwellen, bringen sie schliesslich doch nur Wind hervor.[7]

Zweites Kapitel. Mittel für diejenigen, die am Zeugungsvermögen behext sind.

Obschon die Weiber der Hexerei mehr ergeben sind als
die Männer, so werden doch diese mehr behext als jene. Der
Grund davon ist, dass Gott in Beziehung auf fleischlichen
Umgang, wodurch die Erbsünde fortgepflanzt wird, dem Teufel mehr freie Hand lässt als bei andern menschlichen Handlungen, wie auch die Schlange, das erste Werkzeug des Teufels, beim Hexenwesen eine grössere Rolle spielt als andere
Thiere. Ein zweiter Grund ist, dass in dem geschlechtlichen

---

[1] S. 405. [2] S. 406. [3] S. 407. [4] S. 407. [5] S. 408.
[6] S. 409. [7] S. 409.

Verhältniss die Behexung des Mannes leichter ist als die des Weibes. Es werden fünf Arten dieser Behexung unterschieden.[1] Dafür werden fünf geistliche Mittel vorgeschlagen: Wallfahrten verbunden mit aufrichtiger Busse, das Zeichen des Kreuzes, vermehrtes Gebet, Exorcisation und vorsichtiges Gelöbniss, um die Behexung los zu werden.[2]

Drittes Kapitel. Mittel gegen angehexte ausserordentliche Liebe oder ausserordentlichen Hass.[3]

Mittel: dem Gesetze des Verstandes mehr gehorchen als der Natur. — Gegen die (philocaptio) Liebeszauber: Exorcismen durch heilige Worte, tägliche Anrufung des heiligen Engels zum Schutze, fleissige Beichte, Besuch der Heiligen, besonders der Heiligen Jungfrau.[4]

Weil sich die Hexen bei Hexereien dieser Art häufig der Schlangen bedienen, Kopf oder Haut unter die Thürschwelle dessen, dem sie es anthun wollen, legen, so sind möglichst alle Winkel des Hauses wol zu untersuchen. Die Behexten können selbst die heiligen Worte, Segensprüche u. dgl. gegen die Behexung sprechen, und im Falle sie nicht lesen oder sich selbst segnen können, mögen sie die Segensformeln am Halse tragen.[5]

Viertes Kapitel. Mittel für diejenigen, denen die virilia membra weggehext, und wenn bisweilen Menschen in Thiergestalten verwandelt wurden.

Wird bemerkt, dass im erstern Falle das Uebel nur auf trügerischem Scheine beruht. Der Betroffene soll sich mit der Hexe womöglich gütlich ausgleichen.[6] In Beziehung auf den zweiten Fall ist das beste Mittel die Ausrottung der Hexen.[7] Folgt eine wunderbare Geschichte von einem, der in einen Esel verwandelt worden.

Fünftes Kapitel. Mittel gegen Besessenheit durch Hexerei.

Durch Hexerei werden Menschen vom Teufel besessen, und zwar wegen eigener oder fremder schwerer oder leichter Sünden.[8] Ausser dem Exorcismus der Kirche, der wahren Busse oder auch Beichte, wenn jemand um einer Todsünde willen besessen ist, sind noch folgende Mittel wirksam: der

---

[1] S. 410.   [2] S. 416.   [3] S. 416.   [4] S. 420.   [5] S. 422.
[6] S. 423.   [7] S. 424.   [8] S. 427.

Gebrauch des heiligen Abendmahls, Besuch heiliger Orte,
Fürbitte der Gläubigen, Aufheben des Bannes.[1] Da sich die
Exorcisten aller verdächtigen und abergläubischen Mittel zu
enthalten haben, so fragt es sich: ob gewisse Kräuter oder
Steine angewendet werden dürfen? Wenn sie geweiht sind,
desto besser, wenn aber nicht, so können sie zwar auch gebraucht werden, der Exorcist darf aber nur nicht glauben,
dass sie durch ihre natürliche Kraft den Teufel vertreiben,
sonst verfällt er dem Irrthum der Schwarzkünstler.[2]

Sechstes Kapitel. Die Exorcismen der Kirche als
Mittel gegen allerlei angehexte Krankheiten, und die Weise,
die Behexten zu exorcisiren.

Werden mehrere Fragen aufgeworfen als: ob ein Laie,
der kein berufener und verordneter Exorcist ist, den Teufel
oder seine Zaubereien exorcisiren dürfe?[3] Obschon es zur
Befreiung des Behexten dienlich ist, einen ordinirten Exorcisten
zu haben, so können doch bisweilen auch fromme Personen
mit Exorcismus solche angehexte Krankheiten vertreiben.[4]
Sie dürfen aber keine abergläubischen Dinge in Anwendung
bringen.[5] Die Segensprechung, wenn sie auch die Form einer
Beschwörung hat, muss geschehen durch die Kraft des göttlichen Namens, der Werke Christi, durch die der Teufel besiegt und verstossen worden ist. Die Besprechungsformeln
dürfen keine fremden und unbekannten Wörter enthalten, weil
nach Chrysostomus zu befürchten ist, dass in ihnen etwas
Abergläubisches stecken könnte; sie dürfen nichts Falsches enthalten, keine eiteln Possen oder Zeichen, ausser dem Zeichen
des Kreuzes.[6] Ob die Krankheit zu exorcisiren und der
Teufel zu beschwören sei? Antwort: Nicht die Krankheit,
sondern der Kranke selbst, der behext ist, wird exorcisirt und
hernach der Teufel.[7] Folgt eine Formel des Exorcismus als
Muster.[8] Ebenso Gebete.[9] Während des Exorcisirens ist
das Weihwasser fleissig zu sprengen. Der zu Exorcisirende
hat zunächst Beichte abzulegen; alle Winkel des Hauses sollen durchsucht werden, ob sich keine Zaubersachen finden,
wenn sie gefunden, gleich dem Feuer übergeben werden.
Dienlich ist es auch, dass das Bette und die Kleider des

---

[1] S. 428.   [2] S. 434.   [3] S. 437.   [4] S. 438.   [5] S. 439.
[6] S. 442.   [7] S. 447.   [8] S. 448.   [9] S. 449.

Kranken erneut werden, dass er die Wohnung und das Haus
wechsle; wenn es möglich ist, gehe er des Morgens in die
Kirche, ist ein Feiertag, desto besser, halte eine geweihte
Kerze sitzend oder kniend in der Hand, die Anwesenden
sollen Gebete halten, und es beginne die Litanei: „Adjutorium nostrum" u. s. w. Dergleichen Exorcismen können
dreimal wöchentlich wiederholt werden. Wesentlich ist, dass
der zu Exorcisirende das heilige Abendmahl erhalte, und bei
der Beichte hat der Beichtvater darauf zu achten, ob er nicht
auch excommunicirt ist. Ist der Exorcist nicht ordinirt, kann
aber lesen, so lese er die vier Evangelien, das Evangelium:
„Missus est Angelus", die Leidensgeschichte des Herrn, welches alles eine grosse Kraft den Teufel auszutreiben hat, und
dann erwarte man die Genesung von der Gnade Gottes. [1]
Der Unterschied zwischen dem Weihwasser und dem Exorcismus ist dieser: ersteres wird gegen äusserliche Anfechtung des Teufels, letzterer gegen innerliche angewendet. Was
ist zu thun, wenn auf den Exorcismus die Gesundheit nicht
erfolgt? Es kann dies geschehen, entweder wegen mangel-
haften Glaubens der Umstehenden, oder wegen Sünden, die
den Zauber unterhalten, oder wegen Versäumung der dien-
lichen Mittel, oder wegen fehlerhaften Glaubens beim Exorcisten, u. dgl. m. [2] Der vor der Taufe nicht gehörig exorcisirt worden, ist unter Gottes Zulassung immer der Macht
des Teufels mehr unterworfen. [3]

Siebentes Kapitel. Mittel gegen Hagelschlag und
Behexung des Viehs.

Zunächst sind einige unerlaubte Mittel zu erwähnen,
deren sich manche bisweilen bedienen, als: abergläubische
Zauberformeln gegen den Wurm im Finger; einige sprengen
nicht das Weihwasser, sondern giessen es dem Vieh ins Maul[4];
in einigen Gegenden Schwabens gehen die Weiber am ersten
Mai vor Sonnenaufgang hinaus, um sich Zweige von Weiden
und andern Bäumen zu holen, die sie kreisförmig biegen und
am Eingange der Stallthüre aufhängen, um, wie sie sagen,
das Vieh für das Jahr vor Behexung zu bewahren. [5] Diese
Mittel sind unerlaubt. Dagegen wäre nichts einzuwenden,
wenn jemand, ohne Berücksichtigung der Sonne, Kräuter

---

[1] S. 449 fg.   [2] S. 450.   [3] S. 453.   [4] S. 461.   [5] S. 462.

und Zweige sammelt unter Herbetung des Vaterunser oder des Glaubenssymbols, um sie über der Stallthüre aufzuhängen, im guten Glauben die Wirkung dem göttlichen Willen überlassend. Ebenso ist erlaubt: in Weinbergen oder auf Saatfeldern am Palmsonntage das Zeichen des Kreuzes, geweihte Zweige oder Blumen zu stecken, um sie unbeschädigt zu erhalten; oder die am Sonnabend gemolkene Milch den Armen als Almosen zu geben, um die Milchwirthschaft vor den Hexen zu bewahren, wobei aber der göttliche Schutz angefleht werden muss. [1] — Nach Nider kann man auch mit geschriebenen Liedern und heiligen Sprüchen die Krankheit sowol der Leute als des Vichs wegsegnen. Er führt Thatsachen als Beweise dafür an. Weil die Hexen, um es dem Vieh anzuthun, nur etwas Milch oder Butter aus dem Haus, wo sich jenes befindet, brauchen, sollen die Hausfrauen verdächtigen Weibern nichts derlei borgen oder schenken.[2] Manche Weiber, denen sich beim Butterrühren die Butter nicht herstellen will, infolge der Behexung, suchen ein Stückchen Butter aus dem Hause der Verdächtigen zu bekommen, wovon sie drei Würfel machen und unter Anrufung der heiligsten Dreieinigkeit in das Gefäss werfen und so die Hexerei vertreiben. Wenn sie überhaupt von irgendwelcher Butter drei Stückchen unter Anrufung der heiligen Dreieinigkeit nähmen und die Wirkung Gott überliessen, wäre nichts gegen dieses Mittel einzuwenden, empfehlenswerth ist vielmehr die Sprengung des Weihwassers oder der Gebrauch geweihten Salzes, verbunden mit Gebet, gegen derlei Hexerei.[3] — Gegen Hagel und Gewitter werden drei Hagelkörner ins Feuer geworfen unter Anrufung der Heiligen Dreieinigkeit, das Vaterunser, der Englische Gruss zwei- bis dreimal hergesagt und der Anfang des Johannesevangeliums; macht nach vorn und hinten und nach allen Richtungen das Kreuz, und das durch Hexerei hervorgebrachte Gewitter hört auf. Hierbei ist nichts Verdächtiges zu finden, abergläubisch wären nur die drei Hagelkörner ohne Anrufung des göttlichen Namens.[4] — Durch mancherlei werden die Hexen bei ihrer Hexerei gehindert, sich an Personen zu machen: durch den festen Glauben derer,

---

[1] S. 463.   [2] S. 464.   [3] S. 465.   [4] S. 466.

die Gottes Gebote halten, sich mit dem Kreuze und durch
Gebete schützen, die Bräuche der Kirche pflegen, die öffentliche Justiz gut verwalten, der Leiden Christi stets eingedenk
sind. Darum werden beim Gewitter die Kirchenglocken ge-
läutet, um die Dämonen zu vertreiben, damit sie von ihrem
Zauberwerke ablassen. [1]

Achtes Kapitel. Mittel gegen einige verborgene Anfechtungen des Teufels.

Auf die Frage: ob es erlaubt sei, unvernünftige Geschöpfe
zu beschwören, antwortet der „Hexenhammer" mit Ja! aber
unter Beziehung auf den Teufel, der sich ihrer zu unserm
Schaden bedient. [2] — Eine andere göttliche Zulassung ist,
wenn durch die Teufel den Weibern ihre eigenen Kinder
entzogen und andere untergeschoben werden, die man in
Deutschland Wechselkinder nennt, welche dreierlei Art sind:
Einige, die immer mager bleiben und beständig heulen; andere, die durch die Dämonen hervorgebracht, aber nicht deren
Kinder sind, sondern eigentlich dessen „cujus semen rece-
runt"; die dritte Art sind die Dämonen selbst in Gestalt kleiner Kinder. [3] Alle drei Arten haben ausser der Hagerkeit
und ungewöhnlichen Schwere noch gemein, dass sie oft verschwinden.

Der dritte Theil des „Hexenhammers" ist der Criminal-
codex, wonach vor dem geistlichen und weltlichen Richter-
stuhle gegen die Zauberer und alle Ketzer zu verfahren ist.
Er enthält 35 Fragen, in welchen die Weise, den Process anzufangen, fortzufahren und das Urtheil zu schöpfen, sehr weitläufig angegeben wird.

Allgemeines und Einleitendes: Ob die Hexen,
ihre Gönner, Beschützer und Vertheidiger dem geistlichen
und dem weltlichen Gerichte unterworfen seien? Ja! wenn
die Sache nicht nach Ketzerei riecht, sind die Hexen
ihren Richtern zu überlassen. [4] Dem steht aber nicht entgegen, dass die Hexen dem Gerichte der Inquisitoren
unterzogen werden, weil sie des Verbrechens der Ketzerei
schuldig sind. [5] Man behauptet: die Handlungen der Hexen
könnten auch ohne Ketzerei begangen werden, denn wenn sie

---

[1] S. 467.　　[2] S. 470.　　[3] S. 471.　　[4] S. 475.　　[5] S. 476.

den Leib Christi in den Koth treten, so könne dies ohne
Fehler des Verstandes, also auch ohne Ketzerei geschehen.
Da man unbeschadet des Glaubens an den Leib Christi denselben hinwerfen könne, um den Teufel kraft eines Vertrags
zu nöthigen, etwa einen Schatz zu heben, so sei dies zwar
ein schweres Verbrechen, aber keine Ketzerei, daher die Hexen
nicht vor den Richterstuhl der Inquisitoren gehören. Ferner:
wenn die Hexen den Glauben abschwören, so wäre dies nicht
Häresie, sondern Apostasie zu nennen, und was dergleichen mehr.[1]
Dagegen ist leicht zu beweisen, dass das geistliche Gericht
in Verbindung mit dem weltlichen über Hexerei zu urtheilen
hat. Denn bei einem kanonischen Verbrechen hat der Präses
des Gerichtshofes mit dem Metropolitan zu entscheiden. [2]
Obschon der weltliche Fürst die Lebensstrafe auferlegt, so
schliesst dies die Gerichtsbarkeit der Kirche nicht aus, da es
dieser zukommt, über diese Art Verbrechen zu erkennen und
Strafe zu bemessen. Sowie es kanonisch gesetzlich bestimmt
ist, dass die Geistlichen ihrer eigenen Gerichtsbarkeit und nicht
der weltlichen unterzogen werden, weil ihr Verbrechen als
kirchliches betrachtet wird, so ist das Verbrechen der Hexen
theils kirchlich, theils bürgerlich, dieses wegen des zeitlichen
Schadens, jenes wegen der Verletzung des Glaubens, daher
es von beiderlei Richtern zu erkennen, zu richten und zu
strafen ist.[3] — „Crimen mixtum ab utrisque est puniendum."[4]
— Nach der Ansicht der spanischen Inquisitoren gehören
alle Zauberer, Nigromanten, alle Sorten Wahrsager, die einmal den heiligen Glauben angenommen und bekannt haben,
unter die Gerichtsbarkeit der Inquisitoren.[5] Die künstlichen Wahrsager, die nur durch Kunst wahrsagen, gehören
nicht hierher; aber diejenigen, welche den Teufel anrufen und
mit seiner Hülfe Künftiges vorhersagen, sind ketzerisch, verfallen dem Inquisitionsgerichte.[6] Bei allem, wo der Erfolg
von der Macht des Teufels erwartet wird, findet Apostasie
statt, wegen des Bündnisses mit jenem. Die den Teufel zu Hülfe
anrufen, sind Apostaten und folglich auch Ketzer, daher den
Ketzerrichtern unterworfen. [7] — Im Uebrigen bis S. 501 wird
zu beweisen gesucht, dass eigentlich weder weltliche Richter

---

[1] S. 477.   [2] S. 479.   [3] S. 480.   [4] S. 481.   [5] S. 481.
[6] S. 483.   [7] S. 484.

noch die Bischöfe sich mit dem Hexenwesen befassen sollen, da die Inquisition diese Angelegenheit am geeignetsten zu führen im Stande ist.

1. Frage. Ueber die Weise den Process zu · beginnen.

Es sind drei Weisen: 1) es klagt einer den andern des Verbrechens der Ketzerei an, mit dem Bedeuten, den Beweis liefern zu wollen, widrigenfalls die Strafe der Wiedervergeltung zu tragen; 2) es denuncirt einer den andern ohne Beweislieferung, sondern angeblich aus Glaubenseifer, oder im Hinblick auf den Kirchenbann oder die zeitliche Strafe, womit derjenige belegt wird, der nicht denuncirt. 3) Der Richter strengt ex officio den Process an, auf das Gerücht hin, dass es irgendwo Hexen gebe. [1] — Zu bemerken ist, dass der Richter die erste Weise nicht leicht zulässt, weil sie in Glaubenssachen nicht gebräuchlich ist, also auch nicht im Hexenprocesse, da die Hexerei geheim geübt wird, und dann auch, weil die Anklage wegen der poena talionis gefährlich sein kann, und endlich, weil sie viele Streitigkeiten nach sich zieht. Der Process werde eingeleitet durch eine allgemeine Citation, die, an den Thüren der Pfarrkirche angeschlagen, jeden auffordert, welcher weiss, gesehen oder gehört hat, dass eine Person der Ketzerei oder Hexerei berüchtigt oder verdächtig sei, oder dergleichen übe, das zum Schaden der Menschen, des Viehs, der Feldfrüchte, des gemeinen Wesens gereicht, innerhalb 14 Tágen die Anzeige zu machen, und zwar bei Strafe des Kirchenbanns. [2]

Zu bemerken ist bei der zweiten Weise durch Denunciation, womit der Process beginnt, dass der Richter in seiner Citation den Denuncianten aufmerksam mache, dass keiner straffällig werde, wenn er auch den Beweis nicht liefern könne, da er nicht als Ankläger, sondern als Angeber auftritt. Weil mehrere als Angeber erscheinen werden, so soll der Richter einen Notarius und zwei ehrsame Personen gegenwärtig haben; sollte kein Notarius zu haben sein, so sollen anstatt dessen zwei geeignete Männer da sein, in deren Gegenwart das Protokoll abgefasst wird und zwar folgendermassen:

---

[1] S. 503.   [2] S. 505.

„Im Namen des Herrn. Amen.

„Im Jahre nach der Geburt Christi u. s. w., am Tage...
des Monats ... erschien N. N. in Gegenwart des Notarius und
der unterfertigten Zeugen N. N. vor dem löblichen Richter
und überreichte diesem einen Zettel folgenden Inhalts" (der
ganz mitgetheilt werden soll). — Geschieht die Anzeige nicht
schriftlich, sondern mündlich, so wird folgendermassen gesetzt:
„erschien u. s. w. und zeigte ihm an, dass er von N. N. dies
oder jenes wisse, oder dies oder jenes sich oder andern zum
Schaden zugefügt habe"; hierauf soll dem Denuncianten der
Eid abgenommen und einige Fragen an ihn gestellt werden:
woher der Denunciant wisse, ob er selbst gesehen, oder von
wem er gehört habe u. s. w. [1]

Die dritte Weise, den Process auf das blosse Gerücht
hin anzustrengen, ohne Anklage oder Denunciation, ist die
am meisten gebräuchliche, und das Verfahren im Beisein der
angeführten Personen ist folgendes:

„In Nomine Domini. Amen.

„Im Jahre u. s. w. Es ist dem Beamten oder Richter
zu Ohren gekommen infolge des sich mehrfach wiederholenden
Gerüchtes, dass N. N. Dinge gethan oder gesagt habe, die
zur Hexerei gehören, gegen den Glauben und das Gemeinwesen gerichtet sind, u. s. w." [2]

2. Frage. Von der Anzahl der Zeugen.

Ob der Richter auf Grund zweier gesetzlicher, nicht
singulärer Zeugen eine als Hexe verurtheilen könne? Singu-
läre Zeugen sind, die zwar nicht im einzelnen, wol aber im
Wesen der Sache übereinstimmen, z. B. der eine: sie hat mir
eine Kuh behext; der andere: mir ein Kind; beide treffen in
der Hexerei zusammen. [3] Nach der Regel soll zwar die
Wahrheit im Munde von zweien oder dreien bestehen; es
scheint aber, dass in Bezug auf das ungeheure Verbrechen
der Hexerei zwei Zeugen zwar zur Verdächtigung, aber nicht
zur Verurtheilung genügen. Man lässt in diesem Falle den
Inquisiten zum Eide der Reinigung, oder fragt ihn summarisch, oder schiebt das Urtheil auf.

3. Frage. Ob der Richter die Zeugen zum Eid die

---

[1] S. 507.   [2] S. 509.   [3] S. 509.

Wahrheit zu bekennen zwingen und sie mehrmals examiniren darf?

Ja, besonders ein geistlicher Richter. Denn wenn ein
Erzbischof oder Bischof erfährt, dass in einem Pfarrsprengel
Ketzer sich befinden, hat er zu untersuchen, drei oder mehrere Zeugen, auch wol die ganze Nachbarschaft eidlich zu
verpflichten. Wer sich zu schwören weigert, ist als Ketzer
zu behandeln. [1]

4. Frage. Von der Beschaffenheit der Zeugen.

Excommunicirte, Theilnehmer am Verbrechen, Infame und
Lasterhafte, Sklaven wider ihre Herren werden in Glaubenssachen jeder Art als Zeugen zugelassen. Ebenso wie Ketzer
gegen Ketzer als Zeuge zugelassen wird, so auch ein Zauberer gegen einen Zauberer, in Ermangelung anderer, aber
nur wenn er gegen den Angeklagten zeugt. Ebenso die Frau,
die Kinder, die Freunde, wenn sie gegen denselben auftreten.
Auch Meineidige, bei denen vorausgesetzt wird, dass sie aus
Glaubenseifer zeugen, sind nicht zurückzuweisen. [2]

5. Frage. Ob Todfeinde (des Inquisiten) als Zeugen
zuzulassen seien?

Solche, von denen es erwiesen ist, dass sie dem Beschuldigten nach dem Leben gestrebt, Wunden oder schwere Ver-
letzungen beigebracht haben, sind als Zeugen abzuweisen;
aber andere Feindschaften, auch schwere, oder solche wie sie
unter Weibern stattzufinden pflegen, sind nicht ganz hinderlich, die Aussage gibt aber erst durch die Aussage anderer
Zeugnisse einen ganzen Beweis. [3]

6. Frage. Zweiter Abschnitt. Wie ist der Process
fortzusetzen?

Zu beachten ist zunächst, dass, weil der Process den
Glauben betrifft, summarisch ohne viele Umstände (simpliciter
et de plano), ohne viel Aufhebens von seiten der Advocaten und
Richter und ohne Formalitäten verfahren werde. Zu vermeiden
sind also vom Richter so viel als möglich Exceptionen, Appellationen, Dilatationen, eine überflüssige Zahl von Zeugen; er
soll die Citation verfügen, die Zeugen in Eid nehmen, damit
die Wahrheit nicht verborgen bleibe. [4] Der Richter soll,

---

[1] S. 512.   [2] S. 513.   [3] S. 515.   [4] S. 517.

da die mit Hülfe des Teufels geübte Hexerei geheim gehalten
wird, dem Ankläger rathen, anstatt der Anklage lieber eine
Denunciation abzugeben, wegen des Gefährlichen der Beweisführung, welchen diese Art mit sich bringt, daher auch lieber
nach der zweiten oder dritten Art, wie es auch üblicher ist, zu
verfahren sein wird. Der Richter soll den Denuncianten besonders fragen: wer mit ihm noch von der Sache etwas wisse,
wer etwas wissen könne? Daher lasse der Richter diejenigen
als Zeugen vorladen, die der Denunciant angegeben hat, und
die mehr in der Angelegenheit zu wissen scheinen. Das Verhör der Zeugen wird folgendermassen protokollarisch bestimmt [1]:

Der vorgeladene Zeuge N. N. hat, nachdem er beeidigt
worden, die Frage: ob er N. N. kenne, bejaht; wie er mit
dem Beschuldigten bekannt geworden; wann; in welchem
Rufe jener stehe, besonders in Bezug auf den Glauben; wo
er das früher Angegebene gehört; in wessen Gegenwart;
ob Verwandte des Beschuldigten wegen Hexerei verbrannt
worden oder verdächtig seien; ob er mit Verdächtigen umgegangen; wie Zeuge das Ausgegebene vernommen, warum
es gesagt worden, u. s. w. Ob Zeuge aus Hass oder Un-
muth, oder aus Liebe und Wohlwollen die Angabe gethan. —
Darauf wird der Zeuge unter Aufbietung der Geheimhaltung
entlassen. [2] — Bei einem solchen Zeugenverhör müssen wenigstens fünf Personen zugegen sein: der Richter, der Zeuge
oder Angeber, der Beschuldigte, der erst später erscheint,
der dritte ist der Notarius oder Schreiber, und noch ein anderer ehrsamer Mann. Aehnlich werden andere Zeugen vernommen. Findet der Richter das Factum als bewiesen,
oder, wenn nicht ganz, doch den Verdacht gross und weit verbreitet, und befürchtet, dass die beschuldigte Person fliehen
könnte, so lasse er sie einfangen, sonst einfach vorladen. In
jedem Falle lasse der Richter ihr Haus unversehens genau
untersuchen, alle Schränke öffnen u. s. f. Hierauf beeidet der
Richter den Beschuldigten, von sich und andern die Wahrheit
zu sagen, und fasst alles, was er vernommen und durch Zeugen
bewiesen ist, zusammen und schreitet auf Grund dessen zum

---

[1] S. 518.   [2] S. 519.

Verhör des Beschuldigten, das auch ins Protokoll aufgenommen wird. [1]

Allgemeines Verhör einer Hexe oder eines Hexers. Erster Act.

N. N. ist denuncirt und nachdem er einen Eid auf die vier Evangelien geleistet, die Wahrheit sagen zu wollen, wurde er gefragt: woher er gebürtig, wer seine Aeltern seien oder gewesen, ob sie leben oder gestorben, und wenn letzteres, ob sie natürlichen Todes abgegangen oder verbrannt worden. Letzteres ist darum zu bemerken, weil Hexenältern ihre Kinder dem Teufel geloben und dadurch die ganze Nachkommenschaft angesteckt wird, und im Falle die Angeber es behaupten, die Hexe es aber leugnet, diese schon verdächtig ist. Wo sie erzogen worden und sich in neuester Zeit aufgehalten habe? (Hat sie den Ort ihrer Geburt verlassen und sich an Orten aufgehalten, wo Hexen sind, so wird weiter gefragt): Warum? Ob sie an diesen Orten von Hexerei gehört, dass Hexer oder Hexen Gewitter machen, Vieh behexen, den Kühen die Milch entziehen u. s. w. Sagt sie Ja: Was sie sagen gehört? wenn Nein: Ob sie glaube, dass es Hexen gebe und dass sie derlei bewirken können? — Zu bemerken ist, dass Hexen dies anfänglich meistens verneinen, wodurch sie mehr verdächtig werden, als wenn sie sagen: Ob es Hexen gibt oder nicht, überlasse ich den Obern. Wenn sie es also verneinen, ist zu fragen: ob sie denn glauben, dass diejenigen, die verbrannt, unschuldig verurtheilt wurden? [2]

Besonderes Verhör derselben.

Der Richter darf folgende Fragen nicht verschieben, sondern soll sie unverzüglich der Hexe vorlegen: Warum sich das Volk allgemein vor ihr fürchte? Ob sie wisse, dass sie in schlechtem Rufe stehe und gehasst werde? Warum sie dieser oder jener Person gedroht habe: das soll dir nicht unvergolten bleiben! Was ihr die Person Böses gethan, dass sie solche Drohung ausgestossen? (Diese Frage ist nothwendig, um der Feindschaft auf den Grund zu kommen, weil sich die Denuncirte schliesslich auf die Feindschaft berufen dürfte, was freilich kein Hinderniss wäre, wenn es keine Todfeindschaft ist, sondern um ihr die Ausflucht zu versperren.)

---

[1] S. 520. [2] S. 522.

— **Bemerkung**: Denn dies ist das Eigenthümliche der Hexen, dass sie durch Worte oder Thaten die Menschen gegen sich aufbringen und sich dadurch kenntlich machen [1]; zu bemerken ist, dass sie vom Teufel angeregt werden, wie wir von vielen, die hernach eingeäschert wurden, erfahren haben, dass sie gegen ihren Willen sich aufbringen lassen und hexen mussten. Ferner ist zu fragen: wie die Wirkung ihrer Drohung habe nachfolgen können, dass das Kind oder Vieh so schnell behext worden? Und ist die Frage zu wiederholen, warum sie gedroht: sie (die Feindin) solle keinen gesunden Tag mehr haben, und ob dies so geschehen sei? Wenn sie alles leugnet, ist sie über andere Hexereien zu befragen, die von andern angegeben worden, etwa an Vieh oder Kindern; ist zu fragen: warum sie sich auf dem Felde habe sehen lassen, oder im Stalle; warum sie das Vieh berührt habe; warum sie das Kind berührt habe, und wie es gekommen, dass dieses bald darauf erkrankt sei. Was sie auf dem Felde gethan während des Gewitters, und vieles andere. Woher es komme, dass sie von einer Kuh oder von zwei Kühen mehr Milch habe als ihre Nachbarin von vier bis sechs Kühen? Ob sie im Ehebruche oder im Concubinate lebt, gehört zwar nicht unmittelbar zur Sache, erzeugt aber mehr Verdacht, wenn letzteres der Fall ist, als bei einer unbescholtenen Person. Der Richter soll die Fragen auch öfter wiederholen, um zu sehen, ob ihre Aussagen übereinstimmen oder sich widersprechen.

7. Frage, in welcher verschiedene Zweifel in Bezug auf vorhergehende Verhöre und verneinende Antworten erklärt werden. Ob die Angeschuldigte einzukerkern sei und wann sie für eine überwiesene Hexe gehalten werden soll. 2. Act.

Wenn die Beschuldigte alles leugnet, hat der Richter auf drei Momente zu achten: den übeln Ruf (infamia), die Anzeigen der That, die Aussagen der Zeugen, ob die alle übereinstimmen oder nicht. Im Wesentlichen der That pflegen sie übereinzukommen, nämlich in der Hexerei oder im Verdacht bezüglich der Beschuldigten. [2] Es ist aber nicht nothwendig, dass die erwähnten drei Momente zusammen-

---

[1] S. 522.   [2] S. 524.

treffen, um die Hexe als überwiesen zu erachten, der Beweis ergibt sich per argumentum a fortiori. Eins von beiden, die Anzeige der That oder die Aussage der Zeugen genügt, um jemand der Ketzerei überführt zu betrachten, um so mehr, wenn beide Beweisgründe zusammenfallen. Als Beweis der That betrachten wir eine Drohung, der die Wirkung gefolgt, wenn z. B. der Bedrohte krank geworden ist. Wenn nun schon eines dieser Momente hinreicht und den Verdacht begründet, um so mehr beim Hinzutritt des übeln Leumundes oder der Zeugenaussagen. [1] Auf der That ertappt zu betrachten ist die Beschuldigte durch den Beweis der That oder die Zeugenaussage, sie mag bekennen oder nicht. Bekennt sie und bekehrt sich nicht, ist sie dem weltlichen Arme zu überliefern, zur Vollziehung der Todesstrafe oder zur lebenslänglichen Einkerkerung; leugnet sie, ist sie als unbussfertig ebenfalls dem weltlichen Gerichte zu derselben Strafe zu übergeben. Wenn nun der Richter nach der vorgeschriebenen Weise verhört und auf Grund der Angabe der Zeugen in Glaubenssachen summarisch und ohne Umstände (summarie, simpliciter et de plano) verfährt, die Beschuldigte auf eine geraume Zeit in den Kerker wirft, dass sie vielleicht nach mehrern Jahren, durch die Scheusslichkeit des Kerkers mürbe gemacht, das Verbrechen bekennt, so handelt er ganz gerecht. [2]

8. Frage. Ob sie einzukerkern und wie sie zur Haft zu bringen sei. 3. Act.

Ob die Hexe, die geleugnet, sich aber verdächtig gemacht hat, gefangen gehalten oder auf Bürgschaft, sich auf Vorladung zu stellen, auf freien Fuss gelassen werden soll?

Es wird von den verschiedenen Ansichten die Meinung derjenigen als die vernünftigste betrachtet, wonach es in dem gegebenen Falle dem Ermessen des Richters zu überlassen sei, nach Umständen zu verfahren. Kann die Beschuldigte keine genügende Bürgschaft stellen, und steht zu besorgen, dass sie die Flucht ergreife, so ist sie in Verwahrsam zu halten. [3] Nebstbei ist aber zu bemerken: 1) dass ihr Haus, darin alle Winkel, Löcher und Schränke sorgfältigst genau untersucht werden, 2) dass ihre Mägde oder Genossinnen je

---

[1] S. 525.   [2] S. 526.   [3] S. 527.

einzeln gefangen gesetzt werden, auch wenn sie nicht angegeben worden sind, weil sie von den Hexengeheimnissen etwas wissen können; 3) dass bei der Verhaftung der Hexe in ihrem Hause diese verhindert werde, in eine Kammer zu gehen, damit sie nicht Hexenmittel zu sich nehme, um sich schweigsam zu machen. [1] Es ist auch erlaubt und rathsam, die Hexe bei der Verhaftung vom Boden aufzuheben und sie in einem Korbe wegzutragen, damit sie nicht mehr die Erde berühre, da viele Eingeäscherte gestanden haben, dass sie sich befreit haben würden, wenn sie nur mit einem Fusse die Erde hätten berühren können. [2]

9. Frage. Was nach der Verhaftung zu geschehen. Ob der Gefangenen die Namen der Zeugen bekannt zu machen. 4. Act.

Nach der Verhaftung handelt es sich zunächst darum, ob der Richter eine Vertheidigung zulassen will, was von dessen Belieben abhängt. Hierauf wird Inquisitin in die Folterkammer gebracht und befragt, doch ohne Folter; aber zuvor müssen die Dienstboten oder Genossinnen im Hause examinirt werden. Wenn die Gefangene behauptet, sie sei unschuldig angegeben worden, sie wolle ihre Angeber kennen, so ist dies ein Zeichen, dass sie eine Vertheidigung verlangt. Der Richter braucht aber die Zeugen weder zu nennen noch sie der Beschuldigten vorzuführen, ausser die Angeber erbieten sich freiwillig, um jener ihre Angabe ins Gesicht zu werfen. Der Richter ist aber nicht dazu verpflichtet, weil es den Angebern Gefahr bringen könnte. [3] Einige Päpste haben gar behauptet, dass in keinem Falle erlaubt sei, die Angeber zu nennen. [4] — Bonifacius VIII. in seinem Statut verordnet, dass zur Vermeidung der Gefahr für Zeugen und Angeber diejenigen, die bei einem solchen Processe betheiligt, von dessen Geheimnissen nichts verrathen dürfen, bei Strafe der Excommunication. [5]

10. Frage. Wie die Vertheidigung zu gestalten und ein Anwalt zu bestimmen sei.

Wenn die Vertheidigung verlangt wird, frägt es sich, wie sie bei Geheimhaltung der Namen der Zeugen zu gestatten

---

[1] S. 528.   [2] S. 529.   [3] S. 530.   [4] S. 531.   [5] S. 532.

sei. Zu bemerken ist hierbei dreierlei: 1) ein Anwalt wird
bestellt; 2) diesem werden die Namen der Zeugen nicht bekannt gemacht, selbst wenn er sich eidlich verpflichten wollte,
sie nicht zu verrathen, es wird ihm nur der besondere Inhalt
des Processes mitgetheilt; 3) die Sache des Beschuldigten
mag so gut es geht geführt werden, jedoch nicht zum Aergerniss des Glaubens oder zum Nachtheile der Gerechtigkeit.
Gleichermassen soll der Procurator für die Inquisition verfahren, aber mit Geheimhaltung der Namen der Zeugen und
Angeber. Zunächst ist zu beachten, dass der Beschuldigte
nicht nach Belieben seinen Vertheidiger wähle, sondern der
Richter einen Mann bestelle, der nicht streitsüchtig, oder bös-
willig, oder bestechlich ist. Dieser muss aber die Angelegenheit prüfen, und findet er sie gerecht, kann er sich derselben
annehmen; ist sie aber ungerecht, soll er sie abweisen. Denn
wenn er eine desperate Angelegenheit übernimmt, so muss er
das Salär, das er vorweg erhalten hat, zurückgeben, und wenn
er die Vertheidigung einer ungerechten Sache übernimmt, so
hat er den Schadenersatz und die Kosten zu tragen. [1] Dem
Advocaten obliegt: Bescheidenheit, Wahrheit, dass er keine
Frist nachsuche, da der Process summarisch geführt werden
soll. Alles dies hat der Richter dem Vertheidiger zur Bedingung zu stellen und ihn schliesslich zu warnen: sich keiner Begünstigung der Ketzerei schuldig zu machen, da er in
diesem Falle die Strafe der Excommunication auf sich lüde.[2]
Sagt der Vertheidiger dem Richter: er vertheidige die Person, nicht den Irrthum, so ist dies eine ungültige Ausflucht,
denn er soll auf gar keine Weise vertheidigen, wodurch er
das summarische Verfahren verhindern könnte, als: durch Ansuchen um Frist, durch Einmischung von Berufungen, was
alles zurückgewiesen werden muss. Denn wenn er ungehörig
den der Ketzerei schon Verdächtigen vertheidigt, so macht
er sich zum Gönner der Ketzerei, und der Verdacht wird um
so grösser. Hat aber der Richter einen unbescholtenen, eifrigen, gerechtigkeitsliebenden Mann zum Vertheidiger des Beschuldigten aufgestellt, so kann er ihm die Namen der Zeugen
angeben, die aber unter eidlicher Verpflichtung geheim zu
halten sind. [3]

---

[1] S. 535.   [2] S. 535.   [3] S. 536.

11. Frage. Was hat der Advocat zu thun, wenn ihm
die Namen der Zeugen nicht bekannt gemacht werden?
6. Act.

Der Vertheidiger muss in diesem Falle die Information
über die Einzelheiten im Processe vom Richter erhalten und
dann zum Beschuldigten gehen, und diesen nach Umständen zur Geduld ermahnen. [1] Wenn der Vertheidiger nach
seiner Unterredung mit seinem Clienten eine Feindschaft
zwischen diesem und den vermutheten Angebern (Zeugen)
findet, hat er es dem Richter zu eröffnen, der dann die Untersuchung anstellt. [2] Sollte eine Todfeindschaft stattfinden, so
ist dahin zu sehen, ob diese durch den Inquisiten oder den
Angeber veranlasst ist, ob die Freunde des einen die des
andern tödlich verfolgt haben, ob die angegebene Behexung
richtig ist, ob nicht noch andere Zeugen vorhanden sind u. s. f.
Ist die Denunciation aus Rache geschehen, so ist die Denuncirte frei zu lassen, aber unter der Bedingung, sich nicht zu
rächen. Sagen aber andere Zeugen wider sie betreffs der
That oder auch des übeln Rufs, so weist zwar der Richter
die Angeber aus Rache zurück, aber die Angabe des Factums,
die durch andere Zeugen des übeln Rufs ergänzt wird, bleibt
als Beweis. Wenn die Beschuldigte das Verbrechen gesteht
und bereut, so wird sie dem weltlichen Arme nicht zur Todesstrafe übergeben, sondern vom geistlichen Gerichte zum lebenslänglichen Kerker verurtheilt, obschon sie wegen zeitlichen
Schadens (noch immer) verbrannt werden kann. [3] Der
Richter hüte sich, dem Vertheidiger, wenn er Todfeindschaft
vorschützt, immer zu glauben, weil die Hexen gewöhnlich
verhasst sind. [4] — In Betreff der Drohungen der Hexen ist zu
bemerken, dass wenn der Vertheidiger behauptet, die Krankheit sei aus natürlichen Ursachen und nicht infolge der Drohung
entstanden, diese Entschuldigung stattfinden kann; dies ist
aber nicht der Fall, wenn keine Mittel helfen, wenn die
Aerzte das Uebel für Behexung, den sogenannten „Nacht-
schaden" erklären und vielleicht andere Hexen die Krankheit
für eine angehexte erachten, da sie plötzlich und nicht wie
die natürlichen Krankheiten allmählich entstanden ist, u. dgl. m. [5]

---

[1] S. 537.   [2] S. 538.   [3] S. 539.   [4] S. 540.   [5] S. 541.

12. Frage erklärt deutlicher, wie Todfeindschaft zu erforschen sei. 7. Act.

Um sich von der wirklichen Todfeindschaft zu überzeugen,
kann der Richter sich verschiedener Mittel bedienen, die, obschon sie schlau und listig, doch erlaubt sind, da sie zum
Heile der Religion und des Staates gereichen. 1) Es wird
dem Beschuldigten und dessen Vertheidiger eine Abschrift
des Processes gegeben, worin die Aussagen der Zeugen nicht
bei den betreffenden Namen stehen, sondern untereinander
geworfen sind, sodass aus der Copie nicht ersichtlich wird,
wer von den Zeugen das oder jenes ausgesagt habe, und der
Inquisit sich fangen muss; wenn er die ersten angeführten
Zeugen für seine Todfeinde erklärt, beschuldigt er alle einer
Todfeindschaft, und so ist er um so leichter der Lüge zu
überweisen. [1] 2) Man gibt dem Advocaten eine Copie des
Processes einer Partei, und die Namen der Angeber der andern Partei, mengt aber allerlei Facta hinein, die von andern
Hexen anderwärts verübt, aber nicht von den genannten Zeugen ausgesagt worden sind. So kann der Beschuldigte nicht
sagen, dieser oder jener sei sein Todfeind, da er nicht weiss,
was sie gegen ihn vorgebracht haben. 3) Gleich nach dem
zweiten Verhör, also noch bevor der Inquisit einen Vertheidiger angesucht und dieser ihm bestellt worden, soll ersterer
gefragt werden, ob er solche Todfeinde zu haben glaube, die
ihn des Verbrechens der Hexerei fälschlich beschuldigen könnten. Da er auf diese Frage nicht gefasst sein dürfte und
die Aussagen der Zeugen noch nicht vernommen hat, so wird
er antworten, entweder: er glaube nicht solche Feinde zu
haben, oder: er vermuthe derlei. Dann nennt er sie, sie werden verzeichnet sowie die Ursache der Feindschaft, und der
Richter kann nach der angegebenen Weise verfahren. [2] 4) Ebenfalls nach dem zweiten Verhöre, bevor er einen Vertheidiger
und ehe er die Aussagen der Zeugen kennt, werde der Beschuldigte über die Zeugen befragt, die ihn am schwersten beschuldigt
haben, ohne dass er es weiss: ob er diesen oder jenen dem
Namen nach kenne. Verneint er es, so kann sein nachfolgen-
des Vorgeben bei der Vertheidigung: es sei N. N. sein Feind,
nicht berücksichtigt werden. Sagt er aber: ich bin sein Freund,

---

[1] S. 542.   [2] S. 543.

wüsste ich aber etwas von ihm, so würde ich es doch sagen,
so kann er ihn später nicht wieder für einen Feind ausgeben.
5) Man gibt dem Beschuldigten oder Advocaten eine Copie
des Processes mit Vorenthalt der Namen der Angeber. Wenn
er nun, durch Vermuthung auf einen oder den andern geleitet,
sagt: der ist mein Todfeind und ich will es durch Zeugen
beweisen, dann soll der Richter die Zeugen verhören und in
Gemeinschaft einer geheim zusammenberufenen Rathsversamm-
lung von alten und erfahrenen Leuten die Ursachen der
Feindschaft erforsçhen, und stellen sich diese als begründet
heraus, sollen zunächst die Zeugen abgewiesen und der Beschuldigte entlassen werden, wenn nicht Aussagen anderer
Zeugen vorliegen. [1]

13. Frage. Was der Richter vor dem Verhöre im
Kerker und der Folterkammer zu beobachten hat. 8. Act.

Da kein Bluturtheil ohne eigenes Geständniss gesprochen
werden soll, wenngleich der Beweis der ketzerischen Bosheit
durch die That oder die Zeugenaussage vorliegt, so muss
allerdings das Bekenntniss durch Fragen unter der Tortur
erlangt werden. [2] Um das durch Hexerei bewirkte Stillschweigen zu verhüten, hat der Richter vielerlei zu beobachten.
Zunächst eile er nicht alsobald zum peinlichen Verhör [3], sondern habe auf gewisse Merkmale Acht. Denn wenn nicht
durch göttlichen Zwang mittels eines heiligen Engels die
Zauberei des Teufels gebrochen wird, so wird auch die Hexe
unter der Tortur so unempfindlich sein, dass ihr die Glieder
eher vom Leibe gerissen werden können, bevor sie die Wahrheit bekennt. [4] Es ist aber nicht zu übersehen, dass nicht
alle in die Hexerei gleichermassen verstrickt sind, und dass
der Teufel bisweilen von selbst, ohne durch einen heiligen
Engel gezwungen zu sein, das Geständniss zulässt, da ihm
nicht jede Hexe gleich in den ersten Jahren ihres Verkehrs
das Homagium leistet, weil er sie vorher erst prüfen will, indem er mit bloss äusserer Hingebung nicht zufrieden ist,
sondern auch eine innerliche, also gänzliche verlangt. Daher

---

[1] S. 545. [2] S. 545.
[3] Das heisst eigentlich die Folter, die immer unter quaestionare verstanden wird.
[4] S. 549.

kommt es, dass solche, die aus Noth oder durch andere
Hexen gezwungen, in der Hoffnung wieder los zu werden, sich
nur halb dem Teufel ergeben haben, von diesem verlassen
werden, damit sie durch Sinnesverwirrung und einen schrecklichen Tod in Verzweiflung stürzen, da er sie nie ganz haben
konnte. Solche Halbhexen kommen leichter zum Geständniss.
Diejenigen hingegen, die dem Teufel mit Mund und Herz
verbunden sind, werden auch kräftig von ihm vertheidigt,
hart und schweigsam gemacht. [1]

14. Frage. Wie eine Hexe zur Tortur zu verurtheilen,
wie sie am ersten Tage zu foltern sei. Ob man ihr das
Leben versprechen dürfe. (10. Act in meiner Ausgabe.)

Der Richter spricht das Urtheil in dieser Form: Wir
Richter und Beisitzer, die wir den Process gegen dich N. N.
u. s. w. eingeleitet und alles erwogen haben, finden, dass du
verschiedene Aussagen gemacht hast, indem du gestehst,
solche Drohungen zwar ausgestossen, aber nicht die Absicht
zu schaden gehabt zu haben; doch sind verschiedene Indicien vorhanden, welche hinreichen, dich auf die Folter zu
bringen. Damit nun die Wahrheit aus deinem eigenen Munde
kund werde und du die Ohren der Richter nicht durch
Zwischenreden weiter beleidigst, erklären, verurtheilen und
verdammen wir dich zum Verhör auf der Folter am heutigen
Tage um ... Uhr. Dies Urtheil ist gesprochen u. s. w. [2]

Hierauf wird Inquisit wieder ins Gefängniss abgeführt,
und zwar nicht mehr zum Gewahrsam, sondern schon zur
Strafe. Es werden aber seine Freunde zugelassen, denen der
Richter vorschlage, dass sie ihn durch Zureden und die Aussicht, er werde vielleicht der Todesstrafe entgehen, wenn er
die Wahrheit sagt, zum Geständniss dessen bringen, was über
ihn ausgesagt worden. Denn die Ueberlegung, die Noth des
Kerkers und die Information von ehrlichen Männern, sind
geeignete Mittel, die Wahrheit herauszubringen. Wir haben
es an vielen Hexen erfahren, die so mürbe wurden, dass sie,
vom Teufel sich lossagend, ihre Verbrechen häufig eingestanden.

Die Weise, das Verhör auf der Folter zu beginnen, ist
diese: zunächst machen die Büttel die Vorbereitungen zum

---

[1] S. 550.   [2] S. 552.

Foltern, entkleiden den Inquisiten, ist es ein Frauenzimmer,
so geschieht es von ehrbaren Weibern, um die Zaubermittel,
die etwa in die Kleider eingenäht sind, wie sie derlei aus den
Gliedern ungetaufter Kinder bereiten, zu beseitigen. Dann
werden die Folterwerkzeuge zurecht gelegt und der Richter
sucht selbst und durch andere gute, glaubenseifrige Männer
den Inquisiten zum freien Geständniss der Wahrheit zu bringen, will er aber nicht bekennen, so befiehlt der Richter,
dass man ihn an das Seil spanne, auf die Leiter binde,
oder andere Folterinstrumente anlege. Die Büttel sollen
diesem Befehle sogleich, aber gleichsam erschreckt gehorchen. Hierauf werde er wieder auf das Ansuchen einiger
losgeschnürt und beiseite gebracht, und suche man ihn zu
überreden und ihm merken zu lassen, dass er im Falle seines
Geständnisses nicht der Todesstrafe verfallen würde.[1] Hier
ist die Frage: ob der Richter einem denuncirten, berüchtigten, durch Zeugen und Indicien der That völlig überführten
Hexer, bei dem nur das eigene Geständniss abgeht, das Leben
versprechen dürfe. Es gibt verschiedene Ansichten. Einige
meinen: einer berüchtigten, durch Anzeichen der That schwer
verdächtigen Haupthexe, die von grossem Schaden ist, könne
man dennoch das Leben zusichern und sie zu lebenslänglichem
Gefängniss bei Wasser und Brot verurtheilen, wofern sie andere Hexen an gewissen wahrhaftigen Zeichen angeben wolle;
jedoch sei ihr nicht die Gefängnisstrafe zu verkünden, sondern nur die Hoffnung zum Leben zu lassen.[2] Ohne Zweifel
wären auch solche berüchtigte Hexen geeignet, um andere
Hexen zu verrathen, wenn dem nicht entgegenstünde, dass
der Teufel ein Lügner ist, der letztern wieder Beistand leisten
kann.[3] Andere meinen: man könnte einer zum Gefängniss
Verurtheilten auf einige Zeit das Versprechen halten, danach
sie aber einäschern. Dritte sagen: der Richter könne ihr getrost das Leben zusichern, er solle aber das Urtheil von einem
andern sprechen lassen. Will eine Hexe durch derlei Versprechungen sich nicht zum Geständniss bewegen lassen, dann
haben die Büttel das Urtheil zu vollziehen und nach üblicher
Weise zu foltern, leichter oder stärker, je nachdem es das
Verbrechen erfordert. Man beginnt das peinliche Verhör

---

[1] S. 553.　　[2] S. 553.　　[3] S. 554.

über leichtere Verbrechen, da sie der Verbrecher eher eingestehen wird als schwere. Währenddessen hat der Notarius
alles protokollarisch aufzunehmen. Bekennt Inquisitin unter der
Folter, so bringe man sie an einen andern Ort, um daselbst
ihr Bekenntniss wiederholen zu lassen. Will sie aber nicht
gestehen, so zeige man ihr andere Folterwerkzeuge mit dem
Bedeuten, dass sie auch durch diese leiden müsse, wenn sie
nicht die Wahrheit eingestehe. Wenn auch dies nicht verfängt,
dann wird am folgenden oder dritten Tage die Folter fortgesetzt, nicht wiederholt. Denn sie darf nicht wiederholt
werden, ausser es wären neue Anzeigen hinzugekommen. Der
Richter verkündet der Inquisitin das Urtheil: Wir Richter
u. s. w. verurtheilen dich, dass morgen die Folter mit dir fortgesetzt werde, um aus deinem Munde die Wahrheit zu vernehmen. [1] In der Zwischenzeit hat der Richter die erwähnten
Ueberredungskünste mit Zusicherung des Lebens anzuwenden,
wenn er es für zweckmässig hält. Auch soll er in dieser
Zeit Wächter bei der Inquisitin aufstellen, damit sie nie allein
sei und vom Teufel überredet werde, sich selbst zu tödten.

15. Frage: Ueber die fortzusetzende Tortur, die Cautelen und Zeichen, woran der Richter eine Hexe erkennen
kann; wie er sich gegen ihre Hexenkünste zu schützen hat;
wie sie da zu scheren, wo sie ihre Zaubermittel verborgen
hat, wie dem hexenhaften Stillschweigen vorzubeugen ist.
11. Act.

Wenn der Richter erforschen will, ob die Hexe durch
Zauberei sich in Stillschweigen verhüllt, so beobachte er: ob
sie vor ihm und im Anblicke der Folterwerkzeuge weinen
könne. Denn es ist eine auf Erfahrung gegründete Thatsache, dass eine Hexe nicht weinen kann, sondern sich nur
den Anschein gibt, indem sie Klagetöne ausstösst, Wangen
und Augen mit Speichel benetzt, worauf daher besonders
Acht zu haben ist. Um der Sache auf den Grund zu kommen, lege ihr der Richter die Hand auf den Kopf und sage
folgende Beschwörungsformel: „Ich beschwöre dich um der
bittersten Thränen willen, die von unserm Heilande dem Herrn
Jesus Christus am Kreuze für unser Heil vergossen worden

---

[1] S. 555.

sind u. s. w., dass du, im Falle du unschuldig bist, Thränen
vergiessest, wenn schuldig, keineswegs. Im Namen u. s. w."
Die Erfahrung hat gelehrt, dass je mehr Hexen auf diese
Weise beschworen wurden, um so weniger weinen konnten.[1]
Thränen sind Zeichen der Busse, und diese sucht der Teufel
mit aller Gewalt zu verhindern. Eine andere Vorsicht, die
der Richter und die Beisitzer stets zu beobachten haben, ist:
von der Hexe nicht leiblich berührt zu werden. Man trage
daher immer am Palmsonntage geweihtes Salz und geweihte
Kräuter nebst geweihtem Wachs am Halse, die, nach dem
Geständniss der Hexen selbst und dem Zeugnisse der Kirche,
eine grosse Kraft üben.[2] Es gibt Beispiele, dass Hexen den
Richter und seine Beisitzer eher zu erblicken suchten, als sie
von jenen gesehen wurden, wodurch diese allen Unwillen
verloren und sie frei liessen.[3] Daher, wenn thunlich, so lasse
man die Hexe rücklings vor den Richter und die Beisitzer
führen, schütze sich mit dem heiligen Kreuze und greife
muthig an, um mit Gottes Hülfe die Macht der alten Schlange
zu brechen.[4] Zur Vorsicht müssen den Hexen alle Haare
am ganzen Leibe abgeschoren werden, denn sie haben oft
behufs der hexenhaften Verschwiegenheit unter den Kleidern, auch unter den Haaren und bisweilen an den geheimsten
Orten Zaubermittel versteckt, wo sie dann auf keine Weise
zum Geständniss zu bringen sind.

16. Frage. Von der zweiten Art des Verhörs und
einigen Cautelen für den Richter. 12. Act.

Zunächst unternehme man das Verhör an heiligen Festtagen, während der Messe, wo die Gemeinde ermahnt werde,
die Hülfe Gottes anzuflehen und die Heiligen anzurufen wider
die Anfechtungen des Teufels. Ferner nehme man geweihtes
Salz und andere geweihte Sachen, schreibe die sieben Worte
am Kreuze auf einen Zettel und hänge dies alles zusammen
der zu Verhörenden um den Hals; wenn man das Mass der
Länge Jesu haben kann, binde man es ihr an den nackten
Leib. Die Erfahrung hat es bewiesen, dass Hexen durch
diese Dinge auf wunderbare Weise gequält werden, sodass
sie es kaum aushalten können, vornehmlich aber durch Reli-

---

[1] S. 558.   [2] S. 559.   [3] S. 559.   [4] S. 560.

quien der Heiligen. [1] Sind die Vorbereitungen getroffen, ist
das Weihwasser zum Trinken überreicht worden, so schreite
man wieder zur Tortur, ermahne sie wie früher immerfort.
Ist sie vom Erdboden gehoben, um auf die Folter gebracht
zu werden, dann werden ihr die Aussagen der Zeugen ohne
deren Namen vorgelesen, und der Richter sage: Siehe du bist
durch Zeugen überführt! Haben sich die Zeugen zur Con-
frontation erboten, dann frage er wieder: ob sie gestehen
wolle, wenn ihr die Zeugen vor das Gesicht träten? Willigt
sie ein, so lasse man die Zeugen hereinkommen und vor sie
stellen, vielleicht dass dann ihre Schamröthe wider sie zeugt.
Will sie ihre Laster noch nicht verrathen, dann frage sie der
Richter: ob sie um ihrer Unschuld willen die Probe mit dem
glühenden Eisen bestehen wolle? Da nun alle Hexen dazu
bereit sind, indem sie wissen, dass sie der Teufel unbeschädigt
erhalten werde — woran man daher auch sehen kann, dass es
wahrhaftige Hexen gebe —, wird ihnen der Richter erwidern:
mit welcher Keckheit sie sich solchen Gefahren aussetzen
können? Dass ihnen die Feuerprobe nicht gestattet werde,
wird später erörtert. [2] Ist zur äussersten Tortur geschritten
worden, und sie bleibt beharrlich beim Leugnen, so gebrauche
der Richter noch die Vorsichtsmassregel: dass er sie aus dem
Strafgefängniss an einen andern sichern Ort in Gewahrsam
bringen lasse, aber sie durchaus nicht auf Bürgschaft entlasse,
sie mit Speise und Trank menschlich versorgt werde, bisweilen
unbescholtene und unverdächtige Leute sie besuchen können,
die sie zum Geständniss zu überreden suchen, mit Hindeutung
auf zu erlangende Gnade, und der Richter, der dann eintritt,
verspreche Gnade zu üben, wobei er aber an sich oder das
Gemeinwesen zu denken hat, zu dessen Erhaltung alles, was
geschieht, gnädig ist. [3] Bittet sie um Gnade und entdeckt
Thatsachen, so verspreche man ihr ganz im allgemeinen, dass
sie mehr erhalten solle als sie gebeten, um sie zutraulicher
zu machen. Will sie keineswegs die Wahrheit bekennen, und
haben ihre Mitschuldigen, die der Richter, ohne dass sie es
weiss, verhört hat, etwas Beweisendes ausgesagt, so lasse er
im Hause nachforschen nach Zaubersachen, Salben, Büchsen
und wozu sie diese gebraucht habe. [4] Verharrt sie im Leug-

---

[1] S. 566.   [2] S. 566.   [3] S. 567.   [4] S. 567.

nen und sie hat Genossen, die gegen sie ausgesagt haben, so
lasse man diese zu ihr, oder einen Vertrauten, der sich als
ihren Freund oder Gönner stellt, um sie in ein Gespräch zu
ziehen, das heimlich von aussen belauscht und zu Protokoll
gebracht werde. Fängt sie dann an die Wahrheit zu sagen,
so lasse sich der Richter durch nichts abhalten, ihr Geständniss zu vernehmen, sei es inmitten der Nacht, und sollte
er das Mittag- oder Abendessen versäumen, er muss alles
daran setzen, dass sie ihre Beichte zu Ende bringe. Denn
man hat es öfter erfahren, dass, wenn diese unterbrochen
wird, die Hexen wieder leugnen, was sie zu gestehen angefangen haben. Nach dem Geständniss ihrer Bosheit, mit der
sie Menschen und Vieh geschädigt, frage sie der Richter: wie
lange sie mit dem Teufel als Incubus Umgang gehabt, wann
sie den Glauben abgeschworen habe. Derlei ist zuletzt zu
fragen, weil sie es nie bekennen, ausser sie haben schon anderes eingestanden. [1] Wenn all das Gesagte fehlt, dann
bringe man sie, wenn es möglich ist, auf ein Castell, und
nach einigen Tagen stelle sich der Castellan so, als hätte er
eine lange Reise vor, inzwischen kommen einige Freundinnen
oder andere ehrbare Weiber, die Gefangene zu besuchen mit
dem Versprechen, ihr zur Flucht behülflich zu sein, wenn sie
ihnen nur einiges von ihren Hexenkünsten mittheilen wollte.
Auf diese Weise haben sie sich meistens zum Geständniss
bringen lassen und sind überwiesen worden.

17. Frage. Ueber das gewöhnliche Reinigungsmittel,
besonders die Probe mit dem glühenden Eisen.

Hier wird über die Ordalien gesprochen, die im allgemeinen als Mittel Verborgenes zu erfahren, zu verwerfen seien,
da Gott allein dieses richten könne. [2] — Was die Feuerprobe
betrifft, so ist nicht zu verwundern, dass die Hexen mit Hülfe
des Teufels dabei unversehrt bleiben, da der Saft eines gewissen Krautes vor dem Verbrennen schützt und dem Teufel
die Kräfte der Kräuter bekannt sind, er auch etwas zwischen
das glühende Eisen und die Hand schieben kann, was er auf
unsichtbare Weise vermag. Daher ist diese Probe mit
den Hexen, die mit dem Teufel im Bunde stehen, ohne

---

[1] S. 568.   [2] S. 571—74.

Belang und weniger als jede andere anzustellen, im Gegentheil ist ihre Berufung darauf als ein Verdachtsgrund zu betrachten.[1]

18. Frage. Wie das Endurtheil abzufassen sei.

Weil das Verbrechen der Hexerei ein nicht rein geistliches ist (non est mere ecclesiasticum), verbieten wir den
weltlichen Richtern nicht, darüber zu richten und zu strafen,
aber die Hinzuziehung der Kirche ist nothwendig.[2] Im Hexenprocess, wo es sich um Glaubenssachen und das Verbrechen
der Ketzerei handelt, muss summarisch, ohne die sonst üblichen Formalitäten, verfahren werden. Der Richter braucht
keine Klageschrift, er verlangt keine contestatio litis u. dgl.
Die nothwendigen Beweise, Citationen, Protestationen jura-
menti de calumnia u. s. w. soll er aber zulassen. Das Urtheil
darf, wenn es gelten soll, von keinem andern als dem Richter,
und zwar an einem öffentlichen ehrbaren Orte, sitzend, bei
lichtem Tage, nicht an Festtagen gesprochen werden, darf
nicht schriftlich verfasst sein. — Obgleich in Criminalsachen
das Urtheil sofort zu vollziehen ist, gibt es doch Fälle, wo
die Execution aufgeschoben wird, als: bei einer Schwan-
geren, wo die Geburt abgewartet wird; wenn einer gestanden
hat, und hernach leugnet.[3]

19. Frage. Auf wie vielerlei Art so schwerer Verdacht geschöpft werden könne, um zu verurtheilen.

Mit Berücksichtigung alter und neuer Gesetze gibt es
vier Arten der Ueberführung: durch das Recht, nämlich
durch Folterwerkzeuge, Zeugen; durch die Evidenz der That;
durch die Rechtsauslegung; durch starken Verdacht (1. jure,
2. facti evidentia, 3. juris interpretatione, 4. violenta sus-
picione). Ist der Verdacht wahrscheinlich, so erfordert er
die Reinigung; der starke Verdacht (violenta) zieht die Verurtheilung nach sich.[4] Ein leichter oder entfernter Verdacht
fällt auf diejenigen, welche heimliche Zusammenkünfte halten,
in Sitten und Gebräuchen von dem gewöhnlichen Brauche der
Gläubigen abweichen, zu geheiligten Zeiten auf Feldern oder
in Wäldern am Tage oder des Nachts zusammenkommen,
mit der Zauberei Verdächtigen geheimen Umgang pflegen, die

---

[1] S. 575.   [2] S. 576.   [3] S. 579.   [4] S. 580.

Kirche nicht zur gehörigen Zeit besuchen.[1] Gross ist der Verdacht, wo jemand von einem andern weiss, dass er ein Ketzer sei und ihn nicht anzeigt, ihm Gunst erweist, mit ihm in Verbindung tritt, ihn besucht, ihn verbirgt, vertheidigt u. dgl. m. Ebenso verhält es sich auch in Bezug auf die Ketzerei der Hexen.[2] Der grösste oder starke (violenta) Verdacht ist da, wenn jemand, z. B. bei der einfachen Ketzerei, den Ketzern Verehrung erweist, Rath und Hülfe bei ihnen sucht oder annimmt, Umgang u. s. w. pflegt. In Bezug auf das Hexenwesen tritt dieser Verdacht ein, z. B. wenn jemand Drohungen ausstösst, die in Erfüllung gehen, Menschen und Vieh schädigt, Wetter macht u. s. w.[3] Wer von solchem Verdachte betroffen wird und in übelm Rufe steht, der ist überwiesen, besonders wenn seine Drohung eingetroffen ist. Geschieht dies auch nicht und es finden sich blos von ihm versteckte Zauberinstrumente, so trifft ihn schon der äusserste Verdacht.[4] Der Teufel kann allerdings jemand bezaubern, ohne dass diesen die Hexenweiber anblicken oder berühren, wenn Gott es zulässt. Weil aber die Zulassung Gottes grösser sein muss, wo eine geweihte Creatur durch Abschwörung des Glaubens und andere schreckliche Laster mithilft, so sucht der Teufel sich der Hexen zu bedienen, was er auch ohne sie bewirken könnte.[5]

20. Frage. Ueber die erste Art, ein Urtheil zu fällen.

Werden die verschiedenen Arten, wie jemand bezüglich der Hexerei befunden werden kann, angegeben. Wird eine angegebene Person ganz unschuldig befunden, so lautet das Endurtheil so: „Nachdem wir u. s. w. wider dich gerichtlich procedirt — aber nichts Gewisses wider dich gefunden haben, um dich als Hexe zu verurtheilen, so entheben wir dich von diesem Augenblicke der Untersuchung u. s. w. — Man hüte sich aber, im Urtheil irgendwie zu erwähnen, dass die Beklagte unschuldig sei, sondern nur: dass man keinen gesetzlichen Beweis gegen sie habe, denn wenn sie später wieder denuncirt und überführt werden sollte, kann sie ungeachtet des absolutorischen Urtheils doch verurtheilt werden.[6]

---

[1] S. 581. [2] S. 582. [3] S. 583. [4] S. 584. [5] S. 584. [6] S. 591.

21. **Frage.** Ueber die zweite Art, ein Urtheil zu fällen, und zwar über eine blos berüchtigte Person.

Diese zweite Art erfolgt, wenn die Beklagte im Rufe
dieser Ketzerei steht, aber nicht durch Zeugen überwiesen ist,
noch selbst bekannt hat, noch sonstige Indicien vorliegen, jedoch bewiesen werden kann, dass sie Drohungen ausgestossen,
durch deren Erfüllung Menschen oder Vieh geschädigt werden, wodurch der üble Ruf rechtlich erwiesen ist, so dringt
die Processordnung auf kanonische Reinigung, und die Sentenz
lautet folgendermassen: „Wir u. s. w. — es wird dir hiermit auferlegt, dich an bestimmtem Tage zu stellen und eidlich zu
reinigen"; und falls sie es nicht vermag, wird sie als überwiesen betrachtet. [1] Die kanonische Reinigung besteht darin,
dass der übel Berüchtigte einige Männer, sieben, zehn, zwanzig, dreissig, die seines Standes, Katholiken und ehrbare Leute
sein und ihn schon längere Zeit gekannt haben müssen, als
Mitreiniger (Compurgatores) aufzubringen hat. An dem bestimmten Tage soll er sammt seinen Reinigern vor dem Bischof, der die Angelegenheit führt, und wo er berüchtigt ist, erscheinen, seine Hand auf das vor ihm aufgeschlagene Evangelienbuch legen und sprechen: „Ich schwöre
auf diese heiligen Evangelien, dass ich mich der Ketzerei, der
ich beschuldigt werde, niemals schuldig gemacht, sie weder
geglaubt noch gelehrt habe, und sie auch nicht übe noch
glaube". Hierauf legen auch alle Mitreiniger die Hände auf
das Buch und jeder sagt: „Auch ich schwöre auf diese heiligen Evangelien Gottes, dass ich glaube, dass er wahr geschworen habe". Ist der üble Ruf an mehrern Orten verbreitet, so muss der Berüchtigte sich überall reinigen, den
katholischen Glauben bekennen. Verfällt er nachgehends wirklich dieser Ketzerei, so wird er als rückfällig betrachtet und
bestraft. [2]

Sollte der Berüchtigte sich nicht reinigen wollen, so wird
er zunächst in den Kirchenbann gelegt, und bleibt er ein Jahr
excommunicirt, so macht er sich zu einem verstockten Sünder
und wird als Ketzer verurtheilt. Sollte er zur Reinigung bereit sein, aber die bestimmte Anzahl von Reinigern nicht auf-

---

[1] S. 593.   [2] S. 595.

bringen können, so wird er als überwiesen betrachtet und als
Ketzer verurtheilt.

22. Frage. Ueber die dritte Art, eine Berüchtigte zu
foltern und das Urtheil über sie zu fällen.

Die dritte Art, einen solchen Process abzuthun, betrifft
einen Inquisiten, dessen Aussagen nicht gleich, oder Aussagen gegen ihn vorhanden sind, wodurch er sich zur Folter
qualificirt. Wenn auch gar nichts gegen den Inquisiten aufgebracht werden kann, er aber verschieden aussagt, so wird
er nach gefälltem Urtheil auf die Folter gespannt. Indessen
übereile sich der Richter nicht mit der Folter, da diese nur
in Ermangelung anderer Beweise angewendet werden soll; er
mag sich nach andern Beweismitteln umsehen, er bediene sich
der Freunde des Inquisiten, ihn zum Geständniss zu bringen,
damit die Procedur nicht gehemmt werde. Nachdenken und
Noth des Kerkers, Zureden guter Männer sind geeignet, die
Wahrheit herauszubringen.[1] Hat alles dieses beim Inquisiten
nicht verfangen, dann mag ihn der Richter getrost „moderate"
foltern lassen, aber noch ohne Blutvergiessen, da die Folter
trüglich sein kann. Denn einige sind so weichlich, dass sie
unter leichter Folter alles, auch Unwahres zugestehen, während andere selbst unter den schrecklichsten Qualen hartnäckig bleiben, und andere durch Zaubermittel sich gegen
Schmerzen unempfindlich machen. Ist aber auf Folter erkannt
worden, so haben die Büttel sofort Anstalt zu treffen, und inzwischen mag der Bischof oder der Richter entweder selbst
oder durch andere den Inquisiten zum Geständniss zu überreden suchen. Hilft alles nicht, so kann man den andern
oder den dritten Tag zur Fortsetzung der Folter, nicht zur
Wiederholung festsetzen.[2] Er werde also stärker oder leichter, je nach der Schwere der Schuld gefoltert. Ist er gehörig
gefoltert worden und will nicht gestehen, so soll er frei gelassen werden. Gesteht er die Wahrheit, bereut seine eigene
Schuld und verlangt die Vergebung der Kirche, dann werde
er als auf Ketzerei Betroffener und Geständiger verurtheilt.
Gesteht er aber ohne Reue, wird er dem weltlichen Arme zur
Hinrichtung überliefert.[3]

---

[1] S. 598.   [2] S. 599.   [3] S. 600.

23. **Frage.** Die vierte Art, eine Angezeigte, die leichter Verdacht trifft, zu verurtheilen.

Ist der Verdacht nur leicht und alle andern Beweise fehlen, so muss die Angezeigte die ihr angeschuldigte Ketzerei abschwören (nach beigefügter Formel), und soll, wenn sie nachgehends derselben verfällt, nicht als Rückfällige, aber doch härter bestraft werden. [1]

24. **Frage.** Die fünfte Art, das Urtheil über eine stark Verdächtige zu fällen.

Wenn die Angezeigte nicht gehörig überführt ist, nicht selbst bekannt hat, die Zeugenaussagen in gehöriger Form fehlen, aber schwere Anzeichen einen starken Verdacht begründen, so muss die Verdächtige nicht nur die Ketzerei, deren sie verdächtig ist, abschwören, sondern wird auch, wenn sie später sich schuldig machen sollte, als Rückfällige dem weltlichen Arm zur Todesstrafe übergeben. [2] Eine stark wie auch leicht Verdächtige soll nicht lebenslänglich, sondern auf einige Zeit eingekerkert werden. [3]

25. **Frage.** Die sechste Art, wie eine äusserst Verdächtige zu verurtheilen ist.

Dieser Fall tritt ein, wenn Inquisit durch rechtmässige Beweise zwar nicht überwiesen ist, aber äusserst starken Verdacht auf sich geladen hat, dass er z. B. schon der Ketzerei leicht verdächtig war, Bedenkliches gesagt oder gethan hat, besonders wenn er ein Jahr oder länger excommunicirt und, zur Verantwortung geladen, nicht erschienen war, wodurch der leichte Verdacht zu einem äusserst starken wird. Mag ein äusserst schwer Verdächtiger auch keinen Irrthum im Gemüthe noch Halsstarrigkeit im Willen haben, ist er doch als Ketzer zu verurtheilen wegen des äusserst schweren Verdachts. [4] Ist Inquisitin der Hexerei stark verdächtig und beharrt auf Leugnen, und der Richter meint sie nicht dem Feuertode überliefern zu können, so muss sie gefangen bleiben und die Untersuchung unter Foltern weiter geführt werden. Im Falle, dass noch keine Indicien zu Handen kämen, ist sie wenigstens ein Jahr lang in einem schmuzigen Kerker, wo sie Elend zu ertragen hat, festzuhalten und recht häufig zu

---

[1] S. 601. [2] S. 604. [3] S. 609. [4] S. 611.

examiniren, besonders an Festtagen. Wenn nun der Richter sie auch wegen einfacher Ketzerei zum Feuer verurtheilen könnte, hat aber Scheu davor, so muss er auf Reinigungseid antragen, wozu aber zwanzig bis dreissig Reiniger erforderlich sind. Kann Inquisitin sich nicht reinigen, ist sie als schuldig zum Feuer zu verurtheilen.[1] Kann sie sich reinigen, so muss sie die Abschwörung leisten mit der Warnung, dass sie im Betretungsfalle als Rückfällige bestraft werden solle und wolle. Hierauf wird Inculpatin absolvirt (folgt die Absolutionsformel), woraus nur hervorzuheben, dass sie zur Busse einen grauen Anzug mit einem gelben Kreuze, drei Handbreit lang und zwei breit, so und so lange tragen und an bestimmten Festtagen vor der Kirchenthüre stehen muss, und überdies (auf immer oder auf gewisse Jahre) zum Gefängniss verdammt wird.[2]

26. Frage. Die Art, eine gründlich Verdächtige und Berüchtigte zu verurtheilen.

Eine Verdächtige, die im übeln Rufe steht, wenn sie auch nicht gerichtlich überwiesen ist und Indicien wider sich hat, die das Gerücht bestärken, z. B. wenn sie mit Ketzern vertrauten Umgang pflegt, ist zur kanonischen Reinigung zu verhalten.

27. Frage. Die Art, über einen Ketzer, der gesteht, aber bussfertig ist, das Urtheil zu fällen.

Wenn ein Beklagter im Gerichte gesteht, dass er eine Zeit lang Ketzerei getrieben, nach erhaltener Belehrung aber in den Schos der Kirche zurückkehren wolle, der auferlegten Busse sich zu unterziehen und die Ketzerei abzuschwören bereit sei, der ist nicht dem weltlichen Arme zu übergeben, sondern nachdem er die Ketzerei abgeschworen hat, zu immerwährendem Kerker zu verurtheilen.[3]

28. Frage. Wie mit einer Person zu verfahren, die einmal ihre Ketzerei eingestanden hat, darauf rückfällig geworden, aber bussfertig ist.

Einer solchen Person sind auf ihre demüthigen Bitten die Sakramente der Busse und des Abendmahls nicht zu verweigern, war aber die abgeschworene Ketzerei Zauberei, deren sie sich wieder schuldig gemacht, so soll sie dem weltlichen

---

[1] S. 612.   [2] S. 615 fg.   [3] S. 623.

Arme zur Todesstrafe überliefert werden, dies aber nur, wenn sie auf der Ketzerei ertappt worden oder derselben schwer verdächtig war. [1]

29. Frage. Verfahren mit einer Person, die ihre Ketzerei eingestanden, nicht rückfällig geworden, aber unbussfertig ist.

Dieser sehr seltene Fall ist uns Inquisitoren doch vorgekommen. Der Bischof und die Richter sollen sich bei solcher Gelegenheit nicht übereilen, sondern die Person in guten Gewahrsam nehmen, zu ihrer Bekehrung selbst einige Monate verwenden. [2] Wird sie weder durch Glück noch Unglück, weder durch Drohungen noch Schmeicheleien dazu bewogen, so ist sie dem weltlichen Arme zu übergeben. [3]

30. Frage. Ueber eingestandene Ketzerei bei Rückfall und Unbussfertigkeit.

In diesem Falle ist wie im vorigen zu verfahren. [4]

31. Frage. Wenn jemand ertappt und überwiesen wird, aber doch alles leugnet.

Ein solcher ist in schweren Kerker an Händen und Füssen in Ketten zu legen, von den Officialen oft bald einzeln, bald gemeinschaftlich zu besuchen und zum Bekenntniss und zur Busse zu ermahnen, mit der Todesstrafe zu bedrohen. [5] Es ist öfter vorgekommen, dass boshafte und feindselige Leute sich verbündeten, einen Unschuldigen der Ketzerei zu beschuldigen, nachher aber, vom Gewissen getrieben, widerriefen, was sie ausgesagt hatten. Daher ist mit einem Leugnenden nicht zu eilen, sondern ein Jahr und mehrere Jahre zu verziehen, bevor er dem weltlichen Gerichte übergeben wird. [6] Gesteht er, dass er der Ketzerei verfallen, ohne aber bussfertig zu sein, so ist er dem weltlichen Arme zu überliefern. Bleibt er beim Leugnen, die Zeugen aber widerrufen und bekennen ihre Schuld des falschen Zeugnisses, sind diese als falsche Zeugen zu bestrafen. [7] Verharrt der Beschuldigte beim Leugnen und die Zeugen bei ihrer Aussage wider ihn, so ist er dem weltlichen Gerichte zu übergeben.

---

[1] S. 628.   [2] S. 634.   [3] S. 635.   [4] S. 637.   [5] S. 641.   [6] S. 642.
[7] S. 644.

32. Frage. Ueber einen, der überwiesen, aber flüchtig und contumaciter abwesend ist.

Hier sind drei Fälle zu bemerken. Entweder ist der Beschuldigte völlig überwiesen, aber entflohen und will nicht erscheinen; oder der Angeklagte, gegen den sich bei einiger Untersuchung ein leichter Verdacht herausstellt, erscheint nicht auf die Vorladung, selbst nachdem er excommunicirt worden ist; oder es hat jemand das Urtheil des geistlichen Gerichts gehemmt, oder zur Verhinderung gerathen, oder sie begünstigt, so wird ein solcher excommunicirt, und bleibt er ein Jahr im Kirchenbanne, ist er als Ketzer zu verurtheilen. Im ersten Falle ist der Beklagte als unbussfertiger Ketzer zu verurtheilen, im zweiten und dritten Falle als bussfertiger Ketzer zu behandeln.[1] Wenn der Flüchtige auf die Citation erscheint und sich zur Abschwörung aller Ketzerei bereit erklärt und kein Rückfälliger ist, so kann er auf die bereits erwähnte achte Art abschwören und Busse thun. War er sehr verdächtig und ist auf die Vorladung, sich zu verantworten, nicht erschienen, und war desshalb excommunicirt und blieb es ein Jahr lang, bereut aber schliesslich, so ist ein solcher nach der sechsten Art als Bussfertiger zu behandeln. Wenn aber der Citirte erscheint, ohne abschwören zu wollen, wird er als unbussfertiger Ketzer dem weltlichen Gerichte übergeben.[2]

33. Frage. Ueber eine Person, die von einer eingeäscherten oder einzuäschernden Hexe angegeben worden ist.

In dieser Frage werden nicht weniger als dreizehn Fälle, in denen sich die Angegebenen befinden können, aufgezählt, wo bei dem Verfahren gewöhnlich auf die früher erörterten Arten das Urtheil zu fällen, zurückgewiesen wird, daher der Abschnitt meistens Wiederholung ist.

34. Frage. Ueber das Verfahren mit einer Hexe, die eine Zauberei gelöst hat, und über zauberische Hebammen und Schützen.

Es frägt sich, ob die Mittel, die zur Lösung der Hexerei gebraucht wurden, erlaubt oder unerlaubt sind. Wer erlaubte Mittel anwendet, ist kein Zauberer, sondern ein Verehrer

---

[1] S. 648.   [2] S. 652.

Christi. Es können aber die Mittel schlechthin oder in gewisser Beziehung (secundum quid) unerlaubt sein. Schlechthin unerlaubte Mittel, ob sie schädlich oder unschädlich wirken, sind solche, wobei der Teufel angerufen wird. In gewisser
Beziehung unerlaubte Mittel, die zwar ohne ausdrückliche Anrufung, obgleich nicht ohne stillschweigende Anrufung des
Teufels gebraucht, und von den Kanonisten und Theologen
eitle (vana) genannt werden, sind eher zu empfehlen als
zu verbieten, weil es nach dem Ausspruche der Kanonisten
erlaubt ist, Eitles mit Eitlem zu zerstören. [1]

Jene Mittel aber, die unter ausdrücklicher Anrufung des
Teufels gebraucht werden, sind auf keine Weise zu dulden,
besonders aber, wenn sie einem andern zum Schaden gereichen. [2] — Was soll der Richter thun, wenn die Entzauberung
durch angeblich erlaubte Mittel geschehen ist? Hier wird eine
sorgfältige Untersuchung darüber anzustellen sein, ob die
Mittel erlaubte oder unerlaubte waren. Die erlaubten Mittel
lassen sich von den unerlaubten bei sorgfältiger Prüfung unterscheiden, da letztere gewöhnlich geheim angewendet werden. Man kann auch erforschen, ob die entzaubernde Person
eine Hexe ist oder nicht. Sie ist eine Hexe, wenn sie Verborgenes weiss, was ihr nur durch böse Geister geoffenbart
sein kann; wenn sie nur gewisse Uebel heben kann und andere nicht, weil ein Dämon dem andern nicht immer weichen
will; wenn sie bei der Hebung von Behexungen gewisse Bedingungen macht; wenn sie auf gewissen abergläubischen Gebräuchen besteht. [3] Die zauberischen Hebammen übertreffen
alle andern Hexen an Lasterhaftigkeit, und sind deren so
viele, wie ihre Geständnisse beweisen, dass es keine Ortschaft
gibt, wo sie nicht zu finden wären. [4] Die Zauberschützen finden zur Schmach der christlichen Religion an den Grossen
und Fürsten des Landes ihre Gönner, Beschützer und Vertheidiger, und diese sind in gewissen Fällen verdammungswürdiger als jene und sind nicht als Ketzer, sondern als Erzketzer zu betrachten. [5]

Die Zauberhebammen sind wie andere Hexen, die andere
behexen, nach Mass des Verbrechens zu verurtheilen, sowie
diejenigen, welche mit Hülfe des Teufels enthexen. [6] Die

---

[1] S. 665. [2] S. 666. [3] S. 667. [4] S. 668. [5] S. 669. [6] S. 673.

19*

Zauberschützen und andere Waffenbehexer sind den vorgeschriebenen Strafen zu unterziehen.

35. Frage. Verfahren gegen Hexer, die appelliren.

Wenn der Richter merkt, dass Inquisit schliesslich die
Berufung einlegen wolle, so ist zu bemerken, dass diese bisweilen rechtsgültig, zuweilen aber nichtig sein kann. In Glaubenssachen ist summarisch und ohne Formalitäten zu verfahren.
Wenn die Richter die Angelegenheitsuntersuchung sehr lange
vertagt haben, und Inquisit meint, gegen Recht und Gerechtigkeit
beschuldigt zu werden, wenn ihm die Vertheidigung verweigert
wird; oder wenn sich der Richter erlaubt hat, allein, ohne Beirath
und ohne Genehmigung des Bischofs, die Inquisition anzustellen
und dergl. mehr; dann, aber dann allein ist die Berufung gültig.[1] Der Richter soll von einer solchen Berufung eine Abschrift verlangen, nach vorhergegangener Protestation zwei
Tage zur Antwort und noch dreissig Tage nehmen, um die
Acten abzugeben. Inzwischen soll der Richter die Gründe
der Appellation oder die Beschwerden sorgfältig prüfen, und
findet er von seiner Seite ein Versehen, dasselbe verbessern,
die Beschwerden heben, und nun den Process von da ab weiter
verfolgen. Die Appellation verfällt also von selbst.[2] Ist der
Fehler jedoch nicht zu verbessern, hat der Richter z. B. den
Appellanten unbefugterweise foltern, oder ihm angeblich verdächtige Sachen verbrennen lassen, so findet die Berufung
statt.

Obschon der Richter dreissig Tage Zeit hat, ehe er den
Process abgibt, so mag er, um den Schein der Vexation zu
vermeiden, lieber einen frühern Termin zur Beantwortung an-
setzen, etwa den zehnten oder zwanzigsten Tag, da er dann,
wenn er die Acten nicht absenden will, unter dem Vorwande
vieler anderer Geschäfte den Termin verlängern kann. Bei
der Ansetzung des Termins sage er dem Appellanten nicht,
ob er die Berufung geschehen lassen werde oder nicht.[3]

---

[1] S. 674.   [2] S. 676.   [3] S. 677.

4. Weiterer Verlauf und Abnahme der Hexenprocesse.

Wie der Begriff der Ketzerei mit dem der Hexerei ineinandergesetzt ward, so übernahmen die Ketzerrichter das Geschäft von Hexenrichtern. Nach dem „Hexenhammer", diesem „theologisch-juridischen Commentar des Criminal-Codexes der Zauberbulle", sagt Ennemoser [1], „wurde der Glaube an die Buhlteufel und an die Gemeinschaft mit dem Hexenheer in allerlei Unzucht und Uebelthat ein unverwerfliches Axiom, und der Feuertod ein unumstössliches Recht und Gebot." Die Processe kamen in Gang und wie nach der Bulle Innocenz' VIII. für andere Länder Bullen ähnlichen Inhalts von Alexander VI., Julius II., Leo X. und Hadrian IV. bald aufeinanderfolgten, so drängten sich die Hexenprocesse, die bisher einzeln aufgetreten waren, von nun an nahe aneinander, dass sie wie Glieder einer gewaltigen Kette sich zusammenschlossen, womit die Menschheit erdrosselt zu werden drohte.

Sprenger und Institoris hatten binnen einer fünfjährigen Wirksamheit 48, und ihr College im Wormserbad in dem einzigen Jahre 1485 sogar 85 Opfer den Flammen übergeben. Zwar gab schon 1489 der Konstanzer Sachwalter Dr. Ulrich Molitoris seinem Unmuthe über den neuverbreiteten Unsinn Ausdruck in seiner, dem Erzherzog Sigismund gewidmeten Schrift: „Dialogus de lamiis et pythonibus mulieribus", worin er den Glauben an die Macht der Hexen, an ihre Buhlschaften, das Wettermachen, ihre Luftfahrten u. dgl. zu untergraben sucht, und auch die Juristen Alciatus [2] und Ponzinibius erklärten sich gegen die leibliche Ausfahrt der Hexen und den Hexentanz, und suchten sie als pure Einbildung darzustellen; Bartholomäus de Spina, Sacri palatii magister zu Rom, führte dagegen den Beweis: dass ein Jurist vom Hexenwesen gar nichts verstehen könne. [3] Erasmus von Rotterdam nannte in einem Briefe von 1500 den Bund mit dem Teufel eine neue, erst von den Hexenrichtern erfundene Missethat und machte die Angelegenheit zum Gegenstand seiner

---

[1] Geschichte der Magie, S. 762.
[2] Parerg. juris cap. 21.
[3] In Ponzinibium de lamiis apologia I und II im zweiten Theile des Mall. malef.

Satire.[1] Luther erschien zwar die Vermischung mit Incuben und Succuben nicht unmöglich, er behandelte aber, gleich seinem Freunde Melanchthon, die Nachtfahrten als Phantasiegebilde, und beide empfahlen Besonnenheit in den Processen. Inzwischen waren diese doch trotz manchem Widerspruche namentlich von deutschen Kanzeln in Bezug auf die Macht der Hexen, durch teuflische Künste Mensch und Thier schädigen zu können, immer landläufiger geworden.

Wir ersparen dem Leser die Beschreibung der Einzelnheiten im Verlaufe der Hexenprocesse, als: Folterkammer sammt Instrumenten, Weise zu foltern u. dgl., nicht nur weil sie anderwärts ausführlichst und wiederholt vorliegt[2], sondern vornehmlich, weil es sich hier um das Ganze der Erscheinung handelt und zunächst das rasch steigende Ueberhandnehmen der Hexenverfolgung durch folgende Blumenlese bestätigt werden soll.

Bald nach der Bulle Innocenz' VIII. tritt in Oesterreichs bürgerlichen Gesetzen die Zauberei unter den Malefizhändeln auf. Im Jahre 1498 am 21. October kommt eine Hinrichtung durch das Schwert und Verbrennen vor, wobei die Weigerung des wiener Scharfrichters bemerkenswerth ist, „der nicht richten hat wollen". Dies ist der einzige actenmässige Fall im 15. Jahrhundert.[3]

Im December 1508 entstand ein Hexenprocess auf die Klage der Anna Spielerin aus Ringingen gegen 23 Einwohner von Ringingen auf Entschädigung für eine durch deren Schuld erlittene Unbill.[4] Um diese Zeit (1515) wurden zu Ravensburg in fünf Jahren 48 Hexen verbrannt.[5]

1519 erzählt Agrippa von Nettersheim, dass Inquisitor ein Bauernweib zur Abschlachtung vor sein Forum gezogen habe.[6]

Aus demselben Jahre wird der Hexenprozess der Anna Schienbeinin von Nüwenburg mitgetheilt.[7]

---

[1] Vgl. Soldan, 321 fg.
[2] Vgl. Horst, Weier, Spee, Binsfeld, Lamberg, Soldan, Wächter u. a.
[3] Schlager, Wiener Skizzen aus dem Mittelalter. Neue Folge, II, 35.
[4] Soldan, 322.
[5] Mall. mal. II. qu. 1, c. 4.
[6] Epist. lib. II, 38. 39. 40. De vanit. scient. cap. 96.
[7] Fr. Fischer, die Basler Hexenprocesse im 16. und 17. Jahrhundert.

1521 wurde zu Hamburg der Arzt Veythes, der ein von der Hebamme aufgegebenes Weib glücklich entbunden hatte, verbrannt.[1]

Gleichzeitig wurden in dem damals noch deutschen Besançon drei Personen als Werwölfe hingerichtet.[2]

Mehrere Hexenprocesse in Basel aus den Jahren 1530, 1532, 1546, 1550 werden von Fr. Fischer a. a. O. vorgeführt.

Ueber brandenburgische Processe aus der Zeit von 1545, 1554 und weiter hat von Raumer berichtet.[3]

Zu Freiburg im Breisgau, wo die Processe erst später häufiger sind, wird 1546 eine Hexe, die Hagel gemacht, verbrannt.[4]

In Genf wurden 1515 in drei Monaten 500 Personen hingerichtet, die nach Delrio's Vorrede zu seinen „Disquisitiones magicae", der Waldenserei angeklagt, als Hexenbrut behandelt wurden.

In Italien, wo die Bauern der Lombardei gegen die Inquisition die Waffen ergriffen hatten, da derjenige, der sich nicht loskaufen konnte, verbrannt wurde, wie Agrippa[5] und Alciatus[6] aus eigener Wahrnehmung erzählen, wurden nach letzterm in den Alpenthälern allein über hundert Personen verbrannt. Nachdem Papst Hadrian VI. im Jahre 1523 eine neue Hexenbulle erlassen, wuchs das Uebel in dem Masse, dass nach der Aussage des Bartholomäus de Spina in der Diöcese von Como die Processe vor der Inquisition im Durchschnitt jährlich sich auf 1000, die Hexenbrände sich über 100 beliefen.[7]

In Spanien verbrannte die Inquisition von Calahorra im Jahre 1507 mehr als dreissig Weiber. Im Jahre 1527 denuncirten zwei Mädchen von 9 bis 11 Jahren gegen Zusage der eigenen Straflosigkeit eine Menge von Hexen, die sie an einem Zeichen des linken Auges erkannten. 150 wurden von der Inquisition zu Estella zu 200 Peitschenhieben und mehrjährigem Kerker

---

[1] Agrippa a. a. O.
[2] Garinet, Hist. de la mag. en France, pag. 118.
[3] Märk. Forschungen, I, 236 fg.
[4] Schreiber, Der Hexenpr. im Breisgau, S. 15.
[5] De vanit. scient. cap. 96.
[6] Parerg. VIII, 21.
[7] De strigib. cap. 12.

verurtheilt. Im Jahre 1536 veranstaltete das heilige Officium
zu Saragossa mehrere Brände.[1]

In England waren die Hexenprocesse anfänglich mit der
Politik in Zusammenhang gebracht. So wurde die Herzogin
von Gloucester zur Kirchenbusse und Verbannung auf die
Insel Man verurtheilt, weil sie sich über die Tödtung Heinrich's VI. mit Hexen berathen hatte. Richard III. erhob 1483
die Anklage auf Hexerei gegen die Königin-Witwe, gegen
Morton und andere Aphänger des Grafen von Richmond. Im
Jahre 1541 ward Lord Hungerford enthauptet, weil er eine
Wahrsagung über die Lebensdauer Heinrich's VIII. eingeholt,
worauf zwei Parlamentsacten erschienen, deren eine gegen
falsche Prophezeiungen, die andere gegen Beschwörung,
Hexerei u. dgl. gerichtet war, die zwar unter Eduard VI.
aufgehoben, aber unter Elisabeth im Jahre 1562 wiederhergestellt wurden. Schon 1569 wurde zu Cambridge eine Mutter
sammt ihrer Tochter wegen Teufelsbündnisses gehenkt. Unter
der Regierung dieser Königin fielen im Jahre 1576 in Essex
17, in Warbois 3 Personen als Opfer.

Auch in Schottland war das Hexenwesen zunächst mit
Politik verflochten. Jakob III. liess seinen Bruder, Grafen
von Mar, der in feindseliger Absicht Hexen befragt haben
sollte, ermorden und darauf 12 Weiber und 4 Männer wegen
Hexerei verbrennen. Von da ab mehrten sich die Hexenprocesse und wurden besonders zahlreich unter Maria Stuart,
deren Sohn Jakob seiner persönlichen Theilnahme wegen in
der Geschichte des Hexenwesens einen Namen hat.[2]

In Frankreich, das schon im 14. Jahrhundert seine Opfer
brachte, wurde der Hexenprocess, nachdem ihn 1390 das pariser Parlament den geistlichen Richtern abgenommen, seltener, daher Bodin[3] sagen konnte: der Teufel habe seit
dieser Zeit sein Spiel so weit getrieben, dass man die Erzählungen über Zauberer und Hexen für Fabeln gehalten habe.
Unter Ludwig XI., Karl VIII. und Ludwig XII. kamen die
alten Greuel nicht auf, und nur wenig unter Franz I. Im

---

[1] Llorente, Geschichte der spanischen Inquisition, II, c. 15.
[2] Vgl. Hutchinson, Hist. Vers. von der Hexerei, Walter Scott, Br.
über Dämonol., 2. Thl.
[3] Dämonom., lib. IV, cap. 1.

Jahre 1582 wird Abel de la Rue als Zauberer verbrannt wegen der teuflischen Kunst des Nestelknüpfens, derselbe scheint aber noch andere Künste getrieben zu haben, da ihn J. Collin de Plancy als „mauvais coquin, voleur" und „meurtrier" bezeichnet.[1] Soldan[2] weist auf andere Urtheile desselben pariser Parlaments hin[3], erinnert aber auch, dass wenn Crespet[4] klagt: die Zahl der angegebenen Zauberer habe damals 100000 überstiegen, dies von Scheltema[5] misverstanden worden sei, der unter Franz I. über 100000 Verurtheilungen wegen Hexerei angibt. Unter Heinrich II. kamen die Hexenprocesse mehr in Gang. 1549 wurden zu Nantes auf einmal 7 Hexer verbrannt, bald darauf andere zu Laon und anderwärts.[6] Unter Karl IX. wiederholen sich die Hinrichtungen. Ein Verurtheilter, Trois-Echelles, versprach um den Preis der Begnadigung alle Hexen Frankreichs zu entdecken, die er nach Bodin auf 300000 angab[7], mittels der Nadelprobe am Stigma über 3000 als schuldig erkannte und der Obrigkeit anzeigte, deren Verfolgung aber unterdrückt wurde.[8]

Bevor wir unsere Blumenlese fortsetzen, wollen wir einen Blick auf die literarischen Bestrebungen gegen und für das Hexenwesen werfen. Denn dessen rasches Umsichgreifen musste natürlich auch Widersprüche hervorrufen, und einer der ersten oder vielleicht der erste, welcher offen dagegen auftrat, war Johann Weier (Wierus, auch Piscinarius). Er war 1515 zu Grave an der Grenze Brabants geboren, hatte sich medicinischer Studien halber längere Zeit in Paris aufgehalten, eine Reise nach Afrika unternommen, wo er Zauberkünstler zu beobachten Gelegenheit fand.[9] Hierauf ging er nach Kreta und wurde nach seiner Rückkehr Leibarzt des Herzogs Wilhelm von Cleve. Sein Werk: „De praestigiis Daemonum et incantationibus ac Veneficiis libri sex" erschien

---

[1] Dictionaire infernal, 6. edit., p. 2.
[2] S.333.
[3] Nach Le Brun, Hist. crit. des pratiques superstitieuses, Vol. 1, p. 306.
[4] De odio Satanae bei Delrio, IV, sect. 16.
[5] Geschiedenis der Heksenpr., p. 106.
[6] Bodin, Daemonom. II, 5.
[7] Daemonom. IV, 5.
[8] Vgl. Hauber, Bibl. mag. II, 438 fg.
[9] Wierus De praestigiis, lib. II, cap. 15.

1563, das von ihm selbst sechsmal aufgelegt worden und ihn
als wackern Menschen erscheinen lässt, den das Mitleid mit
der gepeinigten Hülflosigkeit von Unglücklichen schonungslos
macht gegen Beschränktheit und Schlechtigkeit, sodass wir
ihm, dem Kinde seiner Zeit, den Mangel tiefern Denkens,
das auf den Grund der Dinge dringt, gerne nachsehen über
seinem sittlichen Ernste, und uns an seiner eifrigen Beobachtung der Einzelheiten begnügen. Obschon er dem Teufel eine
Macht zuerkennt, und die Magie mit ihr in Beziehung sieht,
bekämpft er doch die crassen Vorstellungen von seinem persönlichen Umgange mit Menschen und führt eine Menge Erscheinungen auf einen natürlichen Grund oder auf Täuschungen und Einbildung zurück. Er leugnet nur die Hexerei mit
Hülfe des Teufelsbündnisses. In dem allgemeinen Ausdrucke
„Zauberei" unterscheidet er den Magus, als den geflissent-
lichen Täuscher aus Profession, von der Hexe (saga vel lamia),
die aus Geistesschwäche und verschrobener Phantasie vom
Teufel getäuscht wird, und dem Veneficus, Giftmischer, der
sich absichtlich des Giftes bedient.[1] Den erstern nennt er
daher „magus infamis" und definirt ihn als solchen, der sich
aus freiem Willen vom Teufel oder andern oder durch Bücher
hat unterweisen lassen, durch vorgeschriebene Formeln aus
bekannten oder unbekannten Wörtern, die er hersagt oder
murmelt, oder durch gewisse Zeichen, Beschwörungen und
Ceremonien wissentlich und geflissentlich teuflische Gaukeleien
vorzumachen, dass sie mittels Erscheinungen, oder durch
Laute, oder anderswie auf das Verlangte antworten.[2] Wierus
macht namentlich den meisten Priestern und Mönchen den
Vorwurf, dass sie, „ut indoctissimi ita et incomparabilis impu-
dentiae, perditissimaeque impietatis homines", sich den Anschein
geben, in die Arzneikunde eingeweiht zu sein, „quam ne primis
quidem labris eos gustasse constat", und den hülfesuchenden
Kranken einreden, dass ihr Uebel von Hexerei herrühre.[3] Sie
erfrechen sich sogar oftmals, eine ehrbare Matrone als Hexe
zu bezeichnen, und brennen dadurch der Schuldlosen und

---

[1] Jo. Wieri Opp. omnia edit. nova 1660; De praestig. lib. II, cap. I,
§. 18.
[2] Cap. II, §. 1.
[3] Cap. XVII, §. 1.

Frommen ein Mal ein, von dem weder diese noch ihre Nachkommen je befreit werden. Nicht genug, dass sie die Krankheit fälschlich deuten, sie überhäufen auch Unschuldige mit
Verleumdung, erregen unauslöschlichen Hass bei dem leicht-
gläubigen Volke, machen, dass unter den Nachbarschaften
lauter Zank herrscht, zerreissen Freundschaften, vernichten die
Bande der Blutsverwandtschaft, sodass Kampf entsteht, die
Kerker sich füllen, sogar Todtschlag auf mancherlei Art verübt wird, und zwar nicht nur an den von ihnen als der Hexerei unschuldig Verdächtigten, sondern auch an denen, welche
diese zu beschützen suchen.[1] „Diese geistlichen scilicet!
Männer", fährt der Verfasser fort[2], „sind für die Absicht des
Teufels vortreffliche Werkzeuge, denn unter dem Deckmantel
der Religion sind sie mit grossem Eifer ihm zu dienen beflissen, Beelzebub weiss es auch und rühmt sich ihrer, da sie
aus Geldgier oder falschem Ehrgeiz ihre und anderer Seelen
den Dämonen übermitteln und weihen, und auf diese Art die
Medicin, der Künste älteste, nützlichste und so nothwendige,
durch den Glauben an Hexerei bei natürlichen Krankheiten
zum Schaden des Lebens und der Gesundheit besudeln". Im
nächsten Abschnitt[3] spricht der Verfasser von den unwissenden
Aerzten und Chirurgen, die sich unverschämterweise ihrer
Kunst rühmen und ihre Unwissenheit dadurch zu verdecken
suchen, dass sie Hexerei als Ursache der Krankheit angeben.
Er sucht zu beweisen, dass das Bekenntniss der Hexen auf
Blendwerk beruhe und ohne Belang sei.[4] Der Teufel verdirbt
die Phantasie der Hexen.[5] Weier will, dass die magi infames
bestraft werden, aber nicht alle auf dieselbe Weise[6]: Die absichtlich religiösen Frevel üben, sollen am Leben bestraft werden, bei andern will er die Strafe nach dem angerichteten
Schaden bemessen. Ebenso soll bei Giftmischern die Strafe
nach der Grösse des gestifteten Schadens bestimmt werden.[7]

---

[1] A. a. O. §. 2.
[2] Ibid. §. 3.
[3] Lib. II, cap. XVIII.
[4] Lib III, cap. III.
[5] Lib. III, cap. IV.
[6] Lib. VI, cap. I, §. 1.
[7] Cap. XXVI, §. 1.

Die Hexen sind nicht im Stande, das zu bewirken, was zu vermögen oder gethan zu haben sie sich einbilden [1], sie sind eher des Mitleids als der Strafe würdig. [2]

Dieses Werk fand beifällige Aufnahme, wie die wiederholten Auflagen und die von Fuglinus veranstaltete deutsche Uebersetzung beweisen. Der Pfalzgraf Friedrich, die klevesche Regierung, der Graf von Niuwenar hörten auf Weier's Stimme. Crespet und Bartholomäus klagen über die Verbreitung der Ansicht, dass das ganze Hexenwesen auf thörichter Einbildung beruhe, und schreiben dies auf Weier's Rechnung. [3] Da der Glaube an Hexerei noch nicht vernichtet war, konnte die Reaction nicht ausbleiben. „Der Theorie und der Praxis", bemerkt Soldan [4], „war von dem muthigen Arzte allzu derb auf den Fuss getreten worden, als dass sie nicht beide zum Bunde gegen ihn hätten die Hand sich reichen sollen. Kaum hatte man sich daher von der ersten Ueberraschung etwas erholt, so eröffneten Gesetzgeber, Richter und Gelehrte aus den vier akademischen Facultäten gegen ihn einen dreijährigen Krieg" u. s. w.

Da der Streit über das Hexenwesen so vielfach erörtert worden und unser Augenmerk vornehmlich auf die Daten des zunehmenden Hexenprocesses gerichtet ist, können wir uns auf eine summarische Uebersicht beschränken.

Weier antwortete seinen Gegnern Paulus Scalichius und Leo Suavius (Joannes Campanus) mit einer „Apologia adversus quendam Paulum Scalichium qui se principem de la Scala vocitat", worin er sie abweist. Weniger bekannt als Bestreiter des Hexenwesens ist der Rechtsgelehrte Godelmann, der nach Weier einer der ersten war, welcher, obschon dem Teufelsglauben ergeben, doch Zweifel an der Hexerei erregte und den Hexenrichtern grössere Vorsicht empfahl. Der deutsche Titel seines Buchs ist: „Von Zauberern, Hexen vndt Vnholden warhafftiger vndt wolgegründeter Bericht hn. Georgjj Godelmanni, beyder Rechte Doct. etc., wie dieselben zu erkennen vndt zu straffen. Allen Beampten zu

---

[1] Lib. VI, cap. XXVII.
[2] Ibid. §. 25.
[3] Delrio, lib. V, sect. 16.
[4] S. 345.

vnsern Zeiten von wegen vieller vngleicher vndt streittiger
Meynung sehr nützlich vndt nothwendig zu wissen etc. Alles
durch M. Georgium Nigrinum Superintend. zu Echzell in der
Wetterawe. Frankf. a. M. MDXLII." Aber das Hexenwesen
und dessen Verfolgung setzten ihren Gang bald mit beschleu-
nigtem Schritte weiter fort.

Im Jahre 1572 erschien im protestantischen Kursachsen
eine Criminalordnung mit folgender . Strafbestimmung: „So
jemands in Vergessung seines christlichen Glaubens mit dem
Teufel ein Verbündniss aufrichtet, umgehet oder zu schaffen hat, dass ´dieselbige Person, ob sie gleich mit Zauberei niemands Schaden zugefügét, mit dem Feuer vom
Leben zum Tode gerichtet und gestraft werden soll ".
Der Heidelberger Arzt Thomas Erastus wärmte in seinem Buche: „De lamiis et strigibus, 1577 den Inhalt des
„Hexenhammers" in dialogischer Form wieder auf, mahnte indess zur Besonnenheit und Vorsicht im Hexenprocesse. Der
Franzose Jean Bodin, der 1579 „De Magorum daemonomania
seu detestando lamiarum et magorum cum Satana commercio"
herausgab, suchte zur Verfolgung des Hexenwesens aufzu-
hetzen. Der deutsche Professor zu Marburg, Wilhelm Adolf
Scribonius, rechtfertigt 1583 das Hexenbad. Dagegen verfolgte
der Engländer Reginald Scott in seinem Buche: „Discovery
of witchcraft" 1584 das von Weier eingeschlagene Gleis. Im
Jahre 1589 schrieb der triersche Suffraganbischof Peter Binsfeld seinen „Tractatus de confessionibus maleficorum et sagarum", der in der Praxis der Hexenprocesse sich Ansehen
erwarb. Cornelius Loos (gest. 1595), Kanonicus, deckte in
seiner Schrift: „De vera et falsa magia" die Blösse und
Schlechtigkeit der Hexenrichter auf. Das Buch wurde confiscirt, der Verfasser auf Befehl des päpstlichen Nuntius eingesperrt und wiederholt zum Widerrufe gezwungen. Der
herzogliche Geheimrath und Oberrichter Nikolaus Remigius
verfasste (1598?) eine „Daemonolatria", die ihrer Gemein-
nützigkeit wegen bald auch deutsch erschien und von Soldan[1]
treffend „ein wahres Arsenal in jeder Verlegenheit für den
Hexenrichter" genannt wird. Remigius erfreute sich auch

[1] S. 351.

einer ausgiebigen Praxis, denn während seiner 16jährigen
Amtsthätigkeit beim Halsgerichte wurden 800 Todesurtheile
wegen Hexerei gefällt, abgesehen von denjenigen Angeklagten,
die entflohen oder durch die Tortur nicht überführt worden
waren. Jakob I, König von Schottland und England, schrieb
vor seiner Besteigung des englischen Throns eine Dämonologie, worin ausser anderm das mündliche oder schriftliche
Pactum der Zauberer mit dem Teufel, die Hexenfahrt, der
Coitus mit In- und Succuben bestätigt werden. Hexen und
Hexer seien mit dem Tode zu bestrafen. In einem andern,
der Ausbildung seines Sohnes zum Regenten gewidmeten
Werke: „Βασιλικῶν δώρων" [1], stellt Jakob unter den Verbrechen,
wo königliche Begnadigung Sünde wäre, die Zauberei obenan.
Den Ruhm des gelehrtesten und schlauesten Hexenverfolgers
geniesst der Jesuit Martin Delrio, dessen „Disquisitiones
magicae" 1599 erschienen. Durch seine Bekämpfung verschiedener Arten von magischen Heilungen mittels Charakteren,
Bildern, Sigillen u. dgl. nimmt er den Anschein von Auf-
geklärtheit, stellt aber den Bund mit dem Teufel als
Fundament aller Hexerei auf, die desshalb todeswürdig sei,
und erklärt das Leugnen der teuflischen Zauberei für ketzerisch. Gegen Hexerei schützen nur die Heilmittel der katholischen Kirche: Segen, Kreuze, Reliquien, Exorcismen, Agnus
Dei u. dgl. Die Hexen sind, auch wenn sie keinen beschädigt
haben, um ihres teuflischen Bundes willen zu tödten. Obschon der Verfasser bei der Tortur Mässigung empfiehlt, erklärt er doch, gleich dem Hexenhammer, die Zauberei für ein
„crimen exceptum", wobei alles dem Ermessen des Richters
überlassen bleiben soll. Er ist gegen die völlige Lossprechung
und nur für die Absolution von der Instanz. Sein Lands-
mann Torreblanca, der bald nach Delrio eine Dämonologie
in vier Bänden schrieb, ist auch dessen Gesinnungsgenosse.

Greifen wir nach diesem Excurs die unterbrochene Uebersicht der überhandnehmenden Hexenprocesse mit deren tödt-
lichen Ausgängen wieder auf, so wird sie, trotz ihrer Lücken-
haftigkeit, bestätigen, dass am Ausgange des 16. und Anfang
des folgenden Jahrhunderts das Uebel gipfelte.

---

[1] Lib. II.

Im Jahre 1565 wird ein Weib zum Tode verurtheilt, das der Buhlschaft mit dem Teufel und der Behexung der Pferde des Amtmanns zu Ginsheim angeklagt worden, nachdem die Juristenfacultät des protestantischen Marburg dessen Vertheidigung verworfen hatte. [1]

Aus dem Jahre 1572 ist der Process gegen die Herzogin Sidonie von Braunschweig, geborene Prinzessin von Sachsen, bekannt, die beschuldigt wurde, im Bunde mit dem Teufel, und durch Gift versucht zu haben, ihren Gemahl aus dem Wege zu räumen. [2]

Im Jahre 1572 wurde ein Weib zu Zwickau als Hexe verbrannt. [3]

Im Jahre 1583 wird Elise Plainacherin, 70 Jahre alt, in Wien verurtheilt, nachdem sie torturirt worden, an einen Pferdeschweif gebunden, auf die sogenannte „Gänseweide" am Erdberg bei Wien „geschlapft", um dort lebendig verbrannt zu werden. Ueber ihre Enkelin, die sie behext haben soll, sagt die actenmässige Anmerkung des Bischofs von Wien, Kaspar Neudeck: „dass dieses Mädchen am 14. August 1583 von allen ihren Teufeln, deren 12652 an der Zahl waren, glücklich befreit und in das Kloster der Laurenzerinnen gebracht worden sei". [4]

Im Jahre 1585 wurden zu Dresden zwei Weiber hingerichtet. [5]

Die von Carpzov [6] angeführten Urtheile von 1582 bis 1620 beweisen die grosse Rührigkeit des Schöppenstuhls zu Leipzig.

Brandenburgische Erkenntnisse aus dieser Zeit hat von Raumer gesammelt. [7]

Johann Bischof von Trier liess 1585 so viele Hexen verbrennen, dass in zwei Ortschaften nur zwei Weiber übrigblieben, und ein mainzer Dechant liess in den Dörfern Kretzen-

---

[1] Soldan, S. 357.
[2] Weber, Aus vier Jahrhunderten, II, 38 fg.
[3] Gantsch, Zur Geschichte des Aberglaubens im 16. Jahrhundert.
[4] Schlager, Wien. Skiz. im Mittelalter, II, 65 fg.
[5] Hasche, Diplomat. Gesch. v. Dresden, II, 369.
[6] Nova Pract. crim. P. I, qu. 50.
[7] Märkische Forschungen, I, 231 fg.

burg und Bürgel über 300 Menschen verbrennen, um ihre Güter zu confisciren.[1]

Im Trierschen war das Land derart verwüstet, dass das Vermögen der Begüterten in die Hände der Gerichtspersonen und der Nachrichter übergegangen war. Weltliche und Geistliche höhern und niedern Rangs wurden verbrannt, sodass aus 22 Dörfern in der Umgebung von Trier von 1587 bis 1593, ohne die Hinrichtungen der Hauptstadt zu rechnen, 368 Personen den Tod erlitten.[2]

In Quedlinburg wurden 1589 an einem Tage 133 Hexen verbrannt.

1588 wird aus Wien an das Fugger'sche Handlungshaus in Augsburg berichtet: „Man hat in der Neystatt 6 meylen von Wien gelegen 2 alte Weiber sambt einem Bauer gefangen, die sollen durch ihre Zauberey solch schedliche Vngeziefer in das Land khommen machen, die thuen allenthalben in Weingärten vnd Veldern grossen Schaden. Was man derhalben mit solchen Leuten fürnemen wird, kann man derzeit nit wissen."[3]

Im Braunschweigischen wird die Menge der Brandpfähle auf der Richtstätte vor dem Löchelnholze von zeitgenössischen Schriftstellern mit einem Walde verglichen, da in den Jahren 1590 und 1600 an manchen Tagen 10 bis 12 Hexen verbrannt wurden.[4]

In dem kleinen Städtchen Nördlingen wurden von 1590 bis 1594 nicht weniger als 32 Personen dem Feuer übergeben.[5]

In Ellingen, einer Landcomthurei des Deutschen Ordens, wurden 1590 in acht Monaten 65 Personen wegen Hexerei hingerichtet.[6]

In der Grafschaft Werdenfels fand in den Jahren 1589 bis 1592 ein grauenvoller Process statt, der damit endete, dass in sieben Malefizrechtstagen 48 Weiber nach dem grausamsten Foltern verbrannt wurden. Ein besonderes Actenheft trägt

---

[1] Schindler, 301, Note.
[2] Linden, Gesta Trevir. III, 53 qu. bei Soldan, S. 358.
[3] Schlager, a. a. O. S. 48.
[4] Spittler, Geschichte des Fürstenthums Kalenberg, I, 307.
[5] Weng, Der Hexenprocess in Nördlingen, S. 60.
[6] Bopp, Art. Hexenprocess in Rotteck und Welcker's Staatslexikon.

die Aufschrift: „Hierin lauter Expensregister was versoffen und verfressen worden, als Weiber zu Werdenfels im Schlosse in Verhaft gelegen und hernach als Hexen verbrannt worden."[1]

In Offenburg wurden binnen neun Jahren auf dem kleinen Stadtgebiete 24 Personen hingerichtet.[2]

In den ganz kleinen Städtchen Wiesenburg und Ingelfingen wurden in einem Processe dort 25, hier 13 verurtheilt, und zu Lindheim, welches 540 Einwohner zählte, wurden von 1640 — 51 30 Personen verbrannt.[3]

In der kleinen Grafschaft Henneberg wurden im Jahre 1612 22 Hexen verbrannt und von den Jahren 1597 bis 1676 im ganzen 197.

In den Jahren 1601 und 1603 waren zwei Hexen im Criminalhause in der Himmelpfortgasse in Wien in Untersuchung. Eine davon hatte ihrem Leben durch Selbstmord ein Ende gemacht in dem Brunnen des Gefangenhauses. Die zweite war den Qualen des Gefängnisses und der Tortur unterlegen und starb daselbst. Ihre Leiche wurde auf der „Gänseweide" am Erdberg verbrannt. Die Leiche der erstern durfte nicht verbrannt, aber auch nicht wegen der „Magia posthuma" bei Wien begraben werden. Ihre Leiche wurde daher in ein Fass gepackt und in die Donau geworfen, damit sie von Wien entfernt verwese.[4] Dieser Fall macht nach Schlager den Beschluss solcher Justificationen in Wien.

In England wurde 1593 ein altes Weib sammt ihrem Ehemanne und ihrer Tochter zu Huntingdon zum Tode verurtheilt.[5] In der Zueignung sagt Hutchinson: „In unserer Nation sind seit der Reformation über 140 hingerichtet worden".

In Schottland schürte besonders Jakob VI. das Feuer und wohnte selbst den Verhören bei.

In den Niederlanden wird durch die Verordnungen Philipp's II. von 1592 und 1595 die Zunahme des Hexenwesens

---

[1] Hormayr, Taschenbuch für vaterländ. Geschichte, 1831.
[2] Schreiber, Hexenprocess im Breisgau.
[3] Schindler, S. 301.
[4] Schlager, S. 52.
[5] Hutchinson, Kap. 7.

beklagt und dessen strenge Verfolgung geboten. Ein Rescript
von Albert und Isabella vom Jahre 1606 ermächtigt die Richter, einen Denuncianten, auch wenn er mitschuldig wäre, zu
begnadigen. [1]

In Frankreich verurtheilte das Parlament von Dôle im
Jahre 1573 Gilles Garnier zum Feuer, weil er als Werwolf
Kinder zerrissen haben sollte.[2] Das Parlament von Paris
verfuhr ebenso gegen den Werwolf Jacques Rollet im Jahre
1578. Dasselbe bestätigte 1582 das Todesurtheil einer Hexe,
die einem jungen Mädchen den Teufel in den Leib geschickt
hatte. Verschiedene andere Urtheile führt Plancy an.[3] Heinrich III. wurde als Begünstiger der Hexerei verrufen, weil er
einst einige angeblich Besessene als Betrüger nur einsperren
liess. Unter Heinrich IV. blühten die Hexenprocesse, und als
Beweis führt Soldan[4], ausser den Berichten aus Poitou und
den Registern der Parlamente zu Bordeaux und Paris, das
Zeugniss des Jesuitenjüngers Florimond de Remond an, welcher mit Beziehung auf das Jahr 1594 sagt: „Unsere Gefängnisse sind voll von Zauberern; kein Tag vergeht, dass unsere
Gerichte nicht mit ihrem Blute sich färben, und dass wir nicht
traurig in unsere Wohnungen zurückkehren, entsetzt über die
abscheulichen, schrecklichen Dinge, die sie bekennen. Und
der Teufel ist ein so guter Meister, dass wir nicht eine so
grosse Anzahl derselben zum Feuer schicken können, dass
nicht aus ihrer Asche sich wieder neue erzeugten".[5] Im
Jahre 1609 stellten Despagnet und De Lancre im königlichen
Auftrage eine Untersuchung unter den Basken von Latura
an, in deren Folge mehr als 600 Personen verbrannt wurden.[6]

In Spanien wurden am 7. und 8. November 1810 zu
Logroñe bei Gelegenheit eines Auto da Fé 11 Personen, welche
leugneten, wegen Zauberei verurtheilt.

In Frankreich wurden unter Ludwig XIII. die beiden
Processe gegen die Geistlichen Gaufridy und Grandier be-

---

[1] Cannaert, Bydragen, bei Sold., S. 366.
[2] Garinet, Hist. de la Magie en France, 129; bei Sold., S. 366.
[3] Dictionnaire infernal, an verschiedenen Orten.
[4] S. 367.
[5] Delri, V. Append.
[6] Le Brun, I, p. 308; bei Sold., S. 368.

rühmt. Der erstere ward angeklagt: die Nonne Magdalena
de la Padua verführt und zum Hexentanze mitgenommen zu
haben. Er wurde gefoltert und im Jahre 1611 auf dem Do-
minicanerplatz zu Aix lebendig verbrannt. Urbain Grandier
wurde laut Sentenz vom 18. August 1634 des Lasters der
Hexerei und der durch ihn veranlassten Teufelsbesitzung einiger Nonnen zu Loudon und anderer weiblicher Personen angeklagt, gefoltert und hingerichtet.

Im Bisthume Bamberg, wo die Reformation sehr frühe
Eingang gefunden hatte, war die Reaction der Bischöfe,
daher die Verfolgung der Ketzerei und also auch Hexerei
sehr gross. Vom Jahre 1624—30 betrug die Zahl der
in den beiden Landgerichten Bamberg und Zeil anhängi-
gen Processe nach Lamberg's actenmässiger Bestimmung mehr
als 900 mit 285 Hinrichtungen.[1] Eine im Jahre 1659 mit
bischöflicher Genehmigung zu Bamberg gedruckte Schrift meldet in ihrem Titel: „Kurtzer und wahrhafftiger Bericht und
erschreckliche Zeitung von sechshundert Hexen, Zauberern
und Teuffels-Bannern, welche der Bischoff von Bamberg hat
verbrennen lassen, was sie in gütlicher und peinlicher Frage
bekannt. Auch hat der Bischoff im Stifft Würtzburg über
die 900 verbrennen lassen. — Und haben etliche hundert
Menschen durch ihre Teuffels-Kunst um das Leben gebracht,
auch die lieben Früchte auf dem Feld durch Reiffen und Frost
verderbt, darunter nicht allein gemeine Personen, sondern etliche der vornehme Herren, Doctor und Doctors-Weiber, auch
etliche Rathspersonen, alle hingericht und verbrannt worden,
welche schreckliche Thaten bekannt, dass nicht alles zu beschreiben ist, die sie mit ihrer Zauberey getrieben haben,
werdet ihr hierinnen allen Bericht finden" u. s. w.[2] Auch
im Stifte Würzburg hatte die Gegenreformation Anlass genommen, ihren Bestrebungen durch Hexenverfolgung Nachdruck zu geben, namentlich war es Bischof Philipp Adolf
von Ehrenberg (1623—31), der sie im grossen betrieb.
Durch rasch aufeinanderfolgende Brände wurden Personen aller

---

[1] Criminalverfahren vorzüglich bei Hexenprocessen im ehemaligen
Bisthum Bamberg während der Jahre 1624 — 30 aus actenmässigen Urkunden gezogen von G. Lamberg.
[2] Bei Hauber, Bibl. mag., III, 441 fg. abgedruckt.

Art verzehrt. Ein Verzeichniss der Hinrichtungen bis 1629, das bis zum 29. Brande reicht und wir weiter unten aus Hauber entlehnen, zählt 157 Personen, und Soldan [1] weist auf die Fortsetzung bis zum 42. Brande hin, die der Biograph des Bischofs bei Gropp [2] gibt, wo die Zahl der Unglücklichen 219 erreicht, worin aber nur die in der Stadt Würzburg vollzogenen Urtheile begriffen sind, da die Gesammtzahl der Hinrichtungen unter Philipp Adolf nach dem erwähnten, mit bambergischer Censur gedruckten Bericht auf 900 steigt.

In der Provinz Fulda wüthete Balthasar Voss, der sich rühmte, über 700 Unholde dem Scheiterhaufen überliefert zu haben [3] und das Tausend vollzumachen hoffte.

In dem kleinen Städtchen Offenburg, dessen Thätigkeit schon aus dem ersten Jahrzehnt bekannt ist, wurden von 1627 —31 60 Personen hingerichtet. [4]

In der kleinen Stadt Büdingen im Isenburgischen wurden im Jahre 1633 nicht weniger als 64 Personen, im Jahre 1634 abermals 50 angeklagt und hingerichtet. [5]

In dem mainzischen Städtchen Dieburg wurden im Jahre 1627 36 Einwohner hingerichtet. [6]

Adam Tanner, ein Jesuit in Baiern, der den Richtern bei den Hexenprocessen grössere Vorsicht gerathen und auf sichere Beweisstellung gedrungen hatte, erhielt, als er 1632 in Tirol starb, kein christliches Begräbniss, weil man einen haarigen Teufel in einem Glase bei ihm fand, der sich als Floh in einem Mikroskope aufbewahrt herausstellte. Um diese Zeit hatte sich auch eine andere Stimme erhoben, die freilich, wie Soldan bemerkt [7], in ihrer Wirkung nicht glücklicher war als die Stimme des Predigers in der Wüste. Es erschien nämlich im Jahre 1361 die Schrift: „Cautio criminalis, seu de processibus contra sagas liber ad magistratus Germaniae hoc tempore necessarius; tum autem consiliariis et

---

[1] S. 386.
[2] J. Groppii Collect. noviss. script. et rer. Wirceburg., tom. III, 402.
[3] Bopp, Rotteck und Welcker, Staatslexikon, Art. Hexenprocess.
[4] Schreiber, Hexenprocess im Breisgau, S. 22.
[5] Thudichum, Geschichte des Gymnasiums zu Büdingen, S. 33.
[6] Steiner, Geschichte von Dieburg, S. 68.
[7] S. 397.

confessariis principum, inquisitoribus, judicibus, advocatis, confessariis reorum, concionatoribus ceterisque lectu utilissimus. Auctore incerto Theologo orthodoxo. Rintelii, typis exscripsit Petrus Lucius, typogr. Acad. MDCXXXI", deren Verfasser, der Jesuit Friedrich Spee, als Seelsorger in Franken binnen weniger Jahre 200 der Hexerei Beschuldigte zum Scheiterhaufen hatte begleiten müssen. Es kennzeichnet den Verfasser als Menschen, wenn er dem nachmaligen Kurfürsten von Mainz, Philipp von Schönborn, auf die Frage: woher er, kaum 30 Jahr alt, doch schon ergraut sei? antwortete: aus Gram über die vielen Hexen, die er zum Tode vorbereitet, doch keine für schuldig befunden. Das Herz, das dieser Mann unter seinem Jesuitengewande trug, war weiter als der Gesichtskreis seines Denkens. Der Schmerzensschrei, den ihm das Gefühl der Menschlichkeit erpresst hat, betrifft nur die Unmenschlichkeit der Praxis und nicht die Sache selbst, da er die Existenz der Hexerei und die Nothwendigkeit von Massregeln dagegen einräumt, die er aber nicht nur mit Vorsicht und Gewissenhaftigkeit gehandhabt, sondern auch grundsätzlich beschränkt wissen will. Dabei bekämpft er die Gehässigkeit des Volks, die Unwissenheit und Geldgier der Richter, das leichtsinnige Verfahren der Fürsten, den beschränkten Fanatismus der Geistlichen, die Unsicherheit der Indicien, die Trüglichkeit der abgefolterten oder durch Zeugen erlangten Thatsachen, die Unmenschlichkeit der Tortur und das ganze Verfahren überhaupt. „Denn bei diesen Processen wird keinem Menschen ein Advocatus oder auch einige Defension, wie aufrichtig sie immer sein möchte, gestattet; denn da rufen sie, dies sei ein «crimen exceptum», ein solches Laster, das dem gerichtlichen Processe nicht unterworfen sei; ja wenn einer sich als Advocatus dabei gebrauchen lassen, oder der Herrschaft einreden und daran erinnern wollte, dass sie vorsichtig verfahren solle, der ist schon im Verdacht des Lasters, muss ein Patron und Schutzherr der Hexen sein, sodass aller Mund verstummen und alle Schreibfedern stumpf werden, und man weder reden noch schreiben darf.[1]" „Ja ich schwöre feierlich, von den vielen, welche ich wegen angeblicher Hexerei zum Scheiterhaufen begleitete, war keine ein-

[1] Cautio crim., Dubium LI, 15.

zige, von der man, alles genau erwogen, hätte sagen können,
dass sie schuldig gewesen wäre, und das Gleiche gestanden
mir zuvor zwei andere Theologen aus ihrer Erfahrung! Aber
behandelt die Kirchenobern, behandelt Richter, behandelt
mich ebenso, wie jene Unglücklichen, werft uns auf dieselben
Foltern, und ihr werdet uns alle als Zauberer erfinden." [1]
Nachdem Schönborn mit Spee vertrauter geworden, dessen
Verfasserschaft der „Cautio criminalis" erfahren, Bischof und
Reichsfürst geworden, verlöschten die Menschenbrände in
dieser Gegend, wenigstens bis 1749, wo die Nonne Maria
Renata zu Würzburg den Scheiterhaufen besteigen musste.

Wenn die Stimme des katholischen Priesters im ganzen
keinen rechten Widerhall hervorrief, sowenig als die seines
Vorgängers, des protestantischen Arztes Weier, unmittelbar
eine Veränderung in den Hexenprocessen hervorgebracht hatte,
so liegt der Grund wol zum Theil in dem Mangel der einen
Bedingung, der guten Erbschaft, die nach Goethe einem Reformator nicht fehlen darf, wenn er Erfolg haben soll. Trotzdem dürfen wir die tröstliche Ueberzeugung hegen: keine
sittlich gute That bleibt fruchtlos, nur fällt die süsse Frucht
meist erst der Zukunft in den Schos. So haben die Bestrebungen dieser Männer zum Erbtheil späterer Generationen ihr
Scherflein beigetragen.

Das Feuer der Hexenverfolgungswuth brannte fort und
wurde durch katholische und protestantische Prediger mit
gleichem Fanatismus geschürt. Einen Beweis des letztern
liefert der starke Quartband: „Neue auserlesene und wohl-
begründete Hexenpredigten u. s. w., von M. Hermann Sam-
sonius, Superintendent zu Riga, 1826." Einen charakteristischen Zug zu dem dunkeln Gemälde des 17. Jahrhunderts
liefert die von Horst [2] angeführte „Druten-Zeitung", die in
Nürnberg 1627 anonym vom Buchdrucker Lochner, mit dem
Orte „Schmalkalden" bezeichnet, erschien. Es sind Lieder-
verse, in welchen die Inquisitionsacten der grossen Hexenprocesse die Unterlage abgeben. Horst bemerkt, dass die
Reimereien offenbar von einem Protestanten herrühren, der
seine Freude und seinen Dank gegen Gott darüber ausdrückt,

---

[1] Dubium XX, Ratio IV, Dubium XXX, Document. XIX.
[2] Zauberbibl., VI., 310.

dass es den katholischen Nachbarstädten Bamberg und Würzburg gelungen, die Zauberrotte zu vertilgen, und beglück-
wünscht beide frommen Städte wegen ihrer gottseligen Hexenbrände. Der Titel ist: „Druten-Zeitung, Verlauf was sich
hin und wieder in Frankreich, Bamberg vnd Würtzburg mit
den Vnholden vnd denen so sich aus Ehr- vnd Geldgeitz
muthwillig dem Teufel ergeben, Denkswürdiges zugetragen,
auch wie sie zuletzt ihren Lohn empfangen haben, gesang-
weiss gestellt, im Thon wie man «Dorothea» singt." Hierzu
Abbildungen.

Im Jahre 1635 schrieb der jüngere Carpzov sein pein-
liches Recht, „Bened. Carpzovii ICti Practica nova rerum
criminalium Imperialis, Saxonica, in tres partes divisa".[1] Man
hat den Verfasser treffend einen starren, autoritätsgläubigen
Juristen genannt, der selbst wiederum zur Autorität geworden
ist. Seine Autoritäten in Hexensachen sind Bodin, Remigius,
Jakob I. und Delrio, in Strafbestimmungen ist es das säch-
sische Recht; er autorisirt den inquisitorischen Process als
den ordentlichen bei allen grössern Verbrechen und das summarische Verfahren beim crimen exceptum der Hexerei.[2] Und
die Hexenprocesse machten ihren Gang weiter:

In Hannover wurden in einem Jahre 10 Personen zum
Feuer verurtheilt.[3] In Osnabrück über 80 Personen verbrannt.

Im Fürstenthum Neisse mögen von 1640—51 an 1000 Hexen
verurtheilt worden sein, denn über 242 Brände liegen Acten
vor, und es waren Kinder von ein bis sechs Jahren darunter.[4]

In der Stadt Neisse (Schlesien) wurden im Jahre 1651
42 Weiber verbrannt, wozu in der Nähe des Hochgerichts
ein eigener Ofen stand.[5]

Soldan führt aus dem „Theatrum europaeum" die Opfer
an, die das Jahr 1652 hinraffte, und zwar in Homburg, in
der Wetterau, in Isenburg-Büdingen, Waldeck, auf der Insel

---

[1] Viteb., 1635.

[2] Vgl. Pars III, qu. 103, n. 50; qu. 107, n. 22. 72; qu. 103, n. 18;
qu. 108, n. 4. 5. 26. 33; qu. 122, n. 60.

[3] Die Hexen in Hitzacker, im 2. Bd. der Zeitschrift: Neues vaterl.
Archiv oder Beitrag zur Kenntniss des Königreichs Hannover.

[4] Schindler, S. 301.

[5] Zeitschrift des Vereins für Geschichte und Alterthumsk. Schlesiens,
1856, I, 119.

Schütt; er erinnert an das zehnjährige Mädchen in Vorpommern, das gestehen musste, mit dem bösen Geiste bereits zwei Kinder gezeugt zu haben und mit einem dritten schwanger zu gehen; im Jahre 1662 wurden zu Marienburg mehrere Personen verbrannt infolge der Anklage: dass sie mittels eines Pulvers Mäuse mit Fischschnauzen hervorgebracht hätten; in München im Jahre 1666 ein siebzigjähriger Greis mit glühenden Zangen gezwickt und dann verbrannt, weil er Ungewitter gemacht, indem er durch die Wolken gefahren sei. [1]

Nach den Bruchstücken, die Heldritt mittheilt, wurden von 1639—51 zu Zuckmantel 85, zu Freiwaldau 102, zu Niklasdorf 22, zu Ziegenhals 22, zu Neisse 11, zusammen 242 Personen hingerichtet, darunter Frauen und Töchter von Rathsherrn, Gastwirthen, Wein- und Garnhändlern, Bleichern und andern vermögenden Leuten, auch einige Kinder, grösstentheils aber arme alte Mütterchen wegen Hexerei verbrannt. [2] In Zuckmantel, dem Bischof von Breslau gehörig, waren acht Henker in voller Thätigkeit, und 1651 starben 102 Personen den Feuertod, worunter auch zwei Kinder, deren Vater der Teufel gewesen sein sollte. [3]

Das Dorf Lindheim in der Wetterau sah von 1661—66 30 Personen hinrichten.

Im Fürstenthum Kalenberg brennen in der Mitte des 17. Jahrhunderts die Scheiterhaufen. [4]

Salzburg verbrannte 1678 97 Personen, wobei der Protestantismus zur Carikatur der Hexerei geworden war.

Ein Herr Christoph von Rantzow liess 1686 auf einem seiner Güter in Holstein an einem Tage 18 Hexen verbrennen. [5]

In Steiermark hat das 17. Jahrhundert alle seine Vorgänger in Hexenprocessen weit übertroffen, fast alle Hexenprocesse in Steiermark sind aus diesem Jahrhundert. [6]

---

[1] Soldan, 416.

[2] Dr. Elvert, Das Zauber- und Hexenwesen u. s. w. in Mähren und Oesterreichisch-Schlesien, S. 99.

[3] Theatr. Europ., VII, 148.

[4] Rüling, Auszüge merkwürdiger Hexenprocesse in der Mitte des 17. Jahrhunderts.

[5] Horst, Dämonom., S. 198.

[6] Graeff, Versuch einer Geschichte der Criminalgesetzgebung u. s. w., 175.

In Mähren wurden 1679 4 Weiber verbrannt; 1680 am
5. April 5 Frauen; 1684 am 5. September 4 Weiber; 1685 3;
1686 am 7. October 4 Weiber hingerichtet. Aus den Jahren
1687, 1689 werden 15 Hexenbrände aus Ullerdorf gemeldet;
besonders langwierig ist der Hexenprocess gegen den schönberger Dechant Lautner. [1]

Im Sachsen-Gothaschen wurden in den Jahren 1670—75
unter den Augen des Herzogs Ernst des Frommen im kleinen
Amte Georgenthal 38 Hexenprocesse meist mit dem Feuertode abgeschlossen. [2]

Der Hexenrichter Nikolaus Remy rühmte sich (1697),
dass er in Lothringen binnen 15 Jahren 900 Menschen wegen
Zauberei habe verbrennen lassen. [3]

Nach den Auszügen aus den Hexenprocessen der beiden
Städte Braunsberg (Alt- und Neustadt) beginnen die Hinrichtungen erst im 17. Jahrhundert. In der Altstadt wird
1605 die erste und 1670 die letzte Hexe verbrannt; in der
Neustadt wahrscheinlich 1610 die erste und 1686 die letzte. [4]

In Rottweil wurden im 16. Jahrhundert in 30 Jahren 42,
und im 17. Jahrhundert binnen 48 Jahren 71 Hexen und
Zauberer verbrannt. [5]

In England durchzog Matthias Hopkins vom Jahre 1642
als Generalhexenfinder die Grafschaften Essex, Sussex, Norfolk
und Huntingdon und brachte Hunderte unglücklicher Menschen zum Tode. 1642 wurden zu Yarmouth 16 hingerichtet;
1645 zu Chelmsford 15 hingerichtet und einige zu Maningree
verdammt, zu Cambridge 1 gehenkt; 60 zu Sanct-Edmunds
in Suffolk bei verschiedenen Executionen und ebenso viel auf
dem Lande in den Jahren 1645 und 1646. [6] Im nördlichen
England war ein aus Schottland verschriebener Hexenfinder
geschäftig, der dann am Galgen gestand, dass er über
200 Weiber um den Lohn von 20 Schilling per Kopf zum
Tode geliefert habe. In Schottland starben binnen Jahres-

---

[1] Bischof, Zur Geschichte des Glaubens an Zauberer, Hexen u. s. w.,
S. 21. 103 fg. 146. 148.
[2] Bopp, Rotteck und Welcker, Staatslexikon.
[3] Schindler, S. 301.
[4] Lilienthal, Die Hexenprocesse der beiden Städte Braunsberg.
[5] Schindler, S. 301.
[6] Hutchinson, Kap. 4.

frist 600 Beschuldigte den Feuertod. Mr. Ady rechnet die in diesen greulichen Zeiten Verbrannten auf viele Tausende.

In Schweden ist der grosse Process von Mora im Jahre 1669 durch seine Furchtbarkeit bekannt, indem 72 Weiber und 15 Kinder wegen Hexerei zum Tode, 56 jüngere Kinder zu andern schweren Strafen verurtheilt wurden.

Im Jahre 1670 erhob das Parlament von Rouen Einsprache gegen die Begnadigung der Hexen, und die Verfolgung wüthete mit äusserster Heftigkeit im ganzen Süden von Frankreich. [1]

Die Hexenprocesse verbreiteten sich auch über Europa hinaus. Im Jahre 1664 wurde Mary Johnson zu Hartfortshire in Neuengland hingerichtet. Im Jahre 1692 am 10. Juni zu Salem 1 Person hingerichtet; am 9. Juli 5; am 19. August noch andere 5; am 22. September 8. Ebenso hatten Boston, Andover, Bury in Neuengland ihre Hexenprocesse und Hinrichtungen. [2]

Mit dem 18. Jahrhundert wird die Abnahme der Hexenprocesse augenmerklich. Im Jahre 1713 verurtheilte die Juristenfacultät von Tübingen noch eine alte Frau wegen Hexerei. [3] Ein bekanntes Beispiel ist die Hinrichtung der Supriorin des Klosters Unterzell bei Würzburg, Renata Sänger, im Jahre 1749. Zu Landshut wird im Jahre 1756 ein Mädchen von 13 Jahren als Hexe hingerichtet, weil es mit dem Teufel Umgang gepflogen. [4] Zu Sevilla schloss 1781 die ganze Reihe von Hinrichtungen in Spanien eine weibliche Person; als letzte Hinrichtung wegen Hexerei auf deutscher Erde wird die vom Jahre 1783 in Glarus genannt.

---

5. Erklärung der Hexenperiode.

Auf den ersten Blick mag es unbegreiflich scheinen, dass eine Zeit, von der wir unsere heutige Culturstufe zu datiren

[1] Lecky, Geschichte der Aufklärung in Europa, I, 3, Note.
[2] Hutchinson, Kap. 5; vgl. Görres, Christliche Mystik, IV, 2, S. 534.
[3] Bopp, Rotteck und Welcker, Staatslexikon.
[4] Bopp, a. a. O.

gewohnt sind, welche neben der Verbreitung einer classischen
Bildung durch die merkwürdigsten Entdeckungen reforma-
torisch wirkte, welche durch den Humanismus die scholastische
Philosophie stürzte, gegen das Feudalsystem kämpfte, Religion und Sittlichkeit zu heben trachtete, in welcher Zeit das
dringende Bedürfniss nach einer Verbesserung der Kirche in
Haupt und Gliedern nicht·nur in einem allgemeinen Schrei
laut geworden, sondern von einer Seite selbst Hand angelegt
ward, dass gerade in solcher Zeit das Hexenwesen und deren
Verfolgung, also der Teufelsglaube, der jenem zu Grunde
liegt, eine solche Tiefe und Breite erreichen konnte. [1] Auf
den ersten Blick scheint diese Thatsache allerdings unbegreiflich; allein blicken wir auf den bisherigen Verlauf der
Geschichte des Teufelsglaubens zurück, werfen wir einen
zweiten Blick auf die allgemeine Weltlage und die socialen
Verhältnisse, suchen wir dann weiter nach· den specifischen Factoren, die in der Hexenperiode mitwirkten, so
werden wir finden, dass auch diese Periode nicht urplötzlich in die Geschichte hineingeplatzt ist, sondern, wie jede
geschichtliche Erscheinung, gleich einem vielverschlungenen
Gewebe aus vielen mannichfaltigen Fäden, die das Menschenleben durchziehen, sich herausgewoben hat. Aber eben weil
die herrschenden Vorstellungen einer Zeit das Product von
unendlich vielen Vermittelungen sind, setzt auch eine Veränderung in jenen wieder einen Vermittelungsprocess voraus,
dessen Ergebniss zwar nie ausbleibt, aber geraume Zeit in
Anspruch nimmt, bis es als fertige Erscheinung auftritt.

Betrachten wir die Zeitumstände. Das päpstliche Ansehen hatte unter Bonifaz VIII. im Streite gegen Philipp IV.
von Frankreich, der den Sitz des Papstes von Rom nach
Avignon verlegte (1309), eine grosse Niederlage erlitten. Der
päpstliche Stuhl kam zwar im Jahre 1378 wieder nach Rom
zurück, indem aber dem Papste von Rom ein anderer gegenübergestellt ward, musste durch diese Kirchenspaltung das
päpstliche Ansehen überhaupt vermindert erscheinen. Auf
der allgemeinen Kirchenversammlung zu Pisa 1409 erfüllte
sich Kaiser Ruprecht's Wort: es werde „aus der päpstlichen

---

[1] Vgl. Schindler, S. 74.

Zweifaltigkeit eine Dreifaltigkeit werden", da die beiden von
der Versammlung entsetzten Päpste sich neben dem neugewählten zu behaupten suchten. Das Concil zu Kostniz 1414
hob zwar die Kirchenspaltung, aber die von den deutschen
Reichsständen dringendst verlangte Reformation der Kirche
an Haupt und Gliedern stieg mit der Verbrennung des Johannes Huss zugleich in Rauch auf. Das Basler Concil 1431
dämpfte wol die hussitischen Unruhen; aber die Franzosen
lockerten das Band, das sie an Rom festgeknüpft hatte, durch
die Gründung ihrer Nationalkirche. Der Eifer eines Pius II.
war nicht mehr im Stande, ein gemeinsames Unternehmen
gegen die Eroberung Konstantinopels durch die Türken 1453
hervorzurufen, und Mohammed II. machte 1464 dem griechischen Kaiserthum ein Ende. Es herrschte „'Auflösung des
gesammten kirchlichen Wesens durch alle europäischen Reiche",
sagt Görres über diesen Zustand, „in der Hierarchie die Zerrüttung der innern Rundung, der Geschlossenheit, Auflehnen
der Glieder gegeneinander und gegen die Einheit, auf dem
Concilium; die Prälaten und die untern Priesterordnungen
im Hader". [1]

In Betreff der Rechtspflege dieser Zeit ist es geläufig,
von Fehde und Faustrecht des Mittelalters zu sprechen. Wir
theilen zwar nicht den Irrthum, welcher Fehde und Faustrecht seinem Ursprunge nach für das unbeschränkte Recht
des Stärkern, also für das Unrecht ansieht, und Wächter [2]
hat wiederholt und überzeugend nachgewiesen: dass das Fehde-
recht ursprünglich wirkliches Rechtsverhältniss gewesen und
nur durch Misbrauch ausartete; allein dieser Misbrauch
war in der Praxis am Ausgange des 15. Jahrhunderts eben
im Gange, und so herrschte allerdings mehr Unrecht als Recht.
Wohl waren schon im Anfange des 13. Jahrhunderts die zwei
berühmten Rechtsquellen der Deutschen, der „Sachsenspiegel"
und der „Schwabenspiegel", zusammengestellt, verschiedene
„Landrechte" und „Weisthümer" im Verlaufe dieses Zeitraums
niedergeschrieben worden; die Stammeseifersüchtelei hielt jedoch an den besondern Rechtsgewohnheiten so fest, dass
keine kräftige Rechtseinheit platzgreifen konnte. Daneben

---

[1] Christliche Mystik, IV, 2, S. 579.
[2] Beiträge zur deutschen Geschichte, S. 247.

war das Ansehen der staatlichen Macht so sehr geschwächt,
dass ihm die Kraft gebrach, den willkürlichen Ausschreitungen
der Stärkern Einhalt zu thun und den Schwachen unter den
Schutz des Rechts zu stellen, daher die vielberufenen Fem-
gerichte, die, gleich der Fehde, dem Ursprunge nach Noth-
mittel zur Selbsthülfe waren, ihre Zuflucht zur Heimlichkeit
nehmen mussten, weil öffentlich kein Recht zu schaffen war.
Wegelagerung und roheste Räuberei waren gang und gebe,
die Herren vom Stegreife machten ein Gewerbe daraus, über
Hab und Gut des Bürgers herzufallen. Der Kanzler der
Universität Tübingen, Nauclerus, am Ende des 15. Jahrhunderts, entwirft mit wenigen Zügen ein lebendiges Bild vom
Getriebe der Ritter jener Zeit. „Sie bauen Burgen und
Schlösser auf Bergen und in Wäldern, leben von dem, was
sie geerbt und ihren Einkünften, wo aber diese nicht ausreichen, scheuen sie keine Gelegenheit zu rauben." Noch
bündiger und drastischer äussert sich um dieselbe Zeit ein
römischer Cardinal: „Ganz Deutschland ist voll Räuberei und
unter den Adelichen gilt der für um so ruhmreicher, je räu-
berischer er ist."

Die materielle Lage, in der sich das „mühselige Volk der
Bawren" unter solchen Umständen befunden, zeigt die Kos-
mographie von Münster, worin es unter anderm von den
Landleuten heisst: „Diese fürn gar ein schlecht und nieder-
trächtig Leben; ihre Häuser sind schlechte Häuser von Kot
und Holz gemacht, uff daz Ertrich gesetzt und mit Strow
gedeckt. Ihre Speiss ist schwarzrucken Brot, Haberbrey oder
gekochte Erbsen und Linsen, Wasser und Molken ist fast ihr
Trank. Ein Zwilchgüppe, zween Buntschuch und ein Filzhut
ist ihre Kleidung. Diese Leut haben nimmer Ruh. Früw
und spat hangen sie der Arbeit an. Ihren Herrn müssen sie
offt durch das Jahr dienen, das Feld bawen, säen, die Frucht
abschneiden und in die Scheune fürn, Holz hawen und Graben
machen. So ist nichts, das das arme Volk nitt thun muss
und on Verlust nitt aufschieben darff." — „Diess mühselig
Volk der Bawren", fügt ein anderer zeitgenössischer Schriftsteller hinzu, „kohler, hirten ist ein seer arbeitsam Volk, das
jedermanns Fusshader ist und mit fronen, scharwerken, zinsen,
gülten, steuern, zöllen hart beschwert und überladen."

Die Bürger in den Städten, darauf bedacht, ihr Leben,

Hab und Gut gegen die herrschende Räuberei und Gewaltsamkeit zu schützen und ihre bürgerliche Existenz gegen
fürstliche und geistliche Vergewaltigung zu sichern, erstrebten
dies durch Vereinigung zu den bekannten Städtebünden, die
seit der Auflösung der grossen Stammesherzogthümer vom
12. Jahrhundert ab immer häufiger wurden, seit dem Verfalle
der Kaisermacht im 13. Jahrhundert auch nach grösserer
Selbständigkeit trachteten. Die Noth hatte das Corporations-
wesen hervorgerufen, das sich bis zum Zunftwesen besonderte.
Durch Vereinbarung war die Macht erlangt, das durch Handel
und Gewerbe gewonnene Gut in den Städten anzuhäufen, der
städtische Wohlstand reizte zum Genusse, den die herrschende
Roheit zur Verschwendung, Völlerei und Ausschweifung ver-
renkte. Die städtischen Luxusgesetze und Kleiderordnungen,
die vom 14. Jahrhundert ab immer häufiger ergehen, sind ein
Beweis der Nothwendigkeit, dem verderblichen Aufwande zu
steuern. Als Beispiel genügt der Becker Veit Gundlinger zu
Augsburg, der bei seiner Tochter Hochzeit, im Jahre 1493,
nicht weniger als 270 Gäste an 60 Tischen acht Tage hindurch bewirthete. Es wurde dabei dermassen geschlemmt,
getanzt u. s. w., dass, wie der Chronist bemerkt, „am siebenten Tage schon viele wie todt hinfielen". [1] Aehnlich
lauten die Berichte über die Genusssucht beim „Leichen-
trank" und bei andern Gelegenheiten des geselligen Beisammen-
seins. Die furchtbare Strenge der wiederholt erlassenen Strafgesetze gegen die „Notnumpft" weisen handgreiflich auf die
herrschende Unzüchtigkeit, und die umfangreiche Blumenlese
der gangbaren Ausdrücke für „lichte Fröwlein" bezeugen das
Vorhandensein des Gegenstandes. Man hat mit Recht bemerkt, dass die Schilderung der bürgerlichen Sparsamkeit,
Ehrbarkeit und Zucht, die Aeneas Sylvius in der zweiten
Hälfte des 15. Jahrhunderts von Wien entwirft, auch auf
viele andere Städte ihre Anwendung finde, und dieser Gewährsmann verschafft in dieser Hinsicht eine genügende Vorstellung
wenn er sagt: das Volk ist ganz dem Leibe geneigt und ergeben und verprasst am Sonntag, was es die Woche über
verdient. Wir können die Ausgelassenheit des mittelalterlichen

---

[1] Curiositäten, I, 214 fg.

Badelebens, der Tänze u. dgl. unerörtert lassen, um so mehr als die sittlichen Zustände schon andern Orts berührt wurden, und sich seitdem nicht gehoben hatten. [1]

Der Zügellosigkeit des deutschen Städtelebens im letzten Jahrhundert des Mittelalters entsprachen die Wirren der staatlichen Verhältnisse ausserhalb Deutschlands. Zwischen England und Frankreich Kämpfe um die Erbfolge; in England der Bürgerkrieg zwischen der weissen und rothen Rose; in Frankreich Streit zwischen Burgund und dem Lehnsherrn; Condottieris, Armagnacs, Landsknechte streichen umher; im Norden die Schweden mit den Dänen im Kriege; die Türken seit der Eroberung Konstantinopels immer furchtbarer.

Inmitten dieser allgemeinen Gärung, die das Gemüth mit Bangigkeit erfüllen musste, trat die Pestkrankheit, die im 14. Jahrhundert unter dem Namen „der schwarze Tod" oder „das grosse sterbent" ganz Europa in furchtbarster Weise verheert hatte, auch im 15. Jahrhundert in einzelnen Ländern verderblich auf; die Pocken, seit dem 11. Jahrhundert in Europa heimisch, ängstigten durch ihre seuchenhafte Verheerung; die im Jahre 1475 erschienenen Heuschreckenzüge mit der darauffolgenden Theuerung mussten die Aufregung der Gemüther nicht nur aufs höchste steigern, sie nachgerade ausser Fassung bringen.

Unter solchen Verhältnissen kann es nicht befremden, dass die schon im 16. Jahrhundert aufgetauchte Besorgniss der baldigen Auflösung der Welt sich auch in diesem Zeitalter der Menschen bemächtigte, oder: dass der Teufel, der ja als Urheber alles Uebels überhaupt gedacht ward, infolge der durch die allgemeine Sündhaftigkeit beleidigten Majestät Gottes durch dessen Zulassung zum Regiment der Welt gelangt sei und mittels seiner Helfershelfer, der Hexer und Hexen, allenthalben die Hand im Spiele habe.

Intellectuelle Culturstufe.

Eine derartige Vorstellung konnte selbstredend nur auf einer ihr gemässen intellectuellen Culturstufe Raum ge-

---

[1] Vgl. übrigens bei Scherr, Deutsche Culturgeschichte; Geschichte der deutschen Frauen, die betreffenden Abschnitte.

winnen, und auf einer solchen befand sich das Volk im allgemeinen zu jener Zeit. Da die Wissenschaft in den seltensten
Fällen auf das Volk unmittelbar einwirkt, diesem vielmehr
ihre Früchte gewöhnlich auf langem Wege vielfältiger Vermittelung zugute kommen, sodass den Kurzsichtigen der Zusammenhang von Wissenschaft und Leben meistens nicht nur
entgeht, sondern ganz zu fehlen scheint; so waren auch die
Bewegungen, wodurch ein Galilei und Kopernicus die mittelalterliche Anschauung erschüttern sollten, noch nicht bis zum
geistigen Gesichtskreis des Volks gedrungen. Die Buchdruckerkunst konnte erst viel später auf ihre civilisatorische
Wirkung hinweisen, nachdem das Bedürfniss zu lesen und
geistige Selbstthätigkeit im Volke erwacht war. Die geistige
Selbstthätigkeit, jahrhundertelang daniedergehalten, lag noch
in tiefem Schlafe, der Sinn des Volks war nur nach aussen
gerichtet, wie es seinen sittlichen Werth auch nur in der
Aeusserlichkeit suchte, den ihm die Ascese und das bekannte
mittelalterliche Busswesen verschaffen sollte. Die von Geschlechtern zu Geschlechtern gepredigte und tiefeingeprägte
Lehre von der unbedingten Schlechtigkeit der menschlichen
Natur, von dem Fluche der Erbsünde, welcher auch auf der leb-
losen Natur lasten sollte, waren dem Volksgemüthe tief ein-
gesessen, und das Gebot der Abtödtung des Fleisches fand
noch immer eifrige Anhänger. Die erhabenen Dome mit ihrer
dramatischen Liturgie konnten das Phantasieleben des Volks
erregen, ihr Dämmerlicht konnte aber sein intellectuelles Leben
nicht erleuchten. In gesteigerter religiöser Aufregung suchte
es nach seinem Gotte, während es im Glauben mit infernalischen Ketten an Gottes Widersacher geschmiedet war; es
trug die Sehnsucht nach dem höchsten Wesen im Herzen, und
war zugleich von der Furcht vor dem Teufel und dessen
Macht gepeinigt. Das Volk war in Dumpfheit und Roheit
versenkt. Zu jeder Zeit bewegen sich die Menschen in Gegensätzen, aber im Zustande der Roheit liegen die schroffsten
Gegensätze stets unvermittelt nahe beieinander. So auch in
diesem Zeitraume. Daher die glänzende Farbenpracht dieser
Periode neben dem tiefsten Dunkel, die härteste Ascese neben
wildester Genusssucht und Ausschweifung und andere gegen-
füsslerische Erscheinungen. Hieraus erklären sich wol auch
die enthusiastischen Verehrer des Mittelalters auf der einen,

und die rücksichtslosen Tadler desselben auf der andern Seite, beide bedingt durch den besondern Gesichtspunkt, unter dem sie es betrachten.

Im Hinblick auf die Wissenschaft in dieser Zeit wurde zwar schon angedeutet, dass einzelne Lichtstrahlen zu leuchten angefangen; im ganzen war aber noch alles Wissen von der Natur und ihren Kräften in die Nebel der Alchemie, Magie und Astrologie eingehüllt. Durch die Entdeckung des neuen Welttheils (1492), die Auffindung des Seewegs nach Ostindien wurde Europa mit einer Menge neuer Gegenstände bekannt, der Handel nahm einen neuen Aufschwung, der Austausch von Kenntnissen und Erfahrungen wurde unter den Völkern gefördert, und durch alles zusammen musste das intellectuelle Leben in Anregung gebracht werden; allein abgesehen davon, dass diese mächtigen Factoren die intellectuelle Thätigkeit des Volks zunächst nur in Gärung versetzten, zu deren Klärung es überhaupt einiger Zeit bedurfte, war die geistige Entwickelung noch hintangehalten durch die Macht des Autoritätsglaubens, auf dem das ganze Mittelalter beruht. Die Betrachtung der Erscheinungen der Natur, noch mit kirchlich-theologistischem Elemente versetzt, ward von dessen magischem Zauberlaternenlichte geblendet und ermangelte der Schärfe des Auges; das Denken, von der mächtigen Faust der Autorität gehalten, konnte sich nicht frei bewegen, um die Ursachen zu suchen und mit den Erscheinungen in Zusammenhang zu setzen. Es wird daher nicht befremden, wenn in jener Zeit die Kabbala, Chiromantie und andere magische Künste eifrige Anhänger zählen, wenn Weihwasser, Reliquien, Gebete, Amulete und derlei kirchliche Mittel gegen Krankheiten und andere Uebel in Anwendung kommen, da letztere vom Teufel ausgehend gedacht werden. Die Geschichte „Vom goldenen Zahn", gegen Ende des 16. Jahrhunderts, dient als Beweis, „wie gründlich sich die Fähigkeit, die einfachste Erscheinung zu ermitteln, selbst in den gebildetern Klassen verloren hatte" [1], und wird zu diesem Zwecke von manchen Schriftstellern angeführt. [2] Die Nachricht, dass am 22. De-

---

[1] Liebig, Chemische Briefe, S. 74.

[2] Liebig, a. a. O., Anhang; Sprengel, Geschichte der Arzneikunde, III, 408; Buckle, Geschichte der Civilisation, I, 1, 286, u. a.

cember 1586 ein Kind mit einem goldenen Zahn geboren
worden sei, brachte ganz Deutschland in die grösste Aufregung, da das Wunder für eine geheimnissvolle Vorbedeutung gehalten wurde, die Unerklärlichkeit desselben aber in
die peinlichste Angst versetzte. Der Arzt Dr. Horst machte
das Ergebniss seiner Untersuchung 1595 in einer besondern
Schrift bekannt, worin er zeigte, dass die übernatürliche Ursache, wodurch der Zahn erzeugt worden, in der Constellation,
unter welcher der Knabe geboren, begründet sei, da die Sonne
in Verbindung mit Saturn im Zeichen des Widders gestanden
habe. Er fand ferner in diesem Wunder die Vorbedeutung
des goldenen Zeitalters, indem der römische Kaiser die Türken aus der Christenheit hinauswerfen und den Grund zum
tausendjährigen Reich legen werde. Die Wahrheit seiner
Weissagung erhärtete Dr. Horst aus Dan. 2, wo der Prophet
von einem Bildniss mit einem goldenen Kopfe spricht. Wir
können zur Kennzeichnung der Culturstufe auch das von
Buckle[1] wiederholte Beispiel von Stöffler hinzufügen. Dieser
berühmte Mathematiker und Astronom, einer der ersten,
der auf die nothwendige Verbesserung des Julianischen Ka-
lenders aufmerksam machte, hatte nach langwierigen Rechnungen herausgebracht, dass die Erde in dem Jahre 1524
durch eine zweite Sündflut zerstört werden sollte, worauf
ganz Europa in Bestürzung gerieth und viele Leute fast verrückt wurden. Von den vielen vorgeschlagenen Massregeln
gewann eine den meisten Beifall, der die Zeit kennzeichnet.
Auriol, Professor des kanonischen Rechts zu Toulouse, fand
nach reiflicher Erwägung die Nachahmung Noah's am zweck-
mässigsten, und so wurde mit grossem Eifer eine Arche gebaut, damit wenigstens ein Theil des menschlichen Geschlechts
zur Fortpflanzung erhalten werde. Wollte man das Sprichwort von der Schwalbe im umgekehrten Sinne in Anwendung
bringen und diese einzelnen Beispiele eben als solche nicht
als Mass für das Ganze gelten lassen, so genügt der flüch-
tigste Blick in die Geschichte der Naturwissenschaft, um
zu überzeugen, dass noch im 16. Jahrhundert, ungeachtet des
Aufschwungs, den das humanistische Studium genommen hatte,

---

[1] A. a. O., I, 1, 284.

trotzdem dass die forschenden Aerzte zu den Quellen der
Arzneikunde zurückkehrten und die Kritik zu erwachen anfing,
aber eben weil sie erst anfing, die Natur noch immer unter
dem geheimnissvollen Zaubermantel des Wunderbaren angeschaut wurde, und zwar von den besten Köpfen jener Zeit.
Bekannt ist Melanchthon's Neigung zur Astrologie, und man
schreibt dessen Ansehen viel bei zu der grossen Aufnahme
dieser Kunst. Seine „Initia doctrinae physicae" stehen ganz
unter dem Gesichtspunkte der Macht des Teufels, dessen Einfluss auf Luft, Wetter und Kenntniss der Gestirne. Sprengel
behauptet: Servet's freie Vergleichung der griechischen und
(damals) neuern medicinischen Grundsätze, seine zwanglose
Untersuchung der hergebrachten Lehrmeinungen habe viel
beigetragen, dass ihn Calvin's Rache auf den Scheiterhaufen
zu bringen vermochte. [1] Petrus Forestus, dessen Sammlung
medicinischer Beobachtungen in der Geschichte der Arzneikunde als „classisch" bezeichnet werden, will doch die Verwandlung eines Menschen in einen Wolf (Lycanthropie) gesehen haben. [2] Paracelsus' Verdienst um die Naturwissenschaft ist anerkannt, indem er das Zeitalter eröffnet, wo die Alchemie vom Studium der Chemie getrennt wird und diese
mit der Arzneikunde in Verbindung tritt. [3] Dabei wird aber
doch seine vornehmliche schriftstellerische Bemühung darin
gesehen, die Kabbala populär zu machen und sie aufs innigste
mit der Medicin zu vereinigen. [4] Van Helmont (geb. 1577),
der die medicinische Chemie auf ihren Höhepunkt brachte,
hegte doch den festen Glauben an Metallverwandlung, an den
Stein der Weisen; er fasste Donner, Blitz, Erdbeben, Regenbogen und andere Naturerscheinungen als die Wirkung einzelner Geister auf, nahm im Menschen einen besondern geistigen
Regenten an, den er Archäus nannte, welchen auch Paracelsus
angenommen hatte. Der Einfluss der Kabbala auf Paracelsus
und seine Zeitgenossen ist von Sprengel nachgewiesen, und
es ist bekannt, dass die Naturwissenschaft durch die Kabbala

---

[1] Geschichte der Arzneikunde, III, 33.

[2] Sprengel, III, 167 fg.

[3] Kopp, Geschichte der Chemie, I, 89.

[4] Sprengel, III, 335

zur Theosophie geworden, die an Reuchlin, Fr. Pico de Mirandola, Franz Giorgio, Joh. Trithemius und Heinr. Cornel.
Agrippa von Nettesheim ihre eifrigsten Beförderer fand. In
dem Jahrhundert der Reformation erfreute sich daher die
Astrologie der grössten Verbreitung, und vor jeder merkwürdigen Begebenheit geschahen Wunder, die von müssigen
Mönchen und fahrenden Schülern zu ihrem Vortheile ausgebeutet wurden. Die einsichtsvollsten Gelehrten des 17. Jahrhunderts waren im Glauben an magische Kräfte, an zauberische Geister befangen. Dass Thomas Campanella überall
Geister und Teufel sah, meint Sprengel aus der Behandlung
des armen Dulders durch Teufel in Menschengestalt erklären
zu können. [1] Wir erinnern indess an die Rosenkreuzer,
die, von 1625 immer mehr verbreitet, sich des Geheimnisses
rühmten, durch ein sympathetisches Pulver oder durch ihre
berühmte Waffensalbe alle Wunden, Blutungen, Geschwüre,
überhaupt sämmtliche Krankheiten augenblicklich heilen zu
können. Als der Physiker Goldenius die Wirkung dieser
Wundersalbe, die er nicht anzweifelte, auf natürliche Weise
zu erklären gesucht und darüber mit einem Jesuiten in heftigen Streit gerathen war, der sie vom Teufel herleitete, erklärt dieser die Rosenkreuzer für Zauberer und den Paracelsus
als ihren Stammvater für den ärgsten Hexenmeister, und nach
einer Replik von Goldenius und einer Duplik von seinem Gegner
endete der Kampf damit, dass der Jesuit jenen einen Calvinisten schimpfte und ihn sammt Calvin zu Kindern des Teufels
stempelte. [2] Johann Rudolf Glauber (geb. 1604), dessen
grosse Verdienste um die technologische Chemie anerkannt
sind, namentlich um die Bereitung des Salpeters, des Glases
u. a. m., glaubte doch noch an Metallverwandlung, an sein
allgemeines Auflösungsmittel „Alkahest", dessen Heilkraft sich
in allen Krankheiten bewähren sollte. [3] Der londoner Arzt
Robert Fludd (gest. 1637), der berühmteste unter den
Rosenkreuzern, leitete die Entstehung der Krankheiten von
bösen Dämonen her, gegen die der gläubige Arzt zu kämpfen
habe, daher den Harnisch Gottes anlegen müsse, um ihnen

---

[1] Sprengel, IV, 321.
[2] Ibid., S. 321 fg.
[3] Kopp, I, 127.

Widerstand leisten zu können. In jedem Planeten hause ein
böser Dämon, und so gebe es saturnische, jovialische, vene-
rische, martialische und mercurialische Dämonen, welche ihnen
gemässe Krankheiten erzeugen. Kenelm Digby, der als tapfe-
rer Seeheld 1665 starb und als besonders eifriger Verbreiter
des Glaubens an die Heilkraft des sympathetischen Pulvers
bekannt ist, arbeitete emsig an einem Mittel, das Leben in
Ewigkeit zu verlängern, an das selbst Cartesius geglaubt
haben soll. [1] In Deutschland nahmen die Rosenkreuzer während dieses Zeitraums sehr überhand. Der rostocker Professor
Sebastian Wirdig (gest. 1687) sah zwei Arten von Geistern
durch die ganze Natur verbreitet [2], deren sich auch im menschlichen Körper befänden und mit den Geistern der Luft in den
Gestirnen in Gemeinschaft ständen, durch deren Einfluss sie
regiert würden. Wie Campanella, Fludd u. a. gibt auch
Wirdig der Wärme, Kälte, Luft einen Geist und leitet die
Krankheiten von den zornigen und rachsüchtigen Geistern
der Luft und des Firmaments her. Er vertheidigt die Wünschel-
ruthe wie die Nekromantie und findet die Beweise in biblischen Sprüchen. Wir können auch an ähnliche Beispiele des
folgenden Jahrhunderts erinnern, als: an die Geschichte der
Ermordung eines Studenten in Jena im Jahre 1716, die nach
dem herrschenden Glauben durch den Teufel stattgefunden hatte,
und deren Erklärung durch Kohlendampf von Fr. Hoffmann
allgemeinen Anstoss erregte. Selbst Thomasius (gest. 1728),
den wir später in hellerm Lichte sehen werden, verfasste eine
Pneumatologia, die man nach Sprengel [3] fast einem Fludd
zuschreiben könnte. Er lässt, gleich Campanella, von dem
obersten Geiste die beiden thätigen Principien, den männlichen
Geist der Wärme und den weiblichen der Kälte emaniren
und durch deren Zusammentreten die Materie entstehen. Wir
können an Samuel Stryke's „Dissertatio de jure spectrorum,
Halis 1738" erinnern, wo S. 13 das Leugnen der Gespenster
für ein Zeichen des Atheismus erkannt wird, u. dgl. m.

Wie die Vertreter der Wissenschaft die vitalen Thätigkeiten noch lange nach Paracelsus in dessen Archäus zu-

---

[1] Sprengel, IV, 328.
[2] Vgl. dessen Medicina spirituum.
[3] IV, 332.

sammenfassten, einem Geiste, der seinen Sitz im Magen haben
und mit allen Leidenschaften des Menschen begabt, die Ver-
dauung, die Bewegungserscheinungen und Seelenstimmungen
regieren sollte; so glaubte das Volk um so unbedingter die
Ursache von allen Erscheinungen in der Natur sowol als im
Seelenleben in einem dämonischen Wesen zu erkennen, das
nach Beziehung und Wirkung als Gott oder als Teufel sich
kennzeichnete. Hieraus erklärt sich wol, wie der Hexenglaube vom 15. Jahrhundert ab eine solche Höhe erreichen
konnte, dass das Volk hinter jedem Ereigniss nicht alltäg-
licher Art Hexerei witterte, hinter der eigentlich der Teufel
steckte, der ja schon seit dem 13. Jahrhundert die Welt erfüllte. Bei der allgemeinen Gebundenheit des Denkens war
das meiste unerklärlich und geheimnissvoll, und der Mensch
sah sich in einer bezauberten Welt, wo der Zauber mittels
Hexen, die mit dem Teufel im Bündnisse standen, bewirkt
ward. Wie einst im alten Heidenthum alle Erscheinungen
auf Gottheiten zurückgeführt wurden und der Mensch in
allen Kraftäusserungen ein göttliches Walten erkannte, so
ward am Ausgange des Mittelalters jede aussergewöhnliche
Erscheinung als Wirkung von Hexerei betrachtet, deren Spur
auf den Teufel als letzten Grund hinleitete. Die Kirche
glaubte sich, als Stellvertreterin Gottes auf Erden, berufen,
dem teuflischen Wirken entgegenzutreten, und die staatliche
Macht versagte ihr nicht ihren Beistand. Damit begannen
eigentlich die ordentlichen Hexenprocesse.

Nachdem wir den Boden dazu im allgemeinen vorbereitet
gefunden, haben wir nach den specifischen Factoren der rapiden Verbreitung der Hexenprocesse hinzusehen.

Nach dem Vorgange des Alten Testaments, wo Zauberei
und Abgötterei stets zusammengestellt[1], da beide, auf Ab-
trünnigkeit beruhend, als theokratische Verbrechen betrachtet
werden, nahm auch die Kirche des Mittelalters jede Abweichung von ihrer Anschauung gleichbedeutend mit Abfall
von Gott, worauf sie Verdammung aussprechen zu müssen
glaubte, demnach Ketzerei und Zauberei als gleichschwere
Verbrechen betrachtete und behandelte. Die Handhabe hierzu

---

[1] Vgl. 5 Mos. 18, 10. 11; 2 Chron. 38; 1 Sam. 15, 23; 28, 11, u. a.

fand sie in 2 Mos. 22, 18 [1], das heisst: sie übersetzte die alttestamentliche Anschauung von der Theokratie, welche durch die Kirche im Christenthum dargestellt werden sollte, ins Christliche. Wir haben gesehen, wie die Zauberei, die zu allen Zeiten und bei allen Völkern vor der christlichen Zeitrechnung üblich gewesen, im Verlaufe des Mittelalters infolge des allgemein herrschenden Teufelsglaubens und der Vorstellung von einem freiwilligen Teufelsbündnisse eine specifische Bedeutung erhalten hatte. Die Zauberei wurde zur Hexerei durch eben den Bund mit dem Teufel, wodurch die Hexe ihre aussergewöhnliche Macht im Sinne des Teufels zu wirken erlangte. Indem der Glaube an das Hexenwesen, mit dem Teufelsglauben Hand in Hand gehend, sich immer mehr ausbildete, in den Gemüthern immer tiefere Wurzel fasste, die ganze Anschauung dieser Periode innerhalb des schneidenden Gegensatzes von Gott und Teufel sich bewegte, alles Uebel, physisches und moralisches, auf den Teufel zurückgeführt ward, der die Herrschaft der Kirche zu gefährden und seine eigene auf Erden immer mehr zu vergrössern suche; so musste den Hexen als den eigentlichen Organen des Satans, ihres Herrn und Meisters, der sie zur Erweiterung seines Reiches gebrauchte, die Schuld an jeglichem Uebel zugerechnet werden. Den Widerspruch zwischen des Teufels und seiner Verbündeten Wirksamkeit mit der göttlichen Regierung meinte die Kirche durch den Glaubenssatz von der göttlichen Zulassung gehoben zu haben, und sah sich ganz besonders verpflichtet, die Hexerei gleich der Ketzerei zu verfolgen. Nach kirchlicher Anschauung hatten die der Hexerei Ergebenen mit ihrem Teufelsbundesschluss ihr Taufgelübde (gleich den Ketzern) gebrochen, also auch den Bund, in den sie durch jenes mit Gott, d. h. mit der Kirche, getreten waren. Darum sind die Hexer und Hexen gleich den Ketzern auszurotten. Wir bemerken hier wieder eine alttestamentliche Anschauung, nämlich die von einem Bunde mit Gott, unter dem sich das Volk Israel seine Beziehung zu jenem vorgestellt, welcher durch Vermittelung der Kirche auf christlichen Boden verpflanzt und zum Zeitbewusstsein erhoben wurde. — Nach dem

---

[1] Vgl. 3 Mos. 19, 31; 20, 27.

Erörterten stimmen wir mit Schindler überein, wenn er es einen unbegründeten Vorwurf nennt, den luthersche Schriftsteller der römischen Kirche machen, „dass sie die Gleichstellung der Ketzerei und Zauberei erfunden habe, um unter dem Vorwande der Zauberei die Ketzer zu vertilgen". [1] Abgesehen von dem historischen Irrthum, der hiermit ausgesprochen wird, finde ich überdies keinen Grund zu einem Vorwande für die Kirche, welche die Zauberer und Hexen ohne Vorwand verfolgen konnte, wie sie die Ketzer seit jeher verfolgt hatte. Bedenklich aber ist, dass die Kirche den Gesichtspunkt der althebräischen Theokratie festhielt und sich an deren Stelle setzte. Nach althebräischer Anschauung war Jahveh die allein berechtigte Macht, und in der Anerkennung einer andern beruhte das theokratische Verbrechen, welches durch den Abfall zum Heidenthum, also durch die Verehrung einer heidnischen Gottheit, oder durch Zauberei, d. h. durch die Anerkennung der Wirksamkeit einer Macht, die nicht Jahveh ist, begangen ward. Auf beide Arten theokratischer Verbrechen stand die Ausrottung, d. h. der Tod. Indem die Kirche des Mittelalters unter demselben Gesichtspunkte als Repräsentantin der Theokratie sich als allein berechtigte Macht gefasst wissen wollte und auch von damaliger Zeit gefasst wurde, verfuhr sie allerdings von diesem Standpunkte aus folgerichtig, wenn sie jede Abweichung von ihren Satzungen als Ketzerei, und die Anerkennung der Macht des Teufels, ihres Widersachers, als Hexerei verdammte. Bedauerlich ist diese Folgerichtigkeit um der ungezählten vielen Ketzer und um der ungefähr 9 Millionen Hexer und Hexen willen, die in Flammen aufgehen mussten. Bedenklich ist ferner, dass die Kirche ihren alttheokratischen Standpunkt noch festhielt, als das Zeitbewusstsein über dessen Schranken hinaus gewachsen war.

Das Streben, die mittelalterliche Hexenperiode zu erklären, rief eine umfangreiche Literatur hervor, zu welcher von Vertretern verschiedener Zweige des Wissens schätzenswerthe Beiträge geliefert wurden. Das erschreckende Ueberhandnehmen der Hexenverfolgung zu begreifen, beschäftigte

---

[1] Schindler, S. 315.

viele denkende Köpfe, sowie das unsagliche Elend, das während der Hexenperiode über Millionen verbreitet worden, das menschliche Herz erschüttern muss. Die bedeutenden und vielen Bearbeitungen dieses Gegenstandes, unter denen wir von den ältern Soldan's öfter angeführte Schrift nicht mehr herauszuheben brauchen, lassen daher auch eine kürzere, nur ergänzende Behandlung zu.

Obschon alle Bearbeiter der Hexenperiode nach bestimmten Factoren suchen, die in derselben thätig waren, so kann es nicht befremden, dass von verschiedenen Standpunkten aus auch jene verschieden gefunden wurden. Dies ist schon bei der Erklärung des Ursprungs des Hexenwesens der Fall. In Bezug auf die Ursachen der steigenden Verbreitung der gerichtlichen Hexenverfolgung haben ihr namentlich Juristen grosse Aufmerksamkeit geschenkt und schätzbare Arbeiten geliefert, unter denen Wächter eine hervorragende Stelle einnimmt. [1] Görres klagt [2], dass die Aerzte, die gleichfalls ihre Stimme über den Grund der furchtbaren Erscheinungen der Hexenperiode abgegeben, „durch die Deutung auf blose Krankheit, die sie in ihrem vorwiegend materialistischen Streben der ganzen Sache gaben, den verworrenen Handel nur noch mehr verwirren." Ich halte uns den Aerzten vielmehr zu Dank verpflichtet, dass sie uns einen Factor, den wir bei Betrachtung des Hexenwesens finden, bestätigen und begründen helfen, obschon wir auch andere Gesichtspunkte festhalten müssen. Dem Vorwurfe der Unzulänglichkeit, Einseitigkeit dürften theologische Erklärer, wie Görres, am wenigsten entgehen, wenn das Wesen der Hexerei einfach auf Abfall von der Kirche reducirt wird, die Massenhaftigkeit des Auftretens aber fast unerörtert abseits liegen bleibt.

In neuester Zeit hat Dr. Haas [3] seine Meinung abgegeben, wonach die Hexerei genannter Periode „aus der Ketzerei der ihr unmittelbar vorangehenden Zeit" entstand, und „wie die Ketzerei betrieben und behandelt ward, so ihre Base, wenn nicht Tochter, die Hexerei. . . . Eben war der Ketzerei und

---

[1] Vgl. dessen schon angeführte Beiträge zur deutschen Geschichte, IV. Abhandlung und Excurs.

[2] Christliche Mystik, III, 66.

[3] Die Hexenprocesse. Ein culturhistorischer Versuch (Tübingen 1865).

Ketzerriecherei das Handwerk gelegt worden, da erhob sich die Hexerei." [1] Mit dieser Andeutung der historischen Aufeinanderfolge und des engen Zusammenhangs, welchen die Kirche zwischen Ketzerei und Hexerei sah, kann man sich kaum einverstanden erklären, wie auch der geschichtliche Beweis, den Haas [2] „in möglichst gedrängter Kürze" geliefert zu haben meint, mehr ein möglichst flüchtiger genannt zu werden verdient. Dr. Haas hat gewiss recht, wenn er behauptet: „Nirgends Lücke und Leere, überall nothwendiger Uebergang." Hierauf führt der Verfasser eine Reihe von Sätzen an, wie: „Beide (Ketzerei und Hexerei) entstehen aus Unglauben und Unklarheit, Hochmuth, Ueberspannung, sind Wahngeschöpfe, mishandeln und werden mishandelt und wachsen dabei, bis ihnen mit Kraft und Vernunft entgegengetreten wird. — Denn noch waren die Gemüther vieler nicht frei vom eben unterdrückten Wahne (der Ketzerei), und in dem gesäuberten Hause traten ärgere Geister auf, sodass es mit den Menschen schlimmer ward denn zuvor. [3] . . . Auch der Papst misbilligte das Verfahren Konrad's (des Ketzerrichters von Marburg) und sprach seine Verwunderung darüber aus, wie man eine so unerhörte Weise so lange habe ertragen können. Dass er aber seine Leute kannte, zeigt die beigesetzte Bemerkung des Papstes: «Die Deutschen waren stets furiös, darum bekamen sie auch furiöse Richter.» So verlor sich die Ketzerverfolgung, sobald gegen sie milde Gerechtigkeit und Vernunft Raum gewonnen. Und wo dies nicht der Fall war, ward das Uebel nur mit einem Palliativmittel behandelt und so niedergehalten, dass an seine Stelle ein verwandter Wahn treten konnte: das war die Hexerei. Eine Krankheit erzeugt bei falscher Behandlung oder bei dem Vorhandensein unerkannter Ursachen die andere." [4] Wenn nun hierauf der Verfasser ausruft: „Hier der geschichtliche und psychologische Beweis für unsere Meinung von der Hexerei der genannten Zeitperiode" [5], so überrascht er den Leser mit der unglaublichen Zumuthung, die Sache als bewiesen hinnehmen zu sollen. Auch scheint mir, dass die „Erklärung oder Lösung dieser räthselhaften Erscheinung" kaum befriedigend vollzogen sein dürfte, wenn

---

[1] S. 63.   [2] S. 63—65.   [3] S. 63.   [4] S. 65.   [5] S. 66.

der Verfasser fortfährt: „Es gab und wird stets Zauberkreise
geben, welchen der Mensch nicht ungestraft nahen darf, Geister, deren man sich bemächtigen möchte, und deren Herr
man nicht mehr werden kann, wie Goethe's Zauberlehrling".
Ob nicht Göthe bei Lesung dieses Satzes dieselben Worte
ausgerufen hätte, die ihm entfuhren, nachdem er das bekannte Gedicht gelesen: „Ins Innere der Natur dringt
kein erschaffener Geist u. s. w."? Hingegen ist der Verfasser im richtigen Geleise, wenn er im Hexenwesen eine
„Repristination heidnischer Ideen in Verbindung mit falschem
Christenthume" sucht[1], obschon hiermit der Gegenstand nicht
erschöpft ist. Bei unserer bisherigen Verfolgung der Geschichte des Teufels liess sich abmerken, wie es mit dieser
„Repristination" sich verhalte, und wir mussten wahrnehmen,
dass nicht nur „mancher Zug der nordischen Götter", wie
Schindler meint[2], sondern sehr viele oder gar die meisten
Züge aus dem Heidenthum, nachdem sie vermittels der Herabdrückungsmethode alterirt und ins Dunkle gezogen worden,
an die Gestalt des Teufels und seiner Verbündeten sich angeheftet haben, was von J. Grimm, Soldan, Simrock u. a. bereits erschöpfend nachgewiesen wurde.

Von manchen Seiten wurde die furchtbar schnelle Verbreitung der Hexenverfolgung lediglich als Product der Bosheit,
des Neides, Hasses, der Gewinnsucht und Verfolgungswuth
angesehen. Wer wollte leugnen, dass die schlimmen Leidenschaften der Menschen seit jeher als wirksame Hebel in der
menschlichen Geschichte mitgespielt haben? Wo wäre irgendetwas geschehen, bei dem nicht persönliche Neigung oder Abneigung, wo nicht das Laster, wie die Tugend und deren
ganze Tonleiter daran theilgenommen hätte? Ist nicht überhaupt ein grosser Theil der Geschichte auf Rechnung der
Materie zu schreiben? Und doch wird heute kaum jemand
mehr mit einer Erklärung des Ursprungs der Kreuzzüge aus
Habsucht oder Lust nach Abenteuern sich befriedigt finden,
obschon jedermann weiss, dass diese bei sehr vielen Kreuzfahrern die eigentlichen Beweggründe waren. Der Hexenprocess bot allerdings besonders günstige Gelegenheit, um die
unsaubersten Triebfedern springen zu lassen. Da nach dem

---

[1] S. 68.   [2] S. 325.

Criminalverfahren des Hexenhammers eine Denunciation ohne
Beweisführung des Denuncianten, dessen Name dem Denuncirten nicht einmal bekannt gemacht werden musste, hinreichte,
um einen Hexenprocess anzustrengen[1], so waren hiermit der
Schel- und Rachsucht die Thore weit geöffnet, um ihre
Opfer auf die Folterbank und den Scheiterhaufen zu bringen.
Der „Hexenhammer" deutet ferner selbst wiederholt an, dass
Hass und Feindschaft häufige Beweggründe der Denunciation
gewesen, da er der Erörterung über Feindschaft, deren Er-
gründung und Unterscheidung in gewöhnliche und Todfeindschaft ganze Abschnitte widmet.[2] Beispiele, wo Feindschaft
und Hass denuncirte, sind daher sehr häufig. Soldan[3] erinnert uns an Grandier's Geschichte, an Beispiele in England,
wo Männer ihre Weiber, deren sie überdrüssig waren, nicht
nur als Waare am Stricke auf den Markt, sondern auch als
Hexen dem Strange des Henkers zuführten; an ein achtjähri-
ges Mädchen, das[4] sich nach einem Zank mit der Hausmagd
dadurch rächte, dass es sich behext stellte, infolge dessen
20 Personen auf sein Zeugniss verurtheilt wurden, wovon 5
wirklich den Tod erlitten. Auch Gewinnsucht und Habgier
haben wir als thätige Helfer bei der Verbreitung der Hexenprocesse zu verzeichnen. Denn da das Vermögen der Verurtheilten entweder förmlich confiscirt, oder unter dem Titel
„Processkosten" oder „Sportuliren" eingezogen wurde, eröffneten die Hexenprocesse eine Art Finanzquelle. Die Hexenrichter, die nach Localverhältnissen von der geistlichen oder
weltlichen Behörde bestellt waren, und auch die Henker bezogen für jede ihrer Verrichtungen eine bestimmte Gebühr
nebst allerlei Vortheilen. Einer der neuern Schriftsteller[5] berichtet, dass in Oesterreichisch-Schlesien und Mähren zur Leitung eines Hexenprocesses gewöhnlich ein darin erfahrener
Mann gewonnen werden musste, und indem selbst unter den
Amt- und Hofleuten der Gerichtsherren sich selten solche fan-

---

[1] Mall. malef. P. III, qu. 1.

[2] Vgl. P. III, qu. 5, 12 u. a.

[3] S. 316.

[4] Nach Walter Scott, Br. üb. Däm., II, 199.

[5] Zur Geschichte des Glaubens an Zauberer, Hexen und Vampyre in
Mähren und Oesterreichisch-Schlesien, von Bischof und d'Elvert.

den, die dazu bereit oder geeignet gewesen wären, so musste
bei der geringen Auswahl die Gerichtsherrschaft guten Lohn
geben. Die Hexenrichterei wurde also zum Gewerbe, von
dem mancher lebte, und Bischof macht uns mit einem solchen
Namens Boblig bekannt, der von der Gerichtsherrschaft (der
Gräfin Galle) Kost und bequeme Wohnung für sich und seinen Diener, einen Reichsthaler täglich und für Commissions-
reisen die gewöhnlichen nicht unbedeutenden Zehr- und Warte-
gelder erhielt. Eine gleiche Bezahlung erhielt er auch vom
Fürsten Lichtenstein, als die Processe auf dessen Gebiet hin-
übergespielt worden waren, und jene wurde bei weiterer
Ausdehnung des Processes so verbessert, dass Boblig wöchentlich drei Gulden und einen halben Eimer Bier, jährlich zwölf
Klafter Holz und in der Stadt Schönberg eine bequeme
Wohnung erhalten sollte, bei welcher Gelegenheit der fürstliche Richter eine kräftige Rüge erhielt, dass er dem Boblig
nicht früher schon eine Wohnung einräumen liess. „Dann
Ihr wisst wol", heisst es, „dass dergleichen leuth, so
man zu einem solchen vornemben Werckh vonnöten hat, ein
taugliches Quartier haben müssen, so Ihme vnsere Stadt (Schönberg) nicht verweigern kann, dann sie ist selbst schuldig,
dergleichen schweres Laster, so wider die göttliche Majestät
ist, auszutilgen". Eben dieselbe Bezahlung, wie er sie anderwärts bekam, versprach auch der olmützer Fürstbischof dem
Boblig zu, als er ihm die Leitung der Untersuchung gegen
den schönberger Dechant (Lauthner) auftrug. Inzwischen
hatte Boblig auch in Prosznitz zwei Weiber, Elisabeth Bra-
benetzki und Katharina Wodak, auf den Scheiterhaufen beför-
dert, und dafür an täglichen 3 Gulden 246 Gulden erhalten.
Ausserdem mag Boblig wol noch manchen andern Vortheil —
abgesehen von den Rehen und Rebhühnern, die ihm zur
Weihnacht oder an andern Feiertagen von den fürstlichen
Beamten in die Küche geschickt wurden — aus den Hexenprocessen gezogen haben, obwol er sich gegen solche Zumu-
thungen mit Entrüstung verwahrt. Wenigstens erweckt eine
den Acten beiliegende Beschwerde der Söhne des verbrannten seydersdorfer Richters, worin dieselben die Gerichtsherrschaft um Rückstellung von neun harten Dukaten bitten,
welche ihnen Boblig durch das nicht erfüllte Versprechen ab-
geredet habe, er würde von der prager Appellationskammer

erwirken, dass ihr Vater zuerst enthauptet und dann erst verbrannt werde, manches Bedenken über seine selbstgepriesene
Redlichkeit. Wenn man ferner erwägt, dass die Hexenrichter
keine andere feste Stellung einnahmen, so wird man nicht
zweifeln können, dass sie an der steten Weiterverbreitung der
Hexenprocesse das grösste Interesse haben mussten. Die vorliegenden Papiere lassen es deutlich wahrnehmen, wie eifrig
Boblig dafür besorgt war, die Hexenprocesse nicht in's Stocken
gerathen zu lassen. [1] Schon der Kanonicus Loos nennt die
Hexenprocesse eine „neuerfundene Alchymie", durch die man
aus Menschenblut Gold und Silber mache. [2] Spee erwähnt in
seiner „Cautio criminalis", dass auf den Kopf eines wegen
Hexerei Verurtheilten 4—5 Thaler als Prämie den Inquisitoren verabfolgt werden und grämt sich über deren Trinkgelage. Er sagt: dass viele nach den Verurtheilungen der
Zauberer und Hexen hungerten „als den Brocken, davon sie
fette Suppen essen wollten", und erzählt von einem ihm bekannten Inquisitor, welcher durch seine Leute das Landvolk
so in Hexenfurcht jagen liess, dass es zuletzt zum Inquisitor
seine Zuflucht nahm, der durch zusammengeschossenes schweres Geld zur Untersuchung sich einfand, aber unter dem Vorwande anderweitiger Geschäfte abbrach, um abermals Geld
herauszulocken. [3] Anderwärts erheben sich Klagen über den
Aufwand der Henker und ihrer Weiber, dass diese in seidenen Kleidern einherrauschen oder gar in Kutschen fahren,
jene auf stattlichen Rossen reiten, und dies alles infolge der
gewinnreichen Hexenprocesse. Der coesfelder Henker erhielt
binnen sechs Monaten 169 Reichsthaler für seine Bemühungen
an Hexen. [4] Der koburger veranlasste für sich, seine Knechte,
Boten und Pferde in einem Jahre einen Kostenaufwand von
mehr als 1100 Gulden. [5] Fr. Müller berichtet aus siebenbür-
gischen Hexenprocessacten: „Für die Hinrichtung einer Hexe

---

[1] Bischof, S. 6 fg.

[2] Hauber, Bibl. mag. I, 74.

[3] Caut. crim. Dub. XVI, 6.

[4] Niesert, merkwürdiger Hexenprocess gegen den Kaufmann G. Kölb-
ling zu Coesfeld.

[5] Leib, Consilia, responsa ac deductiones juris variae, p. 124; bei
Soldan, S. 312.

erhält nach der schässburger Stadtrechnung der Henker 1 Gulden; der von Grossschenk hat nach einer Bestimmung des dasigen Rathes in ähnlichen Fällen 2 ungarische Gulden anzusprechen, dazu ein Eimer Wein, ein Brot und ein Pfund Speck". Der englische Hexenfinder Hopkins erhielt Transportkosten, freien Unterhalt und ausserdem Diäten; ein anderer, ausser den Reisekosten, für jede entdeckte Hexe 20 Schillinge. [1] Nach dem Zeugnisse Agrippa's [2] verwandelte der Inquisitor nach Umständen das Urtheil in eine Geldstrafe, und es kam Methode in das Geschäft, indem viele eine Art jährlicher Steuer zahlen mussten, um nicht vor das Inquisitionsgericht gezogen zu werden. Oder die bischöflichen Officialen liessen eine im Rufe der Hexerei stehende Person vorladen, einen Reinigungseid schwören, wofür sie dann einen lossprechenden Urtheilsbrief mit 2½ Gulden bezahlen musste. Die 41. Beschwerde von denen, welche der Nürnberger Reichstag vom Jahre 1522 gegen den römischen Stuhl erhob, führt diesen Uebelstand an. Lilienthal berichtet aus Processacten: „Ein Weib Regina, der Hexerei beschuldigt, lief fort, man nahm alle ihre zurückgelassenen Habseligkeiten und gab ihrem Manne nur ein Paar lederne Hosen. [3] Derselbe Verfasser theilt die Entscheidung einer Appellation in dritter Instanz aus dem Jahre 1644 mit: „Die bischöflichen Commissarien M. Böhme, Erzpriester zu Braunsberg und Domherr zu Guttstadt, und von Oelsen, Schlosshauptmann, entschieden über den neustädtischen Bürger Arendt und sein Weib, dass beide, weil sie fremde Götter gesucht, Rath bei einer Zauberinn in Elbing geholt u. s. w., 75 Thaler Strafe zahlen und das Kammeramt meiden sollen. Der Administrator Dzyalinski erlässt ihnen auf vornehmer Leute Bitten die Verstossung". [4] Schliesslich noch ein merkwürdiges Actenstück, das Horst [5] mitgetheilt hat. Der Justizamtmann Geisz zu Lindheim schreibt an seine adelichen Herren, dass neuerdings das Zauberwesen ausbreche, „dass auch der mehren Theilsz von der Bürger-

---

[1] Hutchinson, Kap. 4.
[2] De incertitud. et vanitat. scient. cap. 90.
[3] Die Hexenprocesse der beiden Städte Braunsberg, S. 154.
[4] S. 157.
[5] Dämonom. II, 369.

schaft sehr darüber bestürzet und sich erbotten, wenn die
Herrschaft nur Lust zum Brennen hätte, da wollten sie gerne
das Holtz und alle Unkosten erstatten undt könnte die Herrschaft auch so viel bei denen bekommen, dass die Brügk
undt die Kirche kondten wiederumb in guten Stand gebracht
werden. Noch über dass so kondten sie so viel haben, dass
deren Diener kondten so viel besser besuldet werden, denn
es dürften vielleicht ganze Häuser undt eben diejenigen, welche
genug darzu zu thun haben, inforcirt seyn". Derselbe Geisz
leitete den grossen Lindheim'schen Hexenprocess, wobei er
für einen Ritt nach einem zwei Stunden entlegenen Städtchen
5 Thaler Gebühr anrechnete. Nach einer von ihm selbst
ausgestellten Rechnung hatte er bei den verschiedenen Ver-
haftungen allein an baarem Gelde 188 Thaler 18 Silberpfennige
sich zugeeignet. Ausserdem rechnet Geisz an [1]: „Item von
denen so aus der custodia im Hexenthurn gebrochen undt
was ich an Unkosten ausgeleget: Johann Schüler 20 Thaler;
seine Frawen 10 Thaler; Peter Weber Rest noch 5 Thaler;
Hannsz Pepel Rest noch 10 Thaler; Heinrich Froch Rest noch
10 Thaler; Hannsz Pepelsz Frawen 20 Thaler; Hannsz An-
nigsz Frawen 20 Thaler". Dabei hat Geisz das von den
lindheimer Unterthanen sich angeeignete Vieh u. dgl. gar
nicht in Rechnung gestellt. Der Gewinn der Gerichtsdiener
ist auch aus den Geisz'schen Rechnungen ersichtlich [2]:
„Dem Wirth zu Hanichen. NB. Was die der Hexenkönigin
nachgesetzedten Schützen daselben vertrunken: 2 Rthaler
7 Alb." „Den 20. July aus dem Keller zu Geisern bei der
Hexenverfolgung im Beyseyn Herrn Verwaltern 12 Reichsthaler 15 Alb." [3] „Den 12. Januarii 1664 Hanns Em-
meichen zu Bleichenbach was der Ausschuss bei der Hexen-
jagd allda verzehret. NB. in 2 Täg daselbst versoffen 8 Thaler u. s. w." [4] Aus diesen Beispielen ist ersichtlich, dass
aus der Asche der verbrannten Hexen für Hexenrichter, Henker, Gerichtsdiener u. s. w. nicht nur mannichfaltiger und er-
heblicher Vortheil, sondern oft deren ganze Existenz als Phö-
nix hervorging, und sie werden daher dafür gesorgt haben,
dass die Hexenbrände nicht ausgingen. Ausser dem Verluste
am Vermögen der wegen Hexerei Verfolgten, wovon die beim

---

[1] S. 13.   [2] S. 15.   [3] S. 16.   [4] Horst, Dämonom. II, 436.

Gerichte thätigen Personen ihren Gewinn zogen, hatten auch die Behexten mannichfache Ausgaben hinsichtlich ihrer Heilung, sowie auch die Verwahrungsmittel gegen Behexung mit Unkosten verbunden waren. Die Priester hatten ihren Vortheil durch Messelesen zur Abwehr oder Heilung der angehexten Krankheiten, oder durch feierlichen Exorcismus. Herumziehende Mönche verkauften den „Hexenrauch" sackweise, und so ward auch mit andern Schutzmitteln förmlicher Handel getrieben.

Wir anerkennen also, dass Neid, Hass, Gewinnsucht u. dgl. zur Verbreitung der Hexenprocesse mitgeholfen, müssen aber in Abrede stellen, dass diese Motive in ihrer Einzelheit ausreichen, um den Sturm der Hexenverfolgung, der mehrere Jahrhunderte lang über ganz Europa verwüstend einherbrauste, zu erklären. Eine einzige Liste von Verurtheilten aus Hauber's Bibl. mag., die sich auch bei Soldan[1], aber zu einem andern Zwecke abgedruckt findet, kann den Beweis liefern.

Verzeichniss der Hexen-Leut, so zu Würzburg mit dem Schwerte gerichtet und hernacher verbrannt wôrden.

Im ersten Brandt vier Personen.

Die Lieblerin.
Die alte Anckers Wittwe.
Die Gutbrodtin.
Die dicke Höckerin.

Im andern Brandt vier Personen.

Die alte Beutlerin.
Zwey fremde Weiber.
Die alte Schenkin.

Im dritten Brandt fünf Personen.

Der Jungersleber, ein Spielmann.
Die Kulerin.
Die Stierin, eine Procuratorin.
Die Bürsten-Binderin.
Die Goldschmidtin.

Im vierten Brandt fünf Personen.

Die Sigmund Glaserin, eine Burgemeisterin.
Die Brickmannin.
Die Schickelte Amfrau (Hebamme). NB. Von der kommt das ganze Unwesen her.
Die alte Rumin.
Ein fremder Mann.

---

[1] S. 387 fg.

Im fünften Brandt neun Personen.

Der Lutz, ein vornehmer Kramer.
Der Rutscher, ein Kramer.
Des Herrn Dom-Propst Vögtin.
Die alte Hof-Seilerin.
Des Jo. Steinbachs Vögtin.
Die Baunachin, eines Raths Herrn Frau.
Die Znickel Babel.
Ein alt Weib.

Im sechsten Brandt sechs Personen.

Der Raths-Vogt, Gering genannt.
Die alte Canzlerin.
Die dicke Schneiderin.
Der Herrn Mengerdörfers Köchin.
Ein fremder Mann.
Ein fremd Weib.

Im siebenden Brandt sieben Personen.

Ein fremd Mägdlein von zwölf Jahren.
Ein fremder Mann.
Ein fremd Weib.
Ein fremder Schultheiss.
Drey fremde Weiber.
NB. Damahls ist ein Wächter, so theils Hexen ausgelassen, auf dem
Markt gerichtet worden.

Im achten Brandt sieben Personen.

Der Baunach, ein Rathsherr, und der dickste Bürger in Würzburg.
Des Herrn Dom-Propst Vogt.
Ein fremder Mann.
Der Schleipner.
Die Visirerin.
Zwei fremde Weiber.

Im neundten Brandt fünf Personen.

Der Wagner Wunth.
Ein fremder Mann.
Der Bentzen Tochter.
Die Bentzin selbst.
Die Eyeringin.

Im zehnten Brandt drey Personen.

Der Steinacher, ein gar reicher Mann.
Ein fremd Weib.
Ein fremder Mann.

Im eilften Brandt vier Personen.

Der Schwerdt, Vicarius am Dom.
Die Vögtin von Rensacker.
Die Stiecherin.
Der Silberhans, ein Spielmann.

Im zwölften Brandt zwey Personen.
Zwey fremde Weiber.
Im dreyzehenden Brandt vier Personen.
Der alte Hof-Schmidt.
Ein alt Weib.
Ein klein Mägdlein von neun oder zehn Jahren.
Ein geringeres, ihr Schwesterlein.
Im vierzehendenn Brandt zwey Personen.
Der erstgemeldten zwey Mägdlein Mutter.
Der Lieblerin Tochter von 24 Jahren.
Im fünfzehenden Brandt zwey Personen.
Ein Knab von 12 Jahren, in der ersten Schule.
Eine Metzgerin.
Im sechzehenden Brandt sechs Personen.
Ein Edelknab von Ratzenstein, ist Morgens um 6 Uhr auf dem
Cantzley-Hof gerichtet worden und den ganzen Tag auf der Bahr
stehen blieben, dann hernacher den andern Tag mit den hierbey-
geschriebenen verbrannt worden.
Ein Knab von zehn Jahren.
Des obgedachten Raths-Vogt zwo Töchter und seine Magd.
Die dicke Seilerin.
Im siebenzehenden Brandt vier Personen.
Der Wirth zum Baumgarten.
Ein Knab von eilf Jahren.
Eine Apothekerin zum Hirsch und ihre Tochter.
NB. Eine Harfnerin hat sich selbst erhenkt.
Im achtzehenden Brandt sechs Personen.
Der Batsch, ein Rothgerber.
Ein Knab von 12 Jahren, noch
Ein Knab von 12 Jahren.
Des D. Jungen Tochter.
Ein Mägdlein von 15 Jahren.
Ein fremd Weib.
Im neunzehenden Brandt sechs Personen.
Ein Edelknab von Rotenhan, ist um 6 Uhr auf dem Cantzley-Hof
gerichtet und den andern Tag verbrannt worden.
Die Secretärin Schellharin, noch
Ein Weib.
Ein Knab von 10 Jahren.
Noch ein Knab von 12 Jahren.
Die Brüglerin, eine Beckin, ist lebendig verbrannt worden.
Im zwanzigsten Brandt sechs Personen.
Das Göbel Babelin, die schönste Jungfrau in Würzburg.
Ein Student in der fünften Schule, so viel Sprachen gekont, und
ein vortreflicher Musikus vocaliter und instrumentaliter.
Zwey Knaben aus dem neuen Münster von 12 Jahren.

22*

Der Steppers Babel Tochter.

Die Hüterin auf der Brücken.

Im einundzwanzigsten Brandt sechs Personen.

Der Spitalmeister im Dietricher Spital, ein sehr gelehrter Mann.

Der Stoffel Holtzmann.

Ein Knab von 14 Jahren.

Des Stolzenbergers Raths-Herrn Söhnlein.

Zween Alumni.

Im zweiundzwanzigsten Brandt sechs Personen.

Der Stürmer, ein reicher Büttner.

Ein fremder Knab.

Des Stolzenbergers Raths-Herrn grosse Tochter.

Die Stolzenbergerin selbst.

Die Wäscherin im neuen Bau.

Ein fremd Weib.

Im dreiundzwanzigsten Brandt neun Personen.

Des David Croten Knab von 12 Jahren in der andern Schule.

Des Fürsten Kochs zwei Söhnlein, einer von 14 Jahren, der ander
von 10 Jahren aus der ersten Schule.

Der Melchior Hammelmann, Vicarius zu Hach.

Der Nicodemus Hirsch, Chor-Herr im neuen Münster.

Der Christophorus Berger, Vicarius im neuen Münster.

Ein Alumnus.

NB. Der Vogt im Brennerbacher - Hof und ein Alumnus sind
lebendig verbrannt worden.

Im vierundzwanzigsten Brandt sieben Personen.

Zween Knaben im Spital.

Ein reicher Bütner.

Der Lorenz Stüber, Vicarius im neuen Münster.

Der Betz, Vicarius im neuen Münster.

Der Lorenz Roth, Vicarius im neuen Münster.

Die Rossleins Martin.

Im fünfundzwanzigsten Brand sechs Personen.

Der Friedrich Basser, Vicarius im Dom Stift.

Der Stab, Vicarius zu Hach.

Der Lambrecht, Chor-Herr im neuen Münster.

Des Gallus Hausen Weib.

Ein fremder Knab.

Die Schelmerey Krämerin.

Im sechsundzwanzigsten Brandt sieben Personen.

Der David Hans, Chor-Herr im neuen Münster.

Der Weydenbusch, ein Raths-Herr.

Die Wirthin zum Baumgarten.

Ein alt Weib.

Des Valkenbergers Töchterlein ist heimlich hingerichtet und mit der
Laden verbrannt worden.

Des Raths-Vogt klein Söhnlein.

Der Herr Wagner, Vicarius im Dom-Stift, ist lebendig verbrannt worden.

Im siebenundzwanzigsten Brand sieben Personen.

Ein Metzger, Kilian Hans genannt.

Ein Hüter auf der Brücken.

Ein fremder Knab.

Ein fremd Weib.

Der Harfnerin Sohn, Vicarius zu Hach.

Der Michel Wagner, Vicarius zu Hach.

Der Knor, Vicarius zu Hach.

Im achtundzwanzigsten Brandt, nach Lichtmess anno 1629 sechs Personen.

Die Knertzin, eine Metzgerin.

Der David Schützen Babel.

Ein blind Mägdlein. NB.

Der Schwartz, Chor-Herr zu Hach.

Der Ehling, Vicarius.

Der Bernhard Mark, Vicarius zu Dom-Stift, ist lebendig verbrannt worden.

Im neunundzwanzigsten Brandt sieben Personen.

Der Viertel Beck.

Der Klingen Wirth.

Der Vogt zu Mergelsheim.

Die Beckin bei dem Ochsen-Thor.

Die dicke Edelfrau.

NB. Ein geistlicher Doctor, Meyer genannt, zu Hach und Ein Chor-Herr ist früh um 5 Uhr gerichtet und mit der Bar verbrannt worden.

Ein guter vom Adel, Junker Fleischbaum genannt.

Ein Chor-Herr zu Hach ist auch mit dem Doctor, eben um die Stunde heimlich gerichtet und mit der Bar verbrannt worden.

Paulus Vaecker zum Breiten Huet.

Seithero sind noch zwei Brändte gethan worden.

Datum den 16. Febr. 1629.

Bisher aber noch unterschiedliche Brände gethan worden.

Aus diesem Verzeichniss von Unglücklichen aus den verschiedensten Schichten der Gesellschaft, sehr ungleichen Verhältnissen und Bildungsstufen dürfte es klar werden, dass alle nicht aus ein und demselben Motive zum Tode gebracht worden seien, ja dass bei manchen der Verurtheilten überhaupt gar keiner der angeführten Beweggründe seine Anwendung finden könne. Die in der Liste angeführten armen alten Frauen, die Fremden, wahrscheinlich heimatlosen Leute konnten weder Habsucht noch Neid erregt haben, da bei ihnen kein Vermögen zu confisciren, daher kein Gewinn zu hoffen war. Ebenso wenig lässt sich die Hinrichtung der vielen minderjährigen Kinder auf Grund der Ketzersucht oder Verfolgungswuth erklären; die Herrschsucht der Geistlichkeit, in der man auch die alleinige Ursache der Hexenprocesse zu erblicken meinte, muss bei der Verurtheilung ihrer eigenen Glieder laut unserer Liste mindestens zweifelhaft erscheinen. Dagegen liefert unser Verzeichniss allerdings wieder Belege dafür, wie der Hexenprocess dem Neide, Hasse u. s. w. die erwünschte Gelegenheit bot, sich durch Denunciation Luft zu machen. Die im vierten Brande beigefügte Bemerkung: „von der kommt das ganze Unwesen her", gibt einen Fingerzeig. Die Schelsucht, durch irgendeinen augenfälligen Vorzug des andern angeregt, entledigte sich durch Verdächtigung, und „das Göbel Babelin, die schönste Jungfrau in Würzburg", konnte wol infolge ihrer im zwanzigsten Brande angeführten beneideten Eigenschaften dem Tode verfallen sein. Da alles Ungewöhnliche den beschränkten Gesichtskreis jener Zeit mit Mistrauen erfüllte, jede auffällige Erscheinung, deren Ursprung unerklärlich war, von infernalischen Mächten hergeleitet wurde, so konnten auch leibliche Gebrechen den damit Behafteten leicht in Verdacht bringen, und „das blind Mägdlein" mit dem NB. im achtundzwanzigsten Brande mochte wol wegen des mangelnden Augenlichts auch das Leben verlieren. Noch wahrscheinlicher ist, dass der im zweiten Brande erwähnte Student, der „so viel Sprachen gekont und ein vortreflicher Musikus vocaliter und instrumentaliter" war, und im einundzwanzigsten Brande der Spitalmeister „ein sehr gelehrter Mann" ihre gerühmten Vorzüge mit dem Leben bezahlen mussten. Jene Zeit pflegte um alle über die Alltäglichkeit hervorragenden Persönlichkeiten einen düstern Hexennimbus zu ziehen, eine Fertigkeit, deren Erlangung nicht jedermanns Sache war, genügte, um in den Ruf der Hexerei zu bringen. In den Hexenprocessacten finden sich daher häufig „Spielleute", wie auch im elften Brande unserer Liste ein Spielmann aufgeführt wird. Es scheint, dass auch das Fremdsein an sich schon Anstoss erregte und unheimlich war, daher die vielen „fremden" Männer, Weiber, Kinder in dem Verzeichniss der Hingerichteten. Konnte doch selbst die harmloseste Beschäftigung, wenn sie keine ganz gewöhnliche war und unheimlichen Vorstellungen Raum gab, gefährlich werden. Es liegen viele Beispiele vor, soll aber ein einziges aus Hormayr's „Oesterreichischem Archiv" genügen, wonach zwei alte Weiber, Rosina Kotel und Estera Supal, auf dem Plinzen-planel bei Fulnek lebendig verbrannt wurden, „weil sie zur Sommerszeit viel in Felsen und Wäldern herumgewandelt und Kräuter gesucht".

Wir wiederholen also, dass die bösen Leidenschaften zum Unterhalt und zur Verbreitung der Hexenbrände ihren grossen Theil beigetragen haben, aber weder in ihrer Besonderheit noch in ihrer Summe als einziger Factor, geschweige denn als Grund des Ursprungs der Hexenprocesse betrachtet wer-den können. Diese boten den verderblichen Neigungen nur die günstige Gelegenheit zum Ausbruche zu kommen. Hass und Neid, Herrschsucht und Habgier sind unter den Men-schen heute noch rege, und ihre Macht ist gross, um das Leben zu verbittern, die Verbreitung des Guten zu ver-zögern; können sie aber heute eine Hexenperiode hervorbrin-gen? Der Hass vernichtet noch heute das Lebensglück des Gehassten, aber auf den Scheiterhaufen bringen kann er ihn nicht mehr; und die Habsucht kann durch hundertfältige Mittel den andern seines Vermögens berauben, aber nicht mehr durch einen Hexenprocess. Sind ja auch die schlimmen Lei-denschaften, obgleich abnorme, doch organisch bedingte Aeus-serungen des menschlichen Lebens, und wie dieses in und mit der Zeit sich entwickelt, so müssen auch jene ihre Wandlun-gen der Form nach mitmachen. Es ist nicht anzunehmen, dass je eine Periode kommen werde, wo es keinen Hass mehr gibt, aber die Zeit ist doch schon da, wo er nicht mehr den Holzstoss für den Gehassten anzünden kann, und dies ist schon als Gewinn zu betrachten.

Ein wesentlicher specieller Factor der rapiden Ausbrei-tung der Hexenprocesse am Ausgange des 15. Jahrhunderts, auf den zuerst von Wächter aufmerksam machte, ist die Thatsache: dass um diese Zeit in Deutschland ein völlig anderes Beweissystem und processualisches Verfahren in Gang gebracht, und bei dem Einschreiten von Amts wegen

die Folter willkürlich angewendet ward.[1] Von Wächter
weist nach, dass man bei der Entscheidung im deutschen
Strafprocesse bis ins 15. Jahrhundert auf Zeugen und Geständniss als Beweismittel ein nur sehr untergeordnetes Gewicht zu legen pflegte, obschon der Grundsatz galt: wenn
der Angeklagte gesteht, hat er sich selbst gerichtet und
wird verurtheilt. Man war aber weit entfernt, sein Geständniss herbeizuführen, da der germanische Criminalprocess
durchaus Anklageprocess war und nicht der Ankläger die
Schuld des Angeklagten, sondern dieser seine Unschuld zu
beweisen hatte. Dazu diente ihm der Eid, wodurch er sich
von der Anklage rein schwören konnte, und die Eidhelfer,
welche beschworen, dass sie überzeugt seien, der Angeklagte
habe keinen Meineid geschworen. In Fällen, wo der Ankläger
den Eidhelfern nicht traute, oder der Angeklagte die nöthige
Zahl derselben nicht auftreiben konnte, oder wenn er selbst
als Unfreier oder Uebelberüchtigter sich nicht losschwören
durfte, entschied ein Gottesurtheil. Von Wächter zeigt ferner, dass der Unterschied von handfester und nicht handfester That im germanischen Recht zwar enthalten, aber
nicht von durchgreifender Wichtigkeit gewesen, vom 12. bis
15. Jahrhundert jedoch die Grundlage des Processes ist.
Bei der Einleitung des Processes auf handfeste That, wenn
der Verbrecher auf der That selbst betroffen, oder auf der
Flucht begriffen von dem Ankläger gefangen genommen ward,
musste dieser die Schuld des Angeklagten beweisen durch Eid
und Helfer, die hier als Zeugen fungirten; lautete die Anklage
auf übernächtige That, so musste der Angeklagte sich reinigen. Dieses Beweissystem wurde geändert, da es der Rechtseinheit keine hinlängliche Gewähr leistete. In Dänemark,
Schweden, England war schon früher an die Stelle des germanischen Beweissystems das Geschworenengericht getreten;
in Deutschland suchten besonders die Städte bei übelberüch-
tigten Leuten das „Uebersiebnen"[2] und die Gottesurtheile
abzuschaffen und nach Zeugenaussagen, Geständniss und In-

---

[1] Beiträge zur deutschen Geschichte insbesonders des deutschen Straf-
rechts; vierte Abhandlung.
[2] Von den sechs Eiden der Helfer und dem des Anklägers, der den
Angeklagten mit sieben Eiden übersiebnete".

dicien zu verurtheilen. Die Städte und auch Landesherren
erhielten vom Kaiser Privilegien, womit den Gerichten bei
gewissen Gelegenheiten das Recht eingeräumt ward, blos nach
ihrer Ueberzeugung, dem Resultate des ganzen mündlichen
und öffentlichen Verfahrens, über Schuld und Unschuld zu
richten. „Es bedurfte nur eines kleinen Schrittes“, sagt von
Wächter, „um ganz zum Richtigen und zu dem zu gelangen,
wozu unser Jahrhundert kommen muss und wird. Allein um
allmählich und erst durch die bittersten Erfahrungen dahin geführt zu werden, bedurfte man bei uns vier volle Jahrhunderte. [1]

Um dem neuen Verfahren, das sich auf kaiserliche Privilegien stützte, auch eine principielle Grundlage zu geben, griff
man nach dem römischen Rechte, und dem was die Geistlichkeit in ihren Gerichten bereits zu üben angefangen hatte, wo
auf das Geständniss grosser Werth gelegt wurde, und die
Folter, in Deutschland früher höchst spärlich gebraucht, war
das Mittel, nach dem Vorgange der italienischen Praxis und
der geistlichen Gerichte, das Geständniss herbeizuführen. Aus
diesem Umstande, dass man erst gegen Ende des 15. Jahrhunderts in Deutschland alles vom Geständniss des Angeschuldigten abhängig machte, und dieses wieder nach dem
Vorgange der geistlichen Gerichte und der italienischen Praxis
und Doctrin durch die Folter herbeizuführen suchte, erklärt
es sich: dass vor dieser Zeit nur wenige Verurtheilungen von
Hexen stattfanden. [2] Die Folter wurde nach und nach durch
Landesgesetze und im 16. Jahrhundert durch die Reichsge-
setzgebung, die peinliche Gerichtsordnung Karl's V. bestätigt.
Das Beweisverfahren im Criminalprocesse beruhte nunmehr
auf Zeugen und auf Geständniss des Angeschuldigten, und
letzteres herbeizuführen diente die Folter.

Indem der berühmte Jurist, unser Gewährsmann, das Geständniss des Angeschuldigten als die Grundlage des neuen
Beweissystems von den geistlichen Gerichten herleitet, von
wo es in das strafrechtliche Verfahren herübergenommen worden, wendet sich unsere Aufmerksamkeit auf die Kirche und

---

[1] Wächter, dritte Abhandlung, S. 75.
[2] Wächter, vierte Abhandlung, S. 98.

ihre geistlichen Gerichte, und unwillkürlich drängt sich
uns die Frage auf: warum diese wol die Entscheidung der
Thatfrage gerade auf das eigene Geständniss gründete?
Die christliche Moraltheologie bestimmt den Werth einer
Handlung nach dem freien Willen des Handelnden, nach des-
sen Gesinnung, sie dringt daher auf Erkenntniss dieses Wil-
lens, verlangt dessen Aeusserung, d. h. das Geständniss, um
die Zurechnungsfähigkeit des Thäters und die sittliche Schwere
der That zu bemessen.   Wir wissen, dass die mittelalterliche
Kirche aus Geistlichen sich zusammensetzte, die als Träger und
Bewahrer ihrer Glaubenssätze die Kirche repräsentirten.   Die
Kirche sollte auch die Lade sein, in welcher der moralische
Inhalt des christlich religiösen Bewusstseins niedergelegt ist.
Wo nun die Kirche das Richteramt ausübt, kann der theo-
gistische Charakter nicht ausbleiben und, indem sie das moralische Moment in das juristische bei der Justiz versetzt, erklärt
es sich, dass sie auf das eigene Geständniss des Beschuldigten den schwersten Ton legt und die Verurtheilung davon
abhängig macht. Wir erinnern uns aber auch, dass die Kirche
schon inmitten und auch am Ausgange des Mittelalters in
pure Aeusserlichkeit zerfahren war, während sie doch das
Innerste, den Glaubensinhalt der Religion, bewahren sollte;
wir wissen, dass die ganze Busstheorie in einem Verkehren
der Sittlichkeit in rein äusserliche Werke bestand.   Der
Widerspruch, in den die Kirche als äussere Anstalt und weltliche Macht mit ihrem eigenen Wesen gerathen war, stellte
sich auch bei der Erzielung des Geständnisses im Hexenprocesse heraus.   Das Geständniss, das seinem Begriffe nach aus
der Innerlichkeit frei entspringen, ein freiwilliges sein sollte,
das nur als solches Werth und Bedeutung haben kann, wurde
durch die Folter erzwungen, durch auferlegten körperlichen
Schmerz erpresst, somit in reine Aeusserlichkeit verkehrt und
das wesentliche Moment der Freiwilligkeit vernichtet. Dieses
Verkehren des ursprünglichen Wesens in reine Aeusserlichkeit befolgt die mittelalterliche Kirche mit eiserner Consequenz
in allem, wo sie mitspricht. Die Umwandlung des Anklage-
processes in einen inquisitorischen mit abgefoltertem Geständniss reducirt sich schliesslich auf das kirchlich theologische
Element, das den ganzen Zeitraum nach allen Beziehungen,

und am Ausgange des 15. Jahrhunderts auch das Processverfahren durchdringt und charakterisirt.

Schon Nicolaus Eymericus, Generalinquisitor von 1356
bis 1393, der in den ersten Jahren seiner Amtsthätigkeit·sein
„Directorium Inquisitorum", die erste systematische Unterweisung für Ketzerrichter, schrieb und Hexerei mit Ketzerei
auf gleiche Weise behandelt wissen will, hält jedes Mittel für
erlaubt, um das Geständniss zu erpressen.[1] Der „Hexenhammer" gibt einen scheinbaren Rechtstitel für die Anwendung
der Folter durch seine Definition der Hexerei als „crimen
exceptum", als Ausnahmsverbrechen, das im Verborgenen
schleiche, dessen Gefährlichkeit so ausserordentlich, dass die
Pflicht, dasselbe zu verfolgen, den Richter über die Schranken
des Gesetzes, über die gesetzlichen Formen des Processes und
die gesetzlichen Vorschriften in Betreff des Beweises hinüber-
heben müsse.

Wir unterlassen die Aufzählung der verschiedenen sogenannten „Proben der Hexen", welche der Folter vorausgingen,
die unglaublich grausamen, ekelhaften und schamlosen Torturen und der dabei angewandten Werkzeuge, obschon nicht
gerade aus dem Grunde, „weil sie dem Herzen der Menschheit zur Schande gereichen"[2], sondern weil die Folterkam-
mern so oft und lebendig geschildert worden, vornehmlich
aber, weil unsere Gesichtspunkte andershin zielen. Kurz,
der Raum „zwischen der ersten Einkerkerung der Hexe bis
zu ihrem letzten Athemzug" war, wie Haas richtig sagt, „ein
unbeschreiblicher Weg voll Jammer und Elend".[3]

Nachdem die Beschuldigte im scheusslichsten Kerker
geschmachtet, durch Drohungen, schlechte Behandlung einge-
schüchtert, durch Hunger, Schlaflosigkeit, Kummer und Angst
leiblich herunter gebracht, auf die sogenannte „leichtere Tortur" gespannt worden, sagte sie gewöhnlich alles aus, was ihr
während der Folter in den Mund gelegt wurde, um ihren Leiden ein Ende zu machen. Ein solches Geständniss ward im
gerichtlichen Protokoll ohne Erwähnung der „leichtern Tortur" als „freiwilliges Geständniss" oder „Bekennen in

---

[1] Part. II. qu. 42, 43.
[2] Haas, S. 12.
[3] Ibid., S. 13.

Güte" verzeichnet. Was es daher mit den in den Acten der
Hexenprocesse so häufig erwähnten „freiwilligen Geständ-
nissen" für ein Bewandtniss hat, müsste aus diesen wenigen
Zügen schon einleuchten, ist aber von Graeff, Soldan, Wächter, Bischof u. a. noch ausführlicher klar gemacht worden. Die Furcht vor der angedrohten oder wiederholten
Folter, das ostentative Vorweisen und Herrichten des Folter-
apparats, die Zudringlichkeit der Inquisitoren, Henker und
ihrer Gehülfen, falsche Versprechungen, alle möglichen Sug-
gestivmittel, die der „Hexenhammer" bei der Gelegenheit an-
empfiehlt, mochten wol zu einem sogenannten Geständniss
bewegen. Aehnlich verhält es sich mit der grossen Uebereinstimmung der Geständnisse, worauf die ältern Juristen,
namentlich Carpzov [1] ein so grosses Gewicht legten. Wächter
hat gezeigt, dass diese Uebereinstimmung nicht das Geringste
für die Realität des Gegenstandes beweisen könne. „Was
sollten die armen Personen aussagen, um sich von den Qualen
der Folter zu befreien, wenn als einziges Rettungsmittel ihnen
nur das Geständniss übrigblieb, dass sie Hexen seien, und
sie nun um die nähern Umstände befragt wurden? Sie mussten eben gestehen und gestanden, was man in jenen Zeiten
gewöhnlich von den Hexen erzählte, was die Kirche dem
Volke genugsam als Warnung vorhielt, und was noch in einer
Reihe populärer Traktätchen über das Getriebe der Hexen
und über die Geschichte und Bekenntnisse hingerichteter
Hexen unter das Volk gebracht wurde. So erklärt sich vollkommen die Uebereinstimmung ihrer Erzählungen im ganzen,
wie die Verschiedenheit derselben in Einzelnheiten. Aber
auch in vielen Besonderheiten konnten sie leicht übereinstimmen, selbst in der so gefährlichen, in den Hexenprocessen so
häufig vorkommenden Angabe der Personen, die bei Hexen-
versammlungen gewesen sein sollten. Hatten sie die Hexerei
eingestanden, so verlangte man natürlich von ihnen auch zu
wissen, mit wem sie auf den Hexentänzen gewesen seien. Die
häufige Angabe, dass sie die Anwesenden nicht gekannt hätten, oder die Nennung bereits Verstorbener oder Hingerichteter genügte natürlich nicht, man folterte, bis sie Lebende
nannten, und hier nannten sie meist eben solche, die, wozu

---

[1] Qu. XLIX, no. 67 sq.

man in jenen Zeiten so gar leicht kommen konnte, im Geruche der Hexerei standen oder von denen sie wussten, dass
sie bereits in Untersuchung oder von andern genannt seien,
und so erklärt sich ein Zusammentreffen der Aussagen verschiedener Angeschuldigten leicht; und nannten sie auch eine
Reihe von Personen auf geradewol, so konnte leicht eine solche
Person unter denen sein, die auch eine andere Gefolterte auf
geradewol genannt hatte.[1] Was dann durch solche natürliche
Verhältnisse nicht vermittelt wurde, ergänzten Suggestionen
aller Art, des Gefangenwärters, des Beichtvaters, des Richters".[2]

Die Wirksamkeit der Folter bezeugt Spee als Augenzeuge, wenn er ausruft: „Behandelt die Kirchenobern, behandelt Richter, behandelt mich ebenso, wie jene Unglücklichen,
werft uns auf dieselben Foltern, und ihr werdet uns alle als
Zauberer erfinden." Oder: „Wehe der Armen, welche einmal
ihren Fuss in die Folterkammer gesetzt hat! Sie wird ihn
nicht wieder herausziehen, als bis sie alles nur Denkbare gestanden hat. Häufig dachte ich bei mir: dass wir alle nicht
auch Zauberer sind, sei die Ursache allein die, dass die Folter
nicht auch an uns kam, und sehr wahr ist, was neulich der
Inquisitor eines grossen Fürsten von sich zu prahlen wagte,
dass, wenn unter seine Hände und Torturen selbst der Papst
fallen würde, ganz gewiss auch er endlich sich als Zauberer
bekennen würde. Das Gleiche würde Binsfeld thun, das
Gleiche ich, das Gleiche alle andern, vielleicht wenige über-
starke Naturen ausgenommen".[3] Bestätigungen hierzu geben
die vom Gr. Lamberg und andern aus Urkunden bezeugten
Aussagen vieler wegen Hexerei Hingerichteten, die dem Herrn
Pfarrer ihre Unschuld gebeichtet hatten, aber mit der Bitte,
ja keine Anzeige davon zu machen, damit sie nicht neuerdings
gefoltert würden, da sie lieber sterben, als diese Qualen noch
einmal leiden wollten.

Die Folter war also das sicherste Mittel, ein Geständniss
der Hexerei zu erzielen, auf dieses stützte sich aber das ganze
Processverfahren, das als vorzüglicher Factor der Verbreitung
der Hexenprocesse zu betrachten ist, und zwar durch die Be-

---

[1] Vgl. auch Spee, Dub. XLIX.
[2] Excurs zur vierten Abhandlung, S. 325 fg.
[3] Caut. crim. Dub. XL. XLVIII.

handlung der Hexerei als „crimen exceptum", durch die Indicien, unter denen von Wächter als das gefährlichste und
wichtigste die „nominatio socii" heraushebt [1], wodurch es erklärlich wird, wie aus Einem Hexenprocesse Hunderte von
Hexenprocessen entstehen mussten. Dieser ganze Hexenpro-
cessapparat mit allem, was daran und darum hängt, ist mit
dem „Hexenhammer" den Inquisitoren in die Hand gegeben, und
diesen wird durch die Bulle Innocenz' VIII. aufgegeben, „die
heisse Sehnsucht, wie es die Sorge unseres höchsten Hirten-
amtes erfordert" zu erfüllen, „dass der katholische Glaube
vornehmlich zu unsern Zeiten allenthalben vermehrt und blühen
möge, und alle ketzerische Bosheit von den Grenzen der
Gläubigen weit hinweg getrieben werde". Der religiöse Eifer,
durch Vertilgung der Hexen ein frommes Werk zu thun, die
der Suffraganbischof Binsfeld ein Privilegium der Freunde
Gottes nennt, wobei er den Beweis dahin führt: dass Gott
das strenge Verfahren in den Hexenprocessen billige, weil er
nicht zugeben würde, dass Unschuldige mit Schuldigen zu
Grunde gehen [2]; der zur Herrschaft erhobene Glaube, durch
Ausrottung der Hexen die ewige Seligkeit erlangen zu können;
diese und ähnliche Sätze hatte auch „der Hexenhammer" als
Wahrheit gepredigt. Wir dürfen also in Summa sagen: die Bulle
und der „Hexenhammer" waren die vornemlich wirksamsten
speciellen Hebel, die Verbreitung der Hexenprocesse zu einer so
erschreckenden Höhe zu bringen. Dabei bleibt Schindler's Bemerkung richtig: Innocenz und Sprenger sind Erzeugnisse ihrer Zeit
und die unglücklichen Persönlichkeiten, die ihr den Ausdruck
gegeben haben [3], und der Hexenprocess ist nichts Gemachtes,
nichts Erfundenes, sondern aus der Anschauung der Zeit hervorgegangen [4], und dieser gehört auch das besondere Mittel, ihn
zu fördern und zu verbreiten, nämlich die Bulle mit dem „Hexenhammer". Es scheint aber, dass Schwager sowol als Hauber
von Schindler unrichtig verstanden wurden, als wollten sie
den Ursprung der Hexenprocesse auf die Bulle zurückleiten,

---

[1] Vierte Abtheilung, S. 103.
[2] Tractat. de confessionibus maleficorum et sagarum. Commentar. in
Lit. C, Lex V, qu. I.
[3] S. 307.
[4] S. 308.

da ersterer ausdrücklich sagt: „dass Innocenz den Hexenprocess zuerst eingeführt habe, kann man freilich nicht behaupten, denn die Waldenserey ist älter als seine Bulle, und man
findet schon vor deren Entstehung hin und wieder Plackereyen
dieser Art" [1]. Aehnlich äussert sich auch Hauber. [2] Wo
die Hexerei als Ausnahmsverbrechen hingestellt, der Process
auf blosse Denunciation, oder auf lediges Gerücht hin eingeleitet, das zur Verurtheilung nöthige Geständniss durch die
Folter abgepresst wird — alles nach Angabe des Hexenhammers,— da mussten die Hexenprocesse wol in Schwung kommen
und allen schlimmen Leidenschaften die willkommene Handhabe bieten, ihre Opfer zu fassen und zu fällen. Selbstverständlich wucherte die Angeberei, die Spee besonders hervorhebt, deren sich manche auch beflissen, um selbst dem Verdachte
der Hexerei zu entgehen, was auch häufig gelungen sein mag,
dagegen aber Beispiele vorkommen, wo Verurtheilte nicht
nur den Angeber, sondern selbst den Richter der Mitschuld
ziehen und in den Process hineinzogen. Spee kannte mehrere
durch Verfolgungseifer ausgezeichnete Richter, die selbst der
Hexerei überführt, eingeäschert wurden [3]; es ist aber Uebertreibung, aus solchen Fällen die spätere Abnahme der Hexenprocesse erklären zu wollen, wie man gethan hat. Die
Behauptung von Görres [4], das Ueberhandnehmen der Hexenprocesse in protestantischen Ländern habe in ihrer Saeculari-
sirung ihren Grund, wird durch die constatirte Thatsache
vernichtet, dass die Hexenbrände gerade in den Bisthümern
am häufigsten loderten, wie aus der früher gegebenen Uebersicht hervorgeht.

Dass sowohl in Ländern, wo die Hexenprocesse von Laien
geführt wurden, als auch in Ländern, wo der Protestantismus
Eingang gefunden, Brände stattfanden, erklärt sich einfach
daraus, dass der Glaube an das Hexenwesen überall herrschte,
und die Hexerei überall nach der Schablone des Hexenhammers behandelt wurde. Luther und Melanchthon sind in Bezug
auf Teufel und Hexenglauben Söhne ihrer Zeit und die Re-

---

[1] Versuch einer Geschichte der Hexenprocesse von Schwager, I, 39.
[2] Biblioth. mag., S. 69 fg.
[3] Caut. crim., Dub. XI, 4.
[4] Christl. Myst., IV, 2, S. 587.

formation wirkte der Hexenverfolgung nicht unmittelbar entgegen. In katholischen Ländern wurden die Anhänger der
Reformation der Hexerei verdächtigt und deshalb verfolgt, in
protestantischen Ländern blieb man mit den Hexenbränden
nicht zurück, und der Bürgermeister Pheringer von Nördlingen
konnte sich die Aufgabe stellen: „die Unholden mit Stumpf
und Stiel auszurotten". Von dem leipziger Juristen Benedikt
Carpzov, welcher seiner Zeit eine juristische Autorität war, ist
bekannt, dass er mehr als hundert Hexen zum Scheiterhaufen
verurtheilte. Weitere Beweise von Hexenprocessen in protestantischen Ländern boten uns die von Schweden, England und Schottland. Wenn das Hexenwesen und dessen
Verfolgung von den hochgehenden Wogen der Reformation
einige Zeit hindurch in den Hintergrund gespült wurde, so
liegt der Grund vornehmlich in der Ausserordentlichkeit der
Ereignisse in Kirche und Staat, wodurch die Gemüther ganz
und gar angezogen und von jener Richtung abgewendet
waren.

Alle bisher angeführten Momente zur Erklärung der
reissenden Ueberhandnahme des Glaubens an Hexerei und
der Hexenprocesse scheinen noch immer nicht genügend, und
ist daher noch eins anzuführen.

Obschon es ausser Zweifel ist, dass nicht nur viele Unglückliche, die zum Scheiterhaufen verdammt wurden, sich
klar bewusst waren, weder mit dem Teufel Umgang gepflogen
noch am Hexensabbat theilgenommen zu haben, überhaupt
von aller Hexerei, deren sie beschuldigt worden, rein zu sein;
dass ferner manche der Inquisiten sowol als der Inquisitoren
an das ganze Hexenwesen gar nicht ernstlich geglaubt haben
mögen, wofür sie nach dem „Hexenhammer" der Strafe der
Ketzerei verfallen wären, wenn sie es gestanden hätten; so
lässt sich doch mit völliger Sicherheit behaupten: dass die
bei weitem überwiegende Menge von der Wirklichkeit
der Hexerei innigst überzeugt war. Selbst die Männer,
welche gegen die Unmenschlichkeit der Hexenverfolgungen
kämpfend auftraten, von dem protestantischen Arzte Weier
angefangen, die Jesuiten Tanner und Spee miteingerech-
net, waren meistens selbst im Hexenglauben befangen, und
diejenigen unter ihnen, welche den ganzen Hexenapparat
für eine Täuschung erklärten, leiteten diese doch vom Teufel

ab, von dem sie zum Verderben der Menschheit und Schaden der Kirche ausgehe. Denn bei nahezu allen Bekämpfern der Hexenverfolgung war das lebendige Gefühl der Menschlichkeit grösser als der Kreis der Anschauung ihrer Zeit, in dem sie eingeengt standen. Der Hexenglaube übte nicht nur eine Herrschaft aus, gleich der von Vorstellungen überhaupt, welche bei dem grössten Theile der Menschen die Stelle von leitenden Grundsätzen vertreten; der nähern Betrachtung der Hexenperiode wird auch nicht entgehen, dass diese Erscheinung im Verlaufe der Zeit das Symptom der Krankheit annahm. Der Hexenglaube und die Hexenverfolgung wurde zur krankhaften Sucht, und trat in der Form einer psychischen Epidemie auf, von der ein grosser Theil der Zeitgenossen, vornehmlich jüngere Leute und Kinder, ergriffen wurden. Die ungesunden, zur höchsten Spannung gereizten Zustände, welche die unterste Grundlage der Hexenperiode bilden, waren ganz danach, eine Menge von Menschen einer Psychopathie verfallen zu lassen. Das Auftreten epidemischer Psychopathien, die auch „imitatorische Epidemien“ genannt werden, wobei der Nachahmungstrieb gleichsam das miasmatische Vehikel bildet [1], ist längst erwiesen und durch geschichtliche Belege bestätigt. Unter den ältesten Beispielen psychischer Epidemien ist das von Herodot [2] erzählte bekannt, wo die Krankheit unter den Argiverinnen von Prötos' Töchtern ausging. Einen andern Fall erwähnt Plutarch [3], wo die milesischen Mädchen von der Monomanie sich zu erhängen ergriffen wurden. Als eine der merkwürdigsten psychischen Epidemien ist die um das Jahr 1212 zuerst erscheinende, von Hecker in seiner Monographie vortrefflich geschilderte Tanzwuth. Tausende junger Leute, meist in den Pubertätsjahren, rotteten sich zu den sogenannten „Kindfahrten“ zusammen, zogen fort, z. B. 1237, bis sie erschöpft zu Boden fielen, wobei viele starben und die meisten bis zum Tode mit Zittern behaftet blieben. Diese Krankheit „kam die Knaben und Mädchen plötzlich an“ und war nebst andern Erscheinungen mit krankhafter Antipathie gegen die rothe Farbe, gegen

---

[1] Feuchtersleben, Lehrbuch der ärztlichen Seelenheilkunde, S. 271.
[2] IX, 33.
[3] De virtut. mulier.

weinende Personen und in ausgebildeten Fällen mit Auftreibung
des Unterleibs verbunden. Heulen, Schreien, Springen, über-
mässiger Hang zum Tanzen stellte sich paroxysmenweise ein.
Als im Jahre 1374 die Apostelkirche zu Lüttich eingeweiht
wurde, kamen ganze Scharen aus Oberdeutschland, vom Rheine
und von der Maas nach Aachen, dann nach Utrecht und endlich nach Lüttich herangezogen, Männer, Frauen, halbnackt,
Kränze auf den Häuptern, sich an den Händen fassend, Tänze
aufführend, wobei sie hoch aufsprangen, in ihren Liedern Namen von Dämonen nannten, darauf gewöhnlich in Krämpfe
verfielen. Diese Haufen schwollen vom September bis October
zu Tausenden an, denn es kamen aus Deutschland immer mehr
Tänzer herbei. Da sie für von Dämonen Besessene galten,
wurden sie mit Exorcismus behandelt, zum Theil durch die
Stola geheilt, wie der Berichterstatter bemerkt. Webster[1]
erwähnt einer epidemischen Tollheit, die um das Jahr 1354
herrschte. Feuchtersleben führt die Kriebelkrankheit an, die
sich als Manie äusserte, auch epidemisch auftrat und mit Blöd-
sinn endete. Beneke[2] berichtet von Erscheinungen bei den
Methodisten, die von einer methodistischen Kapelle der Stadt
Redruth in Cornwallis ausgegangen waren. Während des
Gottesdienstes rief ein Mann mit lauter Stimme aus: „Was
soll ich thun, um selig zu werden!" wobei er zugleich die
grösste Unruhe und Beängstigung über den Zustand seiner
Seele in heftigen Geberden ausdrückte, wie sie bei den Methodisten als Zeichen innerer Zerknirschung damals gewöhnlich waren, ja gewissermassen einen regelmässigen Bestandtheil
ihres Gottesdienstes ausmachten. Sogleich wiederholten mehrere diesen Ausruf und diese Geberden, und ebenso erging es
vielen Hunderten, welche herbeikamen, um diese Zufälle mit
anzusehen; mehrere blieben zwei bis drei Tage und Nächte ohne
etwas zu geniessen und ohne auszuruhen in der Kapelle zusammen, unter steten Zuckungen. Dieselben Qualen verbreiteten sich auch auf die benachbarten Städte Cambone, Heston,
Teuro, Penvyn und Falmouth und deren umliegende Dörfer,
jedoch nur auf die Methodisten, und vor allem auf solche,
deren Verstandesbildung der niedersten Klasse angehörte.

---

[1] Untersuchungen der Hexereien (aus dem Englischen).
Archiv für die pragmatische Psychologie, III. Bd., 1853.

Die Zahl der davon Ergriffenen schlägt der Berichterstatter auf nicht weniger als 4000 an, die Dauer 70 — 80 Stunden bei manchen; kein Alter, kein Geschlecht blieb davon verschont, nur dass vorzüglich Frauen und junge Mädchen davon ergriffen wurden. Die Geistlichen machten die davon Besessenen, statt sie zu beruhigen, noch beängstigter durch die dringendsten Ermahnungen, ihre Sündenerkenntniss zu verstärken: sie seien von Natur Christi Feinde, und wenn der Tod sie in ihren Sünden überrasche, werde die nie erlöschende Qual der Höllenflammen ihr Antheil sein, — wodurch die Zuckungen gesteigert wurden.

Ein Vortrag von Herm. Reimer über Geistesepidemien macht auf Beispiele aus neuer und neuester Zeit aufmerksam, als: auf die Geistesepidemien in der Provinz Småland in Schweden in den Jahren 1842 und 1843, von der hauptsächlich junge Mädchen ergriffen wurden, die über Schmerzen im Kopfe und in der Brust klagten und dann von krankhaften heftigen Bewegungen in den Armen ergriffen wurden, denen ein Schwall von Worten folgte, die vornehmlich Ermahnungen zur Busse enthielten. Bedeutenderes Aufsehen machte die sogenannte „Predigtkrankheit", die 1850—52 in den Lappenmarken verbreitet war, wo ganze Gemeinden und Landstriche von Erweckten wimmelten, die unermüdlich mit lauter Stimme Predigten vorlasen, abwechselnd in Ohnmachten und Zuckungen verfielen, aus denen sie nach drei bis vier Stunden erwachten um allerhand Visionen zu beschreiben. Im Januar 1862 wurden die Kinder des Elberfelder Waisenhauses durch eine Anrede in einen Zustand tiefer Zerknirschung, zugleich aber in eine krankhafte Erschütterung des Nervensystems versetzt. Die Folge zeigte sich zunächst an einem Mädchen, das sich abzusondern anfing und über Seelenangst und Sündennoth klagte. Es weinte, stöhnte, wälzte sich auf dem Boden; ihm folgte bald ein zweites Kind, deren Empfindungen der Angst unter frommen Anrufungen, häufig angeführten Bibelsprüchen, schliesslich in die heftigsten Convulsionen, ja in Starrkrampf übergingen. Anfangs lagen 20, in der folgenden Woche 33 Kinder danieder, und zwar unter so heftigen Convulsionen, dass die Kranken kein Wort mehr sprechen konnten. [1]

---

[1] Gartenlaube 1863, Nr. 22.

Wer bei epidemischen Erscheinungen nur das Leibliche im Auge haben wollte und innerhalb des Bereiches des Seelenlebens, in welches der Hexenglaube mit seinen Vorstellungen fällt, eine Ansteckung und Fortpflanzung zweifelhaft fände, der erinnere sich an die Ansteckung der Vergnügungssucht, des Zorns u. a. m. Eine wesentliche Bedingung zur epidemischen Fortpflanzung gewisser Vorstellungen und Empfindungen ist allerdings die Empfänglichkeit des Gemüths. Die Erfahrung lehrt, dass Personen, die unter gleichen Einflüssen, in denselben Verhältnissen und miteinander in naher Berührung leben, besonders weiblichen Geschlechts und jugendlichen Alters, wegen ihres reizempfänglichen Nervensystems, psychischen Epidemien am meisten ausgesetzt sind. Darum waren Nonnenklöster seit jeher der Schauplatz krankhafter Erscheinungen dieser Art, die von ihrer Zeit für Besessenheit und dergleichen gehalten, und das Uebel gewöhnlich als von einer auf die andere übergehend geschildert wird.[1] Görres[2] hebt unter mehrern Fällen aus weiblichen Klöstern besonders einen hervor, der von 4 Bischöfen und 4 Doctoren der Sorbonne genau beobachtet und worüber sie Bericht abgestattet, nachdem von dem Bischof von Besançon 14 Tage hindurch der Exorcismus geleitet und Morel, städtischer Arzt von Chalons, sein Urtheil beigegeben, und das Resultat vom Bischof unter folgende Gesichtspunkte gestellt wurde: „1) Dass alle jene Jungfrauen, 18 an der Zahl, ihm die Gabe der Sprache zu haben geschienen; 2) beinahe alle gezeigt, wie sie ein Wissen um das Innere und das Geheimniss der Gedanken besassen; 3) bei verschiedenen Gelegenheiten Künftiges vorhergesagt; 4) alle eine grosse Abneigung gegen alle heiligen Dinge gehabt; 5) alle gedrungen wurden, durch übernatürliche Zeichen die Anwesenheit des Dämons zu beweisen; 6) auf Geheiss des Exorcisten bisweilen eine wunderbare Unempfindlichkeit bewiesen; 7) nach mehrern Stunden Exorcismus und Beschwörungen aus dem Grunde ihres Magens fremde Körper, die sie Maleficien und Zaubermittel zu nennen pflegten, Stücke Wachs, Knochen, Haare, herauszuwürgen geschienen".

---

[1] Vgl. noch andere Beispiele bei Ideler, Versuch einer Theorie des religiösen Wahnsinns; Carus, Ueber Geistesepidemien, u. a.

[2] Christliche Mystik, IV, 2, S. 334.

Wenn wir auch nicht leugnen, dass unserm Urtheile manche
Einzelheit anders erschiene, so halten wir doch die Thatsache der psychischen Epidemie fest. Görres führt auch
den Fall aus dem Kloster Werte in der Grafschaft Horn
an, wo eine Anzahl Nonnen in eigenthümlicher Weise geplagt wurde. „Wollte etwa eine von ihnen in das Nachtge-
schirr ihr Wasser lassen, dann wurde es ihr mit Gewalt entrissen und das Bett mit dem Gelassenen besudelt. Bisweilen
wurden sie aus dem Bette auf einige Schritte herausgezogen,
und unter den Fusssohlen also gekitzelt, dass sie vor Lachen
sterben zu müssen fürchteten. Mehrern wurden Stücke Fleisch
ausgerissen, die Beine, Gesicht rückwärts gedreht" u. s. w.[1]
Bekannt ist der vom Holländer Hoofft erzählte Vorgang im
Jahre 1566 in dem Waisenhause von Amsterdam, wo sich in
den Kindern ein unwiderstehlicher Hang äusserte, wie Katzen
herumzuklettern. Oder die Erscheinung in dem Waisenhause
von Horn im Jahre 1670, wo die Zöglinge mit den Füssen
strampelten und oft plötzlich zu Boden fielen. Aus dem
Baskenlande wird der Fall erzählt, dass bei 2000 Kinder
aussagten, auf dem Hexensabbat gewesen zu sein. Ein ähnlicher Fall ist von Ryssel bekannt u. dgl. m. bei Horst,
Weier, Becker u. a. Die Psychiatrie spricht von Pöschelianis-
mus als Epidemie, die ihren Namen von einem gewissen
Pöschel erhielt, von dem der religiöse Fixwahn ausgegangen
war.

Im Mittelalter und auch noch in späterer Zeit, wo derlei
Erscheinungen auf den Teufel und seine Verbündeten zurückgeleitet wurden, suchte man solche Zufälle durch Exorcismus
zu heilen, und es liegt gar nicht ausser der Möglichkeit, dass
die Cur bisweilen gelungen sein mag, in welchem Falle wir
eine Heilung durch ein psychisches Mittel, nämlich durch die
Vorstellung, erkennen würden. Auch die von Plutarch erwähnte Monomanie der milesischen Mädchen soll auf psychi-
schem Wege gehoben worden sein, nämlich durch die gesetzliche Bestimmung: dass die Erhenkten ganz nackt hinaus getragen werden sollten. Das psychische Mittel war hier also
das Schamgefühl. Durch die Phantasie werden Empfindungen
und Vorstellungen der Menschen miteinander vermittelt, eben

---

[1] Christliche Mystik, IV, 2, S. 372.

so auch die Antipathie und Sympathie, das Sich-Abstossen
und Anziehen der Individualitäten. Wie das Nervensystem
bei Sinneswahrnehmungen von aussen nach innen angeregt
wird, so kann bei somatischen Zuständen eine Erregung der
Phantasie, also eine Erregung von innen nach aussen stattfinden. Es wird ein Reiz erweckt, und ein bestimmter Zustand,
der die Phantasie eben ganz eingenommen hat, wird im strengen Sinne eingebildet. Die Wirkung des erhöhten Einbildens
auf das Leibliche äussert sich nicht nur in Zügen, Blicken,
der Färbung, Haltung, sondern auch in stofflichen Absonde-
rungen, z. B. in Thränen, Speichel und andern Ausscheidun-
gen. Darum kann die Phantasie nicht nur psychologisch und
pathologisch, sondern auch therapeutisch wirken. Eine solche
Heilwirkung durch Einbildung ist die von Plutarch angeführte,
und eben darauf gründet sich auch die Möglichkeit der Heilung durch den mittelalterlichen Exorcismus. Durch Sympathie, die freilich eine psychisch vorbereitete Empfänglichkeit
voraussetzt, können sich auch religiöse Vorstellungen fortpflanzen, die von einem ausgehen können und von vielen fortgepflanzt werden. Denn das religiöse Bewusstsein und dessen
Anschauungen und Vorstellungen steht mit der ganzen Gei-
stes- und Gemüthsverfassung in dem innigsten wechselwirkenden Zusammenhang. Dass der Seelenzustand und die Gemüthsverfassung der Menschen in der zweiten Hälfte des Mittelalters,
und namentlich während der Hexenperiode, für erwähnte psy-
chopathische Erscheinungen präparirt und völlig geeignet war,
ist in der skizzirten Schilderung der damaligen Zustände angedeutet. Kriege, Zerrissenheit im Innern, Seuchen und andere Calamitäten mussten wol eine allgemeine dumpfe Aufgeregtheit des Gemüths- und Phantasielebens zur Folge haben,
welche durch manche Ereignisse, die im Verlaufe der Zeit
allerdings zur Herstellung des Gleichgewichts, zur Förderung
und Klärung des menschlichen Bildungsprocesses vom grössten
Einfluss waren, als: die Entdeckung eines neuen Welttheils,
die Erfindung der Buchdruckerkunst u. a. m., zuallernächst
aber noch mehr gesteigert werden musste. Auf solchem Boden
und mittels erwähnter und vielleicht mancher nicht erwähnter
Factoren konnte wol der Glaube an das Hexenwesen und die
Sucht, es zu verfolgen die Form einer psychischen Epidemie

erhalten, und als solche namentlich das weibliche Geschlecht, jüngere Leute und Kinder ergreifen.

Fassen wir das Ergebniss der bisherigen Betrachtung in Kürze zusammen, so liegt der allgemeine Erklärungsgrund für die martervolle Sturm- und Drangperiode des Hexenwesens und dessen gerichtlicher Verfolgung in der Weltlage der damaligen Zeit und der eigenthümlichen Richtung des Zeitbewusstseins. Letztere machte sich als kirchlich-theologistische geltend in der Auffassung der Natur und aller Verhältnisse überhaupt, es drückte der Rechtspflege ihr Gepräge auf, gab dem Strafprocesse eine ihm adäquate Richtung und die Folter als Mittel an die Hand. An den Teufelsglauben, der alle Gemüther unter despotischer Vergewaltigung hielt, in dem das Zeitalter seinen Ausdruck fand, knüpfte sich die Vorstellung von einem Bündniss mit dem Satan, worauf sowol Ketzerei als Hexerei zurückgeführt, daher mit gleichem Fanatismus verfolgt und mit gleichen Strafen belegt wurden. Die unter Menschen gewöhnlichen übeln Leidenschaften nutzten den Glauben an Hexerei und deren Verfolgungswuth in ihrem Sinne aus. Durch diese Factoren gefördert und gesteigert, gedieh das Hexenwesen und dessen Verfolgung zur psychischen Epidemie, welcher empfängliche Gemüther verfielen, um wieder andere anzustecken. Die wohlgemeinten Mittel von kirchlichen und landesfürstlichen Behörden, zeitweise dagegen angewandt, konnten die Fieberhitze dieser Periode nicht dämpfen, weil sie, selbst ungesund, die kranke Zeit nicht zu heilen vermochten.

6. Allmähliche Abnahme der Hexenprocesse.

Jede geschichtliche Erscheinung, sofern sie nur in der Zeitlichkeit wurzelt, wird von der fortschreitenden Zeit zertreten und muss verkümmern. Kronos verzehrt seine eigenen Kinder. So erging es den Hexenprocessen. „Was Keppler, Galilei, Gassendi, Guericke, Huygens u. a. geleistet hatten, ist nicht blos den mathematischen und physikalischen Wissenschaften, es ist auch der Philosophie und Humanität zugute gekommen. Die grossen Geister des Jahrhunderts, Bacon, Descartes, Spinoza,

Leibniz und Newton, hoben die ganze alte Methode der Wissenschaft aus den Angeln und zündeten ein Licht an, das freilich die blöden Augen gar mancher Zeitgenossen schmerzte, aber der dankbaren Nachkommenschaft desto wohlthätiger vorgeleuchtet hat."[1] Mit dem Cartesischen „Cogito ergo sum" hatte die Philosophie ihre bisherige Dienstbarkeit der kirchlichen Theologie aufgekündigt und zugleich die Erklärung abgegeben, dass die Gewissheit des denkenden Subjects auf keiner andern Autorität, als der des selbsteigenen Denkens fussen soll. Die Naturwissenschaft trat durch Experiment und Beobachtung an die materielle Erscheinung selbst heran, forschte nach den Gesetzen, wodurch jene bedingt ist, und löste die magischen Nebel des Wunder- und Zauberwesens. Da aber der Fortschritt in der Geschichte der Menschheit stets unter Kämpfen geschieht, da nicht nur die äussere Existenz durch Arbeit errungen, sondern auch die Wahrheit erobert werden muss, so ging auch die Abnahme der Hexenprocesse unter Kämpfen vor sich. Die Bestrebungen eines Weier, Tanner, Spee gegen die Hexenverfolgung wurden im 17. Jahrhundert fortgesetzt von dem Franzosen Gabriel Naudé, der mit seinem Werke[2] die Unschuld der Männer, die als Zauberer verschrien worden, zu retten suchte, wobei er die Grundlage des Hexenglaubens kritisch untersuchte und untergrub. In England suchte die Schrift des Arztes Webster[3] gegen Glanvil's Vertheidigung des Hexenprocesses die ganze Lehre vom Hexenwesen als Albernheit darzustellen. Der reformirte Prediger zu Amsterdam, Balthasar Bekker, überbot die zeitgenössischen Bestrebungen gegen das Hexenwesen durch Gründlichkeit und Ausführlichkeit der Behandlung des Gegenstandes in seinem Werke: „Die bezauberte Welt", das holländisch geschrieben 1691 — 93 erschien, in dem er das Hexenwesen selbst angriff und als nichtig hinstellte. Bekker erkannte ganz richtig dessen Princip in dem Glaubenssatze vom Teufel, bediente sich aber eines unzulänglichen Mittels, der ledigen Exe-

---

[1] Soldan, S. 429.

[2] Apologie pour tous les grands hommes qui ont été accusés de magie (Paris 1669).

[3] Display of supposed witchcraft, 1673 (aus dem Englischen übersetzt, mit einer Vorrede von Thomasius, 1719).

gese, womit er auch nicht die Existenz des Teufels, sondern
nur dessen Einfluss auf den Menschen bekämpfte. Sein Bestreben, das Auftreten Satans in der Bibel, der gegenüber
seine unbegrenzte Ehrfurcht alle Kritik ausschloss, möglichst
zu beschränken, trieb ihn häufig zu einer gezwungenen, daher
unrichtigen Interpretation, indem er oft seine Anschauung in
die betreffenden Bibelstellen hineinlegte, nicht aber die des
biblischen Schriftstellers auslegte. Obschon wir heutigentags
die exegetische Waffe überhaupt gegenüber dem Teufels- und
Hexenglauben für unzureichend erklären müssen, kann uns
dies nicht hindern, den streng sittlichen Ernst Bekker's auch
heute noch anzuerkennen, und das grosse Aufsehen, das sein
Werk zu seiner Zeit machte, gerechtfertigt zu finden. Pierre
Bayle leitet zwar die Besessenheit auf Krankheit oder Betrug
zurück, seine Zuerkennung der Todesstrafe auf wirkliche Zauberei, die er übrigens nur bedingungsweise annimmt, widerspricht aber seiner sonst gehegten Toleranz, obschon er die
obrigkeitliche Verfolgung beschränkt wissen will. [1] Christian
Thomasius wird mit Recht ein entscheidender Streiter in
dieser Richtung genannt. Nachdem er 1694 bei Gelegenheit
eines Hexenprocesses, wo er nach eigenem Geständniss auf
Grund Carpzovii Praxis criminalis, des „Hexenhammers" Torreblanca's, Bodin's, Delrio's und anderer Hexenverfolger auf Fol-
terung der Beschuldigten angetragen, mit seinem Antrage im
Facultätscollegium in der Minorität geblieben war, dachte er
nicht nur dem Gegenstande reiflicher nach, sondern suchte
auch die Vorkämpfer Weier, Spee, van Dale und Bekker
näher kennen zu lernen. Im Jahre 1701 trat er schon als ihr
Bundesgenosse auf durch seine Schrift: „De crimine magiae".
Er glaubte zwar an den Teufel als unsichtbares Wesen, das
niemals einen Leib angenommen, schränkte aber dessen Wirksamkeit ein und erklärte das angebliche Bündniss mit demselben für eine Fabel. Da Thomasius die Gründe, die von
Juristen und Theologen für die Wirklichkeit des Hexenwesens
aufgestellt worden, zum Absurden zu führen suchte, wurde
er auch von beiden Seiten angegriffen. Thomasius selbst erwiderte zwar gelegentlich, besonders thätig waren aber seine
Anhänger, namentlich Reiche und andere, und durch Ueber-

---

[1] Réponse aux questions d'un provincial, chap. 35, 39.

setzungen der Schriften Webster's, Hutchinson's, Beaumont's, Prätorius', Wagstaff's, die er leitete und mit Vorreden versah, wurde die Bahn für seine Ansichten immer freier. Seine früher erwähnte Abhandlung kam auch ausführlich bearbeitet heraus unter dem Titel: „Thomasii kurze Lehrsätze von dem Laster der Zauberei mit beigefügten Actis magicis von Joh. Reichen" (1703). Thomasius schrieb ferner: „De origine et progressu processus inquisitorum contra sagas" (1712), und berührt den Gegenstand auch in „Juristische Händel".[1] Thomasius wird im Vergleich mit Bekker ein gewandterer Kämpfer genannt und kann ihm dieser Vorzug auch nicht abgesprochen werden; aber beim Hinblick auf seinen günstigen Erfolg ist nicht zu vergessen, dass Bekker dem ersten Anprall ausgesetzt war, dem er seinerzeit zwar unterliegen musste, dass aber im Feldzuge um Recht und Wahrheit die Niederlage der Vorkämpfer stets eine Staffel bildet, über die der Nachfolger zum Siege gelangt.

Diese Bestrebungen wurden von ihrer Zeit unterstützt und getragen, und so konnten ihnen entsprechende Wirkungen nicht ausbleiben. Sie zeigten sich zuerst im preussischen Staate, wo Friedrich I. im Jahre 1701 einen Gerichtsherrn aus der Mark wegen einer Hinrichtung zur Verantwortung zog und 1706 die Hexenprocesse in Pommern beschränkte. Sein Nachfolger Friedrich Wilhelm befahl im Jahre 1714 alle auf Tortur oder auf Tod lautenden Urtheile ihm zur Bestätigung vorzulegen und verbot im Jahre 1721 die Hexenprocesse überhaupt. Der Grundsatz Friedrich's des Grossen ist bekannt: in seinem Staate sollten die alten Frauen ruhig sterben können. In England und Schottland wurde das Statut Jakob's I. durch eine Parlamentsacte im Jahre 1736 aufgehoben. Schweden, das die Verfolgung der Hexerei zunächst beschränkt hatte, cassirte die daraufgesetzte Todesstrafe 1779. Dem Beispiele Preussens folgte das übrige Deutschland bälder oder später. In der peinlichen Gerichtsordnung Joseph's I. für Böhmen, Mähren und Schlesien vom Jahre 1707 lauten die auf Hexenwesen bezüglichen Paragraphen noch ganz im Sinne des „Hexenhammers".[2] In der Landesordnung Maria

---

[1] Th. I, 197, II, 300, III, 221 u. a.
[2] Art. XIII, §. 4 und 29, Art. XIX, §. 3.

Theresia's heisst es aber: „dass solche vorkommende Processe vor Kundmachung eines Urtheils zu Unserer höchsten Einsicht und Entschliessung eingeschicket werden sollen; welch Unsere höchste Verordnung die heilsame Wirkung hervorgebracht, dass derlei Inquisitionen mit sorgfältiger Behutsamkeit abgeführt und in Unserer Regierung bisher kein wahrer Zauberer, Hexenmeister oder Hexe entdeckt worden, sondern derley Processe allemal durch einen boshaften Betrüger oder eine Dummheit und Wahnwitzigkeit des Inquisiten, oder auf ein anderes Laster hinausgeloffen seyen."[1] Nach §. 4 dieser Landesordnung wird aber doch zu untersuchen eingeschärft, „ob eine Gottes und ihres Seelenheils vergessene Person solcher Sachen, die auf ein Bündniss mit dem Teufel abzielen, sich ihres Ortes ernsthaft, jedoch ohne Erfolg unterzogen habe, oder ob untrügliche Kennzeichen eines wahren zauberischen, von teuflischer Zuthuung herkommen sollenden Unwesens vorhanden zu seyn erachtet werden." Für den ersten Fall verfügt das Gesetz nach Umständen die schärfste Leibesstrafe, oder wenn bürgerliche Verbrechen oder Blasphemie concurriren, geschärfte Todesstrafe bis zum Scheiterhaufen. Im letztern Falle sagt das Gesetz: „Wenn — aus einigen unbegreiflichen übernatürlichen Umständen und Begegnissen ein wahrhaft teuflisches Zauber- und Hexenwesen gemuthmasset werden müsste, so wollen Wir in einem ausserordentlichen Ereignisse Uns selbst den Entschluss über die Strafart eines dergleichen Uebelthäters ausdrücklich vorbehalten haben; zu welchem Ende obgeordnetermassen der ganze Process an Uns zu überreichen ist." Die Verordnung verbietet alle Hexenproben und beschränkt die Anwendung der Tortur durch gewisse Massregeln. — Im Strafgesetzbuche Kaiser Joseph's II. vom Jahre 1787 hat der Hexenprocess gar keinen Raum mehr. In Kurbaiern wurde zwar durch eine Rede, die der Theatiner Ferdinand Sterzinger 1766 an der Akademie der Wissenschaften gehalten, und worin er zu beweisen suchte, „dass die Hexerei ein ebenso nichtswirkendes als nichtsthätiges Ding sey" noch viel Staub aufgewirbelt; indess war den Hexenrichtern doch der Faden allmählich ausgegangen, und die ge-

---

[1] Seiner k. k. apostol. Maj. allergn. Landesordnung wie es mit dem Hexenprocesse zu halten sey (1766).

richtliche Procedur gegen das Hexenwesen hatte ihr Ende erreicht. Aber auch der Glaube im Volke an Hexen? Silberschlag[1] behauptet: „In Deutschland und überhaupt in Europa können wir gegenwärtig auf den Hexenglauben und den Hexenprocess als auf eine vollständig überwundene Barbarei zurückblicken." Dieser sanguinischen Behauptung von dem völlig überwundenen Hexenglauben im Volke widersprechen Thatsachen, die Adolf Wuttke aus der Gegenwart herausgegriffen hat.[2] Nach einer Mittheilung der „Unterhaltungen am häuslichen Herd",[3] wurde vor einigen zwanzig Jahren[4] bei Danzig ein altes Weib, im Verdachte stehend, Wetter gemacht und die Milch der Kühe versetzt zu haben, mittelalterlich „getauft", wobei es um's Leben kam. Riehl[5] sagt: „Die Pfälzer sagen freilich, die französische Revolution habe allen Aberglauben aus dem Lande gespült, es ist aber doch vor wenigen Jahren in einer sehr aufgeklärten Gegend der Pfalz eine alte Frau schwer mishandelt worden, weil sie für eine Hexe galt." Nach der Aeusserung eines Geistlichen glaubt der tiroler Bauer, dass man jetzt darum keine Hexen mehr sehe: „weil nun allerorten auf Wiesen und Scheidewegen Feldkreuze errichtet sind, an denen sich der Spuk nicht vorüber wagt."[6] Die allgemeine Kirchenzeitung[7] schreibt: „Aus dem Banate wird das Unglaubliche gemeldet, dass in dem Dorfe Starikör bei Neusatz ein Mädchen, das in Irrsinn verfallen war und infolge dessen die Sprache verloren hatte, vom Volke als Hexe verbrannt worden sei." —

---

[1] Ueber Hexenverfolgung und Hexenprocess im „Deutschen Museum" von Prutz, 1863, Nr. 29, 30.

[2] Der deutsche Volksaberglaube der Gegenwart, 1860, S. 110 fg.

[3] Neue Folge, 1856, I, 653.

[4] Also jetzt 30 Jahren.

[5] „Die Pfälzer", ein rheinisches Volksbild, 1857, S. 169.

[6] Pichler, Aus den tiroler Bergen, S. 79.

[7] Nr. 32, Jahrgang 1863, Aprilheft.

Vierter Abschnitt.

Fortsetzung der Geschichte des Teufels. — Abnahme des Glaubens an den Teufel.

---

1. Luther's Glaube an den Teufel.

Das 16. Jahrhundert hatte, wie wir bemerkten, den Hexenglauben nicht gebrochen, weil das Zeitalter der Reformation den Teufelsglauben mit dem Mittelalter theilte und die Vorstellungen von der Macht des Teufels Protestanten und Katholiken gemeinsam waren. Nach der herrschenden Anschauung der Zeit blieb die Welt in zwei Lager geschieden, in das Gottes und das des Teufels, und wie alles Gute im Physischen und Moralischen von jenem ausgehend gedacht ward, so wurde jegliches Uebel und alles Böse von diesem hergeleitet.

Luther, der, aus deutschem Bauernblut stammend, die Derbheit und Zähigkeit seines Geschlechts mit der Tiefe und dem Ernste seines Stammes in sich vereinigte, wurde Mönch und vorzugsweise Theolog. Es kennzeichnet die neue Aera, dass sie von theologischer Hand eröffnet worden, denn die neue Periode der Weltgeschichte theilt in ihrem Anfange die theologische Färbung mit dem Mittelalter, nur dass sie eine protestantisch-theologische ist. Luther war von der humanistischen Bewegung, die ihm zur Seite getreten, ohne jedoch dessen religiöse Begeisterung zu theilen, nicht in seiner Tiefe ergriffen worden und konnte darum später mit ihr brechen, obschon das humanistische Studium seinen geistigen Blick

geklärt und erfrischt hatte. Ihm war der Staat der Idee nach
als Verwirklichung einer sittlichen Macht, als Gebiet sittlicher
Aufgaben nicht zum vollen Bewusstsein gedrungen, darum
blieb er der politischen Regung fern und trat dem wilden
Sturme entgegen, der sein begonnenes Werk zu vernichten
drohte. Luther beschränkte sich, Theolog zu sein. Die Angst
des Todes, der an ihn herangetreten war, die Sorge um sein
Seelenheil hatten ihn aus der sündhaften Zerfahrenheit um
ihn her in das Kloster getrieben, er wurde Mönch, um in
krampfhafter Anstrengung durch klösterliche Ascetik und
Busse den Zorn des Himmels zu sühnen und den Frieden
mit Gott zu erringen. Im Gefühle, ein Kind des Zornes und
der Verdammniss zu sein, trat er in einen Stand, „der die
zehn Gebote weit übertäfe", um sich zu üben in „viel mehr
und bessern Werken, denn im Evangelio geboten werden",
um seine Schuld zu tilgen und die Gnade zu verdienen. Mit
dem ganzen Ernste seiner energischen Natur unternahm er
alle Uebungen, wodurch er die Sünde zu tödten, die Heiligkeit zu erlangen und die Gnade Gottes zu erkämpfen hoffte.
Es ist durch Zeitgenossen beglaubigt, was er später selbst
schildert, wie er gewacht, gebetet, gefastet, gefroren, sich zer-
kasteit und zermartert, wie er gehorsamt habe, sodass er behaupten konnte: „Wahr ist's, ein frommer Mönch bin ich ge-
west und habe so strenge meinen Orden gehalten, dass ich
sagen darf: ist je ein Mönch gen Himmel kommen durch
Möncherei, so wollt ich auch hineingekommen sein; dass werden mir zeugen alle meine Klostergesellen; denn ich hätte
mich, wo es länger gewährt hätte, zu Tod gemartert mit
Wachen, Beten, Lesen und anderer Arbeit." [1] Die von der
Kirche angegebenen Gnadenmittel, die hergebrachten Formeln
der Beichte, die äusserlichen guten Werke liessen jedoch
seine ringende Seele den Ruhepunkt der Gewissheit nicht
finden. Der Zuspruch eines einfachen alten Klosterbruders,
der ihn auf den Artikel von der Sündenvergebung verwies
und vom Glauben mit ihm redete, die tröstliche Belehrung
seines geistlichen Rathgebers: dass die wahre Busse mit der
Liebe zu Gott ihren Anfang nehmen und den Gnadenmitteln

---

[1] Kleine Antwort auf Herzog Georg's nähestes Buch.

der Kirche vorausgehen müsse, wurden von dem jungen
Mönche gierig aufgenommen. Er fühlte sich nach der untersten Tiefe seines Gemüths getrieben und fand im inbrünstigen
Gebete den Hort des festen Glaubens an den Gott der Liebe,
der in uns wirkt, und dass zu diesem jedes in Reue zer-
knirschte Herz sich erheben könne. Im Gebete, in der eigenen
Erhebung zu Gott gewann der Mönch den Frieden mit seinem Gott.

Die wahlverwandte, in sich ringende Natur seines Ordens-
heiligen Augustinus hatte ihn unter den alten Kirchenlehrern
am meisten angezogen, obschon Luther nicht wie jener „in
die Netze offenen, sündhaften, fleischlichen Lebens verstrickt
war, vielmehr mit aller eigenen sittlichen Kraft gegen dasselbe angekämpft hatte" [1], daher er mit Recht später sagen
konnte: „Ich bin funfzehn Jahre ein Mönch gewesen, ohne
was ich zuvor gelebt habe." Tauler und die „deutsche Theologie" gewannen durch die Innigkeit ihrer Mystik bleibenden
Einfluss auf das volle Gemüth des Theologen Luther; das
unablässige Studium der Bibel liess ihn in der Heiligen Schrift
die einzige theologische Erkenntnissquelle finden, und er ward
zum biblischen Theologen. Augustinus und die mittelalterlichen Mystiker begegnen sich in dem Gefühle der moralischen
Nichtigkeit des Menschen, und dies wurde die unterste Grundlage der theologischen Anschauung Luther's. Gott ist ihm
alles, der Mensch oder die Creatur ist nichts. Er überbrückt
aber diese Kluft mit der „Gnade Gottes", die den Glauben
bewirkt. An sich vermag der Mensch nichts, aber im Glauben vermag der Mensch alles. „Gott thut den Willen des
Gläubigen." Dieser Glaube hat die Menschwerdung, das
Leiden, die Auferstehung Christi nicht als ledige Thatsache
an sich zum Inhalt; dieser Glaube ist vielmehr die eigenste,
innigste Ueberzeugung, dass sie um der Menschen willen vollzogen worden ist. „Darum so ist's nicht genug, dass einer
glaubt, es sei Gott, Christus habe gelitten u. dgl.; sondern er
muss festiglich glauben, dass Gott ihm zur Seligkeit ein Gott
sei, dass Christus für ihn gelitten habe u. s. w. — Christus
ist Gott und Mensch und ist also Gott und Mensch, dass er

[1] Köstlin, Luther's Theologie, I, 53.

nicht ihm selbst Christus ist, sondern uns. — Alles, was wir im Glauben erzählen ist für uns geschehen und kommet uns heim. — Wenn Gott allein im Himmel sässe wie ein Klotz, so wäre er nicht Gott."[1] Der Mensch ist einerseits in unbedingter Abhängigkeit von der göttlichen Gnade, andererseits muss aber alles durch die eigene Selbstthätigkeit des Menschen vermittelt werden. „Des Glaubens Materia ist unser Wille. Die Forma ist, dass man das Wort Christi ergreift, von Gott eingegeben. Die endliche Ursache aber und Frucht ist, dass er das Herz reinigt, machet uns zu Gottes Kindern und bringt mit sich Vergebung der Sünden."[2] Hiermit wird der Mensch durch das protestantische Princip zum Bewusstsein eines sittlichen Subjects erhoben. Die Reformation protestirte daher ihrer ursprünglichen Tendenz nach gegen die übermenschliche Heiligkeit der Priester und der Kirche und wollte die Heilswahrheit in lebendige, wirkliche Sittlichkeit umsetzen; sie protestirte gegen die Autorität der hergebrachten Tradition und wollte die Berechtigung der persönlichen Ueberzeugung zur Geltung bringen; sie protestirte gegen die mittelalterliche Ascetik und wollte der natürlichen Individualität zu ihrem Rechte verhelfen; sie protestirte gegen äusserliche Werkheiligkeit und wollte das sittliche Leben im Geist und im Herzen aufgefasst wissen. Wie weit sich das Reformationswerk vollzogen oder nicht vollzogen hat, ist bekannt; dass es nicht schon im 16. Jahrhundert in voller Breite durchgeschlagen den Reformatoren allein auf Rechnung zu schreiben, ist Mangel an historischem Blicke.

Als echtes Kind aus dem Volke stand Luther in Beziehung auf den Teufel im allgemeinen Volksglauben, und als biblischer Theolog sah sich der Reformator mit der Schrift, der einzigen Erkenntnissquelle, in keinem Widerspruche. Es kann daher nicht befremden, wenn seine Schriften den Teufel sehr häufig erwähnen.[3] Seine Vorstellung vom Teufel hängt mit seiner dogmatischen Anschauung, namentlich seiner Er-

---

[1] Vgl. Feuerbach, Sämmtl. Werke, I, 273.
[2] Walch, Tischreden, XXII, 743.
[3] Vgl. Auslegung von 1 Mos. 6, 1; Ausführliche Erklärung der Epistel an die Galater; Kürzere Erklärung derselben Epistel; Tischreden, u. a. m.

lösungslehre, enge zusammen, er stellt den Tod Christi gern
unter dem Bilde eines Kampfes dar mit Gesetz, Tod und
Teufel, und erinnert in dieser Beziehung an Gregor von Nyssa,
nach welchem bei dem Kampfe eine Ueberlistung stattfindet,
wodurch jene satanischen Mächte, die sich an Christo ver-
griffen haben, zu Schanden werden. [1] Entsprechend den zwei
Seiten, die in Luther's Bewusstsein von Gott neben- und
gegeneinander stehen, die der göttlichen Macht und Erhaben-
heit und die der Liebe und Gnade, unterscheidet er zwei
Gebiete, das des Zorns und das der Seligkeit. Die Ursache
des Zorns Gottes ist die von Adam überkommene und fort-
gepflanzte Sünde und Schuld des ganzen Geschlechts. Der
Zorn Gottes reicht so weit als seine Gerechtigkeit, der gerechte Gott ist dem Sünder gegenüber der zornige Gott. [2]
Die Gerechtigkeit Gottes ist der Zorn Gottes [3]; jene fordert,
dass Gott im Zorne strafe. [4] Das Hauptwerkzeug des göttlichen Zorns, wodurch sich die Strafgerechtigkeit Gottes an
den sündigen Menschen vollzieht, ist der Teufel. Diesen
braucht Gott als „seinen Henker, durch welchen er seine
Strafe und Zorn ausrichtet." [5] Die Gewalt des Teufels erstreckt sich nicht weiter als das Zorngebiet Gottes [6], jener hat
sie nur „wo Gott ihm verhängt und Raum lässet". [7] Der
Zorn Gottes verleiht zwar dem Teufel das Recht, seine verderbliche Wirksamkeit zu entfalten, sie findet Raum innerhalb
des Gebietes der Sünde; aber die Liebe Gottes, als die Macht,
welche alle Creatur erhalten will, setzt der Macht des Teufels
die Schranke, „die unermessliche Güte und Barmherzigkeit
Gottes übertrifft weit die Bosheit des Teufels und erhält alle
Dinge auf Erden wunderbarlicherweise wider allen grimmigen Zorn, Wüthen und Anfall desselben". [8] Die Liebe beschränkt die Gewalt des Teufels und die göttliche Weisheit

---

[1] Vgl. Luther's Kirchenpostille.
[2] Walch 14, 461.
[3] 2, 468.
[4] 6, 1920.
[5] 5, 839. 1109; 8, 1234; 10, 1257; 12, 481. 2043.
[6] 18, 2471.
[7] 5, 1779. 1162; 22, 183.
[8] 2, 1071.

verwendet sie selbst zu ihren Zwecken, denen der Teufel
wider Willen dienen muss „zu ihrer Ehre und unserm Heil".[1]
„Gott braucht auch derer Teufel und bösen Engel. Die wollten wol alles gern verderben, aber Gott lässt es nicht zu, es
sei denn eine Ruthe vorhanden, die wir wol verdienet haben.
Er lässt kommen Pestilenz, Krieg oder sonst eine Plage, dass
wir uns vor ihm demüthigen und fürchten, uns zu ihm halten
und ihn anrufen. Also muss der Teufel uns eben mit dem
dienen, damit er gedenket Schaden zu thun. Denn Gott ist
ein solcher Meister, welcher des Teufels Bosheit also kann
brauchen, dass er Gutes daraus mache."[2] Die Gerechtigkeit
Gottes verlangt, dass die Sünde bestraft werde, ihm ist aber
volles Recht geschehen durch den Tod Christi, der die Sünden
der Menschen auf sich genommen und dafür den Tod erlitten
hat. Für alle Menschen ist der Sohn Gottes gestorben, alle
sollen glauben und alle Glaubenden nicht verloren werden.
Nachdem der Gerechtigkeit Gottes genug geschehen, hat die
Barmherzigkeit und Gnade Raum. Denn „Gott selbst ist die
Liebe und sein Wesen ist lauter Liebe". Christus hätte uns
die Liebe nicht erzeigen können, wenn es Gott nicht in ewiger Liebe hätte haben wollen; demgemäss sollen wir jetzt
durch Christum in Gottes Herz steigen. In dieser Liebe
schüttet Gott alles Gute aus, gibt uns Leib und Leben und
seine Gnade und alle Güter, sein eigen Herz und seinen
eigenen Sohn. Zum Zürnen, Richten, Verdammen wird Gott
„genöthigt" durch unsern eigenen Stolz, durch Demüthigung
und Busse will er uns zu sich führen, denn er ist „ein Gott
des Lebens und kann durch sich selbst anderes nichts denn
Gutes thun". Nicht Gott wandle sich, sondern unser Gewissen, er bleibt immer gütig, während in unserm Gewissen
nicht anders ist, denn dass er zornig sei; „also ist er den
Verdammten nichts denn eitel Zorn, straft sie nur mit ihrem
eigenen Gewissen".

„Luther's Auffassung von Gott als der reinen Liebe scheint
mitunter sogar zu führen bis zu einem Dualismus zwischen
Gott, aus dem alles Gute und lauter Gutes für unser inneres
und äusseres Leben fliesse, und zwischen dem Teufel, von

---

[1] 18, 2297.

[2] 10, 1259.

welchem alle äussern und innern Lebenshemmungen ausgehen.
Indem er sagt, Gott die Liebe brenne voll alles Guten, sagt
er vom Teufel, dieser treibe das eitle Widerspiel der Liebe
und richte alle Plage in der Welt an. So stellt er dann auch
das die Sünde richtende und verfluchende Gesetz, welches
Christus zu tragen und zu überwinden hatte, mit dem Teufel
zusammen, der auf diesen eindrang und von ihm überwunden
wurde. Allein eben Gott selbst ist es doch, nach Luther,
der. den Teufel gemäss dessen Willen und Wesen solches
wirken lässt. Eben auch den Teufel gebraucht Gott — als
Stachel. «Der Teufel thut's und Gott verhängt's, denn wir
würden sonst gar zu bös»; er verhängt's, indem er, soweit
als es seinen eigenen Zwecken entspricht, dem Teufel das,
was dieser von sich aus in reinem Hass und bösem Willen
thut, zu thun gestattet; so redet Luther hierbei von einem
«Verhängen» und auch wieder von einem blossen «permittere».
Und eben darum nun, damit wir nicht nach Art der Manichäer uns einbilden, es gebe zwei Götter oder aliud principium bonorum et malorum, nennt Gott, wie Luther einmal
äussert, auch jenes fremde Werk, welches nicht das ihm
eigenthümliche ist, dennoch sein Werk."[1]

Obschon nun Luther die Vorstellung vom Teufel und
seiner Macht, die ihm die Kirchenlehre übermittelt, nicht aufgegeben hat, so ist doch eine wesentliche Wandlung in
dessen Anschauung nicht zu verkennen. Wenn Soldan sagt:
„Luther hat keinen neuen Teufel erfunden, sein Teufel ist
ganz der altkatholische, scholastische"[2], so trifft er nur zum
Theil das Wahre, denn das Verhalten des Menschen im
Kampfe mit dem Teufel ist hierbei unberücksichtigt geblieben,
und dies ist von Bedeutung im lutherischen Teufelsglauben.
Freytag hat Luther's Anschauung vom Teufel tiefer erfasst
und das Specifische richtig erkannt. „Luther hatte nicht umsonst die Kirchenlehre vergeistigt, durch ihn war der Kampf
des Menschen um das ewige Heil in das Gemüth des einzelnen verlegt; vom Glauben an Gott und von dem eigenen Gewissen hing das Schicksal des Menschen ab. Auch der Streit

---

[1] Köstlin, Luther's Theologie, II, 313 fg. Ueber den Umfang der
Wirksamkeit des Teufels, vgl. ebendaselbst S. 351 fg.
[2] S. 300.

des Menschen mit dem Bösen wurde jetzt vorzugsweise ein
innerlicher. Nicht die Erscheinung des Teufels und sein
Rasseln waren besonders fürchterlich, sondern seine Ein-
flüsterungen in die Seele des Menschen. Eine beständige
innere Busse war nöthig gegen die Gefahr, häufiges Gebet,
ein immerwährendes, liebevolles Denken an Gott."[1] Denn
die Vorstellung Luther's vom Teufel steht mit seiner Lehre
von der Sündhaftigkeit der menschlichen Natur im engsten
Zusammenhange und er erblickte in der Herrschaft des Teufels über das Innere des Sünders ihren höchsten Gipfelpunkt.
— Wir werden hierbei unwillkürlich an den parsischen Reformator Zarathustra erinnert, welcher den Kampf zwischen
Ahriman und Ormuzd um den Menschen auch in diesen
verlegt. Zu Psalm 6, 2. 3 sagt Luther: „Gottes Zorn und
Grimm ist, dass das Gewissen fühlet, dass es von Gott, vom
Wort, vom Glauben verlassen ist; und wirket solches im
Herzen der Satan, der den Tod, die Sünde und das (böse)
Gewissen anrichtet, und auf Unglauben, Verzweiflung und
Gotteslästerung dringet und treibet, mit seinen feurigen Pfeilen[2], welche, wie Hiob[3] sagt, den Geist aussaufen. Dass
aber dieses nicht zugerichtet werde vom Satan, sondern dass
vielmehr Gott allein darauf dringet, fühlet und glaubet das
Herz. Denn der Satan verkleidet sich in die Gestalt der
Majestät. Dieses ist die allergrösste Anfechtung. — Die be-
trübte oder erschrockene Seele ist das Verzagen am Leben
und Fühlen des Todes in dem, das Gott zürnet. Und kommt
aber solch Schrecken alles her vom Satan, wenn der Mensch
vom Wort, Geist und Gnade gelassen wird, und er da allein
im Kampf und Noth wider den Teufel stehen muss."[4] — Der
tief-sittliche Ernst Luther's schlägt auch in seiner Anschauung vom Teufel durch. Da das Wesen seines reforma-
torischen Strebens nach Verinnerlichung gerichtet war gegenüber der veräusserlichten Kirche als Heilsanstalt, konnte er
das Mittel zur Seligkeit nur in der innigsten Busse erkennen. „Das heisst eine rechte Busse, da das Herz anders

---

[1] Bilder aus der deutschen Vergangenheit, S. 338 (3. Aufl.).
[2] Ephes. 6, 16.
[3] 6, 14.
[4] Walch, 4, 1901. 1904 u. a. m.

wird und ein Misfallen folget gegen die Sünde und dem Unrecht, da man vor Gefallen an hat gehabt.[1] ... Denn das
heisst die Sünde erkennen, Reue und Leid darob tragen und
erschrecken von Herzen vor Gottes Zorn und Gericht.[2] ...
Durch Ablassbriefe vertrauen selig zu werden, ist nichtig und
erlogen Ding, obgleich der Ablassvogt, ja der Papst selbst
seine Seele dafür zum Pfande wollte setzen."[3] — Demgemäss
musste auch die Waffe gegen den Teufel eine andere werden.
Zwar hatten schon die alten Kirchenlehrer das Gebet als
Schutzwehr gegen den Angriff des Satans empfohlen; allein
bei der radicalen Veräusserlichung des ganzen religiösen Inhalts der Kirche des Mittelalters war auch dieses Mittel zur
äusserlichen fixen Formel geworden, und handelte sich dabei
nur um die Worte, die blosse Nennung des Namens Jesu,
um äussere Zeichen. Das Gebet, das Luther meint und
empfiehlt, soll die Erhebung des ganzen innerlichen Menschen
sein. „Seine Seele erheben, das ist der rechte Ernst des
Gebetes, welches nicht ist ein unnützes Gespräch, noch von
vielen Worten. ... Die Seele aber ist das Verlangen und
Seufzen des Herzens, so da Angst und Schmerzen fühlet vor
grossem Verlangen.[4] ... Durch das Gebet wird auch verstanden nicht allein das mündliche Gebet, sondern alles, was
die Seele schaffet, in Gottes Wort zu hören, zu reden, zu
dichten, zu betrachten u. s. w."[5] Der Teufel sollte also nicht
mehr wie ehedem mittels eines durch die Kirche verliehenen
Apparats, als: Gebetformeln, Stola, Weihwasser u. dgl., bekämpft werden, sondern durch die persönliche That des Menschen selbst. Da die Kirche, wie sie in der Wirklichkeit
bestand, von dem Reformator nicht als die wahre anerkannt
ward und das Wesen der Kirche überhaupt nicht in ihrem
Aeussern gesucht werden sollte, so lehnt Luther auch in Beziehung auf den Kampf mit dem Teufel die Vermittelung der
Kirche ab und verlangt unmittelbares Eintreten in den Streit.
Es entspricht dies dem Schlagworte des Reformators: „Der

---

[1] 13, 2531.
[2] 10, 1941.
[3] 18, 254.
[4] 4, 2134.
[5] 11, 377 u. a. m.

374 Vierter Abschnitt: Fortsetzung der Geschichte des Teufels.

Glaube rechtfertigt", d. h. dein eigenes Sein ist es, wo du
deinen Gott und den Frieden mit ihm suchen musst und
finden kannst, und niemand kann ihn für dich, du selbst
musst ihn erringen. Daher legt der Reformator den Haupt-
ton auf das Gewissen, die eigene Ueberzeugung als entscheidende Instanz. „Des Menschen Gewissen gilt so viel als
tausend Zeugen, ja unser Gewissen ist entweder unsere Ehre
oder Schande. Auch werden wir in Gottes Gericht nach
keinem andern Zeugniss, als nach dem Zeugniss unseres Gewissens gerichtet werden. Das wird mehr sein als aller Welt
Zeugen. [1] ... In Sachen des Gewissens sind alle menschlichen
Gesetze zu verdammen und ist nichts tüchtig denn das Gesetz und das Wort Gottes. Und darinnen soll der Wille
Gottes genugsam sein, der es also setzet, wiewol es auch
Vernunft und Nothdurft erfordert. [2] ... Das Gewissen ist
ein viel grösser Ding denn Himmel und Erde, welches durch
die Sünde getödtet und durch das Wort Christi wiederum
lebendig gemacht wird. [3] ... Das böse Gewissen zündet das
höllische Feuer an und erwecket im Herzen drinnen die erschreckliche Pein und höllischen Teufelein, die Erynnias (wie
sie die Poeten genennet haben). [4] ... Die Christum recht
verstehen, die wird keine Menschensatzung gefangen nehmen können. Sie sind frei, nicht nach dem Fleisch, sondern nach dem Gewissen. [5] ... Der Leib wird allen
Lasten unterworfen, das Gewissen aber soll niemandem unterworfen sein, weil es durch das Evangelium Freiheit hat, dass
es frei von der Sünde, vom Tode, vom Gesetze, von der Hölle
und von allen menschlichen Satzungen. [6] ... Die Gewissen
können nicht gebunden werden denn allein durch Gottes Wort.[7]
... Der Seelen soll und kann niemand gebieten, er wisse
denn ihr den Weg zu weisen gen Himmel. Das kann aber
kein Mensch thun, sondern Gott allein. Darinne, in der
Sachen, die der Seelen Seligkeit betreffen, soll nichts denn

[1] 12, 1430.
[2] 3, 2078.
[3] 2, 2343.
[4] 2, 2559.
[5] 6, 669.
[6] 6, 940.
[7] 18, 2098.

Gottes Wort gelehret und angenommen werden. . . . Auch
so liegt einem jeglichen seine eigene Gefahr dran wie er
gläubt und muss für sich selbst sehn, wie er recht gläube.
Denn so wenig ein anderer für mich in die Hölle oder Himmel fahren kann, so wenig kann er auch für mich glauben
oder nicht glauben; und so wenig er mir kann Himmel oder
Hölle auf- oder zuschliessen, so wenig kann er mich zum
Glauben oder Unglauben treiben. Weil es denn einem jeglichen auf seinem Gewissen liegt, wie er gläubt oder nicht
gläubt. [1] . . . Hüte dich und lasse ja kein Ding so gross sein
auf Erden, ob es auch Engel vom Himmel wären, als dich
wider dein Gewissen treibe von der Lehre, die du göttlich
erkennst und achtest." — Die Theologie Luther's ist treffend
als „Theologie der Gewissheit und des Gewissens" bezeichnet
worden. [2]

Freytag macht die richtige Bemerkung, es sei in der
alten Kirche dem Gläubigen verhältnissmässig bequem gewesen, dem Teufel zu entrinnen. „Durch eine klug zusammen-
addirte Summe von frommen Aeusserlichkeiten konnte der
Christ im schlimmsten Falle noch zur letzten Stunde dem
Satan entgehen, selbst wenn er sich tief mit ihm eingelassen.
Daher ist bei Verträgen, welche der Teufel vor der Reformation mit dem Menschen abschliesst, der Teufel fast immer
der Geprellte. Solchem geschäftsmässigen und unsittlichen
Verhältniss zum Himmelreich trat Luther mit der tiefsten
Empörung gegenüber. Da er die Lehre Augustin's stark be-
tonte, dass der Mensch durch die Erbsünde verworfen, also
eine Beute des Teufels sei, und dass fortwährende innere
Busse allein zur Seligkeit helfe, so verfiel jetzt der unbuss-
fertige Sünder ohne Rettung der Hölle. Daher kommt es,
dass seit dem 16. Jahrhundert die Menschen, welche einen
Pact mit der Hölle geschlossen hatten, in der Regel vom
Teufel geholt werden. Allbekannt ist das traurige Ende des
sagenhaften Doctor Faust, aber er war nicht die einzige
Beute des Satans. Es wurde ganz gewöhnlich zu glauben,
dass Menschen von zweideutigem Charakter, ruchlose Säufer,

---

[1] 10, 453.
[2] Harnack, Luther's Theologie, I, 59.

Spieler, Flucher, oder solche, welche als Feinde bitter gehasst wurden, in das unterirdische Reich abgeholt seien."[1]

Luther, der den Menschen mündig erklärt, ihm Selbstverantwortung, also Selbstthätigkeit zumuthet, lehnt das Ritual der Kirche als Schutzmittel gegen den Teufel nicht nur ab, sondern, nachdem er mit dieser gebrochen, erblickt er in dem kirchlichen Apparate sogar eine Schlinge, mit welcher der Teufel den Menschen verstricken will.[2] Ausser dem festen Glauben auf Gottes Gnade und dem innigen, „hitzigen" Gebete empfiehlt der Reformator derbe Abfertigung des zudringlichen Geistes.[3] Wie erstere Mittel mit der theologischen Anschauung Luther's principiell aufs innigste zusammenhängen, so spiegelt sich in letzterm deutlich seine männlichkräftige Persönlichkeit, in welcher der Grundsatz: „Selbst ist der Mann" verkörpert war und dadurch zum Träger der Reformation eignete. Auf religiösem Glauben feststehend, männlichen Muth in der Brust, fürchtet sich Luther nicht vor dem Teufel, und wo er ihn persönlich vorstellt, bietet er ihm kecken Trotz und behandelt „den gefallenen Buben", wie er ihn häufig nennt, mit höhnischer Verachtung. „Der Teufel ist ein stolzer, hochmüthiger Geist, aber er hat kein Recht stolz zu sein, denn er ist von Gott abgefallen und von Gott verstossen. Uns dagegen hat Gott in Christo angenommen, und wir sollten dem Teufel damit trotzen, dass Gott uns in seinem lieben Sohn so hoch geachtet hat. Mit Verachtung müssen wir ihm begegnen, dies verträgt sein Stolz nicht, und so fleugt er am ersten vor uns", u. a. m. Luther betrachtet den Teufel als seinen, wie jedes Christen, persönlichen Feind. Hatte er von körperlichen Beschwerden oder geistlichen Anfechtungen zu leiden, mit trüben, sorgenvollen Gedanken zu kämpfen, was er mit seiner Zeit auf den Teufel zurückführte, dann setzte ihm Luther auf seine bekannte drastische Weise den bittersten Hohn entgegen und fertigte ihn mit tiefster Verachtung ab. Die Geschichte mit dem Tintenfasse auf der Wartburg mag immerhin in Zweifel gezogen werden; wir möchten aber, im Falle sie nur auf eine Sage zusammen-

---

[1] A. a. O., S. 359.
[2] Tischreden 17—19.
[3] Tischreden 41—44.

liefe, Horst beistimmen: „dass sie nach Luther's Teufelsglauben und Individualität wol hätte stattfinden können". [1]

Obschon nicht alle Wahnsinnigen oder Epileptischen mehr
für Besessene galten, glaubte doch Luther und sein Nach-
folg, dass solche durch irgendein Versehen in die Gewalt
des Teufels gerathen seien und daher durch Gebet und Beschwörung von ihm befreit werden könnten. Bei dem grossen
Ansehen, das Luther erlangt hatte, ist es erklärlich, dass man
in Fällen, wo das böse Spiel des Teufels vermuthet ward,
sich an ihn wandte. Beispiele dieser Art sind bekannt. Die
gegensätzliche Stellung der Protestanten gegenüber den Katholiken äusserte sich nicht nur dadurch, dass jede Partei auf
der gegnerischen Seite den Teufel mit im Spiele sah, sondern
auch, dass in der Heilung der Besessenen, der Austreibung,
eine Art Rivalität einriss, wobei jede Confession die Macht
ihres Glaubens durch die grössere Wirksamkeit ihrer Mittel,
die Katholiken durch Exorcismus, die Protestanten durch
Gebet, zu beweisen meinte. „Die gerettete Seele gereichte
dann der glücklichen Kirche zum Ruhm", bemerkt Freytag,
der aus den zahlreichen Berichten über Fälle dieser Art einen
heraushebt, der seinerzeit veröffentlicht worden durch die
Flugschrift: „Erschröckliche gantz warhafftige Geschicht,
welche sich mit Apolonia, Hannsen Geiszelbrechts Burgers zu
Spalt inn den Eystätter Bistump, Haussfrawen, verlauffen hat.
Durch M. Sixtum Agricolam etc. Ingolstadt 1584". [2]

Da Luther die volksthümliche Anschauung hegte, alles,
was dem religiös-sittlichen Streben hindernd entgegentritt, in
der Person des Teufels zusammenzufassen, so kann es nicht befremden, wenn diese Vorstellung auch in den Katechismen
zum Ausdruck kam [3] und in den lutherschen Symbolen ihre
Stelle fand [4], da selbst die Nüchternheit der reformirten Symbole sich nicht ganz entbrach, des Glaubens an Engel und
Dämonen zu erwähnen [5], indem Calvin sich an die einfache

---

[1] Zauberbibliothek, I, 353.
[2] Bilder aus der deutschen Vergangenheit, I, 365.
[3] Catech. maj., Art. II, 405. 494; Precatio IV, 525. 535.
[4] Aug. cont., Art. XX, 18. 85; Form. Conc. sol. declar. I, 641. 648;
II, 662. 667; Apolog. VIII, 220, Art. Smalc. II; Art. II, 308; IV, 315.
[5] Conf. Helv., II, c. 7; Conf. Belg., c. 12.

biblische Vorstellung anschloss. [1]   Auf katholischer Seite hatte
zwar das trienter Concil nur gelegentlich des Teufels erwähnt [2], es wies ihm aber eine sichere, bleibende Stätte im
„Catechismus Romanus" an, der, auf Befehl der Kirchenversammlung herausgegeben, den Religionslehrern als Norm
dienen sollte. [3]

Dass unter solchen Umständen der Teufelsglaube nicht
nur drüben, sondern auch hüben noch nicht abnehmen konnte,
ist wol erklärlich. Ein Sammelwerk aus dem 16. Jahrhundert,
dessen Beiträge von lauter protestantischen Schriftstellern herrühren, bietet die richtigste Einsicht in die Anschauungsweise
der Anhänger und Nachfolger Luther's und dürfte deshalb
der nähern Besichtigung werth sein. Sigmund Feyerabend
hat es herausgegeben unter folgendem Titel:

„Theatrum Diabolorum,
das ist
Ein sehr nützliches verstenndiges Buch,

darauss ein jeder Christ, sonderlich vnnd fleissig zu lernen, wie
dass wir in dieser Welt, nicht mit Kaysern, Königen, Fürsten
vnd Herrn, oder andern Potentaten, sondern mit dem aller-
mechtigsten Fürsten dieser Welt, dem Teuffel zu kempffen
vnd zu streiten, welcher (wie Sanct-Paulus schreibt) vmbher
geht, wie ein brüllender Löwe, vns zu verschlingen (also das
er vns täglich nachschleicht, damit er vns zu fall bringen, in
allerley sündt, schandt vnd laster einführen, vnd endlich mit
Leib vnd Seel in abgrundt der Hellen stürtzen müge. Vnd
derwegen seine grausame Tyranney vnd Wüterey, recht lernen
erkennen, Gott vmb hülff vnd beystandt seiner Gottlichen
gnaden vnd heiligen Geistes anruffen, alle gifftige Pfeile, tödt-
liche geschoss, genugsam auffzufahen, ausszuschlahen, vnd in
Christo Jesu vnserm einigen Heyland vberwinden, victoriam
vnd das Feldt behalten. — Allen frommen Christen, so ihrer
seelen heil vnd seligkeit angelegen, in diesen letzten zeiten,
da allerley Laster grausamlich im schwang gehn, mit gantzem

---

[1] Instit. rel. chr. I, c. 14, §. 13 sequ.
[2] Sess. XIV, c. 1.
[3] Catechism. Roman. ad Parochos ex Decreto concil. Trid. editus etc.,
Pars II, cap. II, qu. LV; cap. III, qu. XVI; Pars IV, cap. XIV, qu. II.
III. IV. V et sequ.

ernst vnnd fleiss zu betrachten. — Gebessert vnd gemehret,
mit einem newen Pestelentz Teuffel, so zuvor noch nie im
Truck aussgangen, sampt einem nutzlichen Register. — Ge-
truckt zu Franckfurt am Mayn, im Jar 1569."

In der Vorrede an den „Christlichen Läser" entschuldigt
der Herausgeber Sigmund Feyerabend den Titel „dieweil er
so vieler Teuffel Namen treget" damit, dass das Buch „eine
treuwe warnung für allerley list vnd mord des Teuffels" sein
solle. Der Vorredner beruft sich dabei auf die Heilige Schrift,
worin der Teufel auch oft genannt werde, und gibt dem Leser
zu bedenken „die vbermessige vnchristliche sicherheit schier
aller Menschen dieser Zeit da man beynah nichts für sünd
helt, nicht wol glaubt das ein Teuffel sey, oder das er so
böse sey, vnd vns zu vnserm verderben reitze vnd treibe etc."
— Das Buch sei jedem sehr nützlich, da in ihm die Nachstellungen des Teufels angezeigt, mancherlei Exempel und
Fälle erzählt und „dessgleichen viel herrlicher Sprüche Gottes-
förchtiger Gelehrter vnd sonderlich der heiligen Schrift angeführt werden . . . Das also diss Buch ist gleich wie Loci
Communes oder ein gemein Register, darinn man allerhand
nützliche Lehr leicht finden kann." Es sei das Buch „eine
rechte ausslegung der zehen Gebott . . . in welchem alle sünden
begriffen sind . . . Darum ich auch", sagt Herausgeber,
„diese Teuffel so viel müglich nach der ordnung der zehen
Gebott einander nachgesetzt habe."

I.

Der Teuffel selbs durch Hn. Jodocum Hockerum Osnaburgensem vnd
Hermannum Hamelmannum Licentiatum.

Es wird bewiesen: „dass der Teuffel nur allzuviel seind
vnd mehr als wir vns vermuthen vnd dünken lassen". Beweise sind: 1) die Heilige Schrift; 2) die Schriften der Heiden, „bey welchen der Teuffel sehr viel gedacht wirt", denn
dass der Heiden Götter Teufel gewesen seien, beweise der
96. Psalm. Besonders werden die Platoniker angeführt;
3) weltliche Historien, wie deren auch viele der „wohlgelahrte"
Wierus anführt; 4) die tägliche Erfahrung, welche zeigt, dass
die Teufel allerlei Unglück in der Welt anrichten, als: Krieg,
Theuerung, Pestilenz, Arm- und Beinbrüche u. s. w.; 5) unsere eigene Natur, indem alle Menschen, so beherzt sie auch

sein mögen, an finstern, unheimlichen Orten böse Geister vermuthen und sich vor ihnen fürchten. Folgen etliche Zeugnisse von Gelehrten für das Dasein der Teufel, und zwar: Origenes, Luther, Bucerus, Wolfgangus Musculus.

Kapitel 2 führt die Namen der Teufel an.

Kapitel 3. Was die Teufel seien: nicht anders als „Geister oder geistliche Wesen", von Gott ursprünglich gerecht, mit freiem Willen, zur Ehre Gottes geschaffen, wie alle andern Engel mit hohen Gaben und Tugenden geziert, die sie aber misbraucht, sich von Gott abgewendet und Gottes Sohn verachtet haben, daher sie ihrer ursprünglichen Gerechtigkeit beraubt, Feinde Gottes und der Menschen sind, wider die sie täglich in grossem Grimm und Hass wüthen und toben, daher sie von Gott verstossen und der ewigen Verdammniss unterworfen sein werden.

Kapitel 4 beweist, dass die Teufel Creaturen seien.

Kapitel 5 widerlegt die Meinung früherer Zeiten, z. B. des Origenes, dass die Teufel leibliche Creaturen seien, als irrigen Wahn, „weil dieselbigen in jhren wesen mit den eusserlichen sinnen nicht mögen begriffen werden". — Man soll bei den Teufeln überhaupt an nichts Leibliches denken, sie sind Geister, die man weder mit der Hand greifen noch mit den Augen sehen kann, gleich dem Winde.

Kapitel 6. Sie sind von Gott geschaffen.

Kapitel 7. Wann sie geschaffen worden, sagt die Schrift nirgends, es gibt daher verschiedene Meinungen, da jedoch diese Sache keinen Artikel des Glaubens betrifft und die Kenntniss davon nicht zur Seligkeit dient, so ist auch nichts daran gelegen.

Kapitel 8 beweist, dass es eine grosse Menge Teufel gebe. Ihre Zahl ist nicht geringer als die der Engel, wobei die Meinung von Martinus Borrhaus angeführt wird, der ihre Zahl auf 2,665,866,746664 berechnet.

Kapitel 9. Wie sie geschaffen seien: nicht aus leiblichen Elementen wie die Menschen, sondern „durch sein Wort aus Nichten".

Kapitel 10. Wozu? Anfänglich zur Ehre Gottes und zum Dienste der Menschen, und sie müssen noch wider ihren Willen Gott und den Menschen zum Besten dienen.

Kapitel 11. Woher ihre Bosheit? Sie haben sich durch

ihren eigenen Muthwillen von dem Höchsten abgewandt und sind durch ihre eigenwillige Sünde dahin gekommen, dass sie aus Engeln Teufel geworden sind. — Die Sünde „in specie" wodurch der Teufel gefallen, ist in der Schrift nirgends ausdrücklich angezeigt, „die alten Väter haben wol nachgedacht, aber nicht alle gleich troffen". Etliche geben an: propter concupiscentiam mulierum; andere aus Neid, gemeiniglich wird aber der Fall des Teufels aus Hoffart erklärt. Auch die Neuern stimmen bei, so Luther cap. Genes. in explicatione oper. secundi.

Kapitel 12. Wann die Teufel gefallen? obschon in der Schrift nicht angezeigt, so doch selbstverständlich vor der Schöpfung des Menschen. „Sintemal die Menschen durch jre Bossheit auch zum Fall gebracht seind worden."

Kapitel 13. Was der Teufel Fleiss und Wirkung sei? Gott selbst, dann allen Menschen und Creaturen Gottes auf allerlei Weise zu schaden. Wider die göttliche Person selbst können sie zwar nichts ausrichten, aber doch die Vermehrung des göttlichen Namens verhindern und verringern. Dagegen als Feinde der Menschen suchen sie dieselben von allen guten Werken abzuhalten, reizen die Gottlosen, ihnen als Werkzeuge zu dienen, indem sie andere Menschen schädigen, treiben zu allerlei Laster u. s. w.

Kapitel 14. Andere Wirkungen des Teufels: er sucht die frommen Diener Gottes in ihrem Amte zu hindern; stiftet Unfrieden unter den Fürsten, Hass und Eifersucht unter den Eheleuten; von ihm stammt alle falsche Lehr und Gotteslästerung; die Teufel können die Luft verpesten, u. s. w. Der Teufel ist so giftig, dass er dir nicht so viel Raum gönnt, deinen Fuss hinzusetzen, es verdriesst ihn, dass du gesunde Glieder hast, und wenn er's thun dürfte, liess er dir nicht eine Kuh, nicht eine Gans leben. Ausser den Aussprüchen der Kirchenväter wird von den Neuern wie gewöhnlich Luther angeführt, in einer Predigt von den Engeln: „Darumb sage ich, lasset uns nun fleissig lernen, was der Teuffel doch für ein Geist sei und wie viel er uns schadens thue an Leib und an Seel. An der Seel mit falscher Lehr, mit verzweiffelung, mit bösen lüsten etc. Alles darumb, dass er den Glauben hinwegreisse und ziehe ihn in ein wancken, oder in einen faulen, schwachen gedancken. Ich fühle den Teuffel sehr

wol, kan es aber dannocht nit so machen, wie ich gerne wolte.
Ich wolt gern hefftiger, hitziger und ernster in meinem thun
seyn, aber ich kan für dem Teuffel nicht, der immer zuruck
ziehet. Wenn er nun die Seele also gefasset hat, so greiffet
er nach dem Leibe auch, da schickt er Pestilentz, Hunger
und Kummer, Krieg, Mordt etc. Den jamer richtet der
Teuffel aller an. Das nun einer ein Bein bricht, der ander
erseufft, der dritte ein Mordt thut. Wer richtet solches alles
an? Niemand denn der Teuffel. Das sehen wir für augen
und fühlen es, dennoch sind wir sicher und meinen er sei
nit da. Neyn lieber, er ist warlich da, rings umb dich und
uns alle. . . . Das sey gesagt, dass wir wissen, dass wir nicht
sitzen in einem sichern Lustgarten. Lieber, ist er zu Adam
und Hevam in das Paradeiss kommen, ist er zu andern Kindern Gottes kommen, ja zu Christo selber, so kan er ja
eigentlich auch zu dir kommen. Darumb lasset uns Gott
fleissig bitten und flehen, dass wir wider jn können wachen,
dass er uns nit in unglauben und allerley sünde und anfechtung führe." — Item in der Jhenischen Hauspostille über das
Evangelium am Tage Michaelis: „Das hat euwer Lieb offt
gehört, das der Teuffel allenthalb umb die Menschen ist, an
Förstenhöfen, in Heusern, auff dem Felde, auff allen Strassen,
in Wasser, in Höltzern, in feuwer, da ist alles voll Teuffel.
Die thun nichts anders, denn das sie gern jedermann allen
augenblick wollen den Halss brechen. Und ist gewiss war,
wo Gott den bösen Feind nit on Vnderlass wehret, er liess
nit ein Körnlein auff 'm Felde oder auffen Boden, nit ein
Fischlein im Wasser, nit ein stücklin Fleisch im Topff, kein
tropffen Wassers, Bier oder Weins im Keller unvergifft. Item
liess nit ein gesund glied am Menschen. Darumb wenn es
so gehet, dass da einer ein Aug oder ein Hand verleuret,
dort einer gar erwürget wirt, oder der die Pestilentz, diser
ein ander krankheit kriegt, das sind eitel schlege und würff
des Teuffels, der wirff hie einem, da dem andern nach dem
Kopff. Trifft er, so hat ers, trifft er aber nicht, so ist es ein
gewiss zeichen, dass Gott ihm durch die lieben Engel ge-
wehret hat. Also wenn unversehne felle sich zutragen, dass
der in ein Feuwer, jener in ein Wasser fellet, das seind eitel
Teuffelsschlege und würffe, der jmmerdar nach uns sticht und
wirfft, und gern alles Unglück zufügete. . . . Solches lasset

uns lernen und merken, das der Teuffel uns allen schaden
thut an Leib, Gut und Ehr. Er thut es gleich durch sich
selbst. Als da er den Hiob am Leib angreiffet, oder durch
seine Knechte, die böse Leut. Als da er den Hiob am Gut
angreifft, und die Chaldäer und andere wider jn erreget.
Denn unser Herrgott ist ein Gott des Lebens, und kann
durch sich selbst anders nichts denn eitel guts thun."

Angeführt werden in diesem Sinne J. Calvinus cap. 6
Institut. Nr. 41; H. Bullingerus Decad. 4. Sermonum Sermo 9.

Kapitel 15. Wie die Teufel die Menschen versuchen.
Die ersten Menschen im Paradiese versuchte er in der Gestalt der Schlange. Noch heutigentags zeigt er sich nicht so
schwarz und hässlich, wenn er verführen will, sondern er „ver-
stellet sich gar schön und geistlich", er verführt durch falsche
Lehrer, „welche gemeiniglich in Geistlichkeit der Engel einhergehen". Er greift am meisten da an, wo du am schwächsten
bist, wenn du zu Geiz, Hoffart u. dgl. geneigt bist.

Kapitel 16. „Eigentliche Contrafactur des Teuffels, so
etwan von dem Gottseligen und hocherleuchteten Mann-Gottes
Dr. Martino Luthero auff eines begeren der den Teuffel gern
kennen wolt, auss den Sünden wider die zehen Gebot gestalt
ist worden. . . . Denn auff die Frage hat Dr. Martin Luther
also geantwortet: sicut Deus est Thesis, ita Satan est Antithesis Decalogi. Darumb wer den Teuffel recht erkennen
will, der sehe die zehen Gebote an. 1) Sein Haupt ist wider
die erste Tafel. Als nemlich, im ersten Gebot, Gott nicht
vertrauwen, jn nicht fürchten, jn nicht lieben. 2) Darnach
im andern Gebot, Gott schmehen oder lestern, wider jn kurren
oder murren, seinen heiligen Namen missbrauchen, das ist os
& lingua, Mund und Zung. 3) Im dritten Gebot, Gottes
wort nicht hören, dasselbige fälschlichten deuten, verachten,
verfolgen, und seine Diener versaumen, dass sie oft Hungers
sterben müssen. Das ist collum et aures, Hals und Ohren.
4) Weiter nach dem vierdten Gebot, auffrhürig und ungehorsam seyn, das ist Pectus Diaboli des Teuffels Brust.
5) Todtschlagen, zörnen, hassen, jedermann übels wündschen,
abgünstig seyn, seim Nechsten schaden, das ist cor, das Herz.
6) Ehebrechen, Hurerey treiben, einen Weichling und Sodo-
miten, unzüchtig und weibisch sein in worten und wercken,
das ist venter Diaboli, des Teuffels Bauch. 7) Niemand be-

hülflich seyn, Andern das jre abspannen, stelen, wuchern,
rauben, faule Wahr verkauffen, verdienten Lohn wegern, das
sind Manus, die Hand. 8) Von Gott übel reden, die Menschen bescheissen, und jhnen jhr gut gerücht krencken, das
ist Diaboli voluntas, des Teuffels Wille. 9. 10. Seines Nechsten Gut begeren etc. Das sind Pedes Diaboli, seine Füsse,
sihe so freundlich ist der Teufel." — „Bilde dich gar einem
verzweifelten Menschen für, der ein gar böss gewissen und
Leben führet, so sihstu den Teuffel leibhaftig."

Kapitel 17. Wie dem Teufel solches alles möglich sei.
— weil er ein sehr gewaltiger und mächtiger Geist geschaffen
ist „auch ein rechter Veteranus, d. i. ein wolgeübter weiser
und erfahrner Bosswicht."

Kapitel 18. Ob die Teufel nach Gefallen schaden mögen. — Nur unter Gottes Zulassung.

Kapitel 19. Warum Gott dem Teufel zuweilen etwas
zulässt. Die erste Ursache ist die Erbsünde, wodurch das
Menschengeschlecht dem Teufel unterworfen worden, dann um
die göttliche Allmacht zu offenbaren, um die Menschen zu
witzigen, sie zu prüfen, zu strafen, um ihnen die Barmherzigkeit und Gnade Gottes zu zeigen, die sie aus des Teufels
Macht rettet, und sie zur Dankbarkeit anzuregen u. s. w.

Luther in der Jhenischen Hauspostille erste Predigt am
Tage Michaelis: „Der Teufel wolt gern alles unglück anrichten, wie wir täglich sehen und erfahren, dass mancher ein
Bein bricht auff ebener Erden, mancher fellet ein Treppen
oder Stigen ab, dass er selbs nicht weiss wie ihm geschehen
ist. Solchs und anders würde der Teuffel wol jmmerdar anrichten, wenn Gott nicht durch die lieben Engel wehret. Er
lesset aber derhalben unss solche eintzele stuck bisweilen
sehen, Auff dass wir lernen, wenn Gott nicht alle stunden
wehrete, dass dergleichen jmmerdar geschehen würde, und wir
derhalben zum betten desto fleissiger, und Gott für solchen
schutz desto danckbarer sollen seyn. . . . . Gott lesset den
Teuffel zu zeiten treffen, auff dass wir lernen, dass wir nicht
Junkern seind vnd es nicht Alles in unsern henden steht; und
derhalben desto fleissiger betten, dass Gott dem Teuffel seinen
raum nicht lassen, sonder durch seine lieben Engel gnediglich
wehren wolle." Aehnlich sprechen sich Spangenberg, Borrhaus, Bullinger aus.

Kapitel 20. Von der Ordnung der Teufel. Die Klassificirung der Engel und Teufel, wie sie von den Lehrern aufgestellt worden, ist in der Schrift nicht begründet, aber doch nicht gänzlich zu verwerfen. Mart. Lutherus in der Jhenischen Hauspostille über das Evangelium am Tage Michaelis in der zweiten Predigt: „Wir sollen wissen, dass die Engel underschiedlich sind. Denn gleichwie under den Menschen einer gross, der ander klein, einer starck, der ander schwach ist, also ist auch ein Engel grösser, stercker und weiser denn der ander. Daher hat ein fürst viel einen gewissern und sterckern Engel, der auch klüger und weiser ist, denn ein Graffe, und ein Graffe einen grössern und sterckern Engel denn ein ander gemeiner Mann, und sofort an. Je höher stand und geschefft einer hat, je grösseren und sterckern Engel hat er auch der jn schützt, jm hilfft und dem Teuffel wehret." — In der ersten Predigt: „Es ist ein underscheid gleich sowol under den Engeln, als under den Teuffeln. Fürsten und herrn haben grosse treffliche Engel, wie man siehet, Dan. 10 etc."

Kapitel 21. Wo die Teufel wohnen und ihr Wesen haben. In der Luft, wo sie wie Wolken schweben, an Wassern, kriechen in die Tümpel, sind gerne an wüsten Orten, auf Kirchhöfen. Da lauern sie, wie sie uns schaden können. Denn sie sind noch nicht in die Hölle verstossen, sondern erst zur Verdammniss verurtheilt. — Mart. Luther in der Kirchenpostille über die Epistel am dritten Sonntag nach Trinitatis: „Der Teuffel ist noch nicht zur straffe seiner Verdammniss verstossen biss an den jüngsten Tag, wenn er endlich auss der lufft und von der Erden in abgrund der helle geworffen, nicht mehr uns wirt können anfechten und keine Wolke und Decke mehr zwischen uns und Gott sampt den Engeln seyn wirt." — Ueber das zweite Kapitel der zweiten Epistel Petri: „Hie zeigt S. Peter an, dass die Teuffel noch nit endlich jre pein haben, sonder also hingehen in einem verstocktem verzweiffeltem wesen und allen augenblick auff ihr Gericht warten. Wie ein Mensch der zum tode verdampt ist, gantz verzweiffelt, verstockt, und jmmer je böser wirt. Aber jre straff ist noch nicht über sie gangen, sondern sind jetzt allein dazu verfasset und behalten."

Kapitel 22. Wo und was die Hölle sei. „Wo aber und

was die helle sey vor dem jüngsten Tage, bin ich noch nicht
allzu gewiss", spricht Martin Luther, „denn das ein sonder-
licher ort seyn solt, da die verdampten Seelen jetzt jnnen
seyen, wie die Mahler mahlen und die Bauchdiener predigen,
halt ich für nichts. Denn die Teuffel sind ja noch nicht in
der hellen, sondern wie Petrus sagt, mit stricke zur hellen
verbunden. So heist sie S. Paulus der Welt Regenten und
Gewaltigen, die droben in der Lufft schweben. Wie Christus
auch den Teuffel der Welt Fürsten nennet, und ja nicht seyn
köndt, wenn sie in der hellen weren, dass sie die Welt regierten und so vil Büberey und jammer trieben, die Pein
würde jnen wol wehren." — Der Ausdruck „Scheol" bedeutet
die Todesangst, die letzten Nöthen. „Denn ein Jeglicher hat
seine helle mit sich so lang er die letzte nöten des todts und
Gottes zorn empfindet." — Aber am jüngsten Tag wird die
Hölle ein besonderer Ort sein; über das „wo" will der Verfasser lieber nicht grübeln. — „Derhalben, wie D. Luther sagt
von der Hellefahrt Christi: Er lasse es jm gefallen dass man
den Articel des Glaubens dem jungen Volck und einfeltigen
also fürbilde, wie man jn pflegt vor alters an die Wende zu
mahlen, dass er eine Korkappen anhab, eine Fahn in der
rechten Hand und fahr also hinab in die Helle, stürme sie
und binde den Teuffel mit Ketten. Denn ob es wol so nit
geschehen ist leiblich, so bildet doch und drucket uns solchs
gemählde fein auss die krafft und macht der Hellefahrt
Christi."

Kapitel 23. Ob die Teufel selig werden können. — Es
wird aus der Schrift bewiesen, dass sie ewig verdammt sind.
Dr. Luther in seinem letzten Bekenntniss vom Abendmahl:
„Ich halt es nit mit denen, so da lehren, dass die Teuffel
werden endtlich zur Seligkeit kommen." In gleichem Sinne:
Bullinger, Calvin u. a.

Kapitel 24. Was wir aus dieser „erschrecklichen ab-
malung des Teuffels lernen sollen". Dass wir in steter „Wehr
und Rüstung" stehen.

Kapitel 25. Die Waffen gegen den Teufel. — Kräuter,
Weihwasser u. dgl. gegen den Teufel anwenden „ist lauter
Gauckeley und Affenspiel welches der Teuffel selbs lachet und
spottet." Man schlägt den Teufel auch nicht mit Spiessen
und Büchsen u. s. w., sondern im Kampfe mit dem Teufel hilft

nur „der Harnisch Gottes", d. h. ein rechtschaffenes Leben,
ohne Heuchelei, Frömmigkeit, die Gutes thut, ein friedliches
Leben, fester Glaube, wo das Wort Gottes nicht nur auf der
Zunge schwebt, sondern im Herzen wurzelt, unsere Gegen-
wehr ist auch das Gebet. — Es sind also nur „geistliche wehr
und waffen", womit der Teufel zu Boden geschlagen werden
muss. Lutherus über die zweite Epistel Petri, fünftes Kapitel:
„Nüchtern solt jr seyn und wachen, dazu dass beide der Leib
und die Seel geschickt werden. Aber damit ist der Teuffel
noch nicht geschlagen. Das rechte Schwert ist das, dass jr
starck und fest im Glauben seid. Wenn du Gottes Wort im
Hertzen ergreiffest und haltest mit dem Glauben daran, so
kan der Teuffel nicht gewinnen, sondern muss fliehen. Wenn
du also kanst sagen, das hat mein Gott gesagt, da stehe ich
auff, da wirstu sehen, dass er sich bald wirt hinwegmachen,
da gehet denn unlust, böse lust, zorn, geitz, schwermut und
zweiffeln alles hinweg. Es kost nicht vil hin und her lauffens,
noch irgend ein Werck das du thun kanst, sondern nicht
mehr, denn dass du am Wort fest hangest durch den Glauben.
Wenn er kompt und wil dich in schwermütigkeit treiben der
Sünde halben, so ergreiffe nur das Wort der Gnaden, das
da Vergebung der Sünden durch Christum verheisset und er-
wege dich von gantzem Herzen darauff, so wirt er bald ablassen." Aehnlich M. Cyprianus Spangenberg in der dreis-
sigsten Predigt über die zweite Epistel an die Korinther: „Durch
den Glauben an Jesum Christum und durchs Gebet, wirt der
Teuffel überwunden, wenn wir mit dem Glauben am Wort be-
stendig halten und das Gebet auff Gottes Verheissung und zusage gründen etc."

Kapitel 26. Zum Kampf mit dem Teufel soll den Christen
bewegen: Christi Exempel, unser Taufgelübde, die Zusage Gottes denen die bei ihm beharren und nach seinen Geboten leben,
um der Strafe zu entfliehen u. dgl.

Kapitel 27. Was für einen Trost die Christen in ihrer
Anfechtung wider den Erzfeind haben: den Beistand Christi,
der Engel, den Schutz Gottes, wenn sie in seiner Furcht
leben.

Kapitel 28. Ob und wie die Teufel Wunder und Zeichen
thun können. Das erste zeigt die heilige Schrift, das „Wie"
(„waserlei Weise") ist viererlei: 1) durch Anrufung des wahren

Gottes, wie die falschen Propheten, oder: durch Anrufung des
Teufels, durch den sie unter Gottes Zulassung viel vermögen,
aber keine wahren Wunder. 2) Durch natürliche Mittel,
so die Zauberer Pharaonis. 3) Durch Gespenster und Verblendung, so die Zauberin von Endor. Der Teufel kann
die innern Sinne verblenden, wie bei Ketzern und Ungläubigen.
4) Durch merae imposturae, durch Kunst und Behendigkeit.

Kapitel 29. Die göttlichen wahrhaftigen Wunder geschehen durch Gott, seinen Sohn sammt dem heiligen Geist,
oder unmittelbar durch seine Allmächtigkeit, oder durch den
Dienst der Engel, oder auch durch Menschen durch göttliche
Kraft; des Teufels Mirakel geschehen auch entweder durch
ihn selbst oder seine Glieder oder Diener. Der Teufel kann
aber nicht: neue Creaturen schaffen, erschaffene Dinge mehren,
Creaturen verändern, Todte auferwecken, natürliche Krankheiten oder Gebrechen, ohne natürliche Mittel heilen, Unfruchtbare fruchtbar machen, den Lauf des Himmels aufhalten,
das Meer voneinander spalten, den Elementen ihre Wirkung
nehmen, künftige Dinge wissen, Gedanken erkennen. Dies „sind
in Summa dem Teuffel zu hoch alle Zeichen der Schrift".

In diesem Abschnitte wird auch angegeben: „wie mit
den Besessenen zu handlen", wobei eine Historia Dr. Martin
Luther seliger" erzählt wird, und wie er sich bei der Gelegenheit ausgesprochen.

Eine Jungfrau aus dem Lande Meissen, viel vom Teufel
geplagt, wurde zu Luther gebracht. Auf dessen Geheiss soll
sie den Glauben hersagen, bleibt aber bei dem Artikel: „ich
glaube an Jesum Christum" stecken und wird vom bösen Geist
sehr gerissen. Da sprach Luther: „Ich kenne dich wohl, du
Teufel, du willst, dass man ein grosses Gepränge mit dir anrichte, wirst es aber bei mir nicht finden." Am nächsten Tag
sollte man die Jungfrau zu seiner Predigt in die Kirche bringen, als man sie aber in die Sakristei führen wollte, fiel sie
nieder, schlug und riss herum, dass sie etliche Studenten hin-
eintrugen und vor Luther niederlegten, der die Sakristei
schliessen liess und an die in der Kirche Anwesenden eine
kurze Vermahnung hielt, deren wesentlicher Inhalt folgender
ist: Man soll in unserer Zeit die Teufel nicht mehr austreiben,
wie zur Zeit der Apostel, wo Wunderwerke nöthig waren,
um die neue Lehre zu bestätigen, was heute unnöthig ist, da

das Evangelium keine neue Lehre, sondern genugsam confirmirt ist; auch nicht durch Beschwörungen, conjurationibus,
sondern orationibus et contemptu, mit dem Gebete und Verachtung, denn der Teufel ist ein stolzer Geist, kann das Gebet und die Verachtung nicht leiden, sondern hat Lust ad
pompam, zum Gepränge, darum soll man kein Gepräng mit
ihm machen, sondern ihn verachten. Man soll den Teufel
durch das Gebet austreiben, ohne dem Herrn Christo eine
Regel, eine Weise oder Zeit vorzuschreiben, wann und wie er
die Teufel austreibe. Sondern wir sollen mit dem Gebete an-
halten so lange, bis Gott uns erhört. Martin Luther legte
hierauf seine rechte Hand auf der Jungfrau Haupt, wie bei
einer Ordination, und befahl den anwesenden Dienern des
Evangeliums, desgleichen zu thun und zu sprechen: das
apostolische Symbol, das Vaterunser. Dann sprach Luther
Johannis 16 und Joh. 14, worauf Luther Gott „heftig" an-
flehte, er möge die Jungfrau von dem bösen Geist erlösen
um Christi und seines heiligen Namens willen. Hierauf ging
er von dem Mädchen weg, nachdem er es mit dem Fusse gestossen und den Satan verspottet mit den Worten: „Du stolzer
Teufel, du sähest gerne, dass ich ein Gepränge mit dir machte,
du sollst es aber nicht erfahren, ich thue es nicht, du magst
dich stellen, wie du willst, so geb ich nichts darauf." Nach
diesem Vorgange wurde das Mädchen andern Tags in ihre
Heimat gebracht und etlichemal an Luther berichtet, dass es
der böse Geist nicht mehr gequält habe.

Kapitel 30. Warum Gott dem Teufel Wunder zu thun
erlaubt. Wenn gottlose Menschen mit Hülfe des Teufels Wunderzeichen thun, so erlaubt es Gott, damit sie in ihrem Irrthum bestärkt werden, die daran glauben, wie dem Pharao
und seinen Zauberern geschehen; damit der Gläubigen Beständigkeit sich bewähre, sie in ihrer Geduld geübt werden;
damit die Frommen sich nicht überheben; damit die Heiligkeit
der Personen nicht nach Wundern bemessen werde, und zu
zeigen, dass die Gabe, Wunder zu thun, nicht die grösste in
der Kirche sei. Man soll gewarnt sein, dass man nach der
Offenbarung Christi und seines Evangeliums nicht durch falsche
Zeichen verführt werde, oder die reine Lehre aus Mangel an
Zeichen nicht verachte. Man soll am Worte Gottes hangen
und sich daran genügen lassen.

Kapitel 31. Wie man sich der falschen Zeichen erwehren soll. Dafür gibt Luther den Rath: zuerst müssen wir wissen, dass der Teufel grosse Macht und viel List hat, um Zeichen zu thun, wir müssen aber auf deren Ende (Zweck) achten, und sie nach dem Worte Christi beurtheilen.

Kapitel 32. Gott lässt zuweilen auch Zeichen durch böse Leute geschehen, man muss sie aber nach dem Worte Gottes, nicht nach der Person richten. — Regeln um Wunderzeichen zu unterscheiden: zu sehen ob Christus durch sie gepriesen und der Glaube darin gefördert wird.

Kapitel 33. Ob und wie die Teufel weissagen und künftige Dinge wissen können. Es ist nicht dafür zu halten, dass die Teufel wahrhaftig künftige Dinge wissen, darüber sind aber die Gottesgelehrten nicht einig.

Kapitel 34. Von dem Unterschiede göttlicher und teuflischer Weissagungen.

Kapitel 35. Warum letztere verboten sind, — weil sie zum Bösen gereichen.

Kapitel 36. Von der Astronomie, Astrologie und Sternguckerkunst. Werden die verschiedenen Ansichten angeführt.

Kapitel 37 ist von Hermann Hammelmann: Dass die Teufel keine Gebrechen oder Krankheiten der Menschen, ausser durch natürliche Mittel, heilen können.

Kapitel 38. Wie die Teufel der Menschen Sinne betrügen können. Durch Gespenster und andern Spuk werden die Menschen so geblendet, dass sie dieses oder jenes zu sehen und zu hören meinen. Vermöge seiner Macht und vielgeübten Erfahrung ist es dem Teufel möglich, die Menschen zu äffen und zu betrügen. Hieher gehören die Lügen von den Hexenfahrten der Hexen auf Besen u. dgl. und die Verwandlung in Katzen u. dgl., was ihnen der Teufel einbildet.

Kapitel 39. Ob und wie die Teufel der Menschen Gedanken wissen können. Gott allein ist der Erforscher der Herzen, die Teufel können aber aus vielen Anzeichen schliessen und erfahren, was die Menschen im Sinne haben.

Die drei nächstfolgenden Kapitel sind „von Hermann Hammelmann verzeichnet".

Kapitel 40. Wie die Teufel in die lebendigen Leiber der Menschen fahren und daselbst wirken. Der Verfasser beruft sich ausser andern, wie auch anderwärts hierbei auf Weier, De praestig. dom. lib. 1, cap. 4.

Kapitel 41. Ob und wie sie Leiber annehmen. Den Teufeln, die geistige Wesen sind, darf kein Leib zugeschrieben werden, dennoch ist gewiss, dass sie unter Gottes Zulassung eine leibliche Gestalt angenommen haben, und zwar eine sichtliche und greifbare, die zu leiblichen Werken bequem ist. Dies zeigt auch die Versuchungsgeschichte. Der Teufel kann sich in Schweine, Hunde, Katzen und andere Gestalt verkleiden.

Kapitel 42. Ob sie auch Incubi und Succubi werden. Darüber ist grosser Streit unter den Gelehrten. Nach Luther sind die Incubi und Succubi Teufel. [1] Nach des Verfassers Ansicht kann es aus der Schrift nicht bewiesen werden, dass die Teufel Incuben und Succuben werden können. Die Fortpflanzung der Teufel will der Verfasser auf sich beruhen lassen, die durch gestohlenen Samen kommt ihm nicht glaublich vor, wahrscheinlicher ist ihm, dass sie die Leiber aus der Luft nehmen. Was die Wechselkinder betrifft, so sind nur die Kinder der Ungläubigen des Teufels, nicht die der Gläubigen, die ihre Kinder stets dem Herrn befehlen. Nur den Ungläubigen kann es geschehen, dass ihre Augen so verblendet sind, um ihre eigenen Kinder nicht zu erkennen.

Kapitel 43. Ob die Teufel sich in die Gestalt Verstorbener verkleiden können. Diese Frage wird mit Ja beantwortet, auf Grund der Schrift und anderer Historien.

Kapitel 44. Ob Menschen in Thiere verwandelt werden können, verweist der Verfasser nach Milichius Zauberteufel, Weier lib. II, cap. 44; lib. V, cap. 10.

Kapitel 45. Die Teufel können Träume und Nachtgesichter machen, aber teuflische Träume, wie sie die Wiedertäufer und Schwärmer haben. Durch solche teuflische Visiones werden die Menschen ins Verderben gestürzt, wie es dem Thomas Münzer begegnet ist.

Kapitel 46. Ob die Teufel Wetter machen können. Aus eigener Kraft können die Teufel weder Hagel noch Schnee, Regen und Reif bewirken, nur wenn es Gott gefällig ist und er es zulässt.

---

[1] Tischreden vom Teufel und seinen Werken.

Kapitel 47. Ob sie Milch, Butter, Brot, Wein, Bier etc.
stehlen können? Wird nicht in Zweifel gezogen, ebenso kann
der Teufel vermöge seiner Geschwindigkeit als Geist im Winter
Sommerfrüchte herbeischaffen.

Kapitel 48. Von den Hexen vnd Vnholden. So heissen
die, von welchen man gemeiniglich hält, dass sie wegen eines
gottlosen Pakts zwischen ihnen und dem Teufel entweder aus
eigenem Willen oder auf Anstiften des Teufels unter seinem
Beistande viele böse Stücke vollbringen. Man meint, dass sie
Macht haben, Wetter zu machen, das Korn auf dem Felde
zu verrücken und zu verwüsten, Krankheiten über Menschen
und Thiere zu bringen etc. Mit derlei Vorstellungen bethört
der Teufel die Christen. Wir glauben, dass dem Teufel die
aufgezählten Stücke mehrentheils zu verrichten möglich sei,
dass die Hexen und Unholden „durch natürliche Gifft" Menschen und Thieren schaden können; dagegen wird „den armen
thorhafftigen Weibern" oft viel beigemessen, ja sie „werden
auch selbst in jrer Fantasey vberredt", dass sie dies oder
jenes thun, was unmöglich ist. „Niemand", sagt Brentius [1],
„er sey Mann oder Weib, daz er mit seiner kunst oder
zäuberey ein rechts vngewitter vnd sturm in der lufft erwecken
kan. Denn wenn das den Menschen nach jhrem gefallen würd
zugelassen, so würden wir fürwar selten, ja nimmermehr one
Vngewitter, Sturm, Wind vnd Hagel seyn, so böss ist menschliche Natur, vnnd so gar geneigt schaden zu thun. Aber der
Teuffel, der da in der Lufft herrschet, wie Paulus sagt, kan
wol sehen, wenn grosse Vngewitter vnd stürme kommen werden, welche schaden thun können. Vnd wenn er das sihet,
so bewegt er der Leute gemüte, welche er gefangen helt vnd
bestrickt hat, dass sie anfangen zu zäubern, vnd jre segen
zusprechen. Wenn sie das gethan, so sich dann ein vngewitter erhebt, welchs one jr zäubern kommen were, so meynen
sie gentzlich, dass es durch jre krafft, kunst vnd zäuberey zuwege bracht sey." — Der Verfasser stellt auch in Abrede, dass
die Feldfrüchte durch Beschwören oder Verfluchen beschädigt
oder verrückt werden können. Die Hexenfahrten und was
damit zusammenhängt, werden für „eitel Fantasey" erklärt
und Dr. Luther sage mit Recht: „dass es nicht allein verbotten

---

[1] In der 31. Homil. über das Evangelium Johannis.

sey solchs zu thun, sondern auch zu glauben." Auch das
Buhlschaft treiben mit dem Teufel ist „lauter falscher wahn
vnd starcke einbildung." Ebenso wird die Verwandlung in
Thiere erklärt, da der Teufel selbst nicht im Stande sei, weder
etwas zu schaffen, noch das Geschaffene wahrhaftig zu verwandeln. Hierauf eine Erörterung über die Hölle. [1]

Dass eine Hölle sei, ist aus unsern Glaubensartikeln erwiesen:

„Er ist niedergefahren zur Hölle" ist klar, nicht tropisch,
sondern historisch zu verstehen. Der Verfasser weist hierauf auf die Geschichte von Lazarus u: a. m. Nach ihrem
Sturze sind auch die Teufel zur Hölle verdammt, wo sie Pein
haben. In diese Höllenqual gerathen auch die Gottlosen, die
dann dem Teufel übergeben sind, der seinen Muthwillen an
ihnen üben wird. Die höchste Pein der Verdammten wird
sein, dass sie von Christo weichen müssen und hören das
schreckliche Wort: „Discedite a me maledicti in ignem aeter-
num."

II.

Von des Teufels Tyrannei, Macht und Gewalt, sonderlich in diesen letzten
Tagen, durch Andream Musculum.

Der Verfasser sieht die Welt sehr im argen liegen, „das
diese jetzige zeyt darinnen wir leben, das allerletzte drümm-
lein von der Welt, und das letzte zipfflein sey, welches uns
bald auss den Henden entwischen und diesem zeitlichen und
vergenglichen Reich sein end und auffhoren geben und das
ewige unvergengkliche ansehen werde". „Ist dem aber so,
so ist auch gewiss, dass des Teuffels und aller seiner Mitge-
sellen und bösen Geistern hass, grimm, tyranney, heimliche
tück und listigkeit jetzunder mehr als je zuvor sich sey zu
vermuten." Dabei sieht sich der Verfasser veranlasst zu beweisen: dass die Zahl der Teufel nicht nur in grosser Zahl
allenthalben vorhanden, sondern auch trachten, den Menschen
mancherlei Schaden zuzufügen; dass sie mächtig und ver-
schmitzt, und unter Gottes Zulassung mancherlei Jammer
und Elend anrichten, wobei eine Menge Unglücksfälle durch

---

[1] Fol. CXXX, 6 sequ.

Ungewitter, Stürme u. dgl. angeführt werden; dass sie die Menschen äusserlich und innerlich angreifen, und ihnen nicht nur am Leibe, sondern viel mehr an der Seele schaden und ausser mit zeitlichen Sünden auch mit ewigem Jammer beschweren. Gott hat Mittel, dem Teufel und seinen Heerscharen zu wehren, dass er von seiner Gewalt nicht mehr Gebrauch mache, als Gott es zulässt, als: die Macht Gottes selbst, die der Teufel anerkennt; eine grosse Engelschar, die dem Teufel wehrt; die Eltern, welche ihre Kinder zum Guten erziehen; die Prediger, welche die Erwachsenen überwachen; die weltliche Obrigkeit, der Gott das Schwert in die Hand gegeben hat. Der Christ selbst schützt sich in der grossen Gefahr vor dem Teufel durch Gottesfurcht und einen der gemässen Lebenswandel, und wenn er etwa strauchelt oder fällt, sich schnell wieder aufrafft. Ist aber ein Angriff auf den Menschen gethan und diesem Schaden zugefügt, so sind die besten Mittel: aufrichtige Busse, nächst dieser das Gebet mit der festen Zuversicht zu dem Herrn. Das dritte Mittel ist Verachtung, die im Worte Gottes begründet ist.

III.

Der heilige, kluge und gelehrte Teufel. Wider das erste Gebot Gottes den Glauben und Christum. Aus heiliger Schrift und patre Luthero beschrieben von M. Andrea Fabricio Chemnicense, Prediger in Nordhausen.

Der Teufel wirkt unter der Form der Scheinheiligkeit, um die rechte Lehre aus der Welt zu bringen, und den Glauben im Herzen der Menschen geringer zu machen, den Glauben, dass wir todt waren in Sünden, „verloren und verdammt mit Natur und Wesen, durch den Glauben mit Christo lebendig gemacht, durch sein eigen Blut theuer erkauft seien." Der Mensch muss sich verleugnen, aus sich selbst herausgehen, sich selbst alles nehmen und Gott alles zuschreiben. Gott will haben, dass man ihm seine göttliche Ehre allein lasse, dies geschieht, wenn man sich in Gottesfurcht und Vertrauen des Herzens ihm allein ergibt. Der böse Geist verdirbt alles im häuslichen Regiment, durch den Zusatz in unserm Fleisch und Blut, der da heisset: Ego, Nos. Im Weltregiment will dieser Geist auch obenan sitzen und wie ein Gott alles zu thun haben. Das schändliche Nos und Ego richtet alles Herzeleid an. Im geistlichen Regiment in der Kirche will er sich

zu einem Gott machen, will Christum und den Glauben vertilgen, deckt die Erbsünde, dass sie niemand erkenne. — Der
listige Satan mit seiner Scheinheiligkeit wider das erste Gebot sieht die zwei Hauptstücke, nämlich den Glauben an
Christum und die Erbsünde, wie alle Ketzer an. Ueber das
Evangelium am neuen Jahrestage sagt Luther: „Peccatum
est hominis substantia in Theologia" und: „Homo massa est
perditionis". Und im ersten Theile, Genes., Kap. 2: „Sathan
magnam rem agit, ut peccatum originale neget. Atqui hoc
vere est negare passionem et resurrectionem Christi." — Die
Schrift nimmt dem natürlichen Menschen alles, und gibt
Gott alles in seine Huld und Gnade; der Satan erdichtet
aber „mitigata vocabula", wodurch der Mensch gut und tüchtig
erscheint, als könne der natürliche Mensch neben dem Heiligen
Geist aus sich selbst sich zur Gnade schicken. Wenn der
Satan nur dieses Modiculum und Conatulum des adamischen
Menschen erhält, so hat er Gesetz und Evangelium im Grunde
verderbt. — Dem Satan ist es leid, dass noch ein Mensch
auf Erden recht glaubt und selig wird, könnte er sie alle
verführen, er thäte es sehr gerne. „Die alte Schlange", sagt
Luther [1], „kan nicht allein die leiblichen, natürlichen Sinne
der Menschen, sondern auch die Hertzen und Gewissen be-
triegen, also dass sie jrrige Lehre und Opinion für recht-
schaffen und Göttliche Wahrheit annemen und behalten."

IV.
(Ist wider den Exorcismus.)

Der Bannteufel, eine wohlmeinende Warnung vor den Teufelsbeschwörern,
von Jodocus Hockerius, Prediger.

Im ersten Theile dieses Buches wird bewiesen, dass das
gebräuchliche Teufelsbannen wider Gott und unrecht sei. Die
Gründe für den Exorcismus werden widerlegt mit Berufung
auf Brentius: „Scriptura nusquam tradit publicam professio-
nem exorcizandi aut adjurandi daemones divinitus institutam
esse etc." 1) Josephus, der als Gewährsmann von den Exorcisten angeführt wird, hat viel superstitiones, und die Exorcisten unter den Juden waren ohne Gottes Wort. 2) Christus
und die Apostel haben Teufel ausgetrieben, die Apostel haben

---

[1] Genes. 21, im 3. Thl.

die Macht dazu gehabt; in der ersten Kirche waren die
Zeichen und Mirakel nöthig, durch den Tod und die Auferstehung Christi sind sie unnöthig geworden; den Geist und
die Kraft Wunder zu thun hat jetzt niemand. 3) Der Gebrauch heiliger Wörter der Exorcisten ist Misbrauch des
Wortes Gottes, das Gebet der Exorcisten ist sündlich und
Gott der Herr wird den nicht ungestraft lassen, der seinen
Namen misbraucht. 4) Wenn die Exorcisten sagen, dass ihr
Handwerk oft gelinge, so wird bemerkt, dass Gott zuweilen
auch durch falsche Lehrer Wunder geschehen lasse zur Strafe
derer, die Gottes Wort nicht achten und andern zur Warnung. Der Teufel regiert lieber die Seelen als er den Leib
besitzt, darum weicht er aus diesem leichter in der Hoffnung
jene einzunehmen mit Unglauben und Abgötterei. Darüber
Luther [1]: „Das ist dem Teufel ein geringes dass er sich lesst
ausstreiben wenn er will, auch durch einen bösen Buben,
und doch wol unausgetrieben bleibt, sonder eben damit die
Leute desto stercker besitzet und bestricket mit der schend-
lichen kriegerey“. 5) Die Exorcisten sagen, ihr Thun gereiche
Gott zur Ehre und dem Nächsten zum Nutzen; aber sie han-
deln vielmehr wider Gottes Gebot und suchen ihre eigene
Ehre und weltlich Gut. Kommen Aussprüche gegen den
Exorcismus (ausser einigen Stellen aus Kirchenvätern) von
Luther, Brentius, Bucerus, Wolfgang Musculus, Calvin,
Bullinger u. a.

Der zweite Theil des Buches handelt davon, wie man
mit Besessenen verfahren soll.

Zunächst hat man sich zu erkundigen, ob es nicht eine
natürliche Krankheit sei, die für Besessenheit gilt. Ist es
letztere, so ist sie als zeitlich Kreuz zu betrachten, vom Teufel
zugefügt. Dann müssen wir die Sache Gott befehlen und
durch tägliches Gebet im Namen Christi, und zwar nicht nur
durch Privatgebet, sondern durch Fürbitte der ganzen Gemeinde. Nüchtern muss man beten, aber nicht unter heuch-
lerischem Fasten, das einen Unterschied der Speisen macht,
sondern dass das Volk ein züchtig und nüchtern Leben führe,
das heisst christliches Fasten, wodurch man geschickt wird
zum heftigen und fleissigen Gebete.

---

[1] Ueber das Evangelium Matthäi.

V.

Der Zauberteufel, durch Ludovicum Milichium. Von Zauberei, Wahrsagung, Beschwören, Segen, Aberglauben, Hexerei und mancherlei
Werken des Teufels u. s. w.

Kapitel 1. Diejenigen, welche nichts auf Zauberei halten, thun recht, es ist aber leichtfertig zu glauben, dass es
gar keine gebe, denn ihre Existenz beweist die Schrift,
beweisen die Zeugnisse der Heiden und wird durch die Erfahrung gezeigt.

Kapitel 2. Die Zauberei besteht eigentlich darin, dass
die Menschen eine Creatur Gottes anders gebrauchen und
eine andere Wirkung darin suchen, als es Gott verordnet hat.
Dasselbe gilt von Tagen, Wörtern u. a. m. Die Theologen
unterscheiden Abgötterei von Zauberei, indem bei ersterer
die Ehre, welche Gott allein gebührt, einer Creatur zugewendet wird; eigentlich ist aber Zauberei nichts anderes als
teuflische Abgötterei, welche Gott verunehrt, da anderwärts als bei Gott Hülfe gesucht wird. Darum ist sie auch
strafbar.

Kapitel 3. Die Mannichfaltigkeit der Zauberei.

Kapitel 4. Der Ursprung der Zauberei liegt in der
Verderbniss der Natur und Verfinsterung der Vernunft. Wie
heutzutage der Teufel den Hexen zuweilen in Menschengestalt
erscheint und mit ihnen einen Bund aufrichtet, so ist es vielleicht schon dem Zoroaster begegnet, und die Zauberei, die
zuerst in Persien aufgetreten, hat sich dann weiter verbreitet.

Kapitel 5. Wer sich mit Zaubern abgibt, sucht entweder zu schaden oder etwas Nützliches auszurichten.
Der Schade betrifft den Verstand des Menschen, oder
dass dieser vom rechten Glauben abgelenkt, das Gemüth
bezaubert, Hass oder Liebe in unbändiger Weise angeregt wird; es kann aber auch der Leib durch Zauberei geschwächt, selbst getödtet werden. „Denn diss ist gewiss, dass
die Hexen etwan tüchlin, haar, fischgräten, spitzige negel und
andere Materi den Leuten in die Leiber, Köpffe oder Schenkel
zaubern." Durch Zauberei wird auch Vieh beschädigt, Wetter
gemacht, die Frucht verderbt. „Im Zaubern" wird auch
„viel dieberey begangen. Denn gewiss ist, dass die Hexen
Milch, Eyer vnd andere Speise stelen". — Der Nutzen, der
durch Zauberei gesucht wird, ist auch vielfältig. „Etliche

wöllen sich damit für dem Teufel, für Vngewitter, für Zauberey, für Hawen und Stechen und vilen Vbel bewaren."
Manche geben vor, sie können Krankheiten an Menschen
und Thieren heilen, Hunden und Wölfen die Mäuler zubinden,
Ratten und Mäuse verjagen, im Spiele nicht verlieren, sich
angenehm machen, grosse Feuer und Wasser dämpfen, sich
unsichtbar machen, Schätze suchen u. s. w. Manche geben
vor, dass sie nur zur Belustigung Zauberei lernen und treiben,
Gaukler, Spielleute, die aber eigentlich nur durch Behendigkeit ihre Stücke vollbringen, aber doch oft mit Zauberei umgehen. Man suche übrigens in der Zauberei Nutzen, Kurz-
weil oder was man wolle, so findet man doch nur Schaden,
Betrübniss, Sünde und Schande und wer sich derlei aber-
witziger Dinge befleisst, ist für einen Widersacher Gottes
und Diener des Teufels zu halten. Denn [1] solche Werke
kommen vom Teufel, welcher der Werkmeister aller Zauberei
ist, die Substanz dazu hat, da er als Geist im Augenblicke
von einem Ort zum andern kommen kann; er ist listig
und erfahren, hat die Begierde den Menschen zu schaden
und auch die Gewalt dazu, wie die Heilige Schrift bezeugt.

Kapitel 7. Von zauberischen Mitteln und Ceremonien.
(Der Verfasser lässt sich in keine Discussion ein.)

Kapitel 8. Von dem Gebrauche der Worte bei der
Zauberei.

Kapitel 9. Von der Kraft und Wirkung der Worte.
So gross die Macht des Wortes auch ist, kann man doch
keine Krankheit damit heilen, man kann mit Worten lebendige Creaturen zur Güte, Barmherzigkeit oder zum Zorn u. dgl.
anregen; aber leblose Wesen, wie Kräuter, Steine, können
nicht bewegt werden. Mit Worten tauft man Kinder, man
kann sie aber nicht zur Zauberei gebrauchen, dasselbe gilt
vom Vaterunser, dem Johannesevangelium und andern heiligen
Sprüchen. Wenn durch Christi Worte Wunderwerke geschehen sind, so ist zu bemerken, dass Christi Worte göttlich
und die Worte der Menschen sündlich und fleischlich und
zu zauberischer Wirkung nirgends verordnet sind.

Kapitel 10. Warum Worte und andere Mittel gebraucht

---

[1] Kapitel 6.

werden. Hier wird bemerkt, dass die Menschen selbst manche
Mittel erdichten, denen sie eine fremde Kraft zuschreiben,
die der Aberwitz für wahr annimmt. Manche Mittel sind
aber vom Teufel erdacht, mit denen nur derjenige etwas ausrichtet, der sich dem Teufel ergeben hat. Der Teufel hasst
Gott und ist dessen Affe, der ihm alles nachmacht, zum Theil
um seiner und der Gläubigen zu spotten, zum Theil, um die
Leute von Gott abzuführen und in Irrthum und Verwirrung
zu stürzen. Wie Gott sein Reich und alles mit seinem ewigen
Worte erhält, so will auch der Teufel sein Reich und Schelmerei mit seinen nichtigen Worten erhalten. Gott will, dass
wir seinen heiligen Namen in allen Geschäften anrufen, so will
auch der Teufel zu seinen bösen Sachen angerufen sein. So
wie das Evangelium durch die mündliche Predigt ausgebreitet,
der Leib durch Speise gesättigt werden muss, Gott also
Mittel gebraucht haben will, so lässt auch der Teufel zur
Zauberei mancherlei ungewöhnliche Mittel gebrauchen und
ziert sie mit Worten und Geberden. Dadurch werden die
Leute mehr zur Zauberei gereizt. Wird durch die Zaubermittel etwas bewirkt, so hat der Zauberer keine Entschuldigung, denn obschon es durch den Teufel geschieht, thut
dieser es nicht um seinetwillen; wirkt die Zauberei nicht, so
bleibt der Teufel ohne Schuld, diese kommt auf die unrich-
tige Handhabung des Mittels.

Kapitel 11. Der Teufel und die Zauberer vermögen
nur so viel als Gott zulässt, denn Gottes Gewalt geht über
alles, ihm ist nichts verborgen, was der Teufel und seine Gesellen
im Sinne haben, es ist Gottes gnädiger Wille sich dem Teufel
und seinen Werken zu widersetzen, und hat darum seinen
Sohn in die Welt gesandt. Es haben schon die Heiden die
Zaubermacht nicht geachtet, um so viel weniger soll der
Christ sich vor ihr fürchten, sondern sich unter den Schirm
Gottes geben.

Kapitel 12. Was für Werke dem Teufel möglich und
unmöglich sind. Die Werke des Teufels sind entweder nur
Spuk- und Blendwerke, oder sie sind wirkliche, wahrnehmbare Zeichen, die oft auf natürliche Weise geschehen. Denn
alles was die Natur vermag, ist auch dem Teufel möglich.
Unmöglich ist aber dem Teufel etwas zu schaffen, oder etwas
Geschaffenes zu vermehren oder zu vergrössern, oder einem

natürlichen Dinge eine neue Gestalt zu geben, menschliche
Gebrechen zu heilen, Todte auferwecken, zukünftige Dinge
vorher zu wissen. Wenn es dem Teufel bisweilen möglich
wird, übernatürliche Wunderwerke zu verrichten, so geschehen
diese nicht durch seine Macht, sondern durch Zulassung und
Kraft Gottes.

Kapitel 13. Gott erlaubt dem Teufel Wunder zu thun:
damit die Gläubigen einsehen lernen, dass an der Lehre des
Evangeliums mehr gelegen sei als an Zeichen, weil auch der
Teufel solche thun kann; damit die Gläubigen geprüft werden
und Uebung haben ihren Glauben zu offenbaren.

Kapitel 14. Wenn der Teufel den Gottlosen Schaden
zufügt, so geschieht dies zu ihrer Strafe, wobei der Teufel
den Scharfrichter macht. Wenn Gott zulässt, dass der Teufel
die Frommen angreife, so geschieht es zu ihrer Prüfung. Zu
bemerken ist aber, dass er diese nicht tödten kann, wol aber
kann ein Sünder durch Zauberei getödtet werden. Darum
sollen die Gläubigen im festen Vertrauen auf Gott sich dem
Teufel widersetzen.

Kapitel 15. Von der Zauberei, welche φαρμαχεία genannt wird; sie ist eine Todsünde.

Kapitel 16. Von der γοητεία; sie ist eitel Blendwerk.

Kapitel 17. Von den Verwandlungen der Menschen
und anderer natürlicher Dinge. Diese beruhen auf Einbildung
der Menschen.

Kapitel 18. Von den Beschädigungen der Leiber an
Menschen und Vieh. Hierbei ist alles von der Zulassung
Gottes abhängig, unter welcher der Teufel auf tausenderlei
Weise Menschen und Vieh beschädigen kann.

Kapitel 20. Von dem Milchstehlen. Wird als gewöhnlicher Diebstahl der Hexen mittels des Teufels erklärt.

Kapitel 21. Von dem Hexenfahren in der Luft. Die
Meinung derjenigen, dass der Teufel die Hexen in schweren
Schlaf versetze und ihnen derlei im Traum einbilde, ist nicht
zu strafen, daneben wird aber zugegeben, dass der Teufel
mit den Hexen und Zauberern Versammlungen veranstalte,
und wenn er sie durch die Luft führt, es unter Gottes
Zulassung geschehe. Es ist gewiss, dass sie mit ihm im Bündniss stehen, denn es ist dem Teufel daran gelegen, den Bund

bei solchen Versammlungen zu erneuen. Es wird auf Jakob
Sprenger [1] verwiesen.

Kapitel 22. Von den Incubis und Succubis. Die Buhlschaft der Hexen mit dem Teufel wird für möglich gehalten,
unter Hinweisung auf Augustinus. [2] Ob Kinder vom Teufel
erzeugt werden können, sollte ein Christ nicht nachgrübeln,
da solche Spitzfindigkeiten gar nichts fruchten.

Kapitel 23. Von den Lamiis und Wechselkindern.
Dass gestohlene Kinder von den Lamiis oder Unholden ge-
fressen worden, ist ein falscher Wahn. Was die Verwechselung
der Kinder betrifft, hält der Verfasser dafür, dass der Teufel
Kinder wegnehmen, andere oder sich selbst in Kindesge-
stalt hinlegen könne, dass die Augen der Aeltern zuge-
bunden werden, daher sie ihre Kinder nicht erkennen.

Kapitel 24. Von denen, welche ihre Söhne und Töchter
durchs Feuer führen, und Kapitel 25, von den Weissagern,
sind ohne Bedeutung.

Kapitel 26. Ob der Teufel künftige Dinge wissen und
verkünden könne, wiederholt schon früher Gesagtes.

Kapitel 27. Die Tagwählerei wird verworfen.

Kapitel 28. Die Astronomie und Astrologie ist eine
vortreffliche Kunst, die Prognostica der Astrologen sind aber
nicht unfehlbar, sondern dem Willen Gottes unterworfen.

Kapitel 29. Die .pharisäische Tagwählerei, wonach
manche Tage heiliger sein sollen, oder gewisse Stunden zum
Gebete tauglicher gehalten werden, wird verworfen. Dem
Christen sollen alle Zeiten gleich heilig und gut sein, er soll
sich jeden Tag und jede Stunde heiligen.

Kapitel 30. Von den Auguren. Sie werden in der
Schrift verboten. Wenn die Auguria öfter eingetroffen sind,
so ist es durch den Teufel geschehen.

Kapitel 31. Zauberer und Schwarzkünstler gehören in
eine Zunft, beide machen ihre Sache durch den Teufel, und
sind Feinde Gottes.

Kapitel 32. Von den Beschwörern; diese stehen mit
dem Teufel im Bunde. Das Gebet ist eine demüthige Bitte,

---

[1] Malleus malef., pars II, cap. 13.
[2] De civ. D., lib. 15, cap. 23.

wobei die Gewährung im Willen dessen steht, den man bittet.
Die Beschwörung ist eine trotzige Aufforderung und will
gewährt sein. Zu den Beschwörungen Gottes rechnet der
Verfasser: Agnus Dei, Sanct-Johannes-Evangelium an den
Hals hängen, wodurch Gott die Gewährung abgenöthigt
werden soll, Ablassbriefe und Gebete der Mönche, wodurch Gott beschworen wird. Ebenso verwerflich sind die
Besprechungen von Dingen, dass sie etwas bewirken sollen,
als: Kräuter, Salz, Kuchen, Lichter, Wachs u. dgl. weihen.
Zur dritten Art gehören die Beschwörer des Teufels, dass
er erscheine, oder der Schlangen, oder die den Teufel
durch Zauberei austreiben. Ob den Predigern erlaubt sei,
Teufel auszutreiben? Darauf antwortet der Verfasser: „Dass
sie darzu nit, sonder Gottes Wort zu predigen vnnd die
Sakramente ausszutheilen beruffen sind." Paulus fordert nicht
von einem Prediger, dass er Teufel austreibe, sondern dass
er lehrhaft sei, und wenn Christus und die Apostel Teufel
ausgetrieben haben, so ist es durch ihren besondern Beruf
geschehen. Wenn die Prediger heutigentags Christo und
den Aposteln alles nachthun sollten, so müssten sie auch
Todte auferwecken und andere Zeichen thun.

Kapitel 33. Die Wahrsager um Rath zu fragen, ist
verboten in der Schrift. Von diesen sind zu unterscheiden
die Weissagungen der Schrift; zulässig sind die Weissagungen
aus natürlichen Dingen: aus dem Himmelslauf und den Gestirnen, aus dem Gewölk, Kometen und andern Meteoren, aus
Bewegungen und Eigenschaften der menschlichen Leiber, der
Thiere, u. dgl. Aber auch hierbei soll man vorsichtig und
nicht aberwitzig sein. Die Chiromantie hingegen ist nur für
eine Zigeunerkunst zu halten.

Kapitel 34. Die Zeichendeuterei ist Aberglaube, und
solcher Aberglaube ist zauberisch, der Ordnung Gottes zuwider, daher in der Schrift verdammt.

Kapitel 35. Traumauslegung gründet sich auf Aberglauben. Träume, die von der natürlichen Beschaffenheit des
Menschen abhängen, sind ohne Bedeutung. Nur göttliche
Träume, die von Gott kommen, sind glaubwürdig. Teuflische
Träume hat der Teufel vor Zeiten in den Heiden, und in unsern Tagen in den Ungläubigen und Gottlosen bewirkt. Nur
auf die göttlichen Träume, „welche langsam vnd sehr wenigen

fürkommen", soll ein Gläubiger halten, das übrige Traum-
werk soll er sich aus dem Sinn schlagen und mit dem Teufel
für Eitelkeit halten.

Kapitel 36. Alle Art von Nekromantie ist verdammt,
sowie auch die, welche „in der Mattheis-Nacht Sanct-Mattheissen
um Rath fragen", oder welche auf Sanct-Andreastag sich
segnen in des Teufels Namen, damit ihnen ihr eigen Gespenst oder Geist erscheine. Es ist lauter „verlornes nichts
söllendes Teuffelswerk".

Kapitel 37. Von den Schatzgräbern. Schatzgraben ist
voll Sünde und gefährlich. Denn Schätze werden vergraben
von solchen, die das Geld für ihren Abgott halten, oder aus
teuflischer Abgunst, die das Geld keinem andern gönnt, oder
den Erben stiehlt, den Armen nicht helfen will. Es ist bei
alledem zu vermuthen, dass diese Schätze der Teufel in Verwahrung halte, daher bei dem Schatzgraben gewöhnlich
Teufelsspuk vorkommen soll und manche Leute dabei gar
getödtet werden. Das Schatzgraben ist mit Gefahr verbunden und gegen Gottes Gebote, seine Vorsehung, seine Güte
und Verheissung. Die Schatzgräber sündigen auch gegen
ihren Beruf, da sie in Gottesfurcht durch Arbeit ihre Nahrung erwerben sollten, ebenso gegen die Taufe, wo sie dem
Teufel und seinen Werken abgeschworen haben, und ihnen
doch wieder verfallen sind.

Kapitel 38. Wie man wider die Zauberei predigen
soll. Obschon etliche „naseweise Prädicanten" meinen, man
solle nicht viel über Zauberei predigen, da doch nicht jeder
wisse, was sie sei und ob sie sei, und die Leute erst darauf
hingelenkt würden, so hält es der Verfasser doch für nöthig,
dass der Prediger die Zauberei mit ihrem ganzen Apparate
fleissig erkläre, damit die Leute lernen, was Zauberei und wie
mannichfaltig sie sei, und wie damit wider Gott gesündigt
werde. Alle Zauberei besteht, wie schon gelehrt worden, in
Bündnissen des Teufels, in Wahrsagerei und im Aberglauben. Im Bündniss mit dem Teufel sind alle Schwarzkünstler, Beschwörer, Zauberer, Hexen, Milchdiebe, Wetter-
macherinnen und solches Gesindel mehr. Diesen muss gepredigt werden von den Werken des Teufels und seiner Gewalt, die aber ohne Gottes Zulassung nichts vermag. Ueber
die Wahrsager muss man das Volk unterrichten, da es ihnen

zu viel zugibt, man soll den Unterschied der göttlichen natürlichen und teuflischen zauberischen Weissagungen erklären.
Den Aberglauben zu strafen erfordert aber viel Vorsicht.
Ueber den Aberglauben, der in Worten besteht, hat der Prediger das Volk zu unterrichten und auf den Misbrauch aufmerksam zu machen. Den Aberglauben in Bezug auf leibliche Mittel, z. B. Weihwasser, Kerzenwachs, Kräuter,
Agnus-Dei, Glockengeläute u. dgl. hat der Prediger mit
Vorsicht zu bekämpfen und es nicht gar zu genau damit zu
nehmen, und soll alles mit Bescheidenheit thun, die Umstände
und die Personen berücksichtigen.

Kapitel 39. Dass die Obrigkeit der Zauberei wehren
soll, lehrt die Schrift. Am Leben sind zu strafen alle, die
mit dem Teufel im Bündniss stehen, sie mögen Zauberer,
Schwarzkünstler, Beschwörer, Wahrsager, Hexen, Nekro-
manten oder wie immer heissen. Mose sagt: „Die Zauberer
sollt ihr nicht leben lassen", damit ist angezeigt, dass man
Feuer oder Schwert oder auch andere Waffen gebrauchen
könne. Die Obrigkeit hat aber zu sehen, dass sie selbst keine
Zauberei gebrauche oder brauchen lasse, um den Greuel nicht
zu fördern. Wenn man die Hexen in Bütten oder Fässer
setzt, sie auf Wagen bindet, damit sie die Erde nicht berühren,
so ist dies „eine zauberische Fantasey vnd kompt von niemand denn von dem Teufel, welcher gern machen wolt, dass
sich jederman für den Zauberinnen förohten solt". Daher
findet der Verfasser den Scharfrichter zu loben, der neulich
in einer Stadt eine verurtheilte Hexe auf der Erde bis zum
Rabenstein führte, wo er sie vom Teufel ungehindert zu
Asche verbrannte. — Mit Geldstrafe zu belegen oder mit
Gefängniss oder Exil zu bestrafen sind alle, welche Wahrsagern oder Zeichendeutern nachlaufen, sowie die den Aberglauben öffentlich vertheidigen. Der Verfasser erinnert an
die ungetreuen Hebammen, welche zauberische Werke fördern, er lenkt auch die Aufmerksamkeit der Obrigkeit auf
die Spieler, die durch Zauberei gewinnen oder verlieren können, und diejenigen, welche mit Teufelskünsten das Geschütz
beschwören, dass sie treffen wen sie wollen, oder dass der
Schuss des andern fehle. Denn es geschieht sehr viel Zauberei, die unbemerkt hingeht und vom Haufen als herrliche
Kunst gepriesen wird; von den Regenten aber, die ihrem

Amte getreulich nachkommen, nicht geduldet werden soll. Privatpersonen sollen dem Teufel fest widerstehen im Glauben, die Anfechtung des Teufels mit christlicher Geduld überwinden. Wenn einer oder sein Gesind oder Vieh am Leibe beschädigt wird, soll er natürliche Arznei anwenden; kann er die Hexe, die solches gethan, überweisen, soll er sie bei der Obrigkeit belangen. Wenn aber etliche am Tage Philippi Jacobi vor Sonnenaufgang Stöcke und Ruthen unter besondern Ceremonien holen und an einem bestimmten Tage des Morgens ins Teufels Namen aufstehen und alles, was sie thun, als des Teufels Walten betrachten und danach schlagen, um den Teufel oder die Hexe zu treffen u. dgl., so ist dies ein Greuel, und die solches thun, sind der Schläge oder des Feuers mehr werth als die Hexen. Hierher gehören auch die Künstler, die abwesend den Leuten die Augen ausschlagen, indem sie auch den Teufel zu ihrem Bundesgenossen haben.

VI.

Der Fluchteufel. Wider das unchristliche, erschreckliche und grausame Fluchen und Gotteslästern. Eine Vermahnung und Warnung.

Der Verfasser klagt über die Bosheit der Welt, die aufs höchste gestiegen. Bei jedem ist fast das dritte oder vierte Wort eine Gotteslästerung, wobei die Kinder aufwachsen, denen das Fluchen bald geläufiger wird als die Artikel des Glaubens. Die Gotteslästerung ist eine Sünde und grosse Verschmähung des grossen Werks und Geheimnisses der Menschwerdung des Sohnes Gottes. Darum hat sich auch der Satan vom Anfang an gegen die Vereinigung der zwei Naturen in einer Person aufgelehnt, und hat keine Ruhe gegeben, bis er den Messias ans Kreuz und vom Kreuze ins Grab gebracht hat. Nachdem aber die Kirche und das ganze Reich Christi auf der Vereinigung der zwei Naturen in einer Person gegründet ist und auf diesem Bekenntniss besteht, so ist es dem Teufel auch um dieses Bekenntniss zu thun, und er setzt alles daran, dies Fundament zu fällen und sein eigenes Reich auszubreiten. Da Gott aus Liebe zur Welt seinen eigenen Sohn zu uns herabgesandt, der sich mit unserm Fleisch und Blut vereinigt hat und Mensch worden ist blos darum, dass alle, die an ihn glauben, nicht verloren gehen u. s. w., so mögen die Gotteslästerer bedenken, ob sie sich nicht schmäh-

licher an dem Sohne Gottes vergreifen, als es von irgend-
welchen Ketzern, Rotten und Sekten geschehen sein mag.
Die Gotteslästerung ist auch eine Sünde wider das Werk
unserer Erlösung durch das Leiden und Sterben unsers Herrn
Jesu, den die Gotteslästerer schmählicher martern und morden,
als die Kriegsknechte zu Jerusalem gethan haben. Auch
gegen das Erlösungswerk hat sich der Satan aufgelehnt, indem er es durch Misverstand und Ketzerei zunichte und
unfruchtbar zu machen suchte. — Die Gotteslästerung ist eine
Sünde wider das ganze Amt des Heiligen Geistes und wider
den dritten Artikel unseres christlichen Glaubens. Sie ist
eine Sünde gegen die heilige Taufe, indem die Gotteslästerer
an Gott, dem sie sich in der Taufe zugesagt haben, mein-
eidig werden. Sie ist eine Sünde wider das hochwürdige
Sakrament des Leibes und Blutes unsers lieben Herrn Jesu
Christi.

VII.

Der Tanzteufel. Wider den leichtfertigen, unverschämten Welttanz und
    die ehrvergessenen Nachttänze, durch Florianum Daulen von Für-
    stenberg.

Der Verfasser klagt darüber, dass mehr Wirthshäuser
als Kirchen gebaut werden. Die Ursache davon ist die Verachtung des Wortes Gottes. Auch hat der Geizteufel überhand genommen, wo jeder Geld zusammentreibt und von den
Wirthshäusern Gewinn zu erreichen sucht. In den Wirthshäusern wird vornehmlich dem Teufel sein Dienst mit gar-
stigen Tänzen dargebracht. Die Wirthshäuser, ursprünglich
zur Aufnahme Fremder errichtet, werden misbraucht, Spieler,
Säufer, Tänzer plagen die fremden Gäste durch Lärmen,
Tanzen und Springen, je mehr dagegen gepredigt wird, desto
ärger werden die Tänze tief in die Nacht fortgesetzt. Wenn
die Obrigkeit Massregeln dagegen ergreifen will, so rennen
die Wirthe und schreien über Schmälerung ihres Verdienstes,
beschenken den Miethsherrn oder die Miethsfrau, dass sie
ihnen zu Gefallen thun. Zuweilen sind die Pfarrherren selbst
lässig und lassen ihre Töchter oder ihr Gesinde an den
Tänzen theilnehmen; sind aber die Pfarrherren treu und
strenge, so geht das Lästern los. An manchen Orten herrscht
der Brauch, dass die Mägde erst am Abend zum Tanze
laufen, welcher teuflische Tanz nicht geduldet werden soll.

Mütter führen ihre Töchter wol selbst zum Tanz, und freuen sich, wenn diese recht herumgeschwungen werden, es gibt auch Mütter, die meinen, ihre Töchter würden ohne Tanz keinen Mann bekommen. Auch Witwen sind so toll wie junge Mägdlein. Ueber viele Arbeit wird geklagt, aber nimmer über den Tanz. Dies alles bewirket der leidige Tanzteufel, dem sie dienen. Dieser verleitet die Söhne und Mägde zur Putzsucht, um beim Tanze schönstens zu erscheinen, die Dienstboten werden hoffärtig und wollen es nachmachen, fordern grossen Lohn. Ermahnungen an Knechte, Mägde, Prediger. Ermahnung, wider den Tanzteufel. Erinnerung, dass man in der Taufe durch die Pathen dem Teufel abgesagt hat und allen seinen Werken und Wesen.

VIII.

Gesindeteufel, von M. Peter Glaser, Prediger zu Dresden.

Der Teufel bildet dem Gesinde die Süssigkeit des Müssiggangs und der Freiheit ein, dieses sollte aber bedenken, dass Müssiggang sündhaft ist. Der Müssiggang ist nicht nur an sich Sünde, er verleitet auch zu allerlei Sünden. Darum ist dem Teufel wol bei einem Müssiggänger, weil er ihn eher als einen Arbeitsamen zu Sünden bringen kann. Dem Fleissigen wird in der Schrift der Segen Gottes verheissen, der Müssiggänger mit dem Fluche Gottes bedrohet. Der Müssiggänger wird von allen ehrlichen Christen verachtet. Der Teufel überredet das Gesinde, welches dienen muss oder will, dass es lieber bei Gottlosen diene, und bildet ihm ein, dass es mehr Gewinn davon habe. Wenn das Gesinde sich zum Dienste versprochen hat, treibt es der Teufel an, dass es wieder aufkündige, oder wenn es schon im Dienste ist, nicht bleiben solle, und wenn es im Dienste bleibt, diesen nicht ordentlich versehe. Der Teufel hetzt die Dienstboten gegen ihre Herrschaft auf.

IX.

Der Jagdteufel. Durch M. Cyriac. Spangenberg.

Das Jagen soll in Gottesfurcht, ohne Gotteslästerung geschehen, ohne andern Leuten zu schaden, ohne Nachtheil des Ackerbaus, es soll nicht Ursache zum Krieg geben, sondern zu unvermeidlichem Krieg tüchtig machen, es soll zur Er-

quickung des Gemüths dienen u. s. f. Es gibt auch ein gott-
loses, unchristliches Jagen, wenn Gotteslästerung dabei geschieht, arme Unterthanen unterdrückt, deren Aecker verwüstet
werden. Besonders wird an den Jägern getadelt, wenn sie
der Jagd wegen die Predigt versäumen, wenn sie unmensch-
lich wüthen u. dgl. Die Jagden sind nicht nur mit Gefahr
verbunden, es haben sich oft manche Schändlichkeiten dabei
zugetragen, sind Ursache von mancherlei Uebel, veranlassen
grosse Unkosten. Die wahre Jagd des Christenmenschen soll
sein nach Gerechtigkeit, Gottseligkeit, dem Glauben, der Liebe,
Geduld und Sanftmuth, „das soll unser Wildpret sein und
solchs heisst ein rechte Christliche geistliche jagt."

X.

Wider den Saufteufel. Von M. Matth. Friedrich zu Görentz.

Die Menschen sollen sich vor dem Saufen hüten, denn es
ist wider Gottes Gebot, und wird Gott die Säufer zeitlich und
ewig strafen. Wir sind keinen Augenblick vor dem Tode
sicher und kein Trunkenbold wird in den Himmel kommen.
Durch Saufen wird der Mensch zum unverständigen Narren,
es ist auch Ursache von allerlei Sünden, bringt Schaden an
Ehre, Leib und Gut. Aus diesen Gründen ist das teuflische
Laster zu meiden.

In dem beigefügten: „Des hellischen Satans vnd der
Stende seines Reichs Sendbrieff an die Zutrincker", ist
die Aufforderung gegeben, sich vom Brauche des Zutrinkens
nicht abwendig machen zu lassen durch das Vorgeben, dass
solches ewige Pein bringe, auch nicht durch das Edict, das
der römische Kaiser Maximilian ergehen liess, sich nicht zu
kümmern um das Predigen wider das Zutrinken.

Hierauf folgt eine „Instruction des Satans" wie die ge-
übten Zutrinker andere dazu bewegen sollen. — Beide Schrift-
stücke haben einen humoristischen Anflug.

XI.

Vom Eheteufel, durch M. Andr. Musculum.

„Ein sehr nützliches Büchlein, wie man den heimlichen
Listen, damit sich der leydige Satan wider die Ehestifftung
aufflehnet, auss Gottes Wort begegnen vnd den Ehestandt

Christlich anfahen, friedlich darinn leben vnd glücklich vollenden möge."

Hierin wird gezeigt, wie nach der Weltschöpfung der
Ehestand von Gott gestiftet worden und wie Gott seinen „Rathschlag" den Menschen eingepflanzet, der Satan aber, nun Gottes abgesagter Feind, aus Neid mit seinen Genossen auch zu
Rathe gegangen, den göttlichen Rathschlag zunichte zu machen,
damit sich jeder vor der Ehe hüte und zur unordentlichen
Vermischung greife. Wie der Eheteufel den Rathschlag Gottes' verwirrt oder den Menschen gar aus den Herzen reisst,
das erfahren wir an den Mönchen und Nonnen und aus
vielen Historien. Der Eheteufel stört die Ehe durch Unfriede,
verleitet zum Ehebruch, er stiftet unpassende Ehen, wobei auf
Geld u. dgl. gesehen wird, gibt den Weibern das Regiment
in die Hand, bewirkt, dass das Weib das Haus und die Kinder vernachlässigt und der Mann dem Weine nachgeht.

XII.
Wider den Hurenteufel, durch Andr. Hoppenrod.

Die vornehmste Ursache aller Sünde und Schande und
namentlich der Unzucht und Hurerei ist der Satan, denn er
ist ein unreiner und unflätiger Geist. Er gebraucht mancherlei Mittel. Er nimmt den Menschen Gottes Gebote aus den
Herzen oder verkehrt sie wenigstens, er bildet die Schönheit
einer Person ein, reizt durch Geld und Gut, dringt auf die
Wollust des Leibes, blendet die Menschen mit Geheimhaltung u. dgl. Die zweite Ursache der Unzucht liegt in der Natur
des Menschen, in der Verderbtheit des Verstandes und des
Herzens. Unsere böse Natur wird aber nur gebessert durch
den heiligen Geist, der nur denen gegeben wird, die Gottes
Wort hören. Die dritte Ursache ist die böse Kinderzucht,
wo die Aeltern allen Muthwillen der Kinder gestatten. Die
vierte Ursache ist die Nachlässigkeit der Herrschaft in dem
Haushalte und in Bezug auf das Gesinde. Die fünfte Ursache,
dass Mann oder Weib das Aufsehen vermeiden wollen. Die
sechste Ursache ist die Nachlässigkeit der Obrigkeit, dass sie
nicht straft. Ferner: böse Gesellschaft, unzüchtige Oerter,
Nachttänze, helfen auch die Schelmerei anstiften.

Im andern Theile wird gezeigt, warum solche Sünde und
die Anreizung dazu vermieden werden soll.

XIII.

Der Geiz- und Wucherteufel, durch Albertum von Blankenberg.

Nach einer langen Reihe von Sprüchen aus dem A. und
N. T., die auf Geiz und Wucher Bezug haben, schliesst der
Verfasser mit einem Vergleiche seiner Zeit mit der unter den
Propheten bei den Juden. Die Liebe ist erkaltet, Niemand
hilft den Armen, Geiz und Wucher hat die Menschen einge-
nommen. Christus hat befohlen, umsonst zu leihen, aber die
vermeinten christlichen Junker und Wucherer achten seines
Wortes nicht, sondern werden aus Christen natürliche Juden.

XIV.

Der Schrapteufel. Von Ludwig Milichius.

Erster Theil. Was man der Obrigkeit schuldig ist. Zweiter Theil. In welchen Dingen die Obrigkeit sträflich ist, wenn
sie gegen die Unterthanen zu viel thut. Wird die Verschwendung der Grossen nach Einzelheiten dargestellt. Dritter Theil.
Was die aufgezählten „Beschwerungen und Schraperey bey
dem Volck aussrichten." Vierter Theil. Was die Schrift der
„Schinderey und den Schrap-hansen" für Namen gibt. Fünfter Theil. Wie sich Gott der armen Unterthanen annimmt.
Sechster Theil. Wie Gott die Herrschaften, die ihren Unterthanen so schwere Bürden aufladen, hart bestraft. Siebenter
Theil. Durch welche Sünden das Volk die Schraperei und die
vielen Beschwerden verdient, und den Zorn Gottes auf sich
ladet.

XV.

Der Faulteufel. Wider das Laster des Müssiggangs, durch Joachim West-phalum.

Der Verfasser unterscheidet nach dem Vorgange des Johann Brentius einen doppelten Müssiggang, einen ehrlichen,
dem sich ehrliche fromme Leute überlassen, nachdem sie fleissig
gewesen sind, und einen schändlichen, dem sich die faulen zur
fleischlichen Wollust ergeben. Erster ist nicht nur erlaubt,
Gott gebietet ihn sogar in dem Gebote vom Feiertag. Wenn
wir im Herzen Jesum Christum feiern, sind wir nicht müssig.
Der faule Müssiggänger hingegen misbraucht die Ruhe, er
sucht nur Wollust. Den faulen Müssiggang müssen wir meiden, denn er ist wider Gottes Gebot und bringt daher mancherlei Schaden. Er schadet der Seele, indem er eine Sünde

ist, entzündet stets die Lust zur Schwelgerei. Er schadet auch
dem Leibe. Er bringt ferner Schande und führt zu andern
Lastern und zu Armuth.

XVI.

Wider den Hoffartsteufel, durch Joachim Westphalum und M. Cyriacum
    Spangenberg.

Es ist ein altes Sprichwort: dass das gute Beine sein
müssen, die gute Tage ertragen können. Denn wenn dem
Esel zu wohl ist, geht er auf's Eis tanzen. So gehet es auch
mit den Menschen. Bei uns stolziert nun auch der Hoffartsteufel, der aus Welschland und Frankreich zu uns herüberge-
kommen ist. Es kommt aber der Hoffartsteufel nicht allein
und nicht verborgen, sondern lässt sich mit seinen Werken
sehen. Diese sind Verachtung, Verfolgung und Misbrauch
des göttlichen Worts, Eigennutz, Wucher, Geiz, Hader, Krieg
und Mord. Darauf ist Gottes ernstliche Strafe zu erwarten.
Der Hoffartsteufel ist ein stolzer höhnischer Geist, der alles
leicht verspottet. Definition des Stolzes; — vom geistlichen und
weltlichen Stolz. — Aller Stolz und alle Hoffart kommt ursprünglich vom Teufel, der selbst aus Hoffart gefallen ist, und
als er sich über und wider den Sohn Gottes erhoben hat, aus
dem Himmel gestossen worden ist. Nachdem der Satan die
Hoffart den ersten Aeltern eingeträufelt hat, sind wir darin
empfangen und geboren und wird uns in der Geburt angeerbt,
daher sich die Hoffart in allen Menschen regt. Es ist aber
Schande dem Teufel als dem Feinde Gottes und Stifter alles
Bösen zu folgen, daher man den Stolz meiden soll, und auch,
weil aus dem Stolze viele andere Sünden und Laster entstehen.
Diese führt der Verfasser als Aeste und Zweige an, die aus
dem Baume „Hoffart" hervorwachsen. Der Stolz ist ferner
zu meiden, weil ihn Gott hasst, daher er in der Heiligen Schrift
mit vielen hässlichen Namen belegt wird. Der Verfasser führt
eine Reihe von Wahrzeichen der Hoffart an und erörtert namentlich die verschwenderische Kleiderpracht, sowol der Männer als der Weiber, das Schminken, er spricht von der leichtfertigen „Vnbestendigkeyt der Kleidung" u. dgl. m. Weil die
Hoffart und der Stolz ein Gift des Teufels ist, womit er die
Menschen vergiftet und zum ewigen Tod führt, ist es nöthig
eine Arznei dagegen zu suchen, diese ist: der Herr Jesus

Christ durch den Mund des Glaubensgenossen, Demuth, die
Erinnerung an die Kürze des Lebens etc.

XVII.

Vom zuluderten, zucht vnd ehrerwegenen, pluderichten Hosenteuffel, Ver-
manung vnd Warnung. Durch D. Andream Musculum.

Der Sünde Sold ist nicht allein der Tod, sondern alles
Unglück überhaupt, und Gott lässt neben der Sünde auch
seinen Zorn und seine Strafe wachsen. In der letzten Zeit ist
die Sünde aufs höchste gestiegen und darum auch das allgemeine Elend. Der Verfasser findet es nöthig, die Ursache
aufzudecken, und beschränkt sich allein auf den „Hosenteufel",
der sich in seinen Tagen erst aus der Hölle begeben, und den
jungen Gesellen in die Hosen gefahren ist. Die Pluderhosen
geben Anlass zur Unkeuschheit, und sind gegen Gottes Ordnung, sind gegen die heilige Taufe, wider das vierte Gebot,
wider Gebrauch und Recht aller Völker auf Erden, wider unsere Religion, wider das Ebenbild Gottes, danach der Mensch
geschaffen ist, wider die Wolfahrt der deutschen Nation.

XVIII.

Der Spielteufel. Durch H. Eustachium Schilde.

Ist „ein gemein ausschreiben", das die Spieler Brüder-
schaft ergehen lässt. Der Spielteufel, der sie beschützt
und vom Fürsten dieser Welt ausgesandt worden, ist ihr
Abgott, und werden durch das Ausschreiben diejenigen aufgefordert, die sich unter seinem Schutze in den Orden aufnehmen lassen wollen. Das wüste Leben der Spieler wird
geschildert; ihr Oberster ist „der Spielteufel", zu dem sich
der „Frass- und Saufteufel" gesellt, und auch der „Possen-
reisser und Lachteufel" bleibt nicht aus, und heimlich schleicht
der „Sauwrteuffel" herbei, wenn sie verspielen, dazu kommt
der „Haderteufel", „der Schwerenteuffel", der zum Schwören
anreizt, „der Nächtteuffel", der nicht zur rechten Zeit heim-
gehen lässt; „der Lügenteufel", zuletzt „der grobe Vnflat",
der das Spiel zerstört.

XIX.

Der Hofteuffel. Das sechste Kapitel Danielis, den Gottesfürchtigen zu
trost, den Gottlosen zur Warnung, Spielweiss gestellet, vnd in Reimen
verfasset, durch Joh. Chryseum.

Nach damaligem Brauche der Dramendichter schickt der

Verfasser seinem fünfactigen Drama eine Vorrede voraus, worin er den Inhalt sowol als auch woher er diesen entlehnt
hat, anzeigt.

> Vnd ist der Titel darumb worden genannt
> Hofteuffel, dieweil hie wirt erkannt,
> Auss Daniel was macht vns krafft
> Der Teuffl zu weiln zu Hof auch hat.

> — — — —

> Weil es denn zwar thut fehlen nicht
> Zu vnsern zeiten ist diess Geschicht,
> In Rheim verfasst, Spielweiss gemacht,
> Den frommen Leutn zu trost erdacht.

Er schliesst seinen Prolog mit dem üblichen Zuruf an die
Zuschauer:

> Jetzt wöllt still sein vnd hören an,
> Was disr wil bringen auff die ban.

Personen:

Darius, der König.	Hanania,
Josaphat, der Kantzler.	Misael, } Daniels Freunde.
Aspennas, Kämmerer.	Asaria,
Heroldt.	Hofteuffel.
Zwei Trabanten.	Oncogenes, ein Cardinal.
Lakay.	Licinius, ein gewaltiger Fürst.
Henger oder Profoss.	Cambyses, ein Fürst.
Narr.	Pyromachus, ein Bischoff.
Daniel.	Hybristes, Pyromachi Diener.
Sibilla, Daniels Weib.	Blepsidemus, ein Kundschaffter.
Salomon,	Dystyges, } zween bedrängte
Joseph, } Daniels Kinder.	Baripemon, } Menner.
Ben Jamin,	

Der Anachronismus, der aus der Personenliste in die
Augen springt, wonach am Hofe des Königs Darius ein römisch-
katholischer Cardinal und ein Bischof erscheinen, ist weniger
als poetische Licenz, sondern vielmehr aus der Tendenz des
protestantischen Verfassers zu erklären, und zeigt sich diese
im Verlaufe des Stücks aus deren Zusammenwirken mit dem
Hofteufel.

Im ersten Act tritt Blepsidemus auf mit der Bemerkung,
dass in der jetzigen Zeit Lug und Trug im Schwange seien,
nicht nur unter den gemeinen Leuten, sondern noch mehr bei
den grossen Herrn

> Bey Bischöffen und Cardinäln,
> Die vns der Römisch Hof thut wehln,

> Sie wöllens wol nicht gerne han,
> Das man viel sagn thu davon.

Er habe neulich zwei Männer belauscht und sei dahinter gekommen, dass gegen Daniel, obschon er ein redlicher Mann, im Geheimen Ränke geschmiedet würden, um ihn um die Gunst des Königs und das ihm verliehene Amt zu bringen, und dabei sei wunderlich, dass dieselben Ränkeschmiede

> Sie jm seind vntr augn so gut,
> Ihr keinr für jhm der gleichen thut,
> Ist als lieber Oheim, Vetter vnd Freund,
> Vnd seind jm doch im hertzen feind.

Die Freunde Daniel's, Hanania und Misael, kommen erfreut mit der Neuigkeit:

> Wie das der König wöll bestelln,
> Zu einem Stattbalter den Danieln,
> All Vögt vnd Fürsten in gemein,
> Die solln jm vnderthenig sein.

Nun begreift Blepsidemus die Ursache der Schelsucht jener zwei grossen Herren gegen Daniel und theilt dessen Freunden seine Erfahrung mit, mit der Aufforderung, die zwei Belauschten zu errathen. Worauf Hanania:

> Gut Römisch sinds das merck ich wol,
> Ich glaub Cambyses sei der ein,
> Der ander wirt Cherelycus sein.

Misael räth auf Lianius und Achocolas. Blephidemus wundert sich, dass beide fehlrathen, und entwirft nun eine Schilderung der zwei geheimen Feinde Daniel's als Heuchler und Wollüstlinge, wovon der eine „ein geistlich Mann", nennt aber nicht ihre Namen. Hanania und Misael hoffen, dass Gott dem Daniel helfen werde, und Blepsidemus empfiehlt ihnen, auf der Hut zu sein und diese auch dem Daniel anzurathen. Misael und Hanania wollen um so inbrünstiger zu Gott flehen

> Dass er zurück jr anschleg treib,
> Der König in seim fürsatz bleib,
> Und wölln jetzt von stunden an,
> Zu Daniel als bald hingan,
> Im anzuzeigen, wie es sey gestalt.

Den zweiten Act eröffnet der Auftritt des Hofteufels mit der Erörterung seines Charakters.

> „Wie seit jr so? vielleicht nicht wist,
> Was mein gewerb vnd namen ist,
> Der Hofteuffel so bin ich genant,
> Vnd komm jetzt her aus Perserland,

Wil ich auch weiter. anzeigen dabey,
Was mein gewerb zu Hofe sey.
All Vnglück richt ich da an,
Wo ichs zu wegn nur bringen kan.
Zum ersten so richt ichs dahin,
Wie ich denn dess ein Meister bin,
Das König, Fürsten sicher lebn,
Auff Gottes Wort vnd straff nichts gebn,
Darnach so schick ichs wie ich kan,
Das sies für Ketzerey auch han,
So ichs dahin nur hab gebracht,
Meiner sach ist schon ein grund gemacht.
Darnach so thu ichs weiter treibn,
Das keiner thu mit dem andern bleibn
Zu lang in frid vnd einigkeit,
Ob es gleich kost jr Land vnd Leut,
Mein lust vnd freud hab ich daran,
Hetz nur zu hauff, nur wo ich kan.
Gieng es recht zu es wer mir leid,
Abr wie gesagt, ist das mein freid,
Wenn ichs fein in ander meng,
Diss nach der zwerch, jens nach der leng,
Indess vergessen sie fein Gott,
Wer sie wolt straffn, müsst sein bald tod,
Ist als für mich vnd dünkt mich gut,
Wenn man die hend fein wescht in Blut.
Wil jemand mir entgegen sein,
Nicht leben nach dem willen mein,
Ich jm an all hertzen plag,
Lass jm zu Hof kein guten tag,
Er sey gleich Amptmann oder Rath,
Kein frid, kein rhu er für mir hat u. s. f.

— — — — —

Ja so ich euch alls sagen sol,
Eins halben jars bedürfft ich wol,
Ich hab auch hie nicht lang zu stan,
Das ist aber doch die Summ davon.

— — — — —

Was jetzt auch mein gewerbe ist,
Solt jr erfahrn in kurzer frist,
Werd sehn was ich vermag vnd kan,
Wider die so mir entgegen stan,
Wil jn erzeigen mein gnad vnd gunst,
Hab mich jetzt warlich nicht vmbsunst,
Verkleidet in mein Münches kapn,
Hat offt gemacht gross Herrn zu lapn,
Weil mans für grosse Heiligkeit
Gehalten hat, einr schwür eyd,

Ich wer doch ein gantz frommer Mann,
Keinr kennt mich nicht, er schaw denn an
Mein füss, bin doch recht fein bekleidt,
Wiewol es bringen sol gross leidt
Dem Daniel, ist mir gewesn
Sehr schedlich, sol nicht lenger gnesn,
Er hat mir abgewandt gar viel,
Seins bluts ich mich ergetzen wil,
Bin zorns voll, hab schaden erlittn
In Persien, da ich gestrittn
Jetzt hab mit Gabriel, möcht wol
Vor zorn zuspringen, Doch keiner sol
Verzagen drumb so gar vnd gantz,
Ob er einmal versicht die schantz,
Hah ich nun gleich jetzund verlorn,
Gilt wider gelten, wil meinen zorn
Am Daniel auslassen frey,
Was gilts? Wer sind aber jene drey?
Ist nichts für mich, muss gehn, hab zeit,
Denn mir an jener sach viel leidt.

Assaria, Hanania und Misael treten auf, sie finden es erklärlich, wenn dem Daniel an einem so schweren Regierungsamte nichts gelegen sei in dieser Zeit, namentlich wie Hanania sagt:

Voraus wenn man will greiffen an
Die grossen Herrn die recht wölln han,
Als Bischöff, Cardinäl der gleich,
Die höhen grossen Fürstn im Reuch u. s. w.

Darum fügt Misael hinzu, sage Daniel selbst, er wollte seines jetzigen Amtes gern ledig werden und es einem andern gönnen,

Denn Herrn gunst wert nicht allzeit,
Der grösste lohn ist hass und neid,
Solchs er bey jm betrachtet hat,
Er weiss was danks ein frommer Raht
Zu Hof erlangt mit fleiss vnd trew,
Ist wunder nicht, hat er gleich schew.

Ihre Unterredung schliessen sie mit der frommen Hoffnung:

Doch ist wiederumb auch offenbar
Das Gott die frommen helt in hut,
Ihn widr die bösen beystand thut u. s. f.

Und Misael:

Er wirt es also zum besten kern
Er weiss wol mittel weg vnd mass,
Das er kan stewern des Neidhardts hass,
Vnd sie selbst in die Gruben felt,
Die sie eim andern haben bestelt.

> Drumb lass nur Gott die sach heim stelln,
> Wirts besser machen, denn wir selbst wölln.

Dystyges, der mit Paripemon und Blepsidemus kommt, klagt diesem, dass er nicht zu seinem Rechte kommen könne, da beim Kammergericht „so grosse Schälk vnd Buben weren", sein Anwalt, der „Zungendreschr" habe ihn ganz ausgesogen, und nun, da er nichts mehr hat, werde er von jenem in der grössten Noth stecken gelassen. Blepsidemus räth ihm, nicht zu verzweifeln, dieser wünscht aber nur Rache zu nehmen. Paripemon hingegen, der mit seinem Edelmann in Hader gerathen, welcher ihn mit Fron und Zinsen bedrückte aus Hass, weil er ihn wegen eines weggenommenen Grenzzeichens verklagt hatte, erzählt, dass er mit Hülfe eines gelehrten Rechtsfreundes seinen Handel gewonnen habe. Hierauf gibt Blepsidemus dem Dystyges den Rath, sich schriftlich an den König selbst zu wenden, und weist ihn deshalb an einen frommen Mann. Blepsidemus, der allein zurückbleibt, stellt Betrachtungen an über die Herrschaft des Geldes in der Welt und das Trachten danach, nicht nur unter dem Hofgesinde, sondern im ganzen Lande, bei allen Ständen.

> Die Pfaffen werden auch aufftreibn
> Ein feines Spiel mit jrn Geselln,
> Darumb muss ich gehn Danieln,
> Gewarnen doch zu dieser Frist,
> Das er sich hüt für jrem list.

Im dritten Act tritt Misael auf, dem Herrn dankend:

> Dieweil mir Gott aus seinr Gnad
> Mit grossem Ernst befohlen hat,
> Jetzt seinem Volck beystand zu thun,
> Wil ichs mit frewdn aussrichtn nun,
> Den Daniel wil ich auch wol
> Errettn, das jm nicht schaden sol
> Dess Teuffels vnd aller Pfaffen list,
> Auch nicht das gantz Römisch genist.

Er will ihn mit Gottes Hülfe bewahren, obschon seine Feinde auf Teufels Rath ihm nach Leib und Leben trachten. Daniel werde zwar viel leiden müssen, da aber Gott die Seinen auf Erden lieb hat, so mag ihm der Teufel und die Welt zürnen, zuletzt werde er doch den Sieg behalten. Da die Feinde Daniel's eilen, könne er (Misael) auch nicht länger verziehen.

In der zweiten Scene treten auf Oncogenes, Pyromachus, Hofteufel, Cambyses und Hybristes. Nach der Aufforderung:

> Ach lieber Vater raht auch zu,
> Wie man die sach fürnemen thu

sagt Hofteufel:

> Ir seht ich bin ein Klostermann,
> Ein schlechten Verstand derhalben ich han,
> Meins betens ich am meisten wart,
> In meinen Orden streng vnd hart,
> Zu solcher sach einfeltig bin.

Pyromachus ist für summarisches Verfahren:

> Habs vor gesagt, sags jetzund auch,
> Man schicksse flugs gen Himmel im rauch,
> Schiess, schlag in sie, würg jmmer todt
> Beid jn vnd auch sein gantze Rot.

Cambyses findet den Rath zwar gut, aber gefährlich, wogegen Hofteufel:

> Ein thewrer Held ein trefflich Mann.

Cambyses meint die Gunst des Königs dazu erforderlich, Pyromachus aber:

> Er ist im Bann ich acht nicht viel
> Was sey des Königs gunst vnd wil
> Und wenn vns das nicht gehn wil fort,
> Thu man bestelln am heimlich ort
> Gut Büchsenschützen die hurtig seind
> Obs jn glück das sie den Feind
> Heimlich erschlichen vnd vbereilen
> Jm bald ein glöt zwey drey mittheilen.

Oncogenes macht auf die Gefahr von Daniel's Einfluss aufmerksam:

> Er würd in kürtz gewiss verführn
> Land Leut zu seiner schwermerey,

daher alles aufzubieten, ihn zu beseitigen, sonst fürchtet er keine Gefahr:

> Seht an ich bin ein Erblegat,
> Ein Cardinal vnd Fürst dabey,
> Hab guter Bisthumb auch wol drey,
> Wer hat also erhoben mich?
> Pamachus [1] allein sag ich
> Kann euch auch gebn des Königs Kron,
> Es hats vor offt den sein gethan,
> Denn die bey jm stets halten fest,
> Fürwar er sies geniessen lest.

---

[1] Der Papst.

Pyromachus findet dies auf seiner Bahn, und Hofteufel:

> Ich hab auch selbst gefallen dran.

Cambyses erklärt sich nun bereit mitzuhelfen, nur fragt er nach der Weise der Durchführung des Plans. Oncogenes will dem König zunächst einreden, dass er dem Daniel seine Gnade entziehe, weil er das Kammergericht für parteiisch erklärt und die Klostergüter anders als bisher verwende. Oncogenes will den Daniel in Verdacht ziehen, dass er die königliche Gewalt schmähe, und Pyromachus will ihn als Friedensbrecher und Ketzer dem Könige darstellen und meint:

> Es sey mit ehren oder nicht,
> Wenn er nur bald würd hingericht.

Hofteufel gibt nun auch seinen Rath, wodurch Daniel zu stürzen sei:

> Wie meint jr, ob das best würd sein?
> Wenn man ein bad jm heitzet ein
> Ob seinem Glauben denn er helt
> Widr vns, ja widr die ganze Welt?

Oncogenes findet den Griff sehr fein, und Hofteufel meint, man könnte den König selbst dahin bringen, dem Daniel das Leben nehmen zu lassen, nur

> Müsst mans dermassen greiffen an
> Damits der König thets verstan
> Als sucht jr sein ehr gleich
> Zu nutz vnd wolfahrt seinem Reich

und müssten auch die Räthe und Amtleute dafür gewonnen werden. Ist dies geschehen, dann sollten sie den König dahin bringen

> Das ein befehl würd gehn zur Handt
> Und wird gestelt ein streng Gebot:
> Das wer von Menschen oder Gott
> In dreissyg tagn was würd begern
> (On jn allein) Das der sol werdn
> Zu Löwen in den graben hin
> Alsbald geworffn, bit auch jn
> Sagt solchs geschech zu seinen ehrn.

Das Verbot müsste mit der königlichen Unterschrift versehen werden, und dabei

> Muss man drauff geben gute acht
> Ob man jn (den Daniel) erschleichen könd
> Vnd in seim Hauss sonst betend fünd, —

dann würde ihn der König „nicht ledig lassn, ob er auch wolt er muss daran", weil jeder sterben muss, welcher der

Meder oder Perser Recht übertritt.   Alle sind über diesen
Rath hoch erfreut, und Oncogenes:

> Ach Vater jr müsset mit vns uch gan.

Hofteufel: Mein Horas noch zu beten han.

Oncogenes verspricht, ihn davon zu absolviren, und nach
einigem Sperren ist Hofteufel bereit mitzuhelfen. Inzwischen
kommt Hybristes mit der Meldung, dass bei Hofe ein Gerücht
von etlichen Ketzern herumgehe, worauf alle voll Hoffnung
des Gelingens abtreten. Dystyges, der auftritt und den Hofteufel gesehen hat, ist befremdet:

> Sieh da ein Münch ein seltzam thier,
> Stehn mir die har gen berg doch schier,
> Wie seltzam füsse hat denn er,
> Gleich schier als er ein Greiffe wer,
> Wenn er mir kem im Wald allein,
> Glaubt frey es müsst der Teuffel seyn. —

Dystyges ist aber sehr froh, denn er hat ein königliches
Schreiben in der Hand, worauf er sein verlorenes Gut wieder
erhalten soll.

Vierter Act. Hofteufel allein äussert in einem Monologe
seine Freude darüber, dass er hier für seine Plane so feine
Leute gefunden, die ihn an Bosheit übertreffen, und hofft, dass
Belzebub, der dem Pomachius drei Kronen gegeben, ihm für
sein Bemühen, wenn nicht drei, doch wenigstens eine Krone
schenken werde. Hierauf kommen: Oncogenes, Darius, Josaphat, Cambyses, der Herold, Licinius, Pyromachus. Darius
begrüsst den Hofteufel, der Herold gebietet auf des Darius
Geheiss allen zu schweigen, und Josaphat verkündet das strenge
Verbot des Betens unter Strafe der Löwengrube. Darius ladet
hierauf den Licinius und Cambyses ein, mit „Ein abentrunck
thun“, welche ihm folgen.

Pyromachus, der Hofteufel, Oncogenes, Archocolax und
Hybristes sind in der Scene. Der Hofteufel will auf die Lauer
gehen, um den Daniel beim Gebete zu betreffen, und nimmt
den Hybristes mit, dass dieser Kundschaft darüber zurück-
bringe, worüber Archocolax freudig ausruft:

> Wenn jetzt Pomachius nicht wer
> So wer kein billichr Bapst denn der.

Hybristes kommt zurück und ruft die Anwesenden eilig ab.
Es treten auf Hanania, Asaria, Misael, die trotz dem

Verbote sich nicht wollen abhalten lassen ihrem Gotte zu dienen im Gebete und Asaria bemerkt:

> Aber das glaub ich wol dabey
> Dass solchs der Götzendiener triebe sey.

Und Hanania: Jr werds erfahrn was darff es viel
                Vbr vns ist angericht das Spiel.

Hierauf erscheint Hofteufel mit Oncogenes und Pyromachus mit der Nachricht:

> Es hat geglückt, nun flugs von stund
> Thut solchs dem König jetzund kund.

Er will aber dabei nicht als Anzettler genannt sein. Oncogenes „wils mercken, wol ausrichten fein", in der Hoffnung,
dass es Daniel's letzten Tag gelte, worauf sie abgehen. Hanania sieht den „fein Gesellen" nach und will es Daniel'n mittheilen. Dieser tritt auf, wird über das Mandat von seinen
Freunden unterrichtet, er durchsieht das Complot gegen ihn:

> Bey mir ichs auch beschlossen han,
> Der König hat's auch nicht erdacht,
> Es habens die Gottlosn Leut gemacht.

Er erzählt, dass er bei offenem Fenster im Sommerhause
sein Gebet verrichtend belauscht worden sei.

> Ich hab gebett ich leugn es nicht
> Und wenn ich jetzt solt werdn gericht,
> Eh ich Gotts ehr wolt vnderlan
> Wolt tausend Hälss ehe setzen dran.

Ein Lakai tritt auf und ruft Daniel, sofort zum König zu
kommen. Asaria und Hanania gehen mit.

Neue Scene. Darius, Oncogenes, Herold, Narr, Hofteufel.
Die Vorigen. Der Herold gebietet Stillschweigen, Oncogenes
klagt nun den Daniel an, das Verbot übertreten zu haben, und
motivirt seine Anklage:

> Weils euch, dem Reich zu nachtheil reichen wil
> Sonst hetten wir hertzlich gern geschwiegen still
> Ohn Zweiffel ewr königliche Majestat
> Wirts straffen lassen, wie mit bringt euwr Mandat.

Worauf der Narr:

> Wenn du nit lögsst, so werst ein feiner Mann.

Nachdem Darius gehofft „der Daniel hats nicht gethan",
und Oncogenes als Augenzeuge aufgetreten, legt Daniel offe-
nes Bekenntniss ab:

> Ich weyss ewr Majestat hat mich erkannt
> Dermass, dass ich meins Diensts noch hab kein schand,

> Mein glaubn bekenn abr ich, geh wie es geh,
> Bin hie Herr König, in ewr hand ich steh.

Darius sucht die That des Daniel zu entschuldigen, dass
sie nicht aus Verachtung begangen worden, wird aber von
dessen Feinden gedrängt, und

> will ein klein Bedenken han.

In der nächsten Scene: Sybilla, Ben Jamin, Salomon,
Blepsidemus klagen gegenseitig über die grosse Gefahr Da-
niel's, dessen Weib Sybilla verweist sie auf Gottes Hülfe und
Blepsidemus sucht auch zu trösten.

Es kommen Darius, Hofteufel, Henker, Hanania und die
übrigen Personen des Stücks. Der König wirft dem Daniel
die Uebertretung des Mandats vor und will ihm die Strafe
des Gefängnisses dictiren, Oncogenes erinnert aber an die
amtlich angedrohte Löwengrube, der König weigert sich längere Zeit, muss aber endlich den Drängern nachgeben:

> Mein Daniel, du siehsts, du hast gehört
> Das ich dir nimmer weiter helfen kan,
> Ich bit dich drumb, wolst mich entschuldigt han.

Der Henker bemächtigt sich endlich Daniel's, der noch
von seinem Weibe und seinen Kindern rührenden Abschied
nimmt, seine Freunde sprechen ihm Muth zu, er befiehlt seinen
Geist Gott, seine Gegner frohlocken.

Oncogenes: Wir sind sein los, dess ich sehr frölich bin.

Hanania betet zu dem treuen Gott um Hülfe.

Fünfter Act.

Hofteufel: Bey Sathan ich het schier geschlaffn
> Zu lang, daz hettn gemacht mein Affn.

Er hätte es kaum gedacht, dass ihm sein Plan so leicht
zum Ausführen geworden, indess seien ihm aber auch tüchtige
Helfershelfer zur Seite gestanden,

> Die nichts so sehr auff dieser erdn
> Als vnsers Reichs nutz begern.

Er habe diese Nacht an ihren Ausschweifungen seine
Freude gehabt. Er sei zwar sonst nicht gewohnt, so lange zu
schlafen, wie diesen Morgen, indess der gute Erfolg seines Un-
ternehmens könne ihn trösten, und er hoffe dafür eine schöne
Krone als Belohnung von Belzebub. Nun sieht er nach der
Löwengrube um die Lust zu haben

> Wenn jetzt die Löwen strotzen fein
> Vom Fleisch des Wiedersachers mein.

Allein Daniel ist noch am Leben, die Löwen liegen wie
Hündlein bei ihm. Er bereut, dass er so lange geschlafen,
und will nun selbst dem Daniel den Hals brechen, da bemerkt
er aber einen Engel an dessen Seite. Er gibt nun sein Spiel auf
und fürchtet sich auf das höllische Feuer, das ihm zum Lohn
dafür, dass er verschlafen habe, von Belzebub zutheil werden
wird. Er beschuldigt die Pfaffen, will dem Belzebub nicht
vor die Augen kommen, bevor er nicht ein grosses Unglück
angerichtet

> Mein Pfaffn sollns inn werden wol,
> Sie kommen auch, von hin ich trol.

Oncogenes, Pyromachus, Hybristes treten auf, sie sprechen
über ihre beiderseitige Trunkenheit der vorigen Nacht, sie
wollen zum König gehen, wie sie verabredet, wundern sich,
dass „der Münch" (Hofteufel) noch nicht da ist. Hybristes
hat ihn schon gesucht, und da er ihn in keinem Winkel gefunden, besorgt er, dass er ins Wasser gefallen sei. Pyromachus:

> Die Veltenssucht müsst schlagen darein
> Wenn mir der Münch jetzund wer tod,
> Viel lieber wer mir im Himmel Gott
> Frey selbst zu dieser Zeit gestorbn
> Denn wenn der Münch sol sein verdorbn.

Sie wollen zu Hofe gehen, um den König zu veranlassen,
einen von ihnen zum Statthalter einzusetzen, wo sie dann im
Bunde miteinander die Freunde Daniel's ausrotten werden

> Mit Weib vnd Kindt mit wurtz vnnd grund.

Hanania, Misael, Asaria treten auf, und Asaria ärgerlich:

> Das diese Buben vns von stundt
> Zu augen kommen also schnel,
> Dagegen müssn wir dess Daniel
> Entbern, das Gott geklagt muss sein.

Misael hofft auf Gottes Gerechtigkeit. Asaria möchte
wissen, wie es um Daniel steht und hofft auf Gottes Beistand.
Misael erzählt seinen Traum, in welchem die Rettung Daniel's
angedeutet ist. Hanania wünscht der Angelegenheit einen
glücklichen Ausgang. Es kommt der König.

Darius, Pyromachus, Oncogenes, Cambyses und alle übrigen Personen. Die Vorigen.

Darius klagt, dass er weder essen noch schlafen könne
vor Betrübniss über seinen treuen Daniel; Josaphat, der Kanzler, der sein Freund gewesen, beklagt auch seinen Verlust.

Der König hofft, dass Daniel's Gott diesen gerettet haben
könne, und will dann dessen Anbetung proclamiren lassen.
Bevor Josaphat die Thüre zur Löwengrube aufmacht, möge
er horchen, ob man Daniel hören könne.

Pyromachus: Glaub das der König gar thöricht sei.

Dieser ruft Daniel an, ob er durch seinen Gott errettet
worden.

Daniel :   Herr König Gott frist ewr leben lanck
              Ich sag mein Gott ehr lob vnd danck,
              Ich hab mein leben zu diser stund
              Bin auch noch frisch vnd gantz gesund.

Pyromachus meint, der König soll den Bösewicht todtschlagen lassen, jener lässt aber die Thüre öffnen, Darius freut
sich über die Erhaltung seines Freundes, Misael erinnert sich
an seinen Traum, Daniel erzählt, wie ihm Gott einen Engel
zur Rettung geschickt. Darius befiehlt, die Ankläger Daniel's
zu ergreifen.

Pyromachus: Botz wunden das Schwert ich in dich stich,
Darius: Schlagt jhn zu Boden wehrt er sich.
Trabant 1:   Hab ich dir nun erwehrt dass stechen?
Pyromachus: Ach dass ich mich an dir solt rechen.
Oncogenes: Legst hand an mich du bist im Bann.
Darius: Lasst kein davon, das wil ich han.
Oncogenes: Weist nicht? ich bin ein Cardinal!
Trabant 2:   Wie sagst? dess Teufels Official?

Sie werden gebunden, trotzdem dass Oncogenes mit Pama-
chius droht. Die Freunde Daniel's begrüssen diesen, Daniel
verlangt nach seinem Weibe und seinen Kindern, nach denen
der König den Blepsidemus absendet. Der König befiehlt dem
Kanzler ein Edict ergehen zu lassen, womit das geschehene
Wunder verkündet und die Anbetung des Gottes Daniel's an-
befohlen werden soll. Daniel wird mit Ring und Purpur als
Statthalter des Reichs geziert, worüber Oncogenes und Pyromachus ihren Verdruss äussern. Sybilla kommt mit ihren
Söhnen freudig herbeigeeilt, und Darius verspricht ihnen Rache
für die erlittene Angst: die Feinde Daniel's werden nun selbst
zur Löwengrube verurtheilt. Worauf

Oncogenes: Du Gottlosr Ketzr, du bist im Bann.
Darius: Auss ewrem Bann mir helffen wil.
Cambyses: Wo ist der Münch? der vns diss Spil

Hat zugericht mit seinem Raht?
Der Teuffel jn her geschicket hat.

Pyromachus: Wil denn kein Mensch mehr helffen mir
Komb Teuffel hilff, ich geb mich dir.

Darius befiehlt, die Verbrecher in die Löwengrube zu werfen und mit ihren Familien dasselbe zu thun.

Blepsidemus: Die Bein sie auch zumalmen gar
Sie sind dahin mit haut vnd har,
Odr obs der Teuffel hinweg selbst hat,
Dieweil jn jenr vmb hülff jetzt bat
Zuvor ichs nicht gesehen han,
Scheint wol dass vnrecht habn gethan.

Der König ladet Daniel mit Weib und Kindern ein, heute
fröhlich und guter Dinge mit ihm zu sein.

Blepsidemus: Sih wol sie wölln hinein jetzt gan,
Von euch will auch vrlaub han,
Hüt evch, verfolgt nicht fromme Leut
Jr seht gar bösen lohn es geut.

Folgt der „Beschluss", wo in üblicher Weise die Moral
des Stücks den Zuschauern zu Gemüthe geführt wird.

XX.

Der Pestilenz-Teuffel, durch Hermannum Straccum, Pfarrherrn zu Chris-
tenberg.

In der Vorrede, worin der Verfasser „diese seine colli-
gierte Predigt" „der Durchleuchtigen Hochgebornen Frauwen,
Frauwen Heidwigen, geborne Hertzogin von Wirtenberg, Land-
gräffin zu Hessen" widmet, wird der Ausspruch der alten
Lehrer erwähnt, wonach die Seuche „Deber vnd Chereb zweyer
Teuffel Namen seyn sollen", welche die Menschen umbringen.
Als Prediger fühlt sich der Verfasser berufen, da „die Pesti-
lentz allbereit angegangen", Trost und Lehre als göttliche
Arznei zu bieten. Es folgt nach der Vorrede eine Reihe von
Sprüchen aus dem Alten und Neuen Testament und hierauf die
Predigt. Obwol die Aerzte natürliche Ursachen der Seuche angeben, müssen sie doch bekennen, dass Gott solche Plage „durch die
mördischen vnd hellischen Geister in die welt ausstrewe." Der
Teufel ist ein giftiger Wurm, und wenn ihm Gott Raum lässt
und erlaubt Schaden zu thun, so haucht er giftige Winde aus
und Menschen und Thiere ziehen das Gift in sich. Man soll
bei der Seuche nicht allein an natürliche Ursachen denken,
sondern Gottes Zorn und des Teufels Hass und Bosheit darin

erkennen, wie durch mehrere Beispiele aus der Bibel und der
Geschichte gezeigt wird. Die Pestilenz ist eine Strafe der
Sünde, die auch die Frommen hinwegrafft. Sünde muss ge-
straft werden. Aesculap und andere Heiden konnten in solchen
Zeiten nicht helfen, es muss also ein Herz mit Johannis und
Christi starkem Glauben mit ernstem Gebet sich verwahren.
Man kann verständige Aerzte zu Rathe ziehen, soll aber sein
Vertrauen nicht auf Menschen und Apotheken, sondern auf
Gott setzen. Man soll die Wohnung rein halten, wende
Räucherwerk an, wozu die Ingredienzien angegeben werden;
wer ohne Hauswesen und Amt der Seuche entflieht, dem ist
es nicht zu verargen, denn man soll sich nicht freventlich der
Gefahr aussetzen. Etwas anderes ist's, wer von Amts wegen
oder aus Freundschaft zur Hülfe bereit ist. Keine Sünde wird
vergeben und keine Strafe kann aufhören, es muss denn die
Sünde mit reuigem Herzen erkannt, von ihr abgestanden und
Gott durch den Glauben an Jesum Christum um Vergebung
der Sünde und Nachlassung der Strafe gebeten werden. Diesen Arzt muss man aber zur rechten Zeit suchen und nicht
erst am Ende, wo kein Rath und keine Hülfe mehr vorhanden
ist. Die Leute sollen solange sie noch gesund und vernünf-
tig sind, Busse thun, sich zur Versöhnung mit Gott und den
Nächsten durch den Gebrauch der heiligen Sakramente an-
schicken. Es gibt einen Beruf, der heisst: vocatio charitatis
oder sanguinis, wo ein Freund den andern in solchen Leibes-
nöthen trotz Gefahr nicht verlassen wird. Gott kann und
will solche schützen. Man mag auch ohne Verletzung des
Glaubens bei den Kranken Wachskerzen mit Myrrhen und
Weihrauch zur Arznei der Umstehenden anzünden, denn auch
der Christ kann vernünftige Vorkehrungen treffen. Wenn
man Busse gethan, zu Gott durch Christum geflohen ist, diesen
in wahrem Ernst und Demuth angerufen hat, soll sich jeder
so viel als möglich mit Arzneien versorgen, damit er nicht
muthwilligerweise Schaden leide oder andern zufüge. Gegen
Ende erwähnt der Verfasser die Praesagia, wodurch die Leute
verzagt gemacht werden, wenn z. B. gesagt wird, dieser und
jener sei am Todtentanz gesehen worden und sei gefallen, u.
dgl. m. Die von der Pestilenz ergriffen sind, sollen sich dem
gnädigen Willen Gottes ergeben, der ein barmherziger Vater
ist unsers Herrn Erlösers und Mittlers Jesu Christi, und ihm

Leib und Seele befehlen, um Geduld und Beständigkeit bitten,
Aerzte berathen und natürliche Mittel anwenden. — Im Schluss-
satze „Von des Lebens erlengerung" meint der Verfasser,
wenn jemand an der Pestilenz stirbt, sei nicht die Krankheit
schuld, als wäre sie so gross gewesen, dass Gott davon
nicht hätte retten können, sondern zu gedenken: „Ira Dei
et justitia Dei adversus peccata et incredulitatem". Gott bestimmt die Zeit des Lebens, wie er „auss sonderlichen
Göttlichen Gnaden den Gottseligen Frommen solche jre zeit
erstrecket, die zeit der Gottlosen nach seiner Gerechtigkeit
verkürtzet. . . . Wo man Artzney haben kan, sol man solche
gute Gottes Gaben nit verachten oder in wind schlagen, doch
dass einer allzeit die zuversicht und Haupttrost auff den einigen
Gott setz". — Schliesslich mehrere Sprüche und Gebete.

Bei diesen, meistens moralischen Tractaten, in deren
Production die protestantischen Schriftsteller sehr fruchtbar
waren, kann dem Leser nicht entgehen, dass bei allem Festhalten der Verfasser an der Existenz des Teufels die sinnliche Farbe seines persönlichen Daseins unter den protestantischen Händen schon zu verblassen beginnt. Nach dem Vorgange Luther's, der den persönlichen Teufel als „gefallenen
Buben" und „Affen Gottes" mit schnöder Verachtung furcht-
los abgefertigt, der „die schändlichen Bilder desselben allzu-
mal aus der Menschen Gedanken und dem falschen Wahn
von Gott" herleitet, und „sein Bild und Contrafeit" im gottlosen Menschen erblickt; wird er bei den protestantischen
Gelehrten des „Theatrum Diabolorum" schon grossentheils
zum bildlichen Repräsentanten der verkehrten, sittlich-bösen
Neigungen und Laster der Menschen. Obschon die Gemüther
in dieser und nach dieser Zeit die Macht des Teufels mit
Furcht erfüllte, hatte die protestantische Verständigkeit des
16. Jahrhunderts schon den Abstractionsprocess begonnen,
aus welchem der Teufel schliesslich als Abstractum hervorgehen sollte.

Der rationalisirende Zug, der in der Anschauungsweise
Luther's und seiner Anhänger unverkennbar hervortritt, bildet
noch keine continuirliche Linie, sondern besteht zunächst aus

unzusammenhängenden Punkten, gleich einem projectirten Eisen-
bahnbaue. Der Zweifel ist zwar angeregt und macht sich nach
einer gewissen Richtung geltend, er tritt aber vor aufgestellten
Autoritäten wieder schüchtern zurück. Daher das schwankende, schaukelnde Wesen zwischen der Gewissheit des eigenen Denkens und der unbedingten Annahme des Gegebenen.
Dieses schwankende Wesen musste durch die fixirte Vorstellung einer Erden- und Geisterwelt, zwischen welcher die
Scheidelinie unbestimmt und unbestimmbar war, vermehrt
werden. Allerdings hatte schon der junge Protestantismus
der Macht des Teufels einen guten Theil abgezwackt, denn
viele Erscheinungen, von der mittelalterlichen Kirche dem
Teufel zugeschrieben, wurden von den Protestanten angezweifelt, abgelehnt, für betrügerisch erklärt oder auf natürliche
Ursachen zurückgeführt. Allein wo war die Grenze zu finden
zwischen dem Gebiete des Natürlichen, wo der Mensch das
Gesetz der Causalität erblicken konnte, und dem des Uebernatürlichen, wo dieses Gesetz aufgehoben zu sein schien?

Ein Beispiel dieser Unsicherheit und Halbheit liefert das
Buch „De spectris, lemuribus et magnis atque insolitis fra-
goribus variisque praesagitionibus, quae plerumque obitum
hominum, magnas clades etc. praecedunt, liber unus, in tres
partes distributus, omnibus veritati studiosis summe utilis,
authore Ludov. Lavatero. Tigurino, 1570".[1] Im ersten Theile
verspricht der Verfasser in dem vorangehenden Briefe an
J. Steigerus, zu beweisen, dass es Gespenster und Geister
gebe, die zuweilen den Menschen vorkommen, und dass sich
überhaupt viele wunderbare Dinge ausserhalb der Ordnung
der Natur zutragen. Im zweiten Theile will er zeigen: dass
diese keine Seelen der Verstorbenen, wie gewöhnlich geglaubt
wird, sondern gute oder böse Engel seien oder sonstige geheime und verborgene Wirkungen Gottes; im dritten Theile:
warum Gott bisweilen Gespenster erscheinen lasse und verschiedene Vorzeichen, und wie sich bei derlei Ereignissen zu
benehmen sei. Diesen „dunkeln und verwickelten" Gegenstand hofft der Verfasser, gestützt auf die Aussprüche der
Heiligen Schrift, auf die alten Väter, auf erprobte historische

---

[1] Ich benutze die Editio quarta prioribus multo emendatior (Lugd.
Batav. 1687).

und andere gute Schriftsteller und auf Erfahrung, so klar
und deutlich zu entwickeln, dass diejenigen, welche die göttliche Wahrheit lieben und derselben sich befleissen, zur Klarheit kommen sollen, was von solchen Erscheinungen zu halten
ist. Allein gleich im zweiten Caput, wo er behauptet, dass
die „Melancholici" mancherlei zu sehen und zu hören sich
einbilden, sagt er: Furiosi qui usum rationis penitus ami-
serunt aut permissu Dei a cacodaemone vexantur, mira agunt,
de multis visionibus loquuntur etc. [1] Dieses „aut" lässt uns
ganz ungewiss, wer als furiosus und wer als vom Kakodämon
besessen zu halten sei. In den nächstfolgenden Kapiteln erörtert der Verfasser, wie furchtsame Menschen oft Gespenster
zu sehen glauben, ebenso diejenigen, welche am Gesichte oder
Gehöre schwach sind, auch Betrunkene manches zu vernehmen
meinen, was nicht existirt, dass ferner oft Betrug und Täuschung bei Erscheinungen stattfinde, wobei der Verfasser Beispiele als Belege anführt. Er zeigt [2], dass viele natürliche
Erscheinungen für Gespenster gehalten werden; aber bei alledem wird doch wieder durch Geschichten bewiesen, dass bisweilen Geister und Gespenster wirklich erscheinen. [3] Dagegen findet er „in libris Monachorum multae ridiculae et
fabulosae apparitiones" [4] und behauptet in den gleich darauffolgenden Abschnitten, dass die tägliche Erfahrung die Erscheinung von Gespenstern beweise, und zwar als Zeichen
eines Todesfalles, oder sie erscheinen auch danach und zwar
bisweilen unter Lärmen und Gepolter.[5] Der Verfasser erörtert
die Fragen: wann, wo und wie die Gespenster erscheinen und
was sie bewirken[6], er lässt uns aber ganz im Stiche, was wir
als Einbildung und was als wirkliches Gespenst zu betrachten
haben. Im zweiten Theile, wo bewiesen werden soll: dass
die Gespenster gute oder böse Geister seien und nicht die
Seelen Abgeschiedener, polemisirt er gegen die Papisten,
welche an letztere glauben und beruft sich auf die Zeugnisse
der Heiligen Schrift, der alten Väter; sucht zu zeigen, dass
es nicht der wirkliche Samuel gewesen sei, der zu Endor erschienen. [7] Er findet es ausser Zweifel, dass der Teufel in
Gestalt eines heiligen Menschen erscheinen könne, schwächt

---

[1] P. 17. [2] Cap. XI. [3] Cap. XII. [4] Cap. XIV. [5] S. 108.
[6] Cap. XIX. [7] Cap. VII. VIII.

aber die häufigen Erscheinungen dadurch ab, dass Gott in
den ersten Zeiten oft seine Engel in sichtbarer Form an die
Menschen gesandt habe, was aber nunmehr nicht nothwendig
sei. In der Apostelzeit habe es auch viele Wunder gegeben,
die jetzt aufgehört, da sie zu unserm Heile nicht erforderlich seien, denn was wir brauchen, haben wir am Worte
Gottes. [1] Zuweilen werden doch böse Engel gesehen, die dem
Menschen feind und beschwerlich sind, ihn vom wahren
Gottesdienst und vom Glauben an den einigen Sohn Gottes
abzubringen suchen. [2] Was bedeutsame Zeichen, Wunder
und derlei betrifft, sagt der Verfasser, wie in Bezug auf
die Gespenstererscheinungen, ganz einfach: (simpliciter dico)
„wenn sie nicht eitle Einbildungen oder natürliche Vorgänge
sind, so sind sie göttliche Ermahnungen, die durch Boten
Gottes, oder auf andere uns unbekannte Weise an uns ergehen, damit wir einsehen, dass nichts ohne den Willen Gottes
geschehe, dass Leben und Tod, Friede und Krieg, Wechsel
der Religion, der Reiche und andere Veränderungen in seiner
Macht liegen". [3] Dabei vergisst der Verfasser abermals, das
Kennzeichen anzugeben, wodurch Einbildungen von wirklichen,
bedeutsamen Erscheinungen zu unterscheiden seien. Uebrigens,
fährt er [4] fort, ist es dem Teufel ein Leichtes, in verschiedenen
Gestalten von Lebendigen und Todten zu erscheinen, ja um
so leichter, in thierischer Form, als schwarzer Hund, als
Kröte u. s. w. sich sehen zu lassen. Da es ihm misfällt,
wenn wir Gutes thun, so sucht er uns nur Vertrauen abzu-
gewinnen, wenn er zuweilen zum Guten räth, um uns dann
zum Bösen verleiten zu können. [5] Der Zweck der Erscheinungen [6] der guten Geister ist: die frommen Menschen zu ermahnen und zu schützen; sind es aber schlechte Geister, die
erscheinen, was gewöhnlich ist, so sollen die Gläubigen zur
Busse angeregt, die Ungläubigen bestraft werden. [7] Die
Christen, welche derlei Erscheinungen haben, sollen stark,
unerschrocken und fest im Glauben sein. [8] Gefällt es aber
Gott, dich auf einige Zeit durch einen bösen Geist zu prüfen,
wie den Hiob, so ist dies mit Geduld zu ertragen. [9] Diejenigen, welche durch Gespenster geplagt werden, müssen sich

---

[1] Cap. IX.   [2] S. 230.   [3] S. 232.   [4] Cap. XVII.   [5] Cap. XVIII.
[6] Pars III.   [7] Cap. I.   [8] S. 270.   [9] S. 272.

des Gebetes, des Fastens, eines nüchternen Lebens und frommen Wandels befleissigen. Denn der Teufel schleicht, nach
dem Zeugnisse Petri, umher in Häusern, Wäldern, auf Feldern u. s. w., ohne dass man ihn immer sieht. Es geschieht
aber immer mit Gottes Zulassung, ob er unsichtbar bleibt
oder in einer sichtbaren Gestalt erscheint. [1] — Bei Erscheinungen sei aber der Verdacht und der Zweifel nicht beiseite
zu lassen, da sie nach der Ankunft Christi seltener geworden
sind, nachdem Gott seinen Willen durch seine Propheten,
Apostel, Evangelisten und vornehmlich durch seinen Sohn
kund gethan, der uns in der Heiligen Schrift aufbewahrt ist,
daher wir keine andern Offenbarungen mehr zu erwarten
haben. [2] Wir sollen daher nicht jedem Gerüchte von Gespenstern Glauben schenken, sondern klug sein wie die
Schlangen u. s. w.[3] Was die Mittel gegen die bösen Geister,
Englischer Gruss, Weihwasser, geweihtes Salz, Glockengeläute u. dgl., betrifft, seien sie nicht zu billigen, denn von
diesen Ceremonien weiss die Schrift nichts. [4] Es scheint,
dass der Verfasser die Unzulänglichkeit seiner Massregeln
fühlt, da er schliesslich meint, dass der gläubige Christ bei
Spukgespenstern und Poltergeistern zwar auf seiner Hut sein
solle, dabei aber am besten davonkomme, wenn er derlei Erscheinungen als Mahnzeichen zu einem rechtlichen Leben betrachtet, um zum himmlischen Leben zu gelangen, und vergleicht ihn hierbei mit einem edeln Pferde, dem man nur ein
Zeichen zu geben oder die Sporen zu zeigen brauche, um es
in einen frischern Gang zu bringen. [5]

Die schwankende Unsicherheit in dieser protestantischen
Anschauung ist ganz deutlich wahrzunehmen. Der Glaube an den
Teufel steht fest; aber nicht jede Erscheinung, sonst des Teufels
Wirksamkeit zugeschrieben, wird mehr blindlings als solche
angenommen. Der Zweifel ist angeregt, an die Erscheinung
soll die Kritik angelegt werden, aber leider fehlt das entscheidende Kriterium. In jedem Falle soll aber alles, also
selbst der Teufel, dem Protestanten als Förderungsmittel der
Sittlichkeit dienen.

Vergleichen wir eine Schrift über denselben Gegenstand

---

[1] Cap. V. VI.   [2] S. 280.   [3] S. 289.   [4] S. 303.   [5] S. 310.

von einem katholischen Schriftsteller aus der ersten Hälfte
des 17. Jahrhunderts: „Petri Thyraei opera. De variis appari-
tionibus, Dei, Christi, angelorum pariter bonorum atque malorum. Colon. 1628", so wird hier gar keine Schwierigkeit
des Prüfens auferlegt, es ist alles ganz eben, es bedarf keiner
Vorsicht dem Spuke gegenüber, da es keinen Zweifel gibt,
denn es ist die althergebrachte, sinnliche, handgreifliche Anschauung des Mittelalters. Thyräus weiss bestimmt, dass die
Engel stets die menschliche Gestalt haben, und zwar die männliche, die Dämonen hingegen in verschiedener Form erscheinen, bald in menschlicher, bald in der von verschiedenen
Bestien. „Gewiss ist", sagt der Verfasser, „dass der Teufel
niemals als Taube oder als Lamm gesehen worden ist, nicht
als ob er diese Gestalten anzunehmen ausser Stande wäre,
sondern, weil es ihm nicht erlaubt wird oder weil er nicht
will." Denn die göttliche Majestät lässt nicht zu, dass böse
Geister Gestalten, die Gottes sind, annehmen, oder der Hass
der Teufel gegen den Schöpfer ist so gross, dass sie nicht
einmal eine gleiche Gestalt oder Aehnlichkeit mit ihm haben
wollen. [1] Thyräus erinnert an die Legenden der Heiligen,
wo der Teufel dem heiligen Martinus in der Gestalt eines
Mannes mit Purpur und Krone erschienen war, dem heiligen
Hilarion als Knabe, dem heiligen Macarius als schwarzer
Mohr, einem fünfjährigen Knaben als schrecklicher Drache
u. dgl. Wir finden bei Thyräus die alte Ansicht, dass die
Leiber der Teufel aus verdichteter Luft bestehen, wie die
der Engel, dass erstere auch in Gestalt Verstorbener erscheinen, was für letztere nicht passt; dass die Teufel als Succuben
und Incuben mit beiderlei Geschlecht verkehren, welches zu
leugnen dem Verfasser als Frechheit erscheint. [2] Die Teufel
können sowol den Leib als die Seele in Besitz nehmen, aber
sie plagen nicht immerwährend die Besessenen, ja sie sind
zuweilen sogar für einige Zeit abwesend, und von letzterm
Umstande bringt Thyräus als Beleg ein Beispiel. Am Todes-
tage Luther's waren eine Menge Besessene in einem braban-
tischen Orte auf einmal von ihren Dämonen befreit, wurden
aber einige Zeit darauf wieder besessen. „Res obscura non

---

[1] S. 27, De spirituum apparitione.
[2] S. 29.

est", sagt der Verfasser, denn als am nächsten Tage die
armen Menschen von den Dämonen auf das heftigste geplagt,
und diese gefragt wurden: wo sie denn neulich gesteckt hätten?
antworteten sie: sie wären abberufen gewesen, da sie auf Befehl ihres Obersten bei der Leiche seines getreuen Helfers-
helfers, des neuen Propheten Luther, hätten gegenwärtig sein
müssen. Diese Geschichte ist bestätigt durch Luther's Famu-
lus, welcher, dessen elendiglichem Tode beiwohnend und zum
Fenster hinaussehend, zu seinem Schrecken eine Menge der
scheusslichsten Teufel erblickte, die in der Nähe herumsprangen
und Reigentänze aufführten. Bestätigt wird die Geschichte
auch durch die Raben, welche die Leiche Luther's, als sie
von Eisleben nach Wittenberg gebracht wurde, unter grossem
Geschrei begleiteten.[1] Unser Verfasser weiss, dass die bösen
Geister häufig durch den Mund in den Menschen gelangen,
daher sie mit der Speise oder dem Tranke, worin sie gesteckt, hineingegessen oder hineingetrunken werden können.
Davon leiten viele den Gebrauch der Katholiken, beim Gäh-
nen den Mund zu bekreuzen, ab, um das Eindringen böser
Geister abzuwehren. Daher kommt es auch, dass wenn Dämonen durch Exorcismus aus den Leibern getrieben werden,
jene häufig als Spinnen, Fliegen u. dgl. aus dem Munde her-
vorkommen. Damit beweisen sie, dass sie durch dieselbe
Oeffnung, durch die sie hineingekommen, auch wieder heraus
müssen. Die bösen Geister können indessen auch durch andere Oeffnungen, selbst durch die engsten Poren in den
menschlichen Leib gelangen.[2] Die Dämonen können entweder den ganzen Leib in Besitz nehmen, oder auch nur
einen, selbst den kleinsten Theil desselben. Sehr häufig nehmen sie in oder neben dem Herzen Platz, oft wechseln sie
aber auch ihre Stelle.[3] Es gibt gewisse Zeichen von der
Besitznahme: Verleihung eines schrecklichen Ansehens, grosser
Lärm, grosse Plackerei, Gesichte im Traume u. dgl., aber diese
Zeichen treten nicht immer ein.[4] Der Zweck der bösen Geister
bei der Besitznahme der Menschen ist: diese zu quälen und

---

[1] De Daemoniacis, lib. I, cap. 8, p. 16.
[2] Ibid., cap. 9, p. 17.
[3] Ibid., cap. 10, p. 18.
[4] Ibid., cap. 11.

zwar aus Hass, der seinen Grund wieder in ihrem Hasse
gegen Gott hat. Sie beneiden die Menschen um ihre
Seligkeit und Gott um seine Ehre.[1] Die Ungetauften sind
eigentlich nicht vom Teufel besessen, er hat aber grosse Macht
über sie, daher der Exorcismus mit Recht angewendet wird.[2]
Die Ketzer stehen in intimem Verhältniss mit den Dämonen,
obschon nicht alle besessen genannt werden können, ausser
einigen Anabaptisten, die sich aber auch von den gewöhnlichen
Besessenen unterscheiden.[3] Es sind sechs äussere Zeichen,
welche den Verdacht erregen, dass ein Mensch einen Teufel
im Leibe habe: barbarae voces, horribilis vultus, membrorum
stupor, summa inquietudo, vires humanis superiores, cruciatus.
Die Besessenen sprechen in verschiedenen Sprachen, ohne sie
zu kennen und die Bedeutung der Wörter zu verstehen.[4]
Die Besessenen müssen die Tyrannei der Dämonen ertragen,
oft wegen ihrer eigenen Sünden, leichtern und schwerern;
meistens wegen Unglauben, Misbrauch der Hostie, Gotteslästerung, Hochmuth, Wollust, Geiz, Verfolgung der Heiligen,
Misachtung Gottes und göttlicher Dinge, Ergebung an die
Dämonen, Wahrsagerei u. s. w.[5]; bisweilen müssen aber Menschen auch wegen Sünden anderer die Quälerei von Dämonen
leiden, was aus angeführten Beispielen von unschuldigen Kindern, von Heiligen u. s. w. klar hervorgeht.[6] — Christus hat
der Kirche die Macht, Teufel auszutreiben, verliehen, um seinem Evangelium Glauben zu verschaffen, um seine Macht
und Göttlichkeit zu offenbaren, damit seine Anhänger bekannt, die Besessenen des Teufels ledig werden, um der
Majestät der Kirche Anerkennung zu verschaffen, um
zu zeigen, dass der Mensch durch den Teufel zur Sünde nicht
gezwungen werde u. s. w.[7] Für den Exorcisten ist ein reines
Gewissen zwar vortheilhaft, aber keine nothwendige Bedingung
seiner Wirksamkeit.[8] Dass ein ketzerischer Exorcist niemals

---

[1] De daemoniac., lib. I, cap. 15.
[2] Ibid., cap. 18, p. 35.
[3] Ibid., cap. 21.
[4] Ibid., cap. 25.
[5] Ibid., cap. 29. 30.
[6] Ibid., cap. 31.
[7] Ibid., cap. 36.
[8] Ibid., cap. 3

einen Teufel austreiben könne, ist selbstverständlich, da die Teufelsaustreibung ein Beweis der Rechtgläubigkeit ist, und Gott nicht das Falsche bezeugen wird. Der Verfasser führt ein Beispiel an, das Staphilius als Augenzeuge erzählt. „Im Jahre 1544 brachte man ein Mädchen aus dem Meissnischen nach Wittenberg zu Luther, dass er es vom bösen Dämon befreie. Dieser sperrte sich zwar anfangs dagegen, liess aber endlich das Mädchen in die Sakristei der wittenberger Pfarrkirche bringen, wo er in Gegenwart anderer Doctoren und gelehrter Männer, unter denen ich mich auch als junger Magister befand, den Dämon zu beschwören anfing und zu exorcisiren, aber nach seiner eigenen Weise, nicht nach der bei den Katholiken üblichen. Trotz langen Beschwörungen wollte der Dämon nicht weichen, versetzte vielmehr Luther's Hosen in solche Nöthen, dass dieser aus der Sakristei hinauseilen wollte. Allein was geschah? Der boshafte Dämon hatte die Thüre der Sakristei so verrammelt, dass sie weder von innen noch von aussen aufzubringen war. Dadurch wurde Luther so in Angst versetzt, dass er zum Fenster eilte, um hinauszuspringen. Allein daran hinderten die eisernen Gitter, sodass er genöthigt war, mit uns so lange eingesperrt zu bleiben, bis man uns durch die Gitter ein Beil reichte, das mir übergeben ward, um den Ausgang durchzubrechen, was ich auch that. Inzwischen war es wunderlich anzusehen, wie Luther in seiner Noth auf- und ablief und gleich einem weidenden Schafe sich hin und her wendete". [1] Die fünf Weisen, auf welche bei den Katholiken die Teufel ausgetrieben werden, sind: Anrufung des Namens Jesu, Gebrauch von Reliquien, Anlegung des heiligen Kreuzes, Gebrauch geweihter Sachen, Exorcismus. Schon die blosse Nennung des Namens Jesu versetzt die Dämonen in grossen Schrecken. [2] Der Verfasser findet Apostelgeschichte 5 angedeutet, dass der Schatten Petri auf Dämonen grosse Gewalt ausgeübt habe; er führt ferner den historischen Beweis, dass durch die Fesseln des heiligen Petrus eine Menge Dämonen ausgetrieben worden seien. [3] Die Dämonen verlassen sehr ungern die Menschen,

---

[1] De daemoniac., lib. I, cap. 40, p. 87.
[2] Ibid., cap. 42.
[3] Ibid., cap. 43, p. 96.

die sie besitzen, weil sie, einmal ausgetrieben, nicht wieder
zurückkehren dürfen, oder von da in die Hölle geschickt werden.[1] Die ausgetriebenen Teufel suchen wieder andere menschliche Körper, darauf Bestien, hernach einsame Orte. Am
unliebsten gehen sie in die Hölle, weil sie dort ihrer Lust
nicht fröhnen können, Menschen zu peinigen, und die Freiheit umherzuirren verlieren.[2] Die Wirksamkeit des wächser-
nen Bildes, des sogenannten Agnus-Dei, gibt Thyräus in folgendem Vers zusammengefasst:

> Fulmina pellit,
> Crimina mundat.
> Daemones arcet.
> Liberat igne,
> Servat ab undis
> Morteque prompta.
> Subjugat hostes,
> Et parientem
> Prole secundat.
> Plurima dignis
> Munera confert,
> Parvaque tantum
> Portio prodest
> Maxima quantum.[3]

Es gibt drei Arten Quälgeister: Dämonen oder böse
Geister, die Seelen der Verdammten, und Seelen, welche im
Fegfeuer gereinigt werden. Diese Gespenster spuken an ge-
wissen Orten.[4] Orte, wo es nicht geheuer ist, sind vornehm-
lich: Einöden, sumpfige Gegenden, unterirdische Höhlen,
Schlösser und grosse Gebäude, Orte, die eines Mordes wegen
bekannt sind, wo Unschuldige getödtet worden, wo grosse
Sünden herrschen, wo sich berühmte Heilige aufhalten.[5] Die
Teufelsgespenster spuken da herum, um Schrecken einzujagen,
Schaden beizufügen, ihrer Lust zu fröhnen. — Dass die Ur-
heber der Ketzereien und Erfinder falscher Dogmen ganz besonders von Teufelsgespenstern gequält werden, ist aus den
Beispielen Luther's, Zwingli's und Karlstadt's bekannt.[6] Die

---

[1] Primus, lib. de daemoniac., cap. 50.
[2] Ibid., cap. 56. 57.
[3] Ibid., p. 115.
[4] De locis infestis, cap. 3.
[5] Ibid., cap. 14.
[6] Ibid., p. 68.

Thatsache, dass die Dämonen vor den Reliquien der Heiligen
die Flucht ergreifen, wird nicht nur von Katholiken, sondern
auch von Ketzern anerkannt. Von letztern weiss es der Verfasser aus den Magdeburgischen Centurien. [1]

2. Der Teufel im 16. und 17. Jahrhundert.

Der Teufel trieb also sein Spiel im 16. und dem folgenden
Jahrhunderte hüben und drüben fort und war um so geschäftiger, je mehr Zwietracht und Hass auf Erden hauste. Er
war es ja, dem der Riss zwischen Katholiken und Protestanten
zugeschrieben ward, er war es ja, der die darauf ausge-
brochenen Streitigkeiten im protestantischen Lager angeregt
hatte. Denn der Teufel griff in alle Angelegenheiten hinein,
und der gelehrte Jakob Aeontius im 16. Jahrhundert konnte
daher füglich die Lehrstreitigkeiten der Kirchenparteien „Kriegs-
listen des Teufels" nennen und ein Buch darüber schreiben [2],
welche buchstäbliche Auffassung des Titels auch im 17. Jahrhundert festgehalten und weiter ausgedehnt wurde.

Unter dem theologischen Gezänke wurden dem Aufschwung, den die Welt im Anfange des 16. Jahrhunderts genommen hatte, die Flügel gebrochen, und um die Mitte dieses
Zeitraums trat die lahme Periode des dogmatischen Orthodoxismus ein. Die Reformation, welche zum Urchristenthum
zurückleiten wollte, fand dieses in den biblischen Schriften
niedergelegt und stellte das Wort Gottes als die einzige wahre
Erkenntnissquelle hin, das daher, um selig zu werden, gekannt, und dem sich alles menschliche Denken und Wollen
unterwerfen muss. Luther wollte zwar demjenigen sein Baret
aufsetzen und sich einen Narren schelten lassen, der ihm die
„stroherne" Epistel Jacobi mit dem Apostel Paulus zusammenreimen könnte; er, der die Allegorien Pauli „zu schwach zum
Stich" gefunden, der von der Offenbarung Johannis gesagt:
„mein Geist kann sich in das Buch nicht schicken, und das
ist mir Ursache genug, dass ich sein nicht hochachte"; derselbe konnte unter Verhältnissen gedrängt, in Feuereifer ver-

---

[1] De locis infestis, cap. 67, p. 219.
[2] Strategematum Satanae lib. VIII (Basil. 1565).

setzt, den später zum Schlagwort gemachten und gebrauchten
Ausruf thun: „rund und rein ganz und alles geglaubt oder
nichts geglaubt; der Heilige Geist lässt sich nicht trennen,
dass er ein Stück sollte wahrhaftig und das andere falsch
lehren und glauben lassen; wo die Glocke an einem Orte
berstet, klingt sie nichts mehr und ist ganz untüchtig". Derlei
Aussprüche benutzten die Epigonen als Haken, um ihre Fäden
anzuheften und zu dem Gewebe des orthodoxen Dogmatismus
abzuspinnen. Die Schrift sollte dem Buchstaben nach gefasst
und verstanden werden, und auf den Buchstaben gründete
sich die protestantisch-theologische Anschauung bis gegen die
Mitte des 18. Jahrhunderts. In der lutherischen Kirche hatte
sich schon am Ende der kryptocalvinistischen Streitigkeiten
eine kirchliche Zwangsherrschaft errichtet, wie 40 Jahre nach
der Concordienformel die dortrechter Synode in der reformirten Kirche einen ähnlichen Terrorismus ausübte. In der
protestantischen Kirche, welche die Wahrheit ihrer Lehre auf
die Heilige Schrift gegründet wissen wollte, wurde jede
Schriftauslegung mit Fluch belegt, die es wagte, von der
durch den kirchlichen Lehrbegriff bezeichneten Richtung ab-
zuweichen, und so befand sich die Exegese auf der protestantischen wie der katholischen Seite, obschon unter verschiedener
Form, der Autorität der Kirche unterworfen. Der Unterschied bestand darin: dass in letzterer die Tradition in der
Kirche aufbewahrt als Autorität feststand, während erstere
auf. den Begriff der Heiligen Schrift, als auf das positive
Princip der Reformation hinwies und aus diesem Begriff das
Dogma von der verbalen Inspiration herauserklärte. Nach
der Inspirationstheorie wurde jedes Wort der Schrift zu einem
göttlichen Orakel, und hiermit sollte der subjectiven Willkür
eine objective Autorität hingestellt sein. Demgemäss fixirten
sich auch die hermeneutischen Grundsätze: „Der hebräische
Text im Alten Testament und der griechische Text im Neuen
Testament rührt unmittelbar von Gott her, nicht allein rück-
sichtlich des Sinnes, sondern auch der Schrift und Wörter."[1]
Oder: „Die ganze Schrift ist vollkommen, sie muss also aus
inspirirten Vocalen bestehen; denn wie sollte eine Schrift

---

[1] W. Franz, Professor in Wittenberg, Tractat. theolog. novus de
interpretatione maxime legitima, p. 33 (1619).

vollkommen sein, die nur aus dem Leibe bestünde, der es
aber an der Seele der Vocale fehlte.“ [1]

Die buchstäbliche Erklärung der biblischen Schriften begegnete in diesen dem Teufel an vielen Orten und unterstützte
durch die Exegese den Glauben an ihn. Der herrschende
Teufelsglaube übte wieder seinen Einfluss auf die Interpretation,
und die Zeitanschauung fand nicht nur im Neuen Testament
ihre Bestätigung, sie fand sie auch bei Mose, im Hohenliede,
im Buche Hiob, sodass sie das Krokodil zum Teufel umdeu-
tete und in der Geschichte Nebukadnezar’s ein schlagendes
Beispiel einer teuflischen Thierverwandlung erblickte. Der
Teufel wurde nicht nur in alle Händel, auch in alle Zweige
des Wissens hineingemengt. In Beziehung auf ihn gaben die
Rechtsgelehrten ihre Gutachten und die juristischen Facultäten
ihre Erkenntnisse ab, von denen Horst [2] mehrere Proben liefert. Sperling hatte die Daemones succubi und incubi in die
Physik aufgenommen [3], und Danäus [4] den Buhlteufeln und
Buhlteufelinnen in der Moral einen Platz eingeräumt. [5]

Selbst die Architektur verwendete die verschiedenen Gestalten des Teufels an manchen Theilen der Kirchen, und durch
die Teufelsgesichter an den Dachrinnen und Wasserspeiern
wurde der gläubige Christ stets an den Höllenfürsten erinnert.
Eine Menge Schriften waren im Umlauf, welche Anleitung
gaben, entweder durch Gebete, durch andere fromme Formeln
die Geisterwelt sich dienstbar zu machen, oder aber den Teufel
zu beschwören, um mit dessen Hülfe das Gewünschte zu erlangen.
Eine der berüchtigtsten Formeln wird mit dem im Reformationszeitalter bekannten Teufelsbanner Faust in Verbindung
gebracht und führt den Titel „Höllenzwang.“ [6] „Zwang und
Hauptbeschwerung, wodurch ich Dr. Faustus aller Welt bekandt Teuffel und Geister bezwungen und beschworen, mir
zu bringen, was ich gewollt und gethan, was ich begärt habe;
siben gedruckte Bücher von meiner Beschwerung werden nach

---

[1] Dannhauer, Professor zu Strassburg, Hermeneutica sacra, p. 19 (1654).
[2] Zauberbibl. VI, dritte Abtheilung, Nr. 1.
[3] Institutiones Physicae Joh. Sperling Prof. publ. etc.; edit. 3, lib. II,
p. 384—87. Witteb. 1653.
[4] Daneau, ein französischer Protestant.
[5] Danaeus, Ethica christiana, cap. 14, lib. 2.
[6] Imperationes Fausti.

mir gefunden werden, der aber eins von meinen Büchern bekommt und ein Liebhaber ist von Gold, Silber und Edelgstein,
der kann durch meine Beschwerung so viel als er in diesem
Buch verzeichnet finden wird, bekommen; Er muss aber auss
meinem weitläufigen Buch die Kraft und Wörter der Beschwerung zusammenziehen, dass sie in dreymahl drey stundten
gelesen oder auswendig gesprochen werden, und die Runden
Kreiss mit dem silbernen Dreyfuss wohl einsegnen, mit den
umstehenden Namen, Worten und Buchstaben, und das an
einem tüchtigen Ort, wo dich niemand verstört: und nach
Standsgebühr, das überlasse ich dir — gedruckt im Jahre 1571".[1]
Aber nicht blos durch das Wort, sondern auch durch Anwendung äusserer Mittel suchte man sich gegen die vielseitige
Wirksamkeit der höllischen Mächte zu wehren, daher auch
in dieser Beziehung literarische Producte zum Vorschein kamen,
in denen sich nicht selten der unflätige Witz breit machte,
wie unter andern Beispielen nur erwähnt zu werden braucht
„Dr. J. Christiani Francisci Paullini heylsame Dreck-Apotheke.
Frankf. a. M. 1687", wo[2] eine Massregel empfohlen wird, um
die Milch vor Unholden und dergleichen „Teufels geschmeiss"
zu bewahren.   Nach der gangbaren dualistischen Anschauung
stellte man sich entweder unter den Schutz des Himmels oder
man vertraute auf die Macht der Hölle, und dieser bediente
man sich nach den Verhältnissen der Zeit, freilich mit dem
Verluste des Seelenheils. Im dreissigjährigen Kriege war daher
die schon früher bekannte Kunst zu „verfesten", gegen Schuss
und Hieb sicher zu machen, ganz besonders im Schwange,
und wurde nicht nur durch St.-Georg oder St.-Christophel,
sondern auch durch die Macht des Teufels erlangt. Ein durch
die höllische Kunst „fest" oder „gefroren" gemachter hiess
„Bilwizkind"(Pilmiskind), was wol so viel als Teufelskind bedeuten mochte, da bei ihm ein schlechtes Ende voraussichtlich war,
nämlich dass ihn „der schwarze Kaspar" holte. Die Mittel,
sich und andere fest oder gefroren zu machen, waren mannich-

---

[1] Adelung, Geschichte der menschlichen Narrheit, VII. Anhang; vgl.
Scheible, Das Kloster, V. Bd., 20. Zelle, S. 1159 fg.; Faust's dreifacher
Höllenzwang in verschiedenen Ausgaben.

[2] Cap. 5, S. 263.

fach und wechselten in der Zeit. Es gab „Nothhemden", wozu
das Leinengarn in der Christnacht von unzweifelhaften Jungfrauen in Teufels Namen gesponnen und das Gewebe genäht
werden musste, auf der Brust zwei Häupter, rechts ein
bärtiges eingestickt, links Belzebubs Kopf mit einer Krone.
Ein solches Nothhemd unter dem Kleide getragen, schützte
vor Wunden. Eine ähnliche Wirkung erwartete man von der
Hostie, die man unter geheimer Anrufung des Teufels empfangen, sie wieder aus dem Mund genommen, und an einer
Leibesstelle, wo die Haut vom Fleische losgelöst worden,
hineingesteckt und die Wunde hatte verheilen lassen. Es gab
auch einen Benedisten oder Nothsegen, einen Papst-Leo-
nis-Segen mit frommchristlichen Worten und Verheissungen.
Es gab Passauerzettel auf Jungfern-Pergament, oder auf Hostien mit Fledermausblut geschrieben, mit Drudenfüssen, fremden Buchstaben, seltsamen Charakteren versehen, auch wol
den Spruch enthaltend: „Teufel hilf mir, Leib und Seel geb
ich dir!" Solche Zettel unter den linken Arm gebunden bann-
ten den Schuss. Da der Teufel die personificirte Unheimlich-
keit ist, sammelte man alles Unheimliche, um es als Schutzmittel in seinem Sinne zu verwerthen. Ein Stück Strick oder
Kette, womit ein Mensch gehenkt worden, der Bart eines
Bocks, Wolfsaugen, der Kopf der Fledermaus in einem Beu-
telchen von der Haut eines schwarzen Katers am Leibe getragen, machten „fest"; während der andere auf ein Agnus-
Dei oder die Reliquie, die er am Halse hängen hatte, sich
verliess. Bekannt ist der Gebrauch verschiedener Hexenkräu-
ter. Die weiteste Verbreitung des Glaubens an die Wirksamkeit solcher Mittel bezeugt die allgemeine Klage bei der
Blockirung von Magdeburg 1629, worauf uns Freytag aufmerksam macht [1], und Gustav Adolf verbot im §. 1 seiner
Kriegsartikel: Götzendienst, Hexerei oder Zauberei der Waffen
als Sünde gegen Gott. Nach dem dreissigjährigen Kriege, der
nicht nur die Bande der bürgerlichen Gesellschaft furchtbar
gelockert, sondern auch die Habe von Unzähligen zerstört
hatte, wurde die Magie mit der Theosophie verquickt, indem
man das theologische Moment hineinzog, die Goldmache-
rei mit Frömmigkeit in Verbindung brachte und als Bedin-

---

[1] A. a. O. II, 81.

gung des Gelingens betrachtete; oder es wurde der Teufel in
Anspruch genommen, und dieser musste helfen das Gold zu
machen oder den Schatz zu heben.   Bei der dem Teufel zugeschriebenen Vielseitigkeit und Gestaltungsfähigkeit war dies
natürlich, aber ebenso, dass man bei jeder einigermassen auf-
fälligen oder unerwarteten Erscheinung seine Künste witterte.
Eine lebendige Vorstellung von dem Anschauungskreise des
17. Jahrhunderts in dieser Beziehung gewährt: „Der höllische
Proteus oder tausendkünstige Vorsteller vermittelst Erzehlung
der vielfältigen Bild-Verwechslungen Erscheinender Gespenster,
werffender und polternder Geister, gespenstischer Vorzeichen,
Todesfälle, wie auch anderer abentheuerlicher Händel, arglistiger Possen und seltzamer Auffzüge dieses verdammten Schau-
spielers und von theils Gelehrten für den menschlichen Lebens-
geist irrig angesehenen Betriegers, nebenst vorberichtlichem
Grundbeweiss der Gewissheit, dass es wirklich Gespenster
gebe, abgebildet durch Erasmum Francisci hochgräflichen
Hohenlohe-Langenburgischen Raht". [1] In diesem dickleibigen
Buche ist der Gespensterglaube, wie er namentlich unter den
Protestanten im 17. Jahrhundert gangbar war, aufgespeichert.
Horst nennt den Verfasser den „Wieland seiner Zeit", „wegen
seiner zierlichen Feder." [2] Das Buch wurde oftmals auch noch
in der Zeit nach Bekker und Thomasius aufgelegt [3], ein Beweis der Beliebtheit der Schrift, die aber kaum in der zierlichen Darstellung allein, sondern wol grossentheils in dem
Stoffe selbst liegt, welcher der Zeitanschauung entsprach.
Obschon der Verfasser tief im Glauben an den Teufel steckt,
der „am füglichsten ein rechter Proteus getituliret werden
mag — sintemal er nicht allein seine verborgene Tücke mit
allerlei Farben gar scheinheilig anstreicht und zieret, sondern
auch die Menschen mit mancherlei gespenstischen Gestalten
betriegt oder vexirt und das Bild seiner Erscheinung allezeit
zu seinem Vorhaben richtet oder verändert"; so zeigt sich das
protestantische Bewusstsein bei Francisci doch darin, dass er
dem Satan zwar die verschiedenartigsten Gespenstererscheinun-

---

[1] Die zweite Auflage erschien Nürnberg 1695; die erste Auflage
konnte ich nicht ausmitteln.

[2] Zauberbibliothek II, 287 fg.

[3] Vor mir liegt eine Ausgabe vom Jahre 1708.

gen zuschreibt, ihn aber nur als „Affen Gottes und des
Menschen als des göttlichen Ebenbildes", als „höllischen
Gaukler" behandelt, den „Acherontischen Komödianten" nennt,
der „zur Verspottung und Verleitung der Menschen . . . bald
diese bald jene Person fürbildet." [1] Ungeachtet der „tausend-
künstigen Vorstellungen", die dem Teufel zuerkannt sind, wird
dieser von dem protestantischen Verfasser, da er keine rechte
Furcht mehr hat, abschätzig behandelt. Es ist aber nicht
Frivolität der Grund dieser leichten Abfertigung, sondern das
Gottesvertrauen, das reine Herz ist's, das den protestantischen
Christen vor dem Teufel sicherstellt. Fehlt indessen auch
der bittere Ernst der Furcht vor der Macht des Satans von
ehedem und sind dessen Repräsentationen nicht viel mehr als
„Wind, Lufft und Rauch"; so ist jene doch immer so gross,
um dessen bittere Feindschaft gegen den Menschen auf empfindliche Weise an den Tag zu legen, sich „geschäfftig und
trutzig" zu erweisen, die ganze Welt mit teuflischen „Fürbil-
dungen" zu erfüllen, und dem Menschen sein Leben zu ver-
gällen. Denn „der Satan thut seinen möglichsten Versuch,
dass er ihn von dem Anker der Hoffnung auf Gott verrücke,
und in Verzweiflung stürze". [2]

Es lässt sich erwarten, dass in diesem Jahrhundert, welches
dem „der Aufklärung" voranging, die Polemik in Bezug auf
den Teufel nicht geschwiegen haben werde. Ausser den in
der Hexenperiode erwähnten, unsere Geschichte des Teufels
berührenden Schriften ist der holländische Arzt Anton van
Dale zu erwähnen, der zuerst eine Schrift „De oraculis Ethnicorum" (Amsterdam 1685) herausgab, deren sowol Bekker [3],
als auch Thomasius [4] gedenkt. Van Dale bewies darin, dass
hinter den heidnischen Orakeln nicht der Teufel, sondern vielmehr Priesterbetrug gesteckt habe. Derselbe Verfasser veröffentlichte aber ein zweites Werk: „Antonii van Dale Po-
liatri Harlemensis Dissertationes de origine ac progressu
Idololatriae et superstitionum: De vera ac falsa prophetia uti
et de divinationibus idololatricis Judaeorum. Amstelodami

---

[1] S. 92.
[2] S. 300.
[3] I, 22. Hauptstück, S. 129.
[4] Kurze Lehrsätze von dem Laster der Zauberei, §. 3.

1696". Nach dem eigenen Bekenntniss des Verfassers in der
„Dedicatio" ist das meiste seiner ersten Schrift in der zweiten
wieder aufgenommen, daher nur diese berücksichtigt werden
soll. In dem vorliegenden Werke zeigt der Verfasser, dass
der Anfang der Idolatrie vor die noachische Flut falle, dass
zunächst die Verehrung der Himmelskörper stattgefunden,
dann die der Thiere und schliesslich auf die menschlichen
Wohlthäter, als Heroen, Götter, Dämonen, übergegangen sei.
Der Idolatrie seien auch die Hebräer verfallen und die Vorstellungen von Dämonen vornehmlich durch die Uebersetzer
und Ausleger der alttestamentlichen Schriften in diese übergegangen. [1] Denn wo im Alten Testament von angeblich
bösen Dämonen die Rede ist, sei dies den Erklärungen der
chaldäischen Targumisten, Talmudisten und Rabbinen zu verdanken. [2] Von Dämonen und Dämonischen wisse der Urtext
des Alten Testaments nichts, und wenn das Neue Testament
derselben allerdings erwähnt, sowie der Teufelaustreibungen
durch Jesum Christum, so sollte damit der Ausspruch 1 Mos. 3,
15 in Erfüllung gehen. Die Befreiung der Menschen von des
Teufels Macht sei durch den Heiland vollzogen, daher es der
Verfasser für einen Aberglauben erklärt, wenn Menschen jetzt
noch den Teufel fürchten, oder ihn durch Exorcismus austreiben wollen. [3] Den Aberglauben von einem Bündniss mit dem
Teufel leitet der Verfasser aus dem Heidenthum ab, wo ihn
die abergläubischen Philosophen und Poeten den ersten Christen überliefert, die ihn unvorsichtigerweise angenommen
haben. Die Reformation habe zwar manche Irrthümer beseitigt,
aber der Sauerteig habe viele, auch Theologen, so durchdrungen, dass er noch immer zu gären scheint. Der Verfasser
will keineswegs böse Dämonen leugnen, inwiefern sie aber
Teufel seien, wie weit ihre Macht der allmächtige Gott zulasse
(nachdem Christus der Schlange den Kopf zertreten), vermag
er nicht zu begreifen. [4] Die Idolatrie und anderer Aberglaube ist aus dem Chaldäismus und dem übrigen Heidenthum
in das Judenthum gekommen, wo ihn namentlich die Pharisäer gepflegt haben; von da ist er in die christliche Theologie
gelangt. Die siebzig Dolmetscher und die übrigen alten Uebersetzer des Alten Testaments, die in dem alten Aberglauben

---

[1] Cap. IV.   [2] Cap. V.   [3] Dedicatio.   [4] Ibid.

befangen waren, brachten die teuflischen Ungeheuer in manche
Schriften des Alten Testaments hinein, woran deren Verfasser, z. B. die Propheten, nie gedacht. Die ersten
Christen, die vom Heidenthum zum Christenthum übertraten,
nahmen auch ihre Vorstellungen von den Dämonen und deren
Erscheinungen mit herüber, und was die heidnischen Priester,
Mythologen und Dichter von den heidnischen Göttern erzähl-
ten, wurde nun den Teufeln zugeschrieben. Die Mönche ergriffen den Gegenstand gedankenloser Weise, bildeten ihn
weiter aus, der Aberglaube der Kleriker, frommer Betrug,
·die Sucht nach Vortheil und Ansehen trugen auch ihr Scherflein bei, und so kam der ganze Teufelsapparat zu Stande.[1]

Diese Wenigkeit aus dem Buche kann genügen, um die
geistige Richtung desselben zu erkennen. In demselben Geiste
schrieb van Dale's Zeitgenosse, der uns schon bekannte Balthasar Bekker seine „Bezauberte Welt“, die nach jenes erster
Schrift „De oraculis Ethnicorum“ erschien, deren Ansichten
in der zweiten wiedergegeben sind. Es muss auffallen, dass
der Theologe Bekker einen so mächtigen theologischen Sturm
hervorrief, durch den er aus seinem Amte hinweggeweht ward,
während der Mediciner van Dale, soviel mir bekannt ist,
weder durch sein erstes Auftreten kurz vor dem Erscheinen
der bezauberten Welt, noch durch sein zweites Werk, drei
Jahre nach dieser, kaum eine besondere Polemik veranlasst
zu haben scheint. Ich kann mir diese auffallende Erscheinung
nur daraus erklären, dass van Dale den Gegenstand in strenger, weniger durchsichtiger Gelehrtenform und in lateinischer
Sprache behandelte, daher nur einen kleinern Leserkreis haben
konnte; während Bekker den Gelehrtenapparat zwar beibringt,
aber der Landessprache und einer allgemein fasslichern Darstellung sich bediente, wodurch sein Werk einer grössern
Verbreitung und Popularität gewiss sein musste. Ausserdem
griff van Dale die Existenz des Teufels nicht direct an, obschon er im Grunde den Glauben daran aus dem Heidenthume
ableitet; er beschränkt sich dabei nur auf das Alte Testament,
vermeidet den Boden des Neuen Testaments zu betreten, und
wo er die Erwähnung des Satans in demselben vorübergehend
berührt, klammert er sich an den neutestamentlichen Satz:

---

[1] Cap. X.

dass Jesus Christus die Macht des Satans für immer gebrochen habe. Bekker hingegen geht dem Teufel unmittelbar zu Leibe, er durchmustert nicht nur das Alte Testament, sondern unterzieht auch die betreffenden Stellen des Neuen Testaments seiner Exegese, welche von der damals landläufigen abwich, Grund genug, um den Eifer seiner Collegen in Feuer zu setzen, das, durch das negative Ergebniss der Bekker'schen Erklärungen nur noch mehr angeschürt, um so verzehrender wurde.

Balthasar Bekker machte mit seinem Werke: „Die bezauberte Welt" den gewaltigsten Angriff auf die allgemein gefürchtete Macht des Teufels. Von der Philosophie des Cartesius durchbildet, mit theologischer Gelehrsamkeit ausgerüstet, lieferte Bekker ein Werk, welches in unserer Geschichte des Teufels dadurch epochemachend ist, dass der Angriff nicht mehr, wie bei der bisherigen Polemik, den Einzelheiten gilt, sondern auf das Herz des Gegners zielt, nämlich den Teufel selbst und seine Macht zu fällen sucht. Die Existenz des erstern vernichtet er zwar nicht ganz, was Bekker's biblische Gläubigkeit nicht zugelassen und seine Waffe der Exegese, deren er sich bediente, auch nicht vermocht hätte; aber schliesslich erscheint die Annahme einer Existenz des Teufels doch überflüssig, und die Macht des Teufels wird, weniger durch die allegorische Interpretation als vielmehr durch die Schärfe des Verstandes, nachgerade auf Null zurückgeführt. Der volle Titel des Werks ist: „Die bezauberte Welt oder eine gründliche Untersuchung des allgemeinen Aberglaubens, betreffend die Art und das Vermögen, Gewalt und Wirkung des Satans und der bösen Geister über den Menschen, und was diese durch derselben Kraft und Gemeinschaft thun: So aus natürlicher Vernunft und heiliger Schrift in vier Büchern sich unternommen hat Balthasar Bekker S. Theolog. Dr. und Prediger zu Amsterdam" (1691—93). [1]

Bekker konnte seine Schrift mit Recht „eine gründliche Untersuchung" nennen, sie war die gründlichste, die seine Zeit zu liefern vermochte. Wir müssen bemerken, dass er

---

[1] Vor mir liegt: „Aus dem Holländischen und der letzten vom Authore vermehrten Edition. Gedruckt zu Amsterdam bey Daniel van Dahlen, bey der Börse, Anno 1693. In die deutsche Sprache übersetzet." Vom Originale waren zuerst die zwei ersten Bücher erschienen.

nach dem rechten Faden sucht, um den Knäuel zu entwir-
ren, wenn er sagt: „Die gemeine Meynung, die man von dem
Teuffel, seiner grossen Erkänntniss, Krafft und Wirkung hat,
und von Menschen, die man dafür hält, dass sie mit ihm in
Gemeinschafft stehen, kam mir bey dem Licht, dass ich mit
andern Menschen von der Natur habe, und durch die Schrifft
gestärcket und mehr geneiget ward, sehr zweiffelhafftig für,
ob ich es wol bey dem Lichte besehen, länger dafür ansehen
müsste oder nicht; und es war mein Zweiffel nicht allein ob
es wahr, sondern auch, ob es Gottes Furcht geziemend were.
Und mein Gemüth begunte mich selber zu dringen, ich müste
antworten denen, die mich fragten, ich müste wissen, wie ich
mich bey solchem Volck, die so und so beschaffen waren, zu
verhalten; es war mein Ampt, und es kam mir täglich zu
Hause. Davon zu reden als man redet und zu thun, gleichwie man thut, das kam mir mehr und mehr beschwerlich für;
und mich darwider zu setzen, oder in Wort oder Thun mit
andern nicht einig zu seyn, das war eines Theils meine gewöhnliche Arth nicht, und darbey hatte ich keinen Grund.
Daher war mir das nechste, dass ich mit Ernst darnach for-
schete, von wannen diese allgemeine Meynung ihren Ursprung
habe; darnach, was doch die Wahrheit seyn möchte. Und
dieweil ich solches von fornen, a priore, alles untersuchte,
und nicht von hinten, a posteriore, wie man in den Schulen
redet, so konnte ich nicht eher zu dem Zustand der streitigen
Sache, als gegen Ende des ersten Buchs, worinn ich aus so
vielerley Meynungen, als die Menschen dessfalls in der Welt
hatten, endlich diejenigen, welche noch heutiges Tags bey den
Protestanten angenommen werden, in dem 22sten Hauptstück
eröffnet, dieselben in dem 23sten mit andern Meynungen
vergleiche und in dem 24sten anweise, wie wir auff die unsere kommen, und was uns annoch darbey behalte. Ich untersuche also den rechten Ursprung der heutigen Meynung und
unter uns in dem ersten Buche, davon ich folgends die Ungewissheit und Ungereimtheit in den drey andern biss auf
den Grund entdecke und vor Augen stelle. Alsdann im zweiten Buche zeige ich das, was die Geister anlanget, und in
dem dritten ferner das, was die Menschen angehet, welche
man achtet, dass sie mit den Teuffeln Gemeinschafft haben.

Im vierten untersuche ich die Erfahrung, worauff man sich in beyden meistentheils beruffet."[1]

Wer erkennt hierin nicht den denkenden Menschen, der den Zweifel zu überwinden sucht und nach Gewissheit strebt; den sittlichen Ernst, der nur nach eigener Ueberzeugung sprechen und handeln, aber auch nur dieser seine Liebe zur Eintracht mit andern zum Opfer bringen will; den gewissenhaften Forscher, der auf den Ursprung seines Gegenstandes zurückgeht, um der Wahrheit auf den Grund zu sehen?

Bekker gibt in seiner Wahrhaftigkeit auch getreulich die Principien an, von denen er bei seinem Werke sich leiten lässt: „Aber ob ich schon den besondern Grund noch nicht gefunden habe, welchen mir weder das Pabstthum, Judenthum noch Heidenthum, als solcher Gestalt angemercket nicht geben können: so habe ich doch einen festen Boden oder Grund mit denen allen, und noch einen andern, mit einem Theil von ihnen gemein. Der erste ist die Vernunft, die allen Menschen zu einem Licht sich erstrecket, sofern als sie rein ist, und mit Vorurtheil und Gemüths-Neigungen nicht verhindert und benebelt. Der ander ist die Schrifft von Gott eingegeben, aber ingleichen rein an ihr selber, so von uns betrachtet, als ob wir niemals die Schrift gelesen hetten; und also ausser aller Menschen Vor-Urtheil, von Uebersetzung aus dem Hebreischen und Griechischen, darin sie ursprünglich beschrieben ist, und der Ausslegung alter oder neuer Lehrer. Diese stehen eine nicht unter der andern, sondern eigentlich neben einander." — Bekker dringt also auf Unbefangenheit bei dem Lesen der Schrift, obschon er sich vorher zur Inspirationstheorie bekannt hat. Hören wir ihn weiter: „Es ist von Philo dem Juden erst erdacht, dass er geneigt, die Schrifft allegorisch ausszulegen, und mit dem was Paulus von der Sara und Hagar schreibt[2] nit vergnügt, den Unterscheid von der Frau und Magd auff die Schrifft und Vernunft bringet, und sagt, dass dadurch bedeutet sey, dass die Philosophie und die natürliche Vernunfft sich unter die Schrifft beugen müsse. — Aber die Wahrheit ist es, dass die Vernunft vor der Schrifft vorher gehen muss, weil die Schrifft die Vernunft vorher stellet: ich sage,

---

[1] Des Authoris generale Vorrede, S. 4 fg.
[2] Gal. 4, 22.

die gesunde Vernunfft, welcher sich die Schrift muss offen-
bahren und blicken lassen, dass sie von Gott ist. Darnach
stehet die Vernunfft neben der Schrifft, als von Dingen redend,
davon die Schrifft schweiget; und die Schrifft stehet neben
der Vernunfft, weil sie uns gantz etwas anderes lehret und
welches dem Untersuchen unsres Verstandes gantz nicht unterworfen ist. Endlich so ist es dennoch, dass die Schrifft über
die Vernunfft ist, nicht als Frau und Meisterin (denn sie
jedweder ihre unterschiedene Haushaltung haben), als eine,
die von höherem Adel und von grösseren Mitteln ist, weil
uns Gott darinnen offenbahret hat, was niemals von menschlichen Verstand begriffen war.[1] Dennoch begibt es sich wol,
dass sie einander auff dem Wege begegnen, oder in einem
Hausse zusammen kommen; und also einander die Hand leihen,
doch beyde als freye Leute; allein mit dem Unterscheid, dass
die Vernunfft als die geringste, der Schrifft allezeit Ehrerbie-
tung beweiset." — Bei natürlichen Dingen, von welchen die
Schrift nicht handelt, ist nach Bekker die Vernunft der Grund
und die Regel der Erkenntniss, „aber in den Sachen der See-
ligkeit ist Gottes Wort allein der Grund des Glaubens und
Lebens". Die Vernunft prüft aber die Schrift, „die man sagt
von Gott zu seyn, oder aus der Erkändtniss, die der Mensch
natürlich von Gott hat"; sie muss darnach „aus dem Sinn der
Worte verstehen, was es für Lehren sind, die uns darinn zur
Seligkeit beschrieben stehen", — es „muss die Vernunfft lehren, wie man dann die Schrifft nach Erforderung der Sachen
soll verstehen".[2] Wie er nun, fährt er fort (in den sieben
ersten Hauptstücken des zweiten Theils), wo er sich in der Natur
umgesehen, die Schrift beiseite gelassen habe, um darzuthun,
„wie fern der menschliche Verstand, wenn er seine Kräffte an-
spannet, vor sich selbst allein kan kommen; also lasse ich auch
die Vernunfft stehen, so bald ich in das Heiligthum Gottes un-
fehlbaren Worts getreten bin".[3] Aber hierin findet Bekker den
Knoten, dass jeder sich auf die Schrift beruft und, indem jeder
sie in seinem Sinne auslegt, sie zum Beweise seiner Meinung
anführt. Den Vorwurf, dass er selbst die Schrift verdrehe,

---

[1] Kor. 9.
[2] Generale Vorrede, S. 10 fg.
[3] Ibid., S. 14.

lehnt er dahin ab, dass es nicht die Schrift sei, sondern „ihre Ausslegungen, daran ich nicht gebunden bin".[1]

Im ersten Buche führt Bekker, nachdem er die Wichtigkeit des Gegenstandes und die Nützlichkeit der Erkenntniss dargethan hat, die verschiedenen Vorstellungen der Griechen und Römer von ihren Göttern und Heroen, von den verschiedenen Arten von Wahrsagerei und Zauberei an, welche auf die christliche Anschauungsweise eingewirkt haben mögen. Er wendet sich hierauf zu den heutigen Heiden, zunächst im Norden Europas, um ihre religiösen Vorstellungen zu betrachten, dann zu den Völkern in Asien, Afrika, Amerika, um ihre Ansichten und die damit verbundenen Gebräuche vorzuführen und mit den vorigen zu vergleichen. Er bespricht die Dämonologie der Juden, die Lehre von den Geistern bei den Mohammedanern, die christliche Anschauung in den ersten sechs Jahrhunderten, stellt den Vergleich an, um den Unterschied und den Zusammenhang ersichtlich zu machen, und kommt zu der Behauptung: „in dem Pabstthum hat man alles vorher gesagte zusammengebracht, mit neuen Erfindungen vermehret und verstärcket"[2], und erörtert die katholische Lehre von den Engeln und Teufeln, wobei er die Ansichten der Scholastiker Thomas von Aquino, Lombardus und neuerer Schriftsteller, als Delrio u. a. anführt. Hierauf kommt er auf die „Meinungen, die unter uns (Protestanten) umbgehen", führt den Glauben an den Teufel, an Gespenster und Zauberei, wie er „unter den gemeinen Leuten" herrscht, an, dann die in den Schriften bekannt gemachten Ansichten der Gelehrten. Im zweiten Buche wird die Lehre von den Geistern, deren Vermögen und Wirkungen aus der natürlichen Vernunft und der Schrift untersucht. Die Erkenntniss des Leibes und der Seele führt zur Erkenntniss Gottes, dieser ist nur Einer, daher keine Vielheit von Dämonen, Halbgöttern oder Untergöttern Raum haben kann, wobei der Verfasser nicht leugnen will, dass auch Geister seien, da die Bibel deren erwähnt; was aber ausserhalb Gottes Wort von dem Zustande der Seelen nach diesem Leben gesagt wird, ist der Vernunft nach zum Theil falsch, zum Theil ungewiss, ebenso ist aus Ver-

---

[1] A. a. O. S. 15.
[2] 19. Hauptstück.

nunftgründen nicht erweislich, dass Engel seien. Was' nun
die Heilige Schrift betrifft, gibt sie wenig Nachricht von der
Art und dem Ursprung der Engel; von dem Herkommen
und dem Zustande der bösen Geister gibt sie deutlichen
Bericht: sie sind von der Sünde ihres Abfalls an von
Gott verlassen und in ewige Verdammniss verstossen. Die
Bibelstellen, in welchen von den Verrichtungen und Wirkungen der Engel gesprochen wird, sind nicht buchstäblich oder
eigentlich zu verstehen; von besondern Schutzengeln der Völker oder Menschen weiss die Bibel nichts. Was die bösen
Engel betrifft, so wird vielmal mit dem Namen Teufel oder
Satan etwas anderes als ein böser Geist bezeichnet, sehr oft
sind böse Menschen darunter verstanden, oder das Böse überhaupt. Was den Menschen zum Verderben gereicht, das wird
in der Schrift dem Teufel zugeschrieben, als dem ersten Stifter
des Bösen. „In solchem Sinn wird denn auch gesagt, dass
er das thut, was böse Menschen thun; weil kein Mensch böses
thut als aus der Verderbung, die ursprünglich von dem Teuffel
ist. Er hat zu allererst das Feuer angezündet, wird das hernach unterhalten, so schlägt die Flamme ferner aus, und setzet
die gantze Strasse oder Stadt in den Brand und in die Asche;
es wird für dessen Werck geachtet, der den Brand in das
Hauss gebracht hat. Und dass mit Grund; denn ohne dem
würde nicht der geringste Schaden geschehen seyn. Alles
Feuer ist aus dem Feuer entstanden, welches er erst ange-
stecket hat, ob er gleich hinweggegangen ist, nachdem er das
erste Feuer hat angezündet; ob er gleich weiter von allen
nichts weiss, wie es ferner hergehet: es ist dennoch nach seinem Sinn, dass der Brand wacker fortgehet." — „Denn durch
das allererste Werck ist er der Vater davon, gleich wie Christus sagt, dass er ein Mörder von Anfang, ja selbst der erste
Lügner, und also ein Vater der Lügen. Wer denn nun mor-
det oder lüget, der thut ein Teuffels-Werck: und man mag
wohl sagen, dass der Teuffel selbst solches thue; weil er die
erste Ursache des Menschen Bossheit ist, daraus dieses Thun
entspriesset. Dass dieses der Sinn und Zweck der Schrifft
sey, da sie von dem Teuffel redet" — sucht der Verfasser in
den einzelnen Stellen zu beweisen. [1] — Der erste Ursprung der

---

[1] II, 114.

Sünde ist also aus dem Teufel — dieser Gedanke ist der Inhalt
der Erzählung vom Sündenfall, bei der die Einzelheiten nicht
eigentlich verstanden werden können.   Ebenso ist auch die
Versuchung Christi durch den Teufel nicht buchstäblich zu
nehmen. Was die Schrift von David sagt, dass er vom Satan
gereizt worden, das Volk zählen zu lassen, vom Zank des
Teufels mit Michael um den Leichnam Mose's[1], beweist
nicht die leibliche Existenz des Teufels, denn die Stelle
ist so dunkel, wie die vorhererwähnten. Was von wahrsagen-
den Geistern in der Schrift erwähnt wird, steht in keiner Beziehung auf den Teufel, und weder Hiob noch Paulus sind
vom Teufel selbst leibhaftig geplagt worden. Die Menschen,
die man vom Teufel besessen hielt, waren besondern Krankheiten unterworfen, bei der Austreibung der Teufel hat sich
Jesus, wie auch sonst, dem Volke accommodirt, und viele Schriftstellen, die gewöhnlich auf den Teufel bezogen werden, sind
von bösen Menschen zu verstehen. Ueberhaupt hat der Teufel
gar nicht die Freiheit, durch die Welt zu spuken und den
Menschen, ausser im Traume, zu erscheinen, denn es streitet
gegen alle Vernunft, dass der Teufel oder ein böser Geist sich
selbst einen Leib erzeugen könne, oder auch nur den Schein
eines Leibes annehme, weil es wider das Wesen des Geistes
ist. Kein Geist wirkt anders als durch den Willen, durch
Denken. Wie sollte es der Teufel können, der doch keinen
eigenen Leib hat? können denn wir selbst eine Hand oder
einen Fuss rühren, ohne zu wollen und zu denken? Kann
aber jemand durch Denken auch nur einen Schatten auf der
Erde oder in der Luft hervorbringen? Ein guter Engel hat
Gottes Macht zur Hülfe, „ihm einen Leib oder Leibes Gleichniss in dem, was er aus Befehl der höchsten Majestät verrichten muss, zu geben. Aber meynen wir, dass der höchste
Richter den verfluchten Feind aus dem Kerker lossgelassen
und noch darüber allenthalben mit allem, was ihm gelüstet,
fügen wird, und nach seinem Belieben nichts als Wunder
thun, mit allemahl etwas neues zu schaffen und den einen
oder andern Lumpen-Handel ins Werck zu setzen, welches zur
Unehre des Schöpffers und seines liebsten Geschöpffes miss-

---

[1] Br. Jud. 9.

brauchen soll!" — „Aber die Schrifft meynet man, lehret uns,
dass Gespenstr seyn. So das wahr ist, so wird es in dem
Lager der Syrer von Samarien gewesen seyn; da es so kräff-
tig spockete, dass sie alle erschrocken in der Nacht wegliefen
und liessen alles stehen da es stund. Aber dieses Gespenst
war von dem Teufel nicht, sondern der Herr hatte die Syrer
lassen hören ein Geschrey von Rossen, Wagen und grosser
Heereskrafft. Derohalben hatten sie sich auffgemacht und
flohen in der Frühe u. s. f."[1] „Die Apostel, Leute ohne son-
derliche Aufferziehung, aus dem geringsten Volck der Juden,
die insonderheit zu der Zeit zum Aberglauben geneigt waren,
schienen im Anfang nicht weiser zu seyn als die übrigen.
Denn als sie Jesum umb die vierdte Nachtwache auff dem
Meere gehen sahen, erschracken sie und sprachen, es ist ein
Gespenst und schrieen für Furcht.[2] Da er sich seit dem ersten
mahl nach seinem Tode unvermuthet ihnen lebendig erzeigete
da erschracken sie und fürchten sich, meyneten sie sehen einen
Geist.[3] Aber Christus ohne zu erklären, ob die bösen Geister
auch erschienen, — antworttet auff die Sache, dass ein Geist
nicht Fleisch und Bein habe wie sie sehen dass er habe."[4] —
„Was will ich denn alle Spöckerey läugnen? bei Nahe. Von
Engeln vermeyne ich nicht — ob jemand sagen möchte, dass
dieselbigen noch nun und dann erscheinen. Dass man aber
so viel Spoocks von Spocken macht, bin ich wohl geruhig,
dass niemand davon viel halten solt." — „Die Unachtsamkeit
bey den Wercken der Natur und die Unwissenheit ihrer
Krafft und Eigenschafften, und das stete hören sagen machen, dass wir leichtlich auff eine andere Ursache dencken,
als die Wahrheit lehret; und das Vor-Urtheil, das man von
den Teuffeln und Gespensten hat, so wohl gelehrt als unge-
lehrt, bringet den Menschen alsbald zum Gespenst. Die Aufferziehung der Kinder stärcket diesen Eindruck; dieweil man
sie von Jugend auff durch gemachte Gerüchte erschrecket, sie
durch eingebildete Furcht zu stillen, und ferner mit allen
solchen alten Mährlein und alten Weiber-Geschwätz unter-

---

[1] 2 Kön. 7, 6. 7.
[2] Matth. 14, 26.
[3] Luc. 24, 37.
[4] Luc. 24, 39.

hält". — Was die Träume betrifft „daran man auch dem Teuffel
die Ehre giebt, dass er seinen Theil daran habe", so ist es
„ein gemein Mährlein; einer hat es erst so erdacht, und die
andern, weil es sein Ansehen hatte, haben es ferner ohne Untersuchung angenommen". [1] — „In Ansehung nun, dass in der
ganzen Bibel nichts anders, das im geringsten nach einen
Königreiche gleichet, und auff dem gedeutet wird, zu finden
ist: so wird es ausser Grund also insgemein gesaget, dass der
Satan auch ein Reich auff Erden habe, das eben so weit als
Gottes eigen Reich auff Erden sich erstrecket: nicht allein
ausser, sondern auch innerhalb seiner Kirche, welche das
Himmelreich, das Reich Gottes und Christi genennet wird.
Reich gegen Reich, des Teuffels Reich wider Gottes: und ob
das noch zu wenig wäre: Reich in dem Reiche: imperium in
imperio, und das von feindlicher Macht. Wie kann Gottes
eigen, wie kan Christi Reich bestehen? Ich will beweisen, dass
der Teuffel kein Reich, das gegen Gott noch unter Gott angestellet, noch wieder das Christenthumb oder davon unterscheiden, noch viel weniger darinnen, weder in dem meisten
noch in dem geringsten noch haben kann." — „Und das habe
ich bald gethan." — Der Verfasser weist auf seine bisherigen
Erörterungen zurück. — „So kan sein Reich gegen Gott auch
nicht seyn, oder man müsse zugleich begreiffen können,
dass ein Richter jemand zum Könige macht, wenn er ihn
zum Kercker verdammet, wenn er ihn in die Fessel
schmiedet, wenn er ihn aus dem Lande jaget." — „Man
sage mir denn einmahl, wenn Gott den Teuffel wieder
frey gelassen, von diesem schweren Fluch: und das in
der Welt-Herrschafft zu haben, da er niemahls hatte vor dem
Fall, welche ihn in den allertiefsten Abgrund brachte?" [2] —
„So lasset denn des Teuffels Feindschafft die grösseste seyn,
die jemahls oder irgendswo sein kann; je grösser Feind
Gottes und des Guten er ist, so viel weiter muss er auch
von dem sein, wo Gott ist, das ist König zu seyn." [3] —
„Aber dass der Teuffel, auff sein bestes genommen, nicht mehr
als ein Geschöpff ist, unendlich von Gott an Macht und
Würde unterschieden, sich gross machen soll in dem Reiche

---

[1] II, 230 fg.   [2] S. 242 fg.   [3] S. 244.

eines geliebten Sohnes, der den Glantz seiner Herrligkeit und
das ausgedruckte Bild seines Wesens ist: wie kan das ohne
Missverstand einen Christen Menschen in Gedanken kommen?
Viel weniger wird er leiden, dass der allerschnödeste seiner
Unterthanen, der erst den Auffstand wider Gott erwecket, und
den Menschen zum Abfall hat gebracht, dessen Wircken mit
Vorsatz kommt zu zerstören, und dazu auch sein Reich hat
auffgerichtet: dass der nun selbst als ein König in dem Himmelreich soll herrschen, dessen erste Ankunfft ihn als ein Blitz
auff die Erde herunterstürtzte[1], das ist so viel zu sagen, als
dass alles, was Teufflisch ist, vor Christi Macht und Krafft
verschwinden muss."[2] „Man darff sich auch nicht allzu sehr
bekümmern, zu wissen, was der Teufel zu thun vermag: Wenn
uns düncket, dass etwas über die Natur geschicht: Denn so
ist es gewiss, dass er es nicht kan thun, Ich sage, dass es
allzu sinnlos fürgegeben wird, wenn etwas böses geschicht,
dass nach unserm Verstand über die Kräffte der Natur gehet,
dass es ein Werck des Teuffels sey? Denn welchem das düncket, der muss nothwendig glauben, dass der Teuffel etwas
thun kan, das natürlicher Weise nicht kan geschehen. Ist das
wahr, so ist der Teuffel Gott: Siehet jemand diese Folge nicht,
ich wills ihm alsofort sehen lassen.   Alles was er erdencken
könnte, das da ist, das muss entweder der Schöpffer selbst,
oder sein Geschöpffe seyn. Was ist der Teuffel nun? Ein
verdorben Geschöpffe, werdet ihr sagen müssen; diesem nach
ein Theil, und ein verdorbener Theil der erschaffenen Natur.
Wie kan nun das, welches ein Theil der Natur ist, über die
Natur seyn? Wer ist über die Natur, denn Gott allein? Derhalben schliesse ich also fort, schnurgleich wieder die gemeine
Meynung; so bald als man sagt, dass etwas über die Natur
geschehen sey, so hat es denn der Teufel nicht gethan, es ist
Gottes eigen Werck. Ein ander sagt, es ist doch kein natürlich Werck, derhalben muss es Zauberey seyn, und ein unge-
waschener Mund, da spielet der Teuffel mit: Aber ich; so es
kein natürlich Werck ist, so ist es gewisslich auch keine Zauberey. Denn ist Zauberey; die muss obschon betrieglich,
dennoch gantz und gar natürlich seyn, gleich, wie ich hoffe

---

[1] Luc. 16, 18.
[2] S. 245.

in dem dritten Buche dem Leser sehen zu lassen."[1] — „Ob aber gleich diese ungereimte Dinge, die aus fürgewendeter Zulassung entstehen, nicht zu entschuldigen sind, so ist es doch plumper Unverstand zu sagen, das der Teuffel das thun kan, was ihm von Gott wird zugelasssen, der muss keine Sinne haben oder nicht wissen, dass er sie habe, der solches fürgibt oder sich in die Hand stecken lässet. Gibt die Zulassung denn das Vermögen, dass man ein Ding thun könne? unterschieden ist die Zulassung von dem Vermögen; sie gibt Erlaubniss, aber nicht die Krafft etwas zu thun."[2] — „Die Engel sind Gottes Diener überall, sowohl zur Straffe als Hut der Menschen: Der Teuffel, Gottes Gefangener und damit ist es aus."[3] Im nächsten (35) Hauptstück führt Bekker den Beweis, dass die Wahrheit des christlichen Glaubens mit dem gewöhnlichen Teufelsglauben nicht bestehen könne. „Ein Atheist bedarff keine andern Waffen, denn dieser Meynung, davon ich in diesem Buche rede, das gantze Christenthumb bis auff den Grund nieder zu reissen, und welches wir ihm selbst in die Hände geben, wenn wir von dem Teufel reden, wie man davon redet, dass man solches nicht gemercket hat, kompt meines Erachtens daher, dass wir schlechthin die Lehre von dem Gottes-Dienst, mit den Grund-Reden, womit dieselbe bewiesen wird, annehmen, ohne sie zu untersuchen, wo die Krafft des Beweises lieget."[4] — Auch die wahre Gottesfurcht wird durch den Teufelsglauben beeinträchtigt.[5] „Aber ist es nicht schon weit genug gekommen, dass wir den Teuffel nöthig haben, den Menschen zu Gottesfurcht anzuhalten? Ist der allgenugsame Gott denn nicht genug, uns begreiffen zu lassen, dass Ihn jedermann fürchten müsse?" — „So wir einen Gott vor uns hätten, der wie die Könige und Richter auff Erden andere vonnöthen hätte, die Ungehorsamen und Uebelthäter zu straffen; so möchte dieses fürwenden einigermassen bestehen; allein Er hat nicht nöthig zu solchem Ende den Teuffel aus der Höllen loszulassen."[6] — „Denn wer fast stets an die List und die Macht des Teufels dencket, gibt weder Gott dem Schöpffer selbst noch seinen heiligen Engeln, noch den Gläubigen jemahls ihr Theil. Nicht Gott, dessen kindliche Furcht ohn Unterlass in einem Gottesfürchtigen Hertzen sein muss. Wie

---

kan die aber gebührend statt haben, da derselbige bereits mit Schrecken und Furcht vor des Teuffels Werck vorher eingenommen ist? Wie kan er Zeit und Eyfer haben Gottes vollckommene Wercke zu betrachten, der kaum etwas höret oder siehet, darinnen ihm des Teuffels Werck nicht vorkomme?"[1] „Was für Gedanken haben solche Menschen von dem grossen, gerechten und gestrengen Gott, welche die Noht ihn zu fürchten in des Teuffels Gewalt setzen? als ob der Richter der ganzen Welt niemand nach Verdienst straffen könnte wo der Teuffel darinnen ihm nicht zur Hand gehen müste. . . . Die Furcht welche der arme Mensch vor dem nichtigen Teuffel hat, wenn er sich bemühet ihn aus seinem Haupt zu bringen, so trachte ich desto mehr sein beängstetes Hertz einzunehmen mit der Furcht vor dem grossen Gott. Und wenn ich also thue, so beweise ich dass ich keine Teuffels-fürchtende sondern Gott-fürchtende Menschen machen will."[2]

Im dritten Buche untersucht Bekker die gewöhnliche Meinung über den Verkehr der Menschen mit dem Teufel und dessen angebliche zauberische Wirksamkeit. Da „bey dem Teuffel weder der Verstand noch das Vermögen ist, woraus die Menschen so grosse Dinge durch sein Zuthun, Krafft und Wirkung zu wege bringen solten, wie man wähnet, was solten denn seine Diener, Schüler und Unterthanen thun? so der Meister selber das Vermögen nicht hat. . . . Die Krafft, die ihm gebricht, kann an keinen Menschen wirken. So muss dann alsbald mit des Teuffels Nichtigkeit der gantze Zauber-Krahm zu Nichte gehen."[3] Im zweiten Hauptstück beweist der Verfasser, dass die Annahme eines Umgangs der Geister, besonders der bösen, mit den Menschen „schwerlich" mit der Vernunft vereinbar sei. Er leugnet die gewöhnlich geglaubte Gemeinschaft des Teufels mit den Menschen, also auch das angebliche Teufelsbündniss, er zeigt dass der Teufel unkörperlich sei, demnach auch keine Macht auf die menschlichen Leiber besitze, so wie die Menschen auf den Teufel als Geist nicht wirken können. Er verwirft auch die angenommene Wandelbarkeit des Teufels und ruft: „Wer von der protestantischen Kirche verneint Gott die Transsubstantiation, und stehet dem Teufel zu die Transformation?"[4] Kein Geist kann den Men-

---

[1] S. 261.   [2] S. 270.   [3] III, 1.   [4] S. 9.

schen so besitzen „wie man von Besessenen glaubet".[1] Eine
Vereinigung des Teufels mit dem Leibe des Menschen ist
nicht möglich; aber auch dessen Seele kann nicht von
jenem, nach der gewöhnlichen Meinung, eingenommen werden.[2]
„Diesem nach", fährt der Verfasser im dritten Hauptstück
fort, „ist auch insonderheit das Verbündniss der Zauberer und
Zauberinnen streitig mit einem unverderbten Urtheil und gesunden Verstand." In den folgenden Hauptstücken (4—10)
führt er die Stellen des Alten Testaments an, welche von
Wahrsagerei u. dgl. handeln und schliesst damit: „Wir haben
also das gantze alte Testament von fornen biss hinten zu
durchgesucht und nicht gefunden, woraus blicken mag, dass
einige von allen den vielerhand Arten der Weissager, besondere Gemeinschaft mit dem Teuffel hatte." Und „viel weniger
findet man das geringste in der Schrifft (das Neue Testament
mitgerechnet), auch da sie von dem Bund der Bossheit redet,
dasjenige, was nach dem zauberischen Fluch-Bund gleichet".[3]
Der Verfasser zeigt dann[4], dass das Teufelsbündniss gegen
den Zusammenhang der Lehre der Schrift sei, und schliesst
den Abschnitt damit: „Denn kann man Gott auch schwerer
lästern als mit solchen Reden, dass er die Hexen Ihn zu
verläugnen und dem Teuffel zu schweren veranlasset? Dass
er sie durch den Teuffel Gotteslästerungen reden machet?
Dass er sie durch des Teuffels Dienst die Menschen lässet
beleidigen, die er gebeut zu helffen und zu lieben? Dass er
sie durch den Teuffel Ungewitter lässet erwecken und allerhand Wunder thun, womit Er zu beweisen pflegte, dass Er
Gott sey und sein Wort die Wahrheit ist? und dieses noch
allzumahl zu dem Ende, dass sie denken sollen, dass es Gott
nicht thue, weil sie da erst schweren müssen, dass sie Gott
verleugnen und dass der Teufel selber der Gott ist der es
thut? — Nun will ich denn schliessen, dass dieser Bund,
davon die Welt annoch so voll ist, worinnen die Menschen
sich also mit dem Teufel wider Gott verbinden solten und
den man für den Grund der heutigen Zauberey hält, in allen
Theilen unwahrhafftig ist, als der dem Teuffel und den
Menschen unmöglich und Gott zuzulassen unziemlich

---

[1] S. 11.   [2] S. 12.   [3] 11. Hauptstück.   [4] 12. Hauptstück.

und der Lehre des Evangelii schnur gleich zuwider ist, dass
ich nicht zugleich sage, dass solches glauben nicht zum
äussersten spöttlich ist; und so etwas ernstliches darinnen ist,
so ist es der Grund der Manicheer Lehre, es machet den
Teufel arbeitsam wieder Gott und darum ohne Gott, und was
noch ärger ist als die Manicheer, über Gott. Er stellet uns
Menschen dar, die durch des Teuffels Krafft alles thun (und
noch viel mehr) was jemahls Propheten oder Apostel (ja
Christus selbst) durch Gottes Krafft thäten und das wieder
Gott. Und darumb sage ich, wer solches wohl begreiffet und
mit der Schrift und Vernunft vergleichet und es dennoch
glaubet, dass ich nicht sehe wie er kan glauben, dass er ein
Christ ist."[1] — In den folgenden Abschnitten[2] wendet sich
Bekker abermals zur Schrift, um die Stellen zu untersuchen,
wo von Zeichen und Zauberei die Rede ist, und findet nirgends
eine Beziehung zu dem Teufel, noch ein Bündniss mit diesem
angedeutet. Daraus folgert der Verfasser: dass „die Formu-
lare" in den Katechismen, Bekenntnissen, in Gebeten, Trauungs-
formeln u. dgl., die des Teufels und seiner Werke erwähnen,
nicht im eigentlichen Sinne von einem leiblichen Teufel, sondern von dem Bösen überhaupt verstanden werden sollen.[3]
Darauf beweist er[4], dass der Teufelsglaube dem gottesfürchtigen Leben schade und zu Frevel Anlass gebe. — Nachdem
der Verfasser bewiesen, dass von der Zauberei im gewöhnlichen Sinne als Wirkung des Teufels und des Bundes mit
ihm die Schrift nichts enthalte, dass sie mit dem christlichen
Glauben im Widerspruch stehe, findet er, dass „alle Zauberey
mit allen was derselben abhängig ist, wie dieselbe gemeiniglich geglaubt wird . . . nichts als ein reines Gedichte ist,
dessen sich ein Christ schämen mag".[5] Aehnlich äusserte
sich Bekker schon im 19. Hauptstück desselben Buches: „Der
Bund der Zauberer und der Zauberinnen mit dem Teuffel ist
nur ein Gedichte, das in Gottes Wort nicht im allgeringsten
bekandt ist, ja streitig wieder Gottes Bund und Wort, aller-
dinge unmöglich, das allerungereimteste Geschwätz, das jemahls von den heydnischen Poeten ist erdichtet worden, und
dennoch von vielen vornehmen Lehrern in der protestantischen

---

[1] S. 103.   [2] Hauptstück 13—18.   [3] Hauptstück 19. 20.
[4] Hauptstück 21.   [5] Hauptstück 22.

Kirche verthädiget, wo nur nicht nur zum Theil erdacht.
Denn ich finde schier keinen Papisten, die von den Teuffeln
und den Zauberern mehr Wunder schreiben, als Danaeus,
Zanchius und ihres gleichen thun. Woraus man sehen mag
den kläglichen Zustand der Kirche, in welcher ein so hess-
liches ungestaltes Ungeheur von Meynungen nicht allein gelitten, sondern auch geheget und unterhalten wird."[1] — Nunmehr will der Verfasser[2] erklären, wie er „alle diese Dinge"
selbst verstehe, nämlich „das von des Teuffels fälschlich ge-
nandter Wissenschafft, Krafft und Wirckung wie auch von
den Gespensten und Besessenheit — so fern als nun das Thun
der Menschen hier betrifft, die nach der gemeinen Meynung
mit dem Teufel Umgang haben".[3]   Die Möglichkeit, das
Wetter vorher zu verkünden u. dgl.; „hat seinen Grund in
einer natürlichen Folge der Wirkungen aus ihren Ursachen,
so durch die Erfahrung vorher bekandt sind".[4]   Dies hat
mit dem Teufel nichts zu schaffen, so wenig als mit „Vor-
bedeutungen", obschon er diese nicht für unmöglich, aber
auf natürliche Weise erklärlich hält; was die Zauberer betrifft, sind sie entweder Gaukler, die durch Geschicklichkeit auf natürliche Weise etwas bewirken und ihren Unterhalt erwerben, oder sie sind Quacksalber, Betrüger, die ihre
Bosheit bemänteln, dazu die Einbildung der Menschen,
die Zauberei daraus macht.   Besessenheit durch den Teufel,
dessen Beschwörung, heimlicher Vertrag mit dem Teufel
„ist Eitelkeit über alle Eitelkeiten, es ist alles eitel, zum Theil
altvettelische, zum Theil aufs beste noch künstlich erdichtete
Fabulen, entweder ist erst das eine gewesen, und darnach das
andere.   Das ist nachdem die Menschen aus blossen Missverstand, Aberglauben und Leichtgläubigkeit solche Gedichte
vor Wahrheit angenommen hatten, so haben Gelehrte sich
selbst den Kopff zerbrochen Ursache davon zu geben, den
Ursachen der Natur nachzuforschen und weiter die Schrifft
auch so reden zu hören".[5]

Im vierten Buche, „worinnen der Beweiss welcher aus
der Erfahrung genommen, von Grund aus untersucht wird",
sucht Bekker zu zeigen, dass die Erscheinungen unbefangen

---

[1] 3. Buch, S. 155.   [2] 3. Buch, 22. Hauptstück.   [3] S. 180.
[4] S. 181.   [5] S. 189.

und vorurtheilsfrei zu betrachten seien, dass etwas darum
noch nicht unnatürlich, das heisst im gewöhnlichen Sinne
zauberhaft sei, weil uns die Erkenntniss abgeht, dass oft Betrug und Täuschung mitspielen, dass bei den Besessenen
gewöhnlich Krankheiten mit unterlaufen. Der Verfasser untersucht eine Menge Beispiele von Zauber- und Spukgeschichten,
die dem Teufel zugeschrieben werden, alter und seiner Zeit,
auch selbsterlebte, wobei er den landläufigen Teufelsglauben geiselt. Er zeigt dabei, wie gross der Einfluss der
Einbildung, des Vorurtheils, des Mangels an Beobachtung bei
solchen vermeintlichen Wunderwerken des Teufels sei, dass
auch der Betrug oft mitspiele, z. B. bei der merkwürdigen
Geschichte „der Ursalynen zu Lodun“. [1] Er weist darauf
hin, dass die Berichterstatter über solche Spuk- und Zauber-
geschichten „Schwätzer und Poeten seyn oder denselbigen in
ihrer Seltzamkeit mit einem Hauffen zierlichen Worte sie zu
schmücken folgen“ [2]; dass den Zeugen nicht zu trauen sei,
weil sie mit Vorurtheilen beladen, kein gesundes Urtheil
haben. Auch „die Untersuchung der Zauber-Richter (Hexenrichter) gibt gantz keinen Beweis von der Zauberey.“ [3] … „Die
Exempel, die das (was Bezauberung oder Behexung genennet
wird) nach der allgemeinen Meynung am klahrsten beweisen,
sind meist diejenigen welche genommen werden von dem Gericht, der Untersuchung, den Straffen und den eigenen Be-
kändtnissen dieser Menschen, weil sie ohne dieses nicht leicht
zum Tode verurtheilet werden.“ Der Verfasser gibt hierbei
vornehmlich zweierlei zu bedenken: „wie die Rechtshandlungen
gepfleget worden und solche Menschen zur Erkäntnis gebracht,
und was man aus diesen Rechtspflegungen von solcher eigener
Bekäntnis glauben mag“. [4] Er empfiehlt dem Leser das Büchlein „Versicherung“ von einem „Römischgesinnten“ [5], und
stellt folgende 15 Sätze auf in Bezug auf die Hexeninquisi-
tion und Hexenprocesse:

1) „Der Anfang ist denn: Ein unglaublicher Aberglaube
des gemeinen Volks in Teutschland; darbey ich wohl sagen
mag, dass derselbige nicht wenig durch die Geistlichen unter-

---

[1] 4. Buch, 11. Hauptstück.   [2] S. 100.   [3] 24. Hauptstück.
[4] S. 214.   [5] Es ist die Cautio criminalis von Fr. Spee.

halten wird, nicht allein des Pabsthumbs, sondern gewisslich
auch der Protestanten. Alle Straffe, die uns Gott in der
heiligen Schrifft dräuet, kommen nach den gemeinen Sagen
von den Zauberern.

2) Daher werden die Gerichte in den fürstlichen Höfen
unauffhörlich angelauffen, mit einem gemeinen Geschrey und
Untersuchung zu thun.

3) Das erste, Zauberin zu finden, das soll derjenige seyn,
der im geringen Stande bey diesem oder jenen etwas in Augen
ist, oder auch, es sey mit Schuld oder Unschuld, über etwas
irgend in keinem guten Gerüchte steht.

4) Denn machet sothanig eine Schlussrede mit zwey
Hörnern. Ist sie von keinem guten Leben gewesen, so ist
der Argwohn wohl begründet; so ja, so sind es die, welche
das Wolffs-Hertze unter dem Schaff-Fell bedecken.

5) Noch eins, wird sie bezüchtiget und entsetzet sich
nicht, so ist es ein Beweis teufflischer Verhärtung: Wo aber
ja, so hat sie Schuld. Ziehet sie, Friedens halben aus der
Nachbarschafft, oder der Plage zu entgehen, so wird alsbald
gesagt: Wer laufft hat Schuld.

6) Wer ihr nun nicht zum besten will, findet leicht etwas
in ihrem Leben, Worten, Thaten, das von dem besten nicht
war (denn wer lebet sonder Fehler) das dienet denn auch
zur Hegung des Vermuthens ihrer Zauberey.

7) Man beschleunigt auch die Untersuchung, bissweilen
noch denselbigen Tag der Beschuldigung; und lässet ihnen
selten Advokaten zu, die auch zu solchen Dingen nicht sehr
ungeneiget (?) seyn.

8) Auff die erste Befragung, sie mag etwas oder nichts
bekennen, wird sie angeschlossen, und wenn sie bey ihrer
Unschuld bleibet, je besser sie das weiss zu sagen, je mehr
wird geglaubet, dass der Teufel ihr diese Lehre gegeben, wo
nicht, so hat die Schuld, die sich nicht wohl weiss zu entschuldigen. Alsdenn gehet man ferner, denn man will dass
sie bekennen soll.

9) Man bedräuet sie mit der Pein-Banck, kleidet sie
nacket aus und bescheeret sie über den gantzen Leib, gleich-
sahm keine Zauberey, wie geringe die auch sey, bey sich
verborgen zu behalten. Dieses wird selber auch von Männern
an Frauen mit Muthwillen gepflegt.

10) So sie durch den Drang der Pein-Banck zur Bekändtniss kömmet, so ist die Sache gethan; sie hat die Zauberey bekandt, sie muss nach dem Feuer.

11) So sie aber nicht bekennet, so ist es Hartnäckigkeit;
sie muss besser daran, so lange biss sie endlich bekennet;
Wiederruffet sie nach dem Auffhalten des Schmertzen, so ist
es wiederumb Hartnäckigkeit; Bekennen wird geglaubet aber
kein Verneinen.

12) Siehet sie rund umb sich her, so ist es nach dem
Teuffel, ihrem Buhlen. Schlägt sie die Augen nieder, oder
liegt sie aus Pein in Ohnmacht, sehe da die Hexe noch
schlaffen, denn der Teuffel macht sie also unempfindlich.

13) So die schwache Frau stirbt, so hat ihr alsdann der
Teuffel den Halss umgedrehet; und der Leib wird unter dem
Galgen begraben, er ist nicht besser werth.

14) Kan die Pein-Banck nicht zuwege, noch sie zur
Bekändtniss bringen, so muss die langwierige Gefängniss
es thun.

15) Die Geistlichen bringen sie denn auch noch auf die
Pein-Banck des Gemüths und bringen sie zur Bekändtniss
aus Furcht, dass sie sonst nicht kan seelig werden." [1] . . .
„Das ist kürzlich", fügt er hinzu, „was diejenigen belanget,
die zum ersten auff ein blosses Gerücht und Bezüchtigung
gepeinigt werden; alsdenn ist es auch noch zu thun auch andere als Mitschuldige anzugeben und in der schweresten Peinigung zu erklähren, ob sie keine wissen, es wird ihnen die
eine und andere genennet und imgleichen gefraget: Ob die
nicht auch von ihren Volck sey, und ob sie in den Zauber-
Sabbathen von ihr gesehen worden? Die Pein zwinget sie
endlich zu sagen: Ja. Darnach wird eine andere genennet
und desgleichen gefraget, ob sie nicht auch darunter sey? so
sie nicht ja sagen, so wird die Schraube dichter angesetzet
und das Ja zur Kehlen herausgepresset. Wenn das einmal
also gestellet ist, so hilfft alsdenn hernach kein leugnen mehr.
Die welche also angegeben ist, wird als eine Zauberin gefangen und gepeiniget als die erste, biss dass sie durch Un-
gedult auch wohl durch Wahnsinnigkeit von der unerträg-

---

[1] S. 215 fg.

lichen Peinigung es auch zu ihrem eigenen Nachtheil bekennet,
ob sie schon die Unschuldigsten von der Welt seyn." [1]   Auf
solche Bekenntnisse, meint der Verfasser, sei demnach gar
kein Werth zu legen, ebenso wenig als die hier und da ein
kranker, wahnwitziger oder schwermüthiger Mensch von sich
selbst ablegt. — Hierauf kommt Bekker auf die bekannten Vorgänge in dem Waisenhause zu Amsterdam, Horn,
dem Armenkinderhause zu Ryssel zu sprechen und sie zu
beurtheilen, und zeigt, dass hierbei ebenso wenig Zauberei
stattgefunden wie bei dem wunderlichen Kindbette des Weibes zu Abbekerck. Im 27. Hauptstück zeigt der Verfasser,
dass die „Rechtshandlungen bey dem Anfang der Reformation
in den Niederlanden über Zauberey geführet, sind nicht nach
Recht und Vernunfft gewesen", und ähnlich beweist er dies
an Beispielen aus Dänemark, Schweden und andern Ländern
in den folgenden Hauptstücken und findet als Ergebniss: „dass
gantz keine Erfahrung von solcher Zauberey oder was Nahmen
es haben mag, sey die durch Hülffe und Wirckung des
Teuffels, oder auch Krafft eines Bündnisses mit ihm geschicht,
noch auch von einigen der geringsten Wirckung der bösen
Geister auff den Menschen, oder etwas davon Erkäntniss hat.
Nicht eines von allen vorerwehnten Exempeln, da es nicht
an einen oder andern vornehmen Umbständen gebricht, die
nöthig waren zu wissen, so man etwas davon schliessen sollte;
nicht eines, da nicht Ursache sey zu vermuthen, dass es
durch Betrug angestellet worden. Sehr viel ist nur durch
Einbildung geschehen, oder durch Vorurtheil grösser ausgegeben worden, und ausser diesen ist alles natürlich was darinnen ist, aber ungemein, aber die Ursachen bey den meisten
nicht bekandt. Ist demnach keine Zauberey, sondern nur in
der Meynung der Menschen, kein Gespenst, keine Wahrsagerey
noch Besessenheit die von dem Teufel herrühret. [2] . . . Es
ist demnach wohl zu sehen", fährt der Verfasser [3] fort, „dass
frey viel Wercks zu thun ist, da so viel noch unterm Hauffen
lieget, die protestantische Christenheit zu reinigen und nach
der reinen Satzung des Wortes Gottes und den ersten Gründen
der erneuerten Kirchen-Beckäntniss zu saubern. Ich will die

---

[1] S. 216.   [2] S. 292.   [3] 34. Hauptstück.

Ursache sagen, warumb dieses billig solte gethan werden und
welche hiezu am meisten verflichtet sind und das meiste Vermögen darzu haben. Solches zu thun sollte allein genug seyn,
dass wir des Teufels Werck oder vielmehr den Glauben davon
nicht von nöhten haben; Denn wie reimt sichs jetzund zu
glauben und dennoch so starck zu treiben, dass der Glaube
von der Seligkeit keinen Nutz davon ziehet, noch die Seligkeit die geringste Rechnung dabey findet? Es wird aber
noch stärcker binden, wenn wir sehen, dass unser Glaube und
Gottseligkeit allda beyde Beschwerung leyden und denselbigen
höchlichst zu Sturtz geschiehet. — Dass wir die Meinung von
der Zauberey und was derselben anklebet gar wohl entbehren
können, erscheinet klärlich aus unsrer eigenen Erfahrung,
weil sie nirgends mehr gefunden wird, als da man sie
zu seyn glaubet. Glaubt sie denn nicht mehr, so wird
sie nicht mehr seyn. In dem Pabstthumb hat man täglich
Beschwerungen zu thun, hie nimmermehr. So viel Besessene
sind denn allda mehr als hier. Denn sehet, sie sind daselbst
nöthig, den Geistlichen Materie zu Mirakuln zu geben und
zu zeigen, welche Krafft ihr Okusbokus auff den Teuffel habe;
davon rauchet ihr Schornstein. Bey uns erkennet man nicht
leichtlich jemand bezaubert, so da keine Handgucker oder
Wahrsager, noch sogenannte Teuffels-Jäger seyn. Alle die
allda kommen, sind bezaubert. Kommen aber diese Leute
zu Doctoren, die wissen von keiner Zauberey. . . . Also
siehet man auch, dass bey uns (in Holland) da bey keinen
Richter mehr auf Zauberey Untersuchung gethan wird, auch
niemand leichtlich der Zauberey halben wird beschuldiget.
Man siehet hier niemals weder Pferd, noch Kuh, noch Kalb,
noch Schaaff in dem Stall oder auff der Weyde die von einem
Weer-Wolff gebissen sind. So dass Grass oder Korn nicht wohl
stehet, giebt man niemahls den Zauberern dessen Schuld.
Niemals höret man hie zu Landen von Schiffen, die auff der
See durch Zauberey untergangen, oder von Häusern oder
Scheunen, die durch Unholden in Brand gestecket worden
u. dgl. Aber anders wo, da das Hexenbrennen statt hat,
wird kein Unglück sich begeben haben, das man nicht der
Zauberey zuschreibet. — Man siehet nun klärlich, dass gantz
keine Zauberey seyn würde, so man nicht glaubete dass sie
sey. Derhalben ist es keine Atheisterey dieselbe zu leugnen,

weil von Gott nicht angehet, dass man von dem Teufel etwas
leugnet. ·So es Atheisten sind, die solche Teufels-Dinge leugnen, so sind es die Heyden und nebst ihnen die Papisten am
wenigsten; Am meisten aber dagegen die zum reinesten Re-
formieret sind, und am wenigsten von der Zauberey wissen.
So es unsern Glauben und Gottesdienst hindert wenn man
keine Zauberey glaubet, und ist das Glauben der Zauberey
Gottesfurcht: Warumb denn länger hier verzogen? Warumb
kehren wir nicht mit dem ersten zu dem Papstthumb? Allda
spücket es täglich, aus der Hölle und aus dem Feg-Feuer,
ja selbst erscheinen allda wohl die Seelen aus dem Himmel
von Jesu und Maria, von den Aposteln und den Märtyrern.
Wenn es hier einmahl spücket, so muss es allemahl der Teuffel
thun, wie in dem 1. Buch, Hauptstück 15. 16 gezeiget ist,
dass in solchen Zeiten und bey solchen Lehren, am meisten
von Zauberey, Besessenheit, Erscheinungen und Beschwerungen
der Geister geredet ist, allda sie meist von den heydnischen
Aberglauben statt und Raum behalten hatte. Also siehet man
heute, dass wo am meisten von dem Pabstthumb übrig ist,
da redet man auch am meisten von der Zauberey. — Also
kann man denn die Wahrheit des christlichen Glaubens vertheidigen und dennoch so viel weiter von dem Glauben der
Zauberey ab seyn, so kan man Gott und Christum näher
kennen, wenn man weniger von dem Teufel meynet, ausser
dem was uns die Schrifft davon lehret. Das nur zu wissen
ist genug zu wissen und alles was darüber ist, das ist nur
Thorheit. Es sagen fürnehme Gottesgelehrten selber, dass
wir den ganzen Teufel sollen entbehren können und
nichts desto weniger vollkommlich zur Seligkeit
wohl unterweisen seyn, so die Schrifft uns nicht lehrete,
dass so ein Teufel mit seinen Engeln sey." [1] Der Verfasser
schliesst sein Buch mit dem 35. Hauptstück: „Von allem was
biss hieher ist gelehret, ist das Ende der Sache: der ungeist-
lichen und altvettelischen Fabeln entschlage dich, übe dich
selbst aber in der Gottseligkeit."

---

[1] S. 298 fg.

Es wurde bereits bei Gelegenheit der Hexenprocesse Bekker's erwähnt und ebenso seiner unzulänglichen Waffe der Exegese, die ihm freilich durch seine kritiklose Achtung vor der Schrift und durch sein Streben seine Ueberzeugung mit der Bibel in Einklang zu bringen, in die Hand gedrückt worden. Ungeachtet des reissenden Absatzes seiner Schrift, bildeten seine Gegner doch die Mehrzahl, wie es scheint, da Bekker seines Amtes entsetzt wurde.[1] Eine Flut von Gegenschriften strömte auf Bekker ein, um diesem gegenüber, dem der ganze Teufel sammt seiner Sippschaft überflüssig erschienen war, dessen reales Dasein zu beweisen. Natürlich wurde er mehr mit vermeintlichen Schimpfnamen des Cartesianismus, Anklagen des Atheismus, Naturalismus, der Böhmisterei und dergleichen überhäuft, als durch eine gründliche Widerlegung überführt. Dass Bekker kein plötzliches Umschlagen der Zeitvorstellung unmittelbar bewirkte, liegt in der Natur der Sache, aber seine philosophische Durchbildung und der sittliche Ernst verlieh seinem Werke die Bedeutung, die nicht ohne Tragweite bleiben konnte, wenn sie auch erst im 18. Jahrhundert zur Anerkennung kam. Es ist aus Schonung für den Leser, wenn wir aus dem Wuste der Gegenschriften nur eine herausgreifen, die einen ebenso dicken Quartband ausmacht (958 Seiten ohne Vorrede) als die „Bezauberte Welt". Es ist: „Die dreyfache Welt, als der Christen, Phantasten und Bezauberten, in dreyen Büchern abgefasset, davon das erste handelt von der christlichen Religion etc. In dem andern Buche wird erwiesen, dass keine Hoffnung zu einem tausendjährigen Reiche etc. Und im dritten Buche des Hn. D. Beckers bezauberte Welt, worin er die Gewalt und das Würcken des Satans oder der bösen Geister auff den Menschen verleugnet, von Grund aus und das von § zu § widerlegt. Auffgesetzt von M. Michael Berns, Predigern zu Weszlingburen in Norder-Dittmarschen. Hamburg — im Jahre 1697." Einige Stellen aus der Vorrede des Verfassers dürften genügen, um dessen Standpunkt zu kennzeich-

---

[1] Es sollen in zwei Monaten von Bekker's Werk 4000 Exemplare abgesetzt worden sein. Die Synode, der Bekker seine Schrift vorgelegt, verdammte seine Ansichten und entsetzte den Verfasser seines Amts. Er starb 1698.

nen. Z. B.: „Und weil der Herr D. Bekker in dem ersten
Buch seiner bezauberten Welt mir die höchste Gelegenheit
giebet den Grund auszuführen; was das Heidenthum sey und
wie weit die Geister sich mit diesem Wesen vermischet halten; als derer conversationen sich heut zu Tage die Böhmisten
und Rosen-Kreutzer, wie vormahls bey denen Heyden gebräuchlich, bedienen: so erwehlte ich drauff auch dessen
Schrifften nachzugeben: Und dass ich dieses mein drittes Buch
angegangen, nicht nur um den Hn. D. Bekker zu wieder-
legen, sondern auch fürnemlich zu zeigen, wie das gelehrte
Heidenthum von jeher eins mit dem heutigen Quackerthum,
Böhmisterey etc." — „Wie ich mich denn in diesem meinen
Vorhaben durch sie zu einer einfältigen und deutlichen Wahrheit gesetzet habe, damit die Scharfsinnige möchten hieran
einen genugsamen Wiederstand haben und auch die Einfältige
einen völligen Begreiff darüber fassen, damit sie in ihrer
Schuld nicht ferner einige Verführung durch dergleichen
Schrifften litten, noch sich weiter durch den Schein solcher
verführerischen Federn, als der heutigen Chiliasten, Quackern
etc. und des Hn. Bekkers verleiten lassen." — „Kann auch den
Lesern versichern, dass wo er nur die Mühe will nehmen
und diese Meine Schrifft, denen Chiliastern, Quackern und
dergleichen Geschmeiss und was voraus Herrn D. Bekkern
betrifft, beybehalten: dass sie alsdann den Deckel ihres Irrthums werden abgehoben sehen und dass sich die Unbändigkeit ihrer Phantasie damit an aller Welt offenbahre." — Der
Vorredner versichert ferner dem Leser, der seine Schrift mit der
Bekker'schen vergleicht, „dass er befinden werde, dass die
Welt noch nie grober durch je eine Schrift betrogen und
verführt, als eben durch diese des Hn. Bekkers. Wie denn
nicht nur hindurch diese seine Schrifft Unwahrheiten, grobe
Verleumdereyen wieder die Christenheit und Verdrehungen
göttlichen Worts enthält: Sondern er setzet auch, dass gar
der Heyland nach irriger popularität fortgekommen." — Nachdem unser Apologet des Teufels seinem Gegner in den ersten
11 Kapiteln nachgewiesen zu haben meint, dass er die alten
wie die neuen Heiden über Zauberei und dergleichen wenig
verstehe, als auch die Ansicht der ersten Kirche verdrehe u. s. f.,
sagt er: „Und hat meine Feder bissher erwiesen, wie falsch,
wie unwahr und wie verleumderisch der Herr Bekker darinn

verfahre, wann er abermahl in seinem § 15 vom Munde giebt,
als wenn die Lehre von denen Geistern bey uns aus dem
Heydenthum hergeflossen, als die von dar zuerst denen Jüden,
und beydes von Jüden und Heyden zu denen Christen über-
geführet. Wie denn auch selbst dieses Capittel weil ein anders zeiget und bezeuget: Also dass keine unverschämtere
und mit gröberer und augenschentlicherer Unwarheit ver-
wickelte Auflage jemahls wieder die Christenheit und die
göttliche Warheit ergangen, als hiemit der Herr Bekker für-
nimmt. Irrig ist er gegen sich selbst und bey dieser seiner
Unwissenheit will er dennoch andere lehren und sie eines
Irrthums überführen. Er thut durchgehends nichts, als dass
er mit seinem verwickelten Gehirn die Kertze der Warheit
sucht auszuleschen, und wil dafür angesehen seyn, als blase
er sie auf. Da er selbsten Stockblind, will er dennoch alle
Welt eines schwachen Gesichtes beschuldigen. Da sein Eulen-
Gesicht zu schwach für den Tag, da wil er dass auch alle
Welt sich mit ihm soll zur Nacht der Unwahrheit und Un-
wissenheit wenden; und kan nicht leiden, dass sie bey der
Sonnen-Licht, als am Tage und bey der Warheyt einhergehen u. s. f."[1] — „Denn alle Blätter von des Herrn Bekkers
Schrifften sind mit Bildnissen eines phantastischen Wurms
erfüllet, eitel Scheusal der Ungereimtheiten nimmt man da-
selbst wahr, sein Vorurtheil stellet durchaus Götzen auf", u. s. f.[2]
Der Polemiker streitet nicht nur für die reale Persönlichkeit
der Engel und Teufel, auch „dass — beiden Cherubim und
Seraphim Personalitäten, selbstständige Verständigkeiten, dass
bekräfftigen zur Genüge die angezogenen Sprüche".[3] Bekker's
Interpretation wird hart angegriffen, namentlich wo er den
Sinn nicht buchstäblich fasst, wie z. B., dass der Teufel in
Judas gefahren sei. „Damit hat freylich der Teufel in Person
etwas gegen des Judas Seele fürgenommen, ja seine Werck-
statt in ihm auffgeschlagen; Denn hier kommt die böse Natur
nicht zupass, als welche nicht in Judas fähret, sondern sich
vielmehr aus seinem Hertzen heraus begiebet — muss also
dieser Teufel so in Judas gefahren, ein wesendlich entschie-
denes von der sündlichen Natur seyn. Darum es wolle nur

---

[1] S. 780.   [2] S. 783.   [3] S. 845.

der Herr Bekker die Brille seines Vorurtheils absetzen, so
wird er nach gesundem Urtheil befinden, dass der Teufel
noch diese Stunde gegen die Menschen in Person anwürcke
und seinen Willen an ihnen vollbringe."[1] „Denn wo je eine
Auslegung von dem Buchstäblichen Verstande weicht,
so ist es wahrhafftig diese (Bekker's) dafür auch eine gott-
selige Seele nicht anders als grausam nehmen kann."[2] Im
25. Kapitel „wird zum Beschluss erwiesen, dass Teuffel
seyn". Wie Bekker eine Menge Spukgeschichten angeführt,
um die Nichtigkeit derselben und ihre Beziehungslosigkeit
auf den Teufel zu zeigen, so gibt auch sein Polemiker einige
zum besten, um das Gegentheil zu beweisen, „welche zu
läugnen eine allzu unverschämte Stirn erforderten".[3] Es
genügt eine einzige, um die Beweiskraft derselben und der
übrigen zu ermessen.   „Es ist auch in Holstein passiret, dass
ein gewisser Edelmann (ein Spötter und Verlächer der Teufel
und aller Gespensten, als der nichts von beyden geglaubet)
sich in einer gewissen Herberge, wider des Wirths Willen
und Abmahnen in ein Hinter-Gemach, worin es sehr gespücket,
dass kein Mensch drinn dauren können, niedergelegt: Damit
er aber dennoch nicht als gantz tollkühn möchte angesehen
werden, so befiehlt er seinem Knechte, dass er sich zu nechst
an der Kammer soll niederlegen und Feuerschlag und ein
Licht bey sich nehmen, damit er auff sein Zuruffen könne
Licht machen: Wie es nun kömmt um Mitternacht, da eröffnet sich die Thür und kömmt ein Knab, ein Licht in der
Hand führend, herein, grüsst und beleuchtet ihn und geht
drauf wieder hinaus. Dieser Edelmann geräth bey dieser
ersten Begebenheit in Zweiffel, ob er seinen Augen solle
trauen oder ob es nur Phantasie. Bald aber eröffnet sich
die Thür von neuen, und kommen zwey Knaben mit brennenden Fackeln herein, machen auch ihren Reverentz, beleuchten ihn und gehen gleichfalls wieder davon. Drauff rufft
dieser Held seinen Knecht, allein umsonst, weil er so tieff
in den Schlaff verwickelt. Hierauff kommen von neuen drey
Knaben herein mit brennenden Fackeln und zeigen gleichsam
einem alten bemantelten Manne sammt dessen Jungen, der

---

[1] S. 872.   [2] S. 911.   [3] S. 955.

gleichfalls einen Mantel umgehabt, den Weg, grüssen drauf
diesen Edelmann. Und redet der Alte, ein Becken, gleich
einem Barbierer in der Hand haltend, ihn also an: Wilst du
geputzet seyn? Dieser Edelmann, dem nunmehro das Lachen
vergangen, deprecirt solches sehr; Allein das Gespenst antwortet: Du wilst und must geputzet seyn, giest darauff ein
Wasser über dieses Menschen Haupt, zerreibet damit sein
gantzes Haupt und Angesicht, dass Haut und Haar danach
abgehen. Und wie nun dieses an ihm verrichtet, so gehen
sie miteinander, doch nicht ohne Ceremonien wieder davon.
Darauf nun recht um Mitternacht, wacht sein Knecht auf,
schlägt Licht an und bringt es seinem Herrn, den er denn
mit Verwunderung und im höchsten Schrecken ohne Haar
und Bart vorfindet, und so kahl und glatt, nicht anders als
wenn er mit warmen Wasser abgebrühet wäre."[1] — Der Verfasser erzählt noch einige Spukgeschichten desselben Schlags
und ruft dann aus: „Solte aber auch diesem allen der Herr
Bekker keinen Glauben zustellen wollen, so kan er sich an
die heutige Rosenkräutzer oder Böhmisten machen, welche
ihn empfindlich gnug drüber machen werden."[2] Und zum
Schlusse: „Sind es also, wie er (Bekker) cap. ult., lib. 4
schreibet keine ungeistliche und altvettelische Fabeln, dass
sowohl gute als böse Geister und Engel seyn, sondern eine
thätliche Warheit als derer wir überzeuget werden beydes
von Gott und der Natur, darinn uns also beydes die erleuchtete und gesunde Vernunfft beytrift und selbige Warheit be-
kräfftiget: Darum mag und kan auch der nichts anders, als
grob und unverschämt heissen, der sich dieser so handgreiflichen Warheit widersetzet. Wie ich denn auch dem Herrn
Dr. Bekker und allem seinen Anhang wünsche, dass wie
Christus gekommen in die Welt, des Teufels Werck zu zerstöhren: dass Er auch dieses ihr teuflisches Vornehmen in
ihnen wolle zerstöhren, ihnen erleuchtete Augen ihres Verstandes geben, damit sie nicht durch Sicherheit dem höllischen
Pfuhl verfallen und daselbst wider ihren mit allzu grossen
bedauern über diese Warheit munter und mehr als empfindlich gemacht werden. Welchem unsern Schlangen-Treter als

---

[1] S. 956. [2] S. 957.

für dessen Ehre Ich diese Feder führe, sey Ehre von Ewigkeit zu Ewigkeit, Amen." [1]

Der Teufel im Gebete.

Mit unserm Verfasser war die Majorität, Bekker musste
unterliegen, und die Protestanten hatten ihren Teufel gerettet.
Seiner ward selbst im Gebete nicht vergessen. Zum Beweise diene uns die ihrer Wohlfeilheit wegen unter dem Namen „Der kleine Habermann" unter den Protestanten bekannte
weitverbreitete Sammlung von Gebeten. [2] Da wird im Gebete am Sonntag früh Gott gedankt, dass er „auch vor dem
bösen Feind und allen seinen Feindlichen und Tücken bewahret und ganz väterlich beschirmet" [3]; am Sonntag abends
„durch den Schutz deiner sieben Engel wider den bösen Feind
gnädiglich beschirmet hast" [4]; am Montag früh: „frühe suche
ich dich und bitte du wollest mich mit allem was mir zu-
ständig ist, heute ferner behüten, vor der List und Gewalt
des Teufels, vor Sünden Schanden und allem Uebel" [5]; Montag abends: „auch gnädiglich bewahren für aller Angst
und Beschwerniss für des Teufels List und Geschwindigkeit,
damit er uns Tag und Nacht gedencket und bestricket" [6];
Dienstag früh: „preise ich dich, dass du mich in dieser
Nacht hast sicher schlaffen und ruhen lassen auch wiederum
gesund erwachen, darzu für aller des Feindes Gewalt und
Bosheit vätterlich beschirmet" [7]; Dienstag abends: „dass
mich der böse Feind im Essen und Trinken mit Gift und andern tausendkünstlichen Listen nicht verderbet hat" [8]; Donnerstag früh: „mich hast du bewahret für dem Grauen
des Nachts, für des Teufels Schrecken" [9]; Donnerstag
abends: „Gelobet sey Gott, der mich elenden Menschen

---

[1] S. 958.

[2] Christliche Morgen- und Abendgebete auf alle Tage der Woche,
wie auch schöne Beicht-, Communion- und andere Gebete nebst Morgen-,
Abend- und andern neuen Liedern von Dr. Joh. Habermann, wiederholt
aufgelegt.

[3] S. 3.   [4] S. 6.   [5] S. 12.   [6] S. 16.   [7] S. 20.   [8] S. 22.
[9] S. 34.

heut diesen Tag ganz gnädiglich bewahret hat für allen feurigen Pfeilen des Satans etc." [1]; Sonnabend früh: „Ich bitte
dich du wollest mich heut diesen Tag auch behüten, dass
mir der böse Feind keinen Schaden zufüge u. s. w." [2] Im
Gebete um ein seliges Ende heisst es: „tröste mich bei
meinem letzten Seufzer, auf dass mir die Sünde, Hölle und
Teufel nicht schaden". [3] Im Gebete eines Ehemanns:
„Bewahre uns Gott des Friedens! für Zank, Uneinigkeit und
des Feindes Listen, für unzeitigen Eifer, unnöthigen Argwohn, welche der Teufel als ein Same des Verderbens und
Ausdürrung ehelicher Liebe und Treue säet." [4] Gebet eines
Jünglings und Jungfrauen: „Behüte mich vor hoffärtiger
Pracht, vor Müssiggang und Faulheit als Stricken und Netzen
des Teufels." [5] Gebet eines Knechts oder Magd: „Barm-
herziger Gott der du mich von der Dienstbarkeit der Sünden,
von der Obrigkeit der Finsterniss und von der grausamen
Tyranney des Teufels erlöset — hast." [6] Gebet am letzten
Stündlein: „Du hast mir im Anfang deinen lieben Sohn
Jesum Christum zugesagt, derselbe ist kommen und hat mich
vom Teufel, Tod und Hölle und Sünde erlöset." [7]

Der Teufel im Gesangbuch.

Der protestantische Christ gedachte des Teufels nicht
nur in seinen Gebeten täglich und in jeder Lebenslage, die
Dichter geistlicher Lieder des 16. und 17. Jahrhunderts liessen
ihn den Namen des Teufels auch fleissig singen. Luther, der
bekanntlich den Teufel gern im Munde führte, ging auch in
dieser Beziehung voran. Seine „geistliche Lieder mit einer
neuen Vorrede D. M. L. gedruckt MDXLV, Leipzig" versah
er mit der „Warnung":

> Viel falscher Meister itzt Lieder dichten
> Siehe dich für und lern sie recht richten.
> Wo Gott hinbauet sein Kirch und sein Wort,
> Da will der Teufel sein mit Trug und Mord.

---

[1] S. 37.　　[2] S. 53.　　[3] S. 63.　　[4] S. 100.　　[5] S. 105.　　[6] S. 107.
[7] S. 120.

Er erwähnt des Teufels in den Liedern:

Nr. 1. Ein Danklied für die höchsten Wohlthaten so uns Gott in Christo erzeigt hat.

("Nun freut euch lieben Christengmein.")

V. 2.   Dem Teufel ich gefangen lag
Im Tod war ich verloren,
Mein Sünd mich quälet Nacht und Tag,
Darin ich war geboren;
Ich fiel auch immer tiefer drein,
Es war kein Guts am Leben mein,
Die Sünd hatt mich besessen.

V. 6.   Der Sohn dem Vatter ghorsam ward,
Er kam zu mir auf Erden
Von einer Jungfrau rein und zart,
Er soll mein Bruder werden,
Gar heimlich führt er sein Gewalt
Er ging in meiner armen Gstalt
Den Teufel wollt er fangen.

Nr. 20.   ("Gott der Vater wohn uns bei.")

Für dem Teufel uns bewahr
Halt uns bei festem Glauben
Und auf dich lass uns bauen,
Aus Herzensgrund vertrauen,
Dir uns lassen ganz und gar;
Mit allen rechten Christen
Entfliehen Teufels Listen,
Mit Waffen Gotts uns fristen,
Amen, Amen das sei wahr,
So singen wir Hallelujah, u. s. w.

Nr. 25. Ein Lied von den zween Märterern Christi, zu Brüssel von den Sophisten zu Löwen verbrannt. 1. Juli 1523.

V. 3.   Der alte Feind sie fangen liess,
Erschreckt sie lang mit Dräuen;
Das Wort Gotts man sie leugnen hiess
Mit List auch wohl sie täuben.
Von Löwen der Sophisten viel
Mit ihrer Kunst verloren,
Versammlet er zu diesem Spiel
Der Geist sie macht zu Thoren,
Sie konnten nichts gewinnen.

> Sie sungen süss, sie sungen saur,
> Versuchten manche Listen,
> Die Knaben stunden wie ein Maur
> Verachten die Sophisten.
> Den alten Feind das sehr verdross
> Dass er war überwunden
> Von solchen Jungen, er so gross:
> Er ward voll Zorn von Stunden,
> Gedacht sie zu verbrennen, etc.

Nr. 27. Der 46. Psalm:

> („Gott ist unsre Zuversicht und Stärke.")
> Ein feste Burg ist unser Gott
> Ein gute Wehr und Waffen,
> Er hilft uns frei aus aller Noth
> Die uns itzt hat betroffen.
> Der alt böse Feind
> Mit Ernst er's itzt meint,
> Gross Macht und viel List
> Sein grausam Rüstzeug ist,
> Auf Erd ist nicht seines Gleichen.

> V. 3.   Und wenn die Welt voll Teufel wär
> Und wollt uns gar verschlingen,
> So fürchten wir uns nicht so sehr
> Es soll uns doch gelingen.
> Der Fürst dieser Welt
> So saur er sich stellt,
> Thut er uns doch nicht,
> Das macht er ist gericht,
> Ein Wörtlein kann ihn fällen.

Nr. 31. Ein Lied von der heiligen christlichen Kirchen.

> („Sie ist mir lieb die werthe Magd.")
> V. 3.   Das thut dem alten Drachen Zorn
> Und will das Kind verschlingen.
> Sein Toben ist doch ganz verlorn
> Es kann ihm nicht gelingen, u. s. w.

Nr. 32. Das Vaterunser.

> („Vater unser im Himmelreich.")
> V. 3.   Des Satans Zorn und gross Gewalt
> Zerbrich, vor ihm dein Kirch erhalt, u. s. w.

Nr. 36. Ein geistlich Lied auf die Weihnachten.

("Vom Himmel kam der Engel Schar.")

V. 4. Was kann euch thun die Sünd und Tod?
   Ihr habt mit euch den wahren Gott
   Lasst zürnen Teufel und die Höll
   Gotts Sohn ist worden eur Gesell, u. s. w.

In der „deutschen Litaney" heisst es:

Hilf uns lieber Herre Gott,
für allen Sünden,
für allem Irrsal,
für allem Uebel,
für des Teufels List,
für bösem Tod u. s. w.

Auch Nikolaus Selneccer singt den Teufel in seinem Liede:

("Ach bleib bei uns Herr Jesu Christ.")

V. 4. Erhalt uns nur bei deinem Wort
   Und wehr des Teufels Trug und Mord,
   Gib deiner Kirchen Gnad und Huld,
   Fried, Einigkeit, Muth und Geduld.

Ein Anderer in dem Liede:

("Gott lebet noch.")

V. 7. Gott lebet noch!
   Seele was verzagst du doch?
   Lass den Himmel samt der Erden
   Immerhin in Trümmer gehn;
   Lass die Höll entzündet werden,
   Lass den Feind verbittert stehn.
   Lass den Tod und Teufel blitzen,
   Wer Gott traut den will er schützen!
   Seele so bedenke doch
   Lebt doch unser Herr Gott noch! [1]

In dem Liede:

("Wo geht die Reise hin.") [2]

V. 4. Ich komm aus dieser Welt
   Die voller Sünd und Laster ist
   Und nichts von Gott mehr hält,
   Der Satan ist der Herr darin,
   Drum ich ihr überdrüssig bin,
   Ihr Thun mir nicht gefällt.

---

[1] Der kleine Habermann, S. 152.
[2] Ebend., S. 180.

V. 8.   Ich hab bey meiner Tauff
Der Sünd und Teuffel abgesagt,
Und bin so bald darauf
Durch Christi Blut von Sünden rein,
Ins Himmelreich geschrieben ein
Da eil ich jetzt hinauf.

In dem Morgenliede:

("Das walt mein Gott.") [1]

V. 5.   Ich bitte dich
Du wollst hinfort
Ach Gott mein Hort
Ferner gnädiglich
Mich diesen Tag behüten,
Fürs Teufels Macht und Wüten
Und List tausendfeltig.

In dem Lied vor der Reise:

("Herzallerliebster Vater mein.")

V. 3.   Fürm bösen Feind und schnellen Tod,
Für Räubern, Feuer und Wassers Noth
Für bösen Thieren, Sünd und Schand
Sey sicher durch Schutz deiner Hand.

V. 5.   Dein heiligen Engel send zu mir
Dass er mich sicher leit und führ,
Den Teufel und alle böse Leut,
Von mir verjag und fern abtreib. [2]

(17. Jahrhundert.)   Benjamin Prätorius in seinem 1659 verfassten Liede:

("Wol mir! Jesus meine Freude.")

V. 5.   Lasse Gifft den Satan speyen
Und die Funken blitzen drein,
Und die Klatsche-Mäuler schreyen
Und die Neider spöttlich seyn.
Gottes Hülff und Wunder schicken
Soll noch darf kein Feind verrücken.

Johann Rist, Prediger zu Wedel, in seinem 1642 verfassten Liede:

Werde munter mein Gemüthe
Und ihr Sinnen geht herfür,
Dass ihr preiset Gottes Güte
Die er hat gethan an mir.

---

[1] Der kleine Habermann, S. 125.
[2] Ebend., S. 138.

> Da er mich den ganzen Tag
> Für so mancher schweren Plag
> Hat erhalten und beschützet
> Dass mich Satan nicht beschmützet.

V. 5.   Herr verzeihe mir aus Gnaden
> Alle Sünd und Missethat;
> Die mein armes Herz beladen
> Und so gar vergifftet hat,
> Dass auch Satan durch sein Spiel
> Mich zur Hölle stürzen will, u. s. w.

V. 6.   Schütze mich fürs Teufels Netzen
> Für der Macht der Finsternuss,
> Die mir manche Nacht zusetzen
> Und erzeigen viel Verdruss, u. s. f.

Johann Rist war bekannt als ein „Vorkämpfer gegen des Teufels Rotte", unter seinen im Jahre 1651 herausgegebenen Höllenliedern kommt die Stelle vor:

> Du wirst vor Stank vergehen
> Wenn du dein Aas musst sehen,
> Dein Mund wird lauter Gallen
> Und Höllenwehrmuth schmecken
> Des Teufels Speichel lecken
> Ja fressen Koth im finstern Stall. [1]

In seinem Liede: „O grosses Werk geheimnissvoll" singt er:

> Hier wird sein Wesen uns zu Theil
> Hier finden unsre Seelen Heil,
> Drum Satan komm heraus zum Streit
> Wir sind bereit, u. s. w.

In dem bekannten Liede von Paul Gerhardt (1659): „Befiehl du deine Wege", heisst es:

> Und obgleich alle Teufel
> Hier wollten widerstehn.

Und Christoph Titius (1663) in dem Liede:

> („Solt es gleich bisweilen scheinen.")
> V. 5.   Trotz dem Teuffel! trotz dem Drachen!
> Ich kan ihre Macht verlachen!
> Trotz dem schweren Creutzes Joch!
> Gott mein Vatter lebet noch.

---

[1] Koch, Geschichte des Kirchenlieds, 2. Aufl., I, S. 233.

3. Der Teufel im 18. Jahrhundert.

Dass der Teufel auch noch in geistlichen Liedern des
18. Jahrhunderts spukt, zeigt unter andern Chr. Fr. Konnow
(1725) in dem Liede:

("Wer Jesum bey sich hat.")

V. 4.　Wer Jesum bey sich hat kan sicher reisen
Er wird ihm schon den Weg zum Himmel weisen,
Wer Jesum bey sich hat in höchsten Nöthen
Den kan kein Teufel nicht noch Unglück tödten.

Denn der Glaube an den Teufel zieht sich auch in das
18. Jahrhundert hinein und war in der ersten Hälfte desselben
sogar noch recht lebendig, obgleich er im vorhergehenden seinen Zenith schon überschritten hatte und nun im Absteigen
begriffen war. Thomasius, den wir als sieghaften Bekämpfer
des Hexenprocesses kennen gelernt, welchem er den Todesstoss
versetzte, griff dadurch mittelbar auch in die Geschichte des
Teufels ein, zunächst insofern, als durch die Abnahme der
gerichtlichen Hexenverfolgung zugleich das Interesse an dem
Hexenwesen abgeschwächt ward und somit auch an dem Teufel
und seiner Macht kühler zu werden anfing. Thomasius
wirkte aber auch unmittelbar auf den Teufelsglauben, obschon
er die Existenz des Teufels nicht in Zweifel zog, vielmehr sagt: „und statuire, dass zwar ein Teufel ausser dem
Menschen sei, und dass derselbe gleichsam von aussen, jedoch
auf innerliche und unsichtbare Weise in den Gottlosen sein
Wesen treibe". [1] Gesetzt nun, dass dies nur eine strategische
Finte des gewandten Kämpfers war, dass Thomasius an den
Teufel als besonderes Wesen gar nicht geglaubt habe, welche
Annahme allerdings nicht allen Grundes entbehrt; so kennzeichnet und unterscheidet sich eben dadurch seine Methode
von der Bekker's, welcher die Vorstellung vom Teufel innerhalb
des christlichen Glaubenskreises für unnöthig erklärt hatte.
Thomasius nimmt zwar seinen Vordermann in Schutz und
kann nicht begreifen, „warum diejenigen, welche mit Bekker
den Teufel leugnen, bisher auch von frommen Männern für
Atheisten gehalten worden, da man sie vielmehr für Adämonisten,
d. h. für solche Leute, die keinen Teufel glauben, hätte halten
sollen", denn er findet nicht, dass der Glaube an Gott vom

---

[1] Von dem Laster der Zauberei, §. 6.

Glauben an den Teufel abhängig sei [1]; er will aber trotzdem
nicht mit dem Teufel tabula rasa machen, sondern gibt „die
ernstliche Versicherung von der Existenz und den Wirkungen
der bösen Geister", obschon er weiss, dass er dadurch „von
den Lästerungen der Leute" nicht verschont bleiben werde.[2]
Dagegen sucht Thomasius die sinnliche Vorstellung von
dem Teufel zu zerstören durch die Aufrechthaltung des
Satzes: dass dieser ein unsichtbares, geistiges Wesen sei, und dem
gemäss in den gottlosen Menschen seine Wirkung habe.[3] Er
behauptet: „der Teufel hat niemals einen Leib angenommen,
er kann auch solchen nicht annehmen".[4]   „Wenn es an dem
wäre, dass der Teufel einen Leib annehmen könnte, so würde
Christi Ausspruch falsch sein, dass ein Geist weder Fleisch
noch Bein habe, ja Christi Beweisgrund, womit er die Jünger
überzeugen wollte, wäre ungereimt gewesen".[5] Der Teufel
kann keinen Leib annehmen, so wenig als die Ordnung der
Natur hindern oder aufheben, Wettermachen, einen Menschen
durch die Luft führen u. s. w.[6] Allerdings sind die Gründe für
die Unkörperlichkeit des Teufels für Thomasius zunächst nur
Auxiliarlinien zu seinem Beweise: dass hiernach kein Bündniss in leiblicher Weise mit ihm stattfinden könne, daher ein
leiblicher Umgang der Hexen mit ihm nicht denkbar und
somit das ganze Hexenwesen unter angeblicher Hülfe des
Teufels eine Fabel sei, abgesehen davon, dass eine solche Verbindung weder für den Menschen einen Nutzen hätte, da dieser bekanntlich stets der Betrogene zu sein pflegt, noch für
den Teufel, weil der Lasterhafte auch ohnedies sein Leibeige-
ner ist.[7] Indem Thomasius gegen die Hexenprocesse zu
Felde zog, den Glauben an die Hexerei auf Grund eines
leiblichen Verkehrs mit dem Teufel fällen wollte, musste er
zu allernächst diesem seine Leiblichkeit entziehen. Er sagt
daher geradezu: „gesetzt auch, dass der Teufel selbst Christum versucht habe, so ist es doch eine Unwahrheit oder kann
zum wenigsten durch keine wahrscheinliche Ursache behauptet
werden, dass er solches unter der Gestalt eines Menschen oder
eines Ungeheuers bewerkstelligt". Er weist darauf hin, „wie

---

[1] §. 8.   [2] §. 8.   [3] §. 7.   [4] §. 31.   [5] §. 32.   [6] §. 33.
[7] §. 35, 36.

der päpstliche Aberglaube in den lutherischen Kirchen durch
die Katechismus- und Evangelien-Bilder in der ersten Kindheit
beigebracht wird, auch nachmals die ganze Zeit ihres Lebens
hängen bleibt". [1] Indem nicht nur jedes sinnlich wahrnehmbare Moment überhaupt, sondern auch die Möglichkeit, leiblich
zu erscheinen, dem Teufel abgesprochen wird, bleibt von ihm
nur ein lediges Abstractum übrig, und dadurch ist Thomasius in
unserer Geschichte bedeutsam, dass er diesem Abstractions-
processe, den allerdings andere vor ihm schon vorbereitet
und angefangen hatten, Raum und Geltung zu verschaffen
wusste, indem er die Vorstellung von einem leiblichen, persönlichen Teufel ad absurdum zu führen verstand. [2]

Thomasius hatte richtig vorhergesagt, dass er „Lästerungen" ausgesetzt sein werde. Er konnte diese um so mehr
erwarten, als sich die Juristen in ihrem Carpzov, die Theologen in ihrem Spizelius, welche beide Thomasius arg mitgenommen hatte, angegriffen sahen. Sowol die Taktik der
Gegner als auch ihre Waffen führen ein und dasselbe Fabrik-
zeichen, so dass eine Gegenschrift alle andern genau repräsentirt. Ich greife nach der zunächstliegenden: „Petri Goldschmidt's
Huso-Cimbri p. t. Pastor Sterup. Verworffener Hexen und
Zauberer Advocat. Das ist: Wolgegründete Vernichtung des
thörichten Vorhabens Hn. Christiani Thomasii J. U. D. et Pro-
fessoris Hallensis und aller derer, welche durch ihre Super-
kluge Phantasie-Grillen dem teufflischen Hexengeschmeiss das
Wort reden wollen, indem gegen dieselbe aus dem unwieder-
sprechlichem Göttlichen Worte und der täglich lehrenden Erfahrung das Gegentheil zur Genüge angewiesen und bestättiget
wird, dass in der That eine teufflische Hexerey und Zauberey
sey etc. — Hamburg 1705." Der Verfasser gibt seine Beweisgründe schon auf dem Titel an und wiederholt sie dann im
Buche selbst: der Teufel kommt in der Schrift vor, also müssen wir seine Existenz annehmen, und die Erfahrung bestätigt
sie durch zahllose Beispiele. [3] Die Beweisführung besteht in
Schimpfen und Verdächtigungen. Schon in der „Zuschrift"

---

[1] §. 31.
[2] In verwandtem Sinne äusserte sich Joh. Christoph Wolf in „De Ma-
nichaeismo ante Manichaeos et inter Christianos redivivo" (Hamb. 1707).
[3] S. 111 u. v. a.

an Friedrich IV., König von Dänemark, sagt der Verfasser:
in seinem „geringen Büchlein" werde „die Warheit der göttlichen Schrifft betreffend das Zauber- und Hexenwesen gegen
einen frechredenden Philosophaster und Gottes-Wort-Schänder
vertheidiget". Die „Vorreden an den Leser" ist vollgepfropft
mit „Saduceisterey, Atheisterey, Ketzerey, Thomasianischen
Irrthumbs, Hexen-Advocaterey" u. dgl., die als Geschosse dem
Gegner an den Kopf geschleudert werden. Als „redlicher
Prediger" sieht sich Goldschmidt gedrängt, „die Sache seines
Herrn zu treiben" und zieht daher los gegen „Scurrilische
Erklährungen, schleichenden Atheismus, — Advocaten-Werke,
die nichts als Geburten einer thörichten Phantasey seyn", —
gegen „Närrische Vernunft-Grillen" u. s. f. Das Buch selbst
sagt über Thomasius „dass alle seine Reden nichtig, betrieglich und die göttliche Schrifft und gesunde Vernunfft äffende
seyn"[1], dass „von des Herrn Thomasii docta ignorantia ad
rei negationem (nämlich des Teufels leiblichen Umgang mit
den Hexen) zu schliessen" nichts ist, dass vielmehr „die göttliche Schrifft Beweissthümer darlegt, wodurch wir können bewogen werden mächtig-betrieglichen Teuffel zu glauben".[2]
Und was ist das Motiv, „dass den Herrn Thomasius bewogen
hat, wie in vielen, also auch in der Lehre von dem Teuffel
und desselben Würckungen durch die Zauberer und Hexen
der Warheit göttlicher Schrifft und der täglichen Erfahrung
zu widersprechen? Fürwahr nichts als ein innerlicher Hoffart,
dadurch er meynet sich über alle Gelehrten der Welt zu erheben und zu zeigen, dass bey ihm allein Kunst und Weiss-
heit zu finden, weil er capabel die Wahrheit in Lügen zu verwandeln".[3] Ganz besonders entrüstet ist der Verfasser darüber,
dass Thomasius „als ein Professor einer orthodoxischen Universität keinen Unterschied machet unter den Rotten und Secten
und unter die wahre Evangelische Lehre. Gwäcker, Socinianer, Calvinisten, Papisten und Lutheraner sind in seinem Con-
cept Gott gleich angenehm, unter ihnen ist bey Gott kein
Unterschied".[4] Nach des Verfassers Versicherung „ist nichts
auf der Welt zu ersinnen, welches der Göttlichen Schrifft mehr
Verachtung, Spott, Hohn und Gelächter verursachen und den
subtilen Atheismum in die Gemüther der Menschen hinein

---

[1] S. 39.   [2] S. 45.   [3] S. 53.   [4] S. 55.

flössen kan, wodurch bey ihnen das Fundament des Glaubens in Zweiffel gezogen und die göttliche Schrifft ihrer Autorität gäntzlich mag beraubet werden, als dass man für gewiss hält, dass die Engel und Teuffel anders nichts seyn, als Schwärmereyen unsrer Phantasie und närrische Gebuhrten des Temperaments". [1] Denn „dass Teuffel seyn beweiset uns die göttliche Schrifft und ausser derselben können wir keinen recht kräfftigen Beweiss von denselben haben". — „Was wir in der heiligen Schrifft lesen, woraus wir die Existentiam des Teuffels erkennen, finden wir darnächst auch in der Erfahrung etc." [2] Ebenso fest steht: „die schändliche und ewig verderbende Bündniss-Stifftung zwischen Teuffeln und Menschen" und „dass ohne solche Bündniss-Stifftung keine teufflische Zauberey geschehen könne". [3] Der Verfasser meint aber vorweg, er werde „nicht glücklich seyn einen Atheisten zu überreden" [4], und da wir diese Meinung theilen, nachdem wir seine Art zu widerlegen kennen, wollen wir von ihm Abschied nehmen.

In der ersten Hälfte dieses Jahrhunderts tritt in England ein anonymer Historiograph des Teufels auf. Da es mir nicht gelungen, des Originals habhaft zu werden, muss ich mich mit der deutschen Uebersetzung begnügen, die nach der „sogleich auf die erste" erfolgten zweiten Auflage angefertigt ist. „Geschichte des Teuffels, aus dem Englischen übersetzt in zwei Theilen. Frankfurt a. M. 1733". Der humoristische Engländer behandelt den Gegenstand mit vielem Witz, beissender Satire und schalkhafter Laune, er vermeidet bei seinem Anschlusse an die biblischen Geschichten, dem orthodoxen Anglikanismus offen zu widersprechen, obschon er weit entfernt ist, die betreffenden Bibelstellen buchstäblich zu fassen. Dem Anonymus ist der Teufel schon Repräsentant des Unvernünftigen, sittlich Verderblichen, das mit der geschichtlichen Entwickelung des Menschengeschlechts seine Formen verändert, daher der Teufel zu verschiedenen Zeiten in verschiedener Weise auftritt oder vielmehr eine verschiedene Thätigkeit entfaltet. Mit der Behauptung, der Teufel habe mehr Religion, „als man heutzutage einigen unserer Standespersonen beilegen kann" [5], womit der Verfasser den Teufel „in den Schafstall der Kirchen

---

[1] S. 64.   [2] S. 112, §. 2, §. 3.   [3] S. 212.   [4] S. 113.   [5] S. 4.

gebracht" haben will [1], deutet er dessen Theilnahme an der
„Verbreitung der Religion" an, „wenn man nämlich die Sache
nach dem Buchstaben versteht", und weist hin, dass er „vieles
zu dem alten Krieg beigetragen, den die Unwissenheit und
blinder Eifer heilig nennt".[2] Er erinnert an die „Blutbäder,
Kriege und Feldzüge", die um der Religion willen geschehen,
„wobei er (der Teufel) die Ehre gehabt, augenscheinlich mit
im Spiele zu sein".[3] „Ein anderes Stück seiner Geschichte"
ist „der Einfluss, den der Teufel in die Staatsklugheit des
Menschengeschlechts hat".[4] Bei der satirischen Ader des
Verfassers fehlt es natürlich nicht an Anspielungen an Erscheinungen auf den Gebieten der Kirche und des Staats aus
alter und seiner Zeit. Er meint, es sei „ein grober Irrthum,
dass man sich einbildet, eine vollkommene Einsicht in die Geschäfte des Teufels könne nicht überhaupt uns allen zum Nutzen
gereichen. Wer nicht weiss, was böse ist, weiss auch nicht,
was gut ist".[5] „Es scheint, Gott und der Teufel, so sehr
sie auch ihrer Natur nach entgegen, und ihrer Wohnung nach
von einander entfernt sind, haben fast einer so viel Theil als der
andere an unserem Glauben."[6] Daher hat man zu allen Zeiten
des Heidenthums, seither die Welt stehet . . . diesen Begriff
vom Teufel gehabt".[7] Er kommt in den folgenden Kapiteln
auf den Ursprung des Teufels, seinen Namen in der Schrift
zu sprechen[8] und findet, dass „der Name Teufel nicht allein
Personen, sondern auch Handlungen und Gewohnheiten
bedeutet", dass man aber „auf diese Weise dem Teufel kein
Unrecht" thue, „sondern gibt ihm vielmehr die unumschränkte
Gewalt über das ganze höllische Heer — oder mit der Schrift
zu reden, machet aus ihnen Engel des Satans, den grossen
Teufel".[9] Da dem Verfasser „weder die heilige Schrift noch
die Historie" in Bezug auf das Aussehen des Teufels „Erläuterung" geben, so schliesst er und betrachtet es als Thatsache:
„dass der Teufel für sich keinen Leib hat, sondern hingegen
ein Geist ist" und für die Zeit, wo er erscheinen will, „eine
fremde Gestalt annehmen muss".[10] Eine Eigenthümlichkeit
des Verfassers ist, bei manchem Ueberlieferten Zweifel an-

---

[1] S. 5.   [2] S. 6.   [3] S. 8.   [4] S. 11 fg.   [5] S. 23.   [6] S. 29.
[7] S. 31.   [8] S. 50.   [9] S. 52.   [10] S. 62.

zuregen, sie aber ungelöst zu lassen und sich abzuwenden. So z. B. von dem Falle des Satans sagt er: „Was mich aber am meisten wundert und welches zu erklären nicht leicht jemand sich die Mühe geben wird, ist, dass man sagen könne, auf was Weise der Satan des Lasters in eine englische Natur gedrungen und Wurzel gefasset? In eine Natur, welche in einem vollkommenen Stand und in vollkommener Heiligkeit erschaffen worden? Wie die Sünde sich an einem Ort eingefunden, wo nichts unreines hinkommen kann? wie Ehrgeiz, Hochmuth und Neid dahin gekommen und sich vermehret?" etc. Es sei ein Glück für ihn, fährt er fort, dass es nicht seine Aufgabe sei, bei seiner Geschichte solche Aufgaben zu lösen [1], da die Sache in den Büchern so vorliege. Man wisse auch nicht, worin die Sünde der gefallenen Engel bestanden habe, „sie wird eine Empörung gegen Gott genennet, und dies ist alles was wir wissen".[2] Wie die Allmacht Gottes das Geschöpf zum Leben geschaffen, so beschütze sie es auch gegen alle „Anläufe der Hölle" und setze es „gegen die giftigen Pfeile des Satans" in Sicherheit, so dass „ohne Zulassung dieser Macht, die den Himmel gemacht, dieser abtrünnige Engel nichts vornehmen, wodurch — der Mensch möchte zernichtet werden, welchen zu hassen der Satan so viele Ursach glaubt zu haben, weil er in dem Himmel in die Glückseligkeit sollte gesetzt werden, welche er vor ihm genoss". Einen andern Sieg des Himmels über den Teufel nennt es der Verfasser, „dass Gott den Menschen gegen ihm übergesetzet und denjenigen gezeiget, welchen er so sehr anfeindet; wo er an seinem Ebenbilde geschrieben gesehen: Unterstehe dich nicht ihn anzurühren".[3] Der Verfasser zweifelt nicht, dass Satan durch seinen Fall die Vollkommenheit seiner englischen Natur und zu gleicher Zeit seine vorhergehabte Macht verloren habe, und erblickt dies in den Ketten des Satans, den Zeichen seines Abfalls, und der Beschränkung seiner Macht, irgendetwas ohne besondere Zulassung zum Schaden dieser Schöpfung zu thun.[4] In dieser Weise geht der Verfasser den Sündenfall und die Geschichten vor und nach der Noah'schen Flut durch, wobei er die dunkeln Seiten mit dem Satan in Beziehung bringt, und dann die Siege des Satans mit Hülfe

---

[1] S. 84.   [2] S. 94.   [3] S. 125.   [4] S. 127.

der menschlichen Lüste aufzählt. „Einmal hat er sich des Essens
(bei Eva) bedient, zweimal des Trinkens oder vielmehr der
Trunkenheit (bei Noah und Lot)."[1] Der Verfasser geht die
Geschichte des Alten Testaments durch, wo er gelegentlich
die Gewalt des Teufels zeigt. Er nennt diesen Theil „die
Alterthümer der Geschichte des Teufels" oder auch den „alten
Theil seines Reichs". Seitdem gerieth dieses in Abnahme,
„und ob er gleich durch seine schreckliche List und durch
seinen unermüdlichen Fleiss, durch die Wachsamkeit und
Treue seiner menschlichen und teuflischen Werkzeuge, und
unter den Menschen sowohl geistlicher als weltlicher, das
was er verloren hat wieder bekam und das allgemeine Reich,
welches er einmal über das menschliche Geschlecht hatte, wieder aufzurichten suchte; so ist er doch ... zurückgetrieben
und geschlagen worden und sein Reich ... hat abgenommen".[2]
Diese Abnahme datirt insbesondere von der Erscheinung Christi,
womit der Verfasser den zweiten Theil eröffnet. Er nennt es
die „gröbste Thorheit, welche der Teufel beging und die mit
seiner Erkenntniss und Klugheit, die man ihm allezeit in allen
seinen Handlungen zugeschrieben hat, sich gar nicht reimet,
dass er zu dem Messia in die Wüste gegangen, ihn zu versuchen".[3] Nachdem der Teufel unter den römischen Kaisern
dieser sich bedient hatte in seiner Politik gegen das Reich
Christi, und zwar vergeblich, „bediente er sich dann der
Geistlichen, und damit es ihm desto besser gelingen möchte,
hetzte er die Lehrer der Kirchen hintereinander, dass sie wegen der Oberstelle zankten, darinnen wurden die Priester so
eifrig, dass sie sich leicht fangen liessen, und der Teufel, als
ein geschickterer Fischer als Petrus jemals gewesen, seine
Angel zu rechter Zeit zurückzuziehen und sie zu fangen
wusste".[4] In der nachfolgenden Geschichte, nämlich im Mittelalter, geht dem Teufel alles nach Wunsche. Der Verfasser
meint aber, „dass man sich den Teufel als eine Person in einer
räumlichen Hölle vorstellt, ist höchst ungereimt und lächerlich.
In der That ist es falsch, weil er eine gewisse Freiheit hat,
die, ob sie gleich eingeschränkt ist, nichts für das Gegentheil
beweist: er lässt sich alle Tage sehen, man kann seine Spur
in der unterschiedenen Art finden, mit welcher er das mensch-

---

[1] S. 213.   [2] S. 254.   [3] S. 258.   [4] S. 265.

liche Geschlecht angreift, und so ist es seit seiner ersten Erscheinung im Paradiese allezeit gewesen. Es ist hier nicht
gemeint, dass er sich körperlicher Weise sehen lasse, genug
dass man ihm Schritt für Schritt, wie die Spürhunde dem
Fuchs, nachfolgen kann. Wir können ihn an seinen Wirkungen, an dem Bösen, wozu er uns verleitet, eben so deutlich
sehen, als wenn wir ihn mit körperlichen Augen sehen".[1] Auf
ähnliche Weise sucht der Verfasser die sinnliche Vorstellung
von der Hölle aufzulösen: „Bei allem, was man uns von der
Hölle und deren Qual, und von dem Teufel und seiner Fertigkeit uns zu quälen sagt, gedenkt man nicht mit einem Wort
dessen, wofür man hauptsächlich und vielleicht einzig und
allein erschrecken, und welches man in Ansehen der Hölle
bedenken soll, ich will sagen, der Beraubung des Himmels,
der Verstossung und Entfernung von dem Angesichte des
höchsten Wesens, des alleinigen ewigen und vollkommenen
Gutes; mit einem Worte, des Verlusts, welchen man uns
durch eine schändliche Nachlässigkeit, dass wir uns um dieses
vortreffliche Stück nicht bekümmern, sondern an alte verächt-
liche und billig verworfene Fabeln halten, leicht macht, ob es
gleich die Ewigkeit und einen unwiderruflichen Schluss betrifft. Man sagt nichts von dem ewigen Nagen des Gewissens,
der schrecklichen Verzweiflung und der Bekümmerniss einer
Seele, welche keine Hoffnung hat, jemalen die Herrlichkeit,
in welcher allein der Himmel besteht, und ohne welche alle
andern Orte fürchterlich und finster sind, zu sehen." — „Das
ist eigentlich die Hölle, welche wir vor Augen haben müssen,
wenn wir vom Teufel in der Hölle reden. Das ist eigentlich
die Hölle, welche den Teufel quälet, und mit einem Worte:
der Teufel ist in der Hölle und die Hölle in dem Teufel."[2]
Der Verfasser will nicht untersuchen, „worauf man sich gründet,
wenn man die Qual der Hölle unter dem Bilde eines Feuers ...
vorstellt; es hat Gott gefallen uns den Schrecken der ewigen
Todesangst wegen des Verlusts des Himmels unter Bildern
und Gleichnissen vorzustellen, welche auf unsere Gemüther
den meisten Eindruck machen".[3] Er glaubt nicht, dass
sein „Begriff von der Hölle, die in der Beraubung des-
jenigen, in welchem der Himmel ist, besteht, der Meinung

---

[1] S. 276.   [2] S. 278.   [3] S. 280.

derjenigen, welche vorgeben, es sei nichts als Feuer und Schwefel, im geringsten weiche"; fährt aber fort: „doch muss ich gestehen, dass ich nichts thörichteres finde, als die Vorstellungen, die wir uns in unserem Gemüth von der Hölle und der Qual, die der Teufel darinnen den Seelen anthut, machen, dass er sie auf den Rost legt, an Hacken hängt, auf seinen Schultern trägt etc., welche die Hölle als einen grossen mit entsetzlichen Zähnen versehenen, und wie eine Höhle an einem Berg eröffneten Rachen vorstellen, daraus ein Feuerstrom geht, und wo man den Teufel oben sieht, und viele kleine Teufel beständig aus- und eingehen und Seelen suchen etc." — „Obgleich der Endzweck dergleichen Vorstellungen ist, Schrecken einzujagen, so sind sie doch so einfältig, dass ich versichert bin, der Teufel lacht darüber, und ein vernünftiger Mensch wird auch kaum das Lachen halten können."[1] In den vorhergehenden Kapiteln, sagt Verfasser, habe er gezeigt: „dass sich der Teufel unter die Geistlichen gemacht, — auf was Weise er mit der weltlichen und geistlichen Macht insbesondere umgegangen und sie in der Regierung vereinigt, so dass die eine unrechtmässige Anmassung der Gewalt der andern ... hülfreiche Hand geleistet". — „Also muss man künftighin dem Teufel ein mystisches Reich in der Welt zugestehen."[2] „Man muss glauben, dass nicht einen Augenblick etwas ohne ihn und nicht die geringste Verrätherei vorgehe, da er nicht seinen Antheil habe; dass kein Tyrann, den er nicht regiere, keine Regierung, die er nicht anreize, kein Narr, dem er nicht schmeichle, kein Spitzbub, den er nicht anführe; er findet sich bei allen Betrügereien, er hat einen Schlüssel zu allen Kabinetten vom Divan zu Konstantinopel bis auf Mississippi in Frankreich, und auf die Betrügereien der Südsee-Compagnie in London; von seinem ersten Anfall gegen die christliche Welt — bis auf die Bullam Unigenitus, und von der Vereinigung des heiligen Petri und des Confucii in China bis auf die heilige Inquisition in Spanien und endlich bis auf die Emlins und Dodwells unserer Zeiten."[3] Wir wollen dem Verfasser nicht weiter folgen, wenn er von den Geschäften des Teufels spricht, die dieser in der Welt verrichtet, und in welcher Weise er sie verrichtet, wobei der Verfasser seine

---

[1] S. 281.   [2] S. 284.   [3] S. 285.

satirischen Hiebe auf kirchliche und staatliche Misbräuche
austheilt, da wir die Anschauung des Verfassers kennen; es
mögen daher nur einige Sätze noch Raum finden. So sagt er
in Bezug auf das Teufelsbündniss, indem er schalkhafterweise
eine einfältige Miene annimmt: „Ich gestehe es, ich kann es nicht
begreifen, wie man mit einer Kreatur, so weder lesen noch
schreiben kann, einen Bund könne machen; ich sehe nicht,
wer der Notarius sein und den Kontrakt aufsetzen mag; und was
das schlimmste ist, so hält der Teufel niemals Wort, und sagt
man, dass er fertig ist, Bedingungen aufzurichten, wer kann
ihn aber zwingen, sie zu halten, und was für eine Strafe wird
man ihm auflegen, wenn er fehlt?"[1] „Sonst versuchte der
Teufel die Menschen zur Sünde, heutzutage versuchen sie ihn.
Sie ergeben sich dem Laster, ehe er sie dazu reizt — sie laufen ihm auf seinem eigenen Boden vor — mit einem Wort,
es scheint, der Teufel hat nichts anderes zu thun, als einen
ruhigen Zuschauer ihrer Handlungen abzugeben."[2] „Der Teufel
hat heutzutage eine ganz andere Art die Welt zu regieren,
und anstatt geringer schlechter Leute und aller erwähnten
Werkzeuge, die er sonst brauchte, hat er nunmehro seinen
Wandel in den Petites mâitres, in den schönen hohen Geistern
und Narren" u. s. w.[3] „Da selbiger Zeit die Bosheit der Menschen mit der Unwissenheit in gleicher Paar gingen, waren
dergleichen schlechte und geringe Werkzeuge vollkommen gut,
das Werk des Teufels zu treiben."[4] Aber, „man muss nicht
einem jeden leichtsinnigen Kopf glauben, welcher vorgibt, dass
er vertraut mit dem Teufel umgehe — die meisten dieser Leute
sind Betrüger — es ist offenbar, dass diese Leute dem Teufel
Unrecht thun, wenn sie alles Böse, was sie in der Welt thun
wollen, ihm zuschreiben. Begehen sie einen Mord, Diebstahl
— so sagt man alsbald, es wäre durch Reizung und Hülfe
des Teufels geschehen, also dass der Satan alle Schuld tragen
muss, wenn sie gleich einzig und allein alle Schuld tragen".[5]
„Man muss gestehen, dass die menschliche Natur und sonderlich der gröbste und unwissendste Theil des menschlichen Geschlechts über alle massen geneigt ist, alles was seltsam ist,
es mag nun wirklich sein oder nicht, für Teufelsstreiche zu

---

[1] S. 415.   [2] S. 419.   [3] S. 444.   [4] S. 445.   [5] S. 485.

halten, und von allem, das sie nicht begreifen können, zu
sagen, es komme vom Teufel."[1]

Die Ansicht von der Unpersönlichkeit des Teufels, welcher
Thomasius die Bahn frei gemacht hatte, griff immer mehr um
sich; da jedoch der alte persönliche Satan unter den protestantischen Theologen noch immer viele warme Vertheidiger
zählte, so theilte sich die theologische Welt in zwei Parteien,
die sich zunächst von den Kanzeln und Kathedern herab als
„Dämoniaker" und „Adämonisten" titulirten und befehdeten.
Im Thomasius'schen Geiste der Aufklärung hatte Hauber seine
bekannte „Bibliotheca magica" geschrieben[2], und in derselben
Richtung fasste Semler die Zeitfrage in's Auge, die er so vielfältig behandelte. Veranlassung bot ihm ein Schriftchen:
„Gründliche Nachricht von einer begeisterten Weibsperson
Annen Elisabeth Lohmannin von Hosdorf in Anhalt-Dessau
aus eigener Erfahrung und Untersuchung mitgetheilt von
Gottlieb Müllern, Probst und Superintendenten in Kemberg
1759". Hierauf erliess Semler seine „Abfertigung der neuen
Geister und alten Irrthümer in der Lohmannischen Begeisterung nebst theologischem Unterricht von den leiblichen Besitzungen des Teufels und Bezauberungen der Christen 1759".
Da mir die erste Ausgabe dieser Schrift nicht vorliegt, erfahre
ich anderwärts, dass der Verfasser hierin denselben Standpunkt
einnimmt, den er in seiner „Dissertatio theol. hermeneutica de
daemoniacis, quorum in evangeliis fit mentio, 1760", behauptet,
wonach aus den Ausdrücken, deren sich die Evangelisten zur
Bezeichnung der Dämonischen bedienen, nicht geschlossen
werden müsse, dass solche Menschen wirklich von einem bösen
Geiste besessen gewesen seien, weil es im Sprachgebrauch der
Juden liege; er gibt aber zu, dass zur Zeit Jesu, wenn auch
nicht Besitzungen, doch solche Wirkungen des Teufels stattfinden mochten.[3]   In der zweiten Auflage der „Abferti-

---

[1] S. 493.
[2] Eberhard David Hauber, Biblioth. acta et scripta magica. Gründliche Nachrichten und Urtheile solcher Bücher und Handlungen, welche
die Macht des Teufels in leiblichen Dingen betreffen. Zur Ehre Gottes
und zum Dienst der Menschen. 36 Stück (1741).
[3] „Ex peculiari et omnino singulari consilio Dei, quod istorum tem-
porum rationes in suo genere individuas et Jesu Christi doctrinam com-
plectebatur, solum habere potuisse", p. 37.

gung"[1] erklärt Semler zunächst die ganze Geschichte von dem
Mädchen, das, als von einem bösen Geiste besessen, dargestellt
und auch exorcisirt worden, für „die alte gemeine Täuscherey",
die „gar nichts weiter seye"[2], was sich auch in der That
herausstellte. Im zweiten Abschnitt, „Belehrung von der leiblichen Macht des Teufels", legt Semler seine Ansichten darüber
dar. Nach der biblischen Redeweise ist der Teufel „eine individuelle Substanz oder ein für sich bestehendes Ding, das
Vernunft hat — und mit grosser Macht begabt ist"; der Verfasser findet aber zugleich in der Schrift bestätigt, „dass er
(der Teufel) keinen Körper der Art und Natur hat, als ein
menschlicher ist" — und obschon „nicht deutlich beschrieben
ist, wie der böse Geist die Verführung der ersten Menschen
bewirkt hat", so „ersiehet man doch so viel, dass es überhaupt
dadurch geschehen, dass die Sinnlichkeit der Menschen immer
mehr gereitzet und der Gebrauch des Verstandes und der
Eindruck des moralischen — nicht sinnlichen Vortheils, den
sie vorzüglich behaupten sollten, geschwächt worden. Kurz
bey der allerwichtigsten, grössten und gefährlichsten Wirkung,
die der Teufel damalen bewerkstelligen können, ist ganz gewiss, dass er weder in die Seele noch in den Leib der ersten
Menschen, eine unwiderstehliche Wirkung durch sich selbst
vorgenommen hat".[3] Semler behauptet, „dass wahrhaftig kein
einzig Beispiel von einer leiblichen teuflischen Besitzung aus
dem ganzen alten Testament kann aufgebracht werden"[4], er
gesteht zwar zu, „dass es unter den Erzählungen der Evangelisten manche Stellen gibt, die" er „nach aller Ueberlegung
noch nicht anders auslegen kann, als dass wahrhaftig gewisse
Menschen von einem bösen Geiste damalen besessen gewesen
sind"; er hat aber „von dieser Besitzung nicht denselben Begriff, den man gemeiniglich annimmt".[5] Gleichwie der Ausdruck „im Himmel" von Gott nicht buchstäblich gefasst
werden kann, „obgleich die Redensarten in den biblischen
Büchern es ausdrücklich so bezeichnen", so ist auch die Redensart: „der Teufel seye (selbst) im Menschen" auch nicht
eigentlich zu verstehen.[6] Der Verfasser bemerkt: „dass die

---

[1] Mit einem Anhange vermehrt 1760.
[2] Vorrede, S. 12.
[3] S. 199. [4] S. 243. [5] S. 249. [6] S. 250.

Evangelisten — zunächst für damalige Menschen, für Juden und angrenzende Heiden geschrieben", und sich daher über den Teufel „eben so ausgedrückt haben, als diese Menschen überall von ihm redeten". In den Reden und dem Verhalten Jesu gegenüber den Besessenen findet Semler die Bedeutung: „dass Jesus sich als Herrn der Geister beweiset und die Menschen belehren will, dass er allen wirklichen Einfluss der bösen Geister auf die Menschen aufgehoben habe, und dass nun alle heidnischen Fabeln und Vorurtheile, welche einen wahren vernünftigen Gottesdienst unmöglich machten, ein Ende haben müssten".[1] „Die Rede Matth. 12, 43 fg. ist ganz unleugbar nach den gewöhnlichen Begriffen der gemeinen Leute" gehalten, wie er (Jesus) auch V. 46 „zu dem Volke" redete, also sich nach demselben richtete. „Es ist eine Parabel, die nach ihren Gedanken eingerichtet ist, um ihnen den Schluss und Endzweck davon eindrücklicher zu machen."[2] Die Heilige Schrift behauptet nur „den moralischen Einfluss des Teufels über die Menschen und auch noch über manche Christen, und unterscheidet ihn von den eigenen sündlichen Gedanken — Begierden und Unternehmungen der verderbten Menschen, so dass sich jener auf grössere und greulichere Sünden und Unternehmungen erstreckt, welche eine grössere Schädlichkeit und allgemeinere Ausbreitung und Vermehrung der Sünden und ihrer Beförderungen mit sich führen".[3] „Das gesammte natürliche Verderben der Menschen, in Absicht der Seele, besteht in der angebornen Blindheit der wahren Beschaffenheit, der zu unserm Zusammenhange gehöriger Dinge und von unserem Verhältniss gegen sie, — je weniger Erkenntniss von der wirklichen Moralität — je mehr Uebergewicht also der Dinge, so sich auf unsern Körper und seinen Gebrauch ohne Verbindung unseres völligen Endzwecks beziehen: desto mehr und stärker Gebiet und Einfluss des Teufels, der eigentlich in der Hinderniss der uns nützlichen Erkenntniss des Wahren, in den Verhältnissen der Dinge auf uns besteht"[4], und „in dem Masse, als wir nicht wachsam sind in der Bekehrung zu Gott oder abermaliger Vereinigung unserer Neigungen mit ihm als dem einzigen und vollkommensten Gute — entsteht ein moralischer Einfluss des Teufels durch Erregung und Un-

---

[1] S. 252.   [2] S. 265.   [3] S. 277.   [4] S. 279.

terhaltung mancher unnützlicher und schädlicher Vorstellungen bey uns".[1]

Im Jahre 1772 erschien „Wilhelm Abraham Teller's Wörterbuch des Neuen Testaments zur Erklärung der christlichen Lehre", worin der Artikel „Satan, Teufel" folgendermassen lautet: „Satan, Teufel: beede Wörter werden miteinander verwechselt. — Eins wie das andere bedeutet einen Verleumder, einen nicht schlechtweg Ankläger; sondern falschen, im gerichtlichen Verstande. — Diese ursprüngliche Bedeutung hatten die Juden im Sinne, wenn sie Jesu den Vorwurf machten, du hast den Teufel, Joh. 7, 48, bist du nicht wirklich ein Erzverleumder? wollten sie sagen, in Beziehung auf den gleich vorhin erhaltenen Verweiss, ihr höret nicht, widersetzt euch der Wahrheit v. 47. Nach eben derselben antwortet Jesus, ich habe keinen Teufel, ich verleumde nicht. Eben so liegt dieselbe in der Geschichte Hiobs, cap. 1, 7 fg. und der Umschreibung, Offenb. 12, 10 zum Grunde. Weil nun solche Anklage und Verleumdung die Lügen in sich schliessen, so bedeutet es auch einen Lügner. Joh. 8, 44 und in einem noch weitläufigeren Verstande, Widersacher, 1 Petr. 5, 8. Nach der höhern speculativischen Philosophie der Juden, gibt es nun gewisse geistige, den Menschen an Kräften überlegene Substanzen, die sie mit einem allgemeinen Namen den Satan, oder den Teufel, den allgemeinen Menschenfeind nannten. Marc. I, 13. 2 Cor. 2, 11. Ihnen schreiben sie alles Unglück in der Welt, und nicht nur das ganze Sittenverderben der Menschen, Offenb. 12, 9, sondern auch alle leibliche Uebel und Krankheiten zu. Weil dann dieser Lehrsatz sehr gemissbraucht wurde, so machen ihn weder Jesus noch seine Apostel zu einem Erkenntnissstück der allgemeinen Religion, Matth. 5, 6, 7, Apostelg. 17, 24 fg., weisen geradezu die Menschen auf Gott, als die Quelle alles Guten, und verweisen ebenso einen jeden auf sich selbsten, als seinen eigenen Feind. Jac. 1, 13. Dass es also auch eigentlich recht christliche Weise ist, alle hieher gehörige Untersuchungen den Philosophen überlassen. — Ich bemerke noch, dass wohl Röm. 16, 20. 1 Petr. 5, 8. Ephes. 6, 11, nach der dritten Bedeutung die damaligen Verfolger der Christen unter Satan und Teufel zu

---

[1] S. 280.

verstehen sind, und Luc. 22, 3, Joh. 13, 27, der Satan als
ein Verführer zu falschen Anklagen, v. 31, und Apostelg. 5, 3,
als ein Eingeber der Lügen nach der zweiten Bedeutung vorgestellt wird."[1]

Dagegen erschien: „Schreiben an den Herrn Probst und
Oberconsistorialrath Dr. Wilhelm Abraham Teller in Berlin,
wegen seines Wörterbuchs des Neuen Testaments zur Erklärung der christlichen Lehre, von einem öffentlichen Lehrer
der heiligen Schrift, Leipzig 1773." Darin heisst es: „Die
Summe von dem, was sie hier sagen ist: Satan, Teufel, bedeutet eigentlich einen Verleumder, einen falschen Ankläger etc. Diese Bedeutung liegt auch Hiob 1 und Offenb. 12,
10 zum Grunde. Joh. 8, 44 heisst es ein Lügner und
1 Petr. 5, 8, ein Widersacher etc." — „O was machen
Sie hier für ein Gewirre! Und wem zu Gefallen? Hoffen
Sie nur einen einzigen Ungläubigen zu gewinnen, wenn
Sie eine Lehre zu verleugnen suchen, die der Christ nicht
entbehren kann? Ist doch der Sohn Gottes erschienen, die
Werke des Teufels zu zerstören. Ist Er doch Fleisches und
Blutes theilhaftig worden, auf dass Er durch den Tod die
Macht nähme dem, der des Todes Gewalt hatte, das ist dem
Teufel. Dieses muss ja jeder Christ glauben. Redet nicht
Jesus noch nach seiner Himmelfahrt, Apostelg. 26, 18, von
der Gewalt des Satans? etc. Ihr Herr Vater sagte: Wer
einen Christus glaubte, der müste auch den Teufel glauben,
und wer das Evangelium von Christo rein und lauter lehren
wollte, der könte die Lehre vom Teufel nicht entbehren. Ja
er nannte den einen Irrlehrer, der sie aus der Theologie weg-
lassen wollte. Und Sie nennen es recht eigentlich christlich-
weise, alle hieher gehörige Untersuchungen und Entscheidungen den Philosophen zu überlassen! Wie können Philosophen,
die nichts als Vernunft und äusserliche Sinne zum Grunde
ihrer Erkenntniss haben, von unsichtbaren geistigen bösen
Substanzen etwas gewisses herausbringen? Unstreitig ist wohl
die Untersuchung davon viel mehr eine Sache der Theologen,
weil sie eine eigentliche Offenbarung haben, welche sie vom
Daseyn solcher unsichtbaren geistigen bösen Substanzen (Engel und Dämonen) versichert, die nehmlich gefallen sind, oder

---

[1] S. 328 fg. Vgl. Zusätze S. 89 fg.

gesündigt haben, deren Oberster Satan oder Teufel genannt,
und manchmal als Anführer und Haupt für die ganze Schar
dieser Rebellen (wie ein König oder General für seine Armee)
gesetzt wird, der die Menschen in Sünde und Tod gebracht
hat." „Wer heisst es uns, dass wir uns ungeschickte und
falsche Vorstellungen von diesem unsichtbaren Wesen machten? — Wer die Stellen nachschlägt, wird sehen, dass Sie
doch nichts gesagt haben, oder vielmehr, dass Sie die Schrift
lieber nicht erklären sollten. — Die folgenden nächsten Artikel, die ich anführen will, werden zeigen, wie gern Sie die
Lehre vom Teufel oder Satan und seinen Engeln aus der
Schrift selbst herausschaffen möchten, wenn es möglich wäre.
Allein so wie Sie erklären, könnten Sie wohl Christum selbst
aus der Schrift herausschaffen, wenn Sie wollten."[1] Der An-
zeiger des Wörterbuchs[2] fügt hinzu: er glaube „dass das
Publikum und alle wahre Freunde der evangelischen Lehre
dem Herrn Verfasser dieses Schreibens vor seine Aufmerksamkeit und Bemühung vielen Dank im Herzen abstatten werden,
wenn auch mancher heuchelnde Recensent mit dem Verfasser
des Wörterbuchs säuberlich verfährt und mancher andere un-
reife und eingebildete Reformir - Geist stampfen sollte".

Um diese Zeit erhielt das Interesse für den Teufel neuen
Nahrstoff durch den Pater Johann Joseph Gassner, katholischen Pfarrer zu Klösterle im Bisthum Chur. Eigene körperliche Leiden, besonders nervöser Kopfschmerz, vergebliche
Anwendung medicinischer Mittel, daneben eifriges Lesen der
biblischen Beschreibungen von Besessenen und deren Heilung
und Vertiefung in die Literatur über Magie brachten ihn
dahin, die Ursache seines Leidens auf den Teufel zurückzuführen, und überhaupt die Krankheiten als die Wirkung böser
Geister zu betrachten. Er versuchte daher die mittels der
Ordination ihm verliehene Macht, im Namen Jesu Teufel auszutreiben, an sich selbst, und nachdem sich diese bewährt zu
haben schien, begann er auch an seinen Pfarrkindern die exorcistische Cur in Anwendung zu bringen. Es gelang ihm so
viel Aufsehen zu machen, dass sich sein Ruf als Wunderthäter

---

[1] S. 328 — 330.
[2] In D. Joh. Friedr. Hirt's Orientalische und Exegetische Bibliothek,
III, 182.

bald weiter verbreitete, fernere Gegenden ihre Kranken herbei-
sandten oder den Exorcisten herbeiwünschten. Mit Genehmigung des Bischofs von Chur kam er im Jahre 1774 nach
Konstanz. Allein, sei es, dass der Bischof Schwindelei wit-
tern mochte, Gassner musste, obschon sich der Reichsprälat
von Salmansweiler seiner annahm, in seine Pfarre nach Klösterle zurückkehren. Indess wurde er schon im Herbste desselben Jahrs von dem Fürstbischof von Regensburg nach Ell-
wangen berufen, wo Gassner bald als Wunderthäter seine
Triumphe feierte, und unter dem fördernden Schutze des
Reichsprälaten seine exorcistische Heilkraft allen Hülfsbedürf-
tigen (als vom Teufel Besessenen), die aus Schwaben, Tirol
und der Schweiz herbeigeströmt waren, zutheil werden liess.
Da er um diese Zeit auf sein Amt freiwillig verzichtet hatte oder
— was nicht ausgemittelt ist — dessen enthoben ward, ernannte
ihn der Fürstbischof von Regensburg zu seinem geistlichen Rath
und Hofkaplan. Im Jahre 1775 ging er nach Amberg, von
da nach Sulzbach, scheint aber keinen besondern Erfolg mehr
erzielt zu haben, und als in Regensburg sein wunderthätiger
Schein wieder helle Strahlen verbreitete, wurde dieser durch den
kaiserlichen Befehl, wonach Gassner die Stadt verlassen musste,
getrübt. Kaiser Joseph II. verbot ihm hierauf das Exorcisiren
im ganzen römischen Reiche, die Erzbischöfe Anton Peter
von Prag und Hieronymus von Salzburg erklärten sich gegen
ihn, verschiedene Regierungen verboten den Verkauf seiner
Schriften, selbst Pius VI. misbilligte seine Heilungen, und
Gassner's Wirksamkeit als Exorcist hatte 1776 ihr Ende erreicht.
Er starb 1779 in einer einträglichen Dechantenstelle zu Bonn-
dorf, die ihm der Fürstbischof von Regensburg verliehen hatte.

Gassner hatte zu seiner Zeit durch seine exorcistischen
Curen nicht nur unter dem Volke grosses Aufsehen erregt,
da man von 20000 Fällen zu erzählen wusste, sondern auch
die schriftstellerischen Federn in Bewegung gesetzt, wozu er
zum Theil durch seine eigenen Schriften beitrug. „Weise,
fromm und gesund zu leben, auch ruhig und gottselig zu
sterben, oder nützlicher Unterricht wider den Teufel zu streiten, durch Beantwortung der Fragen: 1) Kann der Teufel
dem Leibe der Menschen schaden? 2) Welchem am meisten?
3) Wie ist zu helfen? Kempten 1774" erschien schon 1775 zu
Augsburg in 3. Auflage. — „J. J. Gassner's Antwort auf

die Anmerkungen, welche in dem münchnerischen Intelligenz-
blatt vom 12. November wider seine Gründe und Weise zu
exorciren, wie auch von der deutschen Chronik und andern
Zeitungsschreibern gemacht worden" (Augsburg 1774). Er
handelt darin von der Macht der bösen Geister, von denen
die Anfechtungen der Seele der Menschen und leibliche Krankheiten herrühren, die er in natürliche und übernatürliche eintheilt. Er kennt drei Arten vom Teufel geplagter Menschen:
circumsessi, Angefochtene, obsessi oder maleficiati, Verzauberte
und possessi, Besessene. Er gibt das Praeceptum probativum
an, woran die übernatürliche Krankheit zu erkennen ist, wenn
nämlich der Befehl an den Teufel, die Paroxysmen hervorzubringen, seine Wirkung thut. Die Heilung ist aber bedingt
durch den festen Glauben an die Macht des Namens Jesu,
und durch den Glauben, dass die Krankheit durch den Teufel bewirkt sei, u. s. w.

Der Beweis, dass der alte unbedingte Glaube die Menschen nicht mehr ganz überschattete, der Same des Zweifels bereits Wurzel geschlagen, seine Zweige zu erheben und
auszubreiten anfing, zeigte sich beim Auftreten Gassner's,
dessen durch Erzählungen, Zeitungen, ungedruckte und gedruckte Nachrichten verbreitete Wundercuren von verschiedenen Gesichtspunkten betrachtet wurden. Mesmer, der im
Jahre 1775 vom Kurfürsten von Baiern von Wien berufen
und befragt worden war, erklärte: die Curen Gassner's be-
ständen in magnetisch-geistigen Anregungen.[1] Andere schal-
ten den Mann einen Betrüger und Charlatan, während mehrere
in ihm einen heiligen Propheten und Wunderthäter verehrten;
die einen schrieben seine Curart der Einbildungskraft und
der Sympathie zu, die andern verlegten die Heilkraft in die
Stärke des Glaubens und die Macht des Namens Jesu, und
auf dieser Seite standen nicht nur Katholiken, sondern auch
Protestanten, nicht nur Theologen, wie der protestantische
Pfarrer Johann Kaspar Lavater, sondern auch Aerzte, wie
unter anderm aus zwei Schriften hervorgeht: „Unparteiische
Gedanken, oder Etwas von der Curart des Tit. Herrn Gassner's in Elwangen, herausgegeben von Dr. Schisel, 1775", und:

---

[1] Ennemoser, Geschichte der Magie, 2. Aufl., I, 939.

„Des unparteiischen Arztes Betrachtungen über Herrn Lavater's
Gründe zur Untersuchung der Gassnerischen Curen, 1775".
Der Verfasser, dem wahrscheinlich beide Schriften eignen,
berichtet, dass er sich als Arzt Mühe gegeben, die Behand-
lungsweise Gassner's autoptisch zu beobachten und alles, was
darauf Einfluss haben könnte, zu bemerken, alle Umstände,
Meinungen und Einwürfe genau zu berücksichtigen, und nachdem er dies alles gethan, kommt er zu dem Schluss: „dass
Herr Gassner blos durch den glorwürdigen Namen Jesus und
durch Auflegung seiner Hände und Stola alle seine Curen verrichtete. Er gibt aber den Leuten noch Oel, Augenwasser
und dergleichen; er rathet solche Mittel an nach geschehener
Cur zu gebrauchen. Er hat aber, um Blinde sehend zu
machen, weder Augenwasser, noch um lahme Glieder in Bewegung zu setzen, ein Oel, viel weniger Pulver und Rauch
zum Teufelaustreiben angewendet. Er betastet zwar die Gelenke der Lahmen, er reibt die Ohren und Drüsen der Gehör-
losen; er berührt mit seinen Fingern die Augenlieder der
Blinden, er lockt die Schmerzen unter seinen Händen mit
gebietender, starker Stimme hervor, aber er heisst sie auch
mit der nämlichen Gewalt, eifrigem und polterndem Ton fort-
weichen, und es geschieht. Wo bleibt doch die Sympathie
und das Electricum, der Magnet, wo aller philosophischer
Witz?" . . . „Herr Gaszner fordert zur Verhütung des Rück-
falls in die Krankheiten mit dem heiligen Petrus einen beständigen, einen unaufhörlichen Streit. Warum? Weil die Anfechtungen unsres unsichtbaren Feindes immerwährende sind."
Diese Ansicht berührte sich mit derjenigen, welche die Sache
der Wirkung des Teufels zuschrieb, wie der Leibarzt des
Kaisers Joseph II., von Haen, und hiermit ward bei der Gelegenheit die alte Streitfrage über die Macht des Teufels und
deren Grenzen wieder eröffnet und eine Menge Wechsel-
schriften hervorgerufen. Die bedeutendern, welche das Uebergewicht ausmachten, fochten zwar den Teufel selbst nicht an,
suchten aber dessen Macht zu beschränken. So Einzinger von
Einzing [1], welcher „aus theologischen, historischen, physika-

---

[1] Joh. Martin Maximilian Einzinger's von Einzing, Kaiserlichen Hof-
und Pfalzgrafen etc., Dämonologie oder systematische Abhandlung von

lischen Quellen zu untersuchen" vorgibt [1], „wie weit die Macht
des Teufels sich erstrecke", und zu dem Ergebniss kommt,
dass der Teufel ein blosser Geist ist [2], der „aus dén Kräften
seiner Natur zu einem Körper ohne Gottes Verordnung nichts
wirken" kann [3], obschon er „aus sonderbarer Zulassung durch
Anfechtungen, durch Eingebung verwirrter und böser Gedanken und andere phantastische Betrügereien in die Seele des
Menschen — besonders eines gottvergessenen und boshaften"
— Einfluss zu haben vermag, und „so oft die Seele krank,
verwirrt oder angefochten ist, auch der Leib mit leidet". [4]
Jede Krankheit „so ungewöhnlich sie sein mag, ist für eine
natürliche zu halten, bis es nicht aufs schärfste bewiesen ist,
dass sie nicht aus natürlichen Ursachen, sondern vom Teufel
herkomme". [5] Der Verfasser glaubt, dass „die christliche
Kirche, wenn dem Teufel das Daseyn oder seine Macht völlig
abgesprochen wird, keinen so grossen Schaden — leidet, als
wenn die Macht des Teufels allzuhoch getrieben, und dadurch
die Allmacht und Regierung Gottes, durch Aberglauben und
andere verschiedene Missbräuche angegriffen wird". [6] In ähnlichem, die Macht des Teufels beschränkendem Sinne schrieb
Sterzinger, den wir auch bei den Hexenverfolgungen kennen
gelernt: „Die aufgedeckten Gassnerischen Wundercuren aus
authentischen Urkunden beleuchtet und durch Augenzeugen
bewiesen" (1775). Nach dem Zeugnisse Einzinger's hatte sich
selbst Seine hochfürstliche Eminenz der Cardinal und Bischof
von Konstanz „laut höchstdesselben Schreibens vom 6. September 1774 (Seite 19 und 20) dahin ausgesprochen, dass es
nicht wahr sey, dass fast alle mögliche Krankheiten und Gebrechen, wie der obgedachte Herr Geistliche Rath Gassner
dafürhält, von der Gewalt des Satans und vom Malefiz herkommen". [7] Wir können die übrigen Schriften über die Gassner-
sche Angelegenheit füglich abseits liegen lassen [8], und wollen

---

der Natur und Macht des Teufels etc., sammt den natürlichsten Mitteln,
die meisten Gespenster am sichersten zu vertreiben, dem Gassnerischen
Teufelssysteme entgegengesetzt (1775).

[1] S. 15.   [2] S. 35.   [3] S. 38.   [4] S. 51.   [5] S. 53.   [6] S. 54.
[7] Einzinger, Nachtrag zu der Dämonologie, S. 98.
[8] Sie sind dem grössten Theile nach angezeigt in der Allgemeinen

nur den schwersten Ausspruch, der bei dieser Gelegenheit in
Beziehung auf den Teufel von Semler gethan wurde, anführen.
„Es ist kein Wunder, dass unsere Christen, bei allem Unterschied der Zeit und der Hülfsmittel, welche Gottes Regierung
so reichlich unter uns ausgetheilet hat, noch so weit zurück
sind in wahrer göttlicher Erkenntniss des Evangelii, welches
Gott so unvergleichlich verherrlichen und bekannt machen
sollte, dass jener alte Wust des Aberglaubens, der den Teufel
zum Mitherrn und Mitregenten der sichtbaren Natur gemacht
hatte, längst unter den Christen verschwunden sein müsste.
Die ganze Macht schändlicher Unwissenheit, die Finsterniss
des heidnischen und jüdischen Aberglaubens hat mehr geherrscht unter den sogenannten Christen, bis sogar in unsere
Zeit, als sogar zu der Zeit, da Jesus mit seiner göttlichen
Lehre alle geglaubte Werke des Teufels zerstörte, und Menschen aus einer erbärmlichen Finsterniss in das Reich des
Lichts und wahrer Erkenntniss versetzte. Ein wunderlicher
roher Eifer beschützt den verfluchten Teufel selbst wider die
Christen, welche nicht Kinder bleiben wollen in der christlichen Religion. Es ist kein Wunder, dass sehr viel von diesem Teufelsdreck auch unter den Protestanten übrig blieben
und zur Lehre sogar mit gerechnet worden. Freilich ist es
mein Ernst, ich fordere, es soll in dem Artikel des theologischen Compendii von Engeln und bösen Geistern, also auch
in der casuistischen Theologie alles ausgestrichen werden, was
von leiblichen Handlungen und Thaten des Teufels bejahet,
geglaubet und gelehret worden. Es ist alter heidnischer Irrthum und verfälscht die wahre rechte christliche Religion.
Ich will als ein christlicher Theologus solchen ganzen Teufels-
kram und alten schäbigen Plunder gerade ausstreichen aus
dem Herzen und der sogenannten christgläubigen Seele, die
übrigens von Gott und Christo Jesu nicht den zehnten Theil
so viel und so ernsthaft, und so oft denket, als von dem theologischen Unthier, Teufel, Satan, Beelzebub, und was es noch
für heidnische Mützen und Namen geben mag, darüber immerfort die sogenannte christliche Welt mehr vom Teufel besessen
sein will und mag, als die grosse helle Erkenntniss Gottes zum

---

deutschen Bibliothek, Bd. 27, S. 596 f., Bd. 28, S. 277 fg., Bd. 33, S. 285,
Anhang zu Bd. 25—36, S. 2491.

einzigen Charakter des rechten wahren Christenthums gelten
lassen."[1]

Die bisher angeführten und durch Gassner's Getriebe
veranlassten literarischen Producte in Beziehung auf den Teufel erscheinen indess nur als Plänkler vor dem eigentlichen
Kampfe, der um diese Zeit zum offenen Ausbruch kam und
zwar auf Anlass einer anonym, ohne Nennung des Verlegers
und Druckorts im Jahre 1776 erschienenen Schrift: „Demüthige Bitte um Belehrung an die grossen Männer, welche
keinen Teufel glauben", deren Abfassung dem Professor Köster
in Giessen zuerkannt wurde.[2] Der gereizte, spöttische Ton
und die obenhinige Behandlung des Gegenstandes gibt der
Schrift das Gepräge eines Pamphlets. Der Verfasser, welcher
zugleich der Herausgeber der „Neuesten Religionsbegebenheiten mit unpartheyischen Anmerkungen" ist, nennt sie „eine
Satire"[3], und wir können ihm glauben, dass ihn „der hohe
zuversichtliche und beleidigende Ton" der Gegner dazu veranlasste, da wir annehmen können, dass auch bei diesem
Streite, wie gewöhnlich, von beiden Parteien über das Ziel
geschossen wurde. Die Schrift, natürlich auf orthodoxem
Standpunkt stehend, macht den Gegnern den Vorwurf: dass
sie „dem Teufel seine Persönlichkeit nehmen und ihn in ein
blosses moralisches Wesen, in ein Bild oder in eine Allegorie
und ebenso die ganze Religion in ledige Moral verwandeln"[4];
dass durch die Annahme der Gegner: „Christus und die Apostel haben sich nach dem halsstarrigen und abergläubischen
Volk gerichtet", da sie wussten, dass den Juden nichts
beizubringen war, wenn man ihre alten Vorurtheile (den
Glauben an den Teufel) antastete, — „Christus und die Apostel
des so oft getadelten frommen Betrugs" schuldig gemacht
werden.[5] Der Verfasser frägt: wie dies mit der göttlichen
Sendung Christi übereinstimme, „dass er Vorurtheile ausdrücklich billigt und bekräftigt? Hatte es Christus nöthig, da er

---

[1] Sammlungen von Briefen und Aufsätzen über die Gassner'schen
Geisterbeschwörungen (1776), Vorrede.
[2] Vgl. Kindleben, Der Teufeleien des 18. Jahrhunderts letzter Act
(1779), S. 11.
[3] Die Neuesten Religionsbegebenheiten, 1. Jahrgang, S. 303.
[4] S. 4. [5] S. 11.

doch so viele andere Mittel in Händen hatte, seinen Worten
Eingang zu verschaffen? Wo ist noch ein einziger ähnlicher
anderer Fall, da hundert gegenseitige Fälle aufgezeichnet sind,
in denen er Vorurtheile bestritten hat?" — „Oder war dieses
Vorurtheil zu den Zeiten Christi unschädlich? Woraus wollten
Sie dann beweisen, dass es heutigestags schädlicher sey, als
ehemals?"[1] Ist aber der Glaube, dass es einen Teufel gibt,
der wahren Religion so schädlich, warum sagte dies nicht
schon Christus und die Apostel, von denen wir doch alle
Religionswahrheiten herhaben?[2] Der Verfasser glaubt nicht,
dass erst „im 17. und 18. Jahrhundert einige auserlesene Köpfe
die Wahrheit finden oder wenigstens das Herz haben würden,
sie öffentlich vorzutragen, welches doch Christus und die Apostel nicht gehabt haben". Er beruft sich hinsichtlich des
Glaubens an Dämonen auf die Uebereinstimmung der Juden
mit Römern und andern Heiden, „die im Grunde das Näm-
liche geglaubt".[3] Die Berufung der Gegner auf den Widerspruch des Glaubens an einen persönlichen Teufel mit der
gesunden Vernunft und mit den göttlichen Eigenschaften lehnt
der Verfasser einfach damit ab, dass der Widerspruch „noch nicht
erwiesen ist" und „so sind alle übrigen Beweise, die Sie bisher
gegeben haben, nichts als Zirkel, in denen das, was eigentlich
erwiesen werden soll, schon als ausgemacht und bekannt angenommen und vorausgesetzt wird, nichts als petitiones prin-
cipii".[4] Der Gegner beruft sich seinerseits auf die buchstäbliche Auffassung der Heiligen Schrift, die der Lehre vom Teufel „günstig" sei, und „ist nun die Schrift göttlichen Ursprungs, so hat man Grund wegen den ausdrücklichen
Zeugnissen des Neuen Testaments und den eigenen Aussprüchen des Erlösers einen Teufel zu glauben" — und „alles,
was bisher aus Vernunftgründen in dieser Materie vorgebracht
worden ist, beweist weiter nichts, als dass wir nicht wissen,
wie der Teufel mit den göttlichen Eigenschaften in eine Verbindung zu bringen sey. Aber dieses wissen wir auch in vielen andern Fällen nicht".[5] Der Verfasser deutet auf die Lehre
von der Dreieinigkeit hin, „welche wir wegen des göttlichen
Zeugnisses glauben, und bey welcher wir zugestehen, dass sie
über, obgleich nicht wider die Vernunft sey".[6] Nach des

---

[1] S. 13.   [2] S. 14.   [3] S. 15.   [4] S. 19.   [5] S. 24.   [6] S. 25.

Verfassers Meinung kann zwar jeder denken, was er will, und niemand hat sich darum zu bekümmern, was er glaube; aber „aus der Freiheit zu denken folgt die Freiheit zu lehren nicht unmittelbar"; „für meine eigene Person", fährt er fort, „steht es mir nicht frey, mir eine selbstbeliebige Vorstellung von irgend einer christlichen Lehre zu machen; sondern wenn ich von der Göttlichkeit der heiligen Schrift versichert bin, so muss ich mir eine Vorstellung machen, die der Schrift gemäss ist".[1] „Es ist also die Freiheit zu denken sehr gering, und erstreckt sich nur auf solche Materien, wo die Schrift nichts bestimmt."[2] Auf den Einwurf der Unvereinbarkeit der Existenz des Teufels mit der göttlichen Vorsehung| bittet der Verfasser, sie möchten ihm doch „deutlich erklären, wie diese und jene Begebenheiten mit der göttlichen Vorsehung übereinstimmen. Ich schlage die weltliche Geschichte nach, und finde beinahe nichts als glückliche Schandthaten. Warum gibt es die göttliche Gerechtigkeit, die bey seiner Vorsehung vorausgesetzt wird, zu, dass der Unschuldige unterdrückt und gemartert wird, da im Gegentheil der Bösewicht emporsteigt? Warum werden so viele Millionen Menschen unglücklich gemacht, um den Ehrgeiz eines einzigen zu befriedigen? Warum sind die Güter dieser Erde so ungleich ausgetheilt? Warum erstrecken sich sogenannte Landplagen nur auf dieses oder jenes Volk? Wo ist hier Gerechtigkeit zu sehen? Und doch ist Gott unfehlbar gerecht".[3] Aehnliche Erscheinungen findet der Verfasser in der Kirchengeschichte und fährt dann fort: „Wenden Sie dieses auf die Lehre vom Teufel an. Ich gestehe Ihnen: ich weiss nicht, warum er in der Welt ist und ihm Gott so viel Gewalt gelassen hat. Ich denke aber, Gott muss hierzu seine weise, heilige und gerechte Ursache haben. Diese sehe ich freylich nicht ein; aber es geht mir auch in andern gleich wichtigen Materien auf die nemliche Art."[4] Das geht aber den Verfasser nichts an, er hat in Bezug auf den Teufel nur zu fragen: „was sind für Gründe da, die Lehre vom Teufel anzunehmen?" Und hier findet er, „dass er ausdrücklich in den göttlichen Schriften gelehrt wird, und dass ich von dem Wortverstand nicht abgehen darf, weil ich keine Unmöglichkeit in dieser Lehre zeigen kann. Hierauf kommt

---

[1] S. 26. [2] S. 27. [3] S. 28. [4] S. 30.

alles an".[1] Der Verfasser sieht aber auch gar keinen Vortheil
für die Religion, „wenn der Teufel weggeschafft wird"[2], und
frägt: „wird nur ein einziger Lehrsatz in der christlichen Religion begreiflicher? Verstehen wir nun die Wege der göttlichen Vorsehung um ein Haar besser als zuvor? — Gesetzt,
dass der Teufel ein blosses Vorurtheil ist, so ist es doch gewiss, dass viele Leute sich seinetwegen für manchen Sünden
hüten. Wenigstens würde es, politisch zu reden, besser seyn,
den Teufel beizubehalten, als ihn, insonderheit dem gemeinen
Mann ganz auszureden."[3] Der Verfasser fürchtet von der
Ausmerzung des Teufels einen wesentlichen Schaden: „Die
ganze Religion wird dadurch schwankend und unsicher gemacht und endlich gar umgestossen"[4], denn es wird damit
der Heiligen Schrift zu nahe getreten, welche die Lehre vom
Teufel enthält; wird dieser geleugnet, so auch die göttliche
Autorität jener.[5]

Bald darauf erschien: „Demüthigste Antwort eines ge-
ringen Landgeistlichen auf die demüthige Bitte um Belehrung
an die grossen Männer, welche keinen Teufel glauben. In
Deutschland 1776." Wie schon der Titel zeigt, sucht es der
Anonymus in seiner Schrift an Hohn und Spott seinem Vorgänger zuvorzuthun. Der Verfasser beruft sich, wie sein
Gegner, ebenfalls auf die Heilige Schrift, die so häufig vom
Teufel redet, damit sei es „aber noch lange nicht ausgemacht,
dass er eine wirkliche Persönlichkeit habe".[6] Auch dem
Verfasser gilt die Bibel alles, aber er will sich „die gelehrten
oder ungelehrten, gedruckten oder ungedruckten Auslegungen
und Glossen der Menschen nicht zugleich für göttlich auf-
dringen lassen".[7] Die den „grossen Männern" vorgeworfene
Annahme, dass sich Jesus dem Teufelsglauben des Volks an-
bequemt habe, hält der Verfasser aufrecht, denn oft „erfordert die Klugheit geringere Dinge auf ihrem Werthe oder
Unwerthe beruhen zu lassen, um dadurch nicht von wich-
tigern Dingen abgezogen zu werden", und das sei kein Betrug.[8] Als Belege führt der Verfasser auch biblische Stellen
an, Marc. 4, 33, 1 Kor. 3, 1—3, Hebr. 5, 11—14, Joh. 16, 12,
in welchen Behutsamkeit im Lehren angedeutet sei.[9] Ein

---

[1] S. 31.   [2] S. 32.   [3] S. 33.   [4] S. 36.   [5] S. 37.   [6] S. 11.
[7] S. 12.   [8] S. 15.   [9] S. 17.

3. Der Teufel im 18. Jahrhundert.

Irrthum werde noch nicht gebilligt, „wenn man ihm nicht
ausdrücklich widerspricht“. [1] Dass sich Jesus „wirklich nach
den Vorurtheilen der schwachen Lehrlinge gerichtet“, sucht
der Verfasser durch Fälle aus dem Alten und Neuen Testament nachzuweisen. [2] Auf die Frage: ob der Teufelsglaube
heute schädlicher sei, antwortet der Verfasser: ein Ding könne
allerdings zu verschiedenen Zeiten mehr oder weniger schaden,
— will sich aber nicht näher einlassen. [3] Der Verfasser macht
die richtige Bemerkung: „Mir dünkt, mein Herr, Sie unterscheiden nicht genug die zwei Sätze: «Es ist gar kein Teufel»,
und: «der Teufel ist keine wirkliche Person». Der erstere,
däucht mich, ist ganz falsch, aber nicht der andere.“ — Die
Sünde sammt allem Uebel könne da sein, „ohne dass man
einen persönlichen Teufel dazu brauchet“. [4] „Mit blos philosophischen Schlüssen über Möglich- oder Unmöglichkeit eines
persönlichen Teufels kann gar nichts, nach meinen wenigen
Einsichten, ausgerichtet werden; die Vernunft weiss sehr
wenig oder gar nichts vom Teufel.“ — „Die Heilige Schrift
allein gibt hier sichere Nachricht.“ [5] Die verschiedene Art,
wie der Teufel in der Heiligen Schrift erwähnt wird, sei
schwer „in Eine wirkliche Person zu vereinigen“. [6] Was die
Wichtigkeit der Lehre vom Teufel betrifft, um derentwillen
der Teufel nicht abzuschaffen sein soll, beruft sich der Verfasser auf die Reformation, welche unter andern auch die
Lehre vom Fegfeuer aufgehoben, obschon diese den gemeinen
Mann zu schrecken auch dienlich sein mochte. [7] Der Verfasser erklärt den Teufel für eine mythologische Vorstellung,
wobei „die Klügeren wohl gewusst hätten, dass der Teufel
keine wahre Person sey, obschon sie von ihm als einer Person
redeten“ [8], und sucht hiermit dem Vorwurfe, den Teufel als
Vorurtheil oder als „Allegorie“ zu fassen, zu entgehen. Er
beruft sich auch hierbei auf die Schrift (1 Kor. 8, 4 — 7), wonach ein Götze Nichts sey. [9] Er weist ferner auf 5 Mos. 32,
17; Ps. 106, 37; 1 Kor. 10, 19 — 21 und findet in diesen Stellen
angedeutet, „dass Teufel und Götzen einerlei sind“. [10] Da es
nun „ziemlich sicher ist, dass die dämonischen Geister miteinander nichts als etwan mythologische Gedichte sind; so

---

[1] S. 21.   [2] S. 23 fg.   [3] S. 25.   [4] S. 32.   [5] S. 33.   [6] S. 34.
[7] S. 36.   [8] S. 49.   [9] S. 49.   [10] S. 50.

müssen nothwendig alle teufelische Besitzungen uneigentlich
genommen werden". Die Klügeren wussten, wie solche Reden
(vom Teufel) zu nehmen seien, wenn sich Jesus deren bediente,
und für die Dümmeren war es noch nicht Zeit „sie mit speculativischen Sätzen von dem Einen Nothwendigen abzuhalten"
— so bleibt Jesus „immer der Wahrhaftige, Betrug kam nicht
in seinen Mund".[1] Der Verfasser schliesst damit: „Ich will
lieber, dass man Gott fürchte, dann den Teufel. Denn Gottesfurcht ist der Weisheit Anfang; aber Teufelsfurcht — sie
wirke was sie immer wolle, sie zieret meines Erachtens keinen
Christen."

Der Kampf für und wider den Teufel wurde natürlich
auch in den Zeitschriften weiter geführt, so in der Lemgoer
auserlesenen Bibliothek, der Mietauischen allgemeinen theologischen Bibliothek, der Allgemeinen deutschen Bibliothek und
andern, von denen die meisten, namentlich die letztgenannte,
entschieden auf der Seite der Antidiaboliker standen. Es erschienen aber ausser den angeführten auch eine Menge selbständiger Schriftchen von Deutschen und Engländern, die wir
ihrer Unerheblichkeit wegen übergehen, und nur noch einige,
die grösseres Aufsehen machten und zur Klärung der Streitfrage beitrugen, erwähnen. Zu den letztern gehört namentlich: „Ueber die Non-Existenz des Teufels", die auch als
Antwort auf die „demüthige Bitte um Belehrung an die grossen Männer, die keinen Teufel glauben" 1776 erschienen war.
Der Herausgeber der „Neuesten Religionsbegebenheiten mit
unpartheyischen Anmerkungen für das Jahr 1778", den wir
als den Verfasser der „Demüthigen Bitte um Belehrung" kennen gelernt haben, nennt seinen Gegner „ernstlich und grob"[2];
ich finde aber, dass der „demüthige Bittsteller" nach seinem
eigenen Vorgange voll Hohn zu letzterem Vorwurfe kaum
berechtigt ist. „Ernstlich" ist aber allerdings die „Non-Existenz des Teufels" gemeint, denn der Verfasser sagt seine
Meinung gleich beim Eintritte ernst und trocken, „dass es

---

[1] S. 51.
[2] Viertes Stück, S. 317.

keinen Teufel gebe, wiefern man darunter eine Substanz oder
ein geistiges Wesen, dem Persönlichkeit zukommt, versteht,
sondern dass alles, was in der Schrift unter diesem Namen
vorkommt, nur Modificationen und sinnliche Vorstellungen
von dem allgemeinen abstracten Begriff sind, den wir in der
Philosophie das moralische Uebel und das leibliche Böse überhaupt zu nennen pflegen". [1] Dies will der Verfasser „aus der
Vernunft und Schrift" beweisen, „denn beide gehören zusammen, wenn von gründlichen Beweisen die Rede ist"[2], und
wendet sich zunächst an die Schrift, die er nur in der Origi-
nalsprache als fons et scaturigo veritatis anerkennt. [3] Nach
seinem hermeneutischen Grundsatz: von dem „Wortverstande"
abgehen zu müssen, wo dessen „Beibehaltung — einen Widerspruch mit sich führt, und wo aus dem wörtlich erklärten
Texte — absurda fliessen"[4], deutet er den Widersacher und
Teufel 1 Petr. 5, 8 auf Nero, und beruft sich auf Uebereis-
stimmung der grössten und bewährtesten Ausleger, eines
Semler, Nösselt, Michaelis etc.[5] Bei der Stelle Joh. 8, 44
rühmt der Verfasser die Weisheit Jesu, dass er dem Irrthum
der Juden von der Macht und Existenz des Teufels nicht
geradezu widersprach, um „die Juden, so zu reden, mit ihren
eigenen Waffen zu schlagen" — sie „auf Gott und dessen
allmächtige Wirkungen wies".[6] In der Versuchungsgeschichte,
Matth. 4, findet er es am wahrscheinlichsten, unter dem Versucher „einen listigen und verschlagenen Abgesandten oder
Spion von der jüdischen Synagoge zu verstehen".[7] Zu der
Stelle Judä V. 6, bemerkt der Verfasser, dass der Brief, wie
die Apokalypse, apokryphisch, daher nicht beweiskräftig sei,
und der Apostel als geborener Jude sich eines Exempels aus
der jüdischen Theologie bediene, um die Christen, an die er
schreibt, an verschiedene Beispiele der göttlichen Rache zu
erinnern. [8] Was die Stelle Luc. 10, 8 betrifft, so „sieht ein
jeder von selbst, dass die ganze Redensart figürlich und uneigentlich ist. Denn gesetzt der Teufel existirte, wie kann er
als eine geistige Substanz vom Himmel fallen, und wenn er,
wie manche behaupten —, einen Körper annehmen kann, so

---

[1] S. 4. [2] S. 4. [3] S. 4, Note. [4] S. 6. [5] S. 7. [6] S. 9.
[7] S. 11. [8] S. 12.

hätte er sich von einem so hohen Sprung längst den Hals
brechen müssen". Dieser Ausspruch kann nach dem Verfasser
keinen andern Sinn haben, als: „Ich sehe im Geiste wie durch
mich und durch meine wahre Lehre die bisherige vermeinte
Macht des Teufels (die im Aberglauben, Unglauben und herrschenden Lastern besteht) auf einmal und in sehr kurzer Zeit
von ihrer Höhe heruntergestürzt wurde."[1] Die Besessenen
erklärt der Verfasser für „Kranke", „unglückliche Rasende",
was „die grössten Theologen und Schriftausleger" seiner Zeit,
„namentlich Semler, Teller, Bahrdt u. a. längst mit den erforderlichen Gründen erwiesen". „Die Juden schrieben dergleichen Zufälle — nach ihrer Glaubenslehre dem Teufel zu,
weil sie unheilbar" oder ihre Ursachen „unbekannt waren."[2]
Die Verrätherei des Judas ist „nicht auf Eingeben des Satans,
sondern auf Antrieb seines eigenen bösen Herzens und aus
eigener Bewegung geschehen".[3] Bei Ephes. 6, 12 sieht der
Verfasser nichts anderes „als eine Beschreibung der heydnischen Obrigkeit, unter deren Drucke die ersten Christen
seufzten".[4] Auf diese Weise exegesirt der Verfasser aus
allen übrigen angeführten Stellen den Teufel hinweg, indem
er sie uneigentlich fasst oder auf die sogenannte „natürliche
Weise" interpretirt, welche in jener Zeit der Verstandesrich-
tung gäng und gebe zu werden angefangen hatte. Der Verfasser will aber die Non-Existenz des Teufels auch aus
Gründen der Vernunft erweisen. Mit dem Dasein der guten
Engel, meint der Verfasser, könnte es noch hingehen, es seien
jedoch auch nur Vermuthungen, die in dieser Beziehung von
Philosophen vorgebracht worden; „aber mit den bösen Geistern,
mit dem sogenannten Teufel hat es eine andere Bewandtniss".
Mit all seiner Vernunft kann der Verfasser nicht begreifen,
„dass sie existiren, und wenn sie existiren, zu was für einer
Absicht sie da sind".[5] Der Hauptgrund ist: dass „kein vernünftiger Mensch etwas umsonst thut", um so weniger der
allerweiseste Gott, von dem nicht „zu vermuthen, dass er
Geister werde erschaffen haben, die, nachdem sie eine kurze
Zeit im Guten beständig geblieben, aus Hochmuth von ihm
abgefallen wären, um nun auf ewig autorisirte Menschenquäler
zu sein und sich selbst in ein unabsehbares Elend zu stür-

---

[1] S. 13.   [2] S. 14.   [3] S. 16.   [4] S. 17.   [5] S. 26.

zen!"¹ Der Teufelsglaube ist daher auszurotten, und wenn
Christus und die Apostel den Irrthum stehen liessen, so bemerkt der Verfasser: „fürs erste sind wir keine dummen
Juden mehr, wir sind im Besitz einer vernünftigen auf Erkenntniss der Wahrheit und Ausübung der Tugend gegrün-
deten Religion, — fürs andere konnte ein Irrthum zu den
Zeiten Christi und seiner Apostel unschädlich sein, der zu
unsern erleuchteten Zeiten sehr schädlich ist, und einen nach-
theiligen Einfluss in das sittliche Verhalten der Menschen hat".
Denn — „viele machen sich die Lehre vom Teufel zu Nutzen,
so dass sie — alle Schuld wegen einer begangenen Frevel-
that von sich abwälzen und auf den armen Teufel schieben".¹
Staat und Religion gewinnen, wenn der Teufel aus der Glaubenslehre verwiesen wird.² Denn „ein Staat, worin Aberglauben und Dummheit herrschen", könne „nicht ein glücklicher
Staat genannt werden, weil im Gefolge des Aberglaubens gemeiniglich Bosheit — und intolerante Gesinnungen gegen diejenigen sind, die sich durch eigenes Nachdenken und fleissiges
Forschen in der Schrift aufgeklärtere Begriffe angeschafft
haben".³ Der Verfasser weist hierbei auf Beispiele hin. In
Bezug auf Religion sieht der Verfasser „die Hauptsache, darauf es bey dem Christenthum und bey der Erlangung des
göttlichen Wohlgefallens ankommt" in rechtschaffener Besserung und unermüdetem Fleisse im Guten.⁴ „Ists nicht besser,
wenn ich den gemeinen Christen, anstatt ihn mit den jüdischen
Fabeln vom Dasein, von der Macht und den Verführungen des
Teufels länger aufzuhalten, geradezu anweise, sich vor nichts in
der Welt, als vor Gott, vor seinen Strafen, und vor seinem
Gewissen zu fürchten, wenn er unrecht thut." — Der Verfasser nennt die alte Theorie vom Teufel, und was sich daran
knüpft, einen „subtilen Manichäismus", „eine mit dem Schein
der Rechtgläubigkeit überkleisterte Abgötterey".⁵ Dem Verfasser ist es „ein unsinniger Einfall, vorzugeben, dass ein
unschuldiges Kind schon von seiner Geburt an unter die Gewalt des bösen Geistes gehöre, und dass es daher nöthig sey,
ihn bey des Kindes Taufe durch eine lächerliche Ceremonie
auszutreiben".⁶ Er deutet auf den Zusammenhang der Lehre
von der Erbsünde und der vom Teufel hin und beider mit

---

¹ S. 28.   ² S. 31.   ³ S. 32.   ⁴ S. 35.   ⁵ S. 36.   ⁶ S. 37.

der Lehre von Christo, und bemerkt, dass erstere nach der
gewöhnlichen Auffassung keinen erweislichen Grund in der
Schrift habe, und nur erfunden sei, „damit man die Macht
des Teufels erheben und die Grille von seiner Verführung
der ersten Menschen wahrscheinlich und den Werth des Verdienstes Christi — desto grösser machen könnte".[1] Es
sei freilich bequem, die althergebrachten Meinungen festzuhalten, „denn da braucht man nicht viel zu studiren, da kann
man sich hübsch einen guten Tag pflegen und bey einem
guten Glase Wein auf einem geräumigen Sopha die beschwer-
liche Zeit verträumen".[2] Dagegen sei es Pflicht „für jeden
gewissenhaften Prediger und für jeden einzelnen Christen" —
„sich in seinem Glauben so viel Licht und Gewissheit als
möglich zu schaffen".[3] Der Lehrsatz, „dass kein Teufel und
keine sinnliche Hölle ist, dass der Teufel nur in dem Gehirne
mancher altväterischen Theologen und in dem Herzen böser
Menschen existirt", werde „keine andern übeln Folgen haben
als solche, denen eine jede Wahrheit, wenn sie anfängt — bekannt und alten eingewurzelten Irrthümern, die man fälschlich für göttliche Wahrheit ausgab, entgegengestellt zu werden,
unterworfen ist".[4] Aus dem Umstande, dass nicht nur die
Juden, sondern auch die Heiden an Dämonen geglaubt, werde
kein vernünftiger Mensch das Dasein des Teufels folgern.
„Jeder Irrthum hat seine Epoche und dauert um so länger,
je mehr er in dem Stolze, dem Eigensinn, in der Bosheit und
in dem Eigennutz der Menschen — seine Nahrung findet."[5]
Der Verfasser vermuthet, dass man nach 50 Jahren vielleicht
gar nichts mehr vom Teufel hören und sich wundern werde,
„dass er sein Ansehen so lange hat behaupten können".[6]

Nach unserer bisher befolgten Methode, zunächst die Erscheinungen vorzuführen, und dann erst nach den Factoren
zu suchen, die auf jene eingewirkt, genügt es vorläufig auf den
entschiedenen Fortschritt in der Streitfrage hinzudeuten. Nachdem Bekker an der Existenz des Teufels erst schüchtern zu
rütteln angefangen, indem er ihre Nothwendigkeit bezweifelte;
nachdem durch Thomasius und seine Anhänger die Persönlichkeit des Teufels aufgehoben worden; will die letztbe-

---

[1] S. 40.   [2] S. 44.   [3] S. 45.   [4] S. 47.   [5] S. 50.   [6] S. 52.

sprochene Schrift die Vorstellung vom Teufel und seiner Macht
überhaupt aus dem christlichen Glaubenskreis hinausgebannt
wissen. Zunächst gründet sich diese Forderung auf eine von
der hergebrachten orthodoxen Exegese verschiedene Erklärung
und Auffassung der biblischen Stellen. Wir bemerken eine
veränderte dogmatische Anschauung, eine andere Betrachtung
der Schrift infolge der erwachten Kritik, die jene der Untersuchung zu unterziehen begonnen hatte. Wir bemerken
ferner, dass der eigenen Vernunft, oder besser dem Verstande,
eine wichtigere Stimme eingeräumt wird, als es vordem der
Fall war. In letzterer Beziehung ist daher erwähnenswerth
eine bald nach der vorhergenannten erschienene Schrift: „Doch
die Existenz und Würkung des Teufels auf dieser Erde,
gründlich und ausführlich erwiesen. Eine Skizze. Nürnberg,
1776." Diese Schrift bedient sich im Streite gar nicht mehr
der Bibel als Waffe, sondern enthält, wie der Herausgeber
selbst richtig bemerkt „blos ein aus gesundem Menschenverstand kommendes Raisonnement". Der Verfasser stellt verschiedene Definitionen vom Wesen des Teufels hin und sucht
dann die Widersprüche blosszulegen. „Die Theologen sagen, er
habe einen sehr grossen Verstand und grosse Macht" — „er
sey ein Erzbösewicht, der dieses Alles zum Verderben miss-
braucht", — „er ist gefallen"[1] — aus Stolz und Hochmuth.
Nun frägt der Verfasser: woher denn sein Stolz und Hochmuth kam? Wenn er sich selbst verblendete, so steht dies
mit seinem gerühmten Verstande, seinem Erkenntnissvermögen
im Widerspruch.[2] Wollte man „ein jedes nicht immer nach
deutlicher Erkenntniss handelndes Wesen — welches böse
Begierden hat und ihnen oft folgt — Teufel nennen, so sind
wir alle Teufel". — „Ein durch und durch böses Wesen ist
ein wahres Unding in der Schöpfung" — weil sich die Un-
vollkommenheiten gegenseitig einschränken — „denn ist der
Teufel der ärgste Wollüstling, so kann er unmöglich auch der
ärgste Geizhals sein."[3] Wenn der „Teufel nicht so ein erz,
erz Dummkopf ist, wie er sein muss, wenn er durchgängig böse
sein soll — wenn er wirklich grosse Einsicht hat — wie kann
er so dumme Streiche angeben" — als seine Vertheidiger selbst
von ihm erzählen?[4] Wenn der Teufel Kenntniss hatte von

---

[1] S. 16. [2] S. 17. [3] S. 18. [4] S. 21.

seinem Oberherrn, wie konnte er so unsinnig sein, sich gegen
ihn aufzulehnen? [1] Der Verfasser frägt: ob man jemals etwas
Böses thun sehe, wenn ein Mensch lebendig erkennt, dass er
Böses thut? Denn „lebendige Erkenntniss" ist nach dem Verfasser „Thätigkeit selbst". [2] Wenn aber der Teufel eine irrige
Erkenntniss gehabt, so widerspricht diese seinem gepriesenen
Verstande so gut, als wenn er böse ist, nur um böse zu sein,
„blos um andern zu schaden, wenn er gleich sieht, dass er
dadurch sein Unglück häufe". [3] Ist der Teufel nicht der göttlichen Macht unterworfen, so wird er zu einem Nebengott,
und das ist Manichäismus. Als äussern Versucher „bedürfen
wir schwache Geschöpfe" des Teufels nicht. Denn „keimt
nicht in uns selbst der Same des Bösen"? [4] Da „böse seyn
— in jedem Augenblick desselben irrige Kenntniss" voraussetzt; „bey keinem denkenden Wesen — blos solche, und immer solche stattfinden" kann: „also ist kein durch und durch
böses Wesen möglich". [5] Der Teufel ist weiter nichts als
„blos Idee" — „gewachsen in Köpfen, die zu eingeschränkt
sind in Abstracto zu denken und eine Puppe in concreto haben
mussten", erfunden im jugendlichen Zeitalter der Welt. [6] Indem der Mensch eine Ursache alles Bösen ausser sich setzte
— stand der Teufel da. [7] Die Ursache wurde Person, und
weil das Kindesalter der Welt eine Kindersprache hatte, „ein
Lallen durch Zeichen und Bilder, malte es den Teufel in
körperlicher Gestalt". Da nach der Beobachtung „mehr Böses durch Menschen gewirkt war — gab sie ihm Menschengestalt". „Aberglauben, Stolz, Bosheit, Wollust, Geiz, Faulheit,
Mord — ihr musstet Ursachen haben — Priester erschufen
den Teufel." [8] „Die Vernunft besteigt den Thron — und der
Teufel flieht." [9] Als Mittel wider die Wirkung gegen den
Teufel gibt der Verfasser eine vernünftige Erziehung an. —
„Männer von Geist und Herz — legt Hand an — jagt den
Teufel von uns!" Er richtet seinen Aufruf an Regenten, Aeltern
und Lehrer — und wenn diese zusammenwirken und eine tüch-
tige Generation herangezogen haben — „dann lasst uns wieder
nach dem Teufel fragen". [10] Auf die Frage: Was ist vom
Teufel zu lehren? kann der Verfasser nicht antworten, „wäre

---

[1] S. 22.   [2] S. 23.   [3] S. 24.   [4] S. 25.   [5] S. 26.   [6] S. 31.
[7] S. 32.   [8] S. 33.   [9] S. 36.   [10] S. 39.

ich ein Lehrer, ich sagte vom Teufel nicht ein Wort — weil alles, was ich davon sagen könnte — Lügen sind."[1] „Unwissende, bösdenkende Menschen in Ordnung zu halten", mag der Teufel, wie der Büttel zu gebrauchen sein[2], aber „bessert sie mit einem stillen und sanften Geiste, und allen Aberglauben schafft weg" — und „wenn Unthätigkeit, Müssiggang, Wollust, Ehrgeiz und Stolz aus den Herzen unserer Menschen fliehen, so ist der Teufel geflohen. Lasst uns Geist und Herz haben, so schadet uns kein Teufel — wir schaden uns nur selbst". — Darum, ruft der Verfasser, „macht euch nicht lächerlich, und vertheidigt eine nicht existirende Kreatur — einen Teufel — Schimpf des Schöpfers, ein durch und durch böses Ding. Wenn ihr nicht reden könnt, schweigt doch wenigstens".[3]

In demselben Jahre (1776) erschien anonym: „Versuch einer biblischen Dämonologie oder Untersuchung der Lehre der heiligen Schrift vom Teufel und seiner Macht. Mit einer Vorrede und einem Anhang von D. Joh. Salom. Semler, Halle 1776." In der Vorrede sagt Semler, dass die „Auslegung der heiligen Schrift von Zeit zu Zeit sowol besserer Regeln und Bemerkungen fähig seye — dass die Denkungsart und Gesinnung der Christen, insofern sie die neuen Veränderungen selbst erfahren, an die Einförmigkeit aller Vorstellungen von biblischen Gegenständen nicht gebunden sey". Er findet die Voraussetzung unbegreiflich, „dass alle diese theologischen Beschreibungen vom Teufel etc. als christliche unumstössliche Wahrheiten" gelten sollen. Er weist auf „die Abwechslung und Verschiedenheit der Vorstellungen der Christen, selbst der Lehrer" hin, dann auf die Anmasslichkeit seiner Zeitgenossen, von denen die „alteifrigen Vertheidiger" des Teufels jeden, der nicht ihrer Ansicht ist, der Gotteslästerung anklagen. „Am allerwenigsten dürften ehrliche und freye lutherische Lehrer die unwürdigen Lügen von Teufeln und ihrer stets fürchterlichen Gewalt mit der Ehre Gottes und der christlichen Religion ferner verbinden." — Semler hofft, dass von nun an der Artikel der Dogmatik, der vom Teufel handelt, eine Verbesserung und Veränderung erhalten werde,

---

[1] S. 40.   [2] S. 42.   [3] S. 43.

und will die Schmach, ein declarirter Antidämoniacus zu sein, gern tragen.

Der anonyme Verfasser hofft den Leser durch seine Schrift zu überzeugen, „dass der jüdische Lehrbegriff vom Teufel und seiner Macht, den die Christen zur Verdunkelung des Evangeliums und zu ihrer eigenen Schmach angenommen haben, in der heiligen Schrift nicht gegründet sey". [1] Der sei zu beklagen, „der durch die Erkenntniss Gottes und Christi nicht von Sünden und Lastern abgezogen und zur Tugend belebt werden kann. Durch die Furcht vor dem Teufel wird kein Sünder bekehrt und fromm werden". Er nennt die althergebrachte Lehre von der grossen Macht und dem fürchterlichen Einfluss des Teufels einen groben, Gott entehrenden Aberglauben. [2] Im ersten Abschnitt, wo der Verfasser allgemeine Bemerkungen über die Lehre vom Teufel vorausschickt, wendet er sich zum Alten Testament. Da findet er im Sündenfalle, dass „Mose — den Lauf der Seele, von unschuldigen Empfindungen bis zum Falle, in eine Unterredung der Schlange mit der Eva" einkleidet. „Die Vorstellungen, die die Schlange bey der Eva veranlasset, werden als Reden der Schlange vorgetragen." [3] Im Buche Hiob, das mehr ein Gedicht als ein geschichtliches Buch ist [4], ist alles das, was vom Satan gemeldet wird, bildlich gemeint. [5] Die Stelle Sacharja 3, 2 ist eine Vision [6] u. s. w. Er kommt auf die Dämonenlehre der Hebräer zu sprechen und leitet den Ursprung derselben von den Chaldäern her. [7] Der Verfasser findet, es werde im ganzen Alten Testament nicht gelehrt, dass ein böser Geist das Oberhaupt vieler anderer böser Geister sei, mit denen er Schaden auf Erden anrichte. [8] Nach dem Alten Testament heisse Satan jeder Feind und Widersacher. Die jüdische Vorstellung vom Teufel sei im Alten Testament gar nicht gegründet; sie habe überhaupt keinen reellen Grund und sei auf keinerlei Weise als wahr erweislich. [9] Zum Neuen Testament übergehend, beginnt er mit dem Satze: „Christus ist, nach dem klaren Wort der Schrift, dazu erschienen, dass er

---

[1] Vorrede des Verfassers.
[2] Ebendaselbst.
[3] S. 19.   [4] S. 34.   [5] S. 35.   [6] S. 37.   [7] S. 48.   [8] S. 64.
[9] S. 65.

die Werke des Teufels zerstöre" — dazu gehört „alles Irrige,
alles Böse, das dem Teufel zugeschrieben wurde, und alle
abergläubische Vorstellungen seiner furchtbaren Macht, dadurch die armen Menschen getäuschet werden".[1] Der Verfasser geht eine Reihe neutestamentlicher Stellen exegetisch
durch und findet in ihnen den Beweis: „dass Satan und Teufel
im Neuen Testament nicht einen besondern bösen Geist, sondern überhaupt jeden Widersacher, Lästerer und Hinderer der
evangelischen Wahrheit und der christlichen Religion, auch
unter Menschen, desgleichen alles Böse, Widrige und Unangenehme bedeute".[2] Es herrschten unter den Juden gewisse
Vorstellungen, die von den Aposteln benutzt wurden, um andere Vorstellungen zu erläutern, deren innere Wahrheit deshalb unbeschadet blieb.[3] Das Ergebniss der Untersuchung
der Stellen im Neuen Testament, in welchen der Teufel erwähnt wird, und die Beweise seiner Macht enthalten sollen,
ist: dass unter der Gewalt des Satans nichts anders zu verstehen sei, als: „alles was der wahren christlichen Religion
entgegen und derselben hinderlich ist, herrschende Unwissenheit, grobe Irrthümer, Aberglaube, Laster, alles was Juden
und Heiden zu einem eiteln und falschen Gottesdienst verleitete, von der wahren Religion abzog, und wider Christum
und seine göttliche Lehre empörete, die Aufnahme und den
Fortgang derselben hinderte".[4] Auch in der Offenbarung
Johannis sind Teufel und Satan „allgemeine Benennungen
und Personifikationen des Aberglaubens, des Unglaubens und
der Bosheit".[5] Dämonische Menschen sind Kranke, deren
ungewöhnliche, schmerzhafte, anhaltende und unheilbare Krankheiten dem Teufel und bösen Geistern zugeschrieben wurden,
und wovon die natürliche Ursache verborgen lag.[6] Der Verfasser hält es für möglich, dass Matthäus, Marcus und Lucas
selbst, wie andere Juden, der Meinung sein konnten, dass
manche Kranke wirklich von bösen Geistern geplagt worden.[7]
Da der jüdische Aberglaube von der Macht des Teufels zu
tiefe Wurzel geschlagen hatte, so erforderte es die Weisheit
Christi, „sich nach den Vorstellungen der Kranken selbst zu

---

[1] S. 66. [2] S. 73. [3] S. 78. [4] S. 124, vgl. S. 161. [5] S. 186.
[6] S. 248. [7] S. 275.

richten", womit er zugleich den Beweis gab, „dass er auch
Krankheiten heilen könne, die darum für unheilbar gehalten
wurden, weil sie unmittelbare Wirkungen böser Geister sein
sollten"[1], und „jeder Jude, der vor der Macht des Teufels zit-
terte, musste einsehen, dass die bösen Geister die unüber-
windliche Gewalt nicht haben konnten, wenn sie auf ein einziges Wort eines ihrem Urtheile nach geringen Mannes —
weichen und gehorsam sein mussten." Daher ist Christi
Weisheit zu bewundern, „die die Irrthümer der Juden in
ihrer Blösse darstellte, und doch allen Anstoss vermeidete,
indem er sich zu ihren Vorstellungen herabliess".[2] In der
ganzen Heiligen Schrift werde weder von der angedichteten
Macht des Teufels ein „positiver Unterricht ertheilt", noch
der Glaube an einen mächtigen Teufel gefordert.[3] Da es ferner aus Gottes Wort ganz unerweislich ist, dass Gott den
bösen Geistern Macht gegeben habe, auf der Erde zu wirken[4],
der Teufel in der Bibel, „wo keine Juden reden oder redend
angeführt werden", nichts anderes sei, als „das personificirte
Abstractum alles Bösen"[5], so erscheint es dem Verfasser geradezu „lächerlich", — „das was von der reellen Macht und
Wirkung des jüdischen Undings geschrieben, erzählet, fortge-
pflanzet, gegläubet und gefürchtet ist, ausführlich zu widerlegen". Der Verfasser bezeichnet daher „Alles, was die Juden
von ihrem Teufel, und die Christen von dem Teufel der Juden erträumet und gefürchtet haben", als „Aberglauben, —
Schwachheit der menschlichen Vernunft", die „sich von der
Leitung göttlicher Wahrheiten losgerissen hat".[6] „Alle Arten
von Zaubereyen und Hexereien — als Wirkungen böser Geister — sind Erdichtungen." Alle Erscheinungen, Gespenster,
bösen Geistern zugeschrieben, sind nichts „als Betrug, Täu-
schereien einer verirrten Einbildung — Wirkungen der Furcht,
der Dummheit, des Aberglaubens und der Bosheit". — „Alle
Weissagungen und Entdeckungen verborgener Dinge, die dem
Teufel zugeschrieben werden, sind Lügen und Erdichtungen"[7]
— und „jeder vernünftige Mensch schändet sich und hört auf
ein treuer Verehrer und Anbeter Gottes zu seyn, der durch
Hülfe böser Geister ein Glück oder ein irdisches Gut zu er-

---

[1] S. 283.　　[2] S. 284.　　[3] S. 294.　　[4] S. 300.　　[5] S. 301.　　[6] S. 302.
[7] S. 303.

halten wünscht" — „es ist Thorheit und schwere Sünde"
daran zu glauben, „weil es Gott entehrender Aberglaube und
eine grobe Art der Abgötterei ist". „Alles, was man von
Bündnissen der Menschen mit dem Teufel — gesagt, geschrieben und geglaubet hat, ist lauter Unsinn und Thorheit." Und
„noch weit alberner ist der Glaube an Succuben, Incuben,
Wechselbälge, Wehrwölfe, Kobolte u. dgl." — es „sind nichts
als demüthigende Beweise menschlicher Schwachheit und Thorheit".[1] „Alle Beschwörer sind Narren und Betrüger" — „alle
Beschwörungen sind Narrheiten und Betrügereien." Wenn
„gelehrte Männer über dergleichen Possen und Thorheiten
ernsthafte und weitläufige Untersuchungen angestellt haben"
— so sind „dies traurige Beweise, dass auch Gelehrsamkeit
nicht vor allem Aberglauben schützet" — und der Verfasser
findet es „bejammernswürdig", dass solcher Aberglaube „von
vielen Lehrern der christlichen Religion vertheidigt und noch
empfohlen" werde.[2] Es ist kein Teufel nöthig, „der die wilde
Leidenschaft anfachet" — oder „der sie schädlich machet. Sie
schadet durch ihre eigene Wuth und zerrüttet Leib und Seel
merklich genug".[3] Schliesslich erinnert der Verfasser seine
Leser, das sie „bei der Taufe dem Teufel und allen seinen
Werken und Wesen entsaget", womit sie angelobet: „allem,
was den Glauben an Vater, Sohn und Geist hindern kann,
allem jüdischen und heidnischen Aberglauben von Teufel und
Götzen, allen öffentlichen Aufzügen und allem Gepränge, wodurch die Heiden ihre Götzen ehrten und allen abergläubischen Meinungen der Juden vom Teufel und seinen Werken"
zu entsagen.[4]

„Der Anhang" von Semler bringt nichts Neues, es sind
sechs Sätze, in denen er seine Ansichten erörtert, daher wir
nur Einiges herausheben. Nach Semler ist es „ein theologischer, sehr ungegründeter Einfall, dass Gott dem Teufel, wie
wir ihn in theologischer Gestalt denken, damalen gestattet
habe, durch leibliche Wirkungen (dämonische Besessenheit)
seine Macht unter den Menschen — zu beweisen".[5] Auf den
Satz der Orthodoxen: „Alles, was in der heiligen Schrift steht,
ist eine göttliche Wahrheit", erwidert Semler: „nicht alles was
in der heiligen Schrift von anderer Menschen Meinungen er-

---

zählt wird, ist an sich selbst eine göttliche Wahrheit", sondern „alles, was die heilige Schrift die Menschen lehrt, ist göttliche Wahrheit".[1] Denn „es gibt Stellen, welche um der damaligen Leser und Zeitgenossen willen, diese Meinungen — genau ebenso beschreiben, dass diese Lehrer es wissen, es werde eben hiervon erzählet; aber es wird hiermit ander Menschen und Lesern anderer Zeiten und Umstände nicht aufgeleget, diese Beschreibungen für die wahren und richtigen zu halten, und· sich Lehrsätze daraus zu ziehen".[2] Semler erörtert auch die „Nachgebung" oder „Herablassung Christi, der Apostel und mehrerer geschichtlicher Lehrer zu der Unfähigkeit und Schwachheit des grossen Haufens"[3], wobei er indess keinen neuen Gesichtspunkt eröffnet.

Der Streit für und wider den Teufelsglauben war hiermit bei weitem nicht beendigt. Der Verfasser der „demüthigen Bitte", der die eben angeführten Gegenschriften hervorgerufen hatte und in der „allgemeinen deutschen Bibliothek", wie er selbst gesteht, „ziemlich scharf beurtheilt" worden war[4], schrieb eine „fortgesetzte Belehrung", die aber der Verleger unter dem Titel: „Teufeleien des 18. Jahrhunderts, Frankfurt und Leipzig 1778" herausgab. Der Verfasser bezieht sich hierin auf die schon erwähnten und inzwischen erschienenen Schriften, als: „Man muss auch dem Teufel nicht mehr zutrauen." — „Sollte der Teufel wohl ein Unding seyn?" — „Sollte der Teufel wohl aus Giessen relegirt seyn?" „Des geringen Landgeistlichen Antwort auf Belehrung des Verfassers der demüthigen Bitte." Im Jahre 1777 erschien „Der Teufel unter den Bauern", ein Gespräch, worin ein Bauer einem Gelehrten die Existenz des Teufels beweisen möchte. Das Jahr darauf: „Emanuel Swedenborg's demüthiges Danksagungsschreiben an den grossen Mann, der die Non-Existenz des Teufels demonstrirt hat. Frankfurt und Leipzig 1778", worin der fingirte Swedenborg ganz im Sinne des demüthigen Bittstellers schreibt. Von gegnerischer Seite war: „Die Verbindung des Teufels mit den Gespenstern" erschienen, worin die Wirklichkeit der Gespenster bestritten

---

[1] S. 337.   [2] S. 338.   [3] S. 341 fg.
[4] Vgl. Die neuesten Religionsbegebenheiten für das Jahr 1778. Achtes Stück, S. 602.

und die Nichtigkeit durch Anekdoten gezeigt wird, daher ein
vernünftiger Mensch nicht daran glauben kann. Als Replik
auf die „Biblische Dämonologie", erschien „Untersuchung und
Beleuchtung der sogenannten biblischen Dämonologie, die mit
Herrn D. Semler's Anhange herausgekommen ist. Danzig,
1778". In der Vorrede äussert der Verfasser seine „Besorgniss", dass es „nicht viel Mühe ´kosten" werde, „mit eben
solchen Gründen" — „womit die Lehre der heiligen Schrift
vom Teufel über den Haufen zu werfen" gesucht wird, „auch
die Lehren derselben von der Schöpfung der Welt, von der
göttlichen Vorsehung, von Christo, von der Taufe, vom heiligen Abendmahle, von der Auferstehung der Todten u. s. w.
niederzuschlagen". Und „dass dieses keine leere Besorgniss sey,
sondern dass schwache Leser durch die in dieser Dämonologie wahrgenommene Erklärungsart schon wirklich angefangen
haben auf solche Abwege zu gerathen", davon sind dem
Vorredner Beispiele bekannt geworden und dies „war die
Veranlassung gegenwärtige Beleuchtung abzufassen". Obschon
das Buch 348 Seiten zählt, demnach an Umfang der biblischen
Dämonologie wenig nachsteht, ist das Wesentliche seines Inhalts doch sehr leicht ganz kurz zusammenzufassen, nachdem
wir die Beweisführung der Orthodoxen bereits kennen. Erstlich wird die Exegese des Gegners verdammt, da sie die
Worte der heiligen Schrift mit der „leichtfertigsten Kühnheit"
behandle, dieselben „nach blosser Willkür, bald im eigentlichen, bald im verblümten Verstande" fasse, „bald etwas hin-
zudichte".[1] Es wird ihr vorgeworfen, dass es ihr „sauer
werde, „eine Erzählung der Evangelisten so lange zu drehen
und zu zerren, dass sie mit Gewalt das enthalten soll, was
der Verfasser gerne hineingebracht wissen wollte".[2] Dann
wird auf den Wortlaut der Schrift unerbittlich hingewiesen,
wonach die Lehre vom Teufel und den bösen Geistern und
deren Macht und Wirkung offenbar in ihr enthalten ist, „die
man darum glauben muss, weil Gott sie offenbaret hat" —
und dies „eine Pflicht ist", die man „den Wahrheiten des
göttlichen Wortes schuldig ist"[3]; und „weil die reine Mei-

---

[1] S. 24.
[2] S. 71 und an vielen andern Orten.
[3] S. 37.

nung vom Teufel — in der Schrift enthalten" und „als wahr
erweislich ist: so ist sie kein Aberglaube".[1] Denn Jesus
und die Apostel, die doch „unmöglich die Juden in einem
so höchst schädlichen Irrthum konnten stecken lassen" —
„haben niemals das Dasein böser Geister widerlegt"[2] — und
es sei „unverschämt zu behaupten, dass Christus und seine
Apostel niemals einen so ungereimten und schändlichen Wahn
sollten bestritten haben" — wenn sie den Glauben an den
Teufel dafür gehalten hätten.[3] Indem die „Untersuchung"
aus „Anmerkungen" zur biblischen Dämonologie besteht,
knüpft der Verfasser an den Satz: Christus ist erschienen, um
die Werke des Teufels zu zerstören, folgendes Raisonnement
an: „Ist unser göttlicher Erlöser erschienen die Werke des
Teufels zu zerstören, so muss doch wohl ein Teufel seyn,
dessen Werke zu zerstören er kam: denn die Werke eines
Nichts lassen sich nicht zerstören. Sollen die Menschen sich
von der Gewalt des Satans zu Gott wenden; so muss der
Satan doch eine Gewalt über sie haben, und diese kann daher
nicht erdichtet seyn."[4] „Der Schluss, dass darum, weil Gott
die ganze Welt regieret und ein Gott der Ordnung ist, kein
böser Geist von ihm erschaffen seyn könne, beweiset zu viel,
also nichts. Denn es würde daraus folgen, dass Gott auch
nicht Löwen und Tiger, Nattern und Scorpionen erschaffen
haben könne: denn diese verursachen vielen Schaden und Unglück unter seinen Geschöpfen. Es würde folgen, dass ein
Nero, Domitian und andere Tyrannen nicht Geschöpfe Gottes
gewesen seyn: denn was für Zerrüttung und Verwirrung haben
sie nicht in seinen Werken unter dem menschlichen Geschlecht
angerichtet."[5] Ganz besonders empört ist der Verfasser über
die Auslegung der Absagungsformel bei der Taufe nach der
biblischen Dämonologie. „Wir alle, meine christlichen Leser,
haben in der heiligen Taufe dem Teufel, seinen Werken und
Wesen entsaget; und was für ein erschrecklicher Leichtsinn
wäre es gewesen, vor dem Angesichte Gottes ein Gaukelspiel
zu treiben, einem Undinge, das gar nicht vorhanden ist, zu
entsagen; diesem Undinge ein Wesen und Werke zuzuschrei-
ben, und dadurch den offenbarsten Widerspruch zu begehen,
wider den die menschliche Vernunft sich empöret! Nein, o

---

[1] S. 53.   [2] S. 63.   [3] S. 159.   [4] S. 43.   [5] S. 44.

liebe Mitchristen, eine solche Entheiligung der ehrwürdigsten
Handlungen müsse weit von uns entfernt seyn! Wir haben
zugesaget, an Vater, Sohn und heiligen Geist zu glauben. —
Aber eben dieser Glaube an Gott erfordert von uns, dass wir
alles, was er in seinem Worte bekannt gemacht hat, und daher auch die so deutlich offenbarte Lehre vom Teufel, als eine
unstreitige Wahrheit mit völligem Beyfall annehmen. Er erfordert von uns die göttlichen Zeugnisse, welche davon handeln, keineswegs so lange widernatürlich zu drehen und zu
zerren, bis sie sich auf unser Vorurtheil passen. Ein solches
Verfahren wäre nicht ein Glaube an Gott, sondern der schänd-
lichste Unglaube, die grösseste Geringschätzung Gottes und
die gröbste Mishandlung, die nur immer mit dem Worte Gottes kann getrieben werden."[1] Die „Untersuchung" schliesst
im Hinblick auf die biblische Dämonologie und Semler's Vorrede und Anhang mit dem Ergebniss: „So lange demnach die
in den biblischen Stellen, welche das Daseyn und die Wirkungen der bösen Geister lehren, enthaltenen Wahrheiten
nicht mit stärkeren Gründen umgestossen werden können, als
deren H. Semler, der Verfasser dieser sogenannten biblischen
Dämonologie und andere, die es mit ihnen halten, sich bedienen, so lange wird kein vernünftiger Lehrer der Kirche jene
Wahrheiten vor seinen Zuhörern verschweigen, vielweniger sie
für heidnische Irrthümer erklären."[2]

Der Verfasser der Schrift „Die Non-Existenz des Teufels"
trat hierauf aus seiner Anonymität in die Oeffentlichkeit mit
einem neuen Product: „Der Teufeleien des 18. Jahrhunderts
letzter Akt, worin des Emanuel Swedenborg's demüthiges
Dankschreiben kürzlich beantwortet, der ganze bisher geführte
Streit friedlich beigelegt etc. von M. Christian Wilhelm Kindleben, evangelischen Prediger, Leipzig 1779." Dieser bildete
sich ein der Kampf sei sofort „friedlich beigelegt", wenn er
sich einem Schuljungen gleich entschuldigte: er sei zu seinen
frühern Aeusserungen „verführt" worden „durch einen gewissen Leichtsinn und durch das Ansehen gewisser — Männer"; er sei bestärkt worden durch „des Herrn Probst Teller
(zu Berlin) Wörterbuch"[3] und habe die „demüthige Bitte" —
„für eine förmliche Aufforderung zum Kriege" gehalten.[4] Er

---

[1] S. 300.   [2] S. 347.   [3] S. 17.   [4] S. 18.

nahm seine Schrift zurück und ging unter die Orthodoxen, indem er ihnen zurief: „Hier haben Sie meine Patschhand zum Frieden — zur Aussöhnung — zum Nimmerwiederkommen aufs Theater der Teufeleien."[1] Allein diese warfen ihm vor, dass er „in seiner ersten Schrift weiter nichts geleistet hätte, als dass er das, was andere bereits besser gesagt hatten, nachgeschrieben", und in seiner zweiten Schrift schlechterdings die gewöhnlichen Gründe der Orthodoxen nachgebetet habe, „indem nicht das Geringste darinnen enthalten ist, wodurch die bestrittene Lehre irgend eine Aufklärung erhielte". Es sei „ein blosser förmlicher Widerruf seiner Meinung, mit welchem Niemand, als wol ihm selbst, einiger Nutzen geschafft worden seyn mag". Und sie hatten richtig geurtheilt, da der Widerruf um den Preis eines Amtes geschehen war.[2] Die Literatur über den Teufel setzte sich fort, und „Emanuel Swedenborg's Epilog zu dem letzten Act der Teufeleien des Magister Kindleben, Stockholm 1780" belobte letztern, dass er der Wahrheit die Ehre gegeben. Elias Kaspar Reichard, Rector des Stadtgymnasiums in Magdeburg, lieferte „Vermischte Beiträge zur Beförderung einer nähern Einsicht in das gesammte Geisterreich, zur Verminderung und Tilgung des Unglaubens und Aberglaubens, als Fortsetzung von D. David Eberhard Hauber's magischen Bibliothek". — Im Jahre 1780 erschien die zweite Ausgabe von: „Historia Diaboli seu commentatio de Diaboli malorumque spirituum existentia, statibus, judiciis, consiliis, potestate, auctore Joh. Godofr. Mayer A. M. et V. D. M.", die er im Vergleich mit der veröffentlichten ersten Ausgabe, in der Praefatio: „post virorum quorum magna est et esse debet apud nos auctoritas, suasu hortatuque secundis curis limata et emendata" nennt. In der vorliegenden vertritt der Verfasser die Anschauung der Orthodoxie, findet den alleinigen Grund zur Annahme der Existenz und der Macht des Teufels ausschliesslich in der Offenbarung durch die Schrift[3], in welcher er die Lehre davon unzweifelhaft findet, und diese daher aufrecht zu erhalten suchen muss,

---

[1] S. 62.

[2] Die neuesten Religionsbegebenheiten etc. für das Jahr 1779. Siebentes Stück, S. 558.

[3] §. XI.

da es sein Grundsatz ist: Nos malumus cum Scriptura, si Deo
placet, errare, quam cum Adaemonistis sapere.[1] Er beweist
daher nicht nur das Dasein, sondern auch die Persönlichkeit
des Teufels aus neutestamentlichen Stellen[2], wiederholt die
überlieferten Ansichten über dessen Zustand vor und nach
dem Falle[3], bestätigt seine Macht auf Leib und Seele des Menschen[4], die aber natürlich nur unter Gottes Zulassung wirksam
sein kann u. s. f. Dies alles wird auf Grund der Schrift
angenommen und mit der bekannten Starrheit der Orthodoxie
festgehalten. Demgemäss ist auch das Motiv, das ihn zur
Abfassung der Schrift bewogen, wie er selbst angibt: „Ut
artes, studia, stratagemata antiqui hujus veteratoris solicitius
adtendantur, et concatenata ejus molimina, quibus civitatem
Dei inter homines mox clam, mox aperto marte, mox leonina,
mox vulpina pelle subruere tentavit, adhucque tentat, per omnia saecula varie inflexa, evidentius cognoscantur, quibus sub-
inde recte cognitis, dilucidius de omni ipsius opere censeantur,
et unusquisque cunctas ejus actiones dilucido mentis oculo
introspicere, et posthac minus impedite penitiusque pervidere
queat.“[5] Auch nachher erhoben sich noch einzelne Stimmen,
welche die Lehre vom Teufel zu vertheidigen suchten, als:
„Göttliche Entwickelung des Satans durch das Menschengeschlecht“ (1782), womit der ungenannte Verfasser die Colli-
sion dieser Lehre mit der göttlichen Güte und Weisheit zu
heben suchte. Ein anderer Anonymus veröffentlichte „Von
den bösen Geistern und der Zauberey. Ein Sendschreiben an
den Hn. M. Haubold, Vesperprediger bey der Universitäts-
kirche zu Leipzig, auf Veranlassung — einer von demselben — gehaltenen Nachmittagspredigt“ (1783), worin der
Satz des Predigers, dass es zwar nach der Schrift böse Geister gebe, diese aber zu unserer Zeit mit der Erde in keiner
Verbindung mehr stünden, von dem Sendschreiber bekämpft,
und die fortdauernden Wirkungen der bösen Geister auf Erden aus der Schrift zu beweisen gesucht werden. Dagegen
wurden die negativen Stimmen immer lauter und fanden immer mehr Gehör. Der Verfasser des Aufsatzes: „Etwas über

---

[1] Prolegomena, S. 21.   [2] S. 69.   [3] S. 134 squ.   [4] S. 542 squ.
[5] Prolegomena, S. 16.

die Existenz und Wirkungen des Teufels"[1], leugnet beide,
und ebenso der „Versuch einer neuen Ansicht über die
Mosaische Geschichte vom Fall der ersten Menschen"
(1785), der diese Erzählungen aus alten historischen
Volksliedern geschöpft sein lässt. Die „Betrachtungen über
die Religion Jesu für Denker"[2] sehen in dem Teufel kein
Wesen an sich, sondern nur eine Personification des abstracten Begriffs von der Neigung zum Bösen. Villaume sucht
die Lehre vom Dasein, der Macht und den Wirkungen des
Teufels auf rationalem Wege zu widerlegen[3], und sieht in
deren Annahme Manichäismus.[4] In dem „Sendschreiben über
den thierischen Magnetismus aus dem Schwedischen und Französischen mit Zusätzen von Kurt Sprengel" (1788) wird der
Glaube an den Teufel schon als Vorurtheil betrachtet, dem
Jesus nachgegeben, um im Vortrage wichtiger Lehren nicht
gehindert zu sein, und der Nachwelt überlassen habe, jenes
Vorurtheil, als solches, einzusehen. Die Schrift: „Der Teufel
in seiner Ohnmacht, ein philosophisches Fragment, von einem
Antidiabolicus" (1790), trägt den wesentlichen Inhalt schon
im Titel, und auch die „Philosophische Fragmente über den
Teufel und die Versuchung Jesu in der Wüste" (1792), spre-
chen dem Teufel sowol Dasein als Macht ab.

Die orthodoxe Partei war bei ihrer ursprünglichen Anschauung stehen geblieben und musste nach der Natur ihrer
Principien von der Inspiration und der buchstäblichen Auffassung der biblischen Schriften im Teufelsglauben erstarren;
auf der gegnerischen Seite fand aber eine Weiterbewegung
statt, indem sie von der Negation der Individualität des
Teufels zu der seiner Macht fortschritt und schliesslich mit
seiner Existenz überhaupt tabula rasa machte. Schon Wettstein hatte in seiner Ausgabe des Neuen Testaments vom

---

[1] Freymüthige Versuche über verschiedene in die Theologie und biblische Kritik einschlagende Materien. Dritter Versuch (Stettin und Berlin 1783).

[2] Dritte Abhandlung von Dämonen, Teufeln, Satan und Hölle (neue
Auflage, 1785).

[3] Von dem Ursprung und den Absichten des Uebels, I, 56 fg. (1786).

[4] II, 434.

Jahre 1751 die Dämonischen für gewöhnliche Geisteskranke erklärt, und nach dem Erscheinen von Hugo Farmer's „Versuch
über die Dämonischen des Neuen Testaments" (London 1775),
den Semler deutsch mit einer Vorrede herausgab, ergriff dieser jene Erklärung mit Entschiedenheit und brach ihr in der
protestantischen Theologie die Bahn, die auch Gruner[1] befolgte. Die Teufelsbesitzungen waren hiermit aufgegeben, und
die Auffassung der Besessenen als natürlicher Kranker fand
immer weitere Verbreitung. Theologen, die sich an das Wort
der Schrift gebunden glaubten, bestritten dem Teufel sein
persönliches Dasein mittels der Annahme einer Anbequemung
Jesu an die Zeitvorstellung des Volks und durch die Erklärung der letzteren als traditionelles Erbe. Und wenn die
Lehre vom Teufel auch nicht gänzlich übergangen werden
konnte, so ward sie doch für wenig wichtig erachtet, die wir
nicht zu lernen hätten, „um an ihn zu glauben", noch „um in
steter Furcht zu seyn, nicht, um uns vor ihm und seinen Versuchungen in Acht zu nehmen, nicht einmal eigentlich um den
Ursprung des Bösen in der Welt zu erklären".[2] Diejenigen,
welche ausserhalb des biblischen Gebietes standen, versagten
nach dem Vorgange G. F. Meier's[3] dem Teufel die Macht
und das Dasein aus rationalen und historischen Gründen und
erklärten sein Vorkommen im Glaubenskreise auf psychologischem Wege. Kurz, den Zeitgenossen dieser Geistesrichtung
galt der Teufelsglaube für antiquirt. So ward dem Teufel
der Boden unter den Füssen zunächst geschmälert und dann
ganz entzogen, die Welt wurde immer mehr adämonisch, ungeachtet der Predigten gegen den Adämonismus, die Hegel-
meier im Jahre 1778 herausgegeben hatte. Auch unter den
Ungelehrten im Volke wurde der Glaube an den Teufel und
dessen Macht erschüttert, denn die aufklärerischen Hände
waren geschäftig, ihre Lichter so aufzustecken, dass Hexereien,
Geistererscheinungen, Beschwörungen, Besessenheit und was
überhaupt mit dem Teufel zusammenhing, entweder als natür-

---

[1] Comment. de daemoniacis a Christo sospitatore percuratis (Jena
1775).

[2] J. David Michaelis Dogmatik, 2. Ausg., S. 284, (1785).

[3] Philosophische Gedanken von den Wirkungen des Teufels (Halle
1760).

liches Ergebniss oder als Betrügerei erscheinen musste, wobei
der Aberglaube in Schrecken gesetzt oder geprellt worden
war. Ausser den in der zweiten Hälfte des 18. Jahrhunderts
beliebten „Bibliotheken", in welchen die Zeitfragen erörtert
zu werden pflegten, worunter die von Nicolai herausgegebene
im Sinne der Aufklärung eine hervorragende Stelle einnahm,
erschienen auch Schriften für die Bedürfnisse eines weitern
Leserkreises, der sich bis auf die unerwachsene Jugend ausdehnen sollte, welche namentlich den Teufels- und Hexenglauben
zu zerstören suchten. Hierher gehört das „Unterhaltungsbuch
für Knaben und Mädchen" in Giessen, bändchenweise herausgegeben; die „Lektüre für die kleine Jugend", die fortlaufend
erschien; „M. H. P. Rabenstein's aufrichtige Beiträge zur Erschütterung des Aberglaubens" (1786); „Fröbing's Beyträge
zu einer Bibliothek fürs Volk", die bandweise herauskamen;
ebenso die „Beiträge zur Beförderung einer nützlichen Lec-
ture", von Kummer in Leipzig verlegt; die „Olla potrita"(!)
u. a. m. Es gab Sammelwerke, in welchen ausschliesslich
Teufels-, Hexen- und Gespenstergeschichten zusammengetra-
gen waren, um mit dem Secirmesser des Verstandes vor dem
Volke zerlegt zu werden, z. B. „Uhuhu!! oder Hexen-, Ge-
spenster- und Erscheinungsgeschichten", wovon seit 1783 jährlich ein „Pakt"[1] in Erfurt bei Georg Adam Keyser erschien.
Der Glaube an den Teufel und die Furcht vor seiner Macht,
wodurch die Menschheit jahrhundertelang so grausam geplagt worden war, erschien gegen den Ausgang des 18. Jahrhunderts einem grossen Theile der Gelehrten und Ungelehrten
als lächerlicher „Aberglaube". Woher diese Wandlung im
menschlichen Bewusstsein?

4. Ursachen der Abnahme des Teufelsglaubens.

Nachdem wir die Stimmen der Zeit vernommen und deren Erscheinungen dargestellt haben, tritt die Aufgabe heran,
nach den Factoren zu suchen, welche auf die so sehr veränderte Anschauungsweise Einfluss gehabt haben mögen. Denn
gleich wie bestimmte Umstände vorhanden sein mussten, die

---

[1] Packet.

dem Teufelsglauben als Hebel dienlich waren, um ihn zu der
schwindelnden Höhe zu bringen, zu der er schon im 13. Jahrhundert gelangt war, ebenso nothwendig setzt dessen Abnahme gewisse Bedingungen voraus, unter denen der Glaube
an den Teufel und seine Macht zum lächerlichen Aberglauben
herabgedrückt werden konnte. Man hört und liest nicht selten die Behauptung: der ganze Teufelsglaube, dessen Förderung und Erhaltung sei eine Mache der Theologen, und zwar
der katholischen sowol als der protestantischen, und in Bezug
auf den theologischen Stabilismus enthält ein Schreiben des
Dr. Heumann an Hauber, also schon vor mehr als einem
Jahrhundert, die Stelle: „Esse qui sentiunt, Theologos solere
omnium ultimos novas amplexari veritates, suoque munire
suffragio."[1] Wenn die Theologen auch nicht leugnen können,
zur Verbreitung und Erhaltung des Glaubens an den Teufel
ihr Scherflein beigetragen zu haben, so dürfen sie mit Recht
auf alle andern Stände hinweisen und brauchen ausser manchem andern nur einen Carpzov zu nennen, und um den
Vorwurf des theologischen Conservatismus abzuschwächen, können, wenigstens von protestantischer Seite, Bekker und Semler angeführt werden, deren Bestrebungen in der Geschichte
des Teufels epochemachend sind. Dabei würden aber die
Theologen sehr irren, wenn sie den Sieg über den Teufelsglauben oder wenigstens dessen Abnahme vornehmlich oder
gar allein sich auf die Fahne schreiben wollten, denn auch
die sieghaften Bekämpfer des Teufels unter den Theologen
wurden von dem Strome ihrer Zeit getragen, der von allerseit
herbeieilenden Flüssen und Bächen gespeist wurde. Denn
jede geschichtliche Erscheinung hängt an einer Kette von
einer Menge von Gliedern, deren jedes einen Theil des Ge-
wichtes trägt, und wobei die Tragfähigkeit des einen Gliedes
durch das andere bedingt ist. Bekker wurde bekanntlich als
Anhänger der Cartesianischen Philosophie verlästert, und hätte
er nicht an dieser seinen Geist gestärkt, würde er wol die
kräftigen Schläge haben führen können, womit er vom Teufel
einen Theil in die Pfanne hieb? Bei der Forschung nach dem
Grunde einer Erscheinung wird daher das Auge von einem

---

[1] Bei Semler Abfertigung, S. 296.

Momente zum andern hingelenkt, die in grosser Menge von
allen Seiten zusammenlaufen in einen Coincidenzpunkt, wo
jene sich als Ergebniss darstellt, das wieder eine neue
Schöpfung in sich birgt, und neue Formen ankündigt, die
sich von den alten kennzeichnend abheben.

Jede geschichtliche Periode datirt sich von einem neuen
Princip des geistigen Lebens, von einer neuen Form des Bewusstseins. So auch die Periode der Neuzeit, die von der
Reformation beginnt, sich aber, wie jede andere, lange vorher
vorbereitet und durch mannigfache Vorläufer angekündigt hat.
Wir hören verschiedene Auffassungen der Reformation. Der
protestantische Theologe sagt: „Die Reformation — entsprang
aus einer — Auflehnung des Gewissens wider den Gewissens-
zwang"[1]; der Staatsmann sagt: „sie war ein grosser Aufschwung des menschlichen Geistes zur Freiheit".[2] Im Grunde
haben Beide recht, weil die Reformation nach allen Seiten
hin Wellen schlug und auf allen Gebieten eine umgestaltende
Bewegung hervorbrachte. Ueberall negative Auflösung des
mittelalterlichen Geistes und positive Herausbildung des neuen
Geistes.

Der dreissigjährige Krieg, von religiösem Interesse ausgehend, verwandelt dieses in das politische, und der westfälische
Friede errichtet den Grundsatz: „wechselseitige Anerkennung
der Staaten ohne Rücksicht auf Verschiedenheit des religiösen
Glaubens". Es war der letzte Religionskrieg, in politischer
Beziehung der gänzliche Abschluss des Mittelalters, denn seit
1648 ist die Religion nicht mehr Motiv der Politik, diese beruht von da ab auf andern Gründen. Getrennt von der
Kirche bildet sich die Staatsmacht, die Souveränetät des Staats,
und im Verhältniss der Staaten zueinander sucht sich das
politische Gleichgewicht derselben zu erhalten. Die Idee der
Staatsmacht individualisirt sich zunächst in einzelnen Monar-
chien, in denen jene im absoluten Monarchen sich zuspitzend,
eigentlich nur in diesem verleiblicht erscheint. Es gilt also
zunächst das Feudalwesen zu zertrümmern, um die Staatsmacht im Einzelwesen zu concentriren, oder aus dem Stände-

---

[1] Hundeshagen, Der deutsche Protestant, S. 3.
[2] Guizot, Allgemeine Geschichte der europäischen Civilisation, nach
der 5. Auflage übertragen, von C. Sachs, S. 236.

staat den Souveränetätsstaat herauszuarbeiten. Der Politiker, der den Staat seiner Bestimmung nach als Entwickelung der Freiheit auffasst, erblickt daher in den nächsten Wirkungen der Neuzeit auf seinem Gebiete nur Zerstörung und Schaden. Für Deutschland, wo eine Menge Souveräne als absolute Träger der Staatsmacht entstanden, hat man in diesem Sinne die Reformation „das grösste Unglück, welches Deutschland je getroffen hat", genannt.[1] In Schweden wie in Dänemark drückt die Souveränetät lähmend auf die Stände; in Frankreich werden sie dem absoluten Willen des Königs unterworfen, und in England, das die Grundfeste seiner Verfassung schon im Mittelalter gelegt, beginnt nach der Reformation wenigstens der Kampf zwischen Königthum und Volksthum. Nach der Verschiedenheit des Bodens, auf welchen die Neuzeit ihren Samen streute, wuchs auch die Saat hier mehr, dort weniger gedeihlich, und es bedurfte selbst schwerer Wetterschläge, die den durch Despotismus hart gestampften Boden auflockerten und fruchtbar machten. Die Saat zur Reife zu bringen, ist die geschichtliche Aufgabe der Staaten Europas, an deren Lösung noch in unsern Tagen gearbeitet wird. Es ist das Streben, die Idee des Staats, die im 16. Jahrhundert in jedem Reiche in einem einzigen Individuum sich gesammelt hatte, in allen Individuen des Staats zum Bewusstsein zu bringen, dass jeder einzelne als Bürger des Staats auch Träger desselben sei, und zwar nicht nur in Bezug auf die Lasten, sondern auch im Sinne der Freiheit. Um diesem Ziele sich immer mehr zu nähern und es erreichen zu können, musste der Entwickelungsprocess seinen Anfang nehmen und dieser machte die Loslösung und Emancipation des Staats von der Kirche, welche im Westfälischen Frieden zum endgiltigen Ausdruck kam, zur nothwendigen Bedingung und Voraussetzung.

Die Ansicht, als wäre die Reformation blos eine Aenderung des theologischen Lehrbegriffs gewesen, ist ihrer Einseitigkeit und Oberflächlichkeit wegen wol als antiquirt zu betrachten, und hat die tiefere Einsicht Platz gegriffen, dass der neue Geist auch eine neue theologische Anschauung hervorbringen musste. Es war eine Wandlung des Bewusstseins

---

[1] Hinrichs, Die Könige, S. 245.

überhaupt, indem der Mensch, aus der mittelalterlichen
Veräusserlichung seines Glaubensinhalts sich herausreissend
und in sich einkehrend, sein Interesse der Totalität seines geistigen Seins und Wesens zuwandte und vertiefte. Es
war eine Ablehnung der bisherigen äussern Autorität in
Glaubenssachen. Indem aber die Anhänger des neuen Princips nur das als religiöse Wahrheit gelten lassen, was in
der Heiligen Schrift begründet ist, weisen sie zwar die Autorität der Kirche zurück, setzen jedoch eine andere Autorität
an deren Stelle, nämlich die des Wortes Gottes, und sich in
ausschliessliche Abhängigkeit von der Schrift. Allein mit der Bestimmung, die Autorität des Wortes Gottes, das in jener enthalten
ist, aus eigener Ueberzeugung zu erkennen, und sich damit einig
zu wissen, ist die Selbstthätigkeit als nothwendige Bedingung
gesetzt, und das in der Schrift enthaltene Wort Gottes muss
somit Gegenstand des Denkens werden, welches bekanntlich
die vornehmliche Aufgabe der Philosophie ist. Es ist daher
nicht zufällig, dass die Philosophie, die im Mittelalter im
Dienste der Kirche gestanden, in dieser Periode in selbst-
ständiger Bedeutung und freier Selbstbestimmung der Theologie an die Seite tritt.

Der neuerwachte Geist löste das Band, wodurch die Philosophie an das Dogma der Kirche gebunden war, und strebte
in jener zur Selbstbesinnung über sein eigenes Wesen und
seinen Inhalt. Es ist von Wichtigkeit, dass René Descartes
(1596—1650), der als Vater der neuern Philosophie betrachtet wird, gegen alles protestirt, was nicht vom Denken gesetzt ist, von diesem also die Philosophie ihren Ausgangspunkt
nehmen lässt. Ebenso wichtig ist, dass Cartesius den denkenden Geist als individuelles Selbst, als Träger des Selbstbewusstseins fasst[1], wodurch das Princip des Selbstbewusstseins
in der Philosophie seine Stelle findet, und in dem Streben,
den aufgestellten Gegensatz von Dasein und Bewusstsein zu
vermitteln, die Aufgabe der neuern Philosophie angedeutet
liegt. Als Bedingung alles Philosophirens stellt Descartes:
„de omnibus dubitandum", womit nicht nur jener Protest gegen alles Gegebene ausgesprochen sein soll, sondern zugleich
der Weg zur Selbstgewissheit zu gelangen vorgezeichnet wird.

---

[1] Princ. I, Medit. II.

Denn indem ich an allem zweifle, was gegeben ist, muss ich zu der Gewissheit kommen, dass ich, der ich zweifle, bin. Daher der berühmte cartesianische Satz: „cogito ergo sum", der so viel sagen will als: indem ich denke, erhalte ich die intuitive Gewissheit, eine Substanz zu sein, in welcher Denken und Sein zusammenfällt, oder: „Ich bin mir meiner bewusst, als eines Solchen, dessen Wesen lediglich im Denken besteht, wesswegen auch der beste Weg, das eigene Wesen zu erkennen, dass man an der Aussenwelt zweifelt, denn eine Steigerung dieses Zweifels (Zweifeln ist nur eine Form und Weise des Denkens) steigert das Sein des Zweifelnden."[1] Von dieser intuitiven Gewissheit wird von Cartesius die aller Erkenntniss abhängig gemacht und abgeleitet.

Spinoza (1632—77) stellte dem System des Glaubens ein System des Denkens gegenüber, welches dem Geiste Befriedigung geben soll und dieselben Ansprüche auf Wahrheit und Nothwendigkeit wie jenes erhebt. Sein philosophisches System, aus der Kritik der cartesianischen Philosophie herausgebaut, steht auf ethischem Boden, sowie Spinoza's reiner Charakter und makelloses Leben damit eng verwachsen ist. In seinem berühmten „Tractatus theologico-politicus", der in seinem Todesjahre unter seinen nachgelassenen Schriften unvollendet erschien, entwirft er die Grundzüge einer Theorie des Staats, entwickelt aber auch seine Ansichten über das Verhältniss des Glaubens und Wissens, der Vernunft und der positiven Religion und Offenbarung. Die entwickelten Grundsätze sind Ergebnisse des vernünftigen Denkens, sind allgemeine Vernunftwahrheiten, hervorgegangen aus der Autonomie der Vernunft, welche dieser in Sachen der Religion mit mathematischer Evidenz zuerkannt wird.

Es bildete sich in dieser Periode eine natürliche Theologie gegenüber der positiven Offenbarungstheologie, welche auf diese nicht ohne Einfluss blieb und besonders ausserhalb der gelehrten Kreise grosse Verbreitung fand, zunächst in England durch die sogenannten englischen Deisten, deren Ansichten durch die deutschen Aufklärer, besonders die Bemühungen Michaeli's, Mosheim's, Semler's u. a., auf deutschen Boden verpflanzt wurden. Schon vor Spinoza suchte Herbert (1581—

---

[1] Erdmann, Grundriss der Geschichte der Philosophie, II, 13.

1648), der als der erste der englischen Deisten angeführt zu
werden pflegt, den religiösen Glaubensinhalt auf einige wenige
Wahrheitssätze zurückzuführen, die er als den Kern aller Religion
überhaupt betrachtete. Sie sollten von allen zeitlichen Momenten geläutert, allgemeine Wahrheiten sein, daher eine übernatürliche Offenbarung nichts hinzufügen könne, was zur Erlangung des sittlichen Heils nothwendig wäre. Locke (1632 —
1704), dem manche die kritische Begründung des Deismus
zuerkennen, leitet alles Wissen aus Sensation und Reflexion
ab, und geht den durch Beobachtung und Erfahrung gewonnenen Ideen nach, um zur Wahrheit zu gelangen und das
Verhältniss der Vernunft zum Glauben zu prüfen. Dabei
wird das Recht der Entscheidung der Vernunft, welche die
Bedeutung der natürlichen Offenbarung hat, eingeräumt. Denn
die Vernunft ist die natürliche Quelle, aus der die Wahrheit,
die im Bereiche der Fähigkeiten des Menschen liegt, zu
schöpfen ist. Die christliche Offenbarung ist die von Gott
unmittelbar mitgetheilte Vernunft, erweitert durch eine Reihe
von Wahrheiten, zu denen der begabteste Mensch nur auf
langen Umwegen gelangen könnte. Das Christenthum enthält
aber nichts, was wider die Vernunft wäre. Dies ist „die Ver-
nünftigkeit des Christenthums, wie es in der Schrift überliefert ist". So heisst Locke's Werk vom Jahre 1695. Den
Beweis für das Christenthum als göttliche Offenbarung sieht
er in der Wirkung der Lehre, aber nicht in den übernatürlichen Wundern, die der historischen Kritik unterzogen werden können. Er trennt die Lehren der Evangelisten und
Apostel von der Geschichte ihrer Thaten, die er als Legende
ihrer Wunder betrachtet; er unterscheidet auch in den Lehren
den Inhalt der ewigen Wahrheit von der Hülle, die den Zeitgenossen entsprach. In seinem Buche über die Toleranz verlangt Locke unbedingte Freiheit für jedermann: Jude, Heide,
Mohammedaner sollen mit dem Christen gleiche bürgerliche
Rechte haben.

Einen neuen Aufschwung erhielt der Deismus durch To-
land (1670—1722), der in seiner 1696 anonym erschienenen
Schrift: „Das Christenthum ohne Geheimniss" zeigt, dass in
demselben nichts wider und auch nichts über die Vernunft
enthalten sei, daher seine Lehren nicht eigentliche Geheimnisse
genannt werden können. Hiermit ist der Deismus zum klaren

Ausdruck gekommen und wird, im Gegensatz zu allen Principien der Autorität, die Vernunft als alleinige Grundlage aller Gewissheit aufgestellt.

Es lässt sich erwarten, dass der Deismus Angriffen ausgesetzt war und in Streitigkeiten gerieth, die eine Menge Gegen- und Vertheidigungsschriften hervorriefen, unter welchen letztern die von Tindal (1656—1733) „Das Christenthum so alt als die Welt" u. s. w., 1739 veröffentlicht, als die bedeutendste hervorgehoben wird. Alle positiven Religionen werden darin als Entstellungen, die christliche als Wiederherstellung der natürlichen dargestellt. Das Christenthum ist ganz auf die Erfüllung der zur Glückseligkeit führenden Pflichten gegründet, womit Gott geehrt wird, der aber unseres Dienstes nicht bedarf. Daran schliesst sich Chubb (1679—1747), der den Deismus auf eine dem Handwerker zugängliche und verständliche Weise vortrug.

Das Streben des Deismus ging zu allernächst darauf hin, der Vernunft auch in Beziehung auf Religion ein Recht zu verschaffen; das vernünftige Individuum sollte, auch abgesehen von der christlichen Lehre, Berechtigung haben, es sollte mittels seiner geistigen Begabung die christliche Wahrheit sich aneignen können.

Im Sinne des Individualismus stehen die englischen Moralisten: Wallaston (1659—1724), Shaftesbury (1671—1713), Hutcheson (1694—1745), auf demselben Boden, und die sogenannte „schottische Philosophie des gesunden Menschenverstandes", als deren Hauptrepräsentanten Reid (1710—96), Beattie (1735—1803) u. a. gelten, deuten schon durch ihre Firma die Verwandtschaft mit dem Deismus an.

Bei dem praktischen Sinne der britischen Inselbewohner fand die schlichte Vernunftreligion, welche den gesunden Menschenverstand mit den wesentlichsten Forderungen der Religion auf leichtfassliche Weise zu verbinden suchte, allgemeinen Eingang und nach dem Sturze der Stuarts, womit bürgerliche und kirchliche Freiheit eingetreten war, grosse Verbreitung.

Einen besonders günstigen Boden fanden die deistischen Ansichten in Frankreich, wo sie nach dem Vorgange Bolingbroke's (1698—1751), der die Religion als Mittel zu politischen Zwecken erhalten wissen wollte, alle Dogmen übrigens

als Erzeugnisse eitler Philosophie und geriebener Priester-
klugheit betrachtete, mehr oder weniger eine den christlichen
Lehren feindselige Stellung einnahmen und mit leichtfertiger
Frivolität versetzt wurden. Peter Bayle (1647—1706) kämpfte
noch vornehmlich für Glaubensfreiheit und Toleranz, und
Mandeville (1670—1733) folgte ihm in dieser Hinsicht in seiner Schrift: „Freie Gedanken über Religion, Kirche und
Glückseligkeit der Nation", die 1723 in französischer Uebersetzung erschien. Von grösserer Bedeutung war J. J. Rousseau (1712—78), der seine religiösen Ansichten hauptsächlich
in dem „Glaubensbekenntniss des savoyischen Vicars" und
seinen „Briefen vom Berge" niederlegte. Er negirt zwar jede
geschichtlich positive Autorität, hält aber Gott, Freiheit,
Unsterblichkeit als die Grundwahrheiten einer natürlichen
Religion aufrecht. Das Gefühl leitet den Menschen moralisch
zu handeln, das Gewissen entscheidet, was moralisch gut ist.
Die Nothwendigkeit einer geoffenbarten Religion ist nicht zu
beweisen. Weit höher als der äusserliche kirchliche Cultus
steht der innerliche des Herzens ohne Tempel und Altäre,
der dem höchsten Wesen und der Tugend gilt. Der Mensch
ist frei, und was ihm widerfährt, ist Folge seiner Handlungen.
Sollte der Staat ein Interesse haben, eine Religion einzuführen,
so muss sie auf der Grundlage der bürgerlichen Gemeinschaft
beruhen und das einzige Verbot gegen die Intoleranz gerichtet sein. Der vornehmlichste Repräsentant des Oppositions-
geistes gegen alle positive Religion, der um diese Zeit sich
in Frankreich geltend machte, ist Voltaire (1694—1778),
der durch seinen ausserordentlichen Witz, die hinreissende
Kraft seiner Darstellung seine zeitgenössischen höhern Stände
zu beherrschen wusste. Die Verfolgungen durch die Geistlichen, die ihm seine „Philosophischen Briefe" eintrugen,
worin er auf den Deismus Bolingbroke's aufmerksam machte,
steigerten seinen Hass gegen das überlieferte positive Christenthum, dass er dessen Vernichtung für seine Mission betrachtete, und durch die gewandte Schlagfertigkeit, den muth-
willigen Scherz, die beissende Ironie seiner Angriffe auf jenes,
seinen Ansichten grosse Verbreitung verschaffte. Voltaire's
Antagonismus gegen das überlieferte Christenthum hat ihn
vielen als Atheisten erscheinen lassen, allein mit Unrecht,
denn Voltaire hält das Dasein Gottes aus kosmologischem

Grunde für nothwendig, da wir sowol als die bewegte Materie eine Ursache haben müssen; ferner aus teleologischem
Grunde, indem die Natur überall eine zweckmässige Ordnung
zeigt; und endlich aus moralischem Grunde, indem ohne Gott
kein Gewissen, keine Sittlichkeit denkbar wäre. Der letzte
Grund scheint für Voltaire der wichtigste, und wie er selbst
sagt, beruht seine Philosophie in seiner Moral. Ebenso hält
Voltaire das Princip der Freiheit des menschlichen Geistes
aufrecht, und dass in allen Menschen gewisse Ideen von
Recht und Gerechtigkeit vorhanden seien. Noch weiter als
Voltaire, obschon in seinem Gleis, gingen die Männer,
welche durch die Herausgabe der bekannten „Encyklopädie",
des „Dictionnaire raisonné" gewöhnlich „Encyklopädisten"
genannt werden. Der Hauptunternehmer, der auch den Plan
dazu entworfen, Diderot (1713—84) zeigt in seinen Schriften, wie er vom Dogmatismus des gesunden Menschenverstandes anfangend vom Deismus den Pantheismus hindurch
bis zum Materialismus und Atheismus gelangt, den er aber
in der Encyklopädie nicht offen ausspricht.

Es ist nicht nöthig, die Zeugnisse damaliger Denkweise
bis zu den Extremen eines Lamettrie und des „System der
Natur" zu verfolgen, und genügt, auf die Bedeutung dieser
Erscheinungen hinzuweisen. Selbst unter den Ausschreitungen
bis zur dreisten Frivolität ist in dem bewegenden Princip des
Zeitbewusstseins das Streben nicht zu verkennen, den Geist,
der sich entfremdet worden, wieder zu sich selbst zurück-
zubringen. Der Mensch wollte auf sein eigenes unmittelbares
Bewusstsein hinlenken, diesem sollte alles, woran er theilnehmen sollte, nahe gebracht und fasslich gemacht sein, nur
dasjenige sollte von Werth sein, womit er sich selbst in
seinem Bewusstsein in Einheit gesetzt. Bei aller Verschiedenheit der Ansichten treffen alle heterodoxen Richtungen
in dem Einen zusammen: dass der Mensch die Religion nicht
ausser, sondern in sich haben solle. Die englischen Deisten
sowie die französischen Encyklopädisten, die Naturalisten,
Materialisten, Atheisten und wie man sie sonst noch nennen
möge: insgesammt predigen sie Toleranz, also Achtung vor
der Subjectivität des Bewusstseins, welche die Freiheit derselben als nothwendige Bedingung voraussetzt.

In Deutschland hatten die protestantischen Theologen,

nach dem Vorgange Luther's, auf Grund der Annahme eines
gänzlichen Verderbs der geistigen Kräfte des Menschen, gegenüber der Vernunft in Glaubenssachen ein negatives Verhalten eingenommen. Dadurch standen sie im Widerspruch
mit dem ursprünglichen Princip der Reformation, wonach das
Selbstbewusstsein über der Autorität stehen sollte. Dieser
Widerspruch macht sich selbst bei den altlutherischen Theologen fühlbar, welche die Vernunft in einer Richtung gelten
lassen, in anderer Beziehung ihr die Stimme entziehen wollen.
So will Gerhard gegenüber der blossen Offenbarung neben der
Schrift die Vernunft als zweites Princip der Theologie nicht
anerkennen, weil die menschliche Vernunft zur Erkenntniss
der Glaubensmysterien sich nicht erheben könne; er meint
aber doch, dass „der organische Gebrauch" der Vernunft in
der Theologie nothwendig sei, weil diese das Organ ist, womit die Offenbarung gefasst werden müsse, und während der
„kataskevastische" Gebrauch in Betreff der natürlichen Erkenntniss Gottes vor der Offenbarung zurückzutreten habe,
solle der „anaskevastische" das Falsche entdecken und nach
der Heiligen Schrift regeln.[1]   Im Wesentlichen macht es
Quenstedt nicht viel anders, indem er mit der einen Hand
gibt und mit der andern wieder nimmt, wenn er von einem
„usus instrumentalis" und „normalis" der Vernunft spricht,
wovon er den erstern gelten lässt, weil der Theolog auch
Vernunft nöthig habe, ohne Vernunft kein Mensch wäre und
den Glaubensinhalt nicht aufnehmen könnte; wogegen der
„usus normalis" keine Anwendung auf geoffenbarte Wahrheiten finden soll, da auch solche Lehren, die der menschlichen Vernunft widersprechen, geglaubt werden müssen.[2] Infolge des Schaukelns der lutherischen Theologen zwischen
unbedingter Autorität der Offenbarung und der Vernunft, auf
deren berechtigten Gebrauch sie doch auch nicht verzichten
wollten, mussten sie von den Katholiken hören, dass sie in-
consequenterweise ausser dem Schriftprincip auch noch von
Vernunft sprächen, und von den Reformirten: dass sie die
Vernunft und Philosophie aus der Theologie verbannen wollten.
Letztern Vorwurf machten die Socinianer den Protestanten

---

[1] Loci theol. in uberior. explicat., prooem., §. 23.
[2] Theol. didactico-polemica, I, 3.

überhaupt, wogegen diese behaupteten: die Vernunft werde
keineswegs principiell ausgeschlossen, da die Schrift nicht in
dem Sinne das einzige Princip sei, als wäre jede ratiocinatio
abgelehnt.[1] Obschon also die Vernunft der Offenbarung gegenüber eine untergeordnete Stelle einnehmen sollte, fand sie
doch immer ihre Anhänger, die sie nicht gar zu tief herabgedrückt wissen wollten. Auch der Begriff der Offenbarung
wurde von den protestantischen Dogmatikern erörtert, man
sprach von einer allgemeinen und besonderen Offenbarung
und verstand unter jener jede von Gott herrührende Bekannt-
machung der Wahrheit, unter letzterer aber eine übernatürliche Offenbarung, die wieder in eine formelle und materielle
zerlegt wurde.[2] Dass es eine übernatürliche göttliche Offenbarung gebe, werde aus der Schrift erkannt, und nur aus dieser könne die Göttlichkeit der christlichen Offenbarung erkannt
werden. Die Schrift, als das in ihr enthaltene Wort Gottes,
sei das unicum theologiae principium, und dieses Princip, als
das der Reformation der Glaubenslehre, stehe daher auch an
der Spitze der Concordienformel. Was nicht in der Schrift
enthalten ist, ist auch keine christliche Wahrheit. Diesem
Grundsatze der Protestanten gegenüber sanctionirte das Trienter Concil die Lehre von der Tradition, welche der Schrift
vollkommen gleichgestellt wurde.[3] Dadurch war auch die
Verschiedenheit der Kanonicität bedingt. Die Katholiken
machten die kanonische Autorität der Schrift von den historischen Zeugnissen der Kirche abhängig; die protestantischen
Theologen meinten: die Kirche könne nur zur Erkenntniss
der Kanonicität hinleiten, ihr historisches Zeugniss sei aber
unzulänglich, sie gebe nur eine fides humana, das Göttliche
der Schrift könne nur durch die fides divina, das testimonium
spiritus s. erkannt werden. Das Wort Gottes lege von sich
selbst Zeugniss ab, die Schrift trage das Gepräge des heiligen
Geistes, sei demnach die unmittelbare und specifische Kundmachung desselben, das heisst: die Schrift ist inspirirt und

---

[1] Kortholt, De rationis cum revelatione concursu (1692).

[2] Vgl. Joh. Musäus, De usu principiorum rationis et philosophiae in
controvers. theologic. libr. tres (1644). — Abr. Calovii Systema locor. theolog., cap. 3 de revelatione (1655).

[3] Sess. IV, cap. 1.

zwar in Beziehung auf Sachen und Worte, auf Form und
Inhalt. Alles, was sie enthält, sei den heiligen Schriftstellern
vom heiligen Geiste gleichsam dictirt, diese seien die Ama-
nuenses Gottes, die Notare des heiligen Geistes.[1] In der
katholischen Kirche, die neben der Tradition keine absolute
Autorität der Schrift nöthig hatte, konnte ein Richard Simon
als erster Kritiker der neuern Zeit mit seinen Untersuchungen über die biblischen Schriften auftreten (1678), neben dem
auch Spinoza, der eigentlich nie förmlich zum Christenthum
übergetreten, durch seinen „Tractatus theologico-politicus" in
kritischer Beziehung Epoche machte (1677). Die katholische
Kirche hatte auf dem Trienter Concil ihren Lehrbegriff end-
gültig abgeschlossen, und somit jede wesentliche Wandlung
desselben für unmöglich erklärt. Der Widerspruch, in den
der Orthodoxismus auf protestantischer Seite mit dem Wesen
des Protestantismus gerathen war, indem letzterer auf dem
Princip der Selbstgewissheit sich aufbauen wollte, jener aber
den absoluten Grundsatz der Erkenntniss ausser sich annahm,
konnte die protestantische Theologie nicht versteifen lassen,
es musste ein Umschwung eintreten.

Schon der durch Spener erweckte Pietismus wandte sich
von dem starren Orthodoxismus ab, und so eifrig er sich für
das Bibelstudium zeigte, so nachgiebig erwies er sich in der
Verpflichtung auf die Symbole. Er liess die orthodoxen Bestimmungen der Dogmen auf sich beruhen und legte den
schweren Accent auf die Gefühlsseite des Bewusstseins, wo
er nachgerade in süsslicher Weichheit zu verschwimmen drohte,
als sollicitirter Gegensatz zum Orthodoxismus, der das sittliche Moment vernachlässigt hatte.

Nicht weniger Abbruch dem Ansehen der symbolischen
Bücher und der Dogmen that Leibniz (1646—1716) sowol
durch seine irenischen Versuche, alle Confessionen zu vereinigen, als auch durch seine Philosophie überhaupt, in welcher
das Bewusstsein gemeinschaftlichen Interesses der Philosophie
und Theologie und der Vermittlung beider zu Tage kommt.
Das freie philosophische Denken hatte schon in Descartes und
Spinoza dem Dogma als selbstständige Macht sich gegenüber-

---

[1] Gerhard, Explic. uber. loc. I, cap. 2, §. 18. — Calovii Syst. I, 556.
Quenstedt, I, 80 squ.

gestellt und in Bayle und andern sogar eine negative Richtung
genommen; Leibniz suchte nun in seiner Abhandlung über
die Uebereinstimmung des Glaubens mit der Vernunft und
den Gebrauch der Philosophie in der Theologie den Zwiespalt
so viel als möglich auszugleichen und verhielt sich polemisch
gegen Cartesius, Spinoza, sowie gegen den Empirismus und
Skepticismus seiner Zeit. Er unterscheidet nicht nur eine
doppelte Nothwendigkeit, eine physische und metaphysische,
sondern auch das, was gegen und was über die Vernunft ist,
wovon ersteres absolut wider gewisse Wahrheiten, letzteres
nur gegen die gewohnte Weise zu denken und zu erfahren
streite. Wunder und Mysterien können, soweit es zum Glauben nöthig ist, erklärt, das heisst gegen Einwendungen vertheidigt, aber nicht begriffen oder bewiesen werden. Der
wesentliche Inhalt, der allen Religionen zu Grunde liegt, also
auch der christlichen, sei die natürliche Religion, als deren
wahrer Erneuerer Christus zu betrachten, der ihre Lehren
als positive Satzungen verkündet habe. Die natürliche Religion, die im Menschen als dunkler Drang vorhanden, werde,
indem sie sich entwickelt, aufgeklärt zu einer natürlichen Theologie, einem Vernunftglauben, dessen Hauptlehren von einem
ausser- und überweltlichen Gott und der Unsterblichkeit des
Geistes durch die Vernunft in ihrem eigenen Namen verkündet werden. In seiner „Theodicee oder über die Güte Gottes,
die Freiheit des Menschen und den Ursprung des Uebels“,
die durch die Verträge, welche Leibniz vor seiner königlichen
Freundin Sophie Charlotte von Preussen zu halten pflegte,
entstanden war, sucht er die Frage: wie mit der besten Welt
das Uebel und das Böse zu vereinigen sei? dahin zu lösen:
dass er das physische und moralische Uebel auf eine Beschränkung reducirt, wonach das Böse auf keiner positiven
Ursache, sondern auf Mangel beruht, das Gott dulde, weil
ohne es die Tugenden in der Welt nicht hervorträten, was
nothwendig sei, sowie dunkle Schatten oder Dissonanzen im
Kunstwerke ihre Anwendung finden müssen.

Die Leibniz'sche Theorie wurde besonders durch Wolf
(1679—1754) dem Bewusstsein der Zeit zugeführt, indem er
jene commentirte und popularisirte. In seiner natürlichen
Theologie, der er den ontologischen Beweis zu Grunde legte,
gegenüber der auf übernatürlicher Offenbarung beruhenden

positiven, sollte der Riss zwischen Theologie und Philosophie vollends ausgeglichen werden. Die Philosophie sollte zur natürlichen Theologie werden, neben welcher jene Offenbarungstheologie bestehen könnte, so dass die erstere alle Prädicate aus dem Begriffe Gottes mit logischer Consequenz ableitete, die andere den Aussagen der Schrift sich anschlösse. Obschon Wolf eine unmittelbare Offenbarung nicht für unmöglich hält, diese für ebenso übernatürlich als übervernünftig erklärt, und was über die Vernunft, nicht geradezu gegen dieselbe sei, so beschränkt er doch das Gebiet des Uebernatürlichen und also auch der unmittelbaren Offenbarung so sehr, dass die Beschränkung von der völligen Negation kaum zu unterscheiden ist. Wie in der natürlichen Theologie das Wesentliche auf den Inhalt des gemeinen Bewusstseins beschränkt wird, so gründet Wolf die ganze praktische Philosophie auf sogenannte Thatsachen des gemeinen Bewusstseins, wobei die Grundsätze der Moral, die Begriffe des Willens, des Guten und Bösen und der Freiheit von der empirischen Psychologie hergenommen werden. Indem Wolf die Verständlichkeit als Haupterforderniss der Philosophie und Verständigkeit als Charakter derselben proclamirt, sucht er alles, obschon unter Voraussetzung unbewiesener Sätze, weitläufig zu demonstriren, und es erklärt sich hieraus die lange Popularität der Wolf'schen Philosophie, die sich zugleich als Vorläuferin des spätern verständigen Rationalismus kennzeichnet.

　　Im 18. Jahrhundert verlor der kirchliche Dogmatismus immer mehr seinen Boden im Bewusstsein der Zeit. Wenn im Pietismus das Subject im fromm-erbaulichen Gefühle seine Befriedigung gesucht hatte, so sollte nun an dessen Stelle das moralische Moment eintreten. Man war dem Dogma gegenüber indifferent und erblickte den Werth des christlichen Glaubens nur in dem moralischen Nutzen für das Subject, und unter Abschüttelung des Autoritätszwangs fand der nüchterne Verstand die Tendenz des Christenthums in der moralischen Ausbesserung des Menschen. In dem bekannten Worte Friedrich's des Grossen (1740—86), wonach jeder nach seiner Façon selig werden solle, kommt das Bewusstsein der Zeit zum adäquaten Ausdruck. Es ist die Periode der deutschen Aufklärung, wo der Mensch als Träger der Verständigkeit auf Berechtigung Anspruch macht, als verständig denkendes Ein-

zelwesen zur Geltung kommen soll. Die Verständigkeit erklärt
ihren Inhaber für mündig und heisst ihn das Gegebene als
Gegenstand seiner Erkenntniss zu betrachten und zur Erreichung seines Zwecks zu benutzen. Die Zeit, wo der Verstand
in den Vordergrund zu stehen kam, warf ungeachtet der herrschenden Klarheit allerdings auch ihre Schatten, wie jede Zeit
neben ihrem normalen Typus sich auch in Caricaturen versucht. Es ist nicht zu leugnen, dass vieles, was die Periode
der Aufklärung hervorgebracht hat, heute der Betrachtung
unterzogen, als seicht und platt erscheinen muss, da es viel
und mancherlei gibt, „was kein Verstand der Verständigen
sieht"; es ist wahr, dass blos verstandesmässiges Denken nicht
ausreicht, um tiefer auf die Ideen der Sachen einzugehen, namentlich um den innern Zusammenhang der geschichtlichen Erscheinungen zu begreifen; dass wo das Individuum als Träger der
Verständigkeit in seiner Isolirtheit gefasst wird, wie von den
meisten Aufklärern, das Volk nur als ein Aggregat von einzelnen erscheint, und der Staat seinem Wesen nach unbegrif-
fen bleibt, daher als „Erfindung" zum Wohle der Menschen
aufgefasst werden kann;[1] es ist nicht nur unzulässig, es kann
nachgerade lästig werden, wenn der ledige Verstand seinen
Massstab auch ausserhalb seines Gebietes anlegen und ihn zu
allgemeiner Gültigkeit erheben will. Aber diejenigen verfallen
dem Verdachte der Gereiztheit, welche die Aufklärung als
„Aufkläricht" mit „Kehricht" zusammenreimen und mit diesem
zugleich dessen Bestimmungsorte zuweisen wollen, es ist ein
Zeichen abstracter Betrachtung, die Verständigkeit nur in
ihrer Abstraction und Einseitigkeit aus dem Ganzen heraus-
zugreifen. Der blosse Verstand kann allerdings nicht nur
stören, sondern durch seine Negation auch zerstören; allein ist
denn das negative Moment nicht nothwendig, um durch den Ent-
wicklungsprocess zu einem positiven Ergebniss zu gelangen? Die
Periode der Aufklärung hat also ihre geschichtliche Berechtigung sowol in socialer als religiöser Beziehung, und gleichwie
das menschliche Bewusstsein durch den äusserlich versteiften
Dogmatismus gedrängt ward, in die Innerlichkeit des ge-
fühlsseligen Pietismus sich zu vertiefen, so wurde es wieder
aus der dunklen Tiefe des Gefühls zur klaren Verständigkeit

---

[1] Schlözer, Allgemeines Staatsrecht (1793).

emporgetrieben.   Selbst namhafte protestantische Theologen
unserer Zeit, die nicht zu den ungläubigen gezählt werden,
erinnern uns: nicht zu vergessen, dass wir jetzt noch von den
guten Früchten dieser Periode zehren, „und dass das Alte,
das sie, namentlich in Staat, Erziehung und Sitte verdrängte,
zum Theil wirklich ein Veraltetes war".[1]   Wie vielen Kampf
es auf dem theologischen Gebiete gekostet, den Verstand zur
Berechtigung und Anerkennung zu bringen, zeigt die lange
Reihe theologischer Zänkereien, die seit dem Abschluss der
Concordienformel bis in den Anfang des 18. Jahrhunderts
dauernd, unter dem Namen von kryptocalvinistischen, synkre-
tistischen, pietistischen Streitigkeiten bekannt sind, wobei auch
orthodoxe Machthaber zur Aufrechterhaltung des alten Dogmatismus ihre Gewalt einsetzten.   Der Widerspruch protestantischer Glaubens- und Gewissensfreiheit mit jenem, der
unbedingten Autoritätsglauben forderte, äusserte sich in einer
masslosen Polemik, die zuletzt an der Streitsucht selbst ver-
endete.

Das 18. Jahrhundert hatte mit dem orthodoxen Dogmatismus gebrochen, das Subject war zur Freiheit gelangt und
da das Recht der freien Subjectivität die unbedingte Voraussetzung der kritischen Forschung ist, war auch dieser freie
Bahn gemacht.   Diese Periode kennzeichnet sich daher durch
die kritischen Forschungen in der protestantischen Theologie,
die bis in unsere Tage hineinreichend sich fortsetzen.   Obgleich man sich vom kirchlichen Dogmatismus abwandte, der
auf die Autorität der biblischen Lehre Anspruch erhoben hatte,
wollte man diese doch nicht aufgeben, vielmehr zu ihr zurückkehren, aber mit Bewahrung der freien Subjectivität.   Indem
das Subject mit der Wahrheit der biblischen Lehre sich selbstthätig in Einheit setzen und zur Gewissheit gelangen wollte,
nahm es die biblischen Schriften zur Hand, um sie kritisch
zu betrachten.   Dadurch wurde aber das Urchristenthum und
die Entstehung und Entwickelung des Dogma überhaupt der
kritischen Betrachtung unterzogen, wobei das Christenthum
als geschichtliche Thatsache erschien, das demnach auch nur
geschichtlich aufgefasst werden sollte.   An der Stelle des
starren · Dogmatismus erkannte man nun den beweglichen

---

[1] Tholuck in Herzog's Encyklop., Art. „Aufklärung".

Fluss der Geschichte, und die alte buchstäbliche Auffassung der Schrift musste der historischen Interpretation den Platz räumen, nachdem Joh. Aug. Ernesti (1707—81) gezeigt hatte, dass der Sinn der Worte in den göttlich inspirirten Büchern auf dieselbe Weise gesucht und gefunden werden müsse, wie er auch in andern, das heisst menschlichen Büchern gesucht und gefunden werden muss.[1] Bei Ernesti steht zwar noch der kirchlich-dogmatische Begriff von der Inspiration der Schrift, aber durch die Klarheit und Bestimmtheit, womit die Anwendung der allgemeinen Grundsätze der Auslegung auf die biblischen Schriften gefordert wird, erscheint jene in zweiter Linie, und so bildet Ernesti's grammatisch-philologische Methode den Uebergang zur historischen, als deren Vater Semler genannt zu werden pflegt. Vor ihm hatte Wettstein auf die Nothwendigkeit hingewiesen, das Neue Testament als historisches Literaturproduct zu betrachten, und den Sinn durch unbefangenes Studium zu suchen[2], und so konnte Semler die neue Periode mit dem Grundsatze eröffnen: die Erscheinung des Christenthums ist unter historischem Gesichtspunkte zu betrachten. „Die Auslegung des Neuen Testaments ist vornehmlich geschichtlich und beschreibt die Thaten oder Bestrebungen und Veranstaltungen jener Zeit, darauf berechnet, die Christen damaliger Zeit zu sammeln und zu befestigen."[3] Er will die Erscheinung des Christenthums nicht nur mit Berücksichtigung der äussern Verhältnisse, des Orts, der Gebräuche damaliger Zeit, sondern auch im Hinblick auf die geistigen Bedingungen der Zeitgenossen, ihrer Vorstellungen, religiösen Denk- und Ausdrucksweise aufgefasst wissen. Er macht daher auf das Locale und Temporelle in dem Inhalte der christlichen Religionsurkunden aufmerksam, um das Allgemeingültige aus den „judenzenden" Schriften herauszuschälen, da dies allein für uns religiöse Bedeutung habe. Um den substantiellen Inhalt dieser Bücher, der für uns Gültigkeit hat, von dem übrigen, das sich blos auf die damalige Zeit bezieht, ablösen, um das Wort Gottes in der Schrift finden, die jüdischen Elemente aus dem christlichen Bewusst-

---

[1] Institutio Interpretis N. T., I, c. 1, §. 16 (1761).
[2] Libelli ad crisin atque interpretationem N. T.
[3] Institut. brevior. ad liberal. erudition. theol., 1, §. 57.

sein ausscheiden zu können: verlangt Semler im Namen aller
denkenden Christen das Recht der freien Untersuchung des
Kanon.[1] Semler wird häufig gerügt, dass er seinen Standpunkt nicht reiner und grossartiger durchzuführen vermochte,
sich zu keiner höhern geschichtlichen Anschauung zu erheben
wusste, dass er das Bindende, das die Autorität Jesu und der
Apostel für ihn hatte, nur durch die zweideutige Accommo-
dationshypothese zu beseitigen wusste, und diese Bemängelun-
gen haben ihre Richtigkeit; allein die Wissenschaft verdankt
ihm doch den Standpunkt, von dem eine freie Kritik erst
möglich wurde und sich der Uebergang bilden konnte zu
einer höhern Betrachtung, wo selbst dem Zweifel sein Recht
eingeräumt, durch dessen Ueberwindung die völlige, wahre
Gewissheit erst erlangt wird.

Es wurde schon erinnert, dass der englische Deismus
ausser durch die Schriften Baumgarten's, Mosheim's, Michaelis', namentlich durch Semler, theils in deutschen Uebersetzungen, theils in Auszügen in Deutschland bekannt, sowie die
französischen Freidenker und Encyklopädisten durch Friedrich den Grossen, überhaupt durch die höhern Stände in
den deutschen Bildungsprocess hineingebracht wurden.

In der Periode der Aufklärung nimmt Lessing (1729—
81) durch sein universelles Streben, das Bewusstsein von jedem
Drucke zu befreien, eine hervorragende Stelle ein. Seine
Herausgabe der „Fragmente eines Wolfenbüttler Unbekannten"
(Reimarus), wovon namentlich der vierte Beitrag (im Jahre
1777) grosses Aufsehen erregte und eine heftige Polemik hervorrief, gab ihm Gelegenheit, in den Entwickelungsgang der
Theologie unmittelbar einzugreifen. In negativer Weise that
er dies in seinen anti-Göze'schen Streitschriften, worin er gegen
den hamburger Pastor Göze, den Vertreter der symbolischen
Orthodoxie, auf glänzende Weise die Behauptung verfocht:
dass die Wahrheit keinen Zweifel scheuen dürfe, durch dessen
offene Darlegung und Erörterung vielmehr gewinnen müsse.
Ausser den polemischen Schriften gegen Göze, den Vorreden
und Zusätzen zu den Fragmenten ist der Gehalt der Wirksamkeit Lessing's niedergelegt in seiner „Duplik", der „Erziehung
des Menschengeschlechts", seinem „Nathan" und mehrern meist

---

[1] Abhandlung von freier Untersuchung des Kanons, S. 66 fg.

unvollendeten Aufsätzen. Den Kern von Lessing's Wesen
bildete die kritische Kraft. „Seine Kritik", sagt C. Schwarz [1],
war „darin der echtesten Art, dass sie nicht allein trennend,
sondern auch verbindend, nicht allein verneinend, sondern
auch aufbauend sich erwies. Sie war mehr als sichtender
Verstand, Sonderung des Unzusammengehörigen, Auflösung
der Verwirrungsknoten, sie war zugleich combinatorische Thätigkeit, Aufspürung überraschender Verbindungen, Divination
verborgener, dem gewöhnlichen Auge entzogener Zusammen-
hänge. Sie war mit Einem Worte combinatorische Kritik."
Um Lessing's Wesen zu kennzeichnen, hebt Schwarz treffend
jene Stelle der Duplik hervor: „Nicht die Wahrheit, in deren
Besitz ein Mensch ist oder zu sein vermeint, sondern die aufrichtige Mühe, die er angewendet hat, hinter die Wahrheit
zu kommen, macht den Werth des Menschen. Denn nicht
durch den Besitz, sondern durch die Nachforschung der Wahrheit erweitern sich die Kräfte, der Besitz macht ruhig, träge,
stolz. — Wenn Gott in seiner Rechten alle Wahrheit und in
seiner Linken den einzigen, immer regen Trieb nach Wahrheit
(obschon mit dem Zusatze mich immer und ewig zu irren)
verschlossen hielte und spräche zu mir: wähle! Ich fiele ihm
mit Demuth in seine Linke, und sagte: Vater, gib! Die reine
Wahrheit ist ja doch nur für dich allein!" Dies ist das eigentliche Wesen Lessing's, zugleich aber das Wesen des wahr-
heitsbedürftigen Menschen überhaupt, das unendliche Wahr-
heitsstreben im Subject, dessen Recht darauf in seiner Natur
begründet ist, in deren freier Entfaltung auch nur der Werth
der Wahrheit für das Subject beruhen kann. Dieses Wesen
des menschlichen Denkens und Strebens nach Wahrheit, das
nothwendig ein kritisches ist, war in Lessing's gesunder, freier
Persönlichkeit zur Erscheinung gekommen. Seine Kritik hatte
eine ethische Richtung, die nicht negirt, nur um zu zerstören, sondern das todte Gestein hinwegräumt, um fruchtbaren Boden zu gewinnen für die neue Saat, „die nie an der
Zerstörung als solcher Gefallen findet, sondern immer zugleich
ein Ideal hinstellt, an welchem sich der Geist erheben, dem
er nachstreben soll". [2] Dies zeigt Lessing nicht nur in Ver-

---

[1] Gotth. Ephr. Lessing als Theolog, S. 3.
[2] Ebendas., S. 4.

folgung einer ästhetischen Reformation in seiner Dramaturgie, sowie durch seine eigenen dramatischen Dichtungen, obschon er die Schranken seiner dichterischen Begabung genauer kannte, als irgendeiner; er beweist es auch in seiner theologischen Kritik, wo er den Dogmatismus sowol der Kirche als den der sogenannten gesunden Vernunft, die Intoleranz sowol der Gläubigen als der Ungläubigen unermüdlich und unerbittlich bekämpfte. Hieraus erklärt sich wol „das Eigenthümliche in Lessing's Stellung — dass er allein war", da er zu keiner der vorhandenen Parteien zählte, weil er über allen stand, da er alles Sekten- und Cliquenwesen gründlich hasste, weil ihm nur die selbsterrungene Wahrheit Werth hatte. Weil Lessing, nur nach Wahrheit strebend, dahin sich neigte, wo er ein Korn davon erblickte, konnte er seinen Zeitgenossen bald als Stütze der lutherischen Kirche, bald als abtrünniger Ketzer, bald als Gegner der neuen Theologie erscheinen. Er hatte auf keiner Seite volle Genüge, wo ihm unklare Geistesformen entgegentraten, und solche fand er auch bei den damaligen Aufklärern. Jede Halbheit ist ihm zuwider, er will keine Mixtur von Halb-Bibel und Halb-Vernunft. „Und was ist sie anders", sagt er in dem bekannten Briefe an seinen Bruder vom 2. Februar 1774, „unsere neumodische Theologie gegen die Orthodoxie, als Mistjauche gegen unreines Wasser?" Er will lieber Philosophie und Theologie ganz getrennt sehen, wie in frühern Zeiten, als dass diese mit ein bischen Popularphilosophie gestützt werde, was die Philosophie ruinire, indem man sie theologisirt; lieber herrsche in der Theologie Wunder, Offenbarung, Mysterium, in der Philosophie Vernunft — oder wenn einmal aufgeräumt werden soll, so herrsche der Geist der Prüfung ganz und unbedingt. Lessing, der mit dem literarischen Kreise, dessen Mittelpunkt Nicolai war, in Verbindung gestanden, zog sich nicht nur zurück, sondern trat sogar gegensätzlich auf, als jener zu einem Aufklärungsbureau geworden, das die Aufklärung geschäftsmässig trieb, jedes geistige Product vor sein Tribunal forderte, um seinen Massstab der plattgewordenen Verständigkeit daranzulegen, und über alles, was darüber hinaus war, mit Intoleranz aburtheilte. Nicolai, dessen „Allgemeine deutsche Bibliothek" sich versandet hatte, las Lessing's Meinung in einem Briefe vom 25. August 1769 an ihn: „Sagen Sie mir von Ihrer berlinischen Freiheit

zu denken und zu schreiben ja nichts. Sie reducirt sich einzig und allein auf die Freiheit, gegen die Religion so viel
Sottisen zu Markte zu bringen, als man will. Und dieser
Freiheit muss sich der rechtliche Mann nun bald zu bedienen
schämen." Der historisch-kritischen Theologie, durch Ernesti,
Michaelis und vornehmlich Semler vertreten, wäre Lessing
näher gestanden, wenn ihm nicht deren Hauptstützpunkte:
jene Unterscheidung zwischen localem und allgemeingültigem
Christenthum, und die beliebte Accommodationstheorie haltlos
erschienen wären. In der ganzen Theorie erblickte er historische Unwahrheit und Feigheit, und da er in den evangelischen Erzählungen unausgleichbare Widersprüche fand, auf
die sein Fragmentist hingedeutet, welchen Semler in schmä-
hendem Tone und etwas hochmüthigerweise angegriffen hatte[1],
so war der Anlass zum Conflicte vorhanden. Dieser kam zwar
nicht öffentlich zum Ausbruch, Lessing äusserte sich aber
wiederholt sehr erbittert über Semler's Schrift, und dass er
die Unzulänglichkeit jener Theologie durchschaute, geht aus
nachgelassenen Fragmenten deutlich hervor. Semler's Verdienste
um die Aufrüttelung der alten Theologie sind anerkannt, aber
ebenso seine Unklarheit in Principienfragen, indem er, sich in
Einzeluntersuchungen verlierend, die hinter ihm offen gebliebene
Frage mit der spanischen Wand seiner Theorie verdeckte. Lessing dagegen wird mit Recht „ein Kritiker viel höhern Stils
und viel präciserer Art" genannt[2], und wenn Semler für die
Anregung der Theologie der damaligen Zeit Dank einerntet,
so bleibt Lessing der Anreger der Theologie für alle Zeiten.
Insbesondere gilt dies hinsichtlich der innerhalb der protestantischen Theologie so wichtigen Frage: über das Recht der Kritik in ihrer Anwendung auf die Bibel, „ob Bibel und Christenthum, als sich vollkommen und an allen Punkten deckende
Begriffe anzusehen, welche miteinander stehen und fallen, erhalten und angegriffen werden?" Lessing kommt aus dem
Wesen der Religion und des Christenthums zu der Ansicht,
dass ihre Wahrheit nicht von äussern Zeugnissen und Urkunden abhängig sein könne, sondern in sich beruhen müsse,

---

[1] Beantwortung der Fragmente eines Ungenannten, insbesondere vom
Zwecke Jesu und seiner Jünger (1779).

[2] Schwarz, S. 61.

daher die innere Wahrheit der christlichen Religion durch die
Angriffe auf die Aussenwerke nicht betroffen werden soll. Er
mag seine Gedanken mit seinen eigenen Worten in den zehn
Thesen seiner Axiomata zusammengefasst geben, und zwar in
der von Schwarz nur wenig veränderten Ordnung[1]: „1) Die
Bibel enthält offenbar mehr als zur Religion gehört. 2) Es ist
blosse Hypothese, dass die Bibel in diesem Mehreren gleich
unfehlbar sei. 3) Der Buchstabe ist nicht der Geist und die
Bibel ist nicht die Religion. 4) Folglich sind die Einwürfe
gegen den Buchstaben und gegen die Bibel nicht eben auch
Einwürfe gegen den Geist und gegen die Religion. 5) Auch
war eine Religion, ehe eine Bibel war. 6) Das Christenthum
war, ehe Evangelisten und Apostel geschrieben hatten. Es
verlief eine geraume Zeit, ehe der erste von ihnen schrieb, und
eine sehr beträchtliche, ehe der ganze Kanon zu Stande kam.
7) Es mag also von diesen Schriften noch so viel abhängen,
so kann doch unmöglich die ganze Wahrheit der christlichen
Religion auf ihnen beruhen. 8) War ein Zeitraum, in welchem
die christliche Religion bereits so ausgebreitet war, in welchem
sie sich bereits so vieler Seelen bemächtigt hatte, und in welchem gleichwol noch kein Buchstabe aus dem von ihr aufgezeichnet war, was bis auf uns gekommen ist, so muss es auch
möglich sein, dass alles, was die Evangelisten und Apostel
geschrieben haben, wiederum verloren ginge, und die von ihnen
gelehrte Religion doch bestände. 9) Die Religion ist nicht
wahr, weil die Evangelisten und Apostel sie lehrten, sondern
sie lehren sie, weil sie wahr ist. 10) Aus ihrer innern Wahrheit müssen die schriftlichen Ueberlieferungen erklärt werden,
und alle schriftlichen Ueberlieferungen können ihr keine innere
Wahrheit geben, wenn sie keine hat." Von diesem Gesichtspunkte hatte Lessing der weitern Entwickelung der protestantischen Theologie das Ziel vorgezeichnet, und ein namhafter
protestantischer Theologe unserer Tage bestätigt es, dass „sie
diesem Ziele auch wirklich zustrebe, und in der That seitdem
keine höhere Aufgabe vor Augen hatte als eben die ihr von
Lessing vorgezeichnete".[2]

---

[1] S. 146.
[2] Baur, Vorlesungen über die christliche Dogmengeschichte, herausgegeben von Ferd. Fr. Baur (1867), III, 312.

Wie Lessing's Wahrheitsinteresse aus seiner wahrheits-
bedürftigen, reinen, gesunden Menschennatur hervorging, die
nach innerer Beruhigung strebte, so achtete er die selbster-
worbene individuelle Form der Wahrheit an andern und
hasste die Unduldsamkeit. Er stritt daher nicht nur gegen
die Intoleranz der gelehrten Theologen, sondern predigte auch
die Toleranz „auf seiner Kanzel, dem Theater", vor dem Volke.
Dies that er vornehmlich in seinem „Nathan", wo er über die
Ausschliesslichkeit des Offenbarungsglaubens hinüber und zur
humanen Sittlichkeit zu erheben sucht, unbeschadet der Pietät
für die eigene Religion der Väter. Da der fruchtbare Kern
jeder Religion in der Sittlichkeit besteht, so wird auch der
schwere Ton auf die praktisch-sittliche Bethätigung der Religion von ihren Bekennern gelegt werden. In seinem „Nathan"
predigt Lessing die Humanität, aus welcher die Handlung
entspringen soll, die Idee der Menschheit, die über allem Besondern stehen, in der alle Unterschiede des gewöhnlichen
Lebens aufgehen sollen, die Duldsamkeit, die auf das Evangelium der Liebe gegründet, aus echter werkthätiger Religiosität hervorgeht, im Gegensatz zur Unduldsamkeit des religiösen
Fanatismus, der mit dem Alleinbesitz der Wahrheit sich brüstet.
„Diese Toleranz", erinnert Stahr [1], dieses in der ganzen Dichtung athmende göttliche Duldungs- und Schonungsgefühl ist
es, was Goethe, Herder und Schiller, was alle Geistesheroen
des deutschen Volks „als ein heiliges und werthes Vermächt-
niss zu bewahren, unserer Nation ans Herz gelegt haben". [2]
Das Individuelle soll nicht untergehen, es soll aber keine
Schranke sein im sittlichen Verkehr der Menschen, die Anerkennung besonderer Individualität soll sich vereinen mit der
allgemeinen Menschenliebe, in deren heiligem Feuer alle angeblichen Vorrechte zusammenschmelzen sollen. „In der That",
ruft Stahr, „dies Werk und diese Gesinnung sind ein Testament geworden, welches Lessing der Menschheit hinterlassen,
und bei diesem Erbe wollen wir geschützt sein und uns, so
Gott will, selber schützen gegen jede Verfinsterungs- und
Glaubenstyrannei. Nathan's Gesinnung, zu der sich Lessing

---

[1] Lessing, sein Leben und seine Werke, II, 245.
[2] Goethe's Werke, XLV, 22.

bekannte, ist das Erbe von Tausenden und Abertausenden geworden." [1] Lessing verstand aber auch, wie Schlosser bestätigt, „allein unter allen seinen Zeitgenossen die schwere Kunst, zugleich streng logisch, gründlich belehrend, und doch auch unterhaltend und lebhaft zu schreiben, und den Leser durch die Form des Vortrags zu zwingen, an der Sache selbst theilzunehmen. Er konnte, ohne zu Spielereien oder Witzeleien herabzusteigen, oder die Phantasie durch allerlei Schildereien zu bewegen, sogar Abhandlungen über gelehrte Gegenstände oder polemische Schriften, über schwere Materien durch die Form des Vortrags dem gewöhnlichen Leser anziehend machen". [2]

Auch derjenige, welcher nicht zu den enthusiastischen Verehrern Lessing's zählt, wird den Stahr'schen Schlusssatz, auf die Menge angewendet, richtig finden, und wer in unsern Tagen inmitten confessioneller Conflicte steht, wird wahrnehmen müssen, dass diese nicht im Volksbewusstsein ihren Grund haben, sondern auf andere Motoren zurückzuleiten sind. Das sittlich-religiöse Bewusstsein der Gegenwart beruht auf demselben Grunde, den die Arbeiter der Aufklärung gelegt haben, denn trotz der hier und da künstlich hervorgebrachten confessionellen Spannung kann es dem schärfern Auge nicht entgehen, dass im Herzen der Menge das Princip der religiösen Toleranz lebt, welches von den englischen, französischen und deutschen Aufklärern gepredigt worden ist. Der Anhänger des kirchlichen Dogmatismus muss zwar den um sich gegriffenen Indifferentismus gegen dessen Satzungen, und um so mehr die negative Richtung dagegen beklagen; allein der Culturhistoriker weist dafür auf das positive Product des geschichtlichen Entwicklungsprocesses hin, nämlich auf die Menschlichkeit, die in ihrer sittlichen Richtung in allen Confessionen platzgegriffen hat, und nicht ausschliesslich verneinend, sondern den christlichen Begriff tief bejahend in humanen Bestrebungen die Christlichkeit repräsentirt und in der Pflege der Armen, in der Hebung sittlich Verwahrloster u. dgl. zum Ausdruck bringt. Die Träger der Kirche sehen deren Bestand durch die überhandgenommene Unkirchlichkeit

---

[1] Stahr, Lessing, S. 260.
[2] Schlosser, Geschichte des 18. Jahrhundert, II, 589, 4. Aufl.

4. Ursachen der Abnahme des Teufelsglaubens. 551

gefährdet und ihre Klagen sind tief begründet, denn der heutige Christ legt den schweren Ton auf die christliche Sittenlehre, aus der er seine Kraft und Nahrung zieht. Der moderne Mensch sieht in der Herausbildung der Humanität die eigentliche Civilisation, er setzt seine Bestimmung darein und ist fest überzeugt, dadurch mit der Wahrheit des Christenthums in Einheit zu stehen. Ja er rechnet es der christlichen Religion zum Vorzug an vor allen andern Religionen, und erblickt in ihr „das einzige Beispiel einer Religion, die nicht naturgemäss von der Civilisation geschwächt wurde", während in allen andern „der Verfall der dogmatischen Begriffe ebenso viel wie eine vollständige Vernichtung der Religion" ist; er erkennt den grossen sittlichen Beweis der Göttlichkeit des Christenthums darin, „dass es die Hauptquelle der sittlichen Entwicklung Europas war".[1]

Wir haben die Philosophie, die im 16. Jahrhundert in selbständiger Weise der Theologie an die Seite getreten war, und ihren Einfluss auf diese, sowie die Wirksamkeit beider auf das Zeitalter der Aufklärung in Betracht gezogen. Aber das Streben nach Emancipation von der Herrschaft der Autorität machte sich nicht nur in der Theologie geltend. Nicht unerwähnt soll daher der Beitrag bleiben, den die Pädagogen Basedow, Campe, Salzmann, Pestalozzi und ihre Schüler dadurch lieferten, dass sie die Lehren der Aufklärung, Toleranz und christlichen Menschlichkeit dem häuslichen Leben unmittelbar zuführten. Selbstverständlich wirkte die gesammte Literatur überhaupt als organisches Product des Zeitbewusstseins in derselben Richtung. Bekannt ist Wieland's Thätigkeit, der durch seine leichte Manier die Resultate französischer und englischer Denker dem grossen Leserkreise in Deutschland näher brachte, bekannt sind Herder's Bestrebungen, die er in seinen Ideen zur Philosophie der Geschichte, in seinen Humanitätsbriefen niederlegte, im Sinne des Humanismus, den er in der Geschichte und Literatur aufsuchte und darlegte. Es müsste die ganze Literatur in ihrem Streben nach demselben Ziele angeführt werden, wenn der Gegenstand nicht schon in Schlosser, Gervinus, Hettner und andern seine Meister ge-

---

[1] W. E. Hartpole Lecky, Geschichte der Aufklärung in Europa. Deutsch von Jolowitz, I, 239.

funden hätte. Es genügt daher, auf den Einfluss der Literatur
durch Förderung der Humanität, die Schiller und Goethe
„Cultur" zu nennen pflegten, für die auch sie ihre Kraft einsetzten, hingedeutet zu haben. Um so mehr enthalten wir
uns, weiter zurückzugehen, um andere selbstverständliche Momente anzuführen, die dem Geiste des 16. Jahrhunderts die
Pforten geöffnet, als: die Einführung der Volkssprachen, die
Erfindung der Buchdruckerkunst, die wachsende Macht der
Presse, das infolge der Errichtung von Universitäten verbreitete Studium des classischen Alterthums, die Entdeckung
neuer Welttheile, die Reisen um die Erde u. s. f.

Auf die Wandlung der sittlichen und religiösen Weltanschauung, die im 18. Jahrhundert ihren charakteristischen
Typus erlangte, wirkte, ausser den angeführten Factoren, vornehmlich eine Macht, welche die Trennung vom alten kirchlichen Dogmatismus zwar mehr mittelbar, aber um so durch-
schlagender förderte, daher auch von diesem bis auf den
heutigen Tag ganz richtig als sein Erzfeind erkannt wird.
Diese Macht ist die Naturforschung. Für wen es in der
Geschichte der menschlichen Entwicklung Zufälligkeiten gibt,
der muss mindestens vieles sehr merkwürdig finden, z. B. dass
in dem Jahre, wo Columbus geboren wurde, auch der Bücher-
druck in die Welt kam, dass in demselben Jahrhundert, welches
Protest gegen die Alleinherrschaft der kirchlichen Macht erhob, auch die Astronomie von der theologistischen Astrologie
sich trennte und Kopernicus zuerst die förmliche Behauptung
aufstellte (etwa 1536), dass sich die Erde um die Sonne bewege. Im Jahre 1543 erschien sein Werk: „Libri sex de
orbium coelestium revolutionibus", worin er die tägliche Um-
drehung der Erde um ihre Axe, eine jährliche Kreisbewegung
um die Sonne und eine Bewegung der Abweichung der Axe
lehrte, und wenige Tage darauf starb. Giordano Bruno, der
auch die heliocentrische Bewegung der Erde behauptete, erfuhr den Widerspruch der Kirche auf die antidogmatische
ketzerische Lehre in einer sechsjährigen Gefangenschaft unter
den Bleidächern Venedigs, und ward am 16. Februar 1600
zu Rom verbrannt. Allein die Theorie war deshalb nicht in
Rauch aufgegangen, sie verschaffte sich vielmehr Geltung und
ward der klaren Wahrnehmung nahe gebracht durch das Te-
leskop, auf dessen Erfindung Lipershey, Adriaansz mit dem

Beinamen Metius und Jansen Anspruch haben. Galileo wandte die „raumdurchdringende Kraft des Fernrohrs" auf die Untersuchung des Himmels an und verfertigte sich ein solches für seinen eigenen Gebrauch. Die Entdeckung zahlloser Fixsterne, bisher von keinem irdischen Auge gesehen, der vier Satelliten des Jupiter (1610), der Phasen der Venus, die deren Bewegung um die Sonne feststellten, waren die Erfolge der ersten teleskopisch-astronomischen Untersuchungen. Bekanntlich verfiel auch Galileo der Inquisition, die nicht nur das kopernicanische System als falsche, der Heiligen Schrift völlig zuwiderlaufende pythagoräische Lehre verdammte, sondern auch Galileo zur demüthigenden Abschwörung des heliocentrischen Systems zwang, bis er 1642 als Gefangener der Inquisition in seinem 78. Jahre starb. Aber die Worte, die Galileo leise flüsterte: E pur si muove, als er im Büsserhemde von den Knien sich erhob — sie hallten wider und erfüllen noch heute die Welt.

Die Folge dieser Entdeckungen war eine erweiterte Anschauung vom Universum, in welchem der Erde die Stelle eines Gliedes im Sonnensystem angewiesen wurde. Hiermit war aber zugleich die hergebrachte Meinung, dass unsere Erde der Hauptzweck des Weltganzen sei, dass Sonne und Mond sich um sie bewegen, dass die Sterne als blosse Lichter das Firmament zu schmücken bestimmt seien, als Irrthum blossgelegt. Ebenso war die damit zusammenhängende Ansicht, welche den Menschen als Mittelpunkt aller Dinge betrachtete und jede auffallende Naturerscheinung mit seinen Handlungen in Beziehung setzte, als ob Sonnenfinsterniss, Kometen, Meteore, Stürme um des Menschen willen da wären, die ganze Geschichte des Universum sich um ihn drehte, alle Störungen oder Abweichungen, die sich zeigten, mit der Geschichte des Menschen im Zusammenhange stünden — diese Ansicht war nun durch die teleskopisch-astronomischen Entdeckungen vernichtet.

Kepler (1571—1630), der mit der ganzen Energie seines Geistes über dem kopernicanischen System gebrütet hatte, wie er in seinem „Mysterium cosmographicum" selbst sagt, unternahm die mühsamsten Berechnungen mit fast übermenschlicher Geduld, um den physischen Zusammenhang zwischen den Theilen des Sonnensystems auf Grund von Gesetzen

sicherzustellen. Das Ergebniss war die Entdeckung der beiden grossen (jetzt unter dem Namen des ersten und zweiten
Kepler'schen Gesetzes bekannten) Gesetze: „die Planetenbahnen
sind elliptisch" und, „der vermittels einer vom Planeten nach
der Sonne gezogenen Linie beschriebene Flächeninhalt ist der
Zeit proportional", wozu im Jahre 1617 das dritte Gesetz
hinzukam: „das Quadrat der periodischen Zeiten steht in
demselben Verhältniss, wie der Kubus der Entfernungen".
Zur völligen Klarheit der Vorstellung des Sonnensystems ver-
half die Mechanik der Astronomie durch die Entdeckung der
Bewegungsgesetze. Schon Leonardo da Vinci hatte sich damit beschäftigt, Stevinus im Jahre 1586 ein Werk über die
Grundsätze des Gleichgewichts geliefert, Galileo 1592 in einer
Abhandlung über die Mechanik drei Bewegungsgesetze aufzustellen versucht und 1638 in seinen „Gesprächen über die Mechanik" das Gesetz der Gleichmässigkeit und Beständigkeit der
Bewegung erörtert. Den festen Grund zur physischen Astronomie legte aber Newton durch seine „Principia" (1686),
worin er die mechanische Theorie der allgemeinen Gravita-
tion feststellte. Nach dieser Gravitationstheorie war es nun
möglich, nicht nur die Gestalt und Schwere der Erde zu bestimmen, das Vorrücken der Aequinoctien gegen Osten zu
erklären, sondern auch augenscheinliche Verwirrungen der
Körper des Sonnensystems nach Erkenntniss ihrer Masse zu
berechnen. Durch Kepler waren die Kreisbewegungen des
kopernicanischen Systems zu elliptischen Bahnen verbessert,
er hatte die Thatsachen, die sein Vorgänger gesehen, auf ma-
thematischem Wege in allgemeine Gesetze gebracht, Newton
aber erst durch seine Gravitationstheorie in ihrer innern Nothwendigkeit bewiesen.

Die astronomischen Entdeckungen waren von weltge-
schichtlicher Bedeutsamkeit für das menschliche Bewusstsein,
indem sie diesem die Lehre von der Weltregierung auf Grund
ewiger Gesetze vernünftiger Nothwendigkeit zuführten. Der
Mensch musste die orthodoxen Vorstellungen von Himmel
und Erde, von der ausnahmsweise stehenden Sonne Josua's
aufgeben, die Lichter, am Himmel angeheftet, erweiterten sich
zur unendlichen Menge von Weltkörpern, die sich in mathe-
matisch zu berechnenden Bahnen bewegen; der Mensch glaubte
nicht mehr an Ausnahmen und Willkür, an den kleinlichen

Zweck in der Natur, er sah und erkannte die ewige, still-
waltende, vernünftige Gesetzmässigkeit herrschend. Er fand
sich zwar aus dem Brennpunkt der Schöpfung, in den er sich
bisher gesetzt glaubte, herausgehoben; dafür ward er aber
auf einen erhabenern Standpunkt gestellt, von dem er die
ewige Gesetzmässigkeit der Vernunft anschaute, die er aus
dem Urquell, dem göttlichen Wesen und dessen Allgegen-
wärtigkeit ableitete.

Das Vertrauen auf die Macht des Selbsterkennens war
es, das die Bande, durch welche alle Zweige des Wissens
während des Mittelalters an äussere Autorität gefesselt waren,
gegen den Ausgang desselben allmählich löste, die Tendenz der
Selbstprüfung in den Vordergrund drängte und eine wunderbare Entfaltung wissenschaftlicher Thätigkeit, nach allen Seiten
die Natur zu erforschen, hervorbrachte. Vieta (1560—1608)
führte den Gebrauch der Buchstaben in der Algebra ein und
wandte diese auf die Geometrie an; es entstand ein neues
Sternenverzeichniss; Gesner (gest. 1565) ebnete den Weg zur
Zoologie, Fallopius, Eustachius, Avantius, Varolius unter-
nahmen Secirungen.

Im Jahre 1600 schrieb Gilbert über die magnetischen und
elektrischen Kräfte: „Physiologia nova de Magnete." Im Jahre
1620 verfertigen Drebber und Jansen zusammengesetzte Ver-
grösserungsgläser, die durch Hook und Leuwenhoek durch
Anwendung von Hohlspiegeln vervollkommnet wurden. Picuo-
lomini legte durch seine Beschreibung der Zellengewebe den
Grund zur allgemeinen, Coiter zur pathologischen Anatomie.
Durch Descartes ward die Anwendung der Algebra auf die
Geometrie und die des mechanischen Moments auf die physische Astronomie entwickelt und der Beweis geliefert: dass das
Gewicht des Wassers im leeren Raume dem der Luft das
Gleichgewicht halte. Die Erfindung der Logarithmen ward durch
Napier vervollkommnet; Toricelli, durch Galileo's Beobachtungen des Luftdrucks aufmerksam gemacht, erfand (1643)
das Barometer, das bald zu Höhenmessungen benutzt wurde.
Otto von Guerike in Magdeburg (1602—86) erfindet die Luft-
pumpe, die von Boyle vervollkommnet wird; Bacon betrachtet
in seiner „Historia naturalis et experimentalis de ventis" (1664)
die Richtung der Winde in ihrer Abhängigkeit von der Temperatur und den Hydrometeoren, wird aber bei seiner Leugnung

des kopernicanischen Systems auf falsche Vermuthungen geführt.
Der dänische Astronom Römer macht 1675 die Entdeckung
der messbaren Geschwindigkeit des Lichts, u. s. f. Es liesse
sich das Verzeichniss der Detailarbeiten auf dem Gebiete
der Naturwissenschaft aus dieser Zeit ins Masslose fortsetzen.

Gleichwie die Frage über die Stellung der Erde zum
Weltganzen und das Verhältniss des Menschen zu jener
mit der kirchlichen Anschauung unmittelbar zusammenhängt,
so nicht minder die über das Alter und die Geschichte der
Erde. Die Lösung einer Menge geognostischer Fragen ist
zwar noch unsern Tagen vorbehalten, aber die astronomischen
und physikalischen Entdeckungen in den Zeiten Kopernik's,
Galileo's, Kepler's und Newton's haben doch schon die Betrachtung auf die Geognosie hingelenkt. „Die heilige Theorie
der Erde" von Buonelt (1643—1715) lehnte sich zwar noch an
die biblische Schöpfungsurkunde, indem sich bei ihm, wie bei
Woodward, Ray und Whiston „Glauben und Wissen miteinander vermengten".[1] Nach ihm war die Erde uranfänglich
eine flüssige Masse, in der sich alles nach Schwere und Leich-
tigkeit schied. Einen festen Kern umfloss Wasser, das aber
mit einer festen Rinde bedeckt war, die in der Sündflut
durch innere Gewässer durchbrochen wurde. Schon gegen
Ende des 15. Jahrhunderts hatte Leonardo da Vinci Spuren
einer untergegangenen Thierwelt entdeckt, und Fracastaro
(1517), Palissy (1563) bestätigten diese Entdeckung. Steno
(1638—86) in seinem Werke „De Solido intra Solidum
naturaliter contento" (1669) spricht schon von Gesteinschich-
ten, die sich vor der Existenz von Pflanzen und Thieren erhärtet, von Sedimentschichten, die sich über jene gelagert und
ihre ursprüngliche Lage theils durch unterirdische Dämpfe,
durch die Centralwärme erzeugt, theils durch das Weichen
der untern Schichten verändert haben. Steno spricht schon
von grossen Naturepochen, deren er in der geognostischen
Bodenbeschaffenheit von Toscana sechs erkannte, wo das Meer
periodisch eingedrungen und erst nach unermesslich langen
Zeiträumen wieder zurückgewichen sei. Lister (1638—1711)
behauptet (1678), dass jede wichtige Gebirgsart durch

---

[1] Humboldt, Kosmos, II, 391.

eigene Fossilien sich kennzeichne, und stellt die Verbreitung der Lagen über grosse Strecken fest. Leibniz in seiner „Protogaea" (1680), die Humboldt „ein wildes Phantasiebild" nennt, lehrt eine Bewegung der Wärme im Innern des Weltkörpers, die infolge der Ausstrahlung durch die Oberfläche allmählich abnehme, und wie die einst glühende Erdrinde durch allmähliche Abkühlung sich verschlackt habe, so seien auch die Dämpfe, welche die warmstrahlende Oberfläche umgeben, abgekühlt und als Niederschlag zu Wasser geworden. Das Sinken der Meeresfläche wird durch Eindringen des Wassers in die innern Erdhöhlen und durch deren Einsturz die Lagenveränderung erklärt.

Schon bei diesen wenigen Anfangsschritten der Geognosie sehen wir die Trennung von der theologistischen Anschauung der Kirchenväter, welche unsern Planeten 5—6000 Jahre alt sein liess, während jene die Entstehung der Welt in unabsehbare Fernen zurücklegt. Der Massstab des Raumes, nach welchem die Astronomie die Welt gebildet sieht, wird der Geognosie zum Massstab der Zeit für die Geschichte der allmählichen Bildung der Erde. Die Geognosie musste auch mit der Vorstellung vom Tode in Widerspruch kommen, der nach der Lehre der Kirche als Folge der Sünde in die Welt gekommen, über die gesammte Schöpfung seine Macht ausgedehnt habe, während die Geologie nach ihren ersten Forschungen die untergegangenen Schöpfungen in voradamitischer Zeit wenigstens ahnte.

Wie die Astronomie von der Astrologie sich gelöst hat, um eine selbständige Wissenschaft zu werden, so zeigt sich im Zeitalter vom ersten Viertel des 16. Jahrhunderts an die Tendenz der Scheidung der Chemie von der Alchemie, der Goldmacherkunst. Es charakterisirt sich der wissenschaftliche Zustand im Mittelalter auch innerhalb dieses Gebietes durch die blinde Anhänglichkeit an hergebrachte Autoritäten, wogegen die neuere Zeit durch den Drang zur Selbstprüfung sich kennzeichnet. Bevor die Chemie zur Selbständigkeit gelangte, musste sie noch eine Verbindung mit der Heilkunde eingehen. Paracelsus, der als Arzt den Lebensprocess als einen chemischen auffasste, der den wahren Gebrauch der Chemie nicht im Goldmachen, sondern in der Bereitung der Arzneien erkannte, eröffnete auch das Zeitalter der Jatrochemie, wo die

Chemie aus den Händen der Goldköche in die von unterrich-
teten Aerzten überging.   Mit den gesammten Naturwissenschaften nahm auch die Chemie einen neuen Aufschwung am
Anfange des 17. Jahrhunderts, wo das Forschen nach Wahrheit
aus reinem Interesse an derselben auch in jene eindrang.
Nachdem eine Menge chemischer Kenntnisse aufgespeichert
waren, trat die Wissenschaft in das Zeitalter der Phlogiston-
Theorie, bis diese im letzten Viertel des 18. Jahrhunderts
durch Lavoisier ihre Widerlegung erhielt.   In dieser Periode
ist die Chemie schon selbständige, freie Wissenschaft und setzt
ihre Aufgabe in die Erkenntniss der Zersetzung der Körper,
um die Erscheinungen dabei und die Gesetze, wonach diese
vor sich gehen, zu erforschen.

Es liegt ausserhalb unsers Zwecks, den weitern Entwickelungsgang der Chemie zu verfolgen, wie, nach dem Vorgange der Alchemie, die in den Metallen als hypothetischen
Grundstoff den Schwefel angenommen hatte, auch die phlogi-
stische Theorie, die durch Stahl (1660—1734) vollendet dargestellt ward, alle gemeinsamen Eigenschaften von Einem
gemeinsamen Bestandtheile, dem Phlogiston ableitete; wir
müssen aber hervorheben, dass die Phlogiston-Theorie eine
Menge von Erscheinungen zusammenfasste und in Phänomenen,
die vorher nur als isolirte Erfahrungen bekannt waren, das
Analoge nachzuweisen wusste, dass sie zuerst rationelle Erklärungen in die Chemie einführte und für den Verbrennungs-
process eine für damals genügende Theorie aufstellte [1], die,
wie jede, den Anlass zur Verbesserung der Erkenntniss
in sich trug und der wissenschaftlichen Weiterentwickelung
als Basis diente.   Nachdem Priestley (1733—1804) seine Verdienste um die Chemie durch die Entdeckung der meisten
Gasarten durch die des Sauerstoffs (1774) vermehrt hatte,
nahm die Chemie einen gewaltigen Aufschwung, indem sie bei
ihren Untersuchungen nicht mehr wie bisher ausschliesslich
die qualitativen Erscheinungen, sondern auch die quantitativen
Verhältnisse ins Auge fasste, deren Wichtigkeit zuerst Lavoisier (1743—94) zur Anerkennung brachte.   Man sah nun insbesondere im Verbrennungsprocesse nicht mehr, wie im phlo-
gistischen Zeitalter, eine Zerlegung des verbrennlichen Körpers,

---

[1] Kopp, Geschichte der Chemie, I, 265.

sondern eine Vereinigung desselben mit dem Sauerstoffe. Mit
der antiphlogistischen Periode beginnt, in Folge der vervoll-
kommneten Methode, die genauere chemische Analyse.

Es bedarf keines Beweises, um die Nothwendigkeit der
alchemistischen Bestrebungen für die Chemie einzusehen,
welche ohne jene nicht bestehen würde, die immerhin als Irrthümer bezeichnet werden mögen, und Liebig mag darin recht
haben, dass „was wir heute für wahr halten, vielleicht morgen schon ein Irrthum" ist [1]; ein wesentlicher Unterschied
zwischen den Arbeiten der Alchemisten und denen der Che-
miker wird diesen vor jenen immer den Vorrang geben, selbst
dann, wenn die erstern weniger Irrthümer und letztere weniger Wahrheit zu Tage gebracht hätten, und dieser vorzügliche
und wesentliche Unterschied liegt im Beweggrunde der Forschung. In der Periode der Alchemie war es das Streben
nach irdischer Glückseligkeit, das Tausende von Männern alle
ihre Kräfte anspannen liess, um mittels der Alchemie in Besitz dessen zu gelangen, „was die höchsten Wünsche der
höhern Sinnlichkeit umschliesst: Gold, Gesundheit und langes
Leben", die geistige Thätigkeit war also das Mittel zum
Zweck, der auf Genuss gestellt war; die neuere Wissenschaft
forscht nach den Gesetzen, nach der Wahrheit der Dinge um
ihrer selbst willen, die Forschung schliesst Mittel und Zweck
in sich, und dadurch ist sie nicht nur zur selbständigen, freien
Wissenschaft geworden, dadurch hat sie auch eine ethische
Richtung erhalten. Der Mensch ist dahin gelangt, wo er von
dem Wesensgrunde der Erscheinungen sich selbst zweckmässig Rechenschaft geben will, wo es ihm um die selbsterrungene
Gewissheit von der Wahrheit zu thun ist.

Durch die Naturwissenschaft hat sich die Stellung des
Menschen zum Weltganzen geändert und an die Stelle seiner
Neigung zum Wunderbaren, weil Unerklärten, ist das Bewusstsein der Gesetzmässigkeit getreten. Wohin sein Auge
reicht, erblickt er causalen Zusammenhang oder setzt ihn wenigstens apodiktisch voraus, er sieht Wechselverkehr und
Unzerstörbarkeit der Kräfte, und seine Wahrnehmungen bringt
er unwillkürlich mit seinem Begriffe von der Gottheit in Verbindung. Mit seinem gesteigerten Interesse an der Schöpfung

---

[1] S. 56.

vervielfachen sich ihm die Beweise für die Weisheit und Güte des Schöpfers, und das physische Uebel verliert die Bedeutung einer göttlichen Strafe. So muss nothwendig die veränderte Weltanschauung mit der religiösen Hand in Hand gehen, und es kann daher nicht befremden, auch in der Erklärungsweise der Bibel und der Auffassung ihrer Lehren eine Wandlung wahrzunehmen, wie wir sie in der Periode der Aufklärung auch wirklich gefunden haben.

Betrachten wir das Ergebniss des 18. Jahrhunderts im Hinblick auf die Vorstellung vom Teufel, so ward demselben zunächst seine Persönlichkeit entzogen, die Aufklärung nahm ihm jegliche Macht in die Natur einzugreifen, wo nur vernünftige Gesetzmässigkeit herrschend erkannt ward, auf der das Dasein des Ganzen beruht. Man beschränkte sonach den Teufel auf die Repräsentanz des moralisch Bösen und dessen Anregung, er verlor aber auch die Bedeutung des Anregers und wurde zum Begriffe des Bösen, das nicht ausserhalb des Menschen, sondern in dessen Herzen selbst seinen Sitz, kein aussermenschliches und überhaupt kein selbständiges Dasein hat. Der Glaube an den Teufel als selbstpersönliches Wesen gilt nunmehr für Aberglaube, und die Furcht vor ihm ist zur Lächerlichkeit geworden. Der Teufel, seiner persönlichen Existenz entkleidet, ist also zum begrifflichen, ethischen Moment des menschlichen Bewusstseins herabgedrückt.

Diese Anschauung hat sich bis auf unsere Tage erhalten, sie ist die bei der Majorität in der Gegenwart herrschende, und durch die weitere Entwickelung der Wissenschaft und des Lebens im wesentlichen nicht alterirt, sondern mehr vertieft worden. Die Kant'sche Philosophie, deren Einfluss zwar auf alle Zweige der Wissenschaft und, wie ich glaube, auch des Lebens, anerkannt wird, konnte daher in unserer Geschichte des Teufels bisher unerwähnt bleiben, um sie jetzt erst zu berücksichtigen. Dabei liegt es nicht in der gestellten Aufgabe, die Bedeutung Kant's (1724—1804) und seine Stelle in der Geschichte der Philosophie zu erörtern, inwiefern er die vorgefundenen Einseitigkeiten des Empirismus und Rationalismus vermittelte und die Philosophie als Wissen vom Empirismus und Rationalismus über den Gegensatz beider erhob. Bekanntlich wird Kant's Philosophie mit Kriticismus bezeichnet, indem Kant auf die Bedingungen der Anschauungs- und

Begriffsbildung zurückgeht, um zu erforschen, ob, wie und was der Mensch zu erkennen im Stande sei, und wie er zu seiner Erkenntniss komme. Hiermit ist nicht nur der Titel der Kant'schen Philosophie gerechtfertigt und die durch die Philosophie zu lösende Aufgabe festgestellt, sondern zugleich auch das oppositionelle Verhältniss des Kriticismus dem fertigen Dogmatismus gegenüber deutlich bezeichnet. Das Resultat der „Kritik der reinen Vernunft" (1781) ist ein negatives: das Ansich der Dinge liegt jenseit der Erscheinung und ist dem Verstande unerkennbar; die „Kritik der praktischen Vernunft" (1787) liefert dagegen ein positives Ergebniss: der praktische Geist, der über das Gegebene hinausgeht, bestimmt sich selbst, ist autonomisch und gelangt zu den Ideen: Gott, Unsterblichkeit, Freiheit als nothwendigen Postulaten der praktischen Vernunft. Der Wille ist frei, er gibt sich selbst, unabhängig von äussern Bestimmungsgründen, sein Gesetz, und diese seine Selbstbestimmung aus sich selbst ist der kategorische Imperativ: „Du sollst!" Ohne Freiheit ist kein Sollen, und ohne dies ist kein Sittengesetz möglich. Der oberste Grundsatz der Moral lautet: Handle so, dass die Maxime deines Handelns Princip allgemeiner Gesetzgebung werden kann, oder kürzer: handle so, wie du wünschen darfst, dass alle handeln. Dies ist das berühmte Moralprincip Kant's, das man häufig als blos „formales" bezeichnet, aus dem sich aber nothwendig Bestimmungen ergeben, die materieller Art sind[1], nämlich: dass die Menschheit, wie in der eigenen Person, so auch in der eines andern nie lediglich als Mittel, sondern zugleich als Zweck gebraucht, also respectirt werden müsse, dass ferner das Handeln nicht aus sinnlicher Neigung hervorgehen dürfe, da die Aufopferung dieser vielmehr erst eine tugendhafte Gesinnung geben könne; die einzige Triebfeder unsers Handelns soll die Allgemeinheit der Vernunft sein, der allgemeine Wille, den alle Vernünftigen haben sollen. Die ganze Geschichte erhält dadurch den moralischen Zweck der Entwickelung aller moralischen Anlagen des Menschen als Gattung, und das Ideal des Staats ist die Realisirung des moralischen Zwecks, des höchsten Gutes, das zwei sich ergänzende Momente in sich begreift: die höchste Tugend und

---

[1] Vgl. Erdmann, Grundriss der Geschichte der Philosophie, II, 350.

die höchste Glückseligkeit. Zur erstern bedarf es einer unendlichen Annäherung zum sittlichen Ideal, daher das Postulat
der Unsterblichkeit; zur Realisirung der letztern in der intel-
ligenten Welt muss die ganze Natur mit den Zwecken des
Vernunftwesens übereingestimmt sein, die Verknüpfung beider
fordert das Postulat: Gott, der, als von der Natur unterschieden, die Ursache derselben ist, als vernünftiger Wille den
Grund des Zusammenhangs enthält. Er ist als moralischer
Gesetzgeber und Ertheiler der Glückseligkeit das höchste
Gut.

Für unsern Zweck von besonderer Wichtigkeit ist Kant's
Schrift: „Die Religion innerhalb der Grenzen der blossen
Vernunft" (1793), worin er die moralische Auffassung der
Religion auf die christliche Lehre anwendet, und deren Dogmen unter moralischen Gesichtspunkt stellt. Die Moral, die
sich auf die Religion gründet, macht Furcht und Hoffnung
zu moralischen Triebfedern, es soll daher gerade umgekehrt
die Moral zur Religion führen. Denn im Gewissen ist die
Erkenntniss der Pflichten als göttlicher Gebote, es ist „ein
Bewusstsein, das für sich selbst Pflicht ist".[1] „Man könnte
das Gewissen auch so definiren: es ist die sich selbst richtende
moralische Urtheilskraft."[2] In der geoffenbarten Religion
weiss ich etwas, als göttliches Gebot, um es für meine Pflicht
zu halten; in der Vernunftreligion halte ich etwas eher für
meine Pflicht, um es dann als göttliches Gebot anzuerkennen.
Inhalt und Ziel derselben ist der Begriff des höchsten Gutes,
das vermittels der Ideen: Gott, Freiheit, Unsterblichkeit er-
möglicht, deren Gewissheit durch die moralische Vernunftreligion erlangt wird.

„Man nennt einen Menschen böse, nicht darum, weil er
Handlungen ausübt, die böse (gesetzwidrig) sind, sondern weil
diese so beschaffen sind, dass sie auf böse Maximen in ihm
schliessen lassen."[3] Das Böse wohnt also der menschlichen
Natur inne, „unter der Natur des Menschen" ist „nur der
subjective Grund des Gebrauchs seiner Freiheit überhaupt,
(unter objectiven moralischen Gesetzen), der vor aller in die
Sinne fallenden That vorhergeht, verstanden".[4] „Der Mensch

---

[1] Ausgabe von 1793, S. 270.   [2] S. 271.   [3] S. 5.   [4] S. 6.

ist von Natur gut oder er ist von Natur böse, bedeutet nur
so viel als: er enthält einen ersten Grund der Annehmung
guter oder der Annehmung böser Maximen, und zwar allgemein als Mensch."[1] Der erste Grund der Annehmung unserer
Maximen muss in der freien Willkür liegen, kann kein Factum
sein, das in der Natur gegeben werden könnte[2], so folgt: dass
das Individuum alles Böse, das es verübt, seiner eigenen
Schuld zuschreiben muss.[3] Es ist daher höchste Pflicht gegen sich selbst, als den angeborenen Richter über sich, sich
selbst zu erkennen und seine Thaten vor den Richterstuhl der
Vernunft zu stellen, wo den Richterspruch das Gewissen fällen muss. Wie der in die Sinnenwelt gestellte Mensch des
ihm innewohnenden Bösen nicht mächtig wird, stellt die biblische Erzählung durch den Sündenfall dar, und ist die Bedeutung der Lehre von der Erbsünde.[4] Dieser Schritt, der
durch die Wahl ein Schritt der Freiheit ist, hat für die Gattung die Bedeutung des Fortschritts und ist für das Individuum ein Fall, da die Wahl vom Bösen anhebt, daher die
Folge ein physisches Uebel in der Bedeutung der Strafe ist.
Neben dem radicalen Bösen ist in der menschlichen Natur
auch ursprünglich die Anlage zum Guten, diese muss auch
durch die freie That herausgestellt werden. „Was der Mensch
im moralischen Sinne ist oder werden soll, gut oder böse,
dazu muss er sich selbst machen oder gemacht haben. Beides
muss eine Wirkung seiner freien Willkür sein, denn sonst
könnte es ihm nicht zugerechnet werden, folglich er weder
moralisch gut noch böse sein."[5] Der Grund des Bösen kann
weder in die Sinnlichkeit und die daraus entspringenden Neigungen gelegt werden[6], noch in eine Verderbniss der moralisch - gesetzgebenden Vernunft[7], sondern er liegt in der
Umkehrung der sittlichen Ordnung, der Triebfeder durch
seine Maxime, dass der Mensch die Triebfeder der Selbstliebe
und ihrer Neigungen zur Maxime seiner Handlung erhebt,
anstatt umgekehrt die Befolgung des moralischen Gesetzes als
obersten Grundsatz aufzustellen.[8] Indem jedes der beiden
Principien einen Rechtsanspruch auf den Menschen hat und
personificirt wird, wird das Böse zum Fürsten dieser Welt,

---

[1] S. 7. [2] S. 8. [3] S. 22, 24. [4] S. 39 fg. [5] S. 45 fg.
[6] S. 27. [7] S. 28. [8] S. 30 fg.

das Gute zu einem persönlichen Ideale moralischer Vollkommenheit erhoben, in Christus als Gottessohn angeschaut.[1]

„Die Heilige Schrift (christlichen Antheils) trägt dieses intelligible moralische Verhältniss in der Form einer Geschichte vor, da zwei, wie Himmel und Hölle einander entgegengesetzte Principien im Menschen als Personen ausser ihm vorgestellt, nicht blos ihre Macht gegeneinander versuchen, sondern auch (der eine Theil als Ankläger, der andere als Sachwalter des Menschen) ihre Ansprüche gleichsam vor einem höchsten Richter durchs Recht geltend machen wollen."[2] Der moralische Ausgang dieses Streits „ist eigentlich nicht die Besiegung des bösen Princips; denn sein Reich währet noch, sondern nur Brechung seiner Gewalt".[3] Diese „für ihre Zeit wahrscheinlich einzige populäre Vorstellungsart von ihrer mystischen Hülle entkleidet" hat den Sinn: „dass es schlechterdings kein Heil für die Menschen gebe als in innigster Aufnehmung echter sittlicher Grundsätze in ihre Gesinnung: dass dieser Aufnahme nicht etwa die so oft beschuldigte Sinnlichkeit, sondern eine gewisse selbstverschuldete Verkehrtheit, oder wie man diese Bösartigkeit noch sonst nennen will (Satanslist, wodurch das Böse in die Welt gekommen), entgegenwirket, eine Verderbtheit, welche in allen Menschen liegt und durch nichts überwältigt werden kann als durch die Idee des Sittlichguten in seiner ganzen Reinigkeit und sie tief in unsere Gesinnung aufzunehmen".[4] Das in der allgemeinen Vernunft liegende Urbild, welches der seligmachende Glaube in der Erscheinung Christi als lebendigem Beispiel der Verwirklichung dieses Urbilds anschaut, ist das Ziel, wonach jeder streben soll. Um es zu erreichen, ist eine auf die Verhütung des Bösen und zur Förderung des Guten im Menschen, auf die Erhaltung der Moralität angelegte Gesellschaft zu errichten, die nach Tugendgesetzen und zum Behuf derselben über das ganze Menschengeschlecht sich ausbreite[5] als das Reich Gottes auf Erden. Als die Anschauung und die Idee von der Vereinigung aller Rechtschaffenen unter der göttlichen Weltregierung heisst das Reich Gottes die „unsichtbare Kirche"; die wahre sichtbare Kirche ist diejenige, welche das Reich

---

[1] S. 67.   [2] S. 99.   [3] S. 104.   [4] S. 105.   [5] S. 121, 129, 132.

Gottes auf Erden, so viel es durch Menschen geschehen kann, darstellt".[1] „Der reine Religionsglaube", der Vernunftglaube ist, „der sich jedermann zur Ueberzeugung mittheilen lässt", kann allein eine allgemeine Kirche gründen; allein eine besondere Schwäche der menschlichen Natur, die auf jenen reinen nicht so viel rechnet, „als er wol verdient, nämlich eine Kirche auf ihn allein zu gründen"[2], verlangt einen auf äussere Thatsachen sich gründenden historischen Glauben, mit statutarischen, nur durch Offenbarung kund werdenden Gesetzen, „welchen man, im Gegensatz mit dem reinen Religionsglauben, den Kirchenglauben nennen kann".[3] Die Orthodoxie hält letztern fest, ohne den moralischen Sinn herauszuheben, sie dringt auf blossen Kirchenglauben. Der Kirchenglaube kann sich bis zur Uebereinstimmung mit dem Religionsglauben entwickeln, „es kann eine Religion die natürliche, gleichwol aber auch geoffenbart sein, wenn sie so beschaffen ist, dass die Menschen durch den blossen Gebrauch ihrer Vernunft auf sie selbst hätten kommen können und sollen".[4] Da die wahre alleinige Religion nichts als praktische Principien enthält, „deren unbedingter Nothwendigkeit wir uns bewusst sind, die wir durch Vernunft offenbar anerkennen"[5], so besteht auch ihr Gottesdienst in einem guten Lebenswandel, durch den wir Gott wohlgefällig werden. Kant nimmt den Satz als einen keines Beweises benöthigten Grundsatz an: „Alles, was ausser dem guten Lebenswandel der Mensch noch thun zu können vermeint, um Gott wohlgefällig zu werden, ist blosser Religionswahn und Afterdienst Gottes."[6] Die moralische Religion, die in der vollen Erkenntniss aller unserer Pflichten besteht, und die Sittlichkeit in thatkräftige Pflichttreue setzt, ist auch das Wesentliche der christlichen Religion, welche „aus dem Munde des ersten Lehrers als eine nicht statutarische, sondern moralische Religion hervorgegangen" ist.[7] Kant unterscheidet davon die christliche Lehre, die „auf Facta, nicht auf blosse Vernunftbegriffe gebaut ist, von da an heisst sie der christliche Glaube".[8] Der Rationalist, der sich in die Mitte zwischen den Gottesdienst der moralischen Vernunftreligion und den Kirchenglauben stellt, beobachtet die äusserlichen

---

[1] S. 134. [2] S. 137. [3] S. 141. [4] S. 219. [5] S. 240. [6] S. 245.
[7] S. 239. [8] S. 234.

gottesdienstlichen Handlungen des letztern als Erweckungs-
und Stärkungsmittel der moralischen Gesinnung.

Bekanntlich schlug Kant mit seiner Philosophie nicht sofort durch, und der Anhang blieb ziemlich lange aus; dafür
verbreitete sie sich, besonders durch die Jenaer Allgemeine
Literaturzeitung und die Thätigkeit namentlich Reinhold's,
Chr. Ehrh. Schmidt's in dem Masse, dass sie am Ende der
neunziger Jahre fast an allen Universitäten gelehrt wurde und
die Kant'schen Ideen in die meisten Wissenszweige Eingang
fanden. Die augenfälligste Wirkung brachte die neue Philosophie in der Theologie hervor, die ihre Richtung im Kant'-
schen Sinne einschlug, die sich durch Verwerfung aller men-
schenähnlichen Vorstellungen des höchsten Wesens, dessen
Unerkennbarkeit durch die menschliche Vernunft u. a. m.,
vornehmlich durch Reduction des Cultus auf Moral kennzeichnet.

Wie neulichst wieder mit Recht hervorgehoben ward, trug
Schiller „mehr als irgendein Philosoph von Fach zur Ausbreitung Kant'scher Ideen" bei [1], der in seinem Jünglingsalter
Lessing eifrig studirt und Rousseau bewundert hatte. Schiller,
seiner ganzen Natur nach zum Kantianer angelegt, theilt mit
Kant in politischer Beziehung die Antipathie sowol gegen
Anarchie als gegen Despotismus, er stimmt mit ihm überein
in Bezug auf die philosophische Deduction in der Transcenden-
talphilosophie, er entfaltet Kant'sche Ideen in ästhetischer Beziehung (in seinen Abhandlungen „über Anmuth und Würde",
„vom Erhabenen" u. a.), hebt namentlich die Bedeutung
des Schönheits- und Kunstgefühls für die Entwickelung des
Ganzen hervor (in den Briefen „über die ästhetische Erziehung
des Menschen" u. a.). Die Kunst soll den sinnlichen Menschen
zur Form und zum Denken führen, den geistigen zur Materie
und Sinnlichkeit zurückführen, wodurch die Wahrheit und
das Moralische mit Schönheit ausgestattet wird, um hiermit
zur ganzen vollständigen Menschlichkeit zu gelangen. Die
nahe Verwandtschaft Schiller's mit Kant zeigt er insbesondere
durch dieselbe ethische Anschauung, und zwar nicht nur in
philosophischen Fragen, wie z. B. in seinem Aufsatze: „Etwas
über das erste Menschengeschlecht nach dem Leitfaden der

---

[1] Erdmann, II, 378.

mosaischen Urkunde", wo er den Sündenfall im Kant'schen
Sinne als das Losreissen der Menschengattung vom Instinct
und den Fortgang zur freien Humanität auffasst, sondern auch
als Dichter, vornehmlich als dramatischer, steht Schiller unter
dem Gesichtspunkte des königsberger Philosophen. Dié au-
tonome Macht der Sittlichkeit, die Majestät des freien Willens, der titanenhafte Kampf der Pflicht wird dem Publikum
in erhabenen Gestalten vom Dichter dargestellt, der damit
das Herz in seinen Tiefen dafür anzuregen und hinzureissen
versteht. Indem Schiller's Wirkung als Dichter auf die Menge
abzielt, ist sein Einfluss auf diese im Hinblick auf die Kant'-
sche moralische Auffassungsweise von so grosser Bedeutung.
Kant hatte die Zeitelemente der allgemeinen Bildung zum Abschluss gebracht, und auf seinen Standpunkt erhoben. Seine
philosophische Pflanzung trieb auf dem Boden der Autonomie
des Geistes einen hohen sittlichen Ernst und die gewaltige
Macht der sittlichen Freiheit hervor. Schiller's Künstlerhand
reichte die goldenen Früchte in silberner Schale seinen Zeitgenossen dar, und die bei weitem grössere Menge in unsern
Tagen nährt und kräftigt sich noch an denselben Früchten.
Schiller ist noch in der Gegenwart der populärste Dichter,
und das deutsche Volk brachte seinen innigen Zusammenhang
mit seinem Poeten an dessen hundertjähriger Geburtsfeier zum
lebendigsten Ausdruck des Dankes.

Wenn hier der Berücksichtigung Schiller's mehr Raum gegeben ward, als es nöthig erscheinen könnte, so geschah es eben im
Hinblick auf dessen Bedeutung als Einführer und Verbreiter
Kant'scher Ideen im Volke, dessen Bildungsgang bei der Geschichte des Teufels doch vornehmlich ins Auge gefasst ist. Die
Autonomie des Geistes, die im 16. Jahrhundert sich laut zu regen
angefangen, im 18. Jahrhundert in den Vordergrund trat, wurde
von da ab dem Volke zu Gemüthe geführt. Obschon dieses weder darnach fragt, noch Rechenschaft darüber ablegen kann, wie
es dazu gelangt, steht es gegenwärtig doch auf der Höhe des
ethischen Gesichtspunkts, auf dem die Religiosität durch Sittlichkeit bedingt erscheint, und dem Gewissen der Urtheils-
spruch zuerkannt wird. Diesen Standpunkt nimmt die
Durchschnittsbildung der Gegenwart ein. Im engsten Zusammenhange damit steht aber auch die gegenwärtig gangbare
Ansicht über die Vorstellung vom Teufel als wirklich und

besonders existirendem persönlichem Wesen. Nach dem Vorgange der Aufklärung des 18. Jahrhunderts, welche den Teufel als Erzeugniss des menschlichen Bewusstseins einer vergangenen Zeit gefasst hat, wird der Glaube an ihn von der
Mehrheit des Volks in der Gegenwart als antiquirt, in der
Bedeutung des Aberglaubens, betrachtet. Ebenso hatten die
protestantischen Theologen, welche gewöhnlich als Rationa-
listen bezeichnet werden, in der Lehre vom Teufel eine aus
dem höhern Oriente zu den Juden, und durch Accommodation in das christliche Bewusstsein verpflanzte Zeitvorstellung
gesehen, deren Unhaltbarkeit sie zu beweisen suchten. [1] Sie
stellten den Glauben an einen persönlichen Teufel als „mit-
leidswerthen Wahn einer unerleuchteten Zeit" dar [2], der möglichst zu verscheuchen sei, damit der Christ sich gewöhne,
den bösen Geist nicht ausser sich, sondern in seinem eigenen
Innern zu suchen. [3] Man betrachtete den Teufel als Personification oder als Symbol des Bösen und ignorirte ihn im
übrigen.

Dem Beispiele Kant's, das Böse einer tiefer eingehenden
Untersuchung zu unterziehen, folgten Dogmatiker sowol als
Philosophen und zwar, wie Mallet ganz richtig bemerkt, „zum
Theil mit grösserer oder geringerer scheinbarer Anlehnung an
die Kirchenlehre". [4] Es ist in der That nur eine scheinbare
Anlehnung an diese, nicht die eigentliche kirchliche Teufelsvorstellung selbst, für die der Teufel eine wirkliche, besondere,
mit den Bedingungen der äussern Erscheinung begabte Macht,
aber keine blosse Personification und kein Symbol ist, als
was er infolge der neuern Erörterungen sich doch herausstellt. „Die Sympathien für die kirchliche Teufelsvorstellung",
wie sie Strauss nennt [5], gingen daher oft dahin, diese vom
Vorwurfe der Ungereimtheit loszusprechen. Man sah in dem
Teufel, im Kant'schen Sinne, das Ideal der Bosheit gegenüber
dem Ideale der Sittlichkeit, und wie dieses in ein Subject sich
zusammenfasst, das nur aus moralisch guter Gesinnung handelt, so wird jenes gedacht, dessen Handlung nur aus mate-

---

[1] Ammon, Summa theol. §. 67.
[2] Röhr, Christolog. Predigten, 75.
[3] Wegscheider, Institut., ed. 7, p. 388.
[4] Herzog, Real-Encyklopädie, Art. Teufel.
[5] Glaubensl., II, 16.

riellen Maximen, aus Eigennutz, Selbstliebe u. dgl. hervorgeht.[1] Der Teufel kommt hiernach so ziemlich dem personificirten absoluten Egoismus gleich.

Schelling (1715—1854) gelangt von seinem naturphiloso-
phischen Gottesbegriff zum Begriff des Bösen. In seinen
„Vorlesungen über die Methode des akademischen Studiums"
(1803) nennt er Natur und Geschichte „die Formen oder
Arten ausser dem Absoluten zu sein".[2] „Die Natur ist allgemein die Sphäre des in sich Selbstseins der Dinge, in
der diese Kraft der Einbildung des Unendlichen in ihr End-
liches als Symbole der Ideen zugleich ein von ihrer Bedeutung unabhängiges Leben haben. Gott wird daher in der
Natur gleichsam exoterisch, das Ideale erscheint durch ein
anderes als es selbst, durch ein Sein."[3] In seiner Schrift
„Philosophie und Religion" (1804) deutet Schelling schon den
Begriff des Bösen an, wie er ihn fasst, wenn er bei Gelegenheit des parsischen Dualismus behauptet, das dem Realen entgegengesetzte Urwesen sei „keine blosse Privation, ein pures
Nichts, sondern ein Princip des Nichts und der Finsterniss,
eine Macht gleich jenem Principe, das in der Natur auf das
Nichts wirkt, und das Licht in der Refraction trübt. An dem
leeren Nichts aber kann nichts sich reflectiren, oder durch
dasselbe getrübt werden".[4] „Die Materie, das Nichts hat für
sich durchaus keinen positiven Charakter, es nimmt ihn erst
an und wird zum bösen Princip, nachdem der Abglanz des
Guten mit ihm in Conflict tritt." „Vom Absoluten zum
Wirklichen gibt es keinen stetigen Uebergang, der Ursprung
der Sinnenwelt ist nur als ein vollkommenes Abbrechen von
der Absolutheit durch einen Sprung denkbar." „Das Absolute
ist das einzig Reale, die endlichen Dinge sind nicht real, ihr
Grund kann daher nicht in einer Mittheilung von Realität an
sich oder an ihr Substrat, welche Mittheilung vom Absoluten
ausgegangen wäre, er kann nur in einer Entfernung, in einem
Abfall von dem Absoluten liegen."[5] Es ist hiermit die Iden-

---

[1] Erhard in Niedhammer's Philos. Journal, I, 2 (1795).
[2] Ges. WW., V, 1. Abth., S. 306.
[3] Ebendas., S. 289.
[4] Ebendas., VI, 1. Abth., S. 37.
[5] Ebendas., S. 38.

titätslehre, zu der sich Schelling früher bekannt hatte, aufgegeben und ein Dualismus aufgestellt. Merkwürdig sind die „Philosophischen Untersuchungen über die menschliche Freiheit" (1809), wozu „Stuttgarter Privatvorlesungen"[1], das 1812 erschienene „Denkmal der Schrift von den göttlichen Dingen" und der Briefwechsel mit Eschenmeyer bezüglich der Abhandlung „über das Wesen der menschlichen Freiheit"[2] erläuternde Ergänzungen bieten. Jakob Böhme's theosophischmystische Anschauungen treten uns verarbeitet entgegen, und es wurde neuestens ausgesprochen, dass der Lausitzer nicht nur die nächste Veranlassung zu der neuen Wendung Schelling's im Philosophiren gab, sondern selbst den einen Hauptgedanken in seiner Abhandlung über die Freiheit, dass nichts Realität habe, als der Wille, geboten haben könnte.[3] In den philosophischen Untersuchungen über das Wesen der menschlichen Freiheit wird diese zugleich mit einer Geschichte Gottes entwickelt, wo dieser zuerst als Indifferenz, dann als Entzweiung und endlich als Versöhnung der Gegensätze gefasst wird, wobei sowol der Pantheismus, wonach Gott zum Urheber des Bösen wird, als auch der Dualismus, welcher „ein System der Selbstzerreissung und Verzweiflung der Vernunft" ist[4], vermieden werden soll. Es wird die von der Naturphilosophie aufgestellte Unterscheidung festgehalten, „zwischen dem Wesen, sofern es existirt, und dem Wesen, sofern es blos Grund der Existenz ist", und da „nichts vor oder ausser Gott ist, so muss er den Grund seiner Existenz in sich selbst haben"; dieser ist die Natur in Gott, „ein von ihm trennbares, aber doch unterschiedenes Wesen".[5] Von dieser ewigen Natur in Gott als Grund seiner Existenz, oder dem was nicht Gott ist, ist zu unterscheiden der existirende Gott als Verstand, durch den Gott offenbar wird. Auch die Dinge haben ihren Grund in dem, „was in Gott selbst, nicht er selbst ist, d. h. in dem, was Grund seiner Existenz ist;

---

[1] Aus dem handschriftlichen Nachlass (1810), beide im 7. Bde. der Ges. WW.

[2] Beide in Bd. 8 der Ges. WW.

[3] Erdmann, II, 554.

[4] VII, 354.

[5] S. 358.

dieser ist die Sehnsucht, die das ewige Eine empfindet, sich
selbst zu gebären"[1], und damit nimmt die Schöpfung ihren
Anfang. Diese Sehnsucht ist Wille, aber Wille in dem kein
Verstand ist, Wille des Grundes, von welchem zu unterscheiden ist der Wille der Liebe, wodurch Gott zur Persönlichkeit
wird. „Der Grund ist nur ein Wille zur Offenbarung, aber
eben damit diese sei, muss er die Eigenheit und den Gegensatz hervorrufen.[2] „Um als lebendiges, persönliches Wesen zu
existiren, muss Gott, nach dem Grundgesetz des Gegensatzes,
da ohne Gegensatz kein Leben, sich als Seiender von seinem
Sein scheiden, von dem, was Gottes Natur, was Materie, was
die Selbstheit oder der Egoismus in Gott genannt werden
kann. Indem Gott dieses zur Unterlage des Allgemeinen
macht, hört er auf das in sich Finstere, Verschlossene zu sein,
dies ist Liebe, wodurch er expansiv zum Wesen aller Wesen,
zur geistigen Persönlichkeit wird. Der Anfang des Bewusstseins in ihm ist also, dass er sich von sich selbst scheidet,
sich selber entgegensetzt, er hat demnach zwei Potenzen oder
Principien in sich. Im noch unbewussten Zustand erkennt er
sich aber weder in der einen noch in der andern, mit dem
anfangenden Bewusstsein geht diese Erkennung vor sich. Das
Höhere in Gott drängt das Niedere, mit dem es bisher in Indifferenz oder Mischung war, gleichsam von sich weg, und
umgekehrt, das Niedere sondert durch seine Contraction sich
selbst von dem Höhern ab. Dies ist der Anfang seines Bewusstseins, seines Persönlichwerdens. Dieses untergeordnete
Wesen, dieses Dunkle, Bewusstlose, was Gott von sich als
seinem Wesen beständig hinwegzudrängen, auszuschliessen
sucht, ist die Materie, der bewusstlose Theil von Gott. Das
Reale, Bewusstlose ist das Sein Gottes rein als solches; das
Ideale ist der seiende oder existirende Gott, ist das Subject
des Seins, während das Bewusstlose nur das Prädicat dieses
Subjects ist. Dieses Sein in Gott ist der göttliche Egoismus,
als die Kraft, wodurch Gott als ein eigenes Wesen besteht,
ist der Exponent oder die Potenz, unter welcher das göttliche
Wesen gesetzt ist. Dieser Potenz der Egoität steht eine
andere der Liebe entgegen und mit dem Gegensatz wird das
Göttliche erweckt. Alles, was Gott ist, ist er also durch sich

---

[1] S. 359.   [2] S. 375.

selbst, denn er ist ein wirkliches Wesen, das von sich selbst
ausgeht, um zuletzt wieder rein in sich selbst zu endigen.
Also mit einem Worte: Gott macht sich selbst. [1] Der ganze
Process der Weltschöpfung, der noch immer fortwährende
Lebensprocess in der Natur und in der Geschichte ist eigentlich nichts anderes als der Process der vollendeten Bewusst-
werdung, der vollendeten Personalisirung Gottes. [2] Wie in
Gott das Dunkel vor ihm hergeht und die Klarheit erst aus
der Nacht seines Wesens hervorbricht, so fängt „alles lebendige Dasein von der Bewusstlosigkeit an, von einem Zustande,
worin noch alles ungetrennt beisammen ist, was sich hernach
einzeln aus ihm evolvirt". Wir haben, wie Gott, dieselben
zwei Principien in uns „und von dem Augenblick an, dass
wir sie gewahr werden, dass wir uns in uns selbst scheiden,
und uns selbst entgegensetzen, und uns selbst über den niedrigern erheben, von dem Augenblicke hebt das Bewusstsein
an", welches aber darum noch nicht volles Bewusstsein ist.
Denn „das ganze Leben ist eigentlich nur ein immer höheres
Bewusstwerden. Die meisten stehen auf dem niedrigsten
Grade, und vielleicht keiner kommt im gegenwärtigen Leben
zur absoluten Klarheit, immer bleibt noch ein dunkler Rest". [3]
Auch nach der ewigen That der Selbstoffenbarung ist zwar in
der Welt, wie wir sie jetzt erblicken, alles Regel, Ordnung,
Form; „aber immer liegt noch im Grunde das Regellose, der
nie aufgehobene Rest, das, was sich nicht in Verstand auf-
lösen lässt, sondern ewig im Grunde bleibt. Aus diesem Ver-
standeslosen ist im eigentlichen Sinne der Verstand geboren.
Ohne dies vorausgehende Dunkel gibt es keine Realität der
Creatur. Alle Geburt ist Geburt aus Dunkel ans Licht". [4]
Das Princip, sofern es aus dem dunkeln Grunde stammt und
dunkel ist, ist die Selbstheit, der Eigenwille der Creatur als
blosse Sucht oder Begierde, d. h. blinder Wille. Durch dieses aus dem Grunde der Natur emporgehobene Princip, durch
Selbstheit oder Eigenwille, wird der Mensch von Gott geschieden, ist aber durch die Einheit mit dem idealen Princip

---

[1] Stuttgarter Privatvorlesungen, S. 432 fg.
[2] Ebendas.
[3] Ebendas.
[4] Wesen der menschlichen Freiheit, S. 360 fg.

Geist. „Die Selbstheit als solche ist Geist, oder der Mensch ist Geist als selbstisches, besonderes, von Gott geschiedenes Wesen." [1] Diesem Eigenwillen steht der Verstand als Universalwille gegenüber, der jenen als Werkzeug gebrauchend, sich unterordnet. Diese beiden Principien, in Gott in unzertrennlicher Einheit, sind im Menschen zertrennlich, und die Selbstheit oder der Eigenwille kann streben, als Particularwille zu existiren, es kann im Willen des Menschen eine Trennung der geistig gewordenen Selbstheit entstehen. Darauf beruht die Möglichkeit des Guten und Bösen. Denn jene Erhebung des Eigenwillens ist das Böse, wo der Wille sich als allgemeinen Willen zugleich particular und creatürlich zu machen sucht, das Verhältniss der Principien, den Grund über die Ursache umzukehren strebt, um den Geist, den er nur für das Centrum erhalten, ausser demselben und gegen die Creatur zu gebrauchen. Daraus erfolgt Zerrüttung in ihm selbst und ausser ihm. [2] Ist der Eigenwille selbst aus dem Centrum als seiner Stelle gewichen, so ist auch das Band der Kräfte gewichen, statt desselben herrscht ein blosser Particularwille, der die Kräfte nicht mehr unter sich, wie der ursprüngliche, vereinigen kann, und daher strebt aus den voneinander gewichenen Kräften, dem empörten Heer der Begierden und Lüste, ein eigenes und absonderliches Leben zu formiren. Da es aber kein wahres Leben sein kann, welches nur in den ursprünglichen Verhältnissen besteht, so entsteht zwar ein eigenes, aber ein falsches Leben, ein Leben der Lüge, ein Gewächs der Unruhe, der Verderbniss. [3] Das Böse besteht sonach nicht im Eigenwillen, auch nicht in der Trennung desselben vom Universalwillen, sondern in einer verkehrten Einheit beider. „Der Grund des Bösen muss in dem höchsten Positiven liegen, das die Natur enthält, in dem Urwillen des ersten Grundes." [4] Das Positive ist immer das Ganze oder die Einheit, das ihm Entgegenstehende ist Zertrennung des Ganzen, Disharmonie der Kräfte. „In den zertrennten Ganzen sind die nämlichen Elemente, das Materiale in beiden ist dasselbe; aber das Formale ist ganz verschieden, und dieses Formale kommt eben aus dem Wesen hervor, daher im

---

[1] Ebendas., S. 364. [2] S. 365. [3] S. 368. [4] S. 369.

Bösen wie im Guten ein Wesen sein muss, aber in jenem
ein dem Guten entgegengesetztes, das die in ihm enthaltene
Temperatur in Distemperatur verkehrt. — Denn es ist nicht
die Trennung der Kräfte an sich Disharmonie, sondern die
falsche Einheit derselben, aber eben jene falsche Einheit zu
erklären, bedarf es etwas Positives, welches im Bösen angenommen werden muss."[1]   „Der Teufel nach der christlichen
Ansicht war nicht die illimitirteste Creatur", und Unvollkommenheit ist im allgemeinen nicht der gewöhnliche Charakter des Bösen.[2]   Das Böse ist der Urgrund zur Existenz,
inwiefern dieser im erschaffenen Wesen zur Actualisirung
strebt, also die höhere Potenz des in der Natur wirkenden
Grundes, der aber nur ewig Grund ist, ohne selbst zu sein,
sowie das Böse nie zur Verwirklichung gelangen kann, sondern nur als Grund dient, damit aus ihm das Gute aus eigener Kraft sich herausbilde, in diesem sich selbst als Geschiedenes erkenne.[3]   Das vor dem Erkennen vermuthete Sein ist
reales Selbstsetzen, es ist ein Ur- und Grundwollen, das sich
selbst und die Basis aller Wesenheit ist.[4]   Die allgemeine
Möglichkeit des Bösen besteht sonach darin: dass der Mensch
seine Selbstheit, anstatt sie zur Basis, zum Organ zu machen,
vielmehr zum Herrschenden und zum Allwillen zu erheben,
dagegen das Geistige in sich zum Mittel zu machen streben
kann.[5]   Ist in dem Menschen das finstere Princip der Selbstheit, des Eigenwillens ganz vom lichten Principe, dem Universalwillen durchdrungen, so ist Gott, die ewige Liebe als
Band der Kräfte in ihm; sind aber die beiden Principien in
Zwietracht, „so schwingt sich ein anderer Geist an die Stelle,
da Gott sein sollte, der umgekehrte Gott nämlich, jenes durch
die Offenbarung Gottes zur Actualisirung erregte Wesen, das
nie aus der Potenz zum Actus gelangen kann, aber immer
sein will, das daher mit Recht nicht nur als Feind aller Creatur
und vorzüglich des Menschen", sondern auch als Verführer
desselben dargestellt wird, der ihn zur falschen Lust und
Aufnahme des Nichtseienden in seine Imagination lockt, worin
er von der eigenen bösen Neigung des Menschen unterstützt
wird.[6]   Im Bösen „ist der sich selbst aufzehrende und immer

---

[1] S. 370 fg.   [2] S. 368.   [3] S. 378.   [4] S. 385.   [5] S. 389.
[6] S. 390.

vernichtende Widerspruch, dass es creatürlich zu werden
strebt", indem es „das Band der Creatürlichkeit vernichtet,
und aus Uebermuth, alles zu seyn, ins Nichtsein fällt".[1]
Das Böse kann aber nur „wirken durch Misbrauch des Guten"[2], und „das Ende der Offenbarung ist Ausstossung des
Bösen vom Guten".[3]

Auf Grund Schelling'scher Ideen versuchte Daub (1765 —
1836) in seiner Schrift: „Judas Ischariot oder das Böse im
Verhältniss zum Guten" (1816 — 18) die Idee des Bösen oder
den Satan in eigenthümlicher Weise zu betrachten und als
Persönlichkeit zu construiren. Der Titel „Ischariot" scheint auf
die adäquateste Erscheinung des (subjectiv) Bösen hinzudeuten[4], da sein Verhältniss zum Bösen, „nicht das des Satans
zu Belzebub, nicht das des an sich Bösen zu diesem selber"
war, sondern blos „das Verhältniss des mit dem Bösen behafteten Guten zu dem Bösen an sich, oder des Menschen
zum Satan oder Belzebub".[5] Der Verfasser sucht, unbeschadet der Idee des Guten oder Gottes, den Ursprung und das
Wesen des Bösen zu begreifen. Denn, obschon der Mensch
an dem Bösen in ihm, sobald er es zu erkennen anfängt,
schuldig ist, so trifft doch die schwerere Schuld den Teufel,
oder wie man das nennen will, woraus und wovon alle Sünde
und Lasterhaftigkeit in der menschlichen Natur anhebt.[6] Das
Böse ist zwar in der Schöpfung, „aber nicht aus ihr, sondern
aus sich selbst werdend geworden", es ist die Position seiner
selbst, folglich nicht nur die Negation des Guten, sondern
zugleich auch in Opposition gegen dasselbe. „Der Satan ist
nicht Gottes Leugner, sondern Gottes Feind, nicht Atheist,
sondern Antichrist."[7] Das Böse an sich „ist nicht etwa mit
Mangel nur behaftet, sondern der Mangel selbst, gleich Null
oder Negation; aber in ihm ist es selber und insofern ist es
nicht Null, nicht Nichts, sondern das Böse. Sich entziehend
dem Guten und sich allein auf sich beziehend, erkennt es
sich; dieses Erkennen ist ein zugleich Sichselbsthassen, dieser
Selbsthass, das Böse in dem Bösen (die Position in der Negation) ist bedingt durch ein Verkennen, mithin durch ein
Hassen des Guten".[8] Von diesem an sich Bösen (dem Satan)

---

[1] S. 391.   [2] S. 404.   [3] S. 405.   [4] Vgl. Heft I, S. 19, 178.
[5] I, 46.   [6] S. 48.   [7] S. 131.   [8] S. 136.

ist zu unterscheiden „das subjectiv Böse, das des Menschen, vorerst als die Negation des Guten in dem Guten, welches die Position selber ist".[1] Das an und für sich Böse ist „allenthalben und immerdar, weder blos hier, noch blos da, weder jetzt noch dann". Wird es „als ein Einzelnes, als Eins unter Vielen und als Individuum (als der Satan und dieser als Einer und als der Erste unter den gefallenen Engeln) vorgestellt, so kann zu solcher Vorstellung durch die Schuld der Menschen sich der Aberglaube und der Wahn gesellen, als sei der Böse leibhaftig erschienen".[2]   „Wie das an sich Gute persönlich, wie Gott der lebendige Gott, so auch ist das an sich Böse persönliches Wesen und kann von den Menschen als ein Individuum, ja als eine Mehrheit von Individuen vorgestellt werden."[3]   Es ist persönlich, ohne selbst ein Individuum zu sein, treibt aber in allen ihm ergebenen Individuen sein Wesen.   „Das Sein des an sich Guten setzet nicht voraus das an sich Gute (Gott ist, weil er ist), aber das Sein des an sich Bösen setzt voraus das an sich Böse, der Teufel ist, weil er sich selbst hervorgebracht und gewollt hat".[4]   „Hätte der Satan nicht sich selber gewollt und gemacht, so würde er weder sein, noch von den Menschen gedacht werden können."[5]   Das Böse setzt sich durch sich selbst voraus in dessen Persönlichkeit und ewiger Getrenntheit.   „Die Natur des an sich Bösen ist eine Persönlichkeit, deren Elemente ein lediglich das Böse erschaffender und begreifender Verstand und eine lediglich selbst wollende Willkür sind; seine Natur bringt es mit sich", dass Gottes Heiligkeit und Wahrheit verkannt werde, „dass nicht zwischen Gut und Bös gewählt, sondern allezeit das Böse gewollt, und dass es Ihn hassend, stets von sich selbst gehasst werde".[6] „Der Satan, in seinem Wissen vom Sein Gottes, ermangelt des Gewissens, denn mit seinem verrenkten Verstande vermag er nicht den Willen Gottes zu erkennen, und in seinem Verkennen der Natur Gottes ermangelt er der Freiheit des Willens."[7]   „Der Schöpfungsact des Bösen war zugleich ein Vernichtungsact der Freiheit des Willens und der Erkenntniss

---

[1] S. 139.   [2] S. 146.   [3] S. 147.   [4] S. 153.   [5] S. 154.   [6] S. 174.
[7] S. 175.

des Guten".[1] Das Böse verkennt die Wahrheit, weil es nicht
anders kann und widerstrebt dem Guten, weil es muss. „Der
Satan ist sein eigener Schöpfer und als solcher das wunder-
vollste Scheusal der Schöpfung, ... er ist das Princip der Unvernunft und Unnatur in der Natur selbst."[2] Er hasst das
Sein, und „darin erkennt man ihn als das absolut unvernünftige und unnatürliche Wesen, dass er alles, was ist und wird,
zu nichts machen will".[3] Die Entstehung des Bösen war
eine Störung der göttlichen Weltordnung, die in der Natur
und Vernunft sich regende Unnatur und Unvernunft, und
diese störende Regung begann weder mit noch wider, sondern
ohne den Willen Gottes. Denn damit das Gute, Freie, Vernünftige sich durch sich selbst bewähre, muss die Möglichkeit
der Entstehung seines Gegentheils auch in diesem selbst liegen.[4] In der von Gott aus nichts, d. h. absolut positiver-
weise erschaffenen Welt hat dieses an sich Böse in dem
Nichts absolut negativerweise sich selbst hervorgebracht,
„es ist die Substanz, die sich selber zum Princip und zu
ihrem Product ihren gegen alles gerichteten Hass hat"; es
ist die Position in der Negation und hat die Macht „in jede
Substanz, deren Princip die schaffende Kraft, und der die
Räumlichkeit aufgedrungen ist, die Nichtigkeit und so in jedes
räumliche Etwas Nichts zu bringen".[5] Mit der Macht des
Bösen im Weltall ist es wie mit der Macht des Guten, wir
erfahren sie nicht und erkennen sie doch. „Denn, wie das
Gute, so ist auch die Macht des Guten übernatürlich, und
wie das Böse, so ist auch die Macht, durch die das Böse bewirkt wird, und damit dasselbe wirkt, unnatürlich. Vom
Uebernatürlichen und Unnatürlichen ist gar keine Erfahrung
möglich."[6] Die göttliche Zulassung des Bösen kann nur den
Sinn haben: sie verhindert aus göttlicher Liebe nicht die Entstehung des Hasses, denn die Vernichtung des Bösen an sich
wäre zugleich die Vernichtung des Bösen in den Geschöpfen
und ihren Werken. Das Weltgesetz, eine der Schöpfung zu-
getheilte göttliche Macht, schränkt die der Natur, Freiheit
und Vernunft feindliche Macht ein, vernichtet sie aber nicht,
sondern lässt zu, „dass die, durch sie gegeneinander empörten

---

[1] S. 183. [2] II, 98. [3] S. 109. [4] S. 111. [5] S. 143.
[6] S. 303.

Weltkräfte einander anfeinden, und dass, indem so das Natur-, Freiheit- und Vernunftwidrige geschieht und die Unvernunft zur Wirklichkeit und Wirksamkeit kommt, das Gesetzwidrige selber geschehe".[1] „Das absolut Böse ist das Urprincip des sub- und objectiv Bösen und aller Grade des einen wie des andern." Weder die von Gott erschaffene (bedingt gute) Welt in der Selbstmacht ihrer zeugenden und bildenden Kräfte, noch die Menschheit in ihrer Vernunft und Freiheit, den Elementen ihrer Persönlichkeit, würden an dem Bösen theilhaben, wenn letzteres selbst nicht wäre, „der Mensch z. B. liesse sich nicht verführen, wenn er nicht verführt würde". „Der erste Schritt zur Sünde würde von ihm nicht gethan, wenn nicht die Sünde wäre", und „die Sündhaftigkeit würde weder entstehen noch zunehmen können, wenn nicht das Princip ihrer selbst, kurz das Urprincip des subjectiv und objectiven Bösen wäre".[2] Wodurch aber die Sündhaftigkeit im Menschen entstehen konnte, dass er sich verführen liess? „wird jeder für schlechthin unbegreiflich erklären, und darauf wird man wol immer die Antwort schuldig bleiben müssen".[3] „Die Notion des absolut Bösen ist wie ihr Object, absolut unvernünftig, unsinnlich, ja wider- und unsinnig, und wie ihr Princip, das unermesslich mächtige Nichts, das unendlich nichtige Etwas, eine unbedingte positive Negation, eine unbedingte negative Position."[4] Es „ist sich selber unerforschlich, denn es ist nichts Gutes in ihm, mittels dessen es auch nur die leiseste Ahnung von seiner Bosheit zu haben, geschweige das absolut Gute anzuerkennen und sich von ihm zu unterscheiden vermöchte".[5]

Gleichwie der Teufel, als absoluter Egoismus gefasst, eine contradictio in adjecto an sich trägt, da Absolutheit und Egoismus in Einheit sich nicht denken lassen, so ist bei Daub's Versuch, den Begriff des an sich Bösen zum persönlichen Wesen zu erheben, die Schwierigkeit im Wege, aus den angegebenen Elementen des an sich Bösen den Begriff der Persönlichkeit zu construiren. Wie lässt sich ein Wesen als persönliches denken, das absolut unvernünftig, unnatürlich ist, das der Freiheit des Willens absolut ermangelt und demnach auch des Gewissens, das absolut widernatürlich, ver-

---

[1] S. 179.   [2] S. 242.   [3] S. 247.   [4] S. 388.   [5] S. 465.

nunftwidrig und widersinnig ist? Mittels der vielen (besonders
im ersten Hefte) angezogenen Bibelsprüche scheint sich Daub
an die kirchliche Vorstellung von einem persönlichen Teufel
anzulehnen, eigentlich aber versetzt er die Negativität des
Begriffs, deren Nothwendigkeit zur Verwirklichung des absoluten Lebens in der Hegel'schen Philosophie[1] deutlich vorlag,
wie Strauss ganz richtig bemerkt[2], auf theosophischen Boden,
um einen Dualismus herauszubilden und das Princip des Bösen
in ein persönliches Wesen zu setzen. Zu einem bestimmten,
wirklich persönlichen Wesen im Sinne der hergebrachten Lehre
kommt es bei Daub nicht.

Im allgemeinen wurde, nach dem Vorgange des sogenannten ältern theologischen Rationalismus, die Lehre vom
Teufel von den Dogmatikern im ersten Viertel unsers Jahrhunderts vernachlässigt. Reinhard, der doch für supranatura-
listisch angeflogen gilt, ist zweifelhaft, ob die Schriftlehre vom
Teufel ernstlich gemeint, oder als „weise Herablassung zu
dem herrschenden Aberglauben" zu nehmen sei, womit er
eigentlich seine Annahme des letztern zu verrathen scheint,
ungeachtet seiner Vorsicht, mit der er sich dabei benimmt.[3]
In der Moral glaubt er „die Frage, ob und inwiefern auch
der Teufel unter die Ursachen des Sittlichbösen auf Erden
gezählt werden müsse, ganz unberührt lassen" zu können,
als „den höhern Speculationen der Dogmatik und Metaphysik"
angehörig.[4] „Gotteslästerliche Gedanken, die zuweilen in
der Seele entstehen, für Eingebungen des Teufels zu halten",
erklärt er ausdrücklich für einen „Wahn", der gefährlich
werden kann.[5] Dasselbe behauptet er in Bezug auf Religions-
zweifel[6], wie auch „das eitle Streben nach einer Verbindung
mit der Geisterwelt, mit gewissen mächtigen Dämonen in
Gemeinschaft" zu kommen.[7] De Wette, der die Vorstellungen vom Teufel „Volksvorstellungen" nennt, findet in Be-

---

[1] Phänomenol., S. 581. Religionsphilos., II, 207.
[2] Glaubenslehre, II, 16.
[3] Vorles. über die Dogm., S. 198.
[4] System der christl. Moral, 4. Aufl., I, 402, Anmerk. g.
[5] Ibid., S. 772.
[6] Ibid., II, 289.
[7] Ibid., I, 435 fg.

ziehung auf Jesus, dass sie „in seiner Ueberzeugung nur eine
sittlich ideale Bedeutung haben konnten. In anderer Hinsicht
gehört die Dämonologie nicht in das Christenthum".[1] Schleiermacher (1768—1834), dessen Werk: „Der christliche Glaube
nach den Grundsätzen der evangelischen Kirche im Zusammenhange dargestellt" (1821—30, 4. Ausgabe 1842) von Theologen als „das reifste Stadium seiner Schriften" bezeichnet wird,
liefert darin eine Kritik der Teufelslehre, die schon darum berühmt genannt werden müsste, weil sie zu vielfachen Erörterungen Anlass gab. Schleiermacher findet „die Vorstellung
vom Teufel, wie sie sich unter uns ausgebildet hat, so hal-
tungslos, dass man eine Ueberzeugung von ihrer Wahrheit
niemand zumuthen kann". Er stellt als die Hauptmomente in
der Vorstellung diese auf: „geistige Wesen von hoher Einsicht,
welche in naher Verbindung mit Gott lebten", sind „aus diesem Zustande freiwillig in einen Zustand des Widerspruchs
und der Empörung gegen Gott übergegangen". Hierin findet
Schleiermacher eine Menge Schwierigkeiten und zwar: 1) „Von
diesem sogenannten Fall der guten Engel" lassen sich, „je
vollkommener diese gewesen sein sollen, um so weniger andere
Motive angeben, als welche (wie z. B. Hoffart und Neid)
einen solchen Fall schon zur Voraussetzung haben". 2) Nimmt
man an, dass „auch nach dem Falle die natürlichen Kräfte
des Teufels unverrückt geblieben" seien, „so ist nicht zu begreifen, wie beharrliche Bosheit bei der ausgezeichnetsten
Einsicht sollte bestehen können", da dieser Einsicht doch jeder
Streit gegen Gott „als ein völlig leeres Unternehmen" vorkommen musste, und nur derjenige nach einer augenblicklichen
Befriedigung streben kann, dem es an wahrer Einsicht fehlt.[2]
Hat aber der Teufel bei seinem Falle „auch den schönsten
und reinsten Verstand verloren, ... so lässt sich auf der einen
Seite nicht einsehen, wie durch eine Verirrung des Willens der
Verstand für immer sollte verloren gehen können, wenn nicht
jene selbst schon auf einem Mangel an Verstand beruhte; auf
der andern Seite wäre nicht zu begreifen, wie der Teufel nach
einem solchen Verlust seines Verstandes noch sollte ein so

---

[1] Bibl. Dogmat., 2. Aufl., S. 221 (1818).
[2] I, § 44, S. 209.

gefährlicher Feind sein können, da nichts leichter ist als gegen das unverständige Böse zu streiten". 3) Auch das Verhältniss der gefallenen Engel zu den andern ist eben so schwer zurechtzulegen. „Denn wenn sie gleich waren und es doch für die einen nicht besondere persönliche Motive geben konnte, wie ist es zu begreifen, dass die einen gesündigt haben und die andern nicht?" Gesetzt auch, dass man annehme, alle Engel seien vor dem Falle des einen Theils derselben „in einem wandelbaren Stand der Unschuld gewesen", so bleibt es nicht minder schwierig zu begreifen, „wie die einen um einer That willen für immer gerichtet und verdammt, und die andern um eines Widerstandes willen für immer also confirmirt und versichert worden" seien, „dass sie hernach nie mehr haben fallen können". 4) Was den Zustand der gefallenen Engel nach dem Fall betrifft, so ist auch schwer zusammen zu denken, dass sie von grossen Uebeln bedrückt, noch grössere zu erwarten hätten, und doch zugleich aus Hass gegen Gott und um sich ihren übeln Zustand zu erleichtern, in einem thätigen Widerstand gegen Gott begriffen sein sollen, jedoch nichts wirklich ausrichten können, als mit Gottes Willen und Zulassung.[1] Sie würden ja in diesem Falle weit mehr Linderung ihrer Uebel und Befriedigung ihres Hasses finden, wenn sie gänzlich unthätig blieben. 5) Soll der Teufel mit seinen Engeln als ein Reich gedacht werden, wo alle einheitlich nach aussen und namentlich auf die menschlichen Angelegenheiten wirken, so ist dies nur denkbar, wenn der Oberherr allwissend ist, und vorher weiss, was Gott gestatten werde.[2] In der weitern Erörterung über diesen Gegenstand behauptet Schleiermacher, dass der Teufel in den neutestamentlichen Schriften zwar häufig vorkomme, aber „weder Christus noch die Apostel eine neue Lehre über ihn aufstellen, noch weniger diese Vorstellung irgend in unsere Heilvorstellung verflechten", daher „der Glaube an ihn auf keine Weise als eine Bedingung des Glaubens an Gott oder an Christum aufgestellt werden darf, und dass von einem Einfluss desselben innerhalb des Reiches Gottes nicht die Rede sein kann".[3] Christus oder die Apostel „bedienen sich dieser

---

[1] S. 210.   [2] S. 211.   [3] §. 45, S. 212.

Vorstellung, wie sie unter dem Volk im Schwange ging",
aber zu andern Zwecken, „ohne ihr dadurch eine neue Haltung oder Gewährleistung geben" zu wollen.[1] Mögen also
nur einige oder auch alle bezüglichen Schriftstellen vom Teufel
handeln, „so fehlt es uns an allem Grunde, diese Vorstellung
als einen bleibenden Bestandtheil in die christliche Glaubenslehre aufzunehmen".[2] Denn diese Vorstellung war in Christo
und seinen Jüngern nicht „auf irgendeinem Wege der Offenbarung erworben, sondern aus dem damaligen gemeinsamen
Leben her". Schleiermacher behauptet, die Frage über das
Dasein des Teufels sei gar keine christlich-theologische, sondern eine kosmologische im weitesten Sinne des Wortes, wie
etwa die über die Natur des Firmaments und der Himmelskörper. Nur so viel zeige das Vorkommen in der Bibel, dass
diese Vorstellung aus zwei oder drei verschiedenen Bestand-
theilen im jüdischen Volk zusammengeflossen sei, nämlich
aus der Vorstellung vom Bösen, als auskundschaftender Diener Gottes unter den andern Engeln in der Nähe Gottes, und
aus dem bösen Grundwesen des orientalischen Dualismus,
welche beiden Momente mittels der Fiction vom Abfall sich
ineinandersetzten, wozu dann noch ein drittes, das vom Todes-
engel, hinzugekommen sein kann.[3] Wie man das Gute dem
Dienste der Engel zuschrieb, so leitete man das Böse, dessen
Quelle man nicht entdecken konnte, vom Teufel her. Da nun
die Schrift in dieser Hinsicht auf unser Inneres verweist, und
die Beobachtung in Beziehung auf das Böse immer weiter
fortgesetzt werden soll, „so soll auch immer mehreres aufhören als Einwirkung des Teufels angesehen werden zu können, also auch von hieraus die Vorstellung allmählich veralten".[4]
Schleiermacher nennt es geradezu höchst gefährlich, „einen
Glauben an fortdauernde Einwirkungen des Teufels im Reiche
Gottes oder gar an ein dem Reiche Gottes gegenüber fortbestehendes Reich des Satans als christliche Lehre" aufstellen
zu wollen. Denn dadurch wird nicht nur das Bestreben, „alle
Erscheinungen in einer einzelnen Seele aus ihrer Eigenthümlichkeit und aus den Einflüssen gemeinsamen Lebens zu verstehen, gehemmt", sondern „zugleich der ohnedies so grossen
Neigung des Menschen, die Schuld von sich abzuwälzen, ein

---

[1] S. 213.   [2] S. 217.   [3] S. 218.   [4] S. 219.

bedenklicher Vorschub geleistet". „Wie es schon übel genug
wäre, wenn jemand im Vertrauen auf den Schutz der Engel
die ihm übertragene Sorge für sich und andere vernachlässigen
wollte: so gewiss noch gefährlicher, wenn statt strenger Selbstprüfung das aufsteigende Böse den Einwirkungen des Satans
zugeschrieben würde. Ja, da Einwirkungen des Satans im
strengen Sinne nicht anders als unmittelbar innerlich, also
zauberhaft sein können: so muss bei einem wirklichen Glauben
an solche das freudige Bewusstsein eines sichern Besitzes im
Reiche Gottes aufhören, indem alles, was der Geist Gottes
gewirkt hat, den entgegengesetzten Einwirkungen des Teufels
preisgegeben und alle Zuversicht in der Leitung des eigenen
Gemüths aufgehoben ist."[1] Ebenso muss der Glaube an ein
fortbestehendes Reich des Satans, wobei immer einzelne Menschen als seine Werkzeuge angesehen werden müssen, die
Freudigkeit des Muthes schwächen, die Sicherheit des Betragens gefährden und der christlichen Liebe verderblich werden.

Strauss unterliess eine eingehende Bekämpfung der Vorstellung vom Teufel, da er sie, zugleich mit der Lehre von den
Engeln, in unserer heutigen Weltanschauung „völlig entwur-
zelt" daliegen sieht. Er begnügt sich mit der Behauptung:
das Princip der Immanenz dulde weder ein der Menschenwelt
jenseitiges Geisterreich, noch gestatte es für irgendwelche
Erscheinungen jener die Ursachen in dieser aufzusuchen.[2] Im
Geiste der Hegel'schen Philosophie schrieb Marheineke sein
„System der christlichen Dogmatik" (1847). Er nennt die Vorstellung vom Teufel eine „Hypostasirung", wobei in der Dogmatik nicht zu verweilen, da nur der Gedanke, der sich
hypostasirt hat, von Interesse sein könne, ob er sich in mythologische oder symbolische Formen verlaufen, und die Personification poetisch oder fratzenhaft sein mag. Marheineke hält
es schon psychologisch, noch mehr dogmatisch für wichtig,
dem Ursprunge des Gedankens vom Teufel nachzuforschen,
und findet den Wahrheitsgehalt darin, „dass der Mensch den
subjectiven Gedanken des Bösen sich objectiv macht, und ihm
dadurch eine Macht gönnt über sich selbst". Das Umschlagen des Gedankens des Bösen in den bösen Gedanken selbst

[1] S. 220.
[2] Die christliche Glaubenslehre, II, 17 (1841).

ist das Satanische, wodurch von seiten des Menschen der
Unterschied von Gott zum Gegensatz und Widerspruch wird.[1]
Bei der Erklärung des Ursprungs des Bösen geht Marheineke
von der unmittelbaren Einheit des Menschen mit seinem
Schöpfer aus, dem Stande der Unschuld. Die erste Aufhebung
dieser Einheit ist der Unterschied des Geschöpfs von seinem
Schöpfer, zunächst nur als Negative der Einheit, als Möglichkeit des Bösen. Vom geschichtlichen Standpunkte betrachtet,
hat das Böse sein Dasein im Verderben der Welt; vom sittlichen, in der Welt und Natur. In deren Bewusstlosigkeit
liegt der Mangel an Vernunft und Freiheit. Welt und Natur
nimmt der Mensch zunächst als Gedanke in sich auf. Indem das Natürliche das menschliche Bewusstsein erreicht
hat, ist der Mensch das Denkende und das sich Denkende
zugleich, er unterscheidet sich im Bewusstsein von sich, und
bezieht sich in diesem Unterschiede auf sich selbst. „In diesem Sichselbstdenken oder Wissen ist erst die Natur vollkommen bei sich, die Welt hat sich als bewusstseiende erfasst." „So ist die Natur menschlich geworden, in dieser
Menschwerdung der Natur hebt schon von ferne das Böse
an."[2] Diese bewusstseiende Natur, die nur ihrer selbst sich
bewusst ist, keinen Gegenstand als sich selbst hat, ist das
sich selbst denkende und wollende Ich, als der natürliche
Mensch, der alles auf sich zu beziehen strebt, er ist die selbst-
süchtige Ichheit, hiermit auch abhängig von sich selbst. Nicht
das Dasein an sich, nicht die Welt und Natur, ebenso wenig
als das Bewusstsein, das Ich ist das Böse, sondern dieses
liegt vielmehr „in der Bewegung des Daseins in das Bewusstsein", in dem ausschliesslichen Festhalten des Ich, in dem
„Naturwerden des Ich", oder „Ichwerden der Natur". Es ist
das „Insichreflectiren des Daseins in das Bewusstsein, welches
zugleich das Sichinsichreflectiren des Daseins als Bewusstsein" ist, und dieses Reflectiren in sich ist das Verlieren der
Unschuld.[3] Das Böse seiner Wirklichkeit nach im allgemeinen ist „das Walten der Sinnenwelt in der Geisteswelt",
indem das Zeitliche als das Nichtewige, und das Räumliche
als das Nichttheilige, also das Nichtige vermittels der freien
Willkür des Willens zum Wirklichen gemacht wird. „Dieser

---

[1] S. 214.   [2] S. 212.   [3] S. 213.

Widerspruch ist das Böse an sich." „Das Böse geht darauf aus, Alles zu Nichts und Nichts zu Allem zu machen", es strebt immer wirklich zu sein, kann aber nicht dazu gelangen.[1] Da es alles Wesen, wahrhaft Seiende in Unwesentliches zu verwandeln, das Sciende zu vernichten strebt, äussert es sich in seinen zerstörenden Wirkungen, und „kann sich nur an dem Seienden propagiren".[2] Gut kann der Mensch nur sein durch den Geist, den freien Willen, „dem Bewusstsein allein gehört das Gutsein an", also nicht der Natur; „die Natürlichkeit, die Unmittelbarkeit des Herzens ist es vielmehr, dem entsagt werden muss". Denn die Bestimmung des Menschen ist nicht „Naturmensch" zu bleiben, sondern „Geistmensch" zu sein, „was der Mensch sein soll, ist in das Gebiet der Freiheit verlegt".[3] Die Vorstellung vom Teufel ist wesentlich der Gedanke eines bösen Geistes, „der als solcher der Verführende ist, als das abstract böse Wesen, als das Grundböse". „Er ist das reine Abstractum von dem Bösen im Guten, also ein solches Böses, welches nicht im Guten ist, und nichts Gutes an ihm hat."[4]

Die neuere Mystik und Orthodoxie nahm sich des persönlichen Teufels, wie Hase sagt, „aus Neigung"[5] an, so Jung Stilling[6], Eschenmayer[7], Ebrard[8]. Ebrard will den Teufel nicht als „Idee", sondern als „historische Person" gefasst wissen[9], und ist daher gegen die Schleiermacher'sche Argumentation[10], leugnet jedoch, dass es ein Dogma vom Teufel im strengen Sinne gebe, „sofern nämlich nicht jede historisch-wahre Nachricht der Heiligen Schrift Dogma ist". Unter den Satanologen der neuern Zeit wird Martensen besonders hervorgehoben, als einer, der die Lehre vom Teufel „der Wissenschaft gerechter werden zu lassen" versucht.[11] Martensen will in seiner christlichen Dogmatik[12] „den nothwendigen Zusammenhang dieser

[1] S. 218. [2] S. 219. [3] S. 222. [4] S. 228.
[5] Dogmat., S. 186.
[6] Theorie der Geisterkunde, S. 808.
[7] Religionsphilosophie (1822), II, 213 fg.; Twesten, II, 1, S. 361 fg.
[8] Dogmat., §. 240; Evangel. Kirchenz., 1853, Nr. 7 fg.
[9] Christl. Dogm. (1851), I, 293, Anm. 3.
[10] S. 292, Anm. 2.
[11] Schenkel, Christl. Dogmatik, II, 286.
[12] Aus dem Dänischen, 1850; 2. verbess. Aufl. 1853.

Lehre mit dem christlichen Ideenkreis nachweisen, die Lehre
vom Teufel darstellen, als die Lehre vom bösen Princip, so
wie dieses unter den Voraussetzungen des Christenthums
möglich ist".[1] Nach Martensen hat das Böse „keine Wirklichkeit an sich selber", es wirkt aber „als ein Reich der
Negativität", in seiner Entwickelung bedingt durch das „Reich
des Guten, der wahren Wirklichkeit". Das Reich des Bösen
ist nicht die sündige Menschenwelt als solche, diese schliesst
„den Keim des Guten" in sich ein, „hat wesentlich eine Richtung zum Reiche Gottes" und offenbart auf jeder geschichtlichen Entwicklungsstufe „ein relativ Gutes". Es gibt ein
Reich von Kräften und Mächten, die alle gegen das Reich
Gottes conspiriren, es ist in einem unaufhörlichen Streben
begriffen, sich als die wahre Wirklichkeit zu organisiren, es
gewinnt auch in den sündigen Menschen seine Werkzeuge,
die für dämonische Zwecke arbeiten. Dieses Dämonische ist
das Böse, als rein übersinnliche, rein spirituelle Macht, und
der Kampf dieses Reichs wiederholt sich durch die ganze
Geschichte.[2] Der Mittelpunkt dieses dämonischen Reichs ist
der Teufel, Satanas, Antichrist, Fürst dieser Welt, dieser ist
„nicht das Böse in dieser oder jener Beziehung, sondern das
Böse an und für sich, der böse Geist als solcher, nicht blos
ein einzelnes böses Geschöpf, nicht blos einer von den vielen
Dämonen, sondern das böse Princip selber in persona".[3] In
der Vorstellung vom Teufel als einem übermenschlichen, aber
doch natürlichen Geiste, der ursprünglich gut war, aber Gottes Feind wurde, findet die christliche Anschauung vom Wesen des Bösen ihren Ausdruck, und ist der bestimmte Gegensatz gegen den heidnischen Dualismus darin enthalten, sowie
der Gegensatz zur Auffassung, welche das Böse in die Sinnlichkeit, die Materie verlegt. Die Lehre vom Teufel ist in
dieser Hinsicht der Gegensatz zum Akosmismus. „Wird der
Teufel nicht blos in seinem Verhältniss zu Gott, sondern zum
Menschen betrachtet, so wird er als ausser dem Menschen
seiend vorgestellt", und „hierin liegt, dass das Böse der
menschlichen Natur fremd ist, ausser dem Begriff der menschlichen Natur liegt". Obschon das Böse in der Schöpfung

---

[1] S. 215.   [2] §. 99.   [3] §. 100.

aufgekommen ist [1], kann es doch „nicht selbst einzelnes Geschöpf sein", sondern „nur als universelles Princip gedacht
werden", daher dem Teufel auch „eine gewisse Allgegenwart"
zukommt. Die Eigenschaften des bösen Geistes sind Macht,
als positiver Charakter des Bösen, und List; nichtsdestoweni-
ger ist sein Reich doch nur das der Lüge, denn seine Macht
ist nur eine zeitliche Macht, er seinem Begriffe nach der
ewig Ausgestossene und Verdammte, der böse Geist vermag
daher nur Satanas zu sein. [2] Martensen findet die tiefste Voraussetzung der Lehre vom Teufel in dem Dogma vom „Sohn
Gottes". Das Christenthum erkennt das Böse darin, was der
Offenbarung des Sohnes entgegensteht, sich an dessen Stelle
setzen will. Das böse Princip ist daher „das kosmische Princip", sofern dasselbe seinen creatürlichen Charakter verleugnet
und in falscher Selbständigkeit dem heiligen Weltprincip oder
dem Sohne Gottes entgegensteht. Der Begriff des Teufels
fällt zusammen mit dem kosmischen Princip, hypostasirt als
negativer Geist, der zunächst nicht als einzelnes Geschöpf
gefasst werden muss. „Der Gegensatz zwischen Christus und
dem Teufel ist seiner innersten Bedeutung nach der Gegensatz
zwischen zwei Principien, Gott und Welt, zwischen dem heiligen Centrum und dem in falscher Selbständigkeit auftretenden Weltcentrum." [3] Wie das Gute erst als Persönlichkeit
wirkt, so auch das Böse, das nur als Wille gedacht werden

---

[1] Hierzu macht Schenkel (II, 287) die treffende Bemerkung: „Auf die
Frage, wie ein solches universelles, dem guten contradictorisch entgegengesetztes böses Princip in die ursprünglich vollkommene Schöpfung Gottes
eingedrungen sei, hat Martensen freilich nicht einmal den Versuch einer Antwort in Bereitschaft, ja seine Auffassung steht in dieser Beziehung sogar hinter
der herkömmlichen zurück. Wenn nach dieser das Böse in dem Falle eines
guten Engelfürsten seinen Ursprung genommen hat, so hat diese Vorstellung, wie wenig sie auch die Möglichkeit jenes Falles denkbar zu
machen vermag, doch darin Recht, dass sie die Entstehung des Bösen
auf dem ethischen Gebiete, in einer widergöttlichen persönlichen Selbstbestimmung aufsucht. Die Vorstellung von Martensen dagegen verlegt
den Ursprung des Bösen in die unpersönliche Schöpfung, und unter diesen Umständen bleibt dann keine andere Wahl, als das Böse entweder
pantheistisch aus der göttlichen Ursachlichkeit, oder manichäisch aus
einem aussergöttlichen Urprincipe zu erklären." Vgl. überhaupt Schenkel's Kritik der Martensen'schen Satanologie a. a. O.

[2] §. 101.	[3] §. 102.

kann. „Der Teufel, als kosmisches Princip, kann nur in
den Geschöpfen persönlich sein, die sich zu seinen Organen
machen." Eine solche Persönlichkeit ist immer nur eine werdende, die zwischen Wirklichkeit und Möglichkeit in der Mitte
schwebt. Als das böse Princip trachtet der Teufel unaufhörlich nach der Existenz, welche er nur in der Zeit, in dieser
Welt gewinnen kann, während die manichäische Anschauung
das böse Princip in einer fertigen abgeschlossenen Existenz
denkt. [1] Die empirische Frage: wie das böse Princip zuerst
aufgetreten? beantwortet Martensen folgendermassen: „Ursprünglich ist der Teufel das kosmische Princip, welches als
solches noch nicht böse ist; er ist ferner das versuchende,
das anfechtende Princip, welches den Menschen im Paradiese
verführt, aber noch ist er nicht böse, noch ist er nur die
Möglichkeit zum Teufel, in der Schlange dämmert nur der
böse Geist, in ihr ist der Satan, sozusagen, nur noch in
den Windeln. Der wirkliche Teufel, das persönliche Böse
wird er erst, wenn der Mensch ihn in das Bewusstsein hinein-
gelassen hat. Der Mensch also ist es, der dem Teufel Dasein gibt: aber hieraus folgt nicht, dass der Mensch nur sein
eigener Teufel ist. Denn es ist ein anderes, ein übermenschliches Princip, welchem durch den Menschen zur Existenz
verholfen wird, eine versuchende und verführende, eine besessen machende und inspirirende Macht, zu welcher der Mensch
sich verhält wie zum Nicht-Ich." [2] Im Hinblick auf die biblische Tradition und die kirchliche Anschauung, die einen
persönlichen Abfall von Gott vor dem Abfall des Menschen
kennt, muss Martensen freilich sagen, dass das negative Princip nicht nur in der menschlichen Schöpfung Persönlichkeit
gewonnen habe; der Begriff „Engel" habe zwar „dieselbe
Biegsamkeit, die im Begriffe Geister" liegt, und sei „keineswegs nothwendig überall bei Engeln an persönliche Geister
zu denken"; die Engel in der Heiligen Schrift seien „bald
blosse Personificationen, bald Zwischenwesen zwischen Persönlichkeit und Personification", aber Martensen nimmt doch
an, „dass es unter den Engeln persönliche Geister" gebe,
„und unter diesen solche, welche von Gott abgefallen sind".
Der Oberste der Teufel, den die Offenbarung kennt als An-

---

[1] §. 103.   [2] §. 104.

fänger des Abfalls, ist „unter allen Geschöpfen dasjenige, welches sich zur Centraloffenbarung des kosmischen Princips (als des bösen Princips) zu machen vermochte, in welchem dieses Princip die vollständigste Persönlichkeit gewinnen konnte, sodass es dessen vollkommenster Repräsentant und· Träger ist". Das bisher Entwickelte wird von Martensen näher dahin bestimmt: „das böse Princip hat keine Persönlichkeit an sich selber, sondern gewinnt nur in seinem Reiche eine Universalpersönlichkeit, hat keine individuelle Persönlichkeit ausser in den einzelnen Geschöpfen; unter diesen aber gibt es ein Geschöpf, in welchem dieses Princip so hypostasirt ist, dass es der persönliche Mittelpunkt und das Haupt im Reiche des Bösen geworden ist."[1] „Also jenseit der Menschenwelt hat das Böse seinen geheimnissvollen Ursprung, hat es eine Geschichte gehabt, bevor es eine Geschichte erhielt auf Erden." Die Denkbarkeit eines Geschöpfs als Centraloffenbarung des Bösen, die „in besonderm Sinne der Böse heissen kann", meint Martensen, werde keine Speculation mit Grund leugnen können, sowie „gegen die Denkbarkeit des Teufels als eines bösen Geschöpfs sich nichts einwenden" lasse; „wol aber muss gesagt werden, dass sein Wesen sich weder begreifen noch anschauen lässt". Und zwar: weil wir nicht begreifen, „wie ein einzelnes Geschöpf die Centraloffenbarung des Bösen werden kann", welches seine kosmische Stellung und Bedeutung ist; so wenig wir die reale Möglichkeit zu diesem bösen Geschöpf, zu seiner Macht und Einwirkung auf die Menschenwelt einzusehen vermögen, ebenso wenig vermögen wir es anzuschauen, weil die absolute Bosheit vor der Anschauung sich immer in ein Abstractum verwandelt.[2]

Lücke bekämpft ganz entschieden und mit seinem gewohnten sittlichen Ernst den Glauben an den persönlichen Teufel, der „in seiner unkritischen und empirischen Fassung immer in müssige Speculationen und mythisirende Phantasiespiele ausartet, und so oft praktisch schädlich wird"[3]; er bemerkt, dass der

---

[1] §. 105.   [2] §. 106.

[3] Lücke, über Dr. Martensen's Christliche Dogmatik, insbesondere über seine Lehre vom Teufel. Deutsche Zeitschrift für christliche Wissenschaft und christliches Leben, 1851, Nr. 7 fg., S. 68.

christliche Glaube in seiner grössten Bescheidenheit und Mu-
thigkeit an dieser dogmatischen Vorstellung oft schwer zu
tragen und manche Gefahr zu bestehen gehabt habe[1], und
kann „die vornehme Verachtung und Abfertigung der Schleiermacher'schen Kritik von seiten der sogenannten Speculativen
und Conservativen weder für gerecht noch für gefahrlos"
halten.[2] Lücke sieht in der kirchlich überlieferten Vorstellung vom Teufel einen manichäischen Dualismus. „Ich gestehe,
ausser Stande zu sein, mir die absolute Verteufelung des
Willens einer Creatur ohne Verteufelung seiner Natur zu
denken, der absolut böse Teufel ist mir nur in der dualistischen Fassung wahrhaft denkbar."[3] Es steht ihm „nichts
fester als dieses, dass diese Lehre (vom Bösen) in der Schrift
noch zwischen Begriff und Bild oder Symbol schwebt, oder
was dasselbe ist, aus einer gewissen geistigen Keuschheit oder
edlen Vorsichtigkeit zu keiner festen lehrbegrifflichen Bestimmtheit gekommen ist".[4] Johann Peter Lange lässt in seiner
Schrift „Positive Dogmatik" (1851, als zweiter Theil der christlichen Dogmatik) „die Menschheit auf dem Wege ethischer
Ahndung unter dem Einfluss des Geistes Gottes zu der Erkenntniss gelangt" sein, „dass es ein Gebiet gefallener Geister
Gottes gebe und einen Fürsten desselben, welcher auf den
Fall des Menschen verderblich mitgewirkt habe", welche Anschauung „nach ihren ersten Anfängen schon dem ersten in
die Sünde gefallenen Menschen beigelegt" wird. Die biblische
Lehre vom Satan ist aber von den heidnisch dualistischen
Gestalten der bösen Götter wohl zu unterscheiden, indem jener
eine gefallene, „durchaus abhängige Creatur" ist, die stets
„ein ohnmächtiges Werkzeug der Vorsehung" bleibt.[5] Lange
macht auch einen Unterschied „zwischen der symbolischen
Darstellung einer Versuchung und dem begrifflichen Gehalte
desselben", sowie „zwischen der symbolischen Bedeutung des
Satans in der Sprache des Glaubens und dem dogmatisch begrifflichen Charakter desselben". Nach der symbolischen Bezeichnung ist der Satan das verkörperte, personificirte Böse
selbst: der Repräsentant und das Bild aller versucherischen
Mächte, d. h. aller lähmenden Einwirkung böser Sympathien

---

[1] S. 57.   [2] S. 59.   [3] S. 166.   [4] S. 64.   [5] S. 559.

und Stimmungen. Nach der dogmatischen Bestimmung seines
Wesens kann er nur gedacht werden „als eine beschränkte,
gefallene, tief in die Bosheit versunkene, in ihrer Substanz
aber der Schöpfung wie der Vorsehung Gottes anheimfallende,
mithin keineswegs absolut böse, sondern im Bösen auch immer
noch mit sich selber, mit ihrem eigenen Lebensgrunde zerfal-
lene Creatur". Lange sieht in der Lehre vom Satan ausgesprochen, „dass die menschliche Seele ein Sensorium des Alls
sei, auch in Bezug auf die überirdischen, aussermenschlichen
bösen Einflüsse".[1] Die Lehre vom Teufel in ihren Grund-
zügen leitet Lange „aus dem sittlichen Tiefsinn religiöser Genien" her, „welche in ihrer Ahnung der dämonischen Wirkungen einer überirdischen Geisterwelt von dem Geiste Gottes
erleuchtet worden sind", daher auch Christus über das Reich
des Satans die tiefsten Aufschlüsse gegeben hat. Der Anfang
dieses Reichs liegt darin, dass ein mächtiger Geist der jenseitigen Welt zum Empörer wider Gott geworden ist, und
dieses jenseitige Reich ist dadurch zum diesseitigen geworden,
dass der Fürst desselben, der Teufel, die ersten Menschen zum
Falle gebracht hat. Der eigenthümliche Wirkungskreis des
dämonischen Reichs besteht in der Zersetzung der christolo-
gischen Wahrheit. Die Macht des finstern Reichs liegt darin,
dass es die Wahrheiten und Lebensbilder des Menschen zum
voraus in Schein- und Zerrbildern darstellt. Die Ohnmacht
dieses Reiches aber liegt darin, dass es auf Trug erbaut ist,
und dass die göttliche Gnade durch die Sendung Christi allen
Zerrbildern die reinen Urbilder der Wahrheit gegenüberstellt.[2]
„Der Teufel als Symbol ist absolut böse, dagegen jene gefallene Creatur kann nicht absolut böse sein." „Der schlimmste
Böse ist uns das Symbol des absolut Bösen. Wir haben eben
nach seiner Stellung zu uns kein anderes ethisches Verhältniss
zu ihm, als dass wir in ihm den Repräsentanten der Sünde
sehen müssen", woraus aber nicht folgt, „dass er auch das
absolut Böse sein könne in seiner substantiellen Individualität", nach der Beziehung Gottes zu allem Geschaffenen, Substantiellen kann er das „schlechterdings nicht sein".[3] Als
unzweifelhaft individuelle Persönlichkeit, die sinnlich wahrgenommen werden kann, will Vilmar den Teufel aufgefasst

---

[1] S. 360 fg.   [2] S. 162 fg.   [3] S. 575.

wissen und macht dies einem richtigen Theologen zur Bedingung. „Es kommt darauf an, wenn man recht lehren und die Seelen recht behüten will, des Teufels Zähnefletschen aus der Tiefe gesehen (mit leiblichen Augen gesehen, ich meine das ganz unfigürlich) und seine Kraft an einer armen Seele empfunden, sein Lästern, insbesondere sein Hohnlachen aus dem Abgrund gehört zu haben."[1] J. Chr. K. von Hofmann scheint die Erscheinung des Teufels auf die Versuchung des Herrn beschränken zu wollen.[2] G. Thomasius in „Christi Person und Werk"[3] fasst den Teufel „nach der Schrift" als den argen Geist, die persönliche Macht des Bösen, „nicht das personificirte oder sich personificirende kosmische Princip, wie Martensen will, sondern ein geistig persönliches Wesen, das sich selbst ins Widergöttliche, zum Widersacher Gottes, und damit eo ipso zum Feind alles Guten und Wahren in der göttlichen Schöpfung verkehrt hat", und den Mittelpunkt „eines Reiches ihm gleichartiger Geister" bildet. Seine Herrschaft über die Menschen vermittelt sich durch die Sünde, und sein Reich ist die Welt.[4] In der unerlösten Menschheit herrscht er mit unbestrittener Macht, im Heidenthum, im sittlichen Verderben u. s. f., und wie die Macht des Todes Leib und Seele ergreift, so erstreckt sich die Wirkung des Satans auch auf das leibliche Leben, Krankheiten, zahllose Uebel u. s. f. So passiv sich Thomasius andern Auffassungen gegenüber verhält, um so grössern Eifer legt der Superintendent Sander für den persönlichen schriftgemässen Teufel und gegen dessen Bekämpfer an den Tag in seiner kleinen Schrift: „Die Lehre der Heiligen Schrift vom Teufel" (1858). Von den Zeugnissen der Heiligen Schrift für die Existenz und Wirksamkeit des Satans stellt Sander die Versuchungsgeschichte obenan, der gegenüber alle Deutungsversuche „eines gröbern oder feinern Rationalismus zu Schanden geworden sind", und selbst „Schleiermacher, trotz seiner sonstigen Künste, die Lehre vom Dasein und der Wirksamkeit des Teufels zu beseitigen, trotz seiner Kühnheit oder Vermessenheit, das bestimmte Ja der Schrift in ein

---

[1] Die Theologie der Thatsachen (1856), S. 39.
[2] Schriftbeweis, 2. Aufl., I, 441.
[3] Darstellung der evangelisch-lutherischen Dogmatik.
   2. Aufl., I, 294.

Nein zu verwandeln", bei der Gelegenheit sich nur hypothe-
tisch ausspreche, und nicht gewagt habe, „die Versuchungsgeschichte als Geschichte in Abrede zu stellen".[1] Obschon
die Versuchungsgeschichte nicht nöthige, eine vollständige Lehre
vom Teufel zu construiren, so lehre sie doch das Dasein des
Teufels.[2] Sander macht bei dieser Geschichte besonders aufmerksam, „dass die persönliche Erscheinung des Satans auf
Erden, da er in der Gestalt eines Menschen oder Engels zu
einem Menschen, wie ein Mann mit einem Manne reden, ver-
handeln darf, in die Zeit verlegt wird, wo der volle Mittags-
glanz der Geschichte hell am Himmel strahlt". In den Büchern
Moses' findet Sander, „das prooemium Genes. cap. 3 abgerechnet", keine bestimmte Hinweisung auf die Lehre vom Satan,
auch nicht in den ältern Büchern des Alten Testaments, Hiob
ausgenommen, erst in der nähern Berührung mit den Chaldäern, Persern u. a.[3] „In der Fülle der Zeit, da Gott offenbaret ist im Fleische, darf auch der Satan unverhüllt auf dem
Schauplatz der Geschichte erscheinen", und „wie er in die
Geschichte hineintritt, das Heilswerk aufhalten will, sagen
uns die Berichte der Evangelisten, die Zeugnisse in den apostolischen Briefen und das prophetische Wort, das uns in die
Endgeschichte der Entwickelung des Reiches Gottes ... hin-
weiset". In diesen Zeugnissen erkennen wir auch, „wie in
die ganze Entwickelungsgeschichte des Reiches Gottes, ja in
die Heilsordnung die Vorstellung vom Satan verflochten ist";
„wie der Herr und seine Apostel die Lehre vom Teufel, seinen Engeln und deren grossen Einfluss darlegen und ein-
schärfen".[4] Nachdem der Verfasser die buchstäbliche Erklärung
neutestamentlicher Stellen, den Teufel betreffend, behauptet,
und in einer fortlaufenden, mit Derbheiten versetzten Polemik
gegen Schleiermacher diesen zu widerlegen gesucht, und „die
philosophischen, ethischen und psychologischen Bedenken gegen
die Realität des Teufels" hiermit „als beseitigt" ansieht[5], ergibt sich ihm folgendes Resultat: durch die Annahme der un-
widersprechlich bezeugten Schriftlehre ist er „dem peinigenden
Widerspruch wider die Schrift entnommen, der natürlich da
sein muss, wo man die klar bezeugte Schriftlehre verwirft".
Die Lehre vom Teufel, „die durch die ganze Schrift hindurch-

---

[1] S. 5.   [2] S. 6.   [3] S. 7.   [4] S. 8.   [5] S. 20.

geht", hat „auf die ganze Dogmatik und Ethik grossen Einfluss"[1], denn „diese Vorstellung oder Lehre vom Satan" ist
„fast in jedes Hauptstück der christlichen Glaubenslehre verflochten". Zum Schlusse folgen noch zehn Thesen über die
Lehre vom Teufel, z. B.: 1) „Die Lehre von der Existenz und
Wirksamkeit eines abgefallenen Engelfürsten, eines persönlichen Widersachers Gottes und der Menschen ist so nach-
drücklich und deutlich in der Heiligen Schrift bezeugt, dass
nur ein das Zeugniss muthwillig verdrehender und verkehren-
der Unglaube es leugnen kann." 3) „Die Diener am Worte,
Professoren auf dem Katheder, Prediger auf der Kanzel sind
nicht Herren, sondern nur Haushalter über die Geheimnisse
Gottes, und haben also nichts von irgendeiner Vollmacht,
eine durch die heiligen Männer Gottes offenbarte Lehre zu
ignoriren, beiseite zu setzen, oder zu behaupten, dieselbe
habe keine Bedeutung für das fromme Bewusstsein." 8) „Die
Verunstaltung der Schriftlehre vom Satan und seinem Reiche
durch rohen Aberglauben oder spiritualistischen Unglauben
(z. B. in Goethe's Mephistopheles) kann kein Grund sein, diese
Schriftlehre der christlichen Gemeinde vorzuenthalten, sondern
macht es desto nöthiger, das Zeugniss der Heiligen Schrift
reden zu lassen." Denselben hohen Grad von Feuereifer in
der Vertheidigung der Kirchenlehre vom persönlichen Teufel[2]
und dieselbe Gereiztheit in der mit Schimpfen unterstützten
Bekämpfung der gegnerischen Anschauung zeigt Philippi:
„Die Lehre von der Sünde, vom Satan."[3] Er sieht nach dem
Vorgange Hengstenberg's unter der Schlange schon den fertigen Satan.[4] „Die Schlange ist der Satan in nicht blos
scheinbarer, sondern wirklicher Schlangengestalt."[5] Die Verführung des Menschen ist auch keine vorübergehende und
folgenlose That gewesen, sondern der Satan hat infolge derselben eine bleibende Macht über das Innere des Menschen
gewonnen. Philippi sieht in dem verkündeten fortgehenden

---

[1] S. 21.

[2] „Die von uns vertretene Anschauungsweise von der Macht und
Wirksamkeit des Satans hegte die Kirche Christi von Anfang an und zu
allen Zeiten" (S. 259).

[3] Als 3. Theil der kirchlichen Glaubenslehre (1859).

[4] S. 153.   [5] S. 272.

Kampfe zwischen dem Schlangensamen und dem Weibessamen bis zur Ueberwindung der Schlange die Geschichte des Kampfes zwischen Satans Reich und dem Reiche Gottes auf Erden bis zum Endziele des letztern vorgezeichnet, und „ist in der That in der Geschichte des Sündenfalls in geheimnissvoller Tiefe die ganze Geschichte und Lehre von der Sünde, dem Teufel, dem Tode und der Erlösung mit kurzen aber kräftigen Zügen skizzirt". [1] Dass Asasel Lev. 16, 8. 10. 26 den Satan bedeute, hält Philippi nach der Beweisführung Hengstenberg's für feststehend. [2] Die Idee des Satans besteht nach Philippi darin, „dass nicht nur innerhalb der Menschenwelt, sondern auch im Reiche der höhern Geisterwelt ein Fall stattgefunden hat, der in der Form der Auflehnung eines Theils der höhern Geister gegen Gott sich vollzog und eine perpetuirliche, nicht aufzuhebende, böse, strafbare Zuständlichkeit derselben zur Folge hat". Satan ist ein gefallener Engel, also eine Creatur Gottes, und da sich in der Idee des Satans die Idee des Bösen spiegelt, so ist das Böse nichts ursprünglich Selbständiges, nicht Substanz. „Und stellt Satan die sich verfestet habende Selbstsucht dar, so kann die Sünde nicht blos in einem vorübergehenden Willensacte bestehen, welcher stets wieder rückgängig gemacht und in sein Gegentheil verkehrt werden könnte." [3] Satan ist durch Misbrauch der Freiheit zum Satan geworden, das Böse in ihm erscheint als das von Gott Verbotene und Gerichtete, für Satan gibt es auch keine Erlösung. [4] Wie die Sünde überhaupt, so ist auch die Ursünde, wodurch Satan zum Satan ward, nicht zu begreifen, weil eben die Sünde als die unvernünftige Willkür dem Begreifen, welches nur das Gebiet der vernünftigen Nothwendigkeit umspannt und durchmisst, sich entzieht. „Es ist mit Recht gesagt worden, das Böse habe keinen Ursprung, sondern nur einen Anfang." [5] Da die Satanslehre im richtigen Zusammenhange mit der richtigen Lehre von der Sünde steht, und von Philippi als in sich widerspruchlos bezeichnet wird, so findet derselbe, dass die negative Kritik der Lehre vom Satan eigentlich die biblisch-kirchliche Lehre von der Sünde treffe, und auf einer dieser Lehre fundamental entgegengesetzten specu-

---

[1] S. 275.   [2] S. 279, Anmerk.   [3] S. 235.   [4] S. 236.   [5] S. 240.

lativen Anschauung ruhe, die in den Pantheismus ausmündet.[1]
Philippi macht den Glauben an die Existenz des Teufels zur
Bedingung des Glaubens an Gott und Christum[2], und findet die Lehre vom Satan heilsam, weil sie das Böse in
seiner ganzen Tiefe kennen lehrt, den diabolischen Charakter
der Sünde offenbart, und der Mensch sich mit Abscheu und
Entsetzen von ihr abwenden und sich zu desto ernsterm
Kampfe wider sie aufgefordert fühlen werde[3], wobei er sich
auf A. Hahn[4] beruft, der die Schriftlehre vom Satan auch sehr
heilsam nennt, wovon freilich die Rationalistenvernunft eines
Wegscheider[5] nichts wisse.[6] Philippi sieht seine Ansicht auch
durch die Erfahrung unterstützt, indem „gerade da die Sünde
überall geringer geschätzt, schonender und leichtfertiger behandelt wird, wo die Idee des Satans verloren gegangen oder
verleugnet worden ist". Die „moderne Verkennung der Satans-
tiefe des Bösen und die reinmenschliche Ableitung desselben
aus sinnlicher Schwäche, Temperament, Erziehung u. dgl."
hat auch „den Schrecken vor der Sünde verscheucht, den
Leichtsinn des Urtheils und des Handelns, die Verbrechen
gemehrt und selbst den Ernst in der Beurtheilung der Verbrechen sowie die Rechtstheorie gelockert und verderbt".[7]
Wie die Unvernunft im Teufel, nicht aber in der Lehre vom
Teufel liege, gerade so auch die Unsittlichkeit im Teufel,
nicht aber in der Lehre vom Teufel, vielmehr in der Leugnung derselben. Denjenigen, welche die Lehre vom Satan
eine den Menschen entwürdigende und darum selbst unwür-
dige nennen, erwidert Philippi: „Die Vertreter dieser Lehre
können allerdings nicht mit dem Dichter singen: der Mensch
ist frei geschaffen, ist frei u. s. f., sondern müssen vielmehr
bekennen, der Mensch ist als Knecht geboren, ist Knecht und
wär' er in Purpur geboren"; aber „die gegenwärtige Entwür-
digung des Menschen und der Satansknecht" weist „auf
seine ursprüngliche Würde hin, auf die Freiheit, die ihm in
Christo wieder erworben, und verhilft ihm so nicht zu einer
erträumten, sondern zu der wirklichen und wahrhaftigen Würde

---

[1] S. 248.   [2] S. 261.   [3] S. 263.
[4] Lehrbuch des christlichen Glaubens, S. 298.
[5] Institut., §. 205.
[6] S. 262 fg.   [7] S. 264.

und Freiheit. " Deshalb sei die Lehre vom Teufel keine un-
würdige zu nennen, vielmehr liege „die Unwürdigkeit wiederum
in der Teufelsleugnung, indem sie dem Menschen eine Würde
andichtet, die er nicht hat, um ihm die Würde abzuerkennen,
die er ursprünglich besass, und ihn nicht zu der Würde gelangen zu lassen, die ihm aufs neue bereitet ist". [1] Es sei
gewiss, fährt der Verfasser fort, „unaussprechlich hart, dass
wir von Natur Knechte des Teufels sind; doch an dieser
Thatsache" sei „ja die Lehre nicht schuld", sie sei vielmehr
trostreich, da sie uns diese Erkenntniss gibt, „weil eben der
Mensch ohne Teufel selbst der Teufel, und darum wie der
Teufel unerlösbar wäre. Erbarmungswürdig und der Erlösung
fähig ist er nur als der vom Teufel Versuchte und Verführte
und fortwährend von den Banden des Teufels Gehaltene". [2]
Gegenüber dem Hinweis auf den vielen Aberglauben von
Hexerei, Teufelsbündnissen u. s. w. will zwar Philippi dieses
ganze Gebiet nicht als einen abusus preisgeben, beruft sich
aber doch auf die Regel: abusus non tollit usum. Was die
biblischen Berichte von Besessenheit, Zauberei und dämonischen Wundern betrifft, seien „nur diejenigen, welche die
Schriftlehre vom Satan anerkennen, im Stande, mit dogmatischer Unbefangenheit und Voraussetzungslosigkeit an die Prüfung der in Rede stehenden Facta zu gehen". [3] „Was aber
die praktische Behandlung der Sache betrifft, so wird der
Volksaberglaube wahrlich dadurch nicht ausgerottet werden,
dass man auch die richtige Grundlage desselben zerstört,
sondern nur dadurch, dass man jede Gemeinschaft mit dem
Teufel, sie sei nun gewöhnlicher oder aussergewöhnlicher
Art, mit dem Katechismus als Sünde straft, das unfreiwillige,
leibliche Bewältigtsein von ihm aber mit den Waffen des
Wortes Gottes und des Gebetes bekämpft und zu heilen
sucht." [4]

In derselben Tonart hält Dr. Sartorius in der Evangelischen Kirchenzeitung [5] eine Vorlesung: „Ueber die Lehre vom
Satan", dem Obersten im Reiche der Finsterniss, dem es
„wesentlich ist finster und in Dunkel gehüllt" zu sein, „dass
ihn klar machen, ihn vernichten heissen würde". [6] Sartorius

---

[1] S. 265.   [2] S. 266.   [3] S. 267.   [4] S. 268.   [5] Nr. 8 und 9 (1858).
[6] S. 75.

vernichtet ihn allerdings nicht, denn er stellt ihn auf Grund
von Bibelsprüchen als den bekannten persönlichen Teufel dar,
er macht ihn aber auch nicht klar, denn wir erfahren nichts
als die „Summa: Grund und Wesen aller Sünde, aller sittlichen Unordnung und Lüge ist die Teufelei der Selbstsucht",
die aber im Teufel persönlich ist, oder: „der Teufel ist der
Egoismus in Person".[1]   Dieses Princip ist ein persönliches,
„es ist der persönliche Princeps", der „thatsächliche Anstifter
des Bösen, und diejenigen irren weit, welchen der böse Princeps nur in ein böses Principium, das energische Masculin in
ein mattes Neutrum verschwimmt". Die Hälfte der Vorlesung
zielt eigentlich auf die, welche keinen persönlichen schriftgemässen Teufel annehmen, den persönlichen Urheber der Sünde
in eine böse Ursubstanz verwandeln, wodurch die Sünde na-
turalisirt wird, u. s. w. „Wer aber den Satan verneint", kann
„auch Christum nicht wahrhaft bekennen."[2]   Sartorius macht
inzwischen auf die Empfindlichkeit des Satans betreffs ehren-
rühriger Namen und Prädicate aufmerksam, dass er sich lieber
Mephistopheles nennen lasse. Der Vorleser behauptet ausserdem, dass der Satan „das Wort der Bibel als Fabel oder
Mythe ausser Credit zu bringen" suche, das „Incognito" liebe
u. dgl. m. Als Vorgänger Philippi's findet Sartorius als „un-
leugbare Erfahrung, dass „seit der Unglaube sich erdreistet
hat, öffentlich zu verneinen, dass kein (!) Teufel, kein (!)
Lügner, kein (!) Mörder von Anfang sei, die Laxheit sub-
und objectiver Zurechnung der Sünde in sehr grossem Masse
zugenommen hat".[3]   So heilsam die Lehre vom Satan und
deren Erkenntniss ist, so verderblich ist die Negation desselben, die „recht eigentlich auch zu des Teufels Lügen" gehört.[4]

Einer tiefeingehenden Erörterung hat in neuerer Zeit
Schenkel die Lehre vom Teufel unterzogen in seinem Werke:
„Die christliche Dogmatik vom Standpunkte des Gewissens"[5],
worin nicht nur die einschlagende Literatur gehörig ge-
würdigt, sondern auch Schleiermacher's bekannte Kritik
gegen die Angriffe der Orthodoxie vertheidigt und unterstützt
wird. Schenkel begründet den Satz: „dass es keine aus dem

---

[1] S. 79.   [2] S. 81, 82.   [3] S. 85.   [4] S. 86.   [5] II, 1, §. 28—
33 (1859).

Gewissen und der Offenbarungskunde geschöpfte Lehre vom
Teufel geben kann"; er lässt zwar die Mittheilungen der
Heiligen Schrift nicht unberücksichtigt in Betreff des Teu-
fels und seines Reichs, weist sie aber demjenigen Theile des
Inhalts der Schrift zu, „welcher aus dem Weltbewusstsein ihrer
Verfasser hervorgegangen ist".[1] Der moralischen Verdächtigung Sander's[2] gegenüber wird Schenkel auf dem Gewissens-
standpunkte zu einer nur um so gründlichern Untersuchung
angespornt, welcher „selbst vom strengsten symbolgläubigen
Standpunkte nicht das geringste Hinderniss im Wege" steht.
Er findet „in den drei ältesten ökumenischen Symbolen" den
Teufel „nicht einmal dem Namen nach erwähnt, in keiner
protestantischen Bekenntnissschrift" einen „Lehrsatz vom Teufel". „Nirgends hat das protestantische Bekenntniss auch nur
den Versuch gewagt, einen allgemein verbindlichen Lehrsatz
über Person oder Amt des Satans aufzustellen. Der Teufel
wird im protestantischen Bekenntniss nirgends als ein Gegenstand behandelt, an den geglaubt werden müsste, und von
dessen dogmatischer Auffassung die Substanz der Heilswahrheit oder der Erwerb des Heilsbesitzes abhängig gedacht werden könnte", ja in der Augustana[3] wird sogar der Ursprung
der Sünde nicht ausschliesslich vom Teufel abgeleitet, so wenig
als die Heilige Schrift den Glauben „an die persönliche Realität des Teufels oder die Anerkennung, dass der Satan als
Einzelindividuum existire, als ein Postulat des Seligwerdens"
fordert.[4] Schenkel sucht nachzuweisen, „dass auf dem alttestamentlichen Offenbarungsgebiete eine Lehre vom Satan,
als einem schlechthin bösen Geistwesen und Urheber des Bösen" nicht vorkomme[5], dass sich „aus den neutestamentlichen,
auf den Teufel und sein Reich bezüglichen Stellen ein Lehrbegriff von einem persönlichen schlechthin bösen Geistwesen
und Geisterfürsten in keiner Weise herstellen" lasse.[6] Schenkel
findet es bedenklich, das Böse nach der Schrift als ein „kosmisches Princip" zu verstehen, dagegen um so wahrer, „dass
das Böse wie das Gute nur in der Form der Persönlichkeit,
d. h. auf dem ethischen Lebensgebiete zur Erscheinung kom-

[1] S. 262.
[2] Die Lehre der Heiligen Schrift vom Teufel, 25. These, 1.
[3] P. 1, 19. [4] S. 265. [5] S. 265—71. [6] S. 271.

men kann, und dass ein schlechthin Böses diesem nicht angehört". Er macht aufmerksam, dass in den Schriftstellen
„das Ineinandersetzen von Volksvorstellung und Lehrdarstel-
lung, von Symbol und Begriff, von parabolischem und didak-
tischem Sprachgebrauche beachtet werden müsse; Vorstellung,
Symbol, Gleichniss sei nicht ohne weiteres zum Begriffe zu
stempeln, und dem dogmatischen Begriffe einzugliedern, so
wenig als die verschiedenen Auffassungen der biblischen Schriftsteller in Betreff dieses Gegenstandes als unfehlbare, göttlich
documentirte Offenbarungsmittheilungen zu betrachten und zu
verwerthen seien. [1] Das Gewissen, zwar „keiner überirdischen
persönlichen uranfänglichen Ursachlichkeit der Sünde" sich
bewusst, hat aber die volle Klarheit davon, „dass die Sünde
nicht nur am Subjecte, sondern auch ausserhalb desselben, dass
sie in der Welt ist", dass das Böse als solches zwar immer
am Subjecte ist, aber zugleich als „das Zusammenwirken vieler sündlicher Persönlichkeiten zu einem und demselben bösen
Zwecke" in der Welt eine objective Macht gewonnen hat. [2]
Das Böse, in die blosse Innerlichkeit eingeschlossen, noch an-
scheinend völlig wirkungslos, wird erst dämonisch und satanisch, wenn es seine Wirkungen auf andere überträgt, die
Gemeinschaft in Besitz nimmt, eine das Gesammtleben bestim-
mende Potenz wird. Schenkel nennt es einen „Fehler der
neuern Lehrausführungen über das Wesen des Satans, dass
sie sein Reich als ein wesentlich «jenseitiges» auffassen und
seinen Ursprung in den Regionen einer überirdischen Geisterwelt aufsuchen", da „der Satan und sein Reich nach der
Schrift gar nicht den ausserirdischen Schöpfungskreisen" angehören, in der Schrift kein jenseitiger Sündenfall gelehrt
wird, vielmehr der Satan überall in der Schrift innerhalb
dieser Schöpfungsregion erscheinend und wirkend gedacht ist,
woher auch die Bezeichnungen seiner als „der Fürst dieser
Welt" u. dgl., und also nichts anderes sein kann als: „das
Wesen dieser Welt und der Geist dieser Zeit in ihrer bewussten systematischen, widergöttlichen und weltförmigen
Selbstbestimmung". [3] Die richtige und auch schriftgemässe
Anschauung, nach Schenkel, ist: „das Böse als Manifestation
einer Gesammtheit oder als Collectiv-Böses", das „den Cha-

----

[1] S. 281 fg.   [2] S. 284.   [3] S. 286.

rakter des Satanischen und Dämonischen an sich nimmt", zu
fassen, das in diesem Falle zu einer Macht wird, das nicht
mehr blos einzelne Subjecte, sondern die ganze Gemeinschaft
mit Verderben bedroht.[1] Die Einwirkungen dieser satanischen
Zeitmächte des Geistes dieser Welt und seiner Diener sind
immer ethische, gegen die das Subject vermöge der Gewissens-
action reagiren kann. „Das Böse ist immer persönlich, es
gibt kein Böses ausserhalb der Selbstmanifestation des Person-
lebens. Aber das Satanisch-Böse ist nicht mehr subjectiv, sondern collectiv-persönlich. Der Satan ist eine Person, juristisch
betrachtet: eine sogenannte moralische, eine Collectiv-Person
des Bösen und eben daher schreibt sich seine, wenigstens relativ ausserordentliche überindividuelle Macht. Aber zur vollen und fertigen Einzelpersönlichkeit hat er es bis jetzt nicht
gebracht. Als Collectiv-Persönlichkeit ist er eine übermenschliche, jedoch nicht überirdische Persönlichkeit, die wie das
Böse überhaupt, stets werden will, aber doch niemals wahrhaft ist."[2]

Bei der Unendlichkeit des Seins hält es Hase für wahrscheinlich, dass es auch in ihrem ursprünglichen Sein reicher
ausgestattete und durch die Gebrechen des Körpers minder
gebundene Wesen gebe als dermalen der Mensch, die daher
auch einer höhern Entwickelung wie eines tiefern Falls fähig
seien. Die Philosophie habe keinen entscheidenden Grund, den
Einfluss jener auf die Menschenwelt für unmöglich zu erklären, soweit dadurch weder die göttliche Vorsehung beschränkt,
noch die menschliche Freiheit aufgehoben wird. Weltkräfte
wirken auf den Erdplaneten, die nicht in ihm begriffen sind,
warum nicht auch Geisteskräfte? Da jedoch die Denkmale
dieses Einflusses als geschichtliche nicht hinreichend gesichert
sind und insbesondere der Teufel immer nur erschien, wo
er geglaubt wurde, und die ihm zugeschriebenen Wirkungen sich vor der höhern Bildung und Reflexion aus dem
Menschen selbst erklären: so bleibe die Wirklichkeit solcher
Wesen immer problematisch.[3] Das Bild eines dämonischen
Herrschers, der Gottes Wege durchkreuzt, während seine
Herrschaft doch nur von Gott eingesetzt sein könnte, wider-

---

[1] S. 293.   [2] S. 294.
[3] Evangel. protest. Dogmat., 5. Aufl., S. 186 (1860).

spreche dem unendlichen Abstande des Schöpfers vom Geschöpfe, es seien unleugbar die verborgenen Wege der Vorsehung oft für die Wege des Teufels auf Erden angesehen
worden. Nach seiner ganzen geschichtlichen Bildung sei der
Teufel nur aus Gott selbst herausgegriffen und durch die Zusammenfassung alles menschlichen Bösen zum düstern Gegen-
bilde Gottes geworden. Er sei entstanden durch eine absolute,
insofern allerdings religiöse Anschauung des Bösen, die aber,
weil sie nicht auf das wahrhaft Absolute hingerichtet ist, im
innern Widerspruch zum Dualismus hingedrängt werde. Auch
gehöre es nicht zur glücklichen Wirkung eines heiligen Buchs,
dass dadurch in weltlichen Dingen ungebildete Vorstellungen
der Vorzeit gegen die höhere Einsicht späterer Geschlechter
festgehalten werden sollen. Wenn auch das Dasein guter und
böser Geister und deren Einwirken über allem Zweifel zu
stellen wäre, so würden sie doch keineswegs der Religion selbst
angehören, und seien immer nur durch Poesie und Aberglauben mit ihr verbunden worden. Denn der wahre Glaube an
die Vorsehung bedürfe nicht erst der Engel, und die wahre
Verwahrung vor dem Bösen bedürfe keiner besondern Verwahrung gegen die Anfechtungen des Teufels. [1] Mallet [2] findet
die Voraussetzung, dass zum Begriff des Satanischen das Moment des Uebermenschlichen gehöre, und dass also der Satan
an sich seine Daseins- und Wirkungssphäre ausser und über
der Menschenwelt habe, gar nicht in der Schrift begründet.
Der Teufel der Bibel gehöre in jedem Falle der Sphäre des
diesseitigen Menschenlebens an. Die neutestamentliche Lehre
vom Teufel werde misverstanden, wenn sie dahin gedeutet
wird, dass der Mensch nicht, wie der Teufel, aus sich selbst,
sondern durch Verführung von aussen gefallen sei, daher denn
auch das menschlich Böse von dem satanisch Bösen verschieden sein soll. Man dürfe auch nicht der ἰδία ἐπιθυμία den
Teufel als einen verhältnissmässig äussern Feind entgegensetzen, vielmehr sei der in der Welt umgehende Versucher
und Verkläger mit dem in unserem Innern sich regenden
Geist der bösen Lust und des bösen Gewissens wesentlich
identisch. Der Satz, dass die Sünde durch den Teufel in die

---

[1] S. 187.
[2] In Herzog's Real-Encyklopädie, Art. Teufel, XV, 591 fg.

Welt gekommen sei, stehe zwar wol in der kirchlichen Dogmatik, aber nicht in der Schrift. Allerdings bleibe zwischen
der relativen Bosheit auch des bösesten Menschen und der
absoluten des Teufels ein grosser Unterschied, daraus folge
aber nicht, dass der Teufel ein übermenschliches Böse dar-
stelle, oder das Böse, wie es sich auf einer übermenschlichen
Stufe des Geisteslebens verwirklicht habe, sondern nur: dass
zwischen der empirischen Erscheinung des Bösen und der in
allem Bösen wirksamen und sich offenbarenden Geistesmacht
des Abfalls von Gott immer ein Unterschied, oder, dass der
Teufel eben die an sich unpersönliche Potenz des Bösen ist,
welche nach persönlicher Wirklichkeit strebt, ohne sie je weder
in der Menschenwelt noch überhaupt in absoluter Weise zu finden.
Mallet bleibt dabei, dass in dem neutestamentlichen Teufelsbilde
das Böse überhaupt veranschaulicht werde, wie es im Menschen
wohnt und Gestalt gewonnen hat. Mallet erkennt in dem Teufel
einerseits das Böse in seiner Gottwidrigkeit, absoluten Lügenhaf-
tigkeit und Verdammlichkeit, und zwar wie es nicht eine blosse
Privation, nicht blosser Mangel, blos sinnliche Schwachheit, sondern seinem innersten Wesen nach principiell immer feindselige
negatio boni, titanenhafter Trotz und freche Selbsterhebung wider
Gott, Losreissung und Abfall von demselben ist. Es ist also
das positive Nichtseinsollende, was schlechterdings kein Recht
der Existenz hat, sondern an sich schon gerichtet und verworfen, nur durch die Lüge ein nichtiges Scheindasein behaupten kann. Andererseits findet Mallet im Verhältnisse des
Teufels zum Menschen ausgedrückt: das Böse an sich ist
dem Menschen, als der nach dem Bilde Gottes geschaffenen
persönlichen Creatur etwas Fremdes, d. h. es gehört nicht zum
Wesen des Menschen, sondern ist und bleibt ein demselben
schlechthin Widerstrebendes, es steht ihm, ob es auch in ihm
wohnt, doch als ein Aeusseres gegenüber, das er immer von
sich selbst unterscheidet, das seinem innersten Wesen wider-
streitet, und also eine ihm fremde, feindselige Gewalt ist, von
der er sich überlistet und gefangen sieht, und deren Herrschaft, eben weil sie ihn mit seiner innern Bestimmung in
Widerspruch bringt, ihn in Tod und Verderben stürzt. Der
eigentliche Sinn und wesentliche Gehalt der Schriftlehre vom
Teufel ist demnach durch dessen Vorstellung nicht die Wirksamkeit einer historischen Person, sondern eines geistigen

Princips zu veranschaulichen. Mallet theilt mit Lücke die Ansicht, dass die Lehre der Schrift zwischen Person und Personification, zwischen Begriff und Bild oder Symbol schwanke
und nirgends zu einer lehrhaften Bestimmung über den Teufel
als transcendente Persönlichkeit komme. Mallet behauptet, in
der weitern kirchlichen Ausbildung dieser Lehre sei die Schale
für den Kern, das Bild für die Sache genommen worden und
findet den Teufel der Kirchenlehre dem rabbinischen verwandter als dem der Schrift. Statt an dem ethischen Kern der
Schriftvorstellung festzuhalten, hielt man sich an die phantastische Form, welche der Darstellung der Apokalypse eignet
und dogmatisirte über die Natur und den Fall der übermenschlichen Dämonen. Mallet will den persönlichen Teufel
aus der christlichen Dogmatik hinaus und der christlichen
Symbolik zuweisen, er möge in der Homiletik wie in der
christlichen Poesie seinen Platz behalten. In geistesverwand-
tem Sinne ist auch der Aufsatz: „Der Streit über den Teufel"
von Eltester[1] geschrieben.

Ueberblicken wir die angeführten Aeusserungen über den
Teufel von namhaften Gelehrten der neuern und neuesten Zeit,
so sind es im Grunde Versuche, den Begriff und Ursprung des
Bösen zu erforschen und aus der überlieferten Vorstellung
vom Teufel herauszuschälen, oder aus der Natur des Bösen
die Persönlichkeit des kirchen- und volksthümlichen Teufels zu construiren. Es zeigt sich bei den meisten ein
Schwanken zwischen Personification und Persönlichkeit, zwischen Symbol und Sache, Bild und Begriff, Vorstellung und
Idee. Es ist die Minderzahl, die einen individuell-persönlichen,
gelegentlich erscheinungsfähigen und sinnlich wahrnehmbaren
Teufel annimmt. Die Mehrzahl der genannten Schriftsteller,
und unter ihnen auch solche, die zu den Orthodoxen zählen,
verfolgt eigentlich die Tendenz: die Vorstellung vom Teufel
dem begreifenden Denken zu unterziehen. Selbst Twesten,
der als Vertheidiger des persönlichen Teufels aufgeführt zu
werden pflegt, sagt ausdrücklich: es komme hinsichtlich des
Glaubens an Engel und Teufel „nicht so sehr auf jede einzelne der Bestimmungen" an, „als auf die denselben in ihrer

---

[1] Protest. Kirchenzeitung, Jahrg. 1861, Nr. 32, 33.

Gesammtheit zu Grunde liegende Vorstellung"[1]; aus den Aussagen des religiösen Bewusstseins könne „eine eigentliche
Nothwendigkeit" der Existenz des Teufels „schwerlich dargethan werden; glauben wir aber den Aussprüchen der Heiligen
Schrift, so werden wir auch in unserm Bewusstsein vieles finden, was jener Annahme zur Bestätigung dient, oder mit derselben zusammenhängt".[2] Es komme „hierbei alles auf die
Vorstellung an, die man sich von der Natur und dem Grunde
des Bösen macht",[3] und „insofern kann man den Begriff des
Teufels gleichsam als den Exponenten der Ansicht betrachten,
die jemand sich vom Bösen gebildet hat".[4] Twesten macht die
richtige Bemerkung: in diesem Sinne habe auch Erhard seine
Apologie des Teufels geschrieben, „nicht um den Teufel war
es ihm zu thun, wol aber um die in der Idee des Teufels zur
Entscheidung kommende Frage über die, ob positive oder negative Natur des Bösen".[5] Mit Ausnahme von einigen, die
den Glauben an den persönlichen Teufel zur Seligkeit des
Christen für nothwendig erklären, geht also das Streben selbst
orthodoxer protestantischer Theologen dahin: die Vorstellung
vom Teufel, namentlich die schriftgemässe, des Nachdenkens
werth zu erachten, sie nicht blos als Gegenstand gedanken-
losen Spottes behandelt zu wissen. Dagegen werden wir am
wenigsten etwas einwenden wollen, da wir selbst die Geschichte
des Teufels verfolgen, und die Vorstellung von ihm als einen
der denkenden Betrachtung würdigen Vorwurf gewählt haben.
Stellen wir aber die Frage: glaubst du an den Teufel, der als
reales Subject ausser dir existirt und die Macht hat, unter
Gottes Zulassung, dir gelegentlich sinnlich wahrnehmbar zu
erscheinen und zwar als wirklicher Teufel? oder, was dasselbe
heisst: glaubst du an den kirchen- und volksthümlichen Teufel?
so dürfen wir annehmen, dass der bei weitem grössere Theil
auch derer, die sich schriftgläubig nennen, den Kopf schütteln
werde. So aber lautet die Frage, wie sie der strenge Dogmatismus stellt, der folgerichtig vor jedem Zweifel an den
persönlichen Teufel ein Kreuz schlagen muss.

Und wie verhält sich die moderne Weltanschauung der

---

[1] Vorlesungen über die Dogmatik der evangelisch-lutherischen Kirche,
II, 361 (1837).

[2] S. 366.   [3] S. 368.   [4] S. 369.   [5] S. 371, Anmerk.-

Durchschnittsbildung, wie verhält sich die Menge, das Volk
in unsern Tagen dieser Frage gegenüber? Die überwiegende
Mehrheit schüttelt ebenfalls das Haupt. Die überwiegende
Mehrheit! Denn wir können nicht hinwegleugnen, dass der
Glaube an den persönlichen Teufel und seine Wirkungen im
Volke noch sporadisch haust. Wir erinnern an das junge Dienst-
mädchen, das im Jahre 1863 in Marseille grosses Aufsehen
erregte, indem es von der Nachbarschaft für vom Teufel besessen gehalten wurde, der von sechzehn Bösen, die es anfänglich im Leibe hatte, als deren Hauptädelsführer zurückgeblieben war, und das Mädchen zu jämmerlichen Verzerrungen
zwang, sobald man es mit Weihwasser besprengte."[1] In demselben Jahre wird ein ähnlicher Fall aus dem Dorfe Wellen-
dingen auf dem Schwarzwalde berichtet, wo drei Geistliche
einem vierzehnjährigen Mädchen, das sie für besessen hielten,
den Teufel auszutreiben vergeblich versuchten. Da auch ein
aus der Schweiz berufener Kapuziner sich unmächtig erwies,
sollte der Vater des Kindes an den Erzbischof von Freiburg
sich wenden.[2] Abgesehen von andern Belegen nehmen wir
an: der Glaube an den Teufel lebt noch hier und da im Volke,
und wir wissen auch, dass Katechismen und Liturgien die Erinnerung an ihn wol täglich auffrischen. Ungeachtet dessen dürfen
wir aber behaupten: dieser Glaube hat in der grössern Menge
seinen Boden verloren. Die Wahrheit dieser Behauptung
bestätigen die Klagen derjenigen, die den Teufel als wesentlichen Bestandtheil des christlichen Glaubensinhalts betrachten.
Wir hatten schon Gelegenheit, solche Stimmen zu hören, welche
„die Laxheit sub- und objectiver Zurechnung der Sünde",
die „in sehr grossem Masse zugenommen hat", lediglich dem
in unsern Tagen überhandgenommenen Unglauben an den
persönlichen Teufel auf die Rechnung schreiben. Solche Klage-
oder Scheltestimmen geben uns wol die sicherste Gewähr über
die Beschaffenheit der heutigen Anschauung der Menge. In
dieser Beziehung kann und soll auch der mit E. M. sich
zeichnende Verfasser der „Zeitbetrachtungen über die christliche Lehre vom Teufel"[3] für uns einstehen, nach dessen

---

[1] Wiener Presse vom 13. Febr. 1863.
[2] Ebendas., Abendblatt vom 13. Nov. 1863.
[3] Evangelische Kirchenzeitung, Nr. 8 und 9 (1859).

Ueberzeugung „die Zugehörigkeit der Lehre vom Satan zu
dem Ganzen der kirchlichen, speciell der evangelisch-kirch-
lichen Glaubenslehre nicht in Frage gestellt werden kann". [1]
Der Verfasser findet „die Gegenwart merkwürdig durch den
Widerspruch, welchen sie der Annahme eines persönlichen
Teufels entgegensetzt" [2] und charakterisirt „unsere Zeit der
christlichen Lehre vom Teufel gegenüber" sehr bündig und
treffend mit den Worten: „es ist die allererklärteste Antipathie." „Das Verhalten der grossen Masse des Volks und
zumeist der Gebildeten unter demselben, auch das eines nicht
geringen Theils der Vertreter heutiger, selbst wol der sich
gläubig nennenden Theologie, wird noch immer richtig ge-
zeichnet durch den Ausdruck" von Klaus Harms im Jahre
1817: „Den Teufel hat man todtgeschlagen und die Hölle zu-
gedämmt." Der Verfasser bestätigt uns: der Fürst der Finsterniss hat für die Kinder unserer Zeit „nicht blos seine
Furchtbarkeit, sondern jede lebendige Bedeutung verloren",
er ist „in das Register der Todten eingegraben, der Geschichte
und Dichtung anheimgegeben, und in dem sicher construirten
Sarg des Begriffs zum Nimmeraufstehen beigesetzt" worden.
Satan hat „sich gefallen lassen müssen in Tragödien und
Opern eine Rolle zu spielen und seine Bosheit auf den Bretern zur Schau zu stellen: zu gemüthlicher Bestätigung für
die, welche ihn selbst für eine Ausgeburt der Phantasie halten". Die Philosophie hat der Menschheit den Dienst geleistet „ihn als das Symbol für den abstracten Begriff des
Bösen kennen zu lehren". [3] Der Glaube an den Teufel gilt
allgemein für „schwärmerische Bornirtheit", und in einer Anmerkung beruft sich der Verfasser auf ein von der medicinischen Facultät in Prag vor etlichen Jahren ausgestelltes
Gutachten, welches über den Geisteszustand eines Schuhmachers in Budweis „schon lediglich aus dem Grunde für
dessen Verrücktheit gestimmt", „weil er an die Existenz
des Teufels glaubte". „Die in solchen Thatsachen sich offen-
barende Stimmung" erkennt der Verfasser ganz richtig „nicht
lediglich" für „ein Kind des 19. Jahrhunderts"; eine „frühere
Zeit schon" habe „es empfangen und genährt"; aber die
neuere Zeit sei es doch, „die es grossgezogen, ausgebildet

_____

[1] S. 73.   [2] S. 74.   [3] S. 75.

und zu männlichem Ansehen gebracht."[1] Die Tendenz, welche
das vorige Jahrhundert auf die Bahn gebracht, bemerkt der
Verfasser abermals ganz richtig, könne recht eigentlich als die
Tendenz der neueren Zeit betrachtet werden[2], und die Philosophie sowol als auch die schöne Literatur seien die beiden
Brunnen, aus denen die ganze Bildung der Gegenwart gespeist
worden. Wenn man auf den Kern der Wahrheit, die Goethe,
Schiller und ihre Geistesverwandten, die wirksamen Erzieher
des jetzigen Geschlechts, gepredigt haben, eingeht, so liege
in dem Einen: „Humanität".

Dass der Verfasser mit diesem „Zauberwort", wie er es
ironisch nennt, nicht einverstanden sein kann, werden wir begreiflich finden, und wenn ihm die Bahn, auf der die Gegenwart mit ihrer Anschauung das Leben verfolgt, als eine „ab-
schüssige Bahn" erscheint, weil die christliche Grundlage
abhanden, so liegt es ausserhalb unserer Aufgabe, ihn aus
seinem Gesichtspunkte herausdrängen zu wollen. Wir haben
ihn nur als Schilderer der gegenwärtigen Anschauung angeführt, und sein Urtheil ist uns um so wichtiger, als es von
einem Gegner derselben herrührt. Unser Gewährsmann erkennt in der Humanität das Schlagwort der Gegenwart und
findet den Glauben an das unablässige, siegesgewisse Streben
der idealen Menschheit an die Stelle des dogmatischen Glaubens
getreten. In der That ist Humanität die Grundlage der
gegenwärtigen Weltanschauung, und der Verfasser hat
auch hierin recht, dass „die idealistische Denkweise am frühesten
daran gearbeitet" hat, „den Teufel aus der objectiven Wirklichkeit in die Subjectivität des Menschen zu übersetzen".[3]
Es ist Thatsache, der Mensch der Gegenwart, der keinen
Teufel fürchtet, weil er an keinen glaubt, kann ihm auch
nicht die Verführung zum Bösen zuschreiben, sondern übernimmt selbst die Verantwortung seiner bösen That, er muss
sich selbst die Schuld beimessen, auch wenn er dazu verleitet
worden wäre. Er setzt das Böse auch nicht in eine schlechte Naturanlage, sondern beschuldigt sich bei der schlechten Handlung,
seine Naturanlage schlecht angewendet zu haben, und sein
Gewissen dictirt ihm die Strafe. Er ist zum Bewusstsein der
sittlichen Mündigkeit gekommen, und auf diesem Standpunkte

---

[1] S. 76.   [2] S. 91.   [3] S. 94.

hat für ihn nur dasjenige die eigentliche Bedeutung der Strafe, was sein eigenes Gewissen über ihn verhängt. Nur der geistig Unmündige kann jedes Uebel auf den Teufel zurückleiten, der es, nach unerforschlicher Zulassung Gottes, an ihm verübt; der geistig Mündige sucht auf dem Wege des erkannten Causalnexus die Quelle des Uebels zu finden und womöglich zu verstopfen, oder es wenigstens, und zwar wieder mittels des Zusammenhangs von Ursache und Wirkung, zu mildern. Wo diese Denkweise im Gange ist, wie in unsern Tagen, da verlieren auch alle ausserordentlichen Erscheinungen die Bedeutung des Wunderbaren, und selbst der gemeine Mann, der die Einzelheiten in ihrem Zusammenhange sich zu erklären nicht vermag, setzt diesen ahnend als sicher vorhanden voraus. Der einherbrausende Dampfwagen, bei dessen Anblick der Landmann ehedem von banger Scheu ergriffen werden mochte, wird von seinen Nachkommen mit voller Gelassenheit betrachtet und selbst bestiegen, obschon ihm die Theorie des Dampfs und des Dampfwagens ebenso unbekannt ist als seinem Ahn; er setzt aber als Axiom voraus, die Bewegung der Locomotive müsse auf dem natürlichen Zusammenhang von Ursache und Wirkung beruhen. Allerdings hat die Gegenwart von dem alten frommen Wunderglauben sehr wenig mehr aufzuweisen, dafür rühmt sie sich aber nicht nur einer tiefern Einsicht in den Zusammenhang der Dinge und eines regern Strebens danach, sondern hält auch einen Glauben fest, nämlich den Glauben an die unbesiegbare Macht der Wahrheit, der in ihr um so unerschütterlicher feststeht, als er nicht mehr durch den Zweifel gestürzt werden kann, weil sie den Zweifel bereits überwunden und durch diesen jene feste Ueberzeugung erlangt hat.

Die Gegenwart hat den unbedingten Glauben an die von aussen herantretende Autorität abgeschüttelt, dagegen macht sie die grössten Ansprüche an die eigene Tragfähigkeit und belastet das eigene Gewissen mit dem ganzen Gewichte der Verantwortlichkeit. Die ehrwürdige, fromme Mahnung: „Bete und arbeite!" ist trotz der verketzerten, herrschenden Ungläubigkeit nicht ausser Kraft gesetzt; aber der Mensch der Gegenwart will das Beten und Arbeiten nicht nacheinander-, sondern ineinandergestellt wissen, er will, dass seine Arbeit als bewusste Selbstthätigkeit sittliche Bedeutung habe und damit

zugleich religiösen Inhalt gewinne. Die gegenwärtige Weltanschauung will kein doppeltes Buch mehr führen, ein Werkel-
tagsbuch für den sittlichen Menschen und ein Sonntagsbuch
für den religiösen Christen, weil sie Religiosität und Sittlichkeit ineinandersetzt, eine sittliche Religiosität und religiöse
Sittlichkeit anstrebt, weil sie sich nicht begnügen will, die
Religion nur innerhalb der Kirchenmauern eingeschränkt zu
sehen, sondern das Wesen der Religion über das ganze Leben
ausgebreitet werden soll. Die moderne Bildung will nur die
einfache Buchhaltung des Gewissens, die der religiös-sittliche
Mensch für sich selber führt.

Mit dem Streben nach Humanität und dem Glauben an
die stetige Entwickelung der idealen Menschheit fürchtet die
moderne Bildung mit dem Christenthum durchaus nicht im
Widerspruch zu stehen, sie ist vielmehr fest überzeugt, auf
dem vom Stifter der christlichen Religion bezeichneten Wege
und in seinem Sinne fortzuschreiten. Sie erkennt in diesem
den Heiland, durch welchen der Menschheit die Wahrheit
ihrer Bestimmung zum Bewusstsein gebracht, offenbar worden
ist, sie erkennt in der Religion „des menschgewordenen Gottes" den versöhnenden Ausgleich des Menschen mit Gott, die
Religion bewusster Liebe, der idealen Menschlichkeit. Sie erkennt in der Seligpreisung des reinen Herzens die religiös-
sittliche Forderung: aus der Aeusserlichkeit, der Weltlichkeit
in das Innere des eigenen Gemüthes einzukehren und hinab-
zudringen in die Tiefe, wo es in der Gottheit wurzelt, um
von da heraus von göttlicher Kraft durchdrungen zu leben,
zu handeln und in diesem Bewusstsein Befriedigung zu finden.
Darein legt die moderne Bildung das „Specifisch-Christliche",
dass der Mensch seiner sittlichen Menschenwürde sich bewusst, dem christlichen Hauptgebote der Liebe mit freiem
Bewusstsein folgend, aus seiner Gesinnung heraus zum Handeln gedrängt werde. Die moderne Bildung stemmt sich
gegen die Annahme, dass das Christenthum Gebote aufstellen
könne, die gegen die ideale Menschennatur lauten; sie anerkennt keinen directen Gegensatz von Christlichem und
Reinmenschlichem, sie hält die reine Menschenliebe für das
wesentliche Gebot der christlichen Religion.

Weil die moderne Anschauung den Ausgangspunkt der
sittlichen Handlung vom religiös-sittlichen Bewusstsein nimmt

und den Richterstuhl zur Beurtheilung des sittlichen Werthes
der Handlung im Gewissen aufgeschlagen hat: darum kann
sie dem Bösen keine objective, reale Wirklichkeit einräumen,
muss es folgerichtig in das sittliche Subject selbst verlegen,
muss in der Vorstellung vom Teufel die Personification
oder Symbolisirung des Begriffs vom Bösen erblicken, in
jener das Product des menschlichen Bewusstseins anschauen.
So steht das Selbstbewusstsein der Projection des Bewusstseins gegenüber. Der Monismus des Gewissens hat den Dualismus aufgelöst, und der reine Monotheismus ist zum Durchbruch gekommen. Der Mensch verlegt die allein berechtigte
Macht der Wahrheit, die allein Bleibendes wirkt, in das
göttliche Wesen, und dieser Glaube anerkennt auch bei zunächst unerklärten Erscheinungen keinen Einfluss unberechtig-
ter Mächte.

Die moderne Weltanschauung ist keine teleologische mehr
in jenem veralteten Sinne des menschlichen Egoismus, der
sich als den alleinigen Zweck und alles ausser ihm als Mittel
betrachtete; sie sieht aber die Zweckmässigkeit in der Einrichtung der Natur, in der sie eben eine durch Vernunft erhaltene
begreift. Der Mensch betrachtet sich nunmehr als Selbstzweck,
der Mittel und Zweck in sich vereinigt. Er sieht sich als
Mittel dem Ganzen des allgemeinen Entwickelungsprocesses
gegenüber, in dessen wesentlicher Bedeutung er aber zugleich
seinen eigenen Zweck erfüllt. Durch die Arbeit, in der er
seinen Theil an das Ganze abgibt, wird er selbst ethisirt
und darin zeigt er seine Bestimmung, deren Lösung seine
Aufgabe ist. Darin besteht auch zugleich seine Menschenwürde, dass er mit Bewusstsein arbeitet, durch seine freie
Arbeit seine eigene und zugleich die allgemeine freie Entwickelung fördert. Ihm ist die Geschichte der Menschheit im
Grunde die Geschichte der Wahrheit und er kennt nur bleibende Thaten in den Anstrengungen, welche die Wahrheit
gefördert haben und fördern. Die verschiedenen sittlichen
Anschauungen zu verschiedenen Zeiten erscheinen ihm als
Interpretationen des ewigen Gesetzes, deren Werth von dem
Masse der Intelligenz des Auslegers abhängt.

Die denkende Betrachtung des Menschen als Organismus
in dem organischen Ganzen sucht nach dem wechselwirkenden
Zusammenhang und findet in den Anschauungen der Zeiten

organische Producte. Was die Gegenwart als Irrthum vergangener Zeiten bezeichnet, ist die Mauser des Entwickelungsprocesses der Menschheit. Die Wissenschaft, die den Zusammenhang der Dinge zu begreifen sucht, weiss der Vergangenheit Dank für ererbte Wahrheiten und ist duldsam
gegen ihre Irrthümer. Als lebendiger Organismus breitet
die Wissenschaft ihre Aeste und Zweige aus, um Erkenntniss
von allen Seiten einzusaugen und sie dem Hauptstamme als
Nahrungssaft zuzuführen, der um so besser gedeiht, je mehr
die Zweige grünen. Diejenige Theologie hat nie als wissenschaftlicher Zweig gelebt, die sich fürchten muss zu verdorren,
wenn ein anderer Zweig, z. B. die Naturwissenschaft, üppig
wächst. Als ob nicht ein Zweig mit dem andern organisch
zusammenhinge und alle zusammen nach einheitlichem, organischem Leben hinstrebten! Das Streben nach Einheit, das in
der Natur des menschlichen Geistes als Organismus seinen
Grund hat, muss eben darum in allen Richtungen des Lebens
zu Tage treten. Wir fanden es in den polytheistischen Religionen als dunkeln Drang, der die Vielheit der Gottheiten
in eine oberste zuspitzend, zusammenfasst, wobei die vermittelte wirkliche Einheit selbstredend nicht zum vollen Rechte
kommen kann. Ebenso wenig gelingt dies der selbstsüchtigen
Anschauung, wo die Roheit des Individuums alles unter dem
Gesichtspunkte des Empfindens, Geniessens betrachtet und
danach das Urtheil normirt, wo das Wohl und Wehe als gut
und böse, als Lohn und Strafe erscheint, und der Dualismus
unvermeidlich ist. Das Streben nach Einheit zeigt sich auf
dem ethischen Standpunkte des Gewissens, wo die Handlung
sowol als das Urtheil über sie von jenem ausgeht, wo Aus-
gangs- und Endpunkt in Einheit zusammenlaufen müssen, um
religiös-sittliche Befriedigung zu gewähren.

　　Wir sind bei der Geschichte des Teufels vom menschlichen Bewusstsein ausgegangen, haben gesehen, wie sich die
Vorstellungen von gut und böse in allen Religionen der Naturvölker, der Culturvölker in einer dualistischen Anschauung
von guten und bösen Gottheiten fixirt haben, wie der Glaube
an den Teufel, als den Antipoden Gottes, in der christlich-
kirchlichen Vorstellung zu einer furchtbaren Höhe angewachsen
ist. In der Geschichte des Teufels verfolgten wir eine Stufenleiter der verschiedenen Vorstellungen vom Uebel und dem

Bösen, und betrachteten sie als Wandlungen des menschlichen
Bewusstseins und Bewusstwerdens, worin ja eben die Bedeutung der Geschichte überhaupt liegt. Wir sind bei dem modernen Bewusstsein angelangt, welches den Dualismus zur
Einheit zusammenfasst, wobei es dem Teufel keinen Raum
mehr gönnt, und können zum Schlusse mit Droysen sagen:
„Den Dualismus von Gott und Teufel widerlegt die Geschichte.“ [1]

---

[1] Grundriss der Historik, S. 27.

Berichtigungen.

Seite 25, Zeile 4 v. u., statt: Schriftstellern, lies: **Kirche**
» 72, » 3 v. u., st.: chori, l.: thori
» 138, Note 2, st.: Mysterien, l.: Mystik
» 145, Zeile 7 v. o., st.: ihn, l.: es
» 166, » 5 v. u., st.: allgestaltig, l.: allgestaltig werden
» 226, Note 1, Zeile 1 v. u., st.: Nieder, l.: Nider
» 232, Zeile 4 v. u., st.: Succumbi, l.: Succubi
» 322, » 12 v. o., st.: indem, l : in dem
» 391, » 2 v. o., st.: dom., l.: daem.
» 413, » 24 v. o., st.: Pyromachus, ein Bischoff, l.: **Pyromachus, ein Fürst. — Hierauf: Archocolax, ein Bischoff.**
» 414, » 19 v. u., st.: Achocolas, l.: Archocolax
» 508, » 19 v. o., st.: exegesirt, l.: exegetirt
» 608, » 9 v. o., st.: so liege, l.: so liege er

LITERATUR ZUM THEMA

H. Auhofer, *Aberglaube und Hexenwahn heute. Aus der Unterwelt unserer Zivilisation*, Freiburg 1960.

K. Baschwitz, *Hexen und Hexenprozesse. Die Geschichte eines Massenwahns und seine Bekämpfung*, München 1963.

J. Bernhart, *Chaos und Dämonie. Von den göttlichen Schatten der Schöpfung*, München 1950.

O. Böcher, *Dämonenfurcht und Dämonenabwehr*, Stuttgart 1970.

A. Böhm, *Die Epoche des Teufels*, Stuttgart 1955.

T. Canaan, *Dämonenglaube im Lande der Bibel*, Leipzig 1929.

Christlicher Glaube und Dämonenlehre. Die Lehre der Kirche über den Teufel, von der Kongregation für die Glaubenslehre in Rom, Stein am Rhein (Christiana-Verlag) 1984.

N. Corté, *Unser Widersacher der Teufel*, Aschaffenburg 1962.

W. C. van Dam, *Dämonen und Besessene*, Aschaffenburg 1970.

H. Duhm, *Die bösen Geister im Alten Testament*, Tübingen 1904.

P. A. Eichler, *Die Dschinn, Teufel und Engel im Koran*, Leipzig 1928.

C. Ernst, *Teufelsaustreibung. Die Praxis der katholischen Kirche im 16. und 17. Jahrhundert*, Bern 1972.

K. P. Fischer, *Die Sache mit dem Teufel. Teufelsglaube und Besessenheit zwischen Wahn und Wirklichkeit*, Frankfurt a. M. (Knecht) 1980.

K. Frick, *Satan und die Satanisten. Materialien zur Geschichte der Anhänger des Satanismus und ihrer Gegner*, Graz (Akad. Druck- u. Verl. Anstalt) 1985.

G. B. Gardner, *Ursprung und Wirklichkeit der Hexen*, Weilheim 1965.

B. Gloger und W. Zöllner, *Teufelsglaube*, Wien (Böhlau) 1984.

B. Günther, *Unser größter Feind — der Teufel. Erklärungen Papst Paul VI. über die Existenz des Satans*, Linz (Veritas) 1973.

J. Hansen, *Quellen und Untersuchungen zur Geschichte des Hexenwahns und der Hexenverfolgung*, Bonn 1901.

Ders., *Zauberwahn, Inquisition und Hexenprozeß im Mittelalter*, München 1900.

P. Maslowski, *Das theologische Untier. Der sogenannte Teufel und seine Geschichte im Christentum*, 1978.

Massenwahn in Geschichte und Gegenwart, hg. v. W. Bitter, Stuttgart 1965.

H. Naegeli-Osjord, *Besessenheit und Exorzismus*, Remagen (Reichl) 1983.

H. Ch. Lea, *Die Inquisition*, Nördlingen (Greno) 1985.

W. Nigg, *Das Buch der Ketzer*, Zürich 1949.

H. Obendiek, *Der Teufel bei Martin Luther*, Berlin 1931.

E. Osterkamp, *Lucifer. Stationen eines Motivs*, Berlin (de Gruyter) 1979.

E. von Petersdorff, *Daemonologie*, 2 Bde., München 1956/57.

Ders., *Daemonen, Hexen, Spiritisten. Mächte der Finsternis einst und jetzt*, Wiesbaden 1960.

A. Rodewyk, *Dämonische Besessenheit heute. Tatsachen und Deutungen*, Aschaffenburg 1970.

A. Rosenberg, *Die Praktiken des Satanismus vom Mittelalter bis zur Gegenwart*, Nürnberg 1965.

G. W. Soldan und H. Heppe, *Geschichte der Hexenprozesse*, 2 Bde., München 1912 (Nachdruck Hanau 1968/69).

G. Zacharias, *Satanskult und Schwarze Messe. Ein Beitrag zur Phänomenologie der Religion*, Wiesbaden 1964.